中国中央电视台年鉴

2014

主　　编　胡占凡
副主编　胡　恩
　　　　张子扬

中国广播影视出版社

图书在版编目（CIP）数据

中国中央电视台年鉴. 2014 / 胡占凡主编 ；《中国中央电视台年鉴》编辑部编. -- 北京 ：中国广播影视出版社，2017.12
ISBN 978-7-5043-8040-1

Ⅰ. ①中… Ⅱ. ①胡… ②中… Ⅲ. ①中央电视台－2014－年鉴 Ⅳ. ①G229.24-54

中国版本图书馆CIP数据核字(2017)第270124号

中国中央电视台年鉴（2014）

胡占凡　主编
《中国中央电视台年鉴》编辑部　编

责任编辑　杨　凡
装帧设计　大盟文化
出版发行　中国广播影视出版社
电　　话　010-86093580　010-86093583
社　　址　北京市西城区真武庙二条9号
邮　　编　100045
网　　址　www.crtp.com.cn
电子信箱　crtp8@sina.com
经　　销　全国各地新华书店
印　　刷　北京雅昌艺术印刷有限公司
开　　本　787毫米×1092毫米　1/16
字　　数　1000千字
印　　张　35.25
插　　页　4印张
版　　次　2017年12月第1版　2017年12月第1次印刷
书　　号　ISBN 978-7-5043-8040-1
定　　价　180.00元

编 辑 说 明

一、《中国中央电视台年鉴》是以丰富翔实的图文资料，逐年度、全方位客观记录中央电视台事业、产业发展的新情况、新发展、新经验和新成果的大型工具书。为中央电视台决策管理部门和工作人员以及国内外社会各界了解、研究中央电视台的发展轨迹提供可靠信息。

二、本年鉴1994年创办，每年编印一卷。主体是记录和反映中央电视台一整年的宣传情况和各项成果。2014年卷为第二十一卷。

三、本卷设：图片纪事、特载、概况、专辑、机构、频道·栏目·节目、新媒体传播、获奖·表彰、受众调查、研发、规章制度选载、电视书报刊及音像出版物、新技术设备、产业经营、同港澳台交流与合作、对外交流与合作、人物、统计、大事记、附录及索引等21个栏目。

四、随着中央电视台深化改革，不断创新，《中国中央电视台年鉴》的内容更为丰富，形式更加新颖。2014年，是新一届党中央治国理政总体战略全面展开的一年。一年来，中央电视台围绕中心、服务大局，履职尽责、真抓实干，围绕深入学习贯彻落实习近平总书记系列重要讲话精神，精心组织重大宣传报道，加强党风廉政建设，加快改革发展步伐，在推动媒体融合发展、推进国际传播能力建设、完善内部管理、强化安全播出、转变经营机制等方面取得重要进展和成效，国际一流媒体建设迈上新台阶。2014年是党和国家领导人国事繁忙的一年，从亚信峰会、APEC峰会的“主场外交”，到出访亚非欧美多国，出席G20峰会、上合组织峰会等，中央电视台提前策划，周密部署，积极探索时政报道新方式。以学习宣传贯彻习近平总书记系列重要讲话精神为主线，全方位宣传党的十八届三中、四中全会精神；中国梦、社会主义核心价值观主题宣传浓墨重彩，“一带一路”、经济形势、全面深化改革、反腐倡廉报道亮点纷呈，充分发挥了主流舆论阵地的引领作用，圆满完成党的十八届四中全会、全国两会、中央经济工作会议、文艺工作座谈会、新中国成立65周年、澳门回归15周年、索契冬奥会、南京青奥会、巴西世界杯等重大活动和云南鲁甸地震、香港非法“占中”、昆明暴恐事件、马航MH370客机失联等突发事件和热点问题报道，把握舆论导向，创新报道方式，形成全媒体、全方位、全覆盖的宣传强势。

五、《中国中央电视台年鉴》编辑工作得到全台各级领导和各中心特约编辑、资料员以及出版单位的大力支持。在此，一并表示感谢。

中国中央电视台年鉴（2014）

编 辑 委 员 会

中国中央电视台年鉴（2014）

编 辑 部

❖ 中央电视台复兴路办公区

❖ 中央电视台光华路办公区

胡占凡
台分党组书记
台长

罗　明
台分党组副书记
总编辑
副台长

魏地春
台分党组副书记
副台长

胡　恩
台分党组成员
副台长

何宗就
台分党组成员（6月离任）
副台长（7月离任）

孙玉胜
台分党组成员
副台长

张海鸽
台分党组成员
副台长（9月任现职）
纪检组组长（9月离任）
机关党委书记

高　峰
台分党组成员
副台长
中央新闻纪录电影制片厂（集团）董事长、总裁（兼）

邹　伟
台分党组成员（9月任职）
纪检组组长（9月任职）

袁正明
台分党组成员
副台长

薛继军
台分党组成员
中国国际电视总公司
董事长、总裁（2月任职）
中国电视剧制作中心
有限责任公司执行董
事、总裁

梁晓涛
台分党组成员（6月
离任）
中国国际电视总公司
董事长（2月离任）

丁文华
总工程师

程　宏
副总编辑

李　挺
副总编辑

朱　彤
副总编辑

黄传芳
副总编辑

张　宁
副总编辑

彭健明
副总编辑

董为民
总会计师

❖ 2014 年 4 月 10 日，中央电视台台长胡占凡会见英国广播公司（BBC）总裁托尼·霍尔。

❖ 2014 年 6 月 6 日，中央电视台总编辑、副台长罗明会见伊朗声像组织常务副主席穆萨维。

❖ 2014 年 9 月 22 日，中央电视台副台长魏地春会见日本朝日电视台台长吉田慎一。

❖ 2014 年 8 月 26 日，中央电视台副台长胡恩会见博茨瓦纳总统事务与公共管理部长密卡博埃莫迪莫。

❖ 2014 年 8 月 5 日，中央电视台副台长何宗就会见国际海事卫星组织董事会主席安德鲁·苏卡瓦提一行。

❖ 2014 年 2 月 11 日，中央电视台副台长孙玉胜会见路透社总裁安德鲁·拉什巴斯。

❖ 2014 年 4 月 10 日，中央电视台分党组成员、纪检组组长、机关党委书记张海鸽会见英国广播公司（BBC）总裁托尼·霍尔。

❖ 2014 年 4 月 24 日，中央电视台副台长高峰在意大利彩虹集团总裁伊吉尼奥·斯特拉菲先生的陪同下观摩彩虹新片。

❖ 2014 年 5 月 20 日，中央电视台副台长袁正明会见沙特广电机构主席哈扎阿。

❖ 2014 年 11 月 14 日，中国电视剧制作中心有限责任公司执行董事、总裁薛继军会见南非 MIH 集团全球付费电视首席执行官卫克文一行。

❖ 2014 年 4 月，中央电视台总工程师丁文华参观全美广播电视设备展览会。

❖ 2014 年 1 月 22 日，中央电视台副总编辑程宏会见香港广告业联会主席高丽娟。

❖ 2014年7月31日，中央电视台副总编辑李挺会见美国职业篮球联赛主席亚当·萧华。

❖ 2014年5月21日，中央电视台副总编辑朱彤接受墨西哥公共电视11台摄制组采访。

❖ 2014年9月22日，中央电视台副总编辑黄传芳会见库恩全球资本公司主席罗伯特·库恩。

❖ 2014年10月27日，中央电视台副总编辑张宁会见丹麦文化部部长玛丽安娜·耶尔韦。

❖ 2014年5月22日，中央电视台副总编辑彭健明会见台湾旺旺中时传媒集团董事长蔡衍明。

❖ 2014年8月13日，中央电视台总会计师董为民会见芬兰广播公司CEO。

❖ 2014 年 8 月 25 日，台办公室领导检查新址消防监控情况。

❖ 2014 年 11 月，台办公室领导参加房管处组织的全处民主生活会。

❖ 2014 年 3 月，台办公室组织各部门兼职档案员在档案室整理归档文件。

❖ 2014 年 5 月，机要档案处参加新址培训。

❖ 2014 年 12 月，房管处就现址分配方案与相关部门进行沟通。

❖ 2014年11月5日，总编室节目播出部组织召开APEC期间全台节目备播会，确保节目播出安全。

❖ 2014年6月18日，总编室节目研发部举办“中央电视台节目创意投资会戛纳新节目专场”活动，荷兰Endemol集团介绍新节目模式。

❖ 2014年1月，总编室版权管理部编印《索契2014冬奥会版权事务指导手册》，为节目部门提供版权指导。

❖ 2014年12月10日，总编室受众服务部在河北省石家庄市召开观众座谈会，来自多个行业的观众代表为中央电视台的发展积极建言献策。

❖ 2014年，总编室节目推介部通过微博、微信、客户端等丰富多样的新媒体渠道，推广中央电视台的精品节目。

✣ 2014 年 4 月，中央电视台北美分台作为媒体合作伙伴，参与组织、主持国际货币基金组织和世界银行 2014 年春季年会。图为高端嘉宾论坛现场。

✣ 2014 年 11 月，南水北调中线工程开闸放水，中央电视台记者在工程指挥部做直播连线报道。

✣ 2014 年六一特别节目《童言无忌》工作照。

✣ 2014 年是中国极地考察 30 周年，中央电视台记者随队采访中国第 31 次南极科学考察过程。

✣ 2014 年 6 月 10 日，何宗就副台长查看《太空新旅》授课直播节目演练情况。

❖ 2014 年 3 月 21 日，中央电视台记者在澳大利亚珀斯皮尔斯空军基地现场报道搜寻 MH370 情况。

❖ 2014 年 2 月 18 日，中央电视台德黑兰记者站记者独家专访伊朗首席核谈判代表阿拉克齐。

❖ 2014 年 9 月 20 日，中央电视台记者获古巴军方特批进入军方禁区马隆瞭望塔，拍摄关塔那摩美军基地。

❖ 2014 年 7 月 1 日，中央电视台北美分台英语节目扩版至日播 5 小时。图为改版当天分台主持人及时政记者进行直播准备。

❖ 2014 年 8 月，上合组织联合反恐军演在内蒙古朱日和举行。图为中央电视台报道团队。

❖ 《百年潮 · 中国梦》节目摄制组在天安门广场拍摄时的工作照。该节目于 2014 年 5 月 26 日播出第一集。

❖ 2014年3月，《今日说法》栏目制作播出6集“两会”特别节目《小撒探会》。图为主持人撒贝宁采访最高法院院长周强时，转送事件当事人送给周强的一串红辣椒。

❖ 2014年 8月，球星贝克汉姆在《开讲啦》节目录制现场以“离场，不散场”为题作演讲。

❖ 2014年8月，《开学第一课》节目录制现场。

❖ 《梦想星搭档》节目录制现场。

❖ 中央电视台综合频道马年春节黏土动画宣传片截图。

❖ 《时代楷模》片头截图。

❖ 《等着我》栏目片头截图。

❖ 2014年中央电视台“3·15”晚会以“让消费更有尊严”为主题。图为节目录制现场画面。

❖ 2014年12月4日，财经频道电视节目部委协作座谈会。

❖ 2014年11月3日，央视财经500指数正式发布。

❖ 《中国经济生活大调查》节目组成员合影。

❖ 《互联网时代》荣获2014年“金熊猫”四川国际纪录片节社会类金奖。

✣ 2014 年 1 月 27 日，综艺频道召开年度工作会议，胡恩副台长、彭健明副总编辑出席会议并讲话。

✣ 2014 年 9 月 8 日，综艺频道播出“万家邀明月，一起过中秋”十小时大型直播节目。图为导播间现场。

✣ 2014 年 5 月，《黄金 100 秒》栏目走进希望小学，开展公益助学活动。

✣ 2014 年 10 月 2 日，“九九艳阳天，陪着爸妈过重阳”十小时直播节目现场，主持人采访黄小娟和她的妈妈，讲述孝道亲情。

✣ 2014 年 11 月 11 日，“心连心”艺术团赴贵州黎平演出。

✣ “央视综艺品牌节目联合选拔推介会——走进宁夏大型选拔赛”活动现场。

❖ 2014 年，中文国际频道《远方的家》栏目推出百集系列节目《江河万里行》。

❖ 2014 年 9 月，中文国际频道持续关注香港"占中"事件。

❖ 2014 年 11 月 8 日至 11 日，《今日亚洲》栏目推出北京 APEC 亚媒联动报道。

❖ 2014 年 12 月，中文国际频道大型纪录片《记住乡愁》（第一季）在广东松塘村拍摄。

❖ 2014 年中俄海军联合军演特别报道宣传片截图。

❖ 2014 年 12 月，中文国际频道推出澳门回归 15 周年特别报道。

2014 年 2 月 7 日至 23 日，第 22 届冬季奥林匹克运动会在俄罗斯索契举行，中央电视台投入综合、体育、体育赛事三个频道进行全程转播报道，首次实现多媒体、差异化、深度互补传播，受到观众、网民的广泛热议和肯定，实现传播效果和社会效益最大化。

2014 年 8 月 28 日，中央电视台圆满完成第二届夏季青年奥林匹克运动会的转播报道任务。图为体操转播团队全体工作人员合影。

2014 年 7 月 14 日，第 20 届世界杯足球赛在巴西里约热内卢圆满结束，中央电视台以多频道、跨媒体、多终端连续 33 天全程转播报道赛事盛况。

2014 年 8 月 8 日，自“全民健身日”启动、历时六个月的“谁是球王·中国足球民间争霸赛” 活动圆满结束。

2014 年 10 月 4 日，中央电视台圆满完成了第 17 届仁川亚运会转播报道任务。图为体育频道主持人在开幕式现场做解说工作。

2014 年 4 月 21 日，体育频道“跟 5 一起跑、共筑中国梦”活动走进扬州大学，带动更多青年人投入跑步健身的行列。

❖ 电视剧《我心灿烂》发布会现场。

❖ 《星推荐》栏目片头。

❖ 电视剧《长沙保卫战》剧照。

❖ 电视剧频道开展干部廉政学习活动。

❖ 电视剧《美丽谎言》海报。

❖ 译制片美国科幻电视剧《穹顶之下》截图。

❖ 2014 年中央电视台年度科技创新人物颁奖典礼《科技盛典》录制现场，颁奖嘉宾和获奖者合影。

❖ 2014 年 12 月 1 日，《健康之路》12·1 世界艾滋病日特别节目播出。图为李挺副总编辑等领导在直播现场指导工作。

❖ 2014 年 4 月 2 日，《2013 中国好书》节目录制现场。

❖《发明梦工场》第二季《我爱发明》节目导播间场景。

❖ 2014 年 8 月，“寻找最美乡村教师”大型公益活动颁奖典礼在中央电视台新址举行。

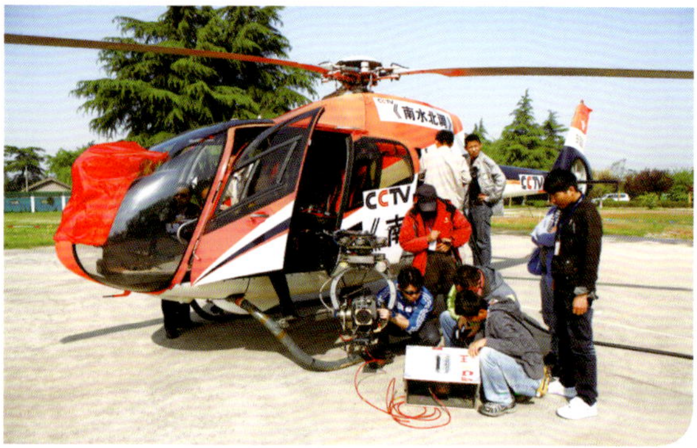

❖ 2012 年 4 月 23 日，《水脉》节目组对南水北调东线工程进行全线大航拍。

❖ 2014 年 6 月 29 日，魏地春副台长参加社会与法频道落实两个责任情况汇报会。

❖ 2014 年 12 月 15 日，“CCTV 慈善之夜”晚会以“为了孩子”为主题，为受困儿童募集善款 2.33 亿元。

❖ 2014 年清明特别节目《清明节 · 让我们谈谈生死观》录制现场。

❖ “12 · 4”国家宪法日特别节目直播导播间画面。

❖ 2014 年 3 月 7 日，社会与法频道举行副处级干部竞聘会。

❖ 2014 年 12 月 22 日至 26 日，社会与法频道推出 5 集纪录片《平安中国 2014》。

❖ 2014年3月5日，《光荣绽放》新十大青年二胡演奏家音乐会在新清华学堂录制。

❖ 2014年中秋戏曲晚会录制现场。

❖ 2014年2月14日，音乐频道播出《国际情歌大汇》。

❖ 2014年4月24日，戏曲频道《少儿戏曲欢乐季》录制现场。

❖ 2014年11月24日，《寻找刘三姐》第二季节目录制现场。

❖《一鸣惊人》栏目录制现场。

❖ 2014年12月31日，音乐频道直播《星光璀璨——新民歌演唱会》。

❖ 2014年《寻找最美孝心少年》大型公益活动节目录制现场画面。

❖ 暑期特别节目《最野假期》工作照。

❖ 2014年春节特别节目《过年啦》节目录制现场。

❖ 2014年暑期特别节目《快乐一起来》节目录制现场。

❖ 2014年元旦特别节目《快乐新一年》录制现场。

❖ 2014年6月23日，《阿里的孩子》主持人红果果和孔繁森小学的藏族学生合影。

❖ 2014 年 8 月 31 日，第四届中国－亚欧博览会亚欧新闻媒体论坛，主题为“构建信息丝绸之路”。图为中央电视台副总编辑黄传芳在广播电视分论坛会上发言。

❖ 2014 年 12 月 2 日，中央电视台英语新闻客户端上线启动。

❖ 2014 年 9 月 10 日，俄语国际频道开播五周年之际推出新栏目《欧亚新闻联播》。

❖ 2014 年 11 月 15 日，首届中央电视台阿拉伯语大赛在新址演播厅录制。

❖ 2014 年 5 月 26 日，法语频道《50 年 50 人》摄制组在法国巴黎专访法国前总理拉法兰。

❖ 2014 年 7 月 23 日，外语频道党支部“走基层”系列活动第一期——走进山东。图为频道员工在青岛参观高速动车的创新研发。

❖ 2014年4月，纪录频道以《舌尖上的中国》第二季开播为契机，创新纪录片编播方式，首创国产纪录片周播模式，八集节目跨越两个月播放周期，充分放大节目效应，持续形成社会热议话题，取得社会效益和经济效益“双丰收”。

❖ 纪录频道2014年全年推出原创自制、联合摄制的纪录片共计81部。图为纪录片《五大道》剧照。

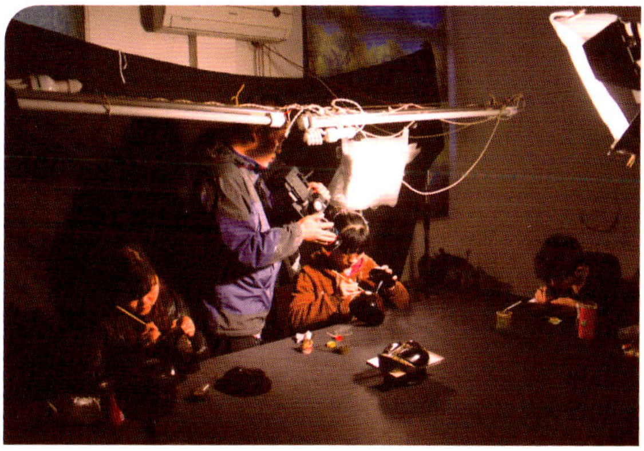

❖ 纪录片《瓷路》拍摄场景。

❖ 六集纪录片《瓷路》海报。

❖ 四集纪录片《牡丹》海报。

❖ 纪录频道摄制组人员工作照。

❖ 2014 年 8 月，南京青奥会开幕式现场，大型节目中心圆满完成第二届夏季青年奥林匹克运动会的开闭幕式电视转播工作。

❖ 2014 年 8 月 16 日，副台长胡恩、总工程师丁文华、副总编辑李挺、大型节目中心主任张晓海、体育频道总监江和平在南京青奥会开幕式直播现场召开工作会议。

❖ 2014 年 5 月 26 日，由中宣部、人民网、新华网、光明网主办的特别节目《我们的中国梦——讲述中国故事》录制完成。

❖ 2014 年 5 月 1 日，大型节目中心制作的《中国梦 劳动美——中央电视台“心连心”艺术团慰问演出》在综艺频道播出。

❖ 2014 年 9 月 7 日，中央电视台“心连心”艺术团赴新疆慰问演出暨庆祝新疆生产建设兵团成立 60 周年大型活动在新疆北屯市举行。图为演出录制之前导演组召开工作部署会。

❖ 2014 年 11 月 26 日，在韩国首尔 KBS 电视台演播大厅，由中央电视台和韩国 KBS 电视台联合主办的第十六届中韩歌会成功举办。

❖ 2014年12月29日，中国军视网上线仪式在军事节目中心举行。

❖ 2014年8月1日，军事节目中心与中央电视台发展研究中心举行主题为“军事节目与国家军队形象”的“八一论坛”。图为军事节目中心领导在作主题发言。

❖ 2014年度“践行社会主义核心价值观”活动颁奖仪式现场。

❖ 《军旅人生》前方摄制组在云南鲁甸地震灾区拍摄官兵救援情况。

❖ 2014年5月26日，《军事报道》栏目实现直播方式安全播出。

❖ 2014年6月26日，《走边关·西藏段》摄制组冒雨拍摄武警边防战士。

❖ 2014年3月4日，海外传播中心召开全台国际频道海外落地联系会，魏地春副台长主持会议。

❖ 2014年4月1日，朱彤副总编辑会见来中央电视台海外传播中心访问的英国载闻公司代表。载闻公司是中央电视台国际频道在欧洲落地的代理商。

❖ 2014年6月10日，在坦桑尼亚举行的“CCTV圆梦”揭晓仪式活动现场。

❖ 2014年7月10日，“CCTV圆梦”幸运家庭来到中央电视台参观。

❖ 2014年6月12日，在肯尼亚举行路演，宣传CCTV。

❖ 2014年6月11日，在肯尼亚举行CCTV海外观众座谈会。

❖ 2014年12月24日，中央电视台进行校园招聘。图为魏地春副台长和人力资源管理中心领导在招聘面试现场。

❖ 2014年9月12日，人力资源管理中心就《中央电视台劳动用工管理办法》的起草召开会议，征求各部门负责人意见。

❖ 2014年10月，干部管理处承办总局人事系统干部监督专项交流会。

❖ 人力资源管理中心组织中央电视台2015年校园招聘考试。

❖ 职称培训处组织2014年度新闻采编人员岗位考试。

❖ 第三期记者报道能力提升培训活动现场。

❖ 总会计师董为民在计划统计处学习体验基础业务。

❖ 计划统计处人员认真办理预算发文业务。

❖ 财务管理处组织中心新员工入职培训，新员工积极提问发言。

❖ 会计核算处各科科长正在进行会计凭证审核。

❖ 财产物资处组织竞争性谈判评审会。

❖ 2014 年 7 月，产业管理处前往企业商讨央视网股权转让事宜。

❖ 2014 年 11 月 6 日，国家新闻出版广电总局副局长聂辰席、总局科技司司长王效杰一行到中央电视台检查 APEC 会议安全播出准备工作。聂辰席重点检查了央视总部数据中心，总工程师丁文华、副总工程师宋宜纯以及技术系统相关负责人陪同检查。

❖ 2014 年 11 月 19 日，国家新闻出版广电总局科技司司长王效杰受邀在中央电视台作关于《广播电视安全播出管理规定》的讲话。

❖ 2014 年 6 月 5 日，技术管理中心主任徐进在 2014 年北京国际电视技术研讨会（ITTC2014）上发言。

❖ 2014 年 5 月 6 日，技术管理中心党总支举行换届选举大会，党员职工积极参加投票。

❖ 2014 年 10 月 30 日，技术管理中心足球队在台足球联赛中取得第三名的好成绩。

❖ 2014 年 10 月 28 日，技术管理中心职工踊跃参加中央电视台第九届职工运动会拔河比赛。

❖ 何宗就副台长在一号厅现场了解施工情况。

❖ 2014 年 9 月，总工程师丁文华在新址视察高端三大屏幕监控系统。

❖ 参加 2014 年春晚直播的全体视频技术人员在一号厅合影。

❖ 2014 年 9 月 3 日仁川亚运会开幕前，视频技术团队人员进行外场演播室系统搭建工作。

❖ 2014 年 8 月 17 日，南京青奥会国际博览中心 D 场馆拳击项目中，音频部工程师正在检测设备。

❖ 2014 年 11 月，北京 APEC 会议烟火表演景观机位 ENG 拍摄。

❖ 2014 年“两会”开幕前，孙玉胜副台长、丁文华总工程师亲临现场检查主席台直播设备准备情况。

❖ 2014 年 4 月 11 日起，西班牙语国际频道在新址播出，何宗就副台长及相关领导亲临直播一线。

❖ 2014 年 3 月，转播部派出一套 8 讯道高清 EFP 系统赴人民大会堂三楼金色大厅进行总理记者招待会转播。图为播送中心领导视察一线转播工作。

❖ 2014 年 8 月，中央电视台二维索道有线传输摄像机系统成功为南京青奥会开幕式增光添彩。图为台领导视察设备现场。

❖ 2014 年 8 月，超低空航拍系统 FLYINGCAM 正式列装转播部。

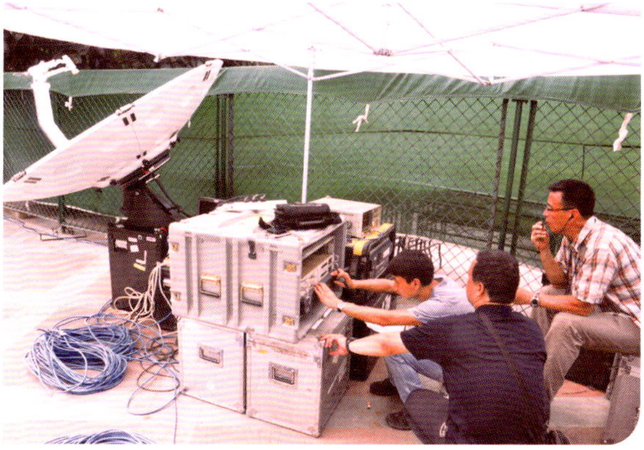

❖ 2014 年 9 月，中央电视台技术人员携带卫星地面站 FLYAWAY 设备赴印度完成时政新闻报道。

❖ 2014 年 5 月 9 日，中央电视台台长胡占凡在世界广告大会上致辞。

❖ 2014 年 1 月 21 日，中央电视台副总编辑程宏与东风汽车公司签署战略合作伙伴备忘录。

❖ 2014 年 11 月 18 日，资产管理中心领导在中央电视台 2015 黄金资源广告招标现场致辞。

❖ 2014 年 8 月 8 日，资产管理中心领导参加 APEC 广告行为规范峰会。

❖ 2014 年 3 月 25 日，中央电视台台长胡占凡为十佳广告代理公司颁奖。

❖ 2014 年 10 月，中央电视台公益广告《筷子篇》荣获第 27 届中国电视金鹰奖最佳公益广告片奖。

❖ 2014 年 7 月，发展研究中心与体育频道共同主办“CCTV 传播论坛：多屏互动，体育频道‘开启全媒体报道时代’”，全面总结巴西世界杯报道的经验和成果。

❖ 2014 年 12 月，与科教频道联合举办“CCTV 传播论坛：大型文献纪录片《水脉》座谈会”。

❖ 2014 年 8 月，发展研究中心组织一路研发人员赴上海文广、湖南广电、深圳广电等多家媒体机构开展调研。

❖ 2014 年 8 月，发展研究中心组织一路研发人员赴上海唯众、灿星制作、深圳腾讯公司等多家媒体机构开展调研。

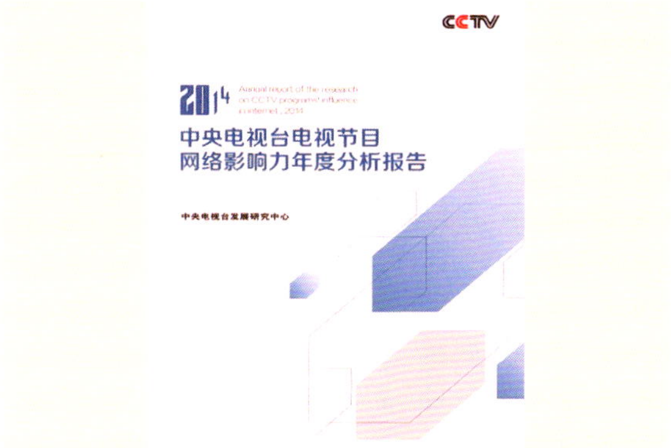
CCTV
2014
中央电视台电视节目
网络影响力年度分析报告
中央电视台发展研究中心

❖ 2015 年 4 月，发展研究中心发布《2014 年中央电视台电视节目网络影响力年度分析报告》，受到业内广泛关注和好评。

❖ 2014 年 12 月，与中国农业电影电视中心共同举办“CCTV 传播论坛：引领中国草根创富时代——CCTV-7 农业节目品牌特色研究”活动。

❖ 2014 年 12 月 29 日，中央电视台召开党建工作会议。

❖ 2014 年 7 月 1 日，中央电视台举行“寻找最美央视人”活动启动仪式。

❖ 2014 年 8 月至 11 月底，台工会组织中央电视台首届职工劳动技能练兵竞赛活动。图为编辑记者大赛现场。

❖ 2014 年 3 月 4 日，中央电视台在新址大楼举行“学雷锋、献爱心”暨“爱心驿站”大型公益活动启动仪式。

❖ 2014 年 3 月 10 日，台精神文明委在龙泉关镇顾家台村举办小型座谈会和捐赠仪式。

❖ 2014 年 7 月 21 日至 26 日，中央电视台侨联配合国家新闻出版广电总局直属机关党委举办统战人士暑期读书会暨“走进延安”主题实践活动。

❖ 2014年8月6日，胡占凡台长赴新台址B标段施工现场，实地考察工程修复进展情况。

❖ 2014年11月28日，副台长、机关党委书记张海鹄在新台址B标段施工现场检查工作。

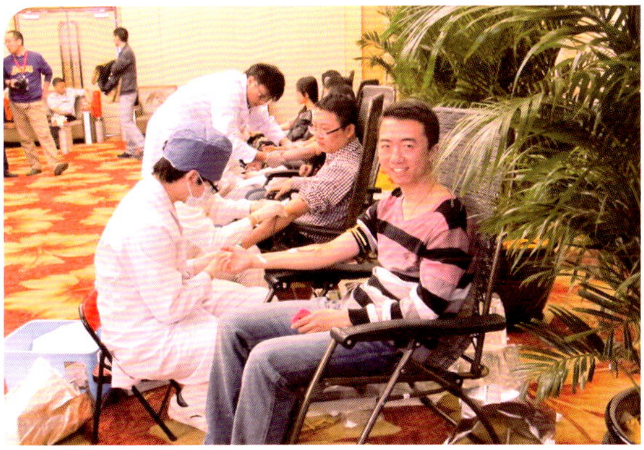

❖ 2014年3月，新台址建设工程办公室组织职工参加台义务献血。

❖ 2014年10月，新台址建设工程办公室组织职工参加台足球联赛。

❖ 2014年10月，建设中的电视文化中心酒店客房。

❖ 2014年5月23日，新台址媒体公园竣工验收会召开。

2014年7月2日，副总编辑彭健明到中国电视报社检查落实“两个责任”的情况，同时听取了报社领导和领导班子关于报社廉政风险点、薄弱环节和存在问题的汇报，并对报社工作进行点评，提出明确要求。

2014年6月，中国电视报党支部全体党员、科组长及部分群众代表参加了由报社党的群众路线学习实践活动领导小组在社内举办的社长讲党课活动，报社领导结合报社工作实际，为大家上了一堂深入浅出的党课。

中国电视报社领导在“纪念五四运动95周年暨2012–2013年度共青团中央电视台创先争优颁奖表彰会”前接受会议筹备组采访。

2014年4月，为了进一步提高报纸质量，服务读者，《中国电视报》开展读者问卷调查活动。图为报社工作人员在公证员的公证下进行幸运读者抽取。

2014年5月16日，报社记者二组获得了“2012–2013年度中央电视台青年文明号”荣誉称号。

2014年10月，报社员工积极参加中央电视台职工拔河比赛。图为赛后报社全体运动员合影。

❖ 2014年12月9日，中广联合会会长张海涛，副会长雷元亮、王莉莉、张丕民，在副台长胡恩的陪同下到音像资料馆视察指导工作。

❖ 2014年6月19日，胡恩副台长听取音像资料馆落实党风廉政建设“主体责任”情况和下半年重点任务分解情况汇报。

❖ 2014年7月23日，中央电视台磁带清理回收工作总结表彰大会上，音像资料馆被授予“特别贡献奖”。

❖ 2014年11月12日，音像资料馆首次搭建展台、独立参展2014中国（广州）国际纪录片节。图为工作人员在展台前合影。

❖ 2014年9月28日，在第五届总局广播影视职工艺术节文艺汇演中，音像资料馆代表中央电视台参演并获得“特别贡献奖”“原创节目奖”。

❖ 2014年9月24日，音像资料馆自创的廉政微电影《帮忙》被评为“中央电视台十佳廉政微电影”。图为《帮忙》光盘封面。

✣ 2014 年 2 月 20 日，监察室组织召开中央电视台廉政工作会议。

✣ 2014 年 2 月 27 日，台领导与北京市二中院领导签署建立中央电视台廉政教育基地协议。

✣ 2014 年 7 月 4 日，监察室召开下属企业纪检监察干部座谈会。

✣ 2014 年 10 月 21 日，监察室组织部分干部旁听职务犯罪审理。

✣ 2014 年 10 月 29 日，监察室组织干部职工参观反腐倡廉警示教育基地。

✣ 2014 年 12 月 24 日，监察室举办廉政微电影评选。

❖ 2014年9月12日，台分党组成员、中国国际电视总公司董事长、总裁薛继军会见南非独立传媒集团董事长苏威博士一行，就双方进一步深化合作交换意见。总公司副总裁唐世鼎参加了会谈。

❖ 2014年8月21至23日，中国国际电视总公司中国广播电影电视节目交易中心圆满承办第12届中国国际影视节目展。

❖ 2014年10月11日，未来广告公司举办“四驱未来”重大项目资源推广会。

❖ 2014年7月18日，国家新闻出版广电总局科技司召开三维索道摄像系统“万向鹰眼”项目专家鉴定会。

❖ 2014年5月28日，有线工程部技术人员在歌华有线二级机房做系统集成。

❖ 央视动画有限公司制作的《新大头儿子和小头爸爸》获中国文化艺术政府奖第二届动漫奖最佳动画电视片奖。

2014 年 12 月 2 日，央视国际视频通讯公司在北京举办第四届“全球视频媒体论坛”。图为参会演讲嘉宾合影。

2014 年 10 月 7 日起，中视电视技术开发公司为第三季《中国好声音》总决赛提供灯光、舞美以及特效制作工程等技术服务，圆满完成直播现场的设备操控和保障工作。

央视市场研究股份有限公司成立 20 周年活动合影。

2014 年 12 月 10 日至 11 日，中视国际传媒有限公司在上海举办长城平台媒体融合发展元年大会。

2014 年 10 月 26 日，央视后勤服务发展（北京）有限责任公司代表中央电视台参加国家新闻出版广电总局举办的“中国梦·劳动美”后勤服务烹饪技能练兵竞赛决赛，获团体一等奖，8 名参赛选手荣获 8 个单项奖。

北京中广物业管理有限公司获 2014 年度国家新闻出版广电总局机关服务局“最值得信赖物业管理企业”称号，被评为中央电视台“先进集体”和中国国际电视总公司“先进集体”。

2013年12月25日至2014年1月27日，电视剧《毛泽东》在中央电视台综合频道黄金时段播出。图为《毛泽东》开播座谈会现场。

中国电视剧制作中心有限责任公司召开年度工作会议。

电视剧《历史转折中的邓小平》海报。

2014年9月24日，电视剧《战将》举行首播发布会。

2014年7月4日，电视剧《湄公河大案》举行发布会。

电视剧《大河儿女》剧照。

《探索·发现》栏目制作播出的《御窑金砖》节目录制现场。

音乐频道播出的《全球中文音乐榜上榜》录制现场。

中文国际频道《周日 1 小时》片头截图。

《篮球公园》专题节目《“郅”爱一生——CBA 全明星赛上的王治郅》获中国篮球新闻奖。

公益广告《社会主义核心价值观·诚信篇》截图。

综合频道宣传片《廿四节气·寒露》截图。

❖ 《向幸福出发》节目录制现场。

❖ 《艺术人生》节目录制现场。

❖ 新影集团拍摄的《禅境宜春》获 2014 年度中美电影节中国年度最佳纪录片“金天使”奖。

❖ 《客从何处来》海报。

❖ 电视剧《历史转折中的邓小平》剧照。

❖ 电视剧《毛泽东》海报。

❖ 电视剧《清网行动》海报。

❖ 电视剧《我的故乡晋察冀》海报。

❖ 电视剧《渗透》海报。

❖ 电视剧《战将》海报。

❖ 《赵氏孤儿案》荣获第27届中国电视金鹰奖优秀电视剧奖。

❖ 电视剧《大河儿女》海报。

目　录

图片纪事

特　载

概　况

专　辑

机　构

频道·栏目·节目

新媒体传播

获奖·表彰

受众调查

研　发

规章制度选载

电视书、报、刊及音像出版物

新技术设备

产业经营

同港、澳、台交流与合作

对外交流与合作

人 物

统 计

大 事 记

附 录

索　引

CCTV 2014 YEARBOOK

Contents

TE ZAI

特载

特载

党和国家领导人讲话摘编

习近平：文艺不能在市场经济大潮中迷失方向

中共中央总书记、国家主席、中央军委主席习近平2014年10月15日上午在北京主持召开文艺工作座谈会并发表重要讲话。习近平强调，文艺是时代前进的号角，最能代表一个时代的风貌，最能引领一个时代的风气。实现“两个一百年”奋斗目标、实现中华民族伟大复兴的中国梦，文艺的作用不可替代，文艺工作者大有可为。广大文艺工作者要从这样的高度认识文艺的地位和作用，认识自己所担负的历史使命和责任，坚持以人民为中心的创作导向，努力创作更多无愧于时代的优秀作品，弘扬中国精神、凝聚中国力量，鼓舞全国各族人民朝气蓬勃迈向未来。

文艺事业是党和人民的重要事业，文艺战线是党和人民的重要战线。长期以来，广大文艺工作者致力于文艺创作、表演、研究、传播，在各自领域辛勤耕耘、服务人民，取得了显著成绩，作出了重要贡献。在大家共同努力下，我国文艺园地百花竞放、硕果累累，呈现出繁荣发展的生动景象。

推动文艺繁荣发展，最根本的是要创作生产出无愧于我们这个伟大民族、伟大时代的优秀作品。文艺工作者应该牢记，创作是自己的中心任务，作品是自己的立身之本，要静下心来、精益求精搞创作，把最好的精神食粮奉献给人民。必须把创作生产优秀作品作为文艺工作的中心环节，努力创作生产更多传播当代中国价值观念、体现中华文化精神、反映中国人审美追求，思想性、艺术性、观赏性有机统一的优秀作品。

改革开放以来，我国文艺创作迎来了新的春天，产生了大量脍炙人口的优秀作品。同时，也不能否认，在文艺创作方面，也存在着有数量缺质量、有“高原”缺“高峰”的现象，存在着抄袭模仿、千篇一律的问题，存在着机械化生产、快餐式消费的问题。文艺不能在市场经济大潮中迷失方向，不能在为什么人的问题上发生偏差，否则文艺就没有生命力。低俗不是通俗，欲望不代表希望，单纯感官娱乐不等于精神快乐。精品之所以“精”，就在于其思想精深、艺术精湛、制作精良。文艺工作者要志存高远，随着时代生活创新，以自己的艺术个性进行创新。要坚持百花齐放、百家争鸣的方针，发扬学术民主、艺术民主，营造积极健康、宽松和谐的氛围，提倡不同观点和学派充分讨论，提倡体裁、题材、形式、手段充分发展，推动观念、内容、风格、流派切磋互鉴。

繁荣文艺创作、推动文艺创新，必须有大批德艺双馨的文艺名家。我国作家艺术家应该成为时代风气的先觉者、先行者、先倡者，通过更多有筋骨、有道德、有温度的文艺作品，书写和记录人民的伟大实践、时代的进步要求，彰显信仰之美、崇高之美。文艺工作者要自觉坚守艺术理想，不断提高学养、涵养、修养，加强思想积累、知识储备、文化修养、艺术训练，认真严肃地考虑作品的社会效果，讲品位，重艺德，为历史存正气，为世人弘美德，努力以高尚的职业操守、良好的社会形象、文质兼美的优秀作品赢得人民喜爱和欢迎。

社会主义文艺，从本质上讲，就是人民的文艺。

文艺要反映好人民心声，就要坚持为人民服务、为社会主义服务这个根本方向。这是党对文艺战线提出的一项基本要求，也是决定我国文艺事业前途命运的关键。要把满足人民精神文化需求作为文艺和文艺工作的出发点和落脚点，把人民作为文艺表现的主体，把人民作为文艺审美的鉴赏家和评判者，把为人民服务作为文艺工作者的天职。

随着人民生活水平不断提高，人民对包括文艺作品在内的文化产品的质量、品位、风格等的要求也更高了。文学、戏剧、电影、电视、音乐、舞蹈、美术、摄影、书法、曲艺、杂技以及民间文艺、群众文艺等各领域都要跟上时代发展、把握人民需求，以充沛的激情、生动的笔触、优美的旋律、感人的形象创作生产出人民喜闻乐见的优秀作品，让人民精神文化生活不断迈上新台阶。

人民是文艺创作的源头活水，一旦离开人民，文艺就会变成无根的浮萍、无病的呻吟、无魂的躯壳。能不能搞出优秀作品，最根本的决定于是否能为人民抒写、为人民抒情、为人民抒怀。要虚心向人民学习、向生活学习，从人民的伟大实践和丰富多彩的生活中汲取营养，不断进行生活和艺术的积累，不断进行美的发现和美的创造。要始终把人民的冷暖、人民的幸福放在心中，把人民的喜怒哀乐倾注在自己的笔端，讴歌奋斗人生，刻画最美人物，坚定人们对美好生活的憧憬和信心。

文艺工作者要想有成就，就必须自觉与人民同呼吸、共命运、心连心，欢乐着人民的欢乐，忧患着人民的忧患，做人民的孺子牛。对人民，要爱得真挚、爱得彻底、爱得持久，就要深深懂得人民是历史创造者的道理，深入群众、深入生活，诚心诚意做人民的小学生。艺术可以放飞想象的翅膀，但一定要脚踩坚实的大地。文艺创作方法有一百条、一千条，但最根本、最关键、最牢靠的办法是扎根人民、扎根生活。应该用现实主义精神和浪漫主义情怀观照现实生活，用光明驱散黑暗，用美善战胜丑恶，让人们看到美好、看到希望、看到梦想就在前方。

一部好的作品，应该是把社会效益放在首位，同时也应该是社会效益和经济效益相统一的作品。文艺不能当市场的奴隶，不要沾满了铜臭气。优秀的文艺作品，最好是既能在思想上、艺术上取得成功，又能在市场上受到欢迎。

每个时代都有每个时代的精神。文艺是铸造灵魂的工程，文艺工作者是灵魂的工程师。好的文艺作品就应该像蓝天上的阳光、春季里的清风一样，能够启迪思想、温润心灵、陶冶人生，能够扫除颓废萎靡之风。广大文艺工作者要高扬社会主义核心价值观的旗帜，把社会主义核心价值观生动活泼、活灵活现地体现在文艺创作之中，用栩栩如生的作品形象告诉人们什么是应该肯定和赞扬的，什么是必须反对和否定的，做到春风化雨、润物无声。要把爱国主义作为文艺创作的主旋律，引导人民树立和坚持正确的历史观、民族观、国家观、文化观，增强做中国人的骨气和底气。

追求真善美是文艺的永恒价值。艺术的最高境界就是让人动心，让人们的灵魂经受洗礼，让人们发现自然的美、生活的美、心灵的美。我们要通过文艺作品传递真善美，传递向上向善的价值观，引导人们增强道德判断力和道德荣誉感，向往和追求讲道德、尊道德、守道德的生活。只要中华民族一代接着一代追求真善美的道德境界，我们的民族就永远健康向上、永远充满希望。

中华优秀传统文化是中华民族的精神命脉，是涵养社会主义核心价值观的重要源泉，也是我们在世界文化激荡中站稳脚跟的坚实根基。要结合新的时代条件传承和弘扬中华优秀传统文化，传承和弘扬中华美学精神。我们社会主义文艺要繁荣发展起来，必须认真学习借鉴世界各国人民创造的优秀文艺。只有坚持洋为中用、开拓创新，做到中西合璧、融会贯通，我国文艺才能更好发展繁荣起来。

各级党委要把文艺工作纳入重要议事日程，贯彻好党的文艺方针政策，把握文艺发展正确方向。要选好配强文艺单位领导班子，把那些德才兼备、能同文艺工作者打成一片的干部放到文艺工作领导岗位上来。要尊重文艺工作者的创作个性和创造性劳动，政治上充分信任，创作上热情支持，营造有利于文艺创作的良好环境。要通过深化改革、完善政策、健全体制，形成不断出精品、出人才的生动局面。要高度重视和切实加强文艺评论工作，运用历史的、人民的、艺术的、美学的观点评判和鉴赏作品，倡导说真话、讲道理，营造开展文艺批评的良好氛围。

（本文是2014年10月15日习近平在文艺工作座谈会上的讲话，摘自新华社2014年10月15日电）

李克强：共建包容发展的美好世界

包容是人类文明进步的标志。中国先秦思想家提出“和而不同”“和为贵”的理念，这与欧洲先哲“和谐产生正义与善”的思想不谋而合。回望人类发展的历程，虽然东西方文明源头不同，但我们都懂得和谐相处、包容互鉴的可贵。进入21世纪，世界更需要相互包容、共同发展。我们不仅要在一国之内实现就业增加、平衡协调、公平正义的发展，还要推动国家和地区之间实现和平共处、共同增长的发展。包容发展应成为各国共同追求的目标。

国际上十分关注中国，对中国经济发展会有这样那样的看法。中国有古诗说，“横看成岭侧成峰”，说的是看一座山，从不同侧面会有不同印象。看问题角度不同，可能得出不同的结论。英国是最早实现工业化的国家，中国是世界上最大的发展中国家，各位的关注，就是对世界能不能实现包容发展的关注。中国走新型工业化、信息化、城镇化、农业现代化之路，是世界最大的包容发展。

中国经过30多年改革开放，特别是通过艰苦卓绝的奋斗，实现了13亿中国人的生活不断改善，6亿多人摆脱了贫困，人民的生存权、发展权得到保障。中国的发展是在开放的环境中实现的。13亿人坚定的目标就是要实现现代化，这将是一条比较漫长的道路。虽然中国经济总量位居世界第二，但人均GDP只有6800美元，仍排在世界80位以后，在中国广大中西部和东北地区人均GDP才5000多美元，有些西部省份只有3000多美元。按照世界银行的标准，中国还有2亿人生活在贫困线以下。同时，随着经济快速增长，资源环境约束的矛盾日益凸显。这将是我们长期面临的困难和挑战。实现现代化就其实质而言，很重要的是完成工业化和城镇化，这正是中国人民现在和未来努力的方向。

首先，关于中国的城镇化。

近几十年来，中国城镇化水平不断提高，但总体发展仍然滞后，目前还有6亿多人居住在农村。已经进城的2亿多农业转移人口，由于财力不足、公共产品提供受限，与过去就生活在城市并已经取得户籍的人相比，还没有享受同等水平的公共服务。到2020年，我们要解决其中1亿人在城镇落户问题，主要是在东部地区。还要引导约1亿农民，自愿在中西部就地城镇化。此外，中国还有1亿人居住在城镇的棚户区，需要加快改造，解决上述现存的“三个1亿人”问题，是中国推进新型城镇化的当务之急。

我们的难题还不止于此，即使解决了上述3亿人的问题，未来还有数亿农民需要逐步进城，这没有十几年、甚至更长时间是难以解决的，今后的任务将更加艰巨。任何国家要实现工业化，都必须实现农业现代化，提高农业劳动生产率，一般农业劳动人口占总人口比重都不高，中国也很难例外。让这么多人有序进入城市工作和生活，是一个长期的过程。所以说，中国到本世纪中叶才可能达到中等发达国家水平，最终实现现代化。

第二，关于中国的工业化。

工业化是实现现代化的重要方面。发达国家实现工业化用了上百年时间，而中国在短短几十年内就建起了完备的工业体系，许多工业产品产量名列世界前茅。大家都熟悉“中国制造”，但中国目前生产的主要还是中低端产品，产业发展需要向中高端水平迈进。产业升级有利于共同应对全球气候变化，也是中国突破能源资源和环境瓶颈束缚的必然选择。我们将坚定走新型工业化道路，倡导绿色低碳发展，加大节能减排力度，使中国生产的产品更加节能环保，依靠创新驱动实现内生增长。这也将给世界带来巨大商机。今后五年，中国进口商品累计将超过10万亿美元，对外投资超过5000亿美元，出境旅游人数超过5亿人次。中国乐见世界各国分享中国发展的红利。

在中国这样一个人口大国建设现代化，历史上没有先例，我们面临的挑战很多，仍需要付出艰辛的探索和努力。在经过几十年的快速增长之后，目前中国经济增速有所放缓，与过去的两位数相比，现在转入中高速阶段。有人开始怀疑中国经济能否持续增长，会不会“硬着陆”，我可以负责任地说不会。原因就是有城镇化和工业化两大因素支撑，我们还有较大的城乡差距、地区差距，产业结构也不合理，而这些也是潜力，中国的发展有着巨大的内需空间。只要我们把握好方向，勤奋工作，中国经济就能够在较长时间保持中高速增长。

2014年以来，中国发展虽面临较大下行压力，但经济运行总体平稳。我们继续实施积极的财政政策和稳健的货币政策，不采取强刺激措施，而是进一步创新宏观调控思路和方式，实行区间调控和定向调控相结合，加强预调微调，确保经济增长不突破保就业的下限，CPI 不突破防通胀的上限，使经济运行始终处于合理区间。我们有信心实现今年 7.5% 左右的预期增长目标，而且也将为未来发展奠定坚实的基础。

中国经济总量已超过 9 万亿美元，如果每年增长 7.5% 左右，再考虑价格因素，增量就达 1 万亿美元左右，相当于一个中等经济体的经济总量。做到这一点不容易，但它会给中国和世界带来巨大商机。我讲到这么多数字，并不是“数字游戏”，只是想说明一点，中国有条件、有能力促进经济平衡协调和持续健康发展。

第三，关于中国的和平发展。

在中国这样大的发展中国家搞现代化建设，进而实现中华民族伟大复兴的“中国梦”，需要和平的国际环境和稳定的周边环境，否则就不可能集中精力来搞建设，这是不容置疑的逻辑。

中华民族是爱好和平的民族。中国古训说，“己所不欲，勿施于人”，“己欲立而立人，己欲达而达人”，这些理念已经融进我们的民族血脉，成为中国人的基本处世之道。中国没有扩张的基因，更不接受“国强必霸”的逻辑。

过去 30 多年中国的发展成就，得益于和平稳定的外部环境。走和平发展道路，让中国人民吃到了甜头，也让国与国之间能够实现双赢、多赢，这是中国多年来发展实践得出的重要宝贵经验，我们决不会放弃。即使中国将来发展起来了，仍然要坚持包容开放、和平合作。

中国是一个负责任的大国，主张国家间应相互尊重、平等相待、和平共处，坚持联合国宪章和国际关系基本准则，倡导通过和平方式和外交渠道解决分歧与争端，反对诉诸武力和干涉别国内政。中国将始终坚定不移走和平发展道路，奉行互利共赢的开放战略，愿与世界各国一道致力于创造持久和平的国际环境。

长期以来，中国为维护亚洲地区和平稳定作出了重要贡献。正是由于中国与周边国家凝聚起合作共赢的共识，共同营造了通过协商谈判处理分歧的良好氛围，东亚地区才有了今天的繁荣发展。中国始终奉行“与邻为善，以邻为伴”的周边政策，愿与所有邻国和睦相处。但对于挑起事端、损害和平的行为，也必须采取有力措施予以制止，防止局势失控，促使事态回到对话谈判轨道上来。相信只要地区国家之间能够真诚对话、理性协商，就能继续保持和平安宁的环境。

历史昭示我们，战争是人类智慧的失败，和平是反思灾难痛苦的结晶。英国前首相丘吉尔曾说，“历史藏着一切智慧，不学习历史注定要重蹈覆辙”。我们应当汲取历史教训，正视历史，面向未来，推进国际和地区事务政治解决，共同应对传统和非传统安全挑战，协力促进世界繁荣与发展。

第四，关于中国的改革开放。

中国的现代化不仅需要和平稳定的外部环境，还要靠改革开放提供强大动力。千千万万人有巨大的创造力，市场蕴藏着巨大的活力。20 世纪 70 年代，我在安徽凤阳农村当大队支部书记，那时候实行计划经济，每天要安排村里几百个农民每天干什么，大家也起早贪黑干活，但一年到头还是吃不饱饭。后来推进农村改革，实行家庭联产承包责任制，种什么、怎么种，农民自己说了算，几年下来就解决了温饱问题。正是靠改革开放，亿万中国人民获得了更大自由发展空间，中国社会不断取得进步。对中国来说，过去快速发展靠改革，今天的增长动力靠改革，未来长远发展也要靠改革。

简政放权是改革的关键。要让市场发挥更大活力，让社会发挥更大创造力，首先是政府要进行自我革命，把政府不该管的权力放下去，把应该由市场决定的事情交出去。去年在经济面临困难的情况下，正是通过简政放权，激发了民间投资的潜力。今年 3 月实施工商登记制度改革后，各地新增企业登记数迅速增加，增加了 40% 以上，极大促进了创业就业。我们还要推进结构性改革，通过放宽准入限制，更多让民营资本发挥作用。说到底，改革就是要调动广大人民群众的积极性，为他们提供更多的创新创造平台，让每个人都有梦想成真的机会。当然，政府放权也不是什么都不管，我们实行放管结合，对那些假冒伪劣、侵犯知识产权、污染环境等行为，要进行严格监管和依法处置。

开放也是改革。我们将推进中国新一轮对外开放，放宽市场准入，让外资更多进入中国。扩大服务业开放和内陆沿边开放，以中国上海自由贸易试验区建设为龙头，探索准入前国民待遇加负面清单管理模式，为中外投资经营者提供公平竞争的营商环境。中国对外投资把英国作为优先方向之一，也欢迎英国企业把中国作为主要投资目的地。深化改革和对外开放必然使中国经济迸发出巨大活力，不仅为中国人民带来福祉，也必将为世界提供更多机遇，为世界包容发展作出重要贡献。

当前，全球经济总体呈现复苏势头，但不确定、不稳定因素依然很多。目前，发达国家和发展中国家已经成为推动世界经济增长的双引擎。各国应继续发扬应对国际金融危机中形成的团结协作、同舟共济精神，大力实施改革创新，加强宏观政策协调，消除保护主义壁垒，推动建立公平竞争的市场秩序，不断扩大利益共同点，共享全球化发展成果。

中英两国建立全面战略伙伴关系10年来，双方经贸、科技、人文等各领域合作成果丰硕。此次访英，我同贵国政府领导人进行了深入坦诚地会谈，两国发表了中英联合声明。我们都认为，中英要增强政治互信和战略合作，尊重彼此核心利益和重大关切，加强在联合国安理会以及二十国集团等多边机制中的沟通协调，共同维护世界多边贸易体制，推动中欧投资协定谈判和中欧自贸区可行性研究，在应对气候变化、反恐等领域加强对话。双方应发挥好两国总理年度会晤等系列机制的引领作用，让两国全方位合作顺畅高效进行。中英将共同努力，为促进中欧关系发展作出积极贡献。

中英要做共同增长的合作伙伴，更要实现包容发展。两国合作不仅追求规模扩大，而且要使内涵不断丰富；不仅要做生意，还要提高科技含量。中国愿在基础设施、制造业、城镇化等领域，进一步加强与英方合作，不断扩大两国贸易和投资额。中英将推出人民币与英镑直接交易，中国将在伦敦设立人民币清算银行，提升双方金融合作水平。英国是全球创新发展的佼佼者，在高新技术、节能环保以及科学研究等领域居世界领先地位，中国正在实施创新驱动发展战略，两国科技与创新合作前景广阔。双方要发挥联合科学创新基金的作用，搞出一批高水准开发项目和科研成果，为两国发展提供有力支撑。

中英合作不限于经贸领域，还应不断密切人文交流。英国富有科学、理性、宽容的文化特质，中国有着开放包容、兼收并蓄的历史传统。中英虽然远隔万里，但可以说是“遥远的邻居”，彼此的科学技术、文学艺术、学术思想相互吸引、交相辉映。莎士比亚的《罗密欧与朱丽叶》在中国家喻户晓，汤显祖的《牡丹亭》也登上英国舞台。英语是英国人的母语，但今天中国有3亿人在学英语，是全球学习英语人数最多的国家之一；中国是茶的故乡，但英国是世界上人均喝茶最多的国家之一。目前，中国在英留学人员超过13万人，占中国到欧盟国家留学人员的一半。中英应进一步深化人文交流，推进教育、文化等领域合作。英国政府已表示将简化中国公民来英签证手续，这意味着将会有更多中国人有序地到英国来工作、旅行，为英国经济带来更多活力。

英国和中国都是伟大的国家，都拥有悠久的历史，创造过各自的辉煌，更有着顺应时代大潮求新求变的执着追求。英国诗人雪莱说：“人不能创造时势，但可以抓住那些已经出现的机遇。”中国文学家苏轼说：“来而不可失者时也，蹈而不可失者机也。”中国与英国，东方与西方，发展中国家与发达国家，应抓住机遇，共迎挑战，携手建设一个包容发展的美好世界！

（本文是2014年6月18日李克强在英国智库的演讲，摘自《人民日报》2014年6月20日第3版）

刘云山：着力培育和践行社会主义核心价值观

前不久，中共中央办公厅印发《关于培育和践行社会主义核心价值观的意见》（以下简称《意见》），这是我们党推进社会主义核心价值体系建设的重要举措。要认真贯彻习近平总书记系列讲话精神，切实抓好《意见》的落实，努力建设中华民族的共有精神家园，推动形成奋发向上、崇德向善的强大力量。

一、把握好核心价值观与核心价值体系的关系

最初提出建设社会主义核心价值体系，现在又强调培育和践行社会主义核心价值观，这两者之间到底是什么关系？社会主义核心价值观是在社会主义核心价值体系基础上提出来的，正如《意见》指出：社会主义核心价值观是社会主义核心价值体系的内核，体现着社会主义核心价值体系的根本性质和基本特征，反映着社会主义核心价值体系的丰富内涵和实践要求，是社会主义核心价值体系的高度凝练和集中表达。这四句话，实际上是对核心价值观和核心价值体系两者关系的一个基本定位。

把握好核心价值观与核心价值体系的关系，首先要充分认识到两者的内在一致性。核心价值观与核心

价值体系方向一致，都体现了社会主义意识形态的本质要求，体现了社会主义制度在思想和精神层面的质的规定性，凝结着社会主义先进文化的精髓，是中国特色社会主义道路、理论体系和制度的价值表达，是实现中华民族伟大复兴的中国梦的价值引领。核心价值观与核心价值体系都坚持重在建设，就是要弘扬共同理想、凝聚精神力量、建设道德风尚，都是为了形成全民族奋发向上、团结和睦的精神纽带，使我们的国家、民族、人民在思想和精神上强起来，更好地坚持中国道路、弘扬中国精神、凝聚中国力量。

把握好核心价值观与核心价值体系的关系，还要认识到两者各有侧重，特别要看到相比于社会主义核心价值体系，社会主义核心价值观有这样几个鲜明特点：一是更加突出了核心要素，社会主义核心价值体系包括马克思主义指导思想、中国特色社会主义共同理想、民族精神和时代精神、社会主义荣辱观四个方面，是一个系统性、总体性的框架；而社会主义核心价值观强调的“三个倡导”，则更清晰地揭示了这个价值体系的内核，确立了当代中国最基本的价值观念。二是更加注重了凝练表达，社会主义核心价值观倡导的富强、民主、文明、和谐，自由、平等、公正、法治，爱国、敬业、诚信、友善，明确了国家、社会、公民三个层面的价值目标、价值取向、价值准则，是社会主义核心价值体系的凝练表达，符合大众化、通俗化要求,便于阐发、便于传播。三是更加强化了实践导向，社会主义核心价值观强调的“三个倡导”指向十分明确，每个层面都对人们有更具体的价值导向，是实实在在的要求，规范性和实践性都很强，便于遵循和践行。培育和践行核心价值观，为推进核心价值体系建设进一步明确了切入点和工作着力点，有利于更好把各项任务落到实处。

二、深化宣传普及、增强认知认同

核心价值观的培育贵在知行统一，而知是前提、是基础，内心认同才能自觉践行，春风化雨才能润物无声。培育和践行核心价值观，一定要在增强认知认同上下功夫，使其家喻户晓、深入人心。

培育核心价值观离不开持续的灌输，抓好宣传教育始终是一项基础性工作。积极健康向上的思想和精神在人们心里播下种子，就能生根、开花、结果，就能转化为崇德向善的实际行动。要把“三个倡导”基本内容讲清楚，引导人们牢牢把握富强、民主、文明、和谐作为国家层面的价值目标，深刻理解自由、平等、公正、法治作为社会层面的价值取向，自觉遵守爱国、敬业、诚信、友善作为公民层面的价值准则。要把当代中国价值观念的传播展示同中国梦的宣传教育有机结合起来，深入阐释中国梦是当代中国人民共同理想和价值追求的形象表达，是中华民族团结奋斗的最大公约数。认知认同不仅要体现在理性认知上，也要反映在情感认同上，真理的力量加上道义的力量，才能行之久远。这就需要找准宣传教育同人们思想道德情感的契合点，善于用讲故事的方式，宣传最美人物、弘扬最美精神，用身边事教育身边人，用小故事阐发大道理，做到深入浅出、情理交融。要善于运用大众媒体传播核心价值观，加强核心价值观的网上传播，最大限度地唱响正气歌，使核心价值观真正成为人们心灵的罗盘，成为人们情感的寄托。

培育核心价值观，重要的是增强人们的价值判断力和道德责任感。社会主义核心价值观是追求真善美的价值观，中华民族是自强不息、厚德载物的民族，每个人心底蕴藏的善良道德意愿、道德情感，就是我们培育社会主义核心价值观最深厚的土壤。要把增强全社会的价值判断力和道德责任感作为宣传教育的重要着力点，引导人们辨别什么是真善美、什么是假恶丑，自觉做到常修善德、常怀善念、常做善举。现在突出问题是，在一些领域和一些人当中，价值判断没有了界限、丧失了底线，甚至以假乱真、以丑为美、以耻为荣。一定要正视问题，把正面教育与舆论监督结合起来，把热点问题引导与群众道德评议结合起来，旗帜鲜明地弘扬真善美、贬斥假恶丑，树立正确导向、澄清模糊认识、匡正失范行为，形成激浊扬清、抑恶扬善的思想道德舆论场，引导人们自觉做良好道德风尚的建设者，做社会文明进步的推动者。

培育核心价值观，必须坚持从小抓起、从学校抓起。青少年阶段是价值观形成阶段，是可塑性最强的时期。抓好了青少年思想道德教育，也就抓住了未来、管住了长远。要把青少年价值观教育摆在突出位置，坚持育人为本、德育为先，融入国民教育的全过程，贯穿到学校教育、家庭教育、社会教育的各个环节和各个方面。要针对不同年龄段的青少年采取不同的引导方式，形成课堂教学、社会实践、校园文化多位一体的育人平台，建立爱学习、爱劳动、爱祖国活动的长效机制。要以对国家和民族高度负责的态度，净化社会文化环境，整治网络环境，对那些危害青少年身心健康的违法犯罪行为要坚决查处、严厉打击，让广大青少年健康成长。

三、从优秀传统文化中汲取营养

源远流长、博大精深的中华优秀传统文化，积淀着中华民族最深层的精神追求，包含着中华民族最根本的精神基因，是社会主义核心价值观的深厚源泉。培育和践行社会主义核心价值观，就要从中华优秀传统文化中充分汲取思想道德营养，结合时代要求加以延伸阐发，既使中华民族最基本的文化基因与当代文化相适应、与现代社会相协调，又让社会主义核心价值体系之树深深植根于中华优秀传统文化沃土。

不忘本来才能开辟未来，善于继承才能更好地创新和发展。习近平总书记在山东考察调研时指出，对历史文化特别是先人传承下来的价值理念和道德规范，要坚持古为今用、推陈出新，有鉴别地加以对待，有扬弃地予以继承。培育和践行社会主义核心价值观，一定要以优秀传统文化为根基，增添文化的内涵、实现文化的关照，努力做到以文化人、以文育人。要结合“三个倡导”的基本内容，讲清楚中华文化的历史渊源、发展脉络、基本走向，讲清楚中华文化的独特创造、价值理念、鲜明特色，增强我们的文化自信、价值观自信。要认真汲取中华文化的思想精华、道德精髓，大力弘扬以爱国主义为核心的团结统一、爱好和平、勤劳勇敢、自强不息的思想和精神，深入挖掘和阐发中华传统文化讲仁爱、重民本、守诚信、崇正义、尚和合、求大同的时代价值，使中华传统美德实现创造性转化、创新性发展。当然，对待传统文化，也要辩证地对待，加强鉴别、合理扬弃，取其精华、去其糟粕，真正把中华传统文化这个宝库开掘好、利用好。

通过文化传承来以文化人、以文育人，既要有内容还要有载体，要有文化活动还要有文化产品。要广泛开展中华优秀传统文化的宣传普及活动，在国民教育中增加优秀传统文化内容，更好地用中华优秀传统文化滋养人们心灵、陶冶道德情操。现在，一些地方举办的经典诵读、道德论坛、文化讲堂，利用传统节日举办民间民俗活动，都是弘扬传统文化的好形式、好载体，近年来开展的“我们的节日”活动已成为传承中华文化、建设精神文明的一个品牌，这些都要在总结经验基础上继续抓好。要深入实施中华文化传承工程，围绕反映中华民族历史特别是近现代史、党史、国史，围绕实现中华民族伟大复兴的中国梦，制定工程规划、加强重点扶持，推出一大批弘扬爱国主义、集体主义、社会主义思想和当代中国价值观念的精品力作。这里还要强调，所有精神文化产品都应当有一股精气神，有利于引导人们树立和坚持正确的历史观、民族观、国家观、文化观，增强做中国人的骨气和底气。

四、推动人人参与、人人实践

核心价值观的生命力在于实践，在于每一个社会成员自觉行动。参与面越广，践行核心价值观的社会基础就越深厚。培育和践行核心价值观，必须坚持教育和实践两手抓，以教育引导实践、以实践深化教育。

天下大事必作于细。对核心价值观的践行是具体的，必须坚持由易到难、由近及远，动员人们从身边小事做起、从一点一滴做起，把“三个倡导”要求变成日常的行为准则，进而增强自觉奉行和日常践行的能力。要坚持不懈推动实践养成，广泛开展学雷锋、志愿服务活动，开展群众性精神文明创建活动，引导人们在实践中深化对核心价值观的理解。要充分利用重大节日、重大活动，开展面向大众的主题实践活动，开展必要的礼仪活动，让人们更好感悟核心价值观的真谛和要义。活动不在多，关键要有效果。如果离开实际生活和工作去搞道德实践活动，不管口号提得再响，活动规模再大，最后只能是空对空。推动核心价值观的践行，一定要注意贴近性、对象化、接地气，实现内容和形式的有机结合，让人们便于参与、乐于参与。

弘扬正气，就得压住邪气。推动核心价值观的践行，还应当把抓建设与抓治理结合起来，集中力量对人们反映强烈的道德领域突出问题进行专项整治。对那些伤风败俗的丑恶行为，对那些激起公愤的缺德现象，要充分运用舆论手段、经济手段、法律手段等，予以遏制、加强惩戒，形成社会压力，决不能听之任之。政务诚信、商务诚信、社会诚信和司法公信，一直是各方面关注的焦点，这方面的治理取得了一些成果，但还远远不够，一定要坚持不懈地抓下去，下大气力解决食品药品安全、社会秩序、公共服务等方面的突出问题，务求取得看得见、感受得到的成效。随着我国经济快速发展和人民生活水平不断提高，出行旅游越来越成为人们生活的一部分，旅游中不文明现象日益凸显出来。要在已有工作基础上，进一步加大治理力度，引导公众增强文明出游意识，不断提升道德素养，更好地塑造和展示良好国家形象。

五、党员干部要引领带动

党风促政风、带民风。党员干部在弘扬先进思想道德上作出表率、见诸行动，就是重要的导向和最有说服力的教育。党的十八大以来，我们党抓作风建设，坚持领导带头、党员干部带头，自上而下、以上率下，带动整个社会出现新的气象。这深刻启示我们：培育和践行社会主义核心价值观，必须抓好党员干部这个重点，发挥好党员干部的引领带动作用。

党员干部的引领带动作用，就是要求我们的党员干部以更高的标准、更严的要求，自觉践行社会主义核心价值观，做时代的先锋、社会的楷模。党员干部特别是各级领导干部应当带头坚定理想信念，带头保持良好的思想道德情操，带头树立正确的世界观、人生观、价值观，始终坚守共产党人的精神高地。要求普通群众做到的自己首先做到，要求别人不做的自己坚决不做，以实际行动影响和带动全社会。当前，要把践行社会主义核心价值观作为党的群众路线教育实践活动的重要内容，作为党员干部教育培训的重要方面，加强党性党风教育，加强党的优良传统教育，坚决反对形式主义、官僚主义、享乐主义和奢靡之风，以良好的党风政风带动社会风气的好转。

重德是我们党选人用人的一个重要原则，这个"德"从根本上讲就是社会主义核心价值体系和核心价值观。让党员干部发挥引领带动作用，就要把践行核心价值观的情况，作为考核评价、选拔任用干部的重要依据，真正把"德"的要求、把核心价值观的要求落到实处。对那些信念坚定、为民服务、勤政务实、敢于担当、清正廉洁的好干部，要及时提拔任用到合适岗位上来，形成鲜明的以德为先用人导向。对那些信念动摇、精神颓废的干部，对那些腐化堕落、道德败坏的干部，对那些在关键时刻逃避责任、引起民愤民怨的干部，要及时作出组织处理，决不能让"问题干部"消解思想道德建设的正效应。

六、全党全社会的共同责任

培育和践行社会主义核心价值观，涉及各个领域、各个方面，不仅是宣传部门的事情，更是全党全社会的共同责任。各级党委一定要贯彻两手抓、两手都要硬的方针，把培育和践行核心价值观摆在重要位置，加强统筹规划、加强工作指导，切实负起政治责任和领导责任。

各级宣传部门要在党委领导下，切实履行好组织实施、协调推进的重要职责，加强与各部门的联系和沟通，加强对重点工作的谋划和督导，推动核心价值体系建设各项任务落到实处。中央文明委各成员单位，各条战线各个部门都要认真落实《意见》精神，把核心价值观的要求融入到各自工作中，密切配合、形成合力。

政策法律，对培育和践行核心价值观有着重要的导向作用。要结合推进国家治理体系和治理能力现代化的实践，结合全面深化改革的进程，做好有关政策、法规的制定和修订工作，使之有利于培育和践行核心价值观。要始终坚持正确的政策导向，使经济建设、政治建设、文化建设、社会建设和生态文明建设等政策措施都有利于弘扬社会主义核心价值观，防止背离现象、脱节问题。要善于通过科学的立法、执法、司法实践推动核心价值观的培育和践行，用有效的制度机制来规范人们的行为，使符合核心价值观的行为受到鼓励，使违背核心价值观的现象受到制约。要加大对先进典型、道德模范的关心和帮助，不仅要给予舆论上的推崇和道义上的支持，还应当给予物质上的激励和生活上的关心，推动形成好人好报、善有善报的正向机制，形成崇德向善、见贤思齐的社会氛围。

（本文是2014年1月4日刘云山在培育和践行社会主义核心价值观座谈会上的讲话，摘自《求是》2014年第2期，略有删节）

刘奇葆：在全社会大力培育和践行社会主义核心价值观

党的十八大以来，中央高度重视培育和践行社会主义核心价值观。习近平总书记多次作出重要论述、提出明确要求。中央政治局围绕培育和弘扬社会主义核心价值观、弘扬中华传统美德进行集体学习。中办下发《关于培育和践行社会主义核心价值观的意见》。党中央的高度重视和有力部署，为加强社会主义核心价值观教育实践指明了努力方向，提供了重要遵循。

一、把培育和践行社会主义核心价值观作为一项根本任务抓紧抓好

社会主义核心价值观是社会主义核心价值体系的内核。党的十八大提出培育和践行社会主义核心价值观的根本任务，强调要倡导富强、民主、文明、和谐，倡导自由、平等、公正、法治，倡导爱国、敬业、诚信、

友善。这“三个倡导”24个字，凝练概括了国家的价值目标、社会的价值取向和公民的价值准则，是社会主义核心价值观的基本内容。培育和践行社会主义核心价值观，是我们党立足推进中国特色社会主义伟大事业、实现中华民族伟大复兴中国梦的全局作出的重大决策，是凝魂聚气、强基固本的基础工程、战略工程，具有重大的现实意义和深远的历史意义。

从适应国内国际大局深刻变化看，我国正处在大发展大变革大调整时期，在前所未有的改革、发展和开放进程中，各种价值观念和社会思潮纷繁复杂。国际敌对势力正在加紧对我实施西化分化战略图谋，思想文化领域是他们长期渗透的重点领域。面对世界范围思想文化交流交融交锋形势下价值观较量的新态势，面对改革开放和发展社会主义市场经济条件下思想意识多元多样多变的新特点，迫切需要我们积极培育和践行社会主义核心价值观，扩大主流价值观念的影响力，提高国家文化软实力。

从推进国家治理体系和治理能力现代化要求看，培育和弘扬核心价值观，有效整合社会意识，是国家治理体系和治理能力的重要方面。全面深化改革，完善和发展中国特色社会主义制度，推进国家治理体系和治理能力现代化，必须解决好价值体系问题，加快构建充分反映中国特色、民族特性、时代特征的价值体系，在全社会大力培育和弘扬社会主义核心价值观，提高整合社会思想文化和价值观念的能力，掌握价值观念领域的主动权、主导权、话语权，引导人们坚定不移地走中国道路。

从提升民族和人民的精神境界看，核心价值观是精神支柱，是行动向导，对丰富人们的精神世界、建设民族精神家园，具有基础性、决定性作用。一个人、一个民族能不能把握好自己，很大程度上取决于核心价值观的引领。发展起来的当代中国，更加向往美好的精神生活，更加需要强大的价值支撑。要振奋起人们的精气神、增强全民族的精神纽带，必须积极培育和践行社会主义核心价值观，铸就自立于世界民族之林的中国精神。

从实现民族复兴中国梦的宏伟目标看，核心价值观是一个国家的重要稳定器，构建具有强大凝聚力感召力的核心价值观，关系社会和谐稳定，关系国家长治久安。实现“两个一百年”的奋斗目标，实现中华民族伟大复兴的中国梦，必须有广泛的价值共识和共同的价值追求。这就要求我们持续加强社会主义核心价值体系和核心价值观建设，巩固全党全国各族人民团结奋斗的共同思想基础，凝聚起实现中华民族伟大复兴的中国力量。

培育和弘扬社会主义核心价值观，要深入学习贯彻十八大和十八届二中、三中全会精神，学习贯彻习近平总书记系列讲话精神，紧紧抓住“三个倡导”24个字，综合运用教育引导、舆论宣传、文化熏陶、实践养成、政策制定、制度保障等方式，把社会主义核心价值观融入国民教育全过程，落实到经济社会发展各方面，使之内化为人们的精神追求、外化为人们的自觉行动。应总体考虑，从国家、社会、公民三个层面开展宣传教育。

在国家层面，紧紧围绕“富强、民主、文明、和谐”的价值目标，广泛开展理想信念教育，不断深化中国特色社会主义和中国梦宣传教育，宣传阐释发展社会主义市场经济、民主政治、先进文化、和谐社会、生态文明的深刻内涵和重大意义，引导人们坚定道路自信、理论自信、制度自信，把个人理想融入国家富强、民族振兴、人民幸福的伟大事业之中。

在社会层面，紧紧围绕“自由、平等、公正、法治”的价值取向，宣传阐释马克思主义自由观、平等观，深入开展法制教育、形势政策教育、民族团结进步教育，加强和改进思想政治工作，推进社会治理创新，促进社会公平正义，培育良好社会心态，建设充满活力又和谐有序的现代社会。

在公民层面，紧紧围绕“爱国、敬业、诚信、友善”的价值准则，深入开展爱国主义教育，大力弘扬中华民族传统美德，推进公民道德建设工程，加强社会公德、职业道德、家庭美德和个人品德教育，宣传学习先进典型，推进精神文明创建活动，引导人们讲道德、尊道德、守道德，形成根基雄厚的崇德向善的人民力量。

社会主义核心价值观是由我国的经济基础和政治制度决定的，属于社会意识范畴，必然也必须体现在经济社会发展各领域，体现在人们生产生活和日常交往之中，体现在政策制度、法律法规各方面。培育和践行社会主义核心价值观，不是孤立的工作，而是一项系统性、综合性的工程，必须在国家发展总的目标下与各方面工作紧密结合起来、协调推进。如果抓不好结合，就会造成“两张皮”；如果制定的政策法规、设计的具体制度、开展的实际工作，与社会主义核心价值观相背离，就会变成“对台戏”。要把培育和践行社会主义核心价值观，与学习贯彻习近平总书记系列讲话精神结合起来，与贯彻落实中央重大方针政策和决策部署结合起来，与推进改革开放和社会主义现代化实践结合起来，与各项重大主题宣传教育活动结合起来，通过广泛的教育实践活动，使社会主义核心价值观落地生根、枝繁叶茂，像空气一样无所不在、无时不有。

培育和践行社会主义核心价值观，是一个长期的过程，不可能毕其功于一役。开展社会主义核心价值观宣传教育，首先要在全社会叫响"三个倡导"24 个字，广泛进行宣传、深入研究阐释，使之家喻户晓、众人皆知。同时，要全面系统、分层面、有重点地开展宣传教育，加强分类设计，梳理出各个阶段、各个领域的工作重点，一步一步地向前推进，积少成多、聚沙成塔，垒石成峰、功到渠成，引导人们不断加深对社会主义核心价值观的理解，融化在心灵里、体现在行为中。

二、弘扬中华优秀传统文化，加强道德教育实践，引导人们自觉践行社会主义核心价值观

习近平总书记指出，中华文化源远流长，积淀着中华民族最深层的精神追求，代表着中华民族独特的精神标识，为中华民族生生不息、发展壮大提供了丰厚滋养。中华优秀传统文化蕴藏着丰富的思想资源，包含着优秀的传统美德，必须坚持客观、科学、礼敬的态度，认真汲取中华优秀传统文化的思想精华和道德精髓，做好创造性转化和创新性发展，激活其生命力，增强其影响力和感召力，为涵养社会主义核心价值观提供重要源泉。要继承和弘扬中华优秀传统文化和传统美德，广泛开展道德教育实践活动，大力普及"爱国、敬业、诚信、友善"等基本道德规范，增强人们的价值判断力和道德责任感，不断提高人们道德水平、提升人们道德境界。

1. 抓好学雷锋志愿服务活动

学雷锋志愿服务是美好的道德行为和重要的道德实践，是培育助人为乐、团结友善文明风尚的有效途径。要大力弘扬"奉献、友爱、互助、进步"的志愿精神，以社区为依托，以关爱空巢老人、留守儿童、困难职工、残疾人为重点，精心设计开展形式多样的志愿服务活动，把志愿服务做到基层、做进社区、做进家庭。坚持志愿服务活动与学雷锋活动相结合，大力弘扬雷锋精神，推出一批学雷锋示范点和岗位学雷锋标兵，引导人们立足岗位学雷锋、走上社会学雷锋。贯彻落实《关于推进志愿服务制度化的意见》，完善长效工作机制和活动运行机制，探索建立中国特色志愿服务制度，推进志愿服务制度化，促进学雷锋活动常态化。

2. 抓好孝敬教育

百善孝为先，孝乃德之本。古代二十四孝的故事流传至今，当代众多的孝敬典范有口皆碑，孝亲敬老已经内化为中华民族的文化心理和精神基因。要大力弘扬孝道，培养人们的孝心、爱心，引导人们感念父母的养育之恩、感念长辈的关爱之情，养成孝顺父母、尊敬师长、敬老助老的良好品质。家风是无言的教育，家教对一个人价值观的形成有着重要作用。中华民族历来重视家风的培育和传承，颜之推的《颜氏家训》，朱柏庐的《治家格言》，傅雷的家书家信，都堪称当时家风家教的典范。要适应现代社会家庭组织、家庭结构的深刻变化，加强以孝亲敬老为基础的家风家教建设，把中华孝道和敬老之风一代一代传承下去。

3. 抓好诚信教育

诚实守信是做人做事的道德底线，是道德建设的基础。市场经济在推动经济社会发展的同时，也带来了拜金主义、一切向钱看的有害思想观念，导致一些人信用意识淡薄，社会信任感下降，诚信缺失、造假欺诈已成为当前社会的一大问题。要广泛开展诚信教育，精心组织诚信创建活动，在全社会积极倡导讲诚实、重信用、守承诺，引导人们树立守信光荣、失信可耻的观念，真诚做人、守信做事。加强政务诚信、商务诚信、社会诚信和司法公信建设，大力推进诚信建设制度化，把诚信作为管理的重要原则，推动有关部门和机构建立健全社会征信体系，深入开展道德领域突出问题专项教育治理，建立"红黑榜"发布制度，褒扬诚信、惩戒失信，营造诚实守信的社会环境。

4. 抓好勤劳节俭教育

勤劳节俭是中华民族的优良品德，是国家发展、社会进步的精神需求和实际需要。过去，生产落后、条件艰苦，需要勤劳节俭；今天，经济发展了，生活改善了，同样需要勤劳节俭。在物质条件好转的情况下，一些人好逸恶劳、好吃懒做思想严重起来，一些领域铺张浪费、豪华奢靡现象正在滋长，餐桌上的铺张、舌尖上的浪费可谓触目惊心。懒惰和浪费损失的不仅仅是物质成果，更严重的是损毁了积极向上的民族精神和人的道德情操。要广泛宣传中华民族吃苦耐劳、戒奢克俭的优良传统，任何时候都不能丢掉中华民族勤劳节俭的崇高品格。开展全民性的节粮、节水、节电、节约钱物等活动，特别要突出节粮节水的教育，从娃娃抓起，从幼儿园、各级各类学校、各个单位抓

起，从每个家庭抓起，努力营造劳动光荣、懒惰可耻，节约光荣、浪费可耻的浓厚社会氛围。

三、在抓好融入上下功夫，把培育和践行社会主义核心价值观的任务落到实处

一种价值观要真正发挥作用，必须融入实际、融入生活，让人们在实践中感知它、领悟它、接受它，达到潜移默化、润物无声的效果。可以说，融入的程度，反映着工作的力度和深度，决定着工作的进展和成效。要下力气做好融入这篇大文章，把培育和践行社会主义核心价值观的工作做深入、做扎实。

1. 融入各行各业的实际工作

各行各业虽然领域不同、性质不同、业务不同，但培育和践行社会主义核心价值观的要求是一致的。在实际工作中，无论是机关、学校还是企业事业单位、社会组织，无论是生产经营领域还是社会服务领域，都要充分体现社会主义核心价值观的要求，形成各方面工作与核心价值观建设同频共振、同向同行的强大正效应。各行各业要深化拓展精神文明创建活动，加强职业道德建设，开展行风评议，规范行业行为，彰显正确价值导向，使社会主义核心价值观在本行业本领域深深扎根。

2. 融入大众的日常生活

培育和践行社会主义核心价值观，必须与人们日常生活紧密联系起来，在落细、落小、落实上下功夫，形成有利于弘扬社会主流价值的生活情景和社会氛围，收到“百姓日用而不知”的效果。要按照社会主义核心价值观的基本要求，完善市民公约、乡规民约、学生守则等行为准则，使社会主义核心价值观成为人们日常生活的基本遵循。礼仪是宣示价值观、教化人们的有效方式。要有内涵地建立和规范一些礼仪制度，开展有庄严感的典礼，如升国旗仪式、成人仪式、入党入团入队入学仪式等，同时利用重大纪念日、祭奠日、民族传统节日等开展有教育意义的纪念活动，弘扬主流价值观念，传递社会正能量。

3. 融入政策制度、法律法规的制定实施

社会主义核心价值观规定着我国政策制度、法律法规的性质和方向，具体的政策制度、法律法规又直接影响着人们对社会主义核心价值观的认同。要结合推进国家治理体系和治理能力现代化的实践，结合全面深化改革的进程，做好有关政策、法规的制定和修订工作，把社会主义核心价值观的要求体现到各方面政策制度、法律法规之中，形成有利于培育和践行社会主义核心价值观的政策支持和法律保障。要充分发挥政策、法规的导向和约束作用，使正确行为得到鼓励、错误行为受到制约，强化人们践行社会主义核心价值观的行动自觉。

4. 创新工作方法手段

培育和践行社会主义核心价值观，必须适应形势发展变化，契合群众的心理特点和接受习惯，努力创新方式方法，有针对性地设计载体、搭建平台，不断提高工作的吸引力和实效性。要结合实际不断探索创新。一是运用现代技术手段，在“微”字上下功夫。现在，网络发展、信息传播进入了一个“微时代”，要充分运用微博、微信、微视、微电影等方式，增强针对性和互动性，扩大社会主义核心价值观网上宣传的覆盖面和影响力。二是运用文艺表现形式，在以文化人上下功夫。充分发挥文化的教育功能，推出更好更多的优秀文艺作品，开展丰富多彩的主题文化活动，运用各种形式生动形象地传播社会主义核心价值观。三是运用先进典型宣传，在示范引导上下功夫。典型的力量是无穷的。这些年，重大典型、最美人物、身边好人的宣传产生了非常好的效果，要不断总结、不断提高，把重大典型宣传与最美人物、身边好人宣传结合起来抓，形成群星灿烂与七星共明的先进群体结构，产生覆盖全面、远近皆宜的示范效应。四是在公益广告宣传上下功夫。这是传播社会主义核心价值观的有效形式，要制作刊播一批“我们的价值观”主题公益广告作品，突出思想内涵、丰富表现形式，增强传播力和感染力。同时，在培育和践行社会主义核心价值观的过程中，要坚持党员干部带头，突出青少年这个重点，发挥好公众人物的作用，推动形成全体人民共同践行的生动局面。

培育和践行社会主义核心价值观是一项复杂的系统工程，是全党全社会的共同责任。我们要把这项工作摆在全局工作的重要位置，奋发进取、锐意创新，有力有效加以推进，全面提高公民道德素质，增强全社会的价值观自信，为实现中华民族伟大复兴的中国梦提供坚强思想道德支撑。

（摘自《人民日报》2014年3月5日 第6版）

国家新闻出版广电总局领导讲话摘编

改革创新　积极作为
开创新闻出版广播影视繁荣发展新局面

中宣部副部长、国家新闻出版广电总局局长　蔡赴朝

根据中央精神，2014 年新闻出版广播影视工作总的要求是：高举中国特色社会主义伟大旗帜，深入贯彻落实党的十八大和十八届二中、三中全会精神，贯彻落实习近平总书记系列重要讲话精神，贯彻落实全国宣传思想工作会议、全国宣传部长会议精神，坚持社会主义先进文化前进方向，坚持以人民为中心的工作导向，坚持围绕中心、服务大局，坚持稳中求进、改革创新，紧紧围绕巩固马克思主义在意识形态领域的指导地位、巩固全党全国人民团结奋斗的共同思想基础这一根本任务，着力壮大主流思想舆论，着力推进事业产业发展，着力保障和发展人民文化权益，着力维护国家文化安全，为实现“两个一百年”奋斗目标和中华民族伟大复兴“中国梦”提供有力思想舆论支持、良好文化条件。

一、深入学习宣传贯彻习近平总书记系列重要讲话精神，始终坚持正确方向，牢牢把握舆论导向

学习好、宣传好、贯彻好习近平总书记系列重要讲话精神，是全党的重大政治任务，是做好党和国家各项工作的现实要求。我们要把深入学习、宣传、贯彻习近平总书记系列重要讲话精神摆在首要位置，加大力度、拓展广度、增进深度，切实用讲话精神武装头脑、指导实践、推动工作。

1. 要以讲话精神统一思想认识，站稳政治立场，保持政治定力

新闻出版广播影视行业具有鲜明的意识形态属性，是党的喉舌、重要的宣传思想阵地。学习宣传贯彻习近平总书记系列重要讲话精神，必须深刻认识意识形态工作的极端重要性，认真落实“两个巩固”的根本任务，强化围绕中心、服务大局的基本职责，坚持团结稳定鼓劲、正面宣传为主的重要方针，确保履行好党和人民赋予我们的神圣职责。首先，要把习近平总书记系列重要讲话精神作为各级党委（党组）中心组理论学习的重要任务，作为全系统党员干部学习的重要任务，在把握核心要义、领会思想精髓上下功夫。同时，面对当前意识形态领域情况依然复杂、斗争仍很尖锐的形势，我们在方向性、原则性问题上尤其要立场坚定、旗帜鲜明、毫不动摇、敢于担当。要坚持党性原则、党管媒体，牢牢掌握工作的领导权、管理权、话语权。要坚持导向为魂，管好媒体、把好关口、守好阵地，绝不给各种错误思想言论提供传播渠道。要坚持社会效益第一，大力践行和传播社会主义核心价值观，为人民群众提供健康丰富的精神食粮。

2. 要加强宣传阵地建设，巩固壮大主流思想舆论

要强化主流媒体的政治责任、社会责任，弘扬主旋律，传播正能量，做大做强正面宣传。大力做好《习近平总书记系列讲话精神学习读本》的出版发行工作。党报党刊、电台电视台以及所属的新媒体，要开设专题专栏，推出深度报道、综述评论，把习近平总书记系列讲话精神的宣传引向深入。要按照中宣部的部署，坚持不懈开展中国特色社会主义和“中国梦”宣传，大力唱响社会主义核心价值观“三个倡导”“24 个字”，统筹抓好十八届三中全会、中央经济工作会议精神宣传，全力完成好各项重大宣传报道任务。适应媒体格局和舆论生态深刻变化的新形势，2014 年国家新闻出版广电总局将进一步采取措施，支持主流媒体整合资源，加快传统媒体和新兴媒体融合发展，努力形成协调高效开展正面宣传的合力。

3. 要大力推进宣传创新，不断提高舆论引导水平

当前，宣传工作比以往任何时候都更加需要创新。要进一步深化“走转改”活动，形成常态化深入基层、深入群众的新闻工作机制，努力打造群众关注的好报道、好节目。要把握时度效，扎实做好经济社会领域热点问题和重大突发事件舆论引导，及时发出权威声

音，有针对性地解疑释惑。主流媒体要发挥自身特点和优势，在深度报道、新闻述评、新闻解读上下功夫，深入报道新闻事件，反映内在本质，做出权威、理性、深刻、准确的解释分析、评论和判断。同时，要进一步抓好“以正视听”类型的专栏、节目和出版物，形成抵制网络谣言、去伪存真的强大声势，为改革发展稳定提供有力舆论支持。

二、以弘扬“中国梦”为主题，加强精品创作生产

弘扬“中国梦”，是当前和今后一个时期新闻出版广播影视创作生产的中心任务。要加强组织，完善措施，从立项、资金、人才、宣传等方面提供支持，集中优势资源，努力推出一批思想性、艺术性、观赏性俱佳的精品力作。

1. 要把弘扬“中国梦”与坚持以人民为中心的创作导向有机结合

打造“中国梦”主题作品，必须坚持以人民为中心的创作导向，充分反映人民主体地位，真正做到源于人民、为了人民、属于人民。在作品选材上，要扩大视野，热情讴歌人民群众追梦圆梦的生动实践，充分展示人民群众在大发展大变革大进步时代所发生的巨大变化、展现的良好风貌，以人民的力量来体现国家的力量，以人民的变化来彰显国家的进步。在表达策略和艺术技巧上，要尊重艺术规律，将“中国梦”主题构筑于百姓的日常生活中，将时代精神融汇于人民群众喜闻乐见的故事里，从微观见宏观、从身边看天下，增强吸引力感染力。

2. 要把提高质量与稳定数量有机结合

我国已经是出版大国、影视大国，但都称不上强国，主要是内容产品质量不高的问题仍很突出。文化产品以质取胜。必须在保持数量稳定增长的同时，牢牢把握质量这一核心，打质量效益攻坚战，加快实现由以数量规模增长为主向以质量效益提高为主的转变。要大力实施精品战略，充分发挥各类政府扶持资金的作用，鼓励原创、奖励精品。要建立完善科学的内容产品评价体系，使之有利于引导和促进优秀作品的创作生产，切实扭转唯发行量、唯收听收视率、唯票房倾向。

3. 要把政府引导与市场运作有机结合

打造“中国梦”主题作品，不能仅靠市场自发行为，更需要发挥我国社会主义制度集中力量办大事的优越性，搞国家项目、出示范作品，形成辐射效应。要精心组织重大主题出版，抓好影视剧和动画片、纪录片重点项目，推出一批精品力作。要进一步从源头抓起，广泛征集选题，从广阔的时代变迁和感人的个体经历中精心选择最能承载“中国梦”主题的故事与人物原型，组织优秀编剧、作者，写出优秀剧本和原创出版物。要面向全社会，搭建一流的团队，保证作品内涵质量和艺术水准。同时，充分运用市场机制，调动各方面社会资源，做好宣传、发行、播映工作，促进优秀作品走进大众、占领市场。

三、抓住重点领域关键环节，全面深化改革

2014 年是全面贯彻落实十八届三中全会精神、推进全面深化改革的第一年，改革任务重大而艰巨。我们要认真落实十八届三中全会部署，紧密结合新闻出版广播影视实际，加强顶层设计，制定实施办法，采取有力措施，坚定不移地把改革引向深入。

1. 要以机构改革、职能转变为重点，深化行政管理改革，构建新型管理体制

要继续扎实做好国家新闻出版广电总局机构合并后续工作。坚持把机构改革和职能转变紧密结合，进一步深化行政审批制度改革，真正把不该由政府管理的事项转移出去、把该由地方承担的管理事项下放下去。对于国家新闻出版广电总局下放的行政审批和管理事项，地方一定要接驳好、管到位。2014 年，省级新闻出版、广播影视行政部门将加快机构和职责整合，第一位的任务也是转变政府职能。全系统都要以机构改革为契机，抓紧理顺职责关系，完善行政机制，创新行政方式，确保全面、正确、高效履行导向引领、政策调节、市场监管、社会管理、公共服务等政府职能。

2. 要以突出公益属性、强化服务功能、增强发展活力为着眼点，深化公益性事业单位改革，构建公益性事业运行新机制

要结合事业单位分类改革，进一步深化劳动人事、收入分配、社会保障等内部改革，完善绩效考核机制。要抓紧研究制定意见，在坚持出版权、播出权特许经营前提下，积极稳妥推进制作和出版、制作和播出分开。需要强调的是，重要新闻媒体利用经营性资产开展经营，必须坚持为媒体主业服务，以有利于巩固壮大宣传阵地为重要原则。

3. 要以培育市场主体、建立健全现代市场体系为着力点，深化产业改革，构建现代产业体系

继续深化国有经营性单位改革，科学分类、稳步

推进非时政类报刊出版单位改革，研究确定新一批转企改制非时政类报刊出版单位。已转制新闻出版广播影视企业要加快公司制、股份制改造。鼓励国有新闻出版影视企业开展特殊管理股制度试点。要针对市场主体小而散、产业集中度不高的问题，调整优化产业组织结构，着力提高产业规模化、集约化、专业化水平。特别是打破条块分割、地区封锁、城乡分离的市场格局，促进资源在全国范围内流动，鼓励有实力的企业跨地区、跨行业、跨所有制兼并重组，做大做强一批骨干企业。要遵循产业特点和规律，支持“专、精、特、新”企业发展，支持各类小微服务企业发展。近年来，各地产业基地建设的热情很高。要进一步加强建设管理，完善规划，塑造特色，强化功能，努力使产业基地成为资源、技术和人才聚集的高地、产业发展的龙头。

四、按照标准化、均等化要求，加快构建现代公共服务体系

要以农村和基层为重点，在广覆盖、保基本的基础上，坚持基础建设和运行维护并重、完善网络与丰富内容并重、传统方式与新兴方式并重，统筹实施公共服务升级工程，制定服务标准，优化服务结构，提高服务能力，努力形成与经济社会发展水平相适应、惠及全民的新闻出版广播影视公共服务体系和长效机制。

一要加快农村广播电视公共服务升级。坚持有线、卫星、无线覆盖的统筹协调，在“村村通”基础上大力推进“户户通”。加快直播卫星“户户通”整省推进步伐，完成一期7省（区）任务，抓紧二期15省（区市）建设。同时，加强与行业用户合作，进一步丰富“户户通”内容和服务。加快推进农村有线网络和地面无线的数字化转换，进一步提高公共服务能力。合理确定广播电视基本公共服务的节目范围和标准，探索建立政府主导、社会化发展的农村广播电视公共服务长效机制。

二要深入开展全民阅读活动。制定全民阅读中长期规划，加快城乡阅报栏（屏）等基础设施建设，深入开展“书香之家（乡、县、市）”推介和优秀图书推荐活动，大力倡导阅读理念，推动构建全民阅读服务体系。

三要加快电影公共服务升级。继续实施农村电影放映工程，努力寻找可持续发展的有效办法，积极推动由流动放映向固定放映的转变。大力实施县级城市数字影院建设工程，充分运用国家电影事业发展专项资金，支持中西部中小城市加快影院建设。同时，鼓励各地探索多种途径解决外出打工群体看电影的需求。

四要更好发挥农家书屋效能。做好出版物补充更新，建立以基层群众为主体的选书机制，实现配书与农民阅读需求的有效对接。鼓励有条件的地方建立多种形式的数字农家书屋，扎实推进寺庙书屋建设。引导农家书屋开展政策宣讲、科学普及、农技培训等活动，提高农家书屋利用率。

五要切实满足少数民族地区文化需求。推进“东风工程”二期工程和国家“民文出版”基地建设，加大民族文字出版专项基金对“民文出版”精品的支持力度。推进“西新工程”第五期建设，进一步提高少数民族语言节目制作、译制和传播能力。

六要加快国家应急广播体系建设。协同有关部门加紧应急广播体制机制建设和法规预案制定，加强与国家应急信息发布源头部门合作，加快建立从中央到地方广播电台“四级联动”应急信息传输模式，提高应急信息发布能力。同时，同步推动地方应急广播工程建设，统筹规划各省“村村响”系统，实现与国家应急广播体系有效衔接。

五、以科技创新为先导，促进发展转型升级

要充分发挥科学技术第一生产力的作用，加速新闻出版广播影视与科技的融合，增强服务能力，提高现代化发展水平。

1. 要抓紧改造提升传统媒体、传统产业，巩固发展核心优势

要加快推进国家数字出版系列工程建设实施，发挥数字化转型升级示范单位的引领带动作用，加快传统出版单位和印刷复制企业数字化改造，把传统产业的内容优势与新科技融合，转化为新的生产力。要提高广播影视制作、传输、播映全流程数字化水平，积极发展高清电视、3D电影、巨幕电影，继续开展3D电视试验，加快广播电视网络数字化、双向化改造和下一代广播电视网建设，推动“看电视”向“用电视”的转变。2014年，基本实现具备条件的省级卫视频道高标清同播，有序推进地面电视频道高清播出。抓紧成立中国广播电视网络有限公司，加快建设全国有线网络互联互通平台，加快推进有线网络整合，促进三网融合业务和跨域型新兴业务开展。

2. 要加快发展新媒体、新业态，占领新阵地，形成新的增长点

新媒体、新业态已经成为新闻出版广播影视日益

重要的组成部分，但国有单位开办的新媒体、新业态影响力、竞争力有待进一步提高，必须加大投入力度、加快发展步伐。要以推动数字出版内容投送平台规范化建设为抓手，加快网络出版、手机出版、云出版等数字出版新业态发展；以推进台网并重、深度融合为重点，加快网络广播电视等视听新媒体发展。要强化市场观念，及时把握群众和社会新需求，大力加强新业务、新业态研发，不断创新服务内容、方式和手段，积极培育文化信息消费新热点，在服务受众、服务社会、服务扩大内需中增强影响力、竞争力。

3. 要加强关键技术研发和标准制定，把握发展主动权、主导权

从一定意义上讲，新闻出版广播影视一些领域面临的国内国际竞争，很大程度上是技术的竞争、标准的竞争。要从国家战略的高度，加快完善科技创新体系，提高原始创新、集成创新、引进消化吸收再创新能力，努力占领科技制高点。要坚持自主创新，重点抓好数字复合出版、中华字库、数字版权保护技术等工程的研发，推广绿色印刷，推进智能电视操作系统和终端关键技术研究。要加强标准应用，重点推广多媒体有声读物(MPR)、出版物在线信息交换(CNONIX)、下一代广播电视网、巨幕电影等标准应用，促进关键设备国产化，促进科技成果向现实生产力转化。

六、紧密配合国家外交战略，加强国际传播能力建设

1. 要以中央三台为龙头，加快国际一流媒体建设

要扩大海外落地，推动中央电视台国际频道和中国国际广播电台在国际传播战略性空白点的国家和地区落地，扩大中央电视台民族语言广播在境外落地范围。要把提高实效作为着力点，优化全球采编播网络，加强海外本土化内容建设，讲好中国故事，传播好中国声音，增强在国际上的话语权。

2. 要以新闻出版对外传播工程为载体，加快新闻出版企业、产品和资本“走出去”

扩大“经典中国”国际出版工程、中国图书对外推广计划和中外图书互译计划的资助力度和资助范围，推动更多精品力作进入国外主流读者视野。完善对外传播平台，办好塞尔维亚国际书展主宾国活动和北京国际图书博览会，积极运用互联网、手机及各种移动阅读终端等新媒体、新平台、新载体加强优秀产品对外传播。拓展对外传播渠道，加强与先进跨国企业销售平台合作，鼓励非公资本开展对外出版业务，培育外向型新闻出版企业，扶持骨干企业到境外创办出版机构，参与国际资本运营和出版市场竞争。

3. 要以“丝绸之路影视桥”工程为重点，扩大广播影视国际传播

“丝绸之路影视桥”工程，是贯彻落实中央“丝绸之路经济带”“21世纪海上丝绸之路”战略构想，全新策划实施的广播影视国际传播能力建设重大项目，旨在面向中亚和周边国家，坚持政府主导、多主体运营、市场化运作，形成全方位深度合作的新构架，开创区域合作、国际传播的新局面。2014年，要启动实施第一阶段重点项目，以举办重要论坛、重要活动为契机，密切我国与“丝路国家”的交流合作。与“丝绸之路影视桥”工程相协同、相配合，要继续扎实推进中非影视合作工程、友邻传播工程。要加大重点企业、重点项目扶持力度，加大海外营销推广力度，力争影视剧、动画片、纪录片等出口规模有显著增长。

七、坚持依法行政、科学管理，全面履行管理职能

要适应发展变革的新形势，增强管理意识，加大管理力度，切实做到守土有责、守土负责、守土尽责。

1. 要把抓导向、保安全贯穿始终

确保导向正确，维护文化安全，始终是最重要的管理职责。要落实谁主管谁负责、谁主办谁负责和分级管理、属地管理原则，落实内容审查、市场准入退出、日常监测监管等制度机制，严把审查关、播映关、市场关，筑牢意识形态防线。要加强内容产品引进管理和中外合作管理，加强卫星地面接收设施依法管理，坚决防范有害内容、抵制文化渗透。要加强广播电视安全运行管理，确保安全播出万无一失。

2. 要传统媒体新媒体、传统业务新兴业务管理全覆盖

互联网已经成为宣传的新阵地、传播的新载体、发展的新平台，同时也成为舆论斗争的主战场。在坚持做好传统媒体、传统业务管理的同时，必须把基于互联网的新闻出版广播影视业务管理放在更加突出的位置。要研究探索把新闻网站采编和编辑人员纳入新闻记者管理和出版编辑职业资格管理的制度措施，实现人员管理全覆盖。要强化许可和备案制度，推动从业机构完善内控和自律机制，规范网络出版物和网络视听节目传播秩序，规范互联网电视、IP电视、手机电视发展秩序，强化网络文学、网络游戏、手机游戏内容监管。要积极应对宽带网络、4G移动网络发展新

形势，加快实施视听新媒体监管工程和网络出版监管平台建设，打造有效技术防线，形成有力管控手段。

3. 要综合运用法律、经济、行政、科技等多种手段提高管理效能

重点围绕损害群众切实利益的突出问题和影响行业秩序的突出问题，积极主动打好专项治理和宏观调控组合拳。着眼于为未成年人营造良好环境，大力整治低俗有害的少儿出版物，深入查处中小学教辅材料出版发行违法违规行为，加强动画片和未成年人参与的节目管理。深入推进“扫黄打非”，坚决扫除政治类非法出版物和各种文化垃圾。严厉打击假记者和新闻敲诈等违法违规行为，切实维护新闻采编秩序。加大虚假违法广告整治力度，切实加强电视购物诚信建设。继续以上星综合频道为重点，加强和改进节目宏观调控，进一步遏制过度娱乐化和同质化倾向，着力提升广播电视节目品质。对此，国家新闻出版广电总局已经出台对上星频道节目实施结构化管理的具体政策，要求新闻、经济、科教等八类公益性节目的播出比例达到30%，要求加大自主创新节目播出比重；同时，要求继续推进节目综合评价体系建设。各地要认真落实，力争2014年的电视荧屏再有一个大的改观。要注重依法管理、依法治理，大力加强法制建设，积极推动《全民阅读促进条例》《电影产业促进法》等立法工作，推动《著作权法》《网络出版服务管理办法》修订。要重视和发挥好行业组织的作用，切实加强中国广播电影电视社会组织联合会等的建设。

版权保护事关民族创造创新能力和活力，必须始终高度重视、不断加大力度。2014年要开展第十次“剑网”行动，严厉查处侵权盗版大案要案。要加快版权网络监管平台二期建设。要在巩固政府机关软件正版化工作成果基础上，以国有企业、金融机构为重点，扎实推进企业使用正版软件，推动建立软件正版化工作长效机制。要建立完善版权社会化服务体系，建设区域性版权交易机构，开展版权示范工作，引导推动版权产业健康快速发展。要加强与世界知识产权组织合作，积极参与版权国际规则制定，推动《视听表演北京条约》和《马拉喀什条约》尽快生效，妥善处理重要版权双边关系，提高国际应对能力。

八、立足改进作风、提高素质，大力加强党的建设和队伍建设

事业成败，关键在党，关键在人。要全面推进党的思想、组织、作风、反腐倡廉和制度建设，以党的建设带动队伍建设。按照紧跟中央、安心热爱、钻研求索、积极作为的要求，大力加强领导班子和干部队伍建设。以高层次、高技能人才为重点，依托人才培养工程，依托重大项目、重要任务，大力加强人才队伍建设。要加强教育培训，重点抓好马克思主义新闻观全员培训、领导干部调训、专业技术人员岗位培训，继续加大对西部地区、边远民族地区干部职工培训力度。要深化企事业单位人事制度改革，建立健全科学的选人用人和激励约束机制。当前，“编制外”和“体制外”从业人员激增，要强化职业资格管理和职业培训，进一步研究科学有效的政策措施，确保整个从业队伍规范有序、充满活力。

好的作风、好的风气，对于完成我们的各项工作任务至关重要。要坚持抓党风、带政风、促行风，巩固拓展党的群众路线教育实践活动成果，切实抓好整改落实，努力建立长效机制，坚持不懈纠正“四风”，自觉践行“为民务实清廉”。要落实党风廉政建设责任制，严明各项纪律，坚决惩治腐败。要在全系统形成风清气正、求真务实、干事创业的良好氛围，真正把广大干部职工的积极性、主动性、创造性调动起来，为加快新闻出版广播影视改革发展凝聚智慧和力量。

（本文是蔡赴朝在2014年全国新闻出版广播影视工作会议上的讲话，摘自《电视研究》2014年第2期）

《家风是什么》：核心价值观宣传的一次有益尝试

国家新闻出版广电总局副局长　聂辰席

“家风”是个人品德的集合体，是家庭美德的标志物，是职业道德的支撑点，是社会公德的有机体。《家风是什么》有新意、有特色，接地气、抓人心，播出后引起了社会广泛关注。节目为加强社会主义核心价值观宣传教育、传播正能量探索了新途径，给广电节目继承和发扬优秀传统文化、深化拓展社会主义核心

价值观宣传带来了有益的启示。

广播电视节目“内容为王”，必须从中华优秀传统文化中汲取丰厚营养，增强全社会的文化自信和价值观自信。《家风是什么》节目抓住了“家风”这一集中体现传统文化和风俗习惯的元素，以家庭传承为纽带，让受访者讲述家风的教育影响、自己的思考体会、对子女的言传身教，串起了过去、现在和未来，连接起世世代代中华儿女，激发出生生不息、血浓于水的深厚情感，增进了民族文化认同，推动了民族意识凝聚和健康向上的心理建构。广播电视播出机构应在弘扬社会主义核心价值观中，深入挖掘优秀传统文化这一节目创新富矿，生产传播更多具有鲜明中国特色的好节目，用优秀传统文化凝魂聚气。《家风是什么》体现了中国梦的价值认同和价值追求。中国梦基本内涵和“三个倡导”24字核心价值观高度统一，广播电视节目要突出展示中华民族从古至今寻梦、追梦、筑梦、圆梦的历程，展示践行社会主义核心价值观、坚持理想信念的过程，增进广大群众的理解和认同，凝聚实现中华民族伟大复兴中国梦的强大正能量。

广播电视节目“受众为本”，必须深化内涵融合表达，让人们在感知领悟中将社会主义核心价值观内化于心、外化于行。广播电视节目只有抓住受众才能发挥作用，必须善于从百姓视角、用群众语言，与群众平等交流，说理不说教，传输不灌输，才能做到入脑入耳入心，充分发挥教育引导功能。《家风是什么》节目既有身边人、身边事，又有知名人物、典型代表，让百姓真心讲述自己的故事，真情道出自己的心声，使百姓思想上认同，情感上共鸣。一问一答，触及心灵深处，润物细无声，引发深刻思考，纷纷见贤思齐。广播电视播出机构应在弘扬社会主义核心价值观的过程中，顺应发展需要和群众期盼，贴近实际、贴近生活、贴近群众，着力打造思想性、艺术性、观赏性俱佳的优秀原创文化节目。

广播电视节目“服务为要”，必须为传承弘扬先进文化创造更好条件，推动优秀节目不断涌现。近年来，按照中央要求，广电部门大力开展“走转改”活动，出台了一系列鼓励和扶持原创节目的政策措施，为优秀节目的产生创造了良好环境，推动涌现出一大批饱含实践热度、生活温度和情感深度的好节目。《家风是什么》节目就是其中的代表作，节目延续了近年来“走转改”常用的“海采”手法，以平凡生活为素材、以交流互动为平台，抒发百姓情怀，很好地弘扬了社会主义核心价值观和中华传统美德。广播电视行政管理部门应把鼓励扶持传承和弘扬优秀传统文化的原创节目作为重要职责。一是深化“走转改”。二是加大扶持力度。三是加强规范管理。

（本文是2014年2月27日聂辰席在中央电视台《新春走基层·家风是什么》研讨会上的发言，摘自《光明日报》2014年2月28日第6版）

学习贯彻习近平总书记文艺工作座谈会上重要讲话精神 推动电视剧创作再上新台阶

国家新闻出版广电总局副局长　田　进

我们党在七十二年前召开的延安文艺座谈会，是中国新文艺发展史上的一座里程碑。七十二年后，习近平总书记亲自主持召开的这次文艺工作座谈会，可以说，同样具有里程碑意义，吹响了新的历史时期进一步繁荣社会主义文艺的时代号角。

习近平总书记在会上发表的重要讲话，继承了毛主席在延安文艺座谈会讲话的精髓，紧密结合当下文艺实践，围绕文艺与时代、文艺与人民、文艺与生活、文艺与价值观以及继承与创新、吸收与借鉴等带有根本性的问题，提出了一系列富有创见的新思想、新观点、新论断、新要求，丰富和发展了马克思主义文艺观和社会主义文艺理论。习近平总书记的重要讲话是指导当前和今后一个时期党的文艺工作和文化建设的纲领性文献，是推动文艺繁荣发展、开创文化建设新局面的行动指南。学习贯彻习近平总书记的重要讲话精神，是一项长期而紧迫的重要政治任务。这里，结合个人初步的学习体会，谈两点意见：

一、深刻领会习近平总书记重要讲话精神实质，切实增强贯彻落实的自觉

性坚定性

学习贯彻习近平总书记重要讲话精神，既要全面理解丰富的思想内涵，更要准确把握精神实质和精髓。我体会，最重要、最核心的是要深刻把握这样三个方面：一是要绝对忠诚。文艺事业是党和人民的重要事业，文艺战线是党和人民的重要战线，必须坚持讲政治、顾大局，做到忠诚于党、忠诚于人民、忠诚于党的宣传文化事业，始终坚持在党的领导下不断向前。二是要敢于担当。文艺是铸造灵魂的工程，始终承担着举精神旗帜、立精神支柱、建精神家园的重要职责，必须始终牢记社会责任，着力唱响主旋律、传播正能量，引领社会风气、鼓舞人民前进、推动社会进步。三是要奋发有为。繁荣创作是中心任务，多出优秀作品是根本要求，必须顺应文艺发展的新特点和人民群众的新期待，努力创作生产出更好更多无愧于民族和时代的优秀作品。总之，我们必须充分认识文艺的重要地位和作用，以高度的自觉自信和强烈的责任感使命感，切实履行好党和人民赋予我们的任务，为实现"两个一百年"奋斗目标和中华民族伟大复兴中国梦作出应有贡献。

二、坚持以习近平总书记重要讲话精神为指导，推动电视剧创作再上新台阶

习近平总书记的重要讲话充分肯定了文艺战线和文艺工作取得的显著成绩、作出的重要贡献。这也是对我们电视剧创作的极大激励和鼓舞。近年来，在党的文艺方针正确指引下，在党中央、国务院和中宣部的正确领导下，在中央领导同志的高度重视和关心下，在广大电视剧工作者的勤奋努力下，我国电视剧发展生机勃勃、硕果累累。2000 年电视剧产量突破万集大关，此后稳步增长，近五年来，电视剧年产量基本保持在 14000 集到 15000 集之间，平均每天生产电视剧 45 集左右,涌现出了一大批人们耳熟能详的优秀作品。我国已成为第一大电视剧生产国、第一大电视剧播出国，国产电视剧成为人民群众日常文化生活不可缺少的"主餐"。

在肯定成绩的同时，我们必须时刻保持清醒，增强问题意识，实事求是地查找电视剧创作中存在的问题。我认为，习近平总书记在讲话中提到的文艺创作方面存在的有数量缺质量、有"高原"缺"高峰"的现象，存在的抄袭模仿、千篇一律的问题，存在的机械化生产、快餐式消费的问题，在电视剧领域也都不同程度地存在。比如，整体上看，电视剧都有一个提高质量的问题。再比如，创作态度方面，个别存在着不严肃、不端正的现象，刻意追求低俗化和过度娱乐化；创作思想方面，个别存在立场含糊、放大支流、不加分析地展示矛盾和过多表现生活消极面、价值导向出现偏差等问题；创作题材方面，部分存在题材重复撞车、一窝蜂的现象；创作表现方面，个别存在脱离历史真实、脱离生活真实、违背基本逻辑和常识的问题，热衷于夸张、离奇、恶搞、使用粗俗语言等。对于这些问题，我们要高度重视，并在今后的实践中切实加以纠正。

学习贯彻习近平总书记重要讲话精神，必须正确认识电视剧发展的形势，准确把握阶段性特征，找准问题和症结，明确工作着力点和努力方向，加快推动电视剧创作再上新台阶,实现新的更大的繁荣。为此，我认为，要切实做到以下四个"真正"：

第一，要真正把人民放在心上。习近平总书记的讲话明确强调社会主义文艺从本质上讲就是人民的文艺，文艺要反映好人民心声，就要坚持以人民为中心的创作导向，坚持为人民服务、为社会主义服务。这也是我国文艺事业向前发展的根本方向。习近平总书记的讲话通篇贯穿了"文艺与人民"这根主线，字里行间映现的是人民情怀和群众观点。结合电视剧工作来体会习近平总书记的讲话，我们深深感到，人民群众始终是电视剧繁荣发展的决定力量。一些电视剧之所以能久演不衰、百看不厌，成为脍炙人口的佳作精品，就在于其源于人民、表现人民、服务人民，很好地回答了文艺为什么人的问题，回答了文艺工作者"为了谁、依靠谁、我是谁"的问题。当前尤其需要我们警惕的是，面对市场经济的大潮，电视剧创作不能迷失方向，不能在为什么人的问题上发生偏差。失去了人民群众的支持，电视剧就没有了生命力。我们必须始终把满足人民精神文化需求作为出发点和落脚点，把人民作为表现的主体,把人民作为鉴赏家和评判家，在人民的支持推动下、在促进人的全面发展中不断实现电视剧的发展进步。

第二，要真正把社会效益放在首位。习近平总书记强调，一部好的作品，应该是把社会效益放在首位，同时也应该是社会效益和经济效益相统一的作品。对此，我们认识上要到位，实践上更要到位。一方面，要大力弘扬主旋律、传播正能量。要始终牢记，中国精神是社会主义文艺的灵魂。电视剧创作就是要熔铸这一灵魂，丰富思想内涵。要坚持以社会主义核心价值观为引领，推出更多有筋骨、有道德、有温度的作品，大力弘扬中国精神，凝聚中国力量。要把爱国主义作

为主旋律，引导人民树立和坚持正确的历史观、民族观、国家观、文化观，增强做中国人的骨气和底气。要传承弘扬中华优秀传统文化，以史为鉴、传承文明，激励中华儿女自尊、自信、自强。要传递真善美，用光明驱散黑暗，用美善战胜丑恶，让人们看到美好、看到希望、看到梦想就在前方。另一方面，坚决不能让电视剧创作片面追求文化 GDP 指数，不能当市场的奴隶，不要沾满铜臭气。创作、制作、播出等各环节各单位，都要本着对社会、对观众、对子孙后代负责的态度，认真考虑作品的社会效果，不迎合低级趣味、不搞低俗庸俗媚俗，不唯市场、不唯收视率。从管理部门来说，要加强创作引导，建立科学的综合评价体系；要把住准入关，不能让“文化三聚氰胺”“文化地沟油”“文化雾霾”这样的作品进入市场；要加强播出调控，真正实现经济效益服从社会效益、市场价值服务社会价值。

第三，要真正把提高质量作为重中之重。艺术归根到底是以质取胜，而不是以量取胜。习近平总书记强调，必须把创作生产优秀作品作为文艺工作的中心环节。当前，我国电视剧发展已经到了从数量规模增长为主向品质质量提高为主转变的关键时期。我们必须强化精品意识，下大力气提升品质、多出精品，以高度的文化自觉和文化自信加快推动由电视剧大国向强国的跨越。提升质量、打造精品绝非一朝一夕，在于久久为功。落实习近平总书记讲话精神，电视剧工作者一是要深入生活。这是电视剧创作的必修课。正如习近平总书记所说的，能不能搞出优秀作品，最根本的决定于是否能为人民抒写、为人民抒情、为人民抒怀；文艺创作方法有一百条、一千条，但最根本、最关键、最牢靠的办法是扎根人民、扎根生活。电视剧创作工作者要摒弃闭门造车、无土栽培，真正从生活中挖掘素材、寻找灵感、汲取营养。二是要深入创新。但凡受群众欢迎的精品，一定是在某些方面有所创新，能够使人眼前一亮、给人留下深刻印象。跟风模仿、千篇一律绝非长久之计。电视剧创作要随着时代生活创新，以创作者的艺术个性进行创新，实现观念和手段相结合、内容和形式相融合的深度创新，跟上时代新发展、满足人民新需求。当前，要大力推进中国梦主题创作。要通过优秀的原创作品，春风化雨、润物无声，富有创造性、感染力地传播社会主义核心价值观，弘扬中国精神、凝聚中国力量，鼓舞全国各族人民朝气蓬勃迈向未来。三是要精益求精。近年来出了一些粗制滥造的作品，这反映了电视剧创作还一定程度存在浮躁问题。打造精品，就必须摒弃心浮气躁，摈弃赶进度、赶场子心态。一份耕耘，一份收获，有付出才会有回报。只有潜心创作、精心磨砺，从一点一滴做起、从细节入手，以“十年磨一剑”的精神，才能打造出经得起观众和历史检验的精品。国家新闻出版广电总局将继续从剧本这一源头抓起，完善引导扶持、调控激励机制，形成鼓励原创、奖励精品的鲜明政策导向。同时，要按照习近平总书记的要求，切实加强评论工作，运用历史的、人民的、艺术的、美学的观点评价和鉴赏电视剧，倡导说真话、讲道理，营造开展批评的良好氛围。

第四，要真正把德艺双馨作为终身追求。习近平总书记指出，文艺工作者是灵魂的工程师，要求作家艺术家成为时代风气的先觉者、先行者、先倡者，要求文艺工作者自觉坚守艺术理想，不断提高学养、涵养、修养，努力以高尚的职业操守、良好的社会形象、文质兼美的优秀作品赢得人民喜爱和欢迎。习近平总书记的话具有非常强的现实针对性。电视剧工作者一定要认清自己的身份、使命，立业先立德、为艺先为人，明大德、守公德、严私德，把德艺双馨作为终身追求。一段时间以来，个别编剧、导演、演员等影视剧从业人员因吸毒、嫖娼等被公安机关查处。尽管是个别人的行为，但作为社会公众人物，损害的却是行业形象和声誉，败坏的是社会风气，造成很坏的社会影响。这也反映出在思想文化多元多样多变的大环境下，有些人价值混乱、道德滑坡、底线失守。对此，国家新闻出版广电总局态度是明确的，就是绝不能让有违法犯罪行为和丑闻劣迹者在广播影视中发声出镜，绝不容忍各种歪风邪气在业内盛行。电视剧领域的各个行业协会也要积极发挥自教自律作用，引导广大从业者共同维护风清气正的良好从业环境。

贯彻落实落实习近平总书记的重要讲话精神，推动电视剧创作再上新台阶，涉及电视剧行业的方方面面。电视剧的策划、创作、制作、发行、播出、管理等各个环节、各类机构，编剧、导演、演员、制片人等各个工种、每一个电视剧工作者，都有各自的任务，都有责任把习近平总书记的重要讲话精神落到实处。我们一定要坚定不移地以习近平总书记重要讲话精神为指导，团结一心、共同努力，源源不断推出思想性、艺术性、观赏性相统一的精品力作，实现电视剧新的更大的繁荣，不辜负党的重托，不辜负人民的期望。

（本文是2014年10月22日田进在电视剧界学习贯彻习近平总书记文艺工作座谈会上重要讲话精神会议上的发言，摘自国家新闻出版广电总局政府网站，略有删节）

纪念“北京+20”，促进国际对话

中央纪委驻国家新闻出版广电总局纪检组组长 李秋芳

我们国家的党和政府一直重视妇女研究，马克思主义妇女观成为中国妇女研究的指导思想。改革开放以后，中国妇女研究直面各种问题与挑战，在妇女史、妇女就业、妇女健康、妇女减贫等领域成就卓著。特别是1995年联合国第四次世界妇女大会以来，作为主办国，中国政府承诺并积极贯彻执行《北京行动纲领》。

《北京行动纲领》的十二个关键领域之一是“大众传媒”，这促进了妇女和性别研究者特别关注在信息时代、尤其是新媒体时代媒介和新技术对促进性别平等的影响。已有研究发现，在1995年以前，鲜少出现有关性别与传播的研究，但在1995年以后，无论在传播学界还是妇女学界产出了大量的关于性别、传播与社会发展的研究成果。在1995年第四次世界妇女大会非政府组织论坛上，中国的性别研究者、记者和民间妇女组织的代表在首都女记协、中国社会科学院新闻与传播研究所等单位的支持下，成功地举办了“媒介与妇女”的分论坛，就女记者的作用和地位、媒介对两性形象的再现、女性如何使用媒介赋权等重要议题进行了讨论。中国的《农家女》杂志的卓越实践在此次会议上引人注目。5年之后，全国妇联主持召开了主题为“大众传媒与妇女发展”的全国性学术研讨会，邀请8个部委的领导参加会议，来与性别研究者对话，并努力将社会性别纳入传媒政策主流。

在“北京+10”活动期间，中国民间妇女组织的媒介监测运动蓬勃开展，2003年在《中国妇女报》开设监测专栏“传媒守望”，两年间至少发表了300多篇媒介监测文章。这一行动已被写入“北京+10”全球报告——联合国秘书长在第49届妇女地位会议上的报告。报告中说：“各国设立了国家机构以监测媒体内对妇女的描绘并制定规章和准则。中国妇女新闻工作者协会定期在《中国妇女报》登载一个专栏，从性别视角监测和报道媒体情况”。这一行动也被作为审查《北京行动纲领》和题为“2000年妇女：二十一世纪两性平等、发展与和平”的大会特别会议成果文件的执行情况之一。

2014年，我们已经进入了“北京+20”的时期，全国妇联、民间妇女组织、性别研究者正在联合起来，与政府一起对《北京行动纲领》的实现状况进行评估，其中，“大众媒介”在推动性别平等方面的作用是重要的评估内容之一。

中国政府已经认识到媒介以及新技术对促进性别平等的重要作用。在新颁布的《中国妇女发展纲要（2011－2020）》中提出：“在新闻出版、广播影视以及文学艺术等领域，充分展示妇女参与和推动经济发展及社会进步的成就、价值和贡献”；要“完善传媒监管机制，增加性别监测内容，吸纳社会性别专家参与传媒监测活动。……禁止在媒体中出现贬抑、否定妇女独立人格等性别歧视现象”等。

《中国妇女发展纲要（2011－2020）》还特别关注妇女的“发声与赋权”，即妇女是否能有效地使用和利用信息传播技术表达自己的心声并参与社会变革。该纲要提出：要“提高妇女运用媒体获取知识和信息的能力。为妇女接触、学习和运用大众媒体提供条件和机会。支持和促进边远农村和贫困、流动、残疾等妇女使用媒体和通信传播技术。鼓励民间机构和企业等运用各类信息通信技术帮助边远地区妇女获得信息和服务”。

长期以来，性别平等推动者一直关注传播问题。在这方面我们已经创造了大量的在地经验，其中典型例子之一就是充分利用大众媒体、乡村媒介、新媒体推动了我国的反家庭暴力立法。经过长达10年的案例研究和倡导，有计划地传播和宣传，反家庭暴力法终于进入了人大预备立法的规划。

我们知道，北欧国家多年来在联合国发展署性别平等的监测中成就名列前茅，在如何进行性别研究、如何促进性别平等的倡导方面有很多经验与体会，值得我们学习和借鉴。这次研讨会将汇聚性别研究的力量，特别是年轻人的力量，共同推动性别研究，以及性别平等传播倡导的在地实践。

（本文是2014年9月22日李秋芳在中国社会科学论坛“第五届中国－北欧妇女与性别研讨会”开幕式上的发言，摘自《新闻与传播研究》2014年增刊。）

加快推进新闻出版与金融合作发展

国家新闻出版广电总局副局长　阎晓宏

党的十八大、十八届三中全会提出要全面建成小康社会，实现中华民族伟大复兴，必须转变发展方式、提升国家软实力，推动社会主义文化大发展大繁荣，建设社会主义文化强国。

国家新闻出版广电总局作为行业主管部门，积极贯彻落实中央精神，与中国工商银行、中国农业银行、中国银行、交通银行、国家开发银行等签订了战略合作协议（备忘录），建立了战略合作关系，并鼓励地方新闻出版行政部门与金融机构开展多种形式的合作。长期以来，中央文资办一直支持文化与金融的融合发展，明确将"促进金融资本和文化资源对接"作为中央文化产业发展专项资金六大重点支持方向之一，并将贷款贴息作为重要支持手段，鼓励企业在实施文化产业项目过程中更多地运用银行融资渠道。

近年来，金融机构积极探索多种方式支持新闻出版产业发展，开发适合新闻出版产业特点的信贷产品，探索适合新闻出版产业项目的业务模式，完善对新闻出版企业的金融服务，为新闻出版产业的发展提供了大量支持，对推动新闻出版业繁荣发展发挥了重要的作用。

目前，中国工商银行高度重视支持包括新闻出版产业在内的文化产业发展，积极开展"文化＋金融"的融合创新，截至2014年6月底，中国工商银行文化产业融资余额超过1800亿元。中国农业银行为新闻出版集团和单位提供一揽子优质高效的金融服务，截至2013年年底，投放于文化及相关产业的贷款余额已达700亿元，其中与新闻出版行业的系统合作客户数量居全国前列。交通银行已向新闻出版企业提供包括现金集中管理、中期票据承销、IPO配套服务、企业年金管理等全方位的金融服务，截至2014年6月底，交通银行对出版、印刷和发行累计授信支持接近400亿元。2012年至今，国家开发银行累计发放包括新闻出版在内的文化产业项目贷款1051亿元，支持了安徽出版集团、安徽发行集团、北方传媒、《湖南日报》、重庆文资、成都传媒等新闻出版骨干企业发展。中国银行发起设立的中国文化产业投资基金成立3年来，已投资项目20余家，投资金额超过20亿元。

我国新闻出版业涵盖了图书、报纸、期刊、音像、电子、网络媒体的编辑、印刷、复制、发行、对外贸易以及公共服务等方面，是文化事业和文化产业的核心部分，在文化建设中发挥着基础性作用。党的十六大以来，新闻出版业的改革发展取得了历史性突破。"十二五"以来，新闻出版业实现了持续快速增长，全行业总产出年均增长13.7%，营业收入年均增长13.8%，增加值年均增长13.0%。2013年，我国新闻出版产业实现总产出1.86万亿元，营业收入1.82万亿元，增加值5059.3亿元，利润总额1440.2亿元。目前，我国图书出版品种和日报总发行量已居世界第一位，电子出版物总量已居世界第二位，印刷业总产值已居世界第三位，数字出版以每年30%以上的幅度高速增长，新闻出版业呈现出大跨越、大发展、大繁荣的良好态势。今后，国家新闻出版广电总局与各金融机构之间将在加强政策协调、创新合作模式、健全配套机制、培养复合人才等方面进一步加强合作，定将加快新闻出版产业转型升级，扩大版权交易，促进新闻出版产业繁荣发展。

（本文是阎晓宏在2014年新闻出版项目金融推介会上的发言，摘自《中国新闻出版报》2014年8月13日第3版）

用习近平总书记讲话精神武装头脑指导实践

国家新闻出版广电总局副局长　孙寿山

2014年5月4日，习近平总书记来到北京大学，同师生代表座谈并发表重要讲话。习近平总书记的重要讲话，站在建设富强民主文明和谐的社会主义现代化国家、实现中华民族伟大复兴中国梦的战略高度，深刻论述了社会主义核心价值观的战略意义、深刻内涵、历史渊源、实践要求，深刻指出了当代青年树立和培育社会主义核心价值观的时代责任和努力方向，充分体现了党中央对青年一代的高度重视、亲切关怀和殷切期望，是当代青年在实现中国梦进程中健康成长、建功立业的行动指南。深入学习好、宣传好、贯彻好习近平总书记五四重要讲话精神，既是新闻出版广播影视系统的重要政治任务，更是国家新闻出版广电总局各级团组织和广大青年的首要政治要求。要紧密结合国家新闻出版广电总局中心工作和青年实际，切实把思想和行动统一到讲话精神上来，用讲话精神武装头脑、指导实践。

深入学习习近平总书记五四重要讲话，关键是要抓住“五个深刻领会”：一是深刻领会培育和践行社会主义核心价值观的精神实质。习近平总书记的重要讲话，深刻回答了“我们这个民族、这个国家应坚守什么样的核心价值观”以及“青年为什么要自觉践行核心价值观”、“青年如何践行核心价值观”等3个问题，是对社会主义核心价值观最全面、最深刻、最完整、最系统的阐述。二是深刻领会培育和践行社会主义核心价值观的重大意义。核心价值观承载着一个民族、一个国家的精神追求，体现着一个社会评判是非曲直的价值标准；对新闻出版广播影视来说，就是要体现在发挥喉舌作用，引导和培育全社会践行社会主义核心价值观这一重要任务。三是深刻领会培育和践行社会主义核心价值观的丰富内涵。从国家、社会、公民的价值要求，从当代、历史、国际等多个角度，从传统文化和个人理想信念等不同层面，去理解核心价值观内在联系和文化内涵。四是深刻领会培育和践行社会主义核心价值观的基本要求。习近平总书记讲话中提出的“勤学、修德、明辨、笃实”，既是培育和践行社会主义核心价值观的基本要求，也是重要途径和有效方法；既是对广大青年的明确要求，也是全社会所有公民的努力方向。五是深刻领会培育和践行社会主义核心价值观的主要任务。要在研究和探索、认定和养成、坚守和践行三个方面下功夫，努力把核心价值观的要求变成日常的行为准则，进而形成自觉奉行的信念理念，真正做到内化于心、外化于行。

新闻出版广播影视是党的喉舌、重要的宣传思想舆论阵地，其性质、地位、作用，决定了国家新闻出版广电总局青年想问题、办事情、强素质的关键，是要树立牢固的政治意识、责任意识，牢固树立和模范践行社会主义核心价值观。正如习近平总书记所言，“我为什么要对青年讲讲社会主义核心价值观这个问题？是因为青年的价值取向决定了未来整个社会的价值取向，而青年又处在价值观形成和确立的时期，抓好这一时期的价值观养成十分重要。”习近平总书记还举了“扣好人生第一粒扣子”的例子，非常形象，非常生动，道理也非常深刻。当前，新闻出版广播影视迎来了新的发展机遇。展望未来，事业前景广阔，青年大有可为。青年朋友要在推动新闻出版广播影视大发展大繁荣的过程中实现自我价值和自我成长，就必须扣好自己的“第一粒扣子”，真正从灵魂深处、内心深处、思想深处，准确把握人生事业的正确方向。

国家新闻出版广电总局青年要从以下几个方面树立和培育核心价值观：

一要“崇德”，树立正确的世界观、人生观、价值观。习近平总书记在讲话中引用了《大学》的开篇句——“大学之道，在明明德，在亲民，在止于至善”。明明德，是每一个人开始学习时第一位的要求，之于个人、之于社会，都具有基础性意义。我们经常讲，做事先做人，是说做事之前，首先要崇德修身。所谓崇德，就是要尊崇当代青年应有的大德，应有的社会主义核心价值观，应有的理想信念，立志报效祖国、服务人民，做一个对国家、对民族、对社会有益的人。对于从事新闻出版广播影视工作的青年人来说，我们既是社会主义核心价值观的践行者，又是核心价值观的传播者，必须先从自身做起，牢固树立正确的世界观、人生观、价值观，牢牢把握正确的政治方向和舆论导向，切实增强政治敏锐性和政治鉴别力，自觉地为党和国家的工作大局服务。特别是在各种社会思潮涌动，价值取向多元化的复杂情况下，青年人一定要保持头脑清醒，正确地分析和认识形势，不为干扰所惑，始终坚守正确的价值取向。

二要“敬业”，增强责任意识。新闻出版广播影视是国家新闻出版广电总局青年共同的事业家园，更是我们共同的责任担当。增强爱岗敬业意识，就要以对党负责、对人民负责、对国家负责的态度，从自身岗位做起，从点滴小事做起，把分内的事情做好。这就如同自己对待父母，就应该尽一个孩子的责任；对自己的子女，就应该尽一个父母的责任，这些都是必须要负的责任，没有讨价还价的余地。新闻出版广播影视是一项系统性的大工程，每一个国家新闻出版广电总局青年都是这个工程中的一分子，只有我们在每一个岗位上把工作做好，才能支撑起新闻出版广播影视这座大厦。

三要“励学”，加强学习思考。要更好地为人民服务，完成好党和国家交给我们的各项工作任务，就必须要有相应的本领和能力。这就需要大家在工作中不断学习、不断提高。青年处在学习的黄金时期，学本领学得快、学得好、学得扎实，这是干工作的基本要素。当前，传媒发展很快，新事物层出不穷。在这种情况下，必须抓紧时间学习，要发扬“挤”的精神。鲁迅先生说过，“时间就像海绵里的水，只要你愿意挤，总还是有的。”学习要讲究方法，要理论联系实际，结合工作来学。要勤于思考、融会贯通，把学到的知识应用到实践中去，这样学习才有成效，才能不断提高。

四要“笃行”，强化基层锻炼。笃行是为学的最后阶段，既然学有所得，就要努力践行所学，使所学最终有所落实，做到知行合一。古人讲，“读万卷书，行万里路”，书要读，路更要行。作为国家新闻出版广电总局的青年干部，笃行就是要勤于实践，特别是要加强基层的实践锻炼。新闻出版广播影视是为人民群众服务的，它的“根”在基层，在人民群众中间。目前，国家新闻出版广电总局机关还有一些“三门”干部，事业单位也有很多年轻干部对基层不熟悉，对国情不了解，大家还要补上基层这一课。只有把我们的青春与基层联系起来，年轻干部才能更好地成长。正如习近平总书记所说的：“青年要把艰苦环境作为磨炼自己的机遇，把小事当作大事干，一步一个脚印往前走。”青年人只有投身基层，加强实践锻炼，才能丰富阅历，胜任更重要的工作。

五要“慎独”，严格遵守纪律。青年成长得好不好，一个关键因素就是自律。严格自律的要求必须贯穿人生的始终，青年干部要遵纪守法，珍惜自己的青春和前途，不仅工作上要表现优异，品德上更要优秀。尤其要耐得住寂寞、守得住清贫、经得起诱惑、管得住小节。希望我们新闻出版广播影视系统的青年人都能老老实实做事，干干净净做人。

（本文是2014年5月20日孙寿山在国家新闻出版广电总局团员青年学习习近平总书记五四重要讲话精神座谈会上的讲话，摘自《中国新闻出版报》2014年5月22日第4版）

学习贯彻习近平总书记文艺工作座谈会上重要讲话精神 推动电影工作不断进步

国家新闻出版广电总局副局长　童　刚

2014 年 10 月 15 日，习近平总书记主持召开了文艺工作座谈会，并发表了重要讲话，引起全党全社会、特别是文艺界的巨大反响。习总书记的重要讲话高屋建瓴，思虑深远，生动形象，意义重大，充分体现了党中央对文艺工作的高度重视和殷切期望，对全国的文艺工作者来说，是一个鼓舞人心、凝聚士气、明确任务、指明方向的重要纲领性文件。习近平总书记的重要讲话既是对长期以来文艺工作所取得成绩的充分肯定，又深刻阐释了文艺工作的重大使命和重要原则，并科学分析了当前文艺工作存在的问题矛盾，对于正处于繁荣发展关键时期的中国电影来说，具有极其重要的针对性和指导意义。

一、认真学习领会习近平总书记重要讲话，明确目标，落实责任

习近平总书记在重要讲话中指出，实现“两个一百年”奋斗目标、实现中华民族伟大复兴的中国梦，文艺的作用不可替代，文艺工作者大有可为。“两个一百年”的目标与“中国梦”的主题相辅相成、密不可分，“伟大复兴”中必然包含中华文化的复兴，“中国梦”中必然包含着建成电影强国的梦想。习近平总书记从国家战略和民族进步的高度对文艺工作提出了新要求，把我们对文艺工作地位作用的认识提升到了一个新高度。我们必须进一步提高认识、统一思想，把实现由电影大国向电影强国迈进的奋斗目标自觉地融入“两个一百年”的宏伟蓝图中，在实现中华民族伟大复兴的历史征程中，肩负起中国电影人的责任与使命。这是习近平总书记为文艺工作确定的总目标，也是电影工作的总目标。

党中央历来高度重视电影在文艺工作中的重要地位和独特作用，习近平总书记的重要讲话再一次赋予电影工作者光荣的使命，那就是要努力创作更多弘扬当代中国价值观念、弘扬中华文化的优秀作品。中国电

影人必须时刻铭记习近平总书记的这一要求。当前，中国电影的发展进步决不能只满足于直观地用简单的指标去衡量——拥有了多少块银幕、创作了多少部影片、产出了多少票房、占有了多少市场，我们要更加关注在这些数字指标背后，电影作品是否弘扬了社会主义核心价值观，是否能够振奋民族精神、引领社会风尚、陶冶人民情操、愉悦观众心灵，这是电影工作更为重要的责任，是社会主义先进电影文化的集中体现。为此，我们必须按照习近平总书记提出的，努力成为时代风气的先觉者、先行者、先倡者，通过更多有筋骨、有道德、有温度的作品，书写和记录人民的伟大实践、时代的进步要求，彰显信仰之美、崇高之美，以越来越多的“三性统一”的优秀作品来弘扬中国精神、凝聚中国力量，为全国各族人民在实现“两个一百年”奋斗目标的征途中提供丰富的精神食粮和强大的精神动力。

二、坚持以人民为中心的创作导向，实施精品战略，抓好重点影片

习近平总书记在重要讲话中指出，推动文艺繁荣发展，最根本的是要创作生产出无愧于我们这个伟大民族、伟大时代的优秀作品。要实现优秀作品层出不穷，就必须明确社会主义文艺的人民属性本质。习近平总书记在重要讲话中特别强调，文艺要反映好人民心声，要坚持为人民服务、为社会主义服务的根本方向。这是党对文艺战线的一项基本要求，也是决定我国文艺事业前途命运的关键。中国电影作为社会主义文艺的重要组成部分，必须把满足人民群众精神文化需求作为工作的出发点和落脚点，坚持以人民为中心，以人民为主体，创作生产出人民喜闻乐见的优秀作品，让电影成为不断推动人民精神文化生活迈上新台阶的重要途径。

这次文艺座谈会为推动中国电影精品创作提供了契机，明确了任务。我们必须要狠抓创作导向，努力实施精品战略，切实把以人民为中心的创作导向落实到银幕上。目前，我们已经拟定了一批重点项目，包括抗美援朝、民族英雄戚继光以及冯子才抗法等题材影片。同时，为有力配合 2015 年世界反法西斯战争胜利 70 周年纪念活动，一批表现抗击日本侵略者的史诗性影片创作也已提上日程。为贯彻落实习近平总书记 2014 年访问印度达成的加强中印文化交流的重要成果，我们将与印度合拍三部重点作品。未来一段时间，推动这些项目的创作生产将是工作的重中之重。

我们要把电影精品战略作为一项长期的重点工作，常抓不懈，并不断地加以完善和创新，力争每年都能推出一批传播当代中国价值观念、体现中华文化精神、反映中国人审美追求，思想性、艺术性、观赏性有机统一的优秀影片。

三、坚持“两个效益”相统一，提升创作质量，实现健康发展

习近平总书记在重要讲话中指出，一部好的作品，应该是把社会效益放在首位，同时也应该是社会效益和经济效益相统一的作品。优秀的文艺作品，最好是既能在思想上、艺术上取得成功，又能在市场上受到欢迎。这是对文艺作品两个效益关系作出的深刻阐释，强调了社会主义文艺的文以载道、以文化人的基本品格，要求电影工作者必须坚守文艺的审美理想、保持文艺的独立价值，对电影的社会效果要认真严肃地加以把握。

20 世纪末是中国电影的低谷时期，那时国产故事片年产量不到 100 部，全国年票房总量只有不到 10 亿元，中国电影处境相当艰难。再对比今天国产电影实力不断增强、影院售票处排起长龙的热闹景象，事实已经雄辩地证明，正是由于我们坚持了社会效益与经济效益相统一的原则，坚持了以人民为中心的导向，中国电影才真正得到了广大观众的拥护与爱戴，才在市场经济的大潮中驾驭了发展的方向。

但是，我们也不能不看到，中国电影的创作实力仍然亟待提高，精品力作数量不多，个别作品低俗无趣，唯票房的倾向有所展露，这些问题都正在侵蚀着中国电影的健康发展。因此，我们要在市场经济的大潮中保持清醒头脑，认清发展形势，绝不能当市场的奴隶，而是要理直气壮地做市场的主人，努力实现社会效益与经济效益相统一。同时，我们还要不断提升中国电影的创作质量，力戒抄袭模仿、千篇一律，力戒机械化生产、快餐式消费，不把低俗当通俗，让希望取代欲望，永远把思想精深、艺术精湛、制作精良作为创作的目标，努力创造出无愧于伟大时代的伟大作品。

四、创新管理体制和引导机制，为多出优秀作品和人才创造良好的氛围和条件

习近平总书记的重要讲话指出，在文艺工作中要坚持百花齐放、百家争鸣的方针，发扬学术民主、艺

术民主，营造积极健康、宽松和谐的氛围，提倡不同观点和学派充分讨论，提倡体裁、题材、形式、手段充分发展，推动观念、内容、风格、流派切磋互鉴。这一重要论述，深刻揭示了优秀文艺作品生产的基本规律，阐明了文艺繁荣发展的动力源泉。习近平总书记还强调，要尊重文艺工作者的创作个性和创造性劳动，政治上充分信任，创作上热情支持，营造有利于文艺创作的良好环境，要通过深化改革、完善政策、健全体制，形成不断出精品、出人才的生动局面。这些论述也为我们的管理服务工作提供了重要遵循和指引。

作为各电影单位的主要负责人，对习近平总书记的这些重要论述要有更加深刻的理解和认识。发扬学术民主、艺术民主，营造电影界积极健康、宽松和谐的氛围，我们都是“主要责任人”。必须要和广大电影工作者真正打成一片，积极主动地与他们交朋友，了解他们的内心感受，洞悉他们的艺术诉求，理解他们的创作初衷，避免采取简单粗率的工作方式和态度。要通过深化改革，创新体制机制，不断改进管理的方式方法，加强服务意识，加强宏观引导，加大人才培养力度。特别是要鼓励青年电影人才对中国电影的表现方式、文化特征、人文特色进行不断创新，鼓励他们大胆尝试、勇于突破、不断提升中国电影的精神高度、丰富中国电影的文化内涵，鼓励他们积极学习和吸收先进经验，不断创新创作理念，提升制作技术，充分发挥他们的积极作用，真正形成佳片不断、人才辈出的繁荣局面。

文艺是时代前进的号角，最能代表一个时代的风貌，最能引领一个时代的风气。我们电影工作者要坚定不移地贯彻落实习近平总书记的重要讲话精神，要从实现中华文化繁荣兴盛、实现中华民族伟大复兴的高度认识我们所担负的历史使命和责任，坚持以人民为中心的创作导向，深化改革，开拓创新，求真务实，努力创作更多无愧于时代的优秀作品，为实现电影强国的伟大梦想、为实现中华民族伟大复兴的中国梦作出更加积极的贡献。

（本文是2014年10月22日童刚在电影界学习贯彻习近平总书记文艺工作座谈会上重要讲话精神会议上的发言，摘自国家新闻出版广电总局政府网站，略有删节）

肩负使命　打造精品　为少儿提供更多更好精神食粮

国家新闻出版广电总局副局长　吴尚之

近年来，全国少儿出版界认真学习宣传党的十八大和十八届三中、四中全会精神，深入贯彻落实习近平总书记在全国宣传思想工作会议和文艺工作座谈会上的重要讲话精神，积极进取，开拓创新，少儿出版工作取得了重要进展，呈现出积极健康向上的良好态势。

主要成效体现在以下 8 个方面：

整体规模持续扩大。少儿出版进入新中国成立以来发展最快、整体规模最大的时期，已成为我国出版业成长性最好、活力最强的一个板块。全国 583 家图书出版社中，参与少儿出版的有近 500 家，形成了以专业少儿出版社为龙头，其他出版社共同参与、互相促进的竞争格局。每年出版的少儿图书品种已从 10 年前的 1 万多种增长到 2013 年的 4 万多种，约占全国年出书品种的 10%。从品种规模上看，中国已成为当之无愧的少儿出版大国。

产品结构更加优化。经过 10 多年的发展，在全国少儿出版的产品结构中，教材教辅图书与大众图书的比例已经从原来的 9:1 下降到目前的 5:5 左右。一方面，儿童文学体裁类型更加丰富，除了传统的童话、寓言、小说等类别外，儿童报告文学、儿童诗歌、儿童散文等类别也推出了很多优秀作品。另一方面，少儿出版物中还涌现出许多集知识性、科学性和趣味性于一体的优秀少儿科普读物，以及满足少年儿童不同年龄段多元化阅读需求的图画书、低幼启蒙读物等。

精品力作不断涌现。推出了一批优秀畅销书，如曹文轩的《草房子》销售超过 1000 万册，郑渊洁的“皮皮鲁总动员”系列总销量超过 3000 万册，杨红樱的“笑猫日记”系列总销量超过 3000 万册，均进入世界 100 种畅销书之列。推出了一批品牌化、系列化图书，如中国少年儿童新闻出版总社的“《儿童文学》典藏书库”等。塑造了一批儿童文学经典形象，如“皮皮鲁和鲁西西”“男生贾里、女生贾梅”“淘气包马小跳”“丁丁当当”等。

原创能力显著增强。我国原创少儿文学读物的市场占有率已远远超过引进版的同类产品，一大批原创少儿文学精品真正做到了既叫好又叫座，前些年少儿图书市场上引进版少儿读物一统天下的局面已经不复存在。中国少儿原创出版物成功崛起，打开了一片全新天地。

融合发展进程加快。近年来，少儿出版业在数字出版领域进行了积极的探索与实践，在内容资源、技术平台、产品种类、经营模式等方面都积累了一定的经验。以图书出版为核心的少儿文化创意产业发展迅猛，产业链已经向影视、动漫、戏剧、游戏及版权贸易等领域深度延伸，呈现出图书出版主业继续挺拔，电子图书、网上营销、手机阅读及动漫产业多业态并举的发展格局，培育和形成了多个新的经济增长点。

对外输出快速增长。我国儿童文学图书市场中，国产版与引进版图书比例已由10年前的3:7变成2013年的1:1。如二十一世纪出版社的“彩乌鸦中文原创”系列，目前版权已成功输出到法国、德国、韩国等多个国家；作家高洪波的《小猪波波飞》在博洛尼亚书展上被多个国家引进版权；杨红樱的《淘气包马小跳》全球多语种版权被哈珀·柯林斯出版集团购买；曹文轩的多部作品被译为英、法、德、日、韩等文字，充分展现了我国少儿出版的实力和竞争力，大大提升了我国少儿出版的国际传播力。

人才队伍更加壮大。作者队伍中，老一代儿童文学作家如孙幼军、金波等仍保持一颗童心，一腔热忱，耕耘不倦。高洪波、曹文轩、郑渊洁、秦文君、沈石溪、刘海栖、保冬妮、常新港、汤素兰等较早步入文坛的中坚力量正处于黄金创作期，不断带来惊喜。殷健灵、黑鹤、葛竞、郁雨君、徐玲、汤萍、汤汤、商晓娜等新生代作家如雨后翠竹，展示出了蓬勃的创作潜力。

市场环境明显改善。2013年9月，中宣部、国家新闻出版广电总局、教育部、全国“扫黄打非”办公室、国家网信办五部门联合组织开展了净化少儿出版物市场专项行动，依法严肃查处了3家出版低俗、色情内容出版物的出版社；依法处理了5家出版编校质量不合格图书的出版单位；通报批评了4家出版价格虚高、豪华包装图书的出版单位。推动出版行业自查自纠，成立少儿出版界反低俗出版联盟。为巩固专项治理成果，国家新闻出版广电总局于2014年1月又启动了深化少儿出版物市场整治专项行动。2月26日和6月26日，国家新闻出版广电总局依法处理并公开曝光了两批15家出版社出版编校质量不合格的少儿图书问题。各地“扫黄打非”部门依法取缔了一批销售非法出版物的游商、地摊和无证照经营者，中小学校园周边环境得到有效改善。

党的十八大以来，中宣部和国家新闻出版广电总局等相关部门相继推出和完善了以下七大举措，扎实推进少儿出版的繁荣发展，为少年儿童健康成长营造良好文化氛围。一是广泛开展主题出版活动，二是着力提升原创出版能力，三是深入推进全民阅读工程，四是建立完善质量管理机制，五是及时组织市场专项整治，六是大力推动少儿出版走出去，七是不断加大政策扶持力度。

在充分肯定少儿出版工作取得重要成绩的同时，我们也要清醒地认识到，一些少儿读物内容低俗、质量低劣、原创不足、创新不够的问题不容忽视。有数量缺质量、有“高原”缺“高峰”的现象同样存在。

当前，少儿出版工作面临着新的形势、新的任务、新的要求。如何进一步贯彻党中央、国务院关于进一步加强和改进未成年人思想道德建设的工作部署，落实习近平总书记系列重要讲话精神，为少年儿童提供更多更好的精神食粮，创造健康成长的文化环境，培育德智体美全面发展的社会主义建设者和接班人，这是少儿出版工作的首要任务和职责。培育和践行社会主义核心价值观，创作生产出无愧于我们这个伟大民族、伟大时代的优秀作品，加强和改进未成年人思想道德建设，推动社会主义文化强国建设等，都对少儿出版工作提出了新的更高要求。

面对新形势新任务新要求，我们要进一步提高认识，强化责任，狠抓落实，重点抓好以下10个方面的工作：

要坚持不懈地抓好出版导向。少儿出版工作者要不断增强政治意识、大局意识和责任意识，肩负起为少年儿童提供优秀精神食粮的时代使命，牢牢把握正确导向，加强内容把关，自觉抵制低俗之风，唱响主旋律，传播正能量。

要进一步抓好社会主义核心价值观的主题出版。少儿出版工作要引导和教育少年儿童树立崇高的理想信念，打牢实现中国梦的思想道德基础，激励和引导广大少年儿童自觉地为实现中华民族伟大复兴的中国梦而努力奋斗。要着力讲好中国共产党、中国独特道路、中国梦等方面的故事。

要着力推出一批大力弘扬中华优秀传统文化的少儿读物。要发掘一批立足我国优秀传统文化，结合时代特点，阐发中华传统文化讲仁爱、重民本、守诚信、崇正义、尚和合、求大同的优秀少儿出版物，使少年儿童从小受到中华传统美德和传统文化的滋养和浸润。

要努力打造更多的少儿读物精品力作。我们要牢固树立精品意识，加强规划引导，加大政策扶持，完善评价标准，改进评奖机制，加强宣传推介，在培育精品力作上花更大力气，推出更多叫得响、传得开、留得住的优秀作品。

要深入开展少儿阅读推广活动。要科学研究不同群体、不同年龄段、不同性别少年儿童的认知能力和特点，吸收借鉴发达国家成熟的儿童分级阅读经验，大力推动儿童基础阅读工程，保障少年儿童的基本文化权益。我们要通过制定《全民阅读促进条例》等法律法规，开展优秀少儿读物推荐、“百社千校书香童年”阅读活动等，营造良好的全民阅读氛围。

要积极推动少儿出版的融合发展。要全面落实中央《关于推动传统媒体和新兴媒体融合发展的指导意见》，推动少儿传统出版和数字出版、网络出版的融合发展。实现传统媒体与新兴媒体在内容、渠道、平台、经营、管理等方面的深度融合，将少儿出版打造为融新技术与文化创意于一体的朝阳产业。

要继续深化少儿出版物市场专项整治。要继续加大对内容低俗、质量低劣、价格虚高和豪华包装的少儿出版物的查处力度，深入开展“扫黄打非”工作，加大对违法和含有不良内容的少儿读物的治理力度。

要进一步加强少儿读物的质量管理。要切实把好内容质量、编校质量、装帧设计和印制质量关，严格落实责任编辑制度、选题论证制度和“三审”制度，建立贯穿出版各个环节的质量管理机制，对不合格出版物的相关责任人依法追究责任。

要大力实施少儿出版走出去战略。要加强与各国少儿出版界的交流，统筹好国内国际两个市场，利用好两种资源。通过实施“经典中国国际出版工程”“丝路书香工程”“版权输出普遍奖励计划”，大力培育具有自主知识产权的知名少儿出版品牌参与国际文化竞争。

要进一步加快少儿出版人才队伍建设。要不拘一格选拔人才，既需要懂出版、会经营、善沟通的复合型人才，也需要在文学创作、内容创新、设计创意等方面有突出特长的专门人才，要为他们提供发挥作用的舞台。要加强对少儿出版工作者的专业培训。

（本文是2014年12月15日吴尚之在全国少儿出版工作会议上的情况通报摘要，摘自《中国新闻出版报》2014年12月17日第2～3版）

中央电视台领导讲话（文章）摘编

新形势下主流媒体如何有效引导舆论

中央电视台台长　胡占凡

习近平总书记在党的十八届三中全会上发表的重要讲话和全会审议通过的《决定》，深刻阐明了全面深化改革的指导思想、总体思路、目标任务、重大原则和重要举措。学习、宣传、贯彻好党的十八届三中全会精神，是中央电视台当前和今后一个时期的中心工作。我们将统筹全台多种资源和手段，调动新闻、专题、文艺、网站等多方面力量，形成全媒体、全方位、全覆盖的宣传声势。同时，党的十八届三中全会围绕做好宣传思想工作和深化文化体制改革做出重要部署，提出新的要求。基于对当前面临形势的准确分析，三中全会对宣传思想工作和文化体制改革的目标任务、工作重点、机制创新等都提出了明确的任务，为主流媒体有效引导舆论指明了方向。

一、理性分析宣传思想工作和媒体传播面临的新变化、新挑战，增强针对性

现在，宣传思想工作的环境、对象、范围、方式都发生了很大变化。这种变化至少体现在以下几个方面。

1. 社会转型期民众心态和价值观变化明显

近年来，意识形态领域、精神文明建设和思想道德建设取得明显成效，国民素质整体提高，社会心态积极、健康、向上，各种“最美”大量涌现，社会主义核心价值观正在深入人心，这是不容置疑的基本判

断。同时，我们要注意到，现在民众心态和价值观带有明显的转型期特点。比如，不同价值观念的冲突，各种思想意识的碰撞，社会价值理念更加多元，民众的心理震荡和心态失衡等。

有几种社会心态的变化需要引起宣传思想工作的重视，以增强媒体宣传的针对性。一是现在经济增速和社会发展很快，利益差距容易使不同阶层的人尤其是一些困难群体在心理上产生被剥夺感。这种社会心理如果得不到及时疏导，可能引发负面情绪，影响社会稳定。二是焦虑心态蔓延。由于一些人对社会复杂问题难以应付，从而产生焦虑、冲动、不安、矛盾等非理性心态。这种心态积聚到一定程度，也容易以情绪化的形式释放出来。三是社会浮躁心态增多。转型期激烈的社会竞争和利益驱动，让一部分人想用最小的投入、最便捷的方式在最短的时间内获取最大的利益。四是社会信任感减弱，这在经济、文化、社会、价值领域以及人际交往中都有不同程度的体现。五是民众道德水准不一。原有的社会价值体系对人们心理的规范和教化功能弱化，有效的价值调控和规范体系尚未完全建立。

在这种情况下，主流媒体如何有效调整和引导社会心态，成为宣传工作面临的严峻挑战。建议深入研究民众心态和价值观的变化，使媒体宣传能够更精准、更有针对性地引导社会心理，调控大众心态，规范社会行为。同时也要规范媒体自身的心态，首先不能浮躁。媒体必须恪守正确、健康的价值观、是非观、美丑观，理直气壮地弘扬社会主义核心价值、弘扬真善美，理直气壮地鞭笞假恶丑。要强化媒体自身的使命感、责任感、神圣感，要为国、为党、为民尽责，凝聚和释放全社会各层面的正能量，不能强化、放大民众的负面心态，不能过度娱乐化。媒体倡导什么、反对什么、满足什么，要有明确的价值标准，要旗帜鲜明。

2. 媒体受众构成、需求、兴趣、接受习惯和方式变化明显

2012 年年底，中央电视台对近 5 年全国电视观众收视情况进行抽样调查，结果显示目前全国电视观众规模达到 12.82 亿人，比 5 年前增加了 7000 万人。观众构成变化较大，城镇观众翻了将近一番，比例首次超过农村观众。与此同时，网络在线阅读量、网民数量、互联网普及率、手机网民规模都在大规模甚至爆发式增长。

媒体影响力排序的变化尤其值得关注，特别是近几年媒体影响力排序变化很大。看媒体影响力大小首先要看渗透率是多少。渗透率是指能够接触到某个媒介的 13 岁以上受众占 13 岁以上总人口的比例。目前渗透率最高的仍然是电视，占 99.23%；第二位是报纸，渗透率是 53.97%；互联网的渗透率已经达到 51.88%，排序从第五位上升到第三位；手机媒体渗透率达到 44.03%，排名第五；车载电视、楼宇电视的渗透率也都超过 40%，发展速度很快，占第六位和第七位。显然，媒体影响力格局与过去相比已经发生了很大变化。

互联网的发展，也让观众的收视习惯发生了变化。据调查，有 2.64 亿观众经常使用电脑收看节目，近 1 亿观众经常通过手机收看电视节目。超过 80% 的人在看电视的同时使用其他电子终端收看电视节目内容。美国的一项调查显示，通过在线和移动终端看新闻的人数已经逼近电视观众规模。在莫言获得诺贝尔文学奖的消息传播中，有高达 52.11% 的用户是通过手机获知的，33% 的用户是通过电脑得知的。2013 年中央电视台春节联欢晚会，有 2.09 亿人次通过网络收看，这也是前所未有的。

3. 新媒体的崛起和舆论环境变化明显

党的十八届三中全会提出，要形成正面引导和依法管理相结合的网络舆论工作格局，整合新闻媒体资源，推动传统媒体和新兴媒体融合发展。多年来，在传统媒体环境中，报纸、广播、电视“三分天下”，在舆论上占绝对主导地位。新媒体兴起后，传播业态和舆论环境发生很大变化，有五个方面需要注意：一是信息源和信息流众多；二是网上内容分散、随意、开放；三是西方凭借信息技术优势将意识形态、价值理念对我渗透；四是情绪化表达、发泄性表达增多；五是国际大媒体都把新媒体作为拓展传播能力的重要平台。

面对社情民意、传播工具和舆论环境的显性变化，主流新闻媒体应进一步强调：一是提高宣传效果的命中率、精准度，要弹无虚发，切中要害，切忌自说自话，自娱自乐，与社会所思所虑脱节，两张皮；二是提高宣传手段的精致化水平，要细分受众，细分手法，细分终端，细分问题，千方百计提高受众对媒体的亲和度、喜爱度，千方百计减少受众的接受障碍。

二、宣传思想工作和媒体传播应实现社会效益最大化，增强传播的有效性

主流媒体贯彻落实党的十八届三中全会的精神实质，很重要的问题还是如何在新形势下创新宣传思想工作，增强传播的有效性。

1. 强调坚定信念，牢记使命，把做大做强主流媒体放在媒体建设管理首位，对内实现主流媒体的喉舌、工具和服务功能，承担社会责任，引导舆论；对外通过主流媒体塑造中国形象

习近平总书记在党的十八届三中全会上强调，要“做好宣传思想工作，加强社会主义文化建设，壮大主流思想舆论，重点推动统一思想、凝聚力量”“引导人们全面客观认识当代中国、看待外部世界”。

因此，我们应进一步从地位、作用、职责和政策层面，把主流媒体作为核心宣传平台，把凝聚党心、民心，团结在以习近平同志为总书记的党中央周围，把实现民族复兴的“中国梦”宣传作为历史责任、政治责任和社会责任。主流媒体必须理直气壮地坚持主旋律、主流声音，理直气壮地坚持正确的导向和健康的价值取向，不能在众声喧哗中随波逐流，不应为了追求轰动效应、收视率、点击率、发行量或经济利益而放弃责任和使命。

我们要精心做好对外宣传工作，创新对外宣传方式，着力打造融通中外的新概念、新范畴、新表述，讲好中国故事，传播好中国声音。在对外传播上，主流媒体应该把塑造中国形象作为首要任务，抢占更多国际话语权，尤其要研究电视“走出去”的工作重点，在推进整频道落地的同时，争取更多地进入当地主流频道，要改进表达方式和语态，多用“植入式”方式解决“水土不服”问题。

2. 最大限度实现宣传目的，提高主流媒体公信力

(1) 及时、准确、公开、透明、有序、有效，既满足人民群众知情权，又引导舆论走向。社会热点问题、敏感问题、突发事件，是老百姓关心的，也最需要舆论来引导。如果主流媒体对这些需要及时引导的问题，拖拖拉拉报道，或者避而不谈，就可能引发社会议论和猜疑。如果从主流媒体得不到信息或不能及时得到，公众就会转而通过网络、口头传播等方式获取信息，并且会回过头来跟主流媒体的报道进行比较。如果人们得到的是不真实、不准确的报道，这种先入为主的信息仍然会影响人们的判断，而消除先入为主的错误信息往往要付出几倍、几十倍的努力。主流媒体最大的优势是自身的公信力和权威性。因此，应当及时、主动、准确地为公众提供信息，释疑解惑，要更多地由被动应付变为主动引导。

(2) 增强针对性，加强人文关怀，坚持“三贴近”“走转改”。能不能吸引百姓，能不能在潜移默化中达到我们向百姓进行宣传的目的，是舆论引导的关键，也是高超的宣传艺术。因此，主流媒体应当继续坚持“走基层、转作风、改文风”，要多考虑百姓视角、微言大义，从身边事说起，从百姓最关心的人和事说起，把看起来离百姓很远的对宏观形势、方针政策的报道，用百姓的视角来报道，他们就有亲近感。在报道中，既正视问题、直面矛盾，又不能单纯地曝光问题、放大矛盾，而应重在反映党和政府解决群众问题的努力和成效，力求取得正面效果。比如，拆迁、讨薪等民生问题上《新闻联播》头条，让老百姓上电视，老百姓是很欢迎和认可的。

近两年，中央大力推动的“走转改”活动正是党的群众路线在新闻战线的体现，最受百姓欢迎，社会一片叫好声。应当总结“走转改”的经验，把“走转改”和群众路线教育实践活动结合起来，和坚持“三贴近”结合起来，推动“走转改”走向深入和常态化。

3. 高度重视、强化管理新媒体，充分利用各方资源，扬长避短，有效引领舆论

党的十八届三中全会强调，面对传播快、影响大、覆盖广、社会动员能力强的微博、微信等社交网络和即时通信工具用户的快速增长，如何加强网络法制建设和舆论引导，确保网络信息传播秩序和国家安全、社会稳定，已经成为摆在我们面前的现实突出问题。以微博为代表的自媒体、民间舆论的兴起，使传统媒体不再享有唯我独有的信息发布权。可以说，如何有效统合主流媒体舆论和民间舆论，是当前宣传工作面临的新问题。

一方面，传统媒体要善于借用新媒体的优势和长处，增强新闻宣传的吸引力。主流媒体不能对民间舆论置之不理，要对网络舆论保持敏感性，关注它的走势与动态，这样才能及时引导、有效引导。截至 2013 年 6 月底，我国微博用户规模为 3.31 亿；微信用户量达 3 亿。这个庞大的群体是不容忽视的。因此，应当下力气研究如何打破边界，把传统主流媒体的权威性、公信力等优势与新媒体的快速、互动、传播面广等优势结合起来，使主流舆论自然而然地融入民间舆论。

另一方面，传统媒体必须主动引导民间和网上舆论。中国网民的主体是 30 岁以下的年轻人，占网民总数的 54%；初中和高中学历比例最大，占 68.6%。“极端化”的观点容易出现在网民的言论中，比较容易感性化、情绪化，具有非理性色彩。因此，网络舆论并不能完全代表社会主流。越是真假难辨，人们越希望获取真实权威的解读，越需要主流媒体站出来“一锤定音”。主流媒体要有定力，对网络声音要有甄别能力，防止被网络甚至商业利益所挟持，要及时、客观、公正地报道真相、澄清事实，在真假难辨中明确无误地亮出观点，起到左右舆论走向的“风向标”作用。

（摘自《电视研究》2014年第1期）

在融合中发展、壮大、图新

中央电视台副台长　罗　明

当前，随着互联网应用的飞速发展，媒体格局和舆论生态正发生深刻变化，推动传统媒体和新兴媒体融合发展刻不容缓，这既是媒体发展的潮流，也是我们的历史责任。

中央高度重视传统媒体和新兴媒体的融合发展，提出要加快传统媒体和新兴媒体的融合发展，充分运用新技术新应用创新媒体传播方式，占领信息传播制高点。中央重视、部委支持的大环境已经形成，中央电视台目前的实力和影响力可以让我们有一定的腾挪空间和时间窗口。这个绝好时机不容错失，如果我们能够把控时机，奋发有为，就能够实现跨越发展。

中央电视台新媒体发展的目标，应是实现新兴媒体与传统媒体优势互补、一体化发展，即坚持以视频为主打，以新闻为龙头，以先进技术为支撑，推动内容、渠道、平台、经营、管理等方面深度融合，建设以视频内容为核心，媒体形态丰富、手段先进、具有强大传播力、竞争力和完备产业链的新型主流媒体。具体的建议和方法如下。

首先，加大投入，提升新媒体竞争力。要提升中央电视台新媒体的竞争力，首先就要加大对新媒体发展的投入。应从资金、内容、技术、渠道建设、产品创新等方面加大投入，扶持新媒体业务的发展。其次，推进台网融合，打通流程机制等方面的壁垒。发展新媒体，推进台网融合，加快机制体制创新，形成全台办新媒体的工作格局。

一是要研究建立新媒体工作体制、决策机制和融合一体化协调机制，明确各项工作的责任主体，实现台网之间业务融通、资源整合、传播互动、技术融合、利益共进，共同打造节目选题策划、制作播出、新媒体传播、宣传推广，以及版权、广告营销等链条，形成统一品牌。

二是要进一步探索加强新媒体渠道建设，延伸电视市场空间，推动视频生产传播模式的转型升级，打造基于现代信息技术的新型主流媒体。加速整合现有的平台资源，推进节目采编一体化，提升节目在电视屏、互联网电视屏、IP 电视屏、移动智能终端屏、平板电脑屏、PC 屏、户外视听载体屏等多终端的用户体验和传播覆盖，实现“多样化采集、多终端推送”。

三是要考虑培育新媒体视频业务创作和制作的专业顶尖团队，强化运用社交化、互动性的技术手段和制作技能，开发符合多终端要求和新媒体特质的节目产品，以用户体验为出发点，提供高质量的新媒体视频服务，突出电视台的视频特色。以新闻为重点，打造专为新媒体提供新闻的专业队伍，建立适合新媒体的新闻制作流程和播发响应机制，保证重大和突发新闻报道在新媒体首发。

四是尽快实施跨媒体综合考评体系。把新媒体作为融合发展的激励和考核重点，研究制定新媒体传播效果考核办法，把新媒体传播监测数据纳入评价指标，由单一的电视收视调查转变为跨媒体传播效果监测。

最后，统一技术支撑，加快重点平台项目建设。以新台址搬迁为契机，加强电视与新媒体的技术融合发展，全面做好台网统一的技术发展规划与转型，统筹电视与新媒体的大技术平台一体化建设。技术平台建设做到统筹分配、平台互通、标准一致、业务协同，实现技术系统在播出信源资源、媒资库、新闻共享、节目制作、演播室、节目生产管理等全台资源利用率的最大化。进一步提高数字化、高清化、网络化制播平台的制作效率和协同能力。

目标已经明确，我们所有广播电视媒体人都要有为行业谋未来的使命担当和创业激情，积极研究，团结协作，推动传统媒体和新兴媒体的深度融合，推动广播电视新媒体的大发展。

（摘自《电视研究》2014年第9期）

讲好“丝路”故事　架设沟通桥梁

中央电视台副台长　魏地春

自2013年以来，习近平主席在出访中亚四国、出席上合组织峰会等多个场合时，多次提出共同建设丝绸之路经济带的战略构想。在2014年6月初举办的“中阿合作论坛”开幕式上，习近平主席再次强调要弘扬“丝路精神”，共建“一带一路”，受到国内外高度关注和积极响应。

我们认为，建设丝绸之路经济带，有利于中国进一步扩大对外开放，形成全方位的开放格局，形成更加完善、更具活力的开放型经济体系，从而为世界和平与繁荣做出更大贡献；建设丝绸之路经济带，也有利于丝绸之路沿线周边国家扩大在经贸、金融、投资等领域的合作，促进各自经济增长，实现国富民强；建设丝绸之路经济带，还有利于推动全球区域化合作进程，促进沿线周边各国在政治、经济、文化、社会等领域的互信、互利、互赢。

从历史上看，连接东西方的丝绸之路不仅是一条商品流通、经贸往来的通道，也是一条文化交流、文明交融之路。千百年来，在这条古老的丝绸之路上，各国人民共同谱写出千古传诵的友好篇章，丝绸之路承载的和平共享、合作共荣、文明互鉴、互利共赢的精神薪火相传。建设丝绸之路经济带是一个多赢的构想，意义重大，影响深远。其中，媒体的参与和推动不可或缺。

一、媒体是建设丝绸之路经济带的重要软力量

当今时代，媒体在社会生活中的作用日益凸显。作为信息传播的主渠道和文化交流的主平台，媒体既是政府与公众良性互动的桥梁，亦是各种文化和文明沟通融合的重要纽带。在丝绸之路经济带建设中，媒体可以充分发挥信息沟通、政策解读、文化传播的重要作用，通过新闻报道、纪录片、影视剧、文艺晚会等多种形式，充分阐释建设丝绸之路经济带的历史缘起、重要意义和未来图景，充分展示丝绸之路沿线各国的经济特色和文化风貌，凝聚各方智慧与力量，共同推动丝绸之路经济带的重要战略构想尽快成为促进各方共赢的具体行动。

1. 媒体是增进各国民众相互了解和信任的有效平台

国之交在于民相亲。搞好各国间的合作，必须得到各国人民的支持。丝绸之路经济带周边国家存在着社会制度、发展水平、文化传统等诸多差异，要促进相互之间的交流合作，必须致力于加强人民友好往来，增进相互了解和友谊，为开展区域合作奠定坚实的民意基础和社会基础。新闻媒体是各国人民增进了解和信任的有效平台。尤其是电视媒体，具有形象化、视觉化的特点，覆盖面广，感染力强。通过电视报道，可以全景展现丝绸之路经济带周边各国民众的生产生活图景，广泛传播丝绸之路上古往今来各国人民友好交往的生动故事，充分阐释丝绸之路经济带建设对于各国的积极意义，从而增进各国民众间的相互了解，促进国家间的合作共识，为丝绸之路周边国家形成“利益共同体”和“命运共同体”发挥不可替代的作用。

2. 媒体是推动各国之间文化交流的重要载体

古丝绸之路不仅是商贸往来之路，也是文化传播、文明交流之路。大漠孤烟，长河落日，驼铃声声，展示的是自古以来丝绸之路沿线不同国家、民族的人民在经济和文化往来中融合发展、合作共赢的美好图景。其文化价值需要通过媒体的深入挖掘向全球受众进行传播和弘扬。媒体在宣传推动丝绸之路经济带建设的过程中，要充分发挥文化软力量的作用，充分挖掘丝绸之路深厚的文化内涵，充分展示这条经济带周边各国的文化魅力，通过丰富多彩的文化节目和文化活动，促进文化交流，增进文化认同，从而为丝绸之路经济带建设提供良好的文化氛围和精神支撑。

二、中央电视台将在建设丝绸之路经济带中发挥积极作用

中央电视台作为国家电视台，是当今中国最具影

响力和竞争力的主流媒体之一，具有强大的平台优势和传播优势。近年来，中央电视台注重加强国际传播能力建设，通过国内外记者站点的建设和发展，形成了覆盖全球的新闻采编报道网络；开办了中文国际、英语新闻、西班牙语、法语、阿拉伯语、俄语、英语版纪录频道共7个国际频道；中央电视台节目全球落地工作有序推进，海外整频道落地用户数达数亿户；中央电视台下属的视频通讯社国际视通，每天向海外70多个国家1600余家电视媒体发稿；中央电视台在互联网上的播出平台CNTV.cn直播频道发展到140多个，覆盖210多个国家和地区，建成了亚洲规模最大的网络视频数据库和多媒体集成播控平台。中央电视台还拥有世界领先的电视技术装备和节目制播能力，迁入新址后将全面实现高清化、网络化和文件化制作播出。可以说，中央电视台有责任和能力在建设丝绸之路经济带中发挥应有的作用。

1. 讲好“丝路”故事，传承“丝路”友谊

下一步，中央电视台将进一步加大对丝绸之路经济带的宣传力度，通过新闻报道、纪录片、影视剧、文艺晚会、媒体活动等多种电视表现手段和形式，为增进丝绸之路国家间的人民友谊、文化交流、经贸交往、战略互信提供舆论支持。

一是拍摄大型纪录片《丝绸之路经济带》。目前已与多国国家电视台就联合拍摄、播出发行达成合作意向，包括吉尔吉斯斯坦公共广播电视集团、哈萨克斯坦国家电视台、俄罗斯AIST电视公司、俄罗斯TIVICOM电视公司、白俄罗斯国家电视台、独联体国家间和平电视台、土库曼斯坦国家电视台、巴基斯坦电视台、土耳其StarTV等。《丝绸之路经济带》共8集，总时长360分钟，除了在中央电视台播出外，还将同时在相关国家主流媒体和新媒体平台上播出，并推动在海外院线播放，面向世界展示一个充满活力的新丝绸之路经济带。

二是推出大型新闻报道《共享繁荣新起点》。这是一次贯穿全年的跨国界大型媒体行动。记者将从公路、铁路和空中，分三路穿越丝绸之路，围绕丝绸之路的过去、现在和将来，聚焦丝绸之路上的钱流、物流和人流三个层面，采用直播报道+专题片+新媒体活动三种节目样态，加入虚拟演播室和大数据技术，全方位展示丝绸之路经济带的情况。

三是推出特别报道《丝路好生意》。用镜头聚焦丝绸之路沿线10余个中外城镇，关注丝绸之路沿线国家间经贸、文化、人文交流的举措、事例和典范，由点及面地展开持续15天的报道。《丝路好生意》将邀请中亚5国主流电视媒体的记者全程参加，并在6国电视频道同步播出。在前期的筹备和运作中，已与吉尔吉斯斯坦国家电视台、哈萨克斯坦国家电视台和独联体国家间和平电视台达成合作共识。

四是创作跨国晚会《丝路明月》。这是中央电视台与中亚4国联合举办的系列跨国晚会。晚会将联合当地顶级制作团队，邀请当地最知名的明星，选取敦煌雅丹地貌、梅尔夫古代丝绸之路遗迹等人文景观，打造富有特色的景观晚会，艺术地展现丝绸之路经济带的人情风貌。

除此之外，中央电视台还将推出大型新闻报道《走进东盟》《探秘新丝路》，创作纪录片《海上丝绸之路》《亚洲的亚马孙——阿穆尔河》等。这些节目的创作和播出将为世界重新认识丝绸之路、推动丝绸之路经济带建设起到积极的促进作用。

2. 推动丝绸之路国家的媒体交流，搭建沟通合作桥梁

除了加大对丝绸之路经济带的宣传报道力度以外，加强和深化丝绸之路沿线国家在媒体领域的交流合作，也是建设丝绸之路经济带的题中应有之义。

一直以来，中央电视台十分重视与丝绸之路国家的媒体合作。目前，已经与乌兹别克斯坦、哈萨克斯坦、吉尔吉斯斯坦、阿联酋、卡塔尔、摩洛哥、约旦、土耳其等多个丝绸之路国家的广电媒体建立了良好的合作关系，在新闻报道、节目交换、技术交流、节目合拍、人员互访等方面开展了富有成效的合作。今后，中央电视台将进一步深化与丝绸之路国家媒体的交流合作，借鉴“中非媒体合作论坛”“中阿媒体合作论坛”的经验和做法，推动与丝绸之路经济带周边国家媒体交流合作形成机制化，实现新闻、节目、技术等各方面资源的互通共享。

（本文是魏地春在丝绸之路经济带国际研讨会上的讲话，摘自《电视研究》2014年第11期）

打造百姓舞台　服务人民大众
是《星光大道》的源泉

中央电视台副台长　胡 恩

从2004年正式播出至今，中央电视台的综艺节目《星光大道》已经走过十年的历程。作为中央电视台的自主品牌、国内独创的大型综艺节目，《星光大道》自开播以来，一直坚持以"百姓舞台"为宗旨，没有门槛、没有距离，突出大众参与性，为全国的普通劳动者提供了一个放声歌唱、展现自我的舞台。节目首次播出便受到广大观众的欢迎，不仅在收视上取得佳绩，而且为社会输送了一大批优秀的百姓歌手。阿宝、凤凰传奇、杨光、玖月奇迹、金美儿、旭日阳刚、朱之文等一批来自基层和民间的选手从《星光大道》登上了"春晚"舞台，形成较好的社会影响。

十年来，《星光大道》栏目始终坚持以马克思主义新闻观为指导，不断打造栏目品牌，以表现群众愿望，满足观众需求，提高群众文化活动品质、品位、品格的追求为宗旨，强化国家电视台为广大人民群众服务的媒体责任。《星光大道》将栏目定位始终聚焦在"打造百姓舞台,服务人民大众"上。这不仅是《星光大道》成功的秘诀，更是《星光大道》区别于其他综艺节目而能够历经十年不断创新发展的原动力。

通过对《星光大道》节目形式的综合剖析，不难看出栏目一以贯之的核心传播理念和一直以来所坚守的品质、品位和品格。我们对其进行梳理和研讨，有利于进一步扩大《星光大道》的品牌影响力，增强《星光大道》的核心竞争力。

一、坚持弘扬社会主义核心价值观，是打造《星光大道》的根本

《星光大道》始终把弘扬社会主义核心价值观作为主导思想，在节目制作的过程中，始终坚持传递社会正能量，充分体现社会主义核心价值观。首先，在选手选拔方面，不仅考察选手的艺术水平，而且重点通过多个环节设置综合考量选手的价值取向。在选拔过程中，对其人生观、价值观进行严格把关，对有正面号召力的选手适当降低参与门槛，对不符合主流审美和价值取向的选手予以严拒。其次，在节目内容方面，坚持正确的导向和健康向上的格调，在嘉宾、评委的选择上层层把关，在主持人台词、嘉宾点评、选手互动等方面注意语言的筛选和细节的设置，坚决杜绝低俗、庸俗、媚俗。最后，关注公益事业，传递社会正能量。在节目策划和宣传过程中，常以选手为载体进行公益方向的价值引导，既为有爱心的选手提供公益平台，又加强对选手故事的挖掘，同时也吸引爱心公益人士加入帮助行列。通过《星光大道》的平台，呼吁社会关注弱势群体，展现并传播了大爱、大孝的中华正能量。

二、坚持走群众路线，是打造《星光大道》的有效途径

《星光大道》栏目始终坚持"一切为了群众，一切依靠群众，从群众中来，到群众中去"的群众路线，把优秀文艺节目送到群众中去。同时，从群众中汲取营养，实现"文化惠民、文化为民、文化乐民"。

1. 组织开展"中国梦，星光情"文艺"走基层"系列活动

一方面，《星光大道》的主创人员及优秀选手走出演播室，走到乡村间，邀请当地基层文艺团体共同合作，为当地百姓打造惠民、亲民的文艺活动。另一方面，栏目组织开展以"中国梦，星光情"为主题的文艺座谈会，围绕如何挖掘当地文化特色，打造特色文艺；如何把地方的优秀文艺作品输送到更大的舞台；如何满足、帮助更多基层群众实现文艺梦想等话题展开交流，为推动农村基层文化建设持续健康发展提供动力。

2. 选拔"走基层"，大道到"家"中

《星光大道》通过建立基层联系点，组织导演分组走进基层，选拔基层人才，发现百姓之星。十年来，栏目组先后在全国60多个地区邀请基层的工人、农民、学生、军人、教师等一线普通劳动者参加选拔。一方面，解决了选手由于工作、上学、路途远、经济条件有限等原因不能到京参加选拔的实际困难，扩大

选手的选择面；另一方面，走访基层爱岗敬业、敬老爱幼、爱心助人、舍己为人等受人民群众拥戴的好人好事，展示基层人民群众热爱生活、勇于追求、实现梦想的拼搏精神。

3.“草根”故事动人心，语言风格“接地气”

一方面，在《星光大道》的舞台上，总会涌现一批“百姓明星”用他们朴实动人的故事牵动着亿万观众的心；另一方面，“家乡美”“爱心行动”等环节的设计，凸显民族特色、中国情感，深受广大百姓喜爱。除此之外，主持人在节目中平民化又不乏幽默感的“接地气”的主持风格，更是成为贴近生活、贴近百姓、吸引广大观众、活跃现场气氛的重要元素。

三、坚持提升品质，是打造《星光大道》的保障

《星光大道》开播十年来，节目收视率始终保持在全国综艺节目前列。2013 年，《星光大道》从节目制作的灯光、舞美、音响、服装、道具、录制等方面提升质量；从节目选手的选择、包装、内容设计、节目环节上着力创新，打造出具有更高品质、百姓更加喜爱的品牌栏目，并如期登陆中央电视台综合频道周六黄金时段播出，有效提升了栏目的影响力和竞争力。

四、贴近群众，创新发展，践行核心价值观

《星光大道》开播十年来，无论是在社会效益还是在经济效益；无论是在传递社会正能量还是社会影响力等方面，都取得了骄人的成绩。随着我国文化事业的蓬勃发展，广大人民群众对精神文化产品质量和多样化提出了更高的要求。如何更好地传播社会主义先进文化，不断满足人民大众的精神文化需求，传承中华传统美德，践行社会主义核心价值观，未来十年《星光大道》依然任重路远。只有不忘本来，才能更好地开创未来。在如何创新发展的问题上，《星光大道》应在进一步提升品质、品位、品格上做到以下五点。

1. 始终坚持把握时代脉搏，自觉践行社会主义核心价值观

紧紧围绕“走基层”“三贴近”，进一步强化“百姓舞台”的社会影响力。坚持以人为本，贴近实际、贴近生活、贴近群众，发挥人民在文化建设中的主体作用，始终坚持以人民为中心的创作导向。

要始终坚持以“中国梦”为脉络主线，围绕百姓舞台，关注百姓梦想，让《星光大道》成为社会各阶层平民百姓圆梦的舞台。在节目的设计上要更加关注选手的梦想；在节目的内容选择上突出百姓梦想；在节目的环节设置上强化百姓梦想，积极反映人民群众的愿望和要求，让百姓真正在《星光大道》圆励志奋斗的梦想。

同时，在内容的选定、选手的选拔、环节的设计、主持人的台词、嘉宾的点评和选手的互动等方面，都要融入社会主义核心价值观，充分体现以爱国主义为核心的民族精神和以改革创新为核心的时代精神；充分体现社会公德、职业道德、家庭美德、个人品德等中华民族传统美德；充分体现人文关怀、自尊自信、理性平和、积极向上的社会心态，使社会主义核心价值观内化于心，外化于行，形成健康、向善、向和、向美的主旋律。

2. 始终坚持走群众路线，为人民群众服务，实现文化惠民

要始终坚持深入基层，走出演播室，走到乡间去，走到群众中去，走到百姓中去，把最优秀的节目送到群众最需要的地方去。从群众中汲取营养，要多组织开展与地方合作、与百姓互动的文艺活动，充分体现文化惠民、文化为民、文化乐民的理念。

3. 始终坚持语言风格“接地气”，主持风格生活化、平民化

强化与选手交流，与观众互动，用真实的情感以及亲和力、感召力感染观众。继续关注公益活动，传播社会正能量。

4. 加强创新

从丰富多彩的时代和人民生活中汲取营养，以人民群众满意不满意为目标，不断创新节目内容和形态，积极推进全媒体背景下的电视媒体与互联网多媒体传播的融合，强化台网互动，进一步增强栏目的竞争力和影响力，实现更多平台的覆盖。

5. 加大品牌系列活动推出力度

在总结 2013 年成功开展“百名教师上星光”“百名劳模上星光”“百名学子上星光”“百名华侨上星光”“百名老人上星光”“百名新人上星光”等“百名群众上星光大道”系列活动的基础上，认真谋划推出更多贴近群众的活动，以满足更多层面观众参加《星光大道》的愿望。

（本文是2014年9月17日胡恩在《星光大道》栏目十周年研讨会上的发言，摘自《电视研究》2014年第11期）

从电视到大视频

中央电视台副台长　何宗就

一、大视频时代特征

电视自诞生以来，迅速成为20世纪最具影响的大众传媒，形成了庞大的产业。进入21世纪后，以互联网、移动互联网为代表的新兴媒体得到了爆炸式的发展，超出了以往任何一次媒体变革。这种急剧变化引发了许多困惑，包括平面媒体电视媒体在内的传统媒体都产生了各种迷茫。平面媒体似乎已经失去了进一步发展的空间，而电视媒体则正在遭遇各种在线视频的强烈冲击。

当前不管是学术界还是传媒界都习惯于用“新媒体”来代表互联网和移动互联网，而将电视和平面媒体称为“传统媒体”，将两者截然对立起来。在这种惯性思维下电视等媒体在尝试利用新媒体思维和技术进行创新时，从决策层面到执行层面常面临各种纠结与矛盾。

但从广大受众的角度看并不存在“传统媒体”与“新媒体”之分。受众所面对的是无处不在的媒体信息，并始终力图获取最适合自身的信息服务形式。其中的区别只是在不同的传媒环境之下，选择最适合的媒介渠道和媒体内容。从这个意义上看世界上并不存在“传统媒体”或“新媒体”之分，只有无处不在的“泛媒体”或“大媒体”。

所谓“大”者，是指媒体的传播无所不在、形态无所不包、接收随时随地。媒体机构再也不能假设自身是面对一群固定消费情境、固定特征、固定需求的受众；相反，要尽可能地覆盖形形色色的信息受众，提供各种类型的内容服务。

在这一过程中，媒体机构将面对大量时时刻刻产生和流动的“数据”。广大受众的经济水平、家庭结构、网络接入，以及自身的教育水平、职业年龄个人爱好等都成为影响收视的数据。这些数据综合起来决定了媒体的使用行为和传播效果。媒体机构必须洞察和把握这些数据才能为准确提供最适合的情境化内容服务。这些数据正是信息时代大数据在传媒领域的典型应用。

视频无论在“传统媒体”还是“新媒体”中都是最重要的信息载体。除广播电视外，近年来基于互联网的网络视频、基于电信专网的IP电视、由虚拟运营商主导的OTT互联网电视等纷纷加入了视频媒体的行列。各种视频从相互竞争到相互融合，逐步发展成为汇聚多种形态的大媒体。伴随着互联网进入大数据时代，视频传媒也开始迈进无所不在、随时随地、海量多样个性传播的“大视频”时代。

大视频时代具有下述特点：

传播渠道多元化。电视台、电信运营商、互联网公司纷纷加入视频行业，为受众提供无处不在的视频服务；

用户终端多屏化。电视机、电脑、手机、Pad都可成为收看视频的窗口，伴随着智能终端的蓬勃发展，受众随时随地触碰视频已成为现实；

视频内容海量化。随着云计算和媒资管理技术的广泛应用，各类视频服务商都积累了海量的视频内容为向广大受众提供精确化服务奠定了基础；

媒体形态多样化。在电视媒体依然发挥视频服务重要作用的情况下，广大新生代受众中点播、下载、分享、碎片化视频服务等新业态蓬勃发展，视频服务正向全方位拓展；

媒体服务个性化。随着“大数据”时代的到来，广大受众的收视喜好和收视行为有条件得到系统地汇聚和分析，视频服务从“广播”飞越到“个性化传播”将不再是梦想。

二、大视频产业结构

从整体产业格局看，大视频可分为：有线电视服务、IP电视服务、网络视频、互联网电视、地面电视、直播卫星电视、流媒体手机电视、各类视频服务之间形成既相互竞争又相互补充的产业格局。这其中，有线电视、IP电视和互联网电视是当前主要的视频服务载体，分别对应于有线运营商、电信运营商及广电新媒体机构和互联网公司，是大视频产业的主要参与者。

三、大视频宏观环境分析

1. 信息泛在化与宽带化

2013 年 8 月 1 日，国务院正式下发《“宽带中国”战略及实施方案》，要求“将宽带网络作为国家战略性公共基础设施”。根据中广研究的统计，截至 2014 年 4 月底，全国 3G 及 4G 总用户 4.54 亿户，占比达到 36.28%。互联网宽带接入用户达到 1.96 亿户，移动互联网用户达到 8.48 亿。宽带化趋势和信息泛在化趋势日益显著。

2. 终端智能化

在以苹果谷歌为代表的智能手机的带动下，整个信息终端开始转向智能化时代，电视终端也同样步入联网与智能化时代。2013 年我国智能电视占全部彩电的比例已接近 50%。互联网电视机顶盒出货量接近 1000 万台。预计未来三年智能电视终端将成为普及性应用。

3.“云” 服务

在用户需求的促进和多重市场竞争的格局下，云计算正成为大视频市场的主流应用和服务模式。这主要来自几方面的驱动：大规模在线视频服务的需求；海量内容和应用聚合的需求；多屏模式下用户体验的需求；媒体数据快速处理的需求；大数据分析的需求。

总的来说，开放的云服务平台使得精确的用户服务、海量的内容汇聚成为可能，用户通过智能终端可以获得个性化的信息与应用服务。

4. 受众收视习惯

大视频时代受众特征呈现如下发展趋势：免费服务是主；个性化服务越来越重要；碎片化、移动化及多屏观阅成为潮流；易用性和智能化的用户体验；社交化的交流；从集约式消费到碎片化消费。

四、大视频应对举措

1. 打造面向大视频的一体化组织机制

电视台的“新媒体”部门必须与传统的采编团队深度融合。新媒体部门不应该作为一个外部团队，而是作为一个统一的支撑平台与原来的编辑部门进行整体支撑和融合。这其中跨部门的全媒体节目制播部门成为大视频发展的必然，以利于内部资源共享、制播流程协调、跨部门决策、统一对外传播。在大视频发展早期可以这一形式为主要方式进行全媒体探索。

在全媒介传播条件下，为了适应快速传播及与统一的媒体资源管理的要求，传统以栏目进行划分的制播团队必然更趋集中，最终将成为整合的“超级编辑部”。

2. 从内容为王过渡到大视频服务

在大视频背景下，在节目策划之初就须确定目标受众和媒介传播渠道；在节目设计和制作方面大量引入用户互动参与；在播出方面全面用户情境化体验，提供多样化媒体“应用”服务；节目上线之后还需要不断地更新与长期的维护。在产品运营机制下，内容制作与技术支撑是完全融在一起的，需要双方进行完美的协作。

3. 基于大数据的节目评估体系

大视频时代，电视媒体的生态系统将逐步向全媒介收视评估体系过渡，电视媒体必须适应这一根本性的发展趋势。对电视台来说要尽早建立基于广大受众收视行为的收视评估体系，充分利用大数据等信息技术的最新成果。将之作为衡量和检验传播效果的根本手段。只有这样，才能真正推动内部机制的变革，推动节目制作的创新以及内部组织机构的融合。

4. 建立大视频版权管理机制

在大视频视角下，对电视节目的开发是基于多屏和全媒体模式下展开的。电视台的版权管理与运作不仅要考虑广播播放，而且要考虑到新媒体的版权价值以及电视台对新媒体的发展需求。由于电视媒体特点是集中优势资源以突出精品，因此在版权管理方面，必然也要求统一管理统一运营。

5. 最终打造平台化媒体服务

在“超级编辑部”和台网一体化融合的基础上，电视台将可打造平台化的媒体服务包括：统一的内容平台；基于受众收视行为的大数据平台；跨媒体的多屏分发服务；精准的版权和广告运营。

平台化是当前互联网发展的最高目标，其中包括技术、产品用户体验等诸多因素。这一思路可为电视台的未来发展提供一些借鉴与参考。

（摘自《现代电视技术》2014年第9期）

主动作为　务实创新
推动电视台行政办公业务再上新台阶

中央电视台分党组成员、纪检组组长、机关党委书记　张海鸽

行政办公业务是中央电视台内部运转的枢纽、信息汇总的平台、对外联络的窗口，对于统筹协调全台重大活动、有序推进各项工作开展、有效服务台领导决策起着至关重要的作用。多年来，中央电视台行政办公系统以建设国际一流媒体为总目标，坚持围绕宣传中心、服务全台大局，以创新推动发展，以发展带动创新，实现信息工作、舆情报送、公文流转、机要保密、档案管理、综合协调、值班值守、外事服务、行政信息化建设等各项行政办公业务无缝连接，高效运转，制度化、信息化、科学化水平不断提升，为中央电视台整体工作的顺利推进提供强大的支持与保障。

2014 年是中央电视台加快建设国际一流媒体的关键一年。胡占凡台长提出，要以建设国际一流媒体为总目标，进一步建立反应灵敏、协调有力、运转高效的工作机制，进一步提高行政办公业务的制度化、信息化、科学化水平。行政办公业务要一步一个脚印，实现跨越提升，适应不断发展的新形势、新任务、新要求，与国际一流媒体的功能有机适配。

一、从电视媒体发展的高度，充分认识行政办公业务的重要性

行政办公业务是中央电视台整体工作的重要组成部分，是推动各项业务顺利开展的基本保障。特别是信息工作，是中央领导和上级单位了解中央电视台工作的主渠道、反映各部门工作成效的主平台、对外展示良好形象的主窗口。行政办公业务做得不到位，势必造成日常工作运转不畅、混乱无序，影响各方面业务。

对于电视媒体而言，行政办公业务的重要性更加凸显。现代电视传媒机构业务多、部门多、人员多，具有国际影响力的世界媒体巨头都呈现出复杂化、集团化的发展态势。要管好这样体量庞大的媒体，需要一个功能齐全、务实高效的行政办公体系，就像人体的神经系统一样，把成千上万个指令信号传送出去、接收回来、整合处理、有效应对。“运筹帷幄之中，决胜千里之外”，可以说，行政办公业务做得好不好、效率高不高，直接牵动全局。电视媒体越是发展壮大，就越需要行政办公业务的支持和保障。

因此，我们要充分认识行政办公业务在服务决策、指导工作方面的重要作用，将其摆在重要位置，专门部署安排，与本部门的主要业务一同检查、一同考核，齐头并进抓起来，从人员配备、经费投入、学习培训等方面对办公室工作给予更多支持，提供更多便利条件。要围绕中央电视台和本部门的重点工作，做好统筹安排，督促落实，不断强化行政办公服务和管理职能，提高整体工作水平，谋在前、干在前、把关在前，以确保行政办公业务有序、有效、有力，在全台范围内形成台办公室总抓、各部门主要领导带头抓、分管领导具体抓，全台上下齐抓共管的良好的工作格局。

二、不断增强行政办公业务的规范性

严谨规范是行政办公业务的一项基础性要求。作为工作的总中枢、决策的参谋部，行政办公部门承担着上传下达、下情上达、沟通内外左右的重要职责，负责信息、公文、督办、接待、机要、档案、文印、收发等各方面枢纽性工作，哪一项工作都容不得半点马虎、来不得一点儿问题，必须细之又细、实而又实。要达到这个要求，关键在于制度，既要规范流程，建章立制，又要令行禁止，坚决落实。

目前，中央电视台按照中央“八项规定”和群众路线教育实践活动的要求，对全台信息、公文、机要保密、档案、综合协调、外事等各项规章制度进行了全面修订和完善。并要求全台各部门要按照新的规定，对照自身工作，制定完善具体的实施细则和办法，一级抓一级、层层抓落实，做到职权明确、责任清晰、切实可行、行之有效；紧密结合工作实际，认真查找

自身的薄弱环节，梳理优化内部行政办公的流程，建立高效运转的长效工作机制；着力强化制度的约束作用，完善配套机制和监督机制，日常撰文、开会、办事都要按程序、走流程。同时，行政办公人员要树立高度的责任感，具备严肃认真的工作态度和一丝不苟的工作作风，严格遵守和执行规章制度，把各项工作做到实处。

三、持续提高行政办公业务的实效性

当好参谋，做好服务，抓好管理，是行政办公的职责和范畴。衡量行政办公做得好不好，关键还是要看能不能服务领导决策，服务工作大局。各级办公室、综合部门要有针对性地提高服务质量，“审大小而图之，酌缓急而布之，连上下而通之，衡内外而施之”。增强行政办公的实效性，就是要深刻把握全台的中心工作、本部门的重点工作，与领导同频共振，把行政办公业务的焦点聚到要紧处，做到“胸中有一盘棋，心中有一笔账”，根据事务的主次、轻重、缓急，统筹协调，未雨绸缪，做到有条不紊、忙而不乱。

要善于归纳方法、总结经验、创新思路，不断提高行政办公的业务水平。信息和舆情工作要开门见山，直截了当，以把工作和问题讲清、讲实、讲透为要，克服“穿靴戴帽”“空泛议论”“大而全”“小而全”等弊病，做到“删繁就简三秋树，领异标新二月花”；公文运转要严格流程，撰写、呈报、办理、落实等各个环节要层层把关、反应灵敏，做到“优质高效率、规范无失误”；综合协调要细致周到、全面到位，增强主动服务、超前服务、事后服务的意识，能够为领导释流、减荷、分忧；机要、保密、档案、外事工作要坚持按制度办事、用制度管事，形成一整套安全高效的工作流程和管理方法，做到驾轻就熟、有条不紊。总之，就是要探索和把握行政办公业务的基本规律，使工作不断取得新业绩、达到新水平。

四、大力提升行政办公业务的科学化水平

要实现建设国际一流媒体的总目标，需要科学高效的行政管理服务体系。要提升行政管理服务水平，现代信息化办公系统是基础。2014 年中央电视台以主体搬迁为契机，积极探索适配智能化园区的行政办公新模式，加快推进行政信息化、办公自动化建设，为实现无纸化办公，提高行政管理水平，提供硬件支持与软件保障。

行政信息化工作的综合性很强，既不是传统意义上的管理工作，也不是单纯的技术工作，要从顶层设计和全台发展规划的高度，结合实际工作需要，科学统筹，务实推进，分清重点，分步实施。这就需要全台各部门的积极协作，通力配合，形成全台合力。要做好行政信息化整体规划设计，对各单位现有的办公管理业务进行充分摸底，科学合理地组织落实好调研工作，要深入一线，树立良好的服务意识，把调研工作做细、做好。同时，与各部门密切对接，借助先进系统，提高内部管理的科学化水平，真正做到“向管理要效益”。

行政办公业务头绪繁多、任务艰巨，常在“小事上见功夫”，总在“平淡中见神奇”。我们要时刻不忘“实、准、新、韧”四个字，力求不断取得新突破，再上新台阶。

一是做到一个“实”字。行政办公的各项目标和工作要求，不能浮在面上、留在纸上，既要有深刻认识，更要有深入行动。要具体安排布置，拿出切实管用的举措，见真章，出实效，做到领导带头执行，一级抓一级。

二是做到一个“准”字。像“钉钉子”一样，集中力量，对准目标，紧紧抓住行政办公业务中存在的主要矛盾、突出问题、薄弱环节。各级行政办公部门要主动交流对接，查找工作中的不足，改进工作方法，有的放矢地提高行政办公业务水平。

三是做到一个“新”字。落实工作不能照拿照抄、生搬硬套。要树立创新意识，提高创造性，打好主动仗，把上级精神和本部门实际有机结合起来，创新工作思路、工作领域、工作载体、工作方法，在创新中出思路、出特色、出实效。

四是做到一个“韧”字。做好行政办公业务，靠的是“水磨功夫”，关键在“常”“长”二字。提高服务水平，不能“一阵风”，必须深入持续地抓落实，做到问题一点一点解决，工作一件一件落实，有板有眼、扎扎实实。

（摘自《电视研究》2014年第7期）

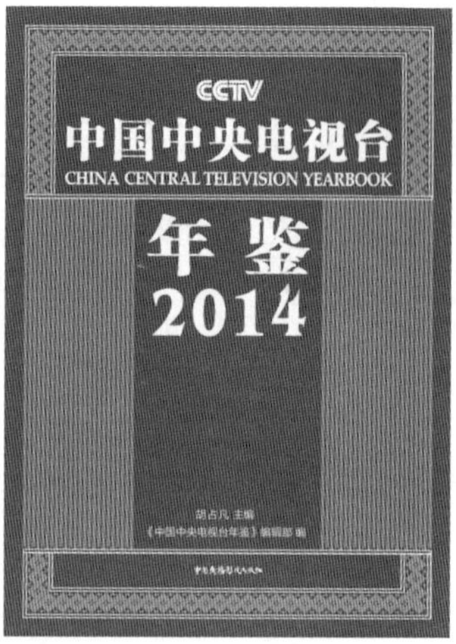
CCTV
中国中央电视台
CHINA CENTRAL TELEVISION YEARBOOK
年鉴
2014
胡占凡 主编
《中国中央电视台年鉴》编辑部 编

GAI KUANG

概况

概况

中央电视台2014年工作概况

2014年，是新一届党中央治国理政总体战略全面展开的一年。一年来，在中央领导的亲切关怀下，在中共中央宣传部和国家新闻出版广电总局的正确领导下，中央电视台围绕中心、服务大局，履职尽责、真抓实干，围绕深入学习贯彻落实习近平总书记系列重要讲话精神，精心组织重大宣传报道，加强党风廉政建设，加快改革发展步伐，在推动媒体融合发展、推进国际传播能力建设、完善内部管理、强化安全播出、转变经营机制等方面取得重要进展和成效，在国际一流媒体建设迈上新台阶。

一、围绕中心、服务大局，创新引领主流思想舆论

一是加强统筹，重大活动报道形成强势。一年来，中央电视台统筹全台资源，圆满完成党的十八届四中全会、全国“两会”、中央经济工作会议、文艺工作座谈会、新中国成立65周年、群众路线教育实践活动、首个国家公祭日和国家宪法日、澳门回归15周年、索契冬奥会、南京青奥会、巴西世界杯等重大活动报道，把握舆论导向，创新报道方式，形成全媒体、全方位、全覆盖的宣传强势。在“两会”报道中，首次运用大数据和虚拟演播室技术，形成新闻报道新模式。此外，围绕云南鲁甸地震、香港非法“占中”、昆明暴恐事件、马航MH370客机失联、上海外滩踩踏事件等突发事件和热点问题，快速反应，稳妥把握，“央视新闻”成为各类信息发布的权威平台，有力引导了社会舆论。

二是创新设计，重大时政报道出彩出新。2014年是党和国家领导人国事繁忙的一年，从亚信峰会、APEC峰会的“主场外交”，到出访亚非欧美多国，出席G20峰会、上合组织峰会等，中央电视台提前策划，周密部署，积极探索时政报道新方式。首次连续采用专题片形式呈现领导人出访，《一桥飞架中欧》《新的“中拉时间”开始了》《“一带一路”千年的跨越》等，全面阐释了中国外交新主张，充分展现了大国领袖气派，提升了时政报道的影响力。首次面向新媒体采用“微视频”报道方式，“V观APEC”“V观G20”和“V观习近平主席出访”三个栏目新媒体累计阅读量达8.2亿页次。

三是突出主线，重大主题宣传有声有色。以学习宣传贯彻习近平总书记系列重要讲话精神为主线，全方位宣传党的十八届三中、四中全会精神。“中国梦”、社会主义核心价值观主题宣传浓墨重彩，“一带一路”、经济形势、全面深化改革、反腐倡廉报道亮点纷呈，充分发挥了主流舆论阵地的引领作用。其中，专题片《国魂》《作风建设永远在路上》，新闻报道《解密“狱中八条”》《家风是什么》《乡愁是什么》，“最美人物发布厅”系列活动等融入式传播核心价值观；政论片《百年潮·中国梦》、“中国梦”主题新创作歌曲、“深入生活、扎根人民”主题实践活动、“我们的中国梦”文化进万家活动等生动诠释和表达“中国梦”；《深化改革进行时》《新常态、新观察》等深入解读国家经济发展形势，唱响了时代主旋律。

二、鼎力打造电视精品，中央电视台社会效益和品牌形象进一步彰显

一是优化宣传管理机制，节目创新力度大、效果好。2014年，中央电视台进一步完善了编委会议事规则，改进重点选题立项审批流程，首次增加了编委投票、台外专家评审、台内职能部门评议等环节。进一步规范重点节目预算审批流程，形成“总编室审核、编委会审议、分党组审定、财务管理中心下达”的全台节目预算管理新机制。同时，不断提高编委会议题质量，保证编委会集中讨论具有前瞻性、决策性的大事。另外，首次将“网络传播力指标”和“创新性指标”纳入栏目综合评价体系，制定季播节目考评办法，完

善节目研发管理流程，创新与社会公司合作节目制作模式。全年共推出24档新节目，以《中国好歌曲》《出彩中国人》《梦想星搭档》《喜乐街》《全球中文音乐榜上榜》等为主的一批原创节目，极大提高了中央电视台节目的整体竞争力。

二是凸显媒体社会责任，文化公益类节目既叫好又叫座。2014年，中央电视台突出核心价值观引领，推出一大批公益性、文化性的品牌节目和活动，有力彰显了主流媒体的责任感和公信力。其中，“寻找最美”系列、“感动中国人物”“慈善人物”“法治人物”“科技创新人物”“体坛风云人物”“中华之光年度人物”等评选，以及春晚、“3·15”晚会、六一晚会、《等着我》《开讲啦》《客从何处来》《大手牵小手》、“心连心”慰问演出、“为梦想放歌”“讲述中国故事主题文艺作品推荐”等贯穿“中国梦”和核心价值观的节目和活动，引发社会强烈共鸣。《中国汉字听写大会》（第二季）、《中国谜语大会》《中国成语大会》《全球外国人汉语大会》等原创节目，构建起传承传播传统文化的平台。“谁是球王”系列、“龙舟大赛”、《星光大道》、“争奇斗艳”“学京赛”、《寻找刘三姐》（第二季）等自创栏目和活动，为百姓提供展示自我的舞台。此外，中央电视台充分发挥公益广告引领社会风尚的作用，全年共制作《筷子篇》等公益广告80支，播出208支，累计播出18万次，总时长1500多小时，播出时段的广告价值近30亿元。央视网组织创作的“图说我们的价值观”公益广告，在全国140个重点城市（区）投放，全国各地累计投入的宣传资源价值168亿元，凸显了中央电视台的社会责任和品牌形象。2014年5月，中共中央宣传部、国家新闻出版广电总局在中央电视台召开全国电视非新闻类栏目节目深化社会主义核心价值观宣传工作现场会，推广中央电视台经验。

三是坚持“好戏出央视”，重点影视剧接地气口碑好。2014年中央电视台“大剧”“好戏”连台，社会反响积极。《历史转折中的邓小平》《湄公河大案》《父母爱情》《马向阳下乡记》等高品质的电视剧，均取得同时期全国收视第一的佳绩，《毛泽东》《朱德》《铁血红安》等7部入围全年全国电视剧收视排名前20。《记住乡愁》《舌尖上的中国》（第二季）、《水脉》《1937·南京记忆》《互联网时代》等纪录片，再树中央电视台纪录类节目创作新标杆。原创动画片《新大头儿子和小头爸爸》创下近年来中央电视台动画片收视新高，首部动画电影《新大头儿子和小头爸爸之秘密计划》在全国40个院线上映，开启中央电视台电视电影动画联动新格局。

三、严抓整改和管理，全面加强党风廉政建设

1. 强化自查自纠，认真落实各项整改措施

2013年11月开始，国家审计署对中央电视台进行全面审计，暴露出中央电视台在制度建设、人员管理、经费管理等方面存在的问题和漏洞。这是对中央电视台几十年来第一次“总体检”，也是一次切中要害的“外科手术”。台分党组高度重视，共召开9次分党组会、10次台长办公会和11次全台工作例会，研究部署审计整改工作。

一是完善分党组会、台长办公会、编委会、技委会、行管会等议事规则，进一步规范了重大决策会议制度程序。

二是健全监督管理机构，成立了加强监督、节目经费、合同运行、广告经营、财务报销、项目招投标、企业治理、人员管理等8个工作领导小组，并制订了加强纪检监察和审计工作方案。

三是严格按照审计意见和决定，逐一整改落实。清退全部违规资金，处分相关责任人，进一步规范合同审批、劳务费管理、技术资源有偿服务等工作流程，全面推行公务卡制度，积极试行财务委派，实施领导干部轮岗交流，在2015年春晚项目运行中首次设立监督领导小组。

2. 层层传导压力，强化“两个责任”

一是2014年中央电视台分党组3次专题研究党风廉政建设工作，发布58项党风廉政建设任务分工，纪检监察部门拿出11项落实监督责任的具体措施。

二是出台实施《台分党组关于进一步加强党风廉政建设的若干意见》《党风廉政建设责任制责任追究实施细则》等，传导压力，落实责任。

三是首次对境外记者站开展巡视，对大型节目、电视剧采购等关键领域的廉政风险防控工作进行专题调研，提出防范措施。启动内部审计管理体系建设，建立了统筹调配、分级负责的审计管理机制。

3. 用制度管好人财物，以教育强化思想防线

一是针对本台暴露出来的问题和薄弱环节，中央电视台在出台《央视工作人员廉洁自律十项禁令》的同时，先后制定了预算管理审计、国内记者站审计办法，设立了经济责任审计和审计工作两个联席会议制度，同时强化了对重点人群、重点栏目、重大项目的审计。

二是机关党委和机关纪委集中开展廉政系列教育活动，纪检监察部门结合具体案例进行“十项禁令”宣讲，并组织处级以上干部进行廉政新规测试、“预防职务犯罪”等专题讲座和警示教育展览，举办廉政

微电影大赛等活动，切实增强了干部员工的廉政意识、法制意识、纪律意识。

四、扎实推进国际传播体系建设，传播力影响力进一步提升

一是发挥全球新闻采编网络作用，本土化制播能力得到加强。2014 年，中央电视台海外记者总发稿量达 2.3 万条，同比增长 14%。国际视通多语种对外发稿 4.4 万条，通过美联社、路透社两个渠道，累计有 70 个国家和地区的 1656 家电视频道采用 70.6 万次，同比增长 14%。各外宣频道突出本土化、品质化传播，中文国际频道扩大双语字幕播出，在长城平台上收视份额稳居第一；各外语频道围绕“中国梦、世界分享”的理念，针对对象国特点进行精准传播；纪录频道广泛开展国际合作，29 部原创纪录片在 60 多个国家和地区的主流电视台和 30 多条国际热门航线播出；综合频道（香港版）在香港收视进一步提升；北美分台日首播自制节目增加到 5 小时，非洲分台日播节目由每天 1.5 小时增加到 2.5 小时，中央电视台成为每天制播泛非新闻节目最多的国际媒体。

二是加快“走出去”步伐，对外传播效果明显增强。扎实推进海外落地，国际频道整频道用户增加 3753 万户，累计达 3.87 亿户。新增部分植入式落地项目 11 项、880 万用户，累计超过 1 亿户。海外落地酒店新增 1052 家，累计超过 5000 家、91 万间客房。强化“植入式”传播，向各海外媒体推送外宣节目 51 批次、756 期（集）。中国电视长城平台全球付费用户达到 17 万户，亚洲平台 IP 电视月均点击量超过 110 万次，欧洲平台互联网电视业务启动。节目外销金额连续两年破亿元，《舌尖上的中国》《超级工程》等影视片进入境外主流播出平台。

三是着力构建国际传播新媒体平台，积极抢占海外传播新阵地。启动外语频道 App 产品集群项目，推出主打短视频“CCTVNEWS APP”，英语新闻频道在 YouTube 上的点击量达到 3800 万，首次超过美国有线电视新闻网（CNN）国际频道账号，在 Facebook 平台上的主账号粉丝增长速度超过俄罗斯 RT 电视台、英国广播公司（BBC）、半岛电视台等知名媒体国际频道账号。法语等小语种频道也充分利用海外新媒体平台，积极拓展对外传播渠道。中国网络电视台（CNTV）上线“直播中国”全球传播平台，社交媒体账号的用户总量达 245 万人，互动量达 8100 万人次。Facebook 上“CCTV 中文”账号粉丝数达 113 万个。熊猫频道原创内容被 1144 家境外电视频道使用 1.5 万多次，单条视频节目最高播放次数超千万。

五、加强战略规划，媒体融合发展进一步提速

一是着眼顶层设计，启动中央电视台发展战略规划。2014 年，中央电视台制订了《改革发展战略规划实施方案》，组织“央视改革发展之我见”征文活动，开展“央视发展战略”大讨论，配合中共中央宣传部进行系列台情调研。按照党中央的部署要求，中央电视台深入研究媒体融合发展的总体思路、目标原则、融合模式、重点项目等工作，起草完成《加快推进传统媒体与新兴媒体融合发展的意见》，得到中央领导同志的充分肯定。

二是探索台网融合新模式，拓展多屏互动传播。以“央视新闻”为代表的系列新媒体品牌集群逐渐形成。“央视新闻”在重大报道中采用微博首发消息、微信推送互动、客户端视频直播和提供海量信息的新媒体发布模式，总用户数达 1.15 亿，在用户规模和影响力方面牢牢占据了国内主流媒体领先地位。“央视体育”“央视财经”“央视综艺”“央视戏曲”等新媒体平台的互动化传播效果和影响力不断扩大。《中国谜语大会》首创电视直播节目全民参与，电视与手机“双屏”实时互动，206 万人同步实时猜谜，8 万人同时“秒杀”，这在中央电视台历史上是第一次。此外，中秋晚会开创中央电视台大型直播晚会利用手机客户端进行“双屏”互动的先河。

三是央视网移动化、社交化发展迅速，4G 视频传播中心启动建设。2014 年，央视网在电脑端和移动端的月均浏览量达 6.2 亿次，观看时长 2.7 亿小时。巴西世界杯期间，创下 588 万人同时在线观看网络视频直播的世界纪录。网站年度日均独立用户 2860 万，月度独立用户总数超过 5 亿。手机电视全年累计用户达 2.33 亿人，较 2013 年增长 70%，“央视影音”客户端累计下载量达 3.4 亿次。此外，中央电视台与中国移动启动合作建设 4G 视频传播中心，主动抢占移动互联网新入口和移动传播制高点。“央视影音”“央视新闻”两款客户端中标中国移动预装项目，预计 4G 手机预装量达 1.4 亿部。

六、实现高清化网络化文件化制播，技术保障能力进一步增强

一是安全播出工作再创佳绩。2014 年，中央电视

台强化、提升安全播出的组织和制度建设，完成了各项宣传报道的技术保障及安全播出工作。全台41套播出节目总播出时间达33.3万小时；27个公共频道总播出时间22.7万小时，总事故时间323秒，总事故率0.142秒/百小时；14个付费频道播出时间10.6万小时，总事故时间141秒，总事故率0.134秒/百小时。

二是新现址技术系统建设有序推进。启动了现址技术改造、新址功能扩充等系统建设项目。现址20套高清自动播出系统集成项目工程完成深化设计和部分软件功能测试；完成现址数据中心系统分析论证和初步设计；完成新现址基础网络平台扩充，以及技术改造方案规划设计。继续推进新址一期电视工艺系统竣工验收工作，完成新址总控播出传输、基础平台、业务应用、综合制作四个系统共45个项目的验收工作。

三是新技术研发和应用成效突出。2014年，中央电视台六个频道采用频道包装播出系统进行播出，制定了二维码技术规范、频道包装及资讯播出技术管理规范。“掌上制播通”手机App应用、二维有线传输索道摄像机系统、地面快速移动跟踪轨道摄像机系统、数字无线对讲系统和外场转播IP通讯系统等一批科研项目初见成效。“高可靠网络化大规模电视台播出系统与应用”项目获2014年亚洲－太平洋广播联盟绿色广播电视工程奖。

七、切实转变经营理念，产业格局进一步完善

一是广告经营总收入逐年增长。在企业广告预算缩减、新媒体和地方卫视分流广告加剧的大背景下，中央电视台积极创新广告产品和形式，加强客户服务和宣传推介，完善广告营销渠道和模式，规范各频道广告价格体系，建立起形式多样的广告产品超市，并首次将新媒体广告产品纳入广告预售招标。广告招标收入、全台总收入都比2013年有所增长。

二是大力拓展市场，中央电视台所属企业实力持续壮大。中国国际电视总公司围绕建设中央电视台企业平台目标，完善经营思路，强化内部治理，深化为台服务，拓展市场业务，全年收入119亿元（不包括中视传媒股份有限公司），实现利润7.8亿元。中央新闻纪录电影制片厂（集团）大力拓展纪录片、微电影产业，实现全年收入6.8亿元。中国电视剧制作中心有限责任公司围绕“好戏出央视”，制作播出《历史转折中的邓小平》《湄公河大案》等重大题材电视剧，全年收入2.58亿元。央视国际网络有限公司超额完成经营目标，全年总收入15.97亿元，较2013年提升50%。中央卫星电视传播中心积极推进中央电视台频道国内落地，全频道全覆盖省份增加11个，达到20个，代收收视费7.88亿元。中国广播电视国际经济技术合作总公司大力实施广播电视海外落地项目，北京国际广播电影电视设备展览会（BIRTV）展会水平不断提高。《中国电视报》发行量保持在40多万份，居全国广电报、周报发行量之首。音像资料馆有效盘活中央电视台节目资源，馆藏数据量达到106.6万小时。

八、贯彻中央各项要求，群众路线教育实践活动成果进一步巩固

1. 落实中央八项规定，营造风清气正的良好氛围

中央电视台制定了差旅费管理、厉行节约反对浪费等规定；共清退业务用车211辆，减少近50%；重新核定办公用房，外租办公用房减少2万平方米；全台会议费预算从原来的650万元压缩到68.7万元；因公出国（境）活动在每年302个团组限额基础上压缩20%；对近60种内刊进行压缩，减幅超过50%。同时，对全台“裸官”进行摸底清查，并作出岗位调整。按照群众路线教育实践活动“两方案一计划”，设立“台长接待日”，举行“台情通报会”，开通“台长信箱”，推出两址通勤班车等一系列便民措施。

2. 加强党建工作，为事业发展提供强有力的思想政治保障

一是2014年中央电视台首次召开全台党建工作会议，系统提出党建工作的重点任务和具体要求。台分党组多次召开理论学习中心组扩大会，认真学习习近平总书记系列重要讲话精神。全台50多名局级干部参加国家新闻出版广电总局脱产学习，384名处级干部参加台内集中轮训，全体党员开展自学和集中学习。

二是在全国新闻战线率先开展“讲政治、管队伍、守纪律”学习教育活动。全台员工签订了《个人微博、微信使用承诺书》《新闻从业人员职务行为信息保密协议书》，持续深入开展马克思主义新闻观教育活动，举办了台内“好记者讲好故事”讲述会，承办了全国新闻战线“好记者讲好故事”演讲比赛，引起社会强烈反响。

三是首次举办“寻找最美央视人”活动，生动展示了中央电视台员工爱岗敬业、默默奉献的职业精神。举办职工劳动技能练兵大赛、职工运动会、“巾帼建功、出彩人生”“爱心驿站”等活动，有力提升了干部员工的向心力、凝聚力。

3. 强化服务保障意识，提升管理制度化、科学化、规范化水平

2014 年，各职能部门紧紧围绕宣传中心工作，不断强化管理和服务保障职能。

一是宣传管理方面，协调全台重大宣传报道事项，加强重点资源统筹，完善版权管理，优化节目评估服务机制，探索建立台本部新媒体宣传管理新模式。

二是行政管理方面，根据新址现代化媒体园区运行管理需要，创新开展行政办公、安保后勤、外事法律等工作，新址公文系统正式上线，逐步推进无纸化办公。

三是人力资源管理方面，加强制度建设和劳动用工管理，规范外包人员使用，全面清理项目制用工，开展领导干部个人有关事项报告等十大类干部监督专项工作。

四是财务管理方面，加强节目预算定额、技术资源有偿收费及预算管理，大幅提升政府采购公开招标比重。完成迄今规模最大的资产报废处置任务，及时下达了新址的临时用款计划和 B 标段的修复概算。

五是战略发展研究方面，开展对全台各部门以及省级卫视、社会制作机构、互联网企业的大规模调研，完成各类课题、项目 170 个。

4. 稳步推进新址主体搬迁，初步形成两址三地节目制播格局

2014 是中央电视台主体搬迁的关键一年。全台 23 个搬迁单位中，有 13 个已经完成整体搬迁，5 个完成部分搬迁，搬迁总人数达 3938 人。全台 24 个公共频道在新址播出，419 个栏目实现新址制作。同时，新址工程建设有序推进，顺利进入收官阶段。

为配合新闻搬迁工作，相关部门在新址组织了 3 次全系统、全流程、全工种播出压力测试和上百次分项演练，从各个角度检验了系统和工艺流程设计。完成了全员新系统使用培训、全流程编播合成演练、新节目样态研发和样片录制等工作。中文国际频道、各外语频道以及新闻频道的夜间节目均实现新址制作播出。

中央电视台总部在 2014 年实现了从“建筑”到“入驻”的转变，硬件设施和软件建设较现址都有了质的提升。中央电视台总部接收管理办公室发挥统筹协调和管理服务两大职能，以“一站式”办公服务平台等为抓手，实现了园区的全系统常态化运行。

（根据胡占凡台长在中央电视台2015年工作会议上的讲话整理）

中央电视台 2014 年频道建设概况

2014 年是新一届党中央治国理政总体战略全面展开的一年。中央电视台围绕中心、服务大局、履职尽责、真抓实干，围绕深入学习贯彻落实习近平总书记系列重要讲话精神，全面推进机制和体制创新，大力加强频道专业化建设。截至 2014 年 12 月 31 日，中央电视台共有 38 个频道（25 个公共频道和 13 个付费频道）。25 个公共频道包括综合频道（标清、高清、香港版）、财经频道、综艺频道、中文国际频道（亚洲、欧洲、美洲版）、体育频道、体育赛事频道、军事·农业频道、电视剧频道、纪录频道（国内版、国际版）、科教频道、戏曲频道、社会与法频道、新闻频道、少儿频道、音乐频道、英语新闻频道、法语国际频道、西班牙语国际频道、阿拉伯语国际频道、俄语国际频道、CCTV 娱乐频道、CCTV 戏曲频道、中国电影频道、中视购物频道、中国 3D 电视试验频道（以下简称“3D 频道”），除北美长城平台、中视购物频道和 3D 频道外，常态在播栏目总数达到 414 个，全台 38 个频道全年总播出量达 338089 小时，日平均播出量近 926 小时，内容涵盖新闻资讯、专题服务、综艺益智、影视剧等社会生活各个领域。

2014 年，中央电视台频道专业化建设进一步深化，频道专业化水平、品牌影响力进一步提升，形成以综合频道为核心，各频道各有所专、各有所长的集群发展宣传平台，圆满完成党的十八届四中全会、文艺工作座谈会、新中国成立 65 周年、党的群众路线教育实践活动、巴西世界杯等重要宣传任务，主流舆论阵地进一步巩固。此外，中央电视台积极统筹各频道元旦、春节、五一、中秋、国庆等节假日特别编排，有效延展长假收视热度。

2014年，各频道自身强化创新效果显著，社会影响力不断扩大：

综合频道坚守定位落实“全台办一套，开门办一套”方针，切实贯彻文艺座谈会精神，扎实推进节目生产和创新，推出《中国汉字听写大会》（第二季）、《中国成语大会》《时代楷模发布厅》《等着我》等一批全新节目；财经频道继续围绕“为国家经济建设服务，为大众经济生活服务，为企业发展服务”的频道理念，成功举办“3·15晚会”、2014国际投资论坛、2014CCTV中国上市公司峰会等重大品牌活动，创新推出《创业英雄汇》《财经周刊》等一批创新节目及《互联网时代》等电视纪录片；综艺频道坚持以人民为中心的创作导向，深入贯彻落实文艺座谈会精神，推出《大魔术师》《中国正在听》《幸福账单》等栏目，春节联欢晚会“中国梦”主题新创作歌曲宣传推广突出宣传“中国梦”，坚实履行国家台媒体责任，有声有色；中文国际频道坚持“新闻+文化”的主体定位，进一步完善结构、积极创新，推出《记住乡愁》《体验真功夫》《中国文艺——向经典致敬》《远方的家——江河万里行》等特别节目，改版升级《快乐汉语》《华人世界》《中国新闻》等栏目；体育频道坚持“多屏时代、一屏为主”的原则，充分利用大赛的热点效应，统一部署、统一编排、统一调动，全频道形成合力，圆满完成了索契冬奥会、巴西世界杯、南京青奥会和仁川亚运会四项大赛报道任务，弘扬社会主义核心价值观，传播正能量；体育赛事频道初步形成了以北美冰球职业联赛（NHL）及其他冰雪项目、网球、高尔夫球、足球为主体的节目架构，并通过马术、自行车、汽车拉力赛、飞镖等各具特色的赛事播出，逐渐培育了频道鲜明的特点；军事·农业频道发布权威军事新闻，展示部队官兵精神风貌，坚守“三农”本色，传播农业科技知识，反映新农村生活，频道出色完成各项重大主题、重大活动、重大典型宣传报道任务，媒体融合进一步加强；电视剧频道严把正确导向、坚守宗旨定位，着力于电视剧体制机制的改革和创新，《毛泽东》《历史转折中的邓小平》《父母爱情》《湄公河大案》等剧赢得收视、口碑双丰收；纪录频道全力推进频道品牌影响力建设，努力打造具备全球有效国际传播能力的传媒文化品牌，推出《舌尖上的中国Ⅱ》《南侨机工》《瓷路》等重点原创纪录片；科教频道搭建“日常栏目+季播节目+大型活动和特别节目+重点纪录片”四级生产播出格局，践行“以播定制”，收获巨大社会反响，《2014中国记忆》《杰出工程师颁奖典礼》《国魂》《水脉》《手艺》等节目精彩不断；戏曲频道以“弘扬国粹，传播经典”为定位，汇集全国优秀戏曲种类，在播出理念上强调戏曲艺术与传统文化深厚的渊源关系，在节目内容选择上，坚持以京剧为主，兼顾地方戏的原则，为戏曲事业的人才培养、薪火相传做出了重要的贡献；社会与法频道以宣传“依法治国”方略为宗旨，以服务“构建和谐社会”为任务，在重要时间节点推出《戏法大过年》《红线》《中华法文化》《慈爱》等特别节目及“12·4”国家宪法日、“4·26”世界知识产权日、“6·26”国际禁毒日等特别编排；新闻频道围绕全国“两会”、党的十八届四中全会、党的群众路线教育实践活动等重大活动，坚持导向，勇于担当，全面生动地报道了我国政治经济发展的新蓝图、新成就、新态势，引领主流媒体舆论，新闻影响力达到新高度，制作播出《家风是什么》《行进中国·精彩故事》《百年潮·中国梦》等精品节目，“央视新闻”实现了用户总数与广告经营双过亿的阶段性目标，为进一步深化台网融合、建设一流主流新兴媒体，奠定了坚实的基础；少儿频道以主题性、娱乐性与公益性为主要特色，精心策划实施了“六一”晚会《在五彩缤纷的节日里》、“寻找最美孝心少年”大型公益活动、《大手牵小手》公益特别节目等多个大型活动，创新推出了《音乐快递》《看我72变》《快乐体验》等多个栏目及“中国梦”系列动画片《星星梦》；音乐频道以“享受音乐，感悟人生”为传播理念，创新推出《寻找刘三姐》（第二季）、《音乐优等生》《全球中文音乐榜上榜》等；外语频道国际化特色更加突出，国际传播力、影响力持续加强。

（总编室规划部提供）

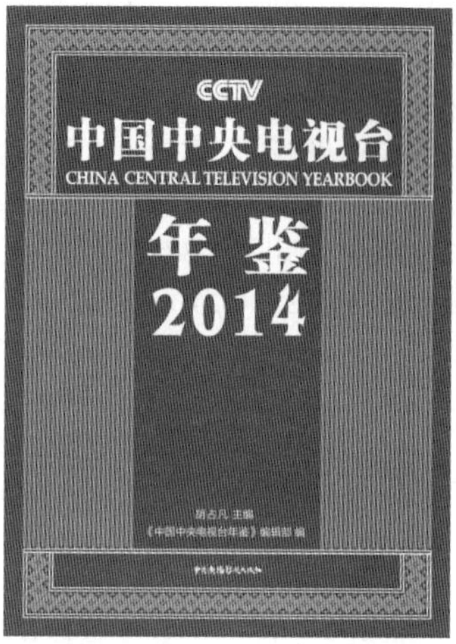
CCTV
中国中央电视台
CHINA CENTRAL TELEVISION YEARBOOK
年 鉴
2014
胡占凡 主编
《中国中央电视台年鉴》编辑部 编

CCTV

ZHUAN JI

专　辑

专辑

中央电视台圆满完成2014年“两会”宣传报道任务

2014年3月13日，十二届全国人大二次会议胜利闭幕，标志着2014年“两会”圆满闭幕。中央电视台紧紧围绕大会指导思想和议题，通过新闻、专题等多种方式，及时、准确、充分地反映大会民主、团结、求实、奋进的风貌，全面展示了我国和平发展、民主进步、文明开放的国家形象，取得良好传播效果，为“两会”圆满闭幕营造了良好舆论氛围。

据统计，中央电视台共投入11个频道、58个栏目、70多个板块，现场直播24场，发布新闻报道5176条次，总时长超过200小时，播出专题节目231期，总时长超103小时，访谈数百人次。央视网累计发布视频报道29924条、图文报道8163条、微博5254条、专题报道1448条、互动贴文890条。“两会”期间，多终端累计独立用户3.6亿人，较2013年“两会”同期增长5%；多终端视频直点播播放次数合计1.54亿次，同比提升36%；中国网络电视台（CNTV）海外独立用户占比达到11.3%，海外访问最高的前三位国家分别为美国、加拿大、日本。全国共有7.8亿观众通过中央电视台收看“两会”相关节目。164个国家和地区的403家电视机构转播或部分使用中央电视台国际频道直播信号。

一、重要议程直播报道准确规范，全景展现大会热烈庄重氛围

“两会”期间，中央电视台投入综合频道（标清、高清、香港版）、新闻频道、中文国际频道（亚洲、欧洲、美洲版）及各外语频道8个频道、11套节目参与报道，共进行十二届全国人大二次会议开闭幕会等7场次重要活动现场直播，同时对全国人大、全国政协组织的15场新闻发布会进行全程或部分直播，围绕“金融改革与发展”“教育改革”“中国女性参政议政风采”“打造经济升级版”等主题展开全方位报道。各场次直播镜头准确规范、衔接流畅，重整体、求细节，全方位、多角度凸显大会热烈隆重的氛围。其中，全国人大十二届二次会议开幕会、十二届全国政协二次会议开幕会等重点场次直播中，综合频道、新闻频道还同步配发手语播报，为听障人士第一时间了解两会议程提供便利。“国际视通”发稿平台通过美联社、路透社直播渠道，对外发布相关直播信号9场，被美国彭博资讯公司、英国广播公司等7家媒体使用；日本CCTV大富频道中日双语直播开幕会，引起当地观众热烈反响。为有效延伸各场次重要议程直播效果，各频道在直播前后分别开设直播特别节目，邀请专家学者及本台特约评论员，围绕议程展开深度解读，并在直播过程中紧跟大会进程，在最恰当时机、最合适位置准确迅速提炼新闻分标题，帮助观众更好理解会议精神。

二、重要时政活动报道精心策划，生动全面展现中央领导风采

针对2014年“两会”会期短、会议重要议程密集、信息量大的特点，中央电视台认真研究策划“两会”时政报道方案和预案，圆满完成中央领导同志重要时政活动新闻报道，突出反映了领导同志参加全国人大各代表团分组审议、全国政协分组、联组讨论等情况，报道镜头规范、细节丰富、感染力强，生动形象地表现了中央领导同志与代表、委员共商国是的情景。其间，共采访拍摄中央领导同志参加十二届全国人大二次会议代表团分组审议新闻34场次，在《新闻联播》中播发相关新闻时长43分钟；采访拍摄中央领导同志参加全国政协十二届二次会议界别分组、联组讨论8场，在《新闻联播》中播发相关新闻时长11分钟。其中，3月9日《新闻联播》重点报道了习近平总书记

参加安徽代表团审议时关于“三严三实”作风建设的重要讲话，并重点采访多位全国人大代表，从不同角度畅谈对习总书记讲话的体会，表示要真正把总书记“三严三实”要求落实到实际工作中，不断取得作风建设新成效。整组报道内容完整、角度丰富，播出后在代表、委员及全国各界引起热烈反响。

为提升新闻传播效果，央视网推出独家策划《常委们如是说》，生动记录中央领导“两会”期间既生动幽默又具有指导意义的个性语录。策划以时间为线索，盘点了习近平总书记等中央领导同志参加联组、分组审议时的重要发言，体现了不同常委的语言特色，如习近平说做“空气罐头”、李克强引用晋祠名联等，浓缩了中央领导同志的讲话要点、亮点。

三、专题报道聚焦“改变”主题，积极引导社会关切

《小撒探会》是中央电视台“两会”报道中的品牌节目。一直以来，《小撒探会》以纪实性、亲民性、生动性赢得各界好评。2014 年《小撒探会》以“改变”为切入点，紧扣党的十八届三中全会提出的“改革”主题，推出《小撒探会——2014，我最期待的改变》系列节目，征集社会各界的心愿与期待，并将征集结果带上“两会”寻求高端回应，专访省部级及以上领导人 8 人，采访了钟南山、黄震、王宇等具有较高社会声誉的代表委员，力图将百姓的民生心愿上升到制度层面加以讨论和实现。同时，主持人撒贝宁与前期记者深入基层，以体验式报道予以展现，颇具戏剧性张力，播出后，赢得一致好评。专题节目共 6 期，每期 30 分钟，共 180 分钟。同往年相比，2014 年《小撒探会》6 期节目收视表现有明显突破，平均收视率达到 1.165%，为近五年《小撒探会》系列节目之最。其中，3 月 6 日播出的第一期收视率达到 1.413%，创造了开门红。

2014 年《小撒探会》系列报道紧扣四个方面，在取得收视、影响双赢的同时，在全媒体传播方面也有所突破：一是“我最期待的改变”赢得社会广泛共鸣。“改变”一词是 2014 年“两会”热点，《小撒探会》契合了党的十八届三中全会的精神，激发了普通观众对未来生活的憧憬，赢得各界广泛响应。二是行走基层，贴近百姓。《小撒探会》报道组坚决践行“走基层，转作风，改文风”的指示精神，深入到北京、上海、湖南、河北、广东等 7 省市基层，采访鲜活的民生故事，制作的节目深刻反映基层现状，感人至深，引发观众普遍的感动与共鸣，有力拉升收视。三是多媒体传播形成话题聚合效应。《小撒探会》节目组充分利用微视、秒拍、微博、微信、门户网站等多种媒体手段传播节目内容，既做到了有效的二次宣传，又做到了口径安全。2014 年，《小撒探会》特别注重与网友间的互动，微信收集到网友反馈近十万条，“微视”与“秒拍”点击率高达百万。四是节目结构、编排大胆突破，赢得显著收视效果。《小撒探会》将民生故事做长、做足，悬念设计充分，人物命运感强烈，将党和国家的政策、法律，化入故事中讲解，提升有效传播率。同时，精编高端人物、代表委员们的观点，保证节目的权威性。

四、外语频道结合外宣重点主动设置议程，讲好中国故事

外语频道在 2014 年的“两会”报道中，紧扣“世界共享中国梦”和“唱响中国经济”两个重要宣传任务，主动设置议程，以“讲好中国故事，传播中国声音”为目标，切实提高国际传播的实效。

一是突出“中国梦想 世界共享”主题。英语新闻频道紧密围绕“中国梦”解读“两会”民生议题；《焦点一起谈》特别节目来到沈阳，邀请当地来自媒体、商业、医疗、教育等领域的普通民众畅谈“我的中国梦”；《民声与民意》节目邀请中外嘉宾解读“中国梦”的时代含义，探讨如何从地缘政治和外交层面体现“中国梦”；《两会面孔》节目介绍全国人大代表、民营企业家林印孙建设绿色农业产业的“中国梦”；《田薇跑两会》专访无党派全国政协委员、清华大学经济学教授李稻葵，从中国经济转型升级角度谈“中国梦”为世界带来的机遇。西班牙语国际频道为 2014 年“两会”精心打造原创自采节目《奥克眼中的中国》。该节目以频道墨西哥籍专家奥克为主线，从西方人的角度，用拉美人的语言，以第一人称的视角，观察、采访和讲述外国观众最关切的中国问题。俄语国际频道推出推出自采新闻系列《民生中国》，以外籍记者视角对普通百姓进行访问，表现他们真实的生活、工作情况，同时通过他们的实例反映党的十八大之后中国民生状况的改善和提高。

二是积极解读中国宏观经济，反驳西方“唱衰”言论。英语新闻频道“两会”预热报道针对外媒“唱衰中国经济”的论调展开，立足于回应国际社会对中国经济发展态势的关切，加强经济形势对外宣传，唱响中

国经济光明论。《中国24小时》和《财经亚洲》栏目推出系列经济观察报道，报道以“从十八届三中全会到两会”为主题，关注中国在调整经济结构、财税体制改革、新型城镇化等方面采取的措施，通过探访微观经济市场和实体，体现全面深化改革为经济社会发展注入动力与活力。《今日话题》栏目邀请中外经济学家梳理中国2013年全年和2014年开局经济发展情况，解读“克强经济学”调结构和稳增长并重的实质，以经济数据和具体实例相结合的方式批驳“唱衰中国经济”的论调。

五、军事节目中心针对“两会”热点，有效引导舆论

针对2014年“两会”报道，军事节目中心按照以会议动态报道为主的思路，采取会内会外相结合的方式，从不同角度对“两会”进行全面报道和深入解读。“两会”期间，军事节目中心共在《新闻联播》播发新闻4条，在新闻频道播发新闻5条，累计时长16分钟；《军事报道》栏目共计播发稿件63条，节目总时长189分钟，采访军队人大代表134人次。“两会”解放军代表团是关注度高、极具新闻话题的团体，同时国防经费增长等问题又往往成为外媒炒作的热点。有鉴于此，在2014年《政府工作报告》发布后，军事节目中心前方报道组第一时间采访人大代表陈舟，从国防经费占国家GDP总量等多方面进行纵向和横向比较，充分说明了中国国防经费增长的必要性、合理性和科学性，有效引导了社会舆论。

六、多项创新举措齐发力，打造电视宣传“升级版”

中央电视台在确保导向正确、播出安全的前提下，推出多项创新举措，开创了“两会”电视宣传新局面。

一是首次运用大数据技术开展“两会”报道。与国家863大数据项目牵头企业等机构合作，分别在《新闻联播》《晚间新闻》推出“两会大数据”“‘据说’两会”系列报道。运用互联网思维，通过多领域数据跨界分析比对，带给观众全新的“两会”资讯窗口。观众普遍认为节目运用最现代的互联网技术，形式生动直观，内容丰富活泼，鲜活展现了“两会”最真实、最接地气的信息。

二是打造“两会说吧”互动专栏，广泛汲取群众心愿。“两会”期间，中央电视台在北京、上海、广州、沈阳、郑州、重庆六大城市设置多个装有摄像头的红色亭子，邀请普通百姓畅谈对“两会”的理解及愿景，打造百姓说“两会”、谈“两会”的开放表达空间。千余人走进“两会说吧”，围绕住房、养老、工资、物价等说出了心里话。专栏通过选取其中最有代表性的发言，汇编制作在新闻频道播出，充分表达了人民群众对“两会”最直接、最真实的期盼。新华网刊文称赞“‘两会说吧’的搭建，给百姓参与两会的机会，让两会离百姓不再遥远”。观众呼吁将“说吧”长期设下去。

三是结合经济形势、社会主义核心价值观主题，推出“两会”特色宣传。“两会”期间，中央电视台加大经济形势宣传力度，将形势宣传、主题宣传、成就宣传、典型宣传与“两会”宣传紧密结合，着重突出稳中求进、改革创新的基调。十二届全国人大二次会议开幕会后，中央电视台第一时间组织解读政府工作报告。《两会解码》邀请国务院研究专家及代表委员解读报告热点内容；《见证履职》聚焦“进一步简政放权、建立权力清单制度”，展现代表委员真知灼见；《共同关注》挖掘政府工作报告中的数字亮点，用六大数字勾勒改革“路线图”、三大指标看点、数字背后的经济民生全景图。财经频道《小丫跑两会》专栏推出7集“棚户区改造”系列报道，新媒体点击量超过2亿人次。同时，围绕践行社会主义核心价值观话题，中央电视台采访集纳莫言、冯骥才等数位委员的真知灼见，从文化生产、文化传播等多层面出发，将社会主义核心价值观“落小、落实、落细”。

七、遵循新媒体传播规律，打造“两会”报道新媒体集群

一方面，“央视新闻”微博、微信、客户端等新媒体平台首次全面参与“两会”报道。中央电视台首次派遣新媒体记者上会，将编辑工作前移，突出独家、首发特性。截至3月8日，“央视新闻”新媒体平台累计发稿645条，阅读量过亿，实现了电视屏幕与电脑、手机屏幕的有效互补，构建了传统媒体与新媒体多层次、全景式呈现全国“两会”的报道格局。另一方面，央视网着力凸显新媒体特色和创新。通过央视网等新媒体平台推出《图解政府工作报告中的中国变迁》、动画短片《120秒读懂政府工作报告》等系列原创报道，扩大传播效果、引导网上舆论。

（根据新闻中心、综合频道、外语频道、中国网络电视台、军事节目中心、台办公室提供资料综合整理）

中央电视台亚信峰会报道规模大、影响广、效果好

2014 年 5 月 20—21 日，亚洲相互协作与信任措施会议第四次峰会（以下简称“亚信峰会”）在上海举行。中央电视台对此进行了长达 10 多天的持续报道。会议期间，中央电视台提前展开大规模预热、精心组织各项重要议程报道、积极发挥各外宣频道海外报道优势，取得了良好的传播效果。据统计，截至 5 月 21 日，中央电视台累计组织大会直播特别节目 4 场、小型直播 9 场，共计发布相关新闻 320 条，专题 31 个，总时长近千分钟。央视国际视频通讯有限公司对外转发了“习近平迎接出席亚信峰会外方代表仪式”“峰会第一阶段会议习近平主席发表主旨演讲”“中哈元首共同会见记者”三场直播信号，总计时长约 135 分钟。期间，新闻频道平均收视份额达 3.28%，“央视新闻”新媒体推送的相关新闻累计阅读量达 1200 多万人次，相关视频素材被英国广播公司（BBC）、美国广播公司（ABC）等 115 家海外电视台 / 频道采用 643 次，仅“习近平同普京举行会谈”单条素材就被 51 家电视台 / 频道采用了 161 次。

一、预热报道规模空前、引导有力，营造了良好舆论氛围

上海亚信峰会是 2014 年中国两大“主场外交”之一，为确保营造良好的主场舆论氛围，中央电视台早在“两会”报道结束时就做出重点安排和准备。4 月底，中央电视台向外交部提交总体报道方案，组建强大报道阵容奔赴上海，进行多次全过程演练。5 月 12 日，综合频道、新闻频道、财经频道、中文国际频道以及英语、西班牙语、俄语、法语、阿拉伯语国际频道同步启动亚信峰会预热报道。其中，新闻频道重点推出《共筑亚信》特别节目，采取重点时段、重点版面、重点编排、重点滚动的举措，通过记者连线、专家访谈、专题节目、背景短片等形式，对会议内容和重要节点进行全面介绍和话题设置。《新闻联播》每天保证 20 多分钟的播出量，为峰会提供了充裕的版面。5 月 16 日，中央电视台在上海召开新闻报道协调会，进一步落实新闻直播和相关报道方案。

为增强预热报道的吸引力，新闻频道抽调了近百名记者深入会场内外进行现场报道，组织优秀的评论员驻会，从峰会的议程、主题、活动和期待等方面进行生动评论。同时，“央视新闻”新媒体首次派出自己的记者参与现场报道，通过微博、微信、客户端三大平台，捕捉热点、迅速推送，并创新使用微视频发稿，深受年轻网民喜爱，开幕前相关话题的阅读量就已超过 1000 万人次。

二、直播报道安全顺畅、精彩纷呈，展示中国作用与贡献

此次峰会日程紧凑、活动众多、议题重大，为确保安全顺利地完成直播，整个前方直播团队团结协作，在一天内准确完成“习近平主席迎接各外国代表团团长并合影”“习近平主席做主旨发言”等三场最重要活动的时政直播任务，并成功录制和转播了《团结和谐的亚洲——携手向明天》峰会文艺晚会。既生动展现了我领导人在国际舞台上的领袖风范，又真实呈现了与会国家和国际组织的积极态度，赢得各方好评和赞誉。

与此同时，后方报道团队围绕会议重大议题和习近平主席的主旨发言，就“倡导共同、综合、合作、可持续的亚洲安全观”这一重大主题，进行深入分析和重点阐释。《焦点访谈》《东方时空》《新闻 1+1》等栏目连续多天推出深度节目，详细介绍峰会取得的重要成果，重点解读习主席的主旨讲话。尤其是《焦点访谈》独家专访外交部长王毅，详细介绍《上海宣言》的重要意义，准确提炼出“中国首倡亚洲安全观、促动世界安全再平衡”的鲜明观点。

三、对外报道重点突出、形式多样，产生广泛的国际影响

此次峰会，为中央电视台各外语频道发挥主场优势、传递中国声音、扩大国际影响提供了难得机遇。中央电视台 5 个外语频道精心策划、周密部署，不仅对峰会开闭幕式、各项议程、各国政要展开的多边和双边活动，向全球进行了直播报道，而且通过多种表达方式和节目样态，递进式、全方位、多角度地反映了本届峰会务实合作的会风，突出了习近平主席倡导“亚洲新安全观”的世界意义。

在峰会举行之前，新闻中心就调度亚太中心站、俄罗斯中心站和北美分台下属的 28 个记者站投入报道，组织 33 名驻外记者，通过多种渠道联系我驻外使领馆等机构，成功完成了对 8 位参会中外政要的高端

专访。这些节目在各外语频道播出后，在海外引起高度关注，其中专访阿富汗总统的内容被美国之音选用，产生了较大的国际反响。

此外，中文国际频道和各外语频道还精心策划了众多配合性报道。英语新闻频道围绕习主席提倡的“亚洲新安全观”，联合全球12个国家地区的记者和特约报道员，制作了12集系列报道《中国提出的亚洲新安全观》，从过去和现在、现象和本质、冲突和合作等多个角度关注中国的国家安全观理念、亚洲各国打击三股势力的进展，以及亚洲区域间的传统与非传统安全合作情况；同时《今日亚洲》栏目在峰会期间中推出15分钟的特别板块，由演播室嘉宾即时点评分析解读“亚洲新安全观”理念。西班牙语、法语、阿拉伯语、俄语国际频道也播出符合自身特色的专题节目，分别围绕峰会主题、议题、意义及成果进行深度解读。据统计，各外语频道的相关视频节目在国内外新媒体平台的稿件阅读量达到91万人次，显示出中央电视台对外传播能力的进一步增强。

（根据台办公室、新闻中心、外语频道、中文国际频道提供资料综合整理）

中央电视台APEC会议宣传报道形式多样、效果突出

2014年11月5—11日，2014年亚太经合组织领导人会议（以下简称“APEC会议”）周在北京举行。中央电视台围绕“共建面向未来的亚太伙伴关系”的会议主题和重要会议议题，以确保重要场次直播、时政报道、主题报道和公共信号制作传输为核心，投入综合频道、新闻频道、财经频道、中文国际频道，以及英语、西班牙语、法语、阿拉伯语、俄语国际频道等9个频道和央视网、多媒体客户端，及时、准确、全面、充分地报道习近平主席重要讲话和重要时政活动，生动阐释中国“上善若水、同舟共济、和而不同”的外交理念，高水平、高质量、创造性地完成了此次报道任务。

中央电视台共使用大型高清转播车、卫星车14辆，搭建多套高清固定、移动微波系统，累计播发新闻3200余条，总报道时长约9700分钟，完成11场活动直播，制作28场活动公共信号，相关报道收视效果明显，并引发国内外广泛关注。11月9—11日，全国超过6.5亿观众通过中央电视台收看APEC特别报道和相关节目。其中，11月9日，综合频道、新闻频道、中文国际频道等8个频道并机播出“APEC工商领导人峰会开幕式”，共计4800万人同时观看；11月10日，8个频道并机直播的“习近平主席在水立方迎接各国领导人”，总收视份额为7.77%；“APEC文艺演出特别报道”并机总收视份额达6.9%；11月11日，“APEC亚太经合组织领导人非正式会议特别报道”并机总收视份额为10.94%。与此同时，全球共163个国家和地区的405家电视机构转播或部分使用“文艺演出和焰火表演”等直播信号。截至11月11日，国际视通共发布“聚焦APEC”系列素材151条，各国元首抵达北京、习主席会见各国元首等115条素材被英国广播公司（BBC）、美国广播公司（ABC）等364家境外电视频道采用4034次。此外，北美分台、非洲分台以及对日等定向传播取得突破。其中，CCTV大富频道使用中文国际频道信号，以中日双语形式对会议进行详细报道。

一、充分发挥主场优势，突出呈现我国领导人风采

围绕APEC会议报道，中央电视台提前策划，制定详尽的报道方案、安全播出方案，确保各项报道导向正确、安全播出。一是重大时政直播报道安全、顺畅、出彩。圆满完成“习近平主席出席APEC工商领导人峰会开幕式并发表主旨演讲”“习近平主席夫妇迎接APEC领导人夫妇和加强互联互通伙伴关系对话会领导人夫妇”“领导人第一阶段非正式会议”“APEC领导人非正式会议记者会”等11场重大时政直播报道，相关时政新闻中，我领导人情绪饱满，神采奕奕，与各国领导人交流生动，充分展现我国作为主办国的风采。二是完成文艺演出和焰火表演转播及解说任务。11月10日晚，综合、新闻等8个频道直播领导人非正式会议文艺演出和焰火表演，各频道丰富报道内容，收集大量背景资料，突出文艺演出的核心内涵，准确传达了APEC的中国声音和愿景。三是加强舆论引导，准确解读我领导人系列讲话精神。针对我领导人系列讲话，提前设计报道话题，形成直播前充分预热，直播后第一时间权威解读的报道态势。其中，围绕“习近平主席出席APEC工商领导人峰会开幕式并发表主旨演讲”，“聚焦APEC”直播特别节目以“APEC的大家庭精神”“亚太地区的挑战与机遇”“APEC框架下的中国

责任”为脉络，分析解读会议的重要性及中国在其中的作用。四是以国际水准为各国媒体提供优质公用节目信号。中央电视台承担了会议公用信号的制作任务，共制作22小时节目提供给各国媒体机构使用。相关节目遵守国际标准，坚持专业化呈现，既准确展现各经济体领导人参会情况，又为各媒体使用提供便利。

二、推出多个主题报道，立体展示中国外交战略

中央电视台推出“聚焦APEC”等特别节目，开设“APEC信息台”“APEC百科”“据说APEC”“论道APEC”“APEC在身边”“晨评APEC”“APEC马上评”“APEC速览”等丰富板块，及时报道会场动态，宣介我方观点。一是创新主题报道，新闻可视性大大增强。“聚焦APEC”特别节目制作了大量PPT，形象解读丝路基金和“一带一路”等重要内容，清晰展示了“亚太梦想”的中国方案。同时，播出“关键词解读APEC”“数说APEC”“21年APEC特色服饰秀”等系列配片，阐述了“推动区域经济一体化”“加强全方位互联互通和基础设施建设”“促进经济的创新发展、改革与增长”等三大议题。二是高端专访多国政要，展示国际大台水准。中美领导人会晤是2014年APEC期间国际关注的焦点，中央电视台驻美记者专访美国前国务卿基辛格、美国家安全事务助理苏珊·赖斯，高度评价中美关系发展，并展望中美领导人会晤。此外，还专访印尼总统佐科、澳大利亚前总理霍克等。三是创新表达方式，形象剖析APEC议题及中方诉求。“APEC在身边”关注亚太经合组织给普通人带来的变化，记者走访广州水果超市、北京王府井商业街，呈现降关税促投资让消费者、企业双得益这些看得见的影响。“论道APEC”采访国内外参会嘉宾，关注他们对本届APEC热点话题的看法与期待。“APEC马上评”权威解读重要事件、热点话题，从“互联互通紧紧咬住贸易便利化”“亚太自贸区求同存异的一体化”等角度引领观众理解重大时政内容的内在核心。“据说APEC”依托大数据深度挖掘APEC会议热点轨迹，解读APEC机制、特点、对世界经济的影响。此外，还推出“亚太大社区到处都是家乡味”节目，介绍宫保鸡丁等出现在APEC会议中的美食，增强会议报道亲切度。四是利用新闻专题放大新闻传播效果。《焦点访谈》《新闻1+1》《世界周刊》先后推出专题报道，独家采访外交部、商务部、知名专家学者以及与会经济体相关官员、专家，权威解读本次会议背景、议题设置、会议与普通人的关系，以及所取得的成果、对未来亚太区域发展的影响等。五是发挥专业频道作用，多角度呈现APEC盛会。其中，财经频道推出“直击APEC”特别报道，从财经视角解读APEC会议推进亚太经济一体化、推动经贸合作的积极意义，展示我国外交和经贸合作成果。

三、利用多语种外宣平台，占领国际舆论阵地

中央电视台利用中文、英语、西班牙语、法语、阿拉伯语、俄语国际频道展开全方位报道，放大对外传播效果。一方面，中文国际频道《中国新闻》《今日关注》《今日亚洲》《深度国际》和《海峡两岸》等栏目分别推出特别报道，整体报道版面丰富、形式多样、外宣效果好。以专家访谈等形式，深入解读习近平主席重要讲话精神，充分反映讲话所传达的“亚太梦想”等重要外交理念，展现中国对稳定国际和地区局势、促进世界经济发展所做的突出贡献；第一时间展示APEC会议成果，围绕各成员就“亚太自贸区路线图”“互联互通”“反腐宣言”等达成重要共识，专访我外交部长王毅、APEC秘书处执行主任艾伦·波拉德、新西兰贸易部长蒂姆·格罗泽等，就外界关切问题进行深度观察；密切关注中美、中日关系，跟进中美元首会晤、中日达成四点原则共识等，并邀请专家进行解读；发挥《海峡两岸》栏目涉台宣传特色，报道台湾各界反响，解析两岸关系和平发展及未来合作空间。另一方面，5个外语频道围绕“世界经济现状”“亚太经济一体化”等主题展开报道。其中，英语新闻频道在直播“习近平主席出席工商领导人峰会开幕式并发表主旨演讲”时，首次尝试插入北美区域制作中心节目板块，连线驻美、俄、东盟和拉美等主要经济体记者，丰富报道形态和内容。在版面设置上，英语新闻频道部署多个栏目展开联动式报道，《中国24小时》《财经亚洲》《世界观察》《今日话题》等栏目相继推出系列特别节目，每天围绕APEC会议形成大规模、大板块、大时段的持续性报道。同时，在报道形式、报道话题设置上，各外语频道充分利用海外特约报道员，报道参会亚太各国经济发展现状，并深入当地做探访式报道。

四、拓展传播渠道，重要内容多媒体全球同步呈现

中央电视台充分利用网站、微博、微信、客户端

等新媒体平台，扩大报道覆盖范围。一方面，"央视新闻"微博、客户端策划并首次推广独家时政微视频报道"V 观 APEC"，以微视频方式推送独家时政画面、重要议程现场、领导人演讲全程等，截至 11 月 12 日，"央视新闻"微视频在新浪微博累计阅读量达 5.2 亿次。同时，"央视新闻"客户端上线"2014APCE 会议"专题报道，覆盖 2300 万台移动终端。另一方面，央视网运用中文、英语、西班牙语、法语、阿拉伯语、俄语等多语种，通过 PC 端、移动客户端、手机电视 、IP 电视、互联网电视等多终端开展报道，并在 Facebook、Twitter 等海外社交平台通过视频直播、推送独家微视频等方式拓展海外传播力。APEC 会议报道期间，央视网累计发布图文报道 807 篇，视频报道 1189 篇，原创及编译评论文章 15 篇。截至 11 月 12 日 24 时，央视网 APEC 报道多终端总体日均独立用户 UV 合计 3300 万人，直点播收视次数 1416 万次，直点播收视时长 340 余万小时。Facebook 覆盖人群近 1036 万，总曝光次数近 5000 万次，54 万余人次参与互动，获赞近 40 万次，网友留言近 7000 条。

（根据新闻中心、外语频道、中文国际频道、中国网络电视台和台办公室提供资料综合整理）

中央电视台纪念全民族抗战爆发 77 周年报道声势浩大、反响热烈

2014 年 7 月 7 日，纪念全民族抗战爆发 77 周年仪式在中国人民抗日战争纪念馆举行。中央电视台动员全球 20 余个海内外记者站，通过综合频道、新闻频道、中文国际频道及各外语频道对仪式进行直播。同时，组织"重返 1937"系列大型主题配合报道，用历史档案还原历史真相，揭示日军暴行，戳穿日本右翼谎言谬论，并在"央视新闻"新媒体发起关注抗战老兵助养行动等，引发热烈反响，被网友称赞是"一场深入的爱国主义教育实践活动"的主题报道。"纪念全民族抗战爆发 77 周年仪式"直播在新闻频道收视率达 0.3362%，较平时同时段提升 28%。中央电视台制作的相关新闻素材仅 7 日当天被英国广播公司（BBC）、首尔广播公司（SBS）、日本富士电视台等 33 个电视台 / 频道采用 271 次。其中，"中国北京各界 7 日上午隆重纪念全民族抗战爆发 77 周年"被 23 家外媒使用 68 次，直播信号被香港凤凰卫视资讯台、香港电视广播有限公司（TVB）全程采用。"央视新闻"新媒体主持的 # 七七事变 # 话题，居热门话题榜首位，阅读量 12 小时内超一亿次。

一、精心部署，"高规格"全程直播纪念仪式，生动展示铭记历史、缅怀先烈、珍视和平、警示未来的庄严宣告

全民族抗战爆发 77 周年纪念仪式是 2014 年五次重要纪念活动中的首场活动，各方高度关注。直播前，中央电视台多次会同中共中央办公厅、中共中央宣传部、北京市等相关单位召开协调会、查看仪式场地，详细了解活动程序及细节，反复设计直播机位和镜头，确保播出安全。直播过程中，中央电视台通过对 20 米轨道摇臂、宛平城墙高点镜头等数十个直播机位的有效设计，特别是针对领导人与老兵和少年握手、共同按下启动按钮为"独立自由勋章"雕塑揭幕等细节拟定多套镜头设计及切换方案，使纪念活动的每一个环节得以充分体现。整体直播恢弘大气，画面丰富流畅，全方位、多角度地呈现了仪式现场的庄严、肃穆，展现了中国人民铭记历史、缅怀先烈、珍视和平、警示未来的决心和意志，获得多方好评。在纪念仪式直播结束后，新闻节目第一时间就习主席讲话内容进行解读，向海内外观众展现中国坚决维护世界和平的决心，并对习主席在讲话中提到的人物和故事，进行挖掘、放大，播出了《邓玉芬：丈夫和五个儿子为国捐躯》《解密独立自由勋章雕塑》报道，有力地配合了时政直播报道。"央视新闻"新媒体平台及时推送直播链接、播发演讲全文，并提炼出以"任何人想要否定侵略历史，中国人民绝不答应！"为标题的博文，被多家媒体转载、引用。

二、创新编排，以"章回体"叙事手法，全景再现1937抗日战场，着力打造历史与现实交相辉映的史诗巨制

新闻频道在纪念日当天打破常规节目编排，以"章

回体”的小说叙事手法，推出《重返1937》大型直播专题节目。专题节目以《风雨危城》《神秘“失踪”》《保卫宛平》《三失三得》《血染平津》《全民抗战》六个章节为线索，通过直播方式重返历史现场，系统梳理从“七七事变”到平津沦陷近一个月时间内的重要节点。每个章节通过抗日纪念馆的沙盘讲解、宛平城墙上的弹痕特写等进入历史现场，以亲历者的讲述、历史影像的回放、中日专家的解读等，呈现日军侵华带来的巨大伤痛，梳理日军犯下的累累罪行，还原1937年的历史真相。每个章节还穿插直播景观镜头，全景展现如今的卢沟桥、宛平城、平型关大捷遗址及南京大屠杀纪念馆等地，有力烘托了庄重的气氛。综合频道、新闻频道还同步播出专题节目《铁证：用事实拆穿谎言》回溯77年前硝烟乍起的历史瞬间，围绕日本右翼否认侵略历史的一系列言行，结合日本战犯自供笔录、日军邮政通信和我国各档案馆馆藏资料等日军侵华铁证，逐一批驳日本右翼多重谎言，警示全世界警惕日本右翼复活军国主义、重走侵略扩张之路的野心。此外，中央电视台各外宣频道根据频道定位，加强策划，精心推出一系列外宣专题报道，迅速在国际传播中形成规模和声势。

三、主动亮剑，以“揭秘式”深度新闻报道，全面展现历史铁证，努力讲好伟大抗日战争的一堂中国公开课

中央电视台第一时间披露中央档案馆、吉林省档案馆等公布的大量珍贵档案，并派出40多路记者重返战争遗址，寻访多位亲历者、见证者与记述者，深入挖掘再现历史档案，通过历史的铁证与当事者的回述，反思战争、宣扬和平。

通过主动联系、实地探访，中央电视台率先公布了日本侵华战犯笔录、日本向中国投降原始视频、神风飞机宣传胶片、《邮政检阅档案》以及安倍外公岸信介在伪满任职等大量珍贵档案，并挖掘、放大档案背后的新闻价值。其中，在《侵华日军战犯罪行自供》笔录报道中，各频道陆续推出“‘无人区’制造者——铃木启久”“以活人作靶练兵 血腥屠杀——藤田茂”“‘北疃惨案’制造者——上坂胜”等新闻，逐一揭示侵华日军笔供内容，用原始资料证明“七七事变”是日本军国主义一手制造的反人类、反和平惨案。在重点报道解密吉林档案馆的《邮政检阅档案》过程中，采用“档案原文再现与幸存者口述历史相结合”的报道方式，大量采访历史见证人和抗战老兵，共计采访国民党高级将领、台湾前行政机构负责人郝伯村等历史当事人60人次，通过他们回顾战争细节，揭示日军的残酷。

同时，中央电视台组织驻外记者探访日本史料馆，呈现、解读来自日本国立国会图书馆、日本外务省资料馆、日本高校档案馆、日本兵家属的材料，还原抗战全面爆发的背景和长期以来日本侵华的图谋，反映了日本社会正义和有识之士对于侵略战争的反思，有力驳斥了以安倍为首的日本右翼人士否认历史的荒谬性。此外，中央电视台北美分台记者还专访日裔美国国会议员迈克·本田，称日本政府提交“河野对话”调查报告“不可接受”，要求日本政府正视历史以及战争罪行；莫斯科中心站邀请俄罗斯科学院远东所日本问题研究中心首席研究员维克多·帕夫列琴科、俄中友协第一副主席瓦西里·伊万诺夫等，深入探讨日本军国主义复苏对于当今世界的威胁以及中俄两国对维护战后和平秩序所做出的努力。网友留言认为，中央电视台和中央档案馆在抗战史料披露上有不可磨灭的贡献，希望多宣传一些抗击日寇的节目。

（新闻中心、台办公室提供）

中央电视台成功报道中国人民抗日战争暨世界反法西斯战争胜利69周年纪念

2014年9月3日是中国人民抗日战争暨世界反法西斯战争胜利69周年纪念日，也是全国人大常委会以立法形式确立中国人民抗日战争胜利纪念日后的首个纪念日，意义重大。中央电视台高度重视，精心策划，投入包括国内外近30个记者站在内的时政、直播、专题等报道团队500余人；新闻中心为综合、新闻、中文国际及英语、西班牙语、法语、阿拉伯语、俄语等8个频道提供信号，成功直播了纪念中国人民抗日战争暨世界反法西斯战争胜利69周年敬献花篮仪式，并在《新闻联播》等重要新闻栏目按要求播发中共中央、国务

院、中央军委在人民大会堂举行的座谈会，圆满完成时政报道。当日，新闻频道以“胜利日”为主题播发特别节目，进行全天大规模配合报道；《焦点访谈》《新闻1+1》等重要栏目围绕抗战胜利及习主席在座谈会上的重要讲话内容制作专题报道；《新闻联播》累计播出相关内容22条，时长35分40秒，9月3日当天集中报道了抗战纪念座谈会、敬献花篮仪式、各地纪念活动等5条报道，共计21分53秒。英语新闻频道首播相关报道43条，时长141分钟；制作专题访谈节目1期，时长30分钟。中央电视台制作的相关新闻素材被韩国广播公司（KBS）、首尔广播公司（SBS）、韩国文化广播公司（MBC）、香港无线电视明珠台、日本富士电视台等25个电视台/频道采用超百次。

一、时政直播创新镜头语言，全面梳理设立纪念日的重要意义

2014年是纪念中国人民抗日战争暨世界反法西斯战争胜利69周年敬献花篮仪式首次举行，新闻中心直播报道团队进行了多次直播演练，反复观摩录带、研讨直播镜头，确立了要重整体、抓细节，在强化仪式的庄严感、丰富节目内涵上下工夫。直播当天，节目开篇以一组由远及近的递进镜头，将观众视线从卢沟桥头引导到宛平城墙、醒狮、活动现场，最终落在纪念馆内抗战英烈浮雕上，起到点题效果；为突出仪式现场鸣放礼炮的视觉呈现，团队研发了伸缩塔等新设备，创新了以抗战雕塑为前景的礼炮阵地全景镜头，充分体现了鸣放礼炮的现场冲击力。综合频道、新闻频道、中文国际频道及英语、西班牙语、法语、阿拉伯语、俄语国际频道等8个频道推出直播特别节目，详细介绍了抗战胜利纪念日的由来、意义及八年抗战历程，深入梳理解读了中国人民取得抗战胜利的根本原因，并配发了卢沟桥事变、抗战大事记、平津受降、卢沟醒狮、浮雕寓意等背景短片，展现大量珍贵历史镜头，多维度点明主题；“央视新闻”新媒体平台及时进行预告、推送和直播和仪式全过程，各平台及时发出独家电视视频，相关报道发布后，获网友积极响应。同时，新闻中心以新闻报道方式在《新闻联播》首发“中共中央、国务院、中央军委举行座谈会，纪念中国人民抗日战争暨世界反法西斯战争胜利69周年，习近平发表重要讲话”，并在多档滚动播出。

二、推出特别节目《胜利日》，强调设立纪念日的历史意义

在9月3日纪念日当天，新闻频道打破常规节目编排，以“章回体”小说叙事手法，推出《胜利日》特别节目。该节目从7:00档起至16:00档，每档播出15至20分钟，以抗战胜利、缴械投降、华北受降、东北受降、华东受降、华中受降、境外受降七个章节为线索，以章回体形式完整回顾了1945年我国各个战区及相关盟国接受日军投降的过程，以铁的事实向观众展现中华民族抗日战争之艰辛，日本帝国主义之残忍。《胜利日》通过现场直播、重返抗战遗址、亲历者口述历史等方式，回顾受降历史瞬间、梳理抗战著名战役，同时还穿插直播连线报道，采用古今影像对比方式重现重大历史瞬间，通过镜头强化历史纵深感和设立“9·3”纪念日的历史意义。

三、“央视新闻”新媒体自主策划系列报道，获网友积极评价

“央视新闻”微博、微信、客户端策划特别报道，突出独家视频和评论，获得网友广泛关注与互动。“央视新闻”新媒体主持的“纪念抗战胜利”话题阅读量超6000万次，网友讨论近8万次，累计发布纪念抗战胜利相关微博30多条，为纪念活动营造了良好的网络舆论环境；“央视新闻”微博独家策划了“光辉永不磨灭”“狼牙山五壮士”等系列纪念和回顾报道，获得了网友的积极评价和广泛转发；“央视新闻”各平台播发的“9·3”特别报道得到网民和观众的“点赞”；由“央视新闻”新媒体在中华社会救助基金会联合发起的“抗战老兵助养行动”收到1.6万名爱心人士捐款，捐款数额超43万元。

（新闻中心提供）

中央电视台成功开展南京大屠杀死难者国家公祭日宣传报道

2014 年 12 月 13 日，中共中央、全国人大常委会、国务院、全国政协、中央军委举办南京大屠杀死难者国家公祭仪式。这是全国人大常委会立法设定“国家公祭日”之后的第一个国家公祭活动。中央电视台深入贯彻落实中央领导指示精神，严格按照中共中央宣传部的部署要求，以高度的政治责任感，坚持正确舆论导向、准确把握宣传口径，在圆满完成国家公祭仪式重大直播报道的基础上，内宣频道与外宣频道紧密结合、新闻节目与非新闻节目紧密结合、电视媒体与新媒体紧密结合，围绕我国首个国家公祭日展开全方位、多角度、大范围的深入报道，共投入综合（含香港版）、新闻、中文国际（亚洲版、欧洲版、美洲版）、英语、西班牙语、法语、阿拉伯语、俄语等 8 个内外宣频道，以及央视网等新媒体平台，充分调动中央电视台海内外记者站报道资源（仅前方报道团队人数就达 200 余人），形成了空前强大的宣传报道合力，在海内外引起广泛关注与热烈反响。

一、重大时政直播报道创新镜头语言、凸显肃穆庄重氛围，多层次述说公祭日家国情怀

中央电视台重整体、抓细节，以厚重精致的镜头语言，强化仪式庄严感、丰富节目内涵，以 8 个内外宣频道的强大报道规模，圆满完成国家公祭仪式直播。截至 12 月 13 日 11:00，全球共有 163 个国家和地区的 405 家电视机构转播或部分使用中央电视台 6 个国际频道直播特别节目信号。其中，366 家全部转播，39 家部分转播。

为了真切诠释国家公祭日的目的和主题，直播报道团队从南京长江大桥、南京古城墙等会场外地标建筑，逐级递进切换镜头至公祭现场，将个人、城市感情记忆上升到国家记忆；在人物呈现方面，报道镜头以同样的景别呈现我国领导人和来到现场的 10 位幸存者，并辅以字幕介绍，借由画面转换突出公祭活动主体、传递国家对逝者和幸存者的告慰。

为增强报道的现场感和仪式感，此次时政直播报道首次使用直播系统视频回放功能和演播室主持人现场解说，一方面用叠画方式将预先拍摄好的南京大屠杀纪念馆内陈设的典型雕塑和遇难者人名墙与现场镜头相呼应，以画面叙事。另一方面，通过提前润色好的解说词与主观长镜头完美配合，强化现场凝重气氛。

期间，综合频道、新闻频道、中文国际频道，以及英语、西班牙语、法语、阿拉伯语、俄语国际频道等 8 个频道分别推出直播特别节目，多角度阐释我国设立国家公祭日的重大意义。《新闻联播》当天及时报道国家公祭仪式隆重举行，时长 14 分 54 秒。其他重要新闻栏目也第一时间播出公祭仪式消息。相关新闻通过精选习近平总书记讲话精彩同期声，展示全场万名军民群众出席的壮观场景，选取有感染力的现场镜头，增强了现场感和传播性。

二、新闻报道充分利用内外宣传播渠道，让沉默的历史发声，昭示世人铭记历史、珍视和平、警示未来

新闻频道除在 12 月 13 日全天展开大规模配合报道之外（全天相关直播 + 演播室等节目时长超过 6 个小时），还从 12 月 7 日起播出《国家公祭 南京 12·13》系列报道，分“海采 不能忘却的纪念”“城殇”“铁证”“从家祭到国祭”等板块，全面梳理南京大屠杀历史，解读我国设立国家公祭日的重要意义；《新闻联播》累计播出相关内容 12 条，时长 29 分 01 秒；《焦点访谈》《新闻调查》等重要栏目围绕国家公祭日及习近平总书记讲话内容制作了专题报道；自制专题片《77 年前的马吉默片 掷地有声的控诉》，完整播放了 77 年前美国牧师约翰·马吉用胶片拍摄的珍贵南京大屠杀视频素材；此外还制作了新闻 MV《铭记历史 珍爱和平》。

各国际频道在推出特别直播节目之外，严格把握对外宣传口径，围绕频道受众群体进行针对性设计，力求提升宣传的针对性与实效性。截至 12 月 13 日，英语、西班牙语、法语、阿拉伯语、俄语等国际频道共播出相关报道近 400 条，总时长超过 15 小时。期间，中文国际频道《中国新闻》、午间版《媒体焦点》及时报道有关新闻、汇编全球各大主流媒体积极评论，《天涯共此时》推出了特别节目《1937 血色南京》。各外语频道以大规模的节目安排形成报道声势，推出《上海音像资料馆推出淞沪会战影像资料》《南京大屠杀死难者国家公祭读本》《日本：南京大屠杀证言集会》等节目。

三、专题片、影视剧、网站全力配合，营造浓厚舆论氛围

12月12日起，综合频道、科教频道及各外语频道安排播出5集大型纪录片《1937·南京记忆》，并多次重播。首集在综合频道播出后，共有1440万观众收看。截至13日16:00，相关媒体报道超过600篇，微博、论坛、博客等其他相关帖子约7万余条。共有300多家平面媒体对《1937·南京记忆》进行了报道。人民网、新华网、光明网、央视网、新浪网、凤凰网等众多网站均使用中央电视台直播视频，并分别推出"南京大屠杀死难者国家公祭日"专题。综合频道从12月3日起播出抗战剧《战神》。电视剧频道从12月7日起，在黄金档推出《雪鹰》，并从12月15日起推出《长沙保卫战》《密战峨眉》。电影频道在12月13日播出了《南京大屠杀》《押上刑场》等相关题材影片，有力地烘托了宣传氛围。

四、新媒体平台充分发挥传播优势，多平台、多终端阐释国家公祭日重要意义

"央视新闻"微博、微信、客户端从12月1日起推出预热报道。截至13日，"央视新闻"微博阅读量1.5亿次，# 今天国家公祭日 # 话题阅读量达5.4亿次，单条转发超50万次，评论热度超过41万条，热门微博排行第一；客户端发布相关稿件30余篇，制作微视频20余条；微信阅读近30万次。

微视频"V观国家公祭南京12·13"先于其他媒体，在公祭日当天8时整首推南京降半旗视频；仪式启动后，"央视新闻"客户端和新浪微博发稿平台联手推出《习近平：否认南京大屠杀 中国人民不会答应》等11条报道，第一时间摘取播发习近平总书记重要讲话。仅公祭日当天，"央视新闻"新浪微博"V观"系列阅读量累计就超过2000万次。"央视新闻"微信自制H5页面《国家公祭祭奠谁？》，当日阅读量超10万次。国际视通第一时间将"南京大屠杀死难者国家公祭仪式"直播视频信号向国际媒体进行推送，并通过美联社和"亚洲五号"卫星全程对外发布公祭日直播信号。

央视网运用新媒体手段开展互动报道。一是推出《南京大屠杀死难者国家公祭活动》专题报道；二是组织发布央视网评《以国家的名义，铭记历史烛照未来》；三是官方微博@网络新闻联播和@央视网新闻对公祭活动进行预热和报道，共编发相关内容13条，总阅读量超过50000次；四是央视网复兴论坛组织网评员在相关帖文后跟帖评论，引导互动；五是Facebook多语种账号发布主题帖30余条，内容覆盖人群超37万人，曝光次数近70万次，5万余名网友参与互动。

五、直播报道引起海内外强烈反响，观众网友称赞报道具有直击人心的力量，起到了振聋发聩的效果

中央电视台国家公祭日直播节目播出后，引起观众强烈共鸣。几小时内，就有全国30个省级行政区的500多位观众致电表达感受。观众认为，一是节目直击人心、令人震撼，体现了中央电视台作为国家级媒体的责任感和使命感；二是节目内容丰富，增加了观众对南京大屠杀史实的认知程度；三是节目有助于年轻一代明白国家的强大来之不易，珍惜当前的和平局面。许多网友留言指出，那段惨绝人寰的杀戮无法忘记，勿忘国耻，我辈须自强，历史悲剧绝不能再重演；海外网友也纷纷留言，南京大屠杀是惨绝人寰的大虐杀，日本至今还没有为犯下的罪行道歉，我们要吸取历史教训，远离战争！

（新闻中心、台办公室提供）

中央电视台世界杯报道成为台网融合、跨媒体传播新典范

2014年7月14日，第20届世界杯在巴西里约热内卢圆满结束，中央电视台以多频道、跨媒体、多终端连续33天全程转播报道赛事盛况，为观众奉献了精彩纷呈的足球、文化和精神盛宴。据统计，全国超过6.67亿观众通过中央电视台收看世界杯赛和相关节目，中央电视台收视份额连续四周保持在32%以上。通过央视网收看赛事直、点播的多终端总体用户规模突破5亿人，赛事直点播总观看频次超过9亿次，进

一步彰显了中央电视台的影响力、权威性和独家性，被专家称为台网融合、跨媒体传播的新典范。

一、以主流价值引领，全力打造文化精神盛宴

世界杯期间，中央电视台为观众搭建起“跨媒体、全方位”免费收看平台，最大限度覆盖中国观众，制作的世界杯节目成为媒体传播的核心内容和社会热议焦点。不仅为观众全面呈现足球比赛的精彩画面，还着重挖掘蕴藏在激烈赛事中的爱国主义、团结协作等精神品质，将世界杯赛转播报道打造成一场举国共享的文化精神盛宴。

赛场上，各国运动员含着热泪高唱国歌、球场上奋勇前行以及球迷身披国旗加油助威等画面，通过直播、录像、新闻专题等形式得以生动展现。体育频道品牌栏目《豪门盛宴》在专业权威的赛事解读和新技术创新应用之外，特别注重人文关怀，积极引导观众从文化和精神层面感受、欣赏世界杯，专门邀请普通球迷畅谈“中国的足球梦”，积极关注中国草根足球文化和公益事业。以《豪门盛宴》为载体成功搭建外交舞台，邀请各参赛国驻华大使、官员参与节目，向中国观众介绍本国的足球文化、饮食文化、传统艺术等，实现“体育搭台、外交唱戏”，让本届世界杯报道成为一次中外文化交流盛会。

二、以优质节目主打，有效提升影响力、权威性

中央电视台投入综合频道、体育频道、体育赛事频道和风云足球频道，以直播、录像、新闻、大型互动节目、新媒体类节目等多种形式全程转播报道，直播赛事总量超过 250 小时。新闻频道、中文国际频道以及各外语频道及时跟进赛程展开形式多样的新闻报道。央视网全程直播、点播全部 64 场比赛。体育频道微博、微信、客户端推出丰富多彩的赛事集锦、参与互动平台，最大限度挖掘利用世界杯赛这一优质资源。

其中，体育频道作为世界杯报道的主频道，直播开闭幕式和 56 场比赛；综合频道作为赛事精选频道，并机直播 45 场比赛；体育赛事频道并机直播小组赛第三轮同时开球的 8 场比赛。前方报道团队分赴巴西各地、各比赛场馆采制大量独家现场新闻报道，4 个评论员组跨城市连续作战，完成全部 64 场比赛解说工作，前后方共计直播连线 46 次、时长近 460 分钟，传送素材 88 次、达 890 分钟。体育频道还对非赛事直播的白天以及黄金时段节目进行精心安排，白天时段推出多个版本的精编赛事录像和集锦节目，黄金时段依次安排播出原创自制节目《世界杯新闻》《GO 巴西 GOAL》《豪门盛宴》《看透世界杯》《5 要赢》等，以优质的节目创作满足观众多层面需求。

央视网新媒体总收视率在多屏收视率中的平均占比近 20%，最高同时在线人数达到创纪录的 588 万人。尤其是移动客户端发展迅猛，新增用户、播放次数和同时在线时长均创历史最高纪录，总下载量较赛前增长 20%。舆情监测显示，全网搜索“央视世界杯”日均微博量 120674 条，在新闻、论坛、博客、电子报等新媒体内容中，对中央电视台报道评价呈现主流正面态势。

三、以台网融合传播，成功实现多屏化社交化

此次世界杯报道，中央电视台不仅在“客厅大屏幕”取得骄人收视成绩，而且在互联网、IP 电视、微博、微信、App 客户端等赢得“移动第二屏”用户追捧，实现多项突破。一是成功实现大屏幕电视与小屏幕平板电脑、手机之间的多屏互动，极大提升了用户收视体验；二是积极抢占第二屏传播阵地，体育频道客户端下载使用量呈现数百万级飙升，成为重要传播终端，迅速提升用户黏性；三是开创全新电视交互模式，世界杯开始的前 15 天体育频道微信服务号用户从零升至 70 万，通过频道官方微信服务号，用户可以竞猜比赛结果、抢虚拟观众席位、签到抽奖；四是社交电视传播初见成效，用户可以轻松地将体育频道比赛视频分享到微信朋友圈，为下一步发展奠定良好基础。

专家评论认为，中央电视台此次世界杯报道，在很大程度上实现了电视的产品化、移动化、互动化、社交化、多屏化，成功地将电视观众转化为电视用户，真正实现了台网融合，开创了新的商业价值空间，成为台网融合、跨媒体传播的新典范。

四、以技术创新突破，全面保障报道精彩安全

世界杯自制节目创新运用虚拟技术、大数据分析等先进技术，确保报道绚彩纷呈、亮点频现。首次在

体育赛事直播中使用实时动态捕捉虚拟技术，实现虚拟球员与主持人真实互动，并以虚拟电子足球沙盘虚实结合方式讲解技战术,以及动态鹦鹉“飞”进演播室、虚拟赛场上空出现动态天气变化等特效，有效烘托演播室现场气氛。观众称赞节目让人身临其境,现场感、参与感十足。同时，体育频道与国家体育彩票中心、奇虎 360 科技有限公司、搜达足球、高德地图等展开合作，在各档节目中广泛应用大数据技术，对网友、彩民的观球和评球数据进行分析，在传播内容上紧贴观众需求，形成权威、系统的数据传播形态，有力提升世界杯转播的专业性和权威性。此外，为有效遏制侵权盗播现象，中央电视台整合全台版权保护资源，建立世界杯维权工作组展开 24 小时监控，并首次应用自主研发的 DRM 数字版权保护技术，国内主流互联网平台上侵权盗播情况得到有效控制。

此次世界杯转播报道，中央电视台统一部署、统一指挥，实现跨系统、多部门、全岗位的资源优化配置和无缝衔接，有力确保播出安全。

（体育频道、台办公室提供）

中央电视台索契冬奥会转播报道实现新突破

2014 年 2 月 7—23 日，第 22 届冬季奥林匹克运动会在俄罗斯索契举行，中央电视台投入综合频道、体育频道、体育赛事频道进行全程转播报道，并积极采用电视与新媒体联动传播模式，首次实现多媒体、差异化、深度互补传播，受到观众、网民的广泛热议和肯定，实现传播效果和社会效益最大化。

其间，电视转播报道总时长 536.5 小时，6.62 亿观众收看。央视网启用互联网、“央视体育”客户端、移动终端、手机电视、IP 电视、互联网电视等全部新媒体平台资源，“一云多屏”报道索契冬奥会。央视网新媒体各终端发送冬奥会赛事与新闻视频 6675 条，整体覆盖用户 1.3 亿人，视频播放次数达 6.1 亿次。

一、时政报道准确精彩，开辟外宣报道新模式

国家主席习近平应邀出席索契冬奥会开幕式，受到国内外舆论广泛关注。为充分展现我大国风范和国家元首的亲和力，中央电视台首次在境外举办的大赛开幕式现场设立直播机位，与国际奥林匹克转播有限公司（OBS）有效沟通，全台十余个部门密切协作，严谨执行转播计划，并在开幕式解说词中对习近平主席出席冬奥会开幕式的重要意义给予全面生动的讲解，准确精彩地完成这一重大时政新闻，成功地将大赛报道与时政报道有机融合，开辟了时政报道与对外宣传新模式。此外，开幕式前后，中央电视台先后采访国际奥委会主席巴赫、国内业界专家、国际各大媒体记者以及运动员、志愿者，各界代表都对中国国家元首出席冬奥会开幕式给予高度评价。

二、坚持主流价值引导，凸显报道规模和效果

本届冬奥会报道，在赛事编排、新闻报道和人物访谈等各方面，都始终秉承坚持正确价值引导，不仅看成绩，不唯金牌论，全面展现中国运动员顽强拼搏、团结友爱、和平友好的精神风貌以及对奥林匹克运动的热爱。报道规模超过上届温哥华冬奥会，基本实现所有赛事直播信号“一网打尽”。其中，体育频道播发新闻 1297 条，播出时长 3133 分钟；新闻频道各栏目播发冬奥会相关消息 719 条，插入直播信号 16 次；《新闻联播》播发相关新闻 16 条。报道内容上，在保持对中国队冰上优势项目转播量的同时，着力加大雪上项目转播力度，完美实现“立足冰上、拓展雪上”“扩大冬奥会在中国观众中的影响力”的目标。结果表明，“立足冰上、拓展雪上”的报道策略符合中国观众当下收视需求，特别是单板滑雪、雪上技巧、U 型槽等兼具欣赏性和娱乐性的项目吸引了众多年轻观众喜爱。

三、多媒体立体化传播，转播报道创新亮点多

一是首次实现真正意义上的多媒体传播。改变以往中国网络电视台直接使用清流直播冬奥会的模式，采用电视与新媒体“差异化、深度互补”的新台网联动传播。电视第一时间转播赛事，满足受众对比赛实况的需求，同时放大新媒体点播和海量的特点，发挥各自所长，实现优势互补。其中，体育频道充分利用官方微博、微信和 App 客户端等新媒体平台开展冬奥会宣

传推介，碎片化传播精彩比赛瞬间效果明显。例如，关于李坚柔夺冠的微视频一小时内转发次数高达3万次。央视网原创的“中国骄傲”“冬奥第一报”“冬奥语录”以及《冬奥好生英》《体育之星》《我在现场》等多个栏目受到网友广泛关注。

二是大赛报道整体策划和操作更加精细化，运行模式更加成熟，多视窗、EVS在线慢动作回放等成熟的转播手段使屏幕效果欣赏性更强，赛事解说评论专业性、服务性更加凸显，尤其是叶乔波、杨杨等专业运动员以及文艺界明星英达、夏雨诙谐幽默的评论受到观众一致好评。

三是创新技术手段，采用涵盖采集、编辑、播出、存储和传输的全高清、全文件、全网络化的标准化移动外场制作系统，并首次在IBC建立环绕声音控室，首次采用中央电视台新址播出频道包装系统参与整体包装制作，使前后场包装系统在模板制作、数据共享等方面更加高效同步，为今后大型活动外场制作积累了宝贵经验。

四是首次将版权保护纳入整体报道方案策划。制定全台多部门共同监测和应对联动机制，严格履行与国际奥委会的版权协议规定，有效监控、及时处理多起盗播侵权行为，在地域保护、严防溢出方面成效显著，不仅有效保护了中央电视台冬奥会视频独家版权权益，也在奥林匹克大家庭中树立了重视和保护版权的良好形象。

四、舆论反应正面积极，多媒体传播收效显著

观众和网友对中央电视台冬奥会整体报道反应正面、积极。解说员对花样滑冰老将庞清、佟健虽获第四名但坚持不懈的精神给予深情点评，引起观众共鸣；对于中国选手在短道速滑男子5000米接力决赛中永不放弃拼搏场景的报道，感动了无数电视观众。网民对开闭幕式直播水准、重点赛事转播、专题报道以及宣传片制作给予充分认可，称赞中央电视台评论解说员专业到位，对明星嘉宾的跨界解说表现出浓厚兴趣。同时，本届冬奥会多媒体传播也产生广泛影响。“索契冬奥会”网媒关注度及微博提及量均领先于同期其他栏目或剧目；央视网推出的多个原创节目收到良好传播效果；“央视体育”客户端成为网民沟通分享赛事感想的重要平台。

（体育频道、台办公室提供）

中央电视台着力提升中华龙舟大赛品牌影响力

12月6日、7日，由中央电视台、国家体育总局、中国龙舟协会联合主办的2014年中华龙舟大赛总决赛在海南陵水成功举行，中央电视台体育频道全程制作国际标准公用信号，并通过电视、网络以及微博、微信、客户端展开全媒体直播报道。本届赛事以“龙的传人”为主题，历时9个月、5站比赛，参赛选手超千名，现场观看比赛群众10万余人次。中央电视台以奥运会的高标准进行转播报道，仅通过体育频道收看比赛的观众就逾1亿人次。这是从2011年创办至今最具专业性、国际化的一届传统体育赛事，有力推动了群众性体育活动发展。中华龙舟大赛业已成为蕴含深厚传统文化和民族精神的品牌赛事。

一、立足传承传统文化，大赛影响力日益提升

为弘扬我国民族传统体育项目中的文化精神，注入新时代文化传承的社会力量，2011年，中央电视台联合国家体育总局、中国龙舟协会共同创办拥有自主知识产权的“中华龙舟大赛”，旨在“促进传统项目发展、传承中华文化、弘扬民族精神”，坚持社会效益优先，对赛事的推广和评估不以收视率和广告效益为基准。

四年来，中央电视台持续加大投入力度，连续四年派出顶级运行和制作团队，以奥运会、世界杯、欧洲杯等国际大赛的高标准，运用世界领先电视设备，投入体育频道、体育赛事频道以及多个新媒体平台全面呈现赛事的精彩场面。转播报道始终围绕“传承中华文化”这一脉络，充分挖掘“龙舟竞渡、同舟共济、团结拼搏”的精神内涵，展现“龙的传人”具有的“团结、无畏、坚强、果敢”民族精神。同时，联合新华社、中国国际广播电台、《中国体育报》、新浪网、搜狐网以及众多地方媒体，对中华龙舟大赛进行多角度、全方位的宣传推广。参赛队伍从创办之初的10支发展到本届的32支，现场观赛人数也由最初的万人发展到10万人

的规模。中华龙舟大赛不仅唤起人们对中国传统文化的记忆，更加增强人们对华夏文明和民族精神的认同。

二、围绕赛事主题亮点，转播报道吸引过亿观众

每年的龙舟大赛转播报道都紧紧围绕大赛主题、亮点做足文章，力争提升赛事影响力，促进龙舟文化深入人心。2014 年，通过体育频道收看赛事的电视观众累计超过 1 亿人次，同时吸引了美联社等海外媒体广泛报道。

2014 年的龙舟赛事转播报道具有如下亮点：一是将传统文化与现代元素、民族传统与世界风潮融合，并通过新闻专题、宣传片、新媒体等多种方式全程跟进报道，使大赛成为视觉盛宴。二是以“龙的传人”为主题，突出展现赛事的文化内涵，并通过挖掘龙舟故事、将镜头对准普通观众等，传承中华民族团结、坚强的精神，宣传全民健身。三是在规范化方面取得重大突破。赛事分为职业和大学生两个组别，首次设立大学生组，共有上海交通大学、天津师范大学等 12 支大学生龙舟队参赛。青年人的积极参与为古老的中华龙舟大赛注入了青春活力，对推动龙舟运动在校园的推广具有积极意义。

三、专业化国际化发展，助力中华文化“走出去”

为促进龙舟赛事的可持续发展，中央电视台充分利用在体育赛事组织和电视转播的丰富经验，在规范赛制、统一标准、统一设备等方面进行规范化、专业化运作，逐渐形成可媲美国际大赛的运行模式，并积极迈出国际化步伐，推动中华文化“走出去”。

一方面，实行“央视制造”的“原创标准”，努力提高体育赛事转播的国际水准。制作团队是曾经承担过多届奥运会、亚运会等世界顶级赛事制作任务的信号团队；投入设备包括高清转播车、大倍率镜头、摇臂、高速及无线摄像机、飞龙飞梭等先进电视设备；赛事制作执行的是“央视标准”。当前，中华龙舟大赛已经发展成为国内级别最高、竞技水平最高、海内外影响力最大的龙舟赛事。

另一方面，拓展中国传统项目发展空间，积极推动中华龙舟大赛走向世界。龙舟赛事是凝聚中华优秀传统文化和民族精神的重要载体，这项运动不仅在中国广东、福建、江苏等沿海省份、港澳台地区拥有广泛的民间基础，在东南亚以及欧美各国也有久远的发展历史，被广大华人华侨视为重要的传统节日项目。中央电视台在创办中华龙舟大赛之初，就把“实现国际化”作为该项赛事的目标之一。当前，由中国龙舟协会主导的国际龙舟联合会已经发展了 72 个国家和地区的成员，龙舟大赛在海外的辐射力逐步扩展。2014 年，首届国际龙舟联合会世界杯赛在福建省成功举办。参赛队伍由世界锦标赛前 16 名的世界龙舟强队组成，包括东道主中国队，中国台北福建同乡会龙舟代表队，以及美国、俄罗斯、英国、德国等国代表队，备受各方关注。

（体育频道、台办公室提供）

中央电视台南京青奥会转播报道成功传播奥运精神

2014 年 8 月 28 日，第二届夏季青年奥林匹克运动会（以下简称“青奥会”）在南京闭幕。中央电视台综合频道、体育频道、体育赛事频道及央视网全程直播闭幕式盛况，标志着为期 13 天的青奥会转播报道圆满完成。中央电视台统一部署、周密组织，通过多个电视频道以及央视网、手机电视、IPTV、体育频道官方微博微信，形成全媒体、立体化转播报道格局，以奥运会标准成功表现青奥会开闭幕式宏伟气势以及各项精彩赛事，全景展现当代中国青年人精神风貌、各国青年人友好交流和文化教育活动，引发社会各界广泛关注。据统计，青奥会期间体育频道收视份额达 1.86%，较开幕前一周提升 0.98%；截至 8 月 28 日，中国网络电视台“一云多屏”直播、点播累计独立用户达 1.1 亿人，直播期间最高同时在线人数为 59 万人。

一、高规格、高标准，开闭幕式直播报道安全精彩

本届赛事是中国继 2008 年奥运会后第二次主办奥运级别的重大赛事，国家主席习近平出席开幕式，国

务院总理李克强出席闭幕式。来自世界各国和地区的204个代表团、3000多名青少年运动员参赛，2万多名志愿者参与青奥会服务，受到国内外各界高度关注。全国超过2亿观众通过中央电视台收看开幕式盛况，综合频道、新闻频道、体育频道及体育赛事频道并机直播开幕式收视率达4.64%，中国网络电视台多终端合计独立访问用户近3000万；全国1.76亿观众收看闭幕式，综合频道、体育频道和体育赛事频道并机直播闭幕式总收视率为2.42%。

为保障青奥会开闭幕式直播精彩、安全，中央电视台采用最高级别的“一主五备”安全播出应急预案，以国际水准为全球40余家电视机构提供国际公用信号。时政报道团队准确生动报道习近平主席看望中国青奥代表团、出席开幕式，国务院总理李克强出席闭幕式等重要活动，展现中国政府对青奥会的高度重视和大力支持。《新闻联播》等重点新闻节目对开闭幕式展开全面充分报道；体育频道在开闭幕式当天制作特别节目，长达十小时的《年轻的朋友来相会》以多视角、专题与实时动态相结合预热开幕式，闭幕式当天推出“难以忘怀的盛会”分主题回顾青奥会的精彩赛事。

二、长时段、重编排，赛事转播传承奥林匹克精神

在转播版权权限的许可范围内，中央电视台最大限度安排青奥会赛事转播。其中，体育频道除播出女排、中国女篮和亚冠赛事外，其他时间均安排青奥会赛事直播、录像、集锦和新闻专题报道，平均每天播出青奥会赛事近15小时；体育赛事频道与体育频道差异化编排，同步播出青奥会赛事；央视网同步直播青奥会赛事，方便新媒体用户及时快捷跟进赛事最新动态。全台各系统通力合作，完成直播传输任务755小时，承担16个大项赛事的公用信号制作，制作量占国际奥林匹克转播公司(OBS)提供国际信号项目赛事的八成，提供国际赛事公用信号413小时。

中央电视台在转播模式、包装、技术应用等多方面创新提升，使本届青奥会赛事转播极具可视性、欣赏性。按照大赛模式进行节目动态编排，紧贴观众需求，重点转播三对三篮球、五人制足球等青奥会独有项目，以及男女混搭方式的比赛，并适当调整赛事播出时间，以有别于成人奥运会的鲜明特点和活泼的青春动感吸引观众收看。在为期两周的青奥会期间，体育频道青奥会报道收视热度与世界乒乓球锦标赛等世界顶级赛事相当，国际奥委会主席巴赫先生和各国媒体对此表示赞叹，称赞中国民众深厚的奥运情结。

三、探活动、访人物，新闻报道全景展现友好交流

青奥会有别于成人奥运会的特点之一，是对文化交流和教育活动的重视。本届青奥会上，国际奥委会和组委会在赛场外设立两个专门区域开展文化交流和教育展示活动。中央电视台在组织好青奥会赛事报道同时，精心策划新闻报道，通过重点新闻栏目和新媒体平台，多角度、全景式展现各国青年人的精神风貌、友好往来、文化交流和教育活动。体育频道五档新闻栏目共计播出相关新闻1500多条，时长超3000分钟。

其中，体育频道青奥会专题节目《年轻的朋友来相会》，报道内容和方式都突出青春、活泼的青奥会特色，并充分利用虚拟技术增强呈现效果；系列报道《青春与中国相会》重点关注和展现各代表团青年运动员在中国比赛、生活的故事，展示中国作为东道主对青年人的热情友好。特别是选拔组建“青奥少年记者团”，与青奥运动员同年龄段的小记者们以独特视角和富有活力的新闻语态观察探访青奥会，并在《年轻的朋友来相会》专栏设立“我的朋友圈”环节，关注小记者、运动员、青奥会志愿者在社交媒体上的动态交流，新颖的创意和活泼的形式深受观众和网友肯定，他们在青奥会上的经历也成为各大媒体关注的热点。同时，着重做好青奥人物报道，跟踪报道国际组织官员在青奥会期间的活动、国际奥委会主席巴赫在南京参观考察情况，以及联合国秘书长潘基文与南京大学大学生的对话等场景；播出《青奥村的故事》《音乐减压小屋》等新闻特写，生动描绘青奥村里年轻人其乐融融的交流情景；推出《雷声吴静钰 客串小教练》《陈定为青奥竞走小选手加油打气》等专题报道，展现优秀运动员发挥的榜样模范作用；广泛采访志愿者、普通市民以及国外媒体记者，多角度反映中国各界对青奥会的支持和奥运情结。

四、全媒体、立体化，台网融合传播再上新台阶

此次青奥会报道，中央电视台着力开发利用新媒体，实现电视媒体与新媒体的资源共享、互联互通，台网融合传播再上新台阶。“央视新闻”微博、体育频道微博、微信、客户端以及央视网新媒体平台开通青奥板块，与电视报道形成良性互动和呼应。体育频道

官方微博、微信和客户端三大平台以全媒体视角报道青奥会，发起“2014 青奥会”“青奥少年派”“青奥会开幕式”“一起自拍传递青春”“我的高中体育成绩”等有趣微博话题，“青奥少年记者团”同时在电视和新媒体平台亮相，吸引千万名年轻网友参与互动，取得显著传播效果。青奥会期间，体育频道官方微博“粉丝”数增长 91137 人，相关微博话题阅读总量突破 1.5 亿人次；官方微信关注用户增长逾万人，每日用户浏览量超 13000 次；官方客户端新增用户 5873 人，活跃用户升至 73194。央视网重点推出“中国梦 青春梦”大型时政报道，并通过复兴论坛推出《给总书记捎句心里话》互动报道；《为青春喝彩——南京青奥会》加强前方原创报道，并通过多终端、多语种频道和海外互动平台扩大宣传声势。

（体育频道、台办公室提供）

中央电视台仁川亚运会报道精彩纷呈、形式多样、效果突出

2014 年 10 月 4 日，中央电视台体育频道、体育赛事频道、财经频道，以及央视网顺利直播了第 17 届仁川亚运会闭幕式，标志着历时 16 天的仁川亚运会转播报道圆满结束。自本届亚运会开幕以来，中央电视台周密组织，通过多个电视频道及央视网多终端（PC 端、移动客户端、手机电视、IPTV）、体育频道官方微博微信和客户端，采用电视与新媒体联动传播模式，进行全面报道，弘扬爱国主义，积极展现拼搏奋进的体育精神。整个报道精彩纷呈、形式多样，对提升中央电视台的影响力、引导力和权威性产生了积极效应。据统计，全国超过 6.5 亿观众通过中央电视台收看亚运会赛事转播。其中，体育频道平均收视份额超过 3.36%，体育赛事频道最高收视份额达到 0.1%，成为开播以来收视最高点。央视网新媒体总体用户规模达 1.5 亿人，总观看频次超过 1.7 亿次，总收视时长近 7800 万小时。

一、严把导向，精心编排，全面展现精彩赛事

本届亚运会报道牢牢把握“体现爱国主义情怀，展现精彩亚运”的总基调，加强赛事编排，丰富内涵，挖掘中国运动员努力拼搏、国家荣誉至上的故事，宣传正能量，弘扬社会主义核心价值观。

一方面，加强赛事编排，突出重点，以中国运动员参加的比赛、中国队夺牌的比赛及中国队面临激烈挑战和竞争的比赛为基础，逐级递进做好编排，把握赛事脉络。同时，兼顾赛事丰富性和多样性，统筹安排各播出频道赛事资源，并兼顾好重点赛事之外特色赛事的分配。截至 10 月 4 日，各频道总计播出量超过 570 小时。

另一方面，丰富新闻报道内容，重细节、讲故事，突出爱国主义情怀及拼搏精神。一是投入《亚运晨报》《亚运快讯》《亚运新闻》《全景亚运》等多档新闻，跟进每天赛事动态，推介重点赛事，并以人物专访形式近距离展现运动员风采。二是利用在开闭幕式、田径、游泳、体操等 12 个场馆租用的 11 个混合采访区和 10 个现场评论席，以及在田径和游泳场馆设立的 3 个单边摄像机位，提升报道表现空间。三是针对亚运会比赛及夺金热点，以一线记者深入观察与后方编辑梳理相融合的方式，强化新闻细节挖掘，除记录比赛本身外，关注开赛前后我国运动员的状态，展示拼搏的精神状态。同时，将选手的赛场表现、赛后讲述、代表团评价、观众反应、对手评价等内容组合播出，放大效果。四是深入挖掘赛场内外的人物和故事，展现亚运精神，凸显体育本质。此外，还增加对板球、藤球等非奥项目、冷门项目的关注，提升对非明星运动员的报道力度。

二、强化互动，突出独家优势，台网融合再上新台阶

本届亚运会报道，中央电视台强化台网融合，建立了大赛报道联动机制和工作流程，实现了新媒体快速有效的赛事视频报道、全平台多终端的整体呈现、体育客户端垂直专业报道，充分发挥了独家资源优势，为未来大型体育赛事报道提供了样板。

一方面，利用体育频道微博、微信和客户端加强与观众互动。《亚运风云会》每天在新媒体平台预告赛事；微报道“我在仁川”及时呈现第一现场；微信和微博共同发起“亚运之星”评选，大量原创话题引起网民关注。另一方面，央视网发挥“一云多屏”优势，

着力提升传播效果。“CBox央视影音”移动客户端在醒目位置推出赛程表和实时奖牌榜，开辟亚运视频点播专区；手机电视制作精彩集锦、夺金时刻等视频点播节目；移动传媒开设亚运会特别节目，对各比赛项目进行编排播出。同时，推出英语、西班牙语、法语、阿拉伯语、俄语、韩语、蒙语、维吾尔语、哈萨克语视频、高清图集，并开设韩语版“亚运仁川·中国风”专题，借亚运契机向韩国受众介绍中国文化；央视网推出以“超越梦想 光耀亚洲”为主题的报道专题，共制作相关视频2700余条，高清图集230个约含2800余张图片，亚运会相关资讯文字新闻1000余条。

截至10月4日12:00，体育频道官方微博发布亚运相关话题847条，“粉丝”增长28万人；微信用户净增长5万多人，日均浏览量两万次；体育频道客户端累计活跃用户达到726万人次，新增用户数近80万；亚运会期间，通过央视网新媒体直点播收看亚运会相关视频的总体用户规模达1.5亿人，视频总观看频次超过1.7亿次，总收视时长近7800万小时。央视网新媒体收视率占多屏收视率比重最高达到34%。央视网亚运会新媒体传播实现了新媒体与电视的深度融合，有力地推动体育赛事传播的快速发展。

三、丰富赛事包装，有效烘托整体氛围

整个亚运期间，共制作预告、宣传片336条，特殊广告形式90条，飞滚各类字幕信息近30万字，有效渲染亚运会整体氛围。一是预制可判性较强的大量常规包装，涵盖中国选手的优势特点，并根据赛事的最新变化和亚洲的世界级强手，迅速提炼亚运赛场焦点，通过各播出平台，制造赛前“收视热点”。二是综合应用多种在线包装手段，强化节目表现。赛事报道中利用多种在线模板和大屏幕图文，强化预告和背景渲染；制作动态中国队夺金时刻以及中国队金牌滚动介绍，直观展示中国代表团成绩信息，并结合感人的背景音乐，鼓舞国人；利用滚屏字幕信息，扩大亚运资讯报道量，提升服务性。三是契合整体氛围展开宣传，在国庆节推出《红旗飘飘》MV、《中国骄傲》等包装宣传片，通过展现亚运赛场我国选手努力拼搏、勇夺奖牌及现场中国观众为健儿加油祝福的画面，激发爱国热情。

四、技术、后勤保障有力有效，确保亚运报道精彩顺畅

本届亚运会技术方面基于全流程文件化网络制播技术的移动外场转播系统，通过搭建在仁川和北京间的双向专线光缆，构建了前后方一体的协同作战制播体系。一是实现前后方在赛事资源、新闻资讯和媒资素材等方面的及时共享，并首次实现在前场OA办公站点远程浏览后方媒资系统。二是实现信号远程切换、主控任务管理、广告推送播出、行政办公等运行管理各项业务前后方异地同效。三是前后场高码率文件传输达到2倍以上传输效率，首次实现前场移动非编现场编辑制作快速回传。四是前方所有直播业务均保证两个不同路由的主备传输，确保传输安全。亚运期间共计完成主控直播传输任务112节996小时；前方演播室使用358小时，直播时长288小时；前方网络制播系统完成收录任务2816小时，ENG上载131小时，网络制播工作站使用7354小时；AVID包装成品节目702条541分钟；仁川回传北京高码率素材502条152小时；完成素材归档3067小时。

与此同时，亚运报道后勤保障有力，预先完成整体规划，做好安全预案和突发事件应对预案，积极发挥组织和服务功能，与各场馆、IBC、服务车队、组委会等加强联系，为报道团队提供强有力的行政保障。

（体育频道、中国网络电视台、台办公室提供）

中央电视台获得2018–2024年奥运会全媒体版权

2014年12月1日，中央电视台与国际奥委会签署了《2018–2024年奥运会全媒体版权基本协议》，标志着从3月份启动，历时近十个月的艰难谈判宣告结束。12月4日，国际奥委会主席巴赫，通过邮件向全球奥运成员国宣布了这一消息。根据该协议，中央电视台将拥有2018年冬季奥运会、2020年夏季奥运会、2022年冬季奥运会、2024年夏季奥运会共四届奥运会及在此期间举行的所有青奥会在中国大陆地区及澳门特别行政区的独家、全媒体权利，包括免费电视、付费电视、互联网、移动电视。同时，中央电视台将作为合作伙伴，

在适当时间与国际奥委会共同开办覆盖中国大陆地区的线性奥林匹克频道。从现在开始，在未来的十年里，中央电视台拥有了"两冬三夏"以及青奥会等全部奥运资源，充分展示了国家电视台的影响力，对推动奥运在中国的进一步普及、助力北京申办2022年冬奥会产生积极影响。

一、坚持原则立场推进谈判工作，彰显中央电视台影响力

在此次谈判过程中，中央电视台做了大量扎实、细致的准备和应对工作，既势在必得，又有理有据地坚持了原则立场，维护了核心利益，实现了双赢，并就此建立起更加规范、科学的谈判模式，为今后的谈判提供可循之路。此次长周期奥运版权协议的达成，历经10个月、12轮谈判，在奥运周期、总体报价、权益范围、如何合作开办线性奥林匹克频道等重大问题上，国际奥委会最终同意了中央电视台提出的"不做任何拆分的全媒体权益、坚持2018/2020和2022/2024两个周期一起谈、价格涨幅合理"等原则立场，彰显中央电视台作为国际奥委会的长期合作伙伴，在奥运传播领域的影响力和竞争力。

二、推动奥运在中国的进一步推广，提高中央电视台在体育传播领域的话语权

作为全球顶级赛事，奥林匹克精神以及奥运运动中蕴含的爱国主义、集体主义、拼搏精神等，是社会主义核心价值观的重要组成部分，是举国关注的顶级赛事，更是奥运健儿为国家荣誉拼搏和海内外同胞共同抒发爱国情怀的重要平台和载体。中央电视台掌握今后十年的奥运资源，一方面将进一步推动奥运在中国的推广和发展，推动民间体育运动的发展；另一方面为中央电视台传播体育文化、发展体育产业奠定了基础，将进一步巩固中央电视台在体育传播领域的优势地位，掌握体育传播领域的主动权和话语权。

三、助力北京申办第24届冬奥会，为中国主办冬奥会提供强有力媒体支持

东道国媒体实力和申办中的媒体陈述是各国在申办奥运会展现主办实力的重要部分。中央电视台自1984年首次派出5人小组报道夏季奥运会至今，已经转播报道了8届夏奥会、9届冬奥会。在转播、报道、制作、技术保障、组织运行等多方面展现出世界一流媒体的综合实力。近年来，中央电视台奥运会报道的规模、收视成绩、节目品质、转播和制作水准、技术实力等，屡次受到国际奥委会以及各国媒体同行的高度评价。由于此次奥运版权包含了北京申办的第24届冬奥会，经过2008年北京奥运会，中央电视台完全能够高质量完成作为东道国国家媒体为世界各国媒体提供服务的任务，对于北京申办冬奥会是一项重要的加分优势。

（体育频道、台办公室提供）

中央电视台2014年春节联欢晚会圆满落幕

1月30日晚（农历除夕），中央电视台2014年春节联欢晚会圆满落下帷幕，为全国人民和全球华人奉献上了一道物料丰富、欢乐祥和的年夜大餐。中央电视台综合频道、综艺频道、中文国际频道、军事·农业频道、少儿频道，以及央视网向全球同步直播。全国202家电视频道同步播出。共有112个国家和地区的132家电视机构转播或部分使用了中央电视台国际频道的节目信号，其中129家全部转播，3家部分转播。据全媒体监测数据显示，截至1月31日00:24，中央电视台五个频道并机总收视率达19.71%，比2013年提高了1.01%；全国并机总收视率达30.98%，与2013年基本持平，全国并机总收视份额高达70.99%，比2013年提升0.11%，电视观众规模达7.04亿人。央视网与新浪等7家网站组建传播联盟，对晚会进行同步网络直播，网络视频直播累计观看人数达1.1亿人，最高同时在线人数达1625万人。

一、突出"中国梦"主题，营造欢乐祥和的节日氛围

本届春晚高扬实现中华民族伟大复兴中国梦的时代主旋律，以"欢乐祥和迎新春，同心共圆中国梦"为

主题，分为“欢乐祥和迎新春”“美丽中国我的家”“同心共圆中国梦”“万象更新喜纳福”四个篇章，突出“真诚、温暖、振奋、欢乐”的总基调，注重狠抓原创，精选多个歌舞类、语言类、创意类节目烘托展示“中国梦”主题，并通过串联词、大屏幕视频画面强化主题呈现。其中，歌曲《光荣与梦想》充分彰显了中华民族自信豪迈、勇往直前的决心和力量；《我的中国梦》生动展现了爱国主义在新时代的新内容。此外，歌曲《我的要求不算高》、小品《扶不扶》等，以小见大，通过个人梦体现中国梦，弘扬社会主义核心价值观。同时，晚会盘点梳理一年来国家的大事要事，并歌颂以龚全珍为代表的全国道德模范，展现当代中国全面建设小康社会的成就，彰显当今社会主流价值。

二、突出“开门办春晚”，强化“东西南北中、全民大联欢”

本届春晚坚持改革创新，进一步加大“开门办”的力度，汇聚社会优质资源，集合全社会的力量与智慧，汇集了全国各地平民百姓的草根选手，为春晚创作带来了新风、新意，开阔了举办春晚的思路，是30多年来“开门办”力度最大的一届春晚。一是创新主创团队选拔机制，面向全台及全社会邀聘总导演及策划顾问团队，组建了由冯小刚担任总导演的主创团队。二是拓展节目选拔渠道，实现优中选精、特色荟萃。2013年7月，国家新闻出版广电总局组织全国各省区市向春晚推荐优秀节目，各省市积极报送众多代表性节目，并通过《直通春晚》栏目进行了集中展播和票选。最终，新疆代表队、青海代表队、广东代表队、宁夏代表队和来自浙江卫视《中国好声音》李琦等获邀登上春晚舞台。同时，《星光大道》《中国好歌曲》等节目的优秀选手，以及农民歌手等也登台演唱。三是丰富节目类型，快板、地方曲艺等再次回归春晚舞台，侧躺剧、腹语表演等艺术形式也亮相春晚。此外，晚会首次在直播中引入了二维码互动。

三、突出“马年”特色，传承和弘扬中华传统文化

2014年是中国农历马年，本届春晚在“马”字上做足文章，突出年味儿，发扬传统文化，打造多个具有传统文化符号的节目作品。其中，武术表演《剑心书韵》以中华经典《千字文》为主体，配以武术和书法相结合的表演形式，传播中华文化的博大精深；创意舞蹈《万马奔腾》中巧妙融入民俗生肖符号，在舞台上营造万马奔腾、锐舞迎春的壮阔气势；戏曲联唱《同光十三绝》，精选京剧流派的著名选段，老中青三代艺术家同台献艺，以精美绝伦的视频进行包装，全景式地展示出中国戏曲的博大精深和传承演变，保护并推广了传统文化精粹。曲韵串串烧《年味儿》，表现多种曲艺形式，烘托过年氛围。此外，2014年特别增设“年糕送祝福”环节，从全国各地和海外华人聚居区选取特色食材，制作巨型年糕，寓意事业生活“年年高”。

四、突出“节俭办春晚”，注重内涵表达

中央电视台严格贯彻中央“八项规定”，将“节俭办春晚”的理念贯穿整个晚会筹办始终。一是不搞人海战术，演员规模大幅降低。二是沿用往届春晚的基础舞台，最大幅度缩减舞台表演区的面积和LED大屏幕的尺寸，并借助国内先进技术手段和软件应用，呈现晚会的亮点和看点。三是坚持“能租不买”原则，租借、回收再利用服装、道具、大屏幕材料，并减少人力成本，经费支出比2013年减少30%。四是取消语言类节目的景片，简化道具，舞台朴素大方，简洁精彩、富有年味。同时，注重节目的内容设计，切实在丰富思想内涵、引领价值追求、提升审美品位、增强文化底蕴上下工夫。每个节目的创意与理念，以及灯光、视频、服装、道具等环节都与整台晚会的主题和氛围相呼应。

五、台网联合，央视网全球化全平台视频互动直播

1月30日20:00，央视网着重发挥新媒体特色特别是移动互联网优势，通过综合门户网站、“CBox央视影音”“央视悦动”客户端、手机电视、IP电视、互联网电视、移动车载电视等终端和平台，对春晚进行全球化、多终端同步直播，并实现网络、客户端直播、点播无缝衔接，直播过程中可随时时移回看精彩节目视频。同时，通过微博热议、手机二维码、客户端、边看边聊等方式进行全方位互动。央视网与腾讯、新浪、搜狐等7家网站组建传播联盟，截至晚会结束，多终端联合传播总体独立访问用户达到1.1亿人，其中CNTV多终端独立访问用户达5007万人，较2013年春晚上涨9%；视频直播累计观看达1.6亿次；最高同时在线人数达1625万人。1月30日除夕直播期间，央视网海外独立访问用户比例为13.7%。

六、观众反响强烈，社会一致好评

晚会播出后，社会各界和观众反响热烈，好评如潮。观众、网友、《新民晚报》、腾讯娱乐等媒体纷纷通过多种方式表达对春晚的看法：一是认为贯穿“中国梦”主题，反映了全国人民建设祖国的昂扬精神状态；二是认为传承传统文化内涵，公益广告暖人心；三是认为坚持敞开胸怀，充满新意；四是认为坚持“节俭办”，传递了“简朴务实”的社会正能量；五是认为秉持“东西南北中，全民大联欢”理念，大胆启用草根新人与国际明星，最大限度地满足不同观众需求；六是认为晚会节目反映时代特征，紧扣社会热点，欢笑之后发人深省。

本届春晚还引起海外观众广泛关注。美国、加拿大、英国、日本等国家和地区的观众表示，本届春晚高品质、高格调、高水准，气氛喜庆祥和，节目内容积极向上，是具有时代性、民族性和艺术性的一场晚会，使海外观众感受到浓浓“中国年”的气息并享受到一场视听盛宴。

（综艺频道、中国网络电视台、台办公室提供）

2014 年网络春晚成为春节网络文化盛事

1 月 30 日（农历除夕）晚，2014 年 CCTV 网络春晚通过中国网络电视台（CNTV）等百家网站同步顺利播出。2014 年的网络春晚在前三届的基础上，进一步开拓创新，凸显互动特色、青春元素、时代特征，成为春节期间网络文化一大盛事，受到媒体和网民的热情称赞。直播期间，CNTV 多终端总体独立访问用户达到 278 万人，较 2013 年网络春晚增长 88%；视频直播累计观看达 311 万次；最高同时在线人数达 8.2 万人。新浪微博、腾讯微博总阅读量超过 140 万，评论转发近 3 万，微信覆盖超过 8 万人次。百度指数搜索显示，1 月 26—29 日，2014 年网络春晚的整体搜索指数由 667 飙升至 12060，热点趋势由 1163 上升至 2.57 万，在广大观众和网民中间掀起关注的热潮。

一、主打青春牌，“新奇特”节目吸引了众多网友

2014 年网络春晚囊括了 2013 年风靡中国网络界的劲歌热舞，汇聚了新态相声、创意杂技、科技小品等新型节目。同时，根据网友喜好，将 2013 年热传于网络的国内外“新奇特”节目，结合网络化的语境、网络化的呈现方式，进行再创作、再加工。如韩国偶像明星 EXO–M 劲歌热舞，与唯美的中国古典舞蹈《花流水》交相辉映，使“汉风”和“韩流”共放异彩；黄绮珊、尚雯婕等深受网友喜爱的人气演员在网络春晚的舞台上激情演绎；网络热播视频《请开门》主唱带领全场观众一起制造“大快闪”；被誉为“2013 网络第一神剧”的《万万没想到》团队现场全新演绎主题曲，充满了青春正能量。

二、引入春联，增加网络春晚浓郁传统文化特色

本届网络春晚将中国网络电视台、中国国家图书馆、中国楹联学会共同发起的 2014“马年春联征集”活动纳入其中，为活动特别制作 5 分钟专题片，全面介绍征集活动盛况，公布征集作品数量，并采访楹联专家，用通俗易懂的语言解读、普及春联的来历、结构、平仄关系等知识。同时，还特别针对春联的由来、优秀春联以及具有网络特色的新创春联，制作 3 部公益广告片，穿插于晚会中播出，不断掀起观众对春联征集活动的关注。在网络播出中，专门设置“网言网语对春联”“历代经典对春联”“时代潮流对春联”三大互动环节，由 9 家重点新闻网站和商业网站主持人分别推出上联，邀请网友对出下联。网友们纷纷通过扫描二维码踊跃参与互动，播出期间共有 2000 多位网友参与节目，9 位网友获得了名人名家书写的春联。获奖网友的对联立意深刻、内容新颖，充分展示了网友们的文学素养和创作水平，体现了网络春晚“有年味、有文化、有大奖”的总体基调。

三、“网络热度榜”体现时代特色，彰显网络正能量

2014 年网络春晚精心打造了“2013 网络热度榜”，榜单包括年度特别主题、人物、文章、词汇、图片、公益广告、影视、声音等。“中国梦”当选年度特别主题，中国第一位太空授课女航天员王亚平获评为热度人物，网络热度帖文“请不要辜负了这个时代”当选为

热度文章,"光盘行动""大黄鸭登陆中国""4G网络""爸爸的谎言"、《咱们结婚吧》、"爸爸去哪儿"分别当选热度词汇、图片、创新、公益广告、影视和声音。每一个榜单的发布都有相应节目与之呼应。网络春晚通过梳理、评选、公布"网络热度榜",深刻解读晚会"中国梦"主题,反映了"中国梦"在每个中国人生活中的本质内涵,引发了网民的广泛关注和热议,起到了汇聚节庆正能量的作用。

四、百家网站同步直播,成为广受关注的网络盛会

中国网络电视台首次携手百家网站共同播出,把2014年网络春晚打造成中国互联网行业的盛会,并通过IPTV、手机电视、互联网电视等多终端,"央视影音"、"央视悦动"客户端同步播出。此外,全国百家网站共同遴选出优秀网络主持人,与网络知名度、活跃度高的电视主持人,共同主持2014年网络春晚,让网友通过喜爱的面孔、熟悉的网言网语,融入这一春节网络文化盛事,使网友成为网络春晚的主人,尽享新春佳节的喜悦。

2014年网络春晚的播出,引起各界广泛关注。新华社、《光明日报》《京华时报》等媒体认为,2014年网络春晚重视高科技重现和青春圆梦,成为"中国梦"最直观也最细腻的体现,是一场富有深度、凸显网络特征的全民联欢会;网民称赞网络春晚画面精致、播放流畅、节奏欢快、时代感强、专题网页排版创意好,"一年比一年精彩,与大春晚不分伯仲"。

(中国网络电视台、台办公室提供)

中国网络电视台少数民族语新媒体传播平台正式上线

2014年12月30日,中国网络电视台(CNTV)上线少数民族语新媒体传播平台,正式推出蒙古语、维吾尔语、哈萨克语手机客户端,维吾尔语、哈萨克语和藏语视频网,这是中央电视台落实习近平总书记关于民族工作重大部署讲话精神,创新加强少数民族语传播体系建设,弘扬少数民族优秀传统文化,不断增强中华民族凝聚力、向心力的一项重要举措。少数民族语新媒体传播平台充分体现了传统媒体与新兴媒体在资源与渠道等方面的优势互补,是媒体融合发展在少数民族文化传播体系的成效体现和有益尝试。

一、顺应互联网发展趋势,抢占民族文化传播新阵地

近年来,中央电视台把加强少数民族语传播体系建设作为增强主流媒体影响力、提高舆论引导能力的重要内容,顺应视频化、移动化、社交化的互联网发展趋势,积极利用新媒体开展少数民族语传播。先后推出国内最权威、内容最丰富的蒙古语、藏语、维吾尔语、哈萨克语等视频网站和移动客户端,并通过微信、微博等社交平台积极传播,共同构建起少数民族语新媒体传播平台,已经成为少数民族群众,尤其是少数民族青年用户获取正面信息的重要渠道和平台。

其中,中国网络电视台蒙古语(回鹘体蒙古文)少数民族语频道网站于2012年8月正式上线,是国内首个支持高清视听内容的国家级蒙古语网站,汇聚了内蒙古地区电视台的众多优秀名牌栏目,内容涵盖新闻、生活、文化等多个方面;维吾尔语视频网和哈萨克语视频网是中国网络电视台与天山网合作推出的以视听为特色的公共服务平台,收录了大量地方电视台制作的维吾尔语、哈萨克语电视剧、电影、纪录片、综艺、体育等类型的视讯资源,向用户提供及时、准确、实用的视频和图文信息;藏语视频网则为广大藏族地区网民提供青海卫视、康巴卫视、西藏卫视全天24小时节目直播、点播服务,包括影视剧、娱乐节目在内的庞大视频数据库内容,极大地丰富了藏族民众文化娱乐生活。

同时,为了进一步拓宽传播范围和渠道,满足游牧民族的生活习惯,让用户随时、随地、方便快捷地获取信息,中国网络电视台针对性地开发了蒙古语、维吾尔语、哈萨克语等少数民族语视频移动客户端,提供少数民族语频道原创视频、图文内容以及少数民族地区电视台全天24小时的直播、点播视频节目,以及视频节目的下载、收藏、搜索等功能服务。其中,作为新疆地区唯一以电视节目为主的视频手机客户端,维吾尔语、哈萨克语手机客户端在9月到11月的短短3个月试运行期间,自然下载量超过5万次。

二、发挥传统媒体与新媒体各自优势，实现融合发展

少数民族语新媒体传播平台坚持传统媒体与新兴媒体优势互补、一体发展，坚持先进技术为支撑、内容建设为根本，既充分体现了中央电视台及各少数民族语主流媒体的权威信息和内容资源等优势，也充分利用了新媒体新技术的传播快速、形态多样、互动便捷的优越性。

在少数民族语新媒体传播平台建设过程中，中国网络电视台与内蒙古、新疆、青海、西藏等地区的主流媒体积极合作，在内容、人才等多方面充分融合，形成了少数民族语传播共同体，也为民族地区的传统媒体搭建起高效、便捷的技术支撑和传播服务体系。内容方面，中国网络电视台为少数民族语受众提供多路民族语频道的直播、海量民族语节目的点播，而内蒙古电视台、新疆电视台、青海广播电视台、西藏电视台及多家地市级民族语频道提供可靠、不竭的内容源泉。与此同时，地方电视台制作的大量民族语内容也通过少数民族语新媒体传播平台得以全球传播。人才方面，藏语视频网充分借助青海广播电视台的藏语编辑人才力量，成为当前全球范围内唯一提供安多藏语、康巴藏语和卫藏语全部三种藏语视频服务的新媒体传播平台。

三、坚持国际化视角，助推民族文化“走出去”

少数民族语新媒体传播平台是开展少数民族对外宣传的新桥梁。中国网络电视台始终坚持国际化视角，在各个少数民族语频道与客户端建设期间充分考虑周边国家受众和中国文化“走出去”战略需要，覆盖同一种少数民族语言的不同分支，以新媒体形式向世界解读和诠释中国各民族的灿烂文化，向世界展现中国多民族融合、和谐共处的文化魅力。例如，蒙古语频道有回鹘体蒙古文和西里尔文两个版本，实现了对境外蒙语受众的无障碍传播。维吾尔语和哈萨克语视频网则开发并实现了维吾尔语和哈萨克语的阿拉伯文、拉丁文、斯拉夫文字之间的互相转码，从传播语言上确保了国际传播的真实性，对提升我国对周边国家影响力意义重大。

（台办公室提供）

“央视新闻”新媒体打造新兴舆论场，持续扩展影响力

2014年重大时政新闻频出，突发事件不断。“央视新闻”新媒体在每一次报道中都充分发力，发挥独家视频优势，实现了时效性和权威性、跨平台传播和多媒体传播的有机结合，在新兴舆论场发挥引领作用，影响力不断扩大，获得受众和用户的广泛认可。2014年1月4日，“央视新闻”新媒体各平台总用户数达到5000万，12月18日总用户数过亿，用户数日均增加14.4万，用户规模迅速扩大。截至2014年12月31日，“央视新闻”新媒体总用户数为10510万。其中客户端用户5398万，微博用户4732万，微信用户242万，成为中央电视台在新媒体上的全新发展平台，是主流媒体在新兴舆论场中的重要发声渠道。

一、明确定位，担当使命，成为新媒体舆论场的排头兵和导航者

在新的传播态势下，“央视新闻”新媒体以时政独家报道、重大题材报道和突发事件报道为突破口，迅速占领新兴舆论阵地，是最及时、最权威的新媒体信息源之一，成为传统媒体和新媒体融合发展的典型样态。

时政报道方面，打破传统电视报道模式，大大提升时效性。2014年4月，“央视新闻”新媒体首次使用微视频报道习近平总书记考察新疆，发布的“习近平看望新疆喀什托克扎克镇中心小学师生”和“新疆喀什阿亚格曼干村村民为习近平戴上维吾尔族花帽”短视频未经剪辑、没有字幕和解说，原生态表现领导人亲民、近民、为民的情怀。节目的微博阅读量平均达260多万次。11月9日，习近平主席在APEC工商领导人峰会开幕式上发表重要演讲。“央视新闻”客户端先于商业网站推送消息，微信首家发出演讲视频，微博在媒体账号中独家、最快播发动态图文报道，话题阅读量近亿次。

重大新闻报道中，“央视新闻”的原创精品“叫好又叫座”。原创《习近平讲话再造官方话语体系 不学“习”你就OUT了》和《北京APEC习近平的12句妙语》等在微信朋友圈里扩散分享；原创微博《生日快乐，最爱的中国》成为国庆节转发最高的媒体微博；马航MH370失联当天发起微倡议，网友互动达76.9

万次，创主流媒体微博互动最高纪录。

突发事件报道中，有效树立"有大事看央视新闻"的品牌认知。3月1日昆明火车站暴恐事件，"央视新闻"先于电视屏幕首发消息；3月5日最先注意到李克强总理脱稿谴责暴恐，立即发布短视频，其他媒体纷纷跟进；3月8日马航MH370客机失联，"央视新闻"在主流媒体微博中首发消息，成为关注焦点。

"央视新闻"彰显"自主策划""原创独家"特色，一大批图文并茂的时政解读类、生活服务类、科普辟谣类新闻产品受到网民欢迎，"V观""夜读""一图解读""微感动""央视评论""那年今日"等精品栏目被众多媒体转发效仿。

二、创新引领，技术驱动，双路径发展壮大影响力

"央视新闻"坚持创新引领、技术驱动的发展理念，将互动渗透到采编播各环节，使新闻报道"动起来、活起来"，从可读到可视，从静态到动态，从一维到多维，研发的多项新技术都领先于同类媒体。微信看电视直播、客户端互动直播间、H5互动页面、多平台内容同步交互等新技术带来了新鲜舒适的用户体验。例如，马年除夕共有600多万网友参与客户端直播间讨论，创下互动新纪录。此外，以APEC报道为契机，"央视新闻"设计推出《APEC趣味常识连连看》闯关游戏，率先实现了H5技术的突破。此后，又相继制作"动画版2015年放假安排""新媒体小游戏：澳门新词""H5澳门旅游地图"等互动性极强的H5新闻产品，在朋友圈里被大量分享。

根据新媒体传播特点，"央视新闻"利用中央电视台视频优势，对电视新闻进行再加工，不断推出新媒体特色的视频创新产品。其中，"V观"微视频，通过生动呈现重要现场、领导人活动等揭秘性强、时效性强的短视频，使手机上的时政新闻更生动好看、更易传播。围绕习近平主席在APEC欢迎晚宴上发表重要讲话，"央视新闻"截取关键亮点，首发微视频《习近平：希望通过努力让"APEC蓝"保持下去》，各大网站和客户端均在首屏推荐，境外媒体也纷纷引用。

当前，"央视新闻"已形成在重大报道中各平台第一时间推送快讯、微博及时更新动态、微信推送深度报道、客户端提供海量信息和视频直播的新媒体发布模式，实现了新闻资源的多级开发利用。2013年7月，基于自有平台的独立客户端上线，标志着"央视新闻"从借船出海转为自主发展，完成了双路径成长、多渠道传播、差异化运营的战略布局。此后，"央视新闻"试运行了新浪秒拍、腾讯微视等新的平台，在多次特别报道中发挥了作用。同时，"央视新闻"坚持"双路径"发展战略，在商业平台上扩大影响，占领阵地，同时在自主平台上打好品牌，独立发展。尤其是重大活动和特别报道中，借助商业平台影响，推广原创优质产品，取得了事半功倍的效果。

三、解放思想，以人为本，用媒体行动汇聚正能量

新媒体的"新"不仅在于技术和载体，更在于理念和手段。7月初，习近平主席访问韩国前夕，"央视新闻"策划发起"向韩国总统提问"征集，最终4个网友的问题被用于对朴槿惠的专访。朴槿惠回答提问后还在自传上签名，并赠送"央视新闻"网友。此次互动成为中韩外交史上的佳话，也成为"央视新闻"解放思想、锐意创新的经典案例。

推出两年来，"央视新闻"发起一系列改善普通人生活、推动社会前进的媒体行动，体现了国家媒体强烈的责任感和担当精神。其中，"我的父亲母亲"公益活动，为患阿尔兹海默症的老人发放几十万只黄手环；独家发起的"就业有位来"活动，两年累计动员3万多家企业为大学毕业生提供了88万多个工作岗位；抗震英雄沈远奎遭遇烫伤，生命垂危，"央视新闻"公益募捐短短8小时收到7000多名网友的23万元善款；维吾尔族女大学生患癌入院，"央视新闻"发起网上捐助，共获得10万元助其渡过难关。

（新闻中心、台办公室提供）

2014中央电视台新闻公益行动"我的父亲母亲"彰显媒体责任

跌倒已成为我国60岁以上老人伤害死亡的头号杀手。为了唤起全社会对这一问题的关注，2014年重阳节前夕，中央电视台新闻中心联合国家卫生计生委、中国疾控中心、中国人口福利基金会，发起新闻公益行动"关

注伤害老人健康的‘隐形杀手’——跌倒问题”，作为中央电视台应对老龄化社会特别策划的系列公益行动“我的父亲母亲”的年度主题。

此次新闻公益行动以建立社会各界对“老人跌倒可预防”的共同认知和改善老人的医疗保障和生存环境为目的，提出了倡议设立“预防老年人跌倒日”、建议子女“为父母进行家居无障碍改造”、呼吁“将老人跌倒预防工作纳入社区基本公共卫生服务”等三项核心行动倡议，充分展现了中央电视台面对日益严峻的老龄化问题的媒体责任与智慧应对。围绕三项核心倡议，新闻公益行动的活动线、报道线同步展开，依托行动做报道，借助报道推活动，强调感人故事和公益行动相结合、实用信息和动态消息结合，引导社会进行持续关注。

自2014年9月25日行动启动以来，新闻频道在重点栏目播出相关节目，分别围绕“跌倒严重性”“老人预防跌倒意识差”“家居风险因素评估”“入户改造”“预防老人摔倒 社会责无旁贷”等几个主题展开。在重阳节当天推出“我的父亲母亲”公益行动特别节目，对行动做了回顾和梳理。“央视新闻”新媒体聚合多渠道宣传资源，调动公众的参与积极性，充分利用台网联动，实现了传播效益的最大化。微博、微信、客户端以及央视网在显著位置重点推介“我的父亲母亲”公益行动；央视网设立专题页面，全面介绍相关知识；公益行动主题歌《爱在跌倒前》登上了新浪微博热门话题榜以及搜狐新闻客户端首页，并被多家媒体转载；新媒体还邀请郑渊洁、张凯丽、闫妮、羽泉组合等多位名人参与，提升了活动的知晓度。

除了在新闻频道、“央视新闻”新媒体推出报道，公益行动还设计并制作了1000套“防跌倒辅具包”，向65岁以上、跌倒危险高、生活困难、独居或空巢的老人免费发放；为几十户高龄独居老人做了家居环境的入户改造，呼吁子女为父母消除家中的隐患；重阳节当天，在全国各地组织现场活动，免费为老人进行平衡能力测试，现场教授平衡操、免费发放爱心包；“防跌倒辅具包”品牌捐活动等多项多益行动。

2014年“我的父亲母亲”新闻公益行动，不仅得到了国家卫计委、疾控中心等相关部门的高度评价，也引起了社会的广泛关注和众多网友点赞。截至10月5日20:00，央视新闻微博推出“爱在跌倒前”的话题，阅读量达到1亿，讨论量2.1万。截至10月2日，在“你是否支持设立‘预防老年人跌倒日’”的网络投票中，共有8万多名网友参与投票，赞同的达到90%，获得网友广泛关注与评论。专门为公益活动设计的知识折页《预防老人跌倒指南》《家居环境危险因素自测表》《平衡能力测试表》也被网友大量下载。

此次新闻公益行动的成功举办，体现中央电视台新闻对社会关注热点的良性推动和媒体责任，树立中央电视台热心公益事业、承担社会责任的积极形象。

（新闻中心提供）

央视网践行社会主义核心价值观系列活动成效显著

2014年，央视网积极开展践行社会主义核心价值观活动，承办了“图说我们的价值观”公益广告活动、展播“信仰的力量——社会主义核心价值观‘随手拍’”征集活动等活动，推出相关内容网络动画专区、综合性和系列专题、图解，并在多终端、多平台推广，取得了很好的传播效果。

一、“图说我们的价值观”公益广告创作活动

“图说我们的价值观”是在中共中央宣传部宣教局直接指导下，由央视网承办的公益广告创作活动。2014年，央视网开展“图说我们的价值观”专项宣传，以优秀民间艺术为抓手，以公益广告为载体，用人民的艺术表达人民的精神，用“图说”将社会主义核心价值观的24个字，转化为通俗易懂的平面和视频作品，策划、推出了一批富有中华民间传统艺术特色的、接地气的公益广告。同时，央视网在全国范围展开积极宣传推广，在全国140个重点城市（区）开展“图说我们的价值观”作品宣传，使承载社会主义核心价值观的优秀作品走进百姓生活的街头巷尾，发挥了主流媒体的价值引领作用。截至2014年底，已创作出网络图片作品402幅，展板作品167幅，围挡作品273幅；为《人民日报》漫画增刊提供作品216幅；为天安门、西单

定制 LED 图 185 幅；为首都机场定制平面图 171 幅，视频 10 个；为北京铁路局等地定制图片 52 幅；为其他各地定制灯箱 346 幅；为《党建》杂志微信平台提供图片 150 幅。同时，央视网积极探索平面作品的视频化，精选部分平面作品进行再创作，以中国古典名曲为背景音乐，推出了 28 个网络动画，并通过电脑和手机客户端对外传播。“央视影音”、“央视新闻”、“央视悦动”三大客户端覆盖的 3.58 亿用户通过手机和 PAD 都能够看到这些动画视频。

为全面评估和展示全国各地“图说我们的价值观”宣传工作成效，央视网充分发挥自身网络技术优势，开发了“图说我们的价值观工作评估反馈系统”，于 9 月 15 日上线运行，为评估相关工作执行效果提供客观翔实的依据。“图说我们的价值观”公益广告宣传活动，形式新颖，极具教育意义，引发社会广泛讨论与媒体关注。

二、“信仰的力量——社会主义核心价值观‘随手拍’”征集活动

国家互联网信息办公室指导的“信仰的力量——社会主义核心价值观‘随手拍’”征集活动于 6 月 25 日由央视网、人民网、新华网共同启动，其中央视网负责承担微视频征集展播工作。活动上线以来，活动受关注度不断提高，在全国网民中掀起参与热潮，网友纷纷拿起 DV 镜头，创作、拍摄了一系列形式多彩、内容丰富、情感真实的作品，并上传到活动平台一起分享。活动期间，累计征集到原创 DV 作品 1500 余部，网络展播优秀作品 300 部，活动专题访问量超过 7000 万次，视频观看超过 1 亿人次。

三、《影响一生的24个字　动画解读社会主义核心价值观》网络动画专区

央视网围绕“社会主义核心价值观”宣传主题，整合动画片库资源，采用“说文解字”的方式构建网络动画课堂，推出《影响一生的 24 个字 动画解读社会主义核心价值观》网络专区。按照国家、社会、公民三大层面，对核心词汇采用“词义深度解析 + 主题视频点播”的形式，从国家到个人，从宏观到个体，对社会主义核心价值观进行深入浅出、直观生动地讲解，不仅敦促青少年在绿色网络环境中开展自主学习，也便于家长对学龄儿童足不出户地开展价值观教育。截至 2014 年底，专区推荐视频共计 202 条。在央视网微博、新浪微博等平台推广的主题微博阅读量超过 22.4 万人次，转发量达 10457 次，评论量共 8214 条。

四、图解《“咬文嚼字”解读社会主义核心价值观》

为深入开展“践行社会主义核心价值观”主题宣传，中国网络电视台推出图解特别报道《“咬文嚼字”解读社会主义核心价值观》，以汉字拆分为切入点，以中国传统文化中常见的说文解字方式进行深度解读，以直观、可视化的形式清晰展现，生动阐释社会主义核心价值观 24 个字的内涵，体现了传统文化精髓与当代社会主义核心价值观的内在联系和传承脉络。“咬文嚼字”结合国家、社会、公民个人等三个层面的价值取向，对富强、民主、文明、和谐等 12 个词、24 个字进行拆解、演绎，通过古义、今义、延伸义的精辟分析，从文字本义及内涵的角度有力说明这 24 个字对社会主义核心价值观的概括准确而精炼，深度挖掘社会主义核心价值观的重大意义，最终展现党的十八大报告为社会主义价值体系所勾勒的“标准航向”，使“践行社会主义核心价值观”宣传兼具亲和力与说服力，贴近网友心灵。

五、《践行社会主义核心价值观》综合专题

2014 年央视网推出《践行社会主义核心价值观》专题，按照要求，专题开设 24 字社会主义核心价值观基本内容、高层声音、中央精神、权威解读、重要评论、理论素材、各地践行、图片故事等各种形式的板块或栏目，通过视频、音频、图片、连环画、微电影等多种载体进行呈现。专题头屏区集纳 2014 年央视网关于社会主义核心价值观相关的八大部分内容，包括信仰的力量、图说我们的价值观、“咬文嚼字”——读懂社会主义核心价值观 3 个活动链接以及公民个人层面的价值准则、着力培育和践行社会主义核心价值观、爱国——永远时髦的价值议题、中国共产党积极培育和践行社会主义核心价值观的发展历程、动画解读社会主义核心价值观 5 个图文、视频展示专区。

（中国网络电视台、台办公室提供）

中央电视台“3·15”晚会切实维护消费尊严，充分彰显媒体责任

3月15日晚，2014年“3·15”晚会在中央电视台综合频道成功直播。2014年是《消费者权益保护法》实施20周年，又恰逢新《消法》颁布实施，晚会以“让消费更有尊严”为主题，分为“信”“法”“义”三个篇章，播出了紧跟当下消费热点的6个调查节目，曝光坑害消费者权益的不法行为。同时，国家质量监督检验检疫总局、国家工商行政管理总局、国家食品药品监督管理总局现场发布了过期奶粉等百姓高度关注的权威信息，凸显弘扬正义、服务民生的理念。晚会还特别设置消费预警环节，针对百姓日常生活中常常遭遇的一些陷阱和圈套，通过现场试验、视频互动、FLASH等新颖、灵活的表现手段，发布激光笔、电话诈骗、网银支付等预警，提醒消费者避免陷入消费误区。作为连续举办24年的公益品牌活动，2014年“3·15”晚会再次引发了社会各界对消费者权益保护及社会诚信建设的广泛关注，社会反响强烈。

一、强化维权力度，向消费侵权纵深“开刀”

近几年，随着电子商务和移动互联网的发展，新的消费领域不断拓展，侵权方式变得越来越隐秘。这使得很多侵害消费者行为难以找到特定侵权责任人，消费者作为个体去维权的成本越来越高。晚会通过一系列扎实深入的调查，曝光新消费环境下发生的坑害消费者的欺诈行为，深挖造假背后的利益链条，反映一些行业存在的规则缺失、监管不到位，以及一些商家和从业人员缺乏诚信、恶意欺诈的问题，向消费侵权的纵深“开刀”。其中，“杭州广琪公司篡改商品生产日期保质期”关注全国2万多家面包店的食品安全问题；曝光“尼康D600相机质量缺陷”，揭露了一些跨国企业、洋品牌客观存在的服务歧视、漠视中国消费者权益的面目；“手机植入恶意软件”聚焦全国7亿多手机用户的隐私权和知情权受到侵害，斩断伸向用户钱包的“黑手”。同时，为使节目更具说服力，记者深入采访，在调查取证杭州广琪公司大规模篡改商品生产日期和保质期的事实时，以打工的名义进入企业卧底几个月，从最底层的搬运工干起；在调查尼康D600相机质量缺陷的过程中，对9个省市用户进行走访取证，并调查了美国的尼康用户维权情况，细节周到，证据扎实，使得揭露报道更加有力，节目内容更加令人信服。

二、依法监督，建设性监督，营造和谐消费生态

晚会立足于依法监督、建设性监督，倡导消费者在消费过程中，坚决维护自身的合法权益，号召企业经营者、商家，守护商业底线，尊重消费者权利，从而致力于为企业经营和百姓消费创造和谐的市场秩序和放心的消费环境。一是晚会播出后，及时对相关企业进行跟踪报道，重点关注企业改正错误的表态和整改措施；二是积极报道国家有关部门和当地政府为维护市场秩序、打击不法行为的积极措施和成效；三是在注意事实准确的同时，报道留有余地，特别是针对个别国有大企业在诚信方面的缺失，在报道规模和方式上注意把握好“度”；四是对3·15贡献奖人物给予重点推介宣传，传播正能量；五是介绍韩国、日本等国维护消费者权益的先进经验，以供借鉴。此外，节目组还陆续组织开展了“3·15带你用好新《消法》”系列访谈、“说出你的心愿　传递你的笑脸”3·15笑脸征集活动、维权成本大调查等一系列主题活动，扩展了“3·15”晚会的外延，有效引领了舆论，提升了广大消费者的维权意识，营造良好的消费环境，助力消费转型升级。

三、有关部门和企业反应迅速，欺诈行为得到及时查处

晚会播出后，国家相关部委和各地监管部门连夜行动，深入查处晚会揭露的违规违法行为，涉案企业也纷纷向消费者致歉，提出整改措施。其中，尼康中国公司连夜回应，表示非常重视晚会关于“尼康D600”的报道，尼康公司公布相关售后服务跟进措施，并随后向中国消费者表示“真诚的道歉”，上海工商部门责令尼康公司D600型号相机在全国范围内下架。浙江省食品药品监督管理局，会同公安、质监、工商等多家执法部门对晚会曝光的杭州广琪贸易公司展开稽查抓捕行动，当场对过期产品进行查封，同时上海食药监、工商、公安等部门连夜出动，对节目中涉及的原

料供应商——上海福基食品销售有限公司进行查处。

四、公益品牌带动媒体联动，社会各界给予广泛关注

一是国家有关部委高度评价晚会。国家工商总局认为，“晚会结合新《消法》，围绕新消费环境下出现的新现象、新矛盾、新问题，坚持建设性监督，对规范市场经济秩序、宣扬社会主义核心价值观起到了很好的作用”；司法部称，“晚会非常成功，主题贴近百姓，为维护消费者合法权益提供了很好平台”；多个部委称赞晚会对于促进诚信建设、提振消费信心起到了重要作用。

二是媒体联动社会影响扩大。此次晚会，中央电视台联合《人民日报》、新华社、《光明日报》等50多家媒体及时跟进报道。截至3月17日，“央视财经”账号发布关于“3·15”微博的浏览量超过5000万人次，微博媒体大号联动直播“3·15”晚会，直接影响人群超过1亿人次。众多媒体认为，“3·15”晚会已成为一个符号，成为亿万消费者信赖的舆论阵地，成为有关部委完善市场秩序的重要力量，成为规范市场秩序、传播国家法规政策的强大平台。

三是引起国际媒体关注。英国广播公司和《华尔街日报》第一时间采用、转发了中央电视台的报道。新加坡《联合早报》《日本经济新闻》等媒体也纷纷转载了“3·15”晚会的相关内容。

（财经频道、台办公室提供）

中央电视台及时全面解读2014中央经济工作会议

2014年12月9日至11日，2014中央经济工作会议在北京召开。作为宏观经济政策的风向标和每年级别最高的经济会议，此次会议对“新常态”下的经济发展作出重要部署，提出八个“更加注重”、五大“主要任务”，金融改革、国企改革、土地改革、价格改革、户籍改革、“一带一路”等战略将重点推进。围绕中央经济工作会议的新思路、新提法、新政策，中央电视台高度重视、精心策划，组织综合频道、财经频道、新闻频道、中文国际频道、外语频道等多个频道及央视网展开及时全面报道，呈现中国经济成就与挑战，解读经济发展“新常态”。

一、围绕会议主题加强政策解读，积极引导舆论

会议期间，中央电视台综合频道、财经频道、新闻频道通过资讯、专题、评论等方式，以宏观与微观相结合的视角，及时关注动态新闻、深入解读会议精神。

一是权威发布动态新闻。《新闻联播》及时播发《中央经济工作会议在北京举行》的时政新闻，同时播发《新华社播发：树立发展信心 坚定改革决心——以习近平同志为总书记的党中央引领中国经济发展新常态述评》《中央统战部向党外人士通报中央经济工作会议精神》等新闻，第一时间占据舆论版面，正确引导舆论方向。

二是积极做好配合报道。从12月7日起，《新闻联播》连续四天推出“年终经济专稿”专栏，通过权威访谈、鲜活事例、动画演示等方式，关注中国经济正追求从要素驱动和投资驱动向创新驱动转变等新变化、新发展，反映中国经济“新常态”。系列报道采访了著名经济学家黄益平、高善文，国家统计局新闻发言人盛来运等宏观经济专家，梳理出“中国经济正在步入提质增效新阶段”的独家观点。《焦点访谈》12月9—11日连续三天推出专题节目《2014中国经济：稳中见优》《2014中国经济：改革惠民生》《2014中国经济：创新促增长》。节目紧扣2014年中央经济工作会议议题，从普通观众视角出发，分别梳理了一年来我国经济工作在总体布局、政策制定、灵活应对、重视民生、解决就业、调整结构、力主创新等方面所取得的来之不易的成效。

三是强化经济政策解读。充分利用评论员优势，贯穿会前、会中、会后三阶段，在《朝闻天下》《新闻直播间》《东方时空》等栏目直播连线中央电视台评论员，以快评、时评、短评等形式，第一时间解读会议成果。会前，以“实现充分就业渐成年度核心目标”为核心观点，在《朝闻天下》推出“朝闻快评”；会议发布公告当晚，第一时间在《东方时空》推出“新闻时评”，重点阐述“新常态”的深层含义。12日，在《朝闻天下》以及多档《新闻直播间》分别以“明年经济工作的变化”“经济增长动力从哪来”等角度，深入解读中央

经济工作会议内容。

财经频道从12月6日起挂标推出《新常态 新观察》专栏，多角度展开报道。期间，重点关注“行政审批制度改革”“商事改革”“通关一体化外贸新亮点”等内容，采用故事性加宏观面的报道方式，突出个体命运与中国经济发展之间的关联性，呈现改革给人们生活带来的变化。其中，推出《传统服务业借“网”转型就业出现新模式》等消息，从政策层面及就业观察等角度进行梳理；播出“商务部部长高虎城专访”，权威解读中国经济对外开放的多项措施，深入探讨中国在全球贸易体系中面临的新问题、提出的新举措等。《经济信息联播》《环球财经连线》等栏目还联动推出12期“大使看中国经济”特别节目，采访了德国、南非、巴西等多国驻华大使，探寻他们眼中中国经济的走势和亮点。

二、立足外宣视角传播会议要点，进一步扩大国际影响

中央电视台中文国际频道、英语新闻频道等外宣频道相继推出特色报道，积极传播会议要点，分析展望中国经济发展。

其中，中文国际频道《中国新闻》在安全、稳妥、及时滚动播发相关时政新闻的同时，立足多方视角解读明年经济工作重点与政策措施着力点。针对会上首次全面系统地阐述和部署“新常态”下的经济政策和改革思路，制作《新常态下 中国经济怎么变?》，紧扣速度、结构、动力三大关键词详细阐释中国经济新常态的深层含义。同时播发《中央经济工作会议：过去三年定了什么调?》，全面汇编近三年定下的经济工作基调以及中国经济的发展与变化，积极梳理中央经济工作会议对民众生活所产生的影响。

英语新闻频道对比分析“新常态”“老常态”和“非常态”下的经济形势，深入解读工作会议的亮点和成果、分析2015年经济政策和增长目标，以及未来一年财政和货币政策的定调。西班牙语国际频道播出《新常态下的中国经济2015》及《解读2014中央经济工作会议》等自制访谈类节目。阿拉伯语国际频道推出新闻特别节目《中央经济工作会议》，围绕中国如何制定可实现的GDP指标等主题进行探讨。俄语国际频道策划访谈节目，盘点2014年中俄两国在经贸领域的交流合作。

三、注重发挥新媒体优势，加强网络宣传

中央电视台充分发挥新媒体平台优势，积极组织央视网对中央经济工作会议进行宣传。一是重点转发推荐中央媒体权威报道和评论60余篇，对当下经济“新常态”做正面舆论引导。同时，制作专题在首页重点推荐，运用视频、高清图片等多媒体手段，多角度跟进会议议程，并结合专家解读，全面分析政策走向。二是突出原创策划，发布《经济新常态：深化改革与经济维稳并举》《健步走在新常态的大路上》等多篇原创网评。同时，制作《2014年中央经济工作会议要点》《七句话读懂中央经济工作会议》等原创图解，图文结合生动解读会议。三是利用微信平台推送《继续实施积极的财政政策和稳健的货币政策》《今年全年主要目标和任务可望较好完成》等稿件，一天内阅读量逾3000人次。

此外，在会议公告发表当天，“央视新闻”新媒体平台抢夺第一解释权，用原创方式发表央视评论“一幅经济新常态的辩证画像”和一图解读“中央经济工作会议都有啥‘干货’”，被多家媒体转载。“央视新闻”微博发布《2015年经济工作，有8大“更注重”》和《明年，有5大主要任务》，以一图解读的形式，深入浅出地报道中央经济工作会议的主要内容。

（台办公室提供）

中央电视台多方位解读报道首届世界互联网大会

2014年11月19—21日，由中国国家互联网信息办公室和浙江省政府共同主办的首届“世界互联网大会”在浙江乌镇召开，这是我国举办的规模最大、层次最高的互联网大会，全球近百个国家和地区的千余位互联网业界精英、专家学者、政府官员与国际机构代表与会。中央电视台组织新闻中心、财经频道、中文国

际频道以及央视网展开多方位、立体化报道，及时完整呈现大会实况，深入解读大会背景和“互联互通·共享共治”的会议主题，权威发布中国互联网的发展理念和成果。

一、完整呈现大会实况，突出展示中国角色

此次互联网大会，汇集多国政要、互联网业界巨头和学界专业人对推动世界互联网发展具有开创意义。中央电视台多频道以直播、连线、专访、演播室访谈等多种报道方式，第一时间传递大会资讯，完整呈现大会全貌，突出展示互联网大会中的中国角色。

其中，新闻频道重点新闻栏目从早到晚滚动播出会议动态，连线前方记者和评论员介绍大会议程、主要议题和会议嘉宾，重点分析世界互联网大会永久落户乌镇意味着什么、世界互联网大会将会带来什么、如何助力中国互联网乃至经济发展等。同时，结合“移动互联网、跨境电子商务、网络安全、国际互联网治理、网络恐怖主义”等论坛议题，追访与会互联网代表，实地采访相关企业和专家。财经频道以“直播＋演播室”方式全程直播大会开幕式，邀请工业与信息化部门专家及时点评互联网对生产生活的改变等话题，并紧扣大会议程和主题多角度报道会议成果，累计播发新闻和专题37条（期）。中文国际频道围绕会议主题详细介绍大会议程、会议嘉宾等，积极传递我国领导人对此次互联网大会的重视以及共建多边、民主、透明国际互联网体系的愿望。

二、权威解读大会背景，全景展现互联网影响

围绕大会传递的新政策对未来互联网发展和百姓生活的影响等舆论关注点，各频道多档节目推出丰富的配合性报道，重点介绍大会背景，以权威嘉宾观点深入解读，全景展现互联网发展及其对生活的重要影响。

财经频道推出“数说中国互联网产业”“互联网金融迎新浪潮”等报道，详尽阐释互联网深刻改变人们的生产生活、有力推动社会发展的背景，同时专访爱尔兰前总理伯蒂·艾亨、汤森路透集团总裁兼首席执行官吉姆·史密斯等大会嘉宾，系统解读中国互联网的力量和能力，认为中国要从互联网“规则的追随者”转变成“规则的制定者”。《对话》栏目邀请小米科技董事长雷军、京东集团CEO刘强东、领英公司联合创始人雷德·霍夫曼等互联网行业领军人物，以“互联网英雄会”为主题，就2014年中国和世界互联网业界发生的重大行业事件、互联网思维、中国和美国硅谷创新模式和环境的区别等前沿话题进行深入探讨，嘉宾精彩观点引发广泛热议。新闻频道、中文国际频道配合性报道多角度关注移动互联网、跨境电子商务和门户网站等网络发展新动向，全方位展示互联网对个人生活产生的多层面影响。

三、发挥新媒体传播优势，全球传播中国影响力

此次互联网大会报道，中央电视台还充分利用新媒体平台传播优势，推出多组会议最新动态发布和原创深度观察，在微博、微信、客户端等开展多终端互动宣传，并通过多语种频道、海外社交平台进行全球传播。

“央视财经”新媒体多渠道发布“三分钟读懂世界互联网大会”等详解会议议题报道。截至11月21日，发布微博35条，阅读量超过1200万人次；5条微信原创文章阅读量超过20万，引发社会热烈反响。央视网特别策划产品“CNTV世界互联网大会播不停”直播专栏，每天8时至22时实时更新每场分论坛精彩内容；5个外语频道推出专题页面，重点推荐习近平主席致世界互联网大会贺词等重要文章，并推出《乌镇老邮局里DIY明信片》等9条多语种原创视频报道；利用Facebook、Twitter等海外社交平台对外传播，其中通过Facebook多语种账号共计发布大会相关帖文181条，覆盖人群达461万，60.2万人次参与互动；CNTV互动演播室开展“品味中国”文化活动，邀请与会外国嘉宾围绕世界互联网大会相关主题、熊猫百科知识、乌镇文化进行访谈，并在体验区亲身体验太极、京剧mini秀、剪纸等中国传统文化，借助海外名人国际影响力塑造良好中国形象。

中央电视台报道集中展示了中国互联网发展理念和成果，充分体现了互联网经济繁荣发展、互联网深刻改变生产生活的现状，汇集了全球互联网业界领军人物，用权威观点正面引导舆论，取得良好效果。

（财经频道、台办公室提供）

中央电视台2014年元宵晚会圆满播出

2月14日（元宵节）20:00，中央电视台2014年元宵晚会在综合频道和综艺频道并机播出。晚会在保持和延续马年春晚的联欢热度、唱响“中国梦”的时代主旋律的同时，突出元宵佳节的文化内涵，渲染一元复始、万物回春的喜庆氛围。

一、同心唱响“中国梦”，骏马送福庆团圆

晚会以“骏马欢歌中国梦，瑞狮共舞团圆年”为主题，通过魔术、杂技、歌舞、相声、小品等多种文艺形式，营造全民联欢、共庆佳节的祥和氛围，唱响“中国梦”的时代主题。晚会强化“马年”生肖元素，突出年度吉祥物，表达中国人民跃马扬鞭、奋进追寻“中国梦”的精神内涵。晚会还集中展示了南北各地欢庆元宵节的传统习俗，表达人们望春、盼春、迎春和对新一年的美好期盼。晚会在视频制作上凸显了中华民族传统文化元素。精致的剪纸、旋转的宫灯、漂亮的窗花、五彩的福字、广袤的田野、飘逸奔驰的骏马等与正月十五这一中国传统节日所蕴含的团圆、幸福、吉祥、安康的主题相契合。

二、欢天喜地闹元宵，男女老少喜迎春

晚会以“闹元宵”为线索，采用对阵式结构，融合各地特色，艺术化展现赏花灯、猜灯谜、对春联、吃元宵、舞龙舞狮等传统习俗，充分渲染和放大“闹”字，同时强化祖国各地欢庆元宵佳节的历史传承与文化内涵。晚会创新编创的歌舞情景剧《老少乐元宵》，蒋大为版的《套马杆》充满新意，王洁实版的《倍儿爽》令人捧腹。特别是大萌子和王铮亮的合作，再次唱响《时间都去哪儿了》，对父母之爱的表达温暖人心。魔术师傅琰东带来的《金玉满堂》展示了一年之计在于春，万物新生复苏的神奇景象。

三、元宵晚会“开门办”，节俭朴素有新意

元宵晚会没有炫目的灯光舞美和超红的明星大腕，有的是坚持“开门办”理念，广开创作大门，吸纳和推出众多“草根”演员、平民达人，很多节目在创意、编排和设计上颇下工夫，令人眼前一亮。第15届青歌赛的冠军王晰，《直通春晚》的汪小敏、肖懿航、李琦，《中国好歌曲》的霍尊，《我要上春晚》“大女孩组合”、《星光大道》的“美声四季”和《中国梦之声》的艾菲等人气选手为观众带来全新编创的金曲好歌。晚会严格贯彻落实“节俭办晚会”的要求，巧妙回收再利用许多春晚使用过的节目元素，在春晚原有舞台基础上，利用原有的LED视频和服装、道具重新组合、梳理和编创，实现制作资源最大化利用。

四、欢乐互动笑点多，错位混搭成亮点

元宵晚会在节目设计上强调的混搭与错位给人带来惊喜。晚会延续马年春晚亲民幽默主持风格，用生活化的语言将“脱口秀”进行到底。演员沈腾、岳云鹏沿用马年春晚中广受观众喜爱的角色“跨界”主持；歌手孙楠反串京剧《智取威虎山》选段；杂技《协奏·黑白狂想》让四个小伙子用超越极限的肢体动作游走于琴台与琴键之间。晚会语言类节目异彩纷呈，音乐喜剧《还是那点事儿》融合了脱口秀、戏曲和歌剧，用新颖的形式讽刺了乱办晚会、不尊重艺术规律等不良社会现象；“开心麻花”团队的《同学会》讽刺了攀关系、托人情、公款吃喝等社会不良现象，让观众在欢笑之余留下思考；陕西籍相声新人苗阜、王声带来的新作《学富五车》也给观众带来惊喜。

（综艺频道提供）

中央电视台“心连心”艺术团2014年慰问演出活动效果突出、反响热烈

2014年，中央电视台“心连心”艺术团慰问演出积极创新，将习近平总书记提出的“正面宣传、典型宣传、

成就宣传”作为演出方案的总基调，以“弘扬主旋律、传播正能量”为行动指针，把全年演出的节目统一在“实现中华民族伟大复兴中国梦”大背景下，进行谋篇布局和节目策划。2014年，中央电视台“心连心”艺术团先后赴山东、广东、四川、新疆、河北等进行6场慰问演出，用点滴行动践行党的群众路线教育实践活动，弘扬社会主义核心价值观，反响热烈、广受好评。

一、“中国梦·劳动美”——“心连心”艺术团慰问演出

由中华全国总工会和中央电视台联合主办的“中国梦·劳动美”——“心连心”艺术团慰问演出于4月16日、18日分别在山东德州和广东珠海完成分会场节目录制，4月26日晚在北京铁路局动车段动车检修库完成主会场的慰问演出录制。演出于5月1日20:00在中央电视台综合频道播出，获得各方好评。一是演出紧扣主题，厉行节俭，贴近普通职工。此次演出突出“中国梦”“劳动美”主题，讴歌劳动者，颂扬工人阶级伟大品格和劳模精神。同时，此次演出采取“心连心”小分队深入基层慰问的方式，选择现代化生产车间、农民工为主体的民企和建设工地，分别作为北京主会场（北京铁路局动车段动车检修库）和山东（全球压滤机环保产业最大的单体车间）、广东（港珠澳大桥建设工地）两地分会场，直接在车间、工地表演，选择大量来自基层和职工中的优秀节目，进一步拉进了与现场观众的距离。二是坚持创新，弘扬社会主义核心价值观，讲述中国故事。此次演出一方面，精心选取来自基层的优秀原创节目，并给予加工包装，充分体现爱国、敬业等社会主义核心价值观；另一方面，从数以万计的劳模资料中，挑选出最具代表性的普通劳动者，通过艺术手段，向亿万观众讲述劳动者爱岗敬业、为国奉献的崭新“中国故事”。

二、艺术团赴四川广安进行慰问演出

为纪念邓小平同志诞辰110周年，中央电视台“心连心”艺术团赴四川广安开展慰问演出活动。此次演出，中央电视台认真践行社会主义核心价值观，结合“走转改”要求，创新形式、内容，推出“全小分队”演出模式，不设置分会场、主会场，不搭建奢华舞台，强化节目内涵表达，将基层群众作为主角，取得了“结构新颖，内容鲜活，别开生面，振奋人心”的效果，受到慰问地区干部群众的交口称赞，大大提高了“心连心”慰问演出的影响力和美誉度。从8月1—7日，各个小分队深入广安市的三县一区八村，行程500多公里，共慰问基层群众近万人。

三、“心连心”艺术团赴新疆慰问演出

“心连心”艺术团赴新疆慰问演出暨庆祝新疆生产建设兵团成立60周年大型活动分别于9月7日和8日在十师北屯市和六师五家渠市完成录制，10月7日在中央电视台综艺频道播出，节目平均收视1.00%，平均份额2.82%。节目播出前后，引起了多家媒体的关注，受到了广泛好评。节目组紧紧围绕“屯垦戍边、民族团结、改革发展”“长治久安、展现美好愿景”的主题，以讴歌兵团精神在不同历史时期生产与生活中的具体体现为主线，弘扬“热爱祖国、无私奉献、艰苦奋斗、开拓进取”的时代魅力，展现兵团人的伟大品格、无私奉献的高尚情怀和对祖国、对人民的炽热情感。此次演出在风格上追求地域性、民族性特点，采用多种艺术形式与节目表演、专业与非专业的横向综合与混搭演出为创意特色，强化了现场的参与互动性。演出舞台选址既有兵团特点又有地域特色，北屯文化广场的主舞台取材天然，以远处雅丹地貌的得仁山为背景，兵团的“铸剑为犁”为主题的舞台空间设计，简洁大气又彰显了历史厚重和精神传承；五家渠小分队的演出地设在葡萄园，时间恰逢葡萄丰产季，美丽的葡萄长廊给演出提供了天然舞台，充分展现了新疆的独特地域风情。

四、艺术团走进河北沧州

9月15—17日，中央电视台“心连心”艺术团赴河北沧州慰问演出，突出“好人好梦”。一是围绕“中国梦”、社会主义核心价值观，确立“好人好梦”的演出主题；二是加强创新，统筹把握，发挥主创团队的能动性，精心设计整体结构，科学规划小分队演出；三是在节目数量及内容、演员选择、主持人表现方式上下工夫，做到形式多样、内容丰富；四是坚持接地气，在串联词设计和互动手段上，做到语言通俗化、口语化、有地方特色，并与百姓有效互动；五是统筹考虑观众组织、地方配合、天气变化等诸多因素，确保演出安全、录制安全；六是坚持节俭办活动，从节目设计、经费预算、舞美创意到活动组织接待等一律从简。

五、艺术团赴湖北十堰慰问

10月17日，中央电视台“心连心”艺术团赴湖北

十堰库区慰问演出。整台演出以滔滔奔流的汉江及美丽的移民村居为背景，共13个节目，历时近一个半小时。湖北青年歌手李琼以一曲《船工号子》拉开演出序幕。情景剧表演《家园》，女声独唱《套马杆》《翱翔的翅膀》《美丽中国》，情景诗朗诵《爱的奉献》，小品《我的未来不是梦》等一个个精彩的节目，使整场演出高潮不断。演出在激情豪迈的歌曲《光荣与梦想》中圆满结束。此次慰问演出阵容强大。朱军、朱迅担纲主持，杨洪基、纪敏佳、乌兰图雅、汪正正等知名歌手登台表演。此前，心连心艺术团还通过小分队深入车间，慰问产业工人，来到丹江口大坝，慰问建设者和移民群众。

六、艺术团走入黔东南

12月7日，《追梦黔东南——“心连心”艺术团赴黔东南慰问演出》在贵州黎平举行。演出以“黔东南：光荣与梦想”为主题，由“红色篇”“民族篇”“梦想篇”三个篇章构成。演出认真贯彻落实习近平总书记在文艺工作座谈会上的重要讲话精神，突出“中国梦”主题，紧密围绕黔东南历史文化特点和民族风情，精心设计小分队走基层、访群众、挖故事、察民风，加强节目创新设计，艺术性地反映人民群众真情实感，弘扬社会主义核心价值观。

（综艺频道、大型节目中心、台办公室提供）

2014全国大学生主题文艺活动专题节目圆满播出

5月4日晚，“我们的中国梦　五月的鲜花——2014全国大学生主题文艺活动专题节目”在中央电视台综合频道黄金时段播出，并于次日在综艺频道进行重播。2014年“五四”专题节目适逢纪念“五四运动”95周年，节目以专场录像的方式制作，紧扣“我们的中国梦”主题，在100分钟的时间里，通过来自全国40余所高校700多名在校学生的精彩演出，为全国观众呈现了一台青春励志、深情饱满、创意新颖的文艺活动。节目主题鲜明、结构完整，中国梦主题贯穿始终，社会主义核心价值观得到具体体现。

一、弘扬主旋律，“中国梦”主题贯穿始终

特别节目紧密围绕“中国梦”，通过多种艺术表现形式，充分展现出青年学子在党的十八大精神的指引下，珍惜韶华、奋发有为，以国之梦点燃我之梦，将个人梦融入中国梦，让青春在实现中国梦的生动实践中放飞绚烂梦想，抒写人生华章。整台节目分为序曲“光荣与梦想”“敢于有梦”“勇于追梦”“勤于圆梦”和尾声“共筑中国梦”五个段落，将习近平总书记关于中国梦的寄语和节目有机地融合在一起，全面、立体、多角度地阐述了节目主题。整台节目共设三条线索：一是舞台节目线，通过歌曲、舞蹈、音诗画、曲艺、器乐、创意节目等形态，艺术化地表现青年学子与祖国共奋进、与时代齐发展，自强不息、甘于奉献的坚定信念；二是内在思想线，用外插短片的方式，讲述大学生创业代表郭鑫、志愿者代表刘磊、村官代表石磊等多位学生代表寻梦、追梦、圆梦的典型故事，表达有志青年在时代感召下敢于追梦、勇于拼搏的青春态度；三是幕后纪录线，突破常规串联模式，用镜头记录排练花絮和学生校园生活，展示青年学生的创造力与想象力，拓展节目内涵与外延。

二、坚持“节俭办晚会”，创新节目录制模式

此次“五四”特别节目继续坚持“节俭办晚会”原则，一是大幅缩减演出规模，与往届相比，参演的高校数量压缩20%以上，参演人数缩减50%以上，彻底摒弃“人海战术”；二是舞美包装避免奢华，利用中央电视台一号厅改造后的现有硬件条件，因地制宜地创新演出调度，不以绚丽的视频包装和舞台特效吸引观众，而是以创新的剪辑和拍摄手段丰富节目的形

式与内涵；三是改变录制和排练方式，采用专场录像方式和板块整合排练方式，按照主题和篇章分类，将节目群打包分组排练及录制，不到一周的时间完成了全部参演高校和节目的排练与录制，最大限度地压缩了节目制作周期，有效降低了制作成本。

三、突出一体化宣介，紧扣青春“微”宣传

特别节目宣介工作突出一体化、“微”特色。首先，针对青年学生上网习惯，采用立体式交互“微”宣传，通过设置“青春是什么”微话题、在社交媒体发布排练微视频、邀请青年学生代表进行微访谈等方式强化网络互动，获得青年学生的广泛欢迎。其中，5月4日进行的学生代表微访谈活动，吸引了近万条网友提问、留言。在整个节目的筹备和播出期间，全国数万名学生通过自媒体抒发了自己对青春的理解，表达了奋斗理想与追求。其次，组建地方媒体联盟，联合多家平面媒体对各地的参演院校进行报道，在全国范围内扩大活动的影响力。再次，整合全台宣传资源，通过系列跟踪报道、穿插幕后花絮及学生代表采访等方式真实展现学生们的青春气息和时代特色。

四、节目备受好评，社会各界反响热烈

节目引发社会各界广泛关注和积极评价。中共中央宣传部文艺局局、教育部高教司及共青团中央的相关负责人对节目给予高度评价，认为：一是特别节目主题突出，形式别开生面，类型新颖，亮点频出，节目的表达方式符合学生的青春气质；二是整台节目实现了思想性、艺术性和观赏性的高度统一；三是“五月的鲜花”已经成为青年学生展示时代风貌的重要窗口和全国高等教育战线弘扬主旋律的重要品牌，并已成为最有影响的青年文化标杆。新华社、《扬子晚报》等多家媒体刊发文章，认为特别节目表达出了年轻人绚烂多彩的中国梦，展现了青年学生志存高远的青春活力，传递出了巨大的社会正能量。参演学生表示，通过参与节目，完成了一次精神上的洗礼。节目播出期间中国网络电视台搭建的“五四”专题页面访问量（PV）突破30万次，“五月的鲜花”#青春是什么#微话题参与人数超过26万条，占据当天新浪微话题排行榜首位。网友纷纷留言称，“看完节目备受鼓舞，深切地感受到时代的召唤。”

（大型节目中心提供）

“五个一工程”专题节目
创新展现精品文化魅力，生动阐释梦想时代力量

2014年9月17日，由中共中央宣传部主办、中央电视台承办的《为梦想放歌——第十三届精神文明建设“五个一工程”获奖作品专题节目》在中央电视台综合频道、综艺频道播出，并在多频道重播，为新中国成立65周年营造良好舆论氛围。节目通过对第十三届精神文明建设“五个一工程”获奖作品（共计186部）的宣传推介和全方位展演，展示党的十八大以来社会主义文化大发展、大繁荣的丰硕成果，用创新电视手法荟萃获奖作品的艺术精髓，实现思想性、艺术性、观赏性的高度统一。

一、主题明确，立足“五个一”、展示“真善美”

中央电视台以高度的政治责任感，在节目筹备和设计过程中，始终立足形象展示“五个一工程”获奖作品的丰硕成果，紧密围绕国家富强、民族振兴、人民幸福的中国梦主题，以弘扬社会主义核心价值观贯穿始终，用丰富电视手法展示真善美，充分展现获奖作品在提升人民精神文化素养、引导创作方向、弘扬社会主流价值等方面做出的重要贡献，引领鼓励广大文

艺工作者积极践行"三贴近"。

整台节目以"五个一工程" 6 个奖项为内容主线，由推介短片、创作者访谈、获奖作品展播、舞台表演等内容组成，集中展示电影、电视剧、歌曲、戏剧、图书、广播剧等领域获奖的精品力作，用创新手法深入浅出地阐释和宣传"五个一工程"的意义和作用，旗帜鲜明地展示奖项门类及艺术特点。同时，邀请各领域知名人物作为推介人，结合自己观看心得讲述心中的中国梦，激发观众的认同感和亲切感。整场内容重点突出、情感丰富、形式多样，烘托出隆重热烈的现场表彰氛围，展示出国家级奖项的最高水准。

二、设计独特，风格统一连贯、创新形态表达

围绕"五个一工程"获奖作品，中央电视台精心策划，创新表达形式，确保获奖作品展播有新意、推介有实效。一方面，板块划分清晰、风格连贯统一，整体节奏张弛有度。整台节目以获奖类别划分板块，每个板块均由专题短片、人物访谈、主持串联和文艺节目构成，确保整体风格的统一性和连贯性，增强了获奖作品的感染力和影响力。片头推介片大气全面推介 186 部作品，人物访谈良好表现文艺工作者为人民放歌、为时代放歌、为祖国放歌、为梦想放歌的精神面貌，配合文艺节目富有感染力地反映出获奖作品的品质和品位。另一方面，视角贴近受众、语言平实真挚，推介有力接地气。人物访谈部分是整场节目的一大亮点，"获奖作品推介人"从受众角度评价作品，访谈语言生动、接地气，直接体现获奖作品的影响力和传播面，基调充满正能量。

此外，严格按照"节俭办节目、效果不打折"的要求，认真落实中央"八项规定"，突破以往舞台晚会的局限，摒弃华丽舞台、过度的视频舞蹈包装，把着眼点放在如何放大获奖作品内涵上，使观众收看后节目入耳、观点入脑、思考入心。

三、长线播出，宣传推介显成效、媒体观众齐声赞

为有效提升"五个一工程"获奖作品的宣传力度和覆盖广度，中央电视台采用长流水、不断线的播出方式。节目首播在综艺频道晚间黄金时间，收视份额为 0.97%；第一次重播选择综合频道晚间次黄金时间，收视份额达 1.60%。9 月 18—30 日，电影、电视剧、少儿、戏曲、音乐等频道相继进行重播，进一步扩大观众覆盖面，提升节目影响力。节目播出前，《新闻联播》等进行高密度的预热新闻报道，"央视综艺"官方微博陆续发布彩排、创作花絮，吸引网民关注。人民网、新华网、央视网、光明网以及新浪、腾讯、搜狐等网站纷纷刊登节目介绍和播出预告，形成立体化的宣传推介格局，进一步提升观众的收视期待。

节目播出后，多家媒体刊发评论给予好评。新华网发表署名文章《以优秀的作品记录时代 放歌梦想》、新华社新媒体专电发表文章《"五个一"的启示：主旋律如何更好看》，称赞专题节目在弘扬主旋律、强调思想性的同时，实现了贴近观众、润物无声的宣传效果。专家评价认为，整台节目主题鲜明，以获奖节目推介为主线，对晚会类节目进行了探索性尝试，节目丰富传递正能量、电视表达通俗接地气，有力提升了节目的影响力和传播力。观众也通过微博、微信留言，称赞节目在赏心悦目中能引起大家的思考，认为在各种文学艺术百花齐放的当下，坚持以人民为中心的创作导向，以社会主义核心价值观为引领的文艺作品更能鼓舞人、感染人，也能经得起历史和实践的检验。

（大型节目中心提供）

《启航 2014——新年特别节目》社会反响良好

2013 年 12 月 31 日 20:00 至 2014 年 1 月 1 日 00:20，中央电视台综合频道、综艺频道并机直播了《启航 2014——新年特别节目》。特别节目以"共筑中国梦、一起迎新年"为主题，充分展示全国各族人民在新年到来之际，在实现"中国梦"伟大征程中的精神风貌、喜悦心情和豪迈情怀。同时，节目以鲜明的主题、大气简朴亲民的风格，为全国观众奉上一场其乐融融的跨年联欢，赢得社会各界广泛关注和积极反响。其中，综合频道平均收视份额 6.05%，综艺频道平均收视份额 4.85%，比上年跨年特别节目收视有明显提升。

一、主题表现鲜明有力，共迎新年同筑"中国梦"

新年特别节目以美丽中国梦、美丽的中国、我们的中国梦为主线，邀请艺术家和各界人士欢聚一堂，通

过歌曲演唱、舞蹈表演、魔术互动、现场访谈等艺术形式，共同表达老百姓迎接新年的喜悦心情、爱我中华的炽热情怀以及同心共筑“中国梦”的美好愿望。其中，既有几十年来传唱的经典力作，又不乏近些年来创作的时代佳音，在2014年开局之时为全国观众奉献上了一次精神盛宴、一场文化大餐。

二、创新节目呈现方式，节俭制作简约不简单

作为中央电视台元旦特别节目的知名品牌，“启航”拥有极高的社会美誉度。2014年元旦，中央电视台继续沿用这一主题，本着节俭的原则，坚持“以内容为王，以创新为本”的创作思路，创新节目呈现方式。

一是节俭办、用心办。新年特别节目充分利用原有综艺节目的演播室和灯光、视频等设备，未增加任何新开支。同时，坚决压缩节目规模，在节目情感打造上下工夫。其中，体现老艺术家几十年风雨历程的歌曲《青春日记》，老中青三代艺术家演唱的《我们的生活充满阳光》、老艺术家集体表演的《青春友谊圆舞曲》《共青团员之歌》等节目激情澎湃，在广大观众中引起强烈共鸣。

二是打破常规、全民联欢。新年特别节目打破传统的节目模式和观演方式，用“新年愿望”结构全篇，主打“全民联欢”。从艺术家到小童星，从行业领袖到热点人物，节目力邀不同时代、不同领域的领军嘉宾共聚一堂。节目还邀请中外著名艺术家一起演绎不同形式的艺术作品，充分体现出国际化的特点和经典艺术的魅力。主持人们也突破传统的报幕形式，用书法、漫画等私家绝活串联节目。打破常规的节目串联方式和表演方式被赞“小清新耐看”。

三是联欢互动设计巧、情感真挚打动人。节目邀请全国道德模范、最美乡村教师、最美孝心少年、最美村官代表以及科技界、文化界、体育界等社会各界优秀代表，以他们的新年愿望和新年礼物为线索，以细腻感人的细节和真挚的情感打动观众。其中，全国道德模范郭明义的新年寄语、许振超给同班组工人的祝福、92岁老艺术家秦怡送给观众的钢笔、蛟龙和嫦娥团队送出的新年礼物都情真意切，深深打动全国观众，迅速成为网络热议话题。此外，普通百姓也可以通过节目特别设计的“我的新年愿望”主题街拍短片，分享对未来的憧憬和希望，真正打造一场全民联欢的盛宴。

三、社会各界反响热烈，愉悦心情又催人振奋

《启航2014——新年特别节目》播出后，引起社会各界热烈反响，观众通过手机客户端、手机短信、微博评论等多种方式表达对节目的喜爱之情。观众表示，中央电视台2014年新年特别节目符合大众心意，节目中增加了大量民族元素，民族精神，体现出强我中华，圆我中华梦的美好愿望；节目形式很好，既体现了“中国梦”的主题，又给人带来欢乐和憧憬。据统计，节目播出期间，参与中央电视台公众短信互动平台的总访问量突破158万，新浪微博“粉丝”达46976个，央视网在PC端开设的内容访问主页、二维码手机App点击、网易新闻客户端主页访问量等也均有较大幅度提升。

（大型节目中心提供）

中央电视台全面宣传推广“中国梦”主题新创作歌曲

为凝聚“实现中华民族伟大复兴中国梦”的强大力量，营造庆祝新中国成立65周年浓厚的文化氛围，2014年5月1日起，中央电视台全面组织开展“中国梦”主题新创作歌曲宣传推广工作，集中展播通过中央电视台春节联欢晚会等重点节活动创作播出的20首中国梦主题首批新创作歌曲。其中，5月1—8日完成20首歌曲的第一轮展播，总播时长达600余分钟，共吸引全国1.47亿观众收看。新闻中心、综合频道、音乐频道、《中国电视报》、央视网也加强宣传和展播力度，引发社会各界强烈反响。本轮20首“中国梦”主题新创作歌曲把理念和价值观念融汇在艺术语言、艺术情感中，融汇在艺术形象的塑造中，以巧妙的艺术性和强烈的感染力展现“中国梦”的精神内涵。

从5月1日至10月31日，中央电视台对20首“中国梦”主题第一批新创作歌曲进行为期6个月的集中宣传推广。其中，综艺频道在每天的上午、下午和晚间三次对其中的4首歌曲集中展播，连续5天完成20首歌曲的播出周期，然后继续调整顺序反复播出；日播

栏目《天天把歌唱》每周一轮循环展播20首歌曲；《文化正午》《文化视点》制作播出相关主题、专题节目；《艺术人生》邀请词曲作家专题访谈，挖掘创作台前幕后故事，加大宣传力度。《新闻联播》、综合频道、音乐频道、《中国电视报》、央视网等同步全面展播。

从5月1日起的“中国梦”主题新创作歌曲展播，已经产生强烈的社会反响。北京大学、清华大学的专家学者认为，精心打造“中国梦”主题新创作歌曲，讲好中国故事、传播好中国声音、阐释好中国特色，是伟大的时代赋予广大艺术工作者的神圣使命，是当前文艺工作的一项重要任务，需要继续努力不断推动。全国各地观众网友表示，看过、听过歌曲后大受鼓舞，深切感受到时代的召唤和扑面而来的主旋律；“中国梦”主题新创作歌曲集中展现出各族人民在党中央的领导下，寻梦、追梦、筑梦、圆梦的过程。

（综艺频道提供）

中央电视台2014年成功推出传统节日大型直播节目

2014年，中央电视台综艺频道围绕培育和践行社会主义核心价值观，充分发挥传统节日大型直播品牌优势，针对“七夕”“中秋”“重阳”三个传统节日，创新推出三档十小时大型直播节目，电视媒体和新媒体共同发力，营造传统节日氛围，丰富传统节日内涵。

一、“天下有情人　让爱闪闪亮”七夕十小时直播特别节目

8月2日（七夕节）12:00—22:00，综艺频道成功推出“天下有情人 让爱闪闪亮”十小时大型直播特别节目，以多种文艺表演形式呈现从古至今不同阶段的爱情故事和爱情观，带领观众回顾感受爱情的美好幸福及光阴流逝中不变的真情，弘扬优秀传统文化，丰富“我们的节日”内涵，创意十足，亮点纷呈，实现国家台综艺节目的文化创新引领。直播当天，“央视综艺”官方微博对活动进行了全程微直播。截至活动结束，微话题#CCTV3七夕直播#阅读量达3777.3万次，话题讨论量达7.2万条，话题粉丝数1408人。官方微博发起的转发“爱情微电影”系列活动引发网友踊跃关注，每条微电影微博量平均达3000多次，转发量超1.2万次。直播期间，官方微博粉丝净增长近万人，同比上升59.86%，微博互动同比上升198.06%。“央视综艺”官方微信在直播前后共发布约10条相关新闻，直播当天微信关注用户激增8235人，累计微信用户首次突破8万人，总数达到8.3万余人。七夕直播当日微信互动消息多达21192余条。中央电视台新闻频道《新闻直播间》《新闻联播》、“央视新闻”官方微博都对七夕直播活动进行了预告。新浪网、搜狐网、腾讯网、中国青年网、凤凰网、《京华时报》等媒体对此次直播活动专题关注。

1. 主题鲜明，设计创新，多维视角解读爱情观

七夕直播节目紧密围绕爱情主题，分为12:00—20:00的白天时段和20:00—22:00的晚间时段两个部分。其中，白天8个小时分别以“传说中的爱情”“爷爷奶奶的爱情”“爸爸妈妈的爱情”“我们的爱情”四个主题，从时间维度上对爱情进行解读，研究了爱情方式的发展、不同时间段爱情故事的特点等，给电视机前不同年龄段的观众都带来爱情春风的洗礼。

2. 深入挖掘，互动性强，弘扬优秀传统文化

直播节目深入挖掘，结合综艺访谈，弘扬优秀传统文化。其中，“明星情侣访谈”环节，通过对文艺界模范情侣爱情故事访谈传递爱情正能量和忠贞、坚守、包容、体贴的爱情态度；“老毕说爱”环节，以主持人的视角来解读各个时段的爱情；“让爱闪闪亮”环节，以往期综艺节目优秀情侣选手为代表，讲述普通人的爱情故事，同时结合爱情主题的才艺、游戏，烘托七夕情人节的浪漫氛围。

3. 多元展示，可视性强，群星汇聚歌颂爱情

节目发挥资源优势，进行丰富多元展示，增强吸引力。其中，“爱的微电影”环节，所展示的四个年代的四个爱情故事，以实景拍摄直观展示不同时代爱情的面貌。“爱的记忆”环节，通过对表达各个时代爱情的经典影视作品的剪辑，以声画形式再现不同时间的经典爱情态度。

二、“万家邀明月　一起过中秋”中秋十小时直播活动

9月8日中秋节中午12:00—22:00，综艺频道围绕中秋特色文化营造、核心价值观传播、“中国梦”精神力量凝聚，精心打造推出“万家邀明月 一起过中秋”

十小时电视直播活动，赢得了社会的广泛关注，受到年轻网民的高度认可。十小时直播平均收视率 0.79%，平均收视份额 4.01%，最高收视率 2.36%，最高收视份额 6.52%，共有超过 85 万人次通过短信方式参与直播互动环节。“央视综艺”官方微博全程微直播期间，微博粉丝量增加了万余人，中秋当天的博文曝光量高达 143 万人次，互动数达 6000 人次，微话题 #CCTV3 中秋直播 # 总阅读量达 855.7 万，列新浪微博 PC 端和手机端热门话题第二位。同时，“央视综艺”官方微信中秋当天新增关注数 2 万余人，较前一日上涨 12212.7%，总关注人数达 101457，首次突破 10 万人大关。中秋直播话题列当天微信热门话题第二位。此次中秋直播活动，无论从深度、广度和参与度上都有重大突破。

1. 弘扬传统文化，传递核心价值观

在十小时的直播中，综艺频道专门设置了“传统文化”板块，邀请文化学者王刚和《舌尖上的中国》总导演陈晓卿，分别讲述中秋传统、中秋诗词、中秋典故和中秋美食。用新颖独特的电视化手段，让观众在了解传统文化的同时，潜移默化地接受“团圆”“家和万事兴”等美德理念。

2. 用“家风”“家训”“家传”概念，贯穿十小时节目内容，温暖感人

节目组邀请到了 14 组来自内地和港澳台的明星家庭一起共度中秋。围绕家的温暖和团圆话题，用“家风”“家训”“家传”概念融入其中，将父子情、母女情、祖孙情，将中华儿女对家的情感再一次升华，让无数电视观众感动和思索。

3. 话团圆表心愿，展现百姓中国梦

为更好体现中秋这一华夏儿女普天同庆的传统节日，体现对家、对父母的情感，此次直播活动特别策划了“全家福大行动”。直播中，以“军人篇”“忙碌篇”“农民篇”“团圆篇”为分类，观众在四个不同时段看到分别反映部队、武警指战官兵（军人篇）、仍坚守岗位的各行劳动者（忙碌篇）、大江南北丰收在望的农民朋友（农民篇）和普通百姓家的中秋（团圆篇）。

4. 发动最广大的人民群众参与

为让更多的百姓参与中秋，节目充分利用了台网互动优势，中央电视台新闻频道《朝闻天下》《新闻联播》栏目以及新浪网、腾讯网、凤凰网等网站均对此次直播活动进行了预告。在十小时的电视直播中，《新闻直播间》《新闻联播》先后三次对节目内容进行播报。“央视综艺”官方微博和微信进行了全程跟踪报道，得到网友们的热烈响应。

三、“弘扬孝道　彰显亲情”重阳节十小时直播节目

10 月 2 日重阳节当天 12:00—22:00，综艺频道推出《九九艳阳天 陪着爸妈过重阳》十小时大型直播特别节目，倡导全社会敬老孝老爱老，呼吁年轻人陪伴父母度过重阳佳节。此次直播活动以其新颖的节目设计、独特的人文气质和全新的融合互动传播，吸引了全国 1.61 亿电视观众收看和亿万网友关注互动，收效显著。十小时直播平均收视率 0.69%、平均收视份额 3.72%，最高收视率 1.68%、最高收视份额 6.38%。尤其是晚 19：00 至 22：00 的四个小时，收视率均在 1% 以上，比平时大幅度提升。直播期间，双屏互动活动参与总人次达 92.5 万；相关微博话题阅读总量达 9093 万。

1. 环节设计诚意足，节目好看又走心

直播紧密围绕“陪着爸妈过重阳”主题，创新设计，精心编排。一是节目组选取了深受老年观众的欢迎的歌手代表，比如歌唱家李谷一和蒋大为等。二是许多承载父母一代青春符号的影视名家纷纷汇聚此次重阳直播，使演播现场温情洋溢。三是寓教于乐，传播养生知识，关爱老年人健康，节目组特意邀请了 102 岁老寿星景文英来到现场，现场示范自己的“养生操”；在直播现场由歌唱家王洁实、杨洪基、李光曦三位组成的“老虎队”翻唱了“小虎队”的经典歌曲《爱》，并现场传授各自的养生秘诀。

2. 浓情微电影，彰显高品质情怀

在直播中，节目组设立了七种不同方式的陪伴主题，为电视观众提供了众多温情的选择，如陪爸妈唱老歌、陪爸妈去旅游、陪爸妈变美丽、陪爸妈看电影等，试图通过不同的主题，引导广大观众自发地用实际行动陪着爸妈度过重阳节。与这七种主题相配合，节目组专门拍摄了七部温情公益短片，引出每小时的直播主题。“央视悦动”客户端推出七支公益主题短片，并制作手机公益画册“陪着爸妈过重阳”，以漫画形式创新描绘七种陪伴父母的写实场景。手机公益画册温情感人，浏览人次超过 2.4 万。

3. 台网一体，实现电视媒体与新兴媒体双屏互动

此次直播活动紧跟当下的媒体融合发展趋势，启用“央视综艺”微博、微信及“央视悦动”客户端三位一体的新媒体互动方式，实现了春晚之外中央电视台大型直播活动宣传的新突破。综艺频道与央视网，围绕“陪着爸妈过重阳”的节目主题，多次沟通研究，整

合中央电视台电视与新媒体资源，精心策划双屏互动，实现新媒体参与电视节目的生产传播、电视大屏与新媒体多屏互动。电视观众在观看直播的同时可通过晒照片、话题互动、点歌传情、“摇一摇”等多种方式，赢取重阳节互动大礼。

4. 融合传播，在社交平台引发网友共振共鸣

重阳节直播积极利用新媒体特别是社交网络进行重阳文化传播，放大电视节目社会影响力，在新媒体上形成网民积极参与节目讨论、表达敬老爱老之情的热潮，形成重阳直播节目在电视媒体与新兴媒体两个舆论场的共振共鸣。

一是新媒体发起主持微话题，产生广泛影响。根据2014年的节目主题，“央视悦动”官方微博发起主持“陪着爸妈过重阳”微博话题和微倡议，迅速成为微博热议话题，话题阅读量达6766万，讨论量为6.6万；“央视综艺”官方微博对重阳直播活动进行了全程微直播，发起主持的微话题“CCTV3重阳直播”阅读量达2327.1万次，讨论量1.2万次；“央视综艺”官方微信在直播当天新增关注人数30758人，净增关注人数27975人。

二是精心制作微视频，网络热播。“央视悦动”对节目彩排等阶段进行微视频同步直播，“剧透”精彩内容；制作、投放14条宣介微视频，其中2条微视频被腾讯微视明星频道推荐。微视频播放次数超过33.5万，单条最高播放次数达13.1万。

5. 整合推介，媒体和网友对节目积极评价

此次直播活动引发了媒体的广泛关注。《新闻联播》《朝闻天下》《新闻直播间》以及“央视新闻“官方微博都对直播活动进行了预告。《北京青年报》、新浪网首页、新浪娱乐首页、凤凰娱乐、腾讯娱乐、凤凰新闻客户端、华商网等诸多媒体对直播活动进行了报道。尤其是“腾讯新闻”微信账号将此次直播新闻进行了最大范围的微信用户推送，这是继春晚宣传之后，中央电视台在大型直播活动的首次突破。同时，央视网整合新媒体资源进行推介，为节目预热造势。央视网、央视官网、手机央视网、CCTV移动传媒、IPTV、“央视影音”客户端、“央视新闻”客户端等多平台在突出位置持续预告收视信息及互动活动，提升节目的关注度。协调人民网、新华网等多家新闻网站刊发原创稿件，为节目播出预热造势。网民认为节目形式新颖，内容精彩，充满温暖力量，宣扬了中华孝道亲情文化，弘扬了敬老爱老的重阳文化。

（综艺频道、台办公室提供）

台网联动，打造中央电视台“寻找最美”系列品牌活动

作为开展群众路线教育实践活动、深化“走转改”精神的生动实践，“寻找最美”系列活动业已成为中央电视台的重要品牌活动。近年来，中央电视台主办了“寻找最美乡村教师”“寻找最美乡村医生”“寻找最美村官”等一系列大型公益活动，传播社会美德，弘扬社会主义核心价值观，在社会上掀起了“最美热”，有效提升了中央电视台影响力。2014年在“寻找最美乡村教师”“寻找最美乡村医生”等活动的基础上，中国网络电视台又举行了“最美人物发布厅”系列发布活动，这些活动引发社会各界广泛关注，迅速成为舆论热点。

一、寻找最美乡村教师

大型公益活动“寻找最美乡村教师”是由中央电视台和光明日报社联合主办，科教频道承制的。2014“寻找最美乡村教师”借鉴前三届活动的成功经验，继续围绕“中国梦”主题，在教师人选的年龄、地域、特色上既保持了整体稳定性，又富有变化。本届教师人选上既注重对乡村教师们献身教育、扎根农村、甘为人梯的基本素质考查，又力图彰显开拓创新、锐意进取的当代教师风采。

据统计，9月1日科教频道《讲述》栏目播出“寻找最美乡村教师”系列节目以来，平均收视为0.05%，最高收视为0.07%。节目播出后，在社会上引起了巨大反响，成为当地舆论热点。多个地区党委政府及教育主管部门对报道的乡村教师进行关注和支持，切实解决了一批乡村教师生活、工作中遇到的实际困难；许多观众、网友、爱心企业、公益基金和组织也纷纷表达了对乡村教师的崇敬之情和对农村教育事业的关注，并主动与乡村教师联系，捐款捐物、奉献爱心。活动引发全社会关注乡村教师、关心农村教育事业的正能量迅速传播。媒体和广大观众一致称赞“寻找最美乡村教师”是新时代弘扬主流价值、引领新风尚、传播

正能量的公益之举，回归了质朴、回归了心灵；许多观众通过微博留言、电话等方式，表达对乡村教师们的崇高敬意，认为他们是“中国的脊梁”“中国教育之幸”。

“2014寻找最美乡村教师颁奖典礼”9月10日晚在中央电视台综合频道、科教频道播出。期间，全国9000多万观众通过电视收看，央视网对典礼全程直播。节目净时长（不含广告）94分钟，首播收视率1.18%，较“2013寻找最美乡村教师颁奖典礼”收视率高出0.09%。截至9月12日，活动官网在中国网络电视台（CNTV）多终端页面累计访问量达1187万次，百度搜索“最美乡村教师”相关结果约253万个、相关报道约9.3万篇，新浪微博“最美乡村教师”相关话题超过53.5万条。

二、寻找最美乡村医生

2014年3月，由中央电视台主办的“寻找最美乡村医生”大型公益活动圆满收官。这是中央电视台第二次组织此项活动。经过三个多月的寻找和推选，库尔曼别克·苏来曼等10位医生获得活动组委会授予的“最美乡村医生”称号，香九妹等10名医生被推选为活动“特别关注乡村医生”。3月11日晚，活动颁奖典礼在中央电视台综合、科教频道首播。卫计委主任李斌在颁奖典礼上发布了“送医下乡”公益活动，组织10家全国优秀三甲综合性医院，对10位最美乡村医生所在地区进行帮扶，为村民进行义诊。同时，推动实施远程医疗信息化项目，将优质的医疗资源送到乡村，帮助乡村医生提高医疗技术水平。

活动在社会上引起了广泛反响。据统计，CNTV、新浪、腾讯、搜狐、网易5家门户网站上的活动官方微博粉丝总数超过300万，覆盖人数超过5000万。截至3月11日，“寻找最美乡村医生”专题在CNTV多终端累计独立访问用户2031.03万人，页面访问量2.1亿次。百度搜索“最美乡村医生”找到相关结果约232万个、相关报道约21万篇。颁奖典礼播出当晚，新浪微博中有关“最美乡村医生”的微博近12万条。

三、最美人物发布厅

2014年4月，根据中共中央宣传部批准的《加强改进先进典型学习宣传，培育和践行社会主义核心价值观工作方案》的安排，为了广泛宣传人民群众中涌现的“最美人物”，扩大“最美人物”的知名度和影响力，提高人民群众的道德意愿和道德参与，充分发挥各级各类“最美人物”在培育和践行社会主义核心价值观中的示范引导作用，中共中央宣传部联合相关国家部委定期在中国网络电视台举行“最美人物发布厅”系列发布活动，并向全社会公布，号召广大国家干部、部队官兵、人民群众向“最美人物”学习，为实现伟大“中国梦”不断努力奋斗。2014年，“最美人物发布厅”共举办了10期活动，分别是“最美职工”“全国教子有方最美家庭”“节约之星”“见义勇为最美人物”“最美拥军人物”“最美社区人”“全国孝老爱亲最美家庭”“最美基层法官”“最美老有所为人物”“最美志愿者”。该活动在业内取得了良好的影响力和知名度，活动品牌形象初具成效。

“最美人物发布厅”作为国家典型性人物事迹宣传活动，不同以往之处在于：一是该系列活动是广泛覆盖全中国的优秀人物发布，不分年龄、行业、民族、性别，将所有“最美人物”统一在中华民族下，象征着中华民族复兴的基石，实现“中国梦”的原动力；二是把这些“最美人物”的优秀品质和优良作风，与中华美德传统相结合，将仁义礼智信的中华文化的精髓用真实的故事向社会生动演绎，不断润泽现代人的心灵，让广大人民群众树立民族自信心和民族自豪感，努力践行社会主义核心价值观。活动发布人群有军人、民警、法官、检察官、企业职工等，覆盖社会各行各业，通过这些“最美人物”向全社会的发布，使得广大群众对这些先进人物及所属行业有更加深入的了解。

（科教频道提供）

《出彩中国人》绽放精彩“中国梦”

2014年4月20日，大型励志公益节目《出彩中国人》在综合频道圆满收官。作为进一步强化“中国梦”宣传，深入推进群众路线教育实践活动而特别开发的原创公益节目，《出彩中国人》历时两个多月，汇集了来自全国各地、各行各业将近200个普通百姓个人和团体，为普通中国人搭建展现生活之美、精神之美的公益舞台，以个人积极向上和乐观的生活态度凸显时代的精神风貌，彰显了国家电视台引领主流文化的责任担当。节目共11期，取得平均收视率2.01%，单期最高收视率2.47%，播出后引发主流媒体及观众网友的广泛好评，被誉为以创新方式“聚焦平凡人的精彩中国梦”、诠释社会主义核心价值观内涵的优秀典范。

一、内涵深刻，凸显文化引领，以个人精彩反映时代精神风貌，弘扬社会主义核心价值观

作为公益节目，《出彩中国人》以“聚焦平凡人的精彩中国梦”为核心内涵，邀请普通百姓走上国家电视台的舞台，展示他们的才艺，讲述他们不向命运屈服、执着坚守的奋斗故事，绽放他们热爱生活、热情拥抱梦想的激情与活力。同时，节目还巧妙融合社会主义核心价值观，以兼容并包的开放胸怀凸显当代中国人的诚信和友善，阐释中国社会的自由和平、文明与和谐，彰显了国家电视台“做有价值观的综艺节目”的主流文化引领作用和社会责任担当。参加节目的选手没有任何门槛限制，在平等的条件下展示着他们对生活的热爱，对信念的坚持，对传统文化的坚守。比如，获得“出彩之星”称号的冯满天，痴迷传统乐器中阮几十年，创造性地继承和发展传统文化，让更多国内年轻人了解并热爱中华民族的传统艺术文化。

二、形式新颖，搭建百姓舞台，不拘一格践行服务百姓媒体责任

《出彩中国人》把目光对准普通群众，坚持以“人”为最核心构成，一切艺术呈现都为展示普通人的精彩服务。在此原则指导下，节目在舞美风格上摒弃了奢华空洞的呈现方式，舞台设计简单朴素，接近现实生活的真实场景，使表演者的技艺展示成为舞台的唯一核心；在展示主体上，舞台主角并非明星偶像，而是来自全国各地、各行各业的普通百姓，他们真实地展示着人民群众热爱生活、追逐梦想的新鲜活力和感染力；在展示内容上，不局限于歌舞曲艺，一些生活中的绝活或手艺同样得到观众的欢迎和鼓励，展现出国人丰富的想象力和创造力；在呈现方式上，节目不猎奇、不炫技，情感表达朴实亲切，牢固树立“真实、真情、真诚”的创作情怀和品格坚守，避免恶意炒作、低俗煽情，在积极向上的氛围中体现真挚情感的自然流露。

节目还积极拓展舞台之外的空间，把视角延伸到更广阔的生活中去，深入挖掘选手的奋斗历程。如节目组跟随来自长治的普通矿工“黑金组合”下到几百米深的矿井中拍摄他们的日常工作和生活，让观众看到他们乐观真实的一面。这些巧妙的设计，展示出主流媒体升华综艺节目内涵，关心普通人的生活和内心，向全社会传递励志、奋斗、拼搏正能量，营造温暖和谐社会氛围的积极探索和尝试。

三、社会各界反响热烈

《出彩中国人》自播出以来，赢得社会各界一致好评。《人民日报》（海外版）称赞节目“聚焦平凡人的精彩中国梦”，为广大百姓提供平台，分享人生故事，展现精神追求，激励人们树立坚持梦想的信念，彰显了中央电视台的社会责任担当；《监听监看日报》称，节目聚焦平凡人的出彩人生，充分诠释了社会主义核心价值观的深刻内涵，体现了主流媒体引领价值观的重要作用。

节目在网络上也取得了良好传播效果，官方微博共发布微博1648条，粉丝超过140万；新浪微博相关话题达1000多万条，总决赛视频网络视频平台点击量超过300万。网友表示，节目以人聚力、以情动人，传递出的憧憬、抱负和激情形成一股无穷力量，令人心潮澎湃。

（综合频道、台办公室提供）

《开学第一课》聚焦家风传承，弘扬核心价值观

2014年9月1日，由教育部和中央电视台联合举办、面向全国中小学生的大型电视节目《开学第一课——父母教会我》在中央电视台综合频道播出。节目紧扣当下热点，通过探讨“家风”主题，讲述“父母教会我”的“孝心、礼仪、仁爱、自强”等中华传统美德和美好品格，采用嘉宾演讲、歌舞表演、游戏、互动等丰富形式，寓教于乐地对孩子们进行“立德树人”的核心价值观教育和优秀传统文化的熏陶浸润，得到了社会各界广泛关注和强烈反响。节目收视份额达8.35%，位居当天同时段全国排名首位，在2014年同时段播出的晚会类节目中，仅次于春晚和元宵晚会。自2008年起，《开学第一课》已成功举办六届，成为伴随中小学生成长

的一堂重要始业课，在青少年中拥有巨大影响力。

一、贴近时代热点，聚焦家风教育

2014 年《开学第一课》在传递传统美德，传播正向能量，引导少年儿童健康快乐成长的过程中，尤其注重主题选取的贴近性，在当下社会热点和主流潮流中挖掘焦点，凝练主旨，凸显节目的现实指导意义。《开学第一课》把目光对准“家风”教育，确立“父母教会我”这一主题，通过“孝”“礼”“爱”三个篇章，并以“强”作为尾声，让每个孩子从人生最初的榜样——父母出发，实现“孝心”“礼仪”“仁爱”“自强”等传统美德的代际传承，真正起到家长“时时处处给孩子做榜样，用正确行动、正确思想、正确方法教育引导孩子”的良好作用。节目主旨与“文明、和谐、爱国、诚信、友善”等内容融会贯通，潜移默化中实现了社会主义核心价值观的读解与弘扬。

二、形式创新求变，融入传统文化

《开学第一课》举办六年来，已成为拥有主题演讲、故事小片、游戏互动和文艺表演等经典架构的品牌节目。2014 年节目在保留经典框架的基础上引入创新环节——说文解字，通过从汉字本源上阐释家风中“孝、爱、礼”等字的构成和含义，结合深受孩子们喜爱的动画人物“大头儿子小头爸爸”的生动演绎，来开启篇章主题。这种以典籍结合动画人物的生动阐释，贴近中小学生的欣赏兴趣和接受心理，润物无声地让他们受到感染和启发。此外，节目还创新采用“微电影”手法拍摄故事小片，并充分发挥演讲和故事的吸引力，注重从普通人和基层群众中挖掘感人至深的家风故事，拉近观众与优良家风之间的距离，极大增强了节目感染力。例如，工人何红涛讲述自己骑摩托带七旬老父环游中国的经历，歌手秦勇分享十年告别舞台、陪伴“重度感统失调症”儿子一起长大的心路历程……节目主题在这些鲜活的故事中自然流露。同时，还首次使用每堂课双主持结构，让课堂更加热闹活泼，受到孩子和父母们的广泛欢迎和好评。

三、拓展传播渠道，打造全媒体平台

《开学第一课》从策划之初就确定了全媒体传播的拓展思路，在主题确定、线索征集、交流互动、扩大宣传等方面充分发挥传统媒体与新媒体的融合优势。一方面，发挥传统媒体力量，立足自身平台传播优势，积极联合《人民日报》《光明日报》等主流媒体，有规划、分阶段、多层次开展持续宣传；另一方面，注重运用好新媒体传播速度快、反馈及时、互动性强的特点，通过官方微博、微信、手机客户端等途径，构建立体新媒体营销传播网络。节目在央视网、新浪、网易、腾讯等网络平台上的相关微博阅读量高达 1 亿人次，CCTV-1 官方微博相关内容阅读量达 300 万，发起的“父母教会我的一件事”互动讨论，阅读量累计突破 2.4 亿人次，实时讨论超过 16 万条。在节目播出过程中，大批网友通过节目官方微博、微信进行在线交流，有效拓展了节目的传播途径，极大提升了传播效果。

四、各界评价积极，社会反响强烈

节目引发了社会各界的强烈反响。一些学校在节目播出次日组织学生集体收看重播，还有许多学校结合“父母教会我”这一话题开展主题班会，节目的启蒙作用从屏幕延伸到校园，直抵广大中小学生内心深处。《人民日报》刊文称赞节目通过生动的课堂情景、欢乐的互动游戏，启发家长注重孩子的传统文化教育，也帮助孩子学会用“孝道”“礼貌”“爱心”和“自强”来回报父母，并将优良家风传承下去；有家长表示，《开学第一课》不仅教育了孩子，也给父母上了深刻的一课；网友留言称，开学第一课教育与娱乐相结合，带给孩子们好的榜样，教育孩子们学会做人，是一个充满正能量的好节目，感谢节目连续 7 年的相伴。

（综合频道、台办公室提供）

《青年中国说》分享中国青年故事

《青年中国说》是由中央电视台综合频道和唯众传媒联合制作的一档青春分享节目。2014 年 11 月 22 日至 2015 年 1 月 17 日，每周六 22:37 在综合频道播出。节目一经推出便引发了全民热议，网络零差评，微博话题阅读量 3.8 亿，视频转发量破千万。在国家新闻出版广电总局发布“关于表彰 2014 年广播电视创新创优栏目的通报”中，《青年中国说》荣获创新创优栏目称号。

在节目研发过程中，节目组经过多番讨论和反复研究，确定打造一档能够清晰勾勒当代中国年轻人精神面貌，洋溢着青春、积极向上充满正能量的节目。围绕“青春”和“中国说”两个关键词，让每位青年来到节目分享自己的青春，力图用最真实的人和最真实的状态诠释出最具活力的青春中国。从而另辟蹊径，诞生出“中国首档青春分享节目”——《青年中国说》。

在明确节目定位之后，节目组围绕“讲好中国故事，让世界了解中国青年”的准则，在对青春分享者的筛选上下足功夫，从各行各业的人群中锁定最能体现节目价值的青春分享者，通过他们自身最朴实的生活故事，来展示青春中国，引导主流价值取向，唤起青年人的责任、向上、励志、担当。

选题阶段，《青年中国说》每期围绕一个主题，由3名青春分享者轮番上台分享自己的青春故事。同时，在节目创作的过程中，节目组也在不断思考如何更好地用节目内容反映主流声音，最大程度激发大众的共鸣。

宣传推广方面，《青年中国说》借力全媒体融合，扩大了传播效果。从2014年11月中旬开始，《青年中国说》正式启动宣传，在整体宣传策略上，提炼核心营销亮点，首波借助单身节的时间契机，引爆节目开播的信息；开播前一周策划制作超过20张倒计时概念海报、视频等，将核心内容贯穿平面、视频、门户及社交媒体，同时发起#青春太美不得不说#线上线下活动，引起网络上的广发关注和参与，引爆对青春话题的参与热度；开播前，在平面媒体和互联网上集中投放节目相关消息、评论，为节目开播造势。节目开播期间，策划制作超过40张选手海报、推荐人海报、概念海报，3个轻App，将核心传播内容贯穿平面、视频、门户及社交自媒体，引爆热度；撰写相关评论、采访稿，联动全国主流平面媒体、互联网和自媒体圈广泛传播，网络转载累计逾千家；全网短视频总点击超过2.5亿，全部主流视频网站首页推荐，多次被推荐至优酷首页最佳推荐位，8期节目官方微信总阅读量人数超过200万，官方微博粉丝增长超过300%。

（综合频道提供）

《少年中国强》重新定义少儿节目，创造暑期正能量奇迹

《少年中国强》自2014年8月14日起在中央电视台综合频道开播以来，以城市网0.63%的收视率创下了2014年综合频道非黄金档新开播节目的最好首播成绩；节目口碑和话题热度持续走高，成为2014年最受观众瞩目的节目之一。该节目以独特的视角，重新审视青少年才智创意与成长教育，创造了暑期正能量奇迹。

《少年中国强》是中国首档大型少儿励志节目，立足于展示中国青少年超越常人、超越年龄的才智与能力，为拥有梦想的少年打造全力展示自己的舞台。该节目每期都会有4位身怀绝技的少年上台展示自己的才智。

与其他电视综艺节目、选秀节目不同：一是《少年中国强》没有仅仅停留在对青少年才智的展示层面上，它更关注的是新时代青少年传递出的青春梦想，以及他们小小身躯里爆发出的正能量，即在对“少年中国强”的“强”的解读上。节目更关注的是少年们坚强的性格，强大的内心世界，顽强的精神意志和自强不息的品德。

二是，《少年中国强》深入探讨了科学的青少年教育方式，向全社会传递正确的教育理念与教育方法，传播具有正能量的核心价值观。作为一堂面向整个社会全民教育公开课，作为一堂重新审视青少年教育问题的讨论课，《少年中国强》是主流价值观的创新表现。它引领了正确社会导向，让观众寻找到自强不息的民族精神的共鸣，为培育良好道德风尚、促进社会和谐稳定发挥重要的作用。

（综合频道提供）

综合频道《喜乐街》贴近百姓生活，纾解社会焦虑

《喜乐街》是综合频道着力打造的一档即兴喜剧真人秀节目。自2014年6月6日至9月12日，全新“升级版”《喜乐街》第一季于每周五晚间十点半档在中央电视台综合频道播出。三个月的时间里，《喜乐街》第

一季共播出 14 期节目，网络视频点击量突破 1.7 亿人次，微博话题阅读量突破 2.5 亿人次。

整季节目采用固定主演群共同即兴飚戏的架构，沙溢、贾玲、李菁和瞿颖四位嘉宾作为首批居民入住“喜乐街”，他们使出浑身解数为观众奉献一系列幽默又温馨的故事。《喜乐街》用即兴喜剧的形式展现和关照当下社会热点，在欢声笑语中传递和培育积极乐观的人生态度。通过喜剧的人物、幽默的语言，展现了当代年轻人异地打拼的艰难、坚持梦想的可贵、遭遇情感挫折的迷茫等等，向观众传递了“充满智慧、乐观友善”的生活方式。同时节目还兼具新闻视角，以电视化的方式把当下社会的真实需求和情感共鸣表达出来，并通过这种特定方式来呼应时代精神。节目聚焦小人物、小事件，平易近人，贴近生活，实实在在地帮助纾解着社会焦虑，在潜移默化中完成了综艺节目对普通百姓生活现实的善意关照。

随着第一季节目情节的步步推进，《喜乐街》受到越来越多观众的关注和喜爱，获得了业界的推荐与好评，扩大了节目的品牌影响力，成为国内喜剧节目的佼佼者。

（综合频道提供）

综合频道 2014 年包装推介工作提升频道品牌形象

包装推介组是综合频道专门负责制作播出导视、创作宣传片和线下推介的部门，中央电视台 2014 年包装推介工作迈出新的步伐。

一、保证A类宣传精准到位，圆满完成中央电视台2014年各项重大宣传任务

CCTV–1 导视是中央电视台自我宣传与播出服务的重要阵地，每天分 25 个时段，共推出大约 70 分钟，分为内地版和香港版。

2014 年，面对全国性大事件、综合频道黄金档电视剧、重点栏目，以及总编室统筹的跨频道宣传等 A 类宣传内容，CCTV–1 导视均在优势时段增加投放类型，包括构件型导视、字幕及语言型导视、植入型导视，让宣传推介做到全方位和多元化。2014 年包装推介组整体迁入新址工作，常面临播出变动。包装推介组内强化责任，健全制度，确保 CCTV–1 导视的安全播出，充分发挥综合频道的旗舰频道作用，全面配合完成中央电视台综合频道重大宣传项目的包装推介工作。

二、弘扬社会主义核心价值观，讲好中国故事，传播国家声音

2014 年，包装推介组积极响应全台与频道号召，做好社会主义核心价值观（即 24 个字）的宣传工作，自主策划、制作《24 字版频道主宣》《我的价值观》系列宣传片、《社会主义核心价值观系列 ID》等，并将 24 字融入到日常包装与宣传体系中，将综合频道作为国家主频道的政治宣传任务转化为生动有趣的屏幕包装效果。

三、以中华传统节日为契机，提升包装导视的文化内涵

马年春节，综合频道以中央电视台主持人人偶为主题的粘土动画包装闪亮登场，这是包装推介组整合社会资源，创新屏幕包装体系的重要动作，将浓浓的年味与传统手工艺相结合，在 2014 年新春扮靓综合频道的屏幕。该系列包装宣传作品获得国家新闻出版广电总局金帆奖片头包装类一等奖。

2014 年，频道人文 ID 的创作在继承 2013 年创作成果的基础上，进行了题材、手法的全面升级。《水墨 24 节气》生动传达传统中国时令的丰富内涵；同时，暑假、世界杯、开学季 ID 创作更具有时效色彩，在频道视觉符号具体化的实践上取得更大突破；《元宵节》《植树节》《端午》《母亲节》《父亲节》《中秋》《国庆》，不同的节日氛围中尝试了多角度的创意元素，手段突破创新，大胆吸收国际动画和广告业界的最新创作思路，进行符合综合频道的原创性融合，为 CCTV–1 的荧屏美感加分。

包装推介组还配合频道编排，重点打造《春节编排》《两会编排》。五一、端午、中秋、国庆等节假日编排宣传片，体现综合频道为观众奉献好节目的诚意；

对于烈士纪念日、抗战纪念日等新增的纪念日，包装推介组也制作了宣传片给予重点宣传，体现政治敏感度和引导力。

四、力推晚间创新节目带，推动综合频道整体品牌推广

2014年，综合频道的创新节目集中打造为全新的晚间十点半档，从年初开始，包装推介组为晚间十点半档打造多个版本的整合宣传，专门定制了多版本的创意概念宣传片及内容预告片；同时包装推介组为《寻宝》《等着我》《生活早参考》等日常栏目深度服务，提供制作精良的日常预告片、网络推广片，切实做好日常节目的线上推介工作。

五、线下推介工作全力跟进，促使工作效益最大化

2014年，综合频道线下推广工作主要体现在如下方面：一是宣传力量的重心向新媒体特别是移动终端转移；二是宣传的原创内容有明显提升，宣传人员的定位向“策划+记者+编辑+美工+剪辑”全面发展；三是在巩固原有多媒体宣传平台的同时，推出了CCTV-1导视公众号及门户网站、新闻客户端的订阅号，强化了365天的综合频道舆论监测日报。

（综合频道提供）

纪录片《互联网时代》引发社会广泛热议

2014年8月25日至9月3日，十集大型纪录片《互联网时代》在中央电视台财经频道晚间黄金时段首播，并在全国22家网站“全网同步上载播出”。该片制作历时将近三年，是我国第一部、也是全球电视机构第一次全面、系统、深入、客观解读互联网的大型电视纪录片。该片站在人类前途、国家战略、产业变革的高度，以国际化的宏观视角展现并解析一个新的时代，通过全景式描绘互联网在全球范围掀起的一场影响经济、文化、社会、政治、人性等各个方面的深刻变革，并以历史和文明时代的视角探寻种种改变背后的本质，思考互联网对人类社会的深远影响和未来发展的可能。该片播出后社会反响强烈，首播累计7960多万人次收看，网络关注用户数超过1629万。

一、以中国视角和国际视野诠释互联网时代的深刻变革

2014年是中国接入国际互联网20周年。《互联网时代》从时代、迁徙、控制、忧虑、眺望等不同角度，对互联网技术、变革、发展、规范以及前景进行细致阐述，寓意深远、引人深思。该片全面、深入地解析互联网如何成为创造一个时代的力量，回答什么是互联网、什么是互联网时代、什么是互联网社会、未来互联网将给人类带来怎样深远的影响。

《互联网时代》一方面将宏大叙述与故事细节结合，审视互联网时代的深刻变革，眺望未来的发展趋势。片中展现了从工业化革命到信息化革命的大跨越，讲述了芯片技术、传感器、云计算的飞速发展让万物相连，无处不在的智能化成为普遍的可能，勾画了计算机、互联网与生物技术的结合呈现“人机共同进化”的未来，既贴近现实生活又具有强烈时代气息。另一方面，生动记录中国IT产业突飞猛进的发展。不但讲述淘宝网、腾讯网、百度搜索、苏宁电子商务、小米手机等国内互联网企业的创业经历，还立足国际视野，记录“美国波音飞机利用互联网在全球各地的采购和分包，把世界变成生产车间”“创客运动让全球每个人都可以成为创新驱动的发起者”“3D打印、微博、微信借助互联网，推动时代的变革和技术进步”等技术创新故事，站在历史的广度、时代的高度全面记录互联网给世界带来的巨大改变。

为保证纪录片的权威性和高质量，《互联网时代》制作历时近三年，采用高清格式在全球14个国家进行拍摄，广泛采访与互联网发展、研究相关的各界重要人物近二百人。

二、内容震撼，各界交口称赞该片的重大意义和价值

《互联网时代》播出后迅速成为媒体关注焦点，广泛引导舆论聚焦“互联网时代”以及“互联网时代下的中国”。《光明日报》、中国新闻社、《经济日报》等陆续刊发文章进行专题点评。《光明日报》认为《互联网

时代》是我国第一部全面系统解析互联网的大型纪录片；《经济参考报》称，该片以见证人的角度讲述互联网技术的从无到有，这是对先驱精神的抢救，具有历史性；香港《大公报》称，《互联网时代》的诞生具有填补空白的意义。

截至9月3日，“互联网时代纪录片”百度搜索指数最高攀升至15127，超过热播美剧《纸牌屋》最新搜索指数。山东电视台、陕西电视台等各地广电部门、机构专门组织全体员工收看。该片的播出引发观众广泛热议，观众纷纷通过微博、微信发表看法，网友普遍认为该片提供了很多不为人知的信息，很有价值，同时也激起了普通人的创业热情。

（财经频道、台办公室提供）

财经频道全程跨境直播阿里巴巴在美国上市

2014年9月19日，中国互联网企业阿里巴巴正式在美国纽约证券交易所上市，融资额达217.7亿美元，总市值达到2314亿美元，创下美股IPO新纪录，成为仅次于谷歌的世界第二大互联网公司。中央电视台财经频道于当晚21:05至22:57，推出直播节目“聚焦阿里巴巴美国上市”，对这一全球资本市场重大财经事件展开全程跨境直播，立即引起社会强烈反响。此次大型直播以一次世界级的重大财经事件、一次精心策划的媒体行动，使中国经济和中国企业成为当天中国财经舆论主角。

一、敏锐捕捉时机，主动设置议题，全力唱响中国经济光明论

阿里巴巴赴美上市并有可能创下美股首发上市融资额之最，本身是一件重大财经事件，更是中国经济发展壮大、中国新兴企业繁荣发展的有力证明。尤其在国际舆论普遍唱衰中国经济的背景下，这一事件正是展现中国经济活力与吸引力、唱响中国经济光明论的有利契机。财经频道以财经专业的敏感性和权威性，精心部署、提前策划直播上市现场精彩场面，力争做到第一时间发声、第一现场评论，有力引导舆论关注焦点，充分展现中国经济的光明前景。

财经频道实行特别编排，打通晚间直播时段，新媒体平台同步传播，形成强大合力和规模声势。一是构建环球直播全景图。以北京演播室为播报中心，以纽交所为外景，连线深圳、上海、杭州分演播室。打通《经济信息联播》《经济半小时》《央视财经评论》三档王牌节目时间，并在国际上聚集日本、美国等多个渠道的资讯和评论资源，确保节目内容客观全面、丰富多彩。二是新媒体平台同步直播推送。打通“央视财经”微博、微信、新闻客户端三大平台，实时向2200万网友推送直播新闻。其中，“央视财经”官方微博发布微博39条，阅读量达600万人次；“央视财经”微信打开直播窗口，发布新闻24条，每条阅读量达3万多人次；“央视财经”客户端向1600万“粉丝”推送新闻，并以“流媒体”方式实时更新新闻24条，10万“粉丝”积极互动。三是直播前后遥相呼应、逐级深化。直播前，密切关注阿里巴巴上市进程，多节目联动报道阿里巴巴股票在美路演两天即告售罄的盛况；直播次日，《经济信息联播》趁热打铁继续分析阿里巴巴现象，提出“新中概股”概念，着重阐明具有新型商业模式、服务业产品、公司治理结构和互联网思维的中国公司，代表着中国经济的新亮点、新活力、新常态，将直播报道再次提炼和升华。

二、遵循传播规律，紧盯新闻现场，充分展现电视直播魅力

针对股票上市过程具有自然线性时间特点，直播节目精心制定相应的节目板块和播出顺序，依次为敲钟前的预热、介绍和前方出镜报道，直播上市敲钟的核心环节、辅以北京演播室嘉宾讨论，杭州记者对阿里巴巴总部的采访，在纽交所的记者专访马云，然后集中关注阿里巴巴开盘价的产生，中间穿插采访纽交所中国首席代表。

在直播过程中，始终紧盯纽交所新闻现场，其他配合新闻均服从上市过程这一主线。虽然纽交所对四段直播信号时间有严格限定，但是财经频道打破串联单编排，一切以前方报道和现场信号为主，全程紧紧抓住三个重要新闻要素：开盘价、马云和现场记者，确保报道主线清晰明确、一气呵成，尽展新闻现场直播

魅力。这些做法使直播的核心部分浑然一体，尤其是敲钟、专访马云、竞价盘一升再升三个环节，扣人心弦、精彩纷呈。

三、精心策划内容，实时丰富跟进，紧扣深化宣传报道主题

直播节目紧紧抓住阿里巴巴来自中国、长在中国、未来前景仍在中国的核心主线，放大中国元素，以主持人评论方式策划"华尔街看好阿里巴巴 多家投行给出买入评级""阿里巴巴上市彰显中国经济活力和吸引力"等观点鲜明的标题，深入挖掘新闻背后蕴含的中国经济力量。同时，创新思路增强经济报道趣味性，找到马云各个时期具有标志性的珍贵照片，配以幽默解说和轻缓音乐，并播放15年前马云创业时在18位创始人大会上的讲话视频，让观众在感慨马云创业艰辛的同时，激发为梦想努力拼搏的斗志。此外，针对直播现场情况及时展开延展报道。在直播专访马云时，用在线总结、标题迅即跟进的方式推出《马云：全球化企业要有全球化思路》《马云：希望未来在国内上市》等，凝练采访观点、突出价值引导。

此次"聚焦阿里巴巴美国上市"直播节目抓住国际财经事件宣传时机，充分展现中国经济新亮点，报道中国经济转型新进展，并创造性发挥电视媒体优势，使传播效果远远超出预期，牢牢把握了财经舆论的主导权。

（财经频道、台办公室提供）

2014CCTV中国上市公司峰会成功举办

2014年11月1日，由中央电视台财经频道和中国上市公司协会联合举办的2014CCTV中国上市公司峰会在北京召开。48家地方证监局和地方证券业协会代表，中国建材、格力电器等85家上市公司高层，166家上市公司代表参会。此次峰会由一场主论坛和六场平行论坛组成，中国证监会、中国上市公司协会、深圳证券交易所、香港交易所等部门负责人发表主旨演讲，发布了《2014中国上市公司运行报告》，举行央视财经50指数新入围样本公司颁奖仪式和央视财经500指数发布仪式，以及《市场分析室》栏目启动复播。峰会引起社会各界的广泛关注。

一、主题紧扣国家经济战略部署，搭建权威互动平台

CCTV中国上市公司峰会历经四年积累历练，已成为政府相关决策部门、产业界和资本市场互动沟通的重要平台，影响力不断扩大。

一方面，打造时代经济主题的讨论平台。峰会以"深化改革 突破创新"为主题，举办了"趋势2015——中国宏观经济展望""新媒体融合之路""优化投资者回报""新常态下的企业转型""拥抱互联网""并购大时代""混合所有制与企业活力"等七场高端论坛围绕峰会主题展开深入讨论，并展望中国经济。六场论坛、一场高端对话的议程设置，从宏观到微观，从传统行业到新兴产业，涵盖了当前中国经济领域中的改革热点和舆论焦点。各位嘉宾围绕各自论坛的主题，展望中国经济大势，纵论各自领域改革创新中遇到的困惑和思考。

另一方面，打造权威政策信息的发布平台。中国证监会、上海证券交易所、深圳证券交易所、香港交易所四大部门主要负责人首次在CCTV中国上市公司峰会上发表主旨演讲，使峰会成为权威政策信息的发布台。

二、全频道、全媒体联动报道，提升品牌影响力

财经频道从10月31日至11月2日统一挂标"聚焦2014CCTV中国上市公司峰会"，进行持续报道，突出上市公司峰会活动亮点，扩大传播效益和影响力。与此同时，财经频道充分调动微博、微信、新闻客户端等新媒体的传播力量，通过正能量的释放，凝聚企业家信心，充分体现了财经报道"为国家经济建设服务，为大众经济生活服务，为企业发展服务"的宗旨。此外，调动《人民日报》、新华社以及新浪、搜狐、网易等45家媒体参与报道，并在移动社交网络和自媒体中广泛转载热议的话题，进一步扩大了峰会品牌影响力。

此次峰会得到业内人士的高度认可，中国证监会、中国上市公司协会等相关负责人认为峰会体现了财经频道的专业水准，为中国资本市场的报道做出了有益

贡献；上海、深圳、香港三个交易所的负责人也称，这次峰会非常有意义，他们将继续支持财经频道的活动；媒体界人士认为，此次峰会的含金量非常高，将继续和财经频道加强联动。

三、发布央视财经500指数，实现中国资本市场媒体指数开发新突破

由中央电视台财经频道和中证指数公司联合编制的央视财经500指数在峰会上发布，并于11月3日在上海证券交易所正式挂牌运行。央视500指数创新性地将500家样本公司划分为金融地产、能源材料、工业、信息电信、消费服务以及公用事业六大类，旨在客观反映中国经济新常态下产业转型升级、增长动力转变的时代特征，提供一扇观察中国经济、了解中国资本市场的窗口，帮助国内外投资者准确把握中国经济转型发展的投资机遇。

自2012年6月6日央视财经50指数上市以来，两年间财经频道又陆续开发出央视创新、央视成长、央视回报、央视治理、央视责任五只主题指数；央视生态、央视文化两只行业指数；反映人民币对全球主要货币综合走势的央视人民币指数，以及央视财经500指数。从央视50到央视500，中国首个权威媒体指数实现了由单一指数向系列指数的跨越，初步形成了多层次、跨领域的综合指数体系，巩固了中央电视台在国内媒体指数领域的龙头地位。

（财经频道、台办公室提供）

《商战之电商风云》记录电商发展历程，展示经济转型成果

为贯彻落实党的十八届三中全会精神，展示经济转型升级成果，营造电子商务发展良好氛围，中央电视台财经频道制作播出我国首部以电子商务“战争”为题材的六集大型高清财经纪录片《商战之电商风云》。该片将镜头对准国内外电商领域的关键企业、核心人物，真实记录他们的商业眼光、商业思想和商业智慧。同时，从“电商江湖”“用户之争”“价格之争”“生死时速”“品牌快跑”“资本暗战”等角度，再现了中国电子商务行业从无到有、从小到大的艰辛历程，突出了艰苦创业、改革创新的精神，唱响了智慧创造财富、创新驱动发展的主旋律，引发强烈社会反响。

一是该片全面展示我国电子商务发展成就，见证在市场经济主导下创造的商业奇迹与中国力量。我国电子商务萌芽于1997年，经过十几年的发展，已经深深地改变了民众消费模式，渗透到大众生活的方方面面。《商战之电商风云》精选阿里巴巴、京东、当当、凡客、小米、顺丰等几十家电商领军企业，记录发生在它们身上的大事件，讲述它们为争取电商市场、建立电商秩序而战的故事。通过这些大事件，展现了电商企业和电商人，肩负时代使命，冲破传统桎梏，艰难创业，自主创新的奋斗历程，书写了在全新商业文明时期企业崛起的商业传奇，见证了在市场经济主导下创造出来的商业奇迹与中国力量。

二是该片挖掘电商大战背后的思想力量，寻找电商高速发展的市场规律。《商战之电商风云》深入到电商的商品、用户、价格、物流、品牌、资本等各领域和环节，对国内外多家电商巨头进行独家采访，注重展现人物故事和制造细节，鲜活、真实地重现了亚马逊、京东、苏宁、当当等多家电商巨头及其掌舵人在电商大战背后的思考、部署和谋略。该片从个人购物习惯的转变谈到整代人消费模式的巨变，从电商企业的个案谈到整个电商行业的发展轨迹。通过历史与现实、国际与国内的比较，挖掘电商大战背后的思想力量、理论力量，寻找电商高速发展背后的市场规律。

《商战之电商风云》引起的反馈超越预期，各大网站积极转载和链接视频，网友自发书写观后感，认为专题片推陈出新，具有强烈的时代气息与现实意义。该片的播出引发电商行业热议。京东商城负责人说，该片带着我们回顾过去，也让我们思考如何去开启下一个新的时代；苏宁集团负责人表示，该片淋漓尽致地描绘了电商行业的风云变幻，揭示了新时代电商面貌。业内专家、创业团体、创业青年也对该片进行热烈讨论。观众纷纷在微博、微信等平台留言称赞。

（财经频道、台办公室提供）

财经频道及时报道“美国退出量化宽松”事件，有力引导经济舆论

2014年10月30日凌晨，美国宣布退出历时5年多的量化宽松政策。中央电视台财经频道于当晚推出特别节目《关注美国退出量化宽松》，对这一全球关注的重大财经事件进行多角度、专业化解读，及时发出财经频道声音，有力引导了主流经济舆论。针对这一事件，特别节目播出前后，财经频道推出预热报道和后续跟进报道；特别节目播出同时，新媒体平台同步传播，形成强大合力和规模声势。特别节目《关注美国退出量化宽松》的推出是财经频道整合全频道资源，及时充分报道重大财经事件，在主流经济领域发出财经频道声音，得到社会各界和业界专家的一致好评。

一、实施特别编排，以规模化放大传播效益

财经频道10月30日实施特别编排，打通《经济信息联播》《经济半小时》《央视财经评论》《环球财经连线（晚间版）》四档栏目的播出时段，于20:30—23:10统一挂标推出“关注美国退出量化宽松”特别节目，详细报道了美国退出量化宽松的各种动态，并采用新闻追踪、新闻背景、新闻特写等方式，深入报道美国退出量化宽松对中国乃至世界经济造成的影响，总时长达160分钟。

除当晚的特别节目之外，财经频道还提前策划，对这一事件进行了预热报道和后续跟进报道。10月27—29日，《第一时间》《环球财经连线》《经济信息联播》《交易时间》四档栏目播发美国退出量化宽松政策的相关新闻；10月30日后近一周的时间内，《第一时间》《环球财经连线》《经济信息联播》等资讯节目持续跟进报道中国资本市场以及全球市场对美国退出量化宽松的反应。

二、坚持频道定位，突出财经特色和国际化视野

一是特别节目坚持专业财经的频道定位，着重围绕“美国的量化宽松政策在这近六年时间中对美国自身、欧洲、亚洲尤其是中国产生了怎样的影响？”“美国退出量化宽松带来什么样的后果？”等热点财经话题，客观报道、理性分析，全面报道了美国量化宽松政策的施行过程，重点关注了中国经济与美国量化宽松的关联性。特别节目邀请清华大学经济管理学院教授李稻葵，从财经角度深入浅出地分析了美国退出量化宽松对于世界经济尤其是中国经济的影响，以及对新兴市场、人民币升值压力、热钱流出、中国股市等热点话题进行了详细的探讨。

二是特别节目从专业视角对量化宽松产生的资本效应进行数据化梳理，对一系列经济数据进行了分析解读。节目播出了《美元指数急升 黄金跌1%》《美国上周首次申请失业救济为28.3万人 14年来最低》等，并对美国退出量化宽松后，6500亿美元的热钱将流向哪里作了详尽的分析和报道。

三是在报道方式和节目内容上，特别节目接入了美国、香港、东京的多路连线信号，通过与华盛顿记者、中央电视台驻香港记者、日本富士通综合研究所主任研究员等的连线，全面报道了世界各地对美国退出量化宽松的反映和各种看法，使节目具备了国际化视野。

四是特别节目加强了专业财经内容的电视化表达。“财经名词解释”运用图形、表格、动画等多种手段，生动形象地解释了一些专业金融专业名词；“QE圆桌会议”将国家、机构等人物化、角色化，全面梳理量化宽松政策各个重要时间节点发生的重要事件。从而使特别节目更为切合专业财经受众的收视需求，且更具可视性。

三、充分利用新媒体通路，扩大节目影响力

特别节目播出期间，新浪、搜狐、和讯、金融界等各大网站、平面媒体转载了财经频道的报道和观点，财经频道也通过微信、微博、“财眼天下”新闻客户端，对特别节目进行了推送，扩大了特别节目在社会上的影响力。截至10月31日，“央视财经”新浪微博每条阅读量达25万人次，总阅读量超过千万；“央视财经”微信单条微信阅读量达到5万多人次；客户端原创新闻《李稻葵：美退出QE中国股市受益》《比尔·盖茨：每天花100万美元 也得花218年》等文章被各大媒体大量转载。

（财经频道提供）

财经频道大型直播报道“聚焦双十一网购狂欢节”取得良好效果

根据中央网信办信息化发展局2014年11月12日发布的数据，“双十一”购物狂欢节期间，我国网络零售额再创历史新高，初步统计已逾570亿。“双十一”已名副其实地成为中国乃至全球最大规模的商业促销活动。中央电视台财经频道立足频道定位，经过半个月的精心策划和部署，于11月10—12日推出了大型直播报道“聚焦双十一网购狂欢节”，内容丰富、形式多样，取得了良好的收视效果。11月11日当日收视份额1.15%，创财经频道工作日收视最好成绩，超出目标收视份额40%以上。

该报道由资讯、专题节目和“双十一”当晚的特别直播报道组成。据统计11月10—12日期间，财经频道《第一时间》《交易时间》《环球财经连线》《经济信息联播》栏目共计播出资讯116条，时长共计307分钟；截至11月16日，《经济半小时》《央视财经评论》《对话》等栏目共播出专题节目6期，时长共计195分钟；11月11日当晚，财经频道推出了长达115分钟的大型直播特别报道行动《聚焦双十一网购狂欢节》，并采访了阿里巴巴董事局主席马云、京东集团董事长刘强东等十余位高端嘉宾和业内人士，深入解读了“双十一”对人们消费方式、工作生活方式的巨大改变。

一、意义重大，挖掘内涵提升价值

“双十一”的连年火爆背后，体现了中国消费市场的庞大体量和深厚潜力，充分反映了互联网经济的强大活力及其促进消费、扩大内需的巨大能量，也显示了消费者对中国经济持续健康发展的充分信心。该组特别报道在2014 APEC会议举办期间推出，展示中国新兴经济发展的良好势头、中国电子商务推动全球贸易发展的巨大影响力，为APEC会议营造了良好氛围。报道展示了电子商务在中国蓬勃发展的全貌，强调了政府政策推动、电商积极参与共同打造全球消费者购物平台的重大意义。同时还积极报道电子商务在拉动消费、促进就业、促进中小企业发展、促进物流等相关行业发展、促进跨国贸易互联互通等方面的重要积极作用，呈现了新经济业态充满活力、社会消费蕴藏强大动力的经济图景，透视新业态推动经济转型升级的深刻内涵，解读未来中国经济发展新趋势。

二、平衡报道，全景展示电商实力

此次大型直播报道充分发挥电视表达特点，多地域、多平台同步直播，形象化、全链条展示“电商改变中国”，做到直观、生动、数据可视，充分展示作为中国新兴经济代表的电子商务发展以及对未来全球贸易规则制定的影响，形象描绘了市场各方的参与力量，全景展示中国电商综合实力。

一是做到了各电商企业间的平衡。财经频道不仅在阿里巴巴这一最大的电商平台蹲点采访、直播连线报道，还派出记者到京东、苏宁易购等电商平台，以及顺丰、圆通等多家物流企业进行采访。阿里巴巴集团董事局主席马云接受频道独家专访，从中国电商参与全球化竞争、支付宝在国内上市、扶持中小企业、阿里巴巴未来发展趋势等角度进行了解读。京东集团董事长兼CEO刘强东、大连万达集团董事长王健林等业内人士也从进军农村市场、传统业态升级等角度对电商发展做了解读。此外，除了对大型企业进行关注，节目还把镜头对准在机电企业做电商的花甲老人、开网店卖特色商品的俄罗斯留学生等，讲述普通人通过电商创业的故事。

二是做到了东中西部地区、城市和农村的平衡。东部经济发达地区和城市地区是网购经济发展较快的地区，记者在上海、杭州、广州等地进行报道。报道还着眼中西部地区和农村，展示了云南昆明鲜花网购和快递、四川绵阳诚信快递员、福建安溪铁观音电商等鲜活的故事，全面展示电商经济在中西部地区和农村的发展。节目还根据大数据，用广东、甘肃等地网购顺差这一数据对比，描绘了全国各地网络购物的冷暖情况。

三是做到生产、营销、物流、消费的平衡。节目不仅关注阿里巴巴和京东等商家的营销活动、跟踪快递包裹的运输等，更从消费者角度理性看待“双十一”，并就电商诚信经营、拒绝假货这一消费者关心的问题，采访了电商和贸易专家以及商务部、发改委等部门，提出了增强网络购物诚信建设、减少不当营销等建设性意见和建议。

四是做到不同消费群体之间的平衡。报道坚持财经视角，从资本市场、企业营销等财经的角度对国内热火朝天的“双十一”和相关上市企业进行了全程报道，满足了专业、高端受众对财经深度讯息的需求。为了突出报道的观赏性，节目还邀请黄渤、尚雯婕做客演播室，分别与主持人就电商话题进行互动；记者调查采访了普通消费者提前一个月进行选购、熬夜下单、关心售后服务等消费习惯。报道中还通过播放微电影，大屏幕图解网购数据，随时根据大数据分析当前网购新特点，大大提升了报道的可视化和故事性。

三、国际视野，信息来源空前拓展

11月11日“双十一”已经成为中国电子商务行业发起的、针对全球消费者的网络购物盛宴，据统计全球共194个国家和地区的消费者参与到本次“双十一”活动中。此次直播特别报道也发挥中央电视台和财经频道的全球采集通路优势，突出全球视野，阐释中国电商的国际化特征，解读中国电商的国际性影响力。

一是连线全球六地。香港、纽约、首尔等地进行了直播连线，意大利、日本、法国等海外记者站发回报道。二是突出展示中国电商的国际影响力。节目连线了香港、纽约记者，介绍中国企业通过电商在海外促销、美国投资者热衷投资中国概念电商企业、美国投资者密切关注“双十一”销量、韩国及日本多家厂商备战中国“双十一”、德国物流企业DHL表示希望分享中国电商机遇等一系列现象。三是介绍国际经验。海外记者发回了韩国网购增长超过30%、日本商家推出30多个纪念日进行促销、美国和香港因市场环境差异电商发展冷清等多组报道和直播连线报道。

四、多媒联动，立体传播彰显威力

此次大型直播报道，财经频道进行了精心策划，扎实推进，取得了很好的传播效果。11月10日开始，各档栏目播出部分节目内容进行预热，频道播出“聚焦双十一网购狂欢节”“《对话》独家专访马云”主题宣传片；11月11日《新闻联播》对频道晚间直播特别报道进行了预告，“央视财经”微博、微信新媒体，以及相关平面媒体、互联网媒体的宣传推广，提前进行预热，提升传播效果，扩大节目的影响力。截至11月12日共发布相关微博58条，平均阅读量超过30万人次，总阅读人次超过2000万。“《对话》专访马云”还通过“央视财经”新媒体直播，新华社、新浪、和讯等发文进行报道，并引发路透社、彭博商业周刊、《联合早报》等海外媒体关注。

五、反响强烈，中国电商改变世界

财经频道通过报道展示电子商务的快速发展，强调了电商在拉动消费、促进就业、带动中小企业发展、提升物流行业效率、推动跨国贸易互联互通等方面的作用。报道诠释了中国经济转型升级新亮点、新力量、新趋势，社会各界反响强烈。报道得到业内人士和研究学者的认可；日本、韩国多家电商企业认为通过节目了解到中国“双十一”的热烈气氛和火爆销量；美国投资者表示从报道中了解到中国电商发展和中国消费者网络购物的现状，有助于对中国电商概念股的分析；观众和网友也纷纷通过微博等形式对报道进行评论、热议。

（财经频道提供）

中央电视台中秋宣传丰富多彩、广受好评

2014年9月8日是我国传统节日中秋节。中央电视台围绕传播中华传统文化、弘扬社会主义核心价值观的主旨，以《中秋晚会》为龙头，策划推出新闻、综艺、专题等丰富多样的节目，丰富了假日电视文化生活，传播了浓郁的家国情怀，陪伴广大观众度过了一个欢乐、温馨的团圆节，得到社会各界的广泛赞誉。据统计，三天小长假期间，中央电视台总体收视份额达32.4%，较上周提升2.29%。10个频道的收视份额比2013年有所提升，其中，少儿频道和综合频道在小长假期间位居全国排名第一、二位。

一、《中秋晚会》传递亲情、乡情、中华情，传播浓郁家国情怀

9月8日晚20:00—22:00，综合频道、中文国际频道晚间黄金时段并机直播《苏州月·中华情——2014中秋晚会》，江苏卫视、苏州电视台以及中国网络电视台等同步直播。晚会以文艺节目为依托，通过“问明月”“望故乡”“中国梦”“海上明月”四个篇章，递进式地将亲情、乡情、中华情等情感叠加在一起，映射出中华民族浓郁的家国情怀，深刻地体现出社会主义核心价

值观的深刻内涵。同时，晚会坚决贯彻“节俭办晚会”的要求，从缩减舞台规模、压缩观众数量、服装道具利用等各方面采取了多种措施，并进一步提升晚会质量和感染力，呈现出高层次的艺术水准，展现了浓郁的苏州风情，烘托了中秋团圆的温馨氛围。晚会播出期间，综合频道、中文国际频道两频道并机收视率达3.46%、收视份额达9.7%，全国有4100万观众通过两频道收看晚会。在新媒体的传播效果方面，晚会直播期间，看秋晚送祝福、节目投票、游戏互动等参与总人数达到63.7万，微博话题阅读量为1997万。

《人民日报》、新华社、《光明日报》《南方日报》等多家媒体对晚会给予好评，认为晚会“以情动人”“传统与现代融合”“照顾到了各个年龄层的观众”“自始至终洋溢着温馨浪漫的幸福感和温暖向上的时尚活力”。同时，广大观众也给予高度评价。海外观众也纷纷给予好评。来自15个国家和地区的15位忠实观众受邀现场观看晚会，体现全球华人共度中秋主题。

二、新闻节目突出传统文化，深入彰显社会主义核心价值观

中秋期间，中央电视台新闻报道以“中秋月故乡情”为主题，推出“月是故乡明”“他乡是故乡”“海上生明月”“天涯共此时”四大板块，充分展示中秋节丰富的传统文化内涵，积极营造节日喜庆氛围，弘扬了社会主义核心价值观。其中，“月是故乡明”板块通过直播景观镜头，展现西藏南迦巴瓦、青海阿尼玛卿雪山、中蒙边境、南极站、珠峰、三沙等地壮丽的月夜美景，共赏家乡最美月亮。“月是故乡明·乡愁是什么”通过“乡愁是什么”的设问，以海采形式听乡音、诉乡愁，分享乡愁背后的动人故事。“他乡是故乡”板块以人物特写的方式，聚焦新中国成立以来，响应国家号召，离开故土、建设他乡、把他乡作故乡的典型人物。“海上生明月”板块直播报道海峡两岸人民举行的中秋灯会、中秋祭月、中秋联欢等节庆活动，展现两岸同祈福、话相思、共团圆的和谐美景。“天涯共此时”板块关注韩国、越南、朝鲜等地吃月饼做灯笼的中秋传统，展现各国人民对未来美好生活的憧憬。

同时，连续多天推出“2014钱塘观潮特别节目”，以“潮与人”为主题，通过先进的电视手段还原潮水现场，让观众身临其境般地感受钱塘大潮。《焦点访谈》推出“我的中秋回忆”专题节目，通过对20世纪五十年代以来各个年代不同人物的采访，展示他们的中秋记忆，反映不同时代的特点，彰显中华民族文化的传承与发展。综合频道及新闻频道多个栏目推出服务性板块“假日信息台”，以直播的形式反映小长假交通出行状况，关注不文明出行等现象。

三、多档中秋特别节目内容丰富，满足观众多样化收视需求

除《中秋晚会》外，中央电视台还推出多档中秋主题特别节目。其中，综艺频道策划了《万家邀明月 一起过中秋》十小时大型直播特别节目，巧妙串联中秋主题历史典故、名人轶事、舌尖美食，融合“家风”“家训”“家传”概念，传播了中秋特色文化，展现了百姓美好祝福和心愿。节目平均收视率为0.79%，平均收视份额为4.01%，较平时同时段节目提升80%，相关微话题阅读量高达855.7万，《新京报》等媒体认为节目“把传统文化与家文化结合，打出一张‘家的温情牌’”。中文国际频道推出大型直播特别节目《传奇中国节之中秋节》，对中国大陆、中国香港、韩国、新加坡、马来西亚、印尼等多地的中秋节进行直播报道，并通过国内外多点直播、短片、民俗嘉宾访谈、网络互动播报等手段，全方位展现各地中秋文化和民俗传统，向海内外观众全面立体呈现中秋节内涵。为满足广大戏迷票友的需求，中央电视台延续往年传统，再度推出《“花好月圆”——2014中秋戏曲晚会》，通过“团圆”和“亲情”两条主线，将各类艺术形式与戏曲进行结合，使广大观众在轻松欢乐的氛围中感受戏曲文化的传承与发展。此外，音乐频道播出了《2014中秋民族音乐会》，创新演绎经典歌曲，给观众带来别样的赏月体验。

（中文国际频道、台办公室提供）

“汉语桥”全球外国人汉语大会打造汉语学习新模式

2014“汉语桥”全球外国人汉语大会是由中央电视台与孔子学院总部/国家汉办共同举办、中文国际频道承办的一档大型文化益智类节目，以“学好汉语，读懂中国”主题，集中展示外国人与汉字的故事以及与中国

的情缘，具有全球化、涵盖广、多维度、正能量、新开拓、深挖掘的特点。大会共制作了 12 集节目，从 7 月 5 日开始在中文国际频道亚洲版每周六晚 19:30 分播出，总决赛在 9 月 20 日播出。

"汉语桥"全球外国人汉语大会于 2014 年 3 月启动，预赛在全国设立了 13 个赛区，来自 81 个国家的在华留学生、外籍中小学生、海外孔子学院学生、在华工作的外国人等近万人参加。在"以汉语能力为主、综合能力为辅"的选拔标准下，经过严格的笔试面试和层层选拔，来自 39 个国家的近百名选手参加复赛，6 名选手晋级 6 月 24 日的总决赛。最终大卫（俄罗斯）、帕丽扎（哈萨克斯坦）、黄小猫（美国）分别斩获总决赛的金银铜奖。

"汉语桥"全球外国人汉语大会前身是在华留学生汉语大赛，相较于往届，本届大会全面创新，在中外多维度文化比较中突出诠释了汉字的真谛：首先，大会突破以往以在华留学生为参赛主体的惯例，首次从社会各界选择参赛者，选手们的职业来源之广、年龄差异之大，在同类型赛事中尚未有过；其次，以往留学生汉语大赛，往往侧重于才艺表演，轻视语言测验，本届大会借鉴美国经典节目 Spelling Bee（英语拼字大赛）的成功经验，加入融和创新，让大赛从软比赛回归硬比赛，转化为检测外国人学汉语的水平，从听、说、读、写四个方面来测试外国人学习汉语的能力；再有，本届大会突出"汉字有趣、汉字不难学、汉字有文化"的特点，从这一特点出发，出题力求实用性，即以中国汉语水平考试（HSK）为纲，在考核汉字的同时，重在对汉字的文化诠释，增强文化底蕴，从外国人的视角解读汉字，并引出外国人学汉语的经验与方法；第四，测试内容创新，本届大会的测试内容分主题来进行，如历史篇、地理篇、美食篇、戏曲篇、音乐篇等等，以便使选题结合当下，从中外多维度视角诠释汉字，对中国文化进行分类梳理和考核，在考核语言的同时，也增强了文化的考核与学习。

在播出时间上，2014"汉语桥"全球外国人汉语大会延续了以往季播节目的规模设计，并且主打暑期档、黄金时段，节目播出时间既适应了当前国内受众对季播节目的收视热情，同时也照顾到海内外学汉语的中小学生正在放暑假，可以有充裕的时间观看以补充课堂学习。在长达三个月的播出过程中，节目组收到了来自海内外众多观众的反馈，他们表示节目具有可看性、娱乐性、知识性。

（中文国际频道提供）

"2014CCTV 体坛风云人物"年度评选彰显体育的力量

2014 年 2 月 1 日，"2014CCTV 体坛风云人物"年度评选颁奖盛典在北京举行，现场揭晓并颁发最佳新人奖、最佳团队奖、最佳教练奖、最佳组合奖、未名人士精神奖、残疾人体育精神奖、最佳非奥运动员奖、年度突破奖、最佳男、女运动员奖和评委会大奖等 11 个奖项，标志着本年度评选及相关活动圆满结束。作为中国体育界最权威的评选活动，"2014CCTV 体坛风云人物"以"体育的力量"作为年度主题，梳理一年来我国体育界昂扬向上、催人奋进的事件和人物，并充分展现体育魅力，弘扬时代价值。

一、展现年度体育发展记忆，讴歌时代正能量

本届评选围绕"体育的力量"这一年度主题，将目光投射到不断取得突破的中国体育健儿身上，并聚焦默默无闻推动体育事业发展的普通人，通过他们的事例彰显体育的魅力，挖掘体育所蕴含的时代能量。2014 年是体育大赛年，冬奥会、亚运会以及多个单项世锦赛都在这一年进行。在索契冬奥会上，张虹为中国速度滑冰项目赢得首枚冬奥会金牌。仁川亚运会上，男子 4×100 米混合泳接力后来居上、夺得金牌。体操世锦赛上，中国男子体操队最后一刻逆转夺冠、完成前所未有的六连冠。这些难忘的年度赛事，表达爱国情怀、激励国人内心、鼓舞青年人进取。同时，离休之后投身老年健身活动推广的蔡仙惠、在特奥教学一线工作 20 多年的代建荣、55 岁之后开始亲身参与并推广马拉松运动的田同生，也进入评选视线，他们都是我们身边用体育改变自我、塑造人格、鼓舞他人的普通人代表。此外，颁奖盛典还向逝世的潘多、黄强辉、何振梁等体育人致敬，在缅怀前人的同时，更多地激励今天和后来的中国体育人奋力前行。

二、积极开展体育公益活动，持续提升活动品牌影响

本年度活动在推进评选工作的同时，注重公益理念的传递，组织历届获奖者和评委在5地开展公益活动。其中，在浙江省台州市玉环县华能电厂举办职工运动会，在山东省青岛市开展主题公益健康跑活动，在云南省昆明市官渡区白汉场中心小学举行“开学第一天·快乐体育课”活动，在江苏省常州市岑村举办乡村运动会，邀请云南省丽江市玉龙县白沙完小的学生与国少女足共同完成训练课。这些公益活动涵盖了社区体育、学校体育、全民健身、农村体育等多个方面，显示出“CCTV体坛风云人物”的广阔视野和对中国体育事业的全面关注，使活动的品牌影响力持续提升。

三、创新盛典节目设计，丰富表现能力

本次盛典在构建舞台、节目设计、丰富视觉效果等方面都进行了较大创新。一是可自转舞台和包装视频以立方体为核心元素，立体化呈现评选和盛典，给观众以丰富的想象空间。二是主题歌《风云》由四位在2014年取得突破性成绩的运动员演唱，不仅展示了运动员赛场之外的风采，更表达了对“更快、更高、更强”的体育精神的理解。同时，编排舞蹈《体育的力量》，将极具体育感的舞蹈表演和震撼的多媒体演示有机结合，每一个细节都在雕刻着体育的力量感。三是引入多样传播手段。虚拟观众席的设置，可以使没能来到现场的观众置身于盛典之中；多窗口显示不同场景中同时发生的事件，使观众对颁奖盛典的了解更加全面；首次引入“体坛风云人物”颁奖盛典的“万向鹰眼”技术，全方位表现荣誉时刻的精彩场面。此外，颁奖盛典还围绕我国申办2022年冬奥会，特别设计《冰雪梦》环节，我国几代优秀冰雪项目选手，携手数十位儿童共同完成一段精彩的冰上表演，并通过新媒体平台，征集公众对申办冬奥会的祝福。

四、充分利用新媒体平台，扩大传播影响力

体育频道在新媒体平台发起“全民健身承诺，共筑体育力量”公益活动，成为2014年体坛风云人物颁奖活动的一条主线。颁奖日当天通过新媒体参与互动的总人数超过85万，32.53万人在频道官方微信做出自己的承诺，评论、热议总数超过3万条，其中张虹现场自拍照，陈盆滨朴素真挚的获奖感言，成为网络传播的热点。现场设置的“虚拟观众席”“虚拟语音互动”以及伴随电视直播的新媒体第二现场直播等新颖的新媒体传播方式，也收到了良好的效果。央视网在全程直播颁奖盛典的同时，推出《我在现场——见证风云》原创节目，并在微博、微信等平台发布即时资讯；运用画中画特技推出“边看边聊”功能，邀请评选推举委员、运动员等嘉宾，多维度进行解析。

（体育频道提供）

《中华之光——第三届中央电视台传播中华文化年度人物评选活动》成功举办

2014年12月19日，由文化部、国务院新闻办公室、国务院侨务办公室、中国人民对外友好协会、国家汉语国际推广领导小组办公室和中央电视台共同主办，中文国际频道承办的第三届《中华之光——传播中华文化年度人物》颁奖典礼在中央电视台总部隆重举行。此次评选活动共有10人和1个集体获奖。获奖个人和集体有：国学大师饶宗颐，华人音乐家谭盾，中美交流和文化传播的杰出女性方李邦琴，推动中日文化交流的民间大使吴汝俊，二十余载投身华教的鲁晏宾、王锁瑛夫妇，中西方文化之间的传播者程抱一，加拿大中华文化国际影响力的推动者吴永光，让中国走近巴西的华人女议员李少玉，推动中华书法纳入世界主流的陈声桂，在英国推动华文教育事业的伍善雄；获奖集体是中国援非医疗队。

颁奖典礼于2014年12月29日在中央电视台综合频道及中文国际频道亚洲版首播，中文国际频道欧洲版、美洲版也相继播出；2015年1月4日中文国际频道亚洲版、1月11日中文国际频道欧洲版、1月11日中文国际频道美洲版重播。

“中华之光”活动旨在表彰为传播中华文化做出

重大贡献的华人华侨和国内各界知名人士以及宣传推动“中华文化走出去”的重要项目与团体机构，是中央电视台首个全球性的中华文化传播活动，也是首个具有国际性特点的大型文化人物评选活动，填补了中央电视台人物评选类节目和电视外宣节目的空白，品牌效应日益凸显，影响力持续扩大。

一、评选过程严谨权威，评选过程公开透明，评选范围遍布全球五大洲

从 2014 年 7 月份开始，分别由各主办单位、中国驻各国、各地区使领馆、22 位评委会成员、中国著名专家、学者以及中央媒体团等 5 个权威渠道提名，共在全球范围内产生了 117 位候选人。9 月中旬，由活动组委会审议初步遴选出 30 名候选人，再由各评委会成员进行无记名投票，遴选出 20 名正式候选人。9 月下旬，活动组委会在央视网以及中国各大门户网络，以图文资料的方式对 20 位候选人进行公示，并派出 7 个摄制组分赴全球五大洲各国、各地区采访拍摄候选人专题片，于 11 月下旬在中文国际频道连续播出，在海内外引起观众的广泛关注和热烈反响。11 中旬，活动组委会筹备召开全体评委会会议，对 20 位候选人进行投票，最终确定 10 位获奖个人和 1 个获奖集体。

二、颁奖典礼环节设置大气感人，录制现场氛围平实动人

每年一度的《中华之光》颁奖典礼已经成为中国当前对外宣传最高规格、最大规模的文化盛事之一，更是一场汇集了全球华人精英的文化盛典。获奖人来自全球五大洲，他们在各自的居住国和地区，通过几十年的不懈努力，为推动中华文化走向世界做出了杰出贡献。

在颁奖典礼环节设置上，高规格的推介人现场致辞是一大特色。推介人都是来自世界各国、各地区的政要、前政要、社会名流，其中有加拿大联邦参议员唐纳德·尼尔·普莱特、巴中友好协会主席达尼罗·桑托斯、世界卫生组织驻华代表施贺德等。他们作为推介嘉宾的出席，彰显了活动的国际影响力，更表现了中华文化在全球的影响力。

与前两届《中华之光——传播中华文化年度人物评选》不同的是，此次评选向普通人倾斜。鲁晏宾、王锁瑛夫妇是一对定居葡萄牙的华人教师，他们二十多年日复一日潜心推广中国语言与文化，成绩斐然。他们夫妇的故事获得全体观众起立鼓掌致意。这些普通人的杰出成就展现了遍及全球华人华侨强烈的中国梦，凝聚了亿万海外同胞的中华情。

三、海内外反响积极热烈，获奖人所在国主流媒体积极报道，极大地扩展了活动的影响力

“中华之光”活动的成功举办赢得了国家卫生和计生委宣传司、对外友协等相关单位的赞誉；新加坡《联合早报》、新加坡国家电台、葡萄牙新闻社、葡萄牙国家电视台等国外主流媒体也纷纷报道活动的详细内容以及颁奖典礼的盛况，对“中华之光”活动的影响力以及构建中国与其他国家之间良好关系的作用表示认同；节目在中央电视台播出时，中国驻外各使领馆纷纷组织当地国华人华侨和华语媒体收看，很多使馆表示，“中华之光”大型活动的举办，是对海外华人几十年如一日传播中华文化工作的鼓舞，希望该活动能够长久地办下去；美国观众、巴西观众、澳大利亚观众纷纷来信，认为“中华之光”活动通过表彰获奖者，让广大观众深知，世界各地华人在为继承、传播、光大中华文化所做的不懈努力，从另外一个角度展示了中华文化。

（中文国际频道提供）

2014 年中文国际频道海外观众联谊活动成功举办

2014 年中文国际频道的海外观众联谊活动由组建海外观众俱乐部和举办海外观众座谈会两部分内容构成。

2014 年 8 月 6—13 日，中文国际频道派出 5 人团组，赴西班牙马德里、葡萄牙里斯本举行海外观众俱乐部成立系列活动。此次活动共走访了西班牙马德里、巴塞罗那和葡萄牙里斯本三座城市，举办了两场海外观众俱乐部成立仪式暨观众见面会，与当地近百名热心观众面对面交流，听取他们对节目的意见和建议；频道摄制组实地走访了华人社区、中文学校、华人理发

店、华商批发市场等海外华人工作生活的地方；深入采访了有代表性的六位海外观众的家庭，了解他们的收视需求，用镜头记录下他们与中文国际频道之间的感人故事。活动内容被制作成多期节目在中文国际频道播出。

9月10日，来自美国、西班牙等国家和地区的15位海外忠实观众代表，与频道制片人及编导、记者、主持人代表齐聚一堂，举行了别开生面的海外观众座谈会和海外观众与栏目对接会，收效良好。中文国际频道一直重视海外观众的意见建议，以及与海外观众的联络，先后举办十届“中文国际频道海外观众联谊活动”，共有120多个国家和地区的近15万名海外观众参加。2014年海外观众联谊活动在往年的基础上，新增了海外观众亲临中秋晚会的现场环节，增强了海外观众与电视工作者的亲近感。同时，活动还实现了电视的多样化呈现，制作了15分钟的纪实性节目，并根据15位观众的故事，制作了15个“我与CCTV-4故事”的精美频道宣传片，突出了频道特质、拓展了频道影响力，受到了观众的好评。

（中文国际频道提供）

中文国际频道全面报道澳门回归15周年系列活动

2014年12月20日是澳门回归祖国15周年纪念日，国家主席习近平率中共中央代表团赴澳出席相关庆典活动和新一届特区政府宣誓就职仪式。中文国际频道作为电视外宣的主阵地，派出70人的报道团队赴澳门，首度与澳门莲花卫视合作，搭建澳门演播室，以新闻、评论、专题、移动直播等各种形式，多角度报道澳门15年来在发展经济、改善民生、加强与内地交流合作方面的巨大成就以及“一国两制”的成功实践。整个报道持续8天，共播出相关报道近70条，直播时长超过16个小时，邀请到北京、澳门两地12位嘉宾进入演播室访谈。

此次中文国际频道与澳门莲花卫视合作，借用莲花卫视总部搭建了150平方米的演播室，分为新闻播报区和嘉宾访谈区。两块落地大屏幕循环播放着的澳门实时景观画面，效果时尚现代，整个演播室充满澳门特色。此外，在报道中，中文国际频道特别制作了一系列宣传片、片头、片花和字幕、角标等，以国旗、区旗颜色为主色调，烘托出喜庆祥和的氛围。

一、北京、澳门两地演播室联动，及时充分报道习主席时政活动

19、20日两天，中文国际频道围绕习主席抵达澳门、出席文艺晚会和庆典、仪式等重要活动，以及升旗仪式和烟花汇演，推出大时段的直播特别节目。其中在19日窗口时间10:00—14:00、18:00—22:00，20日7:00—14:00，两天的直播时间加上新闻和访谈节目，共计16个小时。

节目形态为北京演播室和澳门演播室相互联动，所有重要时政活动公用信号直播回北京，由北京演播室带嘉宾包装播出，确保安全、及时、充分报道习主席的时政活动；澳门分演播室方面，强化“澳门视角”，播出除时政以外的资讯，邀请澳门当地嘉宾对澳门发展情况进行深入解读；此外，节目中还在澳门多地设置了单边报道点，根据活动进程和节目内容，与前方记者进行视频连线，多角度呈现庆典活动的隆重热烈，以及澳门民众的喜悦心情；20日21:00，中文国际频道在《中国新闻》中对当晚的烟花汇演进行了直播，将整个报道推向高潮。

二、推出预热报道多角度呈现澳门变化，为全球观众展示“一国两制”成功实践

在14—18日的预热报道阶段，中文国际频道在早、中、晚三大新闻时段推出了四个板块的特别节目，分别是早间时段《中国新闻》推出的系列报道《澳门万象》；午间时段《中国新闻》推出的两大板块《澳门直播间》《直播澳门》；晚间时段《今日关注》推出的特别报道《金莲花开说澳门》。

《澳门万象》以记者的现场体验式采访为主，走进澳门历史城区、博彩场所、凼仔市集等地，以最市井、最民生的视角，呈现澳门民众的生活，现场感强，内容生动。《澳门直播间》由资讯、《记者观察》《据说澳门》三部分组成。其中，《据说澳门》与百度合作，利用大数据，以大量图表形式解读澳门的发展变化。移动直播节目《直播澳门》在每天中午12:00，由

主持人鲁健联袂澳门莲花卫视主持人李若滢，跟随直播车前往妈阁庙、澳门大学、澳门旅游塔、石排湾社屋、拱北口岸等地，直播当地的公益金百万行活动、全景展示澳门景观、走入民间生活，与当地民众互动，现场采访澳门各界人士，为全球观众直观呈现回归15周年的澳门独特魅力。该节目同时在中文国际频道和莲花卫视播出。从12月18日起，《今日关注》栏目连续多天推出特别节目《金莲花开说澳门》。该节目每天在中文国际频道位于澳门的演播室直播，邀请澳门当地有影响力的社会精英到场，分别围绕澳门的民生、文化和经济发展等话题，选取具有影响力和感染力的一些重要事件，以澳门回归十五年来的"变与不变"进行串联，向全球观众详细分析"一国两制、澳人治澳"的成功实践，着力体现国际社会和澳门各界对澳门未来发展的信心。

三、观众认可度高，播出效果好

中文国际频道的澳门回归15周年报道在早间、午间、晚间节目中均高于当期节目平均收视；在网络上，CCTV-4的澳门特别报道相关节目被新浪网、凤凰网、爱奇艺等网站大量转载，累计点击量突破200万次，部分节目被新浪网引用并在首页进行重点推介；国家新闻出版广电总局《收听收看》专家称赞，中文国际频道的澳门回归十五周年报道主题鲜明突出、现场形象生动，板块设置紧凑合理；节目同时也受到了澳门当地民众、机构的欢迎和肯定；《澳门日报》《新华澳报》《华侨报》等当地主流媒体都在显著位置刊文介绍中文国际频道有关澳门回归十五周年的特别报道，并采访了主创人员。

（中文国际频道提供）

中文国际频道稳妥把握国际热点事件报道，取得良好传播效果

从2014年3月8日以来，中央电视台中文国际频道紧紧围绕乌克兰局势和马航客机失联这两个国际热点突发事件，以及时充分、事实准确、客观权威的报道，清晰传递中国立场和声音，取得显著的对外传播效果，收视数据创下近四年来的新高，并获得海内外观众的广泛赞誉，在舆论引导方面发挥了重要作用。

一、及时充分，大容量多角度持续报道事件进展

作为重要的电视外宣平台，中文国际频道始终坚持立足中国立场、及时准确报道全球热点事件，形成了"有大事看四套"的良好口碑。在有关马航客机失联和乌克兰局势的报道中，中文国际频道加大持续跟进力度，及时更新最新动态，既有内容丰富的背景介绍，又有权威专业的专家解读，延续了中央电视台在重大事件报道中的权威性和优势地位。

其中，北京时间3月8日上午，马来西亚航空发表声明通报客机失联事件，中文国际频道第一时间报道最新消息，并迅速调整窗口编排，通过连线前方记者、现场直播马方新闻发布会、播报最新消息、滚动字幕等形式，实时跟进事件动态。同时，中文国际频道依据不同时区华人观众的收视习惯，连续十多天安排特别直播窗口，推出平均每天3小时左右的"关注马航失联客机"特别直播报道，以权威发布、动态新闻、媒体焦点、新闻观察、专家访谈等多种手段展开持续报道，先后邀请多位在海军搜寻、航空、反恐领域的权威专家结合最新动态，对错综复杂的信息、相关的专业背景知识等进行解读。

二、以我为主，突出中方立场传递中国声音

围绕马航客机失联，中文国际频道《中国新闻》《今日关注》《今日亚洲》《海峡两岸》等新闻栏目及时播发我国领导人对该事件的重要批示，介绍中方工作组和中国驻马来西亚大使馆发布的重要信息，让观众了解中方在事件中的立场和态度；多点、多频次连线国内和海外记者，介绍中国外交部、海空军、海警、民航总局、交通部的紧急应对措施，中国参与多国联合搜救行动的进展、机上乘客家属的安置情况等。

在乌克兰局势报道中，中文国际频道坚持以我为主，及时发布中国代表在联合国安理会就乌克兰局势的表态，针对克里米亚公投提案投弃权票的情况，以及外交部发言人的表态等，对外表明中国立场和声音；注重深度解析，先后邀请多位国际问题专家，针对乌克兰局势进行分析点评，阐述中方在乌克兰问题上秉持客观公正立场，希望在尊重各方合理关切和正当权

益的基础上，实现克里米亚问题的妥善处理和解决。

三、坚持客观权威，有效引导观众理性看待热点事件

面对马航客机失联事件各种信息不确定、谣言传闻充斥的情况，中文国际频道始终沉着应对，确保信息来源准确、权威。一是严格把握报道口径，不随意跟风，不跟着西方媒体炒作或无端指责马来西亚方面的搜救工作；二是坚持以本台记者发布的权威消息为主，不盲目抢发时效，及时澄清不实报道，引用国际主流媒体来源，确保信息真实；三是利用《今日亚洲》栏目的亚洲合作媒体报道资源优势，锁定越南、马来西亚、泰国、印度等国的主流频道，获得来自当地官方的独家信息来源，强化报道权威性；四是搜集大量背景资料，制作了“关于失联客机的四大谜团”“法航AF447空难事件回顾”等背景短片，配以大量的图表说明、权威专家解析，从专业的角度厘清事实，使观众了解客机失联事件的复杂性，引导观众理性对待。

在乌克兰局势报道方面，注重报道平衡性，谨慎选用西方媒体报道，同时利用《今日亚洲》合作媒体资源，独家选用俄罗斯媒体报道，多角度呈现乌克兰局势背后的复杂因素，并通过背景短片等形式，向观众介绍乌克兰地缘政治的来龙去脉，认清西方舆论的片面性。

四、传播效果显著，专家和观众给予高度评价

自3月8—18日，中文国际频道共计新增新闻、特别报道直播窗口36个小时，累计播发1760条马航相关新闻报道，邀请相关领域专家50人次走进演播室进行及时权威解读。节目播出后，中文国际频道平均收视份额为3.34%，最高值为4.36%，为近四年以来最高值。其中，新闻节目平均贡献率为59.54%，各新闻栏目收视率也均有较大提升。

国家新闻出版广电总局《收听收看》专家评价称，中文国际频道及时启动“关注马航失联客机特别报道”，进行全方位、多维度的全程跟踪报道，在节目样态上求变求新，权威专家有针对性、深入浅出地讲解专业知识，增加了观众对相关知识的理解。来自美国、西班牙、哥斯达黎加等国以及国内观众纷纷来信反映，中文国际频道有关“马航”和乌克兰局势的报道权威、及时。针对乌克兰局势报道，有观众评价，“观点平衡、体现出频道的国际化水准”。不少观众留言称，“有大事看四套已成为收视常态”。

（中文国际频道、台办公室提供）

《传奇中国节》创新“新闻＋文化”节目理念，立体报道节日文化景观

2014年，中文国际频道创新打造了特别节目《传奇中国节》，开创了将大型突发事件直播方式融入静态文化的新节目模式，先后选取端午节、火把节、中秋节这三个富有中华民俗特色和海外影响力的节日，用大型直播的方式向全球观众立体报道节日的各种文化景观。

一、《传奇中国节·端午节》凸显文化内涵和民俗传统

6月2日，中文国际频道推出3小时《传奇中国节·端午节》大型直播特别节目，全方位展示端午节独特的文化内涵及民俗传统，为全球华人观众呈现了一场内容丰富、形式多样的节日盛宴。当天，直播节目在湖北秭归、江苏苏州、贵州铜仁、台湾台北以及韩国、新加坡等地设立多个直播点，多层次多视角展示各地不同的端午习俗和文化内涵。同时，还穿插播出25部背景短片，并邀请专家学者，从民俗、文化、外国人视角进行解读点评。此外，与百度、新浪、网易等合作推出新媒体互动专区，由新媒体播报员及时播报《晒晒我的端午》《百度大数据》《主播“粽”情大比拼》三大互动板块相关内容，共有超过12万网友观看相关视频。

二、《传奇中国节·火把节》凸显民俗和国际视角

7月20日，中文国际频道推出大型直播特别节目

《传奇中国节·火把节》，围绕“火、力、美、趣”四个主题，采用多点直播、精编短片、嘉宾访谈、新媒体播报等形式，全方位展现火把节独特的文化内涵和民俗传统，同时突出国际视角，向海内外观众立体呈现“东方狂欢节”的魅力。一是以北京演播室为核心，与四川、云南、贵州三个直播点高频次直播连线，全景展现各地火把节盛况，领略感受少数民族如火的热情；二是穿插播出我国台湾地区以及英国、伊朗、印度等国的火崇拜短片，多元展示全球火文化，突出我国火把节已融入到国际火文化；三是邀请专家学者从民俗文化保护与传承、中西方文化差异等方面进行解读点评，延展节目深度；四是与央视网、腾讯、优酷等合作推出新媒体互动板块《我的好“火”伴》，通过网络调查、网络视频征集、主持人真人秀等方式，及时播报互动板块内容，增强趣味性和观众参与度。此外，节目在包装上融合民族特色着重突出火的元素，让人耳目一新。

三、《传奇中国节·中秋节》全面展现各地中秋文化和民俗

9月8日，中文国际频道成功推出直播特别报道《传奇中国节·中秋节》，通过多点直播、精编短片、嘉宾访谈、新媒体播报、实时网络互动等形式，全方位展现各地中秋文化和民俗传统，向海内外观众全面立体呈现中秋节内涵。一是主题鲜明大气，视角国际化。直播以“明月共此时，全球同中秋”为核心，横向集纳中国多地及多个国家中秋节盛况，纵向梳理中秋习俗起源演变，全面展示并解读中秋习俗、中秋文化以及全人类共有的月亮崇拜情结。二是报道形态多样，手段丰富。除北京总演播室，还在苏州设分演播室，并分设福建泉州、安徽马鞍山、吉林延边、天津、江西宜春等内地7个直播点，中国香港和台湾地区两个直播点，海外多个直播点或报道点，邀请民俗专家、秋晚明星等共话中秋。同时精心制作20多个短片，并设计网络互动板块，内容活泼，与节目主题相得益彰。三是与中秋晚会相呼应，《传奇中国节》既独立成章，又为秋晚预热，并借秋晚资源丰富节目内涵。其中，《寻找中秋奇俗》等节目通过晚会明星在网上征集各地奇俗视频，并经过创意编排后全面展现舞火龙、烧塔等各地独特有趣的中秋习俗，以及丰富的中秋文化。

（中文国际频道提供）

科教频道彰显专业特色，引领抗艾宣传新高度

12月1日是世界艾滋病日，科教频道《健康之路》栏目抓住主题日传播契机，创新世界艾滋病日主题宣传，于当天安排播出原创主题晚会《零艾滋 向理想迈进》，放大观点性传播和抗艾宣传的规模效应，彰显专业频道在卫生宣传领域的权威话语权和舆论引领能力，体现三个特点：一是突出权威性，晚会通过3次具有仪式感的权威发布，总结盘点抗艾30年取得的成就和进展，向社会传递“艾滋病是可防可控的慢性感染病”的观点，体现党和政府抗艾工作的信心和决心；二是突出贴近性，采用故事化解读方式的主题晚会和公益纪录片《在一起》形成呼应，细腻、朴素地展现艾滋病患者真实的生存状态，建构起公众包容关注艾滋病患者的情感关系；三是突出引导性，主题晚会充分调用社会资源和名人效应，邀请卫生部、防艾首席专家和濮存昕、蔡国庆、周涛等艾滋病宣传员在现场以发布、对话和体验等多种方式普及防艾知识，引导社会和公众消除歧视，用爱心和行动投入防艾抗艾工作。

（科教频道提供）

中央电视台在首个国家公祭日播出《1937·南京记忆》

2014年12月12日起，由中央电视台、江苏省广播电视总台联合出品的大型纪录片《1937·南京记忆》在中央电视台综合频道、科教频道及五个外语频道先后播出。该片从国际视角客观理性审视历史，将1937

年南京大屠杀的记忆凝固成影像，成为民族的记忆、国家的记忆、人类走向和平的共同记忆，凝聚起“捍卫良知、反对战争、维护和平”的国际共识，在首个纪念南京大屠杀死难者国家公祭日期间成为舆论焦点，被誉为一部战争反思录、一部精神觉醒片、一座记忆博物馆，是震撼人心、引发思考、昂扬正气的历史巨献。

一、主动创作，服务大局，为首个国家公祭日打响正义舆论战

以首个南京大屠杀死难者国家公祭日设立为契机，科教频道与江苏省广播电视总台密切合作，主动创作大型纪录片《1937·南京记忆》，表明中国人民反对侵略战争、捍卫人类尊严、维护世界和平的坚定立场。

该片共5集，以“南京大屠杀”这一历史事件为载体，通过来自美国、中国和日本的6个关联人物对“南京大屠杀”历史真相的探寻和思考，以及当今世界对“二战”、对发生在中国这场大屠杀的历史认识，理性探索中日历史争端的解决之道，最终达到反思历史、凝聚共识、争取和平的目标。片中从1937年南京大屠杀的史实，层层递进到中国、日本、美国等世界各国对这场惨剧的认知以及当今世界关系，逻辑清晰、由浅入深、以理服人。该片的适时播出对于争取国内民众支持，在国际范围寻求各方共识，甚至日本国内的舆论引导都起到重要作用，在首个国家公祭日之际打响正义舆论战。

二、国际视角，立足当下，构建起具有传播力的国际话语体系

《1937·南京记忆》突破传统模式，创新采用第三方视角，以中国、日本、西方世界对南京大屠杀的时代记忆与反思为线索，通过不同视角的透视点立体审视“南京大屠杀”的历史事实。片中讲述了六位惨痛记忆的挖掘者、记录者、研究者和传播者如何用生命控诉暴行、伸张正义，如何用良知思考战争对人性的摧残，如何身体力行维护和平。同时，以当下勾连历史、反思历史也是该片的一大亮点。节目选取的六位人物以当下的思维、语境和叙事方式将历史事实和当代生活有机结合，使南京大屠杀的历史上升为人类共同的记忆和思考，既有纪实的力量又充满人文情怀。由于构建起具有传播力的国际话语体系，《1937·南京记忆》在国际市场上未播先热。在第25届法国国际阳光纪录片节的提案预售中，该片赢得唯一的国际提案预售单元大奖；2014中国（广州）国际纪录片节中，该片作为开幕影片赢得如潮好评。

三、史料翔实，首度披露，向世人昭示南京大屠杀铁证如山

《1937·南京记忆》几乎囊括所有国内外关于南京大屠杀的史料和研究成果，当年大屠杀的被害者、加害者、第三方共同还原了大屠杀的历史真相，用铁的事实证实南京大屠杀是一次不容否认的历史惨案和人间悲剧。摄制组在历时两年的创作中，多次在美国、日本、德国、韩国、波兰等地进行拍摄，采访120多位专家、学者、亲历者和幸存者及其后人，共拍摄1.67万分钟高清素材，搜集到的视频资料达3000多分钟，图片资料2000多张。在《1937·南京记忆》中，很多资料都是首度披露：如当年在南京安全区营救难民的基督教青年会秘书长乔治·费奇先生的54箱重要资料；在斯坦福大学胡佛研究院中保存的张纯如当年的5盒采访录像带等。

四、直指人心，震慑心灵，社会各界好评如潮

《1937·南京记忆》内容平实感人又触及灵魂，引发观众对战争、人性的深入思考。截至当前，央视网专题累计独立用户达853万人，《1937·南京记忆》“边看边聊”用户日均访问量27万，在线观看人数近3万人。专家学者评价称，该片以当事人的回忆、当代人的认知、创新的手法客观准确记录历史，以理性的高度、人文的情怀、国际的视野还原历史真相，是一部直指人心、震撼心灵的精品力作；网友反映，南京大屠杀不仅仅是南京的记忆，更是全国人民乃至全世界的历史记忆，千秋万代，终不能忘，一个国家只有正视历史，才能更好地面向未来。

（科教频道、台办公室提供）

2014 年科教频道广泛参与国内外纪录片节

鉴于科教频道在国内纪录片制作、播出上的平台优势与合作需求，2014 年科教频道广泛参与国内外纪录片节，积极开展节目预售。

6 月 25 日，科教频道派代表参加第 25 届法国阳光纪录片节，在提案预售、国际合作和宣传推广方面成果显著。其中，纪录片提案《1937·南京记忆》参加大会历史单元提案预售，获得提案预售单元大奖，吸引众多国际制作播出机构的关注，比利时法语区电视台及电台决定购买该片的播放权。纪录片《孔子》被法国 Arte 电视台和德国电视二台确定预购。此外，中国新闻社驻法记者和《欧洲时报》驻法记者对《1937·南京记忆》和《孔子》的主创进行专访，并以“中国纪录片欧洲寻合作阳光节上收获颇丰”为题报道科教频道在节展上的精彩表现。作为欧洲最大的纪录片节，法国阳光纪录片节为世界各大制作、发行、播放及投资机构搭建交流合作平台，此次节展共吸引来自 50 多个国家的近 2000 名业内人士参加。

11 月，作为 2014 中国（广州）国际纪录片节的战略合作伙伴，科教频道参展纪录片节受到业界热切关注。节展期间，科教频道以“平等合作 创造未来”为主题，举办全方位的宣传推介活动，深度推介了《水脉》《万历朝鲜战争》《河西走廊》《烈日灼人》《极“险”之旅》《一战中的华工军团》和《深潜》7 部重点纪录片，并与韩国广播公司（KBS）、英国狮子公司、奥地利 Pre TV（pre tv Gesellschaft für Film-und Videoproduktion m.b.H）、澳大利亚海之光公司分别就《万历朝鲜战争》《天河》（国际版）、《深潜》（国际版）等项目达成合作协议；纪录片《1937·南京记忆》作为纪录片节首映影片播放了第一集；科教频道选送的纪录片《高三 16 班》斩获“金红棉奖”最佳纪录长片奖；纪录片预售提案《烈日灼人》入选“最具国际销售潜力的纪录片预售方案”，并受邀参加加拿大多伦多国际纪录片电影节 HOTDOCS 竞赛单元及其境内首映电影的院线推介活动；美国国家地理频道、历史频道、美国公共电视网（PBS 电视台）、史密森电视台，全俄国立电视广播公司 VGTRK(Vserossiyskaya gosudarstvennaya televizionnaya i radioveshchatelnaya kompaniya)、文化电视频道等传媒机构的 48 位纪录片制作人，对科教频道推介和预售的纪录片项目表示出浓厚的合作兴趣；频道在纪录片节“纪录之路”国际培训活动中创作的培训作品受到欧盟培训机构高度认可。

（科教频道提供）

中央电视台第 4 届科教文卫宣传工作联席会召开

2014 年 5 月 21 日，科教频道组织召开中央电视台第 4 届科教文卫宣传工作联席会，推介频道平台，固化对口部委合作机制，并就 2014 年的重点项目寻求对口部委的政策、渠道和资源支持。国家发改委、教育部、科技部、公安部等 40 个单位相关负责人与会。中央电视台副总编辑李挺出席会议发言。科教频道总监金越通报了科教频道近一年来与各部委合作的宣传成果，说明了需要各部委提供资源渠道支持的具体内容。会上，科教频道栏目制片人与对口部委宣传负责人进行了分组座谈。联席会议制度自 2011 年启动后，成效显著。以 2013 年为例，第 3 届联席会议召开后，2013 年 4 月至 2014 年 4 月，科教频道与各部委联合制作选题 40 多个，制作播出 160 集节目，时长近 7000 分钟。其中重点合作项目《中国汉字听写大会》《寻找最美乡村医生》《科技盛典》《发明梦工场》《2013 中国好书》和《嫦娥落月》均取得了良好的宣传效果。

（科教频道提供）

2014“希望之星”英语风采大赛注重全媒体宣传，成效显著

“希望之星”英语风采大赛是由中央电视台科教频道主办的面向全国观众的大型电视英语比赛，从2000年开始，每年举办一届。2014年大赛由中视传媒股份有限公司全权承办，全国范围内共发动了32个赛区，近500万选手报名参赛。6月9—16日，共有1600名选手和1200名老师、家长进京参加全国预选赛。经过四个环节的比拼，60名选手晋级，并于7月8—17日参加了全国总决赛的现场节目录制。本年度大赛的主题为“我要上名校”。现场比赛中，选手通过闯关的形式，全面展示自己的个性才艺，和英语达人比拼学识，运用自己高超的语言水平与现场嘉宾进行话题沟通以争取国际名校的认可和奖学金。节目充分发挥中央电视台的资源优势，与国际名校对接，为中国“学龄”阶段的英语精英建造通往国际名校的求学和成长之路。9场总决赛所录制的节目，于8月16—24日每天16:30在科教频道连续播出。

相较上届，此次大赛和节目更注重全媒体的宣传推广，取得良好的效果。

首先，大赛利用微博平台，精心设计话题，营造看点。节目充分发掘“希望之星”和主持人15年来集聚的人气，设计相关话题，全方位预热比赛，形成收视预期，开播前两天，大赛相关话题已进入新浪微博话题榜第六位。节目播出前后，微博共炮制8个话题，总阅读量达到5011.2万人次，总讨论量达到37585人次。其中4个话题进入总榜前10名。

其次，大赛加强全媒体互动，用游戏促收视。大赛与央视网、优酷、土豆、有道词典等资源紧密合作，推出了“希望之星”大闯关手机游戏，有效地促进了节目收视。如在有道平台上号召用户边看电视边手机闯关答题，实现电视屏幕和手机屏幕的联合互动，节目播出期间，该游戏共吸引270万用户参与，日均参与用户21万，日均分享量达1200人次。同时有道词典配备A类宣传资源对希望之星节目进行大规模宣传，利用有道词典开机画面及首页广告位传播节目播出的信息，广告资源基本覆盖整个节目播出期。在节目播出期间，微博微信共发布13条大号内容，9972人次转发，2710人次评论以及5295人次点赞，粉丝覆盖总量超过3722万人次；其间，50名新浪微博知名评论人发布微博和微信朋友圈参与微直播，点评节目，微直播粉丝数达到12073854人次；在百度上升最快检索词中，“希望之星”英语风采热度增长大于1000%。

（科教频道提供）

科教频道暑期、“十一”特别编排，有效提高频道收视

为弘扬社会主义核心价值观，有效提升频道收视率及品牌影响力，2014年科教频道精心打造暑期、“十一”特别编排，取得良好效果。

2014年7月1日至9月30日，科教频道针对暑期特点进行了为期92天的暑期特别编排。此次编排以“全栏目、有重点”为基础，在稳定编排主体架构不变的基础上，根据暑期收视群体的特殊性，紧紧围绕“中国梦”主题，进行了有针对性的特别编排，不仅使全天整体节目布局更加均衡，同时增强了白天档的收视竞争力。一是暑期午间时段，科教频道立足中华优秀传统文化培育，精心打造了一档“历史文化类”节目，集中展示中国传统文化精髓，凸显科教频道的文化气质；隆重推出三档季播节目《我的一本课外书》《中国汉字听写大会》（第二季）《2014年“希望之星”英语风采大赛》，在集中展示普通人的“中国梦”的同时，增强了节目的互动性和参与性。二是由《寻找最美乡村教师》等多个品牌节目共同打造了晚间精品节目带，内容涵盖传统技艺、传奇物品、动物探秘等多种题材，节目既传承了中华传统文化的根脉，又深刻反映出火热的现实生活，有力彰显了科教频道的知识性与文化性。

为庆祝新中国成立65周年，9月29日至10月12日，科教频道实施为期14天的“十一”特别编排，打破常规栏目播出结构，扩大精品节目播出板块。以《江山多娇》《中国汉字听写大会》《味·道》和《第N个空间》为核心，构成历史文化节目集群、自然科普节目集群和美食健康、民风民俗节目集群。同时，在选

题上更加注重多样性和知识性。其中，专为国庆制作的特别节目《江山多娇》展示祖国大好河山的神奇和瑰丽；《中国汉字听写大会》在国庆期间播出总决赛；独具“中国味”的系列节目《味·道——我的中国味》，在探寻最新奇特美食文化的基础上，着力塑造美食制作者；极具科技特色的《第 N 空间》生动讲述视错觉原理，揭秘其神奇作用。

（科教频道提供）

科技盛典——中央电视台 2014 年度科技创新人物推选活动及颁奖典礼成功举办

“中央电视台 2014 年度科技创新人物推选活动”是由中央电视台、中国科学院共同发起，联合科学技术部、教育部、中国工程院、中国科学技术协会、国家自然科学基金委员会、国家国防科技工业局共同举办，聚焦年度中国科技领域的重大创新成果，结合专家意见和百姓观点，评选出年度最具影响力的“十大科技创新人物”。其评选标准为在科技创新活动中取得重大成果并在科学道德和精神方面具有典型意义的个人或团队，他们的创新成果在当年的科学、技术和工程领域中创新性地解决了重大科学问题，突破了关键核心技术，产生了重大社会经济效益。推选委员会以两院院士代表为主，加上主办方代表、媒体代表、学协会代表和其他相关各界代表共同组成，兼具权威性和公信力。

该活动自 2012 创立以来，已成功举办两届。2014 年 9 月，围绕“创新驱动发展”主题，推选活动拉开了序幕，经过两轮评审，10 月 24 日推选委员会从 84 名有效候选人物（含个人和团队）中，评选出 20 名入围候选名单出炉。11 月 2 日，推选委员会最终评选出 2014 年度十大科技创新人物和三大科技创新团队。

12 月 12 日“科技盛典——中央电视台 2014 年度科技创新人物颁奖典礼”在中央电视台总部大楼 2000 平方米演播室成功录制。现场揭晓了十大“科技创新人物”和三大“科技创新团队”。戴建武、曲道奎、舒跃龙、乔杰、贾利民、邓中亮、袁隆平、李兰娟、张红文、王坚当选十大“科技创新人物”；探月工程三期再入返回飞行试验任务团队、国防科技大学天河高性能计算创新团队、中国科学院海洋研究所“科学”号海洋科学考察团队荣获三大“科技创新团队”。盛典通过聚焦到一个个创新成果背后的具体人物和故事上，展现 2014 年度中国科技创新发展的总体面貌，为广大观众奉献了一场聚集了当今中国顶级科学家和科技创新成果的盛宴。

（科教频道提供）

《国魂》全方位解读社会主义核心价值观

为深入开展社会主义核心价值观宣传教育，由中共中央宣传部宣教局会同中央电视台摄制，科教频道承制了三集电视专题片《国魂》。从 2014 年 2 月中旬开始，历时半年，科教频道派出六个摄制组奔赴全国 18 个省市、呈现了 30 多个普通人的“闪光故事”，首次采用电视手段、全方位展示培育和践行社会主义核心价值观的重大意义、基本内涵和实践要求。该片分上、中、下三集，分别从国家层面、社会层面和个人层面对社会主义核心价值观进行解读和阐释。每集片头统一采用“电视海采”的方式切入，通过对不同地区、不同领域、不同阶层、不同年龄的各族群众的现场采访，生动、鲜活地表达了人们对于社会主义核心价值观 12 个词的理解和期望，体现了社会主义核心价值观是当代中国价值观认同的最大公约数。《国魂》自 2014 年 8 月 8 日起，分别在中央电视台综合频道、中文国际频道、科教频道、纪录频道以及全国 30 多家卫视频道播出，受到各方面好评。

（科教频道提供）

孔子诞辰 2565 年公祭大型直播节目暨纪录片《孔子》开机仪式圆满完成

由中央电视台、山东省委宣传部、济宁市市委市政府主办的，中央电视台科教频道、山东广播电视台卫星频道联合摄制的大型直播特别节目《孔子诞辰 2565 年公祭》于 2014 年 9 月 28 日 9:00 ~ 10:30 在中央电视台科教频道、中文国际频道和山东广播电视台卫星频道圆满直播。

此次祭孔大典电视直播采取了“现场（孔庙）+ 演播室（诗礼堂）”的形式，除直播孔庙内的公祭现场以外，还首次将主演播区设置在了大成殿东侧一墙之隔的诗礼堂。中央电视台主持人陈志峰、赵音奇和山东卫视主持人董姝、彭文馨联袂主持，为全国电视观众展现了在孔子诞生地山东曲阜举行的孔子诞辰公祭大典的实况。同时还特邀北京师范大学李山教授和孔子第七十五代孙、孔子研究院孔祥林研究员对公祭的细节逐一进行讲解，并深度了探讨孔子对于中华传统文化、中国人思想精神的影响等话题。直播现场还在央视网、齐鲁网、人民网、光明网、中国西藏网等网络媒体开通了互动平台。

公祭大典结束后，由中央电视台、山东省委宣传部联合出品摄制的讲述至圣先师孔子传奇一生及其后世影响的大型历史人文纪录片《孔子》也在大成殿前举行了隆重的开机仪式。中央电视台台长胡占凡、山东省委常委、宣传部长孙守刚、山东省副省长季缃绮、中央电视台科教频道总监金越等参加了开机仪式。

（科教频道提供）

纪录片《水脉》见证“南水北调”世纪壮举

2014 年 10 月 17 日起，中央电视台综合频道、科教频道连续播出 8 集文献纪录片《水脉》。据统计，《水脉》在中央电视台多个频道播出后，全国累计近 1.2 亿人次收看。该片由中央电视台与国务院南水北调建设委员会办公室联合摄制，以水利与人类文明、中华文明的关系为线索，重点讲述南水北调工程的论证历史、建设历程、科技创新、移民搬迁安置、文物保护、环保治污以及工程综合效益等内容，从多维视角的生动影像述说宏大背景下的南水北调工程及其重大现实意义和战略意义，被誉为一部“践行和实现中国梦的生动教材”。

《水脉》摄制组运用影像创新手段，通过大量高速摄影、水下摄影、移动电子轨道摄影、移轴摄影、直升机与飞行航模的空中组合摄影等，立体呈现大气磅礴的影像质感；该片还大量运用文献资料，增强视觉表现的厚度和深度，7 个摄制组、由 100 多人组成的团队，历时 4 年，行程 10 万多公里，足迹遍布世界各地，采访了大批国际水利、历史、移民专家，站在国际视角全面记录对比这一重大工程，同时引述世界范围内许多重大水利工程对推动文明发展所生成的重大意义，科学辩证思考人类发展与水资源之间的深刻关系，弘扬中国数千年水利工程建设的深远影响。

《水脉》在中央电视台综合频道、科教频道播出后，较同期收视提升近 100%。10 月 16—20 日，百度指数从零迅速上升到 5945，网络关注度得到极大提高。

（科教频道、台办公室提供）

科教频道探索培训模式，搭建全员培训机制

2014 年，科教频道深入探索培训模式，创新搭建全员长效培训机制，广泛调研一线人员的实际需求，着力组织开展了一系列各具特色的培训活动。

2014 年科教频道首次试行年度全员培训，将培训

范围、内容覆盖全频道一线编辑、记者、制片及行政等岗位，并将“培训”与绩效考核有机结合。根据科教频道自身特点采用“业务沙龙”“纪录片观摩”“编导业务提升专项培训”三轨并行的培训模式，邀请频道领导、资深编导、学院教授、业内精英分享节目制作经验，内容涉及选题策划、采访拍摄、后期剪辑等节目制作环节。全年成功开展四期业务提升专项培训、一次纪录片观摩、三期业务沙龙，近400人次参与了培训。

2014年科教频道的全员培训机制，实现了每月均有面向一线节目制作人员举办的专业培训项目，营造了频道的团队学习氛围，激发了全员学习意识和创作热情，提升了频道创新力和生产力。

（科教频道提供）

第二届《中国汉字听写大会》引发全民参与

《中国汉字听写大会》是由中央电视台与国家语言文字工作委员会联合主办的大型母语情感培育、语词文化传承教育活动。2013年首届大会成功举办，引发全民广泛关注。2014第二届《中国汉字听写大会》在中央电视台综合频道播出期间，共有4.3亿不重复的观众收看，首播平均收视率达1.099%。在暑期档众多以娱乐为主的大型季播节目的收视环境下，单期最高收视率排名第三。数据显示，本届汉字听写大会在高学历与城市观众中更受欢迎。尽管听写大会的参赛选手都是14岁的少年，但从观众年龄构成来看，比赛所吸引的人群却延伸到了35岁以上，说明节目所探讨的汉字书写话题，吸引了全社会各个年龄段的共同关注。

本届大会在互联网发起的“全民焐热冰封汉字”公益活动，触发了千万网友的澎湃热情。网友纷纷通过转发、输入、书写和造句参与焐热活动，每期都有3000万以上人次参加，共吸引了逾6亿人次的网民参加，活动的微博话题阅读量达到了1320.5万。百度搜索“中国汉字听写大会”相关结果4920万条，相关新闻79.4万条。以电视节目带动全民在互联网上参与文化传播，成为2014年夏秋最有影响力的网络活动之一。

大会的精彩节目吸引了全国百余家主流媒体的聚焦报道，报道量超过550篇。《人民日报》《光明日报》《中国青年报》高度评价第二届《中国汉字听写大会》的文化坚守，报道并肯定“焐热行动”的意义与价值，肯定节目的方向与效果。在广受媒体肯定的同时，大会也斩获2014第五届中国影视学院奖年度电视栏目大奖、2014凤凰传媒首届国学大典年度卓越传播大奖、2014第27届中国电视金鹰奖优秀电视文艺节目奖等众多电视奖项。

（科教频道提供）

《中国成语大会》弘扬传统文化 彰显媒体责任

2014年7月6日，由中央电视台和国家语言文字工作委员会联合主办的《中国成语大会》总决赛在中央电视台综合频道晚间黄金时段播出，标志着这档历时3个多月的国家级大型文化赛事圆满结束。《中国成语大会》共13期，平均每期约有1亿多观众收看，收视率最高达1.16%，成为继《中国汉字听写大会》之后语言文字类电视节目新品牌，再次掀起传统文化热潮。该节目深耕传统文化沃土、坚持本土原创，获得了观众、媒体、专家的广泛关注和积极评价，有效弘扬了社会主义核心价值观。

一、深耕文化沃土，弘扬文化自信

《中国成语大会》借鉴《中国汉字听写大会》的成功经验，坚持从中华民族的优秀文化中汲取营养、凝练价值，以弘扬社会主义核心价值观，彰显民族的文化自信和国家的文化自觉。

继《中国汉字听写大会》之后，科教频道迅速抓住成语这一中华文化的语言精华深做文章，用轻松愉悦的竞赛形式向大众传递成语之美。无论是精心甄选呈现在屏幕上的带有正面价值导向的成语赛题，还是选手在组队比赛中表现出来的责任与担当，都释放出强烈的正能量，吸引全民的关注和参与，让成语这一“语言冷门”成为“文化热点”。《中国成语大会》还带动了青年人热心传统文化的风潮。晋级比赛的优秀选手有90%是年轻人，他们对成语的熟练运用和非凡谈吐，以及彼此之间默契的沟通合作和生动的个人情感故事，极大拉升了年轻观众对节目的期待和兴趣，使得说成语、谈典故成为时下青年人时髦的话题和游戏。

二、坚持本土原创，创新文化品牌

《中国成语大会》坚持走本土原创的道路，融入了更加独特多元的构思，在核心内容、节目形态、赛事规则、专家阵容等方面实现了全面创新升级。

内容方面，《中国成语大会》信息量饱满，总决赛全程使用的2000多条成语所蕴含的丰富历史典故与深厚民族智慧，为节目弘扬传统文化提供了极为广阔的创作空间。节目中的成语不仅有古代神话、历史故事、文学经典，还有民间口语和外来语等，适合不同层次、不同文化水平的观众学习和使用，激发观众的收视热情。形态方面，《中国成语大会》兼顾比赛现场和与场外观众互动，以视听手段将猜词与填字游戏巧妙结合，量身设计“目标计时对抗赛”“限时限猜对抗赛”“双音节同题对抗赛”等比拼方式，拉动观众跟随自测。赛制方面，《中国成语大会》选择涵盖不同行业、不同年龄的参赛选手，以组队晋级、个体淘汰的形式架构起紧张刺激的比赛框架，选手自身的个性和魅力，选手之间的竞争与合作，在营造看点的同时，为节目争取最广大的受众群体。专家阵容方面，《中国成语大会》力邀毕淑敏、蒙曼等多位文化名人，用观众喜闻乐见的方式生动揭示成语所蕴含的知识点，回溯中国成语的历史渊源，挖掘成语背后的智慧和思考，有力彰显了社会主义核心价值观。全媒体融合方面，由央视网开发成语手机游戏在节目播出前上线，节目播出期间推出“央视悦动”客户端“摇一摇”和成语“记忆力大考验”互动活动，多终端组织网友对参赛选手投票点赞，有效提升了网民对节目的关注和参与。

三、媒体聚焦、国民热议，引发对文化传承与核心价值观的深入思考

《中国成语大会》播出期间，平面媒体报道量超过200篇，网络媒体跟踪报道40多万篇。伴随着节目进程，媒体报道由聚焦赛事、关注节目样态，逐渐深入到《中国成语大会》对传承文化的作用这一话题上，进而发酵出电视媒体对践行社会主义核心价值观的责任担当等一系列深度话题。《人民日报》《中国青年报》《综艺报》撰文赞许中央电视台的文化担当，肯定节目对传承文化的正面作用。得到媒体广泛赞誉的同时，网友对《中国成语大会》的关注度也一路飙升。网友认为《中国成语大会》为喜欢成语、喜欢历史文化的朋友们提供了交流平台，是一片撒播中华文明优秀品质的净土，整个节目充满了正能量，期待下一届选手的表现。

（科教频道、台办公室提供）

《2014中国记忆》用文化记忆托举“中国梦”

2014年6月14日，我国第九个中国文化遗产日当晚，中央电视台与文化部、住建部、国家文物局合作的两小时特别直播《2014中国记忆》在中央电视台科教频道播出。作为中央电视台连续9年为中国文化遗产日打造的文化品牌节目，《2014中国记忆》首次采用“一台十网”的全媒体运作模式，以“我记忆中家乡的文化和自然遗产”为主题，串联个体的乡愁故事，唤起集体的文化记忆，凝聚民族的文化认同，直播期间吸引参与网络互动的人数近400万，引发各界的热议好评，成为用文化记忆托举“中国梦”的有力样本。

一、分享乡愁故事，凝聚民族的文化认同

《2014中国记忆》以10家合作的网络媒体为推荐平台，共同遴选出十几位不同年龄、民族、地域、职业的个体为代表，用他们饱含深情的“乡愁故事”与网友进行即时互动，引出中国文化和自然遗产保护与传承的文化命题。《2014中国记忆》通过表现泰顺

人的廊桥记忆、泰山担山者的记忆、龙门石窟家的记忆、老北京胡同记忆、开平碉楼的记忆、布达拉宫的记忆等乡愁故事，细腻生动地呈现和表达中华民族“仁、义、礼、智、信”“温、良、恭、俭、让”的文化根基，以此拉近人与人之间的心理距离，给人温暖和慰藉。用“乡愁”搭建起一座连通现在与历史的文化之桥，搭建起一座连通人与人之间的内心情感之桥，是节目的立意所在。

二、设计权威发布，发出文遗保护的舆论强音

此次特别节目直播中，三大部委做了5次有关文化遗产保护的权威发布。其中，文化部宣布我国已成为世界上入选联合国非物质文化遗产名录项目最多的国家，同时发布《地方戏曲剧种保护与扶持计划实施方案》，以进一步保护地方戏曲剧种，推动地方戏曲艺术表演团体健康发展；住建部发布了利用遥感技术手段开展风景名胜区执法检查，查处风景名胜区和世界遗产地的违章建设、防止遗产资源被破坏的相关情况；国家文物局发布了270个全国重点文物保护单位、省级重点文物保护单位集中成片的村落整体保护利用工作相关情况，推介“文物带你看中国”的海外推广项目。《2014中国记忆》通过权威发布环节，充分展示了我国自然遗产和文化遗产保护所取得的重要成果，彰显了国家加大文化保护的力度、政策和决心，形成了舆论强音。

三、探索“台网融合”，发挥全媒体传播优势

《2014中国记忆》首次采用“一台十网”的全媒体生产播出方式，在“台网融合一体化”运行上做了积极的探索。中央电视台科教频道与央视网、人民网、中国网、国际在线、光明网、中国西藏网等十家网络媒体联动融合，共同策划选题、征集内容、推广官网、创作节目、互动播出，收效显著。自《2014中国记忆》活动官网4月26日上线以来，央视网等10家网站独立访问人数逾920万。6月14日直播当天，参与节目网络和手机互动的人数达400万，央视微博、人民微博和微信互动留言量超过80万，创中央电视台直播节目互动和新媒体推广参与人数新纪录。

策划阶段，10家合作网站面向全球网友征集有关文化遗产保护的线索、图片和视频等，共征集到相关人物线索186人，主题声音素材56条，主题视频素材282条共32小时，主题照片5638张，这些线索和资料成为电视内容的延伸和拓展，提前为直播凝聚了人气；预热阶段，节目PC端和手机官网在播出前一个月上线，10家合作网站根据各自定位和任务，设置“我记忆中家乡的文化、自然遗产”等话题开展有奖征集，以论坛、微博等为载体开展话题讨论；直播当天，观众跟随主持人和字幕提示实时参与互动，通过手机、PC和“央视悦动”客户端看直播、评节目、聊乡愁，并将10家网站网友的实时互动情况作为重要节目内容在直播中呈现。

四、各界积极关注，节目引发社会强烈反响

社会各界人士和广大观众、网友纷纷对节目的立意、内容、传播模式和传播效果给予肯定和好评：人民网、光明网相关负责人认为《2014中国记忆》是台网联动的成功尝试，证明电视和网络可以走出一条共同发展、进步和创新的合作之路，一台十网的媒体融合行动，对主流媒体通过融合协作，扩大在新媒体领域的影响力和传播力有重要意义；相关专家、学者认为节目对于加深年轻一代对人类发展过程中历史与环境的感情，会产生难以估量的作用；网友留言，“中国记忆”就是每一个中国人的文化记忆，《2014中国记忆》这个节目让我对生我养我的土地感到由衷地热爱和自豪。

（科教频道、台办公室提供）

《中国谜语大会》引发全民猜谜热潮

2014年2月11—13日晚，中央电视台综合频道连续三天推出大型台网互动文化直播《中国谜语大会》，并在科教频道重播，共吸引2.8亿多电视观众收看，来自全国各地10支参赛队的30名中学生通过

多轮比拼，竞猜谜语，并依据竞猜成绩产生金、银、铜奖。三场直播共有206万人同步参与实时互动猜谜，这是继《中国汉字听写大会》之后，中央电视台创新推出的又一文化传播力作，在弘扬优秀传统文化的同时，探索电视传播向全媒体转型的路径，把许多“手机控”的年轻人拉回到电视机前，在元宵节期间引发了全民猜谜的节日狂欢，让传统文化萌发出时代新芽。

一、植根传统文化，打造“接地气”的节日文化品牌

由中央电视台原创的《中国谜语大会》聚焦传统文化和中国梦时代主题，锁定“文化、智慧、趣味”的关键词，通过元宵节的全民竞猜，唤起人们的传统文化记忆，激起观众的文化情感共鸣，打造具有独特魅力的春节文化电视品牌。

《中国谜语大会》从传统文化的深井中汲水，注重突出“猜灯谜”的群众性、娱乐性和文化内涵，使娱乐元素与文化基因相结合，激起人们的民俗文化记忆，更易吸引百姓的关注和参与。

在谜语设计环节，联合中国民间文艺家协会中华灯谜学术委员会，通过网络向社会各界公开征集，收到2万多条群众自创谜语，充分体现“全民参与”的特点。参与猜谜的，既有屏幕上的学生选手，亦有电视机前的全国观众。激烈的现场智力对抗，为节目增添了悬念感和可视性；电视观众通过扫描二维码同步参与直播猜谜，让节目更具现代感和参与性。

在出谜和破题环节，各界明星纷纷担任出谜嘉宾，扎堆儿向观众拜年，成为一道靓丽的风景线。此外，在直播第二现场，主持人和民俗专家、学者为电视观众“破题解谜”，不仅对谜面、谜底进行深入浅出的解释，也介绍中华谜语的缘起、流变与发展等，让观众在观看节目、参与活动的同时了解了文化知识。

二、创新台网联动，打造“人气爆棚”的全媒体平台

《中国谜语大会》用全媒体传播手段，在全国首推大屏与小屏实时同步互动，成功地将电视传统的单向传播拓展为电视和新媒体的双向传播，实现了真正的全民参与和实时互动，为优秀传统文化的传播增添了新的魅力和生命力，成为台网融合探索的新里程碑。

《中国谜语大会》一是开发直播版手机猜谜互动平台。观众通过“央视悦动”客户端、二维码、短信等方式，参与实时竞猜，获奖名单在节目现场公布。同时网友可通过“央视悦动”“摇一摇”，参与抽奖赢话费，首次实现双屏同步互动摇奖功能。二是推出多种形式互动活动。开发手机互动猜谜网页游戏试玩版，并在每期节目开播前，“央视悦动”推出获胜队伍预测等5项互动活动；在“央视悦动”及微博、微信平台，开展“春节猜谜之我出你猜”原创互动活动，共超过1万网友参与。三是新媒体团队与节目组实行一体化策划，全程参与节目彩排、录制和宣传，完成全媒体直播，发布独家报道，录制节目微视频并在多个新媒体平台发布。四是提前上线官网，组织网络访谈。中央电视台整合“一云多屏”以及“央视新闻”“央视影音”等客户端进行宣介；协调新华网、新浪网等网站在首页重点位置推荐节目官网，同时向优酷等8家网站推送宣传片；在30家合作网站投放节目预热稿件。

节目通过手机端和电视的互动传播方式把许多“手机控”的年轻观众拉回到电视屏幕前。据统计，观众参与竞猜互动最高1秒并发达8万人，三期节目共有206万人实时参与互动。决赛当天，“中国谜语大会”进入新浪微博热门榜第4位，冲上新浪微话题电视节目排行榜第一名。

三、社会反响热烈，各界好评如潮

传统文化魅力的新发掘，现代传播手段的新运用，让《中国谜语大会》成为社会各界热议的话题，备受关注和好评。

《人民日报》刊文称“《中国谜语大会》让起源于南宋却日渐式微的‘观灯猜谜’的习俗焕发了新的生命力，台网融合的创新实践，为传统媒体和新兴媒体的融合发展提供了借鉴和参照”。《光明日报》《北京日报》《西安晚报》等撰文评价节目要义。新华网、新浪网、腾讯网等30多家网站纷纷刊发专题消息或转载节目宣传片。同时，《中国谜语大会》让很多家庭出现了“全家讨论、合议结果、一人发送”的局面，网民评价称，“锻炼思维长知识，寓教于乐合家欢”。

（科教频道、台办公室提供）

《2014 我的一本课外书》倡导全民阅读

《我的一本课外书》是科教频道《读书》栏目于2012 年暑期创办的一档青少年阅读比赛季播节目。《2014 我的一本课外书》属于该季播节目的第三季。该季共 12 集，每集时长 70 分钟。节目从全国十万名参与学生中，遴选出 35 名“中国读书少年”，用演讲竞赛的方式，展开阅读大比拼，全面呈现 35 名少年妙趣横生的有关阅读的个人化体验，以此展现青少年群体的读书风貌，家庭、学校对青少年教育的风貌，乃至社会风貌，推动并引领青少年阅读。

该节目是传播知识和思想，倡导全民阅读的新尝试，与科教频道的定位高度吻合。节目立意定位准确，现场录制效果较好，播出后反响热烈。2014 年 7 月 10 日至 9 月 25 日在科教频道每周四晚黄金时段播出，引发了观众和网友的关注和热议。《新闻联播》《中国教育报》等媒体对该节目给予了关注和好评。节目被誉为“电视与阅读的一次完美结合”“推广全民阅读的有效示范”。

（科教频道提供）

《2014 清明中国》海内同源共祭祖，牢记历史慰英灵

2014 年 4 月 5 日 9:30—11:30，中央电视台在国家设立“南京大屠杀死难者国家公祭日”后的首个清明节，创新推出大型直播《2014 清明中国》。直播以“五台四网”联动的方式进行，中央电视台科教频道与陕西广播电视台、江苏广播电视总台、福建东南卫视、台湾中天电视台五台联动，央视网、西部网、江苏网络广播电视台和东南网同步进行台网互动，共吸引 8600 万观众收看。科教频道直播收视率较 2013 年同期提升 8%，上星频道收视排名提升 5 位，创近五年清明特别节目的收视新高。人民网、新华网等多家媒体对中央电视台此举进行报道，超过 10 万网民通过移动端和 PC 端参与实时直播互动。

《2014 清明中国》以“陕西中华大祭祖”和“南京大屠杀死难者清明祭”两大活动为主直播内容，搭建北京主演播室、陕西、南京三大直播现场，用“清明追思”“香火千年”“清明告祭”和“清明怀远”四个主题板块结构线索，祭奠祖先、缅怀先烈，告慰死难者，追溯民族血脉，昭示人间正气，凸显中华民族精神。

一、华夏同根，海内同源，两岸首度合作电视直播“中华大祭祖”

此次《2014 清明中国》，中央电视台联手福建东南卫视、陕西广播电视台和台湾中天电视台合作直播了由国务院台湾事务办公室、国务院侨务办公室、陕西省人民政府联合承办的“中华大祭祖”祭祀典礼，这是海峡两岸主流电视媒体的首次联合直播，两岸主持人共同出现在直播节目中。媒体和海内外华人纷纷聚焦台湾加盟直播这一热点。新华网称，“一直以来台湾同胞都有遥祭黄帝陵的活动，今年台湾中天电视台首度加盟直播陕西黄陵祭祀典礼，凸显了慎终追远、源远流长、海内同源的寓意。”

二、勿忘国耻，警钟长鸣，直播“南京大屠杀死难者清明祭”

此次《2014 清明中国》对在南京大屠杀死难者纪念馆举行的民间自发悼念活动进行直播。各界人士来到大屠杀纪念馆写有遇难者名单的“哭墙”前祈祷献花、流泪哀悼，几位年逾 90 的幸存者在“哭墙”前向观众讲述那段永远不能忘却的历史事实。这场由中央电视台组织的公祭直播，不仅是对南京大屠杀 30 万亡灵的最高祭奠和告慰，更是对日本军国主义和日本右翼势力否认历史最严厉的谴责与回击，它警示后人勿忘国耻，警钟长鸣，也表明了中国政府和中国人民反对战争，尊重人的价值和生命价值的坚定决心。

三、缅怀先烈，传承文化，让传统文化与社会主义核心价值观同行

节目以清明节为契机，高举爱国主义旗帜，生动地将传统文化与社会主义核心价值观紧密结合在一起。节目选取志愿军烈士遗骸回国、江苏淮安刘老

庄烈士陵园祭奠活动、陈冲村坚持70年为300多名新四军战士无名墓祭扫的三个典型事例，缅怀革命先烈，铭记英烈功勋，弘扬爱国精神。同时，围绕“清明祭扫起源”“介子推与寒食节”等传统故事，诠释传统文化中舍身赴义精神和中华民族淳厚尚俭、信实礼让的传统美德。

四、媒体聚焦关注，各界反响热烈

人民网、新华网、网易、凤凰网等多家媒体纷纷聚焦报道此次清明直播，对国家电视台牵头组织多家媒体合作清明节目，凸显传统文化内涵、警示国人勿忘国耻的节目立意给予充分肯定，并积极评价直播创新采用的台网联动模式；相关专家学者认为《2014清明中国》立体全面地展示了清明风俗，对延续中华民族血脉、传承中华文明、促进文化认同有着积极的引导作用；网友留言称，又到一年清明时，中华大祭祖，海内外共祭黄帝，感受传统民俗。

（科教频道、台办公室提供）

《中国好歌曲》第一季完美收官

由中央电视台综艺频道与灿星制作共同打造的大型原创音乐评论类节目《中国好歌曲》第一季于2014年3月21日完美收官。《中国好歌曲》坚持创新与担当，以“写我生活，唱我梦想”为主旨，主打中国原创音乐，推出一大批原创歌手和作品，引起社会各界的高度关注和广泛赞誉。11期节目平均收视率1.385%，较播出前同时段提升0.24%，并连续多期蝉联同时段全国第一。截至3月26日，节目网络视频在央视网和腾讯视频的点击量达4.35亿次。

一、主打原创音乐，涌现大批新人新作

2014年1月3日至3月21日，《中国好歌曲》围绕“写我生活、唱我梦想”的原创主旨，历经6期盲选、4期主打之争、1期年度盛典三个阶段、11周的激烈鏖战，涌现出了一大批极富原创动力和创新精神的新兴原创歌手和原创作品。《走进心时代》《美味人生》《江湖新能量》《新九拍》4张大碟，每张收录10至12首热歌，筛选捧红各具代表的新歌50多首。其中，霍尊的《卷珠帘》夺得“年度好歌曲”桂冠并登上马年春晚；《明天不上班》等歌曲在网络上被广泛传唱；已经拥有一定影响的音乐界人士如马上又、柳重言等收获职业生涯的第二春；四位导师在总决赛当天，带来各自最新原创作品，以身作则推动原创音乐制作。

二、注重责任引领，节目实现“三性合一”

在当今“娱乐至上”的环境下，《中国好歌曲》真正用音乐作品说话，将大众目光聚焦在作品上，还原音乐干净、健康、公平的本来面貌，给观众留下深刻印象。

第一，注重原创性。无论是节目模式还是参选曲目均强调原创精神。该节目是国内首档以“造曲”“选曲”为主打的综艺节目，让音乐创作人成为主角，筛选原创新曲，塑造原创精神。

第二，注重专业性。除明星导师、高清音效、现场配乐、顶级调音等元素延续了高品质外，《中国好歌曲》还做到了对音乐本质的回归。一是增多对歌词信息的处理，方便现场观众及导师理解歌曲内容；二是减少舞台包装，镜头对准选手、导师们、观众。三是对歌曲精挑细选。

第三，注重真实性。节目做到了真原创、真故事、真性情、真人生。一是真实的故事。每唱完一首歌，都会有导师、学员互动环节，诸多学员就此机会阐释了歌曲创作背后的故事，自然流露的感情。二是真实的表达。谢帝的《明天不上班》以亲切、接地气儿的歌词颇受网友好评。

三、立足综艺创新，开创崭新合作模式

中央电视台坚持“创新办节目、开门办节目”理念，联合社会优秀的制作公司精心打造《中国好歌曲》，力推中国音乐原创，传播正确导向。

一是全流程把关指导。前期立项阶段认真分析“原创歌曲”与CCTV-3受众的匹配度、频道需求及责任、节目投入产出比等情况，深入验证可行性；与

灿星制作商讨具体合作细则，签署《联合制作合同》；节目录制期间安排相关负责人三次分赴盲选、对战和总决赛录制地现场把关，着重在录制方向的把握、部分敏感话题的把关、频道观众构成及受众习惯剖析等方面予以建议和探讨；后期编辑加强把关与审核。

二是全面协调台内宣传。开播前跨频道投放大量节目预告片，助推节目开播首期达到1.85%的高收视率；节目“概念篇”“四大导师篇”宣传片在综艺频道、北广传媒移动电视等平台多次滚动插播；节目横幅、竖幅灯箱海报广泛投放于北京各大公交车站候车亭；中央电视台《新闻联播》《新闻直播间》《共同关注》等新闻节目对节目新闻发布会及首期节目进行及时报道回访。

三是台内台外协作配合。期间，综艺频道配合灿星制作完成了新闻发布会的召开、与商业网站的合作、与全国都市报的合作、媒体评审团的邀请等工作，形成良好宣传效果。节目播出期间，每周网络推送位置都保持平稳上升，每周全国平面媒体发稿数量和质量均有提高。新媒体如微博、微信、音乐类App（酷狗、百度、虾米、唱吧）等都及时对节目进行了预告宣传。香榭丽传媒、航美传媒、百灵传媒全国各大户外大屏、万达影院也进行了滚动播放。

四、社会反响强烈，舆论呈现“零差评”

《中国好歌曲》新颖的节目形式和独特的节目定位，一经推出即成为中国原创音乐真人秀的标杆，备受关注。获得了媒体、专家学者、业内人士的积极评价，堪称“零差评”。节目舆论反响积极，腾讯娱乐报道、网易娱乐、新华网均发文称赞，认为好歌曲的火爆证明市场并不匮乏原创力量，节目音乐品质的追求，必将带动更多的青少年投身乐器的学习之中；节目获传媒专家学者高度评价，“从《中国好声音》到《中国好歌曲》是从‘中国模仿’到‘中国创造’的标志性媒介事件，体现央视作为国家电视台的品位和责任”；业界知名权威人士纷纷点赞。

（综艺频道、台办公室提供）

中央电视台积极全面宣传首个国家宪法日

2014年12月4日是我国第14个全国法制宣传日，也是第一个国家宪法日，这不仅是建设法治中国进程中具有特殊纪念意义的日子，更是全民的宪法“教育日、普及日、信仰日、行动日”。期间，中央电视台组织综合频道、中文国际频道、新闻频道、社会与法频道、外语频道等多频道与央视网，推出形式多样的新闻报道、特别节目和专题活动，弘扬宪法精神，传播依宪治国、依宪执政的理念，加强宪法教育，凸显宪法地位。节目受到社会各界广泛好评，称赞新闻报道全面权威、颁奖典礼庄重震撼，营造了人民拥护宪法实施、宪法维护人民利益的良好氛围。

一、推出法治人物颁奖礼，全面反映我国法治进程

12月4日，综合频道、社会与法频道播出由司法部、全国普法办与中央电视台共同主办的《宪法的精神 法治的力量——CCTV2014年度法治人物颁奖礼》。颁奖礼以法治人物故事为基础，串联年度法治大事，借此表现年度法治进程和法制成就。本届颁奖礼特别关注了新中国宪法制定者和《环境保护法》立法修法学者，结合展现产生重大影响的法治事件，共有许崇德、朱忠华、“刘汉刘维特大涉黑犯罪集团案”案件办理人员、中央人民广播电台《中国之声》等13位人物、团体和单位获奖。此外，为扩大法治人物评选活动的影响力，推动普通百姓对法治建设的关注，本届颁奖礼新增了“年度网络最具人气奖”奖项，为候选人物量身定制了形象生动的漫画，并在中央电视台官网开设“点赞平台”，由广大群众参与选出他们最认可的候选人，引发全社会的持续关注和热情参与。“年度法治人物颁奖礼”至今已举办13届，通过这一年度法治正义力量的集合与人格化展示，促进全国公民法治意识的提升和整个社会法治氛围的强化。

二、推出新闻报道特别编排，加强宪法宣传

宪法日当天，新闻中心推出“让宪法成为信仰”特别编排，以党的十八届四中全会提出依宪治国理念为切入点，进一步加强宪法宣传教育，凸显宪法地位。

一是《新闻联播》等栏目及时播发习近平在首个国家宪法日作出重要指示、张德江出席“深入开展宪法宣传教育 大力弘扬宪法精神”座谈会并讲话等重要时政新闻，彰显中央推进依宪治国的意志、决心。二是《新闻直播间》特别编排《让宪法成为信仰》，围绕宪法是我国根本大法、四次修宪见证法治进步、宪法与人民生活息息相关等话题，邀请中国宪法学研究会会长韩大元、常务副会长莫纪宏担任演播室嘉宾，进行权威访谈。三是跟进新闻动态，直播连线最高法统一要求全国各级法院举行法官宣誓仪式、北京等地宣誓仪式、全国各地“12·4”主题活动等。四是推出《法治在线》特别节目，用真实的案例、生动的故事，向观众讲述宪法与每个公民之间的关系。

综合频道《今日说法》栏目围绕“弘扬宪法精神，建设法治中国”主题推出两期特别报道，以记录我国《刑法》和《刑事诉讼法》修订为主线，从相关罪名的立与废切入，选取典型案例讲述立法背后的故事，展示立法不断增强对人权的尊重和保障，体现科学立法、依法治国取得的进步。中文国际频道积极报道各地公职人员向宪法宣誓仪式及学生学习宪法，并通过专家分析指出我国目前在维护宪法尊严方面需要改进的问题。英语新闻频道采制《中国宪法教育现状》《从沈阳推行行政案件集中交叉管辖看司法公正》等深度报道，关注中国法治建设和普法工作取得的成就，报道宪法在中国政治经济和社会生活中的地位。

三、推出多篇宪法专题网络文章，助力普法教育

围绕国家宪法日相关主题，央视网发布图文、视频报道36条，重点通过网页端、微博平台开展宣传报道。一是首页重点推荐《习近平：切实增进宪法意识 坚决维护宪法法律权威》《写在首个国家宪法日：培育法治信仰的庄严时刻》《四次修宪记录改革开放主要历程描绘国家社会发展轨迹》等报道。二是发布原创网评《国家宪法日，构建宪法至上的认知与信仰》，倡导人们了解宪法、尊重宪法、敬畏宪法。微信账号网络新闻联播发布《国家宪法日，为何重提77年前的一场命案》，点击量超过5000人次；微博账号@网络新闻联播发布微博“盘点现行宪法的完善历程：颁布30多年经4次大改”，阅读量3.7万。三是央视微博同各官方微博一起大力宣传普法教育。在微博话题榜上线#国家宪法日#、#法治宣传日#等微博话题，特别对@贵州高院的《法院开放日》等微博普法活动进行重点宣传，并对“塑造共同的宪法信仰”“宪法给了你哪些权利”等微博进行重点推送。期间，央视微博平台共发布“12·4法制宣传日”相关微博265条，其中#国家宪法日#话题微博共计161条，各地方政务微博也发布多种法制宣传日宣传活动报道，展现全国各地法制宣传氛围。

（社会与法频道、台办公室提供）

“善行2014”暨“CCTV慈善之夜”公益活动传递社会正能量

为大力推进慈善事业的发展，2014年11月15日，中央电视台推出“善行2014”暨“CCTV慈善之夜”大型公益活动。活动由展播和晚会两大部分组成：“善行2014”系列展播共30期，以寻找感人至深的慈善人物和故事为主题，记录凡人善举，倡导践行慈善精神；收官晚会“CCTV慈善之夜”于12月15日在中央电视台社会与法频道、综合频道播出，晚会以“为了孩子”为主题，为受困儿童募集善款2.33亿元，同时晚会还公布了2014“CCTV年度慈善人物”。节目内容质朴真实、充满情感、打动人心，树立了具有公信力的慈善榜样和人物标杆，凸显了国家主流媒体的社会责任，获得社会各界一致肯定，激发了社会正能量。国家民政部认为“CCTV慈善之夜”为中国的慈善事业发展搭建了良好的平台，为公益机构、社会企业与政府相关部门建立了有机关联；《光明日报》开辟专栏连续30天刊登“善行2014”系列故事，并对社会与法频道播出的凡人善举表示肯定；《人民日报》《新京报》等多家媒体都对“CCTV慈善之夜”进行了报道；“CCTV慈善之夜”获得中国青少年发展基金会颁发的希望工程25年杰出贡献奖，中华全国妇女联合会、中国妇女发展基金会颁发的中国妇女慈善奖贡献奖。此次活动开创了主流媒体慈善领域大型活动的新形式，体现了国家媒体的权威性和导向性，传递了社会正能量。

（社会与法频道提供）

《夕阳红》栏目精心打造2014年全国敬老月主题宣传活动

2014年10月，社会与法频道《夕阳红》栏目精心打造全国敬老月主题宣传活动，以“老有所养”和“全国十大老有所为先进人物”两大系列贯穿全月，节目播出后受到了全国老龄办等相关部门及全国老年朋友的广泛关注和热议。

在全国敬老月主题宣传中，栏目围绕“老有所养”这一主题，制作了17期的系列节目，关注国家养老、社会养老、居家养老、社区养老等社会和中老人所关切的问题，以具体故事为切入点，邀请政府官员、社区工作者及专家，多维度探讨当下养老体制的现状及对策。

“全国十大老有所为先进人物”则将镜头对准了从全国百位“老有所为”老人中评选出的十位先进个人和一个先进团体。11个“老有所为”的故事展现出了老年群体投身新的工作与事业、自强不息以及积极推动民族复兴、实现“中国梦”的新形象，为树立积极、健康的老龄观，促进我国老年人参加社会发展起到了积极的引导作用。

（社会与法频道提供）

中央电视台清明特别报道别开生面、感人至深

4月5—7日，围绕清明这一传统春祭节日，中央电视台调动31家国内记者站力量，联动全国11家地方台，推出一系列特别节目和新闻报道，真实记录国人祭拜先辈、感悟生命的庄严场面，深刻挖掘清明慎终追远、砥砺前行的文化精神，有效增强民众对中华传统文化的认同意识和家国情怀，积极倡导拥抱自然、品味春天的新风尚，引起社会强烈反响，成为节日里的重要话题。广大观众和网友评价节目“别开生面、感人至深”，是中央电视台对传统节日新闻报道的一次新尝试、新突破。清明特别报道也引起海外媒体广泛关注，相关视频被英国广播公司（BBC）、马来西亚8TV等7家境外媒体的电视频道使用20条次，显示出清明这一中国传统节日开始走出国门、进入海外观众视野。

一、围绕“爱家爱国”这一鲜明主题，增强思想性，使节日报道成为传承传统文化、弘扬时代精神的重要教材

中央电视台提前制定详细完整的清明报道方案，提出节目要在追思英雄、缅怀先贤上做文章，在爱国爱家、倡导新风上下工夫，突出向历史致敬、向英雄感恩的报道主题。英雄先烈、仁人志士是清明追远祭礼传统文化的实践者和承载者，大型特别节目《不能忘却的纪念》以宏大气势、开阔视野展现中国近现代史波澜壮阔的历史画卷。节目分别在福州林则徐墓、井冈山革命烈士陵园、南京雨花台、牡丹江八女投江广场等地，对当地群众的祭奠活动进行现场报道。整个报道庄严凝重、大气磅礴，阐释了甘于奉献、勇于牺牲、无私大爱的主题内容和核心价值观，使之成为激发爱国热情、振奋民族精神的生动教材，在观众和网民中引发强烈情感共鸣。

二、创新“走基层”这一报道方式，提高感染力，使节日报道成为改文风、转作风、扩大中央电视台影响的重要标志

碑文是逝者一生的浓缩，闪烁着思想之花、智慧之光的碑文常常让人触动、引人思索。其中，精心策划的《写在墓碑上的人生》特别节目，从碑文这个独特视角入手，讲述近现代名人大家的人生故事。中央电视台调动百余名记者，以“走基层”方式行遍数十省，深入名人大家墓碑所在地，走访他们生活工作过的地方，倾听亲朋好友讲述。节目从4月5日起连续三天在《新闻联播》推出，每次时长5分钟左右，同时在《朝闻天下》《新闻三十分》《共同关注》《东方时空》等重要栏目中滚动播出，“万婴之母”林巧稚、实验物理学家吴健雄、劳动模范张秉贵、人民好干部孔繁森等一批革命烈士先贤的碑文首次展示在观众面前，在声

情并茂的故事中讲述他们爱岗敬业、淡泊名利、爱国奉献、不怕牺牲的思想品质和人格魅力。节目引发观众审视自身、见贤思齐的感怀与反思。

三、坚持“服务观众”这一理念追求，增强贴近性，使节日报道成为主流媒体暖人心、聚人气、树新风的重要窗口

2014年清明报道不仅推出《清明节人们都去哪儿了》《大数据看出行》等特色栏目，及时发布交通、旅游等服务信息，而且通过记者跟随游客在景区的体验式报道，以直播方式动态反映各主要景区实际情况，为游客愉快出行提供便利。4月7日小长假最后一天，新闻频道全天共直播25场，范围覆盖全国绝大多数著名景点,内容涉及衣食住行方方面面。同时，清明节期间还特别推出《清明说吧》，在全国10个地方设立说吧小亭子，为普通百姓搭建述说、倾听的渠道和平台。短短三天就有近400名不同职业和年龄的群众走进《清明说吧》,经过精心剪辑后在《新闻联播》和新闻频道播出，成为亿万观众在清明期间思想碰撞产生情感共鸣的心灵家园。

四、挖掘“清明节”内涵，对传统节日寄以生命意义的思考与哲学追思

社会与法频道于2014年4月5日晚黄金时间推出清时特别节目《清明节·让我们谈谈生死观》。该节目包括外拍小片和演播室访谈，这是社会与法频道首次推出清明节特别节目。节目现场邀请了哲学家、作家周国平，北京大学医学人文教授王一方，神经外科专家凌锋等三位嘉宾与主持人张越共同诠释生死话题，探讨了对生命价值的思考，首次尝试从哲学的角度谈论生死观。节目既有深度、又有感人的故事，既有追思亲人的片段、也有祭奠革命先烈的环节，充分彰显了爱国主义精神。该节目融合了微博、微信、短信、留言、电话等多种互动方式，在直播过程中引发网友和观众的广泛参与和高度评价。

（社会与法频道、台办公室提供）

《平安中国2014》获得全国政法系统广泛好评

2014年12月22—26日，社会与法频道推出5集纪录片《平安中国2014》。该片贯彻落实党的十八届四中全会“依法治国”的精神，以及习总书记对平安建设的重要指示，从科学立法、严格执法、公正司法和全民守法等方面，着眼于近年来我国在推进依法治国方面所取得的成就，用鲜活的人物、生动的故事、理性的分析，全面深入地宣传了依法治国重大决策的精神内涵，系统展示了全国政法系统为推进依法治国所做出的积极贡献，积极顺应了人民群众对经济发展、政治清明、社会公正的新期待，描画了全面建成法治中国的美好愿景。纪录片播出后，获得全国人大常委会新闻局、中央综治办的一致好评，认为节目通过生动的故事、鲜活的人物、理性的分析，全面宣传平安建设的新精神、新举措、新进展，充分发挥法治的引领和保障作用，深入推进平安中国建设；纪录片得到了全国政法系统的广泛认可，很多省市还专门组织辖区内的政法机关工作人员进行集中收看。

（社会与法频道提供）

2014CCTV钢琴、小提琴大赛传播经典艺术，奏响中国梦新曲

2014年10月31日，中央电视台音乐频道精心策划组织的“2014CCTV钢琴、小提琴大赛”圆满落幕。大赛以弘扬社会主义核心价值观、传播优秀文化为宗旨，分业余组和专业组两个组别、不同年龄段进行，经过报名、初赛、复赛和决赛等环节的激烈较量，最终12名选手分获不同组别冠军，14名曲作者获中国梦主题钢琴、小提琴委约作品奖项。大赛于6月16日启动，历时4个多月，共有5千余人报名参赛，4个

导演组行程3000多公里，在包括港澳台在内的15个城市评选出280名选手进京参加12个组别的复赛和决赛。在黄金时间现场直播40场，创音乐频道成立以来大型节目连续成功直播新纪录，受到音乐界专家学者和广大观众网友的高度赞扬。

一、突出主题性，创作中国梦主题新作品

大赛在策划之初，针对当前植根民族文化、反映当代主旋律的钢琴和小提琴作品匮乏的现状，提出借鉴国际大赛委约创作比赛曲目的经验，在全国范围内征集以中国梦为主题的原创钢琴、小提琴作品。中央音乐学院、中国音乐学院等九大重点音乐学院和中央民族大学音乐学院作曲系、上海理工大学、天津市第102中学、北京市海淀区中关村第四小学等15个院校师生积极选送精心创作的原创作品。在三个月的时间里，迅速征集到中国梦主题钢琴作品50首、小提琴作品27首。

同时，大赛组织著名作曲家组成评审小组，精心评选出钢琴曲《遐想》和小提琴曲《对花》等16首获奖作品，成为第一批“央视创作”成果。这些作品以独特视角诠释了中国梦的深刻内涵，艺术地表现了中国深厚的传统文化，凝聚着“勇于追梦、勤于圆梦”的中国力量。为进一步扩大这些优秀作品的影响力，大赛将其列为必选曲目，专业组别前三名选手在决赛最后环节需要通过演奏中国梦主题原创作品决定金奖归属。观众称赞作品紧扣中国梦主题，立足民族文化、中西合璧，展现了音乐创作的高水准。

二、着重创新性，新增业余组凸显零门槛

本届大赛新增设业余组比赛，秉承“零门槛、接地气、娱乐性强”理念，不设年龄限制，下至4岁的孩子，上至85岁的耄耋老人，既有港澳台选手，也有外籍在华选手，共3500多人参与。经过北京、天津、上海、沈阳、杭州、武汉、西安、成都、昆明、广州、厦门、珠海、深圳，以及香港、台北15个城市的海选，每组前20名选手进京参加复赛和决赛。比赛采取淘汰赛制，经过自选曲目演奏的比拼，最终夏多多、江建瑞等160位选手分获钢琴业余组和小提琴业余组金、银、铜等奖项。其中夏多多、张舜喆等还获邀参加中央电视台“2014江山如画——国庆交响音乐会”直播，与钢琴家孙颖迪、小提琴家吕思清同台演出，社会反响热烈。

三、彰显国际性，培育国际音乐赛事品牌

一是强大的国际评委阵容成为本届大赛一大亮点。维也纳爱乐乐团主席、意大利布索尼国际钢琴比赛主席以及美国曼哈顿音乐学院、英国皇家音乐学院知名教授等重量级外籍评委参加大赛评判。克罗地亚著名钢琴家马克西姆作为评委还与观众亲切互动，在直播现场演奏自己的经典曲目。二是比赛曲目的专业化水平可媲美国际专业比赛。专业组比赛增加命题演奏、室内乐、艺术歌曲等环节，全方位考察选手的音乐素养。三是为优秀选手提供登上中外舞台的重要平台。法国著名钢琴教授马里安·里皮斯基现场邀请钢琴专业青少年组前5名获奖选手于2015年2月赴法国参加演出，中国爱乐乐团等国内十大交响乐团团长或艺术总监亲临现场，邀请获奖选手参加乐团2015年音乐季的演出，音乐频道也邀请金奖选手参加“中央电视台2015新年音乐会”。四是宣传推广借鉴国际通行的先进理念。CCTV音乐官方微博、CCTV钢琴小提琴大赛微博、音乐频道客户端进行全程图文、视频直播，微博话题阅读量过亿。同时，加强车牌广告、平面媒体宣传、海报及DM单张贴等，组织往届获奖选手和评委到北京通州区人工耳蜗学校开展志愿活动，制作活动短视频在网上传播，既体现大赛的公益性又提高知名度。

四、各界高度评价

2014CCTV钢琴、小提琴大赛受到社会各界一致好评。钢琴家刘诗昆说，全世界钢琴、小提琴大赛每年有近2000场，但由国家级主流媒体主办还是第一次；小提琴家盛中国说，中央电视台下大力气传播高雅艺术，对提高我国青少年的美育教育，推出优秀钢琴、小提琴演奏人才和优秀作品具有重大意义；音乐院校师生表示，大赛拉近了广大群众与古典音乐间的距离，希望能坚持办下去；观众纷纷称赞本届大赛开设业余组比赛，对爱好古典音乐的普通百姓来说是极大的鼓舞，专业组比赛屏幕下方实时打分充分体现出大赛的公开、公平、透明，获奖选手通过中央电视台这个平台走向全国、全世界。

（戏曲和音乐频道、台办公室提供）

第二届全国戏曲院校京剧学生电视大赛挖掘京剧新秀，传承京剧艺术

2014 年 8 月 23 日，中央电视台第二届全国戏曲院校京剧学生电视大赛（简称“学京赛”）落下帷幕。大赛历时四个多月，共吸引全国 20 所戏曲专业院校的 200 多名戏曲专业学生参加，经过初选、复赛和决赛，最终决出了中专组和大学组金、银、铜奖。作为戏曲频道唯一一项针对在校生的赛事，“学京赛”秉承“弘扬民族文化、振兴京剧艺术”的宗旨，创新赛制，挖掘了一批京剧表演优秀人才，检验了戏曲教学的成果，向海内外观众展示了京剧艺术的魅力，展现了京剧艺术后继有人的喜人景象，对传承京剧艺术，激活全国观众对京剧艺术的热爱起到极大的推动作用。据统计，19 场直播平均收视率为 0.16%，最高收视份额达 0.67%，共有 3.3 亿人次收看。

一、挖掘优秀专业人才，检验京剧教学成果，促进京剧艺术高水平传承

“学京赛”主要针对戏曲在校生，力求展示戏曲生力军的风采，并为戏曲教学提供有效参考价值。一是大赛选拔出一批优秀的青年专业人才。大赛出现了多年未有的可喜现象，即行当齐全。往年各类大赛中短缺的行当——文丑、武丑、小生、铜锤花脸，本届都有不少学生涉猎。尤其是优秀小生不断出场，成为一大亮点。二是提升了传统艺术的影响力，促进了京剧传承水平的提高。此次大赛最大参赛选手 25 岁，最小只有 11 岁，一支由 90 后组成的梨园新军，吸引更多年轻人喜爱国粹艺术，为京剧发展创造了良好的舆论和社会环境。三是检验了教学成果，暴露了选手的薄弱环节。

二、创新赛制，增加比赛悬念，全面考验选手水平

为增加赛事的吸引力，更好地检验选手的水平，大赛在赛制上进行了创新。一方面，评委打分实行实时加分制。参加大赛的每位选手最长表演时间为 10 分钟，在选手表演的同时，每位评委可随时按键，多次加分，评委的打分总和即为选手的本场基本得分。评委现场对选手的不断实时给分造成了悬念。另一方面，设计加试题环节。该环节从考察戏曲段落的接唱，到锣鼓经、京剧板式、戏曲历史的考察，无不凸显大赛对戏曲教学的全面检验。加试题考评唱段接唱，选手通过大屏幕自行选择接唱题目，不分行当，由领唱嘉宾为选手领唱，领唱完毕，选手进行接唱。接唱完毕后，由综合素质评委给出加试题得分。由于加试题接唱不分行当，选手即刻反串行当既充分考验了选手的知识面，又吸引了观众。

三、充分利用新媒体平台，加强观众互动，扩大大赛影响

本届“学京赛”充分利用各种新媒体手段，开展互动活动，扩大大赛影响。中国网络电视台和“央视戏曲”官方微博对每场比赛进行现场微直播，并开展“新媒体人气之星”评选活动，在“央视戏曲”客户端、“唱戏吧”客户端开机页面设置投票入口，并开通扫描二维码投票功能，由网友选出“新媒体人气之星”，成为“央视戏曲”客户端新闻封面人物。该举措得到戏迷的广泛响应，投票数逐日递增，19 场直播超过 97 万人次参与投票，总票数达 129.3 万张（投票为多选），平均每场投票人数为 5.1 万张，每场平均票数为 6.8 万张。据二维码扫描数据统计，观看赛事的观众涵盖了亚洲、大洋洲、非洲、欧洲及北美地区的观众。此外，大赛还通过论坛、微博等互动平台，设置热点话题，引导网友讨论。

（戏曲和音乐频道、台办公室提供）

《50年50人》讲述中法人物精彩故事，开启中法电视合作新篇章

2014年12月12日，由中央电视台法语国际频道为纪念中法建交50周年制作的50集系列特别节目《50年50人》开始在法国国际电视五台（TV5MONDE）9个频道共同向全球播出。这是全球最主流的法语电视台首次完整引进并向全球播出中国媒体制作的节目，标志着中央电视台国际传播能力建设获得新的突破。

系列特别节目《50年50人》以第一人称讲述的方法，用细腻的影像记录了在中法交流各个领域做出过卓越贡献的50个人物的精彩故事，全面反映了两国关系半个世纪的发展历程。节目制作周期长达一年，拍摄地点横跨中法两国。此前，节目在中央电视台法语国际频道播出后，获得积极反响，并得到两国政府高层的高度评价。

节目在法国国际电视五台播出不到一周时间，就受到法国观众的广泛关注。法国观众赞赏节目制作别出心裁，通过主人公自述亲身经历，形象、直观地呈现了中法建交的故事。

作为全球最具影响力和拥有最大收视人群的法语电视媒体，法国国际电视五台拥有9个区域频道，已在200多个国家和地区落地播出，全球拥有2.57亿用户。此次法方播出中央电视台系列节目，标志着双方隆重开启了中法两国主流电视媒体合作的新篇章。双方电视台代表还签署了系列合作协议，今后将在新闻资源共享、节目互换及合拍、共同制作大型节目、新媒体传播以及人员双向交流培训等方面展开更加广泛深入的合作。

（外语频道、台办公室提供）

2014首届中央电视台俄语大赛、阿拉伯语大赛圆满落幕

2014年，由教育部和中央电视台联合主办、中央电视台俄语国际频道承办的“2014首届央视俄语大赛”，以及由中央电视台主办的“2014首届CCTV阿拉伯语大赛”相继举办。此次俄语大赛和阿拉伯语大赛秉承权威、公正和透明的原则，创新赛程设置、传播模式及国际合作方式，通过海选、初赛、复赛等环节，分别决出了两项赛事的冠军。大赛引起全国俄语、阿拉伯语爱好者的积极参与，并得到对象国媒体和驻华机构的有力支持，俄语大赛通过全国海选，选拔出6所国内高校的选手进入决赛，阿拉伯语大赛吸引了全国10多个高校阿拉伯语系学生、社会在职人员以及在海外留学工作的中国人报名。这是中央电视台外语频道继2013年成功推出首届西班牙语、法语大赛后再次举办语言类比赛，很好地契合了中国的外交大局，拓展了对外传播思路，扩大了频道影响力，为促进中俄、中阿青年之间的交流与合作，巩固中俄、中阿关系发展发挥了作用。

一、契合中国外交大局，推动中外文化交流

2014年和2015年是中俄两国元首共同确定的“中俄青年友好交流年”。此次俄语大赛作为“中俄青年友好交流年”重点项目之一，系统整合中国传统俄语教学和俄罗斯“汉语热”传播资源，并通过与俄罗斯地方电视媒体合作引起中俄青年的共同关注，有效促进了中俄交流与文化传播，从而将“国之交在于民相亲”的理念贯穿始终。针对中阿经贸合作和友好交往的不断深入，以及阿拉伯国家“中国热”的持续升温，首届阿拉伯语大赛旨在通过一系列激烈、精彩、可视性强的比赛环节，向阿拉伯观众展示中国阿语人才的风采和阿语教学在中国的发展状况，并激励中国阿语爱好者更加深入地了解阿拉伯的文化，进一步构建中阿合作交流的桥梁。

二、创新对外传播思路，精心设计赛制赛程

一方面，创新节目形态。俄语大赛突出了大赛的电视属性，力求电视节目制作和语言类比赛的有机融合。为强化中俄青年交流，规定每个代表队可以有一位俄罗斯留学生参与，确立小品表演、主题辩论和影视剧现场配音三个比赛环节，并由俄罗斯合作媒体选派具有广泛知名度的专家评委进行现场点评，与参赛选手进行互动，活跃了现场气氛，增强了节目的可看性。阿拉伯语大赛的比赛环节设置也十分丰富，分别有诗朗诵、绕口令、情景对话、影视配音等不同环节，对阿拉伯国家基础知识考核更是涵盖多个方面，全面考核了选手们的阿拉伯语水平及对阿拉伯历史文化的了解。

另一方面，强化中外合作。在俄语大赛举办过程中，俄语国际频道围绕强化对外传播效果这一核心任务，联合俄罗斯远东多家地方电视台参与录制，邀请俄罗斯知名人士担任大赛评委、主持人和选手导师。从节目创意到演播室录制等各个环节均有俄罗斯合作伙伴电视台参与，确保了节目对外传播的针对性、贴近性和实效性。在阿拉伯语大赛举办过程中，阿尔及利亚驻华大使和巴林驻华大使分别为两名一等奖获得者提供奖品；埃及驻华使馆派出了知名的埃及伊斯玛仪艺术团参与现场演出。

三、拓展传播渠道，有效扩大赛事影响力

俄语大赛从设计制作到播出安排，俄语国际频道始终与俄罗斯伊尔库茨克电视台（AIST），以及海参崴、赤塔地区多家电视台保持着密切合作，大赛决赛实况在俄罗斯合作伙伴电视台同步播出，并通过俄罗斯社交网站 VK、YouTube、Facebook、Twitter 四大境外社交平台发布大赛新闻和视频，实现对外传播效果最大化。同时，在大赛进行期间，新华社、俄罗斯国家电视台、塔斯社、《中国》杂志和《俄罗斯与中国》杂志等多家中外媒体进行了多次采访和报道。

阿拉伯语大赛充分运用新媒体平台与观众互动交流，微博直播 4 场初赛、3 场复赛及决赛的各个环节，迅速吸引了众多阿语爱好者的关注。同时，通过举办线上活动激发更多网友参与，央视网利用 Facebook、YouTube、Twitter 三个海外平台发布大赛相关新闻，覆盖人群包括埃及、沙特阿拉伯、伊拉克等 20 多个国家和地区的受众，有 2 万余人观看内容。此外，新华社、中国国际广播电台、中东社、摩洛哥通讯社及苏丹东方电视台均多次对大赛予以报道。很多在华阿拉伯人以及各高校阿拉伯院系师生积极报名观看，对比赛的精彩程度和选手的优良表现惊叹不已。

（台办公室提供）

西班牙语国际频道代表团赴墨西哥、哥斯达黎加、秘鲁三国访问调研

2014 年适逢中央电视台西班牙语频道成立十周年，10 月 11—21 日由西班牙语国际频道副总监曾巍率领的四人代表团一行访问了墨西哥、哥斯达黎加和秘鲁三国，这是频道首次派出人员赴对象国进行节目宣传、洽谈合作与观众调研。访问期间，西班牙语国际频道代表团拜访了三国的多家主流媒体，与其负责人深入商讨两国媒体业合作交流及西班牙语节目落地事宜，并分别在三国的首都墨西哥城、圣何塞和利马成功召开了观众座谈会，收集到了海外观众的一手反馈信息及意见建议，取得丰硕成果。

一、此次访问的主要内容及成果

1. 代表团赴墨西哥城的访问内容及成果

10 月 13 日，西班牙语国际频道代表团访问了墨西哥国家电视台 11 频道（Canal Once）（以下简称“11 频道”），台长恩里克塔女士及公共关系部主任、新闻部主任及少儿节目总监共四人与代表团进行了深入交流。曾巍介绍了西班牙语国际频道的概况，与墨方商讨北京 APEC 会议期间两台的新闻合作，并推介西班牙语国际频道“黄金一小时植入式节目”的落地播

出。恩里克塔女士表示11频道作为墨西哥国立电视台的频道，历来以人文类节目著称，如果能引进播放西班牙语版的《舌尖上的中国》，将给墨西哥观众提供一次近距离接触中国饮食文化的绝好机会。同时，她也表示将派记者赴北京采访APEC会议，届时将大力协助西班牙语国际频道采访墨西哥与会政要，并将尽力安排中央电视台驻墨西哥城记者在适当的时机就中墨关系采访总统先生。随后，西班牙语国际频道代表团又访问了墨西哥最成功的商业电视台——阿兹台克电视台（TV Azteca），参观了其新闻直播间、娱乐节目演播厅、后期编辑间、电视台主控室及24小时应急值班岗，详细了解了墨西哥第一大商业电视台的运作模式、节目风格、设备水平和对外合作开展情况。阿兹台克电视台外事部主任米盖尔先生和新闻部主任阿曼达女士对西班牙语国际频道的到访表示热烈欢迎，对两台开展新闻合作和节目互换抱有浓厚的兴趣，均表示将首先在北京APEC会议期间展开新闻报道合作。代表团成员向墨方介绍了中央电视台发展历程、现址设备情况、全台频道分布构成和外语频道的发展情况，并畅谈了参观学习的感受。

10月13日下午，代表团组织召开了近四个小时的“中央电视台西语频道墨西哥城观众座谈会”，来自媒体、商贸、文艺、学术等多个领域的30名热心观众参加了座谈会。曾巍在座谈会伊始为海外观众播放了最新制作的西班牙语国际频道宣传片并发表欢迎致辞。与会观众发言踊跃态度真诚，具体反馈摘要如下：一是应进一步推动西班牙语国际频道的本土覆盖率。当前西班牙语国际频道不在墨西哥免费频道范畴内，影响了频道在墨西哥的收视率。二是应进一步增进节目对海外观众的贴近性，增加中国记者对墨西哥本土事件的现场报道，并注意节目用语易于年轻人接受，节目制作兼顾时效性和趣味性。三是希望西班牙语国际频道做好对中国基本国情的阐释工作，并希望访谈类节目能带有更多的观点和深入讨论、甚至是辩论，以满足拉美观众的收视需求和喜好。四是更多地在即时通讯工具如Facebook、微信等平台与观众互动，更多地采集到海外观众的一手反馈信息。五是观众十分喜爱《学做中国菜》《学汉语》《电视剧》《这就是中国》等专题类节目，希望能增加时长和期数，并适当增加标注拼音的中文字幕。

10月13日晚，代表团又拜访了总部位于墨西哥城的全球最大的西班牙语传媒集团Televisa。其海外合作部主任安德雷斯先生向代表团介绍了集团的发展历程、业务构成、与中国媒体的合作情况。在20世纪80、90年代，Televisa是首个与中央电视台有新闻合作的拉美电视台，而其与中国国际电视总公司的商业合作也已超过20年。墨方表示希望通过购买电视剧和新闻互换深化双边合作、推动中墨友好。

2. 代表团赴哥斯达黎加的访问内容及成果

10月15日，西班牙语国际频道代表团访问了哥斯达黎加国家电视台13频道（Canal Trece）（以下简称“13频道”），13频道所属Sinart集团总裁赫尔曼先生与集团副总经理和新闻部总监等五人接待了代表团一行。会谈中，曾巍为哥方播放了频道宣传片、发放了宣传册，介绍了频道“黄金一小时植入式节目”和中央电视台的全球新闻报道网络。赫尔曼先生表示华人是哥斯达黎加社会的重要力量且贡献卓著，与西班牙语国际频道开展合作将大大满足在哥华裔及热爱中国的本土观众的收视需求。当前，13频道在每天的固定时段播出西班牙语国际频道的三档专题节目《学汉语》《学做中国菜》《这就是中国》，收视反馈理想，越来越多的哥斯达黎加观众通过西班牙语国际频道的节目爱上中文、中国美食和中国文化。通过会谈，代表团了解到，当前哥斯达黎加电视台的少儿节目较匮乏，对于国际新闻的采编译制能力也较弱，西班牙语国际频道可以在下一阶段推进动画片和国际新闻的植入。

10月15日晚，代表团组织召开了“庆祝中央电视台西语频道成立十周年暨圣何塞观众座谈会”，座谈会在中国驻哥斯达黎加大使馆和当地华人组织的大力协助下成功举行，来自政府、媒体、高校、商贸以及华人华侨近50人参加座谈。座谈会上，代表团各自分组与来自不同领域的哥斯达黎加观众进行了面对面的详细沟通，反馈信息摘要如下：一是频道《学汉语》栏目已经成为哥斯达黎加当地孔子学院的指定视频教材，深受当地学生欢迎，希望节目扩版增加时长，进一步加大对汉语拼音知识的讲解和练习；二是哥斯达黎加国立大学开办了全拉美唯一的讲述中国内容的广播节目，在国内积攒了一批热爱中国文化的热心听众，如果西班牙语国际频道能成功落地，势必将引起大批中国迷的追捧，潜在观众数量可观；三是观众希望看到更多配有西班牙语字幕的中文原声电影，以便深入地了解中国的历史、人文和当代生活；四是观众更喜欢看旅游、厨艺、文艺等专题类节目，而新闻节目则更关注和自己切身相关的本地新闻；五是哥斯达黎加华人华侨数量可观，观众希望通过西班牙语国际频道的节目获取在华投资政策、环境等指导信息，以及各类文体活动、旅游指南等相关服务信息。

10月16日，代表团拜访了哥斯达黎加外交部，与公共关部主任米盖尔迪亚兹先生进行了友好会谈。米盖尔先生表示希望西班牙语国际频道在13频道播出三档节目的基础上进一步推进整频道落地，建议双方在新闻交换、节目合拍、技术培训和人员交流等方面开展务实合作。随后，代表团一行访问了哥斯达黎加当地最大的传媒集团Extra，参观了旗下电视台及报业的办公制作场所，并与集团主席伊拉宜女士进行了卓有成效的会谈。Extra的电视台国际频道本土针对性不强。而西班牙语国际频道代表团的生动介绍、西班牙语节目语言及内容的贴近性，都令在场Extra集团高层欣喜不已，当即表达了想与西班牙语国际频道建立合作、引进节目的强烈愿望。10月16、17连续两日，哥斯达黎加发行量最大的日报《Extra日报》刊登了西班牙语国际频道在成立十周年之际访问哥斯达黎加寻求更广阔合作的长篇文章，并附以数张照片。

3. 代表团赴秘鲁的访问内容及成果

10月17日，西班牙语国际频道代表团访问了秘鲁国家电视台7频道（以下简称“7频道”）和秘鲁记者协会。曾巍分别向7频道总监和记者协会会长介绍了访问墨西哥和哥斯达黎加的成果，表达了开展中秘两国媒体交流合作的愿望。两部门负责人均表示，中秘文化交流源远流长，经贸、人文交流与日俱增，全球化时代背景下加强媒体合作势在必行。鉴于中秘关系发展的现状和秘鲁在整个拉美的战略地位，秘方强烈建议中央电视台在秘鲁首都利马开设记者站，此举也将有利于中央电视台报道更多有价值的拉美新闻。

同日，代表团还访问了秘鲁最大、拉美第二大的日报《秘鲁商报》，在社长及时政部主任的陪同下参观了有着175年悠久历史的馆藏，了解了该报的采编模式和旗下电视台的运营状况。随后，代表团在秘鲁外交部拜会了前秘鲁驻华大使、现任秘鲁外交部长的贡萨洛古铁雷斯先生。外长先生对西班牙语国际频道此次的访问工作给予了高度评价，称赞频道是中秘两国文化交流的纽带，并特别提及对中央电视台举办的西班牙语大赛及其相关海外报道在秘鲁国内产生的广泛影响。曾巍向外长先生介绍了西班牙语国际频道成立十周年来的发展历程及此次出访拉美三国的战略考虑，表达了与秘鲁媒体进一步加强合作的强烈愿望。外长先生现场联系了秘鲁广电系统及国家电视台的相关负责人，为西班牙语国际频道未来与相关机构的交流与合作搭建了坚实平台。

10月18日，代表团拜访了秘鲁最大也是拉美历史最悠久的电台RPP，了解学习了晨间新闻节目广播、电视同步直播的制作模式，并参观了电台不同栏目的直播间。其中，代表团还走进音乐调频直播间现场用西班牙语向秘鲁听众问好。电台创始人米盖尔先生向代表团介绍了电台发展历程、节目特色及秘鲁广电业发展趋势。代表团则介绍了中央电视台概况和频道发展定位，表达了未来开展合作的良好愿望。

同日，代表团组织召开了“中央电视台西语频道利马观众座谈会”，与会观众主要来自孔子学院和高校，以下为观众反馈摘要：一是当前频道尚未在秘鲁落地，观众均通过上网收看节目，进一步推动和落实覆盖率迫在眉睫；二是观众希望中央电视台在秘鲁开设记者站，看到中央电视台特派记者对本土新闻的现场报道，增加新闻节目在即时通讯工具上的互动，及时滚动并收集海外观众反馈，相比时政新闻，拉美观众更喜欢看突发新闻和文体新闻，因此频道新闻节目的编排需适当调整；三是秘鲁华人众多，希望开设更多地以华人世界为主题的节目，例如介绍移民历史、祖籍文化、方言等，以更好地适应本地华裔观众需求；四是希望增加汉语教学节目时长，内容设置可以更活泼有趣，以符合拉美观众的收视品味；五是秘鲁受中国文化影响深远，观众十分钟爱旅游、人文类节目，希望频道也能承办中文大赛，促进双方文化交流；六是秘鲁观众收视的黄金时段是早上6:00～9:00和晚上19:00～22:00，西班牙语国际频道应进一步研究对策，在重点时段播放精品栏目。

二、代表团拉美之行的启示

1. 切实推进西语频道海外落地，扩大覆盖力和影响力

此次拉美三国之行中，只有哥斯达黎加国家电视台13频道因之前与中央电视台的协议，在每天固定时段播放西班牙语国际频道三档专题节目。尽管如此，西班牙语国际频道的新闻、访谈以及影视、少儿类节目依然没有走进当地观众的视野，而此类节目原本能很好地满足当地观众需求和填补当地节目空白。墨西哥和秘鲁当地电信运营商都曾把西班牙语国际频道纳入有线电视包，但都仅维持了短暂时间便终止，很多

墨西哥和秘鲁的观众都表示曾经看到过西班牙语国际频道的节目，但现在只能通过网络观看，大大影响了收看效果。

西班牙语国际频道须与海外传播中心联手进一步核实情况，切实着手展开频道在墨西哥和秘鲁的落地、在哥斯达黎加的整频道落地，推进频道在北美、中美、南美这三个重要战略国家的覆盖力和影响力。

2. 进一步增强节目内容贴近性，做精品专题，增本土新闻

代表团在此次访问中发现，以《学做中国菜》《学汉语》《这就是中国》为首的专题类节目深受拉美观众欢迎，《学汉语》更是成为哥斯达黎加和秘鲁孔子学院的首选视频教材。观众普遍表示爱看，希望美食、汉语教学、旅游、文艺等专题类节目增加时长和期数，以满足他们学习、感受中国文化的强烈渴望。因此，做精品专题必须成为西班牙语国际频道弘扬中国文化的主要窗口。

除墨西哥城外，中央电视台尚未在哥斯达黎加和秘鲁开设记者站。通过此次访问，调研代表团发现，哥斯达黎加和秘鲁，在整个拉美新闻报道版图上的地位不可小觑，其政府和民众对华也极其友好。在与两国主流媒体负责人及观众交流时，外方均表示希望中央电视台开设记者站，此举不仅能满足当地观众希望看到中国媒体人对当地新闻事件评析报道的愿望、增强节目针对性，也能使西班牙语国际频道更好地辐射整个拉美、更全面地把握信息源。

拉美观众喜爱突发新闻、国际新闻和文化、体育类新闻。拉美的新闻节目整体播报风格张弛有度、直播编排灵活新颖、嘉宾访谈深入激烈、包装风格绚丽多彩。而一直以来，我们的媒体都把新闻报道的重点放在政治宣传、引导舆论，宣传味浓、趣味性少。西班牙语国际频道新闻组应积极研究对策，从稿件甄选、驻外记者自采、主播风格等多方面着手进行改进，不断增强新闻内容的服务性和趣味性，以更好地贴近拉美观众的收视品味。

3. 建立长期有效的观众调查与研究系统，实现海外传播效果最大化

为了赢得更多的受众和求得自身的生存发展，各国媒体都把观众调查、节目反馈与研究摆在重要的位置上。此次西班牙语国际频道代表团访问拉美三国是频道建立长效观众调研系统的首次有益尝试。若条件许可，建议频道成立专门的观众联络组，建立日常反馈机制，实时倾听海外观众声音，搜集海外观众意见和需求，第一时间在即时通讯工具上给予反馈。这些举措将有效推进中央电视台及西班牙语国际频道向海外推介节目、组织活动、听取意见、收集舆情，进而实现更为有效的海外电视传播。

（外语频道提供）

特别节目《万里共婵娟》记录中巴两国关系发展历程

《万里共婵娟——中国巴西建交四十周年侧记》，是受国务院新闻办公室和国务院对外宣传办公室共同委托，由西班牙语国际频道承制的一部大型专题片。片长60分钟，共有中文、葡萄牙语、英语和西班牙语四个语言版本，总计时长240分钟。该片将中巴建交40年来两国关系的发展划分为几个发展阶段进行回顾和梳理，分别是建交前的交往历史、建交的时代背景及过程、中国改革开放对中巴关系的影响、中巴战略合作伙伴关系的建立和影响、21世纪前十年的迅猛发展、2012年以后的发展和展望。在此基础上，专题片又分别对外交、经贸、科技、农业和文化等中巴两国不同交往领域逐一进行展现。片中具体表现形式极为丰富，既有对几个不同发展阶段及其重大事件的完整介绍以及对高端人士的采访，又穿插了很多中巴民间往来中实实在在的百姓故事。鉴于该片的预期受众范围广泛，上至中巴两国的高层领导，下至两国普通民众乃至众多拉美国家的广大观众，因此专题片在表现手法上形式多样、力求完美，完整呈现了中巴关系的发展历程。

（外语频道提供）

亚欧新闻媒体论坛广电论坛 就“构建信息丝绸之路”达成共识

2014年8月31日，由国务院新闻办公室主办、中央电视台外语频道承办的亚欧新闻媒体广电论坛在乌鲁木齐举行。论坛围绕《国际合作：构建信息丝绸之路》这一主题，重点探讨了在当前国际局势发生深刻变化的大背景下，如何通过加强各国主流广播电视媒体的交流与合作，增进区域内人民对丝绸之路经济带战略构想的认识，推进媒体自身的融合发展。中央电视台副总编辑黄传芳在论坛上发表了题为《进一步深化亚欧广电媒体合作，架起新丝路上“连心桥”》的主旨演讲。他认为加强欧亚各国广电媒体之间的交流与合作，共同提高国际传播能力，促进各国人民之间的相互了解和友谊，有效维护各国的共同利益，在当前“西强东弱”的舆论态势下具有重要的现实意义。来自吉尔吉斯斯坦、白俄罗斯、哈萨克斯坦、格鲁吉亚、爱沙尼亚、乌兹别克斯坦等11个国家的新闻官员和媒体代表就深化欧亚地区广电媒体之间的交流与合作进行了广泛深入的研讨和交流，并就推进合作达成了重要共识：一是以亚欧新闻媒体论坛为交流平台，形成长效机制，共同探讨深化各国广电媒体合作发展的新思路；二是进一步推进和深化各国在广电领域的合作，积极开展形式多样的交流与互动，以务实合作带动平台建设；三是共建“信息丝绸之路”，以新闻类节目合作为切入点，全面加强丝绸之路沿线国家新闻交换网络的建设，为各国广电媒体融合发展打下坚实的合作基础。

（外语频道提供）

军事节目中心第五演播厅顺利完成高清升级改造

2014年2月21日，随着第五演播厅高清改造建设情况演示会圆满结束，军事节目中心所有演播厅高清升级改造全部顺利完成。第五演播厅的高清改造工程前后历时一年多。改造后的第五演播厅注重人性化和安全性，性能配置优越，采用了国际一流的视音频系统和灯光设备，大屏幕包装系统简洁实用，虚拟前景植入系统用途广泛，舞美制景系统通用性强。无论系统功能、设备配置、技术水平、装修风格等，在业界均具有一定前瞻性。演播厅的成功改造，创造了军事节目中心技术建设史上的五个第一：第一个演播厅全系统改造项目、第一个虚实结合演播厅、第一个使用LED灯具的数字化灯光系统演播厅、第一个技术与艺术一体化设计的演播厅、第一个开放式多媒体发布平台。改造后即投入使用的第五演播厅，不仅可通过无线网络对大屏幕进行控制，还可根据栏目形式和编导意图对演播厅进行调整，为军事电视节目创新发展提供了强有力的支撑。

（军事节目中心提供）

“战斗力标准大讨论”系列报道掀起全军大讨论，有效引导社会舆论

2014年3月中旬，《军事报道》栏目连续推出了《强军征程》《强军先锋》等系列报道，有力推动“战斗力标准大讨论”走向深入。4月中旬，军事节目中心专门召集有关单位记者站负责人和基层电视报道骨干到京进行集中策划，从4月21日起，在《军事报道》推出了《战斗力建设怎么办》专栏，从“三实”训练、战斗精神、战备拉动、体系作战等方面进行破题，每天推出5分钟左右时长的深度报道，以点带面全景展示全军部队官兵牢记强军目标、献身强军实践，分专题、成系列地推出各集团军和师旅团单位“战斗力标准大

讨论”的做法成效，点面结合，充分展现全军部队大讨论的成果。系列报道共播发稿件80多条，播发基层一线官兵采访近130个，在全军部队掀起了“战斗力标准大讨论”的热潮，很好地发挥了舆论引导作用。总政治部副主任殷方龙在5月28日的《军事新闻阅评·央视军事报道节目战斗力标准大讨论宣传生动鲜活效果好》上作出批示：“电视宣传中心近期战斗力标准大讨论宣传，紧紧围绕‘往深里推、往实里落’的要求，着眼电视宣传特点，精心研究策划，深入一线采访，坚持问题导向，宣传比较深、实、活，值得肯定。望继续努力，把节目做得更好”。

（军事节目中心提供）

《军事报道》栏目实现新闻直播

2014年5月26日19:30，《军事报道》栏目实现文件直播方式安全播出。这是军事节目历史上首次实现新闻直播，标志着军事节目中心新闻制作播出水平跃上了一个新台阶。《军事报道》栏目是党在军队的重要舆论阵地，2013年在全台300多个栏目中排名第25位，被评为中央电视台年度品牌栏目。为适应中央电视台迁入新址和播出系统的升级改造，提高军事新闻的时效性，从2012年开始，军事节目中心党委就把《军事报道》栏目直播作为重点工作来抓：经多过轮协商，长期租用了中央电视台现址120平方米演播室；从零开始，通过一次次的摸索实践，完成了军事节目中心高清新闻制播网的建设；组织编辑记者主持人进行了全面培训，为实现直播做好了充分准备。经过两年多的筹备，5月26日晚，《军事报道》栏目顺利实现直播。

（军事节目中心提供）

军事节目中心圆满完成
中俄“海上联合—2014”军事演习报道任务

由军事节目中心和海军记者站组成的中俄“海上联合—2014”军事演习（以下简称“联演”）报道组于5月20—26日联演期间，在《新闻联播》《军事报道》《新闻直播间》等栏目共播出新闻345条，及时回应了国际社会的关切，营造了于我有利的舆论环境。有关报道被外媒、各大网站和地方卫视转播、转载万余次。

针对此次中俄联演，军事节目中心第一时间派出骨干力量与海军记者站组成了前方直播组、新闻组、编辑组、资料组、协调组，确保采、写、编、播各项工作有序展开。针对此次联演时间跨度长、参演舰艇多、演习区域分散等特点，报道组在每条参演舰艇布设多个机位，从空中到水面进行全程记录，采取海事卫星、舰用KU干线、调用联演指挥部实时画面等方式，第一时间传输和采集新闻素材画面，演习的实时报道及时播出，军事节目的权威性、时效性在联演报道中得到充分展示。同时，采取现场直播、电话连线、专家解读、新闻特写等多种方式，力求在权威解读的同时，用大众化的视角展示演习的意义和目的，整个报道衔接紧密、重点突出、跟进及时、严谨准确。

（军事节目中心）

军事节目中心圆满完成全军政治工作会议宣传报道任务

按照中央军委和总政治部统一部署，军事节目中心认真筹划全军政治工作会议（以下简称“全军政工会”）宣传报道，分会前、会中和会后三个阶段，采取回顾式报道、综述报道、动态报道和评论性报道等多种方式进行全方位报道。

一是精心做好会议动态报道。根据会议安排，《新闻联播》《军事报道》栏目做好习主席参加会议的时政报道，重点报道习主席接见与会代表，在会议上发表重要讲话，参观古田会议旧址等重要时政活动。及时跟进会议动态，报道会议代表到达古田参加会议的情况，报道全军官兵收听收看会议实况、深入开展讨论的情况。根据会议动态和进程，配发电视新闻综述或评论，揭示此次会议的重大意义、贯彻落实的相关要求等。

二是推出系列新闻报道。军事节目中心推出《追寻铸魂之路》《从三湾改编到古田会议》《走进古田》《古田会议启示录》，回顾1927—1929年间，我军探索思想建党、政治建军的历程。会议前后，还开设《永远的生命线》系列专栏，报道党的十八大以来，我军政治工作的新进展和各部队发扬优良传统、创新政治工作的新经验、新做法。会议结束后，按照中央军委和总政治部要求和具体部署，邀请军内外专家对会议精神做进一步深入解读，及时反映全军官兵自觉深入学习全军政工会精神，积极改进创新政治工作的具体举措。

三是集中力量做好重点专题节目。按照中央军委和总政治部宣传部部署，精心制作文献片《古田会议铸军魂》，全面展现古田会议召开前后的历史背景和重大意义。《军事纪实》栏目制作播出系列专题节目《军魂永驻》，全面反映党的十八大召开以来，全军部队加强政治工作建设、坚持改进作风、聚焦强军目标、创新思想政治教育的成就。《军旅人生》栏目选择参加全军政工会的与会代表和近年来政治工作的先进典型，推出系列人物专题《生命线上举旗人》，反映我军政工干部立足新形势，创新政治工作方式、方法的做法。

此外，军事节目中心还分别在全军政工网电视宣传中心频道和央视网军事频道推出网络专题报道，同步推出相关电视节目，制作推出原创节目，系统回顾我军政治工作的发展历程以及新形势下思想政治工作建设成就。

（军事节目中心提供）

中国军视网正式上线运行

2014年12月29日，军队专业视频网站中国军视网上线仪式在军事节目中心举行。中国军视网由解放军电视宣传中心独立建设运营，是军队唯一的专业视频互联网站，注册域名为www.js7tv.cn，与网站同步上线的还有军事TV移动客户端。网友通过访问网站域名或扫描二维码下载“军事TV”客户端，即可进入一个崭新的军事视频发布平台。

中国军视网是军事节目中心顺应媒体发展趋势、贯彻落实党中央、中央军委关于媒体融合的重要指示精神，推动传统电视媒体和新媒体融合发展的重要举措。中国军视网的上线运行，将逐步改变传统军事电视节目的生产理念和制播模式，推动军事节目中心成为电视节目内容生产和新媒体信息分发并重的用户型、创新型媒体。

国家新闻出版广电总局、国家互联网信息办公室信息服务管理局、解放军总政治部、军事节目中心相关领导先后在上线仪式上致辞。来自国家新闻出版广电总局、国家互联网信息办公室、国家工信部、解放军总参谋部、总政治部和军队新闻单位的嘉宾和《人民日报》、新华社等30多家新闻媒体，共同见证了中国军视网的上线运行。

（军事节目中心提供）

2014年度“践行社会主义核心价值观、争做新一代革命军人”新闻人物评选活动在京举行

2014年12月30日，“践行社会主义核心价值观、争做新一代革命军人”新闻人物评选活动在八一电影制片厂举行新闻发布。中共中央政治局委员、中央军委副主席许其亮会见获奖代表，代表习近平主席和中央军委表示祝贺和问候。中央军委委员、总政治部主任张阳主持会见活动。总政治部、军委办公厅领导参加新闻发布活动。新闻发布活动由总政治部宣传部主办，军事节目中心承办。活动聚焦“政治工作时代”主题，分制胜尖兵、倾心铸魂、大爱无垠、精诚奉献、强军兴业5个篇章，通过播放事迹短片、宣读颁奖辞、

现场访谈等，生动展现10位年度新闻人物和4个特别奖先进群体的精神风貌，旨在弘扬时代主旋律、传递强军正能量，推动形成“践行社会主义核心价值观、争做新一代革命军人”的新热潮。

（军事节目中心提供）

2014年中央电视台节能减排工作圆满完成

为响应国家新闻出版广电总局节能办对节能减排工作的号召与支持，中央电视台充分利用新闻媒体及信息传播优势，大力宣传节能减排、环境保护，积极营造良好舆论氛围的同时，在全台落实节能减排工作任务，取得良好成效。2014年中央电视台节能减排工作措施及成效如下：

一是新址采用智能照明控制系统，最大限度节能。智能照明控制系统通过对不同时间不同环境的光照度进行精确设置和管理来实现最大的节能效果。新址智能照明系统按照楼内防火分区，可实现全关（此时只有应急照明灯亮）、50%开启模式一、50%开启模式二、全部开启四种模式。根据不同区域照明现状，设置相应的照明开启关闭时间，通过电脑控制生成命令和日历安排，在节能的同时，使照明系统的维护管理更加便捷。

二是新址、现址部分区域更换LED灯。鉴于LED灯在节能降耗、绿色环保、安全耐用等方面都明显优于中央电视台现有照明灯具，节能效果显著，因此，技术管理中心将中央电视台新址、现址部分公共区域原有灯具更换为新型节能LED灯具，当前中央电视台新址主楼已更换LED射灯约2000支，插拔式节能灯约8000支。

三是空调系统温度分区调整。为响应节能减排工作号召，冬季在确保中央电视台新址、现址节目制播设备机房区域温度要求，确保新闻制播、播出主控区域供冷安全的前提下，根据行政办公、技术机房等各区域不同需求，技术管理中心将新址主楼部分办公及公共区域的环境温度适时提升，同时，对尚未进驻新址办公的区域采取关小空调措施，既满足了楼内办公人员的舒适度要求，又达到了节能降耗的目的。

四是对现址冷机进行更新改造。技术管理中心将原有两台固态离心冷水机组更换成变频式离心冷水机组，通过先进的变频设备及开式设计，可根据负荷变化进行加载、减载，降低了无效的能源消耗，切实达到按需供冷，合理分配。冷塔设计采用机翼型风机，低转速、宽弦叶、大曲线，在低转速的情况下即能获得足够的抽风量，还可根据不同的气候条件调节叶片角度，从而达到节能目的。

五是实施碳排放交易工作。当前，中央电视台已参与北京市碳排放权交易市场工作，并于2014年完成了碳排放权交易，为北京减少温室气体排放，作出示范性贡献。

六是完成能源审计工作。技术管理中心配合北京市发改委完成了2009—2013年的能源情况审计调查工作，通过对中央电视台新址、现址的用能情况、能源利用效率、能源设备及技术水平的全面调查及整体剖析，充分了解了自身能源系统，提出了今后节能减排的可行措施。

（技术管理中心提供）

中央电视台技术系统推出系列措施，保障2014年安全播出工作圆满完成

2014年中央电视台技术系统始终把安全播出工作作为技术工作的重点，严格按照国家新闻出版广电总局第62号令和实施细则的有关要求，加强安全播出管理，完善修订技术运行管理规范，调整加固技术系统配置，圆满完成了中央电视台重大宣传报道任务，确保了电视的节目制作和安全播出。

一、中央电视台保质保量完成全年节目制作和安全播出任务

2014年，中央电视台技术系统按照台领导要求，加强安全播出的组织建设、制度建设，加强安全播出的管理，圆满完成了重大政治活动、体育赛事和日

常宣传报道的技术保障工作。2014年全台播出41套节目（其中公共频道27套，付费频道14套，不含3D电视试验频道）播出总时间333162.98小时。2014年总事故时间464秒，总事故率0.139秒/百小时，无事故天数351天。其中27个公共频道播出时间为227770.16小时，总事故时间323秒，总事故率0.142秒/百小时，无事故天数354天；14个付费频道播出时间为105392.82小时，总事故时间141秒，总事故率0.134秒/百小时，无事故天数361天。

2014年，技术系统新址、现址并行运行，为420多个栏目提供了优秀完善的技术服务和制播安全。媒资系统支持节目备播29.29万条；素材入库34.51万条，10.89万小时；编目17.70万小时；节目上下载10.58万小时；EMB系统传输量6176.67TB。基础网络系统为全台节目和素材入库提供在线存储空间约1PB，为节目和素材归档提供近线存储空间约24PB（可保存高清节目约42万小时）；2014年完成节目和素材归档任务43.2万条，回迁任务16.8万条。

2014年，中央电视台节目入库12.42万条，5.09万小时，日均入库量139.33小时；节目直播4.32万小时，其中新闻节目直播3.19万小时，日均87.31小时。2014年，技术系统为台内外大型宣传报道活动提供有力支持，8辆转播车及5套EFP系统使用1.67万小时，完成重大时政活动、文艺活动和大型体育赛事等1100余场转播任务，包括："两会"、APEC会议、党的十八届四中全会、澳门回归十五周年等时政宣传报道；春节联欢晚会、全球中文音乐榜上榜、中国正在听等大型综艺节目，以及南京青奥会、南宁体操世锦赛等体育赛事报道。

中央电视台供配电系统自1989年来连续安全运行25年无事故，数据中心、网络中心、通讯中心等基础保障系统运行正常。

二、技术系统推出安全播出培训、应急演练、检查、抽查等系列措施，有力保障全年安全播出

1. 全员培训，适时演练，提高安全播出保障能力

为加强安全播出保障体系和指挥调度体系建设，提高安全播出保障能力、应急处置能力和业务管理能力，技术系统学习《广播电视安全播出管理规定》（以下简称《管理规定》）《电视中心实施细则》《安全播出事件事故管理实施细则》，按照国家新闻出版广电总局第62号令要求，开展安全播出培训及应急演练工作。2014年，中央电视台开展技术培训520余次，参与人次约9000人次。

一是技术系统组织学习安全播出管理规定。11月，中央电视台技术系统组织召开新修订《广播电视安全播出管理规定》培训宣讲会。由国家新闻出版广电总局相关负责人从基本保障、运行维护管理、事故管理、重要保障期管理、应急管理、监督管理、法律责任等方面逐条解读《管理规定》和《安全播出事件事故管理实施细则》，共有技术系统460余位领导干部和技术骨干参加培训。

二是实施全员培训。自2014年2月起，中央电视台按照预定时间计划和工作方案全面实施了"节目制播技术规范""技术运行和应急预案"两个系列的技术培训，培训采用自学、在线学习、集中授课答疑、现场操作等多种形式。至6月底，中央电视台15个节目中心、频道编播人员完成"节目传送与播出技术规范""节目生产管理技术规范""媒体资产管理技术规范"等6个模块的培训；技术系统各部门分别完成"播出传送""新闻制播""综合制作""网络应用管理""基础保障"技术运行和应急预案的培训。

三是加强在线系统业务培训。5月，针对已在新址上线运行的"节目生产管理系统""广告管理系统""广告备播系统"，增强技术人员的技术理论水平、操作能力和应急处置能力，更好地支撑中央电视台在线业务，中央电视台技术系统开展了《技术运行管理办法》《技术应急预案处置》培训；6月，技术系统面向全台各信息系统的安全管理员与系统运维骨干人员，开展了信息安全基本管理规范的培训，内容涵盖《信息系统安全运行管理规范》《信息安全审计规范》《信息系统实施上线安全管理办法》《信息系统安全基线检查办法》的信息安全要点，培训加深信息安全概念，增强安全意识，全力保障中央电视台各信息系统的安全运行；7月，开展了节目生产管理系统重点逻辑和接口服务定义交流培训，主要面向新址各制作岛系统、演播室、程序员以及系统集成商，对节目生产管理系统的生产核心系统、报播编排系统、技术资源管理系统中，与节目制作相关的重要逻辑以及接口服务定义常用关键接口技术参数等内容进行培训。

四是开展技术系统岗位技能培训。中央电视台新址综合制作域运行近两年，针对网络化文件化的节目制作、播出、传输、存储、管理的新业务流程和新业务模式，技术系统围绕节目制播流程和节目生产管理业务制定了培训计划，在系统内部开展节目生产管理系统（PPM）、技术资源管理系统（TRM）、内容发

布与计划管理系统（CDM）、广告管理系统（ADM）业务培训。培训使技术人员了解新址节目生产流程全貌，高效准确处理运行中的事件和问题。

五是适配新闻搬迁，开展新闻压力仿真演练。4月11日，中央电视台西班牙语、法语国际频道的第一档《综合新闻》相继在新址播出；4月18日，阿拉伯语、俄语国际频道《综合新闻》相继在新址演播室播出；4月28日，英语新闻频道《文化报道》《体育报道》栏目在新址顺利播出。技术系统为配合新闻频道、中文国际频道、财经频道、英语新闻频道向新址搬迁，在下半年组织参加各频道、栏目独立演练80余次，12月进行全流程综合连档演练5次。

六是新址C01演播室群完成电源主备路切换试验。6月19日，中央电视台顺利完成新址新闻频道C01演播室群电源测试工作，试验表明系统功能符合设计要求。此次测试是对C01、C02、C03演播室进行双路电源静态转换开关STS主备路互投切换试验，检验演播室工艺二级供电及灯光供电在突发失电情况下，对末端用电设备的影响。通过测试查找系统中存在的薄弱环节，强化岗位人员了解供配电系统、熟悉操作流程，明确重要负荷保障范围以及各级供配电系统突发情况的应急响应方案，完善了从源头到末端的沟通处理程序，达到确保安全播出的目的。

2. 开展自查、互查、抽查工作，确保播出安全

一是有序开展安全播出大检查，提前检测系统设备，确保春节、“两会”、党的十八届四中全会、APEC会议等重要保障期播出安全。自2014年1月起，技术系统结合实际工作情况，在春节、“两会”、五一、十一、党的十八届四中全会、APEC会议等重要保障期前，有计划地开展安全播出大检查，对两址所辖播出主控、新闻制播、演播室、媒资、内审、数据中心、基础网络、业务应用、信息安全、动力等系统设备进行播出安全和消防安全等方面自查，同时进一步完善各种规章制度和应急方案。技术系统各部门结合自查情况，对存在的隐患和薄弱环节制定出相应的整改方案，规范各系统、各流程、各岗位的操作规程，将安全播出责任制落实到位，把安全播出工作做细、做实，确保各个环节有条不紊，确保安全播出不留隐患。同时，技术系统重要活动前，有计划地对参与重大活动报道工作的ENG等采编设备、高清转播车、高清飞行箱、演播室设备进行检查、测试、维护、保养，保证视音频信号质量，使参与重大活动的设备工作在最佳状态。安排代维公司抽调技术过硬的人员进行一线巡查，到新闻、总控、播出等部门落实备品备件，提供及时有效的设备维修服务。

二是开展全台信息系统安全基线检查工作。2013—2014年度中央电视台首次实施大规模的信息系统安全基线配置和检查。此次检查涵盖中央电视台国家信息系统安全等级保护三级以上系统及部分重要的二级系统，包括31个重要信息系统的900余台服务器。通过基线检查与安全加固，确认系统均具备了信息安全的基本条件，符合当前阶段信息安全基本要求。此举提升了中央电视台信息系统的安全配置和管理水平。

三是部署开展网络信息安全检查工作。按照国家新闻出版广电总局《关于印发〈2014年广播电视行业网络安全检查工作方案〉的通知》要求，中央电视台结合本单位实际情况，制定了相应的检查计划和方案，于8—10月认真部署开展了网络信息安全检查活动。经检查，中央电视台信息安全组织架构健全，信息安全制度完善，经费保障充足，在网络结构安全防护、区域边界安全防护和计算环境技术防护方面做了专业的部署，形成纵深防御的信息安全技术防护体系，各信息系统应急处置方案完备。针对自查中发现不符合要求的隐患和薄弱环节已积极整改。

四是开展全台“信息安全审计周”工作。2014年，中央电视台首次实施信息系统安全审计工作，对在运行的总控、播出、基础网络、数据中心、媒体资产、广告销售管理、综合信息门户、全台统一监控和混合岛九个系统进行了安全审计。经审计，全台各信息系统在重点保障期内均能严格执行禁止配置变更规范，并建立日常巡检和重点保障期前巡检的制度以及完整规范的工作流程。

五是信息安全渗透测试工作积极推进。为有效应对来自外部的高级持续性安全威胁，全面保障中央电视台业务系统信息安全，2014年9月，中央电视台信息安全渗透测试项目正式启动，对新现址业务系统防护区（DMZ）新闻交换、新闻信息汇聚、体育赛事平台、演播室网关等14个重要的信息系统开展了信息安全渗透测试，通过这种类似实战演习的渗透测试，使各系统用户清晰了解当前系统信息安全的薄弱环节、潜在风险和可能造成的影响，从而及时采取必要措施加以防范。

三、中央电视台技术系统播出保障体系建设、系统升级改造、项目验收及科研工作有序进行，为全台安全播出提供有力保障

2014年，中央电视台技术委员会根据中央电视台

技术事业的发展需要，继续对中央电视台现址系统做适当技术改造以及建设海外记者站。经技术委员会审定，台分党组批准，确定实施24个技术项目、9个科研项目，预算金额4.89亿，其中技术项目预算4.73亿。2014年，为适配高清化、网络化、文件化的节目制作，中央电视台现址正在建设高端制作岛、常规制作岛以提高节目生产量，实施现址音频后期网络高清化改造、第九演播室扩声系统改造、马拉松车微波传输系统、C波段卫星车、动中通卫星车等技术项目，为全台安全播出提供了有力的技术支持。

1. 现址适时改造，加强IT项目建设，确保安全播出

（1）积极推进现址改造

2014年，中央电视台稳步推进现址新建播出系统项目建设，扎实做好20套高清自动播出系统建设工作。对AV/IT设备、动力等需求调研论证，深化系统设计方案。对近线系统软件、监控系统软件、包装软件、文件整备模块的人工复审、节目技审、转码等功能详细设计并研究论证，对备播、播控等部分软件做功能测试。同时，继续进行现址数据中心改造，当前已经完成场地选址与建设条件分析，数据中心需求分析与建设规模测算，投资估算，项目实施进度规划等可行性研究，并联合广播电影电视设计院对新数据中心的布局和功能规划进行了初步的设计。为支撑新址业务，2014年上半年，技术系统完成了两套蓝光应急播出系统的搭建，提供了两个公共频道可同时支撑应急播出的业务，新址播出现址适配系统运行稳定，为安全播出提供强力保障。

（2）IT建设项目

一是新址无线网络系统覆盖。新址无线网络系统于2014年5月完成调试并上线试运行，无线网络已达到新址主楼办公区域和节目制作区的全覆盖。

二是新现址基础网络平台的扩充及技术改造。鉴于新现址互联互通业务需求的不断变化发展，为了满足高清化、网络化、文件化制播需求，中央电视台将在新、现址之间架设高速、可靠的百G网络传输平台，以适配业务发展的需要。

三是“节目相关大数据的收集、存储、分析及应用研究”和“掌上制播通”手机App科研项目。大数据项目通过采集各方数据，以栏目为单位将采集整理的数据展示出来，并通过计算分析，得出各种丰富的结果，以此寻找影响节目收视率的关键因素，提升节目质量，优化编排策略；“掌上制播通”项目通过与媒资系统、内审系统、ESB、LDAP等系统间调用接口，实现节目流程化各节点信息的整理和推送。

（3）外场转播系统建设项目

一是高清6+2转播车的投入使用，极大地缓解了因转播场地限制因素造成的约束，2014年圆满完成多项重大转播报道任务。

二是顺利完成二维有线传输索道摄像机系统、地面快速移动跟踪轨道摄像机系统的研发，并投入使用，进一步充实了外场转播设备。

三是数字无线对讲系统和外场转播IP通讯系统。2014年，数字无线对讲系统的建设和改造项目在全台各项转播活动试用。利用该数字对讲系统，中央电视台首次实现了北京马拉松全程赛段清晰的数字信号通话。同时，为了更好地满足外场节目制播对网络通讯的需要，技术系统研发出了可以适应中央电视台外场小型转播的网络与IP通讯解决方案，利用互联网专线等多种通道，将转播区域实现互联网信号覆盖，在南京青奥会等大型体育、文艺及时政活动中都得到了充分的应用。

（4）AVS+高清系统

根据国家新闻出版广电总局关于编码方式向AVS+转换的要求，中央电视台全面推进自主创新的AVS+编码方式的应用，于2014年1月1日起，逐步实现了CCTV2/7/9、CCTV10/12/14、CCTV3/5/8等公共频道高清节目向AVS+编码方式的转换，信号上行中星6A卫星进行播发。

（5）外宣高清系统

中央电视台于2014年初启动了外宣高清系统建设，以提高国际传播能力，向境内外传输高质量的节目。现建立了面向亚欧区域传输的高清1080/50i系统以及面向美洲区域传输的1080/60i系统，具备向外提供播出码流的条件。其中CCTV–News/9公共频道在亚太地区上星覆盖计划已报国家新闻出版广电总局。

2. 全面开展新址工艺项目验收工作

2014年，中央电视台完成除新闻制播系统外的新址一期电视工艺系统验收工作。6月，经中央电视台技术办公会决定，由技术系统各中心以及总编室、新闻中心、资产管理中心、音像资料馆等单位共同组成的竣工验收委员会，经严格审议，对项目资料齐全，文档规范，经过试运行证明系统运行稳定，通过了第三方的验收测试，达到设计要求，物资交接清楚完整的总控播出传输系统、综合制作系统、业务应用系统和基础平台系统的55个项目验收。此次验收工作为保障新址节目生产和播出奠定了坚实的基础。

3. 全面推进科研及标准制订工作，为技术发展服务

2014年，技术系统对高等院校和科研院所、广播电视台、有线网络公司和高新技术企业三类机构7家单位进行调研，对中央电视台科研机构组织、项目管理、经费管理、绩效激励、成果管理五个方面提出了建议，形成调研报告，为中央电视台的技术研发提供了有力的参考。

2014年，技术系统结合新现址实际运行情况，组织了《高标清混合制播图像幅型比变换规范》《高清播出格式视音频文件技术检测规范》《中央电视台新闻类节目音频制作规范（试行）》《中央电视台综合演播室文件化制作规范》《电视节目音频制作的响度规范》《中央电视台物资、设备分类及编码规范》《高清播出格式MXF文件规范》等多项台内制作规范的编制和修订工作，配合国家新闻出版广总局和规划院等部门完成了《AVS+标清编码器技术要求和测量方法》《AVS+卫星专业综合接收解码器技术要求和测量方法》《广播电视先进音视频编解码 第2部分：符合性测试》《数字电视节目响度技术要求》《高清晰度节目录制规范》等多项行业标准规范的制定工作。

针对近年来电视台愈加突出的信息安全防范问题，中央电视台还专项制定了《信息系统安全基线配置规范》《信息系统安全上线管理办法》《终端安全管理办法》等一系列信息安全技术规范，全力加强IT系统的信息安全防护能力。

（技术管理中心提供）

接管办以推进全台主体搬迁工作为核心目标，统筹做好运行管理与服务保障工作

2014年是中央电视台完成主体搬迁的关键一年，也是新址管理工作迈入全新阶段的一年。在分管理台领导的指挥下，总部新址接收管理工作办公室（以下简称“接管办”）积极发挥统筹协调和管理服务两大功能，着力完善体制机制建设，努力建立与中央电视台新址相适配的管理模式，各项服务、资源配备日益优化成熟，基本实现了全系统常态化运行，新址运行管理与服务水平再上台阶。

一、2014年全台主体搬迁工作完成过半，取得阶段性成果

按照中央电视台分党组要求，安全、平稳、有序完成全台主体搬迁工作是接管办2014年的首要任务。2014年，接管办完成包括少儿频道、纪录频道、技术管理中心、资产管理中心、发展研究中心、机关党委、纪检组监察室、审计处、音像资料馆9个单位的整体搬迁工作，完成总编室、综合频道、财经频道、中文国际频道、外语频道、技术制作中心6个单位的部分搬迁工作，全年搬迁总人数达2206人。

为顺利完成这一任务，接管办统筹协调、积极组织，形成各部门联合互动的完整闭合工作链：一是加强与待搬迁部门的沟通对接，组织专题讨论会，前置解决各类问题；二是制定落实标准规范的搬迁流程，向待搬迁单位提供切实可行的操作方案；三是组织搬迁单位实地踏勘，严格按照中央和台里关于房屋分配面积标准要求，依照《新址现址房屋分配方案原则》完成房屋分配方案，切实做到厉行节约、节俭办公；四是做好入驻前的环境准备，按照《花卉维护服务标准》等一系列规章制度，满足各单位所在区域绿化要求，并对搬迁区域进行打蜡、集中保洁和虫控消杀；五是加强沟通，与搬迁单位确定最终采用“复用工位”布局方案，改变入驻员工的办公方式，创造出无障碍的信息和情感交流氛围，完成家具布置；六是协调技术管理中心基础资源部完成综合布线，优化通信网络，经过多次协调移动、联通、电信三家运营商，在主楼西北侧、东南侧分别架设开通永久基站，同时对手机信号进行调试优化，实现了新址47万平方米空间的手机信号全覆盖；七是组织专业队伍实施搬迁，深入了解各频道和部门的搬迁需求，利用先进的科学设备提高效率，采用现代化管理理念合理控制搬迁成本；八是做好搬迁后的服务工作，帮助新入驻员工尽

快熟悉并适应新址的工作和生活环境。

二、以保障促发展，新址运行管理整体水平显著提升

1. 强化"一站式"办公服务平台集约化功能

"一站式"办公服务平台始终秉承着态度最好、程序最少、速度最快、水平最高、成本最低的宗旨，为了使入驻新址的职工真正地做到在"一站式"办公服务平台内一次性完成所需的各项业务，节省时间、提高工作效率，平台从最初的22个工位增加到26个工位，并对平台内的业务进行了细致的梳理及划分。2014年，"一站式"办公服务平台全年办理业务92653件，其中呼叫中心接听各类电话共计13016个，维修6330件，接听咨询、查询、转接类电话6592件，从接报、处理、回单建立一整套完备的处置流程，形成维修服务的闭环，为员工解决了实际问题。

2. 统筹协调，使全年400余场大型活动录制平稳有序

2014年，新址大中型演播室全部启用，接管办以"靠前服务、重点落实、优质保障"为标准，主动对接录制单位，提前踏勘演播室、候播区、演职人员就餐厅等录制区域及景片、观众、嘉宾进出路线，安排专人进行现场协调，以保障录制现场的各项特殊需求及时得到解决。根据新址大楼及演播室实际建筑情况，接管办编制了《新址大型节目录制管理办法》，协调大型节目录制400余场。

3. 完整清晰的施工协调与管理流程保障新址安全

按照"归口管理、统一审批、统筹安排"的原则，建立了新址施工项目周例会制度，并形成《总部施工项目周例会会议纪要》，确保新址重点施工项目信息通畅，各相关部门信息对称。通过对施工过程中遇到问题的研究与分析，更新了《央视总部工程方案专业技术会商意见审议表》，编制完成了《央视总部工程施工管理责任书》，明确各专业部门的审批意见和施工各方的管理权责，力保新址施工项目安全、平稳推进。

4. 通过问卷调查、电话回访、座谈会、上门回访改善服务质量，拉近服务距离

以《央视总部满意度调查问卷》为载体，不定期面向已入驻新址单位开展调研，就新址整体管理服务水平、一站式办公、公共环境、办公环境、卫生保洁、接报修服务、安全保卫、停车管理、餐饮服务等内容以及其他未尽事项进行评估和意见征集；"一站式"办公服务平台进行了办公回访机制的创新，每天指定专人定时对来电人员进行电话回访，定期与入驻各部门联系人进行沟通，及时有效地进行记录并反馈上级部门，服务、回访、整改、监督"四位一体"的服务模式，确保了部门之间信息沟通的及时和流畅；建立座谈会、上门回访机制，与入驻新址各单位进行面对面的深入交流，广泛听取各单位意见和建议，并将其分类梳理，分解到各相关部门，从而大大增强了工作机制的自我修复和更新能力，提升了接管办的整体服务水平。

三、步步为营，新址C标段工程接收管理工作稳步推进

为确保C标段媒体公园能够充分发挥其应有作用，接管办高度重视，一方面接收前将所有钥匙与房间进行一一核对，并组织专业部门对媒体公园及地下车库的建筑、结构、消防、电气、给排水、电梯设备、人防设备、市政管线、采暖通风等设施进行了全面的系统摸排，第一时间协调新址办给予解决；另一方面接收后聘请专家对综合布线，房屋、工位布局，电力、空调系统及排烟、监控系统等专业系统进行重新设计，以满足中央电视台业务发展的实际需求。此外，在完善媒体公园基本功能、确保具备基本运行条件的同时，接管办组织专项会议，听取了各单位对媒体公园的使用建议，经过十多次的现场踏勘，在媒体公园夹层改造开辟新址接待大厅、邮件收发室、保卫值班室等区域，以达到便利新址员工日常工作，提高工作效率、节约时间成本、提升服务品质的效果。

四、以改善用户体验为核心，服务链条日益全面完善

2014年，随着全台主体搬迁进程的加快推进，入驻新址员工日益增多，接管办的管理与服务水平在实践中得到了提升。餐饮服务、公共会议室服务、室内空气质量检测、办公环境的优化、综合体育馆的完善，以及塔一大堂服务台的启用等以改善用户体验为核心的服务项目日益增多，在满足入驻新址单位干部职工需求的同时，完善了接管办自身的服务链条，基本实现了新址运行管理及服务保障功能的全覆盖。

五、初步实现行政信息化，办公自动化系统试运行良好

办公自动化系统包含30多个子系统，涉及全台

行政办公和新址园区服务管理等诸多方面，三个系统试运行良好：

一是公文系统广泛推广，为实现新址无纸化办公奠定基础。公文系统于 2014 年 9 月在社会与法频道、体育频道、技术管理中心三个单位上线，此前接管办对全台 31 个单位进行了公文流程确认、用户身份审核和签名收集等工作，为公文系统全面上线做好了准备。

二是餐饮系统上线，开放式选择有助于缓解新址就餐压力。新址餐饮服务系统正式上线运行，可实现 5 个餐厅一周菜谱查询和就餐人数查询等功能，方便员工就餐同时，有得于供餐高峰时段的人员分流，员工还可对菜品和餐厅服务等进行评价。

三是积极推进会议室管理系统和停车管理系统的开发，实现智能化的内部管控体系。

六、以国际化、现代化为目标，新址形象建设推进迅速

2014 年是接管新址大楼的第三年，经过不断的思考、实践与磨合，新址形象建设得到了迅速推进，对内对外打造出全新的新址形象：

一是启用全新 VI 系统，树立崭新形象。2014 年 6 月 19 日，中央电视台全新的 VI 系统完成了主体设计并通过台分党组审定，《中央电视台视觉识别系统》手册成果性文件已经交付中央电视台办公室，有效保护了台内无形资产。

二是参观接待工作成为新址对外形象新名片。2014 年，接管办接待参观团队 167 批，共计 3519 人，外事团组数量增多，台内广告客户参观量显著增多，单日接待团队数量远超 2013 年。通过全年的努力，参观接待业务日益成为新址对外形象的重要展示窗口，赢得了众多美誉及肯定。

三是台情通报会面向全台“广而告之、解疑释惑”。2014 年，接管办联合机关党委以“新家，让梦想不再遥远”为主题召开台情通报会，面向全台干部职工系统地介绍了新址运行管理及搬迁进展的总体情况，达到了“广而告之，解疑释惑”的目的。

（新址接收管理工作办公室提供）

央视动画以改革创新举措，推动中央电视台动画事业转型升级

2014 年，央视动画有限公司（以下简称“央视动画”）以改革创新举措带动公司发展，从实效着手，落实“精品战略”，打造观众和市场都认可的动画品牌，为开创央视动画转型升级新局面而努力。

一、围绕精品战略和品牌化发展的目标，全力做好原创动画项目

央视动画根据中央电视台和中国国际电视总公司对于中央电视台动画内容和动画产业发展的要求，立足原创，严守财务制度，紧密围绕“精品战略”核心内容，以市场化、产业化、品牌化、国际化为发展目标，通过实施“制片人、导演、项目经理”制，全力做好中央电视台品牌动画开发，并向动画电影市场延伸。在 2013 年推出的《新大头儿子和小头爸爸》电视动画片受到观众和市场高度认可的基础上，2014 年央视动画成功推出了中央电视台首部动画电影《新大头儿子和小头爸爸之秘密计划》，最高上座率达 70.67%，累计票房达 4220 万元，在国庆节档期九部动画电影中，该片上座率名列第一位，票房居第二位，在中央电视台动画事业和动画产业的发展历史上具有里程碑式的重要意义。

二、强化以动画内容为核心的宣传推广联动传播新模式，实现服务频道播出和提升市场影响的双赢

作为中央电视台和中国国际电视总公司的原创动画支柱型企业，央视动画强化动画制作班底，通过多种创新模式的人才和机制合作，外引人才，内练本领，制作优秀动画片为少儿频道服务，并且在新媒体授权、动漫衍生授权和动漫形象线下体验等多领域展开工作，取得了突破性的市场成绩。《新大头儿子和小头爸爸》电视动画片第三季的网络播映权预售价格再创新纪录，超过《熊出没》的销售单价纪录，成为业界新价格标杆。与中国木偶剧院合作开发的《新大头儿子和小头爸爸》舞台剧自 2014 年九月份开始全国巡演，截至 2014 年底累计演出 70 余场，深受专家和观众好评。

三、以合作共赢的方式联合国际强手与优秀市场团队，摸索适合央视动画的产业发展路径

为了推出符合中央电视台地位、有国际影响力的优秀动画片，央视动画与美国孩之宝公司、捷克小鼹鼠公司等国际知名公司展开合作。当前在制的中捷国际合作动画片《熊猫和小鼹鼠》受到国家领导人的高度关注，习近平总书记和捷克共和国米洛什·泽曼总统共同见证了该合作项目的签约仪式，在两国动画创制作专家和市场运营专家的共同努力下，项目健康高速进行，为塑造“熊猫”这一国家级动画品牌和动画形象做好铺垫，借此打造出央视动画具有国际项目创作和运营经验的核心团队。

（中国国际电视总公司提供）

“突破创新 四驱未来”北京未来广告公司2015年重点项目资源推广会

2014年10月11日，北京未来广告公司在北京北辰洲际酒店召开了主题为“突破创新 四驱未来”的2015年重点项目资源推广会。会议以公司“四轮驱动”发展战略为背景，深度解析了体育产业政策新形势下的体育营销机会，详细解读了2015年中央电视台体育频道重点资源，同时也从策略的角度为客户阐释了未来广告“四轮驱动”的体育营销新策略。此次会议通过“四驱未来启动仪式”向客户及体育营销领域宣布了未来广告从传统的广告媒体代理公司向“四轮驱动”的全媒体体育营销专业机构的成功转型；提升了客户对未来品牌的信任度，开拓了视野，给客户带来了创新的体育营销思路和体验；进一步树立了北京未来广告公司作为体育营销领域专家的形象和地位。

（中国国际电视总公司提供）

“万向鹰眼”市场反应良好，发展前景广阔

我国第一套拥有自主知识产权的三维索道摄像系统“万向鹰眼”自2013年在北京中视节点文化发展有限公司（以下简称“中视节点”）研发成功以来，受到了业界内外的广泛关注。该项目获得北京市文化创新发展专项资金的大力支持。

2014年7月18日，国家新闻出版广播电影电视总局科技司召开《三维索道摄像系统——万向鹰眼》项目鉴定会，与会专家认为该项目成果具有创新性，填补了国内空白，达到国际先进水平并一致同意通过鉴定。

2014年8月“万向鹰眼”击败众多国际品牌，荣获第十二届BIRTV产品、技术及应用奖。该奖项代表了广电技术行业的最新和最高水平。“万向鹰眼”获得此项殊荣，打破了国外同类产品一统天下的垄断局面，彰显了坚持自主创新，创建国有品牌的民族精神，得到了中国国际电视总公司的通报表彰。

2014年，“万向鹰眼”先后参加了第二十三届北京国际广播电影电视展览会（BIRTV）、广州（国际）演艺设备智能声光产品技术展览会（GETshow）、中国国际广播电视信息网络展览会（CCBN）等专业领域的展示会，为技术交流及市场拓展奠定了基础，并获得来自国内外专家及客户的极力推崇和赞誉。

2014年“万向鹰眼”开始正式逐步投入市场，继参与首届冰壶公开赛、星光大道、中央电视台公益广告颁奖晚会等大型项目后，2014年8月，“万向鹰眼”登陆鸟巢汪峰演唱会，携手乐视网打造了中国首个全球顶级4K极清拍摄及直播，开创了O2O演唱会付费直播新模式。该系统市场反应良好，发展前景巨大。

（中国国际电视总公司）

2014“CCTV·圆梦”活动在非洲六国成功举办

为扩大中央电视台英语新闻频道和非洲分台在非洲当地的影响，增强非洲人民尤其是非洲少年儿童对中国的了解，中央电视台海外传播中心联合四达时代公司从5月起在坦桑尼亚、肯尼亚、尼日利亚、南非、乌干达及卢旺达举办2014非洲“CCTV·圆梦”活动。活动巧妙运用中国梦主题，以帮助非洲少年儿童圆梦为核心，通过“CCTV·圆梦”官方邮箱、四达时代公司在六国的用户网站、营业厅等线上线下渠道，全面征集当地少年儿童关于中国的梦想，最终抽出幸运少年儿童帮助他们圆梦。活动把中央电视台海外品牌推广与中华文化“走出去”结合起来，以新颖独特的方式走进非洲，向国际社会阐述中国梦，获得非洲各界的认可和好评，产生广泛影响和积极效果。

一、广泛征集梦想，让非洲少年儿童说出自己的中国梦

从4月20日开始，海外传播中心通过四达时代在非洲的资源在坦桑尼亚、肯尼亚等六国开启“CCTV·圆梦”活动预热宣传，在四达时代非洲六国英文网站首页挂载大幅活动宣传图片，利用官方Facebook、Twitter账号发布活动信息，在四达时代六国营业厅、便利店，向观众介绍活动内容，还利用电视广告、飞字幕及向电视用户发送短信的方式进行全面宣传。当地时间5月12日，梦想征集正式开始，当地少年儿童通过四达网站下载报名表书写他们的中国梦，也有许多少年儿童在父母的陪伴下，来到四达时代营业厅描绘自己的中国梦，还有很多观众通过打电话、发送电子邮件等方式参加活动，此间共征集到书写完整的非洲少年儿童中国梦近1500份。此次梦想征集活动，给非洲少年儿童提供了一个畅想中国的机会，以一种特殊方式激发他们的热情，让这些孩子及其父母自觉自愿地了解、认识中国，了解中国历史文化，有效地向国际社会阐述了中国梦。

二、圆梦现场气氛热烈，非洲少年儿童近距离感受中华文化

6月10日，“CCTV·圆梦”活动揭晓仪式在坦桑尼亚达累斯萨拉姆市乞力马扎罗饭店举行，海外传播中心从前期征集的梦想中，最终确定了“武术梦”“电视梦”和“足球梦”三个主题梦想，并分别以武术教授、中国和CCTV知识问答及球技展示的方式，帮助这些非洲少年儿童现场圆梦。活动最终抽选出两个非洲家庭，邀请他们赴中国参观故宫、长城及中央电视台总部大楼，了解中国历史文化和当代发展成就。“CCTV·圆梦”活动揭晓仪式让到场的非洲少年儿童对中华文化有了近距离的了解，留下深刻印象，这种方式贴近当地需求，使中华文化“润物细无声”，得到非洲少年儿童的认可和喜爱。

三、圆梦活动获得非洲各界普遍好评

“CCTV·圆梦”活动在非洲当地获得热烈反响和积极评价。参加活动的非洲少年儿童普遍表示，“CCTV·圆梦”活动给他们带来了快乐，让他们爱上了中国。坦桑尼亚国家电视台（TBC）播出了活动揭晓仪式实况，并进行了详尽报道。当地主流媒体也派记者到现场采访报道，积极评价此次活动及活动在当地产生的积极反响。

（海外传播中心、台办公室提供）

海外传播中心在肯尼亚举办品牌推广活动

为进一步扩大中央电视台英语新闻频道及非洲分台的影响力，让非洲人民进一步了解中国，海外传播中心联合四达时代公司，于2014年6月11—13日，在肯尼亚组织路演、召开海外观众座谈会。此次品牌推广活动反响热烈，成效显著。

6月11日，海外传播中心工作组赴肯尼亚内罗毕举办中央电视台英语新闻频道海外观众座谈会，听取收集非洲本土观众对英语新闻频道的意见和建议，20多位肯尼亚观众参加座谈。参加座谈的观众表示，与英国广播公司（BBC）、美国有线电视新闻网（CNN）等媒体比较，CCTV英语新闻频道更关注非洲国家的经济和民生，拥有很多非洲本土雇员，节目本土化程

度高。该频道最受当地观众欢迎的栏目是《非洲直播间》和《非洲人物》。参加座谈的观众希望CCTV英语新闻频道集中优势节目抢占当地晚间8:00—9:00的黄金时段，增加体育、教育类节目和纪录片，同时加强频道在非洲本土的宣传力度，在YouTube、Facebook等社交媒体平台推广频道节目，让更多本地观众了解中央电视台英语新闻频道。

6月12日、13日，海外传播中心工作组与四达时代公司合作，在肯尼亚首都内罗毕组织两场路演活动，宣传中央电视台英语新闻频道和非洲分台。在路演现场，主持人现场介绍英语新闻频道，工作人员集中发放了200余份非洲分台单页、近百份英语新闻频道宣传册以及数十份印有中央电视台LOGO的小礼品等，并向他们介绍英语新闻频道和非洲分台栏目、节目及收视渠道和方法等。现场反响热烈，两次路演累计吸引当地民众数百人，取得了很好的宣传效果。

（海外传播中心提供）

音像资料馆2014年改革创新举措

音像资料馆作为中央电视台内容资源（包括视频资料、音频资料、附属图文资料、图书报刊）的归口管理部门，负责对中央电视台馆藏内容资源以及开发利用进行全流程统筹管理。为实现“一流服务立馆、优秀文化建馆、丰富内容兴馆、先进技术强馆”的管理理念，为全台节目制播提供更有力的保障，2014年音像资料馆积极推进改革创新，举措如下：

一、清理回收积压磁带工作超预期，中央电视台馆藏内容资源规模跨上新台阶

2014年，音像资料馆超预期完成了清理回收积压磁带工作，全台总体还带率达到115.89%。经过七个多月的艰苦努力，音像资料馆共收缴磁带41万多盘。其中，账内有条码磁带近25万盘，有价值无条码磁带近16万盘，经过逐盘上机筛选，有价值比例达到90%以上。截至2014年底，12.6万盘已完成数字化上载，1.8万小时资料被再次使用，从而有力地支持了全台节目制播，为适配新址全文件化的制播方式作了极有价值的工作，大大丰富了中央电视台馆藏文化产业资源。台分党组为了表彰清理回收工作的突出业绩，专门召开了全台磁带清理回收工作总结表彰大会，对全台15个部门、1032名在职员工、25名离退休人员进行经济奖励，发放奖金173.95万元。音像资料馆清理回收积压磁带工作荣获“台长特别奖”。

二、支持全台节目制播、服务党和国家工作大局的能力明显提升

2014年，为了巩固支持全台节目制播的成果，提升服务党和国家工作大局的品质，音像资料馆遵循“一流服务立馆”的理念，围绕中央电视台重点宣传，创新工作方式，不断提升支持全台节目制播的服务品质，并形成了一系列新成果。

一是以高品质的服务完成了25个台级、中心级重点项目和各频道重点节目的资料保障工作，为全台7个中心、频道提供数据1.7万条、870小时；二是针对全台宣传的实际需要，向台内编导发送手机报7万余条，新建及更新了19个主题数据库，并创新推出199个小微主题数据库，有力支持了各频道的日常宣传；三是出色完成了索契冬奥会、仁川亚运会等5项重大体育赛事全流程资料收集保障工作，完成数据筛选与归档3413条、5369小时，后场场记著录1044场、95664条、2714小时，受到各方面好评，从而使全流程、嵌入式、直播态的资料保障模式更加成熟，音像资料馆在节目制播中的作用更加彰显；四是为中共中央办公厅、国务院办公厅、全国人大及多位党和国家领导同志及时、高品质的提供了资料保障服务，刻制光盘1211张，资料1065.6小时，使直接服务于党和国家工作大局的能力进一步提升，赢得用户的普遍赞誉；五是利用国内仅有的修复设备，对《传统戏》《西游记》等重点节目数据开展视频修复3839分钟，从

而有力地支持了全台节目制播。

由于音像资料馆提供覆盖两址一馆，集视频资料、音频资料、附属图文资料于一身的全方位、多角度、立体化的资料保障服务，为全台节目制播提供了强有力的支持。

三、形成了全流程、全覆盖、全业态的管理格局和发展态势

作为中央电视台内容资源的归口管理部门，音像资料馆按照台分党组授权和部门职责，经过近几年的快速发展，在实施科学管理，提高服务品质方面，不断跨上新台阶，实现了全流程、一体化、嵌入式、直播态的资料保障方式，形成了全流程、全覆盖、全业态的发展态势，已发展成为中央电视台管理跨度最大、作业链条最长、业务形态最多的部门之一，其管理跨度覆盖全台“两址一馆”，在中央电视台新址、现址，音像资料馆均有媒资工作实际作业区；管理链条从节目选题立项开始，一直延伸到后期储存管理和内容应用开发，贯穿中央电视台节目制播全流程，实现了与节目制播紧密耦合的全流程管理与服务的创新；业务形态方面既负责全台内容资源的集中统一管理，又具备利用馆藏资源进行编辑制作，以满足各类用户需求的能力；既有专业化的技术保障团队支持日常媒资管理业务的开展，又具体实施内容资源的相关开发业务。这种全流程、全覆盖、全业态的管理模式，有利于提升中央电视台对内容资源宏观调控的科学管理水平，有利于更好地支撑中央电视台节目制播、服务党和国家工作大局，更有利于不断提升媒资工作的服务品质，从而形成了国家台特有的内容资源管理优势。

四、节目资料社会化有偿服务规模化经营实现重大突破，中央电视台媒资产业开发迈入新纪元

随着台发宣字[2013]293号文件出台，中央电视台正式开始节目资料社会化有偿服务。2014年，音像资料馆共受理、核价有偿服务订单116单，成交50单，平均单价16765元/分钟，最高单价达到92880元/分钟，创收额度比试运行期间增长了554%。2014年是音像资料馆乃至中央电视台内容资源社会化有偿服务规模化经营的元年，为实现这一目标，音像资料馆推出了一系列举措。

一是加快配套制度建设，制定了《中央电视台音像资料馆节目资料社会化服务管理暂行办法》，建立15项工作标准与规范，形成配套的规章制度体系，既填补了行业在此方面的制度空白，又为社会化服务的规范化、标准化、专业化、规模化运作奠定了制度基础；二是自主研发了TSCU定价体系，填补了全行业视听资料细化定价标准（规则）的空白，为节目资料的市场化运作建立了科学、系统的价格体系保障，并推动这一体系进入到知识产权保护和软件开发阶段，形成了具有中央电视台自主知识产权的重要科研成果，受到台分党组的高度评价；三是理顺内部运行机制，加强人才队伍培养。根据台分党组决定，积极探索社会化有偿服务的运作流程，建立了由计费管理科、版权确认科、用户服务科、资料编辑开发科、资源研发科构成的社会化有偿服务运行团队。

通过苦练内功，提高业务能力，理顺运作流程，为使媒体内容资产管理成为中央电视台丰富产业结构、增强可持续发展核心竞争力的新抓手，开展了创造性的工作。

五、中央电视台媒资品牌推广工作实现重大突破，音像资料馆节目编辑制作业态产生新飞跃

2014年，音像资料馆创新营销理念，实施“走出去”战略，在中央电视台媒资品牌推广方面推出了一系列举措，并取得了诸多具有标志性的成果。

一是制作的宣传片在全台9个频道累计播放1600余次，丰富了中央电视台宣传片、形象片的播出类型，产生了较好的宣传推广效果；二是新闻频道《新闻直播间》等多个栏目对中央电视台的媒资管理建设情况进行了专题报道和深度推广，加大了宣传推广力度；三是央视网、《中国电视报》等新媒体和平面媒体在重要位置推出音像资料馆新闻通稿，并同步刊发平面广告，扩大了宣传推广维度；四是制作的宣传片在公交、列车、广场、快客频道等广阔的空间滚动播出约5000万次，拓展了宣传推广形式；五是真正“走出去”，通过参加第四届北京国际电影节等近10个电影、电视节，开展专项调研或设置专门展台，丰富了音像资料馆的宣传营销方式，提升了中央电视台媒资品牌的知名度和美誉度。

六、团队文化建设取得新成效，在所有竞赛活动中均榜上有名

2014 年，音乐资料馆通过持续打造特色团队文化，提高全员工幸福指数，文化软实力明显增强。2014 年音像资料馆遵循“创造快乐、展现价值”的团队文化核心理念，坚持周周有电影、月月有活动、季季有比赛的优良传统，使“文体活动常态化”持续落地，并取得了在国家新闻出版广电总局、中央电视台组织的各项竞赛活动中均榜上有名的可喜成绩。特别是在第五届国家新闻出版广电总局“广播影视职工艺术节文艺汇演”中，音像资料馆自编、自导、自演的集视频、舞蹈、诗朗诵为一身的节目《追梦》，代表中央电视台参赛，获得了“特别贡献奖”“原创节目奖”，受到了台领导的充分肯定。音像资料馆自创的廉政微电影《帮忙》被评为“中央电视台十佳廉政微电影”。音像资料馆举办的“第二届才艺大比拼活动”，获得“中央电视台最佳主题团日活动”荣誉称号。

（音像资料馆提供）

第二十三届北京国际广播电影电视展览会（BIRTV2014）取得圆满成功

2014 年 8 月 27—30 日，第二十三届北京国际广播电影电视展览会（以下简称“BIRTV”）在北京中国国际展览中心成功举办。展出面积 5 万平方米，参展厂家 519 家，其中 40% 为国际厂商。

本届 BIRTV 展览会上对传统媒体与新兴媒体融合发展、4K 超高清、IP 化网络制播以及最新电影技术等重点内容进行了集中展示，其中民族品牌企业在全台网建设和激光电影放映技术方面已达到国际先进水平。本届 BIRTV 具有以下新特点：

一是专业影响持续扩大，观众总人数进一步增长。据统计分析，本届展览会观众参观踊跃，现场观众总数达 6 万人，其中中央电视台系统内管理和技术人员占 27%、影视制作机构人员占 21%、相关行业专业技术人员及研究机构院校的专家学者占 20%、广播影视专业设备生产厂商及代理机构人员占 16%，上述人员构成了主流参观人群。

二是进一步强化了“展览展示与交流研讨并重”的办展理念，各类论坛和主题活动等内容丰富多彩、各具特色，数量超过往届，更好地发挥了 BIRTV 广电技术交流平台作用。首次举办 BIRTV 台长论坛，浙江、江苏等地方电视台领导就传统媒体与新兴媒体融合发展的思考和实践进行了交流探讨；首次推出展览会主宾台概念，湖南广播电视台参展，地方台、中央台互动交流，收到良好效果。

三是充分利用新媒体新技术手段打造多渠道、全方位的展览会服务平台，实行观众现场参观与网上浏览参观并举，8 月中旬至 8 月 30 日，BIRTV 网站点击量突破 20 万。

四是展品内容进一步扩充，涵盖内容采集、编辑、制作、存储、播出、传输、接收等各个环节，并扩展到管理经营等全产业链。

五是进一步加强 BIRTV 展览会合作平台作用，促进广播影视行业的国内国际合作以及广电全产业链的转型升级。

（中国广播电视国际经济技术合作总公司提供）

CCTV
中国中央电视台
CHINA CENTRAL TELEVISION YEARBOOK
年鉴
2014
胡占凡 主编
《中国中央电视台年鉴》编辑部 编

CCTV

JI GOU

机构

机 构

2014年中央电视台机构设置

中央电视台分党组书记胡占凡，副书记罗明、魏地春，成员胡恩、何宗就（6月离任）、孙玉胜、张海鸽、高峰、邹伟（9月任职）、袁正明、薛继军、梁晓涛（6月离任）。中央电视台机关党委书记张海鸽。中央电视台分党组纪检组组长邹伟（9月任职）。

中央电视台台长胡占凡，总编辑罗明，副台长罗明、魏地春、胡恩、何宗就（7月离任）、孙玉胜、张海鸽（9月任职）、高峰、袁正明，总工程师丁文华，副总编辑程宏、李挺、朱彤、黄传芳、张宁、彭健明，总会计师董为民。

中央电视台下设：

1. 台办公室

下设：秘书处、综合处、机要档案处、保卫处、外事处、法规处、行政处、房管处（物业管理处）。

2. 总编室

下设：规划部、节目播出部、节目研发部、版权管理部、市场评估部、受众服务部、节目推介部、综合部、审片部。

3. 新闻中心

下设：综合部、策划部、时政新闻部、经济新闻部、社会新闻部、地方记者部、海外记者部、国际新闻部、军事节目部、新闻评论部、新闻频道编辑部、综合频道新闻编辑部、新闻播音部、新闻视觉艺术编辑部。管理31个驻国内记者站、2个海外分台及5个中心记者站。

4. 综合频道

下设：综合部、节目部、节目统筹部。

5. 财经频道

下设：综合部、节目部。

6. 综艺频道

下设：综合部、节目部。

7. 中文国际频道

下设：综合部、节目部、新闻部。

8. 体育频道

下设：综合部、节目部、竞赛部、新闻部、赛事频道编辑部。

9. 电视剧频道

下设：综合部、节目部、项目部。

10. 科教频道

下设：综合部、节目部。

11. 社会与法频道

下设：综合部、节目部。

12. 戏曲和音乐频道

下设：综合部、节目部。

13. 少儿频道

下设：综合部、节目部。

14. 外语频道

下设：综合部、节目部、英语新闻频道、西班牙语频道、法语频道、阿拉伯语频道、俄语频道。

15. 纪录频道

下设：节目管理部、项目运营部。

16. 大型节目中心

下设：综合部、第一导演工作室、第二导演工作室。

17. 军事节目中心（解放军电视宣传中心）

18. 海外传播中心

下设：综合部、统筹规划部、项目部、联络部。

19. 人力资源管理中心

下设：干部管理处、劳动工资处、培训职称处、人才交流处、劳动关系管理处、离退休人员管理处。

20. 财务管理中心

下设：综合业务处、计划统计处、财务管理处、会

中央电视台台本部2014年机构设置图

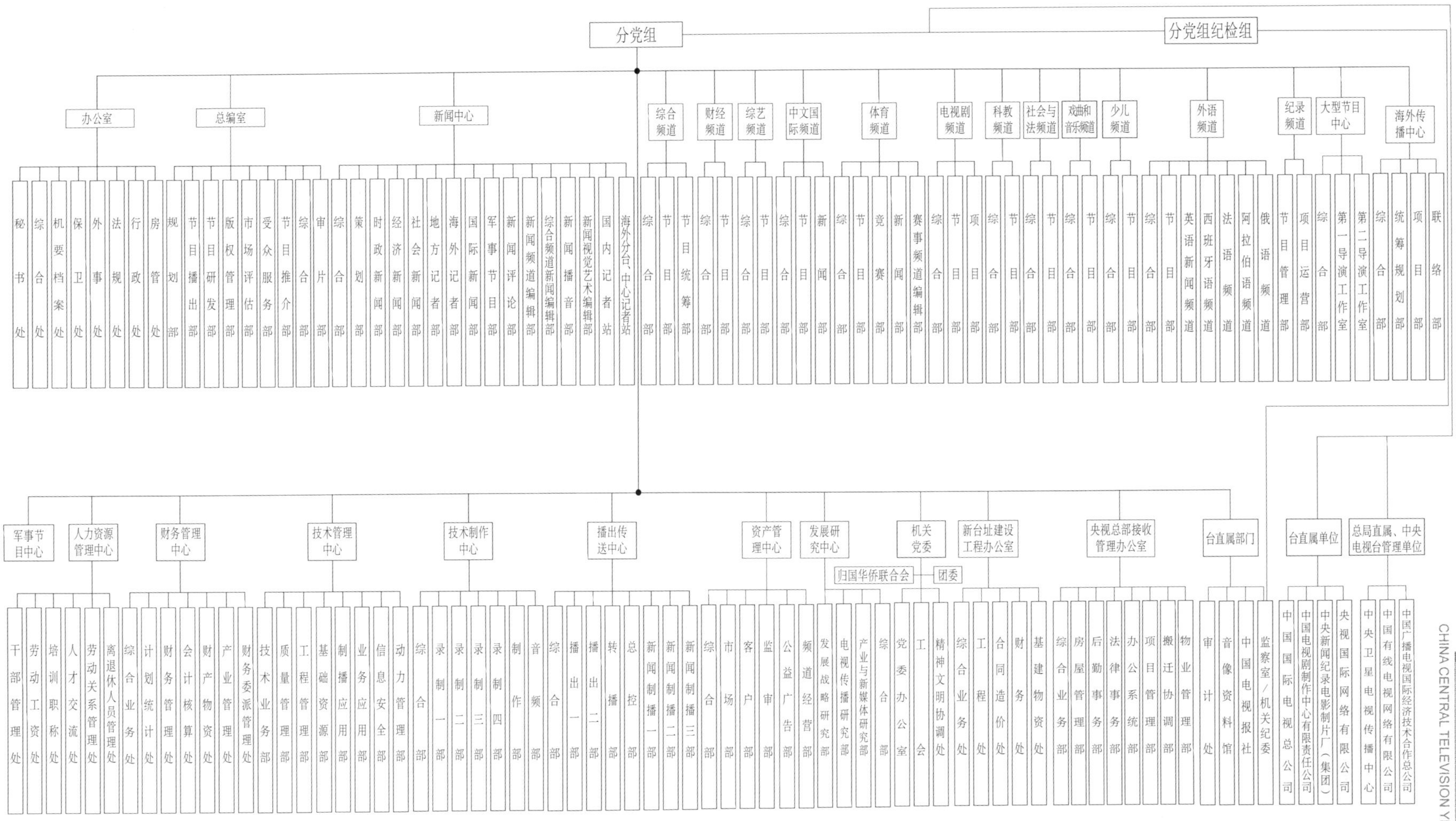

计核算处、财产物资处、产业管理处、财务委派管理处。

21.技术管理中心

下设：技术业务部、质量管理部、工程管理部、基础资源部、制播应用部、业务应用部、信息安全部、动力管理部。

22.技术制作中心

下设：综合部、录制一部、录制二部、录制三部、录制四部、制作部、音频部。

23.播出传送中心

下设：综合部、播出一部、播出二部、转播部、总控部、新闻制播一部、新闻制播二部、新闻制播三部。

24.资产管理中心

下设：综合部、市场部、客户部、监审部、公益广告部、频道经营部。

25.发展研究中心

下设：发展战略研究部、电视传播研究部、产业与新媒体研究部、综合部。

26.机关党委

下设：党委办公室、团委、工会、精神文明协调处、归国华侨联合会。

27.新台址建设工程办公室(临时机构)

下设：综合业务处、工程处、合同造价处、财务处、基建物资处。

28.总部接收管理办公室(临时机构)

下设：综合业务部、房屋管理部、后勤事务部、法律事务部、办公系统部、项目管理部、搬迁协调部、物业管理部。

台直属机构：监察室、审计处、中国电视报社、音像资料馆。

台直属单位：中国国际电视总公司、中国电视剧制作中心有限责任公司、中央新闻纪录电影制片厂（集团）、央视国际网络有限公司。

总局直属、中央电视台代管单位：中央卫星电视传播中心、中国有线电视网络有限公司、中国广播电视国际经济技术合作总公司。

台副总工程师宋宜纯、黄平刚。

各中心（室）、频道主要领导是：台办公室主任李欣雁，总编室主任王晓真，新闻中心主任孙玉胜（兼）、常务主任黄传芳（兼），综合频道总监钱蔚，财经频道总监齐竹泉，综艺频道总监张晓海，中文国际频道总监杨刚毅，体育频道总监江和平，电视剧频道总监张子扬，科教频道总监金越，社会与法频道总监魏斌，戏曲和音乐频道总监郎昆，外语频道总监盖晨光，少儿频道总监庄殿君，大型节目中心主任张晓海（兼），海外传播中心主任景春寒，人力资源管理中心主任范昀，财务管理中心主任董为民（兼），技术管理中心主任徐进，技术制作中心主任徐进（兼管），播出传送中心主任张宝安，资产管理中心主任何海明，发展研究中心主任任学安，机关党委专职副书记王全杰，监察室主任、机关纪委书记黄瑞刚，新台址建设工程办公室主任黄平刚（兼），总部接收管理办公室主任张海鸽（兼）。

中国国际电视总公司董事长、总裁薛继军，中国电视剧制作中心有限责任公司执行董事、总裁薛继军（兼），中央新闻纪录电影制片厂（集团）董事长、总裁高峰（兼），中央卫星电视传播中心主任李琼，中国广播电视国际经济技术合作总公司总经理李金荣。

中央电视台编辑委员会

中央电视台编辑委员会（简称编委会）在台分党组和台长、总编辑领导下，按照中央宣传方针、政策和国家新闻出版广电总局的部署，策划和组织宣传报道工作。负责传达贯彻上级及中央电视台宣传工作、节目制作播出的指示精神；审议重大活动宣传报道统筹谋划方案；审议台重点选题立项申请及方案调整，通报实施效果；审议申请经费补贴的频道特别节目选题；审议频道设置或定位调整方案、频道改版方案；审议栏目设置及改版方案；审议节目委托制作年度计划；审议重要宣传管理规定并报台分党组审定；分析评价频道、栏目、节目、重点选题宣传效果。

中央电视台技术委员会

中央电视台技术委员会（简称技委会）是中央电视台最高技术决策机构，其成员由主管技术的台领导及技术系统的部分负责人和专家组成。技委会的主要职责是：研究把握中央电视台未来电视技术的发展方向；对新技术、新设备的引进做出规划和决策；审查批准电视技术工程项目；审定系统配备计划和关键设备购置计划；审定电视技术标准；审定大型活动的技术方案；审定科研项目立项。技委会为台领导重大决策和全台管理工作提供技术依据，发挥参谋作用。

中央电视台行政管理委员会

中央电视台行政管理委员会是在台分党组领导下，

负责全台重大行政管理工作的议事机构，是台分党组在行政管理方面的参谋助手。行政管理委员会主要负责审议职能部门提交的全台性重大事项，协调宣传、技术系统与职能部门之间的工作，研究人、财、物等资源配置，制定职能部门的中长期规划和年度重点任务等。台办公室是行政管理委员会的日常办事机构。行政管理委员会主任张海鸽，副主任邹伟、董为民。

分党组纪检组/监察室/机关纪委

中央电视台监察室成立于1988年8月。1994年10月，经中央纪委同意，原广播电影电视部党组批准，设立中央电视台分党组纪检组并与监察室合署办公。2000年9月根据中央纪委、中央纪委驻广电总局纪检组、监察局、广电总局机关纪委的工作部署，中央电视台纪检组、监察室与机关纪委合署办公。

中央电视台分党组纪检组/监察室/机关纪委主要职责是：在中央纪委监察部驻国家新闻出版广电总局纪检组、监察局的管理和台分党组的领导下，检查中央电视台各部门和所属单位的党组织、党员领导干部执行党的路线、方针、政策和决议的情况；对台分党组及成员、其他党员领导干部实行党章规定范围内的监督；检查中央电视台党员领导干部违反党纪案件、所属单位重要违纪案件，根据有关规定提出处理意见，按照《中国共产党纪律处分条例》对所查案件的违纪党员做出处理决定；配合有关部门对党员和党员领导干部进行党风党纪教育；指导中央电视台及台属单位党的纪律检查工作；监督检查中央电视台各部门和所属单位工作人员贯彻执行国家法律、法规和政策、决定、命令的情况；调查处理台属各部门、各单位工作人员违反政治纪律、宣传纪律、组织纪律、财经纪律的检举、控告；受理各部门、各单位党员领导干部及工作人员不服党纪处分、行政处分的申诉。台分党组成员、纪检组组长邹伟，纪检组副组长、监察室主任、机关纪委书记黄瑞刚，机关纪委专职副书记兼监察室副主任范浩，正处级纪检员兼监察室副主任安育华。本届机关纪委2010年12月由中央电视台第八次党代会换届选举产生，为中央电视台第七届纪委会，由13名委员组成。

台办公室

中央电视台办公室是台分党组、台领导集体、台行政管理委员会的日常办事机构，是全台承上启下、综合协调、信息总汇的枢纽机关，是全台内部事务的主管部门，是对外联络的主要窗口。台办公室负责为台领导决策提供辅助，并处理日常事务，组织协调全台宣传、技术、行政、经营工作的重大活动；负责全台管理规章制度建设；管理全台信息舆情调研、行政办公业务、机要档案保密、法律事务、安全保卫、涉外事务、公共关系、房屋管理、后勤保障工作；督促检查台分党组、台领导交办工作的完成情况，提出全台行政管理的改进意见和建议。台办公室下设秘书处、综合处、机要档案处、保卫处、外事处、法规处、行政处、房管处（物业管理处）及中央电视台书画院。台办公室主任李欣雁，副主任刘民朝、柏杨、何新宇、高进印，党总支专职副书记毛劲松。

秘书处

秘书处是台办公室的综合职能部门。承办台分党组和台领导交办的日常事务。承担公文办理、信息简报、舆情分析、事项督办、行政信息化、信函收发、印信管理等工作，负责涉及中央电视台人大建议、政协提案的办复工作；主办《工作日报》《中央电视台简报》《电视决策参考》等信息内刊；负责组织台内公文有序高效运转；负责行政信息化办公室的日常工作；负责台内信函报刊收发工作。秘书处下设信息科、舆情科、公文科、督办科、行政信息化科、收发科。秘书处处长何新宇（兼），副处长江流、赵晓博、张凌云。

综合处

综合处成立于2009年，是台办公室综合职能部门。承办台分党组和台领导交办的日常事务，负责台办公室承担的全台性宣传、技术、行政、经营等方面重大活动的协调工作。工作内容包括：台领导日常事务安排及服务，参与协助台内重大活动、会议的组织和实施，统筹协调全台值班，台重大活动及台领导活动，组织摄影、书画和艺术品征集、笔会等工作。综合处下设总值班室、综合业务科、摄影科、书画管理科（台书画院挂靠管理）。综合处处长冯雪松，副处长朱焰焰，书画院秘书长曹志明。

机要档案处

机要档案处成立于2013年4月，履行中央电视台机要、保密及档案管理职能。主要职责是：负责全台机要文件、电报的登记、传阅、保管、清退、归档；负责全台保密工作落实、指导、培训、督导管理；负责全台文书、照片、实物、资料的归档整理，对档案工作统筹规划、组织协调、培训并督导。机要档案处下设机要科、保密科、档案科。机要档案处处长武金鑫，副处长吴军红。

保卫处

保卫处成立于1981年8月，主要负责中央电视台安全保卫工作，包括治安、内保、国家安全、警卫、消防、交通安全管理及综合治理，配有消防监控、治安闭路监控系统。保卫处下设治安一科、治安二科、警卫一科、警卫二科、消防一科、消防二科、交通科、安检科、技防消防监控科、技术管理科、综合科。保卫处处长高进印，副处长崔国辉、邓海京。

外事处

外事处成立于1984年，主要职责是规划、组织台领导的外事活动；审核、指导并协助全台各部门的外事活动；组织、协调国（境）外嘉宾来台参观、访问；宣讲外事政策、纪律并监督执行；统筹与国（境）外机构合作协议的签署、督办和归档；负责全台外籍员工的行政管理工作；统筹全台的因公出国（境）计划；审核全台因公出国（境）任务；办理出国（境）手续、保管护照及其他相关的外事管理工作。外事处下设外事接待科、国际交流科、护照管理科、外籍专家科、综合科。外事处副处长花凯、李庆庆。

法规处

法规处成立于1998年6月，是负责全台法律事务的职能部门。主要职责是：审核、管理中央电视台对外签署的合同、协议等法律文件；代表中央电视台进行诉讼和仲裁；参与起草、制订、修改全台的规章制度；参与中央电视台投资、租赁、资产转让、拍卖、招投标、下属企业改制等涉及重要权益的经济活动；负责中央电视台品牌栏目的商标注册及管理等。法规处处长仇刚，副处长达红。

行政处

行政处是中央电视台职能管理部门之一，隶属于台办公室。承担全台行政办公、后勤保障、服务接待、医疗保健、文字印刷、车辆管理、绿化美化等工作；承担中央电视台交通安全委员会办公室、绿化委员会办公室、防汛工作办公室、爱国卫生委员会办公室的日常管理工作。行政处下设综合科、管理科、行政科、接待科、交通科、文印科、医疗保健科、影视之家管理科，监管央视后勤服务发展(北京)有限责任公司，确保全台职工餐饮食品卫生安全。行政处处长吴雪民（2014年12月离任），副处长俞玮（2014年12月任职，主持工作）、胡志发、韩峰。

房管处

房管处成立于1998年6月，负责全台房产管理工作。主要职责是：根据国家及国家新闻出版广电总局的有关规定逐步落实房改政策。负责全台房屋及其产权资料的积累、立卷、归档工作；负责全台办公用房的调整管理和维修改造；负责全台职工宿舍的物业监督管理和大、中修及改造工程；负责台新址房屋接收及管理工作。房管处下设维修科、物业管理科、房管科、综合科、工程管理科。房管处处长杨怀文，副处长隋金辉。

中央电视台书画院

中央电视台书画院是中央电视台联系中国书画界的窗口，以“弘扬中国书画艺术、繁荣电视屏幕”为使命，团结书画艺术界的朋友，举办系列全国性书画展和书画理论与创作研讨会，收藏当代名人、大师、大家的书画作品上千幅，以及油画、雕塑作品。中央电视台秉承“传承文明、开拓创新”的宗旨，弘扬中华民族文化，促进中外文化交流，推进中国书画艺术走向新的繁荣。中央电视台书画院院长张海鸽，副院长李欣雁，秘书长曹志明。

总编室

中央电视台总编室是全台节目宣传管理的中枢和台编委会办事机构，根据中央宣传工作精神和台编委会的要求，负责建立全台重大宣传工作统筹谋划机制；负责全台节目宣传业务的组织、协调、监督、评估和服务。具体业务包括：统筹规划全台重大报道活动，统筹管理重点选题，宏观调控全台的战略性节目资源配置，监测各频道定位及栏目设置；组织编委会会议，并督办落实会议决议；代台审看计划在综合频道播出的电视剧、动画片；向上级机关报送宣传信息、活动选题立项、剧目预排计划；负责全台节目生产流程管理；规划管理重点选题、重大报道活动和节目的预算；协调全台内参片制作、节目引进；统筹协调全台重大活动、特别节目的播出；统筹协调各频道日常节目的编排和播出运行；负责军事·农业频道的日常节目编播；负责全台节目的入库备播和上载管理；负责外送专题节目内容审查和技术质量审查；对全台新节目研发进行全流程管理，并开展对策性研究；统筹管理研发资金的使用；负责制定全台各类与版权有关的合同和法律文书；负责大型版权交易的谈判工作；对全台各类节目进行版权定级，提出版权开发方案，为版权合理使用提供有效的信息平台，为各频道提供专业的版权维护咨询服务；负责全台节目数据的播后统计分析、收视市场研究及栏目的综合评价；组织各类节目评优评奖；对节目的新媒体传播效果进行分析；开展全媒体环境下的品牌策略研究；统筹全台大型观众调查项目；负责节目内容的监看，以及屏幕语言文字的差错管理；负责观众呼叫中心运营管理，收集观众意见，组织区域性观众培育活动；整合全台宣传推介渠道，制订全媒体宣传推介方案，制作全台形象宣传片和公益宣传片，统筹协调重大报道、重点节目、优秀栏目的跨频道、跨媒体宣传推介；负责接收重大宣传信息，传达节目宣传口径；负责对中央电视台机构及个人的互联网信息发布行为进行备案管理；对播音员、主持人参加社会活动进行统筹管理；承担涉及中央电视台舆情的监测与协调应对工作，负责中央电视台的品牌形象维护与推广工作。总编室每周定期召开全台节目宣传例会，每天出版《监看日报》《新闻早读》等内部刊物，不定期出版《舆情专报》。总编室下设规划部、节目播出部、节目研发部、版权管理部、市场评估部、受众服务部、节目推介部、综合部、审片部。总编室主任王晓真，副主任赵文江、石村、秦明新，党总支专职副书记张景卫。

规划部

规划部是中央电视台总编室贯彻落实台编委会的决议，行使宣传统筹规划、重点节目立项、节目生产流程管理、宣传协调管理等职能的部门。负责编委会会议组织，并督办会议决议；统筹规划全台重大报道活动；监测各频道定位及栏目设置；统筹重点选题全流程管理；负责编制管理全台年度总体节目预算；协调各单位制定年度节目预算计划；规划管理重点选题、重大报道活动节目预算；实施节目预算的调整；负责全台节目生产流程管理，栏目及节目代码的发放与管理，节目播出数据的维护与开发；负责各类宣传报道信息的收集、整理和发布；负责全台引进节目指标管理和引进节目报关；承担全台电视剧、国产电视动画片拍摄制作备案公示，国产电视剧、引进电视剧、国产电视动画片发行许可证发放管理，重大革命和历史题材电视剧立项和管理，电视节目电话及短信互动审批等工作。规划部下设宣传规划组、预算管理组、流程管理组、宣传协调组。规划部主任杨明，副主任才婉茹。

节目播出部

节目播出部是总编室负责节目编排、节目宣传、频道包装、节目检审、备播等播出管理的职能部门，负责统筹协调全台重大活动、特别节目的播出；宏观调控全台的战略性节目资源配置；统筹管理每周各频道节目的报播、编排及播出；协调管理各频道每周的节目标准样；负责节目的更改、直播、直送、节目内容修改等播出流程的管理协调；建立并维护中央电视台形象识别系统，负责制定并监督执行台标和各频道标识的制作使用标准；完成《收视指南》《请您欣赏》的拍摄和编辑工作；负责外送专题片内容审查和管理；对台外制作的所有拟用节目进行技术质量审查，对全台入库待播的节目进行数据信息录入、审核和传输；负责全台所有频道准备播出节目磁带和文件的入库备播管理；负责全台高清节目磁带和蓝光盘节目文件的上载备播业务。节目播出部下设节目管理组、特别节目组、节目检审组、备播组。节目播出部主任史冠翔，副主任周人杰、王冬玲。

节目研发部

节目研发部成立于2010年8月，负责全台新节目研发的统筹协调管理及研发资金使用的监督管理。主要职能是：对新节目研发进行全流程管理；对各频道报送的新节目创意方案进行评估论证；对新节目样片制作进行动态管理；承担台创新实验室的设计、开发、维护工作，常态化开展观众测试业务；组织新节目样片专家评议会，对创新节目进行把控、提升，为编委会提供决策参考；对各频道引进的海内外节目模式进行内容审核；对研发资金的使用进行管理和监督；组织节目创意投资活动和全台新节目创意大赛；开展海内外新节目模式的搜集工作；开展新节目合作研发和国际交流活动；向各频道提供新节目研发咨询服务；负责央视创意新媒体平台的维护和运营；开展全台研发创新与宣传管理的对策性研究。节目研发部下设新闻类和专题类节目研发组、演播室访谈类节目研发组、综艺娱乐类节目研发组、海内外新节目模式监测搜集组。节目研发部主任吴克宇。

版权管理部

2004年中央电视台设立版权管理处，2010年更名为版权管理部，是全台版权资产的归口管理部门。负责研究制定中央电视台版权管理的有关规定；负责管理版权合同，包括版权合同文本制定、合同审核、备案归档等工作；依托版权管理系统，负责监督版权信息的全面记录，促进版权信息的有效利用；对全台版权资源进行整体规划，开展版权分级管理工作；代表中央电视台管理版权资产经营开发，对版权经营业务进行开发授权、业务指导和绩效考核；负责台版权资产的公益性及非商业性对外授权；统筹协调台重要版权资产的统一购买和全媒体平台的综合利用；联合台有关部门，制定版权经营开发收入分配方案，落实版权收入激励机制；联合台有关部门，开展版权资产保护及维权工作；代表中央电视台，与版权集体管理组织、行业团体等社会组织进行版权合作的谈判及签约；代表中央电视台，开展通用的版权资源采购和管理工作；统筹管理台版权资产的回溯清理和版权清算；开展版权理论、战略、实务研究，为版权工作提供决策支持；负责为全台节目的生产、播出、利用、开发提供版权信息查询。版权管理部下设权利管理组、合同管理组、信息管理组、付酬管理组。版权管理部主任郑直，副主任严波。

市场评估部

市场评估部成立于2010年7月，主要职责是为中央电视台各频道、中心提供日常收视率的查询分析等服务。开展收视竞争的市场分析，编报《每周收视要情》《收视调查报告》《每周收视热点分析》；组织栏目综合评价体系的运行，每季度发布全台栏目排名的前30名和各频道内栏目综合评价排名，每年组织全台品牌栏目评选；组织专家评议和市场调查，通过社会效益、收视表现、专业品质等多维指标，监测评估各频道的传播效果；统筹全台大型专项观众收视调查活动，包括栏目综合评估调查、全国电视观众生活形态调查、全国电视观众抽样调查、“春晚”等特别项目的专项调查；组织年度全台优秀节目评选；组织上报外送节目参评工作，年参评国内常规奖项43项、国际奖项15项，非常规奖项5~8项；整合各频道、中心的官方微博、微信、客户端、屏幕二维码等新媒体信息数据，建立新媒体端收视数据分析体系，提供新媒体传播效果分析，提出应对策略咨询建议；研究制定新媒体传播效果考核办法；对重点项目、节目进行全媒体收视效果的测评，为提升中央电视台新媒体传播价值和效益提供数据支撑。市场评估部下设数据维护组、分析服务组、综合评估组、节目评奖组、新媒体组。市场评估部主任徐立军，副主任赵霞。

受众服务部

受众服务部成立于2010年，是总编室开展观众培育和服务工作的职能部门。负责《监看日报》编辑、屏幕差错管理、观众培育、观众信息整合和呼叫中心业务管理，具体业务包括：组织专家对全台节目进行监看，每天编辑出版《监看日报》，督促节目部门提高节目质量；根据《中央电视台屏幕语言文字差错管理办法（2012年修订版）》的有关规定，对屏幕语言文字进行监督管理，维护中央电视台品牌形象；开展观众培育活动（如青年影响力系列活动、观众座谈会等），收集有价值的观众意见和建议，为领导决策服务；受理观众来信，并负责中央电视台观众呼叫中心的业务管理工作，2014年呼叫中心受理观众来电593137个，在满足观众合理诉求的同时挖掘有价值的数据信息，助力宣传管理工作。受众服务部下设呼叫中心管理组、观众维护组、节目监看组、信息管理组。受众服务部主任刘建鸣，副主任张传玲。

节目推介部

节目推介部成立于2012年7月，是中央电视台为提升节目影响力、品牌附着力组建的专职推介部门。主要职责是：贯彻先期导入观念，针对精品节目资源，制定全媒体宣传推介方案；整合全台渠道，组织开展新闻、导视、栏目互动等宣传推介工作；联络各部委及社会资源，结合台内各频道的需求及特点，共同制作特别节目或开展主题活动，创建营销推介活动品牌；构建媒体合作联盟，通过平面、广播电视、移动媒体、户外媒体等渠道，以多种形式推介精品节目、精品栏目和大型品牌活动；统筹协调台网融合的新媒体推广业务；制作各类形象宣传片、节目宣传片、公益宣传片；评估宣传推介成效，创新宣传推介方式，拓宽宣传推介及活动营销渠道。节目推介部下设统筹策划组、频道推介组、媒体合作组、宣传制作组、运营协调组。节目推介部主任陈忠，副主任于淼。

综合部

综合部成立于2010年，主要职责是接收传达宣传口径，保障内部运营，研究品牌策略，维护公共关系。具体业务包括：宣传口径传达，公文合同流转，日常行政保障，人力资源管理，经费统筹管理，培训与团队文化建设，全媒体品牌策略研究与形象推广，台属机构和个人互联网信息发布管理，播音员和主持人参加社会活动备案管理，舆情监测，公共关系维护应对，编发《新闻早读》手机报，出版舆情专报。综合部下设秘书组、运营策略组、品牌管理组、公共关系组。综合部主任刘志忠，副主任俞玮。

审片部

中央电视台1986年成立审片组，2011年1月改为审片部，是中央电视台电视剧评审领导小组的办事机构，挂靠总编室。审片部的主要职能是：贯彻中共中央宣传部、国家新闻出版广电总局的部署和要求，严格按照《中央电视台电视剧评审工作领导小组工作管理规程》和独立审片的原则，组织台内外专家和观众代表，从思想性、艺术性、观赏性等方面，对电视剧进行综合审查，确保国家电视台播出电视剧的高标准和高品质，反映民族精神和主流社会价值观。审查剧目范围包括拟在第一套节目黄金时段、次黄金时段播出的国产电视剧，拟在第八套黄金时段播出的国产电视剧，拟在第一套、第八套节目播出的境外电视剧，上级领导批转审查的部分电视剧。2013年4月，经中央电视台分党组批准，审片部正式将动画片纳入审片流程。审片部下设审片一组、审片二组、审片三组、审片四组，分别负责综合事务、组织协调专家审片、搭建维护审片部数据库、提交报告、审看动画片。审片部主任肖文俊，副主任陈真。

新闻中心

中央电视台新闻中心成立于1998年。以北京总部为中心，在国内31个省会及直辖市设记者站，在海外设63个记者站、5个区域中心站、2个分台，形成了覆盖全球的新闻采访网络。新闻中心下设综合部、策划部、时政新闻部、经济新闻部、社会新闻部、地方记者部、海外记者部、国际新闻部、军事节目部、新闻评论部、新闻频道编辑部、综合频道新闻编辑部、新闻播音部、新闻视觉艺术编辑部、新媒体新闻部（2015年12月成立），播出平台覆盖综合频道、新闻频道、英语新闻频道、西班牙语频道、法语频道、阿拉伯语频道、俄语频道7个频道，播出语种涵盖联合国6种官方语言。编播《新闻联播》《焦点访谈》《朝闻天下》《新闻30分》《东方时空》等栏目。新闻中心主任孙玉胜（兼），常务主任黄传芳（兼），副主任盖晨光、梁建增、许强、杨华、李毅、关海鹰，党委专职副书记冷建军。

综合部

综合部成立于1998年，承担新闻中心行政办公、文秘、人力资源管理、后勤制片等系统运行保障职责。负责宣传口径和上级指令传达、信息编报、机要保密、绩效考核、团队培训、经费管理、重大项目的后勤保障工作，协助新闻中心党委、工会工作。综合部下设秘书组、经费管理组、综合管理组。综合部副主任付雪松。

策划部

策划部成立于2009年7月，在新闻中心前期采访、后期编辑系统之间发挥统筹、协调、调度作用；在业务研发、重点节目设计、监督服务、中长期规划方面提供信息和建议，供领导决策参考。负责新闻中心指挥系统的日常运营、节目监看分析、收视报告分析、节目研发、节目评价考核、中长期选题策划、评论员队伍运行管理、资料库管理、咨询专家系统维护、新闻共享平台管理、组织文化营造、制度设计、品牌维护和推广；负责1.05亿用户的央视新闻微博、微信、客户端新媒体平台的运行维护。策划部下设综合资料组、新闻统筹组、评价调研组、评论员组、媒体拓展组。策划部主任杨继红，副主任余伟利、宣明栋。

时政新闻部

时政新闻部是中央电视台新闻中心下属的前期采编部门，成立于2001年11月，专门负责报道党和国家重大政治活动与事件，报道党和国家领导人参加的国内外时事政治活动。时政新闻部利用国家电视台特有的时政新闻资源，落实及时、准确、权威、创新的新闻工作标准。时政新闻部下设统筹策划组、编辑一组、编辑二组、摄影记者一组、摄影记者二组。时政新闻部主任关海鹰，副主任林键。

经济新闻部

经济新闻部成立于2009年7月，以原中央电视台新闻采访部为主，与原广告经济信息中心、原社会专题部、原新闻专题部等部门整合，成立中央电视台新闻中心经济新闻部。负责经济、金融、农业、交通、科技等影响国计民生的信息报道，反映国民经济和社会发展各方面的情况；负责国家发改委、财政部、工业和信息化部、农业部、交通部、国土资源部、住房和城乡建设部等部委的政策发布、深度解读及全台所有经济新闻的前期采制，向综合频道、新闻频道、财经频道、中文国际频道、5个外语频道提供财经资讯；负责《身边的感动》等专栏节目的采访制作。经济新闻部下设策划组、宏观经济组、产业经济组、财经组、农业经济组、交通组、综合报道组、主题报道组、机动组。经济新闻部主任肖振生，副主任肖璞、姜秋镝。

社会新闻部

社会新闻部成立于2009年7月，是聚焦中外社会发展成就、问题、举措，覆盖民生、文化、法治社会新闻的前期采制部门。以促进社会进步为本，社会新闻部从社会瞭望、社会调查、社会记录入手，采制播出了"美素"奶粉疑云、薄熙来案庭审及宣判、依法打击网络大谣、新安江污染调查、寻找最美消防员、东非野生动物大迁徙等新闻节目。社会新闻部下设策划统筹组、民生新闻组、政法新闻组、社会教育组、医药卫生组、科技组、文体组、外宣组、《每周质量报告》栏目组、《法治在线》栏目组、直播特别节目组、摄像组。社会新闻部主任陈杰，副主任任永蔚、项飞。

地方记者部

1998年5月中央电视台建立地方新闻部，2009年7月调整成立地方记者部，建设、管理国内记者站。2011年10月，31家国内记者站形成覆盖全国的网络化布局。地方记者部整合国内记者站、中国电视新闻协作网等资源，开发社会公众、新媒体信息平台，形成快速、专业、覆盖面广的电视新闻报道网，是中央电视台对国内突发事件快速反应的第一责任人，主题宣传、大型直播、特别节目的主力发稿部门之一。65%的走基层报道来自地方记者部。地方记者部年发稿量超过3万条，保证了新闻频道24小时信息更新。贯彻《中央电视台国内记者站管理办法（试行）》，从选题、审片和业务大比武入手，提升地方记者站的履职能力。配合中央电视台新址搬迁、高清改造，地方记者站装备升级。地方记者部下设新闻联播编辑组、新闻频道编辑组、直播组、记者站编辑组、在线供稿组、记者站管理组、记者站运营组、通联组。地方记者部主任申勇，副主任王平、张文华、谢子猛。

海外记者部

2009年7月，中央电视台人事办公室驻外记者站管理处改组成为新闻中心海外记者部。海外记者部负责落实、推进、监督海外记者站国际传播能力建设；负责制订海外记者站建设、调整、改造升级规划；负责驻外队伍建设、人员调整和人才储备；负责发展、管理外籍报道队伍；负责搭建、管理、完善海外报道网络，推进服务和保障本土化；负责研究驻在国的法律法规和舆情，完善制度，保障人身安全；负责调研国际媒体新技术应用、运行管理和发展趋势，提出建议；负责与国内外政府部门、媒体联系公关，为中央电视台的海外拓展提供帮助；负责协调海外记者站设备、物资供给和管理；负责对海外记者站资产、预算、经费使用进行监督；负责驻外人员培训、福利保障及对家属的人文关怀。中央电视台设非洲、北美2个分台，欧洲、俄罗斯、亚太、拉美、中东5个中心记者站，63个海外记者站。海外记者部下设海外记者管理组、记者站法律事务组、建站规划组、境外服务网络发展组、记者站经费管理组。海外记者部主任张欣，副主任张雄飞、陈占升。

国际新闻部

新闻中心国际新闻部成立于2008年1月，主要职责是组织、策划、编发国际新闻报道供中央电视台新闻频道及其他频道使用，并对国际重大事件和突发性事件进行直播和连线报道；负责统筹对海外记者站的中文报道需求，管理海外记者的中文报道业务，编播驻外记者采制的新闻节目；负责每天24小时连续向《朝闻天下》、《新闻30分》、《新闻联播》、《晚间新闻》、新闻频道各档整点新闻及其他频道新闻节目供稿，编播《国际时讯》《环球视线》；负责中央电视台对外合作、在亚广联的新闻交换等事务。国际新闻部下设新闻一组、新闻二组、新闻三组、《国际时讯》栏目组、《环球视线》栏目组、特别报道组、驻外记者业务协调组、外联组、国际新闻综合频道编辑组，国际新闻部主任曹日，副主任潘林华、解立楗。

军事节目部

军事节目部是中央电视台专门从事军事宣传报道的采访和编辑部门，由中央电视台、解放军总政治部双重领导，新闻中心直接管理，其前身是1966年4月成立的中央电视台军事组。军事宣传报道包括军委领导的时政活动，军队的中心工作，全国和全军重大典型，重大军事行动、突发事件和军事外交活动，国际军事动态、背景分析及其评论等。军事节目部负责中央电视台一套、四套、七套、新闻频道及其他外语频道军事新闻的提供；承担中央电视台与军队相关事宜的协调工作；负责管理中央电视台驻全军18个大单位记者站的新闻业务等。军事节目部主任张伟，副主任徐少兵。

新闻评论部

新闻评论部成立于1993年12月，负责编播新闻评论类节目、新闻深度报道及特别节目。办有《焦点访谈》《东方时空》《新闻1+1》《24小时》4个日播栏目，《新闻调查》《面对面》《新闻周刊》《世界周刊》4个周播栏目，《新闻纪实》《真相调查》2个不定期播出的栏目，《感动中国》《一年又一年》《德耀中华》等特别节目。新闻评论部下设主题报道组、调查报道组、应急报道组、《焦点访谈》策划组、《东方时空》栏目组、《新闻1+1》栏目组、《24小时》栏目组、《新闻调查》栏目组、《面对面》栏目组、《新闻周刊》栏目组、《世界周刊》栏目组、《新闻纪实》栏目组、特别报道组、统筹组。新闻评论部主任赵微，副主任孙杰、任涛、耿志民。

新闻频道编辑部

新闻频道编辑部成立于2009年7月，以快速滚动、递进更新方式向观众提供第一手国内国际新闻资讯，突显时效性和海量信息。承担新闻频道每天18小时新闻时段、综合频道《朝闻天下》和《新闻30分》栏目的编辑，新闻频道24小时连续播出，以及新闻中心大型直播节目策划编播工作，包括通稿新闻精编，各档新闻节目编辑、组版、提要，新闻快报题图编制，逐条新闻审看改编，外中心节目源的二次编辑，重大直播节目专题和背景片制作，新闻频道所有节目线上播出，大型特别节目演播室直播，播出监看、统计、分析，新闻频道的节目编排，重点栏目有《朝闻天下》《新闻直播间》《新闻30分》《共同关注》《午夜新闻》等。新闻频道编辑部主任李昕，副主任张巍、穆莉、栾博、徐榕。

综合频道新闻编辑部

2008年1月中央电视台成立新闻联播编辑部，2013年4月改为综合频道新闻编辑部。负责《新闻联播》《晚间新闻》编播，后期编辑、检查、监播，《新闻联播》与《天气预报》栏目接传，以及新闻频道各时段滚动播出的“时政要闻”编辑制作，业务范围包括策划、组织、编辑、制作、编排、言论、播出、流程监督、播后评价等。综合频道新闻编辑部下设统筹策划组、编辑制作组、评论组、《新闻联播》栏目组、《晚间新闻》栏目组。综合频道新闻编辑部主任李凤，副主任刘东华。

新闻播音部

新闻播音部成立于2009年7月，负责中央电视台新闻频道、综合频道新闻栏目播音，新闻事件直播报道的播音、主持工作，栏目包括《新闻联播》《新闻30分》《晚间新闻》《朝闻天下》《新闻直播间》《国际时讯》《午夜新闻》《世界周刊》《每周质量报告》等，同时担负所有新闻的配音、党和国家领导人出访报道、重大新闻事件现场采访、党政机关重大会议现场播音、中心其他部门专题片的解说等。新闻播音部下设播音一组、播音二组。新闻播音部副主任康辉（主持工作）。

新闻视觉艺术编辑部

新闻视觉艺术编辑部成立于2013年6月，主要承担新闻频道、综合频道新闻的整体视觉艺术包装工作，业务范围包括在线包装、离线包装、演播室设计及运维、公益广告、资讯短片、形象片等设计制作。负责六类产品的制作，核心理念是“艺术地示意”，其中，在线包装追求“字里图中有意思、有意味”，宣传片要“发现精妙，谱写华彩乐章”，《新闻地图》“瞬间知天下，片段出文章”，《真诚·沟通》努力“寻找变动时代的真善美”，《生活提示》追求“营养加口味，体现亲人般关怀”，《点滴·文明》力求“春风化雨，汇聚力量”。新闻视觉艺术编辑部下设统筹运营组、在线包装组、离线包装组、公益服务组、《生活提示》组、演播室运维组。新闻视觉艺术编辑部主任何绍伟，副主任孙竹。

综合频道

中央电视台综合频道负责CCTV–1的节目制作、播出任务。CCTV–1于1958年9月2日正式播出，是中国开办最早、覆盖面最广、受众人群最多、品牌效应最高、影响力最大的综合频道，节目信号通过卫星覆盖全国，全天24小时播出。综合频道承担着宣传党的方针政策、引导舆论、传播社会主义先进文化的使命，是中国优秀的电视剧播出平台和综合传播平台。综合频道下设综合部、节目部、节目统筹部。综合频道总监钱蔚。

综合部

综合部成立于2010年8月，是协助频道领导管理日常行政事务的综合部门。负责完善行政管理平台，发挥服务和管理职能；负责落实《综合频道运行管理规范（试行）》，加强文秘、值班、保密、消防、合同审批、经费运行等管理和监控；负责组织架构、人力资源、基层党建、组织文化、绩效考核、业务培训、公共关系等综合管理和协调，为频道各项基础工作有序推进提供服务和保障。综合部下设秘书组、综合管理组、运营管理组。综合部副主任何淑文、李伦。

节目部

节目部成立于2010年8月，是综合频道节目制作播出的管理部门。建立节目管理制度体系，搭建综合频道节目运行公共服务平台，发挥节目管理和服务职能。制定日常节目编播管理规范，构建随市场而动的节目编排体系；制定栏目收视管理和评价考核办法，通过奖优惩劣，推动节目创新升级；制定频道特别节目考核管理办法，确保特别节目提升效益；制定大型活动及新闻直播管理办法，统筹协调，有效利用全台的优质资源；制定播出安全应急机制，确保安全播出，万无一失；落实综合频道香港版落地工作，完善香港版节目管理；建立频道竞争监控体系，把握竞争趋势，提升频道整体竞争力；建立频道节目创新机制，提高频道传播力和影响力；完善节目重播重审管理办法，严把质量关。节目部下设创新研发组、社会合作组、评价考核组。节目部主任许文广，副主任吴晓斌。

节目统筹部

节目统筹部成立于2011年9月，是综合频道编播标清版、高清版、香港版节目的统筹部门。负责标清版、高清版、香港版的播出、协调工作；负责频道所有栏目、特别节目、线上线下整体包装推介；根据市场变化和节目的表现，对频道编排实施动态管理；根据频道特点和目标观众群的需求，制定节假日特别编排；协调落实栏目开播、改版事宜；根据香港地区相关法律规定，协调落实香港版节目的版权事宜；负责组织重大直播任务；负责数据分析、选题统筹和重要节目资源的统筹工作；负责整理频道编前会纪要，跟踪节目管理重要决策的执行情况，向频道领导提出建议。节目统筹部主任张国飞，副主任谭义勇。

财经频道

中央电视台财经频道负责CCTV–2电视节目制作播出。CCTV–2于2009年8月24日开播。财经频道坚守“为国家经济建设服务，为大众经济生活服务，为企业发展服务”的理念，致力于为观众提供最权威的政策解读、最新鲜的市场资讯、最有价值的观点分析。财经频道以全球采编网络和强大编辑能力，覆盖全球主要资本市场，与世界经济同步运行，成为观察、解读全球财经问题的重要窗口。财经频道按照“突出专业性、兼顾大众性”的定位，通过《经济信息联播》《经济半小时》《第一时间》《对话》《交易时间》《中国财经报道》《央视财经评论》等栏目，搭建了全流程、全体系、全链条的专业化系统。全流程的专业化以选题为核心，以选题的全流程运行为主线；全体系的专业化涵盖了财经资讯采集体系、智力支撑体系、一体化运作体系、专业人才体系等；全链条的专业化，构建形成了全链条财经信息服务平台。财经频道下设综合部、节目部。财经频道总监齐竹泉，副总监韩青、谷云龙，党总支专职副书记董春虎。

综合部

综合部是财经频道综合管理部门，承担频道行政管理、运营统筹、品牌管理、制片协调、主持人管理等工作。负责公文流转、信息报送、事务协调、党政工团活动组织；负责预算管理、合同管理、人力资源管理、员工培训、绩效考核、薪酬发放；负责设备整备、费用管理、演播室协调、技术支持；负责内外部网络、FTP传输网、P2网管理及维护；负责固定资产管理，办公用房、用车、用品管理，治安保卫、消防安全管理；负责节目版权管理、整合传播、形象宣传推广；负责主持人协调使用、主持人屏幕形象管理、业务培训、开展公益活动等。综合部下设秘书组、运营管理组、品牌管理组、制片协调组、主持人管理组。综合部主任赵赫。

节目部

节目部成立于2010年7月，是财经频道的节目规划运行管理部门，是整体协同、一体化生产的维护者。建立频道协同运行机制，在资源共享的基础上，完善大编前会制度、栏目联动机制、应急响应机制；以项目为抓手，建章立制，从机制、流程上推动节目生产一体化运行；动态调整节目编排，规范管理节目报播，完善收视分析管理；统一频道形象风格，推进品牌形象一体化，规范包装元素，制作频道宣传片；统筹聘用国内外专家、财经评论员，提供专业支持和智力支持；

整合县域经济平台和特色专业市场，为县域经济科学发展提供交流平台和舆论支持。节目部下设节目统筹组、智库事务组、包装导视组、县域经济组。节目部副主任余敬中。

综艺频道

中央电视台综艺频道原为文艺节目中心，2010年在频道制改革中成立专业频道，承担中央电视台文艺宣传、满足人民群众丰富多彩的精神需求、传播先进文化、提高审美欣赏水平等职责。常设综艺栏目有《星光大道》《开门大吉》《我要上春晚》《非常6+1》《向幸福出发》《回声嘹亮》《黄金100秒》《幸福账单》《综艺盛典》《越战越勇》《我爱满堂彩》《文化视点》《文化正午》《艺览天下》《文化大百科》《动物传奇》《天天把歌唱》《舞蹈世界》《综艺喜乐汇》《激情广场》等，并创作特别节目。综艺频道下设综合部、节目部。综艺频道总监张晓海，副总监王进、刘真，党总支专职副书记刘光蕊，总监助理吕逸涛、从澍。

综合部

综合部成立于1998年5月，是综艺频道综合组织协调部门和处理日常事务的办事机构，主要负责综艺频道行政管理、公文管理、节目经费管理、节目版权管理、人力资源管理等工作。综合部下设秘书组、运营管理组。综合部主任万钢。

节目部

节目部成立于2010年7月，负责综艺频道节目编排、串播、包装、预告、宣传包装性栏目制作、频道栏目和大型文艺节目的摄像工作，承办《剧场》栏目。节目部下设策划评估组、节目统筹组、导视组、视觉设计组、宣传推广组、摄像组。节目部主任哈文，副主任王峥。

中文国际频道

中央电视台中文国际频道成立于2010年7月，是频道制改革新设机构，由原海外节目中心综合部、海外专题部、海外编辑部、对台节目编辑部等组成。中文国际频道以“传承中华文明，服务全球华人”为宗旨，负责CCTV-4(亚洲版、欧洲版、美洲版)新闻节目、涉台专题、文化、文艺、体育等节目的制作播出，办有《中国新闻》《今日关注》《海峡两岸》《走遍中国》《中国文艺》《国宝档案》《中华医药》《天涯共此时》《中华情》《深度国际》《华人世界》《体育在线》《今日亚洲》《快乐汉语》《远方的家》《城市1对1》《文明之旅》《流行无限》《外国人在中国》等栏目，承办“汉语桥”全球外国人汉语大会、中央电视台中秋晚会、中文国际频道海外观众联谊活动、中华之光——传播中华文化年度人物评选等活动，负责全台节目荟萃和影视剧选播，扩大了中央电视台在海外人士尤其是海外华侨华人中的传播力和影响力。中文国际频道下设综合部、节目部、新闻部。中文国际频道总监杨刚毅，副总监王广令、马勇、王文昌、田忠卿，党总支专职副书记张利中，总监助理王峰、周晓岚、张恒。

综合部

综合部是中文国际频道行政办公、业务管理服务机构。承担频道公文、合同等起草、收发、归档及保密工作；协助频道领导安排工作，组织会议、活动；负责人员管理、绩效考核、薪酬管理、业务培训、经费预算管理等工作。综合部下设秘书组、综合管理组、运营管理组。综合部主任王有才，副主任王东民。

节目部

节目部是中文国际频道节目编播管理机构。负责频道节目编排、统筹播出、传播效果评估、节目研发、海外观众联络反馈、频道形象包装推广、荟萃节目制作、电视剧选播工作。节目部下设节目统筹组、评价研发组、观众联络组、包装推介组。节目部主任吴晟炜，副主任杨奉涛。

新闻部

新闻部成立于1992年，负责中文国际频道全天24小时对外新闻的编播，对重大新闻事件的直播报道，党和国家领导人出访等重要时政新闻的播出，不定期特别宣传报道，为中央电视台及境外媒体年提供120多场国新办、国台办新闻发布会直播信号。负责提出栏目增减和改版方案。办有《中国新闻》《今日关注》《今日亚洲》《深度国际》4个栏目，节目日播出量406分钟。新闻部下设统筹策划组、编辑一组、编辑二组、编辑三组、播出组、包装组、港澳台组、国际新闻组、特别报道组、《今日关注》栏目组、《今日亚洲》栏目组、《深度国际》栏目组、播音组。新闻部主任马勇，副主任王未来、王世林、包军昊。

体育频道

1998 年 5 月中央电视台成立体育节目中心，2010 年 7 月改组成体育频道 (CCTV–5)，2013 年 8 月体育赛事频道 (CCTV–5+) 开播，将风云足球频道、高尔夫·网球频道纳入体育频道制播体系。体育频道是在国内创办最早、频道最多、拥有诸多世界顶级赛事国内独家报道权、国内赛事自主知识产权的国家级专业体育频道，内容包括国内外重大赛事现场直播、体育热点问题追踪报道、全民健身及娱乐、体育知识普及教育等。体育频道利用赛事独家版权、原创节目资源和国际化的信号制作队伍，以顶级赛事为核心，以新闻栏目为支撑，传播体育资讯，倡导全民健身，创办主办有自主知识产权的赛事及活动，成为全媒体内容制造商和供应商，打造国内领先、国际一流的体育文化传播平台。体育频道办有《体育新闻》《体育世界》《足球之夜》《天下足球》《赛车时代》《篮球公园》《体育人间》《健身舞起来》等栏目节目。制作国际赛事公用信号，确立“央视制造”品牌。创办“谁是球王”“中华龙舟大赛”“CCTV 贺岁杯”“体坛风云人物”等拥有自主知识产权的赛事和活动。有效利用新媒体，形成“一屏为主、多屏互补”的传播格局。体育频道下设综合部、节目部、竞赛部、新闻部、赛事频道编辑部。体育频道总监江和平，副总监张兴、方钢、李岳，党总支专职副书记宋丹。

综合部

综合部成立于 2010 年 7 月，是体育频道行政综合管理部门。承担公文办理、机要保密、综合信息采编、舆情信息报送、人力资源管理、团队培训、出国报批、经费管理、党群工作等；在重大宣传报道中，承担综合组织协调、行政后勤保障等任务。综合部下设秘书组、综合管理组、制片组。综合部主任栗斌，副主任亢毅。

节目部

节目部成立于 2010 年 7 月，负责体育频道日常及大赛期间的赛事直播、录播、CCTV–5 和 CCTV–5+ 录像节目制作；负责频道重大节目和特别节目的策划和制作、频道收视统计分析、版权及合同管理、频道节目编排、频道形象和节目包装、赛会信息收集、赛事素材收录编目、播音员主持人评论员管理、“@cctv5”及官方微信平台创建与维护；负责纪录片创作、节目研发；负责组织体坛风云人物年度评选、颁奖；负责国内足球赛事转播、《足球之夜》和风云足球节目编播、《冠军欧洲》栏目制播等。节目部下设策划组、资源管理组、媒资信息组、编排组、包装组、播出组、播音组、足球编辑组、新媒体组、《实况录像》栏目组、《足球之夜》栏目组、特别节目组。节目部主任郁洁，副主任张朝夕，总监助理余步、朱文韬。

竞赛部

竞赛部成立于 1998 年 5 月，2010 年 7 月与体育新闻、栏目系统合并，2013 年 8 月与之分立，恢复原竞赛部。竞赛部负责 CCTV–5 和 CCTV–5+ 重大国内外体育赛事自制节目、中视体育娱乐有限公司承办赛事节目的信号制作；承担大型综合体育赛事主播机构的职责，负责主播机构赛事制作、转播服务等前后期工作；负责大型综合性体育赛事开幕式、闭幕式节目制作；办有《顶级赛事》栏目，CCTV–5 每周播出 180 分钟高尔夫节目、90 分钟象棋节目、70 分钟棋牌类节目，CCTV–5+ 每周播出两期围棋、象棋节目。竞赛部下设导演一组、导演二组、导演三组、摄像组。竞赛部主任孙伟，副主任薛昭晖、王平。

新闻部

新闻部成立于 1998 年，负责制作体育新闻和专题节目，成功地报道了悉尼奥运会、雅典奥运会、北京奥运会、2002 年韩日世界杯、2006 年德国世界杯、2010 年南非世界杯以及亚运会、全运会等赛事活动。《体育晨报》《体坛快讯》《体育新闻》《体育世界》《午夜体育报道》等新闻节目，全天播出时长 250 分钟。2012 年 7 月 3 日，《午夜体育报道》成为中央电视台新址直播的第一个节目。专题栏目《天下足球》《武林大会》《赛车时代》《篮球公园》《体育人间》各有特色，《天下足球》节目多次在中央电视台获奖，《体育人间》节目曾在国际电影节获奖。新闻部下设编辑一组、编辑二组、采访组、摄像组、联通策划组。新闻部主任张伟，副主任罗刚、毕然，总监助理许伟。

赛事频道编辑部

赛事频道编辑部成立于 2013 年 8 月，负责 CCTV–5+ 日常运行和节目制作播出，每天 24 小时以高清方式播出赛事直播、录像、集锦等节目。负责节目策划编排、资源确认、制作播出、新媒体业务及频道的综合管理、对外宣传和推广工作。赛事频道编辑部下设策划编排组、播出一组、播出二组、播出三组、综合推广组。赛事频道编辑部主任张斌，副主任马政、唐春雷、史志刚。

电视剧频道

电视剧频道于1999年5月3日正式开播，以播出国内外优秀电视剧为主，荟萃相关节目精华，在CCTV-8全天24小时不间断播出。电视剧频道依托中央电视台的资源优势，国产与引进剧目相结合，自制定制与采购相结合，为观众提供多种类型、多种风格、多元化、多层次的电视剧节目。2012年8月，中央电视台将综合频道项目部划属电视剧频道，由电视剧频道负责CCTV-8、CCTV-1及全台电视剧运营管理工作。电视剧频道下设综合部、节目部、项目部。电视剧频道总监张子扬，副总监汪恒、申积军。

综合部

综合部成立于2010年8月，是电视剧频道的综合管理部门，负责行政管理、经费管理、人事管理、物资管理、党群工作等，协调处理频道运营的各类事务。综合部下设秘书组、综合管理组、运营管理组。综合部主任周亚平，副主任董红言。

节目部

节目部成立于2010年8月1日，是电视剧节目编播管理部门，负责频道形象包装推介、节目编排、统筹协调CCTV-1、CCTV-8电视剧排播、线上线下宣传、新媒体运营维护、收视分析、节目研发、影视资讯和明星推介节目制播。节目部下设节目统筹组、《影视同期声》栏目组、《影视俱乐部》栏目组、《星推荐》节目组。节目部主任傅思，副主任张雪梅。

项目部

项目部成立于2011年1月，是电视剧频道的项目管理部门。负责优秀国产电视剧的策划、自制、定制、采购；负责优秀境外影视剧的采购、编译；负责影视剧合作项目管理。坚持电视剧思想性、艺术性、观赏性统一的评判标准，建立全面、均衡评判剧目质量的指标体系和采购流程，努力做到“好剧出央视”、“月月有好剧、季季有大剧”。项目部下设综合组、版权组、编辑一组、编辑二组、编辑三组、编辑四组、海外组。项目部主任秦振贵，副主任张洁、王浩。

科教频道

中央电视台科教频道成立于2010年7月，是以教育、科技、文化、卫生为主要内容的专业频道，负责CCTV-10的节目制作播出。节目以纪录片为主，以演播室制作为辅，栏目化播出。坚持“记录时代变化，塑造民族精神，传扬文化传统，服务大众生活”，以教育品格、科学品质、文化品位为追求，打造国家电视台高品质标识型频道，形成了常规栏目、大型活动、季播节目、重大纪录片四级编播格局。《探索·发现》《百家讲坛》《走近科学》等栏目，“寻找最美乡村教师”“寻找最美乡村医生”“科技盛典”等活动，《中国汉字听写大会》《发明梦工场》等季播节目，《国魂》《水脉》《1937南京记忆》等纪录片，提升科教频道的收视率和影响力，成为引领业界的风向标。科教频道下设综合部、节目部。频道总监金越，副总监阚兆江、梁红、王晓斌，党总支专职副书记李福成，总监助理万卫、王新建。

综合部

综合部是科教频道的行政运营枢纽，承担公文信息、人员管理、经费协调、保密管理、资产维护、治安消防、行政后勤等管理职能。制定频道工作运行流程，主动为一线服务；组织参加国内外专业会、选片会、纪录片节展，扩大交流合作；开展办公用房用车清理、外购节目定价调研，规范管理；组织业务沙龙，编撰《10套微讯》内刊，完善全员绩效量化考核，塑造昂扬向上的价值观。综合部下设秘书组、信息组、运营管理组、综合管理组。综合部主任王玉清，副主任李亚玮。

节目部

节目部成立于2010年7月，承担科教频道节目编排、竞争力研究、研发创新、形象维护、特别项目实施、新媒体传播等工作。落实宣传口径、工作指令，协助频道总监对节目编排进行实时调整、全程监督；开展竞争力架构研究，为应对市场变化提供战术指导；梳理选题提高质量，避免节目同质化，加强重点选题、特别项目策划和制作；规范包装体系，布局大型节目推介，搭建层次清晰、重点突出的屏幕宣传体系，为安全播出、扩大频道影响提供保障。节目部下设节目统筹组、包装推介组、特别项目组、策划组、新媒体传播组。节目部主任张广义。

社会与法频道

社会与法频道负责CCTV-12节目制作播出。社会与发频道于2004年12月28日正式开播，2011年4月改版。社会与法频道以宣传“依法治国”方略为宗旨，以专业、权威、贴近的普法特色，引领社会舆论，建设法治社会，深受百姓喜爱。社会与法频道为“构建和谐社会”服务，坚持“好看、有用”的传播策略，打造品牌栏目，推出系列大型活动，为社会建设、社会服务、社会进步、社会管理创新提供强大舆论支撑。社会与法频道围绕“社会”“法治”两大主题着力开拓，注重内容的平衡，在“专”“深”上下功夫，以《一线》《天网》《普法栏目剧》《道德观察》《法律讲堂》《热线12》《平安365》《夜线》《庭审现场》《忏悔录》《小区大事》《心理访谈》《夕阳红》《见证》《班长对班长》等栏目，服务于法治社会建设，体现国家电视台的品质和追求。社会与法频道下设综合部、节目部。社会与法频道总监魏斌，副总监童宁、王晶，党总支专职副书记魏淑青，总监助理肖同庆、庞克、盛振华。

综合部

综合部成立于2010年8月，是社会与法频道综合管理部门。负责会议组织、公文起草、信息报送、宣传口径传达和提示、保密工作、治安消防管理、人事管理、经费和资产管理、大型活动和特别节目的组织协调、完成领导交办任务等。综合部下设秘书组、综合管理组、运营管理组。综合部主任段晓超，副主任权勇。

节目部

节目部成立于2010年8月，是社会与法频道的节目制播管理部门。负责频道节目编排和播出管理、选题管理、整体包装推介、特别节目、特别项目及内参片管理、大型活动策划组织、收视统计与指标管理、宣传资源的联络、整合与品牌推广、受众联系反馈、版权管理、屏幕语言文字差错管理、广告管理、节目创新研发、舆情和传播策略研究、新媒体运营管理。节目部下设节目统筹组、包装推介组、评价研发组、特别节目组、新媒体运营组。节目部主任杜守仁，副主任王昔。

戏曲和音乐频道

中央电视台戏曲和音乐频道2010年8月成立，其前身是文艺节目中心戏曲音乐部。戏曲和音乐频道主要制作传播严肃音乐和传统戏曲节目，组织音乐、戏曲活动及赛事，节目在CCTV–11戏曲频道、CCTV–15音乐频道播出。CCTV–11戏曲频道设《CCTV空中剧院》《九州大戏台》《戏曲采风》《中国京剧音配像精萃》《过把瘾》《一鸣惊人》《名段欣赏》《青春戏苑》《锦绣梨园》《戏苑百家》《梨园闯关我挂帅》《跟我学》《主持人全天伴视》《快乐戏园》《影视剧场》等15个栏目，音乐频道设《CCTV音乐厅》《风华国乐》《音乐传奇》《经典》《民歌·中国》《中国音乐电视》《全球中文音乐榜上榜》《影视留声机》《百年歌声》《歌声与微笑》《音乐人生》《星光舞台》《音乐告诉你》《乐游天下》《一起音乐吧》《精彩音乐汇》《快乐琴童》《今乐坛》《魔法奇迹》等19个栏目。戏曲和音乐频道下设综合部、节目部。戏曲和音乐频道总监郎昆，副总监齐宪役、曹毅，党总支专职副书记李真。

综合部

综合部成立于2010年8月，是戏曲和音乐频道行政综合管理部门。负责公文、档案、人事协调管理，负责合同、经费、综合治理、精神文明等协调管理，负责接收、分析观众的意见，为改进节目制作提供依据。综合部下设文秘组、综合组、观众服务组。综合部主任李守进，副主任郑滨生。

节目部

节目部成立于2010年8月，是戏曲和音乐频道节目综合管理部门。负责节目统筹、协调、编排、导视、创新研发，负责宣传推介、包装宣传，负责大型节目策划和制作，负责日常栏目、特别节目的摄像，负责音乐频道《节目导视》、戏曲频道《主持人全天伴视》制作播出，负责特别节目编排、重大活动及赛事策划、组织和实施。节目部下设节目统筹组、特别节目组、摄像组。节目部主任李纯博，副主任滕海涛、葛小红、刘军、张小妹。

少儿频道

1998年6月中央电视台成立青少节目中心，2003年12月28日少儿频道正式开播，2010年5月在频道制改革中将该机构定名为少儿频道。少儿频道坚守“选优、买优、播优”原则，拥有《大风车》《智慧树》《新闻袋袋裤》等原创的品牌栏目，通过《动画梦工场》《银河剧场》等栏目播出精品动画节目，打造“六一”晚会、《寻找最美孝心少年》等主题突出、风格各异的大型活动和晚会。节目突出儿童视角、儿童特点，弘扬主流价值观，提升品牌竞争力和影响力，被社会各界誉为“绿色”频道。少儿频道下设综合部、节目部。少儿频道总监庄殿君，副总监张小军、徐彬、阎建光。

综合部

综合部是少儿频道日常行政办事机构和综合组织协调部门，负责频道的行政办公、人力资源、经费预算管理，协助频道领导组织协调规划、运营、版权管理和宣传推广、重大活动，以及党务、精神文明等工作。综合部下设秘书组、综合管理组、运营管理组、银河艺术团。综合部主任兰芳。

节目部

节目部是少儿频道节目管理部门。负责频道整体包装、节目宣传、策划研发、摄像协调、主持人管理，完成宣传规划、特别编排、包装推广、特别节目策划、重大活动组织工作。节目部下设节目统筹组、策划研发组、摄像组、主持人组。节目部主任李央，副主任马知渊。

外语频道

中央电视台外语频道成立于2010年7月，是中国国际传播电视节目编播部门。外语频道以“让中国走向世界、让世界聆听中国”为己任，5个语种的国际频道每天24小时向全球播出新闻、专题和文艺节目。2014年底，中央电视台与全球171个国家和地区的电视机构达成节目落地协议，整频道用户共3.87亿户，其中，英语新闻频道用户1.98亿户，西班牙语频道用户2348万户，法语频道用户3032万户，阿拉伯语频道用户837万户，俄语频道用户225万户。外语频道下设综合部、节目部、英语新闻频道、西班牙语频道、法语频道、阿拉伯语频道、俄语频道。外语频道总监盖晨光，副总监李仲扬、丁勇、王宇，党总支专职副书记徐瑛。

综合部

综合部负责外语频道新闻报道统筹协调、策划、评价和行政办公、人事、经费、物资管理工作，负责中长期策划机制的运行维护、调研评价工作，负责外语频道党群工作。综合部下设综合管理组、统筹组、策划组、评价调研组。综合部主任吴方。

节目部

节目部成立于2010年8月，负责外语频道专题节目资源的采集、统筹和共享，制作旅游、综艺、访谈、深度专题报道等专题片，并为其他语种频道提供片源信息和母带，提高节目共享率。专题片还用于销售、交换和参展。节目部下设节目运营组、节目规划组、编译组、旅游节目组、谈话综艺节目组、专题报道组。节目部主任汪飞舟，副主任王晰。

英语新闻频道

英语新闻频道2000年9月25日正式开播，是全英文24小时播出的新闻频道，以大信息量新闻报道为主，辅以深度报道和评论，以及纪实类专题节目。2012年1月11日，中央电视台非洲分台英语区域制作中心在肯尼亚首都内罗毕开播；同年2月6日北美分台英语区域制作中心在美国华盛顿开播。2014年12月29日英语新闻频道迁入中央电视台新址，实现全面改版、高清播出，加强了针对性和中国新闻传播，并推出香槟金的包装。英语新闻频道下设评论员组、世界观察组、体育组、今日话题组、通联组、时事专题组、采访组、外专组、日间组、夜间组、策划组、播音组、播出组、文化组、中国24小时节目组、共享组、财经组、包装组、统筹组。英语新闻频道总监刘聪，副总监杨福庆、刘舸、沈小蒙。

西班牙语频道

西班牙语国际频道于2007年10月1日分频播出，成为中央电视台24小时播出的新闻综合频道。西班牙语国际频道以新闻节目为主，专题、教学、访谈、综艺等节目为辅。频道下设策划统筹组、新闻一组、新闻二组、新闻三组、采访组、专题一组、专题二组、专题编播组、访谈组。西班牙语国际频道总监王宇，副总监曾巍。

法语频道

中央电视台西班牙语法语频道于2004年10月1日开播，其中，西班牙语节目、法语节目每日各播出12小时。2007年10月1日，法语国际频道与西班牙语国际频道分频播出，法语国际频道成为中央电视台全天24小时对外播出的国际频道，呼号为“CCTV–Français”，以全球法语国家和地区的观众为主要服务对象，传达中国声音，彰显中华魅力。法语国际频道以新闻节目为主，辅以文化娱乐和服务节目，展示中国的历史文化、政经发展、社会进步、民风民俗、自然风光和当代生活，共有18个栏目。法语国际频道的新媒体平台已初具规模，注册11个境内外主流社交平台账户。频道下设策划统筹组、新闻一组、新闻二组、新闻三组、专题一组、专题二组、专题编播组、采访组、访谈组。法语国际频道总监宋嘉宁，副总监俞江。

阿拉伯语频道

阿拉伯语国际频道于 2009 年 7 月 25 日开播，是全天 24 小时播出的新闻综合频道。节目信号通过中东卫星和尼罗河卫星覆盖了全部阿拉伯国家和地区，国内的宁夏回族自治区、新疆维吾尔自治区及甘肃省的部分地区也进入了阿拉伯语有线电视网。阿拉伯语国际频道共有 13 个栏目，涵盖了新闻、访谈、教学、文艺、纪录片、电视剧、动画片等多个门类。经过 6 年发展，阿拉伯语国际频道已在阿拉伯世界形成一定的影响力，成为阿拉伯国家了解中国政府观点和立场的窗口，多位来华访问的阿拉伯国家元首、政要接受过频道专访。频道下设策划统筹组、采访组、新闻一组、新闻二组、新闻三组、专题一组、专题二组、专题编播组、访谈节目组。阿拉伯语国际频道总监李仲扬，副总监贾鹏。

俄语频道

俄语国际频道于 2009 年 9 月 10 日开播，设有新闻资讯、访谈评论、文化艺术、教学等 13 个栏目。新闻节目整点直播，日常每天首播 8.5 小时，重播 15.5 小时；文化艺术类及教学类专题节目，工作日每天首播 13.7 小时，节假日首播 16 小时。开通微博、微信公众平台，发布频道信息、特别节目、国内外的热点新闻；在境外开通 4 个社交平台，上传热点新闻、动画片、中国厨艺、旅游指南、功夫、“跟我学” 等节目视频。2014 年底，俄语国际频道整频道用户数为 230.86 万户。通过有线电视、卫星电视、地面电视、IPTV 方式，进入俄罗斯、白俄罗斯、乌克兰、保加利亚、格鲁吉亚、吉尔吉斯斯坦、印度尼西亚、法国等 46 个国家和地区的电视系统。频道下设策划统筹组、新闻组、欧亚新闻联播组、播出组、采访组、访谈组、专题一组、专题二组、专题三组、专题编播组。俄语国际频道总监丁勇，副总监黄轶男。

纪录频道

中央电视台纪录频道 2010 年 9 月成立，CCTV–9 纪录频道、CCTV–9 Documentary 国际频道 2011 年 1 月 1 日开播，是全国播出、全球覆盖的纪录片频道。作为中国最大的纪录片制作、合作、传播、营销平台，纪录频道坚持创新、原创、改变，以节目品质、文化品位赢得口碑和影响力。2014 年推出《南侨机工》《军工记忆》等纪录片 81 部，部分纪录片在海外主流电视平台播出。以参加第 51 届戛纳电视节为契机，推介原创节目进入国际市场，推进国际联合摄制项目，提升国际市场影响力和美誉度。纪录频道下设节目管理部、项目运营部。纪录频道副总监周艳、史岩。

节目管理部

节目管理部是纪录频道节目综合管理部门，负责频道节目运营和管理，负责节目选题规划、课题研发、播出编排，负责品牌形象设计、频道整体包装、节目包装、国内外宣传推广、收视分析评估等工作。节目管理部下设规划编辑组、节目管理组、英文编辑组、频道包装组、宣传推介组。节目管理部主任石世仑。

项目运营部

项目运营部是纪录频道项目管理部门，负责原创自制、联合摄制、委托制作、节目购买、机构合作等多种模式的节目生产和项目管理；负责国内纪录片的生产与市场调查；负责联络国际纪录片制作机构，协调组织国际项目合作；负责国家重大纪录片选题项目的摄制、频道特别活动的策划组织。项目运营部下设项目管理一组、项目管理二组、国际项目组、自然社会类纪录片创作组、历史人文类纪录片创作组。项目运营部主任陈晓卿。

大型节目中心

中央电视台大型节目中心 2010 年 8 月成立，是制作大型文艺节目、传播社会主义先进文化的载体。大型节目中心负责制作和转播党中央交办、配合国家重大宣传主题的大型活动和节目，负责策划制作包括春节联欢晚会的大型节庆晚会，负责策划、组织大型文艺赛事，负责转播国内外体育、艺术活动开闭幕式，负责录制配合国家外交活动或对外交流的文艺演出。大型节目中心下设综合部、第一导演工作室、第二导演工作室。大型节目中心主任张晓海 (兼)，副主任周涛、陈临春。

综合部

综合部成立于 2010 年 8 月，是大型节目中心的综合组织协调部门和日常办事机构。主要负责中心的行政管理、秘书公文、筹划研发、项目运营、人力资源管理工作。综合部下设秘书组、运营组、研发组、摄像组。综合部主任俞勤。

第一导演工作室

第一导演工作室成立于 2010 年 8 月，负责制作、转播中央交办的重大主题活动和特别节目，转播国内外体育和艺术活动的开闭幕式，录制配合国家外交活动或对外交流的文艺演出。第一导演工作室下设第一创作组、第二创作组、第三创作组。第一导演工作室主任吕大庆。

第二导演工作室

第二导演工作室成立于 2010 年 8 月，负责策划制作大型节庆文艺晚会，策划制作大型文艺赛事和特别节目。第二导演工作室下设第一创作组、第二创作组、第三创作组。第二导演工作室副主任林远。

军事节目中心（解放军电视宣传中心）

军事节目中心是 1996 年 4 月经中央军委批准，中央电视台军事部、八一电影制片厂新闻纪录片部、总政治部电教中心合并组成，由中国人民解放军总政治部、国家新闻出版广电总局双重领导的中央电视台军事节目制作单位，是解放军最高层级电视宣传机构。节目通过卫星覆盖全国，在军事 · 农业频道每天播出 5 小时 40 分钟。军事节目中心承担军队、武警部队宣传报道任务。办有《军事报道》《防务新观察》《军事纪实》等 12 个栏目。下设军事新闻部、军事专题部、军事教育部、军事文体部、新媒体部、解放军音像出版社、总编室、政治部、管理处、技术部。军事节目中心主任孙继炼（副军职），政委季桂金（副军职）。

海外传播中心

海外传播中心成立于 2010 年 5 月，是中央电视台国际传播工作的统筹协调部门、联系海外机构和海外观众的主要职能部门、国际频道海外落地推广的主要责任部门。负责研究和制定中央电视台国际传播能力建设的总体战略规划、重点项目年度规划，负责预算申报和效果评估，负责牵头召集国际传播能力建设联席会议，协调外宣、外销、外事、外援等部门推进实施有关项目、协调解决相关事项，负责统筹规划中央电视台各语种国际频道海外落地推广工作，并负责所有海外落地项目的开发和维护，负责中央电视台所有与海外传播业务相关的对外交流合作，以及海外媒体、合作机构的公关联络，负责海外电视市场及受众的调查研究、海外观众的联络和服务，负责国际频道海外宣传推广和品牌塑造维护。海外传播中心下设综合部、统筹规划部、项目部、联络部。海外传播中心主任景春寒，副主任崔屹平（2014 年 12 月退休）、王雄先。

综合部

综合部是海外传播中心的行政办公、业务管理和服务机构，围绕人、财、物、事、文开展各项业务，是中心内部运转的枢纽。负责与台内相关职能部门进行沟通协调；负责中心内部制度建设；负责起草各类公文、报告；负责中心文化建设，营造具有海传特色的组织文化；负责制定和管理中心预算，对中心和各部门预算执行情况进行监控；负责中心人力资源管理，组织培训和考核；负责行政办公业务，包括督办检查、公文运转、信息报送、行政事务、印章管理、档案管理等；负责会议组织和活动开展；负责党群工作。综合部下设综合协调组、文秘组。综合部副主任程欣欣。

统筹规划部

统筹规划部成立于 2012 年 12 月，是中央电视台国际传播能力建设联席会议的牵头部门和办事机构，负责国际传播能力建设前期调研、规划制定、立项申报、跟进管理、信息报送；负责依托联席会议协调处理问题事项；负责国际传播效果评估和海外舆情监测；负责与国家有关部门的日常联络和工作对接，加强国际传播能力建设的统筹协调和服务。统筹规划部下设传播规划组、效果评估组。统筹规划部主任陈礼东。

项目部

项目部是中央电视台各语种国际频道节目海外落地的责任部门，负责调研对象国家和地区市场情况和准入政策；负责对新增落地项目的前期调研、开发、洽谈、协议起草、立项报批；负责原有落地项目对外付款、协议续签、更新用户数等事宜。项目部下设欧洲业务组、美洲业务组、亚太业务组、非洲业务组。项目部主任陈永庆，副主任刘庄。

联络部

联络部是中央电视台为海外合作机构、受众服务的平台。负责对海外机构、合作伙伴的联络和服务，发送各语种国际频道的节目指南；负责联系各语种国际频道的海外观众并开展收视调查；负责国际频道在海外的宣传推广和品牌塑造，组织宣传推广活动；负责中央电视台对外节目译制、交流；负责向台湾媒体提供闽南话节目；负责向中国驻外使馆、海外合作媒体寄送外宣节目；负责收集统计外媒转播情况；负责接待境外摄制组。联络部下设外联组、策划推广组、节目交流组。联络部主任王宇航。

人力资源管理中心

人力资源管理中心成立于2011年4月，其前身是中央电视台人事办公室。人力资源管理中心在中央电视台分党组领导下，负责全台的机构设置、事业编制管理，负责干部考察任免，负责职工考核、奖惩，负责职工出国（境）政审，负责研究制定奖金管理规定和发放办法，核定工资、核发奖金，负责督导检查各部门绩效工资发放及福利保险管理，负责播音员、主持人管理，负责员工教育培训、专业技术职务评聘和管理，负责人才引进调配，负责企聘员工综合管理，负责劳动关系规范和管理，负责用工情况检查，负责协调解决劳动纠纷，负责离退休人员服务和管理。人力资源管理中心下设干部管理处、劳动工资处、培训职称处、人才交流处、劳动关系管理处、离退休人员管理处。人力资源管理中心主任范昀，副主任杜书星，党总支专职副书记王峥。

干部管理处

干部管理处成立于1998年5月，负责中央电视台机构和干部管理。主要职责是：负责全台机构设置，优化干部资源配置与规划；负责对处级干部、科级干部进行考察任免；协助广电总局人事司考察司局级领导干部；组织干部民主推荐、竞争上岗工作；负责干部的聘期管理和考核工作；负责后备干部的选拔培养工作；负责干部挂职交流工作；负责司局级干部选学、中青年干部参加党校学习工作；负责推选参评全国性奖项的人员；负责组织处级以上干部报告个人事项；负责京外调干、解决职工两地分居人员进京报批工作；负责接收转业军人工作；负责因公出国（境）人员政审、国家备案人员因私出国（境）的审批工作；负责全台事业编制人员档案管理工作；负责管理台属单位领导班子成员；负责指导台属企事业单位人事管理工作。干部管理处处长冯庆一，副处长段磊。

劳动工资处

劳动工资处成立于1998年5月，负责中央电视台的劳动工资管理工作。主要职责是：依照国家和行业有关政策，研究制定中央电视台劳动工资管理有关规定，拟定工资福利改革方案并组织实施；管理、核定工资总额；负责全台事业编制职工、企聘员工的工资核定、晋升、发放、转移等事项；负责核定、调整驻外人员的工资标准和福利待遇；负责研究制定奖金管理规定和发放办法，审核奖金的发放；负责职工社会保险、商业保险管理工作；负责办理职工退休手续，核定退休工资；负责职工福利和考勤管理，制定职工休假、休疗的规定及残疾人安置工作；负责组织工人技术等级培训、考核和技师聘任工作；负责人力成本核算，研究制定人力成本核算办法；负责统计报送劳动人事报表，提供人事数据；负责台属企事业单位工资总额审批；负责审核台属事业单位副局级以上干部工资变动，核定台派企业人员档案工资；负责审核临时外请人员协议及劳务费等。劳动工资处处长杨一龙，副处长王德利。

培训职称处

培训职称处成立于1998年5月，负责组织职工培训、职称推荐与评聘、高端人才推选、执业资格管理等工作。主要职能是：负责制定全台职工年度培训计划；管理使用培训经费、培训设备及培训场地；负责在职学历教育、公派留学工作；负责组织专业技术人员评聘工作；负责享受“政府特殊津贴”人员、“四个一批”、“百千万人才工程”、“千人计划”、“文化名家”、“影视名家”等高端人才的推选工作；负责执业资格证书审核、办理及日常管理工作；负责中央部委组织的西藏、新疆等电视台干部接收和培养工作。培训职称处处长聂红江，副处长吴毅。

人才交流处

人才交流处成立于2007年9月。主要职能是：负责优化全台人员的结构；负责选拔接收应届大学毕业生；负责企聘人员社会招聘工作；负责校园招聘、社会招聘人员入职首次签约工作；负责企聘人员入职手续办理、证件审批、相关资格审核工作；负责组织台内招聘工作；负责实习生的接收和管理工作；负责与高校签订人才合作协议，推动台校合作。人才交流处处长乔维平，副处长张伟。

劳动关系管理处

劳动关系管理处成立于2012年4月。主要职责是：负责制定各种类型劳动用工管理的规章制度，依法依规调整劳动关系，预防、协调和解决与员工在劳动关系方面的问题，维护双方合法权益；负责员工签约、续约、解约及借用、返聘等临时用工管理；负责企聘人员岗位级别的核定与调整；负责一般员工岗位调动、驻外记者赴任/卸任的关系划转、配偶随任审批；负责军转干部接收安置和京外调干、解决职工两地分居人员报批；负责协调与劳动主管部门的关系，促进劳动关系健康发展。劳动关系管理处处长关湄，副处长刘倩。

离退休人员管理处

离退休人员管理处成立于1998年，是离退休工作管理部门。主要职责是：贯彻落实国家有关离退休的方针政策；根据有关规定和台内实际情况，落实离退休人员政治待遇和生活待遇。全台有离退休人员1480人，其中离休人员65人，退休人员1415人，老干部活动站13个。离退休人员党总支有26个离退休人员党支部。离退休人员管理处处长吴卫勇，副处长刘淑萍，专职副书记理效峰。

播音员主持人业务指导委员会

播音员主持人业务指导委员会成立于2000年5月，是中央电视台选拔培养播音员主持人的机构。负责制定播音主持人才队伍建设发展规划，制定播音员主持人管理制度，审核、认证或取消播音员主持人的出镜资格，组织播音主持人员岗位协议的签订，负责播音员主持人持证上岗资格管理，组织播音员主持人业务考核评价、专业评优评奖活动，组织播音员主持人业务培训、交流研讨、公益活动，指导屏幕形象设计，配合各中心、频道做好播音员主持人管理，倡导树立播音主持行业协会的职业标准和道德风尚。中央电视台播音员主持人业务指导委员会秘书长李瑞英，副秘书长李修平。

财务管理中心

1998年6月中央电视台成立财经办公室，2011年改组成立财务管理中心。财务管理中心是中央电视台计划、财务、物资主管部门，为全台事业发展提供财务资产保障。主要任务是：严格执行国家财经法规政策；研究拟定财务管理制度；负责全台预算编制和执行；负责全台财务收支、财务核算和财务管理；负责全台政府采购和国有资产管理；负责全台统计工作；负责台属企业的财务管理；负责全台财务监督和内部控制制度制定实施。财务管理中心下设综合业务处、计划统计处、财务管理处、会计核算处、财产物资处、产业管理处、财务委派管理处。财务管理中心主任董为民（兼），副主任米绍行、高华中，党总支专职副书记涂昌波。

综合业务处

综合业务处成立于2001年5月，负责财务管理中心公文、信息、档案工作；负责统筹、协调行政事务；负责组织内部考核、业务交流；负责精神文明建设、综合治理、完成领导交办事项。综合业务处下设综合科、业务管理科。综合业务处副处长梁喆。

计划统计处

计划统计处成立于1998年5月，负责经费预算的编制、调整和监督检查；负责年度基本建设计划编报，并监督实施；负责办理固定资产投资项目立项手续；负责履行政府采购领导小组办公室的职能，起草管理规定和业务文件，编制政府采购计划，检查、汇报执行情况；负责编报统计资料并进行分析；负责合同审批管理并进行分析。计划统计处下设计划科、统计科、综合科、政府采购管理科。计划统计处处长佟宝山，副处长贾丽。

财务管理处

财务管理处成立于2010年10月。负责制定预算、财务、统计、资产管理制度并组织实施；负责分析经费使用情况并提出建议；负责事业发展资金调配并提出建议；负责增收节支考核工作；负责公务卡制度改革工作；负责台属单位财务负责人委派工作；负责财务人员的业务培训；组织内部业务稽核工作；负责财经管理信息系统的运行和维护。财务管理处下设管理科、综合科、稽核科、增收节支奖管理科。财务管理处副处长张志友。

会计核算处

会计核算处成立于2010年10月。负责财务收支管理和经费保障；负责全台各类收入、固定资产、住房公积金、薪酬、外汇、基建投资、财政拨款的核算和管理；负责银行账户管理；负责税务核算和申报；负责内部转账，审核结转劳务费、部门费用、节目成本，与银行对账，会计档案归档及保管；负责预算开支审批和决算报表编制；负责配合全台各项财务制度的建立；负责向驻外记者站派驻会计。会计核算处下设综合核算科、薪酬核算科、成本核算科、固定资产核算科、医疗费用核算科、广告收入核算科、外汇核算科、基建财务核算科。会计核算处处长张平平，副处长赵宇卓。

财产物资处

财产物资处成立于1987年。负责工程、服务、货物的政府采购工作，代表中央电视台对外签订政府采购合同；负责材料采购、验收、发放及保管工作；负责固定资产入库出库、转移、退库、处置等管理工作；负责固定资产管理工作；负责起草物资管理制度。财产物资处下设综合科、设备科、供应科、管理科。财产物资处副处长赵建华。

产业管理处

产业管理处成立于2011年5月，是台属企业的管理部门。按照中央电视台授权，对台属企业行使出资人职责；负责台属企业“三重一大”事项的备案；负责台属企业绩效考核；负责台属企业报表汇总上报；负责台属企业资产评估、产权登记、产权变更初审及汇总上报；负责台属企业文化产业专项资金初审及申报；负责台属企业关停并转及对外投资等事项的申报。产业管理处下设企业管理科。产业管理处处长王建华。

财务委派管理处

财务委派管理处成立于2014年12月。负责为派驻部门提供财务政策咨询和相关业务指导等服务；参加派驻部门涉及经费支出的有关会议，了解其业务特点和经费支出情况；跟踪审核派驻部门重大经济事项并出具审核意见；负责报告财务委派工作中发现的问题，并提出整改建议；负责制定并完善与财务委派相关的管理办法和工作规范。财务委派管理处副处长胡竞霜。

技术管理中心

1991年4月中央电视台成立技术管理中心，1994年6月更名为技术管理办公室，2011年4月恢复技术管理中心。技术管理中心是台主管领导和技术委员会办事机构，是技术管理、监督、运行、检查的归口部门。负责技术系统运行管理，协助台领导做好协调工作；负责制定技术事业发展规划，为技术决策提供依据；负责制定大型宣传报道的技术方案；负责编制技术事业发展经费预算；负责制定技术设备修购计划；负责工程技术项目立项、论证、报批工作；负责统计汇总技术运行数据，协调管理全台节目生产能力和节目技术质量；负责研究和解决技术业务问题；负责技术质量管理及计算机信息网络、通信系统、节目生产管理系统、媒体资产管理系统、信息安全系统等应用系统的开发建设、使用管理、运行维护、安全监控；负责全台有线电视系统、供配电等动力系统的管理和运行维护；负责拟定全台科研规划并协调落实，监督执行；负责全台专利、技术交流、专业培训、技术会展的组织管理。技术管理中心下设技术业务部、质量管理部、工程管理部、基础资源部、制播应用部、业务应用部、信息安全部、动力管理部。技术管理中心主任徐进，副主任季小军、程星，党总支专职副书记丁亚建。

技术业务部

技术业务部成立于1998年5月，是技术管理中心的综合办事机构。负责拟定全台技术事业发展规划；负责拟定技术规范；负责编制落实重大活动的技术方案；负责技术业务培训交流；负责技术数据统计、技术书刊出版、电子阅览室管理；负责办理科技人员出国、对外技术交流手续；负责专利管理；负责经费预算管理；负责技术业务考核和职称评聘；负责公文、信息、保密、综合协调等行政管理；负责协助领导召集会议，起草处理文件。技术业务部下设综合科、业务管理科、科技信息应用科、技术期刊编辑科。技术业务部主任韩强，副主任陈红。

质量管理部

质量管理部2012年12月由质量管理处更名成立，负责对全台电视节目制作、播出、传送流程进行技术质量监测和评估；负责技术质量监督及评优；负责设备技术指标监测校验；负责重大直播活动的系统测试；负责有线电视系统的监督管理；负责电视设备检修保养、特种设备委托维护及运行管理。质量管理部下设质量管理科、外包管理科、检测科、维修科、有线电视科。质量管理部主任刘军，副主任李岩。

工程管理部

工程管理部前身是2001年3月成立的工程管理处，负责技术项目立项申报、审核及年度预算编制；负责组织设备选型论证；负责技术项目方案征集、初审、报批；负责协助财务管理中心进行设备系统的政府采购工作；负责大型宣传活动技术协调；负责技术合同起草审核；负责系统集成管理及结算；负责组织系统测试、竣工验收；负责工程评优；负责广电行业标准制定的组织协调；负责新技术研发组织工作；负责管理对外协作及援建项目；负责项目与设备资料的保管和查询。工程管理部下设综合管理科、项目管理科、研发管理科、技术资料科。工程管理部主任梅剑平，副主任谢继红。

基础资源部

基础资源部成立于2012年12月，负责基础网络、数据中心、通讯中心等信息通讯系统的建设、运行和管理，为节目生产、安全播出、行政管理、信息查询提供信息技术支撑和服务。负责局域网、广域网系统和新址、现址数据中心硬件支撑平台、数据平台、基础信息平台以及IT基础资源统一监控系统的建设、运行、管理和维护；负责现址通讯中心技术设备设施的运行、管理和维护；负责协调电信运营商对新址程控电话交换机、无线网络进行维护；负责按照信息基础架构库ITIL技术规范，协调6123服务平台等IT技术部门为用户提供标准化、快速高效的桌面电子办公技术服务；负责为大型宣传报道和外场电视转播提供网络和通讯技术服务；负责组织、设计、实施IT基础资源的技术项目；负责制定完善与IT资源相关的技术规程。基础资源部下设网络科、数据中心科、终端服务科、服务台与资源监控科、通讯科、公用技术科。基础资源部主任顾军，副主任刘玓。

制播应用部

制播应用部成立于2012年12月，是网络化文件化安全播出、节目存储、内容审查、媒资管理的技术保障部门。按照ITIL信息技术基础架构库规范，负责媒体资产管理系统、媒体数据交换平台、节目内容审片系统等制播系统的运行、维护和管理；负责cctv.com门户网站和my.cctv.com内网的建设和技术支持；负责调整应用模块，提供制播应用技术服务；负责跟踪IT技术发展，开展研究和测试，为领导决策提供资料数据，组织实施制播应用系统开发和建设。制播应用部下设制播运行科、制播开发科、制播应用管理科。制播应用部主任何瑾，副主任聂自非。

业务应用部

业务应用部成立于2012年12月，是业务应用系统建设、运行、维护管理部门，负责为业务系统提供技术保障。负责为节目生产管理、广告管理等应用系统提供需求分析、流程设计、功能调改、维护管理技术保障；负责为办公、涉密、人力资源、财务等应用系统提供需求分析、流程设计、功能调改、维护管理技术保障；负责为技术、工程等应用系统提供需求分析、流程设计、功能调改、维护管理技术保障；负责新建业务应用系统的规划、设计、实施和交付。业务应用部下设运行一科、运行二科、应用实现科。业务应用部主任袁辉。

信息安全部

信息安全部成立于2012年12月，是网络安全技术运行管理部门。负责信息安全管理、监督、建设和执行；负责信息安全制度、规程和等级防护规范的制定、完善、宣传和培训；负责按照国家和行业标准，协助建设部门进行信息系统安全等级的定级评审、报批；负责与政府网络安全部门及相关单位建立长效安全机制；负责协调开展病毒预防工作；负责监督检查网络安全规范的执行情况；负责办公终端设备的网络准入、设备合规及病毒防护管理；负责信息安全平台运行监控和信息安全审计。信息安全部下设信息安全管理科、信息安全监控科、信息安全技术科。信息安全部主任堀宏伟。

动力管理部

动力管理部前身是1985年1月成立的动力处，负责中央电视台新址和现址供配电、空调、电梯等动力系统固定资产管理；负责动力设备的调整、维护和年检；负责为重大宣传报道、外场转播活动提供动力技术保障；负责调整动力设备运行维护外包协议内容、服务级别和考核指标，负责对外委公司的服务进行监督管理；负责制定完善与动力资源相关的规程制度；负责中央电视台节能减排领导小组办公室日常工作。动力管理部下设供电管理一科、供电管理二科、空调管理一科、空调管理二科、电梯管理科、技术科。动力管理部主任张晓强，副主任孟维、刘文生。

技术制作中心

中央电视台技术制作中心成立于1991年3月，是采用技术手段，与节目部门合作制作电视节目的单位。负责管控节目制作技术质量，确保节目安全制作和播出；负责为节目制作提供技术资源、专业技术人员和服务；负责跟踪掌握世界最前沿技术，完成技术资源的建设和改造，实现高清化、文件化节目制播。提供的技术资源包括：视音频采录设备、后期制作设备、体育新闻类节目制作演播室、综合类节目制作演播室、虚拟演播室、音乐音效制作机房、节目包装制作机房、三维动画及图形制作机房、灯光设备等；提供的专业技术人员和服务涉及演播室视音频技术，后期技术制作（包括立体电视和超高清电视节目制作），音频信号制作，节目包装、三维动画及图形制作，舞美、灯光、服装、化妆、道具设计等。在中央电视台新址、现址综合节目制作域，均有相当规模的技术设施和较高水平的专业制作队伍，承担着中央电视台综合节目，包括综合频道、财经频道、综艺频道、体育频道、中文国际频道、电视剧频道、科教频道、戏曲频道、社会与法频道、新闻频道、少儿频道，以及外语频道群中除了新闻之外的所有节目制作。技术制作中心负责完成中央电视台的事业发展规划、工程项目管理和新技术开发，以及设备设施的运行和维护。技术制作中心下设综合部、录制一部、录制二部、录制三部、录制四部、制作部、音频部。技术制作中心主任徐进，副主任李树声、车临、崔建伟，党总支专职副书记张军农。

综合部

综合部成立于1998年7月，是承担技术制作中心日常行政管理、节目制作管理、技术管理的办事机构。负责文秘、信息、档案、保密、行政工作的协调管理；负责调度技术资源，统筹协调各节目制作中心、频道使用演播室；负责统筹协调台外实况转播和录像制作，以及节目制作使用技术资源的有偿服务；负责固定资产、设备大修、系统测试、技术质量监控、技术人员培训管理；对参与节目制作的代运行公司、外包技术服务公司、外租技术资源公司，负责其技术系统年检、技审人员培训、技审资质备案、技审人员资格复审、核发技审资质证书和印章，对节目技术质量进行管控。综合部下设综合业务科、节目制作管理科、技术管理科。综合部主任栗小斌，副主任朱真铁。

录制一部

录制一部成立于2004年，其前身为采录部，承担中央电视台新址17个综合直播演播室、2个外场演播室、中央电视台现址第33演播室运行管理工作。负责各频道大中型综艺类、专题类、访谈类节目直播录制工作；负责虚拟演播室录制工作；负责体育频道、高清赛事频道、风云足球频道每天24小时赛事直播、新闻直播、专题录像节目的制作；负责英语新闻频道每天24小时演播室串联、整点新闻的滚动直播；负责2套外场系统转播制作。录制一部下设办公室、录制一科、录制二科、录制三科、录制四科、录制五科。录制一部主任赵贵华，副主任张力云。

录制二部

录制二部成立于1998年，承担节目后期视频制作任务，2014年5月12日结束新址、现址业务并行运行、新址新系统上线磨合阶段，录制二部全部搬入新址运行。录制二部拥有高清精编工作站303套、高清草编工作站177套、合成工作站36套、三维动画制作设备94套、高清ENG设备279套，集成运营3个高端制作岛、3个常规制作岛、新线编辑制作岛、新介质制作岛、包装制作岛、混合制作岛等。负责网络制播系统、非线编等后期编辑制作及系统运行；负责前期高清ENG设备运行管理；负责节目包装及平面宣传的设计制作；负责三维动画、虚拟演播室场景设计制作合成。录制二部下设后期制作一科、后期制作二科、后期制作三科、后期制作四科、后期制作五科、后期制作六科、视频编辑一科、视频编辑二科、视频编辑三科、ENG管理科、包装科。录制二部主任蔡贺，副主任黄建新。

录制三部

录制三部前身为1991年成立的海外制作部，2003年12月划入技术制作中心，更名为录制三部，2013年7月整合为新的录制三部。以现址园楼、方楼12个150平方米至1000平方米演播室机房为依托，承担现址演播室节目生产、技术运行、行政管理工作，主要承担综艺频道、音乐频道、戏曲频道、科教频道、少儿频道节目的直播和录制，包括春节联欢晚会、“3·15”晚会、全球中文音乐榜、戏曲院校京剧学生电视大赛、CCTV钢琴、小提琴大赛等。录制三部主任刘畅，副主任崔建。

录制四部

录制四部成立于2013年7月，是中央电视台现址后期视频制作部门，共有草编、精编、高端制作站122个，4K摄像机20套，集成4个制作岛及3D、4K新技术制作区，主要承担综艺频道、科教频道、电视剧频道、纪录频道、音乐频道、戏曲频道等节目的后期制作任务。现址后期系统实现了文件化、高清化制作，所有制作岛均已纳入中央电视台制播网络，具有前端连接演播室、后端将媒资直送播出文件库的准在线功能。录制四部下设后期制作七科、后期制作八科、后期制作九科、后期制作十科、新技术应用科。录制四部主任姚平，副主任陈玉良。

制作部

制作部成立于1983年，为节目部门服务，负责舞美、灯光、服装、化妆、道具设计及现址12座演播室、新址E区演播室的灯光系统维护、节目录制、直播运行。年制作节目千余台，确保节目质量和播出安全。制作部下设业务管理科、美术设计科、灯光设计科、灯光技术一科、灯光技术二科、灯光管理科、服装化妆科、道具装置科。制作部主任李建成，副主任张冲。

音频部

音频部成立于1991年3月，负责中央电视台各频道电视节目的前后期声音制作。以新址17个演播室及音频制作岛（包括14个音频后期网络制作机房），现址11个演播室及1个音频上下载机房、2个音乐录音棚、10个音频后期网络制作机房及外场设备为依托，完成电视节目音频制作任务。外场节目制作，可同时提供33套音频ENG、5套音频EFP、2辆录音车。承担音频系统建设项目、电视音乐策划、创作编辑等工作。音频部下设音频制作一科、音频制作二科、音频制作三科、音频制作四科、音频制作五科、音频制作六科、音频制作七科、音频制作八科、音频后期制作一科、音频后期制作二科、设备管理科、音乐录制科。音频部主任关朝洋，副主任陈晨。

播出传送中心

中央电视台播出传送中心成立于2013年10月，是电视节目播出、转播、信号传输、新闻制播业务部门，承担常规频道（含高清频道）、收费频道、3D电视频道的安全播出工作。负责新闻频道的全部节目和综合频道、财经频道、中文国际频道新闻类节目直播和制作工作；负责英语、西班牙语、法语、俄语、阿拉伯语国际频道整点新闻播出、节目在线包装、新闻共享系统的运行；负责新闻网络制播后台系统、交换平台、海外记者站技术管理工作；负责节目信号安全传输、监测、监看及对外解释工作；负责国内外新闻、体育、文艺节目及重大活动实况转播及录制工作；负责固定和移动卫星地球站上下行业务、卫星电话业务、微波、光缆传输业务及技术设备运行管理工作；负责外来电视节目信号处理、分配调度等技术和管理工作；负责提供同步基准信号，向全国提供标准时间和标准频率；负责国内外卫星线路、国内光缆传输线路租用、使用安排、技术协调工作；负责按规定受理境外电视媒体在华卫星传送业务，提供相关电视技术服务；负责播出传送技术设备测试和维护管理，确保技术设备质量和安全运行；负责制定播出传送事业发展规划，组织工程项目、新技术项目立项论证、设计施工、测试验收、技术培训等工作。播出传送中心下设综合部、播出一部、播出二部、转播部、总控部、新闻制播一部、新闻制播二部、新闻制播三部。播出传送中心主任张宝安，副主任陈泽时、智卫、李跃山、刘万铭，党总支专职副书记肖建生。

综合部

综合部负责播出传送中心公文、信息、保密工作；负责节目安全播出、传输和运行数据统计工作；负责大型报道播出传送方案汇总、技术协调、后勤保障工作；负责工程技术项目汇总报批、组织实施、跟踪管理及验收工作；负责技术质量监督管理、技术质量奖申报工作；负责技术设备测试和维护管理工作；负责生产能力的管理和有偿服务工作；负责对外技术服务的管理工作；负责固定资产、设备物资维护管理工作；负责事业经费预算管理工作；负责人员管理、考核及培训工作；负责组织会议、活动、治安、消防、保密、综合治理等工作。综合部下设技术业务科。综合部主任王丹，副主任程昕。

播出一部

播出一部承担中央电视台新址24套公共频道节目、包装、资讯播出管理。负责节目播出及运行管理；负责频道包装、资讯播出管理；负责节目播出数据统计。播出一部下设播出运行一科、播出运行二科、播出运行三科、播出运行四科、播出运行五科、技术保障科、频道包装播出科。播出一部主任许钢鸣，副主任李键、祥祖军。

播出二部

播出二部承担中央电视台现址14套付费频道、3套北美洲长城平台常规频道、1套3D电视频道的节目播出和运行管理。拥有20套硬盘自动播出系统、1套3D电视播出系统。负责以上频道电视节目的安全播出；负责线上播出流程的运行管理；负责标清磁带文件化和紧急标清磁带、高清蓝光等适配新址播出的运行工作。播出二部下设播出运行一科、播出运行二科、播出运行三科、技术保障科。播出二部主任宋蔚，副主任陈策明。

转播部

转播部承担外场综合类电视节目实况转播和录像任务。负责外场直播、实况录像、专场录像转播制作；负责重大转播技术方案的设计和实施；负责对外交流节目的外场转播制作；负责为全台各节目部门提供前期特种设备和技术支持。转播部下设转播一科、转播二科、转播三科、转播四科、转播五科、特种设备科、声音技术科、设备管理科、航拍技术管理科。转播部主任颜枫，副主任陈明、周磊。

总控部

总控部成立于1998年6月，是中央电视台电视节目信号交换的枢纽。负责全台进、出节目信号的分配、调度和运行管理；负责全台28套播出前端系统编码压缩、传输运行维护；负责为全台提供同步、时钟等标准信号，进行信号格式、幅型、制式变换处理；负责台内外信号交换的收录和监测；负责按规定受理涉外技术申请和安排；负责节目播出传送的对外事务处理；负责通过卫星、光缆及微波干线转播、传送、收录节目；负责中央电视台外围的光缆线路和固定卫星地球站收发系统管理；负责对外办理公共传输网络、卫星传送及相关的线路安排；负责国内外卫星公共传输网的费用预算结算管理。总控部下设管理科、运行一科、运行二科、运行三科、技术保障科、传输运行科。总控部主任陈光，副主任杨小勇、葛涛。

新闻制播一部

1989年中央电视台成立新闻制作部，2013年10月改为播出传送中心新闻制播一部。新闻制播一部负责新闻频道每天24小时的新闻节目、综合频道新闻节目、综合频道（香港）广告播出的技术保障；负责新闻频道专题节目录制和后期制作合成；负责新闻频道技术设备运行维护；负责演播室在线包装和后期制作、新闻共享网络制播系统升级、维护和运行管理；负责新闻直播现场的音频、灯光系统搭建及技术操作和保障；负责为中文国际频道《中国新闻》、财经频道新闻直播提供技术支持。新闻制播一部有7套新闻直播演播室、1套新闻硬盘编播系统，负责《朝闻天下》《新闻30分》《新闻联播》《晚间新闻》《中国新闻》等节目制播，负责财经频道的新闻制播，负责上海、深圳分演播室制播管理。2014年12月25日新闻制播一部迁至中央电视台新址，全面管理中文新闻节目直播和制作工作。新闻制播一部下设演播室一科、演播室二科、音频一科、音频二科、包装播出一科、包装播出二科、网络制播一科、网络制播二科、灯光科。新闻制播一部主任李志平，副主任孔征。

新闻制播二部

2003年12月中央电视台成立录制三部，2013年10月改组成为播出传送中心新闻制播二部，承担英语、西班牙语、法语、阿拉伯语、俄语国际频道的整点新闻播出、节目在线包装、新闻共享系统运行。新闻制播二部有8套新闻演播室，具有24小时连续制播节目的能力，2012年底实现4个频道高清化、网络化、文件化制播，2014年4月外语频道新闻播出系统迁入新址。新闻制播二部下设演播室三科、演播室四科、演播室五科、网络制播三科、网络制播四科、音频三科、包装播出三科、灯光三科。新闻制播二部主任薛小妹，副主任刘昭明。

新闻制播三部

新闻制播三部成立于2013年10月，承担新闻公共制作资源运行和管理。负责新闻包装系统维护、图文包装设计制作；负责新闻公共资源收录、通稿制作、新闻交换等前台系统运行维护，负责时政新闻编辑、制作和播出；负责新址新闻网络制播系统、新闻业务管理系统、新闻交换平台、新闻全媒体汇聚平台、新闻虚拟制作岛后台设备稳定运行；负责海外记者站技术管理；负责新闻专题节目的制作和技审；负责新闻外采设备管理和外采技术保障；负责外场直播卫星信号传输和新闻应急报道技术保障；负责外场直播微波信号、无线摄像机信号、直升机微波中继信号传输技术保障。新闻制播三部下设图文制作科、应用管理科、系统维护科、专题制作科、采录科、微波科、卫星传送科。新闻制播三部主任陈江疆，副主任刘开平、韩东光。

资产管理中心

中央电视台资产管理中心成立于2010年7月，是开路频道广告经营管理部门。负责研究中央电视台广告发展战略和经营策略，策划实施公关传播和推广活动，建立广告产品体系、价格体系、客户体系、渠道体系；负责开路频道广告营销、安全播出，并制作播出公益广告。资产管理中心下设综合部、市场部、客户部、监审部、公益广告部、频道经营部。资产管理中心主任何海明，副主任李弋，党总支专职副书记陈荣勇。

综合部

综合部成立于2010年7月，是资产管理中心的行政管理和综合协调部门。负责公文流转、文件起草、会议和活动组织、党群工作;负责人力资源、财务经费、物资设备管理；负责合同管理；负责资产管理流程设计、IT信息服务、数据分析、技术支持；负责对外联络、对内协调，保证信息畅通、运转有序、保障有力。综合部下设秘书科、运营科、合同管理科、流程管控科。综合部副主任杨莉莎(主持工作)。

市场部

市场部成立于2010年7月，承担资产管理中心市场研究、公关传播及新媒体互动营销工作。负责研究中央电视台广告经营发展战略和经营策略；负责组织实施公关传播活动，维护提升中央电视台广告经营的品牌形象，拉动广告销售；负责研究新媒体的发展趋势和竞争格局，整合新媒体资源，使节目资源广告价值增值。市场部下设策略研究科、公共关系传播科、新媒体营销科。市场部副主任佘贤君(主持工作)。

客户部

客户部成立于2013年7月，从企业和代理公司两个维度，全面负责中央电视台广告客户营销、服务和管理。负责广告客户的开发与维护、频道广告产品的营销;负责建立渠道体系，制定渠道经营政策，完善对广告公司的服务和管理；负责广告招标预售的整体策划、客户开发和项目推广；负责完成奥运会、世界杯、亚运会等重大事件广告营销和创收任务。客户部下设渠道服务管理科、客户服务一科、客户服务二科、合同执行科。客户部主任张宇鹏，副主任冯惠。

监审部

监审部成立于2010年7月，承担广告业务审查、复核、监播等内部监督制衡职责。负责开路频道广告素材审查、广告主资质审查、广告产品资料审查、广告播出单制作、广告播出传送、广告素材编辑、软广告现场执行工作，确保广告播出安全；负责广告产品复核、广告销售合同复核、广告播出执行复核、广告播后监播工作，确保从产品价格设计到广告播出全程受控。监审部下设审查科、编播科、监播科。监审部主任尹学东，副主任杨玲。

公益广告部

公益广告部成立于2013年7月，承担中央电视台公益广告整体规划、组织创作、审核报播、宣传推广、监测统计等职责。负责公益广告整体规划；负责组织公益广告作品的创作；负责组织国家级公益广告赛事、评奖和宣传推广活动；负责中央电视台公益广告审核报播；负责播出公益广告的监测统计；分阶段整理公益广告播出数据，形成分析报告；负责全国影视公益广告制作中心的日常工作，建立国家级公益广告的创意、制作、传播基地。公益广告部下设公益广告一科、公益广告二科。公益广告部副主任王佐元(主持工作)。

频道经营部

频道经营部成立于2013年7月，是中央电视台广告创收的部门之一。负责对接节目部门，开发广告资源，系统盘点规划，创新广告产品设计，科学拟订广告价格，建立优化广告产品体系和价格体系；负责研究各频道广告经营方向和策略，合理定义频道资源、产品销售渠道，动态掌握频道广告销售情况，调配资源，实现频道广告销售的最大化和广告编排的最优化；负责制定各频道产品设计和销售策略，审核把关，确保产品质量；负责从行业和地区维度策划市场推广活动，加强与广告客户、社会各界的面对面交流，推广资源，促进广告销售。频道经营部下设频道经营一科、频道经营二科、推广科。频道经营部主任刘丽华，副主任吴坚。

发展研究中心

发展研究中心成立于2010年8月，作为提供专业智力支持的智囊、参谋、咨询机构，为中央电视台分党组的决策服务，围绕中央电视台改革发展的实际和国内外电视事业产业发展变化，组织开展前瞻性、战略性和实战型研究。主要研究领域包括决策参考研究、战略研究、电视传播研究、监测效果研究、节目动态研究、产业研究、新媒体研究、网媒监测研究等。发展研究中心下设发展战略研究部、电视传播研究部、产业与新媒体研究部、综合部。发展研究中心主任任学安，副主任张利生、刘连喜。

发展战略研究部

发展战略研究部2010年8月成立，主要职责是：负责中央电视台事业产业发展中长期战略规划，论证各项改革措施，为事业产业全面协调可持续发展进行各领域战略研究和整体发展态势监测；负责搭建决策支持系统、研发数据库，进行媒体政策法规研究、管理改革创新研究、媒体融合战略研究、新型媒体集团战略研究、海外影响力监测、国际节目发展趋势研究、国际一流媒体技术发展与应用分析，并组织编纂《CCTV与国际一流媒体对比研究》（白皮书）。发展战略研究部主任李向东，副主任贾健。

电视传播研究部

电视传播研究部成立于2010年8月，主要职责是：负责对国内外最新电视节目模式进行搜集整理和分析，维护并完善中央电视台全球电视节目数据库；与国内外电视研发机构开展合作，组织举办台内外电视节目观摩活动；负责编辑出版中央电视台主办的核心期刊《电视研究》，编辑出版内刊《节目最前沿》，组织年度“创新榜”评选，编辑出版《中国中央电视台年鉴》，管理中央电视台图书出版规划；负责策划和组织“CCTV传播论坛”等大型活动，关注传媒界及台内外热点现象、事件、节目；负责承担中国广播电影电视协会、中国电视艺术家协会央视分会的相关工作，参与协会组织的学术合作、交流和评优活动，以及协会专家库的建立和管理工作。电视传播研究部主任杜宝凤。

产业与新媒体研究部

产业与新媒体研究部成立于2010年8月，主要职责是：负责中央电视台产业与新媒体发展的调研和系统分析，对产业与新媒体发展进行战略规划，对“CCTV节目网络影响力”进行监测并提出对策分析，顺应移动化、社交化、全媒体化发展趋势，研究媒体利用大数据方案，推进节目生产、传播和广告经营的战略转型，推动传统媒体和新媒体深度融合，提供有效的决策支持。产业与新媒体研究部主任黎斌。

综合部

综合部成立于2010年8月，主要职责是：负责中心内部工作督办检查、公文运转、归档管理、信息传递、会议会务、印章使用管理、值班安排、后勤服务等事务性工作；负责中心与台内有关部门、台外合作单位的沟通协调、公关接待；负责制定完善规章制度，起草公文、报告；负责制定中心预算，定期汇总各部门预算使用情况；负责开展中心各类人员的培训，在党支部指导下做好党群工作；完成中心领导交办的临时任务。综合部主任苏晓春。

机关党委

中央电视台机关党委在国家新闻出版广电总局机关党委的直接领导和台分党组指导下开展工作，是中央电视台思想政治工作和党务工作的主管部门，领导党委办公室、台共青团委员会、台工会联合会、台精神文明协调处、台侨联的工作。截至2014年底，台机关党委下设14个基层党委，31个党总支，337个党支部，全台共有党员8544人。本届党委2010年12月15日由中央电视台第八次党员代表大会换届选举产生，为中央电视台第八届党委会，由29名委员组成，常委13名。机关党委书记张海鸽，专职副书记王全杰，党委常委安为民、李欣雁、王建宏、陆伟昌、张宁、王晓真、董为民、张宝安、黄瑞刚、赵刚、宿晓光。

党委办公室

党委办公室是台机关党委主要办事和工作机构，着眼于服务全台党员干部职工，致力于建设学习型、服务型、创新型的党组织。负责全台党员干部及职工政治理论教育、党的方针政策教育、马克思主义新闻观教育、经常性思想政治工作、基层党组织建设、党的组织发展、党员管理、统战工作、文化建设及社区党建工作。承编承办机关党委的宣传载体《电视生活》《CCTV党建》及职工闭路电视、宣传橱窗、圆楼展廊等。党委办公室主任刘斌，副主任狄希兰。

团委

台团委在台机关党委的直接领导和国家新闻出版

广电总局机关团委指导下，负责全台团员和青年工作。截至2013年底，中央电视台共有32个基层团组织，其中基层团委4个、中心(频道)团总支18个、直属团支部10个，团员2023人。本届团委于2010年11月由中央电视台第十一次团员代表大会换届选举产生，为中央电视台第十一届团委，由27名委员组成，常务委员13名。团委书记郑漠，专职副书记王强强。

工会联合会

中央电视台工会联合会在台机关党委和国家新闻出版广电总局工会的领导下，按照《中华人民共和国工会法》和《中国工会章程》，履行工会“维护、参与、教育、建设”职能。坚持“一个中心、两个服务、三个建设”定位，即围绕宣传中心开展工作，全心全意为繁荣荧屏服务、为全台职工服务，不断加强自身的组织建设、制度建设和廉政建设。2014年，“送温暖献爱心”活动新增对驻国外记者站记者、挂职干部、2013年去世职工、身患癌症职工会员的慰问，提高对身患癌症的一线职工会员和离退休老同志的慰问人数比例和慰问金标准；实现了全体会员享受中直、总局、台工会三重大病困难互助金，形成比较完善的大病帮扶机制；继续开展“团结模范之家”评选表彰活动；首次将国内记者站职工纳入参加休疗的范围；响应全总、中直及总局工会关于“中国梦·劳动美”“共筑中国梦、岗位做贡献”的号召，首次举办中央电视台职工劳动技能练兵竞赛活动，并参加总局举办的此项活动；举办中央电视台第九届职工运动会，拔河、跳绳、乒乓球、羽毛球、足球5个比赛项目，共有100多支运动队2500名运动员参加比赛，实际参赛达15000人次，创出历届参赛单位及人数之最。举办以“巾帼建功，出彩人生”为主题的“CCTV第七届巾帼建功标兵表彰报告会”，展示出央视女性的良好精神风貌。推选先进人物，台工会系统推荐国家级先进个人1人，省部级先进个人28人，先进集体6个，台先进个人50人，先进集体20个。截至2014年12月，台工会下设中心工会30个，台属单位工会7个，职工会员2.13万人。本届工会联合会是中央电视台第三届工会联合会，由43名委员组成，在职常委17人。工会联合会主席宿晓光，副主席南敏。

精神文明协调处

精神文明协调处成立于2002年7月，负责全台精神文明建设工作，是台精神文明建设委员会日常办事机构。主要职责是：按照台分党组要求，在台机关党委直接领导下，在首都精神文明建设委、中直机关精神文明建设委、国家新闻出版广电总局精神文明建设委的指导下，负责协调全台职工的思想道德建设、党风廉政建设、环境秩序建设、文化建设、大型公益活动和“扶贫济困送温暖”等精神文明创建活动；承办全台计划生育、无偿献血、校外教育、文明共建等工作，并根据上级有关精神，对全台卫生绿化、交通安全、综合治理工作进行协调监督；负责组织参加全国、中直机关、北京市、总局等上级机关开展的精神文明建设工作评比活动，并组织开展中央电视台精神文明先进集体、先进个人推优评先活动。精神文明协调处处长李彦吉，副处长王亚珍。

归国华侨联合会

中央电视台归国华侨联合会是2011年7月根据台统战工作的需求和《中华全国归国华侨联合会章程》的规定，报经台分党组研究决定，国家广电总局直属机关党委批准成立的人民团体，是中央电视台联系归侨、侨眷和海外侨胞的桥梁纽带，受中国侨联和中直机关侨联指导，在台分党组领导下，在台机关党委的支持下独立自主开展工作。截至2014年12月，全台登记在册的侨联会员377人，其中归侨12人。中央电视台归国华侨联合会第一届委员会由25名委员组成，常务委员9人。侨联主席为副台长、机关党委书记张海鸽，常务副主席吕涛，副主席刘迎春，秘书长狄希兰，常委（以姓氏笔画为序）王颖、吕涛、米绍行、刘迎春、张海鸽、张军农、狄希兰、周瑞志、林俏。

新台址建设工程办公室

新台址建设工程办公室(简称新址办)成立于2001年11月，是中央电视台新台址工程的项目建设管理部门。主要任务是：根据国家建设工程法律法规及有关政策的规定，全面负责新台址建设工程前期市政协调、工地现场管理、工程招标管理、工程合同管理、工程造价管理、工程财务管理、工程物资管理、电视工艺设计、系统建设配合等工作。新址办下设综合业务处、工程处、合同造价处、财务处、基建物资处。新址办主任黄平刚，副主任赵频、曹建新。

综合业务处

综合业务处负责工程市政协调、周边拆迁、工程档案、日常办公、业务协调、行政后勤保障等工作。

主要职责是：负责与国家、北京市有关部门沟通协调；协调拆迁工作；协调工程相关项目报批和验收；负责新址办日常办公业务；负责台管理规定的落实工作；负责新址办行政后勤保障、治安、消防、公关、图像和资料留存、信息汇总报送、环境治理等工作。综合业务处处长刘宁，副处长关杨。

工程处

工程处负责工程建筑安装管理，主要职责是：负责与设计、施工、监理等相关单位协调技术业务，解决各方合作的技术问题；全面参与施工现场指挥、协调和管理工作，并对造价控制提供技术支持；参与制定工程技术方案和进度计划，协助监理公司对技术洽商、工程验收文件进行审核；研究解决工程管理、施工组织等问题，提供工程实施情况的分析报告、数据和决策建议；负责现场设计变更、洽商、支付管理。工程处下设结构科、机电科、强电科、弱电科、物资材料科、通讯科、装修科、电梯科。工程处处长曹建新（兼），副处长赵磊。

合同造价处

合同造价处负责工程招投标、合同管理、造价管理。主要职责是：组织工程招标；组织谈判，签订合同；督促履行合同；控制工程造价，以合同价为基础，控制工程变更，洽商索赔；组织阶段性结算，审核竣工结算报告，完成结算手续。合同造价处下设合同管理科、招投标管理科、造价控制科。合同造价处处长贺萍，副处长付力明。

财务处

财务处负责工程财务管理。按照国家规定和工程情况，建立会计核算体系；加强内部控制，进行会计核算，编制财务报告；制定资金筹集使用计划，依法筹集建设资金；做好原始记录，及时记账，定期盘点对账，确保资金安全；组织编制项目竣工财务决算。财务处处长王朝晖。

基建物资处

基建物资处负责工程物资管理。主要职责是：制定物资管理制度；负责入库验收、仓储管理、物资调拨、台账登记；负责定期盘点物资，做到账实、账账相符；负责办公设备和消耗材料的采购、入库、出库、发放、退库工作。基建物资处副处长周少华、叶秋实。

总部接收管理办公室

2012 年 2 月中央电视台成立新址接收管理工作办公室，同年 8 月与中央电视台新址搬迁工作办公室合并，成立中央电视台总部接收管理办公室（简称总部接管办）。总部接管办主要职责是：全面负责中央电视台总部接收管理和搬迁工作的组织实施，协调相关部门开展新址接收管理和搬迁工作，实现中央电视台总部全方位管理、全覆盖运行、整体搬迁。2013 年 12 月总部接管办下设部门由 11 个调整为 8 个，分别为综合业务部、房屋管理部、后勤事务部、法律事务部、办公系统部、项目管理部、搬迁协调部、物业管理部。总部接管办主任张海鸽（兼），副主任田应坪、刘民朝、柏杨（常务）。

综合业务部

综合业务部是总部接管办日常办事机构。负责协助领导处理日常工作，统筹协调各部职能；负责传达、督办决定事项，汇总反馈信息，为领导决策提供依据；主管会议、公文、信息、行政事务及有关项目。综合业务部负责人武金鑫、林辰。

房屋管理部

房屋管理部负责接管房屋，核实情况并存档；负责对房间、区域进行分配和管理；负责建筑结构的日常维修；负责对办公及专业房间、区域进行装修改造。房屋管理部负责人杨怀文、隋金辉。

后勤事务部

后勤事务部负责总部餐饮服务、会议服务、医疗服务、办公用品、公共设施、活动设施等管理。后勤事务部负责人韩峰。

法律事务部

法律事务部负责对总部接管事项提供法律意见；负责与法律顾问协调，派发意见征询单，对法律意见进行审核；负责事先审查合同；负责对法律风险及时进行提示和处理；负责处理与总部接管办有关的所有诉讼、仲裁及其他法律纠纷。法律事务部负责人仇刚。

办公系统部

办公系统部负责中央电视台总部行政办公、职能管理、资源业务信息化规划、需求调研、系统设计、测试评估、上线部署工作；负责外网和内网建设、应用系统开发，审核、分配、调整用户权限和管理、审批权限，集成管理信息系统，为业务模块提供信息窗口和应用平台；负责制定行政信息化系统的规章制度和安全标准。办公系统部负责人何新宇、赵晓博。

项目管理部

项目管理部负责完善中央电视台总部的功能项目，负责总部办公家具采购管理，负责总部园区市场拓展及经营项目管理。项目管理部负责人苏畅、马蒴、刘宏伟。

搬迁协调部

搬迁协调部负责制订总部物资搬迁实施计划，负责编制搬迁培训手册，负责组织实施搬迁过程，负责协调管理搬迁事务。搬迁协调部负责人韩峰。

物业管理部

物业管理部负责楼宇及园区巡视、综合维修、装饰工程保养维护、环境保洁、园区园林绿化、综合体育馆管理工作。物业管理部负责人夏晓辉。

审计处

中央电视台审计处成立于1989年8月，是中央电视台的内部审计监督部门。主要职责是：依照国家法律、法规、政策和中央电视台的制度规定，对中央电视台及所属单位的财务收支、财务预决算、财务信息系统、经济效益的真实性、合法性进行审计监督和评价；对国有资产的安全性、完整性、效益性进行审计监督和评价；对内控制度的健全性、有效性进行审计监督和评价。审计处独立行使内部审计职权，直接对台领导负责并报告工作。审计处处长孙玲娣。

音像资料馆

音像资料馆是中央电视台内容资源（包括视频资料、音频资料、图文资料、图书报刊）归口管理部门，负责内容资源保管和开发利用的统筹管理。支持中央电视台节目制播，打造节目创作的资源平台。音像资料馆负责节目资料介质的收集、鉴定、保管，图文资料和图书报刊的收集、采购、保管、利用，提供节目资料的数字化加工存储、编目、查询、检索、缺陷修复和使用服务，支持中央电视台节目备播。服务党和国家工作大局，建设中央机关资料基地。履行国家电视台的政治使命，提供中央机关需要的特藏资料，完成上级交办的重大政治任务。满足社会各界对人类视听文化遗产的需求，打造电视产业内容提供商。落实《中央电视台音像资料馆节目资料社会化服务管理暂行办法》，2013年11月音像资料馆开启节目资料社会化有偿服务、央视媒资品牌立体化宣传推广工作，在具有自主知识产权的TSCU节目资料定价体系支撑下，通过馆藏内容资源的经营开发创造经济效益。音像资料馆内容资源形象片在中国国际影视节等节展上播出，年来馆参观人数达到800人，见证音像资料馆的现代化管理理念和先进技术水平，提升了央视媒资的美誉度和社会效益。音像资料馆下设秘书科、综合管理科、统筹规划科、节目资料收集科、版权确认科、库房管理科、图文资料管理科、特藏资料管理科、生产管理科、质量审核科、重点宣传资料保障科、资源研发科、计费管理科、用户服务科、资料编辑开发科、视音频处理科、分发平台管理科、应用管理科、图像检验科、数据中心管理科。音像资料馆主任倪代光，副主任童瑛、刘珊、鲁力、安桂霞，党总支专职副书记周大勇。

中国电视报社

中国电视报社负责《中国电视报》编辑出版工作。《中国电视报》1981年创刊，原名为《电视周报》，1986年1月更名为《中国电视报》；1992年1月创办《中国电视报》（外语节目版），2002年更名为《中国电视报》（国际节目版）；1994年1月，创办《中国电视报》（北京版）。《中国电视报》的主要任务是：通过宣传中央电视台节目，整合节目资源，增加自采稿件，提供延伸服务，报道影视动态，达到扩大节目宣传、提高节目收视率、增加中央电视台广告创收、服务广大观众的目的。中国电视报社下设记者组、专题组、影视组、节目组、国际组、美摄组、技术科、排版科、广告科、发行科、综合科。中国电视报社社长郭卫翔，副社长赵宝安、赵成璧、苑文刚。

中国国际电视总公司

中国国际电视总公司（以下简称总公司）是中央电视台全额投资大型国有企业，是中央电视台全球布局、全媒体传播、全产业链经营的市场主体。

1984年，总公司前身中国电视国际服务公司成立，开始探索中国传媒产业化、市场化发展之路；1992 年公司更名为中国国际电视公司，加快业务拓展和规模扩张；1993 年再次更名为中国国际电视总公司，加强规模化经营、集团化管理，现代化传媒集团雏形初现。1997 年，中国国际电视总公司进行重组整合。此后近 20 年，总公司发挥中央电视台产业投资、企业管理平台作用，配合中央电视台改革开放举措，发展新业态、布局新媒体，形成了传媒产业为核心的多元化经营体系，年均营业收入增长率近 20%，总资产、年收入双超百亿元，集团规模和实力快速增长。截至 2014 年底，中国国际电视总公司有全资、直接控股、间接控股、受托管理企业 84 家，集团总资产 147 亿元，净资产近百亿元，员工近 2 万人。业务范围涵盖内容制作与发行、集成播出、广告营销、技术服务、市场调查、旅游实业、国际传播等，作为中国文化出口重点企业，连年获评“全国文化企业 30 强”。

围绕中央电视台发展战略，总公司推进制播分离改革、人力资源管理改革、后勤服务改革，为中央电视台提供栏目后期制作、IT 技术、动力运维、灯光舞美、后勤保障服务。布局传播领域，建成付费电视平台、中央境外卫星电视节目播控平台、中国电视长城平台、国际视频发稿平台、中视电视购物直播平台，形成多元传播优势。拓展市场，依托全媒体运营、跨地域发展的多元化经营体系，完善媒体产业链，在内容产业、媒体技术、市场调查、旅游实业、国际传播领域打造了一批国内领先的旗舰企业，培育了众多业界知名品牌。中国国际电视总公司下设办公室、战略与投资管理部、预算部、合规部、财务部、审计部、资产经营部、人力资源管理部、法律事务部、党群工作部、纪检监察室等部门，下辖中视影视、中视发行、中视广告、中视旅游、中视科华、中视动画 6 个事业部，中央数字电视传媒有限公司、中视体育娱乐有限公司、中视电视购物有限公司、中视国际传媒有限公司等 17 家直管公司。中国国际电视总公司董事长、总裁薛继军，副总裁唐世鼎、赵刚、田应坪、张海潮、滕云平、王浩，总裁助理马润生、黄艳荣、曹青、赵建军。地址：北京市羊坊店路 9 号京门大厦。通讯地址：北京市 3831 信箱。邮编：100038。电话：010-63950016。传真：010-63957106。网址：www.citvc.com。

中视影视事业部

中视影视制作有限公司

中视影视制作有限公司是中央电视台、中国国际电视总公司投资成立的影视制作机构，注册资本 8000 万元。主营影视节目策划、投资、拍摄、制作，以市场方式向中央电视台、地方电视台、海外影视媒体提供作品和服务。公司 8 个制片室累计摄制电视剧 200 余部 5000 余集，年产能 300 余集，作品包括《清网行动》《感动生命》《李小龙传奇》《大宋提刑官》《西圣地》《炊事班的故事 2》《张小五的春天》《野鸭子 1、2》《林师傅在首尔》《打狗棍》《捍卫者》等。2014 年制作《中国式法庭》《少林小子方世玉》《皮皮鲁和鲁西西》;《地火》《野鸭子 2》在中央电视台热播;《打狗棍》获得第 27 届中国金鹰奖优秀电视剧奖。公司法定代表人潘超。地址：北京市海淀区羊坊店路 9 号京门大厦 2 段 8 层。邮编：100038。电话：010-51862779。网址：www.zsys.org。电子信箱：cftcd@office.citvc.com。

央视（北京）娱乐传媒有限公司

央视（北京）娱乐传媒有限公司是中国国际电视总公司全资公司，2008 年 8 月由《同一首歌》栏目转型成立。公司以打造文化娱乐品牌、传播优秀文化为宗旨，整合优质的媒体资源、内容资源、实体资源，策划精品项目，承办大型文艺演出、节庆活动，制作宣传片、专题片、纪录片、广告片，经营电视综艺、影视剧、演艺业务，以策划、组织、制作、传播核心能力，打造产业领域宽广、经营模式独特、节目制作精良、引领时代潮流的创新型娱乐传媒公司。成功举办了“第 12 届全国冬运会开幕式文艺演出”“第二届国际那达慕大会开幕式晚会”“第 12 届亚洲艺术节文艺演出”“《中国之声》2014 新年音乐会”“重阳节诗歌音乐会”，舞台剧《古剑奇谭》、儿童剧《魔法旅行团》项目，制播了 CCTV-1《谢天谢地你来了》、“世界大力士中国选拔赛”、CCTV-2《时尚中国》、CCTV-8 春节特别节目《八仙过海闹新春》、CCTV-9《活力中国——幕后》《历史中国——海盐传奇》、CCTV-15 音乐栏目及河北卫视 2012 年春节晚会、安徽卫视纪实栏目《揭秘》、北京电视台《财富故事》、大型文献纪录片《开国纪事》等。公司设大型活动部、剧场演出部、演艺经纪部、品牌经营部，助力各方，共襄盛举。公司总经理刘智强。地址：北京市海淀区羊坊店路 6 号天洋商厦 A 座 3 层。邮编：100038。电话：010-51899090。传真：010-51899072。网址：www.cctvem.com。电子信箱：cctvem@cctvem.com。

中视发行事业部

中国广播电影电视节目交易中心

中国广播电影电视节目交易中心成立于2002年5月，与中国国际电视总公司节目代理部为同一机构，其前身是中央电视台全额投资的中国电视节目代理公司。交易中心负责中央电视台及国内影视作品的全球营销，与国内外媒体、机构开展影视节目合作、广告代理及其他国际交流活动，2004年7月通过ISO9001：2000国际质量管理体系认证。作为中国最大的影视节目专业营销实体，交易中心利用电视节目营销网络和资源储备，每年向国内及海外媒体提供超过1万小时的电视剧、纪录片、卡通片及综艺、专题类节目，引进优秀电影、电视剧，出版发行音像制品，销往国内34个省区及海外90多个国家和地区，并承办亚洲规模最大的影视节目交易会"中国国际影视节目展"。交易中心下设国内部、国际部、音像部、节目运营版权管理部、技术制作部、计划财务部、人力资源部、办公室。交易中心负责人马润生。地址：北京市海淀区羊坊店路9号京门大厦二段6层。邮编：100038。电话：010–63957153。传真：010–63955916。网址：www.chnpec.com。

深圳中视国际电视公司

深圳中视国际电视公司1993年6月成立，是中国国际电视总公司的全资子公司，2005年至2007年连续3年被命名为深圳市"精神文明建设先进集体"。公司主营音像制品的制作、发行和版权代理，各类媒体广告的策划、创意、设计制作、代理发布，依托先进的影视制作设备、雄厚的技术力量、20多年积累的丰富制作经验和总公司集团化运营优势，为国内外客户提供全方位、专业化的服务，策划大型活动、制作影视作品及宣传片、专题片、广告片近千项。公司把"科学策划，精确传播，竭诚服务"的理念转化为客户认可的价值，提供精良完善的整体策划和宣传推广效果，在业界和客户群中赢得良好声誉。公司下设广州经营部、音像连锁门店、制作部、广告部、财务部、办公室。公司法定代表人冯宝良。地址：深圳市福田区深南中路1002号新闻大厦2号楼305室。邮编：518027。电话：0755–82090111。传真：0755–82091105。网址：www.cctv–sz.com。

中视广告事业部

北京未来广告有限公司

北京未来广告有限公司成立于1992年，是中央电视台的全资广告公司，与《东方时空》栏目相伴而生，先后代理经营CCTV–5体育频道、CCTV–8电视剧频道、CCTV–12社会与法频道、CCTV.com及《东方时空》《今日说法》栏目广告，从1998年起，改为独家代理CCTV–5体育频道广告。从代理单一栏目广告到多个频道规模化经营，再到体育频道的专业化营销，公司经历了中国广告业从卖方市场向买方市场的蜕变，体验了集约型广告营销商的创新和成长，在央视专业频道广告经营、集约发展的探索中不辱使命。公司具有国家一级广告企业资质，秉持"以市场为导向，以客户为中心"的经营理念，连年获得"重合同、守信用"单位称号。借助CCTV–5的优质平台资源，未来广告不断创新营销策略，拓展合作空间，刷新经营绩效，成为中国电视体育营销的领军者。2014年发布"四轮驱动（4WD）"经营理念，"四轮"分别为基础的CCTV–5电视广告业务（Worth to Buy）、全产业链拓展（Whole Chain to Integrate）、无线互联增值（Wireless for Value–Added）、传播效果综合测量（Weigh for Evaluation）。与NBA、CBA、意大利超级杯等赛事组委会建立合作关系，整合上游资源，经营领域扩展到赛场内外的商业空间；以前瞻眼光整合新媒体资源，为客户提供整合、创新、有效的互动营销解决方案；推出TEV（Total Enhancement Valuator）全媒体价值分析平台，深入发掘体育赛事的潜在赞助商、赞助商权益匹配、赛程优化、粉丝偏好、辐射范围、植入式广告评估系统，形成全维度传播影响力，为客户提供精准的体育营销咨询服务和品牌传播价值。公司总经理张勇。地址：北京市朝阳区建国路甲92号世茂大厦B座19层。邮编：100022。电话：010–59573188。传真：010–59573111。网址：www.future–ad.com。

中视旅游实业事业部

中视实业发展有限责任公司

中视实业发展有限责任公司成立于1997年6月，是中国国际电视总公司的全资公司，注册资本1300万元，资产6500万元，年营业收入过亿元。主营媒资管理、节目委托制作、演播室管理、音频技术服务、服装化妆、媒体特色商贸、技术维修、保险代理，为中央电视台提供多元化、专业化、精细化的服务。累计为中央电视台14个频道50多个栏目195场特别节目提供服装化妆服务；为《海峡两岸》《华人世界》《中华情》《远方的家》《空中剧院》等20多个栏目制作节目；作为中国广电协会信息资料委员会常务理事单位，承接奥运会、冬奥会、亚运会等大型场记项目，提供特藏节目、非汉语节目资料编目服务；经营大兴星光影视园，为《星光大道》等多个栏目提供演播室及音频服务；经营媒体商贸业，设计定制特色文化商品、电子产品、纪念品。公司下设形象设计部、制片服务中心、媒资开发部、技术维修中心等部门，打造技术一流、服务一流、作风一流的团队，以专业、优质、高效的服务，为客户创造价值。公司董事长滕云平，总经理陈维立。地址：北京市羊坊店路9号京门大厦。电话：010–63957036、63957041。电子信箱：zssy@citvc.com。

梅地亚电视中心有限公司

梅地亚电视中心有限公司（梅地亚®中心）1988年8月16日成立，1990年9月13日开业，主营星级旅游饭店、写字楼、公寓、酒店管理、物业管理、会议服务、电视节目制作、卫星传送等，2007年梅地亚®被认定为"中国驰名商标"。公司设前厅部、客房部、餐饮部、市场营销部、电视业务部、工程部、项目管理部及职能管理部门。公司董事长滕云平，总经理赵玉东。地址：北京市海淀区复兴路11号。邮编：100038。电话：010–68514422。传真：010–68550326。网址：www.mediacenter.com.cn。

北京荧屏汽车租赁有限公司

北京荧屏汽车租赁有限公司成立于1993年2月，是中央电视台的公务车租用唯一指定服务商。公司有客车600余辆，汽车检测、维修救援、保险理赔配套服务，全面实行系统化、标准化管理。员工秉承"以客户为焦点，以主动服务为核心"的理念，把"温馨服务，荧屏的文化；安全便捷，荧屏的承诺；诚信自律，荧屏的精神；客户满意，荧屏的生命；持续改进，荧屏的追求"落实到行动上，为央视系统及各界客户提供用车服务保障，赢得了良好口碑和赞誉。公司设业务部、保险部、技术维修部、综合服务部等部门。公司总经理韩春来。地址：北京市海淀区复兴路11号。邮编：100859。电话：010–68500675。传真：010–68580631。电子信箱：qichezulin@ly.citvc.com。

北京中广物业管理有限公司

北京中广物业管理有限公司2002年12月成立，具有国家物业管理一级资质。管理的中国广播电视音像资料馆、中国电影博物馆曾获得"全国物业管理示范大厦"称号，中央电视台职工住宅彩电小区被评为市优小区，安徽省博物院、安徽省古生物化石博物馆分别通过了2014年度省市优考评。公司坚持"高标准高起点，走精品之路，建现代化企业"，导入质量管理、环境管理、职业健康安全管理体系，倡导"亲情服务、制度管理"，以"认真、用心、主动、创新"为准则，做到"安全无事故、服务无投诉"，多次获得国家、北京市、总公司的表彰。开发职业学校等合作项目，环境管理专业指导书培训体系得到业界认可。公司通过运营转型、持续改进、优化管理，提高质量和效益，在合作共赢中将中广品牌做大做强。公司设8个项目部及安徽分公司。公司负责人黄建伟。地址：北京市西城区真武庙二条9号。邮编：100045。电话：010–86094020。网址：www.bjzgwy.com。

北京央视瑞安技术服务有限公司

北京央视瑞安技术服务有限公司前身是北京中视物业管理有限责任公司，成立于1998年4月，主营写字楼物业管理、动力设备运行维护、广电系统技术服务，物业管理总面积72万平方米，通过了质量管理体系认证。公司承担中国网络电视台和京门大厦物业管理、中央电视台现址动力设备运行维护，为中央电视台新址大楼提供技术服务，2013年5月更名为北京央视瑞安技术服务有限公司。从物业管理、动力设备管理到广电系统的技术服务，公司把"信息技术与设备设施相结合"作为业务转型升级的抓手。从新址大楼超高超大，供配电、给排水、空调、电梯、自动化系统无故障运行的刚性要求出发，推进设备设施、运行维护、楼宇群管理与信息化的对接，提升管控能力。探索建立科学化、国际化、标准化、精细化管理模式，发挥人才的技术特长，完善员工行为规范，提升技能水平、服务品质、管理效能，打造广电系统技术服务型的现代化企业。公司下设中央电视台项目管理处、中央电视台新址项目管理处、中国网络电视台项目管理处、京门大厦项目管理处、职能部室。公司总经理荆京。地址：北京市海淀区羊坊店路9号京门大厦二段。邮编：100038。电子信箱：yangshiruian@126.com。

中塔有限责任公司

中塔有限责任公司成立于1995年9月，是中央电视台、无线电台管理局、中国国际电视总公司出资，中央电视台控股、中国国际电视总公司管理的旅游公司，主营中央电视塔旅游观光、餐饮服务、房屋租赁、商品销售服务。公司贯彻“遵守国家环保法律法规，持续提高全员环保意识，促进景区文明和谐发展，保护景区旅游环境资源”的方针，以规范管理、持续改进、卓越服务，打造“科学、时尚、极限、欢乐”的中塔品牌。2010年，公司在国内首批获得“五叶国家级绿色餐饮企业”称号；2012年中塔旋转餐厅以1958分高于达标成绩139分的高分，通过了国家商务部“全国酒家酒店等级评定委员会”的评审，被认定为“五钻级国家特级酒家”，该分数在申钻历史上名列前三名；2013年，中塔旋转餐厅被北京市海淀区饮食服务行业协会评为“文明餐桌行动示范企业”；2014年，中塔景区获得“首都学雷锋志愿服务示范岗”“北京市三八红旗集体”称号。公司下设观光部、餐饮部、商品部、市场营销部、安保部、工程部、人力资源部、计划财务部、总经理办公室。公司董事长滕云平，总经理赵恩颖。地址：北京市海淀区西三环中路11号。邮编：100142。电话：010–88416210。传真：010–86093373。网址：www.zydst.cn。电子信箱：zhongta@ly.citvc.com。

央视后勤服务发展(北京)有限责任公司

央视后勤服务发展（北京）有限责任公司2005年10月成立，注册资本3254万元，主营餐饮服务。公司严格遵守《中华人民共和国食品安全法》，通过了国际质量管理体系、食品安全管理体系认证并持续改进，保持着食品卫生量化分级A级单位资质。独立设置食品检验室，检测蔬果农药残留、微生物等，监督食品安全。服务项目繁多，供餐形式多样。中央电视台现址设有餐饮一部（盒饭部）、餐饮二部（自助餐厅）、餐饮三部（中餐部）、餐饮四部（IBC快餐厅）、餐饮五部（咖啡厅），中央电视台新址设有1层、9层、20层、25层、38层、48层餐厅及饮品服务区。公司秉承“服务于全台，造福于职工”的宗旨，实行标准化、规范化、系统化管理。公司负责人崔立新。地址：北京市海淀区复兴路11号。邮编：100859。电话：010–68507420。传真：010–68507420。电子信箱：yangshihouqin@ly.citvc.com。

北京中视汉威航空服务有限公司

北京中视汉威航空服务有限公司成立于1996年1月，是一类民航客运代理企业，注册资本400万元，股权为法人、自然人混合式结构。中视汉威主营国际、港澳台、国内航线票务代理，设6个自办、合办机票（火车票）代理处及所属销售点。2000年中视汉威纳入中国国际电视总公司管理体系，民航代销额从3000万元增长到2014年约2亿元，为中央电视台系统提供了新闻采访、商务出行的差旅垫付和服务，其他客源主要来自中央部门单位。中视汉威坚持“台内市场做好、台外市场做大”“规模化经营、跨行业经营”。公司设办公室、财务部、国际客运部、国内客运部、机票代理处。公司董事长滕云平，经理李宪伟。地址：北京市海淀区复兴路11号3号楼。邮编：100038。电话：010–63973558。电子信箱：zhongshihanwei@sohu.com。

中广国际旅行社有限公司

中广国际旅行社有限公司成立于1996年1月，由广电系统7家单位出资，注册资本725万元，主要为原广电部系统提供国内差旅的票务、会议服务。2005年，公司获得国际旅游资质，主营中国公民国内旅游、出境旅游和外国人、华人华侨到中国旅游，以及商务旅行、特色旅游、奖励旅游，组织培训、会展、大型活动等。2006年公司被评为北京市“诚信旅行社”，2012年，在机票和酒店预订、签证、差旅、会议等业务基础上，开发制片服务业务，为“中华之光——传播中华文化年度人物评选”“CCTV体坛风云人物年度评选”“谁是球王民间争霸赛”等项目提供制片服务。中广国旅走诚信、创新之路，发奋图强。公司法定代表人、总经理滕云平。地址：北京市海淀区羊坊店路9号京门大厦二段。邮编：100038。电话：010–51925127。传真：010–51925093。电子信箱：zhongguangguolv@ly.citvc.com。

北京中视华业电视工程有限公司

北京中视华业电视工程有限公司成立于1949年12月，前身是中央广播事业局电视服务部。公司注册资本460万元，具有有线电视设计安装维护一级资质、卫星地面站设计安装一级资质、安防工程设计施工二级资质、建筑消防、电气防火检测资质，通过了GB/T19001：2000R质量管理体系认证，在双向有线电视网络设计施工维护、智慧社区及楼宇对讲系统、综合布线系统、视频监控和报警系统、灯光音响系统、智能停车场管理系统、会议和公共广播系统、境外卫星电视接收系统、建筑防火检测、电气防火检测方面有较强的核心能力，是受北京歌华有线委托承担电视双向网络、电视管道设计的单位之一。秉承“敬业、求实、高效、创新”的企业精神，中视华业在有线电视及弱电行业中发挥优势，凭借高效的管理团队、精湛的专业技术、严格的质量管理、优秀的施工队伍，不断进取，为客户创造价值，回报社会。公司下设有线网络部、安防部、技术部、财务部、办公室。公司总经理芦燕生。地址：北京市海淀区花园北路14号环星大厦A座615号。邮编：100191。电话：010-62371190。传真：010-62371190。网址：www.zhongshihuaye.com。

荧屏(北京)电视技术有限公司

荧屏（北京）电视技术有限公司成立于1993年，原名为北京荧屏技术公司，是国内较早从事有线电视、卫星接收系统工程的专业公司，执有《北京市有线电视站、共用天线设计安装许可证》《北京市卫星地面接收设施安装服务许可证》《ISO9000国际质量管理体系证书》《北京市高新技术企业证书》，主营卫星电视接收、有线电视、电视监控、宽带网络、演播室集成等系统工程施工、技术咨询、设备供应。公司参与建设并负责运行维护的中央电视台有线电视系统，是在国内最早实现数字化传输"三网融合"的有线电视网络，2012年升级改造实现了传统前端架构向IP架构的转型，为业务扩展提供了平台，数字电视节目从80套增加到179套。公司承担中央电视台有线电视的数字、高清、IP电话网、宽带网络运营维护和升级改造，为中央电视台新址提供IP电视整体运营方案设计；常年为国家领导人提供电视信号传送服务；承建中央电视台消防、安防系统；面向市场承接IP电视、CATV全光网，HFC网、EPON技术和数字电视增值业务。公司下设项目运营管理中心、有线电视运维中心、有线电视播控中心、有线电视新址项目部、消防安防系统代维中心等部门。公司负责人孟昭元。地址：北京市海淀区复兴路甲15号专家公寓3层309号。邮编：100036。电话：010-68586150。传真：010-68519557。网址：www.yingpingjishu.com。

北京央视国金工程管理有限公司

北京央视国金工程管理有限公司2003年11月成立，受中央电视台委托，承担新台址建设工程的全过程管理。公司选派建筑、工程管理、工程造价、工程档案、经济、法律、行政管理等具有相关资质和丰富经验的专业人员，完成房地产市场分析、造价估算、项目可行性分析、项目手续报批、建筑施工管理、设备设施系统监装、物业管理等工作，为完成新台址建设工程提供了高质量的工程管理服务。从2002年开始大约一半的公司员工转入中央电视台新址办工作。从2011年1月开始，央视国金转为向中央电视台提供新台址项目的专业技术服务。公司设工程部、合同造价部、财务部、办公室。公司董事长田应坪，总经理曹建新。地址：北京市朝阳区东环北路32号。通信地址：北京市朝阳区呼家楼新苑甲1号。邮编：100020。电话：010-58692345。传真：010-68507144。

北京金视缘纯水制造有限责任公司

北京金视缘纯水制造有限责任公司成立于1997年5月，注册资本50万元，主营纯净水、矿泉水、饮水机等。公司为国家新闻出版广电总局、中央电视台、中国国际电视总公司及其家属区提供桶装纯净水、矿泉水服务，年送水量8万余桶。公司下设办公室、财务部、业务部。公司总经理张敬勇。地址：北京市海淀区复兴路11号。邮编：100859。传真：010-68506382。电子信箱：jinshouzhang@ly.citvc.com。

北京金视光盘有限公司

北京金视光盘有限公司成立于1998年7月，注册资本1000万元。2006年，公司与北京保利星数据光盘有限公司合作，从事光盘的复制加工业务。合作期满后，2014年公司按照"服务于中央电视台、中国国际电视总公司为主，逐步开拓外部市场"的方针，实施业务转型。主营视音频制作（综艺节目制作、专题片、宣传片录音等）、视音频技术服务、展览展示，与地方电视台、网络媒体开展项目合作。公司传承中央电视台、中国国际电视总公司优良传统，开发视音频策划、节目创作、后期编辑制作等业务。公司负责人蔡少杰。地址：北京市海淀区杏石口路32号。邮编：100089。电话：010-88442560。

中视科华有限公司

中视科华有限公司2005年11月成立，是中国国际电视总公司旗下的技术管理公司。落实中央电视台"建设国际一流媒体"发展战略，依托总公司的雄厚实力，中视科华为中央电视台、北京电视台等多家电视台及政府机构、海外机构提供电视媒体领域多元化的技术服务与支持。产业链完整。公司拥有国际一流的创意策划团队，行业顶级的特种设备、舞美设计制作公司，形成了以创意策划为龙头，覆盖重大活动、大型演艺、特别节目策划实施、体育赛事转播、卫星信号传输、电视节目前后期制作、影视教育培训等，国内最大的综合性媒体技术管理公司。公司下辖北京新闻技术服务分公司、北京技术服务分公司、北京中视远图影视传媒有限公司、中视电视技术开发有限公司、北京中视节点文化发展有限公司、北京中视环亚卫星传输有限公司、北京中视创新文化发展有限公司，总部机关设综合管理部、计划财务部、运营管理部、风险控制部、人力资源部、党群工作部、事业发展部、文化产业发展中心、节目一部、节目二部。公司负责人郑艺。地址：北京市朝阳区呼家楼新苑4号楼锐创大厦10层。邮编：100020。电话：010-68581968。传真：010-65916357。电子信箱：zskh@mediacctv.com。网址：www.mediacctv.com。

北京新闻技术服务分公司

北京新闻技术服务分公司成立于2010年11月，主要为中央电视台32个国内记者站提供技术支持和运营保障服务。公司秉承"第一时间、第一现场"的理念，利用水下摄像机、航拍飞行器、EVS等特种设备，打造"一专多能"复合型采编、传送和技术支持队伍，以过硬的政治素质和专业技术，配合中央电视台新闻中心、播出传送中心完成新闻突发事件、重大事件直播报道工作。公司设技术保障部、资产管理部、计划财务部、人力资源部、综合管理部。公司总经理刘香菊。地址：北京市朝阳区高碑店乡半壁店村惠河南街1117号。邮编：100024。电话：010-67043315。传真：010-67043290。电子信箱：xinwenjishu@126.com。

北京技术服务分公司

北京技术服务分公司成立于2012年7月，为中央电视台提供节目后期制作、技术业务外包服务。承担财经频道、综艺频道、中文国际频道、科教频道、社会与法频道、戏曲频道、音乐频道、少儿频道和《走近科学》《百家讲坛》《探索·发现》等栏目的后期制作服务；与中央电视台技术系统开展项目合作，为视频制作、音频制作、灯光制作、3D转播等提供现场技术支持。公司以"保障安全播出"为天职，员工以"团结、创新、实干"为本职，为中央电视台提供了高效率、高质量、高水平的技术服务。公司设行政办公室、计划财务部、人力资源部及4个业务管理部门。公司负责人李越。地址：北京市海淀区复兴路戊12号恩菲大厦A座6层。邮编：100038。电话：010-63963166。传真：010-63963166。电子信箱：jsfw@mediacctv.com。

中视电视技术开发有限公司

中视电视技术开发有限公司成立于1993年2月，主营演播室舞美、灯光、视音频系统集成制作工程，舞台灯光、视音频设备、特种设备、高清显示系统租赁服务等。公司是中国演艺设备技术协会、中国电影电视技术学会及照明、美术专业委员会、中国广播电视协会制作艺术工作委员会常务理事单位。完成北京奥运会、国庆60周年庆典、上海世博会等灯光制作项目；完成中央电视台、十余个地方电视台演播室的舞美、灯光及声学装饰、高清改造项目；提供世界顶级电脑灯具、LED大屏幕、DLP显示屏、高清投影机、高清服务器、转播车等视音频特种设备租赁服务。公司下设大型项目部、灯光业务部、特种设备部、设计部、市场部及4个职能部门。公司负责人邓朴琪。地址：北京市海淀区复兴路戊12号恩菲科技大厦A座3层。邮编：100038。电话：010-63955859。传真：010-63955859。电子信箱：dj@js.citvc.com。

北京中视远图影视传媒有限公司

北京中视远图影视传媒有限公司成立于2000年11月，主营电影、电视剧、纪录片、广告片等视音频前期拍摄和后期制作，是中国电影制片人协会、中国电影版权保护协会会员。制作《吴运铎》等电影、《李小龙传奇》等电视剧、《伟大的历程》等重大题材文献纪录片、《超级工程》《丝路》等精品栏目，影视作品近千部，艺术创作力、技术实现力兼备。公司为中央电视台等客户长期提供后期制作服务，包括大屏幕创意制作、三维特效制作、品牌形象包装、品牌营销互动、节目研发、节目制作、大型活动策划等专业化服务。公司的广告传媒业务，涵盖市场调研、全案策划、策略传播、广告推广、媒体代理和公共关系行销。公司常年为电视台、影视公司提供广电设备、多媒体编辑设备的销售、维护维修、技术支持及影视制作的整体解决方案。在电视系统工程设计施工方面，完成了奥运会羽毛球馆、世界博览会浦东演播室系统、中央电视台非洲分台系统集成搭建等项目。公司设影视部、电视节目研究中心、创意制作部、松下维修部、镜头维修部、工程技术部、广告部及职能部门。公司负责人刘秀茹。地址：北京市朝阳区东三环劲松三区甲302号华腾大厦裙楼3层。邮编：100021。电话：8610-68513459。传真：8610-68515516。网址：www.zsyt.cn。

北京中视创新文化发展有限公司

北京中视创新文化发展有限公司成立于 1998 年 3 月，主营纪录片、电视剧、专题片、动画片、综艺等电视节目的策划及制作、专业设备租赁、电视节目发行等，具备节目制作经营的资质和较强实力，参与制作了《今日说法》《探索·发现》《百家讲坛》等多个栏目的节目，得到了观众的好评。2014 年，中视科华将北京技术培训分公司与中视创新合并，整合后的中视创新落实“立足总公司、服务中央电视台”的培训业务定位，将节目制作与培训结合起来，形成了以电视节目策划制作为主，兼顾台内外培训、网络课程、会议承办等业务的新格局。公司设综合管理部、计划财务部、业务部。公司负责人邵勇。地址：北京市海淀区柳林馆路 1 号。邮编：100038。电话：010–68546706。传真：010–68546486。

北京中视节点文化发展有限公司

北京中视节点文化发展有限公司成立于 1998 年 12 月，是中国舞台美术学会会员单位、国际舞美组织中国中心理事单位。主营舞台场景设计制作，大型活动的策划制作，数字多媒体艺术，会展，三维索道拍摄系统 (万向鹰眼 Eagle Vision) 租赁与销售等。完成了中央电视台历年国家元首新年讲话场景、外交部新闻发言厅场景、春晚舞美场景设计制作，北京奥运会开幕式等大型活动现场空间设计制作，BIRTV 展览会中央电视台展区设计制作，《龙门石窟》等专题片摄制，三维索道系统全程跟拍“首届中国冰壶公开赛”等。编制《舞美行业标准》。公司下设驻台业务部、项目部、制作部等 8 个部门。公司总经理张旭。地址：北京市丰台区小井 808 号。邮编：100073。电话：010–63820950。传真：010–63827627。网址：www.cctv–vision.com。

北京中视环亚卫星传输有限公司

北京中视环亚卫星传输有限公司成立于 2003 年 12 月，是国内唯一获准向海外传送卫星信号的公司，主营卫星信号传输、转播等。公司有数字高清转播系统、卫星车、转播车、工具车及多种制式传送设备，参与完成了中共十八大、全国“两会”、香港回归 15 周年庆典、博鳌亚洲论坛、北京奥运会、伦敦奥运会等活动、赛事的转播技术服务。公司设传送部、保障部、租赁部、管理部、财务部。公司负责人王晖。地址：北京市朝阳区建外大街甲 24 号东海中心 1606 室。邮编：100004。电话：010–59271830。传真：010–59271833。网址：www.cctv–hy.com。

中视动画事业部

央视动画有限公司

央视动画有限公司 2007 年由中央电视台动画部整建制转制成立，有 30 年动画片创作、制片和运营的经验。有国内一流的创作、制作和市场开发队伍，有精良的设备和科学有序的管理体系，研制了童话、教育、科幻、历险等不同题材和 2D、3D、定格动画、动态捕捉等应用技术的各类动画片近 300 部，包括《西游记》《哪吒传奇》《小鲤鱼历险记》《美猴王》《新大头儿子和小头爸爸》等佳作，2014 年推出首部动画电影《新大头儿子和小头爸爸之秘密计划》。公司多部动画作品登陆尼克儿童频道、迪士尼亚洲频道等国际主流媒体播映平台，数十部动画片获得了“五个一工程”奖、中国文化政府奖、金鹰奖、星光奖、美猴奖、金熊猫奖等国家级专业大奖，《新大头儿子和小头爸爸》获得第 54 届捷克兹林国际电影节特别奖。公司以“精品战略”为核心，打造国际级动画品牌，重点加强前期策划，依托央视少儿频道播映平台，开拓产业化、品牌化、国际化创新发展之路。公司设创作管理办公室、创作一部、创作二部、制作部及职能部门，公司负责人蔡志军。地址：北京市东城区青龙胡同 1 号歌华大厦 B 座 10 层。邮编：100007。电话：010–84187587。传真：010–84187587。

北京辉煌动画有限公司

北京辉煌动画有限公司成立于 1989 年 10 月，是国家认定的“全国重点动漫企业”“国家文化出口重点企业”。公司创作了 111 集电视动画系列片《三毛》(共五部，分别为《三毛流浪记》《三毛从军记》《三毛奇遇记》《三毛历险记》《三毛旅行记》)、首部中日合拍的 52 集高清动画电视连续剧《三国演义》、52 集动画电视连续剧《秦汉英雄传》和《中国民族音乐动画艺术片》《辉煌童年——百首少儿动画卡拉 OK 电视片》等。365 集动画片《智慧森林》、52 集动画片《少年诸葛亮》、52 集动画片《黄帝史诗》、200 集动画片《追梦》等正在制作，励志动画片《追梦》前 10 集 2014 年在中央电视台少儿频道首播。辉煌动画获得“中国文化艺术政府奖首届动漫奖·最佳团队”称号，部分作品获“五个一工程”奖、优秀国产电视动画片特等奖、华表奖、星光奖、金鹰奖、金熊猫奖、美猴奖、金童奖、铜牛奖等大奖。公司设策划部、制片部、开发部、绘制部、技术部、财务部。公司总经理周凤英。地址：北京市西城区虎坊路 15 号。邮编：100052。电话：010–51253831。传真：010–51253831。

中央电视台威海影视城

中央电视台威海影视城是国内唯一以少儿影视为主题的旅游景区，首期工程大风车景区于 1997 年 5 月 31 日建成开放。威海影视城具有观光旅游、休闲度假、文化娱乐功能，经营主题公园旅游、少儿艺术培训、特色幼儿教育、动画创作生产、动画衍生产品开发、大型少儿艺术活动等，景区服务连续多年保持“零投诉”。影视城大风车艺术团是国内著名少儿艺术培训和活动基地；金螺号幼儿园参与创作的 52 集动画片《金螺号》，获得第 7 届中国国际动漫节组委会特别奖。影视城参与举办了“CCTV 少儿艺术电视大赛”“CCTV 校园文化周”。2014 年，影视城与中央电视台少儿频道合作打造“金龟子城堡”，携手中央电视台《星光大道》举办分赛区选拔活动，获得好评。威海影视城下设景区管理部、大型活动企划部、新媒体部、大风车艺术团、金螺号幼儿园、影视之家等部门单位。威海影视城主任詹俊飞。地址：山东省威海市中央电视台威海影视城。邮编：264200。电话：0631–5757770。传真：0631–5757771。

直管公司

中央数字电视传媒有限公司

中央数字电视传媒有限公司成立于 2003 年 10 月，是中央电视台、中国国际电视总公司投资组建的国内第一家数字付费电视运营机构，主营数字付费电视集成、技术支持、代理销售等业务。中数平台集成付费频道 40 多个，落地覆盖全国。中数传媒下设频道管理中心、技术播出中心、频道销售中心、计财中心、人力资源管理中心、法律事务中心、办公室，并受中央电视台委托，管理央视风云传播有限公司。公司总经理刘保平。地址：北京市海淀区羊坊店路 9 号京门大厦三段。邮编：100038。电话：010–51925188。传真：010–68509798。网址：www.tv.cn。

央视风云传播有限公司成立于 2004 年 5 月，是中央电视台、中国国际电视总公司投资组建的付费电视节目制作公司。公司制作播出的中央电视台数字付费频道有：第一剧场、风云剧场、怀旧剧场、世界地理、国防军事、风云音乐、女性时尚、央视文化精品、风云足球、高尔夫 · 网球、央视台球、卫生健康、电视指南，国内首个立体电视频道中国 3D 电视试验频道，娱乐、戏曲频道通过长城平台覆盖美洲、欧洲、澳大利亚和东南亚地区。公司设编播中心、频道节目协调中心、综合频道节目中心、影视剧节目中心、海外影视剧节目中心、新媒体节目中心、技术制作中心、商务合作中心、法律事务部、计划财务部、办公室。公司董事长、总经理刘保平。地址：北京市海淀区羊坊店路 9 号京门大厦 C 座。邮编：100038。电话：010–51925188。传真：010–51925013。网址：www.tv.cn。

北京央视公众资讯有限公司（中央电视台公众资讯中心）

北京央视公众资讯有限公司 2002 年 10 月成立，是中央电视台授权中国国际电视总公司组建，从事电信增值业务的专业公司，负责运营和管理中央电视台公众资讯中心。公司有因特网信息服务经营许可、移动网增值服务经营许可、电信与信息服务业务经营许可、电信增值业务经营许可、网络经营许可、网上传播广播电影电视类节目许可、经营性网站备案登记、广告经营许可等营业资质。公司与中央电视台各栏目、大型直播节目合作，为春节联欢晚会等大型晚会、体育赛事直播、知名栏目提供节目互动服务。公司研发运营为中央电视台互动业务服务的专属客户端，并根据观众互动体验、广告客户的实时反馈，升级手机客户端服务，使跨屏互动业务成为公司新的利润增长点。

中央电视台公众资讯中心是为观众服务的窗口，也是中央电视台挖掘自身资源，以现代通讯技术实现节目信息资源增值的途径。公众资讯中心将呼叫服务、电话服务、移动网信息服务、互联网信息服务集于一身，为电视观众提供投诉、咨询、热线、信息查询、节目互动等服务。公司法定代表人滕云平。地址：北京市海淀区羊坊店路 9 号京门大厦 3 段 8 层。邮编：100038。电话：010–68509898。传真：010–68500556。网址：www.mycctv.com。电子信箱：mycctv@mycctv.com。

央视市场研究股份有限公司

央视市场研究股份有限公司是外商投资企业，2001 年通过北京市高新技术企业认定（2009 年通过复审认定），2002 年通过 2000 版国际质量管理体系认证，2009 年在国内唯一通过国际调查行业组织 SGS 的 20252 认定。在吸收国外资金、软件技术、市场调查经验、研究成果的基础上，央视市场研究充分发挥本土员工、本土经验的优势，提升公司的实力和与国际大型市场调查公司竞争的能力，改变了中国市场调查业的竞争格局。公司进行商业市场调查、日用商品消费者调查、报纸阅读率调查、电视收视率调查、广告知晓率调查、互联网使用率调查，以及数据采集、分析软件研究和销售。2014 年，央视市场研究（与所属公司央视－索福瑞媒介研究有限公司合并报表后）营业收入 8.7 亿元，成为国内领先的市场媒介研究公司。公司制定电视收视率、广告监测、消费者固定样组、全国读者调查、电视观众满意度调查等行业标准，成为国内最具实力的市场调查业研究咨询公司。央视市场研究的客户包括：宝洁、联合利华等 20 余家国际性企业，海尔、光明乳业等百余家国内大企业，中央电视台、实力媒体等百余家电视媒体，Zenith、Media 等 4A 广告公司，北京未来广告等 300 余家国内广告公司，光明日报、工人日报等 30 家平面媒体。公司法定代表人、董事长唐世鼎，中方董事陈若愚、徐立军、王钧，总经理徐立军。地址：北京市西城区德外大街 5 号。邮编：100088。电话：010–62363677。传真：010–62363655。网址：www.ctrchina.cn。

央视－索福瑞媒介研究有限公司（CSM）于 1997 年 12 月成立，是中外合作企业，主营电视收视率调查研究。1999 年 6 月 CSM 被北京市新技术产业开发实验区认定为高新技术企业，2000 年通过 ISO9001 国际质量管理体系认证。CSM 是中国规模最大、最具权威性的收视率调查公司，对国内 1000 多个主要电视频道的收视情况进行全天候不间断的监测，在收视率的调查方面占据着市场主导地位。公司法定代表人、董事长唐世鼎，中方董事陈若愚、徐立军、王钧，公司总经理陈若愚。电话：010–85086666。网址：www.csm.com.cn

中视体育娱乐有限公司

中视体育娱乐有限公司成立于 1996 年 8 月，前身为中国国际电视总公司体育推广分公司，2005 年改制成为中视（北京）体育推广有限公司，2009 年 4 月改为中视体育娱乐有限公司。中视体育负责 CCTV–5、CCTV–5+ 频道的商业运营，包括体育赛事组织管理和商务运营、电视节目的研发制作、转播与电视信号制作、活动策划与品牌推广、赛事节目的版权交易、体育产业研究与咨询、职业运动员经纪、体育杂志与网络新媒体业务等。公司参与运营播出的赛事节目达数千场，包括奥运会、世界杯等国际性大赛，斯诺克国际锦标赛、中国网球公开赛等世界顶级单项赛事，乒超联赛、羽超联赛等观众喜爱的国内大赛，“中华龙舟大赛”“谁是球王”等全民健身比赛。公司举办 CCTV 体坛风云人物评选，创办《第五频道》杂志，合资成立央视 IMG（北京）体育赛事管理有限责任公司，实施国际市场发展战略。公司下设战略资源中心、市场 · 节目运营管理中心、节目制作中心、品牌管理中心、版权管理中心、新媒体管理中心、技术管理中心、计划财务中心、综合管理中心。公司负责人郑梦晖。地址：北京市朝阳区光华路 15 号院泰达时代中心 1 号楼 16 层。邮编：100026。电话：010–52813333。传真：010–52813377。网址：www.cctvse.net。

北京中视广经文化发展有限公司

北京中视广经文化发展有限公司成立于 2006 年，主营广告代理、节目制作、影视投资、技术服务。广告代理资源为中央电视台电视剧频道广告总代理、少儿频道广告独家代理、财经频道多个栏目的广告独家代理。利用机制优势、技术优势，为中央电视台提供服务保障和技术支持，包括栏目承制、节目策划制作、后期制作、金融行情数据传输、机房设备管理等，2014 年营业收入 10.66 亿元。公司下设广告事业部、影视节目制作事业部、品牌推广中心、行政部、法务办公室、人力资源部、财务部。公司负责人陈超英。地址：北京市朝阳区光华路 4 号东方梅地亚中心 A 座 26 层；北京市朝阳区光华路 2 号阳光 100 国际公寓 F 座 3 层、5 层。电话：010–85889829。传真：010–85597576–870。

中视卫星电视节目有限责任公司

中视卫星电视节目有限责任公司成立于 2010 年 4 月，是国家新闻出版广电总局指定的中央境外卫星电视平台独立运行公司，负责申报并独家代理境外卫星电视频道节目在中国境内落地的相关事宜。公司代理美国、英国、法国、日本、韩国、俄罗斯、古巴、印度、新加坡和中国香港、澳门等 13 个国家和地区的 35 个境外卫星电视频道落地播出，涉及 8 个语种，包括新闻、财经、体育、电影、音乐、综合、娱乐等节目，年播出量超过 30 万小时。公司通过亚太 6 号卫星，将批准落地的境外卫星电视节目向国内 31 个省区的特定用户统一定向传送，并采取授权合作方式在地方设服务机构，为签约用户服务。签约收视单位超过 5500 家，收视终端约有 700 万个。公司下设频道管理部、内容管理部、用户管理部、统筹编辑部、技术管理部、技术运行部、人力资源部、计划财务部、法律事务部、总经理办公室。公司总经理杜浩。地址：北京市海淀区羊坊店路9号京门大厦C座711室。邮编：100038。电话：010-51925021。传真：010-51925036。网址：www.stvp.com.cn。电子信箱：master@stvp.com.cn。

中视国际传媒（北京）有限公司

中视国际传媒(北京)有限公司2006年5月成立。公司集成中国内地、香港及境外的优秀电视频道组成长城平台，向世界各地区传播中国电视节目；负责中央电视台国际频道境外落地播出，向海外华人华侨和当地主流社会提供中国电视节目。中国电视长城平台有美国、加拿大、拉美、欧洲、澳大利亚、新西兰、亚洲、东南亚、非洲9个播出平台，在建的全媒体集成播控平台具有高质量、高效率、广覆盖、易扩展、开放型、标准化、安全可控等特点，引领长城平台走向B2C模式。公司是国家文化出口重点企业，年出口额在广电行业名列前茅。承担境外摄制组接待任务，为来华拍摄电视片的境外媒体服务。公司总经理吕春光。地址：北京市海淀区羊坊店路9号3段京门大厦933室。邮编：100038。电话：010-51862870。传真：010-51925140。电子信箱：greatwall@citvc.com。

中国电视有限公司（美国）

中国电视有限公司(China Television Corp.，简称“CTC”）是中国国际电视总公司的独资公司，1990年成立于美国加利福尼亚州。CTC协助中国电视频道在北美的付费、免费电视市场推广发行；协助提供市场调研、项目管理、电视新闻与制作、演出支持等服务；协助中国电视频道搭建播出和传输链路。CTC下设世纪传媒控股有限公司、传媒在线电视有限公司。公司总经理吕春光。地址：234 E.Colorado Blvd.,Ste520,Pasadena,CA91101。电话：001-626-7958866。传真：001-626-7951188。

株式会社中国电视（日本）

1989年4月，中国国际电视总公司、日本株式会社旭通信社合资成立株式会社中国电视，1996年中国国际电视总公司回购该社的全部股份，株式会社中国电视成为中国国际电视总公司全资子公司，继续使用株式会社中国电视名称，开始使用CCTV东京事务所副名称。株式会社中国电视设日本总部和韩国分公司，负责为中央电视台在日本、韩国的电视报道提供卫星车、转播车、演播室，安排传送线路等技术支持；负责中央电视台财经频道东京演播室、首尔演播室的运营，为《第一时间》《环球财经连线》《交易时间》等栏目提供演播室连线、深度报道、特别报道等节目；负责与日本各主流电视台的外事、国际新闻部门进行交往和合作；负责为日本电视台在中国进行体育文化项目的电视制作提供必要协助；协助策划中日、中韩联合节目制作，为中央电视台和总公司涉日、涉韩业务提供服务；在韩国开展本土商务合作，与韩国电视台联合制作面向中国市场的影视作品。株式会社中国电视日本总部下设总务部、制作部、影像技术部，韩国分公司下设节目部、办公室。公司法定代表人、副总经理刘斌。日本总部地址：150-0002 日本国东京都涉谷区涉谷1-8-7 27SY ビル 6F。电话：0081-3-5464-1925。传真：0081-3-5464-1924。电子信箱：liubintv@qq.com或liubintv@gmail.com。韩国分公司地址：9Level,Dong-Sung Bld. Yeoduido-dong 17-8,Yeoungdeungpo-gu,Seoul,150-874 Korea。电话：0082-2-783-6886。传真：0082-2-783-6969。

中视亚太传媒投资管理有限公司（香港）

中视亚太传媒投资管理有限公司（原名耀龙国际投资有限公司）1996年成立，是中国国际电视总公司全资公司，注册资本7801万港币。公司受中央电视台新闻中心委托，在港制作新闻节目；经营管理中国国际电视总公司在港的房产物业。公司设账务部、记者管理部。公司总经理王燕。地址：香港跑马地成和道18号。电话：00852-35496111。传真：00852-35496111。

耀视传媒有限公司（非洲）

耀视传媒有限公司（非洲）2011年成立，是中国国际电视总公司在肯尼亚设立的合资子公司，注册资本100万美元。负责在肯尼亚为中央电视台非洲分台招聘外籍雇员、培训当地员工、与当地大学合作培养实习生；与非洲媒体机构合作制作电视节目；参与非洲电视产业从模拟电视向数字电视转换的进程；利用新媒体手段，开展人力资源服务；协助中央电视台国际频道在非洲的落地和推广；协助长城平台在非洲开展业务。公司下设财务部、人力资源部。公司总经理梁大为。地址：肯尼亚内罗毕市山顶区林荫道苹果中心202室。电话：00254-(0)719059114。传真：00254-(0)719059114。

央视国际视频通讯有限公司

央视国际视频通讯有限公司2010年12月成立，标识为“CCTV+”，负责运营中央电视台国际视频发稿平台。公司以国际通行的视频新闻发布标准，向全球媒体提供中央电视台的视频新闻素材、直播信号及相关服务；依托互联网GDS全球自主发布系统和美联社、路透社视频传输渠道，将央视新闻内容传递给境外视频媒体，成为其新闻来源。国际视通每天24小时以英语、西班牙语、法语、阿拉伯语、俄语发稿，内容涵盖中国和国际政治、经济、社会、民生、文化、科技等领域，日均发稿量约130条。用户覆盖70个国家和地区的1600多个电视频道，主要分布在北美、欧洲和亚太地区。从2011年开始对外提供中国重要新闻事件的直播信号，2014年发布直播信号40场，包括中国“两会”、亚信峰会、APEC北京峰会等，供外媒实时转发报道。非洲25个国家的主流媒体加入国际视通非洲视频传输渠道。公司下设编辑部、市场部、财务部、办公室。公司总经理高伟。地址：北京市海淀区复兴路戊12号恩菲科技大厦A座9层。邮编：100038。电话：010–63984989。传真：010–63978447。网址：newscontent.cctv.com。

中视电视购物有限公司

中视购物有限公司 1998 年成立，负责中央电视台电视购物平台的运营。中视购物数字频道 2006 年 12 月 28 日正式开播，定位于最具诚信的现代家庭购物平台。聚焦文化收藏、珠宝饰品、服装服饰三大核心品类，面向 23 个省区 1 亿户家庭，提供经典、简便、高性价比的商品和服务。公司克服同业竞争、电商竞争等不利因素，通过业务创新、管理优化，销售收入年均增长 28%。秉承国家电视台高品质、高品位、高品格的风格，打造安全、放心的购物环境。以数字电视为主，构建网站、手机、目录手册、移动终端等多屏互动、融合的立体营销平台，为消费者搭建理想的购物渠道。公司董事长唐世鼎，总经理黄艳荣。地址：北京市海淀区西三环中路 11 号。邮编：100142。电话：400–682–5678。传真：010–59801000。网址：www.igocctv.com。

北京中电高科技电视发展公司

北京中电高科技电视发展有限公司 1992 年 11 月成立，是中国国际电视总公司从事数字电视、数字媒体技术应用及研发的高科技公司，注册资金 7000 万元。公司先后承担国家互动新媒体网络及新业务科技工程、国家直播卫星“村村通”二期加密平台、中央电视台北美分台制播系统集成等重大项目，2012 年成为中央电视台观众呼叫中心运行公司，2013 年研发成功社交电视“CCTV 微视”移动客户端。公司下设业务一部、业务二部、业务三部、市场部、技术部、呼叫中心运行部、人力资源部、财务部、综合部。公司总经理曹青。地址：北京市海淀区西三环莲花桥华宝大厦 14 层。邮编：100036。电话：010–63973868。传真：010–63961762。电子信箱：tv_tech@126.com。

北京中视汇才文化发展有限公司

北京中视汇才文化发展有限公司成立于 2003 年 8 月，前身是北京中视劳务派遣中心有限公司，主营劳务派遣、招聘、培训、调研服务、主持人整体包装服务等。公司致力于为中央电视台人事制度改革搭建服务平台，以劳务派遣为主，多渠道开发新客户，实现多元化发展。公司下设派遣业务部、员工权益保障部、数据信息管理部、屏幕形象设计室、综合业务部、财务部、办公室。公司董事长滕云平，总经理周加雪。地址：北京市海淀区北蜂窝路 21 号四层。邮编 100038。电话：010–63972511。网址：www.zhongshihuicai.com。电子信箱：zspq@fz.citvc.com。

中央电视台无锡太湖影视城

中央电视台无锡太湖影视城项目 1984 年启动，1986 年交付使用。1987 年“中央电视台节目外景拍摄中心”改为“中央电视台无锡外景基地”，1994 年定名“中央电视台无锡太湖影视城”，主景区为唐城、三国城、水浒城。无锡太湖影视城参与发起设立“中视影视基地股份有限公司”，将唐城、三国城优质资产置入该公司，1997 年 6 月上市。同年 10 月，该公司完成对水浒城的收购。2001 年，中视影视基地股份有限公司更名为中视传媒股份有限公司。2004 年，原太湖影视城机构完成事业转企业改制工作，由中国国际电视总公司代管。2007 年以后太湖影视城下设财务资产部、综合业务部，履行“看家护院”的职责。太湖影视城法定代表人陆海亮。地址：江苏省无锡市山水西路水浒城景区大门西侧办公区。电话：0510–85556793。传真：0510–85104714。

北京中视广信科技有限公司

北京中视广信科技有限公司 (CTVIT) 成立于 2007

年，是中国国际电视总公司旗下专门从事IT技术开发和集成的公司，致力于中国传媒行业信息化建设，业务覆盖电视、广播、有线等领域，是中央电视台、北京电视台的IT合作伙伴，中国网络电视台主要承建商。公司主要为广电行业客户提供生产运营和业务信息化整体解决方案、专业化产品和服务，包括媒体技术规划咨询服务、全媒体生产一体化解决方案、媒体企业云平台解决方案、大数据平台解决方案、大型内容分发网络(CDN)解决方案、节目生产管理与运营解决方案、广电应用基础平台解决方案、广电监控运维平台解决方案及专业化IT服务。公司设创新实验室、基础平台业务部、视频业务部、互联网业务部、TC部、运行支持服务部、大客户服务部、开发部、项目管理部、销售部、商务部、市场部、财务部、人力资源部、行政部。公司总经理徐建新。地址：北京市西城区复兴门外大街A2号中化大厦202号。邮编:100045。电话:010–68068888。传真：010–68058080。网址：www.ctvit.com.cn。

央视创造传媒有限公司

央视创造传媒有限公司于2013年10月成立，是中国国际电视总公司的全资子公司，注册资本5000万元。公司按照“搭建平台、汇聚人才、放大资源、鼓励创新”的思路组建，以市场运作的方式向中央电视台提供电视节目，力争成为全网络电视内容供应商。公司以《正大综艺》节目团队为核心力量，吸纳综合频道7个强势节目创编人才组成制作团队，整合中国最优质的内容资源、传播资源、资本资源、人力资源，研发创造优秀电视文化品牌。公司负责人过彤。地址：北京市朝阳区八里庄东里1号莱锦文化创意产业园CF09号。邮编：100026。电话：010–58719000。传真：010–58719299。

央视纪录国际传媒有限公司

央视纪录国际传媒有限公司于2013年10月成立，是中国国际电视总公司的全资子公司，注册资本5000万元。央视纪录主营纪录类节目的创意生产、版权营销，核心业务是创制优质的纪录片。央视纪录作为中央电视台类型化节目生产的公司化平台，为纪录片内容生产服务，以市场化方式面向全媒体传播，开展全产业链经营，吸纳社会资源、资金、专业人才，探索纪录片产业价值创造的新模式；央视纪录作为中央电视台制播模式改革的试验田，吸纳国有文化企业改革与发展的成果，通过体制机制创新，为全台制播模式改革探索道路。央视纪录汇聚人才，整合资源，承担重点纪录片制作项目，力争成为国内领先、国际一流的纪录视频内容供应商。公司总经理李向东。地址：北京市海淀区羊坊店路9号京门大厦B座。邮编：100038。电话：010–51862834。传真：010–51862840。

中国电视剧制作中心有限责任公司

中国电视剧制作中心有限责任公司前身为中国电视剧制作中心，成立于1983年，2009年改制成为有限责任公司。公司秉承“国家叙事、时代叙事、平民叙事”理念，坚持“贴近生活、贴近实际、贴近群众”，为中央电视台制作思想性、艺术性、观赏性俱佳的电视剧。2014年，公司在中央电视台播出剧目5部204集，其中，综合频道播出《湄公河大案》《历史转折中的邓小平》《毛泽东》《大河儿女》4部174集，电视剧频道播出《战将》1部30集。公司下设制片分公司、市场部、技术制作分公司、演艺经纪部、综合事务部、财务部、人力资源部、法务部等部门，下辖中视剧城文化传媒(北京)有限责任公司。公司总裁薛继军，副总裁苟鹏、滕云平。地址:北京市西城区广安门外大街2号。邮编:100055。电话：010–63319293。传真：010–63319193。网址：www.cctvctpc.com。

中视剧城文化传媒（北京）有限责任公司

中视剧城文化传媒(北京)有限责任公司前身是中央电视台涿州拍摄基地，始建于1990年，简称涿州影视城，2010年9月由事业单位改制为国有独资企业，为影视拍摄提供场景和服务，制作发行动画片、综艺片、专题片，承办文化艺术交流、会展、广告代理等。公司建有唐代、汉代、明清风格的景区，以及梅园、桃园、竹园、梨园、菊园民居群、摄影棚、道具制作车间，具有旅游、会议等功能，旅游品牌、优质服务赢得了社会各界的赞誉。公司设公关推广部、动力物业部、市场拓展运营部、保卫部、财务部、综合事务部等。公司法定代表人薛继军，负责人成功。地址：北京市西城区广安门南滨河路25号B座5088室。邮编:100055。电话：0312–3879001。传真：0312–3872230。

中央新闻纪录电影制片厂（集团）

2010年，经国家广播电影电视总局批准，成立中央新闻纪录电影制片厂(集团)。新影集团由中央新闻纪录电影制片厂、北京科学教育电影制片厂作为骨干企业组建而成。2012年，新影集团根据业务范围整合组织机构。中央新闻纪录电影制片厂(集团)董事长、总裁高峰，党委书记杨晓民，副总裁安为民、郭本敏、马维民，总裁助理谢九如、赵捷、张力、赵平洋、张跃、王丽、高欣月、赵建国。

中央新闻纪录电影制片厂

中央新闻纪录电影制片厂的前身是延安电影团，成立于1938年，1947年开始拍摄影片，1953年成立中央新闻纪录电影制片厂，记录了中国共产党和中华人民共和国的发展历程。新影厂累计拍摄纪录影片4000多部，获得国内外的电影节奖项370部次，其中，获得中国电影"华表奖"优秀纪录片奖32部次、中国电影"金鸡奖"优秀纪录片奖13部次、中国电影"百花奖"9部次，66部影片在国际影视节上获奖。新影厂摄制了大量共和国历史上最重要、最具文献价值的纪录影片，是党和国家重大历史资料的档案库。1993年，新影厂整建制划属中央电视台，主业由生产新闻纪录片转为经营付费电视频道，为网络电视频道制作电视节目、译制片、影视剧等，创办CCTV老故事、证券资讯、新科动漫等付费频道，创办新影时光、新影儿童、新影戏曲网络电视频道。由新影社会文化节目部、科影特别节目部、科影品牌推广部、纪录工作室联合组建新影集团文化创意产业拓展中心。地址：北京市海淀区北三环中路67号。邮编：100088。电话：010-62010932。传真：010-62011573。网址：www.cndfilm.com.cn。

北京科学教育电影制片厂

北京科学教育电影制片厂1960年3月12日成立，1995年划属中央电视台，成立中央电视台科教节目制作中心，2010年与中央新闻纪录电影制片厂合并，组建新影集团。科影厂秉承"严谨、求实、开拓、创新"的文化，经过50多年艰苦创业，成为国内最大科教、纪录影视制作基地，累计制作电影、电视片1450部4000多小时，内容涉及农业、工业、科技、文化教育等领域；获得国内外主流影视节奖项380部次，中国电影"华表奖"优秀科教片奖77部次，中国电影"金鸡奖"优秀科教片奖21部次，国际影视节奖项100多次，为普及科学知识，推动文化进步做出突出贡献。科影厂发挥创作人员稳定、制作经验丰富、整体艺术能力较强的特点，成为影视业具有特色和专业影响力的文化企业。2014年创作节目648部/集，获国内外奖项54部次，其中《瓷路》获得"金熊猫"国际纪录片人文类纪录片大奖、第20届"白玉兰"奖提名奖；《楚国八百年》获第27届中国电视金鹰奖优秀电视纪录片奖、第13届"五个一工程"优秀纪录片奖。科影厂自办或合办栏目《大家》《芝麻开门》《文明密码》《文化大百科》《热线12》，参与《走近科学》《原来如此》《地理中国》《走遍中国》等栏目制作。《文明密码》等栏目得到业内人士好评。地址：北京市西城区新街口北大街74号。邮编：100035。电话：010-63194449。传真：010-63194025。

央视国际网络有限公司

央视国际网络有限公司成立于2006年4月25日，2009年12月28日央视国际网络有限公司开通运营中国网络电视台。中国网络电视台是以视听互动为核心，融网络特色、电视特色于一体的全球化、多语种、多终端的网络视听公共服务平台，实施"台网融合、创新发展、一云多屏、全球传播"的战略，形成综合门户、网络电视、IP电视、手机电视、互联网电视、移动电视全业务发展格局，打造网络春晚、中国公开课、公益广告、熊猫频道等网络原创产品和网络文化品牌，用户覆盖210个国家地区，提供英语、西班牙语、法语、阿拉伯语、俄语、韩语6种外语和朝鲜族、蒙古族、藏族、维吾尔族、哈萨克族5种少数民族语言传播。中国网络电视台承建中国政协网、中国打击侵权假冒工作网、中国纪录片网、中国电视艺术网、中国红色旅游网络传播平台、中国林业展览馆、乡村教师网、国家大剧院古典音乐频道等政务平台和机构网站。中国网络电视台设党群工作部、综合部、财务部、人力资源部、企划部、法律事务部、战略投资部、项目办公室、海棠学院、总编室、网络媒体事业部、国际传播事业部、共产党员网事业部、网络营销事业部、媒体合作事业部、网络视频事业部、台网联动中心/舆情信息中心、直播中国运营中心、体育中心、用户体验与设计中心、产品创新中心、客服中心、C-Box运营中心、公益广告中心、综艺社区部、大型活动部、品牌部、旅游拓展部、技术中心、网管中心、互动开发中心、移动开发中心、视频技术中心、多媒体制作部、技术研发中心/迁址办。成立央视国际网络无锡有限公司、北京易橙天下科技有限公司、未来电视有限公司、央视国际移动传媒有限公司、爱上电视传媒有限公司、云南爱上网络有限责任公司、浙江爱上网络科技有限公司。公司总经理汪文斌，副总经理罗琴、闫永刚、晋延林、高小平、刘平、夏晓晖。地址：北京市海淀区西三环中路10号望海楼D座。邮编：100142。电话：010-88428800。传真：010-88428600。

中央卫星电视传播中心（中广影视卫星有限责任公司）

中央卫星电视传播中心于1995年成立，是国家新闻出版广电总局直属、委托中央电视台管理的事业单位。2003年，卫传中心与中广影视卫星有限责任公司整合，负责中央电视台CCTV-3综艺频道、CCTV-5体育频道、CCTV-6电影频道、CCTV-8电视剧高清标清频道的落地覆盖、用户发展、收费管理工作，负责CCTV-9纪录频道、CCTV-5+高清体育赛事频道的落地覆盖工作。卫传中心与地方合作，建立频道落地覆盖、发展用户、经营市场的机构和队伍，将中央电视台的频道覆盖全国31个省区市、330个地级市、2800多个县，以及部队、海岛、驻外使领馆等，接收前端达6000余家，收视观众超过10亿人，为中央电视台卫星加密频道落地推广起了重要作用。2013年，中央电视台明确：由卫传中心负责中央电视台各频道的国内落地覆盖工作。卫传中心下设3个用户管理部以及市场部、工程技术部、人力资源部、财务部、监察审计室、办公室、党委办公室。卫传中心主任、卫星公司董事长、总经理李琼，卫传中心副主任、卫星公司副董事长、副总经理魏东未，卫传中心副主任、卫星公司董事、副总经理麻宁，卫星公司副总经理杨晔。地址：北京市海淀区北蜂窝路甲26号。邮编：100038。电话：010-63448866。传真：010-63274355。

中国有线电视网络有限公司

中国有线电视网络有限公司成立于2001年12月，由中央电视台、中央人民广播电台、中国国际广播电台、中国电子信息产业集团公司等股东投资组建，是国家广电总局直属单位，由中央电视台代为管理。中国有线负责运营管理国家广电光缆干线网。国干网由超过4万公里的光缆线路及传输系统、节目传送系统、数据系统组成，连通30个省、区、市广播电视台和有线电视网络，连接2亿有线电视用户，是面向三网融合和下一代广播电视网建设的广电骨干支撑网络。中国有线主要开展广播电视节目传送、高标清节目素材传送与交换、虚拟专网、通道租用、高速互联网访问、节目内容分发、数据中心托管等业务，是全国唯一的跨区域广播电视光缆传输运营商，为广播电视节目进入千家万户发挥着网络传输主渠道作用。中国有线为中央电视台及全国各级广播电视播出机构传送近300套广播电视节目，每年重大活动和赛事现场直播传送超过4000小时，为国家新闻出版广电总局电视会议、办公、指挥调度、监管等网络提供传输保障，为中国网络电视台、中国广播网等提供主机托管服务。中国有线下设办公室、党委办公室（监察室）、法务部（董监事工作部）、业务发展部、技术规划部（调度室）、人力资源部、财务部、投融资部、工程管理部、资产管理部、行政保卫部、审计部、市场部、业务宣传部、安全运行中心、工程维护部及海南分公司。公司董事长梁晓涛。地址：北京市海淀区翠微路甲2号。邮编：100036。电话：010-88223000。传真：010-88223001。

中国有线海南分公司

2007年12月，中国有线电视网络有限公司全资并购海南广电有线网络有限公司，成立中国有线海南分公司。该公司是海南省唯一具有有线电视经营权、收费权、建设权、管理权的企业，根据海南省有线电视业务发展需要，投资建设有线电视干线光缆和支干线光缆，建成海南“3纵3横”主干线和支干线，完成了用户分配网的数字化改造。有线电视网络连接全省18个市县346个乡镇农场，用户超过175万户，其中，数字用户终端超过107万个，模拟用户终端超过58万个，微波用户终端超过10万个。10G光缆干线传输系统与国家干线网互联互通。海南分公司下设18家市县分公司。海南分公司总经理朱卫平。地址：海南省海口市丘海大道78号中国有线海南基地。邮编：570311。电话：0898-36610000。传真：0898-36620000。

中国广播电视国际经济技术合作总公司

中国广播电视国际经济技术合作总公司成立于1991年，由原中国广播电影电视对外工程公司、原广播电影电视部工业管理局、原广播电影电视部物资供应站、中央电视台国际服务公司进口部合并组建，主营广播电视设计咨询、工程技术、仓储物流、展览贸易、广告传媒、影视服务等业务。中广国际总公司的前身可追溯到原中央广播事业局器材处，1954 年开始承担广播电视援外工程任务。在国家对外援助到广电节目海外落地的 60 年间，公司承接国际广电工程，在 50 多个国家地区完成工程项目近千项，在海外具有良好的信誉和影响，为国家的外交、外援、外宣事业做出了重要贡献。公司每年举办北京国际广播电影电视设备展览会（BIRTV），成为亚洲最权威的广电技术设备专业展览会之一。秉承“中·广·人·和”的文化和“团结、奋进、务实、守信”的精神，中广国际总公司以优质服务满足国内外用户的需求。公司下设设计院、工程技术分公司、展览贸易服务分公司、仓储中心、广告公司等机构，在北京、深圳设有分公司，在阿尔巴尼亚设有境外分公司，在科摩罗、中非、几内亚、刚果（布）、赤道几内亚、马里等国设有援外项目技术组，与古巴、老挝、肯尼亚、柬埔寨、萨摩亚、瓦努阿图等国的广电机构建立合作机制。公司总经理李金荣。地址：北京市朝阳区广渠东路 1 号中广国际综合楼。邮编:100124。电话:010–52055111。传真:010–52055207。网址：www.crtv.com.cn。

中视传媒股份有限公司

中视传媒股份有限公司是 1997 年在上海证券交易所挂牌的上市公司（证券代码 600088），注册地为上海浦东，在北京、江苏无锡、广东南海、浙江杭州设分支机构。作为中央电视台控股的传媒类 A 股上市公司，中视传媒主营影视拍摄、电视节目制作与销售、影视拍摄基地开发和经营、影视设备租赁和技术服务、广告代理等业务。中视传媒服务于中央电视台“建设国际一流媒体”总目标，结合市场环境变化，实施经营管理转型，确立“以影视剧业务为突破口，带动影视、广告、旅游三大主营业务协调发展”的目标，利用资本市场提升核心能力和经营管理水平。公司制播的影视作品，获得“五个一工程奖”、华表奖、飞天奖、金鸡奖、金鹰奖、白玉兰奖、金星奖、金熊猫奖、艾美奖（美国）、金片盘奖(美国)、金雀奖(印度)等国内外奖项 30 多项。中视传媒以雄厚技术力量、全套先进设备系统、专业人才和团队，承制电视节目、栏目剧、企业形象宣传片，全面支持影视制作的全流程业务。公司是国内最早进入高清晰度电视制作领域的企业，配合中央电视台完成了多个频道的改版制作任务。为中央电视台重大题材报道提供设备支持和技术服务，保障播出安全。公司在江苏无锡、广东南海建成 3000 多亩的影视拍摄基地，景观纵跨魏晋、唐宋、明清、民国等历史年代，是国内最早建成的影视拍摄基地和文化旅游胜地。公司是 CCTV–10 科教频道全频道广告资源总代理，获得“中央电视台广告承包公司特别贡献奖”“中国最具影响力本土广告公司 100 强”等称号。公司以创新理念为国内外众多知名企业服务，获得多项荣誉。公司总经理王焰。地址：上海市浦东新区福山路 450 号新天国际大厦 17 层 A 座。邮编：200122。电话：021–68763888。北京市朝阳区西大望路 1 号温特莱中心 B 座 22 层。邮编：100026。电话：010–65999000。网址：www.ctv-media.com.cn。

无锡影视基地分公司

中视传媒无锡影视基地位于太湖之滨，由三国城、水浒城、唐城三大景区组成，占地 1000 余亩，可用水域 3000 亩，自然风光妩媚旖旎，山清水秀，是国内建成最早的影视拍摄基地和文化旅游胜地，是首家获评 5A 旅游景区的影视文化旅游景区、首批国家影视指定拍摄基地、首批全国低碳旅游实验区。无锡影视基地分公司“以文化统领旅游”，将影视文化、历史文化、地方文化、自然风光相互融合，为游客提供多样化的观光内容。景区影视文化氛围浓郁，吸引了众多海内外游客和影视剧组，接待《三国演义》《水浒传》《杨贵妃》《大宅门》《神探狄仁杰》《笑傲江湖》《射雕英雄传》《天下粮仓》《刺陵》《历史的进程》《大浴堂》《武则天》《欢天喜地俏冤家》《神话》《武媚娘传奇》等 400 多个剧组，年接待游客 200 万人。地址：江苏省无锡市滨湖区山水西路 128 号。邮编：214081。电话：0510–85555527。网址：www.ctvwx.com。

南海分公司

中视传媒南海分公司位于广东省佛山市南海区的南国桃园旅游度假区。这里湖光涟漪，山色清新，是旅游休闲胜地，也是影视拍摄的极好去处，珠三角有名的婚纱拍摄基地。南海影视城由天朝宫殿、江南水乡、旧香港、澳门街和表演区四部分组成，天朝宫殿包括真神圣天门、荣光大殿、藏珍阁等，相互映衬，雄伟壮观。落实“以文化统领旅游”的经营理念，南海分公司举办“桃园之春”散文诗朗诵会、“狮兄狮妹交友活动”，以婚纱场景建设、绿化美化提升景区品质，“靖港水战”“三英战吕布”“三军点将”“咏春功夫影视特技秀”“汽车特技秀”《雨巷》实景剧深受游客喜爱。

南海影视城连续多年被评为“最受网民欢迎的文化旅游景区”，这里也是《香港的故事》《太平天国》《澳门的故事》《孙中山》《井冈山》《将军》《辛亥革命》《十月围城》《叶问终极一战》《邓小平》等影视剧的拍摄地。地址：广东省佛山市南海区狮山镇松岗影城大道南海影视城。邮编：528234。电话：0757–85233238。网址：www.cctvnh.com。

北京中视北方影视制作有限公司

北京中视北方影视制作有限公司2000年成立，是从事影视策划、拍摄、制作、包装的高端技术公司，中国电影电视技术学会常务理事单位。公司以雄厚的技术力量和全套先进的影视制作设备，承接各类影视作品全流程制作。公司成功制作中国首部高清电视剧《大宅门》，以及《中国地》《山楂树之恋》《三国》《手机》《铁梨花》等高清电视剧、大型高清纪录片《敦煌》、官方纪录片《2010世博记忆》等，广受好评。纪录片《舌尖上的中国》第1、2季的后期达芬奇调色制作，助力该片取得空前反响。公司为中央电视台持续提供设备支持和技术服务，为安全播出、完成重点任务提供保障。为联合国开发计划署、国家新闻出版广电总局、水利规划设计院、中国航空第一集团公司、中国联通、大众汽车等机构及知名企业摄制宣传片，得到业界的高度评价。为春晚等节目制作的大屏幕包装，文件化制作系统改造升级，拓展电视剧全流程业务，增加栏目剧、电视节目等承接制作，运用3D、虚拟植入等新技术，中视北方在影视高端技术方面不断创新。地址：北京市朝阳区西大望路1号温特莱中心B座20层。邮编:100026。电话:010–65999666。地址:北京市海淀区复兴路戊12号恩菲科技大厦A座7层。邮编：100038。电话：010–68589488。网址：www.cctvbeifang.com。

上海中视国际广告有限公司

上海中视国际广告有限公司2002年6月成立，注册资本2500万元。作为中视传媒的子公司，是CCTV–10科教频道全频道广告资源总代理。中视广告以“专业化、职业化、提供优质服务、创最大价值”为宗旨，协助众多企业完成了品牌提升的目标，合作伙伴包括沱牌舍得、泸州老窖、汾酒、酒鬼酒、刘伶醉酒、无限极、天佑德、白云边、三井、红塔、北京现代、奔驰梅赛德斯、全友家私、剑南春、狼爪、哈士奇、长寿花、斯巴鲁、新东方学校、三星、南孚、巴马活泉、家家乐购、红星、中国联通、诺亚舟等，赢得了业内外一致好评，成为行业最具创新精神和上升潜力的企业。公司获得“全国广告公司营业额百强”“中国最具影响力本土广告公司100强”“中央电视台广告承包公司特别贡献奖”“中国广告金牌媒介策划公司”等称号。地址：上海市浦东新区福山路450号新天国际大厦17楼。邮编：200122。电话：021–68763888。地址：北京市朝阳区西大望路1号温特莱中心B座21层。邮编:100026。电话:010–65999888。网址：cta.ctv–media.com.cn。

CCTV
中国中央电视台
CHINA CENTRAL TELEVISION YEARBOOK
年 鉴
2014
胡占凡 主编
《中国中央电视台年鉴》编辑部 编

PINDAO LANMU JIEMU

频道·栏目·节目

频道·栏目·节目

2014 年中央电视台频道设置

CCTV-1 综合频道（标清、高清、香港）

中央电视台综合频道于1958年9月2日正式播出，是中国开办最早、覆盖面最广、受众人群最多、品牌效应最高、影响最大的频道，节目信号通过卫星覆盖全国，全天24小时播出。2009年9月28日，综合频道标清、高清节目同步播出。2011年3月1日，中央电视台综合频道（香港）开播。综合频道是宣传党的方针政策，引导舆论，传播社会主义先进文化的平台，也是中国优秀电视剧播出平台。

2014年，综合频道贯彻中央文艺座谈会精神，落实中央电视台"全台办一套，开门办一套"方针，围绕"中国梦"和社会主义核心价值观主题宣传，圆满完成报道任务。推进节目生产创新，稳中求进，进中求好。精心制播系列报道，出色完成全国"两会"、党的十八届四中全会、APEC会议等重大直播任务。荟萃全台精品，播出《舌尖上的中国》第二季、《中国汉字听写大会》第二季、《中国成语大会》《中国谜语大会》等品牌节目，提升频道影响力；宣传社会主义核心价值观，创作播出《时代楷模发布厅》《出彩中国人》《梦想星搭档》《少年中国强》《开学第一课》新栏目和季播节目。深耕次黄金时段，推出《等着我》《客从何处来》《喜乐街》《博乐先生微逗秀》《他们创造奇迹》栏目，打造创新孵化节目带。以"微创新"驱动常态栏目，《今日说法》《生活早参考》《寻宝》自办栏目收视率提高；探索新型制播关系，配合总公司组建央视创造传媒有限公司，依托市场化平台推进创新。《等着我》《开讲啦》获2014年度全国广播电视创新创优栏目奖；《开讲啦》获第5届中国大学生电视节"最受大学生瞩目的社会人文类电视栏目奖"；《客从何处来——阿丘篇》获第3届中国嘉峪关国际短片电影展纪录片奖的组委会特别大奖；动画系列新春宣传片获新闻出版广电总局"金帆奖"片头包装类一等奖。

CCTV-2 财经频道

中央电视台财经频道2009年8月24日开播。坚持"为国家经济建设服务，为大众经济生活服务，为企业发展服务"，财经频道利用覆盖全球的采编网络、强大的节目制作能力，与全球经济的运行同步，24小时为观众提供新鲜的市场资讯、权威的政策解读、极具价值的观点分析，是服务中国经济科学发展的重要宣传渠道，是观察和解读世界财经问题的重要窗口。

2014年，财经频道围绕中心，服务大局，经济宣传、专业化和品牌化建设取得新进展。党的十八届四中全会、中央经济工作会议、中央农村工作会议等主题报道，特色鲜明，成效突出。《第一时间》《经济半小时》《对话》《中国财经报道》等传统栏目持续改进，突出专业性、贴近性、可视性。密切关注财经大事，推出聚焦上海自贸区一周年、聚焦阿里巴巴美国上市、关注美国退出量化宽松等特别报道，获得社会好评。成功举办"3·15晚会""国际投资论坛""CCTV中国上市公司峰会""中国经济生活大调查"等品牌活动，发布央视财经500指数，提升频道影响力；与国家有关部门沟通协作，搭建地方台联盟、中国经济观测联盟。与国外电视媒体合作，完善频道支撑体系。推出《创业英雄汇》《财经周刊》等节目，为观众提供更多有价值的信息，支持创新创业，满足收视需求；与新媒体融合发展，央视财经新媒体粉丝和订阅户超过3100万户，在新浪微博"电视微博影响力排行"中位居第二。纪录片《互联网时代》获2014"金熊猫"国际大奖、第5届中国影视"学院奖"年度电视纪录片大奖，被国家新闻出版广电总局列为年度推荐必看的优秀纪录片。《经济半小时》《是真的吗》被中国广电协会评为"2014创优十佳栏目"。2014年第四季度，财经频道占全国财经电视节目市场份额82%，创出近两年的新高。

CCTV-3 综艺频道

中央电视台综艺频道前身是中央电视台文艺节目中心，2010 年建立专业频道，承担文艺宣传、传播先进文化、提高群众的审美欣赏水平、引领构建社会主义核心价值体系的重要职责。

2014 年，综艺频道落实中央文艺工作座谈会精神，努力创新，文艺宣传有声有色。通过春节联欢晚会、主题歌曲创作和推广活动，深化“中国梦”宣传。“喜到福到好运到”“天下有情人，一起过七夕”“万家邀明月，一起过中秋”“九九艳阳天，陪着爸妈过重阳”弘扬中华优秀传统文化，融入社会主义核心价值观，润物细无声。从季播节目《中国好歌曲》《大魔术师》《中国正在听》到新栏目《幸福账单》，常规节目出新意，新节目新栏目不断推出。《星光大道》《开门大吉》《我要上春晚》《非常 6+1》《回声嘹亮》《向幸福出发》《黄金 100 秒》《幸福账单》在全台季度综合评价中榜榜有名。根据中央电视台发展研究中心调研，综艺频道网民美誉度位居榜首。台总编室的研究报告评价，综艺频道投入产出比在台内名列前茅。《星光大道》《艺术人生》《向幸福出发》获得第 23 届“星光奖”。《天耀中华》《光荣与梦想》歌曲获中宣部“五个一工程”奖。

CCTV-4 中文国际频道（亚洲、欧洲、美洲版）

中文国际频道 1992 年 10 月 1 日开播，以海外华侨华人、港澳台同胞、懂得中文的外国观众为主要服务对象，通过亚洲、欧洲、美洲 3 个频道将节目覆盖全球，全天 24 小时播出。中文国际频道是全球华人华侨了解祖国的重要窗口，是中央电视台提升国际传播力，推动中华文化走向世界的平台。

2014 年，中文国际频道迁入中央电视台新址。坚持“新闻 + 文化”主体定位，完善结构，优化品牌，改进语态，积极创新。圆满完成对党的十八届四中全会、北京 APEC 会议、亚信峰会、澳门回归 15 周年等重大事件的宣传报道。对马航客机失联等突发事件及时充分报道，强化中方立场和中国视角。《“汉语桥”全球外国人汉语大会》等节目，展现频道特色。《远方的家——江河万里行》《传奇中国节》《中国年俗》《寻找最美花园》《体验真功夫》《中国文艺——向经典致敬》特别节目，彰显频道品质。筹拍《记住乡愁》纪录片，传播社会主义核心价值观。《快乐汉语》《华人世界》《中华医药》《中国新闻》《走遍中国》栏目改版升级。举办“感知中国·缅甸行”“欢聚法兰西”海外文艺晚会，“苏州月·中华情”中央电视台中秋晚会、CCTV-4 海外忠实观众联谊、第 3 届“中华之光——传播中华文化年度人物”评选等活动，展示中华文化的魅力。频道传播力和影响力稳步提升，国内收视份额排名全国上星频道第十位。长城美国平台的市场份额稳居榜首，创出五年新高，海外频道落地用户达6200万户。《海峡两岸》获第 24 届中国新闻奖“新闻名专栏”奖，《国宝档案》获第 23 届“星光奖”电视文艺栏目大奖。《中国年俗》获“金熊猫”人文类“亚洲制作奖”提名。《今日关注》《中国新闻》《海峡两岸》《远方的家》《国宝档案》《走遍中国》6 个栏目入选 2014 年度中央电视台品牌栏目。

CCTV-5 体育频道

中央电视台体育频道是国内创办最早、规模最大、拥有世界众多顶级赛事国内独家报道权的专业体育频道，于 1995 年 1 月 1 日开播，节目覆盖全国，24 小时播出，内容包括国内外重大赛事的现场直播、体育热点追踪报道、全民健身与娱乐推广、中华体育传承发展、体育知识普及教育等。

2014 年，体育频道坚持“多屏时代、一屏为主”，利用大赛效应，统一部署，统一编排，统一调度，形成合力，圆满完成索契冬奥会、巴西世界杯、南京青奥会、仁川亚运会大赛报道任务。坚持主流引导，弘扬社会主义核心价值观，营造热点，传播正能量，获得良好的社会效益和经济效益。“体坛风云人物评选”“中华龙舟大赛”“谁是球王”及中国羽毛球、足球民间争霸赛活动，传承中华文化，推动全民健身，凸显国家电视台体育频道的品质和担当。推广微博、微信、客户端，分享体育乐趣和新媒体的魅力。挖掘赛事资源，加大创作力度，作为独家内容提供者、国际水准的信号制作者，打造“央视制造”“央视创造”品牌，提升影响力和权威性。体育频道全国网调收视率 0.16%，收视份额 1.49%；中心城市收视率 0.28%，收视份额 2.34%；年广告收入超过 20 亿元；在上星频道体育节目中，播出比重 61.80%，收视比重 89.05%，保持绝对优势地位。

CCTV-5+ 体育赛事频道

体育赛事频道于 2013 年 8 月 18 日开播，从中央电视台高清综合频道置入高清播出平台，24 小时播出，主要内容为赛事直播、录像、集锦等。

2014 年是体育赛事频道第一个完整播出年。扩大体育传播内容和范围，体育赛事频道初步形成以北美冰球职业联赛 NHL 及其他冰雪项目、网球、高尔夫球、足球为主的节目架构，并通过马术、自行车、汽车拉力赛、飞镖等特色赛事，培育频道特点，以项目集锦调整节目配置。增加围棋、象棋、龙舟等中国传统项目播出量，促进国内赛事传播和水平提升。打造“体育全媒体平台”，各平台之间在组织运行、资源统筹、规划协调、赛事编排、市场推广方面高度统一，形成集成高效运作方式,拓展生存发展空间。经过冬奥会、世界杯、青奥会、亚运会世界级大赛的磨合，体育赛事频道与体育频道实现优势互补、差异化编排，形成传播合力，步入良性循环。带来更多世界顶级赛事，体育赛事频道把更高端、更中国化、更多样化的乐趣呈现给观众。

CCTV–6 电影频道

中央电视台电影频道 1996 年 1 月 1 日开播，2012 年 12 月 12 日实现高标清同步播出，24 小时播出电影作品和电影资讯。作为唯一的国家级专业电影频道，覆盖人口达 9.3 亿人，收视率和市场份额居业内前列。坚持“为人民办频道”的宗旨，每天播出 11 ~ 12 部电影，其中 9 ~ 10 部为国产片。《光影星播客》《佳片有约》《中国电影报道》《世界电影之旅》等栏目，宣传中国电影事业成就及主流电影文化，向社会传播正能量。

2014 年，“中国梦新片展播”推出社会主义核心价值观主题影片展播、历届“五个一工程”获奖影片选播。“电视电影”“院线电影”双轮驱动，打造“电影频道出品”品牌，总量超过 1700 部，其中有《万箭穿心》等精品，有国内合作的《智取威虎山》《狼图腾》《战狼》《龙之战》等院线大片。转播中国金鸡百花电影节、丝绸之路电影节、北京国际电影节、上海国际电影节、奥斯卡颁奖典礼、电影金球奖等国内外盛典，与戛纳电影节组委会连续第六年成功举办“中国之夜”活动。频道收视率、收视份额在中央电视台各频道中排名第三，在全国上星频道中排名第四。

CCTV–7 军事 · 农业频道

中央电视台军事 · 农业频道的前身是 1995 年 11 月 30 日开播的少儿 · 农业 · 军事频道，2011 年 1 月 3 日改版更名为军事 · 农业频道，以军事、农业节目为主，以优秀专题片、综艺、法制及社会生活栏目为辅。

中央电视台军事节目中心即解放军电视宣传中心，1996 年 4 月经中央军委批准，中央电视台军事部、八一电影制片厂新闻纪录片部、总政治部电教中心合并组成中央电视台军事节目中心，由中央电视台和解放军总政治部实行双重领导，节目信号通过卫星覆盖全国，每天在中央电视台军事 · 农业频道播出约 5 小时 40 分钟。军事节目中心传播党中央、中央军委的大政方针，引导舆论，发布军事新闻，普及国防教育，塑造人民军队良好形象，制播《军事报道》《防务新观察》《军事纪实》等 12 个栏目，是国内最权威的军事节目播出平台。

2014 年，军事节目中心出色完成宣传任务，全面建设成果丰硕。圆满完成了强军目标、党的群众路线教育实践活动、全军政工会议等重大主题报道。军委习主席慰问内蒙古边防官兵、参加全军政工会议、视察驻澳部队等报道产生广泛影响。对云南鲁甸地震、四川康定地震，马航 MH370 航班失联，“和平使命 2014”联合军演等事件快速报道，凸显军事节目特色。推出海军 372 潜艇等 30 多个全国全军重大典型，“践行社会主义核心价值观、争做新一代革命军人”“我是一个兵”“军营大拜年”等活动得到好评。《军事报道》实现新闻直播，“中国军视网”“军事 TV 客户端”上线。更换包装和片头，增加频道识别音，提升军事节目形象。《军事报道》被评为中央电视台品牌栏目，《苦难辉煌》获第 27 届“金鹰奖”最佳电视纪录片奖，《军事纪实》《军旅人生》《军营大舞台》《中国武警》等栏目国内获项 40 余项，卫晨霞获得优秀节目主持人奖。

CCTV–7 农业节目 1996 年 1 月 1 日开播，以宣传解析国家“三农”政策，关注农村建设、农业发展、农民增收为己任，以“三农”宣传的专业性、权威性、贴近性为特色，制播 12 个栏目，每天播出时长 8 小时。农业节目观众覆盖率 97.6%，推及人口 12.76 亿人，是中央电视台节目体系中不可缺少的重要组成部分。

2014 年，农业节目突出“三农”特色，开发节目新样态,推动媒体融合发展。圆满完成粮食宣传、“两会”、农交会、世界种业大会、第 6 届新农村电视艺术节等报道任务。推介“三农”人物、致富榜样、“十佳农民”，寻找“中国最美乡村”，合办“引领中国草根财富时代”央视论坛，发布《CCTV–7 农业节目传播影响力分析报告》,产生广泛的社会影响。推进栏目改版和“微创新”，《乡约》《咱们老家》栏目改版,《法制编辑部》改为《乡村法制剧场》，合作推出《食尚大转盘》节目新样态。差异化编排，《精彩一夏》汇编节目 150 期，平均收视份额 1.31%。《麦收故事会》《乡村大集合》《美丽乡村快乐行》《我们的节日》《过年了》假日节目群，打通时段播出节目 100 多期，收视份额提升 52%。《亿万农民的笑声——全国农民春节晚会》获得第 23 届“星光奖”特别奖，《麦收故事》《中国人的饭碗》获第 3 届优秀国产纪录片创作人才扶持项目优秀短片和系列片奖，《中国人的饭碗》获央视一等奖，《千里进疆采棉记》获第27届“金鹰奖”优秀纪录片奖，《过年了》获全国“春晚奖”特别奖，《科技苑》《致富经》《乡土》获评中国电视纪录片“十优栏目”和好栏目，《乡村大世界》获电视文艺栏目荣誉奖。农业节目收视份额1.08%，使军事·农业频道整体收视份额达到0.93%。

CCTV–8 电视剧频道

中央电视台电视剧频道1996年1月1日开播，2010年8月1日正式定名电视剧频道，节目涵盖国产、引进影视剧及影视资讯、专题节目、推介节目、特别节目，24小时播出，形成了多类型、多层次、多元化的节目风格。电视剧频道还负责综合频道的电视剧选购、播出编排工作。

2014年，电视剧频道坚持正确导向，创新体制和采购制播机制，“讲述好故事，共筑中国梦”。重大革命历史题材的电视剧《毛泽东》《历史转折中的邓小平》《开国元勋朱德》，战争题材的《铁血红安》《地火》《大漠苍狼》《长沙保卫战》《雪鹰》《战长沙》，历史题材的《舞乐传奇》《大秦帝国之裂变》，现实题材的《父母爱情》《湄公河大案》《马向阳下乡记》《我在北京挺好的》《清网行动》《养父的花样年华》《野鸭子2》《左手亲情右手爱》，社会反响强烈，口碑与收视俱佳。全国收视排在前10的电视剧，中央电视台占4部，较上年增加3部；前20部中，中央电视台占8部，同比增加4部。CCTV–1晚间播出的《父母爱情》《湄公河大案》《毛泽东》《开国元勋朱德》均为国内收视第一，白天播出的韩剧《女人心》《不懂女人》《顺英的抉择》《唐突的女人》收视率屡超1%，提升了综合频道的收视份额。电视剧频道年收视率超过1%的剧目达到21部，其中黄金强档18部，收视份额名列前茅。《养女》《野鸭子2》《美丽谎言》《左手亲情右手爱》组成情感主题播出季，创出上半年电视剧频道收视高峰；《地火》《战长沙》《战将》《我的故乡晋察冀》《雪鹰》《长沙保卫战》《大漠苍狼》下半年播出，掀起收视高潮。美国影视剧《复仇》《穹顶之下》，英国影视剧《唐顿庄园》《鲁滨逊漂流记》获得较好的收视率，再次树立了中央电视台引进剧经典品牌。

CCTV–9 纪录频道

中央电视台纪录频道2011年1月1日播出，是中国唯一在全国播出、全球覆盖的专业纪录片频道，通过CCTV–9纪录频道、CCTV–9 Documentary纪录国际频道24小时向海内外播出。CCTV–9全国收视人口覆盖9.3亿人，覆盖率71%；纪录国际频道海外整频道落地用户超过6000万户，分布在97个国家地区。纪录频道对内传播社会主义核心价值观，对外传递中国声音，是中国最大的纪录片传播、制作、合作、营销平台。

2014年，贯彻中央要求开办纪录频道的初衷和宗旨，纪录频道推出系列精品节目，推进品牌影响力建设，打造能够在全球有效传播的文化品牌。播出原创、委托制作、联合制作的节目81部、279集、9518分钟，《舌尖上的中国2》《南侨机工》《瓷路》等原创节目获得良好社会效益和经济效益；推进国际合作，与英国广播公司联合摄制《隐秘王国》，与野生救援协会、新西兰自然历史公司、动物星球频道联合摄制《野性的终结》。创新外宣路径，拓展《魅力世界》系列节目，制作《魅力斯里兰卡》《魅力马尔代夫》，促进中国与被拍摄国的人文交流和友好往来，受到广泛赞誉。《舌尖上的中国2》打造成现象级电视节目，首创国内纪录片周播模式，实现了社会效益、经济效益双丰收。纪录频道获得中国电视协会电视纪录片学术委员会授予的“最具国际影响力频道”称号，获得国家新闻出版广电总局授予的“优秀制作机构”和“优秀播出机构”称号。在中国电视“金鹰奖”、中国纪录片学院奖、四川电视节“金熊猫奖”、“优秀国产纪录片”等评选中，《习仲勋》《茶，一片树叶的故事》等36部纪录片共获奖项74项。纪录片《习仲勋》《舌尖上的中国1》《楚国八百年》《大黄山》获得第13届“五个一工程”奖。

CCTV–10 科教频道

中央电视台科教频道是以教育、科技、文化、卫生等宣传为主的专业频道，2001年7月9日开播，每天播出约20小时，设有《探索·发现》《百家讲坛》《走近科学》《人物》《地理·中国》《自然传奇》《健康之路》《讲述》《读书》《科技之光》《我爱发明》《第10放映室》《原来如此》《大家》14个日常栏目。

2014年，科教频道落实中央文艺座谈会精神，努力创新。构建“日常栏目＋季播节目＋大型活动和特别节目＋重点纪录片”播出格局，以播定制，精品不断。日常栏目精耕细作，差异布局，抓住节目制作、创意实施的细节改进质量，带动频道品质提升。季播节目创造看点，吸引公众聚焦参与，第二届《中国汉字听写大会》吸引1200万少年参赛，《中国谜语大会》3场直播吸引2.8亿人收看，《中国成语大会》每期平均有1亿人收看。启动策划《中国诗词大会》。《“希望之星”英语风采大赛》全媒体传播，微博阅读 0.5 亿人次。《2014 我的一本课外书》引发阅读经典大讨论，微博关注者 398 万人。《第 N 个空间》台网互动，吸引 200 多万人参与。《2014 发明梦工场》促成意向投资 3.1 亿元。创新大型活动。《寻找最美乡村教师》《寻找最美乡村医生》打造公益品牌。《中国好书》推介盛典，导航全民阅读。清明公祭与祭孔大典直播，凝聚国人的情感认同。《2014 中国记忆》文化遗产日直播，凝聚国人的文化认同。世界艾滋病日主题活动直播，凝聚国人的责任认同。《杰出工程师颁奖典礼》直播，倡导实干和奉献的时代品格。《科技盛典》直播，寄望学子以科技创新托举中国梦。纪录片精彩纷呈。《国魂》用百姓的故事和说法，解读社会主义核心价值观。《水脉》被中宣部《新闻阅评》评价为“不可多得的优秀作品，践行中国梦的生动教材”。《499 个华人回家梦》由中国、新西兰合作拍摄，同步播出。《1937 南京记忆》得到西方媒体的好评，提出了购买意向。《茶叶之路》回顾中俄茶叶贸易历史盛况、发展变迁，得到中俄各界好评。《手艺》入选《中国非物质文化遗产保护大事记》，文化部评价：“中央电视台以百集巨作《手艺》抢救式记录非物质文化遗产，为推动社会凝聚共识、构建社会主义核心价值观发挥了重要作用。”与中国国学中心合作拍摄纪录片《诗行天下》，勾勒生动唯美的中国诗词全景式地图。启动《东方主战场》《东方往事》《创造》《深潜》《中华文明的非凡历程》《东方帝王谷》《河西走廊》《万历朝鲜战争》《神秘的西夏》《天河》《孔子》11 部纪录片创作。科教频道获优秀制作机构、优秀播出机构称号，ID 包装获第 59 届国际电视最佳频道包装银奖，3D 版《国脉》获第 5 届艺术创新奖——国际卢米埃奖，《百家讲坛》《大鲁艺》分获第 23 届“星光奖”最佳栏目、纪录片奖，《中国汉字听写大会》《北京凹头蚁》《大鲁艺》分获第 27 届“金鹰奖”最佳节目、纪录片作品奖，《高三 16 班》获“金红棉奖”最佳纪录片长片奖。2014 年科教频道在国内外获奖 39 项，收视份额 1.01%，超额完成年度指标任务，全国上星频道排名上升到第 19 位。

CCTV–11 戏曲频道

中央电视台戏曲频道 2001 年 7 月 9 日开播，节目通过卫星覆盖亚洲和太平洋地区，每天播出 20 小时，是中国覆盖面最广、影响最大的戏曲频道。戏曲频道“弘扬国粹，传播经典”，汇集全国优秀戏种，以京剧为主，兼顾地方戏，促进戏曲人才培养和事业发展，薪火相传。

2014 年，戏曲频道坚持正确导向，普及传统文化，从原创打造、社会合作、品牌栏目升级入手，制作播出传得开、叫得响的精品节目，举办具有创新性、引领性的大型活动，品牌栏目、新增和改版栏目、新媒体传播齐头并进，圆满完成了年度指标任务。节目创新成果突出。《第二届学京赛》获得中央领导赞扬。《中国京剧音配像精粹》开播“像音像”，得到中央领导肯定。《节庆戏曲演唱会》打造原创品牌。开播中韩明星跨界体验真人秀节目《叮咯咙咚呛》。自办栏目系列化，形成了《青春戏苑——盛世花为媒》系列、《过把瘾——评韵绽放》系列、《一鸣惊人——越剧高校行》系列、《过把瘾——我的中国梦文化进万家》系列。自主研发客户端，推广央视戏曲、唱戏吧 App 苹果、安卓系统。中央电视台 10 个频道级别 App 客户端，戏曲频道占 2 个。央视戏曲用户黏性高，使用时间长，被苹果官方店评为优秀 App，排名新闻类 App 第一。电视栏目《空中剧院》获第 23 届“星光奖”优秀栏目奖，《春节戏曲晚会》《功业千秋——音配像特别节目》获特别大奖，《万紫千红——戏曲演唱会》获“电视戏曲节目大奖”。频道收视份额 0.91%，收视指标完成率 147%，增长率居全台前列，税后广告创收 1.16 亿元。

CCTV–12 社会与法频道

中央电视台社会与法频道 2004 年 12 月 28 日开播，2011 年 4 月改版，是宣传依法治国方略，为构建和谐社会服务的专业频道。注重社会与法治两大主题的平衡，社会与法频道设有《心理访谈》《班长对班长》《热线 12》《小区大事》《平安 365》《道德观察》《夕阳红》《法律讲堂》《夜线》《天网》《见证》《一线》《忏悔录》《庭审现场》《普法栏目剧》15 个栏目。

2014 年，社会与法频道把握社会与法制宣传的重点，创作精品，创新编排，推出大型活动和特别节目，与新媒体互动传播。春节期间推出《2013 情感热点秀》《社区英雄》《戏法大过年》《中华法文化》《大理寺》等节目，凸显频道特色和专业内涵。清明节小长假，推出《清明节·让我们谈谈生死观》特别节目，“6·5”世界环境日推出生态安全警示片《红线》，国庆小长假推出《社区英雄》《岁岁重阳》《中华法文化》特别节目，12 月 4 日推出首个“国家宪法日”特别节目，《热线 12》栏目推出《2014CCTV 慈善之夜》晚会，并现场募捐。“4 · 26”世界知识产权日、“6 · 26”国际禁毒日、十月全国敬老月、“11 · 9”全国消防日、慈爱系列公益活动等特别节目，通过新媒体加大宣传力度，提升频道品牌和专业引领能力。

CCTV-13 新闻频道

中央电视台新闻频道 2003 年 5 月 1 日试播，7 月 1 日正式播出，2009 年 7 月改版，以早中晚三大时段和全天分布的整点新闻为基本构架，24 小时滚动直播，以强化动态、深化评论、优化标志性栏目为频道特色。

2014 年，新闻频道主题宣传有声有色，时政新闻报道出新出彩，重大突发事件报道及时准确。全国“两会”、党的十八届四中全会、党的群众路线教育实践活动等主题报道，坚持导向，勇于担当，全面反映中国政治经济发展的新蓝图、新成就、新态势，引领主流舆论，新闻影响力达到新高度。创新时政新闻报道，以专题片、微视频方式精心展现大国领导人的气质，全面阐释中国外交主张，显著增强时政节目的表现力和影响力，使传统时政报道呈现出崭新面貌。日常报道以重大题材和活动为重点，以特色板块为依托，推出《家风是什么》《行进中国·精彩故事》《新经济新常态》等一批特色鲜明、文风亲切、影响较大的节目。打造大型电视政论片《百年潮·中国梦》，全面解读“中国梦”，诠释民族复兴的历程。继续推出《感动中国》《寻找最美“村官”》《我最喜爱的人民警察》、“我的父亲母亲”公益行动，传播正能量。突发事件报道机制逐步完善，报道能力不断增强，依托北京总部和 101 个国内外记者站构成的全球新闻报道网，国内的重大突发事件实现“15 分钟内核实首发、半小时实现电话连线、2 小时内视频发稿、4 小时实现直播覆盖”；重大的国际突发事件，基本能够与 CNN、BBC 等国际一流媒体同步或更快报道。央视新闻、国际视通、新媒体三大传播平台全面发力，其中，央视新闻新媒体位列“全国电视频道移动传播第一名”“中国微信 500 强”之首，实现了用户总数与广告经营双过亿的阶段目标，为深化台网融合、建设一流媒体奠定基础。新闻频道收视份额 2.84%，同比提升 3%，实现“五连增”，创出频道开播后最好水平，在全国卫视中排名第七，在全国 34 个城市中位居第二。《新闻联播》收视率 1.19%，同比提升 5%。《习近平春节前夕赴甘肃看望各族干部群众向全国各族人民表达美好新春祝福》《证难办 脸难看》等 5 部作品获得“中国新闻奖”；《新闻直播间》获得“中国新闻奖”优秀栏目奖。

CCTV-14 少儿频道

中央电视台少儿频道 2003 年 12 月 28 日开播，是全国第一个以少年儿童为主体受众群的专业电视频道。秉承“引领成长，塑造未来”的宗旨，少儿频道把握正确导向，贴近成长需求，推出了一大批培育社会主义核心价值观、弘扬优秀文化、有益少年儿童身心健康的优质节目和活动，引领健康向上的舆论基调，在业内产生了深远影响。

2014 年，少儿频道实施精品战略，提升专业性，强化竞争力，扩大影响力。播出“六一”晚会《在五彩缤纷的节日里》《寻找最美孝心少年》《大手牵小手》特别节目，突出主题性、娱乐性、公益性，得到中央领导和社会各界高度评价。《音乐快递》《看我 72 变》《芝麻开门》《快乐体验》等传统自办栏目积极创新，焕发活力。节假日特别节目《快乐新一年》《过年啦》《最野假期》《快乐一起来》特色鲜明、影响力强，获得良好的社会反响，形成延续全年的收视高峰。原创系列动画片《新大头儿子和小头爸爸》传导温馨健康、积极向上的正能量，获得少年儿童及家长的喜爱，在国内外多次获奖，实现了全产业链营销。中央电视台首部动画电影《新大头儿子和小头爸爸之秘密计划》在全国近 5000 家影院上映，票房达 4350 万元，广受赞誉，引发尊重儿童梦想、建立亲子教育正确观念的大讨论。联手央视动画，推动产业升级。“中国梦”系列动画片《星星梦》得到上级领导肯定。少儿频道与澳大利亚合拍的儿童剧《奇妙小镇》，在戛纳动漫展秋季电视节上获得好评。原创动画作品在中国国际动漫节、兹林归电影节、亚广联儿童节目展及国际会议上得到国内外专家的肯定，多次获奖。少儿频道与美国、俄罗斯等国的机构洽谈合作，放开视野，拓展内容覆盖，提升竞争力和国际影响力。“精品战略”得到观众认可，频道收视份额 4.12%，稳居全国电视媒体第一阵营，实现了稳步健康发展。

CCTV-15 音乐频道

中央电视台音乐频道于 2004 年 3 月 29 日开播，以“享受音乐，感悟人生”为宗旨，播出中外古典音乐和优秀民族音乐，提高国民的音乐素质和欣赏水平。

2014 年，音乐频道倡导用宽阔视角看待音乐和生活，加强顶层设计和战略布局，建立充满时代气息的互动平台，以品牌节目和创新活动释放出正能量。《2013 光荣绽放系列》创新高雅音乐的传播方式，得到中宣部、新闻出版广电总局的表扬，被评为“TV 地标年度音乐最具品牌活动”。《争奇斗艳——少数民族冠军歌手争霸赛》第二季挖掘民族好声音，促进民族团结发展，得到全国政协副主席王正伟的赞扬。

《2014CCTV 钢琴小提琴大赛》推出“中国梦”主题钢琴小提琴作品，激扬时代韵律。《全球中文音乐榜上榜》互动打榜，精彩纷呈。常规节目、编辑类栏目、欣赏类节目改版升级，推出清明、端午、中秋、重阳《节庆音乐会》，首创节庆音乐 10 小时直播。创新《寻找刘三姐》第二季、《音乐优等生》等季播节目，丰富综艺内容形式，普及传统民族文化，引发时代情感共鸣。与新媒体融合走在全国前列。微博、微信、客户端、微网页用户达到 1900 万户，在中央电视台排名第二，其中微博用户 1742 万户，在新浪微博音乐平台排名第一。音乐频道在全国上星频道电视类微博中排名第八，网络美誉度、粉丝活跃度和提及量位居前三；“CCTV 音乐”微信用户 71 万户，排在中央和省级电视频道微信公用账号榜单第 11 位，是音乐域最宽、粉丝乐迷口碑最好的媒体账号；央视音乐 App2014 年 10 月上线，并得到广泛关注，“乐吧”轻应用客户端订阅量 58 万户，为扩大手机用户奠定了基础。与“美拍”合作，将现场视听画面“闪电实时快播”给朋友圈，粉丝 15 万人。继新闻频道之后，音乐频道节目实现在线包装。在年轻人充满活力和创意的开拓进取中，频道年收视份额 0.73%，指标完成率 187%，占全国同类节目份额的 95%，在中央电视台和全国上星频道中的排名创出新高。《2013 光荣绽放系列》获第 27 届“金鹰奖”“优秀电视文艺节目奖”，任鲁豫获优秀主持人奖，《2013CCTV 民族器乐电视大赛》《光荣绽放——十大钢琴演奏家演唱会》获第 23 届“星光奖”音乐节目奖。《全球中文音乐榜上榜》获中央电视台优秀节目一等奖，《争奇斗艳——少数民族冠军歌手争霸赛》第二季、《2014 钢琴小提琴大赛》获三等奖。音乐微博获中央电视台优秀新媒体三等奖。

CCTV - NEWS英语新闻频道

中央电视台英语新闻频道的前身是 2000 年 9 月 25 日开播的英语国际频道，24 小时播出，2010 年 4 月 26 日改版更名为英语新闻频道，注重时效性，增加深度报道、评论和纪实专题。2014 年 12 月 29 日，英语新闻频道迁入中央电视台新址，改版高清播出，注重新闻的及时、准确、客观、平衡，反映中国、亚洲和发展中国家的声音与多元观点，成为全球观众了解中国和世界的窗口。

2014 年，英语新闻频道圆满完成全国“两会”、中共十八届四中全会、南京大屠杀死难者国家公祭日、APEC 峰会、亚信峰会、博鳌亚洲论坛、达沃斯夏季论坛等重大宣传报道任务，以丰富版面对中国领导人出访进行全程报道，对马航 MH370 失联、“3 · 01”昆明火车站暴恐等突发事件进行及时充分报道。以板块方式整合动态新闻，结合亚洲、非洲、欧洲、北美黄金时段编播各地区节目。撤销与频道定位不符的编译类文化专题日播节目，新增 6 个新闻专题周播节目，包括深度报道亚洲时事的《亚洲观察》、探索在华企业成功模式的《中国好生意》、高端文化名人访谈《名人坊》、反映亚洲民众生活的《光影亚洲》、讲述外国人实现中国梦的《我的中国故事》、访谈节目《走近中国》，凸显英语新闻频道的特色。改版播出后，加强中国新闻传播，推出频道香槟金包装。新媒体传播取得突破。英语新闻频道在 YouTube、Twitter、Facebook、Tumblr、微信、微博 6 个平台开设的 18 个官方账号，用户数超过 260 万户，海外活跃用户超过 100 万户，海外视频点击量突破 3500 万次，新媒体覆盖 230 个国家地区，送达海外人数超过 2 亿人。2014 年 12 月推出英语新闻频道 APP，下载量 10 余万次。专题片《恐怖主义的网上推手——“东伊运”恐怖音视频》获中央电视台优秀新闻一等奖，《香山论坛：亚洲安全观》获解放军外宣一等奖、中央电视台优秀节目一等奖，《塞拉利昂埃博拉埋葬队》获中央电视台优秀新闻二等奖。北美区域制作中心《融化的格陵兰》《临界点》《战后摄影师》分获纽约国际影视节最佳环境纪录片银奖（金奖空缺）、最佳社会纪录片铜奖、人物类入围奖；非洲区域制作中心《托马喀上学》获肯尼亚电影节最佳纪录片奖。海外网友与中国官员的《中国问与答》互动、反映中国百姓梦想的《中国面孔》系列报道分获中央电视台优秀新媒体二等奖、三等奖。

CCTV - Français法语国际频道

中央电视台法语国际频道前身是中央电视台西班牙语法语频道，2004 年 10 月 1 日开播，西班牙语和法语节目每日各播出 12 小时。2007 年 10 月 1 日，法语国际频道独立对外播出，节目信号通过卫星覆盖全球，内容包括中国时事政治、经济民生、科技教育、历史文化、自然风光、百姓生活等。2014 年 4 月 11 日，法语国际频道迁入中央电视台新址，改版升级，全新的频道包装和节目表与观众见面。根据非洲观众的需求，重点打造《直播非洲》新闻栏目，新增《非洲面孔》《时尚生活》《生活在中国》《周末会客厅》《生财有道》《体育在线》《动画城》《味道》《快乐嘉年华》《华夏行》栏目，栏目数增至 18 个，包括新闻栏目 2 个、访谈栏目 2 个、专题栏目 14 个。

2014 年，法语国际频道加强国际传播能力建设，圆满完成国家领导人出访和出席国际会议、中法建交50周年、经济新常态、南京青奥会、埃博拉疫情等重要报道任务。在中法建交50周年之际推出系列报道《50年50人》，讲述两国关系半个世纪的发展历程，讲述两国50位人物的故事，在法国国际电视五台TV5MONDE向全球播出。这是法国主流电视台首次引进、播出中国制作的电视节目，并可在其官方网站点播，同步出版双语图书《半世纪的相约——中法友好50年50人》。拓展新媒体，在社交平台注册账户11个，主账号用户超过300万户，参与互动用户超过20万户，海外视频点击量超过200万次。

CCTV–Español西班牙语国际频道

2004年1月1日，中央电视台首次播出西班牙语节目。2007年10月1日，西班牙语国际频道独立对外播出，向西班牙语为母语的国家地区4亿观众，介绍中国时政、经济、文化、科技、社会、生活情况，播出新闻、专题、娱乐类节目。2014年4月11日，西班牙语频道迁入中央电视台新址，启用国际化新闻直播演播室，节目改版，高清播出，新增《生活在中国》《美洲观察》《动画片》等栏目，重点打造1小时植入式播出时段。

2014年，西班牙语国际频道提前策划，圆满完成全国“两会”、APEC会议、博鳌论坛、亚信峰会、金砖国家首脑会议、卢沟桥事变77周年、抗战胜利69周年、实行和平共处五项原则60周年等重大事件和活动报道任务。针对对象国观众的需求，通过栏目联动和新闻、访谈、专题配合，阐述中国观点，放大发展中国家的声音。2014年是中国与巴西建交40周年，西班牙语频道受国务院新闻办委托制作专题片《万里共婵娟》，包括中、葡、英、西四个版本。习近平主席访问巴西期间，该片葡语版在巴西当地电视台播出，取得良好反响。西班牙语频道与央视海外传播中心配合，《这就是中国》《学做中国菜》《神州行》三档节目在哥斯达黎加国家电视台13台落地播出。派出代表团，就西班牙语国际频道在哥斯达黎加、墨西哥、秘鲁落地播出的合作事宜达成共识。

CCTV– العربية阿拉伯语国际频道

中央电视台阿拉伯语国际频道于2009年7月25日开播，是全天24小时播出的新闻综合频道。节目信号通过中东卫星、尼罗河卫星覆盖阿拉伯国家和地区，国内宁夏回族自治区、新疆维吾尔自治区、甘肃省部分地区进入有线电视网。2014年4月18日，阿拉伯语国际频道迁入中央电视台新址，改版升级，高清播出，设13个常态栏目，涵盖了新闻、访谈、文艺、教学、纪录片、电视剧、动画片等。经过近6年的发展，阿拉伯语国际频道在阿拉伯世界形成一定的影响力，成为阿拉伯国家了解中国立场和观点的窗口，多位来华访问的阿拉伯国家元首、政要接受过阿拉伯语国际频道的专访。

2014年，阿拉伯语国际频道改进节目编排，《综合新闻》由8档直播改为9档直播，增加嘉宾点评，总时长210分钟。新开播在埃及开罗制作的访谈节目《尼罗河边的对话》，原有《对话》栏目改版为演播室直播。加强与驻外记者站的联动、新闻采编和连线，选用驻外记者站回传新闻1275条，国内记者连线139条。推出《生活在中国》《动画公园》《中国清真美食》新栏目，《每周财经》新闻节目改版为《财经中国》专题节目。大型直播33场，直播总时长45小时。成功举办首届阿拉伯语大赛，被评为外语频道优秀节目，获得中央电视台优秀节目三等奖。首部由阿拉伯籍主持人解说的高清汉语教学情景剧《我们的编辑部》制播成功，系列剧创意、策划、编剧、表演、拍摄、制作全部自主完成，反响良好。在央视网建设7个节目库。3个重点栏目在新浪官方微博上线，首届阿拉伯语大赛等特别节目及大型活动在央视网、土豆网、新浪官方微博上线。

CCTV–Русский 俄语国际频道

中央电视台俄语国际频道2009年9月10日开播，向使用俄语的国家地区传递中国声音，展示中国形象。节目覆盖的区域包括俄罗斯、白俄罗斯、乌克兰、哈萨克斯坦、吉尔吉斯斯坦、塔吉克斯坦、乌兹别克斯坦、土库曼斯坦等。频道常设栏目13个，包括资讯栏目3个，访谈栏目1个，专题栏目9个。节目以新闻资讯为主，全天24小时播出，还播出专题、综艺、教育等节目。

2014年，俄语国际频道为“周边外交”服务，以扩大周边地区影响力为核心，增强对外传播有效性。圆满完成全国“两会”、亚信峰会、APEC会议、国家领导人出访等重大报道任务。稳妥把握突发敏感事件，敢于发出中国声音。落实国际合作的重大项目，精心策划，推出《欧亚新闻联播》栏目。与境外十余家电视台开展多种业务合作，以新闻报道植入播出为主，依托国际视通发稿平台，逐渐形成素材和成片交换网络，平均每周向俄罗斯远东、西伯利亚和中亚国家电视台提供30余条新闻成片，平均采用率超过50%，APEC会议期间采用率超过80%。作为“中俄青年友好交流年”的重要活动，教育部、中央电视台主办，俄语国际频道承办2014首届中央电视台俄语大赛，以权威性、公正性和媒体特有的透明度、公信力，吸引中俄青年共同关注，反响热烈。“大界河2”摄制组赴俄罗斯远东地区，进行拍摄和业务交流，与多家电视台协商共办《欧亚新闻联播》，达成互供新闻素材的初步协议。落实上级指示，围绕世界反法西斯暨中国人民抗日战争胜利70周年，俄语国际频道与俄罗斯国家电视台历史频道合拍《俄罗斯与中国·欧亚之心》纪录片，反映中俄为世界和平做出的重要贡献及二战后两国的巨大变化。与央视网合作，发挥在内容建设、活动策划、传播策略、网络技术、大数据支持方面的合作优势，促进台网联动。拓展新媒体传播途径，以Facebook、YouTube视频网站及俄语区域性社交媒体VK为主渠道，建立新媒体传播平台。

中国3D电视试验频道

中国3D电视试验频道由中央电视台、北京广播电视台、上海广播电视台、天津广播电视台、江苏电视台、深圳市电视台六家电视台联办，六家电视台分栏目制作3D电视节目，统一在中央电视台播出。这是中国首个立体电视节目的综合性试验频道，节目内容涵盖动漫、体育、专题片、影视剧、综艺等，以及重大活动现场转播。电视节目信号通过全国各地的有线电视网络传送，拥有有线高清电视机顶盒、3D电视机的用户可以收看到立体效果的电视节目。节目选择与编排重在展现3D画面的优势。

2014年，3D试验频道有《CCTV立体观天下》纪录片、《3D舞蹈世界》《3D健身舞起来》等栏目。

（总编室规划部提供）

中央电视台频道开播时间一览表

截至2014年12月31日，中央电视台共开办频道38个、节目42套（不含CCTV-6电影频道），其中：

1. 公共频道25个、节目29套，包括中央电视台自办频道20个、节目24套，台属公司承办频道5个、节目5套。

2. 付费频道13个、节目13套。

注：CCTV-6电影频道使用中央电视台呼号，独立播出，不属于中央电视台自办频道。

2014年中央电视台公共频道一览表

序号	频道名称	呼号/简称/版属	开播时间	类别
1	综合频道	CCTV-1/CCTV-1高清标清同播	1958年9月2日/2009年9月28日	中央电视台自办频道
		CCTV-1香港	2011年3月1日	
2	财经频道	CCTV-2	1973年4月14日/2009年8月24日前为经济频道	
3	综艺频道	CCTV-3	1986年8月25日	
4	中文国际频道	CCTV-4亚洲	1992年12月1日	
		CCTV-4欧洲	2007年1月1日	
		CCTV-4美洲	2007年1月1日	
5	体育频道	CCTV-5	1995年1月1日	
6	体育赛事频道	CCTV-5+	2013年8月18日	
7	军事·农业频道	CCTV-7	1995年12月1日/2010年10月前为少儿·军事·农业频道	

续表

序号	频道名称	呼号 / 简称 / 版属	开播时间	类别
8	电视剧频道	CCTV–8	1996 年 1 月 1 日	中央电视台自办频道
9	纪录频道	CCTV–9 纪录	2011 年 1 月 1 日	
		CCTV–9Documentary	2011 年 1 月 1 日	
10	科教频道	CCTV–10	2001 年 7 月 9 日	
11	戏曲频道	CCTV–11	2001 年 7 月 9 日	
12	社会与法频道	CCTV–12	2002 年 5 月 12 日 /2004 年 12 月 28 日前为西部频道	
13	新闻频道	CCTV–13	2003 年 5 月 1 日	
14	少儿频道	CCTV–14	2003 年 12 月 28 日	
15	音乐频道	CCTV–15	2004 年 3 月 29 日	
16	英语新闻频道	CCTV–NEWS	2000 年 9 月 25 日 /2010 年 4 月前为英语频道	
17	法语国际频道	CCTV–F	2004 年 10 月 1 日 /2007 年 10 月 1 日前为西班牙语法语频道	
18	西班牙语国际频道	CCTV–E	2007 年 10 月 1 日	
19	阿拉伯语国际频道	CCTV–A	2009 年 7 月 25 日	
20	俄语国际频道	CCTV–R	2009 年 9 月 10 日	
21	中视购物频道	中视购物	2007 年 1 月 1 日	台属公司承办频道
22	娱乐频道	CCTV 娱乐	2004 年 10 月 1 日	
23	戏曲频道	CCTV 戏曲	2004 年 10 月 1 日	
24	中国电影频道	中国电影	2004 年 10 月 1 日	
25	中国 3D 电视试验频道	3D 频道	2012 年 1 月 1 日	

2014年中央电视台付费频道一览表

序号	频道名称	频道简称	开播时间
1	高尔夫网球付费电视频道	高尔夫·网球	2004 年 9 月 1 日
2	风云足球付费电视频道	风云足球	2004 年 9 月 1 日
3	风云音乐付费电视频道	风云音乐	2004 年 8 月 9 日
4	第一剧场付费电视频道	第一剧场	2004 年 8 月 9 日
5	风云剧场付费电视频道	风云剧场	2004 年 8 月 9 日
6	世界地理付费电视频道	世界地理	2004 年 8 月 9 日
7	电视指南付费电视频道	电视指南	2004 年 11 月 1 日
8	央视文化精品付费电视频道	精品频道	2005 年 1 月 1 日
9	怀旧剧场付费电视频道	怀旧剧场	2004 年 11 月 1 日
10	国防军事付费电视频道	国防军事	2006 年 5 月 8 日
11	女性时尚付费电视频道	女性时尚	2006 年 8 月 9 日
12	央视台球付费电视频道	央视台球	2010 年 4 月 12 日
13	卫生健康付费电视频道	卫生健康	2004 年 8 月 9 日

2014年中央电视台栏目目录

第一部分　常规频道

CCTV–1综合频道

正大综艺
为了你
国际艺苑
状元360
分秒必争
我们有1套
精彩一刻
首席夜话
谢天谢地你来啦
博乐先生微逗秀
人口
环球科技视野
天天饮食
寻宝
生活早参考
第一动画乐园
新闻联播
晚间新闻
人与自然
动物世界
开讲啦
撒贝宁时间
等着我
中华民族
今日说法
小崔说事
看见
魅力·纪录
生活提示

CCTV–1综合频道(高清)

我们有1套
小崔说事
分秒必争
精彩一刻
人口
环球科技视野
生活早参考
寻宝
新闻30分
朝闻天下
晚间新闻
新闻联播
看见
远方的家

CCTV–1综合频道(香港)

正大综艺
首席夜话
状元360
谢天谢地你来啦
国际艺苑
人与自然
动物世界
生活早参考
寻宝
粤语剧场
第一动画乐园
开讲啦
撒贝宁时间
等着我
今日说法
看见

CCTV–2财经频道

财富好计划
经济与法
是真的吗
交换空间
消费主张
商道
生财有道
购时尚
一槌定音
第一时间
中国财经报道
经济信息联播

经济半小时
央视财经评论
环球财经连线
交易时间
对话
市场分析室

CCTV–3综艺频道

舞蹈世界
剧场
艺术人生
黄金100秒
星光大道
群英汇
非常6+1
开门大吉
我要上春晚
综艺喜乐汇
向幸福出发
艺览天下
我爱满堂彩
幸福账单
天天把歌唱
综艺盛典
回声嘹亮
越战越勇
动物传奇
文化讲坛
文化大百科
文化正午
文化视点

CCTV–4中文国际频道（亚洲、欧洲、美洲版）

中国文艺
中华情
快乐驿站（海外版）
精彩回放（海外版）
精彩一刻（海外版）
国宝档案
百家讲坛（海外版）
快乐汉语
智慧树（海外版）
天天饮食（海外版）
华人世界
城市1对1
动画城（四套）
周末影院（海外版）
双语剧场
深度国际
中国新闻
今日关注
今日亚洲
天涯共此时
外国人在中国
中华医药
海峡两岸
体育在线
走遍中国
探索·发现（海外版）
大家（海外版）
文明之旅
远方的家
流行无限
寻宝（海外版）

CCTV–5体育频道

城市之间
体坛快讯
体育新闻
体育世界
赛车时代
体育晨报
午夜体育报道
现场直播（体育）
实况录像
足球之夜
天下足球
精彩F1
顶级赛事
体育直播间
实况足球
运动空间
篮球公园
武林大会
健身动起来
体育星探
冠军欧洲
欧冠开场哨

体育人间
巅峰时刻

CCTV–5+体育赛事频道(高清)

赛事集锦
经典回顾
实况录像
现场直播
5+ 典藏
体育直播间
赛事纪录

CCTV–6电影频道

译制片
中国电影报道
世界电影之旅之资讯快车
佳片有约
世界电影之旅
频道出品
儿童片
纪录片
爱上电影网
美术片
动画片
我的电影梦
电影频道梦工厂
故事片
故事片(北美)
戏曲片(北美)
专题片(北美)

CCTV–7军事·农业频道

乡村大世界
阳光大道
军迷淘天下
科技苑
致富经
军事科技
农广天地
军旅文化·大视野
讲武堂
军营大舞台
谁是终极英雄
食尚大转盘
军事报道
聚焦三农
中国武警
每日农经
美丽中国乡村行
乡村法制剧场
乡约
防务新观察
军事纪实
百战经典
军旅人生
乡土

CCTV–8电视剧频道

好剧连台
第 8 频道
电视剧
电视剧(高清文件)
海外剧场(高清)
原声影视
佳艺剧场
影视同期声
海外剧场
影视俱乐部
周日影院
环球影院
大剧场
电视剧(高清版)
星推荐

CCTV–9纪录频道

纪录电影
寰宇视野
发现
人文地理
时代
特别呈现
真相
自然
万象

CCTV–9Documentary

历史传奇
人文地理

时代写真
特别呈现
发现之路
精彩放送

CCTV–10科教频道

科技之光
走近科学
百家讲坛
我爱发明
原来如此
地理·中国
自然传奇
读书
欢聚夕阳红
健康之路
讲述
人物
探索·发现
大家
第 10 放映室
科技人生

CCTV–11戏曲频道

戏曲采风
跟我学
过把瘾
名段欣赏
九州大戏台
一鸣惊人
CCTV 空中剧院
锦绣梨园
青春戏苑
中国京剧音配像精粹
快乐戏园
梨园闯关我挂帅
影视剧场
戏苑百家

CCTV–12社会与法频道

班长对班长
法律讲堂
一线
法律讲堂（文史版）
小区大事
热线 12
夜线
平安 365
普法栏目剧
夕阳红
见证
天网
忏悔录
庭审现场
道德观察（日播版）
心理访谈
从我做起

CCTV–13新闻频道

国际时讯
环球视线
24 小时
新闻直播间
新闻调查
新闻 1+1
新闻周刊
世界周刊
东方时空
焦点访谈
每周质量报告
法治在线
共同关注
午夜新闻
新闻 30 分
朝闻天下
环球记者连线
面对面

CCTV–14少儿频道

看我 72 变
音乐快递
英雄出少年
儿童剧场
智力快车
银河剧场
动漫世界
动画乐翻天
文学宝库

动画梦工场
快乐大巴
动画剧场
动漫星空
新闻袋袋裤
大风车
七巧板
异想天开
快乐体验
智慧树
动感特区
童心回放
芝麻开门
绿野寻踪
大仓库

CCTV–15音乐频道

一起音乐吧
中国音乐电视
魔法奇迹
音乐告诉你
CCTV 音乐厅
经典
影视留声机
星光舞台
风华国乐
民歌·中国
百年歌声
精彩音乐汇
音乐传奇
乐游天下
快乐琴童
歌声与微笑
今乐坛
全球中文音乐榜上榜
音乐人生

CCTV–NEWS英语新闻频道

旅游指南
亚洲观察
文化报道
体育报道（英）
名人坊
走近中国
非洲体育
亚洲直播室
新闻一小时
全球财经（非洲版）
中国好生意
全球财经（亚洲版）
中国 24 小时（英）
世界观察（英）
整点新闻（英）
非洲直播室
全球财经（美洲版）
美洲观察
全景
今日话题
光影亚洲
我的中国故事
看中国（英）
海客谈（英）
对话非洲
非洲人物
热点

CCTV–Français法语国际频道

快乐嘉年华
体育在线
学汉语
旅游指南
学功夫
生财有道
生活在中国
时尚生活
味道
动画城
电视剧
直播非洲
综合新闻
非洲面孔
周末会客厅
华夏行
纪录片
对话

CCTV–Español西班牙语国际频道

中华艺苑
学做中国菜
学汉语
神州行
动画片
影视看台
美洲观察
财经新闻
综合新闻
生活在中国
这就是中国
纪录片
对话
拉美视点

CCTV–العربية阿拉伯语国际频道

中国文艺
生活在中国
中国之旅
跟我学
财经中国
动画公园
电视剧
综合新闻
中国·中东
尼罗河边的对话
纪录片
对话
话说中国

CCTV–Русский俄语国际频道

胜者为王
综艺大观
流行乐坛
问与答
生活百科
中国厨艺
跟我学
故事汇
放映厅
欧亚新闻联播
财经新闻
综合新闻
观点
北京时间
对话
生活在中国
旅游指南
纪录片

中国3D电视试验频道

中央台—立体观天下
中央台—健身舞起来
中央台—舞蹈世界
中央台—大型节目中心特别节目
中央台—3D 频道包装
中央台—体育特别节目
江苏台—万家灯火
深圳台—3D 新视界
天津台—3D 乐园
北京台—天涯共此时
上海台—精彩上海

CCTV–娱乐频道

欢乐时光
精彩看长城
中国印象
赛场
行游天下
中国影响力
百家讲坛
综艺喜乐汇
黄金 100 秒
非常 6+1
向幸福出发
艺术人生
等着我
综艺盛典
我爱满堂彩
中国好歌曲
回声嘹亮
传家宝

健康之路
文化大百科
天天饮食
开讲啦

CCTV–戏曲频道

跟我学
名段欣赏
精彩回放
青春戏苑
一鸣惊人
过把瘾
CCTV 空中剧院
九州大戏台
地方戏之窗
中国京剧音配像
戏曲电视剧
戏曲艺术片

CCTV–中视购物频道

快乐居家
流行嘉年华
文化新品
童心童趣
走进 E 时代
璀璨风华
活力新添
收视指南(购物)
今日强档
(根据总编室、中国国际电视总公司提供资料整理)

第二部分　付费电视及长城平台频道

央视文化精品频道

健康之路
天天饮食
走近科学
百家讲坛
探索·发现
综艺盛典
向幸福出发
非常 6＋1
我爱满堂彩
星光大道
我要上春晚
黄金 100 秒
中国好歌曲

女性时尚频道

生活早参考
天天饮食
远方的家
开讲啦
交换空间
音乐人生
中国音乐电视
艺术人生
中华医药
购时尚
向幸福出发
Fashion 精选
时尚秀场
尚峰汇
随时都有范儿

风云音乐频道

风云现场
榜上风云
乐乐欲视
流水 MV
地中海风尚

世界地理频道

世界地理 50 分
世界地理 30 分
欧洲大观
中国大观

电视指南频道

整点冲击播

数字飙榜
精选黄金档
指南 100
精彩十分
精品点击

第一剧场频道

热门影院
环球影院
微影天地
电影精选

怀旧剧场频道

汇剧经典
露天电影院

风云剧场频道

海外剧风
假日大放送

风云足球频道

国际足球赛场
足球实况
足球华彩
绝妙好球
欧冠开场哨

央视台球频道

赛场直击
赛事集锦
精彩一杆
台球人物

高尔夫·网球频道

高尔夫时间
网球时间

国防军事频道

大家谈
战争谜中谜
武器装备背后的故事
装备时空
影视背景
军事全记录
精品典播

卫生健康频道

健康之路
天天饮食
健身舞起来
中华医药
百家讲坛

（中国国际电视总公司提供）

第三部分　网络电视频道

互联网业务平台

新闻频道

中国领导人（时政）
城视新闻
视频集

经济频道

资讯
股票
3·15
公司
观点
人物
科技
理财
专题
财经热点调查
3·15 晚会
创业者说

历史频道

365 历史影像日志

史说

评论频道

复兴网评
网言网语
复兴民调
复兴论坛
网络新闻联播
学习平台
深改组记事
给总书记捎句心里话
我有问题问总理
我有问题问省长
我有问题问市长

军事频道

防务评论
战史回眸
军事视频

图片频道

图说中国人的生活
美丽中国
镜像

纪实频道

人文历史
军事
人物
时政
探索
社会
自然
CCTV–9 官网
专题策划
纪录片名人工作坊
获奖纪录片专场
央视精品纪录片专场
微纪实
顶级首播
走近·真相
我爱纪录片
纪录 30 分
纪录片环球资讯
寻找最强纪实

电视剧频道

电视剧库
首播剧场
黄金档剧场
精选剧场
情感剧场
明星剧场
影视片花
影视时间表
CCTV–8 官网
策划
明星大事件
追剧指南
戏中人
影视快报
影视风向标
纪念抗战胜利 70 周年电视剧展播

电影频道

电影目录
老电影院
微电影
电影节连展
北美票房榜
内地票房榜
观影指南
大片点评
策划
CCTV–6 官网

动画频道

动画片库
高清动画
搞笑
亲子
怀旧
央视热播
动画播出时间表
口袋动画影院
动画电影
预告片

动画歌曲
资讯
策划
动漫节连展
动画解读 24 字核心价值观
中国梦·动画梦乐园

科教频道

分类点播
科教名栏
科教资讯
科教专题
探索图库
检索地图
排行榜
CCTV–10 官网

青少频道

青少资讯
少儿图集
青少剧场
少儿悦读
高清壁纸
少儿影院
亲子教育
互动论坛
青少百科
青少专题

体育频道

直播频道
VIP 高清频道
视频点播
网球
NBA
CBA
中超
意甲
德甲
欧冠
亚冠
2016 欧洲杯
国际足球
乒乓球
羽毛球
篮球
拳击
冰雪
水上运动
排球
田径
台球
原创策划
CCTV– 体坛风云人物官网
谁是球王官网
数据中心
央视体育客户端

综艺频道

明星
电影
电视
音乐
戏剧
文化艺术
高清美图
滚动新闻

戏曲频道

名家名段
听戏学戏
粉墨登场
戏曲影视

音乐频道

古典音乐频道
娱乐星闻
MTV
戴你唱歌声乐慕课

公益频道

公益资讯
公益专题
图说我们的价值观
讲文明·树新风
全国优秀电视公益广告作品库

旅游频道

国内旅游
出境旅游
旅游视频
旅行图片
旅行达人
旅游行业
户外休闲
攻略书
江西
广西

三农频道

致富殿堂

汽车频道

新车新闻
行业新闻
车型导购
新车试驾
非常道
召回
市场行情
用车养车
汽车文化

健康频道

健康有约

美食频道

食品行业
食疗养生
饮食禁忌
饮食美容
饮食瘦身
美食文化
美食地图
母婴饮食
菜谱
美食趣图
美食节目
厨房百科

时尚频道

时装频道
美容频道
奢侈品频道
女人频道
星时尚

中国公开课

大学
高中
初中
小学
原创精品课
央视精品
专业课堂
休闲生活

书画频道

看展
艺术资讯
插画
艺术品投资
央视画廊
书法公开课
名家面对面
全球华人少年书法大会
笔尖上的中国

游戏频道

新闻中心
游戏视频
电子竞技
美图欣赏
新游戏
儿童游戏
游戏大厅

调查频道

复兴民调

爱西柚

今日热点
西柚看点

热点 TOP
原创
拍客
达人
幽默
宠物
精彩专辑
现场派
西柚大锋报
牛人榜中榜
萌宝逗趣秀
宠物欢乐汇
一周爆笑视频
神剧“现形记”

英语频道

新闻
中国新闻
世界新闻
经济新闻
文化新闻
体育新闻
生活新闻
旅游
学汉语
纪录片
视频页面
图集
直播页面
CCTV 美洲
CCTV 非洲
专题页面
国际评论

阿拉伯语频道

新闻
中国新闻
世界新闻
经济新闻
文化新闻
视频
中国视频
世界视频
经济视频
文化视频
直播页面
中东本土网
专题页面
阿语频道官网
图集

西班牙语频道

新闻
中国新闻
世界新闻
经济新闻
文化新闻
体育新闻
拉美新闻
视频
中国视频
世界视频
经济视频
文化视频
体育视频
拉美视频
直播页面
拉美本土网
专题页面
西语频道官网

法语频道

新闻
中国新闻
世界新闻
经济新闻
文化新闻
体育新闻
非洲新闻
旅游指南
纪录片
学汉语
学功夫
直播页面
视频页面
图集
专题页面
法语频道官网

俄语频道

新闻
中国新闻
世界新闻
俄罗斯新闻
经济新闻
文化新闻
体育新闻
科技新闻
旅游新闻
视频新闻
图片新闻
直播页面
俄罗斯本土网
专题页面
俄语频道官网

维吾尔语频道

智慧

哈萨克语频道

书香天下
我与诗歌同行

蒙古语频道

大都视角

直播中国

文化点点
故宫点点
萌娃闹新春
送心回家
烙印·宛平
一堂美术课
乐语心声
长城直播
今日中国
国家地理
人文历史
中国滋味
中国功夫

亚太本土网

时事新闻
娱乐新闻
体育新闻
经济新闻
社会生活新闻

拉美本土网

拉美新闻
中拉合作新闻
学汉语
电视剧

欧洲本土网

时事新闻
体育新闻
经济新闻
社会生活新闻

中东本土网

时事新闻
中国·中东
经济新闻
文化娱乐新闻

俄罗斯本土网

中国新闻
世界新闻
俄罗斯新闻
经济新闻
文化新闻
体育新闻
科技新闻
旅游新闻
视频新闻
图片新闻
直播页面
CCTV 俄语
直播熊猫俄语版
中国功夫
学汉语
中国美食
中国旅游

非洲本土网

新闻
中国新闻
世界新闻
经济新闻
文化新闻
体育新闻
生活新闻
旅游
学汉语
纪录片
视频页面
图集
直播页面
CCTV 美洲
CCTV 非洲
专题页面

熊猫频道

熊猫直播
熊猫剧场
熊猫小镇
青海湖鸟岛直播

朝鲜语频道(地方合作)

新闻
体育
音乐
文学
朝鲜族
朝鲜语规范
TV
广播

粤语台(地方合作)

粤地频道
社会频道
娱乐频道
体育频道
财经频道
图库
时尚
旅游
美食
汽车
健康
网站地图

潮州台(地方合作)

新闻
电视
电台
民生论坛
潮州文化
视听潮州
拍客社区
手机网站

CCTV中学生频道(合作)

新闻中心
电视直播
课程视频
频道栏目
师资团队
产品服务
合作专区

台海网络广播电视台

厦门
台湾
天下
直播点播
纪实
评论
闽南语剧场

广西宽频(地方合作)

新闻
直播广西
王牌栏目
栏目点播
校园资讯
纪录片
电视剧
电影
动画片

娱乐

珠澳宽频(地方合作)

新闻资讯
浪漫珠海
综艺
体育
电视剧
电影
军事 / 纪实

长株潭台(地方合作)

新闻
直播
点播
两型社会
广播
访谈
专题
纪实
图集
手机台
精彩视频

宁波网络电视台

民生经济
社会百态
城市广角
热议热评
领导视频
环球时讯
闲话
说法
调查
乡音
美食
财经
房车
养生
文化
娱乐
栏目
资讯
直播
主持
明社区
爱活动
宁波亲子圈
阳光热线
绿野风

遵义台(地方合作)

精选栏目
遵义新闻联播
太阳花
玩转遵义
直播遵义
法治遵义
遵义好贝贝

韩语频道(地方合作)

视频新闻
图文新闻
中国新闻
世界新闻
经济新闻
文化新闻
旅游新闻
自采新闻
特别专访
韩国人的中国观
纪录片
动画片
电视剧
汉语教学

应用服务

央视博客

草根博客

CBox央视影音客户端

直播
时间表
推荐

栏目
综艺
体育
电影
电视剧
动画片
纪录片
青少
科教
公开课
爱西柚
CNTV 原创
DV 看两岸
微纪实

移动互联网平台

CCTV手机电视

新闻
体育
娱乐
电影
电视剧
纪实
法制
音乐
军事
名栏
直播

手机央视网

笑点
趣味测试

IP电视平台

电影天地

最新上线
重磅佳片
动作警匪
科幻惊悚
爱情文艺
喜剧搞笑
动画电影
战争历史
欧美大片
故事剧情
档期预告

电视剧场

同步首播
韩剧专场
古装历史
谍战动作
港台剧场
海外剧场
军旅革命
家庭伦理
都市爱情
月度 TOP 榜

少儿动画

动画 TOP20
幽默搞笑
动作冒险
古代武侠
神话经典
熊出没
喜羊羊
少儿栏目
益智课堂

健康生活

金牌栏目
时尚前沿
美容减肥
美食美客
玩转地球
生活窍门
心路历程
养生保健
装修宝典

综艺娱乐

栏目 TOP 榜

选秀 PK
娱乐八卦
音乐 MV
明星访谈
搞笑幽默
晚会盛典
曲艺荟萃

第一体育

NBA
CBA
劲爆足球
综合体育
搏击格斗
体育名栏
电子游戏

法治空间

法治新闻
名牌栏目
案发现场
社会万象
法律服务

新闻频道

名栏
国际
国内
社会
财经
军事
娱乐
评论

财经视界

财经名栏
精品车尚
农广经济
收藏鉴宝
消费指南
理财专区

纪实频道

金牌栏目
战争风云
历史传奇
寰宇地理
人与自然
人间百态
探索·发现
精彩专题

CCTV移动传媒平台

公交频道

商界视点
家有妙招
生活提示

广场频道

国宝中国
食在中国
文化中国
文艺中国
戏曲中国
游历中国
最美中国

民航频道

赏游天下
欢笑十分
美食天下
发现探索
民航往事
新视听
精彩视界

列车频道

纪录之窗
生活提示
食在中国
文化中国
游历中国
最美中国
综艺快车

快客频道

快客探秘
快客驿站
快客影视剧场
美音美秀

饭店频道

纪录之窗
美音美秀
文化中国
风华国乐

互联网电视平台

高清电影

全部电影
热播排行
大片赏析
欧美
日韩
港台
内地
主题电影
预告·花絮

电视剧

全部剧集
热播排行
首播新剧
央视大剧
内地剧场
港台剧场
韩剧剧场

动漫

热播排行
经典形象
国产
海外
亲子
搞笑
冒险
动画电影
动画歌曲

综艺

热播排行
喜乐街
挑战不可能
星光大道
叮咯咙咚呛
出彩中国人
综艺强档
娱乐头条
晚会盛典

体育

每日更新
热播排行
广场舞
名牌栏目
中国篮球
NBA 赛场
中国足球
欧洲足球
综合赛事
趣味赛事
运动健身

少儿

热播排行
名牌栏目
早教启蒙
儿歌乐园
成长课堂
少儿剧场

纪录片

热播排行
顶级首播
高清精选
战事风云
历史考古
自然传奇
探索纪实

古今人物
海外巨制

曲艺

热播排行
戏曲
戏曲晚会
相声
德云社特供
小品

音乐

热播排行
影视原声
潮流首发
今乐坛
中文音乐榜上榜
主题乐单
最佳现场

生活

热播排行
生活百科
食全食美
情感对话
旅游文化
健康养生
母婴亲子
魅力潮人

教育

热播排行
我的小学
我的中学
我的大学
课外辅导
公开课
职场助手
国学开讲

电子竞技

热播排行
最新上线
潮前看
明星解说
穿越火线
英雄联盟
电竞教学
星际争霸 2
DOTA2
DOTA
DNF
游戏天下

淘你喜欢

新品推荐
数码电器
居家生活
服装服饰
珠宝收藏
食品保健

（中国网络电视台提供）

2014 年中央电视台新增及改版栏目选介

时代楷模发布厅

“时代楷模”是中宣部推出的重大典型项目，以在中央电视台综合频道推出《时代楷模发布厅》的形式，定期向社会发布先进典型人物。节目内容包括：主持人与嘉宾访谈，朗诵中国楹联学会创作的时代楷模诗词对联，诗歌配乐朗诵，颁奖嘉宾为时代楷模颁发奖章和证书，军乐团现场演奏。节目以中国传统文明与现代文明融合的理念塑造时代楷模，将“中国梦”贯穿到发布仪式中，倡导“爱国、敬业、诚信、友善”的社会主义核心价值观，烘托出楷模们所代表和弘扬的时代精神和民族精神，号召全国人民“向时代楷模学习致敬，让时代楷模引领风尚”。

节目于 2014 年 3 月 28 日起在综合频道开播，播出时长 40 分钟。电话：010–85063280。网址：www.tv.cntv.cn/videoset/VSET100192490568。电子信箱：waktvtv@126.com。

他们创造奇迹

《他们创造奇迹》是由央视创造传媒有限公司为中央电视台综合频道制作的纪实类节目。节目以真实案例故事＋剧情演绎＋当事人深度访谈解读的方式展现，从真实案例出发，以电影编剧的手法架构故事，以电影式的场景、表演还原故事，用纪录片式访谈加入当事人的描述，增加可信度，表达情感，塑造人物性格。节目内容直击生活中的危机，关注危机中的人性觉醒，解读战胜危机的必然性，展示生命创造出的奇迹。采用纪录片加电影的叙述方式，展示人类面临生死考验之时，为了生存而迸发出来的智慧和勇气。

节目于 2014 年 9 月 22 日起在综合频道以季播形式开播，周一晚 10:38 播出，每集时长 40 分钟。电话：010–58719000。电子信箱：rmgs2015@126.com。

少年中国强

《少年中国强》在中央电视台综合频道开播后，以城市网 0．63% 的收视率创下综合频道非黄金档新开播节目的最好首播成绩。《少年中国强》是中国首档大型少儿励志节目，展现中国青少年超越常人、超越年龄的才智与能力，给予每个拥有梦想的少年展示自己的舞台，每期节目有 4 位少年展示才智，获得观众的一致认可。节目关注的是新时代青少年的青春梦想，注重的是少年们坚强的性格，强大的内心世界，顽强的意志和自强不息的品德。节目探讨了科学的青少年教育方式，向社会传递正确的教育理念和方法，传播具有正能量的价值观。

节目于 2014 年 8 月 14 日起，每周四 22:38 在中央电视台综合频道首播，每周日 13:34 重播，财经频道每周六 12:30 重播上期的节目。

出彩中国人

《出彩中国人》是由中央电视台综合频道推出的节目，通过展现普通人的精彩人生，反映时代的风貌，凸显当代中国人的精神内核，是对中国人共同价值观的界定和推广。节目展示普通劳动者的梦想与奋斗，搭建热爱生活、充满创造力的舞台，来自世界各地、各行各业的华人在这个舞台上尽情展示他们的出彩瞬间，讲述他们追梦道路上经历的艰辛和幸福。这些普通人的非凡事，就是当代中国人精神上的追求和象征。节目选手是普通人，涵盖各个年龄段和各行业，有北京退休大妈组成的芭蕾舞团，有煤矿工人组成的乐队，有环卫工人自编自演的“千扫观音”，有热爱广场舞的三岁小孩等。这些平凡百姓的乐观坚韧，在平凡生活中释放的创造力，令人感动，让观众看到当代中国人的坚韧和执着，看到更加开放和包容的中国。《出彩中国人》第一季全国网平均收视率 2.01%，单期最高收视率 2.47%，收视蝉联全国网冠军。

节目于 2014 年 2 月 9 日起，每周日晚 20:00 在综合频道播出。第一季节目共 11 期。

博乐先生微逗秀

《博乐先生微逗秀》是央视创造传媒有限公司“正大综艺”栏目团队制作的一档幽默视频互动节目。节目以全媒体平台为依托，网罗不同渠道的视频资源，围绕“家庭、幽默、创意”，展示百姓在日常生活中的欢乐瞬间。节目以幽默视频为主，用 6 段幽默视频小片阐述主题，视频包括美国 AFV 的滑稽录像及国内拍客的自主拍摄。演播室部分，结合主持人的微短剧和脱口秀表演，把幽默段子与视频的主题紧密结合，围绕节目主题进行设计，形式新颖。采用视频＋现场模式，用现场串联视频板块，阐释节目主题。节目的特色是：出现在视频中的人都有可能作为嘉宾被请到节目录制现场；嘉宾部分，除了常规的主持人采访外，还有多种设计表达，根据每个嘉宾自身情况量身定做。每期节目结尾的“一周中国人”更是百姓生活的缩影。拍摄者把自己一周内最想说的话通过镜头展现给观众，向更多人传递幸福、快乐和正能量。

节目于周日22:30点在综合频道首播，周二12:30财经频道重播，节目时长50分钟。电话：010-58719140。电子信箱：cctvbole@126.com。

实战商学院

《实战商学院》由北京中视广经文化发展有限公司制作，是中国首档系统聚焦中小企业成长困局，多维解析中小企业热点问题的电视谈话类节目。节目注重落地性、实操性，汇聚国内权威的管理学专家、商界领袖和知名跨界人士，从管理学原理、商业实战经验以及社会学、历史学和心理学等维度，全方位解析中小企业成长的困局，提出解决之道。

节目于2014年5月26日至30日、2014年11月16日至2015年11月在中央电视台财经频道播出，节目时长38分钟。电话：010-85889491。电子信箱：cctv-zsxy@163.com。

幸福账单

《幸福账单》是综艺频道推出的一档大型综艺互动游戏类节目。节目中，报账人讲述账单背后的幸福故事，通过挑战为其量身定做的游戏，赢取账单报销的机会。“账单”是节目载体，通过一个个充满真情的账单，折射出百姓生活的幸福感。

该栏目获得2014年度中央电视台品牌栏目奖。

节目自2014年1月3日起周六19:30在综艺频道首播，周日12:30重播，播出时长90分钟。电话：010-88242516、88242518、88242520。电子信箱：cctv3-w@163.com。

中国新闻·周日一小时

《中国新闻·周日一小时》栏目由中文国际频道制作播出。栏目立足于一周重大国际国内新闻事件，通过记者、专家梳理事件脉络，以独特的视角和维度，发掘出“深度新闻”。节目有“新闻最前沿”“环球军情观察”“深度观察”三个板块。除了动态消息、新闻分析、新闻链接，还采用记者连线、专家点评、“主播有话说”等表现方式，形成“最新时事密切跟踪、热点事件勾连解读、记者连线最新进展、专家快评拓展深度”的特点。节目包装手段多样化，对大屏、地图、字幕、图表、音乐、特技等元素综合运用，使节目更加个性化。

栏目于2014年2月16日起每周日19:00～20:00在中文国际频道亚洲、欧洲、美洲版同时播出，节目时长60分钟。栏目电话：010-85060555、85060666、85060777。电子信箱：bianjierzu@163.com。

体育文化城市行

5集系列节目《体育文化城市行》是由体育频道、国家体育总局合作推出的特别节目，旨在展现体育文化形式，挖掘体育文化的深层内涵，弘扬中华体育精神和奥林匹克精神，推动社会主义文化大繁荣和大发展。选择双流、黔东南、阿勒泰、东莞、佛山等中国东南西北地区具有代表性的5个城市，以体育频道主持人亲身体验的方式呈现体育对5个城市的影响，反映民族民俗、民间体育的风貌，展示中国体育事业百花齐放的新局面，引导人们正确认识中国体育事业的发展和成就。节目播出后，获得国家体育总局及体育界人士的高度评价，《中国体育报》《体坛周报》及华奥星空等媒体予以报道。

节目于2014年5月25日起在体育频道播出，每集时长25分钟。

5要赢

《5要赢》节目由中央电视台体育频道、中视体育娱乐有限公司、北京众乐多屏文化传媒有限公司联合创意制播，是国内首创面向年轻草根观众，通过平板、手机APP与电视互动的大型足球智力竞赛直播节目，2014世界杯每个比赛日前一天22:00～22:30在体育频道直播。手机用户下载《5要赢》App后参与海选答题，优胜者有机会到直播现场挑战终极大奖。在现场答题选手和App答题王之间产生总冠军。采用车轮赛制，每天淘汰一名选手，并在节目中为幸运观众送出多重大奖。体育和文艺明星、商业精英作为超级外援出席。世界杯结束后统计显示，《5要赢》APP上线3个月累计下载量572万次，位居全国各电视台互动类APP榜首。

节目于2014年6月12日至7月13日在体育频道播出，共25期，每期节目时长30分钟。

冰球·冰球

《冰球·冰球》是中央电视台体育频道体育赛事频道编辑部制作的节目，旨在介绍NHL北美冰球职业联赛的赛事和人物，并关注中国冰球国家队与青少年选手培养，在北京、张家口申办2022年冬奥会背景下，向观众介绍冰球赛事，记录中国冰球的发展。《冰球·冰球》节目由“硬碰硬”“周十佳”“面对面”“我们身边的冰球”“焦点赛事”等板块构成。2014年11月，加拿大总理哈珀访华期间接受节目独家采访，他对冰球的热爱及专业水平成为节目的亮点。

节目于2014年10月17日起，在体育赛事频道NHL比赛直播后或晚间21:30播出，每赛季约35期，每期时长25分钟。栏目电话：010–85065608。电子信箱：cctv5plus@cctv.com。

我爱世界杯

《我爱世界杯》是体育频道报道世界杯的现场直播类节目，内容包括专题和赛前、赛后包装。栏目突出足球的专业性，注重与新媒体互动，形成开放性节目平台。表现方式为“资讯速递”：主持人使用Zaker技术，在大屏幕前为观众传达解读资讯，并融入大数据的内容；“战术分析师”：主持人与专业足球嘉宾利用Magma技战术分析系统，对比赛进行战术复盘和技战术前瞻；“现在登场”：专业嘉宾根据官方发布的出场阵容，使用虚拟电子沙盘技术，分析准备登场的两支球队如何排兵布阵；“联通现场”：演播室与前方记者连线，报道现场最新消息；“球衣秀”：与女主播互动，为全民参与设计的话题；“猜题赢大奖”：与新媒体合作，观众以“虚拟观众席”的方式与主持人互动，参与节目猜题。

节目于2014年6月12日至7月14日在体育频道播出，世界杯全部节目的总时长约300小时。电话：010–85065387。电子信箱：cctvsoccerchannel@126.com。

一起去青奥

《一起去青奥》是体育频道报道南京青奥会特别制作的一套系列节目。由来自多个国家的22名中学生组成青奥记者团，形成了一种全新的报道样态。由中央电视台主持人、记者、专家组成导师团，与青少年记者一起，分赴南京、西藏、陕西等地区拍摄采访，体验运动员的训练和生活。采用现场连线、人物访谈、体验式报道形式，延展节目内容。节目展现了奥林匹克精神的影响和青少年对体育的热爱，风格独特，广受好评，青少年记者受到国际奥委会主席巴赫的接见。从圣火采集到青奥会闭幕，系列节目共播出4集215分钟。新华社、《人民日报》《新闻联播》对该节目作了宣传报道，《人民日报》评论《特色青奥最迷人》，肯定了节目的创新性。

节目于4月30日至8月28日在体育频道每日四档的新闻栏目中播出。栏目电话：010–85065575。电子信箱：yiqiquqingao@163.com。

GO巴西GOAL

《GO巴西GOAL》由中视体育娱乐有限公司制作，是CCTV–5推出的巴西世界杯大型纪实类栏目。摄制组从中国出发，经德国、比利时、荷兰、瑞士、法国、意大利、葡萄牙、西班牙、英国，探访巴西的12座比赛举办城市。镜头对准绿茵场外，将游戏闯关、世界杯历史、足球文化、风土人情、足球故事、球星的花絮融为一体，获胜的选手获得世界杯决赛的门票。节目制作周期9个月，行程超过5万公里，将球迷的热情、观众的期盼点滴汇聚，最终在巴西点燃释放，呈现出一个世界杯的世界。

节目于2014年5月起在体育频道开播，共61期。其中，欧洲段于5月14日至6月5日播出30期，巴西段于6月13日至7月13日播出31期。每期播出时长30分钟。

豪门盛宴

《豪门盛宴》是体育频道为报道巴西世界杯而推出的足球娱乐类特别节目。节目设“动物世界杯”“幽默世界杯”“N角度看世界杯”等板块，运用文学、时尚、娱乐、美术、电影、音乐、舞蹈、建筑学等多元文化对世界杯比赛进行解读和创意包装。演播室的设计、电视虚拟技术的制作、新媒体的应用、竞猜、游戏、预测、线上线下多方互动，形成了立体化、多样性、全媒体的报道形态。其中“红牛赛场”“天生有裁”“红牛传奇”“关键先生”等板块，由足坛专家张路、国际裁判孙葆洁分析经典战术配合，对有争议的裁判判罚进行详解和点评。节目组还邀请22个参赛国的驻华使官、文艺体育明星、偏远地区的球迷到直播现场，与观众分享他们眼中的世界杯。《豪门盛宴》与国家体彩中心携手，向14个省的33所贫困中小学捐赠体育器材。

节目于2014年6月12日至7月14日，每日19:30在体育频道直播，共33场，总计66小时。

星推荐

《星推荐》是中央电视台电视剧频道策划推出的日播原创影视剧互动服务类节目，即每周邀请一位明星嘉宾，为观众推荐电视剧频道将要播出的精彩剧目。该节目委托央视国际移动传媒有限公司制作，将明星风采与剧情看点结合起来，增加了精彩剧目对观众的吸引力。

节目于2014年1月1日起每日08:28在电视剧频道首播，12:47、16:21、16:33、18:29、22:08重播，节目播出时长5分钟。

全球中文音乐榜上榜

《全球中文音乐榜上榜》是中央电视台主办、泛亚地区各大媒体协办，戏曲和音乐频道制播的打榜栏目，旨在打造全球最具公信力、最权威的中文音乐排行榜，推动中文歌曲原创，引领时代音乐潮流。栏目以“直播真唱，现场打榜”，直播时段观众实时投票产生周冠军的方式运行，由现场打榜、新歌首秀、特别舞台、未到场艺人展示、非直播时段票选第一名展示、台湾地区TOP10、台湾现场展示、第二现场等环节构成。

栏目于2014年3月22日开播，每周六19:30在音乐频道直播，时长70分钟；每周日08:35在综合频道重播，时长45分钟；周日11:00、15:40、21:05在音乐频道重播，时长60分钟。栏目电话：010–68500759。电子信箱：qqzwyybsb@126.com。

中国大观

《中国大观》是一档电视杂志类节目，由央视风云传播有限公司制作，旨在以新奇特的视角、简洁明快的节奏展现真实、全面、高速发展中的中国。节目由人物、文化、艺术、美食、旅游5个板块构成，以外拍、改编相结合的方式制作。外拍的故事和人物，能够展现当代中国的风貌；改编的内容，选择了鲜活有趣、鲜为人知的题材，注重符合对外交流的需要；依托中央电视台丰富的节目资源，进行节选和整合，形成了视角新奇、节奏明快、情趣盎然的《中国大观》。

节目于2014年1月5日起每周日19:30在《世界地理》频道播出，周一11:00重播，播出时长30分钟。电话：010–51925188–6626。电子信箱：renyingxin@cncdm.com。

地中海风尚

《地中海风尚》是央视风云传播有限公司与意大利GIGLIO集团共同制作的一档周播节目，内容涉及音乐、美食、运动、建筑、旅游、艺术、时尚等不同主题，以及“米兰时装周”“米兰国际家具展”等，分为6个板块，由主持人解说串联，虚拟演播室录制，原声字幕呈现。节目致力于中国和意大利的文化交流，以明快的节奏和流畅的镜头，展现了以意大利为代表的地中海沿岸欧洲各国的最新流行风尚。

节目于2014年5月3日起每周六18:30在风云音乐频道播出，周日11:00重播，节目播出时长30分钟。电话：010–51925188–6622。

电子信箱：weipingfan@cncdm.com。

全球财经（非洲版）

《全球财经》（非洲版）由中央电视台非洲分台制作，是介绍和分析非洲经济的日播专题栏目。在展现非洲经济多元化、一体化进程，给观众带来最新财经资讯的同时，分析为何越来越多的大企业、跨国公司、创业者们瞩目非洲，非洲经济与世界经济的关联，并提供合作商机等资讯。以非洲大陆东南西北（肯尼亚、南非、尼日利亚、埃及）为直播点，在其他重要国家派驻报道员，使财经报道覆盖整个非洲。邀请企业家、创业者参与讨论，讲述他们的故事，从不同的层面深度解读非洲大陆的经济增长点，由经济衍生的民生问题和民众的观点，并通过社交平台引入互动报道。关注小型企业和普通民众对非洲经济增长的贡献，关注非洲经济发展的成功经验和人民生活的改善，展现非洲经济发展积极的一面。

栏目于2014年7月1日起周二至周六02:00～02:30在英语新闻频道播出，播出时长30分钟。电话：+00254–719059310。电子信箱：globalbusinessafrica@cctv.com。

非洲体育 Match Point

《非洲体育》Match Point是由中央电视台非洲分台制作的一档周播体育栏目，以报道非洲的体育新闻为主，同时关注全球体育项目，如欧洲冠军联赛、网球四大公开赛、高尔夫高级别比赛。该栏目报道在非洲大陆举行的体育赛事，记者第一时间采访观众耳熟能详的体育名人、冠军运动员、高级体育官员，深度报道并解析热点赛事和项目，向观众提供非洲体育精神的视觉感受，通过访谈节目和社交媒体实现观众与运动员、团队直接互动，增加观众的参与感。该节目覆盖面广、形式多样，旨在为非洲和世界观众带来更多更生动的体育盛事报道。

栏目于2014年7月5日起每周日02:00～02:30在英语新闻频道播出，栏目时长30分钟。电话：+00254-719059310。电子信箱：matchpoint@cctv.com。

非洲面孔（法）

《非洲面孔（法）》是中央电视台法语国际频道新增的栏目，讲述非洲的精彩故事，纪录人们在非洲的不同生活。

栏目于2014年4月11日起04:00在法语国际频道首播，10:00、16:00、23:30重播，播出时长30分钟。电话：010-85062267。

生财有道

《生财有道》是法语国际频道制作播出的栏目，就中国农村致富专题，挖掘具有指导性的致富故事，反映中国农民丰富的致富经历。面向普通百姓，讲述致富故事，体验致富过程，提供致富资讯。

栏目于每周一04:00在法语国际频道首播，10:00、16:00、23:30重播，播出时长30分钟。电话：010-85062279。

生活在中国（法）

《生活在中国（法）》是法语国际频道制作的新栏目，介绍居住在中国的外国人的故事，讲述是什么让他们远离家乡，他们在生活中面临什么挑战，他们如何看待自己在中国的未来。

栏目于2014年4月16日起在法语国际频道04:00首播，10:00、16:00、23:30重播，播出时长30分钟。栏目电话：010-85062267。

华夏行

《华夏行》是中央电视台法语国际频道制作的大型旅游类节目，以旅游为载体，以文化为核心，以故事为基础，以情感为纽带，展示华夏的自然与人文之美。以“行走、体验、发现”为宗旨，记者带领观众行走四方，赏美景，品美食，关注社会与民生，提供旅游资讯，体验旅行乐趣，探寻人文奥秘，引领法语国家旅游者做出选择。通过旅游资讯的权威发布、民间达人的旅行情报、旅行体验者的亲身讲述、学者嘉宾的文化解读、旅游话题的实时互动，呈现中国人的旅行百科和多样化生活，塑造既有传承又具时代感的华夏旅游形象。

节目于每日08:00在法语国际频道首播，14:15、18:15、00:15重播，节目时长45分钟。电话：010-85062279。

快乐嘉年华

《快乐嘉年华》是由中央电视台法语国际频道制作播出的音乐类新栏目，旨在向使用法语国家的观众介绍中国优秀音乐和歌曲，享受乐曲带来的快乐。节目内容为民族音乐和舞台音乐，包括中国各地区民间歌手的歌唱比赛，播放人们喜爱的舞台乐曲。

栏目于2014年4月13日起05:00在法语国际频道首播，09:30、15:30、23:30重播，节目时长30分钟。电话：010-85062267。

时尚生活

《时尚生活》是由中央电视台法语国际频道制作播出的新栏目，以“时尚重塑自我、自信改变人生”为宗旨。邀请国内外时尚界顶尖的服装设计师、造型师、彩妆师、心理专家等，组成专家团队，重新塑造选手的形象。观众通过荧屏看到丑小鸭如何在设计师的创意下，化身为白天鹅。

栏目于2014年4月13日起04:00在法语国际频道首播，10:00、16:00、20:00重播，播出时长45分钟。栏目电话：010-85062267。

体育在线

《体育在线》是中央电视台法语国际频道播出的新栏目，以介绍各大体育赛事为主，是一档周播的综合体育专题节目。

栏目于2014年4月15日起，每周二04:00在法语国际频道首播，10:00、16:00、23:30重播，播出时长30分钟。栏目电话：010-85062267。

味·道（法）

《味·道》是法语国际频道制作播出的生活服务类新栏目。主持人与资深食客组成“味道调查团”，以美食调查的形式，展现中国各地的饕餮美食和当地有趣的民风民俗，以轻松活泼的方式让观众领略到中国饮食文化的魅力和悠久的历史文化底蕴。

栏目于 2014 年 4 月 12 日起每周六 04:00 在法语国际频道首播，10:00、16:00、20:00 重播，播出时长 45 分钟。栏目电话：010-85062278。

动画片（法）

《动画片（法）》是法语国际频道制作播出的新栏目，适合 12 岁以下的少年儿童观看。节目洋溢着活泼清新的气息，给人以美的启迪，同时又注重教化意义，寓教于乐。

栏目于每周一至周五 04:30 在法语国际频道首播，10:30、16:30、20:30 重播，播出时长 15 分钟。栏目电话：010-85062279。

50 年 50 人

2014 年是中国与法国建交 50 周年，法语国际频道制作推出系列特别节目《50 年 50 人》。该节目记录在中法交流各领域做出过卓越贡献的 50 个人物的故事，反映 50 年来两国关系在政治、经济、外交、文化、教育等众多领域取得的飞跃发展。每个人物的故事，都从不同角度反映出文明对话的成果。《50 年 50 人》是法语主流电视台首次完整引进播出中国媒体制作的节目，标志着中央电视台国际传播能力建设取得新突破。中法两国外长为该节目在法国开播致信祝贺，海外受众对此高度关注，多家法国媒体作了报道。

节目于 2014 年 12 月 12 日起在法国国际电视 5 台 (TVSMONDE) 9 个频道向全球播出。

生活在中国（西）

《生活在中国（西）》是由西班牙语频道播出的栏目，展现外国人在中国的生活状态，以及他们追逐梦想、实现梦想的经历，展示他们对中国的热爱之情。

栏目于 2014 年 4 月 13 日起每周日 11:30 在西班牙语国际频道首播，周五、周日 16:30、22:30，周一 04:30 重播，每期节目 30 分钟。电话：010-85061982。电子信箱：extranjeros_en_china@cctv.com。

美洲观察（西）

《美洲观察》是由西班牙语国际频道全新打造的一档新闻杂志类栏目，采用周播形式，选取发生在美洲地区特别是西班牙语美洲地区的相关事件，进行深度报道和分析。

栏目于 2014 年 4 月 14 日起每周一 11:30 在西班牙语国际频道首播，周一 16:30、22:30，周二 04:30 重播，每期节目 30 分钟。电话：010-85062038。电子信箱：america_ahora@cctv.com。

动画片（西）

《动画片（西）》是西班牙语国际频道制作播出的新栏目，精选中国优秀动画片，以西班牙语配音播出，促进西班牙语国家的儿童和青少年更多了解中国。

栏目于 2014 年 4 月 12 日起每周六、周日 10:30 在西班牙语国际频道首播，周六、周日 17:30、23:00，周二、周四 16:30、22:30，周一、周日 04:00，周三、周五 04:30 重播，每期节目 30 分钟。栏目电话：010-85061982。电子信箱：hora_infantil@cctv.com。

生活在中国（阿）

《生活在中国（阿）》是外语频道创办的纪实性专题节目，展现阿拉伯人在中国的真实生活状态和实现人生理想的故事，展现开放的充满活力的中国吸引越来越多的外国人前来求学、谋职、创业、寻梦、淘金、做公益等。作为原创自拍节目，每期节目选取一位来自阿拉伯国家的主人公，以发生在主人公身上的动态事件为主线，以第一人称自述的形式、跟踪拍摄的纪实性影像风格，记录他们在中国的工作、学习、生活经历。动态事件要经过周密策划，挖掘的内容应该有悬念、有矛盾冲突、有高潮、有结局，具有新闻事件的特点，能够充分展现主人公在中国的真实生活经历和情感体验。

节目于 2014 年 4 月 18 日起每周五 10:30 在阿拉伯语国际频道首播，16:30、20:30、23:30 及周六 07:30 重播，节目时长 30 分钟。电话：010-85062427。电子信箱：foreignersinchina_arabic@cctv.com。

首届中央电视台阿拉伯语大赛

2014 年 11 月 15 日，由外语频道主办、阿拉伯语国际频道承办的首届中央电视台阿拉伯语大赛决赛在中央电视台新址 E02 演播厅播出。中央电视台副总编辑黄传芳致辞。阿尔及利亚驻华大使、埃及驻华大使、巴林驻华大使在现场观看比赛，并与黄传芳副总编辑共同为获奖者颁奖。埃及著名演艺团体伊斯玛仪艺术团为大赛助演。比赛启动于2014年5月，所有年满18周岁、会说阿拉伯语的中国人均可报名参赛，吸引了全国10多所高校学习阿拉伯语的学生、社会在职人员、海外留学或工作的中国人报名参赛，先后在上海、西安、北京及网络赛区进行初赛，11月在北京进行复赛，复赛胜出的12名选手通过才艺比拼、短剧演出、辩论、即兴喜剧表演等多个环节的角逐，最终决出大赛的一、二、三等奖。

酷评编辑部

《酷评编辑部》是阿拉伯语国际频道首次自主筹拍、由阿拉伯籍主持人解说的中文教学情景剧。该剧讲述一群在时尚杂志工作的时尚达人们在日常生活、工作中遇到的趣事，结合了时下流行的“达人”“正能量”“驴友”“浮云”“裸婚”等“潮词”。风格轻松活泼，制作精良。观众收看剧情时，通过主持人的讲解学习汉语，体会时下中国年轻人中流行的“潮词”。该剧由阿拉伯语频道创意、策划、编剧、表演、拍摄、制作，充分发挥员工才艺，拍摄地点包括广场、火车站、宾馆、街道、公园、酒吧、餐厅、球场、医院，剧情涉及小轮车极限运动、古装穿越、相亲、商业欺诈、时装走秀等。

节目2014年7月28日在法语国际频道、西班牙语国际频道汉语教学栏目播出，每集15分钟，共20集。

中国清真美食

《中国清真美食》是阿拉伯语国际频道推出的一档周播清真厨艺教学节目，是该频道《跟我学》栏目的子栏目之一。节目中，主持人探访具有特色的清真餐厅，与大厨一起，制作、品尝美食，教授一道主菜和一道精致辅菜（或一份美味点心）的做法。主持人与厨师精彩互动，出色的菜品与餐厅的特色相结合，展现中国清真美食的地域性和多样性。菜品制作与食物美学融合，使观众在视觉享受同时，学习制作美味菜品，在学与吃中感受中国清真美食文化。

节目于2014年5月起每周日10:15在阿拉伯语国际频道首播，当日14:15、18:15、22:15重播，播出时长15分钟。电话：010–85062401。电子信箱：followme_arabic@cctv.com。

动画公园（阿）

《动画公园（阿）》是阿拉伯语国际频道新增的日播栏目，旨在扩大收视群体。该栏目为讲阿拉伯语的3岁至12岁观众群量身打造，每期播出一集用阿拉伯语配音的中国优秀动画片，每集动画片由上集回顾、正片、片花、下集预告组成。

栏目于2014年4月18日起每周一至周日14:30在阿拉伯语国际频道首播，周一至周日22:30、次日07:00重播。节目时长30分钟。栏目电话：010–85062427。电子信箱：cartoon_arabic@cctv.com。

小鲤鱼历险记

《小鲤鱼历险记》是阿拉伯语国际频道推出的首部阿拉伯语配音动画片，取材于中国古老的民间传说“小鲤鱼跳龙门”，讲述小鲤鱼泡泡和他的小伙伴们历经千回百转，种种磨难，锻炼优秀品格，最终跳过龙门的故事。该片剧情跌宕起伏，引人入胜，主题曲充满童趣，极具感染力，上集回放、精彩片花、片尾提问等设计合理，制作精良，动画片的趣味性与互动性得到很好的体现。

《小鲤鱼历险记》于2014年4月18日起在阿拉伯语国际频道播出，共播出52集。

欧亚新闻联播

《欧亚新闻联播》是俄语国际频道创作的新栏目，服务于“丝绸之路经济带”，联播“丝路”沿线国家的新闻。在报道模式上，改变单向传播方式，与对象国主流媒体互动合作，由对象国及地区电视台向俄语国际频道提供素材和成片，结合频道自有报道，统一汇总编排播出。栏目汇集中国及欧亚各地当日主要新闻事件，涵盖时政、经济、文化和民生，以中国视角进行报道。通过建立与境外电视台互换新闻的平台，俄语国际频道制作的大量中国新闻在对象国合作伙伴的主流媒体平台植入播出。

栏目于2014年9月10日起周一至周五每日21:00播出，播出时长30分钟。栏目电话：010–85062705。电子信箱：euroasiatime@163.com。

问与答（俄）

《问与答》（俄）是俄语国际频道新制作的专题互动栏目。由外语频道受众国家的观众通过写信、发电子邮件、新媒体等方式提出自己感兴趣的关于中国的问题，《问与答》栏目以电视语言回答外国观众提出的问题，打造“关于中国”的电视百科全书。节目以纪录片方式拍摄，分为“观众提出问题 + 主持人或调查员串场 + 大量采访普通百姓对问题的看法 + 专家解答问题 + 对问题的扩展性介绍”5大部分，具有真实性、娱乐性、知识性、互动性和主旋律特点。

栏目于2014年4月18日起每周六、周日11:15在俄语国际频道首播，播出时长15分钟。栏目电话：010–85062653。电子信箱：1021433320@QQ.com。

我的中国故事（俄）

《我的中国故事（俄）》是一部专题纪录片，以多角度、小情节、快节奏记录世界各地的外国人（及家庭）在中国工作、学习、生活的故事，追寻他们的生活轨迹，纪录他们的美好瞬间，聆听他们的内心独白，展示他们对中国现状的思索。节目从一个侧面反映了中国改革开放的进程、对外政策的变化、经济的发展、文化软实力的提升以及中西方文化不断融合互补的崭新面貌。

节目于2014年4月19日起在俄语国际频道《生活在中国》栏目开播，周六11:30首播，19:30、23:15、周日03:15重播；周一09:00、12:30、15:30、21:30、次日02:45重播；周五16:30、22:30、周六01:00、06:30重播，每期时长30分钟。

生活百科（俄）

《生活百科》（俄）是由俄语国际频道创作的以实验和体验为特征的科普栏目。栏目在人们习以为常、熟视无睹的日常生活中发现问题，通过质疑假设、实验求证，给予科学探究。该栏目覆盖俄语国家地区不同层级的知识受众，旨在丰富传播内容，增加科技知识的传播。

栏目于2014年4月19日起周六、周日09:30在俄语频道首播，15:30、21:45，每周二09:00、12:30、15:30、21:30、每周三02:45、16:30、22:30、次日01:00、06:30重播，播出时长30分钟。电话：010–85062651、85062614。电子信箱：ylrc_ru@163.com。

新闻联播

《新闻联播》是兼具国家机器与媒体旗舰双重属性的新闻栏目。2014年，习近平总书记通过外访、考察、会议发表的系列重要讲话，承载着宏伟治国理念，在文风上也作出表率和垂范，“点赞”“蛮拼的”等充满活力的语言，经《新闻联播》传播，成为广大观众的口头语及网民跟评热议的内容。海采报道成为新品牌，引发广泛共鸣。“家风是什么”将中华文化的传统内涵与当代国人的价值追求结合在一起，立意高远，贴近群众，鲜活生动。“春运说吧”让归乡的人们走进了设在五大火车站的“小亭子”，打开心扉，讲述甜酸苦辣。改变传统采访方式，把话筒交给普通受访者，海采报道凸显群众性与平民化。“据说春运”“据说两会”成为大数据电视报道开端之作和经典案例。发挥编辑的挖掘功能，集粹使用后期合成的全新视觉元素，实现电视新闻节目的创制，是传统媒体的战略创新。2014年11月《新闻联播》推出“据说APEC”，将大数据源拓展到全球89个国家地区。开放式主题报尾形成规制，助推《新闻联播》战术级创新。2月4日至6日，《新闻联播》连续3天采用开放式温馨报尾方式，被网民称为“最萌”“最温馨”“最暖心”结尾。其中，2月6日是春节长假的最后一天，《新闻联播》让亿万观众分享14张洋溢着温情、幸福的“全家福”，选自20多个台站200多万网友所晒照片。网友跟帖盛赞“这是新老媒体的完美互动和创新！”各大门户网站置其为首页新闻，数以百计的网站竞相转载。

栏目于每日19:00～19:30在综合频道、新闻频道首播，当晚或次日在新闻频道、中文国际频道重播。栏目电话：010–68506803、010–68580503。电子信箱：XWLBBJB@163.com。

晚间新闻

《晚间新闻》创新节目形态，率全国电视新闻之先，推出大数据新闻。2014开年，《晚间新闻》在春节报道中推出《据说春运》12集系列节目，首次将大数据引入新闻报道。“大数据 + 新闻故事”改变了以往对春运报道的样态，第一次让观众对春运和春节回家过年的方式有了全景式了解。《据说春运》成为台内多个栏目及媒体效仿的对象。在“两会”和APEC报道中，《晚间新闻》接连推出大数据解读的模式，得到业界和观众好评。

节目于每日22:00在综合频道播出，播出时长30分钟。

快乐汉语

《快乐汉语》是中文国际频道制作的汉语教学节目，改版节目从一个字切入，依照字、词、句、章的汉字汉语教学规律，溯本追源，联想生发，博古论今，剖析中外的异同。内容结构分为初解汉字、主题字知识普及、来龙去脉（或观点碰撞）、随堂测验4个部分。

节目于2014年9月23日起每周六17:15在中文国际频道亚洲版首播，周日09:00重播，节目时长45分钟。电话：010–85068177。电子信箱：kuailehanyu@qq.com。

华人世界

《华人世界》栏目由中文国际频道制作，2014年6月9日改版为“全球华人资讯”“华人故事”两个板块，前者报道华人华侨最新动态，关注海外华人社区发生的热点新闻，为海外华人华侨搭建交流沟通的平台；“华人故事”以纪录片为主，采用故事化的表现手法，讲述华人华侨在世界各地学习、生活、打拼的奋斗历程和独特感受，反映全球华人华侨与各国文化融合与碰撞、成功与挫折的真实状态。

节目于2014年6月9日起每周一至周五在中文国际频道播出，亚洲版13:00首播，次日02:30、05:30重播；欧洲版15:30首播，次日01:40、09:00重播；美洲版19:15首播，次日01:10重播；每期节目时长30分钟。电话：010–85068347。电子信箱：cctv4–huaren@cctv.com。

中华医药

《中华医药》是中文国际频道制作的栏目，旨在弘扬五千年传统医药文化，总结保健诊疗方式。2014年1月29日栏目改版，节目由健康故事(纪录片15分钟)+洪涛信箱（演播室25分钟）组成。其中，洪涛信箱改版成演播室形式，解答嘉宾提问，辅之以病理动画+外景病历+现场互动+街头采访+数据调查等节目表现方式，增强该板块的服务性，把中医理论简单化、生活化，使节目更加生动有趣，让观众能够看得懂、愿意看。

栏目于每周三22:00在中文国际频道亚洲版首播，周四03:15重播，节目时长45分钟。电话：010–85068280。电子信箱：beme_zhyy@126.com。

光影亚洲

《光影亚洲》是英语新闻频道改版推出的纪录片栏目，通过合作拍摄或交换、购买亚洲各国本土制作的纪录片，原汁原味地讲述亚洲各国人物的故事，尊重差异文化，展现多彩生活，关注不同的思想。栏目代表中央电视台参与亚广联的纪录片合拍项目，纪录片作品获得亚广联及参与机构的高度认可。

栏目于周日23:30在英语新闻频道首播，周一04:30、周二00:30重播，节目时长30分钟。电话：010–85061516。传真：010–85061541。电子信箱：spectrumasia@cctv.com。

全球财经（亚洲版）

《全球财经》（亚洲版）对《亚洲财经》栏目全新改版，是面向全球对中国和亚洲感兴趣的商界人士推出的深度财经报道栏目。栏目把市场报道与行业、企业的新闻事件结合起来，提供更全面、更专业的财经视角；注重对财经要闻的全面解读，呈现机构、专家、学者的观点交锋；挖掘新的商业模式，寻找新的商业故事，提供独家的专题报道，内容包括重大事件深度报道、亚太最新财经资讯、全球股市、产业新闻、新经济等，体现中国观点和亚太视角。报道形式，以环球连线、多机位联播、演播室访谈为主，通过遍及亚洲及全球的记者和报道员网络、丰富的嘉宾资源，为全球观众带来最新、最快、最权威的亚洲财经新闻。

栏目于周一至周五16:00、21:15在英语新闻频道播出，节目时长105分钟。电话：010–85061912、010–85061807。电子信箱：cctvbizasia@126.com。

美洲观察

《美洲观察》（Americas Now）是中央电视台北美分台改版播出的新闻杂志类栏目，主要关注拉丁美洲国家政治、社会、文化事件。通过驻多国记者联动调查和报道，展示拉美地区现状，探寻解决问题的途径，关注对社会做出贡献的人们，展示他们的成就，以中国视角介绍变革中的拉丁美洲。改版后，栏目时长由30分钟增加到1小时，创立“改变者”（Game Changer）、“城市之声”(Urban Voices)两个新板块。“改变者”每期讲述一个故事，介绍向社会传递正能量的人，如保护当地海洋珊瑚礁、帮助失足少年的人。“城市之声”采访了30多位知名艺术家，关注他们的创作心声。栏目保留原有的调查性新闻报道、嘉宾访谈环节、拉美音乐短片，展示新闻事件背后的故事，探求拉丁美洲日新月异的变化。

栏目于2014年4月13日改版，每周一07:00在英语新闻频道首播，13:00重播，播出时长1小时。电话：202–393–1850 ext.1404。电子信箱：AN@cctv–america.com。

世界观察

《世界观察》是英语新闻频道改版播出的时事评论类栏目，邀请世界各地知名专家学者就国际热点问题进行辩论和探讨，倾听不同的声音和观点。改版后由每周日播出调整为周一至周五播出，节目形式以视频连线海外嘉宾的“全球辩论”为主，辅之以事件发生地的记者现场连线报道，以及海外报道员的深度报道。机动板块“媒体速览”以读报形式，呈现当日重要媒体的热点评论。栏目邀请的嘉宾高端、多元，代表不同的立场和声音。

节目于2014年12月29日改版，周一至周五22:15在英语新闻频道首播，次日04:15重播，播出时长45分钟。电话：010–85061789。电子信箱：worldinsight@126.com。

周末会客厅

《周末会客厅》是法语国际频道改版推出的综艺访谈栏目，旨在针对海外观众的兴趣，以轻松的形态传播中国故事、中国资讯和中国观点。节目邀请文化界名人、艺术家、音乐人等就中国社会的新潮流、新时尚、新观点进行探讨，结合明星嘉宾现场演出，使节目更加活泼明快、有张力，力求改变西方对中国人的偏见，在亲切愉悦的气氛中传播中国文化，通过东西方对比，为观众提供多角度、多层面的思考。

栏目于2014年4月12日起每周六05:00在法语国际频道首播，09:30、15:30、23:30、03:30重播，播出时长30分钟。栏目电话：010–85062166。电子信箱：francais@cctv.com。

财经中国

《财经中国》是阿拉伯语国际频道迁入中央电视台新址后改版的财经专题节目，关注中国热点财经事件与国际经贸往来，展现人们在创富过程中的命运转折和心灵体验，共享财富智慧，栏目的主要板块有“财经故事”“演播室访谈”“财经数据解析”等。

节目于2014年4月18日改版，每周六15:00在阿拉伯语国际频道首播，21:00、23:30、27:00重播，节目时长30分钟。电话：010–85062420。电子信箱：BIZARABIC@126.COM。

整点冲击播

《整点冲击播》是电视指南频道改版的杂志类栏目，向观众介绍付费频道新看点、央视优秀节目、影视精彩作品、热点故事等新节目动态，有“整点热播”“整点故事”两大板块。“整点热播”改版增加外拍资讯、影视剧前沿发布会，推介付费频道及央视优秀节目，报道公益活动，“整点故事”集粹电视新看点、网络新热点、制造新观点、整合新视点、乐享新知点，提升栏目的影响力。

栏目于2004年11月1日起，每日21:00在电视指南频道播出，节目时长20分钟。电话：010–51925188–6569。电子信箱：wanganhua@cncdm.com。

2014年中央电视台优秀栏目、优秀节目

焦点访谈

《焦点访谈》由新闻中心新闻评论部制作，于1994年4月1日开播，栏目定位为“时事追踪报道，新闻背景分析，社会热点透视，大众话题评说”，以“用事实说话”为创作理念，以舆论监督为特色，制作播出众多优秀节目，成为中国社会生活“下情上达”“上情下达”的重要窗口，被新闻界公认为“舆论监督的领军旗帜”。时任国务院总理李鹏、朱镕基、温家宝曾分别到《焦点访谈》栏目视察，题词或赠言。2013～2014年《焦点访谈》改版，播出时长由13分钟增加到16～17分钟，内容由每期1个节目改为1～2个节目，视角贴近民生，选题紧扣热点，增强新闻时效，视野扩容扩量，调查追求深度，强化固有品牌，扩大节目影响。

栏目荣获2014年度中央电视台品牌栏目；节目《“瘦”了钢筋“肥”了谁》获得全国“安全生产月”暨“安全生产万里行”好新闻评选一等奖；《一次“脸红出汗”的民主生活会》获得中央电视台年度优秀新闻一等奖；《证难办 脸难看》获得第24届中国新闻奖电视评论

一等奖。

栏目每日19:38在综合频道和新闻频道并机首播；次日03:45、05:45在新闻频道重播。栏目电话：010-68507469。电子信箱：cctvchz@126.com。网址：www.cctv.cntv.cn/lm/jiaodianfangtan/。

新闻调查

《新闻调查》栏目由新闻中心调查制作，1996年5月17日开播，以记者调查为表现手段，以"客观、理性、平衡、深入"为行为准则，以实现舆论监督功能的调查报道为目标，通过对关系国计民生的新闻事件、社会问题展开层层剥笋式的调查和多角度分析，探寻事实真相，使节目成为"新闻背后的新闻"。

栏目《哈尔滨倒桥事故调查》获中广协第8届"中国纪录片国际选片会"最佳编导奖；2013年5月《睡在桥下的兄弟》获中广协第7届"纪录·中国"纪录片新闻(社会)类一等奖；《减害降焦迷局》获2014年度卫计委主办中国烟草控制大众传播活动电视类作品一等奖。

栏目于每周六21:30在新闻频道首播，周日14:10重播，节目播出时长45分钟。电话：010-85059870。电子信箱：xinwendiaocha@vip.sina.com。

央视财经评论

《央视财经评论》由财经频道制作，是分析每日财经热点的新闻评论栏目，开播于2008年10月。采用演播室访谈、专题短片穿插的节目表现方式，邀请国内外一流的财经专业人士作为评论员，对每日财经大事进行深度分析。栏目以占据财经舆论的话语权为宗旨，凸显央视在财经领域的主流声音和权威地位。

"首席经济学家看新常态"系列节目获2014年度中国广电协会创优评论节目一等奖。

栏目于每周一至周五21:55在财经频道首播，次日00:30重播，播出时长30分钟。栏目电话：010-85063433。电子信箱：CCTVGUANCHA@VIP.SINA.COM。

法治在线

《法治在线》由新闻中心社会新闻部制作，于2003年5月1日开播，用故事化表达方式向社会传播法治精神和法治理念。2014年，依法治国系列报道播出《行进中的法治中国》《法治推动力》，以案例剖析深入浅出备受关注。拍摄念斌案时间长达半年，播出40分钟的特别节目《念斌：从死刑到无罪》，展现念斌8年间跌宕起伏的命运，凸显中国司法进步对念斌无罪判决的推动作用，引起强烈反响，节目被推荐参与第25届中国新闻奖评选。播出《复旦大学投毒案》《山东招远邪教案》《广西警察枪杀孕妇案》《刘汉刘维涉黑案》《山东平度强拆案》等。

《法治在线》在中央电视台180多个栏目的评比中连续4个季度进入前30位，最高排名为第18位。

栏目周一到周六12:33在新闻频道播出，播出时长24分钟。

东方时空

《东方时空》栏目由新闻中心制作，创办于1993年，每晚直播，节目覆盖当天4～5个重要新闻选题，挖掘事件背后的事实、脉络和逻辑因果，追求独到的内容和表达方式。2014年，马航MH370航班失联、鲁甸地震、中央重拳反腐的报道堪称优秀，《走进上帝之城》、春运和高考"数据新闻解读"引起较大反响，圆满完成了南京青奥会、APEC会议相关活动的转播、解说任务。

栏目被评为2014年度中央电视台品牌栏目。

栏目每日20:00～21:00在新闻频道播出，时长60分钟。电话：010-63955726。网址：www.cctv.cntv.cn/lm/dongfangshikong。电子信箱：cctvdfsk2008@126.com。

向幸福出发

《向幸福出发》是综艺频道制作的道德建设类访谈栏目，创办于2011年3月。坚持"向幸福出发，爱要大声唱出来"的宗旨，通过委托人访谈，讲述故事，用歌声唱出心中的爱。

栏目获得第23届"星光奖"广播电视节目大奖。

栏目每周二19:30在综艺频道首播，周日09:00重播，播出时长90分钟。栏目电话：010-68550876。电子信箱：cctvxf@vup.sina.com。

艺术人生

《艺术人生》是综艺频道制作的谈话栏目，2000年12月22日开播，以"用艺术点亮生命，用情感温暖人心"为宗旨，采访了中国当代文化艺术界近千位艺术家，记录他们追寻艺术、理解人生的精彩片段，成为国内最有影响的电视栏目之一，得到观众和专家的认可。栏目开创谈话节目的新样式、新理念，将社会主义核心价值观渗透到节目中，成为媒介研究的范例。

栏目获得第23届“星光奖”优秀栏目成就奖。

栏目于每周四21:00在综艺频道播出，播出时长50分钟。电子信箱：yishurensheng97@126.com。

黄金100秒

《黄金100秒》是综艺频道制作的大型游戏栏目，2013年6月开播，旨在传递勇敢追梦的信念。普通百姓来到《黄金100秒》舞台，参加挑战，在这个舞台上证明自己，证明“是金子总会发光！”。

该栏目被评为2014年度中央电视台品牌栏目。

栏目每周日21:00在综艺频道首播，播出时长90分钟。电话：010–68550873。电子信箱：huangjin100@vip.sina.com。

星光大道

《星光大道》是综艺频道制作的栏目，2004年创办，以“发扬群众文化、展现百姓风采”为宗旨。节目以歌唱为主，吸纳多种表演形式，通过闯关比赛，由观众、评委共同评出周冠军、月冠军和年度总冠军。《星光大道》为普通劳动者提供展现自我、实现梦想的舞台，从这个舞台走出了一批家喻户晓的百姓明星。

该栏目多次获奖。2014年获得第23届“星光奖”文艺栏目大奖。

栏目每周六20:07在综合频道首播，下个周五19:30在综艺频道重播，播出时长98分钟。栏目电话：010–88242416。电子信箱：xgdd2009@126.com。

国宝档案

《国宝档案》栏目由中文国际频道制作，2004年10月4日开播。以现代影像技术为国宝级文物重器揭秘、建档，将权威性、故事性、观赏性融为一体，为观众讲述中华灿烂文明，使遥不可及的国之瑰宝不再陌生。节目以主持人实物举证、讲述故事为主，穿插器物展示、情景再现和专家点评。

栏目获得2014年度中央电视台品牌栏目；获得第23届“星光奖”广播电视节目奖；入选国家优秀国产纪录片及创作人才扶持项目优秀栏目。

栏目于每周一至周六18:45在中文国际频道亚洲版首播，次日00:41、11:10重播，播出时长15分钟。栏目电话：010–85064316。电子信箱：cctv4–guobao@cctv.com。

海峡两岸

《海峡两岸》是中央电视台的对台宣传评论类栏目，由中文国际频道制作，以“跟踪海峡热点，反映两岸民意”为宗旨，于1996年10月开播。新闻资讯部分，系统全面报道两岸交流交往的重大事件、台湾政治动态、社会民生等新闻，深度访谈部分采用与台湾媒体卫星连线的访谈方式，邀请两岸嘉宾就两岸民众关心的国际、两岸、社会、民生等话题进行深入探讨。2014年，报道中央对台工作大政方针及两岸交流新动态，深度剖析台湾问题在中日关系、中美关系中的地位，制作《做好投诉协调，大陆依法保障台胞权益》等节目，广受好评。

栏目荣获2014年度中央电视台品牌栏目；第24届中国新闻奖“新闻名专栏”称号。

栏目周一至周日北京时间20:30在中文国际频道亚洲版首播，次日07:30、11:30重播，每期节目30分钟。栏目电话：010–85068239。电子信箱：cctv4–hxla@cctv.com。

今日关注

《今日关注》由中文国际频道新闻部制作，于2003年5月13日开播。栏目密切跟踪国际热点事件，第一时间作出权威解读；以中国视角观察世界，以世界眼光评析中国；传递中国声音，表达中国观点。《今日关注》的内容包括国际热点、国内外突发事件、中国周边安全、中国外交大事、世界军事安全趋势等，以访谈方式演播，一位主持人和两位嘉宾，三段背景片和三段访谈，结合大屏幕动画演示，是中央电视台收视率最高、最有影响力的新闻访谈节目之一。

栏目被评为中央电视台2014年度品牌栏目，节目《昆明暴恐事件震惊国人 打击恐怖犯罪刻不容缓》获中央电视台优秀新闻一等奖。

栏目每日21:30在中文国际频道亚洲版、欧洲版、美洲版首播，次日04:30重播，节目播出时长30分钟。栏目电话：010–85060564。电子信箱：newsbeasts@163.com。

远方的家

《远方的家》是中文国际频道旅游专题栏目，2010年12月1日开播，以“行走、体验、发现”为宗旨，带领观众行走四方，赏美景、品美食，关注百姓民生和社会发展，体验旅行的乐趣，探寻人文奥秘，提供旅游信息，引领公众选择旅游目的地和出行方式，展现中国自然之美、人文之美和中国人眼中的世界之美。弘扬中华文化，《边疆行》《沿海行》《北纬30°中国行》《百山百川行》《江河万里行》等百集大型系列节目，在海内外引起热烈反响和广泛好评。其中，2014年播出的《江河万里行》以水为媒介，记录生活在水边基层民众的故事和梦想，展示中华文化的历史内涵和社会的新风尚，实现了全球华人“望得见山，看得见水，记得住乡愁”的愿望。

栏目被评为2014年度中央电视台品牌栏目。

栏目于周一至周五17:15在中文国际频道亚洲版首播，周一至周五06:15和23:26重播，每期节目时长45分钟。栏目电话：010–85064305。电子信箱：yfdj@cctv.com。

中国新闻

《中国新闻》由中文国际频道新闻部制作，于1992年10月1日开播，紧跟全球热点新闻，突出涉华内容特色，加强对外舆论引导，推出新颖报道方式，向全球华人传递最新、最快、最权威的新闻资讯。2014年，《中国新闻》在全国新闻类节目中收视率排名第五，在海外长城平台中文节目中收视率排名第一，在历年中央电视台栏目综合评价中，《中国新闻》栏目均进入前30名。

栏目被评为2014年度中央电视台品牌栏目。

栏目播出时间：每日01:00～01:10、03:00～03:10、04:00～04:30、06:00～06:10、07:00～07:30、08:00～09:00、10:00～10:10、11:00～11:10、12:00～13:00、14:00～14:10、16:00～16:10、17:00～17:10、18:00～18:15、19:00～19:15、21:00～21:30。栏目电话：010–85060666。电子信箱：cctv4xinwen@cctv.com。

走遍中国

《走遍中国》栏目由中文国际频道制作，2002年9月2日首播，2014年1月4日改版，由人文地理专题改为聚焦当代中国新变化、新现象、新事物、新观念的深度报道栏目，宗旨是传播中国优秀传统文化，传递中国声音，展示中国魅力，凝聚海外华人华侨。节目突出“走”的概念，强调现实性、现场感，追求“新”“深”“广”的特色和气质，即视角新、立意新，紧扣时代脉搏，从日新月异的新变化中提炼话题，突出人文视角，展现当代中国人的观念和追求；见解深、解读深，深入挖掘、细节呈现，突出现场感，从新现象中发现新趋势；眼界广、思路广，突出国际视野，强调中国故事的国际表达。

栏目被评为2014年度中央电视台品牌栏目。

栏目于每日20:00在中文国际频道亚洲版首播，次日05:05、13:30重播，播出时长30分钟。栏目电话：010–85068205、85068206。电子信箱：cctv4–zbzg@cctv.com。

虚拟观众席

《虚拟观众席》栏目由体育频道节目部制作，以借助世界杯拓宽体育频道在新媒体领域的影响力为宗旨，2014年世界杯期间栏目在《我爱世界杯》特别节目中播出。以热爱体育、热衷参与世界杯节目互动的青年人为目标人群定位，通过发放虚拟观众席门票、引导观众用微信完成互动行为、赢取数量有限的奖品，实现了双屏互动的节目播出形态，对体育节目在央视新媒体端的传播，对新媒体与电视端的结合，都是一次全新且成功的尝试。

栏目获2014年度中央电视台优秀新媒体一等奖。

栏目于2014年6月12日至7月13日在体育频道《我爱世界杯》特别节目中首播，播出时长5分钟。栏目电话：010–65165777/5701。电子信箱：cctv5@cctv.com。

桃子的梦想

《桃子的梦想》由体育频道制作，是《在索契》专题报道的新闻专题之一，以中国自由式滑雪空中技巧队队员徐梦桃的故事为线索，展示了中国冰雪运动员在索契冬奥会上顽强拼搏的精神。

该节目获得国际奥委会奥林匹克金环奖铜奖。

节目于2014年2月15日21:30在体育频道播出，时长8分钟。电子信箱：sportnews@cctv.com。

谁是球王

《谁是球王》以中国羽毛球民间争霸赛为主题，以民间赛事顶级制作为创作理念，从基层海选到北京总决赛，摄制组巡访近百个地区，拍摄上万分钟素材，记录了羽毛球运动的蓬勃发展，使“谁是球王”成为具有广泛社会影响的赛事。决赛前，煤矿工人的儿子——一对男子双打选手跟随父亲下井，体验艰辛，感受动力，并在决赛中夺得冠军。奥运团队担纲制作，以真情实感打动观众，草根的比赛精彩纷呈。

该节目获中央电视台年度优秀节目一等奖。

节目于2014年4月7日19:05在体育频道直播，20:05综合频道与体育频道并机直播，总时长3.5小时。

军事报道

《军事报道》是军事节目中心制作的资讯栏目，开播于1998年1月1日，以发布权威军事新闻、展示全军将士风采、传播国际科技知识、追踪世界军事风云为宗旨，立足军队，面向社会，播发党中央、中央军委、四总部关于军队和国防建设的重大方针政策和指示，报道领导重视、官兵关心、群众爱看、社会关注的军事动态，报道在军队和国防建设上做出突出贡献的先进典型，展现军队和国防建设取得的新成就，追踪报道军队参与的非战争军事行动，以及外军动态、军事活动、局部战争等。

栏目被评为2014年度中央电视台品牌栏目。

栏目每日19:30在军事·农业频道首播，次日09:10重播，播出时长30分钟。

军事纪实

《军事纪实》是军事节目中心制作的纪录片栏目，2006年6月26日首播。以“直击军事现场，披露精彩内幕，展现魅力人物”为选题方向，注重呈现军事第一现场，探索新闻背后的故事，并把目光穿越人民军队的历史深层，把视野扩展到国际军事舞台，实现“揭秘历史，记录今天，关注未来”的创作追求。

栏目获2014年度国家优秀国产纪录片扶持项目优秀栏目；第20届中国电视纪录片十佳栏目称号；《台儿庄1938》《骑着牦牛去巡逻》入选国家2014年度优秀国产纪录片及创作人才扶持项目。

栏目于周一至周五20:00在军事·农业频道播出，次日09:40、15:57重播，播出时长30分钟。

百家讲坛

《百家讲坛》是科教频道大型人文历史栏目，2001年7月9日开播。坚持“让专家学者为百姓服务”的宗旨，建立专家面向老百姓的平台，达到普及优秀中国传统文化的目的。请专家讲述历史故事，解析历史悬疑，辅以生动的视听表现手段，为观众呈现具有文化品位、知识内涵，观赏性强的电视节目。

栏目获第23届“星光奖”电视文艺栏目大奖。

栏目每日11:42在科教频道首播，23:27重播，节目时长41分钟。电话：010–68508874。网址：www.cctv.cntv.cn/lm/baijiajiangtan。电子信箱：bjjt@vip.163.com。

人物

《人物》是科教频道制作的纪录片栏目，2001年开播，以不同时期中国文化的代表人物为对象，以“弘扬时代精神、传递思想价值”为宗旨，展现人物爱国、创新的精神，以及他们留给世界的优秀文化。利用影像资料、口述资料和鲜活细节塑造人物形象，形成生动、平实、不矫饰、有深度的栏目风格。《先生》《角儿》《为时代而歌》等优秀节目，记录了中国文化大师们的珍贵史料。

栏目入选新闻出版广电总局评选的2013年度中国优秀纪录片集锦、第19届中国电视纪录片“十优栏目”；纪录片《六小龄童》获得“金熊猫奖”人文类入围奖，《超级设计师》获第9届中国纪录片国际选片会人文自然类二等奖。2014年12月《人物》栏目入选第20届中国电视纪录片“十佳栏目”。

栏目每周四22:43在科教频道首播，周五22:43、隔日01:05重播，每期节目播出时长41分钟。栏目电话：010–68508025。网址www.cctv.cntv.cn/lm/renwu/index.shtml。电子信箱：renwu@cctv.com。

讲述

《讲述》栏目由科教频道制作播出，以“打造中国最具人文精神的社会类纪录片栏目”为目标，以社会学的视角记录百姓生活，刻画时代变迁。坚持真实，力求贴近，传递温度，挖掘深度，立足于国家和民族的长远发展，记录普通人在当代中国发展进程中的生存状况，提炼人生百态折射出的一个民族的主流价值观与道德精神内核，理性引导大众正确看待社会转型中的纷繁现象，温情关注普通百姓关心的热点焦点问题，深度触摸国家与民族发展的时代脉搏，用感性的心灵和理性的思考，记录百姓生活，弘扬道德力量，刻画时代变迁，塑造民族精神。

栏目被评为中国广电协会第9届中国纪录片国际选片会创优评析优秀栏目，《寄养村》《肿瘤医院》被评为社会（新闻）类一等、二等节目，《过年》《巡诊路》入围第三届中国嘉峪关国际短片电影展，《过年》《红花红了》

分获第 8 届“纪录·中国”社会（新闻）类一等、二等奖。

栏目每周六、周日 22:43 在科教频道播出，播出时长 40 分钟。

科教频道包装

2013 年 1 月 1 日科教频道新版包装投入使用，内容包括核心层的频道主 LOGO、配色和音乐标识，外延层的频道导视工具、频道 ID、栏目包装工具。在美国纽约举行的 2014 全球电视宣传与营销联合会和电视设计者联合会（PROMAX&BDA）上，科教频道的包装设计受到评委和与会嘉宾的关注，获得第 59 届国际电视包装设计大会整体包装和艺术设计类银奖。

探索·发现

《探索·发现》是中央电视台大型人文历史纪录片栏目，由科教频道制作，于 2001 年 7 月 9 日开播。是中央电视台品牌栏目。该栏目以纪录片的手法，讲述以中国为主的历史、文化的故事，挖掘历史事件背后鲜为人知的细节和人物命运，展示中华文明的博大恢弘。该栏目采用讲述精彩故事，设置引人入胜的悬念，运用生动的电视声画手段，向观众呈现有文化品位、知识内涵，观赏性强的电视节目。“在未知领域努力探索，在已知领域重新发现”是《探索·发现》的栏目宗旨和始终如一的追求。

栏目每日 21:59 在科教频道首播，次日 14:18 重播。每期节目时长 42 分钟。

栏目获得第 20 届中国电视纪录片十佳十优栏目；《手艺》之《人偶魅惑》获 2014 年四川“金熊猫”电视节提名奖。

过把瘾

《过把瘾》是戏曲和音乐频道制作的综艺栏目，旨在为戏迷票友提供展示平台，传播和弘扬传统文化。2014 年 6 月改为以活动为主的季播栏目，送戏下基层，百姓在家门口就能登上央视舞台，与名家交流。暑期推出“少儿戏曲欢乐季”，由来自海内外、年龄 3 ~ 10 岁的戏曲萌娃演唱，以短片推介、嘉宾点评、赛后访谈、投票评奖方式，展示和表彰小选手对戏曲艺术的热爱和执着。

栏目每周日 19:20 在戏曲频道首播，周一 08:36 重播，每集时长 60 分钟。栏目电话：010–68506079。电子信箱：441233341@qq.com。

歌声与微笑

《歌声与微笑》是戏曲和音乐频道制作的群体音乐互动节目，2011 年开播，旨在打造以业余合唱团为主角的群众大舞台。2014 年改版，推出季播节目《合唱先锋》第二季，完善赛制，强化青春主题故事性，寻找最和谐的声音、最具亮点的团队、最真实感人的故事和最新颖的合唱表现形式，以团内小人物的命运发展突出其团队特点，丰富情感色彩，展示比赛走向，形成群众歌咏活动高规格展示平台。

栏目每周日 18:30 在音乐频道播出，时长 45 分钟。栏目电话：010–68500779。电子信箱：hcxf2015@163.com。

音乐告诉你

《音乐告诉你》栏目由戏曲和音乐频道制作，2014 年 6 月改版，推出季播节目《音乐优等生》，为 6 ~ 16 岁热爱音乐的青少年打造才艺展示平台。前六期节目选手展示技艺，嘉宾点评，开拓音乐视野，结识音乐伙伴，畅谈音乐梦想；第七期节目将音乐优等生重新组合，与嘉宾老师同台演奏音乐嘉年华。

《音乐优等生》第一季于 2014 年 8 月 18 日至 24 日在音乐频道播出，每日 08:50 首播，17:10 重播，时长 60 分钟。栏目电话：010–68506589。电子信箱：yyydszl@163.com。

法律讲堂

《法律讲堂》栏目由社会与法频道制作，于 2004 年 12 月开播，秉承“服务公民需求、启迪生活智慧”的节目制作理念，传播实用的法律知识，告诉观众遇到事情该怎么办，解决途径有哪些。2014 年，栏目继续与司法部、最高人民法院、最高人民检察院合作推出《法律援助在行动》《检察官说案》《法官解案》等系列特别节目，与北大、人大、复旦、中国政法大学、中南财经政法大学、西北政法大学建立合作关系，与西南政法大学合作推出《中华法文化》春节特别节目；与国税总局合作的《税史风云》、与国家文物局合作的《文物大案》项目顺利开展。按照“期期精品”的标准，紧跟时事热点，快速反应、精心策划，推出《法治新时代》《宪法》系列节目，实用性强，深受电视观众欢迎。

栏目被评为 2014 年度中央电视台品牌栏目。

栏目生活版于每日 18:52 在社会与法频道首播，次日 10:08、14:15 重播；文史版每日 22:40 首播，次日 07:22、16:08 重播。栏目电话：010–85066365。电子信箱：

cctv12fljt@163.com。

天网·警犬的故事

《天网》是社会与法频道的专题栏目，2004年12月29日开播，以塑造智勇双全的公安、武警人物形象为宗旨，以系列纪录片为表现方式，侧重记录有较大反响、较强故事情节的刑事案件和经济案件，以精彩的故事展现世间奇案，以独特的视角探求层层悬疑，以高度的责任纪录法制进程，融入对人性和社会的思考，弘扬“正义必将战胜邪恶”的主题。

2014年2月，该栏目制作播出5集纪录片《警犬的故事》,收视良好并获奖。摄制组历时一年,在美洲、欧洲5国13座城市和国内4大警犬基地、8座城市，进行大跨度、大信息量、快节奏素材采集，以悬念与揭秘的结构方式制作节目,引领观众走进警犬的世界。

《天网》被评为2014年度中央电视台品牌栏目。

栏目每周一至周五20:27在社会与法频道首播，周二至周六10:38、17:21，周二至周五13:35重播，时长40分钟。栏目电话：010–85066692。电子信箱：cctv12tw@163.com。

欧洲大观

《欧洲大观》由央视风云、德国之声制作，2013年6月16日在《世界地理》频道开播，至今已播出100多期，内容包括美食、设计、时尚、运动、建筑、旅游、音乐等，以明快的节奏和流畅的镜头聚焦欧洲各国的最新发展。节目为英文配音，中文字幕，使中国观众了解和感受来自欧洲的多样艺术魅力。2014年，在中国电视艺术家协会举办的第七届中国旅游电视周优秀节目评选中，《欧洲大观》被评为旅游电视最佳栏目。

栏目每周六19:30在《世界地理》频道首播，周日09:30重播；次周三19:30在电视指南频道重播，播出时长30分钟,栏目电话:010–51925188/6266。电子信箱:renyingxin@cncdm.com。

看中国

《看中国》(China Insight) 是英语新闻频道制作的深度报道类栏目，创办于2013年12月。栏目记者来自世界各地，熟谙中国国情，和本土专家一道呈现给观众一个具有国际视角的深度报道。聚焦每周中国发生的最新事件，以独特方式和视角，报道这里的人民和多彩的地域。面对复杂多样的今日中国，提供与众不同的分析解读。

栏目获得第20届中国纪录片十佳短片奖。

栏目2013年12月6日起在英语频道首播，2014年1月11日、3月27日重播，播出时长30分钟。栏目电话：010–85061538。电子信箱：chinainsight@cctv.com。

一次“红脸出汗”的民主生活会

《一次“红脸出汗”的民主生活会》由《焦点访谈》栏目组制作，记录河南省兰考县县委常委会在第二批群众路线教育实践活动中的一次专题民主生活会。节目对民主生活会做了全程记录，有每个常委的自我批评、常委们互相之间的批评，对县委书记、县长自我批评中有代表性的问题进行一对一采访和会场外的拍摄。节目用同期声展示常委之间的相互批评，并对民主生活会的数据做了统计。节目有民主生活会的过程，有习近平总书记的点评，有县领导的会后表态和感想。节目组从海量素材中筛选出核心问题和典型细节，准确地阐释了节目的主题。该节目在《焦点访谈》栏目播出后，被各大网站转载于首页，得到中央领导和各级领导的好评，成为各地开展民主生活会的教材和样板。

节目获2014年度中央电视台优秀新闻一等奖。

节目2014年5月9日19:38在综合频道、新闻频道并机播出，次日03:45、05:45在新闻频道重播。节目时长16分钟。

证难办 脸难看

《证难办 脸难看》由焦点访谈栏目组制作，聚焦“事难办”中群众反映最为强烈的办证之难，采访北漂小伙小周为办护照往返北京和河北老家6次，徐州小伙小狄为办农业合作社的执照跑十几次办证大厅无果的烦恼，用电视化的语言和表现形式，鲜活地展示一些窗口单位的工作人员态度粗暴、苛责刁难、相互推诿的官僚作风。该作品夹叙夹议，评论深刻、得当，批评个别干部只顾自己少担责任、多享清闲，却让老百姓急断肠、跑断腿，说明“贯彻群众路线、坚决反对四风”必须长期坚持、深入落实。节目播出后，全国各大媒体和网络纷纷转载并撰写评论文章；节目涉及地方的党委、政府对事件当事人做出处理，相关部门陆续出台一系列简化办证程序、改变工作作风的规定，着力解决办证难的问题。

节目获第24届“中国新闻奖”电视评论一等奖。

节目2013年10月11日19:38在综合频道、新闻频道并机播出，次日03:45、05:45在新闻频道重播。节目时长14分钟。

“瘦”了钢筋“肥”了谁

《“瘦”了钢筋“肥”了谁》节目针对建筑上的偷工减料等安全生产顽疾，以记者暗访调查的形式，用第一手证据反映河南省南阳市多家楼盘存在加工使用“瘦身”钢筋的严重问题，揭露“瘦身”钢筋背后的非法利益链和一些建筑公司项目部与黑加工厂互相勾结、利欲熏心的丑恶嘴脸，揭开政府有关部门和监理公司对建筑行业普遍存在的“隐蔽”的罪恶监管不力的“盖子”。该节目在《焦点访谈》栏目播出后，引起广泛的社会反响。河南省省长谢伏瞻作出指示。南阳市公安部门对曝光的4个施工现场进行突击检查，传唤9名相关人员，确认证据；市纪检监察、公安、检察部门对建筑质量安全的失职渎职人员进行查处。河南省建筑科学研究院组成专家组，对曝光质量问题的楼盘进行全面质量检测，给业主和社会各界一个公开的交代。

节目获2014年全国“安全生产月”“安全生产万里行”好新闻评选一等奖。

节目2014年6月25日19:38在综合频道、新闻频道并机播出；次日03:45、05:45在新闻频道重播，节目时长16分钟。

百年潮·中国梦

5集电视政论片《百年潮·中国梦》由新闻中心新闻评论部制作，第一次以电视表现方式，用丰富精美的视听语言，多维度、全方位、准确全面、系统生动地阐释了什么是中国梦、为什么要实现中国梦、怎么样实现中国梦等重大理论和实践问题，用生动的“中国故事”，讲述实现中国梦必须坚持中国道路、弘扬中国精神、凝聚中国力量的深刻道理。节目把过去与现在、历史与未来紧密连接，把国家与个人、中国与世界融为一体，拓宽了中国梦的价值诠释空间，具有强大思想穿透力和现实引导力，成为阐释和解读中国梦的力作和教材。该片制片人刘鸿彦，总编导邓蕾，编导徐斌、高昕等，摄影安同庆、张戈平等。

该片获2014年度中央电视台优秀节目一等奖，入选优秀国产纪录片及创作人才扶持项目优秀系列片。

该片于2014年5月26日至30日20:00在综合频道播出，每集节目时长41分钟。电话：010-63984661。电子信箱：xinwenjishi@163.com。

太空新旅 天宫课堂

《太空新旅 天宫课堂》直播特别节目由新闻中心制作，是中国首次在航天任务中设置“太空授课”环节，也是中央电视台首次作为参事单位报道航天任务。太空授课主讲人为女航天员王亚平，聂海胜辅助授课，张晓光摄像。在39分钟的授课中，航天员通过质量测量、单摆运动、陀螺运动、水膜和水球等5个物理实验，展示失重环境下物体运动特性、液体表面张力特性等物理现象，讲解实验背后的物理原理，并通过视频通话，与北京人大附中地面课堂的师生互动交流。电视直播前，直播团队经多次演练，对公共信号小片、对比实验、PPT课件动画播放等环节精雕细琢，解决演练出现的问题，制定应急预案，确保节目制作和安全播出。全国6000多万师生通过电视直播收看了太空授课，节目收视率0.59%。

节目获得2014年度“中国新闻奖”直播类一等奖。

节目于2013年6月20日10:00在中央电视台播出。

等着我

国内首档大型公益寻人电视节目《等着我》由中央电视台综合频道制作，节目宗旨是助力团圆梦、让心不再等待，创新主流价值观表达，传递社会主义核心价值观，讲中国人自己的故事。节目内容是通过主持人访谈、嘉宾点评的形式，讲述普通人的故事，展现普通百姓在寻亲路上的凡人善举与真爱温情。是全民范围的公益寻人活动。节目以演播室内景结合外景短片为表现方式，由主持人倪萍访问求助者的寻人故事串联节目始末，期间，求助者打开希望大门，如果被寻人尚未找到或不能来到节目现场，则由寻人团团长舒冬解释缘由。

该节目荣获2014年国家新闻出版广电总局创新创优栏目奖，中央电视台优秀节目一等奖。

该节目于2014年4月5日起每周二20:00在综合频道首播，综合频道每周二22:30、财经频道每周三12:30重播，播出时长50分钟。电话：400-650-1836。网址：www.dengzhewo.net/。电子信箱：cctvdzw@126.com。

2014年中央电视台春节联欢晚会

2014年中央电视台春节联欢晚会的主题是“欢乐祥和迎新春，同心共圆中国梦”，整台晚会塑造一种兼具“真诚”“温暖”“振奋”“欢乐”的气氛，展现了当今中国继往开来、蒸蒸日上的社会面貌。传统的年俗和年味儿，仍是春节联欢晚会中最基本的元素，它们通过语言、视觉、节目等得以体现。晚会推出了一批观众耳熟能详的成功作品，实现了“开门办春晚”——体现亲切、亲民；实现了创新办春晚、节俭办春晚——通过电视技术手段的应用，在创新、节俭基础上，体现仪式感。

该晚会创作的歌曲作品《天耀中华》《光荣与梦想》获第13届“五个一工程”奖；春节联欢晚会获2014年度中央电视台优秀特别节目一等奖。

该晚会于2014年1月30日20:00在综合频道播出，节目时长270分钟。

天耀中华

《天耀中华》是2014年中央电视台春节联欢晚会在零点倒计时迎接新年、为中华祈福演唱的歌曲，词、曲作者何沐阳。歌曲的主题昂扬向上，曲调恢弘大气，三个段落展现中华民族千百年来无论经历多少伤痛，都能够“苦难压不跨，风雨中开花”，阐释了中华儿女对国家和民族的深厚情感，得到了多方面的好评。

歌曲被中宣部评为第13届“五个一工程”奖，入选中宣部“中国梦”主题新创作歌曲，经全国大范围展播和宣传推广，为社会各界广为传唱。

光荣与梦想

歌曲《光荣与梦想》是2014年中央电视台春节联欢晚会主旋律重点作品，集体创作歌词，赵麟作曲，总政歌舞团合唱团演唱。歌曲创作借鉴了斯拉夫进行曲的曲风，整体气质充满奋进的斗志和力量，曲调、歌词与合唱的表演形式，使作品充盈着在梦想之路上蓄势待发、披荆斩棘、阔步前行的气势。

歌曲被中宣部评为第13届“五个一工程”奖，入选中宣部“中国梦”主题新创作歌曲，经全国大范围展播和宣传推广，为社会各界广为传唱。

2014中央电视台“3·15”晚会

《2014中央电视台“3·15”晚会》节目曝光尼康D600“黑斑门”、面包新语等面包坊使用过期原料、君宝康和汉臣氏将鱼肝油当作普通食品销售等品牌企业侵犯消费者权益的虚假欺诈行为，揭露手机恶意程序吸费、投资现货白银、疯狂的“代步车”等新消费环境下的骗局和陷阱，彰显了媒体的责任感与公信力。节目围绕“让消费更有尊严”主题，用“信”“法”“义”三个字构成晚会的三个篇章，强调企业要承担诚信守法的社会责任，面对产品服务存在的缺陷不推诿、不回避，不赚不义之财，不谋非法利益，维护消费者应有的尊严，共建健康、公平、公正的消费环境。晚会播出的6个调查节目紧跟当下消费热点，深度追踪消费生活中不为人知的“潜规则”，曝光坑害消费者权益的利益“黑幕”。国家质量监督检验检疫总局、国家工商行政管理总局、国家食品药品监督管理总局在现场发布了过期奶粉等信息，凸显弘扬正义、服务民生的理念。晚会还设有消费预警环节，针对百姓在日常生活中常常遭遇的陷阱和圈套，通过现场试验、视频互动、FLASH等新颖、灵活的表现手段，发布激光笔、电话诈骗、网银支付等预警，提醒消费者避免陷入消费误区。晚会播出同时，食药监管、工商管理、质量监督等部门对晚会现场曝光的不法商家展开执法行动，显示全民守护健康有序消费环境的能力和信心。晚会直播过程中，CNTV专题页面设“边看边吐槽”环节，吸引网友参与互动。

晚会获2014年度中央电视台优秀特别节目一等奖。

晚会2014年3月15日20:00在综合频道直播，时长110分钟。

苏州月·中华情——2014年中央电视台中秋晚会

《苏州月·中华情——2014年中央电视台中秋晚会》由中文国际频道“中国文艺”团队制作，以“抒发中华民族情感，熔铸全球华人记忆”的理念，用唯美、婉约的江南特色展现晚会的思念主题，节目形式丰富，内容多彩。舞美设计在原有实景条件下利用太湖栈桥打造第二表演区，呈现出“海上明月夜，天涯共此时”

的中秋唯美意境。主舞台通过视频和灯光效果营造悠长的石板巷、雕花窗的流光碎影，使2014秋晚“唯美浪漫”的追求找到恰当的支点。晚会举办地苏州，独特的地理环境与水乡人文特质，成为表现中华传统文明2500多年厚重历史与灿烂文化的载体，而晚会节目所展现的崇文、创新、开放、和谐的现代化城市风情，体现了中华民族伟大复兴“中国梦”的具象，也让苏州这座古老与现代对比、传统与时尚邂逅的城市因2014中秋明月更加迷人，令人难忘。“中国文艺”团队在严守“八项规定”的前提下，厉行节俭办会。

晚会获2014年度中央电视台优秀特别节目一等奖。

晚会2014年9月8日20:00至22:00由综合频道、中文国际频道并机向全球直播，中国网络电视等新媒体同步直播；次日13:00中文国际频道亚洲版重播，播出时长120分钟。电话：010–85068190。电子信箱：cctv4zgwy@163.com。

《中国汉字听写大会》第二届

《中国汉字听写大会》第二届是一档由中央电视台与国家语委联合主办，北京实力电传文化发展有限公司创意制作的大型母语情感培育、语词文化传承教育活动节目。旨在落实习近平总书记“让书写在古籍里的文字活起来”，“应该把这些经典嵌在学生脑子里，成为中华民族的文化基因”的指示精神，协助宣传、落实《中华人民共和国国家通用语言文字法》和《国家中长期语言文字事业改革和发展规划纲要》，增强国家语言实力，提高国民语言能力，构建和谐语言生活，并成为文化强国战略的重要组成部分。在综合频道播出期间，共有4.3亿不重复的观众收看，首播平均收视率1.099%，节目报道量超过550篇。

节目荣获第27届中国电视金鹰奖最佳电视文艺节目奖。

节目于2014年7月13日至10月3日每周日20:00在综合频道播出，共13期；7月18日至10月10日每周五20:00在科教频道播出，共14期。

客从何处来

《客从何处来》是国内首档明星寻根纪实特别节目，由综合频道《看见》栏目组制作。每集有一位社会名流，在历史学家、档案文献专家帮助下，探寻家族历史，追溯与国家民族命运交融的个体故事。5位嘉宾易中天、阿丘、陈冲、曾宝仪、马未都的寻根历程，在获得好评的同时，也唤起电视观众思索“我是谁”“我从哪儿来”等问题。

节目获2014年度优秀国产纪录片及创作人才扶持项目优秀系列片、第20届中国电视纪录片系列片“十优作品”、最佳创意奖，《新周刊》“2014中国年度新锐榜”之“推委会特别大奖”，其中《阿丘篇》获第三届嘉峪关国际短片电影展组委会大奖、“金熊猫”国际纪录片节人文类“评委特别奖”。

节目于2014年4月27日在综合频道22:30首播，8月4日至10日20:00在纪录频道重播，节目时长30～50分钟。第一季共8集。电子信箱：cctvlkchcl@163.com。

青年中国说

《青年中国说》由综合频道、唯众传媒联合制作，2014年11月开播。作为中国首档青春分享节目，每期邀请3～4位拥有极致青春故事和态度的年轻人“说青春，看中国，向未来”，坦率地表达他们对青春的理解和对当下世界的认识，分享他们的经历。历经不同年代的青春推荐人坐在观众席，与年轻人对话，在代际沟通、观念碰撞中，探讨属于这一代人的价值观和精神世界，展现中国当下年轻人的精神魅力。

节目获2014年度新闻出版广电总局创新创优节目大奖、中央电视台特别节目一等奖、中广协与亚广协“全国创新栏目10强”及第8届《综艺》“上星节目”称号。

节目于2014年11月22日至2015年1月17日每周六22:37在综合频道播出，播出时长50分钟，共8期。

开讲啦

《开讲啦》由综合频道、唯众传媒联合制作，2012年8月开播，每期节目邀请一位嘉宾围绕成长、梦想、挫折、选择、未来等话题，为年轻一代答疑解惑。通过嘉宾的真诚分享、生命感悟、现实思考，给予年轻人心灵的滋养。

节目获2013年度全国广电创新创优栏目、中央电视台优秀节目一等奖，《开讲啦新年季》获特别节目一等奖；2014年获《新周刊》2013中国电视榜“年度节目”“最佳谈话节目”称号、“最受大学生瞩目社会人文类电视节目”称号、第7届《综艺》“年度节目”称号。

节目每周六22:30在综合频道首播，下周五12:30在财经频道重播，播出时长45分钟。

正大综艺 · 宝宝来啦

《正大综艺·宝宝来啦》由综合频道正大综艺栏目制作，是一档全新的、由父母预测孩子行为的大型亲子互动节目。参与节目的孩子年龄为2岁至4岁，孩子做游戏，家长来竞猜，能否收获“成长基金”取决于宝宝同父母的“默契”程度。参与节目家庭互不构成竞争关系，所有参赛家庭无论表现如何，在节目最后角逐“宝宝成长基金大奖”，符合《正大综艺》开心快乐、全民参与的精神传承。节目由双演播室录制，有两位主持人，每期节目有5个家庭参与，内容包括家庭介绍、故事访谈、宝宝游戏竞猜、宝宝滑稽录像、宝宝有话说、宝宝真人秀、牙牙学语赢大奖等环节。

节目获第23届“星光奖”优秀栏目成就奖。

节目于2013年11月10日起，每周日18:00在综合频道首播；自2014年1月13日起，每周一12:30在财经频道重播，每期节目播出时长50分钟。电话：010–68506580。网址：www.cctv1.cntv.cn/special/baobaolaila/shouye/index.shtml。电子信箱：baobaocctv@126.com。

互联网时代

《互联网时代》由中视创新制作，是中国第一部、全球电视机构第一次全面、系统、深入、客观解读互联网的大型电视纪录片。节目制作历时三年，站在人类前途、国家战略、产业变革高度，以国际化的宏观视角，展现并解析一个新的时代，通过全景式的描绘，呈现出互联网在全球范围掀起的一场影响经济、文化、社会、政治、人性的变革，以人类历史和文明时代的视角探寻种种改变背后的本质，思考互联网对人类社会、人类文明的深远影响与未来发展。该片播出后，社会反响强烈。

该片荣获2014年度“金熊猫”奖国际纪录片评选社会类纪录片大奖、中央电视台优秀节目一等奖。

该片2014年8月25日至9月3日在财经频道晚间黄金时段首播，共10集。

开门大吉

《开门大吉》由综艺频道制作，2013年1月首播，是大型益智游戏类栏目，鼓励普通人通过游戏闯关，实现自己或浪漫、或勇敢、或疯狂的家庭梦想。节目通过多种艺术手段挖掘、展现普通人自信、勇敢、进取、友爱的人性光辉，与观众的情感共鸣。

节目被评为2014年度中央电视台优秀节目一等奖。

节目每周一19:30在综艺频道播出，时长90分钟。

非常 6+1

《非常6 + 1》是一档演播室综艺节目，2003年10月26日开播，以帮助普通人实现舞台梦想为宗旨，以“砸蛋”开创电视节目与观众互动的先河。每期节目有3位选手登台展示才艺，以VCR短片、现场互动、惊喜设计等，铺设选手的圆梦故事，最终由观众投票产生一位本期的非常明星，颁发奖杯。2014年3月《非常6+1》节目全新改版，以新歌、新舞、新魔术、新曲艺等明星新作为切入点，以演播室作为明星新专辑、新演出、新影视的发布平台，节目既呈现明星的新作品，又通过访谈讲述明星的故事及追梦、奋斗历程，现场有明星的粉丝，有嘉宾到场献艺，有平面媒体及网络的记者观礼，通过演播室的节目，把明星的新作品做出人情味、时代感。

该栏目被评为2014年度中央电视台品牌栏目，获得中央电视台优秀节目奖。

节目周三19:30在综艺频道首播，周四12:30、次周二10:25重播，播出时长90分钟。栏目电话：010–68550879。栏目网址：www.cctv.cntv.cn/lm/feichangliujiayi/index.shtml。

回声嘹亮

《回声嘹亮》是综艺频道制作的大型综艺节目，以“向经典文艺作品致敬”为宗旨，2012年1月2日首播。以各个时代的经典文艺作品为核心元素，通过对经典作品创作者、演绎者及深受作品影响的普通人进行全方位、深层次的演绎，突出经典作品的内涵和影响力。

该栏目被评为2014年度中央电视台品牌栏目，该节目获得中央电视台优秀节目一等奖。

节目每周四19:30在综艺频道首播，次日12:30重播，播出时长90分钟。栏目电话：010–68507718。电子信箱：huanleyingxiong@vip.sina.com。

国民党惨败 台湾政坛面临大洗牌

《国民党惨败，台湾政坛面临大洗牌》节目由中文国际频道制作，对2014年台湾地区地方公职人员选举结果作了新闻评论。节目聚焦国民党在此次选举中的惨败，深入剖析内在原因。主持人与大陆嘉宾、卫星连线台湾嘉宾分别从国民党的组织、宣传、人事布局方面入手，分析其选举布局的不足之处，并以此为基础，分析国民党、民进党在即将到来的台湾地区领导人选举中如何布局。节目特别指出，不重视新媒体传播及青年政策，是国民党在选举中明显落后竞选对手的重要原因。

节目获2014年度中央电视台优秀新闻一等奖。

节目于2014年11月30日20:30在中文国际频道亚洲版首播，12月1日07:30和11:30重播，播出时长30分钟。栏目电话：010–85068239。电子信箱：cctvhxla@163.com。

1949城市记忆

《1949城市记忆》是《天涯共此时》栏目制作的系列特别节目，有《1949进京赶考》《北平大接管》《解密解放军初入大城市》《红旗插上“总统府”》《接管大上海》《叶剑英广州接管记》共6集纪录片，纪录习惯于农村工作的年轻政党及领袖们解放和接管大城市的艰辛探索，揭秘中共接管石家庄、沈阳、北平、南京、上海、广州时鲜为人知的故事，展现了在历史转折关头中共成功接管大城市的珍贵历史画面。

节目获2014年度中央电视台优秀节目一等奖。

节目于2014年10月1日至7日（10月5日除外）19:15在中文国际频道亚洲版播出，每集时长45分钟。栏目电话：010–85068288。电子信箱：tianqip@sina.com。

秘境洛扎

《秘境洛扎》由中文国际频道《远方的家》栏目组在西藏洛扎县拍摄，制成《江河万里行》第138集节目。雄曲发源于库拉岗日神山，是洛扎县最长的河流。摄制组在当地向导带领下翻山越岭，寻找源头，发现由于气候变暖，雄曲源头的冰川在加快消融，“寰球同此凉热”使环保不分地域，成为影响全人类的问题。向导说雄曲流传一个特殊的藏戏流派——黑面藏戏，摄制组探访洛扎县藏戏团，看了黑面藏戏的排练，听了黑面藏戏的传说。

节目获2014年度中央电视台优秀节目一等奖。

节目于2014年11月7日17:15在中文国际频道首播，23:26和11月10日06:13重播。播出时长42分钟。栏目电话：010–85068145。电子信箱：cctvyfdj@163.com。

中国年俗

《中国年俗》是中文国际频道《流行无限》栏目创作的纪录片，于2014年春节播出。中国民间影响最深广的文化莫过于“年文化”，在特色年俗中包含了深厚的文化内涵和历史传承。《中国年俗》12个摄制组走访22个省区47个地市的80多个拍摄点，用镜头记录那些正在逐渐失传的“年文化”，展现辽阔大地上绵延不绝的中国式地缘与血缘关系，展开对传统文化从古至今的渊源诉说，探寻历代中国人如何在平凡的生活中取得平衡和快乐的智慧，品味民间深厚而浓郁的乡情乡愁，唤起观众对民族之根、文化之根的眷恋，传递中华民族对美好未来的展望。

该片在2014年度“金熊猫”奖国际纪录片评选中获人文类亚洲制作奖提名奖。

该片2014年1月28日至2月4日19:15在中文国际频道亚洲版播出，每日一集，共8集，每集时长45分钟。栏目电话：010–85068272。电子信箱：cctv4–lxwx@cctv.com。

中国“虹”

《中国“虹”》由体育频道新闻部制作。中国运动员张虹在索契冬奥会摘得女子1000米速度滑冰金牌，实现了中国参加冬奥会34年冲击速滑金牌的梦想。前方记者以赛前、赛后现场捕捉的画面，赛后第一时间对张虹的采访，与编辑在国际公共信号中发现的细节配合，节目组调用比赛画面，赛前、赛中、赛后相呼应，完整还原了比赛的全过程。

该片获2014年度中央电视台优秀新闻一等奖。

该片2014年2月14日21:30在体育频道的《在索契》栏目播出，播出时长5分31秒。

篮球公园

《篮球公园》是体育频道、中视体育制作的篮球专题栏目，除了欣赏篮球比赛、在篮球场上一试身手，还开发更多让篮球迷情感得到满足和释放的途径。2006年栏目改版后，内容延续特色，利用独家新闻资源报道篮球最新潮流和动向；节目形式常换常新，利用新媒体拉近与观众的距离，扩大了栏目的影响力。

栏目获2013～2014年度中国篮球新闻奖（视频作品类），节目《“郅”爱一生——CBA全明星赛上的王治郅》获2013～2014年度中国篮球新闻奖（视频作品类）。

栏目于每周五 18:35 在体育频道播出，播出时长 50 分钟。微博：lanqiugongyuan@cntv.cn。电子信箱：lanqiugongyuan@sina.cn。《“郅”爱一生——CBA 全明星赛上的王治郅》2014 年 1 月 24 日播出。

御窑金砖

《手艺》第三季之《御窑金砖》由科教频道制作，该片通过记录御窑金砖第五代传人金梅泉的人生故事，从人物的视角反映传统手艺的辉煌以及面临的现实问题。一百年前御窑金砖因百年不腐的质量，被选为皇家御用的方砖。一百年后，为保证质量制造周期漫长，无法适应市场快速发展的现实。同样的方砖，百年前，金家富甲一方。百年后，金家穷困潦倒。作为传人的金梅泉不向市场妥协，坚守令他骄傲的祖传手艺。

该片获 2013 年度中国广播电视协会全国优秀科教节目评析文化教育节目类一等奖。

该片于 2013 年 5 月 23 日 22:00 在科教频道《探索·发现》栏目中首播，次日 09:45、25:27 重播，播出时长 42 分钟，共 1 集。电话：010-68500161。网址：www.cctv.cntv.cn/lm/tansuofaxian/index.shtml。电子信箱：tsfx@vip.cntv.cn。

《手艺》第四季

《手艺》第四季由科教频道《探索·发现》栏目制作。手艺是中华民族传统优秀文化的代表之一。聚焦中国传统手工艺的制作与传承，从不同的角度展示中国传统手工技艺与手工艺人的现状，2011 年以来，频道连续制作播出三季《手艺》系列纪录片。2014 年，《手艺》第四季立足文化传承，记录传统技艺，关照社会现实，对伴随工业化进程行将消失的传统手工技艺进行大量抢救式拍摄，关注传统手艺人的命运和情感，以及对传承与创新的思考。在内容上，《手艺》第四季既有传统手工技艺，也着重表现新手艺和年轻一代手艺人的探索与创新，展现中华民族传统优秀文化的精美，体现时代进取精神。

该片获第 20 届中国电视纪录片十佳十优作品评选系列纪录片十佳作品、2014 年度中央电视台优秀节目一等奖、第三届中国嘉峪关国际短片电影展“伎乐天”奖三等奖、2014 四川“金熊猫”电视节制作入围、提名奖、“人文中国第三季——传承中国”一等奖。

该片于 2014 年 6 月 14 日至 7 月 23 日 22:00 在科教频道首播，每集时长 42 分钟，共 25 集。电话：010-68500161。网址：www.cctv.cntv.cn/lm/tansuofaxian/index.shtml。电子信箱：tsfx@vip.cntv.cn。

1937·南京记忆

《1937·南京记忆》纪录片由中央电视台科教频道和江苏广播电视总台联合摄制。在历时两年的创作中，摄制组前往美国、日本、德国、波兰、韩国等国家采访 120 多位专家、学者、亲历者和幸存者后人，在境外拍摄 1.67 万分钟的高清素材。该片以中国、日本和西方世界对南京大屠杀的时代记忆与反思为脉络，以美籍华裔女作家张纯如、美国导演比尔·古登塔格、日本女教师松冈环、侵华日军南京大屠杀遇难同胞纪念馆馆长朱成山和中国历史学者步平等人物为线索，向观众展现当今世界对二战、对发生在中国的这场浩劫的历史认识。观众通过他们的视角了解暴行，看到他们如何用生命控诉暴行、伸张正义，如何用良知思考战争对人类生命的摧残，践行珍惜和平、制止战争的理念，并了解他们作为这段惨痛记忆的挖掘者、记录者和研究者，在这个过程中心路变化的艰难历程。

该片在法国举行的第 25 届法国国际阳光纪录片节上，赢得唯一提案预售单元大奖。

该片于 2014 年 12 月 12 日至 14 日 22:30 在中央电视台综合频道播出，12 月 12 日至 16 日 21:00 在科教频道播出，12 月 13 日起 19:30 在江苏卫视播出，12 月 13 日起在中央电视台英语、法语、俄语、西班牙语和阿拉伯语 5 个外语频道播出。该片首播当日，中国网络电视台联合 21 家新媒体同步播放。该片共 5 集。

大鲁艺

大型文献纪录片《大鲁艺》是中央电视台、陕西省委宣传部、陕西省广播电影电视局、陕西广播电视台联合摄制，是为纪念毛泽东《在延安文艺座谈会上的讲话》发表 70 周年而创作，再现延安鲁迅艺术文学院成长、发展过程。该片采用口述历史的表达方式，100 多位平均年龄 90 岁的亲历者讲述 70 年前的那段峥嵘岁月。摄制组在全国各地采访于敏、于蓝、贺敬之、周巍峙、王昆等 80 多位耄耋老人，并使用艾青、光未然、时乐濛、欧阳山尊、吴印咸、华君武等 20 多位已故的老一辈文艺工作者的影像资料。《大鲁艺》全片分为《宝塔山下》《延河春晓》《五月盛会》《植根沃土》《风云征程》5 集。

该片获第 23 届“星光奖”电视纪录片大奖。

该片于 2014 年 5 月 19 日起在中央电视台科教频道播出，该片共 5 集。

国魂

电视专题片《国魂》由中宣部宣教局会同中央电视台联合摄制、由中央电视台科教频道承制，是为深入开展社会主义核心价值观宣传教育，首次采用电视手段，全方位展示培育和践行社会主义核心价值观的重大意义、基本内涵和实践要求的电视专题片。

该片荣获第20届中国电视纪录片十佳十优作品。

该片于2014年8月8日至10日在财经频道首播，在综合频道、中文国际频道、纪录频道及科教频道重播，在全国30多家省级电视台播出。该片共3集，每集时长30分钟。电子信箱：cctvtbjm@sina.com。

过年

《过年》由科教频道《讲述》栏目组制作。贵州14岁留守少年向雯文从未和父母一起过年，从小缺乏父爱母爱，她的心愿是让父母放弃在北京的打工生活，在自己初中毕业前回家陪伴自己。北京8天相聚，雯文的父母拒绝了她的请求，12年来唯一的团圆饭不欢而散。调查显示，中国农村已有留守儿童6102.55万人，这一弱势群体源于父母痛苦而又无奈的现实选择，成为当今中国备受关注的社会问题。

该片入选第8届“纪录中国”创优评析社会（新闻）类节目，获评2014“金熊猫”国际纪录片节社会类最佳摄影。

该片2014年3月17日至19日在科教频道播出，每集节目时长23分钟，共3集。

高三16班

《高三16班》由科教频道《讲述》栏目组制作。甘肃省会宁县十年九旱，贫苦农家把儿女高考看作化解一切苦难的解药。侯小兵是会宁县二中高三16班班主任，学校给他规定的任务是：全班64人，40个上二本线，他定的目标是50个上二本线。为此，侯小兵扮演着“魔鬼”的角色。随着高考临近，16班的状况层出不穷，学习成绩大踏步倒退。一旦高考结束，学生会怎么看待班主任？学生们的命运是什么？

该片获2014“金红棉”奖最佳纪录长片奖、第4届中国纪录片“学院奖”最佳长片奖。

该片于2014年11月1日至3日在科教频道播出，每集播出时长40分钟，共3集。

早起的人

《早起的人》由科教频道《讲述》栏目组制作。该节目以群像的方式，记录在冬天寒冷早晨为生活和梦想奋斗的人们，有为了供女儿上大学每天找活儿卖苦力的农民工，有远离家乡到西部卖早餐的山东大姐，有为了让跨省上班的孩子早晨多睡半小时凌晨四点就起来排队等公交车的老人，有不顾危险在松花江冰面上采冰的汉子。通过记录早起的人，记录他们的生活、困惑、挣扎、选择和坚持，展现了中国普通老百姓的精气神。

该片入选第20届中国电视纪录片“十优长片”，获第4届中国纪录片“学院奖”短片入围奖。

该片2014年4月8日在科教频道播出，时长37分钟。

水脉

“南水北调”工程建设大型文献纪录片《水脉》由中央电视台与国务院南水北调建设委员会办公室联合摄制，科教频道承制。该片以“水利与人类文明、中华文明的关系”“南水北调的论证历史和建设历程”“工程科技创新”“移民搬迁和安置”“文物保护”“环保治污”“南水北调工程综合效益”为主题，全方位介绍南水北调工程建设的巨大成就、现实意义和战略意义，生动阐释了该工程的创新实践。

该片获2014年度中央电视台优秀特别节目一等奖，被中国广播电视协会评为“2014年度十大纪录片”（排名第一），入选新闻出版广电总局年度纪录片扶持项目优秀系列片。

该片于2014年10月17日至20日每日22:30在综合频道首播两集；10月18日至25日每日20:34在科教频道重播一集，11月4日至11日每日20:00在纪录频道重播一集，11月10日至13日每日21:55在财经频道重播两集。节目时长46分钟。

“善行2014”暨“CCTV慈善之夜”

“善行2014”暨“CCTV慈善之夜”大型公益活动由中央电视台社会与法频道制作，2014年11月15日播出。“善行2014”系列展播共30期，以寻找慈善人物和故事为主题，记录凡人善举，倡导践行慈善精神。晚会主题为“为了孩子”，为受困儿童募集善款2.33亿元，公布了2014“CCTV年度慈善人物”。节目获得国家民政部高度认可。《光明日报》连续30天刊登“善行 2014”系列故事，中央电视台新闻频道连续 3 天对“善行 2014”人物进行报道，《新闻联播》多次进行报道。《人民日报》等媒体、官方微博进行报道。中国青少年发展基金会向“CCTV 慈善之夜”颁发希望工程 25 年杰出贡献奖。

晚会暨活动获 2013 ~ 2014 年度全国电视法制节目创优评析现场直播和特别节目类一等奖。

晚会于12月15日在社会与法频道、综合频道播出。

2012CCTV 科技创新颁奖晚会

《2012CCTV 科技创新颁奖晚会》由科教频道制作，2013 年 2 月播出，展示 2012 年度中国科技领域取得的重大成果，弘扬科教兴国进程中科技工作者的创新精神，突出科技工作对中国经济社会发展的引领和支撑作用，在全社会营造重视科技、尊重人才的良好舆论氛围，推动中国创新型国家建设。

晚会获中国广电协会 2013 年度全国优秀科教节目评析大型节目类一等奖。

晚会于 2013 年 2 月 7 日 20:30 在科教频道播出，时长 120 分钟。

中国京剧音配像精粹

《中国京剧音配像精粹》由戏曲和音乐频道制作，1996 年开播，以“抢救和振兴京剧艺术，为祖国文化事业留下宝贵财富”为宗旨，以开门立派艺术家的剧目录音，配优秀传人的舞台表演，传承经典，打造精品。

栏目获第 23 届“星光奖”特别奖。

栏目每周一、周四 19:20 在戏曲频道首播，周三、周六 14:00 重播，播出时长 130 分钟。栏目电话：010–68506267。电子信箱：liuyang1037_cn@sina.com。

CCTV 空中剧院

《CCTV 空中剧院》由戏曲和音乐频道制作，2003 年开播，宗旨是“百花齐放，推陈出新，弘扬国粹，德艺双馨”。12 年间累计播出剧目 1164 场（其中直播 377 场，录播 787 场），2014 年首播 154 场（其中直播 61 场），约占戏曲频道播出量的 20%，是国内播出量最大、影响范围最广的戏曲栏目之一，备受戏迷观众的关注和喜爱。

栏目获第 23 届“星光奖”优秀栏目奖。

栏目每周三、周六 19:20 首播，周一、周二、周四 14:00 重播，时长 150 分钟。电话：010–68507138。电子信箱：cctvkzjy@163.com。

2014 年春节戏曲晚会

中央电视台《2014 年春节戏曲晚会》突出“小家、大家、国家，家和万事兴、家园中国梦”的主题，营造温馨、喜庆、祥和、向上的氛围，避免超豪华包装，融入百姓喜闻乐见的视觉元素，以简约风格接地气、近民生，使观众体会到包装的“快乐化”、串联的“节目化”、节目的“大众化”，通过“亲近感”“正能量”，凸显联欢性、娱乐性、互动性、观赏性、平民性，使老戏看新意，新戏有味道，包装出看点、亮点、笑点，节奏更明快，色彩更丰富。

该节目获第 5 届全国“春晚奖”特别奖。

节目于 2014 年 2 月 1 日 20:05 在综合频道首播，时长 90 分钟，2 月 3 日 19:20 在戏曲频道重播，时长 194 分钟。栏目电话：010–68507138。电子信箱：cctvkzjy@163.com。

光荣绽放系列音乐会

《光荣绽放》系列音乐会由戏曲和音乐频道制作，2012 年开播，为中外经典音乐作品、优秀歌唱家、演奏家构建展示平台。累计举办主题音乐会 20 余场，其中，2014 年举办声乐、女高音、二胡、古筝、中国歌剧、小号、外国歌剧、新锐歌手演唱会，得到业界肯定和观众的喜爱。

《光荣绽放——十大作曲家声乐作品音乐会》获第 27 届“金鹰奖”最佳电视文艺节目奖，被中国广播影视杂志评为 2014 年度最具品牌影响力活动。

光荣绽放系列《十大作曲家声乐作品音乐会》1 月 19 日 20:40 播出，时长 200 分钟；《十大新女高音歌唱家音乐会》2 月 23 日 19:30 播出，时长 110 分钟；《新十大二胡演奏家音乐会》3 月 23 日 16:00 播出，时长 90 分钟；《新古筝演奏家音乐会》3 月 30 日 22:25 播出，时长 90 分钟；《十大中国歌剧选段音乐会》10 月 3 日 19:30 播出，时长 110 分钟；《十大小号演奏家音乐会》10 月 5 日 10:50 播出，时长 80 分钟；《十大外国歌剧选段音乐会》10 月 8 日 15:00 播出，时长 140 分钟，《十大新锐歌手演唱会》12 月 31 日 19:30 播出，时长 120 分钟。电话：010–68500779。电子信箱：hcxf2015@163.com。

社区英雄

《社区英雄》由社会与法频道制作，是首部以志愿互助为主题的大型社区公益节目。两位公益项目发起人作为“社区英雄”讲述他们的故事，表达公益梦想，用7天时间邀请志愿者进行千人舞蹈，通过现场PK，由现场200位青年志愿者投票决定胜负，胜者赢得25万元公益金，实施他们的公益项目，并为该社区赢得更多社会关注和宣传推广。2014年天津举办面向全球的老年奥林匹克运动会，启动资金就来自该节目的公益金。首届大赛共有9位“社区英雄”的项目获奖，节目受益人群超过46万人。节目旨在反映基层社会建设和志愿服务成果，倡导形成有创造力的社会氛围，支持社区服务公益项目。

节目获得“亚洲电视大奖”和全国法制类节目评选一等奖。

节目2014年10月1日至7日17:51首播，同日23:58、次日08:25重播。

开往春天的地铁

《开往春天的地铁》由新闻中心新闻评论部制作，以北京地铁为叙事线索，讲述在北京寻梦的年轻人，以及保障地铁出行安全的工作人员的故事。17条线路，近300座车站，日均达上千万人次的客流，这就是北京地铁。为保证车辆运行安全和线路畅通，每天，北京地铁都面临着挑战和考验。记者追踪采访乘客，亲身体验“凶猛”的地铁上班路，用镜头展现了地铁乘客和工作人员难言的酸甜苦辣。

节目获得2014年度中央电视台优秀节目一等奖。

节目于2014年2月2日至6日在新闻频道播出，每集节目时长11分钟，共8集。电话：010-63984661。电子信箱：xinwenshi@163.com。

走进“上帝之城”

《走进“上帝之城”》系列节目由驻外记者与《东方时空》栏目合作采制。2014巴西世界杯开幕前，作为世界杯和奥运会的举办地，治安状况成为外界关注的焦点。记者深入里约热内卢数十个贫民窟，探访制毒窝点，与荷枪实弹的毒贩对话，让外界多角度了解贫民窟的真实面貌。由于调查难度大，拍摄内容危险，记者历时数月积累资料、摸清线索、疏通关节，得到贫民窟贩毒集团、里约精英部队拍摄采访许可。节目报道由前后方联动配合，记者提供一手资料，制作短片，后方整体策划，并通过演播室大屏幕、记者连线等方式，进行背景、细节解读，使报道充实完整。

节目获2014年度中央电视台优秀新闻一等奖。

节目2014年5月1日至3日在新闻频道播出，播出时长42分钟。栏目电话：010-63955726。电子信箱：cctvdfsk2008@126.com。

大手牵小手·阿里的孩子

《大手牵小手》是少儿频道制作的大型公益综艺类栏目，创办于2012年6月。作为少年儿童才艺展示平台，栏目助推偏远贫困地区孩子成才的梦想，“走基层”为孩子成长播撒欢乐的种子，携手爱心人士和企业为贫困学生、留守儿童提供捐助，携手艺术家与孩子同台表演，面对面授课，携手伯乐团、媒体团为校园文化活动加油鼓掌，为成才之路架起桥梁。栏目的口号是：“大手牵小手，向着快乐走。大手牵小手，相伴到永久”。

2014年，《大手牵小手》栏目在西藏阿里地区摄制的节目《阿里的孩子》，以小同学表演的舞蹈《扎西德勒》拉开序幕。栏目主持人与同学们同台表演《动画歌曲连唱》等节目，向学校捐赠《新华词典》、书包、寓言剧光盘，芳草地国际学校富力分校向孔繁森小学捐赠电脑、摄像机、图书等。孩子们向主持人和爱心人士敬献哈达，表示谢意。《大手牵小手》栏目得到中宣部《新闻阅评》的表扬。《人民日报》《新闻联播》6次作了相关报道，促成少儿频道与特步儿童签约合作。《大手牵小手》栏目在两年间播出日常节目104期，特别节目10期，每期节目60分钟。

节目被评为2014年度中央电视台优秀节目一等奖。

节目《阿里的孩子》2014年10月23日至24日在少儿频道播出，播出总时长120分钟。

3D人文纪录片国脉

《国脉》是中央电视台首部3D人文纪录片，全面介绍中国国家博物馆的文化价值和社会功能，重点展示国之重器、艺术经典、复兴之路，建筑特色，使观众了解国博“历史与艺术”并重的建馆特色，展现国博作为世界大馆的品位和风采。该片运用固定和移动镜头完成百年国博的再现，语言简洁洗练，叙事舒缓亲切，细节刻画精准入微，宏观立意大气内敛，追求唯美风格和史诗效果。

2014年1月28日，国际3D与高级影像协会向该片颁发国际3D电视纪录片类杰出成就奖——国际卢米埃奖。

该片于 2013 年 5 月 18 日 20:00 在 3D 试验频道首播，播出时长 28 分 30 秒。

镜头盖

《镜头盖》宣传片由英语新闻频道包装组、中视北方联合制作，旨在传达“关注我们，我们的镜头将带您走得更远”“新闻无国界，无论何时无论何地，我们的身影无处不在”的传播理念。用拟人化的“镜头盖”代表中央电视台英语新闻频道，选取政治、经济、体育、科技、灾难、民生、军事、自然等领域的代表性镜头，突出英语新闻频道的国际化视野与专业精神，象征着“我们”的镜头盖将一路奔走，从联合国会议到阿富汗战场，从火箭发射到角马迁徙，从国际都市到偏远山村，从盛大节日到灾难发生的瞬间。

该片获新闻出版广电总局 2014 电视节目技术质量奖（“金帆奖”）视频短片类一等奖第一名，2014 金投赏 (ROI Festival) 创意奖铜奖。

该片于 2014 年 12 月在英语新闻频道播出，时长 1 分 15 秒。

融化的格陵兰

纪录片《融化的格陵兰》(MeltingPoint) 由英语新闻频道北美区域制作中心制作，以全球气候变暖对格陵兰冰盖生态环境的影响为主题，反思人类活动与发展对环境的影响。

该片获 2014 年度纽约国际电视电影节最佳环境问题纪录片银奖（金奖空缺）。

该片于 2012 年 12 月 23 日在英语新闻频道首播，于 2013 年 4 月 21 日重播，播出时长 45 分钟。电话：202-393-1850/1404。电子信箱：AN@cctv–america.com。

南非节约能源的神奇袋子

《南非节约能源的神奇袋子》由英语新闻频道非洲区域制作中心特约报道员 Sumitra Nydoo 制作，讲述南非 Sarah Collins 发明一种被称为“神奇口袋”的食物加热包的故事。加热包有良好的隔热效果，煮饭时，在水沸腾后，将锅放入加热包，利用锅本身的热量将饭煮熟。这项看似普通的发明，改变了无数贫困家庭的生活。加热包节省煤气和电，降低生活开销；发明创造了就业，为南非妇女提供工作机会。“神奇口袋”开拓海外市场，出口到欧美市场，成为清洁、节能发明的典范。

该片获非洲媒体组织 APO(African Press Organization) 的媒体报道一等奖。

该片 2014 年 5 月 2 日在英语新闻频道《非洲直播室》栏目播出，时长 3 分 27 秒。

恐怖主义的网上推手——“东伊运”恐怖音视频

《恐怖主义的网上推手——“东伊运”恐怖音视频》由中央电视台英语新闻频道根据国家网络信息办公室、公安部、国务院新闻办公室等部门的要求制作，梳理了发生在新疆、北京、云南等地的数起重大暴力恐怖袭击案件，采访当事人、公安干警和国内外反恐专家，揭露暴恐音视频的危害及其与恐怖袭击事件之间的联系，将境外“东伊运”组织在网上传播暴恐音视频、煽动境内恐怖活动的行径公之于世。

该片获2014年中央电视台优秀节目新闻类一等奖。

该片于 2014 年 6 月 24 日在中央电视台 5 个外语频道、中文国际频道、央视网播出，当日被境内外主流媒体转播、转载、引用。

香山论坛——亚洲新安全观

《香山论坛——亚洲新安全观》节目由英语新闻频道《今日话题》(DIALOGUE) 栏目制作播出。该栏目关注国内外重大政治、外交、经济、社会类话题，面向海外政府官员、智库、学者、企业家以及对中国感兴趣的观众，介绍中国的政策、中国社会转型的成就与挑战、中国人对世界的判断及世界舆论对中国的影响。2014 年北京香山论坛举办期间，英语新闻频道与国防部相关部门首次联合制作专题节目，宣传习近平主席提出的“亚洲新安全观”，介绍中国在地区安全事务上的立场和主张。邀请中国军事科学院中美防务关系研究中心主任姚云竹将军、中国国防大学教授徐辉、美国海军战略学院中国海事研究所副教授金莱尔等军事专家接受访谈。在由中方主导的军事安全对话中，这是中外军事专家在国际媒体平台上首次进行直接的观点碰撞。节目包括观点陈述、主题辩论、质疑问答 3 个环节。电视网络同步播出后，节目内容被多家西方媒体和智库引用转述。

该节目获第 6 届解放军新闻奖国际传播一等奖、2014 年度中央电视台优秀节目一等奖。

该节目于 2014 年 11 月 23 日 19:30 在英语新闻频道首播，播出时长 45 分钟，次日 02:30、05:30、13:00 起，分别在欧洲、美洲、非洲的黄金时段各重播 3 次。电话：010–85061722。电子信箱：dialogue@cctvnews.cn。

临界点

《临界点》（Tipping Point）是英语新闻频道北美区域制作中心制作的反思类纪录片，关注亚马逊丛林地区尤其是巴西经济发展造成的社会与环境问题。

该片获美国国家新闻摄影师协会最佳新闻摄影一等奖、美国国家头条奖二等奖、2014 年度纽约国际电视电影节最佳社会问题纪录片铜奖、第 35 届泰利奖、绿色棱镜环境电影节入围奖。

该片 2013 年 12 月 8 日在英语新闻频道首播，2014 年 3 月 2 日重播，播出时长 30 分钟。栏目电话：202-393-1850/1404。电子信箱：AN@cctv–america.com。

恋上水乡——法国人于连的幸福生活

《恋上水乡——法国人于连的幸福生活》是法语国际频道庆祝中法建交 50 周年系列特别节目《50 年 50 人》的节目之一。《50 年 50 人》记录了在中法交流各领域做出过卓越贡献的 50 个人物的故事。于连的故事以主人公自述形式展开。上个世纪 90 年代末，法国民族学家于连来到中国，工作使他走遍了中国大江南北，安徽查济走进他生活。一天，有人建议他购买一栋有 500 余年历史的明代民居，准确地说是废墟，几只母鸡的家。几经考虑，他掏了腰包。明代民居的改造工程持续 3 年，竣工典礼，便是于连迎娶中国太太的婚礼。2003 年，于连开始将中国民间手工艺品介绍到法国，帮助村里整修祠堂。于连已经成为查济的海外代言人。

该节目入选第 20 届中国电视纪录片评选长片“十优作品”。

节目于 2014 年 4 月在法语国际频道首播，5 月重播，播出时长 27 分钟。电话：010–85061606。电子信箱：cctvfrench@126.com。

马丁：农业先锋派——将法国树莓带到中国

法语国际频道系列特别节目《50 年 50 人》中记录了法国人马丁的故事。马丁·达比利出身法国农业世家，2008 年，他在昆明郊区租地 6 公顷，种植法国树莓，成为当地的特色农业。年产树莓 30 吨，保鲜销往北京、上海、昆明等城市。2009 年，马丁实验用部分新鲜树莓酿酒，得到市场认可。马丁的致富经，带动了当地农业土地流转和特色种植业的发展。

该节目获第 20 届中国电视纪录片评选短片好作品奖。

节目 2014 年 2 月在法语国际频道首播，3 月重播，时长 3 分钟。电话：010–85061606。电子信箱：cctvfrench@126.com。

《大界河》第一季

中央电视台俄语国际频道联合俄罗斯位于伊尔库茨克、阿穆尔、哈巴罗夫斯克、符拉迪沃斯托克的 5 家电视台，为庆祝“2013 中国俄罗斯旅游年”，共同策划、联合拍摄、同步播出《大界河》第一季系列报道，讲述普通中俄百姓的故事，展现黑龙江两岸的壮美风光和多彩民俗，表达“国家有界，友谊无界”的主题，将中俄两国在经济、社会、文化等方面的发展状况和交流成果客观真实地展现给俄语地区观众。该节目 2013 年 10 月在俄语国际频道、俄罗斯 5 家合作电视台播出后引起强烈反响，得到俄罗斯媒体同行和普通观众的高度赞扬和一致肯定。

该节目 2014 年 6 月 20 日在俄罗斯海参崴第 10 届俄罗斯“人与海”国际电视与纪录片节上获“亚太协作”特别奖。

该节目 2013 年 9 月 30 日 17:15 在俄语国际频道首播，共 5 集，每集节目 15 分钟。电子信箱：cctvrdesk@vip.sina.com。

毛泽东

电视剧《毛泽东》由中央电视台、中国电视剧制作中心有限责任公司、湖南广播电视台、湖南和光传媒有限责任公司出品，综合频道播出，以 1893 年毛泽东诞生到 1949 年新中国成立这段历史为背景，真实而艺术地展现了毛泽东求学励志，辗转全国探索救国救民道路的峥嵘岁月，以及领导中国共产党建立新中国的奋斗历程。

该剧获第 27 届“金鹰奖”、第 13 届“五个一工程”奖、第 10 届全国“十佳电视制片”、2013 年度中央电视台优秀节目称号。

该剧于 2013 年 12 月 25 日至 2014 年 1 月 27 日在综合频道播出，2014 年 12 月 23 日至 2015 年 1 月 4 日在电视剧频道重播，共 48 集。

历史转折中的邓小平

电视剧《历史转折中的邓小平》由中央电视台等单位联合制作，纪实性地描写 1976—1984 年间重新恢复工作的邓小平面临中国复杂动荡的政治经济局面，凭着对党的坚定信念、对社会主义理想的崇高理解，对人民极端负责任的态度，依靠各级干部实施一系列重大改革的人生经历。

该剧多次获奖，包括第 13 届“五个一工程”奖、第 15 届学院奖“年度电视剧大奖”。

该剧 2014 年 8 月 8 日至 9 月 16 日在综合频道播出，共 48 集。

父母爱情

电视剧《父母爱情》由综合频道播出。1954 年，离婚海军军官江德福认识了资本家家庭出身的安杰，对她展开热烈的追求，最终以牺牲自己的前途赢得婚姻。两个人开始相向而行，晚年时生活和谐。随着岁月的流逝，儿女们各自远走高飞有了自己的家庭，只有江德福和安杰的爱情还是年轻的模样。

该剧获第 27 届“金鹰奖”优秀电视剧奖。

该剧于 2014 年 2 月 2 日至 3 月 10 日在综合频道首播，6 月 3 日至 20 日重播，共 44 集。

大河儿女

电视剧《大河儿女》由综合频道播出。该剧围绕烧窑高手贺焰生、叶鼎三“斗瓷”的故事而展开。河南中部三河镇风铃寨，以烧制上好的钧瓷而出名。三大窑主贺家、叶家、杨家在动荡年代选择了不同的道路，他们的家庭、爱情和事业成为一种传奇。

该剧获第 13 届“五个一工程”奖，入选第十届全国“十佳电视制片”。

该剧于 2014 年 4 月 2 日至 5 月 6 日在综合频道播出，共 43 集。

野鸭子 2

电视剧《野鸭子 2》由电视剧频道播出，是《野鸭子 1》的延续。相恋的野鸭子和杨顺决定结婚，反复受挫后野鸭子和香港富商周丽琴的母女关系被大家知晓，但杨顺和其家人对周丽萍的敌意给生活带来种种波折。不久，野鸭子生下孩子，周丽琴提议给小孩上香港户口，需要两人母女关系的证明。亲子鉴定结果，俩人并不是亲生母女。

该剧获第 12 届陕西电视“金鹰奖”、第 6 届新农村电视艺术节农村题材电视剧奖、陕西省“五个一工程”优秀电视剧奖。

该剧 2014 年 4 月 17 日至 24 日在电视剧频道首播，5 月 15 日至 6 月 3 日在综合频道重播，9 月 14 日至 20 日在电视剧频道重播，共 30 集。

捍卫者

电视剧《捍卫者》由中视影视柯瑞环宇制作。该剧讲述在新中国建立初期，公安部门截获一份敌特密电，要炸军事专列。侦查组启用早年在军统卧底的人员陈四扬，此人档案是空白，和他一起搞侦破的同志总用有色眼光看他。他凭着组织的信任和对党的忠诚，义无反顾参加战斗，足智多谋，几次化险为夷，营救同志，赢得了同志的信任，最终完成了任务。

该剧获“第十届全国电视制片业十佳优秀电视剧”称号。

该剧 2013 年 4 月 9 日起在电视剧频道首播，共 30 集。

打狗棍

电视剧《打狗棍》由中视影视等单位联合摄制。民国初年，回到热河的戴天理经历爱恨情仇，当上“杆子帮”大杆子，却因坚持正义而牺牲爱情。抗战爆发，戴天理带领杆子帮投入抗日洪流，千辛万苦却不想屡遭亲子弑父，呕心沥血却不料爱徒叛国投敌。抗战胜利父子相认，百感交集。昔日冤家，前嫌尽弃。

该剧获 2013 年度国剧盛典“年度十佳电视剧”第一名、第 27 届“金鹰奖”二等奖、第 10 届“全国十佳电视制片”优秀电视剧奖。

该剧于 2013 年 10 月 14 日起在北京卫视、安徽卫视、天津卫视、重庆卫视首播，共 70 集。

《新大头儿子和小头爸爸》第二季

《新大头儿子和小头爸爸》第二季由央视动画制作，受众定位为4～8岁。该片通过一个个小故事，从家庭生活小事入手，以动画的手法全新演绎，把由爱而生的温暖带给观众，表现家庭的温馨亲情。

该片获第54届兹林国际青少年电影节特别奖、第13届“五个一工程”奖、中国第二届动漫奖最佳动画电视片奖。

该片于2014年5月30日起在综合频道、少儿频道播出。电话：010–84187587。电子信箱：ysdh@cctv.com。

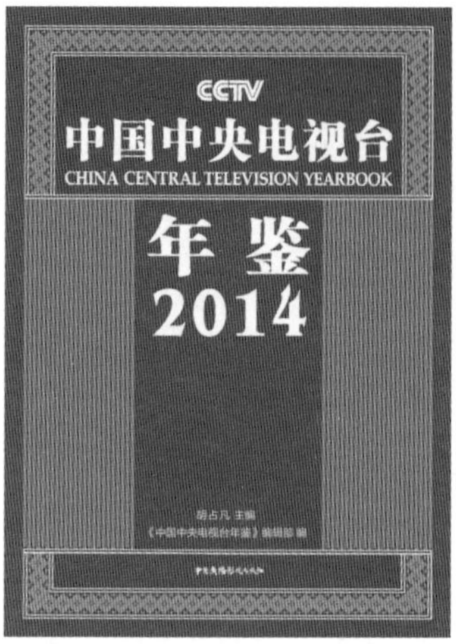
CCTV
中国中央电视台
CHINA CENTRAL TELEVISION YEARBOOK
年鉴
2014
胡占凡 主编
《中国中央电视台年鉴》编辑部 编

XIN MEI TI CHUAN BO

新媒体传播

新媒体传播

中国网络电视台综述

2014年，中国网络电视台坚持依法办网，坚持正确舆论导向，创新报道形式，大力弘扬社会主义核心价值观，不断提高网络主流媒体有效发声能力，同时顺应“移动化、视频化、社交化”的互联网发展趋势，积极探索传统媒体与新兴媒体融合发展路径，传播力和影响力不断提升。网站年度日均独立用户近3000万户，较2013年增长34%，月度独立用户总数超过5亿户，较2013年增长17%，互联网综合排名位居重点新闻门户网站首位；移动及PC客户端累计下载量达3.9亿次（年度净增下载量1.5亿次）；手机电视全年累计用户达2.33亿人，较2013年增长70%；IPTV业务总体用户数1600万户，互联网电视总体用户数3600万户，规模均居行业首位。

一、充分发挥网络宣传和舆论引导的主力军作用，让主流声音成为网络新常态

围绕全国“两会”、2014年亚太经济合作组织（APEC）会议、第二批党的群众路线教育实践活动、新一届政府职能转变、深化改革、世界杯、亚运会等重大事件，突出视频特色创新报道，充分发挥网络媒体国家队和主力军的主导作用。对全国“两会”开展全平台、多终端、多语种、视听互动报道，共推出专题1291个，刊发图文稿件7132篇，视频报道29295条，论坛贴文862条，微博、微信、客户端发布4912条。“两会”期间，多终端累计独立访问用户3.6亿人，多终端视频直点播播放次数合计1.54亿次，较2013年同期增长36%。APEC会议报道期间，累计发布图文报道807篇，视频报道1189篇，原创及编译评论文章15篇，多终端直点播合计独立用户1827万人，直点播收视次数1416万次，直点播收视时长340余万小时。对2014年巴西世界杯全部64场赛事进行新媒体直播，多终端总体用户规模突破5亿人，赛事直、点播总观看频次超过9亿次，总收视时长达4.2亿小时，单场赛事最高同时在线人数达到588万人。共产党员网全面宣传党在制度建设、干部队伍建设、党员队伍建设、人才工作和党员培训教育工作等方面的成就，累计注册用户817.9万人，2014年全年累计独立访问用户数2900万。

创新形式，改进网络宣传和舆论引导手段。积极探索融合文字、图片、视频、Flash、三维等技术手段的全媒体报道产品，提高宣传报道的生动性、吸引力和有效性。“两会”期间推出《解码两会》《120秒读懂政府工作报告》《2分钟读懂两高报告》等可视化产品，将13天的会议内容用10个短片、20分钟的时间高度凝练地进行概括，以形象直观的动画方式进行表达，简单易懂、直入心底。APEC会议期间推出的“V观APEC”栏目在微博、微信、客户端各平台累计阅读量达5.2亿次；在习近平出访报道中打造《V观G20》和《V观习主席出访》两个品牌栏目，累计阅读量超过3亿次。

二、运用各类形式生动具体表现社会主义核心价值观，弘扬主旋律传播正能量

围绕“社会主义核心价值观”宣传主题，整合动画片库资源，推出“影响一生的24个字 动画解读核心价值观”网络专区，集纳100余条动画短片，以动画说文解字的形式面向青少年开展价值观教育，弘扬传统美德，传递正能量，产生积极社会影响。

在中宣部、中央网信办指导下，组织开展“图说我们的价值观”公益广告专项创作，成立“图说我们的价值观”艺术委员会和工作室，将泥塑、剪纸等中国传统文化元素融入创作，完成平面和网络通稿325幅，建筑围挡通稿247幅，展板通稿164幅，并将作品视频化，已有16个作品在网络、手机、互联网电视、户外LED大屏上宣传推广。其中，“中国梦”系列公

益广告中的“一个穿着粉红色棉袄、头扎红绳、盘腿而坐的小姑娘”可爱形象，一经问世就引起了强烈的社会反响，被命名为“梦娃”，出现在全国各地的大街小巷，成为“图说我们的价值观”公益广告的形象代言人。据不完全统计，全国140个重点城市（区）投入“图说我们的价值观”公益广告宣传资源价值168亿元，产生积极社会影响，并获得国家新闻出版广电总局颁发的2013–2014年度广播电视公益广告优秀传播机构二类扶持项目和2013–2014年度优秀公益广告电视作品三类扶持项目。

举办“最美人物发布厅”系列发布活动，陆续发布“最美职工”“全国教子有方最美家庭”“节约之星”等百余位最美人物，在网民中引起强烈反响。举办“信仰的力量——社会主义核心价值观‘随手拍’”“发现最美”百姓微视频随手拍等征集活动，通过民间视角全面生动地阐释社会主义核心价值观的深远内涵，活动视频累计访问量超过7600万次。

三、“一云多屏、全球传播”体系建设有力推进，用户规模位居广电新媒体首位

2014年，中国网络电视台“一云多屏、全球传播”新媒体传播平台建设迈上一个新的台阶，用户规模增长迅速。

在“云”端，国家网络视频数据库一期建设已完成，通过统一信源收录、统一生产制作、统一媒资存储、统一编码分发，以及基于统一编目的粗精切多层编目生产平台，实现高清、中央电视台、卫视、地面频道及CP等内容的全收录、全生产、全存储。2014年，日生产视频能力超过2000小时，视频年度制作总容量1059364条，较2013年增长17%；视频制作总时长147006小时，较2013年增长17%。

在“屏”端，2014年，网站日均独立用户（UV）2860万人，较2013年增长34%，最高单日独立用户超过5400万人，平均月度独立用户超过5亿户，在中国网站排名网（Chinarank.org.cn）的互联网综合排名位于第13位，在重点新闻门户网站中排名首位；在ALEXA（alexa.com）的世界排名达到第80位，中国地区排名达到第16位；国内调研机构iWebChoice调查结果显示，中国网络电视台在中国地区“在线视频类”及“娱乐休闲类”网站中均排名前三位，在“新闻资讯类”及“门户网站”网站中的排名也保持在前十位。客户端（PC端及移动端）累计用户下载量达到3.9亿次（年度净增下载量1.5亿次），其中PC客户端累计用户下载量达2.6亿次，较2013年同期增长50%，移动客户端累计用户下载量达1.3亿次，较2013年同期增长100%；手机电视全年累计用户达2.33亿人，较2013年增长70%；IPTV累计用户数达到1600万户，互联网电视总体用户数达3600万户，是2013年的1.3倍，发展速度和规模均居行业首位，发展潜力巨大；移动传媒视频已开通公交、广场、快客、国航机舱、澳航机舱、香港港中旅办证大厅电视频道，列车频道测试播出，总体日均覆盖用户数为5480万人。

四、积极探索机制融合、跨界合作、内容融合等新模式，台网融合一体化引向深入

加强顶层设计，根据中央《关于推动传统媒体和新兴媒体融合发展的指导意见》，结合实际情况，认真研究媒体融合发展的总体思路、发展目标、工作原则、主要措施、重点项目、组织领导与保障等各个方面，借助专家外脑，起草《中央电视台加快推进传统媒体与新兴媒体融合发展的意见》。

探索台网一体化运行新模式，推动媒体融合发展。以新闻为试点，探索机制融合模式，通过流程再造、组织再造、平台再造，建立台网“一体化策划、一体化制作、一体化实现”的工作机制。以与中国移动合作为试点，探索跨界合作模式，积极适应4G发展的新形势，与中国移动全面开展4G业务合作，建设4G视频传播中心，抢占移动互联网新入口和移动传播制高点。以重点节目双屏互动为特色，探索内容融合模式，在《中国谜语大会》等节目中首创电视直播节目全民参与、双屏实时互动，打通电视观众与新媒体用户两大用户群、传统媒体与新兴媒体两大舆论场。

以重点项目建设为突破口，快速推进融合发展。建设“央视影音（CBox）多终端超级视频客户端平台”，把传统电视的优质节目与互联网先进技术结合起来，以尽可能快的速度和方式，在尽可能多的终端/屏幕上为用户提供中央电视台、地方电视台等高品质的电视节目和与传统电视不一样的视觉体验；建设“4G手机电视内容聚合与集成播控平台”，在4G时代抢占移动视频入口，成为中央电视台面向移动互联网转型的重要平台和新的增长点；建设“央视新闻多终端集成播控平台”，实现新闻“多媒体采集、共平台生产、多渠道分发”，形成跨终端、跨渠道的新闻传播格局。经过内部充分讨论和专家评审，2014年7月正式向中宣部上报以上三个媒体融合重点项目方案。经专家组评议后，中宣部2014年9月18日批复同意立项。

五、着力打造原创内容品牌和移动互联网产品，核心竞争力持续增强

遵循新媒体传播规律与特点，不断加强新媒体内容生产，打造以网络春晚、熊猫频道、公益广告、微电影为代表的系列网络原创产品。2014年网络春晚在前三届的基础之上，进一步开拓创新，在凸显网络特色、青春元素和互动特点等方面有所突破，受到媒体和网民称赞。其中，1月30日（大年三十）至2月6日，网络春晚多终端累计独立用户2500万人，较2013年春节期间增长71%；网络春晚多终端视频直点播累计播放次数达2220万次，直点播累计播放时长达588万小时。2014网络春晚网络直播及中央电视台电视精编版播出期间，电视收视率单场最高1.29%，收视份额12.99%。“熊猫频道”自2013年8月以来受到全球网友及海外媒体热捧。截至2014年12月31日，熊猫频道独立访问用户数（UV）累计达2180万人次，覆盖中文、英语、西班牙语、法语、俄语、荷兰语、日语等六十余种语言、221个国家和地区的超过4000万受众，其中海外访问量达到35%。2014年以来，熊猫频道对外发布的熊猫视频被1144家境外媒体使用过万余次，出品的单条视频节目在YouTube上最高播放次数超过1000万。

重点发展移动互联网产品，抢占移动传播制高点。全面运营优化升级“CBox央视影音”“央视新闻”“央视体育”“央视悦动”等移动客户端系列产品。其中，“CBox央视影音”客户端累计下载量突破3.4亿次，获得“最受用户欢迎移动音视频应用”、“年度优秀原创网络视听创新案例奖”、2014互联盛典“跨界融合创新奖”等多项奖项。世界杯期间，CBox直点播累计播放量突破4.3亿次，新增安装量达4000万次，iPad版本连续12天占据苹果免费总榜榜首。央视新闻移动客户端累计下载量超过2420万次，并获“最佳新闻客户端奖”“最具影响力广播电视客户端”“2014全球移动互联网卓越成就奖”等多个奖项，央视体育移动客户端累计下载量573万次；央视悦动移动客户端累计下载量突破130万次。

六、依托自建新型平台和海外社交平台讲好中国故事，成为国际传播新媒体生力军

2014年，中国网络电视台主动规划、积极推进新媒体国际传播能力建设，面向全球传递中国声音，传播中国形象，取得良好传播效果和影响。截至2014年12月，网站日均海外独立访问者（UV）为262万人，较2013年同期增长7%。CNTV多语种旗舰版客户端，海外手机视频业务CMall系统平台，北美、非洲、俄罗斯本土化网站项目获商务部、中宣部、财政部、文化部、国家新闻出版广电总局颁发的2013–2014年度国家文化出口重点项目。

通过升级海外技术支撑平台，提供更快速的传输分发网络，更深度的网络覆盖能力，进一步提升用户体验。截至2014年底，存储容量超过3PB（3000TB），较2013年增长20%，海外CDN月均分发流量2979T，较2013年增长85%，海外地区首页平均打开时间为2.4秒，较2013年缩短7%；海外地区视频点播平均打开时间为2.1秒，较2013年缩短10%。在北美、欧洲等网络较发达地区达到了当地主流媒体（如BBC、CNN）的访问效果水平。

深化海外社交媒体宣传推广。在多个国际主流社交平台建立账号并投入运营，初步形成覆盖Facebook、YouTube、Twitter、Instagram、微信、微博等主流社交平台的多语种全方位的立体社交网络平台。2014年10月31日，在Facebook上运营的“CCTV中文”账号粉丝数突破100万人，月度浏览量达1.47亿次，成为国内主流媒体中发展速度最快、粉丝数最多、影响力最大的中文账号。

优化建设品牌化国际传播平台。2014年12月16日，上线国际传播平台“直播中国”，以网络直播为原点，将当下中国发生的故事与中国传统文化相结合，借助中国网络电视台多终端和海外社交平台等载体，展现真实中国，讲好中国故事，阐释中国梦。在2014年12月30日上线少数民族语新媒体传播平台，以新媒体形式向世界解读和诠释中国各民族的文化，向世界展现中国多民族融合、和谐共处的文化魅力。

七、通过技术体系整合和自主技术开发应用有效降低成本，全面提升重大活动及各项业务的支撑保障能力

基础支撑能力进一步增强。2014年，PC端月均直、点播浏览量3.9亿次，PC端月均直、点播用户观看时长2.15亿小时；移动端月均直、点播浏览量2.28亿次，移动端月均直、点播用户观看时长0.5亿小时。2014年存储容量达7PB（7000TB），较2013年增长40%；2014年最高峰值带宽1400G，较2013年增长

56%；2014 年实现 296 路的信源接收能力，较 2013 年增长 240%。

视频网络分发平台建设稳步推进，全球网络视频分发平台支撑包括央视频道、地方卫视、直播中国自办频道等 140 多路直播频道和 2000 多个点播栏目在全球 210 个国家和地区的多终端分发，全面实现 CDN 直播、点播、回看、时移业务，实现对 PC、移动、平板等多种业务的多终端分发与播控调度；增加对 Powza 的认证支持；进一步提升地区 IP 库的准确性，实现分发调度正确率超过 99.5%。加强视频云平台建设，采用私有云和公有云相结合的混合云模式，优化运维体系，节省资源的同时提高效率。加强应用技术开发和运用。利用业界主流通用协议 HDS、HLS，实现了对 PC 端及移动终端的多码率自适应视频直播，实现全新的视频直播产品功能体验；成功开发并上线 P2P 转 CDN 机制，增强直播覆盖能力；直播监测、统计大数据平台完成升级扩容，扩容方案尝试采用云计算的方式，通过了世界杯的考验，成为大数据挖掘业界的经典部署案例；DRM 数字版权保护机制完成初步公测。

中国网络电视台对外宣传

一、熊猫频道完成战略升级，原创内容获得境外主流媒体广泛使用，国际影响力显著提升

2014 年，央视网熊猫频道在都江堰疾控中心、核桃坪野化培训基地、卧龙大熊猫野外栖息地布设 60 多路摄像头，从中精选 11 路播出，将熊猫频道直播节目信号数量提升至 22 路，同时对世界唯一存活的熊猫三胞胎进行直播，成为全球最大的关注单一野生动物物种的直播平台。同时，与国际动物保护组织合作开办的德语版于 2014 年 8 月 16 日在法兰克福正式上线。

一方面加大原创内容制作，获得境外主流媒体广泛使用。本年度共发布原创新闻约 300 条，原创视频约 1400 条，原创专题《长隆三胞胎宝宝直播》《大熊猫雪雪野化放归》等。“2014 大熊猫雪雪野化放归活动”通过图文报道、视频特写等灵活手段，展现放归大熊猫的最新动态与独家内幕，并在熊猫频道、Livestream、微博等平台同步直播。与美联社、路透社等境外主流媒体建立直接联系，持续输出与“中国”主题相关的视频节目，进行有效国际传播。对外发布的熊猫视频被包括英国广播公司 BBC、美国有线电视新闻网 CNN 等 1144 家境外电视频道使用 1.5 万多次。

另一方面利用海内外社交平台推广优质内容。熊猫频道在海外社交平台上共有粉丝 10.5 万人，周覆盖人数超过 45 万人次；其中 Facebook 上的 IPANDA 英文账号已经成为全球专门关注大熊猫的账号中人气最旺的一个，粉丝数达 7.4 万人。此外，熊猫频道在新浪微博的官方账号也有 26.2 万粉丝，周阅读量 2000 多万人次，其中有 16.2% 来自海外。6 月 6 日，中央网络安全和信息化领导小组办公室（简称“中央网信办”）向全国各省、自治区、直辖市互联网信息办及中央新闻网站通报表扬熊猫频道。

二、海外社交平台运营成果显著，传递中国真实声音，吸引世界关注目光

央视网持续加强海外社交媒体账号的运营，在国际、国内重大热点事件时及时向全球网友发出来自中国的真实声音，结合各大社交媒体提供的粉丝偏好分析数据，推荐用户最关心的视频、贴文，获“赞”不断。10 月 31 日，在 Facebook 上运营的“CCTV 中文”账号粉丝数突破 100 万人，同时，该账号月度独立 IP 访问人数超过 7591 万人次，月度曝光次数达 1.47 亿次，月度互动用户达到 1007 万人。该账号当日发布“感谢有你”帖文，Facebook 创始人马克•扎克伯格第一时间用中文回复“恭喜”，全球网友积极留言互动，表达“祝福 CCTV 中文！感谢传递中国正能量！”、“祝愿 CCTV 中文网站越办越好，得到越来越多粉丝的青睐”等良好意愿。该账号已成为海外中文用户了解新闻的主要方式之一。

三、海外本土网加快机构建设，开展品牌推广

2014 年，中国网络电视台在非洲、北美、俄罗斯、亚太等开展一系列机构建设、品牌宣介、推广活动等工作。

2014年11月，亚太本土网韩语频道三周年之际，受到韩国社会各界人士的广泛关注。韩国国会议员金民基发表贺词："韩语频道在韩中交流中起到了非常重要的作用。希望今后贵频道能做出更多优秀的节目，为韩中交流做出更大的贡献。"中国驻韩大使馆文化参赞史瑞林发表贺词："央视网韩语频道自开播以来，密切关注中韩文化交流，与首尔中国文化中心紧密合作，对中国驻韩大使馆和首尔中国文化中心给予了大力支持。利用网络电视频道对中国文化在海外的推广和传播起到了积极的作用。"

韩语频道打造原创栏目《汉语教学》，栏目内容系统科学，课堂形式丰富多彩。安排专业团队对课程内容进行策划，搭建专门录影棚模拟室内教学环境，聘请中、韩两国的专业汉语教师进行双语课堂教学，保证课程的权威性。丰富实用的内容和高水准高质量的制作赢得了韩国受众的认可和欢迎，受到韩国受众的关注和欢迎。除在网站收看课程外，更多用户正在通过央视网在韩国本土社交媒体上开设的官方账号关注节目内容，如Naver blog(韩国第一大门户网站下属博客)、Naver cafe（韩国第一大门户网站下属贴吧）、Daum TVpot（韩国各大主流电视台网络播放平台）。其中，2014年10月在Daum TVpot开设的专页在韩国本土取得巨大反响，短短四个多月时间汉语教学内容的浏览用户数累计近10万人，汉语教学节目播放次数高达76万余次。央视网韩语频道凭借以"汉语教学"为首的优秀内容成功跻身至韩国主流电视台Daum TV pot排行榜之中，综合排名最高达到13位，是唯一入榜的中国媒体。

韩语频道于10月在韩国首尔举办了"你好，首尔"熊猫主题推广活动。此次活动是落地本土开展的一场象征中国文化名片的国宝大熊猫图片展映活动，在韩国掀起了一阵"熊猫文化风"。活动不仅吸引了众多前来看展的韩国民众驻足照相留念，也吸引了大量韩国主流媒体关注，韩国发行量最多的报纸《朝鲜日报》、韩联社、韩民族报纸等20余家媒体对展映活动进行了推荐报道和转载。韩国媒体的报道带来广泛关注，韩国爱宝乐园、全罗南道谭阳市竹林园等相继打来电话寻求展览合作事宜，让更多的韩国人通过认识大熊猫了解中国。

12月20日，由中国网络电视台北美本土网主办的第二届金熊猫北美国际微电影节颁奖典礼在加拿大列治文河石剧院落幕，"金熊猫"奖六大奖项揭晓。700余位嘉宾、业界专业人士及电影爱好者出席了典礼。本届微电影节还收到加拿大总理史蒂芬•哈珀发来的贺信，称赞此次微电影节为中国和北美文化交流搭建了一座桥梁。中国驻温哥华总领馆副总领事茅润龙先生和加拿大卑诗省国际贸易、亚太策略及多元文化厅厅长屈洁冰女士作为贵宾代表在典礼上分别致辞。中国网络电视台通过举办第二届金熊猫北美国际微电影节进一步促进了中国与北美地区的多元文化交流，提升了在北美主流社会的品牌形象。

12月，由中国网络电视台联合日本本土专业制作团队和成都大熊猫繁育研究基地共同主办的"直播中国•全球大熊猫家园——明星熊猫世界巡游会"在日本东京举行了首次海外推广活动。活动首次将日本和歌山白浜动物园和中国成都大熊猫繁育研究基地的两只"浜家族"的明星熊猫通过视频直播实现"隔海连线"；邀请日本著名作家、联合国儿童基金会亲善大使黑柳彻子现场揭晓刚刚在成都出生的一只熊猫宝宝的征名结果。众多网友对活动表达强烈的喜爱，认为熊猫宝宝取名"双好"不仅寓意大熊猫母子双好，还寓意中日两国双边友好，很有意义。作为华人在东京首次举行的以大熊猫为主体的主流活动，得到日本多家主流媒体的关注。日本电视台、朝日电视台、TBS电视台及中央电视台驻日记者站均对活动进行了采访报道；日本雅虎、凤凰财经等21家网络媒体也进行了专题报道。在Facebook、Twitter等海外社交平台上的直播报道曝光次数超过3万次，近3000名实名社交用户参与了互动。

中国网络电视台创新台网融合

一、以双屏互动为特色，探索重点节目台网融合新模式

《中国谜语大会》首创电视直播节目全民参与、双屏实时互动。2月11日至13日节目直播期间，电视观众通过下载"央视悦动"客户端、扫描电视二维码等方式，和场上选手同步竞猜谜语；通过"央视悦动"客户端参与"摇一摇"有奖互动，首次实现电视观众

与场上选手同步猜谜、电视屏与手机屏的实时互动，成为真正意义上台网融合、双屏互动的成功实践。新媒体和电视共同构成《中国谜语大会》的重要传播方式，将电视传统的单向传播拓展为电视和新媒体双向互动传播。三期节目直播过程中共有206万人实时互动。“摇一摇”活动中，最高有8万用户在同一秒摇动了手机。

《中国成语大会》积极探索制播分离节目的台网融合模式和录播节目的互动模式。针对《中国成语大会》播出周期较长的节目特点，定制推出“摇一摇抽奖”“选手陪你边看边聊”“猜胜竞猜”“成语记忆大比拼”“人气选手投票”五项双屏互动活动。节目播出过程中，电视观众通过“央视悦动”客户端、扫描二维码、登录节目官网等方式实时参与。节目播出期间，共有1295万人次参与双屏互动活动，单期节目最高互动量达267.8万人次，在社会上引发“成语热”。

中秋晚会“双屏互动”开创中央电视台大型直播晚会利用手机客户端进行双屏互动的先河。晚会利用“央视悦动”手机客户端作为新媒体互动平台，围绕“团圆喜庆”的中秋主题，定制推出“看秋晚 送祝福”“为喜爱的晚会节目点赞”双屏互动活动。观众在收看晚会时可实时为喜爱的节目点赞，并通过移动互联网的新形式为亲朋好友送上中秋祝福。两项双屏互动参与总人数为14.3万人次。

“九九艳阳天”重阳节十小时直播特别节目台网融合互动活动实现新媒体参与电视节目的生产传播、电视大屏与新媒体多屏互动。节目直播期间，观众可以通过“央视悦动”客户端及微博、微信平台，随时随地参与“重阳节为父母点歌”“重阳节为父母送祝福”“摇手机为爸妈赢礼物”互动活动。台网共同精心挑选新媒体前期征集和观众实时发送的全家福照片、为父母送上的祝福、点播的歌曲等内容，在直播节目中通过主持人口播、滚动字幕、播放歌曲、互动墙等多种形式同步呈现，融入节目多个环节。节目直播过程中的重要时间节点，电视端均对双屏互动的精彩内容及中奖名单进行多形式、高频次的充分呈现，总次数超过200次，激发了观众的参与热情。双屏互动参与总人次为92.5万人次。

二、不断优化中央电视台官网，通过强化服务功能大力推介中央电视台节目

自2013年底中国网络电视台正式上线发布优化后的中央电视台官网首页，持续优化运营，全力打造服务于中央电视台节目推介和电视互动的功能载体、平台。新首页顺应电视媒体传播的移动化、互动化、社交化发展趋势，突出四大特性。网站“导航”更加人性化，提供频道、栏目、主持人、直播、点播以及CCTV广告入口。新增“央视频道”板块，直观呈现中央电视台所有在播频道标识以及频道官网、频道直播入口；首屏突出位置提供“央视影音”“央视新闻”“央视体育”“央视悦动”4个客户端下载地址。加大重点节目推介力度，图片展示更具感染力。首屏焦点区动态呈现中央电视台重要活动、重点栏目、大赛、特别节目内容；新开设“央视看点”板块，推荐当日及近期重点节目预告及精彩片段。强化互动，主推“我要上电视”和“约会主持人”等互动产品。“我要上电视”集纳全台所有节目选手招募、观众报名和新闻线索、话题征集入口，提供登上央视网络通道；“约会主持人”集中中央电视台主持人博客、微博、专栏和主持人俱乐部等互动产品，打造网民与主持人在线互动平台。

三、以“央视悦动”客户端开发为抓手，建设中央电视台新媒体传播平台和互动平台

“央视悦动”客户端是顺应“移动化、互动化、社交化”的媒体发展趋势，布局4G时代，自主研发和建设的中央电视台移动互联网电视互动新载体、新平台，努力将电视观众转变为中央电视台用户。“央视悦动”为重点节目定制摇一摇、投票、话题、竞猜、边看边聊等多种互动功能，并在《中国谜语大会》等节目中得到充分应用。其中，“摇一摇”和“边看边聊”等互动形式深受用户喜爱，逐渐形成互动的品牌。在《中国谜语大会》播出第一天，“央视悦动”客户端在苹果全球应用商店下载排行总榜中居第14位，在娱乐类下载榜中排第一位，刷新了中央电视台系列手机客户端在苹果应用商店的排名纪录。截至2014年，“央视悦动”下载用户超过128万人次。

四、以微传播、微视频、手机小游戏等多种形式推介重点节目，弘扬社会主义核心价值观

积极拓展“央视悦动”微博、微信、微视等平台，拓展节目信息推送渠道，微平台订阅用户已超过35.8万户。

《中国成语大会》录制期间，利用独家拍摄的节目素材，推出微视频产品《秒看成语大会》，与电视节目

形成差异化传播单条微视频播放量近 14 万次；对“九九艳阳天”节目彩排等阶段进行微视频同步直播，制作、投放 14 条宣介微视频，播放次数超过 33.5 万次，单条最高浏览人次达 13.1 万人次。

中秋节期间，在“央视悦动”客户端推出中央电视台首个移动客户端节目推介社交互动游戏“送嫦娥回月球”，巧妙植入中央电视台中秋晚会信息，扩大中央电视台中秋晚会网络影响力，参与总人数超过 53 万人次。“央视悦动”客户端围绕“九九艳阳天”重阳节特别节目 7 支公益主题短片，制作手机公益画册“陪着爸妈过重阳”，并可以分享至多个社交平台，持续预热节目，浏览人次超过 2.4 万人次。

“央视悦动”官方微博账号发起并主持“2014CCTV 中秋晚会”“陪着爸妈过重阳”等微话题、微直播，积极引导观众在观看中秋晚会和重阳节特别节目过程中进行社交互动，形成网络热议话题，将主流媒体的影响力传导到社交平台，借助传统节日弘扬社会主义核心价值观。“2014CCTV 中秋晚会”话题总阅读量达 1977 万人次；“陪着爸妈过重阳”话题阅读量达 6766 万人次。

中国网络电视台核心产品及品牌栏目

一、核心产品

“CBox 央视影音”客户端

中国网络电视台将原有“CBox”电脑客户端和“CNTV 旗舰版”移动客户端进行统一整合，正式上线推出“CBox 央视影音”客户端，以全新的品牌形象投入市场。该客户端累计安装量已超过 3 亿次，借助中国网络电视台强大的全球分发能力，在线提供 100 多套电视台高清同步直播，1300 多套点播栏目，涵盖中央电视台及卫视电视台直播、栏目点播、节目预告、体育直播、影视，动漫等内容。“CBox 央视影音”客户端采用中国网络电视台自主知识产权技术，实现其他网站没有的直播“时移”功能，用户在观看视频直播时可随心所欲点击收看播放过的任何一帧画面，不错过任何一个精彩镜头。同时，“CBox 央视影音”客户端提供视频回看、预订、智能 EPG、搜索、动态码率等强大功能，是一款名副其实的“全能直播神器”。此外，该客户端采取扁平化设计，增加播放入口，减少层级页面，用户可快捷进入播放页面。

“CBox 央视影音”客户端覆盖电脑客户端和手机端（包括 iOS 版和安卓版），适配 40 余款主流智能终端，实现统一内容、统一风格、统一分发。依托央视网全球最大的视频数据库，支持多路电视直播和海量点播内容，集纳中央电视台频道、全国卫视、城市频道等 130 多路电视频道的直播、预约、回看，以及 2700 多个栏目，7300 多部影视剧、纪录片等版权节目点播，涵盖电影、电视剧、动画片、纪录片、体育赛事、公开课、科教、青少、综艺等类目。

“央视新闻”客户端

“央视新闻”客户端是中国网络电视台深化“台网融合一体化”发展，与中央电视台新闻中心于 2013 年 7 月 23 日合作推出的新闻客户端产品。该客户端以中央电视台权威、独家、海量的新闻报道资源为基础，注重内容更新、功能完善、交互设计、用户体验、技术研发、运营推广等方面的建设，特别发挥视频优势，为用户提供“看得见的新闻”。经过探索与运营，“央视新闻”客户端不断优化升级，探索时政报道新模式，提升信息更新速度和封面质量，并对重大事件报道实现客户端首发，每天更新资讯达 120 条；不断完善功能，新增“听新闻”、电子日历、微博入口、图片下载等功能，并优化订阅、搜索、评论等互动功能；不断开发适配各类操作系统的版本，已覆盖苹果、安卓手机以及 iPad 等主流操作平台；不断拓展推广渠道，与苹果应用商店、安卓市场、百度手机助手等近 50 家线上渠道，以及三星、小米等终端厂商合作，稳步提升产品用户覆盖率。

“央视体育”客户端

2013 年 8 月 30 日，央视网以第十二届全运会举行为契机，正式上线推出“央视体育”客户端。该客户端是央视网在原有“5+ 体育”客户端基础上，围绕“视频、新闻、数据、互动”等用户需求，继“央视新闻”客户端之后力推的重点移动客户端产品，旨在为用户提供最丰富的体育资讯、赛事视频直播点播、互动娱乐等精彩内容，力争打造成为网民关注体育内容的权威首选平台。该客户端第一时间发布赛事直播、点播、央视独家点评、幕后故事解密等特色内容，并按照运动类型和赛事活动，将内容精心编排为足球、篮球、网球、中超、综合等类别，通过“图说体育”“5+ 体娱”“图集”等板块，提供视频、图片、评论、特别报道等，满足不同体育迷的需求。同时，不断完善核心互动功能，提供赛事直播、观赛导航、赛事信息推送、观赛签到、微博微信分享、互动留言等功能；并借助台网资源进行有效推广，通过《新闻联播》等栏目对客户端优势功能进行报道，吸引大量网友通过手机、PAD 等终端下载观看。

“央视悦动”客户端

作为中央电视台新媒体，央视网不断深化台网融合，于 2013 年 12 月 31 日全新上线推出服务于央视节目和电视观众的产品“央视悦动”客户端。该产品主打央视节目推介和多屏互动等特色实用功能，成为连接电视屏与手机屏、电视节目与观众的载体和平台。为中央电视台电视节目和主持人打造新型社交电视互动平台，使用户和主持人形成关系圈进行深度交流；同时，用户可通过电脑、手机、平板电脑等终端，参与电视节目投票、抽奖、竞猜、答题等互动活动，成为观众看电视时的“直播伴侣”。此外，该客户端还拥有国内领先的听音识台等功能，观众将移动终端对准电视屏幕后，客户端会自动识别当前播出的节目，并进入栏目页面，提供电视内容的扩展阅读，并可参与一系列互动活动。

共产党员网

共产党员网是由中央组织部主管、中组部党员教育中心主办、中国网络电视台承办的全国党员网络教育培训学习平台。自 2012 年 6 月 30 日上线以来，共产党员网先后完成中组部交办的党的群众路线教育实践、共筑中国梦等主题教育活动，推出了汇聚全国优秀共产党员、先进基层党组织事迹的“榜样”宣传教育平台，制作发布了 115 万条党员学习图文资料、开发集成了 176 万分钟党员教育视频课件节目，认真落实内容、技术、保密等各项安全管理制度，做到安全无事故。截至 2014 年底，共产党员网累计注册用户 813.6 万人，累计独立访客数 6051.3 万人。2014 年 6 月 30 日，中央组织部副部长陈向群受中共中央政治局委员、中组部部长赵乐际和中组部部务会的委托到共产党员网调研，对共产党员网给予充分肯定。

网址：http://www.12371.cn/

中国纪录片网

中国纪录片网是由国家新闻出版广电总局指导，中国网络电视台承建的推动中国纪录片产业发展的国家级新媒体综合性产业运营平台。向用户提供纪录片国家政策发布、行业动态、题材集纳、创作生产、推介展示、传播推广、融资交易、人才培养、学术研究等多项服务。2014 年 6 月上海电视节期间，与中国广播电视协会纪录片工作委员会、中央电视台科教频道等多家单位共同发起成立纪录片社交化移动互联产业运营平台“纪录中国”，并在 2014 中国广州纪录片节上正式开通。

网址：http://www.docuchina.cn/

“直播中国（一期）”大型新媒体传播平台

“直播中国（一期）”以网络直播为原点，将当下中国发生的故事与中国传统文化相结合，借助中国网络电视台多终端和海外社交平台等载体，展现真实中国，讲好中国故事，阐释中国梦。一是以规模化网络实时直播为特色，通过熊猫、长城等 24 小时实时定点直播、大型文化活动等事件性直播等，向世界展示真实中国。二是制作符合新媒体传播规律的精品点播内容，用真实具体的事例，采取微电影、微动漫、微记录、网上博物馆等形式，通过多种语言，在多平台、多终端进行传播推广。三是构建融贯自有平台和其他平台的有机系统。“直播中国（一期）”已在 Facebook、YouTube、Twitter 等平台开设专属账号并通过精心策划和推广，实现覆盖最大化，让中国故事影响更多海外受众。四是以“中国文化体验活动”为平台，通过组织、参与各类中外文化交流活动，邀请海外媒体、名人、大众百姓亲身体验中国文化，开展线上、线下活动联动推广。

12 月 16 日，中国网络电视台国际传播平台“直播中国（一期）”在成都召开的第二届中国网络视听大会现场开通。

中国公开课

秉持“做中国自己的公开课”的品牌理念，中国公开课持续打造集“授课、学习、交流、互动”于一体的在线教育平台，初步确立在同行业中的领军地位，成为中国第一网络教育品牌。已实现 PC、PC 客户端、手机、PAD、IPTV、户外传媒等全媒体覆盖，率先填补网络公开课行业跨终端传播空白，截至 2014 年年底，课程总体规模达到 3000 门 15400 集 6820 小时，用户累计访问量超过 4 亿人次，日用户访问量峰值超过 100

万人次，日均独立用户访问量超过 50 万人次，市场占有率达到 37.5%，比位列第二的搜狐公开课高 10.5%，位居同行业领军地位。

网址：http://opencla.cntv.cn/

魔镜

魔镜作为中国网络电视台自主研发的首个社交电视轻应用，是中央电视台台网融合发展的创新尝试，也是中国网络电视台“一云多屏 全球传播”战略的落实成果，以用户在移动终端的互动为基本形式，以跨屏（电视、移动终端、平板电脑、PC 等）为主要特点，可为网页和客户端提供统一互动支持，并支持二维码、客户端、微信、移动搜索等入口。经过架构优化和系统增强，可支持五万以上的级秒并发，为众多重大活动和栏目提供了互动支持。“魔镜”平台上的互动项目超过 30 个，为众多栏目定制了 10 多种适配的互动形式，包括人气投票、互动问答、互动竞猜、看图猜谜、成语接龙、说吧讨论区、刮刮卡抽奖、音乐试听、场景画册、小游戏等，兼具趣味性和互动性，2014 年共策划 22 项主题活动，吸引近万人次参与。截至 11 月 20 日，“魔镜”手机注册用户超过 1040 万人，2014 年新增 1000 万人，累计独立访问用户超过 2000 万人。

网址：http://qr.cntv.cn/

CCTV 手机电视

CCTV 手机电视拥有国家行业主管部门颁发的全国手机电视集成播控运营牌照和内容服务牌照，于 2006 年 12 月正式开播，覆盖移动、联通、电信三大运营商手机用户，基于移动通信网络向所有移动终端提供直播、轮播、点播、下载等各类有偿视频服务，向广大手机观众提供新闻、体育、影视、娱乐等多方内容，随时、随地、随身为广大移动终端用户提供视频服务。它是中央电视台把握时代特征，紧扣科技发展，搭建多元化跨媒体经营格局的重要实践。

网址：移动用户发送 CCTV 到 106580279，联通 3G 用户发送 CCTV 到 10655107，电信用户发送 DCCTV 到 118010

二、品牌栏目

中国领导人

《中国领导人》是中国网络电视台近年重点打造的时政类新闻产品。其针对电视媒体“不易存留，不易查阅”等劣势，充分发挥中央电视台时政视频资源独家优势，使用《新闻联播》等品牌新闻栏目和音像资料馆权威来源视频，系统梳理中共中央领导人、国家领导人、地方领导人的动态新闻，为每位领导人建立单独视频库，起到日常新闻集纳作用，同时也发挥出历史资料影像库功能，充分展现中国领导人的风采。

网址：http://politics.cntv.cn/leaders/zgzyldr/

是真的吗

《是真的吗》栏目是中国网络电视台完全原创的调查辟谣类新闻栏目。栏目定位为“热点新闻的真相调查”，坚持全国性联动、多维度采访、深度化解读，打击网络谣言、净化网络环境，给网民最靠谱的真相。

2013 年中旬开办以来，每期文稿都会得到新华网、人民网等中央重点新闻网站转载，并由《北京青年报》、北京卫视等开始，创造了传统媒体对新媒体产品的反刊载。百度、360 等平台为本栏目专设《真相问答机》等附属子产品。《是真的吗》已成为国内新闻辟谣类影响力最大、排名最高的新媒体栏目。

网址：http://truth.cntv.cn/xinbanjihe/

图解

《图解》是中国网络电视台推出的原创数字解读与图像说明类品牌栏目，始终坚持“力争比拼四大商业门户网站同类栏目”的目标，力求“用数字与图像说话”，紧跟各种热点新闻与突发事件，用通俗易懂、深入浅出、契合碎片化自媒体时代传播特点的图文、数字元素，做好常识解读、释疑解惑、溯本清源、消解谣言，坚持为广大网友在网页端、微博微信等移动终端，提供新闻可视化的便捷阅读体验，并在有效传播中完成观点表达，进行主动、积极地舆论引导。

《图解》栏目开办以来，形成了时新敏锐、角度新颖、观点犀利、风格清新等鲜明特点，在网友中赢得广泛好评。

网址：http://news.cntv.cn/illustration/

图说中国人的生活

《图说中国人的生活》是中国网络电视台创办的中国梦线上宣传专栏，“从网民中来，到网民中去”，透过网民的镜头讲述当下中国人的故事，致力于以普通人的励志故事激励网民，在影响和改变网民认知中，以正能量净化网络环境。专栏同时开辟英文版和阿拉伯文版，密切了中国网友与外海网友的关系，增进了国际社会对真实中国的了解，打造国家与国民形象的外宣窗口。

网址：http://people.cntv.cn/special/tszgrdsh/

艺术公开课

《艺术公开课》是中国网络电视台为更好弘扬中国传统文化开设的。邀请当今最有代表性的书画名家、鉴赏家、教育家、成为央视网的客座讲师，内容包括《书法公开课》、《书法零起点》、教你学画画、名画深读、名帖品评、书画收藏鉴定、琴棋书画、诗词楹联、金石篆刻、书画与养生等，融知识性、趣味性、实用性为一体。吸引更多的人通过网络观看到难得一见的大师书写绘画过程。将最本源的书画艺术传递给广大书画爱好者们，为弘扬中国书画艺术作出贡献。

教学课程视频精切后“一云多发”至央视网、中国网络电视台、手机电视、IPTV、CCTV 移动传媒、IPAD 等，在多个媒体平台提供点播服务。

网址：http://arts.cntv.cn/special/ysgkk/shouye/index.shtml

央视画廊

《央视画廊》是中国网络电视台推出的艺术名人数据库专栏。自 2009 年 8 月创建以来，已为 500 余位艺术家制作了个人主页。通过与艺术家长期建立起的密切联系，用第一手个人资料、评论文章、传奇故事、高清作品影集展示、视频访谈、展览动态等，权威展示业界知名艺术家们的生平事迹、作品、最新相关动态。并开设艺术家部落论坛进行网友粉丝互动，得到广大艺术家、艺术爱好者的关注。逐步打造国内一流、规模最大、最权威，有世界影响的艺术名人数据库。

网址：http://arts.cntv.cn/hualang/index.shtml

封面人物

《封面人物》每周一期，以人物的热点事件为切入点，沿时间轴展开，向网友呈现出该人物的职业生涯、荣耀和遗憾、重大事件、生活轶事、未来猜想、独家点评等等。内容丰富而有深度，主题新颖而又贴近事实，语言诙谐而不缺条理性，清晰勾勒出全年的重点体育赛事和热点事件。

网址：http://sports.cntv.cn/zonghe/special/people/

NBA 风云汇

《NBA 风云汇》根据每周美国男子篮球职业联赛 NBA 赛事而制作。专题主要是对美国男子篮球职业联赛 NBA 一周的赛事结果盘点，让观众第一时间直观了解美国男子篮球职业联赛 NBA 各队胜负情况，主要体现超级豪门以及热门球队的赛况，并贯穿赛季始终。《NBA 风云汇》还包括精彩的十大进球。集锦都出自 CCTV–5，内容优质权威。

中国网络电视台访问量统计

一、中国网络电视台（CNTV）互联网综合排名情况

截至 2014 年 12 月，中国网络电视台在中国网站排名网（Chinarank.org.cn）的互联网综合排名达第 13 位，超越新华网、人民网，在重点新闻门户网站中排名首位。

部分中国网站综合排名

网站名称	综合排名	年度变化
凤凰网	9	↓ 1
中国网络电视台	13	→
优酷网	17	↑ 4
人民网	41	↓ 18
新华网	56	↓ 41
土豆网	78	↓ 11

数据来源：www.chinarank.org.cn

截至 2014 年 12 月，中国网络电视台在 ALEXA（alexa.com）的世界排名达到第 80 位，较 2014 年初提升近 350 位，中国地区排名达到第 16 位，较 2014 年初提升 54 位。

据艾瑞集团旗下主要致力于提供详细的行业公司和网站数据排名的国内调研机构 iWebChoice 调查结果显示，截至 2014 年 12 月，中国网络电视台（CNTV）在中国地区“在线视频类”及“娱乐休闲类”网站中均排名前三位，同时，在“新闻资讯类”及“门户网站”网站中的排名也保持在前十位。

2014年中国网络电视台在iWebChoice的排名表

IWebChoice 网站分类	2014 年 12 月 CNTV 排名
在线视频类	2
娱乐休闲类	2
新闻资讯类	7
门户网站类	7

数据来源：www.iwebchoice.com

二、中国网络电视台“一云多屏”业务发展情况

2014 年 CNTV 网站日均独立用户（UV）达到 2860 万人，较 2013 年增长 34%，年度最高单日 UV 突破 5400 万人，月度独立用户（UV）超过 5 亿人，较 2012 年增长 17%，单月覆盖用户数超过中国网民总数的 85%（中国网民总数 6.32 亿人，来源于《CNNIC 报告》）。

2010年-2014年CNTV网站月度独立用户（UV）趋势

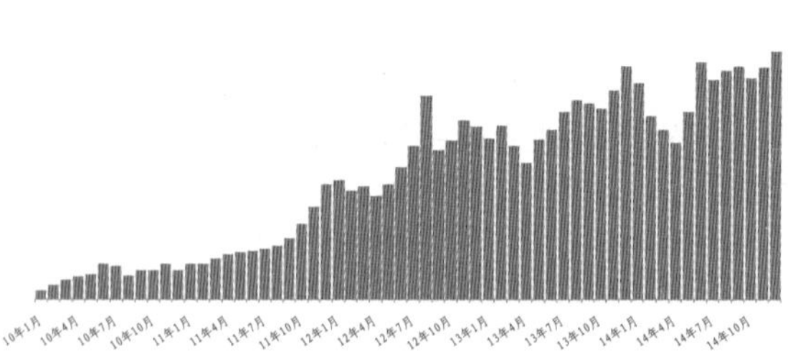

截至 2014 年 12 月，CNTV 移动及 PC 客户端累计下载量达 3.9 亿次（年度净增下载量 1.5 亿次），其中 PC 客户端累计下载量 2.6 亿次、移动客户端累计下载量 1.3 亿次，较 2013 年涨幅分别达到 50% 和 100%。

20146 CNTV移动及桌面客户端累计下载量趋势

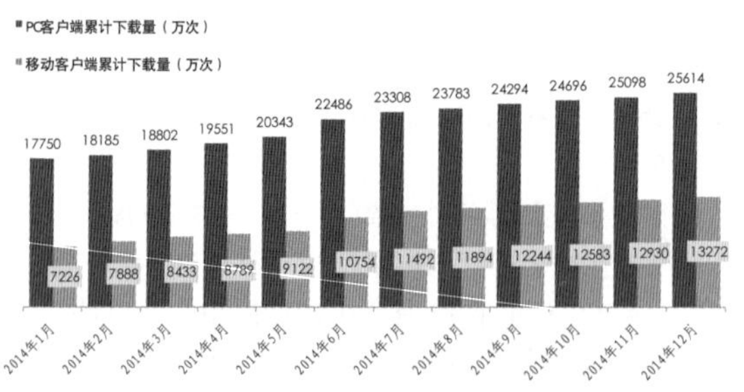

CNTV 手机电视全年累计用户达 2.33 亿人，较 2013 年增长 70%。其中，中国移动平台总体用户数 2.24 亿人；联通 WAP 平台总体用户数 34 万人；电信平台总体用户数 820 万人。

中国网络电视台 IP 电视及互联网电视业务总体用户数达 5200 万户，是 2013 年的 1.3 倍；其中 IP 电视业务用户数为 1600 万户，互联网电视业务用户数为 3600 万户，发展潜力巨大。IPTV 业务已与北京、山东、湖北、四川等 28 个地区签署两方或三方协议，其中在云南、四川、湖南等 14 个地区实际开通。

中国网络电视台移动传媒视频已开通公交、广场、快客、国航机舱、澳航机舱、列车、香港港中旅办证大厅电视频道、国航 AVOD、E 项目组、公开课项目、勤能教育项目；总体日均覆盖用户数为 5480 万人。

三、2014年重大事件报道情况

2014 年 1 月 30 日 20:00，中国网络电视台着重发挥新媒体特色特别是移动互联网优势，通过综合门户网站、“CBox 央视影音”、“央视悦动”客户端、手机电视、IP 电视、互联网电视、移动车载电视等终端和平台，对春晚进行全球化、多终端同步直播，并实现网络、客户端直播、点播无缝衔接，直播过程中可随时时移回看精彩节目视频。同时，通过微博热议、手机二维码、客户端、边看边聊等方式进行全方位互动。中国网络电视台与腾讯、新浪、搜狐等 7 家网站组建传播联盟，截至晚会结束，多终端联合传播总体独立访问用户达到 1.1 亿人，其中 CNTV 多终端独立访问用户达 5007 万人，较 2013 年春晚上涨 9%；视频直播累计观看达 1.6 亿次；最高同时在线人数达 1625 万人。1 月 30 日除夕直播期间，中国网络电视台海外独立访问用户比例为 13.7%。

2014 年索契冬奥会于 2 月 24 日凌晨圆满落幕。央视网启用互联网、“央视体育”客户端、移动终端、手机电视、IP 电视、互联网电视等全部新媒体平台资源，“一云多屏”报道索契冬奥会。此次奥运会，央视网 20 路信号清流全程报道全部赛事、节目时长超 1300 小时。央视网各终端发送包含 CCTV5、CCTV5+、20 路清流等信源的冬奥赛事与新闻视频共计 6675 条，时长达 2791 小时。前方原创视频约 16 小时。各终端整体覆盖用户达 1.3 亿人，手机电视、移动客户端、IP 电视等多终端视频播放次数达 6.1 亿次。

2014 年“两会”报道，央视网严格落实宣传精神，台网融合深入有效，新媒体特色突出鲜明。截至 3 月 13 日，央视网“两会”报道共推出专题 1291 个，刊发图文稿件 7132 篇，视频报道 29295 条，论坛贴文 862 条，微博、微信、客户端发布 4912 条，组织网络直播 47 场、在线访谈 11 场。“两会”期间，多终端累计独立用户 3.6 亿人，较 2013 年同期增长 5%；多终端视

频直点播播放次数合计 1.54 亿次，较 2013 年同期增长 36%；直播最高同时在线出现在 3 月 5 日“十二届全国人大二次会议开幕会,李克强作政府工作报告”期间，达到 60.2 万人,较 2013 年同期增长 65%。“两会”期间，CNTV 海外独立用户占比达到 11.3%，海外访问最高的前三位国家分别为美国、加拿大、日本。

2014 年世界杯，央视网作为中国大陆地区世界杯转播的独家授权网站，充分发挥“一云多屏”新媒体平台优势，围绕世界杯做好赛事直播和原创报道，实现社会效益和经济效益最大化。一是用户规模大幅增长，通过央视网新媒体观看本次世界杯直点播的总体用户规模超过 5 亿人，最高同时在线人数达到创纪录的 588 万人，超过 2010 年南非世界杯的 536 万人；央视网新媒体总收视率在多屏收视率中的平均占比近 20%，成为世界杯赛事电视收视的有力补充。二是移动客户端发展迅猛，新增用户、播放次数和同时在线时长均创历史最高纪录，总下载量较赛前增长 30%，激活用户数比前期最高值增长近 4 倍。三是探索全新的新媒体营收模式，通过台网一体化广告营销实现资源价值最大化，推出“央视体育”VIP 产品，实现收费服务零突破。四是充分挖掘独家新媒体版权资源，打造《超级世界杯》《超级播报》《超级战队》《超级数据库》等原创系列定制产品；五是技术支撑能力迈上新台阶，直播采用新的 P2P2.0 系统，全面支撑多终端直播，并应用自主开发的 DRM 数字版权保护技术。六是 24 小时开展维权监控，盗播情况相对于 2010 年世界杯有较大改变，国内主流互联网平台上侵权盗播情况得到有效控制。

2014 年仁川亚运会期间，央视网作为中国大陆地区仁川亚运会转播独家授权网站，充分发挥“一云多屏”新媒体平台优势，围绕亚运会做好多终端赛事直播、点播和原创报道，实现其对电视端收视的补充作用。通过央视网新媒体直点播收看本次亚运会相关视频的总体用户规模达 1.50 亿人，为电视端总到达人数 7.35 亿人的 20.4%,超过电视端总到达人数的五分之一，视频总观看频次超过 1.7 亿次，总收视时长近 7800 万小时。仁川亚运会期间，央视网新媒体总收视率在多屏收视率中的占比平均可达 15.9%；同时，央视网新媒体端受众的人均收视分钟数高于电视端观众人均收视分钟数。央视网亚运会赛事点播的日均用户规模达 211 万人，用户点播总时长达 1390 万小时，点播时长份额在所有分销网站中达 71.7%，远高于腾讯网的 549 万小时（时长份额为 28.3%），央视网亚运会新媒体传播优势显现，真正实现新媒体与电视的深度融合，有力推动体育赛事传播的快速发展。

11 月 7 日至 11 日，2014 年亚太经济合作组织（APEC）会议在北京召开。央视网运用中文、英语、西班牙语、法语、阿拉伯语、俄语等多个语种，通过 PC 端、移动客户端、手机电视 、IP 电视、互联网电视等多终端以及微博、微信等多平台全面开展报道。APEC 会议报道期间，央视网累计发布图文报道 807 篇，视频报道 1189 篇，原创及编译评论文章 15 篇；截至 11 月 12 日 24 点，网站总体日均独立访问者 UV 达 3300 余万人,多终端直点播合计独立用户 1827 万人，直点播收视次数 1416 万次，直点播收视时长 340 余万小时。

（中国网络电视台提供）

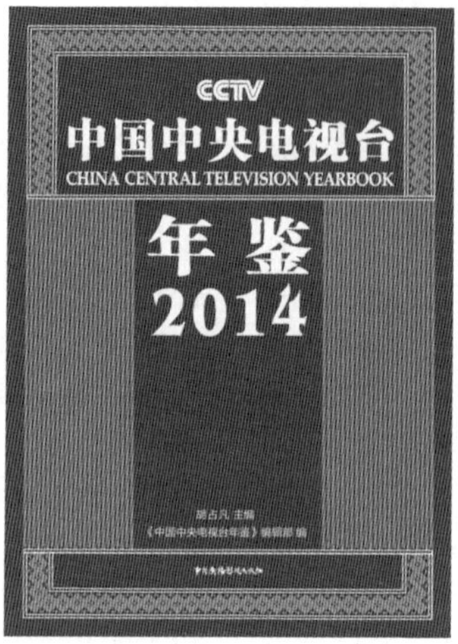
CCTV
中国中央电视台
CHINA CENTRAL TELEVISION YEARBOOK
年 鉴
2014

HUO JIANG BIAO ZHANG

获奖·表彰

获奖·表彰

第24届中国新闻奖
中央电视台获奖名录

特别奖

电视消息：习近平春节前夕赴甘肃看望各族干部群众向全国各族人民表达美好的新春祝福（新闻中心）

一等奖

电视评论：证难办 脸难看（新闻中心）

电视直播：太空新旅 天宫授课（新闻中心）

网络专题：中国新一届领导集体：平凡的生活 伟大的理想（中国网络电视台）

二等奖

电视专题：新闻调查 头号难题（新闻中心）

电视访谈：股市为何突然出现暴涨？（财经频道）

新闻论文：央视新闻：台网融合的新媒体先锋（新闻中心）

国际传播 电视消息：本台记者探访大马士革南郊战区（新闻中心）

三等奖

电视编排：新闻直播间（9 月 3 日）（新闻中心）

新闻名专栏奖

海峡两岸（中文国际频道）

第13届长江韬奋奖
中央电视台获奖名录

韬奋系列

梁建增（新闻中心）

第27届金鹰奖中央电视台获奖名录

最佳电视文艺节目奖

2013 年中央电视台春节联欢晚会（综艺频道）

2013 光荣绽放系列（综艺频道）

中国汉字听写大会（科教频道）

最佳电视公益广告片奖

筷子篇（资产管理中心）

优秀电视剧奖

毛泽东（中国电视剧制作中心有限责任公司）

妈祖（电视剧频道）

国家命运（中国电视剧制作中心有限责任公司）

赵氏孤儿案（中国国际电视总公司）

营盘镇警事（中国电视剧制作中心有限责任公司）

优秀电视纪录片奖

习仲勋（纪录频道）

茶——一片树叶的故事（纪录频道）

不能忘却的伟大胜利（中央新影集团）

北京凹头蚁（科教频道）

最佳电视动画片奖

新大头儿子和小头爸爸（中国国际电视总公司）

优秀电视公益广告片奖

中国传统节日民俗皮影篇（资产管理中心）

关爱失智老人（资产管理中心）

关爱家人之手机篇（资产管理中心）

最佳电视节目主持人奖

朱迅（综艺频道）

优秀电视节目男主持人奖

任鲁豫（戏曲和音乐频道）

尼格买提（综艺频道）

第13届“五个一工程”奖
中央电视台获奖名录

电视剧

历史转折中的邓小平（中国电视剧制作中心有限责任公司）

大河儿女（中国电视剧制作中心有限责任公司）

营盘镇警事（中国电视剧制作中心有限责任公司）

纪录片
习仲勋（纪录频道）
舌尖上的中国（第一季）（纪录频道）
动画片
新大头儿子和小头爸爸（中国国际电视总公司）
歌曲
光荣与梦想（综艺频道）
天耀中华（综艺频道）

第24届中国人大新闻奖 中央电视台获奖名录

一等奖
消息：甘肃：探索人大代表联系群众新模式（新闻中心）
系列报道：两会大数据（新闻中心）
系列报道：全国人大常委会通过旅游法系列报道（新闻中心）
二等奖
专题：谁来保障电梯安全（综合频道）
三等奖
消息：农村扶贫开发：改进贫困县考核机制　扶贫开发拟列入政绩考核指标（新闻中心）
评论：人大：立法监督一年间（新闻中心）
专题：走出深山的红辣椒（综合频道）
系列报道：鲁健观察（中文国际频道）
系列报道：两会特别策划·FOCUS GROUP 焦点一席谈（外语频道）
现场直播：2014 见证履职（新闻中心）
评论：财政预决算应尊重人大的审议（中国网络电视台）

2012–2013年度全国政法综治优秀新闻作品评选中央电视台获奖名录

一等奖
系列报道：打击网络谣言（新闻中心）
二等奖
消息：苏湘渝系列持枪抢劫杀人案犯周克华被击毙（新闻中心）
现场直播：湄公河惨案一审开庭（新闻中心）
系列报道：慈爱——关注青少年平安成长（社会与法频道）
三等奖
系列报道：走基层·湖南长沙城管朝阳中队蹲点日记（新闻中心）
专题：危险的井盖（综合频道）
访谈：司法部副部长张苏军：化解矛盾不能用高压 基本准则是法律（中国网络电视台）

第15届中国人口文化奖 中央电视台获奖名录

电视节目类
组委会特别奖
舌尖上的中国（第一季）（纪录频道）
二等奖
走基层·医生贾永青（新闻中心）
组织工作奖
中央电视台

首届“星光电视公益广告大奖” 中央电视台获奖名录

一等奖
筷子篇（广告经营管理中心）
关爱失智老人——打包篇（广告经营管理中心）
反腐倡廉——林丹篇（广告经营管理中心）
中国梦——库布其治沙（广告经营管理中心）
社会主义核心价值观（新闻中心）
二等奖
回家（系列）（广告经营管理中心）
垃圾分类（系列）（广告经营管理中心　中视金桥国际传媒集团有限公司）
Family（广告经营管理中心）
三等奖
关爱老人（系列）（广告经营管理中心）
反腐倡廉——老鼠篇（广告经营管理中心）
提名荣誉奖
中国年让世界相连（广告经营管理中心）
感谢不平凡的自己（广告经营管理中心）
青春守护 美丽中国（广告经营管理中心）
保护江豚——纪实篇（广告经营管理中心）

弘扬孝道——下棋篇（广告经营管理中心）
别让等待成为遗憾（广告经营管理中心）
关注聋儿——无声的世界篇（广告经营管理中心）
中国好司机——灯光篇（广告经营管理中心）
中国梦——蓝图篇（广告经营管理中心）
文明礼仪——皮影篇（广告经营管理中心）

2014年度优秀国产纪录片及创作人才扶持项目评选中央电视台获奖名录

优秀长片

九天——1979 年邓小平访美（中央新影集团）
高三 16 班（科教频道）

优秀系列片

百年潮·中国梦（新闻频道）
美丽克什克腾（纪录频道）
舌尖上的中国（第二季）（纪录频道）
互联网时代（财经频道）
水脉（科教频道）
1937 南京记忆（科教频道）
台儿庄 1938（军事节目中心）
客从何处来（综合频道）
谷牧（中央新影集团）

优秀导演

张兵：南侨机工——被遗忘的为国者（纪录频道）
张力、董浩珉：瓷路（中央新影集团）

优秀撰稿

王密林：国魂（科教频道）

优秀摄像

王路：牦牛（纪录频道）

优秀栏目

讲述（科教频道）
军事纪实（军事节目中心）

优秀制作机构

科教频道
军事节目中心

优秀播出机构

纪录频道
科教频道

2014年度少儿精品及国产动画发展专项资金项目评审中央电视台获奖名录

优秀少儿电视栏目

一等奖

小小智慧树（少儿频道）
看我 72 变（少儿频道）

二等奖

智力快车（少儿频道）

优秀少儿频道、动画频道

一等奖

中央电视台少儿频道

优秀动画电影

新大头儿子和小头爸爸之秘密计划（央视动画有限公司）

优秀动画创作人才

最佳奖

曹梁（央视动画有限公司）
陈家奇（央视动画有限公司）

优秀奖

方凌（央视动画有限公司）
周凤英（北京辉煌动画公司）

第20届上海电视节“白玉兰”奖中央电视台获奖名录

年度最具影响力纪录片

舌尖上的中国（第一季）（纪录频道）

2014“金熊猫”奖国际纪录片评选活动中央电视台获奖名录

人文类

纪录片大奖

瓷路（纪录频道）

评委特别奖

客从何处来之阿丘篇（综合频道）

社会类

纪录片大奖

互联网时代（财经频道）

评委特别奖
南侨机工（纪录频道）
最具社会关注奖
舌尖上的中国（第二季）（纪录频道）
最佳摄影奖
过年（科教频道）

自然及环境类
纪录片大奖
隐秘王国——丛林秘境（纪录频道）

2014年度中央电视台优秀节目获奖名单

CCTV 年度大奖
央视新闻微博微信客户端（习近平：希望通过努力让“APEC 蓝”保持下去）（新闻中心、中国网络电视台）
CCTV 年度优秀新闻
一等奖
习近平同美国总统在中南海会晤（新闻中心）
本台记者探访埃博拉病患留观中心（新闻中心）
走进“上帝之城”（新闻中心）
中国“虹”（体育频道）
一次“红脸出汗”的民主生活会（新闻中心）
MBA 考场的神秘电波（新闻中心）
恐怖主义的网上推手——“东伊运”恐怖音视频（英语新闻频道　外语频道）
昆明暴恐事件震惊国人　打击恐怖犯罪刻不容缓！（中文国际频道）
国民党惨败 台湾政坛面临大洗牌（中文国际频道）
走基层·解密“狱中八条”（新闻中心）
新春走基层·家风是什么（新闻中心）
二等奖
揭秘国际油价暴跌（财经频道）
本台记者探访顿涅茨克机场交火区（新闻中心）
聚焦北京停车费（财经频道）
仁爱礁：中国的原则与底线（中文国际频道）
叙利亚·本台记者独家探访女狙击手部队（新闻中心）
塞拉利昂埃博拉死者埋葬队（英语新闻频道　外语频道）
管不住的“莞式服务”（新闻中心）
迟到的十八年（上、下）（综合频道）
关注美国退出量化宽松（财经频道）
监控录像中的越狱谜团（新闻中心）
五环旗下的暑期——“青奥会”央视少年记者报道团活动记事（体育频道）
习近平春节前夕冒严寒踏冰雪慰问边防官兵（军事节目中心）
被滥用的抗生素（新闻中心）
呼格吉勒图之死（新闻中心）
三等奖
驻华大使的中国梦（西班牙语国际频道　外语频道）
马航 MH370 特别报道（中文国际频道）
APEC 追热点（中文国际频道）
追踪病死猪（新闻中心）
走西部——看变化中的中国（阿拉伯语国际频道　外语频道）
大界河（第二季）——中俄青年交流年特别报道（俄语国际频道　外语频道）
毒性之争引发的 PX“词条保卫战”（新闻中心）
两会大数据（新闻中心）
聚焦阿里巴巴美国上市（财经频道）
中式生活（法语国际频道　外语频道）
直击“和平使命—2014”联合演习实兵演习今日举行五国携手打击恐怖势力（军事节目中心）
台湾高雄连环气爆事故（中文国际频道）
高考场上的神秘“考生”（新闻中心）
桃子的梦想（体育频道）
关注“雪龙”号船救人后遇冰受阻（新闻中心）
大使看中国经济（财经频道）
澳门回归 15 周年特别节目之“直播澳门”（中文国际频道）
“娜”么不舍（体育频道）
孩子，你在哪里（新闻中心）
中纪委半年“打虎”记（新闻中心）
CCTV 年度优秀节目
一等奖
百年潮 中国梦（新闻中心）
互联网时代（财经频道）
等着我（第 30 期）（综合频道）
开门大吉（2014–10）（综艺频道）
父母爱情（电视剧频道）
谁是球王·中国羽毛球民间争霸赛——北京总决赛（体育频道）

湄公河大案（中国电视剧制作中心有限责任公司）
历史转折中的邓小平（中国电视剧制作中心有限责任公司）
南侨机工——被遗忘的卫国者（纪录频道）
手艺（第四季）（科教频道）
新大头儿子和小头爸爸（第二季）（中国国际电视总公司）
天网·警犬的故事（5 集）（社会与法频道）
全球中文音乐榜上榜（2014−15）（戏曲和音乐频道）
瓷路（中央新影集团）
远方的家——江河万里行·秘境洛扎（第 138 集）（中文国际频道）
香山论坛：亚洲新安全观（英语新闻频道　外语频道）
大手牵小手·阿里的孩子（上、下）（少儿频道）
开往春天的地铁（新闻中心）
天涯共此时·1949 城市记忆（中文国际频道）
回声嘹亮（2014−50）（综艺频道）
隐秘王国（纪录频道）
中国人的饭碗（中国农业电影电视中心）

二等奖

马向阳下乡记（中国国际电视总公司）
关注抑郁症（新闻中心）
2014 年中央电视台春节戏曲晚会（戏曲和音乐频道）
法兰西玫瑰遇上中国春天——专访法国电影巨星苏菲玛索（法语国际频道　外语频道）
邓小平百万裁军决策内幕（军事节目中心）
惊天大逆转——2014 年世界体操锦标赛男子团体决赛（体育频道）
中国文艺·向经典致敬（中文国际频道）
我在北京挺好的（电视剧频道）
案藏玄机（纪录频道）
长沙保卫战（电视剧频道）
平安 365·生死时速——看不见的危险（社会与法频道）
智慧树（2014−345）（少儿频道）
楚国八百年（中央新影集团）
开讲啦·陈州——我找到了幸福（综合频道）
星光大道（2014−39）（综艺频道）
长在海水里的稻子（中国农业电影电视中心）
激发农业新活力（财经频道）
高三 16 班（科教频道）
聚焦“双十一”网购狂欢节（财经频道）
十送红军（中国国际电视总公司）
看我 72 变（2014−35）（少儿频道）
喜乐街（2014−14）（综合频道）
城市 1 对 1·走进秘境：中国香格里拉——墨西哥帕伦克（中文国际频道）
冰雪绽放（体育频道）
钱文忠解读百家姓第二部之乐于时傅（科教频道）
生活在中国——俄罗斯女演员在中国（俄语国际频道　外语频道）
艺术人生·阎维文（2014−46、47）（综艺频道）
枪（纪录频道）
牦牛（纪录频道）
忏悔录·窒息·爱（社会与法频道）

三等奖

未富先老（英语新闻频道　外语频道）
味道（科教频道）
CCTV 空中剧院——2014 年上海新春京剧晚会（戏曲和音乐频道）
铁血红安（电视剧频道）
一线·绝命兄弟（社会与法频道）
行走在路上——西班牙流浪歌手搂大卫的中国梦（西班牙语国际频道　外语频道）
邓小平遗物故事（中央新影集团）
黄金 100 秒（2014−23）（综艺频道）
跨省上班记（中文国际频道）
争奇斗艳——少数民族冠军歌手争霸赛（第二季）（戏曲和音乐频道）
向幸福出发（2014−41）（综艺频道）
2014 中华龙舟大赛总决赛（海南·陵水）（体育频道）
大漠苍狼（电视剧频道）
大黄山（纪录频道）
南怀瑾（科教频道）
音乐快递（2014−29）（少儿频道）
腾冲 腾冲（军事节目中心）
五大道（纪录频道）
新闻袋袋裤（2014−158）（少儿频道）
养父的花样年华（电视剧频道）
庭审现场·南京吉星鹏杀妻案庭审直击（社会与法频道）
大河儿女（中国电视剧制作中心有限责任公司）

非常6+1·潘长江（2014–18）（综艺频道）
传奇中国节——端午节（中文国际频道）
一个女孩的非正常死亡（综合频道）
生活早参考·江洋大盗的防盗经（综合频道）
少年中国强（第3期）（综合频道）
海客谈·周末版吴彦祖专访（英语新闻频道 外语频道）
智力快车（2014–39）（少儿频道）
风云会年终人物纪录片·我是李娜（体育频道）
夜线·朝秦暮楚（上、下）（社会与法频道）
永远的铁道兵（中央新影集团）
一个城里女人的荒山变形计（中国农业电影电视中心）
中国功夫高手（中文国际频道）
健康之路·要防癌 去体检（上）（科教频道）
清网行动（中国国际电视总公司）
苗岭斗牛（体育频道）
博乐先生微逗秀（2014–20）（综合频道）
天下足球·"黑衣人"（体育频道）
美丽克什克腾（中央新影集团）
战将（中国电视剧制作中心有限责任公司）
野鸭子2（中国国际电视总公司）

CCTV年度优秀特别节目

一等奖

南京大屠杀死难者国家公祭仪式直播报道（新闻中心）
世界杯特别报道（体育频道）
水脉（科教频道）
2014年中央电视台春节联欢晚会（大型节目制作中心）
舌尖上的中国（第二季）（纪录频道）
2014年"3·15"晚会（财经频道）
青年中国说（第二季第1期）（综合频道）
"苏州月·中华情"2014年中央电视台中秋晚会（中文国际频道）

二等奖

"宪法的精神 法治的力量——CCTV2014年度法治人物"颁奖礼（社会与法频道）
中国经济生活大调查（2013–2014）（财经频道）
2013CCTV体坛风云人物年度评选颁奖盛典（体育频道）
从雁栖湖到太平洋（新闻中心）
第二届"中华之光——传播中华文化年度人物"颁奖典礼（中文国际频道）
2014年首届中央电视台阿语、俄语大赛（阿拉伯语国际频道 俄语国际频道 外语频道）
1937南京记忆（科教频道）
2014年"六一"晚会——在五彩缤纷的节日里（少儿频道）
一场别开生面的座谈会（新闻中心）
亚太经合组织第二十二次领导人非正式会议文艺演出、焰火表演（大型节目制作中心）
客从何处来（第一季）（综合频道）
开学第一课（综合频道）

三等奖

2014CCTV钢琴小提琴大赛（戏曲和音乐频道）
"众里寻你——寻找最美孝心少年"颁奖典礼（少儿频道）
等着我·第五季守护和平（俄语国际频道 外语频道）
2014麦收故事会（上、下）（中国农业电影电视中心）
出彩中国人（总决赛）（综合频道）
新年新世界（财经频道）
年轻的朋友来相会——南京青奥会开幕式特别节目（体育频道）
中华情·特别节目感知中国缅甸行（中文国际频道）
中国谜语大会（科教频道）
同一个亚洲——仁川亚运会开幕式特别节目（体育频道）
第二届全国戏曲院校京剧学生电视大赛（戏曲和音乐频道）
新闻年鉴·世界2013（新闻中心）
收获2013（综艺频道）
发明梦工场（第二季）（科教频道）
开讲啦·开讲大时代——李雪健（综合频道）
"善行2014"暨"CCTV慈善之夜"（社会与法频道）
2014春节特别节目·过年了——农民新春联欢会（中国农业电影电视中心）
科技盛典——2014年度科技创新人物颁奖典礼（科教频道）

CCTV年度优秀新媒体

一等奖

习近平：希望通过努力让"APEC蓝"保持下去（新闻中心）
图说我们的价值观（中国网络电视台）

中国谜语大会·双屏互动（科教频道　中国网络电视台）
体育频道官方微信“虚拟观众席”（体育频道）
阿妈的奶茶（中国网络电视台）

二等奖

一图解读·PX 你了解多少？（新闻中心）
2014 网络春晚（中国网络电视台）
2014 中秋晚会·双屏互动（中国网络电视台）
互联网时代·小丫陪您边看边聊（财经频道）
今日亚洲·官方微信微博（中文国际频道）
央视综艺官方微信（综艺频道）
体育频道客户端——青奥少年派（体育频道）
梦想星搭档·叫醒耳朵一起唱爱心传唱活动(综合频道)
中国问与答——海外网友对话中国官员（ASK CHINA）（英语新闻频道　外语频道）
中国记忆·中国文化遗产日（科教频道）

三等奖

央视财经微信（财经频道）
我和我的祖国——国庆大型电视直播活动·新媒体互动（大型节日制作中心）
等着我·全媒体公益平台（综合频道）
CCTV 音乐官方微博（戏曲和音乐频道）
空楼记（中央新影集团）
2014 网络农民闹元宵（中国农业电影电视中心）
善行 2014 暨“CCTV 慈善之夜”之新媒体台网互动活动（社会与法频道）
最美人物发布厅（中国网络电视台）
体育频道官方微博——“乌贼刘”球衣秀(体育频道)
“2014 寻找最美乡村教师大型公益活动”使用多终端进行宣传推介（科教频道）
央视新闻客户端微视频系列报道·V 观（中国网络电视台）
今日关注·CCTV 微视互动专区（中文国际频道）
中国面孔（COLORS OF CHINA）(英语新闻频道　外语频道）
南京大屠杀死难者国家公祭活动（新闻中心）
超级世界杯（中国网络电视台）

2014年度中央电视台品牌栏目获奖名单

今日说法（综合频道）
星光大道（综艺频道）
回声嘹亮（综艺频道）
黄金 100 秒（综艺频道）
幸福账单（综艺频道）
非常 6+1（综艺频道）
今日关注（中文国际频道）
中国新闻（中文国际频道）
海峡两岸（中文国际频道）
远方的家（中文国际频道）
走遍中国（中文国际频道）
国宝档案（中文国际频道）
探索·发现（科教频道）
一线（社会与法频道）
天网（社会与法频道）
法律讲堂（生活版）（社会与法频道）
道德观察（社会与法频道）
新闻联播（新闻中心）
新闻直播间（新闻中心）
焦点访谈（新闻中心）
共同关注（新闻中心）
东方时空（新闻中心）
晚间新闻（新闻中心）
新闻 30 分（新闻中心）
法治在线（新闻中心）
朝闻天下（新闻中心）
新闻 1+1（新闻中心）
国际时讯（新闻中心）
新闻调查（新闻中心）
24 小时（新闻中心）

2014年度中国电影电视技术学会电视节目技术质量（金帆奖）中央电视台获奖名录

标准晰度电视节目录制技术质量奖

新闻类

一等奖

新闻联播（2013.12.20）
新闻联播（2013.9.4）

专题类

一等奖

追踪植物的红娘

二等奖

茶，一片树叶的故事（第二集 路的尽头）

综合文体类

一等奖

2014 年元宵晚会

在五彩缤纷的节日里——2014 年“六一”晚会

高清晰度电视节目录制技术质量奖

专题类

一等奖

舌尖上的中国 2（第二集 心传）

发现肯尼亚（第一集）

综艺类

一等奖

2014 中央电视台春节联欢晚会歌舞精编

团结和谐的亚洲——携手向明天亚洲相互协作与信任措施第四次峰会文艺晚会

体育类

一等奖

2013 年世界羽毛球锦标赛男子单打决赛

二等奖

2013CBA 全明星赛

电视剧类

一等奖

陈云（第二集）

二等奖

天使艾美丽（第二集）

综艺灯光类

一等奖

星光大道 2013 年度总决赛

二等奖

2014 全球中文音乐榜上榜

综艺美术类

二等奖

2014 年春节戏曲晚会

三等奖

歌霸天下

音频制作技术质量奖

专题类

一等奖

春晚又一年（第二集）

二等奖

茶，一片树叶的故事

综艺类

一等奖

2014 年中央电视台春节联欢晚会歌舞精编

2014 年直通春晚

体育类

一等奖

2014 年波力杯中国羽毛球大师赛

2014CBA 全明星赛

视频图形制作技术质量奖

片头类

一等奖

CCTV—1 春节宣传片

全运会

短片类

一等奖

CCTVNEWS 频道宣传片（镜头盖篇）

体育频道 时段导视

演播室图形设计类

一等奖

我要上春晚特别节目——2013 直通春晚

二等奖

嫦娥探月（三）

播出技术质量奖

一等奖

CCTV—1　CCTV—3

金帆综合奖

中央电视台

2014年度中央电视台电视节目技术质量奖

高清晰度电视节目录制技术质量奖

专题类

一等奖

牦牛（北京中视北方影视制作有限公司）

二等奖

2013 黄河漂流（技术制作中心）

走近科学（中视科华有限公司）

综艺类

一等奖

梦想星搭档 2013–14（技术制作中心）

二等奖

梅州月 中华情——2013 年中央电视台中秋晚会（播出传送中心）

梦想星搭档第四轮分组赛（播出传送中心）

体育类

一等奖

2014 年高尔夫美巡赛中国系列赛伯爵园北京公开赛（播出传送中心）

二等奖

2014 世界男子冰壶锦标赛（播出传送中心）

新闻类

一等奖

体育新闻（技术制作中心）

综艺灯光类

一等奖

非常 6+1 之非常星发布（技术制作中心）

二等奖

开门大吉（技术制作中心）

2014 年"3·15"晚会（技术制作中心）

综艺美术类

一等奖

环球新锐榜（技术制作中心）

二等奖

第六届"汉语桥"在华留学生汉语大赛(技术制作中心)

音频制作技术质量奖

综艺类

一等奖

梦想星搭档（第一期）（技术制作中心）

二等奖

星光大道 2013 年度总决赛（技术制作中心）

CCTV 音乐厅·维也纳爱乐乐团访华音乐会（技术制作中心）

专题类

一等奖

等着我特别节目铸梦(中文版)2014–5(技术制作中心)

二等奖

等着我特别节目铸梦(中文版)2014–2(技术制作中心)

来自弗吉尼亚的故事（技术制作中心）

体育类

一等奖

谁是球王——羽毛球民间球王争霸赛(技术制作中心)

二等奖

2014 索契冬奥会冰球精选（技术制作中心）

环绕声类

特别奖

2014 年直通春晚（技术制作中心）

视频图形制作技术质量奖

片头类

一等奖

春晚又一年（北京中视北方影视制作有限公司）

二等奖

手艺 3（技术制作中心）

儿童剧场（技术制作中心）

短片类

一等奖

CCTV 法语频道主持人宣传片（北京中视北方影视制作有限公司）

二等奖

CCTV 俄语频道主持人宣传片（北京中视北方影视制作有限公司）

央视主持人宣传片(北京中视北方影视制作有限公司)

演播室图形设计类

一等奖

我要上春晚特别节目—2013 直通春晚(播出传送中心)

二等奖

在五彩缤纷的节日里—2014 六一儿童晚会(技术制作中心)

嫦娥探月（一）（播出传送中心）

动画片类

一等奖

马年新愿（央视动画有限公司）

二等奖

新大头儿子（央视动画有限公司）

电视节目安全播出奖

技术管理中心质量管理部：

有线电视科2班

技术管理中心动力管理部：

供电一科E8电站

播出传送中心播出一部：

播出运行一科、二科、三科、五科

播出传送中心播出二部：

2、3、4、5、6班

播出传送中心总控部：

运行一科／总控机房1班、2班（现址）、3班

运行二科／总控机房1班、2班（现址）、3班（现址）

运行三科／总控机房1、2班

技术保障科1、2班

播出传送中心新闻制播一部：

演播室一科250、229、150机房（新闻频道）：1、2、3班

音频一科250、229、150机房（新闻频道）：2、3、4班

包装播出一科250、229、150机房（新闻频道）：1、3、5班

演播室二科13机房（中国新闻）：

1、2、3、4、5、6班

演播室二科12机房（财经频道）

1、2、3、4班

技术制作中心录制一部：

录制三科第三十三演播室1、2、3、4、5、6班

录制四科E13演播室一、二组

录制五科E14演播室1、2、3、4、5、6班

技术制作中心录制三部：

录制十科 35平米演播室1、2、3、4班

2014年第七届“王选新闻科技奖”人才奖中央电视台获奖名录

杰出人才奖

技术管理中心：徐进

第七届中国电影电视技术学会科技进步奖中央电视台获奖名录

一等奖

中央电视台数据中心云平台系统

中央电视台全高清、智能化、高可靠、超大规模总控系统

中央电视台新一代体育演播室群系统

中央电视台媒体数据交换平台系统（EMB）

二等奖

高清晰度电视标准测试序列研究与制作

中央电视台全台IT合署监管系统

二维有线传输索道摄像机系统

新一代演播室灯光系统

三等奖

中央电视台新线性编辑制作岛

2014年度中国电影电视技术学会“全国影视青年科技奖”

技术管理中心：杨磊

技术制作中心：翟南

2014年中央电视台获全国级奖励的单位和个人

集体

第四届“全国文明单位”

中央电视台

首届“中国青年志愿服务项目大赛”银奖

中央电视台“爱心驿站”公益项目

国务院残疾人工作委员会办公室全国助残先进集体

中央电视台综艺频道《星光大道》栏目组

个人

2013年度全国五一劳动奖章

新闻中心：康　辉

2014年中央电视台获中直级奖励的单位和个人

集体

2012—2014年度中直机关文明单位

中央电视台

2013—2014年度中直机关青年文明号

中央电视台社会与法频道《热线12》栏目组

个人

2013—2014年度中直机关青年岗位能手

中央电视台河北记者站：钱　江

2013—2014年度中直机关优秀共青团干部

中央电视台团委：王强强

2013—2014年度中直机关优秀共青团员

中央电视台新闻中心海外记者部：王薇薇

中央直属机关党的建设研究会2013年度课题研究二等奖

《党组织“三型”建设必须相互倚重整体推进》：宿晓光

中直机关中国梦征文活动二等奖

《追梦在祖国壮丽的河山间》：陈力

中直机关中国梦征文活动三等奖

《论中国梦与主流媒体的舆论引导》：赵先权

2014年中央电视台获首都级奖励的单位和个人

集体

2012—2014年度“首都文明单位标兵”荣誉称号

中央电视台

2014年中央电视台获省部级奖励的单位和个人

集体

2013年度新闻出版广电总局五一劳动奖状

综合频道“梦想”系列节目组

综艺频道《星光大道》栏目组

2013年度新闻出版广电总局模范职工小家

财经频道综合部分会

播送中心工会

人力资源管理中心工会

音像资料馆工会

新闻出版广电总局2012—2014年度精神文明建设标兵单位

中央电视台

2013年度新闻出版广电总局人口和计划生育标兵单位

中央电视台

2013年度新闻出版广电总局无偿献血标兵工作标兵单位

中央电视台

2014年度新闻出版广电总局人口和计划生育标兵单位

中央电视台

2014年度新闻出版广电总局无偿献血标兵工作标兵单位

中央电视台

个人

2013年度新闻出版广电总局五一劳动奖章

新闻中心海外记者部：王薇薇

财经频道《中国财经报道》栏目组：李　洋

2013年度新闻出版广电总局工会（女工）先进工作者

台工会联合会：杨凌华

中国国际电视总公司工会：刘　虹

中央新影集团工会：卢喜英

2013年度新闻出版广电总局工会之友

中央电视台：胡占凡

中央电视台：张海鸽

中央电视台：梁晓涛

中国广播电视国际经济技术合作总公司：李金荣

中央卫星电视传播中心：李　琼

2013年度新闻出版广电总局“女职工之友”

中央电视台：罗　明

中国国际电视总公司：王　浩

中央卫星电视传播中心：魏东未

中国有线电视网络有限公司：刘　众

2013年度新闻出版广电总局“工会积极分子”

新闻中心：冷建军　李瑞英　郝红梅

少儿频道：鞠　萍

财经频道：张晓阳

综艺频道：刘光蕊　苏柱子

体育频道：宋　丹

技术制作中心：张军农　呙成虎　康正平　孙小峰

中央新影集团：孟亚东

2012—2014年度新闻出版广电总局精神文明先进工作者

机关党委：李彦吉　王亚珍

2012—2014年度新闻出版广电总局精神文明先进个人

办公室：贾凯歌

总编室：杨　明

新闻中心：王小节　杨　春　张　巍　李　洁　曲长缨

综合频道：秦　华　金　辉

财经频道：李彬彬

综艺频道：王　民

中文国际频道：王　微

体育频道：邢梦洁
电视剧频道：刘秀杰
科教频道：张腾岳　张德宏
社会与法频道：苏大为
戏曲和音乐频道：金晓鑫
少儿频道：鞠　萍
外语频道：李小贝
纪录频道：周　俊
大型节目中心：张　骥
海外传播中心：陈永庆
人力资源管理中心：朱梦文
财务管理中心：祝东华
技术管理中心：唐伟莉
技术制作中心：宋中兴　归海洋
播出传送中心：方瑱瑱　薛知行
资产管理中心：李紫微
发展研究中心：王　莹
机关党委：狄希兰
央视总部接收管理办公室：夏晓辉　董　葵
新台址建设工程办公室：关　杨
新台址工艺技术办公室：王振中
纪检组监察室、机关纪委：刘桂玉
审计处：殷　悦
音像资料馆：倪代光
中国电视报社：苑文刚
中国国际电视总公司：王　曦
中国电视剧制作中心有限责任公司：刘立京　王　芸
中央新闻纪录电影制片厂（集团）：龚　璞　郭志鹏　张　旗　赵培东　阎　娟　伍　伟　沈　芳　段荣生　杨　椿　赵　军
中央卫星电视传播中心：张　嵩
中国网络电视台：邱　纯

2013年积极关心支持人口和计划生育工作、无偿献血工作的领导

中央电视台：张海鸽

2013年新闻出版广电总局人口和计划生育先进工作者

机关党委：李彦吉　于　莹

2013年新闻出版广电总局无偿献血先进工作者

机关党委：王　轶

2013年新闻出版广电总局无偿献血先进个人

袁　凌　高清华　陶　峻　谭振宇　薛　磊　胡东霞　徐耀武　田　巍　张新响　胡　涛　陈　咏　谭　婕　庞　琳　韩　天　张　硕　刘华伟　蔡广辉　孙　玥　谢　楠　杜曦晨　李　佳　王森淼　李　斌　王　军　孔冲冲　郭建秋　刘　忠　王晨旭　史亚蓉　王珊珊　王金玲　李　静　陈　雪　孙菲菲　李安娜　薄艳红　岳振华　邢一萍　贾彩霞　张云青　牛金莺　程　威　张永超　杨　柳　王子龙　赵雪莲　谢晓芬　周桂平　董胜杰　陶　媛　路　涛　林健双　黄楚芳　蒲红新　印芳帛　刘　倡　孙月兮　成可儿　赵　伟　王保锋　朱　震　耿政和　张　柯　殷　波　刘夕宏　陶　庆　陈亿华　张同虎　刘方梅　刘先文　郭二岗　李　欢　成　晓　沈　洁　许锦佳　袁一鸣　沈锡英　陈志强　徐光祥　朱言霏　姚　钧　王海龙　王　焱　梁　一　李　贺　汤传尧　李雪莲　马彦凯　王　鹏　阚文文　张宏伟　张向辉　王　京　李　霞　赵　俣　江建光　贾雅静　陈　燕　张志荣　刘　冽　龚国强　张德强　连九唐　杨　旭　崔　琪　朱　玥　王连刚　常宝元　陈建新　赵文勇　张建朋　王　华　徐　丁　张永伟　吕志强　石天亮　李文岩　白良才　沈　豪　肖　勇　蔡建元　孙　地　谭思瑶

2014年积极关心支持人口和计划生育工作、无偿献血工作的领导

中央电视台：张海鸽

2014年新闻出版广电总局人口和计划生育先进工作者

机关党委：王亚珍　于　莹

2014年新闻出版广电总局无偿献血先进工作者

机关党委：王　轶

2014年新闻出版广电总局无偿献血先进个人

周学东　荣金花　胡　燕　田　魏　崔　玲　荆晓群　胡　涛　陈　咏　许　波　彭　娜　贾喜芝　倪　翔　李承军　李雪莲　王　京　沈艳袁　向　明　周桂平　陈　燕　贾雅静　朱　旭　翟瑞琪　张志荣　张德强　牛翠花　支建壮　王勇军　郑长鸣　李　佳　欧阳军　杨　波　李紫楠　张　奎　梁中善　孔冲冲　王于妹　李　建　曹彦恒　刘　冬　殷　波　刘夕宏　王海龙　姚　钧　成可儿　陈志强　成　晓　沈锡英　袁一鸣　印芳帛　黄楚芳　王　明　李晓军　路　涛　王　蕾　刘岩群　朱　玥　徐菁雯　吕　超　王荣珍　崔　琪　蔡广辉　孙　玥　王淦才　夏　至　吕志强　张贵海　神屠玄德　王连刚　陈建新　王　华　赵文勇　张建朋　李振雨　李国雷　徐　丁　唐　勇　李文岩　石天亮　李晓芹　李　敏　陈　睿　白良才　韩金生　杨汝东　李三峰　张士欣　李　静　张　鑫

2014年中央电视台获台级奖励的单位和个人

集体

中央电视台2012—2014年度先进党支部

办公室秘书处机要档案处联合党支部
总编室节目推介部党支部
新闻中心经济新闻部党支部
新闻中心社会新闻部党支部
新闻中心地方记者部党总支本部
新闻中心地方记者部新疆记者站党支部
新闻中心地方记者部北京记者站党支部
新闻中心国际新闻部党支部
新闻中心新闻评论部党支部
综合频道第二党支部
财经频道节目部党支部
综艺频道第四党支部
中文国际频道新闻部党支部
体育频道体育节目部党支部
科教频道第一党支部
戏曲和音乐频道戏曲频道党支部
少儿频道第三党支部
外语频道俄语频道党支部
人力资源管理中心离退休人员管理处党支部
离退休人员管理处太平桥党支部
离退休人员管理处天坛党支部
离退休人员管理处新302党支部
离退休人员管理处万寿路党支部
财务管理中心会计核算处党支部
技术管理中心基础资源部党支部
技术制作中心录制二部党支部
播出传送中心转播部党支部
资产管理中心营销部党支部
机关党委党委办公室党支部
音像资料馆第四党支部
中国电视剧制作中心有限责任公司第一党支部
中央新影集团党政工支部
中央新影集团总编二支部
中央新影集团总编四支部
中央新影集团党工团联合党支部
中央新影集团离退休第七支部
中央新影集团物业部党支部
中央新影集团时政部党支部
中国国际电视总公司中视广经党支部
中国国际电视总公司中数传媒党总支第二党支部
中国国际电视总公司中视购物党支部
中国国际电视总公司中视科华有限公司本部党支部
中国国际电视总公司中视技术党支部
中国国际电视总公司央视瑞安党支部
中广影视卫星有限责任公司第三党支部
中国有线电视网络有限公司第五党支部
中国广播电视国际经济技术合作总公司工程技术分公司党支部
中国广播电视国际经济技术合作总公司贸易分公司党支部
央视国际网络有限公司第二党支部
央视国际网络有限公司共产党员网事业部党支部

中央电视台2014年度精神文明先进集体

办公室综合处总值班室
办公室机要档案处档案科
总编室规划部宣传规划组
总编室市场评估部分析服务组
新闻中心新闻频道编辑部《午夜新闻》栏目组
新闻中心国际新闻部特别报道组
新闻中心地方记者部新疆记者站
新闻中心社会新闻部社会教育组
新闻中心时政新闻部记者二组
新闻中心策划部评价调研组
新闻中心海外记者部俄罗斯中心记者站
综合频道节目部《看见》栏目组
综合频道《状元360》栏目组
财经频道综合部秘书组
财经频道节目部节目统筹组
综艺频道《天天把歌唱》栏目组
综艺频道节目部摄像组
中文国际频道节目部节目统筹组
中文国际频道《快乐汉语》栏目组
体育频道节目部播出组
体育频道新闻部策划组
电视剧频道综合部秘书组
电视剧频道项目部综合组
科教频道综合部运营管理组
社会与法频道综合部综合管理组
戏曲和音乐频道节目部摄像组
少儿频道《看我72变》栏目组

外语频道英语新闻频道共享组
外语频道法语频道采访组
外语频道西语频道专题编播组
纪录频道节目管理部节目管理组
大型节目中心综合部研发组
海外传播中心联络部节目交流组
人力资源管理中心劳动工资处
财务管理中心财产物资处管理科
技术管理中心工程管理部项目管理科
技术管理中心业务应用部运行二科
技术制作中心制作部灯光技术一科
技术制作中心录制一部录制四科
技术制作中心音频部音频后期一科
播出传送中心播出一部频道包装播出科
播出传送中心转播部特种设备科
播出传送中心新闻制播二部演播室三科
资产管理中心频道经营部频道经营二科
发展研究中心电视传播研究部论坛组
机关党委
新台址建设工程办公室工程处电梯科
纪检组监察室、机关纪委
音像资料馆秘书科
中国电视报社排版组
中国国际电视总公司央视市场研究股份有限公司
中国国际电视总公司中视传媒南海分公司
中国国际电视总公司央视后勤服务发展（北京）有限责任公司
中国国际电视总公司北京央视瑞安技术服务有限公司
中国电视剧制作中心有限责任公司第二制片分公司《湄公河大案》摄制组
中央新闻纪录电影制片厂（集团）微电影发展中心
中央新闻纪录电影制片厂（集团）科影节目中心电影部
中国网络电视台大型活动部

2012—2013年度中央电视台五四红旗团组织表彰名单

五四红旗团委
中央新影集团团委
五四红旗团总支
台办公室团总支
财经频道团总支
社会与法频道团总支
少儿频道团总支
外语频道团总支
技术管理中心团总支
音像资料馆团总支
梅地亚电视中心有限公司团总支
五四红旗团支部
总编室版权管理部团支部
新闻中心地方记者部团支部
中文国际频道团支部
大型节目中心团支部
海外传播中心团支部
播出传送中心播出一部团支部
资产管理中心客户部团支部
中国有线电视网络有限公司第二团支部

个人

中央电视台2012—2014年度优秀共产党员

办公室：刘　军　晁美丽　何　媌　黄　伟　李环英　王　烨
总编室：杨雪梅　徐　涛　邓治英　徐立军　闫　爽　徐　立
新闻中心：刘　萍　孙振涛　王　萍　杨惠敏　伍　辉
李长胜　蔡潜厚　朱　瑛　何　昊　唐　怡
张建欣　马亚阳　刘　芳　赵中良　闫乃之
熊传刚　汪曙光　向　晖　黄惠馨　万　灵
赵竹青　刘　鑫　唐卫东　韦雅昕　李作诗
成　微　母德贤　涂　书　王　蓉　徐建芹
郝红梅
综合频道：张国飞　王晓燕　胡清波　谢晓光　王　宁
财经频道：郭倩茹　殷洪生　齐文星　邱红波　方铁林　董迎春　马　超　陈金石　桂佳唯　王志亮　王晓来
综艺频道：马　星　刘　林　靳　彤
中文国际频道：王　锋　张文静　马　威　袁兴旺　王海涛　董金明　孙宏峰　张平平　宾　芳
体育频道：王　锋　亢　毅　石昌波　张晓同　杨　烁　高　宁
电视剧频道：郑　威　张　倩
科教频道：王玉清　陈　力　冀玉华　王　宁　洪丽娟　张德宏　王　林
社会与法频道：林协中　华　越　徐大鹏　王　琼　付彦军　沙玛阿果
戏曲和音乐频道：任鲁豫　魏道胜　顾　蕾
少儿频道：许蓓蓓　关文旭　司晓峰　张凯夫　茅　伟
外语频道：贾佳斌　王　东　肖小外　孟庆生　孟　薇

苏钰婷　唐书馨　亢雯雯　高　宁　张燕霞　漆　丽　张燕晖

大型节目中心：周晓冬

海外传播中心：王宇航

人力资源管理中心：纪　楠　王　红　唐　玥

离退休人员管理处：曹　友　康　平　马赤后　吴复久　李绥生　颜定星　徐邦俊　范秀兰　贾宝京　刘　倩　李大妍　刘春光　谭　涛　韩立梅　范桂琴　蔡龙西　李　伟　徐经忠　肖建海　葛树文　李景旺　王振京　张恒茂　武晋先　张茂西　那育玲

财务管理中心：杨　静　李彦林　陈思芰

技术管理中心：杨向东　刘文生　李　卫　赵　航　任宝身　靳飞飞

技术制作中心：李启青　王红波　王宏磊　王　玲　吴　畏　赵衍雷　王　硕　徐　伟　林　丹　杨　奇

播出传送中心：鲁建军　张　靖　丛　岭　魏福玫　张秋玲　李力胜　蒋　励　武文多　葛广利　徐巍娜　许　璐　刘晶晶　范　颀　李思炜　谢海冬

资产管理中心：赵　爽　谢　俊　孙晓妹

发展研究中心：周　滢

机关党委：赵东亮

纪检组监察室、机关纪委：安育华

审计处：李连生

音像资料馆：吴丽丽　张　杨　刘　弥

中国电视报社：石　炜

新台址建设工程办公室：吴发力

总部接管办：邓海京

纪录频道：刘　茜

中国电视剧制作中心有限责任公司：夏晓仟　杜　伟　孙志维

中央新影集团：安　娜　陈仪侠　邓勉之　邓　翔　费小平　傅　伟　葛　嘉　关邵佳　吉　扬　康红军　柯仲华　李　艳　刘大良　鲁　明　马玉成　穆　军　潘婷婷　齐树平　邱兰苹　宋倩倩　宋　爽　王艺群　王　易　许一力　杨俊雄　杨忠耀　尹　惠　尹虎栓　袁明福　张　辉　张建珍　张　蕊　赵　燕　郑　子　朱瑞丽

中国国际电视总公司：蔡婷婷　李　洁　沈　睿　夏　军　夏珊珊　蔡梦雅　郭　丹　黄建平　谢小川　张静霞　张小民　周微喻　祖跃海　石天亮　李宗政　张东敏　崔春兴　薛建国　戴红新　王燕伟　孙志强　李燕华　蔡少杰　朱　军　朱　玥　李　志　沈建斌　望燕枫　全淑玲　张淑芬　王　琳　段　颖　李　杰　李开颜　孙晓妍　张　旭　刁　杰　李　炜　齐　涛　张艳娇　王小熹　张晓璇　石育林　刘　虹　韩喜明　李　萌　王　红　孙　琳　王　建　赵梦然　朱　敏　方　凌　于海容　郑梦晖　若　春　刘保平　宋　赟　刘岩群　原　林　王　璐　霍　光　于永波　文新宇　姜蕴哲　洪　叶　韩　芳　黄　斌　梁大为　洪　艳

中广影视卫星有限责任公司：张　嵩　李　昊

中国有线电视网络有限公司：张　珊　杨　旭　周　希　康　岩

中国广播电视国际经济技术合作总公司：尚建民　潘明华　金　英　朱　兢　李素巧　梁志昆　刘兰刚

央视国际网络有限公司：曹　佩　曹宇蕾　陈昌娥　韩　洁　黄田园　李　闫　刘　亮　马　龙　沈　蕾　孙吟冰　王　琥　王　静　吴　怡　樊翠芳

中央电视台2012–2014年度优秀党务工作者

总编室：张景卫

新闻中心：冷建军

财经频道：董春虎

体育频道：宋　丹

外语频道：徐　瑛

人力资源管理中心：王　峥

离退休人员管理处：理效峰

技术制作中心：张军农

发展研究中心：苏晓春

音像资料馆：周大勇

中国国际电视总公司：王　浩

央视国际网络有限公司：晋延林

中央电视台2012–2013年度巾帼建功标兵

新闻中心地方记者部西藏记者站：陈　琴

新闻中心社会新闻部：张　萍

新闻中心海外记者部大马士革记者站：王薇薇

综合频道节目统筹部：王红玉

财经频道上海中心站：胡　元
综艺频道《回声嘹亮》栏目：于　蕾
体育频道节目部：魏晓南
社会与法频道《忏悔录》栏目：叶　婧
技术管理中心基础资源部：刘　巍
总部接管办项目管理部：苏　畅

中央电视台2012—2013年度先进女职工

台 办 室：吴　婷
总 编 室：梁宇峰
新闻中心：潘林华　岳　群　刘自力　魏力婕
财经频道：鄢文玉
中文国际频道：崔玉杰
电视剧频道：潘洪莲
科教频道：王玉清
社会与法频道：魏　鸿
戏曲和音乐频道：王　兰
少儿频道：徐　彬　许蓓蓓
外语频道：郝明洁　朱　易
大型节目中心：马扬
海外传播中心：何　叶
人力资源管理中心：冯夏萍
财务管理中心：王心纯
资产管理中心：王　芳
技术制作中心：闫　芬　罗新艳　鲁建军
播出传送中心：张丽娜　张雅琢
发展研究中心：傅　琼
纪录频道：周　艳
新台址建设工程办公室：陈　斐
机关党委：狄希兰
音像资料馆：吴　琼
中国电视报社：闫丹丹
中国国际电视总公司：张　楠　吴　涤
中国电视剧制作中心有限责任公司：王　芸
中央新影集团：胡永芳　柯敏
中央卫星电视传播中心：王　娟
中国广播电视国际经济技术合作总公司：尚岳玲
中国有线电视网络有限公司：张　宇

中央电视台 2012—2013年度巾帼标兵岗

台办公室行政处接待科
总编室规划部宣传规划组
新闻中心新闻播音部
新闻中心地方记者部直播组
综合频道节日及长假节目组
科教频道节目部节目统筹组
少儿频道快乐大巴栏目组
外语频道英语新闻频道
技术制作中心音频部音频后期一科
资产管理中心广告审查科

中央电视台2012—2013年度巾帼文明岗

新闻中心策划部
财经频道财经资讯组
电视剧频道节目部节目统筹组
戏曲和音乐频道空中剧院
少儿频道综合部
海外传播中心联络部
播出传送中心综合部
音像资料馆节目资料收集科
中国国际电视总公司央视后勤服务公司三楼服务
中国广播电视国际经济技术合作总公司进出口部

中央电视台2014年度精神文明先进个人

办公室：张　勇　容博东　贾凯歌
总编室：杨　明　官都督
新闻中心：冯雅丹　张天宇　李　洁　张　昊
　朱世松　王小节　王　新　裴　奔　杨　春
　黄　成　刘骁骞　闫　敏　曲长缨　鹿　敏
　成　微　张　辉　张　巍　王丽洁　韩　蕾
综合频道：金　辉　秦　华　左　兴
财经频道：李彬彬　李　洋　姚振山　石　强
　张凤玥　张地维
综艺频道：王　民　陈　维
中文国际频道：华　东　昝瑞春　王　微　刘定晟
体育频道：刘丽娜　董　旭　牛　斐　邢梦洁
电视剧频道：刘秀杰
科教频道：王密林　张腾岳　张德宏
社会与法频道：齐　奇　司洪涛　苏大为
戏曲和音乐频道：金晓鑫　潘　爽
少儿频道：鞠　萍　谢　青　吴晓雪
外语频道：吕　琮　吴佳佳　荣洪涛　温雅茹
　宫媛媛　张　健　刘　芳　李小贝
纪录频道：周　俊
大型节目中心：张　骥
海外传播中心：陈永庆
人力资源管理中心：朱梦文
财务管理中心：祝东华

技术管理中心：周玉强　李小鹏　唐伟莉
技术制作中心：卢　群　吴　鹏　赵　晔　陈克新　智晓宇　宋中兴　张　冲　归海洋
播出传送中心：方瑱瑱　薛知行　史　强　张　曦　郭　华　况德新　于　亮　邓　楠　王丽英
资产管理中心：李紫微
发展研究中心：王　莹
机关党委：狄希兰
央视总部接收管理办公室：董　葵　夏晓辉
新台址建设工程办公室：关　杨
新台址工艺技术办公室：王振中
纪检组监察室、机关纪委：刘桂玉
审计处：殷　悦
音像资料馆：倪代光　王　聪
中国电视报社：苑文刚
中国国际电视总公司：王小熹　范　凯　张君伟　赵丹丹　田　玥　王　曦　洪　艳　夏姗姗　杨玉伍　王　璐　郭　凯　王建宝　郭　雯　崔　琪　沈　沐　张　楠　于志强　侯雅莹　李宗政　张慧艳　刘　斌　张　欣　齐　鲲　颜世维　鲁德娟　刘　忠　胡　兰　张　琳　杨　镥　王　燕　李　宁　陈　杰　白秀颖　荣坤霞　尹涓涓　朱　敏
中国电视剧制作中心有限责任公司：戎家赫　刘立京　王　芸
中央新闻纪录电影制片厂（集团）：龚　璞　郭志鹏　张　旗　赵培东　阎　娟　伍　伟　沈　芳　段荣生　杨　椿　赵　军
中央卫星电视传播中心：张　嵩
中国网络电视台：邱　纯

2012—2013年度中央电视台优秀团员表彰名单

台办公室：田启明
总编室：官都督
新闻中心：严於信　何　城　曾文甫　赵超逸　赵　奕
综合频道：牟　頔
财经频道：姚　飞
综艺频道：王怡然
中文国际频道：曲晨晨
体育频道：解　凯
电视剧频道：曾昕旻
科教频道：黄　磊
社会与法频道：邓黎啸
少儿频道：梅　凡
外语频道：郭　悦　吴　比　孙文琼
海外传播中心：姚道磊
大型节目中心：刘　冰
人力资源管理中心：周嫒萌
财务管理中心：王心纯
技术管理中心：郭　凌
技术制作中心：李　泉　陈辉程
播出传送中心：郭晓洁　顾　晟
资产管理中心：张续方
机关党委：孙思展
音像资料馆：陈文默
中国电视报社：唐　颖
中国国际电视总公司：杨　晶　王小熹　张　弛　陈东君　吴若佳　李　洁　王伟男　周云飞
中央新影集团：梁　狄　任　超
中国有线电视网络有限公司：张　宇

2012—2013年度中央电视台优秀团干部

台办公室：梁　豫
总 编 室：张凌微
新闻中心：成　微
财经频道：张　蕾
综艺频道：程　禹
中文国际频道：王煜昊
体育频道：时　宜
科教频道：王　尧
社会与法频道：齐柯宁
少儿频道：钟　靓
外语频道：漆　丽
海外传播中心：李雪琼
大型节目中心：黄　福
人力资源管理中心：李　毅
技术管理中心：蒋世梁
技术制作中心：王　硕
播出传送中心：吴　磊
资产管理中心：史　吏
机关党委：闫晓文
音像资料馆：李丹丹
中国电视报：赫　欣
中国国际电视总公司：郭　阳
中央新影集团：杨煜泽
中国有线电视网络有限公司：包淳娜

CCTV

SHOU ZHONG DIAO CHA

受众调查

受众调查

2014 年中央电视台收视分析

一、全国电视市场收视概况

2014 年全国电视市场日均收视总量为每人 157 分钟，较 2013 年减少 2 分钟。

全年分周收视量走势显示，2014 年各周的收视率水平与 2013 年同期走势相似，起伏不大（见图 1）。

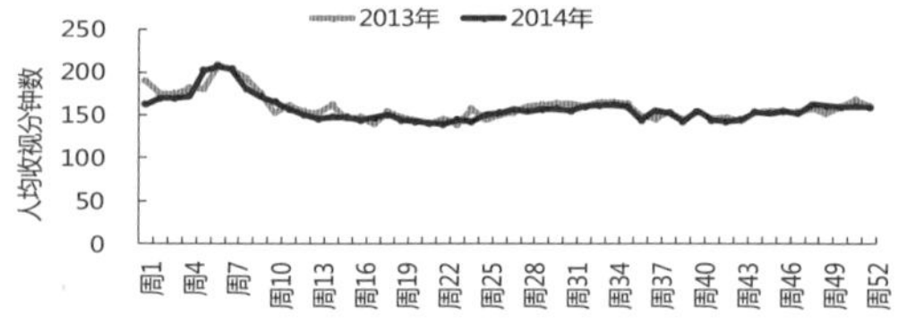

图1 2014年和2013年全国市场分周收视走势

2014 年全天分时段收视走势与 2013 年基本一致，起伏波动不大（见图 2）。

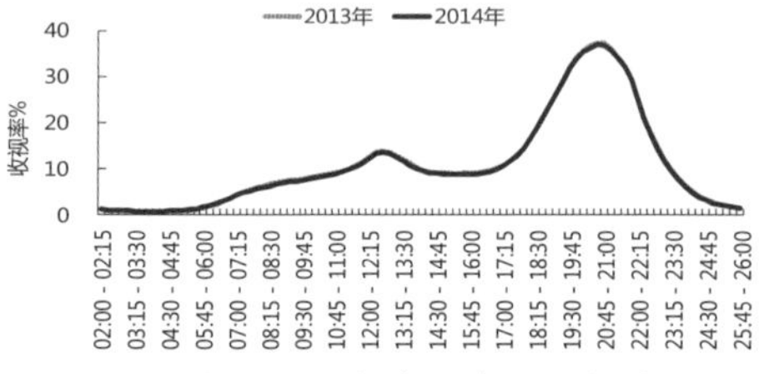

图2 2014年和2013年全国市场收视时段走势

与 2013 年相比，2014 年观众收视量略有下滑。其中 55 岁及以上观众收视量有增长，其他年龄段观众收视量均有所下滑，尤其是 25 ～ 34 岁下降更为明显（见图 3）。

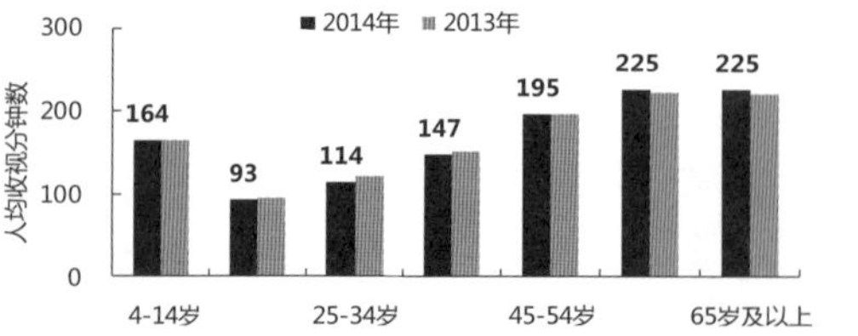

图3 2014年和2013年全国市场各年龄段观众收视量

与 2013 年相比，2014 年中央电视台频道组市场份额有所下滑，省级上星频道组和其他频道组市场份额有所提升（见图 4）。

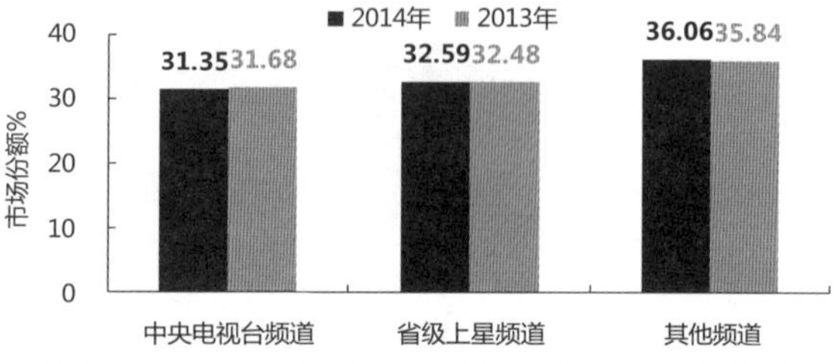

图4 2014年和2013年全国市场各级频道竞争态势

2014 年，中央电视台频道组周五至周日的市场份额略高于周一至周四，这一特征在全天和晚间时段都有体现（见图 5、图 6）。

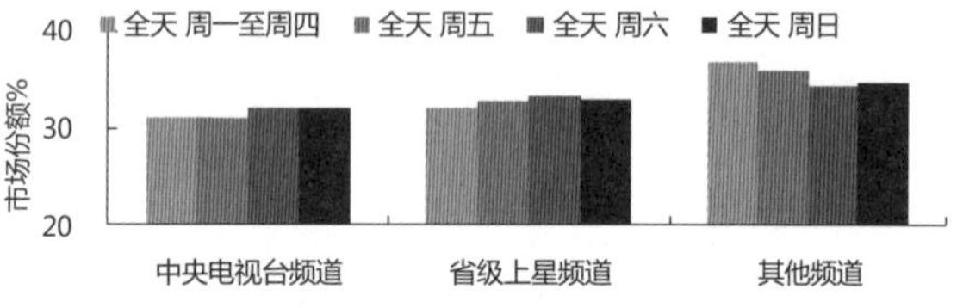

图5 2014年全国市场各级频道周天竞争态势

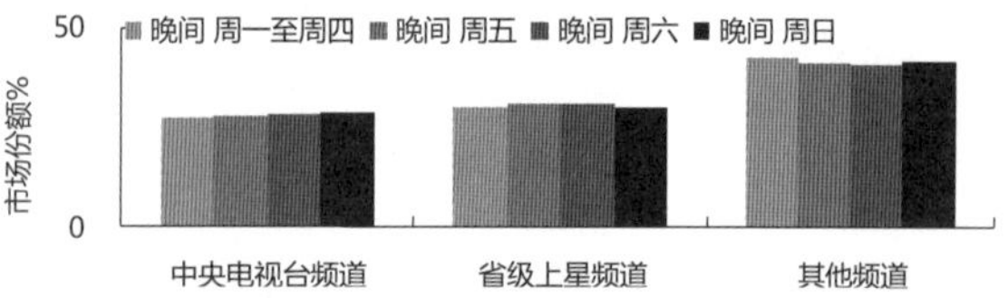

图6 2014年全国市场各级频道周天竞争态势

（晚间18：00～24：00）

城市观众更多收看中央电视台，乡村观众更多收看省级上星频道和其他频道组（见图 7）。

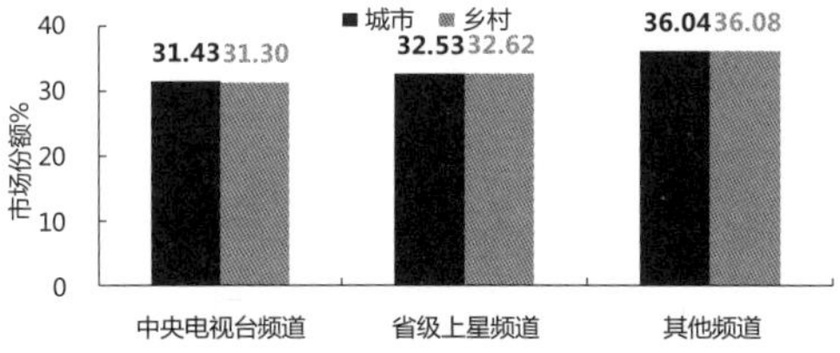

图7 各级频道城乡竞争态势

中央电视台在4～14岁、55岁及以上观众中份额较高，在15～24岁观众中市场份额明显较低。省级上星频道组与之相反，在青少年观众、尤其是4～34岁观众中竞争力较强，在55岁及以上观众中竞争力明显较弱。其他频道组除4～14岁观众外的各年龄段观众中市场份额差异不明显（见图8）。

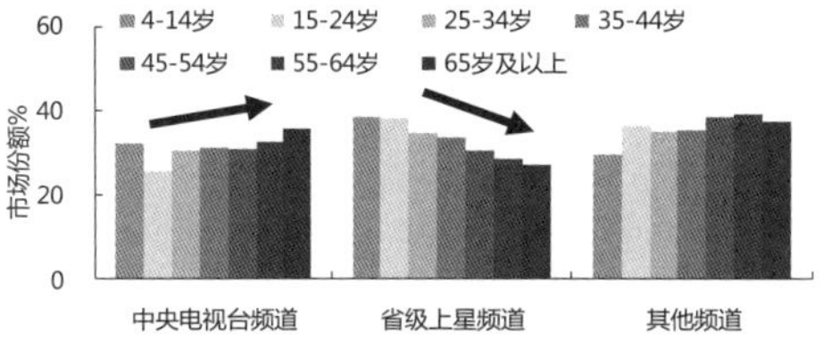

图8 各级频道在目标观众中的竞争态势：年龄

未受过正规教育和大学及以上教育程度的观众收看中央电视台的比例更多。省级上星频道不同教育程度观众所占份额较为平均（见图8）。

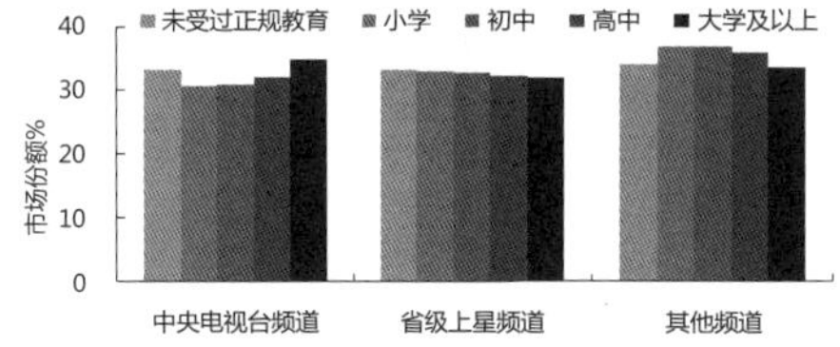

图9 各级频道在目标观众中的竞争态势：教育程度

三大频道组中，中央电视台在早间6:00～8:30和午间11:30～13:30收视占据明显优势。省级上星频道在19:30之后开始进入收视上升期，在19:45～22:00之间达到全天收视的最高水平（见图10）。

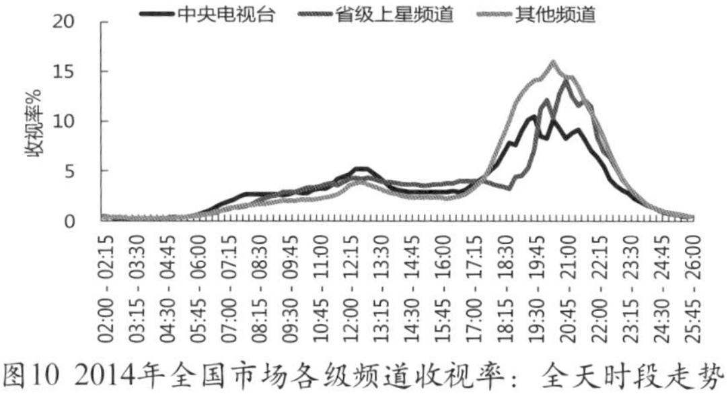

图10 2014年全国市场各级频道收视率：全天时段走势

2014年各级频道的全天收视趋势与2013年一致，中央电视台频道和其他频道都在17:30～22:00时段收视率水平较高。中央电视台和省级上星频道的晚间收视变化分为两段，17:45～19:45中央电视台收视率领先优势较大，之后省级上星频道组的收视反超（见图11）。

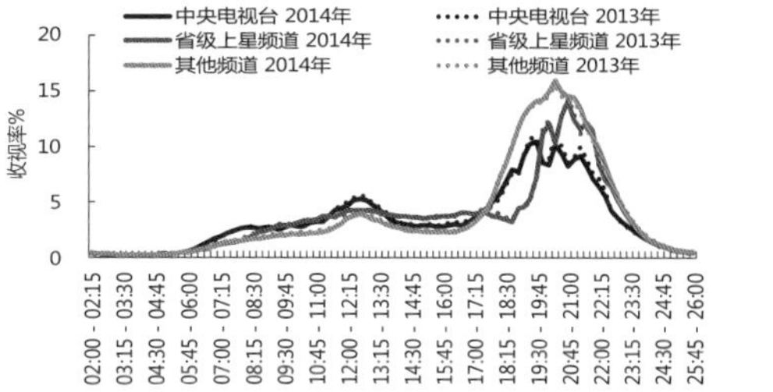

图11 2014年和2013年全国市场各级频道收视率：全天时段走势

与2013年对比，排名前三位的频道中CCTV-1综合频道市场份额有所提升，CCTV-14少儿频道和湖南卫视则有所下滑。其他市场份额超过2%的频道中，CCTV-6电影、CCTV-8电视剧、CCTV-13新闻、山东卫视和江苏卫视的份额有所提升。其他频道的份额则有所下滑（见图12）。

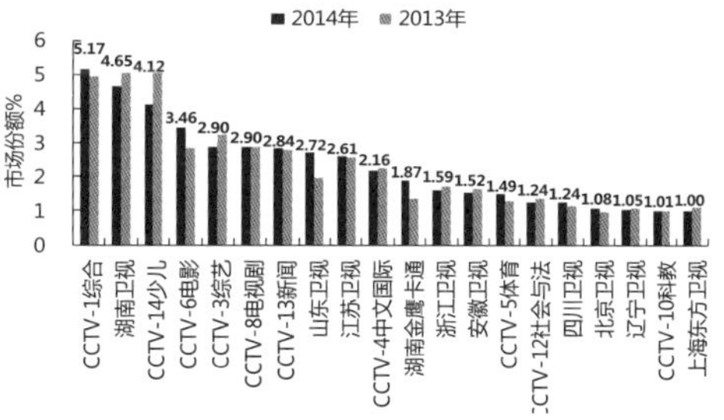

图12 2014年和2013年全国市场上星频道全天市场份额

CCTV-1综合频道在日间时段收视率优势明显，傍晚17:00～19:45收视率明显突出。湖南卫视在晚间20:00～24:00时段竞争力较强，其他频道晚间黄金时段收视竞争激烈（见图13）。

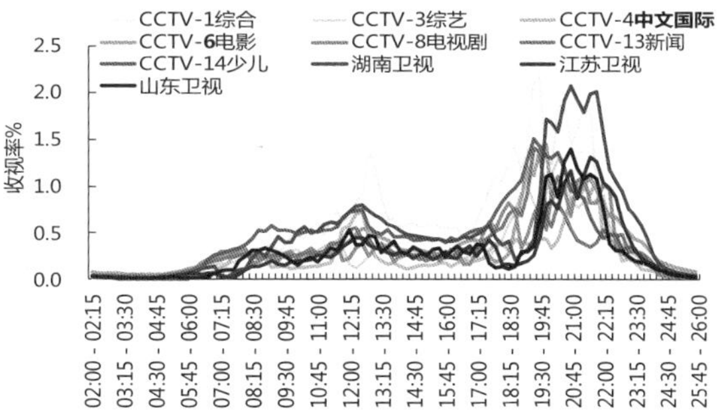

图13 2014年市场份额排名前10位上星频道全天时段走势

中央电视台综合、少儿、电影、综艺、电视剧、新闻、中文国际、体育、社会与法、科教等 10 个频道进入全国上星频道前 20。中央电视台综合频道以 5.17% 的份额排名全国第一。与 2013 年相比，中央电视台电影、电视剧、新闻、中文科教等 5 个频道的收视份额有所提升，少儿、综艺、中文国际、社会与法等频道收视份额有所下滑（见表 1）。

表1 2014年全国上星频道收视份额前20排名（%）

排名	频道	2014 年	2013 年	两年相比
1	CCTV–1 综合	5.17	4.95	↑
2	湖南卫视	4.65	5.04	↓
3	CCTV–14 少儿	4.12	5.07	↓
4	CCTV–6 电影	3.46	2.85	↑
5	CCTV–3 综艺	2.90	3.24	↓
6	CCTV–8 电视剧	2.90	2.88	↑
7	CCTV–13 新闻	2.84	2.76	↑
8	山东卫视	2.72	1.95	↑
9	江苏卫视	2.61	2.58	↑
10	CCTV–4 中文国际	2.16	2.24	↓
11	湖南金鹰卡通	1.87	1.36	↑
12	浙江卫视	1.59	1.69	↓
13	安徽卫视	1.52	1.63	↓
14	CCTV–5 体育	1.49	1.28	↑
15	CCTV–12 社会与法	1.24	1.37	↓
16	四川卫视	1.24	1.15	↑
17	北京卫视	1.08	0.97	↑
18	辽宁卫视	1.05	1.06	↓
19	CCTV–10 科教	1.01	0.98	↑
20	上海东方卫视	1.00	1.09	↓

中央电视台频道中的 CCTV–6 电影、CCTV–13 新闻、CCTV–4 中文国际、CCTV–5 体育、CCTV–10 科教频道在男性中市场份额更高。CCTV–1 综合、CCTV–14 少儿、CCTV–3 综艺、CCTV–8 电视剧和省级上星频道多在女性观众中赢得更高份额，其中湖南卫视在女性中市场份额十分突出（见图 14）。

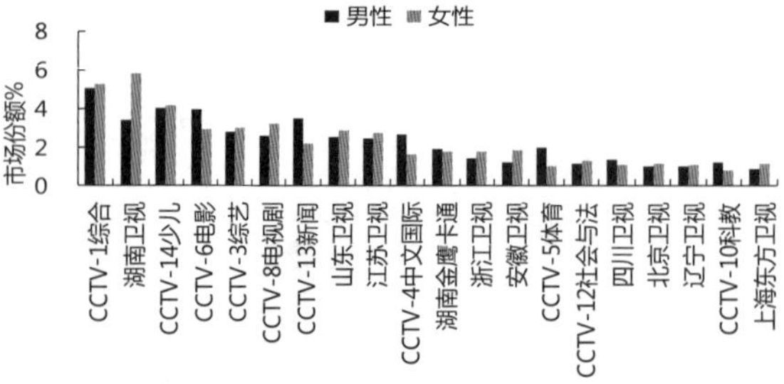

图14 市场份额排名前20位上星频道全天市场份额分布：性别

随着年龄增大，CCTV–1 综合、CCTV–3 综艺、CCTV–8 电视剧、CCTV–13 新闻频道和 CCTV–4 中文国际频道的市场份额逐渐增高。湖南卫视和江苏卫视则更多为年轻观众选择，其中湖南卫视更受 4 ~ 24 岁年轻观众欢迎（见图 15）。

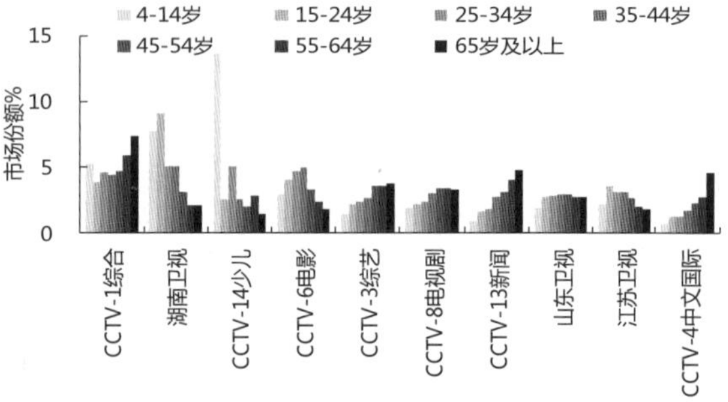

图15 市场份额排名前10位上星频道全天市场份额分布：年龄

上星频道的节目收视中电视剧收视贡献比例最大为 32.99%；其次是综艺和青少节目，分别占 12.21% 和 10.23%，新闻 / 时事节目也占据近 10%。生活服务、电影和专题节目收视贡献比例相近，在 6% ~ 7% 之间（见图 16）。

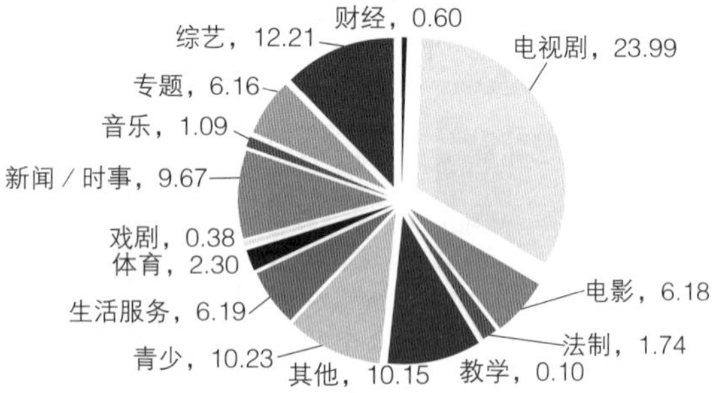

图16 2014年上星频道节目类型收视分布

在电视剧、新闻和综艺三大节目类型收视量竞争中，中央电视台和省级上星频道在综艺和新闻节目中的收视量均有所减少。中央电视台电视剧的收视量略有提升，省级上星频道电视剧的收视量则有所减少。其他主要节目类型中，除电影和专题类节目外，中央电视台青少和生活服务类节目收视量均有不同程度提升（见图 17）。

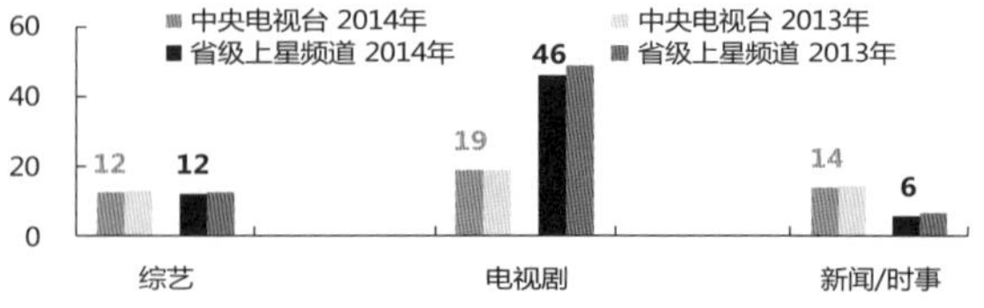

图17 2014年和2013年上星频道在不同节目类型的收视比重对比

2014年中央电视台和省级上星频道各自的节目构成整体相对稳定，具体变化体现在：中央电视台综艺、体育、电影、生活服务类节目播出有所增多，其中体育类增幅明显；省级上星频道体育、专题、青少、音乐、生活服务、法制类节目播出有所增多，其中生活服务类增幅明显（见图18）。

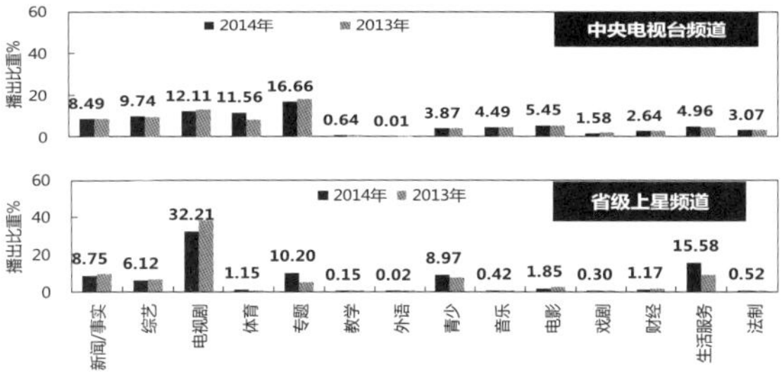

图18 2014年和2013年中央电视台和上星频道各类节目播出比重对比

电视剧、综艺对于中央电视台和省级上星频道都是较大的收视来源。除电视剧以外，多个节目类型对中央电视台的收视贡献相当（电影、青少和新闻等）；省级上星频道收视来源相对单一，高度依赖电视剧和综艺。相比2013年，2014年中央电视台收视中来自电视剧、体育、音乐、电影、生活服务类节目的收视比重增大；省级上星频道体育、专题、青少、戏剧、生活服务、法制类节目的收视贡献有所提升（见图19）。

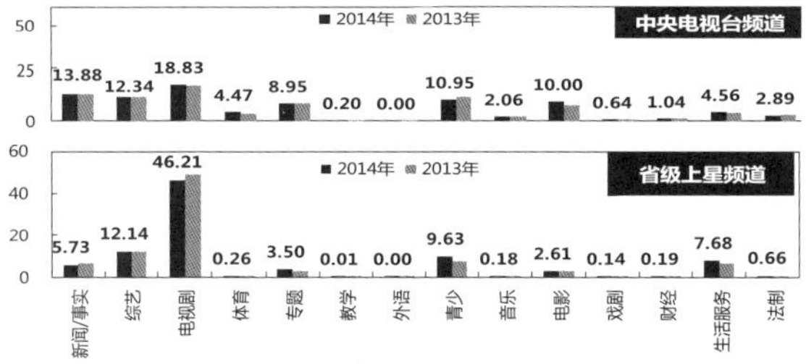

图19 2014年和2013年中央电视台和上星频道各类节目收视比重对比

中央电视台和省级上星频道的综艺、电视剧和电影都获得低播出量高收视量的高效回报。中央电视台的青少节目是资源使用效率最高的节目类型，综艺节目则是省级上星频道使用效率最高的节目类型（见图20）。

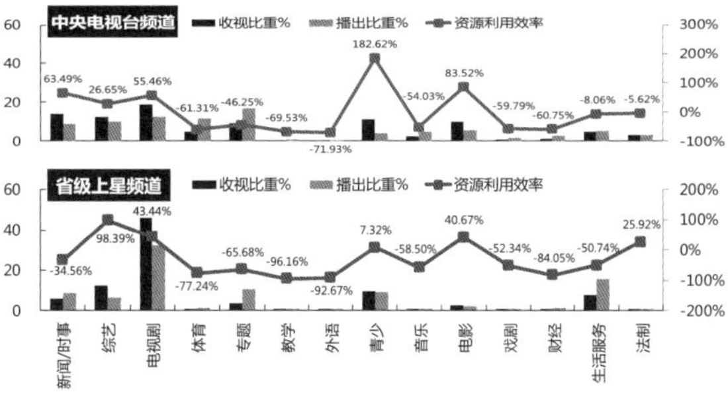

图20 2014年中央电视台和上星频道节目资源利用效率

2014年全国上星频道电视剧收视排名前20位中，中央电视台有7部，与2012年相比增加3部。前10位中中央电视台有3部，较2013年增加2部。CCTV–1综合频道的《妈祖》以2.43%的平均收视率排名最靠前，排名第5位。中央电视台CCTV–1的《湄公河大案》《铁血红安》《历史转折中的邓小平》《毛泽东》《开国元勋朱德》《马向阳下乡记》6部剧进入前20位，位列第7至20位。

省级上星频道中湖南卫视独领风骚，前20名中有10部来自湖南卫视，且前10名中占据7位。山东卫视的《满仓进城》《勇敢的心》《封神英雄榜》分别排名第11、17、19位（见表2）。

表2 2014年全国电视市场前20位电视剧收视率排名

排名	电视剧	频道	收视率%	两年相比
1	因为爱情有奇缘	湖南卫视	3.95	↑
2	因为爱情有奇迹	湖南卫视	2.99	↓
3	宫锁连城	湖南卫视	2.58	↓
4	武媚娘传奇（第1–17集）	湖南卫视	2.53	↑
5	父母爱情	CCTV–1综合	2.43	↓
6	新济公活佛	湖南卫视	2.29	↑
7	湄公河大案	CCTV–1综合	2.16	↑
8	深圳合租记	湖南卫视	2.13	↑
9	妻子的秘密	湖南卫视	2.12	↑
10	铁血红安	CCTV–1综合	2.05	↓
11	满仓进城	山东卫视	2.05	↑
12	一见不钟情	湖南卫视	2.04	↓
13	神犬奇兵	湖南卫视	2.02	↓
14	幸福爱人	湖南卫视	2.01	↑

续表

排名	电视剧	频道	收视率%	两年相比
15	历史转折中的邓小平	CCTV–1 综合	2.00	↓
16	毛泽东	CCTV–1 综合	1.97	↑
17	勇敢的心	山东卫视	1.93	↑
18	开国元勋朱德	CCTV–1 综合	1.92	↓
19	封神英雄榜	山东卫视	1.91	↑
20	马向阳下乡记	CCTV–1 综合	1.85	↓

中央电视台进入综艺节目前20位的数量（10个）较2013年减少4个，CCTV–1综合频道有4个、CCTV–3综艺频道6个；省级卫视中，湖南卫视有5个，浙江、江苏各2个。其中湖南卫视的《爸爸去哪儿第二季》《快乐大本营》和CCTV–1综合频道的《出彩中国人》占据前三名，且平均收视率均超过2%（见表3）。

表3 2014年全国电视市场前20位综艺节目收视率排名

排名	节目	频道	收视率%	两年相比
1	爸爸去哪儿第二季	湖南卫视	2.10	↑
2	快乐大本营	湖南卫视	2.08	↓
3	出彩中国人	CCTV–1	2.01	↓
4	星光大道	CCTV–1	1.95	↑
5	过年七天乐	CCTV–3	1.91	↓
6	中国好声音第三季	浙江卫视	1.90	↑
7	非诚勿扰	江苏卫视	1.76	↑
8	我是歌手第二季	湖南卫视	1.71	↑
9	中国谜语大会	CCTV–1	1.40	↑
10	中国好歌曲	CCTV–3	1.35	↓
11	天天向上	湖南卫视	1.34	↑
12	开门大吉	CCTV–3	1.33	↓
13	奔跑吧兄弟	浙江卫视	1.24	↓
14	花儿与少年	湖南卫视	1.13	↑
15	最强大脑	江苏卫视	1.10	↓
16	中国汉字听写大会2014	CCTV–1	1.09	↑
17	星光大道	CCTV–3	1.08	↑
18	黄金100秒	CCTV–3	1.03	↓
19	非常6+1	CCTV–3	1.03	↑
20	向幸福出发	CCTV–3	0.99	↓

二、中央电视台整体收视表现

中央电视台频道组2014年在城市的市场竞争力低于2013年，在乡村的竞争力则略有上升（见图21）。

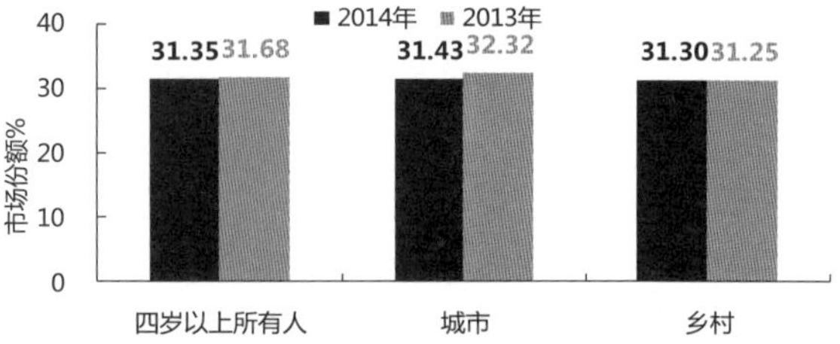

图21 2014年和2013年中央电视台频道组在城乡市场的竞争力

2014年中央电视台频道组全天分钟收视率走势与2013年基本相同，午间与晚间黄金时段略有下滑（见图22）。

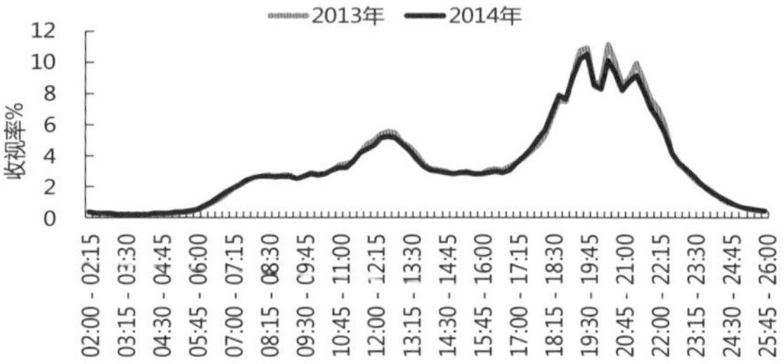

图22 2014年和2013年中央电视台频道组全天收视率走势

中央电视台全年分周收视走势显示，2014年各周的收视率水平与2013年同期走势相似，起伏不大（见图23）。

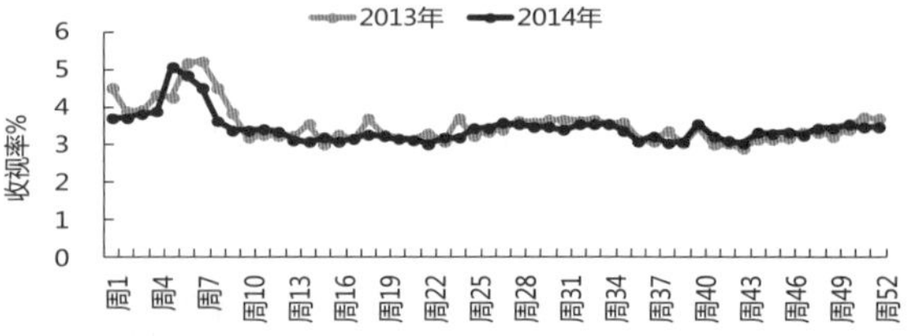

图23 2014年和2013年中央电视台频道组全年收视时期走势

与2013年相比，2014年中央电视台频道组整体在35～44岁观众以及小学教育程度观众的收视率有所提升，其余各类观众的收视率有不同程度下降（见图24）。

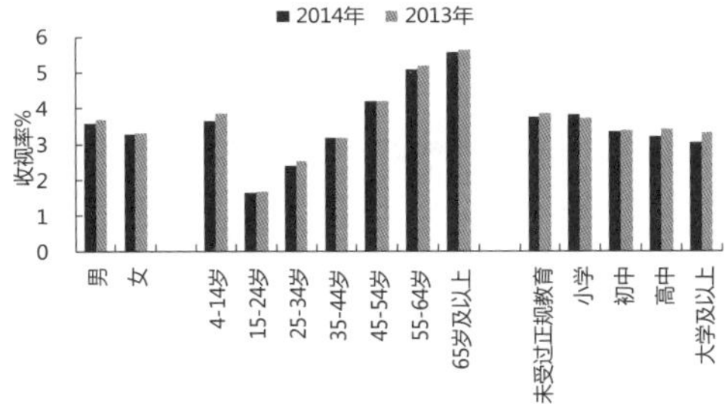

图24 2014年和2013年中央电视台频道组各类目标观众收视率对比

与2013年相比，2014年女性、15～24岁、35岁及以上、小学至初中教育程度观众对中央电视台频道组整体的收视投入出现提升（见图25）。

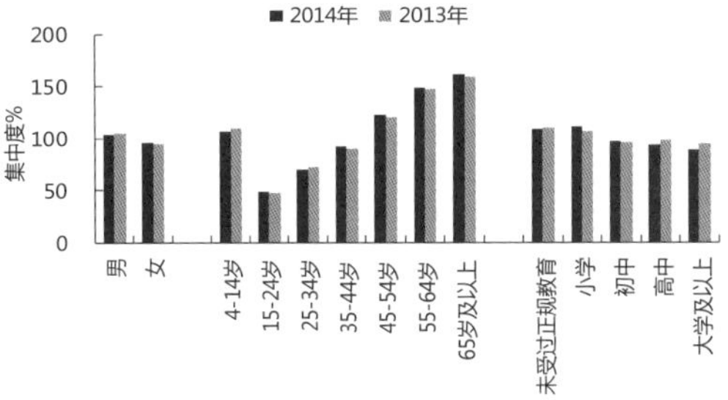

图25 2014年和2013年中央电视台频道组各类目标观众收视集中度对比

三、中央电视台分频道收视表现

与2013年相比，CCTV–6电影频道收视提升最为明显，市场份额提升0.61个百分点；CCTV–1综合、CCTV–5体育、CCTV–6电影、CCTV–8电视剧、CCTV–9纪录、CCTV–10科教、CCTV–13新闻、CCTV–15音乐、CCTV5+体育赛事频道也有一定幅度的提升。CCTV–2财经、CCTV–3综艺、CCTV–4中文国际、CCTV–7军事农业、CCTV–11戏曲、CCTV–12社会与法、CCTV–14少儿、CCTV–NEWS频道的收视份额有所下滑（见图26、图27）。

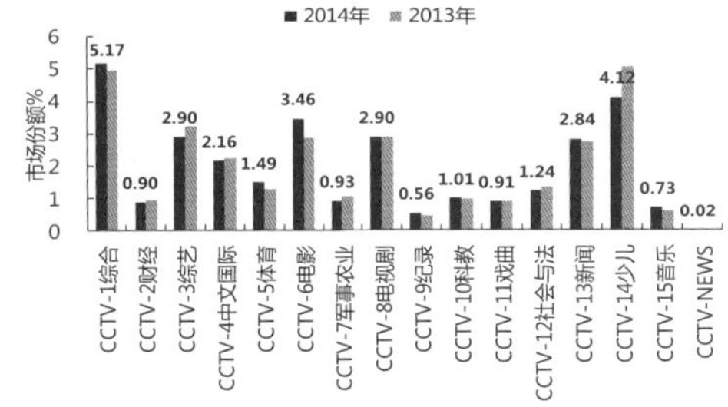

图26 2014年和2013年中央电视台分频道市场份额年度变化

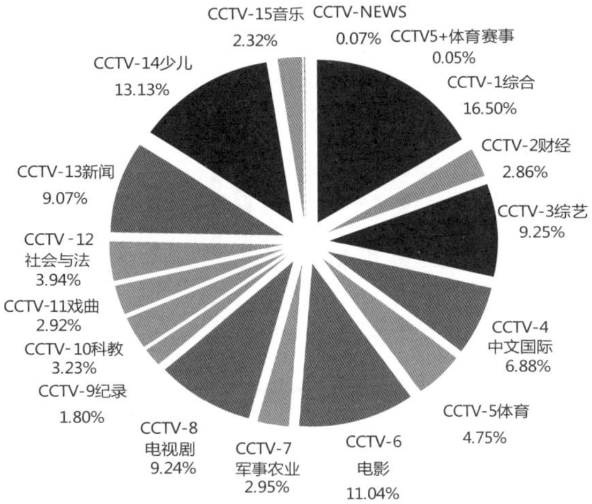

图27 2014年和2013年中央电视台各频道收视贡献及收视变化分布

1. CCTV–1综合频道收视情况

2014年，CCTV–1综合频道各周收视份额走势基本呈现春节周收视最高，其余各周收视份额基本稳定。与2013年相比，2014年CCTV–1综合频道在多数周收视份额互有起伏，其中第29～37周收视份额明显高于2013年同期水平（见图28）。

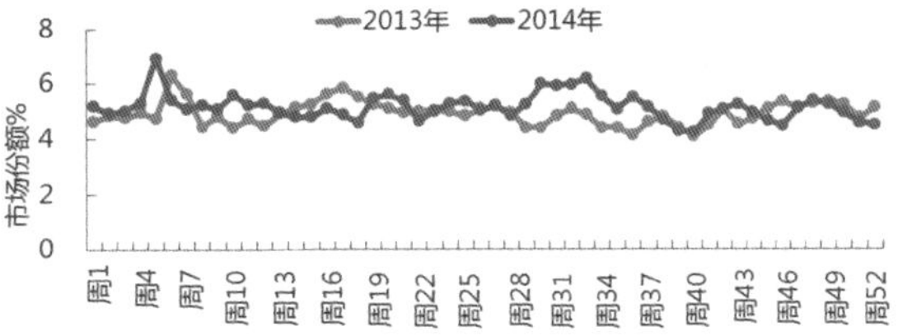

图28 2014年和2013年CCTV–1分周收视走势

相比2013年，CCTV–1综合频道2014年下午时段和傍晚时段17:00～18:45收视率较2013年提升较为明显，19:00～19:45时段收视低于2013年同期水平（见图29）。

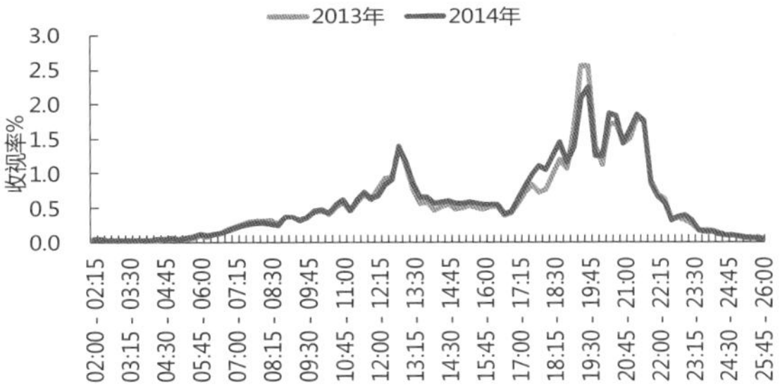

图29 2014年和2013年CCTV–1时段收视走势

与2013年相比，2014年女性、4～14岁、25～34岁、

55岁及以上、小学及以下教育程度的目标观众对CCTV-1综合频道的观众集中度有一定的增长（见图30）。

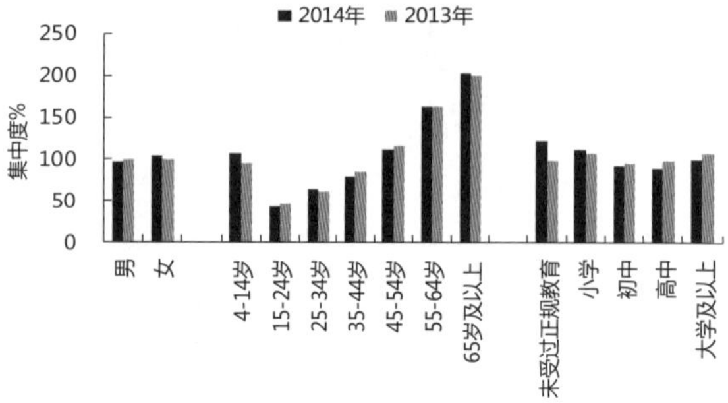

图30 2014年和2013年CCTV-1的观众集中度

CCTV-1综合频道在2014年上映的13部电视剧平均收视率为1.76%，高于2013年同期1.58%。其中，《毛泽东》《父母爱情》《我在北京挺好的》《湄公河大案》《历史转折中的邓小平》《马向阳下乡记》《开国元勋朱德》《铁血红安》8部剧收视超过1.76%，其他剧目收视则未达到2014年平均收视率水平（见图31、图32）。

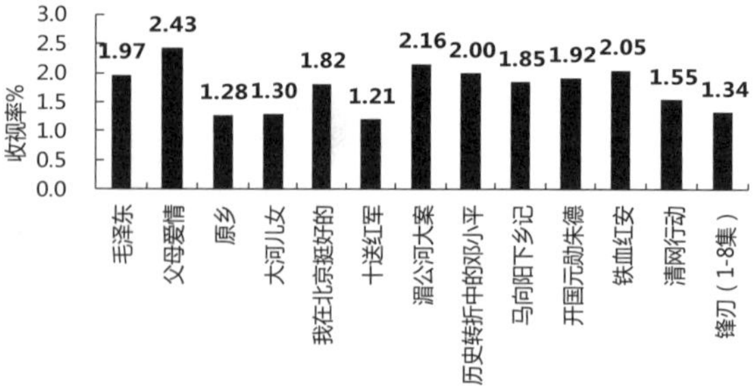

图31 2014年和2013年CCTV-1晚间黄金档电视剧收视表现

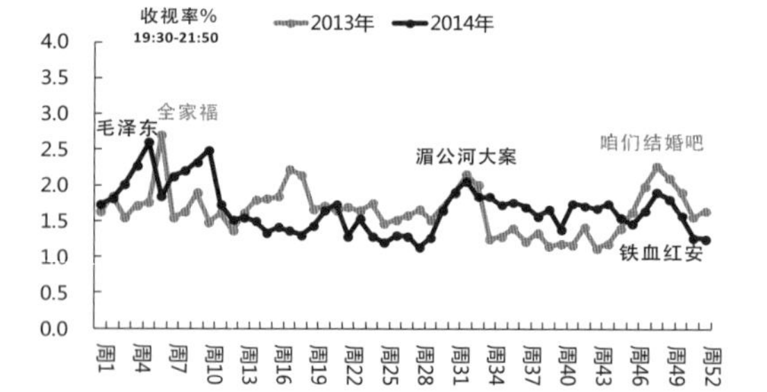

图32 2014年和2013年CCTV-1晚间电视剧时段收视率

2．CCTV-2财经频道收视情况

从分周收视份额走势来看，除春节外各周收视份额水平较为稳定，第四季度与2013年同期略有回升（见图33）。

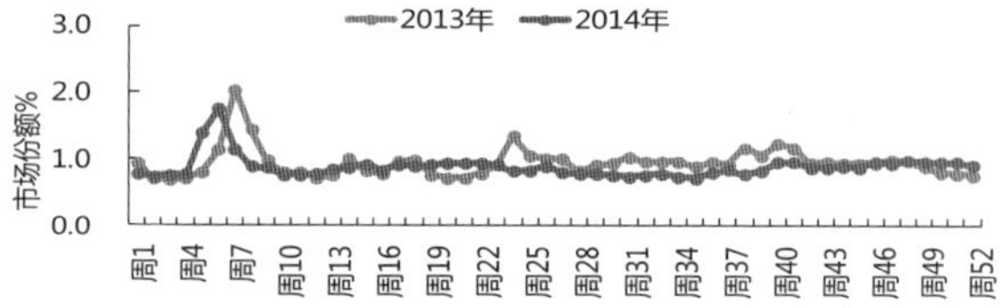

图33 2014年和2013年CCTV-2分周收视走势

CCTV-2财经频道在下午13:30～17:00和晚间19:15～20:15时段收视率较2013年同期下滑相对明显，其他时段与2013年相比变化不大（见图34）。

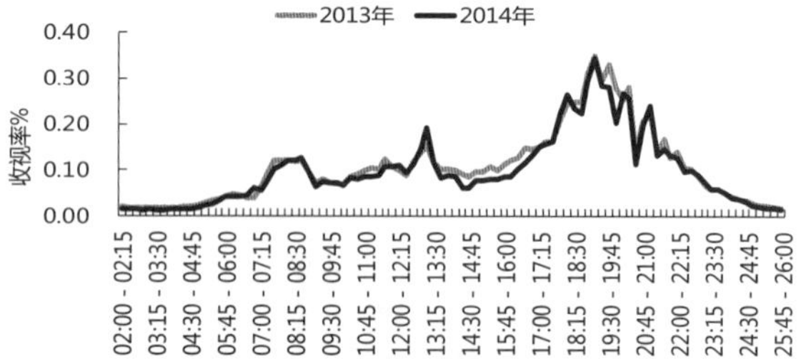

图34 2014年和2013年CCTV-2时段收视走势

2014年，男性、25～44岁、55岁及以上、小学、初中教育程度观众集中度较2013年有所提升（见图35）。

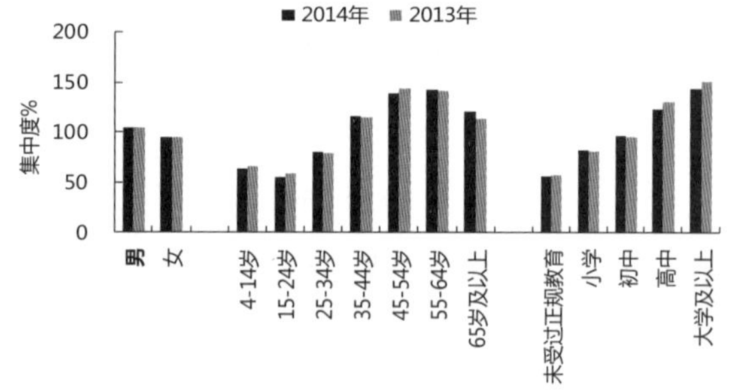

图35 2014年和2013年CCTV-2的观众集中度

3．CCTV-3综艺频道收视情况

2014年，CCTV-3综艺频道从分周收视份额走势来看，各周收视份额水平较为稳定，春节期间除夕收视份额高峰明显高于2013年春节同期，全年大部分时期收视低于2013年（见图36）。

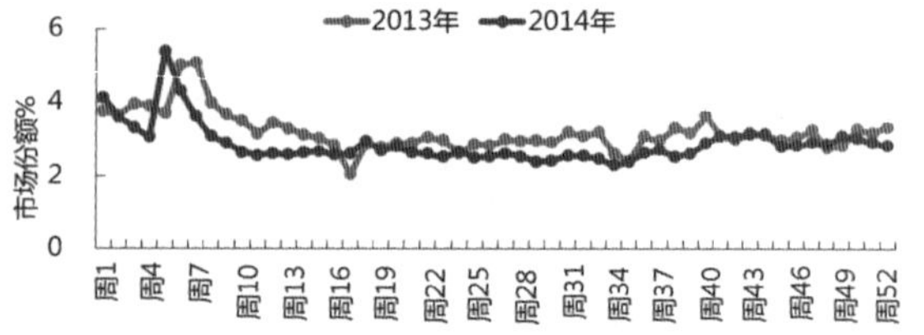

图36 2014年和2013年CCTV-3分周收视走势

与2013年相比，CCTV-3综艺频道2014年分时段收视普遍有所下滑，其中10:00～17:00和19:30～23:30时段收视率下滑相对明显（见图37）。

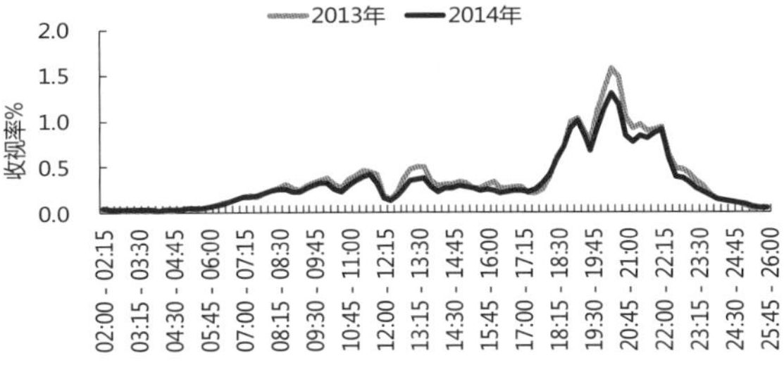

图37 2014年和2013年CCTV–3时段收视走势

与2013年相比，2014年女性、55岁及以上、小学及以下教育程度的观众集中度有所提升，其他观众集中度则较2013年有所下滑（见图38）。

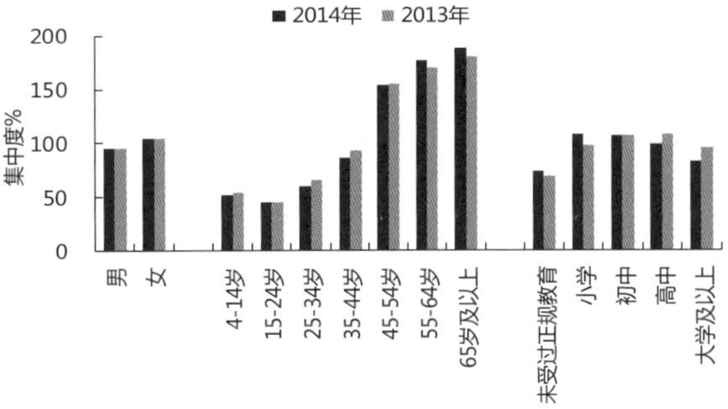

图38 2014年和2013年CCTV–3的观众集中度

4. CCTV–4 中文国际频道收视情况

2014年CCTV–4中文国际频道除第11～13周外，其他各周收视份额走势非常平稳，马航事件导致频道份额明显提升，与2013年相比，多周份额略有下滑（见图39）。

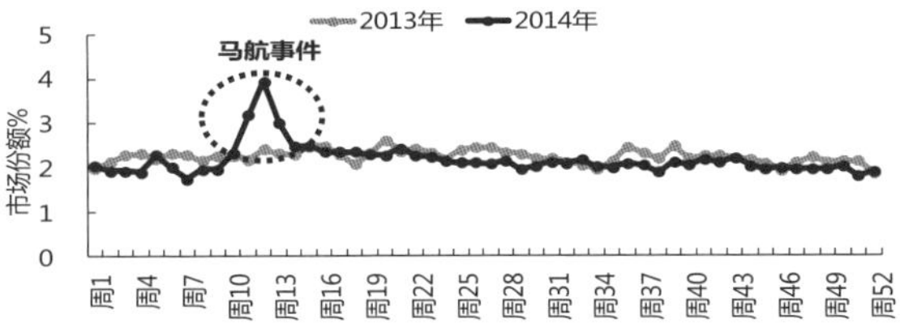

图39 2014年和2013年CCTV–4分周收视走势

与2013年相比，2014年CCTV–4中文国际频道全天收视走势趋势相近，其中20:45～22:00时段收视下滑相对明显（见图40）。

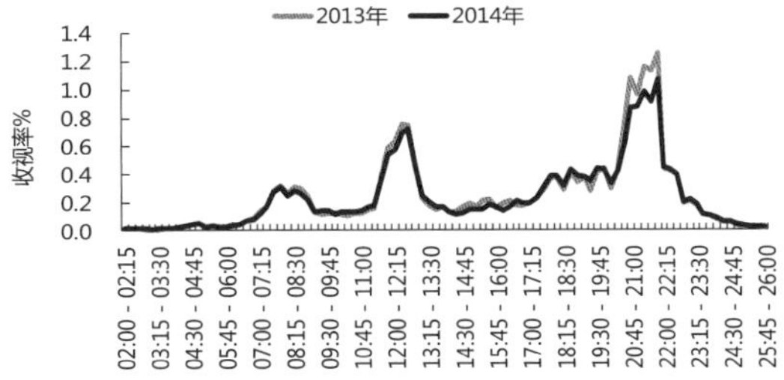

图40 2014年和2013年CCTV–4时段收视走势

与2013年相比，2014年女性、15～24岁、小学及以下、大学及以上教育程度观众集中度有所提升（见图41）。

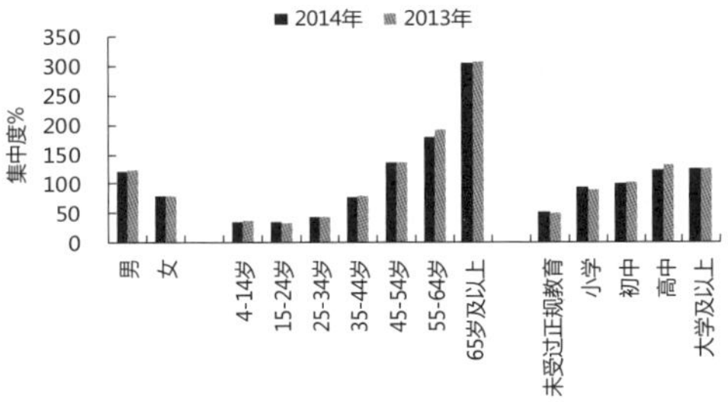

图41 2014年和2013年CCTV–4的观众集中度

5. CCTV–5 体育频道收视情况

CCTV–5体育频道2014年分周收视份额除某些重大体育赛事期间外，走势较为平稳，世界杯以及亚运会期间份额提升非常明显（见图42）。

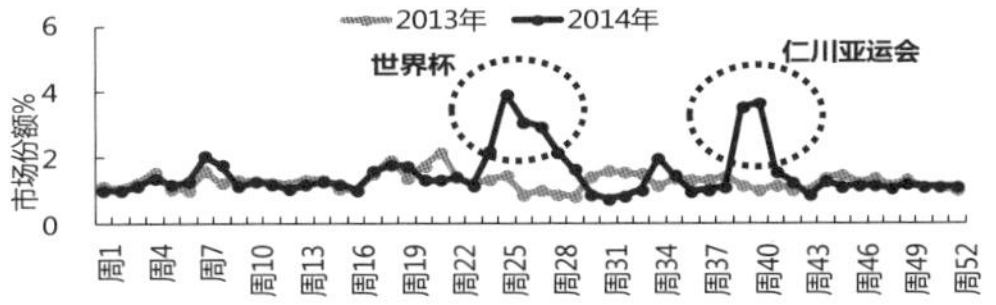

图42 2014年和2013年CCTV–5分周收视走势

2014年，CCTV–5体育频道全天各时段收视率水平较2013年普遍有所提升（见图43）。

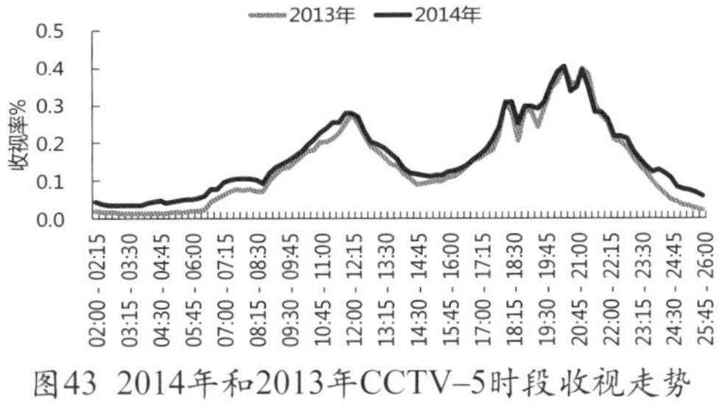

图43 2014年和2013年CCTV–5时段收视走势

与2013年相比，2014年女性、4～14岁、25～54岁、未受过正规教育、初中教育程度观众集中度有所提升（见图44）。

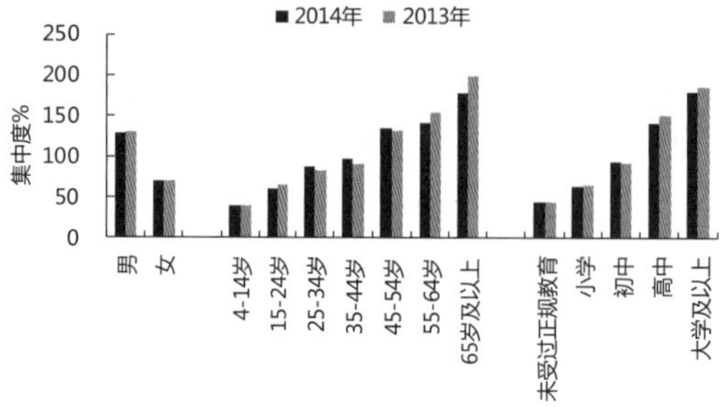

图44 2014年和2013年CCTV–5的观众集中度

6．CCTV–6 电影频道收视情况

从 2014 年分周收视份额走势来看，CCTV–6 电影频道份额走势呈现上扬态势，且份额水平普遍高于 2013 年同期（见图 45）。

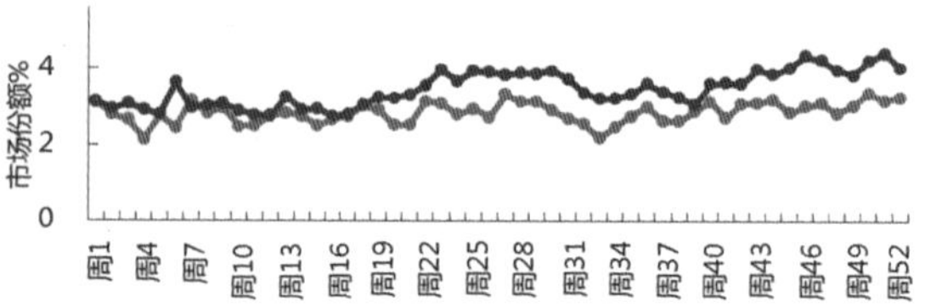

图45 2014年和2013年CCTV–6分周收视走势

2014 年 CCTV–6 电影频道全天收视走势较 2013 年普遍有所提升，晚间黄金时段提前至 19:00 ~ 20:15 时段（见图 46）。

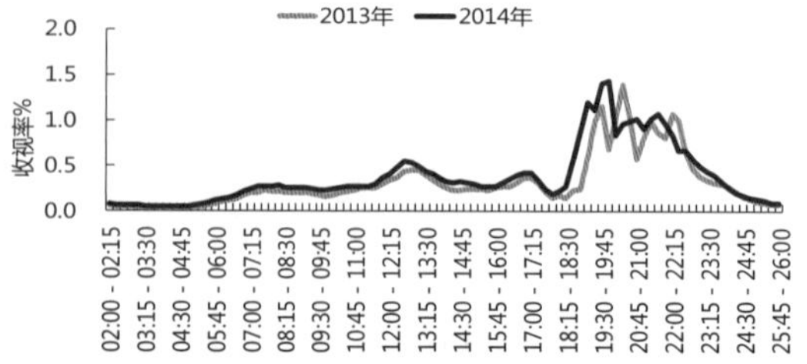

图46 2014年和2013年CCTV–6时段收视走势

与 2013 年相比，2014 年 CCTV–6 电影频道男性、4 ~ 14 岁、35 ~ 54 岁、初中及以下教育程度观众的集中度有所提升（见图 47）。

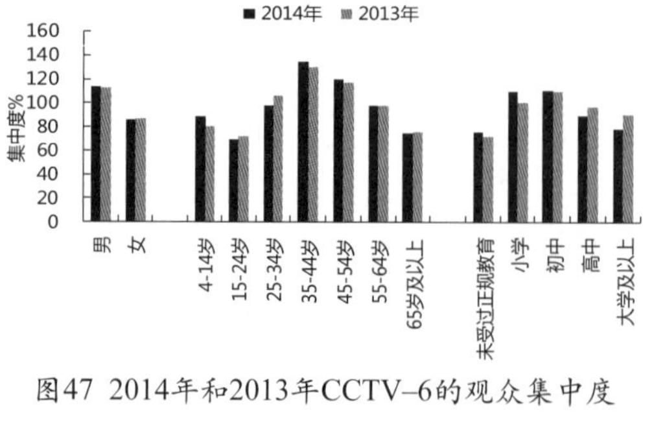

图47 2014年和2013年CCTV–6的观众集中度

7．CCTV–7 军事 · 农业频道收视情况

从 2014 年分周收视份额走势来看，除春节外，CCTV–7 军事 · 农业频道各周收视份额较为平稳，且普遍低于 2013 年同期（见图 48）。

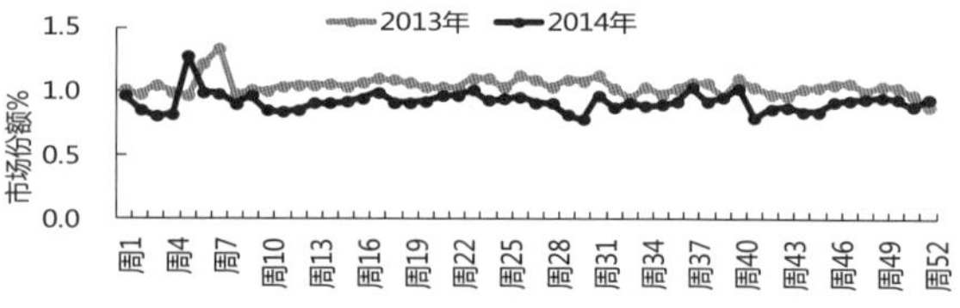

图48 2014年和2013年CCTV–7分周收视走势

CCTV–7 军事 · 农业频道 2014 年全天收视走势与 2013 年同期相似，且普遍收视率水平略有下滑，18:45 ~ 22:00 时段下滑明显（见图 49）。

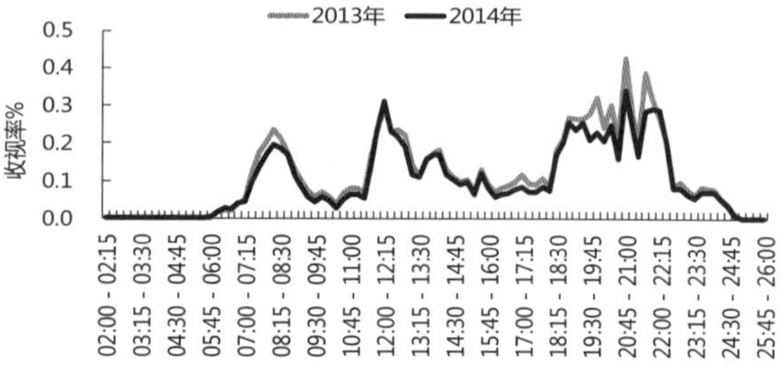

图49 2014年和2013年CCTV–7时段收视走势

相比 2013 年，2014 年男性、15 ~ 24 岁、45 ~ 64 岁、初中及以上教育程度的观众集中度有不同程度下滑，女性、4 ~ 14 岁、25 ~ 44 岁、65 岁及以上和小学及以下教育程度的观众集中度有所提升（见图 50）。

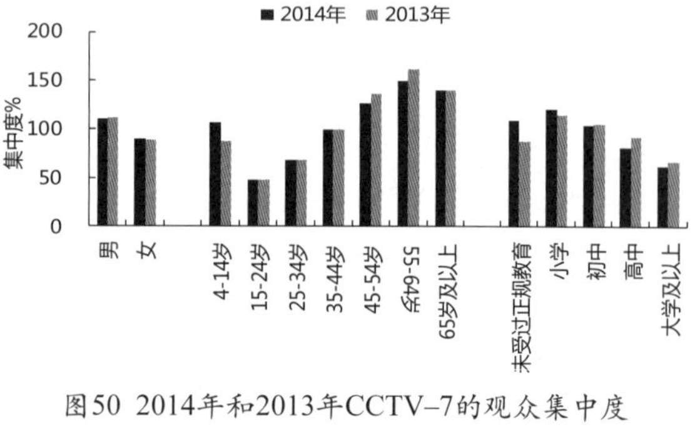

图50 2014年和2013年CCTV–7的观众集中度

8．CCTV–8 电视剧频道收视情况

从全年分周收视份额走势来看，CCTV–8 电视剧频道在 2014 年第一季度的收视份额低于 2013 年同期；第二、三季度互有起伏；第四季度则普遍有所提升，且收视呈现出较为明显的上扬态势（见图 51）。

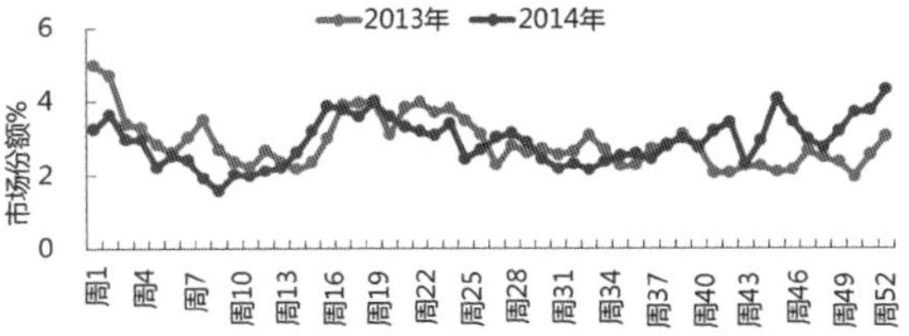

图51 2014年和2013年CCTV–8分周收视走势

相比 2013 年，CCTV–8 电视剧频道在 17:00 ~ 18:45 的傍晚时段收视提升明显，午间时段与晚间黄金时段收视则略有下滑（见图 52）。

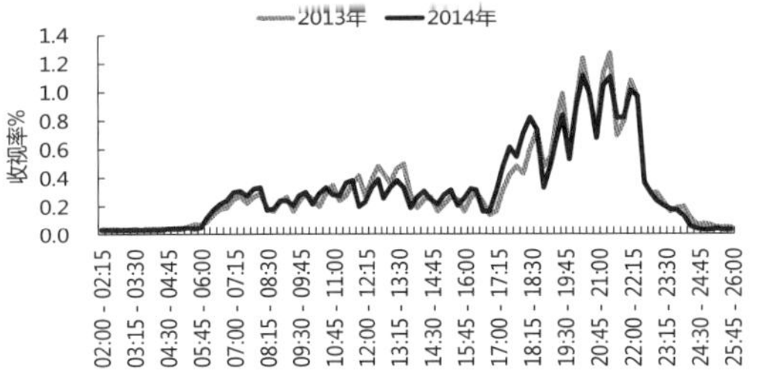

图52 2014年和2013年CCTV–8时段收视走势

2014 年 CCTV–8 电视剧频道在女性、4 ~ 14 岁、35 ~ 54 岁、小学、初中教育程度观众集中度有所提升（见图 53）。

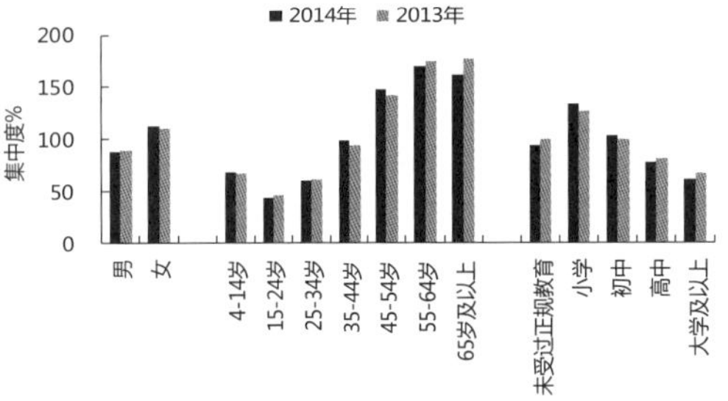

图53 2014年和2013年CCTV–8的观众集中度

CCTV–8 电视剧频道 2014 年黄金档电视剧收视略低于 2013 年水平。2014 年 CCTV–8 电视剧频道晚间黄金档电视剧平均收视率为 0.9%，2013 年频道同时段黄金档电视剧平均收视率 1.0%（见图 54、图 55、图 56）。

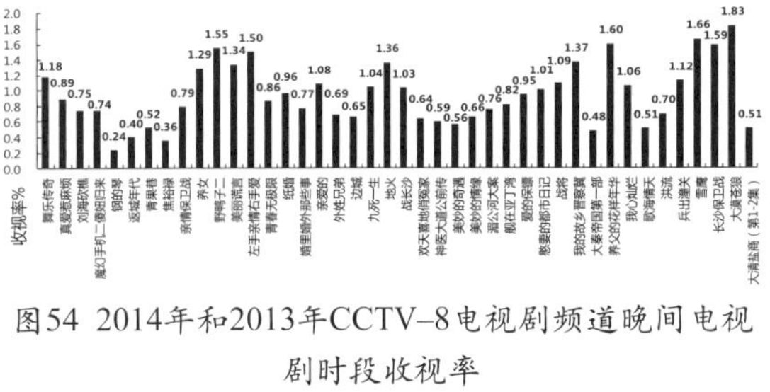

图54 2014年和2013年CCTV–8电视剧频道晚间电视剧时段收视率

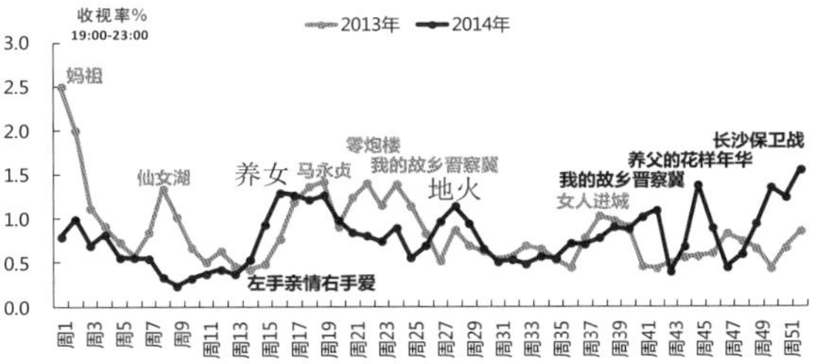

图55 2014年和2013年CCTV–8黄金时段收视率

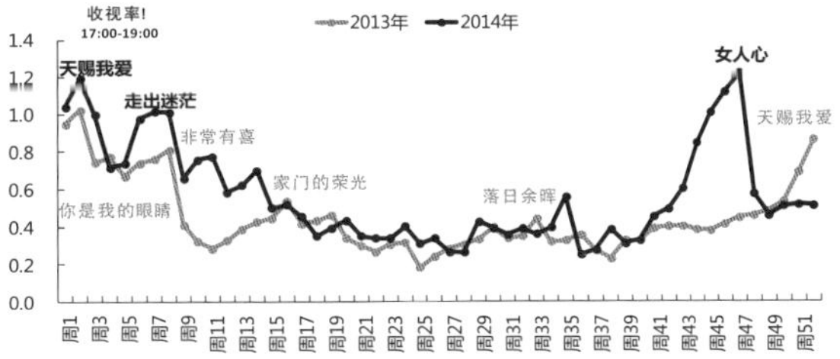

图56 2014年和2013年CCTV–8傍晚时段收视率

9. CCTV–9 纪录频道收视情况

CCTV–9 纪录频道在 2014 年第二、三季度收视份额多周高于 2013 年同期水平，四季度有所走低，从第 49 周开始又有回升（见图 57）。

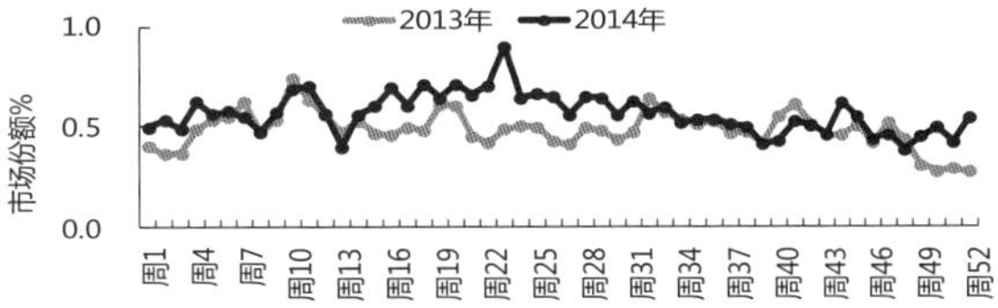

图57 2014年和2013年CCTV–9分周收视走势

从收视率走势来看，CCTV–9 纪录频道 2014 年全天收视率水平普遍有所提升，在 18:00 ~ 20:00 时段达到全天收视最高峰值，且明显高于 2013 年（见图 58）。

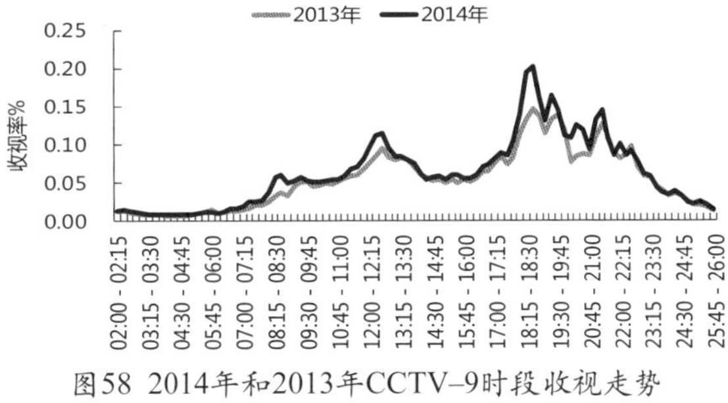

图58 2014年和2013年CCTV–9时段收视走势

与 2013 年相比，2014 年男性、4 ~ 24 岁、55 ~ 64 岁、小学及以下教育程度的观众集中度有所提升（见图 59）。

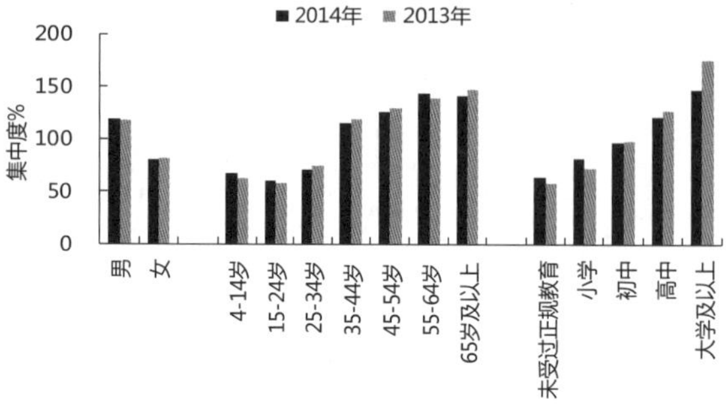

图59 2014年和2013年CCTV–9的观众集中度

10．CCTV–10 科教频道收视情况

CCTV–10 科教频道在 2014 年分周的收视份额走势略有上扬。第一季度普遍高于 2013 年；第二、三季度与 2013 年同期基本持平；第四季度则互有起伏（见图 60）。

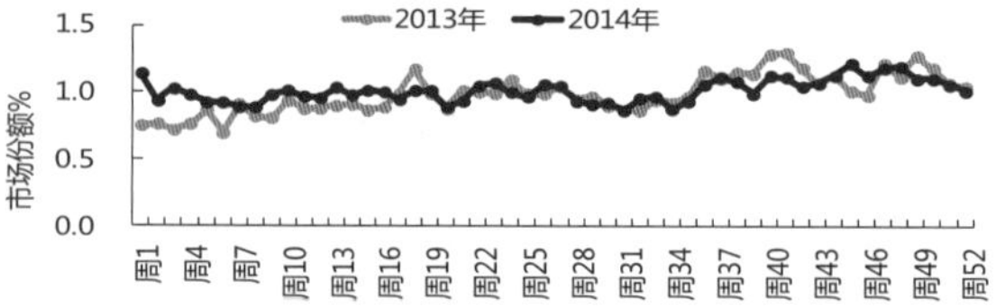

图60 2014年和2013年CCTV–10分周收视走势

从全天收视率走势来看，CCTV–10 科教频道 2014 年全天分时段收视走势与 2013 年相似。11:45 ～ 13:15 和 22:30 ～ 24:00 时段收视率同比下滑，15:45 ～ 22:15 时段收视率同比提升（见图 61）。

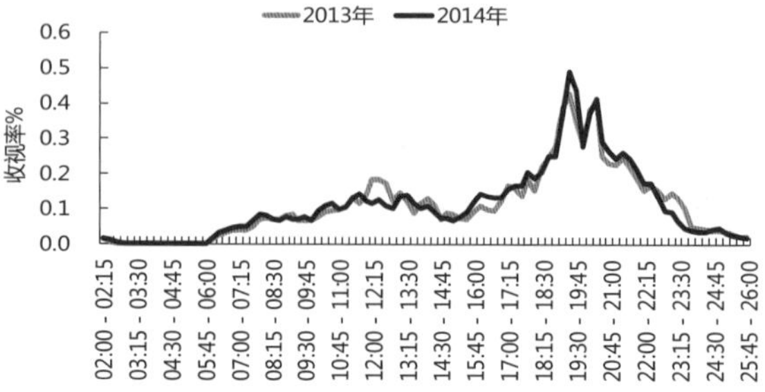

图61 2014年和2013年CCTV–10时段收视走势

2014 年，CCTV–10 科教频道各类目标观众中女性、4 ～ 14 岁、35 ～ 44 岁、初中及以下教育程度的观众集中度有提升（见图 62）。

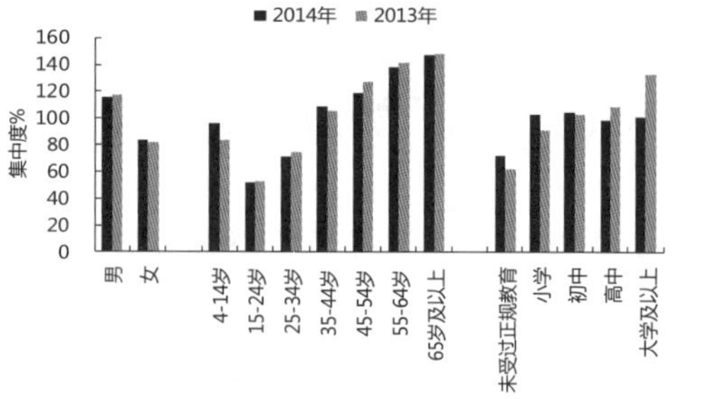

图62 2014年和2013年CCTV–10的观众集中度

11．CCTV–11 戏曲频道收视情况

2014 年，CCTV–11 戏曲频道的收视份额走势较为平稳，除年中部分周（第 21 ～ 30 周）外，普遍与 2013 年同期互有起伏（见图 63）。

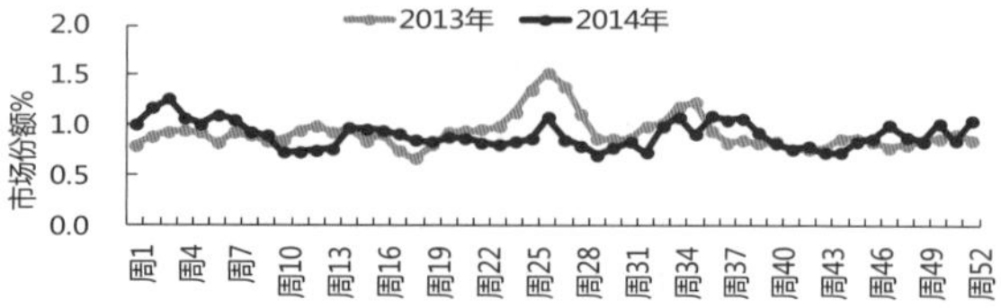

图63 2014年和2013年CCTV–11分周收视走势

CCTV–11 戏曲频道全天各时段收视走势与 2013 年相似，18:45 ～ 22:00 时段收视下滑相对明显（见图 64）。

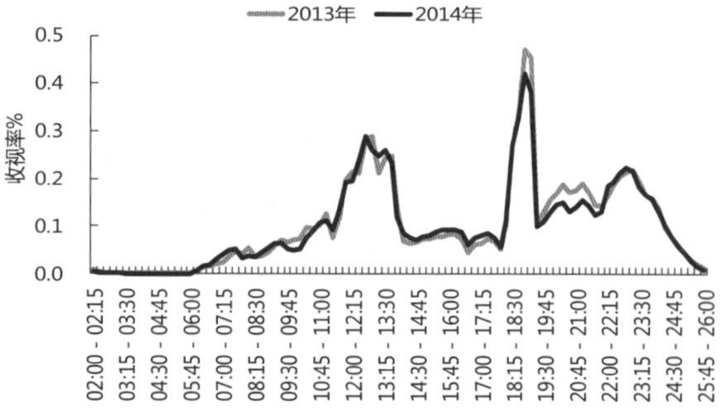

图64 2014年和2013年CCTV–11时段收视走势

2014 年，女性、35 ～ 44 岁、55 岁及以上、初中及以下教育程度观众集中度较 2013 年有所提升（见图 65）。

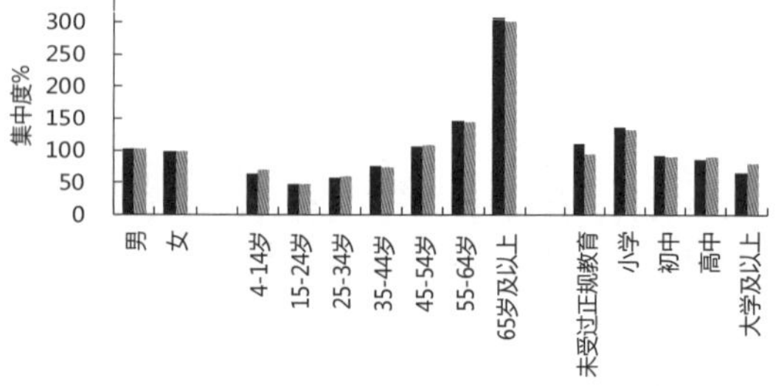

图65 2014年和2013年CCTV–11的观众集中度

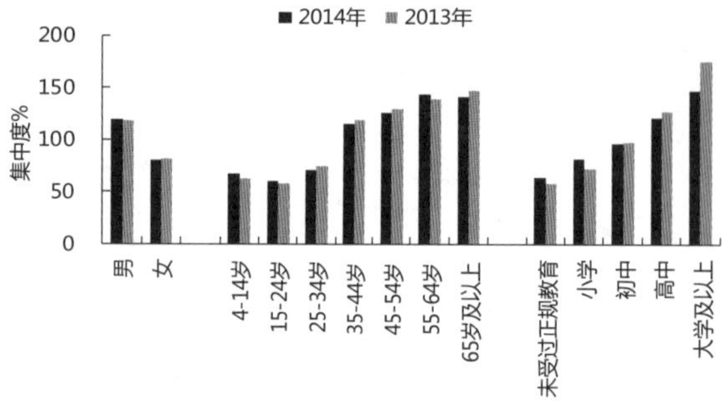

图59 2014年和2013年CCTV–9的观众集中度

10．CCTV–10 科教频道收视情况

CCTV–10 科教频道在 2014 年分周的收视份额走势略有上扬。第一季度普遍高于 2013 年；第二、三季度与 2013 年同期基本持平；第四季度则互有起伏（见图 60）。

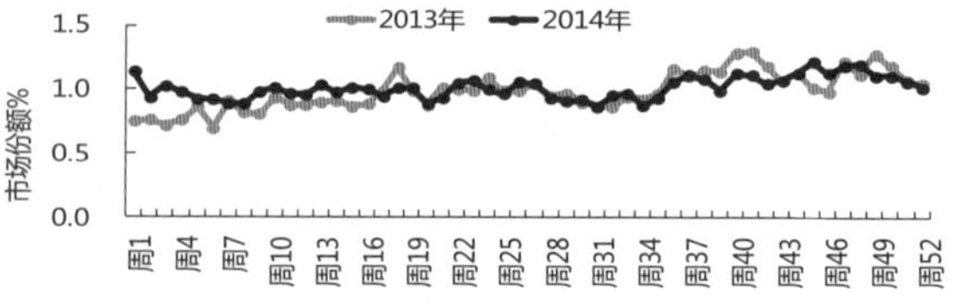

图60 2014年和2013年CCTV–10分周收视走势

从全天收视率走势来看，CCTV–10 科教频道 2014 年全天分时段收视走势与 2013 年相似。11:45 ～ 13:15 和 22:30 ～ 24:00 时段收视率同比下滑，15:45 ～ 22:15 时段收视率同比提升（见图 61）。

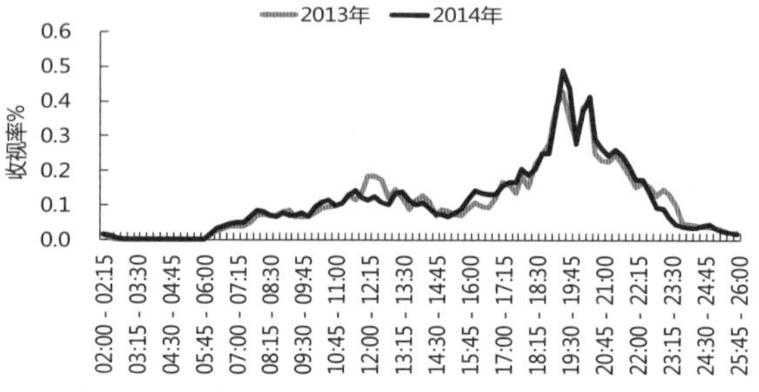

图61 2014年和2013年CCTV–10时段收视走势

2014 年，CCTV–10 科教频道各类目标观众中女性、4 ～ 14 岁、35 ～ 44 岁、初中及以下教育程度的观众集中度有提升（见图 62）。

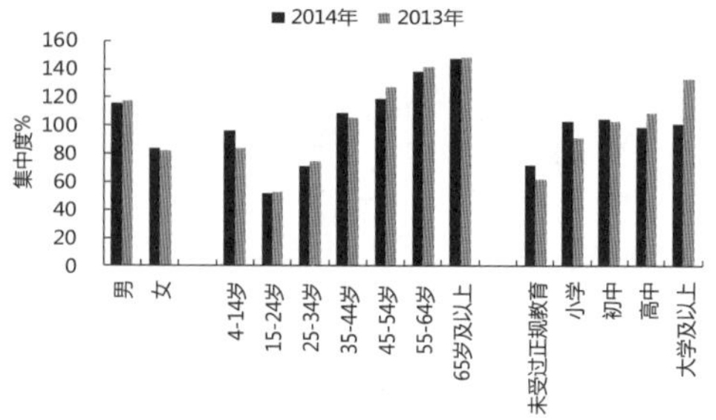

图62 2014年和2013年CCTV–10的观众集中度

11．CCTV–11 戏曲频道收视情况

2014 年，CCTV–11 戏曲频道的收视份额走势较为平稳，除年中部分周（第 21 ～ 30 周）外，普遍与 2013 年同期互有起伏（见图 63）。

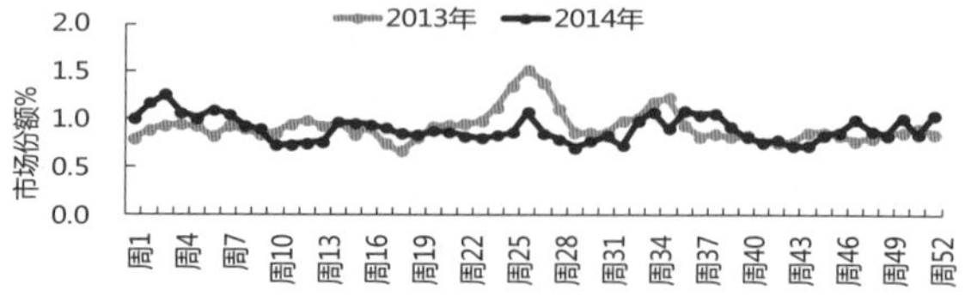

图63 2014年和2013年CCTV–11分周收视走势

CCTV–11 戏曲频道全天各时段收视走势与 2013 年相似，18:45 ～ 22:00 时段收视下滑相对明显（见图 64）。

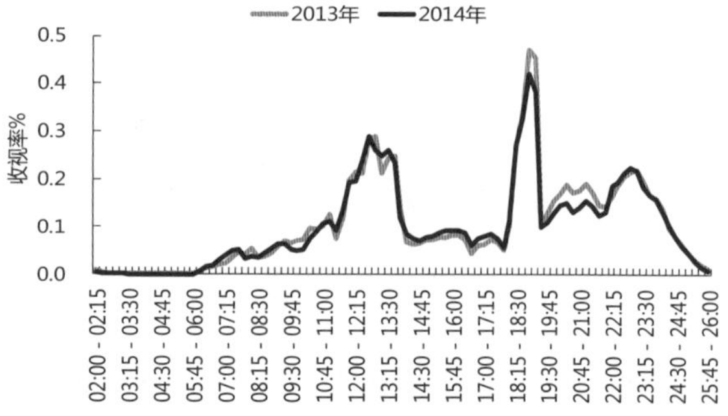

图64 2014年和2013年CCTV–11时段收视走势

2014 年，女性、35 ～ 44 岁、55 岁及以上、初中及以下教育程度观众集中度较 2013 年有所提升（见图 65）。

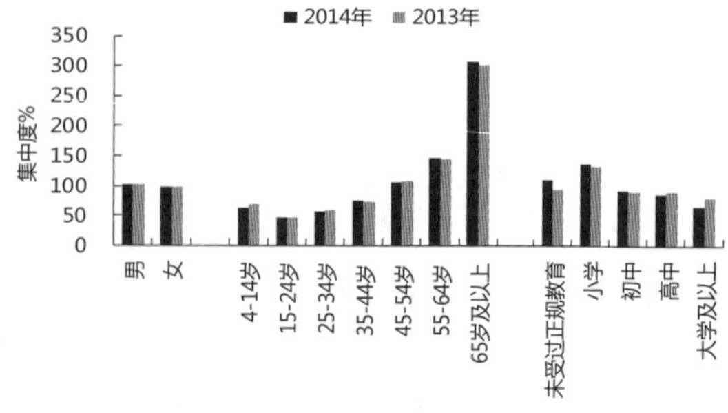

图65 2014年和2013年CCTV–11的观众集中度

12. CCTV-12 社会与法频道收视情况

2014 年 CCTV-12 社会与法频道全年收视份额走势较为平稳，一季度收视份额普遍高于 2013 年同期，后三季度低于 2013 年同期水平（见图 66）。

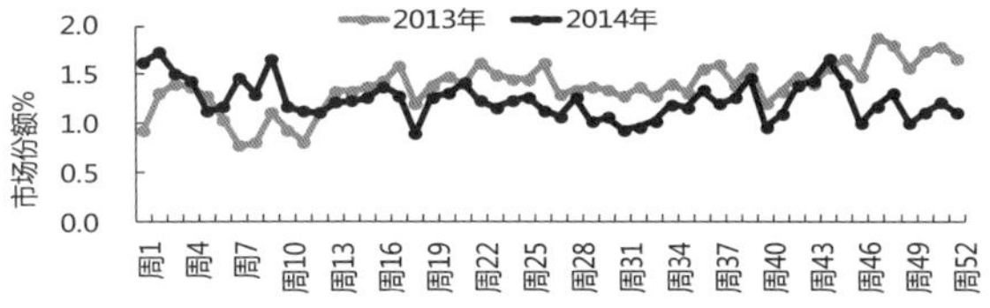

图66 2014年和2013年CCTV-12分周收视走势

2014 年，CCTV-12 社会与法频道与 2013 年时段收视走势趋同，13:00 ~ 17:00 和 19:00 ~ 22:30 时段收视率较 2013 年有所下滑（见图 67）。

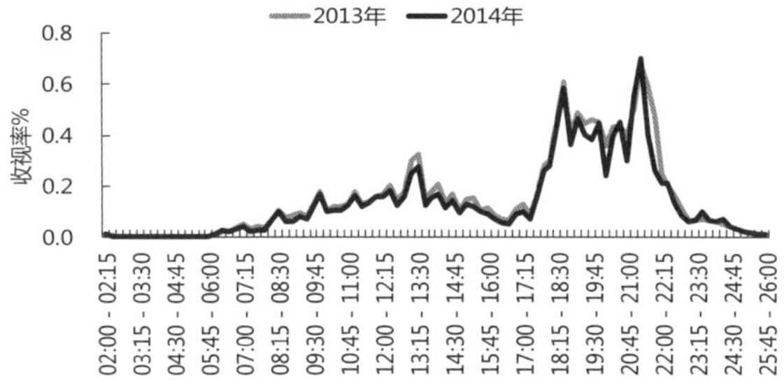

图67 2014年和2013年CCTV-12时段收视走势

相比 2013 年，2014 年 25 ~ 34 岁、45 ~ 64 岁、未受过正规教育、初中及以上教育程度观众集中度有所下滑（见图 68）。

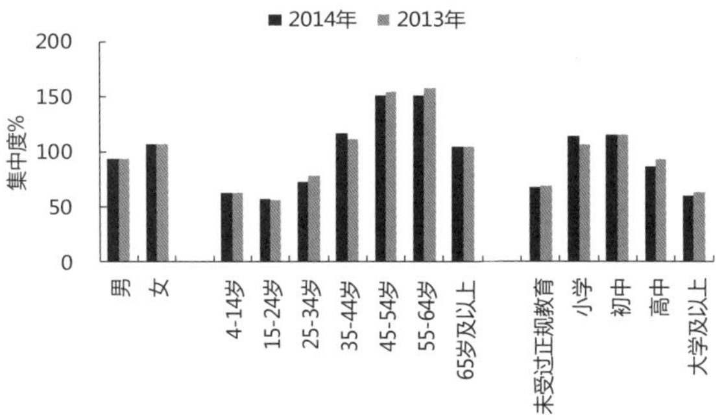

图68 2014年和2013年CCTV-12的观众集中度

13. CCTV-13 新闻频道收视情况

2014 年，CCTV-13 新闻频道除第 10 ~ 15 周外，其他各周收视份额走势非常平稳，马航事件导致频道收视份额明显提升（见图 69）。

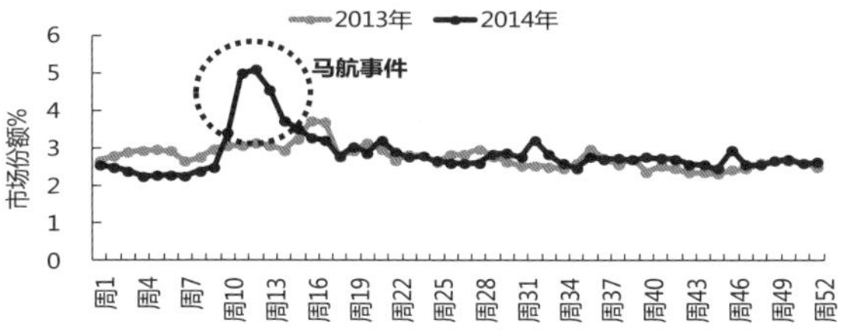

图69 2014年和2013年CCTV-13分周收视走势

2014 年，CCTV-13 新闻频道全天各时段的收视水平与 2013 年同期走势相似，起伏不大。午间和晚间《新闻联播》时段收视率同比略有提升（见图 70）。

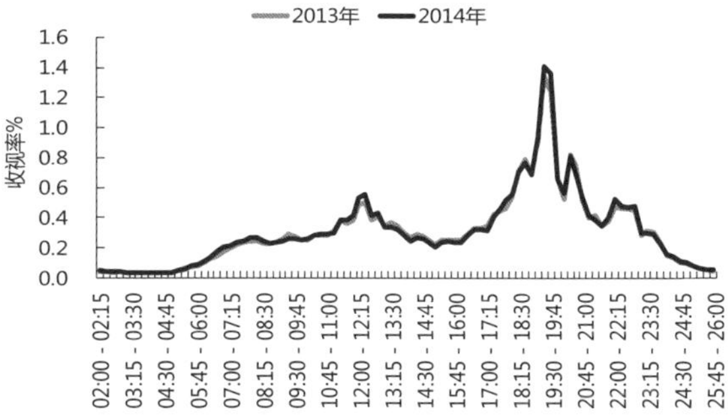

图70 2014年和2013年CCTV-13时段收视走势

相比 2013 年，2014 年女性、15 ~ 24 岁、55 岁及以上、小学及以下教育程度观众集中度有所提升，其余观众集中度有所下滑（见图 71）。

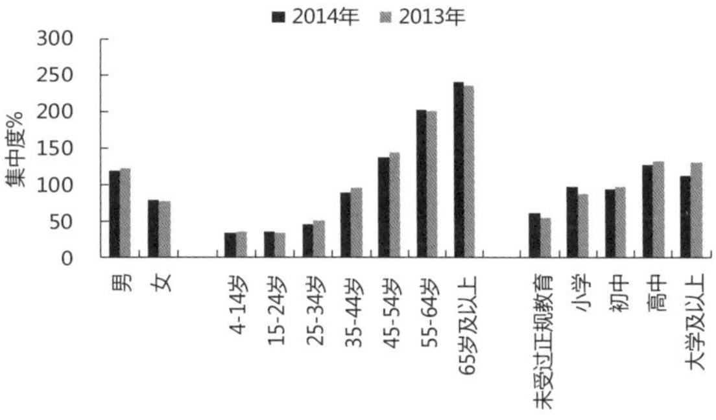

图71 2014年和2013年CCTV-13的观众集中度

14. CCTV-14 少儿频道收视情况

从全年分周收视份额走势来看，CCTV-14 少儿频道 2014 年与 2013 年走势趋同，但市场份额普遍低于 2013 年同期水平（见图 72）。

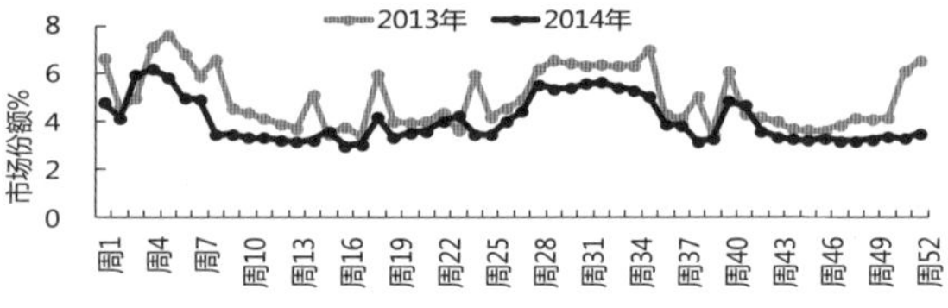

图72 2014年和2013年CCTV–14分周收视走势

2014 年，CCTV–14 少儿频道全天收视走势与 2013 年相似，且普遍较 2013 年有所下滑（见图 73）。

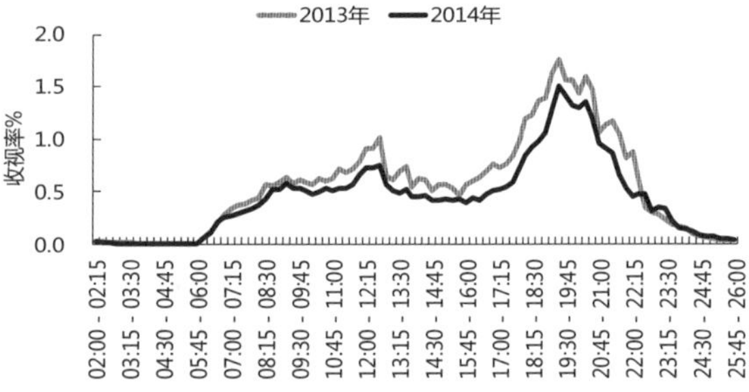

图73 2014年和2013年CCTV–14时段收视走势

2014 年 CCTV–14 少儿频道男性、未受过正规教育观众集中度有所下滑（见图 74）。

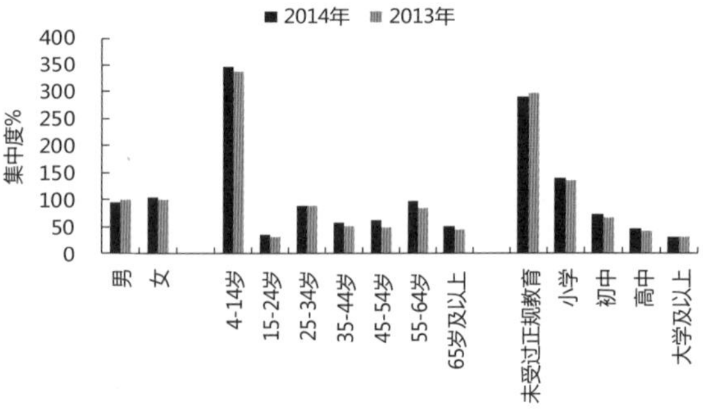

图74 2014年和2013年CCTV–14的观众集中度

15. CCTV–15 音乐频道收视情况

CCTV–15 音乐频道 2014 年收视份额走势大致呈现出上扬态势，下半年普遍高于 2013 年同期水平（见图 75）。

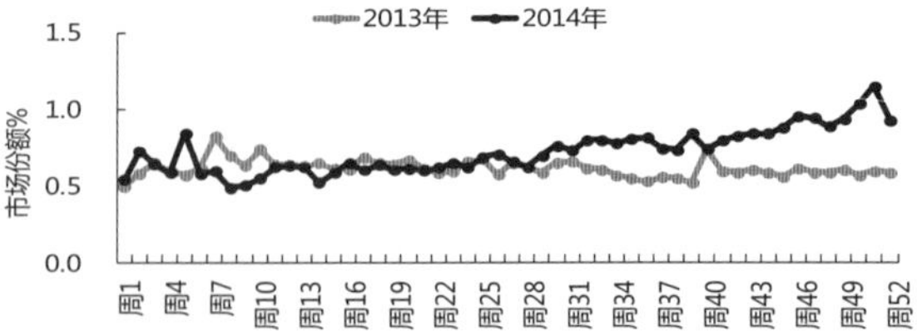

图75 2014年和2013年CCTV–15分周收视走势

CCTV–15 音乐频道 2014 年整体收视水平有所提高，全天多个时段收视率水平有所提升（见图 76）。

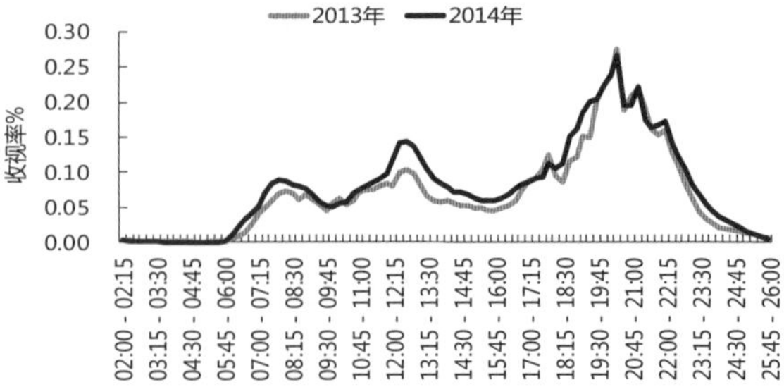

图76 2014年和2013年CCTV–15时段收视走势

2014 年，CCTV–15 音乐频道在男性、25 ~ 64 岁、小学、高中及以上教育程度观众集中度有所提升（见图 77）。

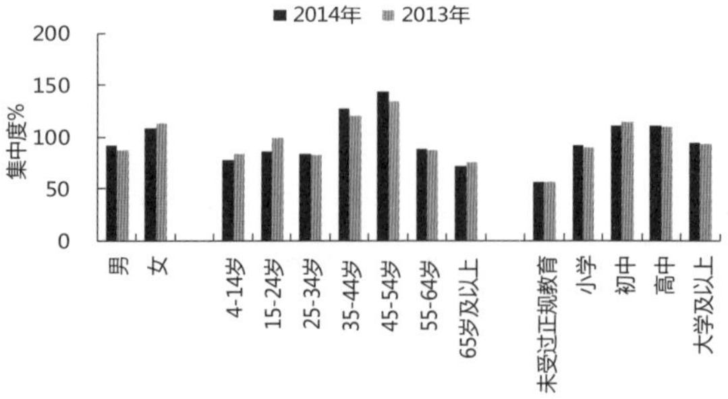

图77 2014年和2013年CCTV–15的观众集中度

16. CCTV–NEWS 英语新闻频道收视情况

CCTV–NEWS 英语新闻频道在 2014 年全年收视份额走势整体较为平稳，第四季度收视份额普遍低于 2013 年同期（见图 78）。

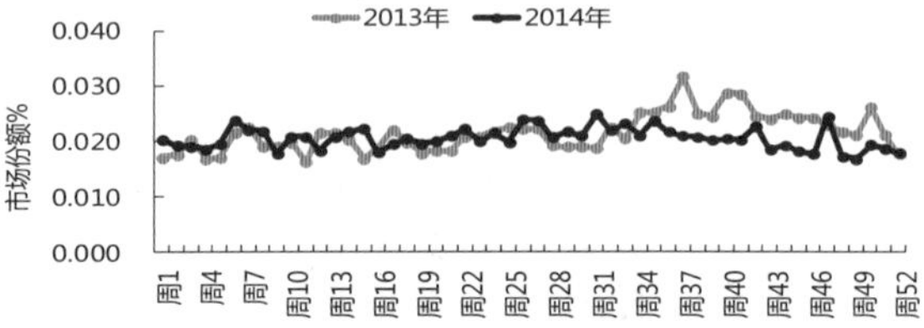

图78 2014年和2013年CCTV–NEWS分周收视走势

CCTV–NEWS 在 2014 年全天收视走势中与 2013 年趋同，18:00 ~ 20:00 时段收视率下滑相对明显（见图 79）。

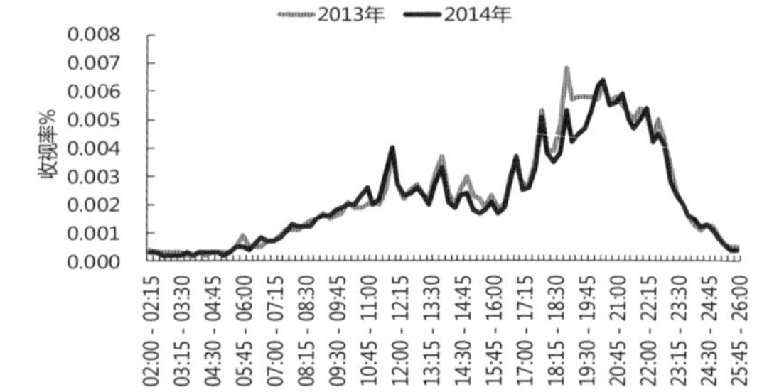

图79 2014年和2013年CCTV–NEWS时段收视走势

2014 年 CCTV–NEWS 频道男性、4 ～ 14 岁、35 ～ 44 岁、55 ～ 64 岁、初中及以下教育程度观众集中度有所提升（见图 80）。

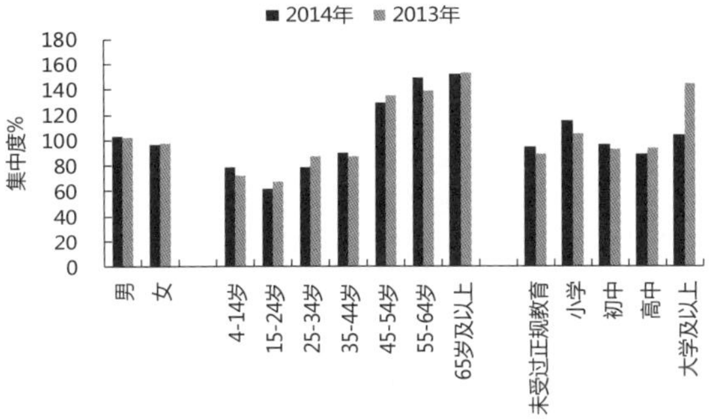

图80 2014年和2013年CCTV–NEWS的观众集中度

17．CCTV–5+ 体育赛事频道收视情况

CCTV–5+ 体育赛事频道自 2013 年 34 周开播至今，收视份额不断攀升，遇重大体育赛事出现收视份额明显提升（见图 81）。

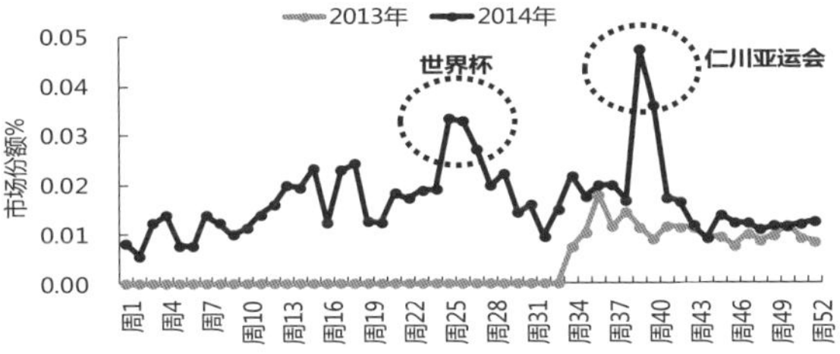

图81 2014年和2013年CCTV–5+分周收视走势

2014 年，CCTV–5+ 体育赛事频道以晚间收视为主，且普遍高于 2013 年（见图 82）。

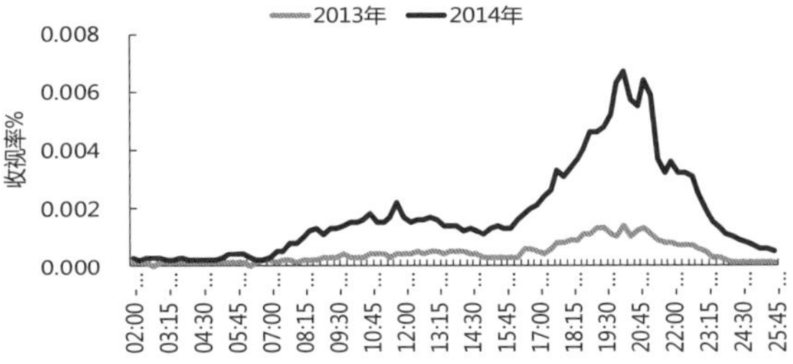

图82 2014年和2013年CCTV–5+时段收视走势

2014 年，CCTV–5+ 体育赛事频道男性、4 ～ 14 岁、35 ～ 64 岁、未受过正规教育、初中教育程度观众集中度有所提升（见图 83）。

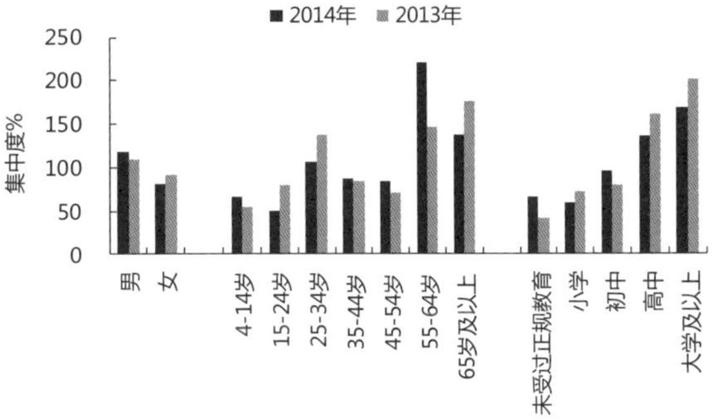

图83 2014年和2013年CCTV–5+的观众集中度

（总编室市场评估部供稿）

2014 年中央电视台观众反馈信息综述

2014 年，中央电视台在澳门回归 15 周年、“两会”报道、云南鲁甸地震等一系列重大及突发事件中，彰显了国家媒体的直播能力及社会责任；在巴西世界杯、南京青奥会、仁川亚运会等体育赛事报道中凸显全媒体多平台优势。中央电视台总编室受众服务部秉承“双向服务”的宗旨，对外沟通观众，有效维护中央电视台品牌形象；对内做好参谋，助力领导决策和节目生产，通过多种信息反馈渠道收集观众对中央电视台的意见建议。

一、重大及突发事件报道获得观众高度赞许

1．澳门回归 15 周年特别报道，全方位展示澳门变迁与发展

2014 年 12 月 20 日，澳门回归 15 周年，为全方位展示澳门回归祖国 15 年来的变迁与发展，中央电视台综合频道、新闻频道、中文国际频道推出多类型报道，从澳门回归后社会生活的方方面面入手，以普

通人的命运变化为切入点，呈现出中央对澳门发展的坚定支持以及澳门各界对“一国两制”的深刻认同，突出了澳门的命运始终与祖国内地紧密相连的理念。

综合频道除报道重大时政活动及相关庆祝活动外，还通过各重点新闻栏目推出特别报道。《新闻联播》提前一周推出8集澳门回归15周年主题宣传系列报道，通过爱国爱澳同心致远、区域合作澳门之外建澳门等主题，探寻回归以来澳门社会保持稳定繁荣发展的动因，给予世人启示。《焦点访谈》推出《澳门：打造全新“休闲之都”》，向观众讲述澳门通过大力发展旅游、会展、金融、文化创意等现代产业，致力于实现经济适度多元发展，努力建成世界旅游休闲中心的良好态势。

新闻频道除直播时政节目外，还在全天各个时段推出多姿多彩的专题报道。《朝闻天下》推出“澳门新故事”系列报道，聚焦来自不同社会阶层、不同宗教信仰、不同族群的澳门人，以独特视角见证澳门回归15年来的变与不变。“直通澳门”“数说澳门”两大板块带领观众走进澳门、认识澳门，并用大数据作为支撑，体现澳门的发展成就。下午时段的“张羽澳门观察”，采访澳门15年来一些重大事件的亲历者，向观众深度展现澳门15年的发展成就。《东方时空》通过图片、数据、故事展示15年来澳门政治、经济、社会、人文方面的变化。《面对面》推出澳门系列人物专访，表现回归15年来澳门的发展以及“一国两制”下澳门与内地的融合。

中文国际频道也在新闻节目中推出澳门回归15周年特别报道，由北京演播室和澳门演播室相互联动，并加入移动直播，连线在活动现场的记者，多角度呈现庆典内容。《中国新闻》在早间版推出系列报道《澳门万象》，记者以最民生的视角，观察新澳门新变化；午间时段以在澳门搭建的演播室推出《澳门直播间》板块，全景展现澳门发展变化以及与内地的紧密联系。《今日关注》推出3期特别节目《金莲花开说澳门》，详析澳门的文化魅力，展现新澳门生活以及多样化经济发展模式。

澳门回归15周年特别报道充分体现出中央电视台作为国家媒体的责任、报道队伍的专业，多角度、多形式的呈现和解读受到观众广泛认可。观众反映中央电视台的报道权威、深刻、全面，让观众对澳门回归15年取得的成绩有了更加深入鲜活的了解，也认识到“一国两制”在澳门是成功的实践，也有观众认为通过中央电视台的报道更有利于加强澳门同胞对祖国的向心力和对澳门未来发展的信心。观众通过多种方式纷纷表达对祖国和澳门的祝福和喝彩，希望澳门经济持续发展、社会繁荣安定。

2. 打造“两会”报道全明星阵容，搭建政府与民众沟通桥梁

2014年“两会”期间，中央电视台新闻频道、综合频道、财经频道、中文国际频道以及英、法、西、俄、阿5个外语频道等共11个频道参与报道，涉及58个栏目约70个板块，使中央电视台成为政府观天下、察民情、听民声的重要渠道。同时，在“两会”报道中，中央电视台充分发挥高知名度、美誉度主持人的作用，着力打造“两会”报道的全明星阵容，为观众展现出不同风格特色的报道，带给观众更多维的视角、更深刻的观察、更丰富的信息。

新闻频道特别节目《两会直播间》在《泉灵专访》板块，由连续7年参与“两会”报道的张泉灵带领观众走进人民大会堂，零距离接触“两会”，同时也带着民众的问题走近“两会”代表。《新闻联播》开设“康辉说两会”、“‘据’说两会”等板块，对两会新闻进行梳理整合。新推出的“康辉说两会”板块，由主持人康辉在“两会”现场述评重大改革领域的热点话题，抓住“事关民生、事关发展”的热点，择取最基层反映的问题，追问最主要的决策者。

综合频道《今日说法》推出特别节目《小撒探会》，以主持人撒贝宁体验为线索，强化“法律视角”，凸显栏目特色。节目主打“两会”民生法治内容，探究与百姓生活相关的法治保障问题，以其纪实性、亲民性、生动性赢得观众好评。

财经频道推出了13年的《小丫跑两会》已经成为“两会”报道中的品牌节目之一，成为每年“两会”不少观众的期待。2014年《小丫跑两会》继续以主持人王小丫为传播符号，内容锁定反腐、房地产、大气污染、养老等2014年的十大关键词，展开微观调查，反映基层实际情况，带领观众发现热点、捕捉热点、感受热点，让观众感觉到两会与百姓的生活密切相关，从而更加关注“两会”议题。

中文国际频道的“两会”特别报道推出优势品牌节目《鲁健观察》，重点瞄准中国深化改革后发生的新变化，结合新推出的“大数据”元素，由鲁健在节目中对网民关切的问题做出回应。

中央电视台的“两会”报道在政策宣传、舆论监督、信息传递等多方面发挥了积极作用，在政府与百姓之间架起了沟通的桥梁，观众通过多种方式反馈好评并表达了对中央电视台参与“两会”报道主持人的喜爱之情。与此同时，观众普遍建议每年的“两会”报道多关注社会热点，多传递百姓声音，采访对象不仅是官员和老板，应更有针对性地选择能代表百姓立场的代表和群众，更好地推进政府体制机制的完善。

3. 全方位投入云南鲁甸地震报道，结合新媒体强化与外界沟通

2014 年 8 月 3 日，云南省昭通市鲁甸县发生 6.5 级地震，中央电视台首发消息并持续跟进，派出近百位记者投入抗震救灾一线，并通过大屏和微博多渠道全程追踪报道抗震救灾最新情况，使全国观众及时准确地获悉最新进展，充分体现出中央电视台对重大突发事件报道的日趋成熟，彰显了国家媒体的责任感和使命感。

灾情发生后，新闻频道所有栏目都投入到此次抗震救灾报道中。在地震发生后 15 分钟，中央电视台新闻频道《新闻直播间》首先播发这条重大消息，及时与当地进行连线报道，并播出震中的监控画面。多路记者实时报道救灾部队以及国家有关部门的救灾安置工作，使观众及时全面了解救灾进展。当天，259 家境外电视频道采用中央电视台新闻素材 8787 次，刷新单日外媒采用量最高纪录。《东方时空》《焦点访谈》等栏目展开大规模报道，《新闻直播间》推出整点特别报道，并通过“图说避灾”等节目普及防灾自救知识。

此外，中文国际频道和军事节目中心也快速投入到抗震救灾报道中，中文国际频道除播发抗震救灾的最新动态外，还围绕灾区天气、灾区紧缺物资、救灾行动等焦点问题，制作专题节目，提供服务性信息。军事节目中心迅速调集多个栏目及军区记者站的记者，分批次进入灾区一线进行报道。

中央电视台不仅通过大屏直播报道救援进展，同时发挥新媒体信息发布的作用，强化与外界的沟通。“央视新闻”微博在地震当天播发快讯并持续跟进消息，巨大的地震破坏与人员伤亡令网民不断聚焦，12 小时内多条微博转发量逾万次，其中 # 云南鲁甸县 6.5 级地震 # 话题 12 小时内阅读量近 4 亿次，实时讨论近 50 万条。

中央电视台对本次地震迅速、全面、多窗口的报道受到观众一致好评，并纷纷对中央电视台记者不畏艰险的敬业精神表示敬意。在贴吧、微博、论坛等新媒体平台，有网友为中央电视台面对重大突发事件积累的报道经验点赞；对于中央电视台新闻报道的及时性和连续性，有网友总结：“发生大地震等大事时都是央视新闻绝对首发还能持续跟进消息”；对于“央视新闻”微博全程参与灾情报道和舆论引导方面的作用，有网友评论：“本起地震灾害中，央视官方微博的引导使谣言几乎销声匿迹。”观众及网友的反应都充分展现出中央电视台在突发事件面前高度的社会责任感与成熟完备的报道能力。

二、体育赛事报道凸显全媒体多平台优势

1. 巴西世界杯报道与新媒体高度融合，为球迷打造一场狂欢盛宴

第 20 届世界杯于 2014 年 6 月 12 日至 7 月 13 日在巴西举行，中央电视台综合频道、体育频道、体育赛事频道强强联手对比赛进行直播，以最大限度满足观众需求为核心理念，充分发挥新媒体互动性与多样性的传播优势，与传统电视形成立体、多屏、全覆盖的传播模式，为球迷打造了一场狂欢盛宴。

体育频道设计日间与晚间组合的节目形态，创新节目编排，为观众弥补了由于时差原因没有赛事直播的缺憾。在黄金时段依次安排《世界杯特别节目》《豪门盛宴》《看透世界杯》《5 要赢》和《我爱世界杯》等节目，营造世界杯盛宴氛围。《看透世界杯》《豪门盛宴》等栏目收视率比平时同时段提高 50% 以上。

本届世界杯报道中央电视台突出多屏互动优势，注重观众全方位参与，在各档世界杯节目中广泛运用新媒体技术，实现多屏互动，通过话题引领放大世界杯的影响力。全国超过 6.67 亿观众通过中央电视台收看世界杯赛和相关节目，赛事直播、点播总收看频次超过 9 亿次，总收视时长达 4.2 亿小时，体育频道微信用户超过 85 万，APP 客户端新增用户 61 万，微博“粉丝”数超过 425 万，多个话题阅读量超 1 亿。其中，体育频道微博关于 # 乌贼刘 # 话题引起观众和网友极大兴趣，5 天时间就有 2.4 亿人次阅读量，12.7 万讨论量，成为新浪微博热度最高的个人话题之一，也促进提升了《我爱世界杯》节目收视。《5 要赢》作为我国首档以电视为核心、观众通过手机客户端与直播现场互动的全民跨媒体大型真人秀直播节目，观众参与热情高涨，世界杯期间全国累计答题人次为 1123 万，APP 下载量超过 190 万，实现了电视节目与手机应用的无缝融合和成功突破。

2. 全媒体视角报道南京青奥会，充分展示当代青年精神风貌

2014 年 8 月 16 日，第二届夏季青年奥林匹克运

动会在南京开幕，中央电视台综合频道、体育频道、新闻频道、体育赛事频道及中国网络电视台以全媒体多平台的传播格局，全程直播开幕式，使用新技术以独特的视觉角度，营造出大气磅礴、唯美震撼的视觉效果，展示了当代青年奋发向上、锐意进取的精神风貌，超2亿观众通过中央电视台收看开幕式盛况。

为能让更多观众欣赏到青奥会赛事，中央电视台充分发挥新媒体传播平台优势。中国网络电视台通过央视网、手机电视、IPTV、移动客户端等对青奥会开幕式盛况进行全程直播报道；央视网策划多个特色原创栏目和专题，以青奥会赛事、赛场花絮、青奥会人物、社会反响等为话题，多角度展现大众对青奥会的关注及本届青奥会的影响力，对青奥会展开赛事报道、互动评论；体育频道官方微博、微信和客户端三大平台全部开通青奥板块，根据青少年特点，以全媒体视角报道青奥会，发起丰富的微博话题；客户端通过发布现场第一手资料，形成观众“点赞”互动，有效实现分享“青春和快乐”的目的。截至当晚22:00开幕式结束，多终端合计独立访问用户达2931万，直播最高同时在线人数59万。

中央电视台对本届青奥会的报道呈现出一个全新的赛会报道视角和切入点，更加注重文化的交融，观众对中央电视台报道中摒弃唯金牌论，注重文化传播表示赞许。有观众表示：“央视以往的报道都是以赛事为主，但此次采用赛事与文化教育活动兼顾的报道形式，不失为一次成功的创新。”

3. 韩国仁川亚运会台网联动报道，便于观众选择并参与互动

2014年9月19日，第17届亚运会在韩国仁川开幕。作为2014年下半年最精彩和最具看点的体育赛事，中央电视台启动了全台联动的全媒体报道方案。综合频道、体育频道、体育赛事频道和财经频道都投入到亚运会的转播和报道中。作为拥有独家网络转播权的中国网络电视台，也在亚运会期间同步视频直播仁川亚运会开闭幕式的盛况以及各大赛事，并在赛后提供赛事点播服务，对本届亚运会进行全方位、多角度的全媒体展现，便于观众根据收视需要自行选择。

为充分发挥台网互动优势，便于观众参与，中国网络电视台、“央视体育”客户端、“央视新闻”客户端等不仅推出多个板块，对亚运会的赛程、赛事资讯、金牌分布等进行图文式的全覆盖报道，并采用群英动态、网友留言、话题讨论等多种网络方式呈现。观众还通过各种小屏即时参与有奖投票、官方微信、微博互动赢得礼品，提高了观众的关注度和参与热情。不仅国内观众可以参与，中国网络电视台还在英、西、法、阿、俄、韩语频道进行相关赛事报道，在境外社交平台与海外受众开展即时互动。

中央电视台使用全媒体报道的形式获得观众一致认可，这种形式增添了节目与观众之间沟通的纽带，贴近新形势下受众对媒介的使用习惯。大小屏联动的形式打破了传统媒体单向传播的特点，不只把受众作为信息接收者，更加尊重受众作为活跃群体期望发表观点、提出意见或请求的实际，满足了受众追求新奇、渴望参与的需求，同时也为节目注入了更多的活力。不少观众建议中央电视台继续增强在新媒体领域的舆论引导力和传播能力，掌握新媒体舆论的话语权。

三、多渠道收集观众意见建议

2014年，为了更好地服务观众，搭建观众与中央电视台联系的桥梁，中央电视台通过多种形式收集观众意见建议，有针对性地了解观众对中央电视台节目质量、传播效果和受众服务等方面的反馈。观众呼叫中心2014年共收到观众来电593137个，比2013年提高83.8%，成为观众联系中央电视台的常态渠道。总编室受众服务部于下半年在深圳、西安、杭州、成都、石家庄五地连续组织召开观众座谈会，结合入户走访调查，与观众面对面展开交流，收集有价值的意见建议近200条。观众的意见和需求主要集中在如下方面。

（一）多种类型节目赢得观众赞许

1. 红色题材电视剧反响热烈

中央电视台播出的红色题材电视剧受到观众欢迎，其中《历史转折中的邓小平》是讨论度最高的电视剧，《父母爱情》《开国元勋朱德》《大河儿女》《铁血红安》《马向阳下乡记》等剧也受到观众欢迎，认为这些电视剧非常符合国家电视台的定位。观众希望中央电视台电视剧在坚持主流引导的同时更加接地气，题材更加多元化，制作播出类似《我爱我家》《编辑部的故事》《闲人马大姐》等反映百姓生活的电视剧。同时建议多引进国外电视剧，拓展央视在播电视剧的类别。

2. 走基层、最美系列等节目广受好评

中央电视台播出的走基层系列、最美系列、《感动中国》等节目影响力广泛，观众认为弘扬了社会主义核心价值观，对民族精神的探求起到引领作用。播出这类节目是扩大中央电视台品牌影响力的一个有效途径，显示了作为国家电视台的高水平和高素质，希望坚持做下去，把通过举办大型活动传递社会主义核心价值观当成一项长期的工作任务来抓。其中走基层系列报道“家风是什么”“时间都去哪儿了”，最美系列报道“最美孝心少年”“最美村官”成为2014年观众好评最多的正面报道。公益广告系列、央视春晚等节目的特殊意义同样受到观众好评。

3. 舆论监督报道得到观众肯定

中央电视台播出的东莞扫黄报道、打击狗贩子系列报道、“贵州开阳县顶方村贿选风波”等舆论监督报道引发观众广泛关注，观众对中央电视台在舆论监督方面的担当和作用表示肯定。观众同时建议中央电视台坚持新闻立台的方向，进一步巩固新闻报道的内容优势，创新报道手法，加大舆论监督力度、增加新闻评论深度、多出现党和国家领导人的同期声，还建议多关注三农问题、关注留守儿童以及弱势群体，加大对国内和地方新闻的关注度。同时，观众也对中央电视台新闻节目主播和记者提出好评，例如新主播的出现带给观众很好的视觉感受，一些知名记者也深受观众喜爱。

4. 文化类节目获得观众广泛认可

中央电视台纪录片的不断突破和创新受到了观众的一致肯定，观众认为《舌尖上的中国》系列是一部反映中华传统文化的优秀纪录片，希望下一部介绍更多美食以体现中国饮食文化，同时建议增设丝绸之路专栏。《中国汉字听写大会》也被观众认为有利于传统文化的回归，观众建议中央电视台多播出弘扬传统文化的节目，加强传统文化常识的普及。

5. 音乐节目创新互动引青少年关注

中央电视台音乐节目的创新和互动元素吸引观众关注，带动中央电视台在青少年观众中的竞争力明显提升。其中《全球中文音乐榜上榜》《精彩音乐汇》等栏目流行音乐元素的增加，吸引大批年轻观众的参与。音乐频道2014年来电观众平均年龄仅为25岁，较2013年下降了近10岁。

（二）观众反映较为集中的节目建议

1. 综合、少儿频道节目编排有待改进

综合频道的观众意见集中在《等着我》和《寻宝》两个栏目，主要认为首重播时间安排不合理。以《寻宝》栏目为例，首播时间每周三22:36、每周六18:02，重播时间仅每周四1:00。如周三22:36观众未能收看首播，只能在周四凌晨收看重播，收看不方便。

少儿频道的观众意见集中在动画片题材单一，拘泥于《熊出没》《喜羊羊和灰太狼》。近3000位观众反馈认为，这两部动画片播出时间过长且频率过高，对于片中暴力画面建议禁播。观众希望中央电视台动画片能够多样化，多播以循循善诱方式引导孩子接受教育的内容，例如《花园宝宝》《天线宝宝》《巧虎》等有教育意义的动画片，让孩子在娱乐中学习。

2. 综艺节目在保持品牌优势基础上力求创新

观众对中央电视台《星光大道》等老牌综艺节目的收视热情依然较高，同时也期待此类节目的创新，多展现选手特点，成就普通人的才艺梦想。《舞出我人生》《梦想合唱团》《中国正在听》等新栏目也广受关注，观众建议多让一些南方的精彩节目走上舞台，例如反映江南水乡特色的旗袍秀、具有地域特色的民间艺术等；希望小品类节目与时俱进，多创作与当代老百姓生活息息相关的小品；一些公益节目娱乐化的成分太多，建议合理控制。

3. 体育节目加强竞技性与全民性兼顾

观众希望看到更多精彩的体育赛事，建议引进更多高水平的体育联赛，如NBA、网球、高尔夫、F1等职业化程度较高的赛事，提升中央电视台的体育品位。同时兼顾竞技性和全民性，多挖掘民间体育高手和地方特色体育活动，以他们的特长特色为节目看点；增加全民健身内容，弘扬中国武术，如太极拳等传统体育项目，制作更接地气的体育节目。也有不少观众建议中央电视台加大对体育赛事专业解说员的培养。

4. 财经节目注重普及经济知识

观众建议中央电视台增加普及经济知识的财经节目，让百姓既学到基础的金融理财知识，又丰富业余生活。同时加大对优秀民族产业品牌的宣传力度；多反映残疾人创业的辛酸苦辣，并通过节目帮助他们。《交换空间》《是真的吗》等节目受到观众喜爱，希望《交换空间》节目多关注中老年人群，给他们创造上节目的机会。

5. 戏曲、音乐节目建议增强民族性

观众认为《风华国乐》在传承、弘扬中国优秀音乐上做得很好，但民族性元素被弱化了，建议多展现优秀的民族音乐。戏曲方面建议加大对秦腔等地方剧种、优秀戏剧文化品牌的宣传力度，帮助地方戏曲普及传承。

6. 法制类节目需加大普法宣传力度

中央电视台法制类节目受到观众普遍关注，观众建议通过节目多讲解生活中的法律知识，采取寓教于乐的形式解读国家出台的法律法规。同时，涉案涉法节目应注重普法，避免过多故弄玄虚的内容情节呈现。

7. 军事农业类节目需求增加

观众建议中央电视台增加三农报道的比重，兼顾农业节目的收视率和趣味性、实用性，多关注与农民生产、生活息息相关的问题，加大对农业节目内容真实性的审核、监管力度。建议增加武警节目的内容，多制作一些军事专题片，介绍不同的时代兵器的演变过程、战场上的作用、制作工艺等兵器知识，满足军事爱好者的需求。同时邀请更多的专家作为军事节目的嘉宾，让观众听到不同专家的观点。

8. 节目监管力度仍需加大

不少观众反映中央电视台节目质量水平有所提升，屏幕差错有所下降，但离观众对国家电视台节目品质的期待还有差距。节目差错的意见建议集中于新闻节目，主要与中央电视台新闻播出量大、受关注程度高相关。观众建议中央电视台继续加强节目监管力度，完善纠错机制，制作出高品质的节目，坚守国家媒体的责任和水准。

（三）观众在报名、资料购买等方面的需求

1. 节目报名渠道有待完善

活动报名是中央电视台综艺、科技、鉴宝等多个类型栏目设置的观众联系环节，包括报名热线、报名邮箱和现场报名活动等多种方式。2014 年，观众来电反映报名不畅的问题涉及近 20 个栏目，主要意见体现在三个方面：一是想参与却找不到适合的报名方式；二是知道报名方式却联系不上；三是联系上了却没有满足报名愿望。同时，180 余名观众来电反映参与中央电视台栏目设置的互动环节遇到个人信息无法正常提交、中奖后与栏目沟通不畅等问题，涉及《中国成语大会》《星光大道》等栏目。

2. 节目中奖互动环节需加强规范

根据观众来电统计，中奖互动环节的投诉超过万条，涉及巴西世界杯、《出彩中国人》《中国好歌曲》《我要上春晚》《星光大道》等多个栏目。观众反映集中的问题主要包含三个方面：一是奖品长时间不发放；二是中奖信息公示渠道不健全；三是二维码扫描及手机客户端积分兑换服务不到位。观众反映中央电视台栏目在观众互动管理方面不专业，出现活动链接无法正常打开、填写信息提交不了、中奖后不知道联系谁、很长时间未发奖品等问题，让人十分困扰。建议进一步规范技术保障、奖品发放、观众联系等后续环节，精细化管理，避免让互动环节流于形式。

3. 信息发布、音像制品购买等方面需求集中

观众对科技、致富、健康类节目健全信息发布渠道、加大信息发布力度、创新信息发布形式需求较高，涉及《我爱发明》《中华医药》《健康之路》《科技苑》《致富经》和《生财有道》等栏目。观众认为优质节目资源的线上线下开发力度有待加强，纷纷来电建议加大音乐、体育、纪录片、电视剧等多种类型节目的重播力度，并希望购买到中央电视台精品节目资源的音像制品，其中健康、三农、音乐类节目的音像制品购买需求较大。

4. 开辟多渠道倾听基层观众声音

在受众服务工作方面，观众认为中央电视台能走出来倾听基层观众的声音，体现了国家媒体的一种姿态和求变求新的发展方向，非常值得赞扬。观众希望中央电视台以后更多地走近基层观众，举办更多不同形式的观众维护活动，拉近与不同年龄层观众的距离。同时加强运用新媒体手段，维护好各年龄层受众，密切中央电视台和观众之间的联系。

四、提高观众信息应用水平，助力全台宣传管理

2014 年，观众通过电话、信件、央视网、微博、观众座谈会等不同渠道和方式，向中央电视台反馈了大量信息，内容涉及文字差错、内容导向、栏目定位、嘉宾选择、主持人口误、用语不规范等节目制作的各个方面。总编室受众服务部通过《监看日报》、屏幕语言文字差错管理等中央电视台节目监管环节，作用于中央电视台节目宣传管理。

观众提供的新闻线索也为中央电视台新闻采编、节目制播提供丰富的采编资源和鲜活的节目素材。以观众来电反馈的信息为例，2014 年呼叫中心收到观众提供的新闻线索中有 799 条纳入策划部、32 个地方记者站、新闻评论部、《焦点访谈》和《新闻调查》栏目的采编工作机制，45 条被采访、15 条拍摄、9 条播出，成为中央电视台新闻采编的资源和素材。

观众对中央电视台节目提出的任何指正和意见，都代表着对中央电视台的关注和期待。对此，总编室受众服务部认真核实每一条信息，尊重观众的每一个反映和需求，及时反馈给节目部门进行改善。不仅观众主动反馈的信息受到重视，受众服务部信息管理组还通过微博、贴吧、论坛等新媒体渠道主动搜索观众意见，不忽视观众对中央电视台节目每一条有价值的评价和建议，力求通过观众的需求和意见改进节目品质，将提升观众满意度作为出发点和落脚点。

（总编室受众服务部供稿）

2014年中央电视台各频道节目最高收视率排名

CCTV–1

排名	节目名称	日期	开始时间（时：分）	结束时间（时：分）	收视率%	市场份额%
1	特别节目 2014 年春节联欢晚会	2014–01–30	20:00	0:26	6.68	15.32
2	特别节目 2014 年元宵晚会	2014–02–14	20:00	21:55	5.05	12.51
3	新闻联播	2014–01–30	19:00	19:30	4.15	11.87
4	电视剧 湄公河大案	2014–08–06	21:02	21:47	3.38	9.89
5	第 1 动画乐园	2014–12–22	18:29	18:39	3.14	11.75
6	电视剧 父母爱情	2014–02–27	21:00	21:45	3.12	8.53
7	开学第一课	2014–09–01	20:06	21:37	2.95	8.35
8	电视剧 毛泽东	2014–01–24	21:02	21:47	2.76	7.57
9	星光大道	2014–01–31	20:07	23:20	2.65	8.87
10	电视剧 铁血红安	2014–12–03	20:05	20:51	2.63	6.89
11	出彩中国人	2014–03–02	20:12	21:42	2.50	6.54
12	电视剧 马向阳下乡记	2014–10–09	20:06	20:51	2.40	6.65
13	电视剧 历史转折中的邓小平	2014–08–18	21:01	21:46	2.37	6.70
14	电视剧 我在北京挺好的	2014–05–15	21:01	21:46	2.32	6.93
15	特别节目 2014 年中秋晚会	2014–09–08	20:00	21:57	2.30	6.44
16	2014 第二届夏季青年奥林匹克运动会开幕式	2014–08–16	19:55	22:02	2.25	6.53
17	电视剧 开国元勋朱德	2014–11–07	20:05	20:51	2.23	5.63
18	焦点访谈	2014–01–31	19:41	19:56	2.19	6.00
19	吉尼斯中国之夜	2014–01–31	18:01	18:52	2.09	8.25
20	电视剧 封神英雄榜	2014–02–06	11:06	11:52	2.09	10.90

CCTV–2

排名	节目名称	日期	开始时间（时：分）	结束时间（时：分）	收视率%	市场份额%
1	电视剧 妈祖	2014–02–05	15:52	16:37	1.07	6.30
2	出彩中国人	2014–02–17	17:46	19:21	0.82	2.95
3	谢天谢地你来啦	2014–12–01	18:28	19:20	0.67	2.12
4	舌尖上的中国	2014–02–08	17:59	18:49	0.66	2.45
5	祝福 2014	20140–01–29	15:33	20:27	0.66	2.97
6	生财有道	2014–10–28	19:22	19:49	0.64	1.76
7	电视剧 闯关东	2014–02–09	16:39	17:24	0.63	3.34
8	一槌定音	2014–11–23	18:30	19:29	0.58	1.76
9	加油少年派	2014–02–20	18:30	19:20	0.57	2.05
10	特别节目 2014 年春节联欢晚会	2014–01–31	12:00	16:38	0.53	2.99
11	少年中国强	2014–11–30	19:33	20:28	0.52	1.31
12	等着我	2014–12–27	17:40	18:30	0.51	2.21
13	嗨！ 2014	2014–12–02	18:30	19:20	0.51	1.64
14	消费主张	2014–02–12	18:13	18:47	0.51	1.87
15	超级减肥王	2014–01–19	19:30	20:27	0.51	1.31
16	是真的吗	2014–12–25	18:24	19:19	0.50	1.69
17	舌尖上的中国第二季	2014–06–01	17:39	18:29	0.48	3.87

续表

排名	节目名称	日期	开始时间（时：分）	结束时间（时：分）	收视率 %	市场份额 %
18	升级到家	2014–02–12	18:50	19:29	0.47	1.38
19	财智动漫馆	2014–01–31	10:59	11:07	0.44	2.11
20	购时尚	2014–12–19	18:23	19:18	0.44	1.43

CCTV–3

排名	节目名称	日期	开始时间（时：分）	结束时间（时：分）	收视率 %	市场份额 %
1	特别节目 2014 年春节联欢晚会	2014–01–30	20:00	0:26	6.36	14.59
2	特别节目 2014 年元宵晚会	2014–02–14	20:00	21:55	3.14	7.78
3	开门大吉	2014–02–03	19:32	20:53	2.22	6.22
4	过年七天乐	2014–01–31	18:00	19:23	2.16	7.78
5	我们的中国梦 心连心艺术团慰问演出	2014–01–29	19:30	21:45	2.13	5.54
6	中国好歌曲	2014–01–10	19:35	20:56	1.95	4.98
7	回声嘹亮	2014–02–08	18:30	19:53	1.81	5.13
8	非常 6+1	2014–02–05	19:30	20:53	1.71	4.50
9	星光大道	2014–01–16	19:30	21:18	1.51	3.88
10	黄金 100 秒	2014–02–03	21:04	21:55	1.48	4.35
11	向幸福出发	2014–10–21	19:30	20:53	1.47	4.08
12	启航 2015	2014–12–31	19:30	0:07	1.42	4.93
13	CCTV 综艺盛典	2014–02–04	19:30	20:53	1.41	3.78
14	我要上春晚	2014–01–13	19:30	21:03	1.36	3.58
15	喜到福到好运到	2014–01–30	12:00	19:50	1.30	6.60
16	幸福账单	2014–09–19	19:30	20:53	1.30	3.59
17	越战越勇	2014–06–30	21:00	22:23	1.26	4.16
18	特别节目 身边好人 · 温暖中国	2014–01–02	19:30	21:22	1.24	3.39
19	开心歌迷汇	2014–12–22	19:34	20:53	1.17	3.09
20	中国正在听	2014–12–05	19:30	21:05	1.10	2.83

CCTV–4

排名	节目名称	日期	开始时间（时：分）	结束时间（时：分）	收视率 %	市场份额 %
1	中国新闻	2014–03–17	21:00	21:28	1.81	5.15
2	今日关注	2014–03–13	21:33	21:58	1.73	5.38
3	特别节目 2014 年春节联欢晚会	2014–01–30	20:00	0:26	1.69	3.87
4	海峡两岸	2014–03–17	20:31	20:57	1.54	4.03
5	中国新闻 周日 1 小时	2014–030–9	19:00	19:57	1.36	4.09
6	苏州月中华情——2014 年中央电视台中秋晚会	2014–09–08	20:00	21:57	1.16	3.25
7	关注马航失联客机特别报道	2014–03–17	19:00	19:58	1.15	3.77
8	走遍中国	2014–03–19	20:00	20:25	0.94	2.46
9	深度国际	2014–05–30	22:00	22:45	0.92	4.05
10	中国文艺	2014–11–26	18:15	18:45	0.78	2.94
11	中华情岁月如歌	2014–02–04	22:00	23:00	0.78	3.42
12	电视剧 火蓝刀锋	2014–01–21	19:15	20:00	0.77	2.14
13	流行无限	2014–08–10	22:00	22:54	0.72	3.35

续表

排名	节目名称	日期	开始时间（时：分）	结束时间（时：分）	收视率 %	市场份额 %
14	电视剧 我是特种兵	2014–04–11	19:15	20:00	0.71	2.20
15	远方的家	2014–03–19	18:18	19:00	0.66	3.04
16	电视剧 我是特种兵二利刃出鞘	2014–12–13	19:15	20:00	0.66	1.78
17	直通 APEC CHINA2014 特别报道	2014–11–10	17:00	22:02	0.66	2.24
18	中国文艺周末版	2014–01–12	18:15	18:57	0.64	2.27
19	特别节目 庆祝澳门回归祖国十五周年文艺晚会	2014–12–19	19:57	21:03	0.64	1.61
20	体育在线	2014–05–08	22:01	22:44	0.63	3.33

CCTV–5

排名	节目名称	日期	开始时间（时：分）	结束时间（时：分）	收视率 %	市场份额 %
1	2014 年仁川亚运会男子 4×100 米混合接力决赛	2014–09–26	19:31	19:44	1.82	5.42
2	2014 年仁川亚运会男子 1500 米自由泳颁奖仪式	2014–09–26	19:23	19:30	1.74	5.53
3	直播周末	2014–01–25	18:19	18:48	1.71	7.05
4	2014 年仁川亚运会男子 400 米自由泳决赛	2014–09–23	19:15	19:28	1.68	5.42
5	2014 年仁川亚运会女子 4×400 米接力决赛	2014–10–02	20:59	21:08	1.67	4.72
6	我爱世界杯：2014 年巴西世界杯决赛	2014–07–14	2:48	5:36	1.64	52.94
7	2014 年仁川亚运会男子 4×100 米接力决赛	2014–10–02	20:11	20:20	1.63	4.59
8	2014 年南京青奥会女子 48 公斤级举重颁奖仪式	2014–08–17	20:35	20:39	1.60	4.29
9	2014 年仁川亚运会体操男子吊环决赛	2014–09–24	21:17	21:22	1.58	4.79
10	2014 年仁川亚运会男子标枪决赛	2014–10–02	20:21	20:46	1.55	4.28
11	2014 年仁川亚运会男子 4×400 米接力决赛	2014–10–02	20:46	20:56	1.54	4.28
12	2014 年仁川亚运会女子 800 米自由泳颁奖仪式	2014–09–25	19:10	19:16	1.54	5.57
13	2014 年仁川亚运会女子 100 米仰泳颁奖仪式	2014–09–24	19:43	19:47	1.54	4.62
14	2014 年仁川亚运会男子 4×100 米自由泳接力决赛	2014–09–24	19:31	19:41	1.54	4.76
15	2014 年仁川亚运会女子跳高决赛	2014–10–02	20:09	20:11	1.51	4.29
16	2014 年仁川亚运会田径比赛	2014–09–30	18:29	18:30	1.49	7.66
17	2014 年仁川亚运会男子三级跳远决赛	2014–10–02	20:56	20:59	1.46	4.07
18	2014 年仁川亚运会女子 100 米蝶泳决赛	2014–09–23	19:00	19:15	1.44	5.12
19	2014 年仁川亚运会女子 400 米个人混合泳颁奖仪式	2014–09–23	18:52	18:59	1.43	5.62
20	2014 年仁川亚运会男子 400 米个人混合泳预赛	2014–09–24	18:57	19:07	1.40	5.58

CCTV–6

排名	节目名称	日期	开始时间（时：分）	结束时间（时：分）	收视率 %	市场份额 %
1	举起手来	2014–12–09	18:28	20:03	2.71	8.00
2	警察故事 2013	2014–01–31	19:00	20:54	2.57	7.15
3	少林寺	2014–11–14	18:18	20:03	2.54	7.57
4	举起手来之二 追击阿多丸	2014–06–21	20:13	21:54	2.28	6.52
5	犬王	2014–12–14	18:30	20:02	2.22	6.46
6	黄飞鸿之三狮王争霸	2014–11–15	17:50	20:04	2.21	7.07
7	小醉拳	2014–11–13	18:26	20:04	2.17	6.48
8	好命先生	2014–12–23	18:51	20:25	2.16	6.17
9	极限救援	2014–12–20	18:23	20:00	2.16	6.46
10	冰封重生之门	2014–12–27	18:30	20:03	2.15	6.17
11	特殊身份	2014–02–08	19:00	20:40	2.10	5.35
12	绝密行动	2014–12–16	18:24	20:01	2.08	6.22
13	捕蛇少年	2014–10–23	18:25	20:01	2.08	6.86
14	铁血娇娃	2014–02–05	19:00	20:42	2.07	5.65
15	人在　途	2014–11–12	18:31	20:04	2.07	5.97
16	十二生肖	2014–02–07	19:00	21:03	2.07	5.33
17	打渔杀家	2014–11–25	18:20	20:05	2.03	6.12
18	太极一 从零开始	2014–12–26	18:24	20:03	2.01	5.88
19	倚天屠龙记之魔教教主	2014–06–20	20:15	22:00	2.00	5.75
20	烈火金刚	2014–06–28	20:15	21:46	1.99	5.86

CCTV–7

排名	节目名称	日期	开始时间（时：分）	结束时间（时：分）	收视率 %	市场份额 %
1	特别节目 2014 年春节联欢晚会	2014–01–30	20:00	0:26	1.58	3.62
2	我们的端午之乐在乡村	2014–06–01	21:21	22:28	0.74	2.64
3	乡村大世界	2014–11–29	18:05	19:29	0.69	2.21
4	第 1 动画乐园	2014–08–09	12:21	12:30	0.69	4.35
5	特别节目 牛人大拜年	2014–02–01	21:17	22:31	0.68	2.30
6	特别节目 过年了——农民新春联欢会	2014–01–30	18:05	19:28	0.65	2.21
7	每日农经	2014–06–16	21:47	22:06	0.64	2.34
8	伟大的抗美援朝	2014–07–27	20:00	20:57	0.63	2.02
9	美丽乡村快乐行	2014–12–31	21:21	22:06	0.61	1.79
10	特别节目 东西南北乐中秋	2014–09–08	21:17	22:31	0.57	1.94
11	军事纪实	2014–04–01	20:02	20:26	0.55	1.51
12	动物世界	2014–03–18	20:35	21:05	0.53	1.40
13	防务新观察	2014–05–25	20:02	20:26	0.51	1.56
14	科技苑	2014–11–07	18:30	19:00	0.50	1.59
15	第六届新农村电视艺术节农村题材曲艺小品展演	2014–11–22	18:05	19:29	0.50	1.61
16	特别节目 全国农民工春节大联欢：回家过年	2014–02–13	18:05	19:23	0.50	1.76
17	军事报道	2014–02–01	19:32	19:54	0.48	1.47
18	新农民才艺风采大赛	2014–02–04	21:17	22:31	0.48	1.59

续表

排名	节目名称	日期	开始时间（时：分）	结束时间（时：分）	收视率 %	市场份额 %
19	美丽中国乡村行	2014–09–29	21:17	22:31	0.47	1.79
20	我是一个兵	2014–08–01	20:00	21:30	0.45	1.38

CCTV–8

排名	节目名称	日期	开始时间（时：分）	结束时间（时：分）	收视率 %	市场份额 %
1	左手亲情右手爱	2014–05–11	20:53	21:38	2.93	8.46
2	养父的花样年华	2014–11–06	20:53	21:38	2.54	7.28
3	长沙保卫战	2014–12–23	20:53	21:38	2.48	7.51
4	地火	2014–07–13	21:44	22:30	2.32	8.46
5	野鸭子二	2014–04–23	20:53	21:38	2.27	6.59
6	大漠苍狼	2014–12–28	19:56	20:41	2.17	5.59
7	我的故乡晋察冀	2014–10–17	19:56	20:41	2.11	5.51
8	养女	20140–4–16	20:53	21:38	2.11	6.10
9	雪鹰	2014–12–15	19:00	19:45	2.05	5.77
10	美丽谎言	2014–05–03	20:53	21:38	2.03	5.85
11	女人心	2014–11–21	17:55	18:41	1.82	7.63
12	爱的保镖	2014–09–22	19:56	20:41	1.74	4.84
13	亲爱的	2014–06–09	21:44	22:30	1.73	7.18
14	天赐我爱	2014–01–13	17:47	18:38	1.70	7.83
15	舞乐传奇	2014–01–13	20:21	21:07	1.69	4.43
16	战将	2014–10–04	19:56	20:41	1.67	4.55
17	九死一生	2014–07–03	21:44	22:30	1.63	6.14
18	亲情保卫战	2014–04–07	20:53	21:38	1.52	4.36
19	兵出潼关	2014–12–05	20:53	21:38	1.52	4.24
20	边城	2014–06–26	21:44	22:30	1.47	5.60

CCTV–9

排名	节目名称	日期	开始时间（时：分）	结束时间（时：分）	收视率 %	市场份额 %
1	舌尖上的中国第二季	2014–05–23	22:00	22:56	0.48	2.21
2	大猫传奇	2014–02–06	18:00	18:51	0.39	1.48
3	狮群杀戮时刻	2014–03–07	17:59	18:51	0.38	1.67
4	南美五猛兽	2014–10–28	18:00	18:52	0.36	1.52
5	成为男人	2014–05–29	21:00	21:54	0.36	1.11
6	虎王归来	2014–03–12	18:00	18:51	0.36	1.72
7	超鱼	2014–12–11	18:00	18:53	0.34	1.32
8	水牛勇士	2014–03–08	18:00	18:52	0.34	1.66
9	猿人星球	2014–02–16	18:00	18:52	0.34	1.26
10	动物之爱	2014–01–19	18:00	18:51	0.33	1.38
11	猎豹生死兄弟	2014–01–21	19:00	19:54	0.33	0.95
12	动物生存秘籍	2014–10–16	18:00	18:51	0.33	1.57
13	大迁徙 角马群里的间谍	2014–12–27	16:30	17:22	0.32	2.33
14	河马生存战	2014–03–06	18:00	18:51	0.31	1.49
15	舌尖上的中国	2014–02–06	18:59	19:54	0.31	0.86

续表

排名	节目名称	日期	开始时间（时：分）	结束时间（时：分）	收视率 %	市场份额 %
16	狮子大战猎豹	2014–03–09	18:00	18:50	0.30	1.49
17	黑暗中的自然界	2014–01–24	18:59	19:54	0.30	0.90
18	草原上的未解谜团	2014–06–07	20:59	21:54	0.30	0.88
19	草原植物的微观世界	2014–02–09	18:00	18:52	0.30	1.10
20	漓江渔火	2014–12–30	20:00	20:54	0.28	0.75

CCTV–10

排名	节目名称	日期	开始时间（时：分）	结束时间（时：分）	收视率 %	市场份额 %
1	我爱发明	2014–11–28	18:53	19:49	0.88	2.45
2	自然传奇	2014–10–25	19:51	20:32	0.81	2.19
3	文明密码	2014–11–24	18:53	19:49	0.74	2.07
4	原来如此	2014–12–21	18:53	19:49	0.70	1.98
5	大真探	2014–08–17	20:59	21:55	0.59	1.72
6	地理中国	2014–11–07	17:43	18:10	0.55	2.68
7	不速之客	2014–06–30	20:59	21:55	0.50	1.51
8	天赐博湖	2014–05–29	20:59	21:55	0.47	1.44
9	走近科学	2014–09–16	20:38	21:04	0.45	1.19
10	悬空村	2014–06–25	20:59	21:55	0.44	1.30
11	真相	2014–01–13	20:59	21:55	0.44	1.31
12	无限极健康之路	2014–11–24	18:11	18:52	0.43	1.58
13	寻找巨型五步蛇	2014–10–30	21:03	21:58	0.41	1.32
14	绝技大揭秘	2014–06–05	20:59	21:55	0.38	1.19
15	味道	2014–06–12	20:59	21:55	0.38	1.15
16	探索·发现	2014–08–10	21:59	22:41	0.37	1.59
17	太行寻奇	2014–06–26	20:59	21:55	0.36	1.08
18	发明梦工场	2014–11–21	19:52	21:06	0.36	0.94
19	秦公大墓	2014–05–22	20:59	21:55	0.35	1.11
20	冬虫夏草的秘密	2014–11–03	21:03	21:58	0.34	1.11

CCTV–11

排名	节目名称	日期	开始时间（时：分）	结束时间（时：分）	收视率 %	市场份额 %
1	一路欢笑——优秀曲艺作品展播	2014–11–24	18:06	19:10	0.77	2.69
2	电视剧 西游记	2014–01–29	21:50	22:37	0.74	2.41
3	电视剧 穆桂英挂帅	2014–02–16	12:09	12:55	0.71	3.99
4	电视剧 康熙王朝	2014–08–17	22:28	23:15	0.47	3.02
5	电视剧 妈祖	2014–06–22	12:26	13:12	0.47	3.12
6	电视剧 欢天喜地七仙女	2014–10–12	12:57	13:42	0.45	3.53
7	电视剧 薛平贵与王宝钏	2014–12–08	22:39	23:25	0.44	4.22
8	电视剧 神医喜来乐	2014–09–28	12:58	13:45	0.41	3.52
9	电视剧 雍正王朝	2014–09–03	22:42	23:27	0.40	3.61
10	电视剧 隋唐英雄	2014–05–11	12:12	12:58	0.39	2.42
11	电影 刘三姐	2014–02–09	20:27	22:19	0.39	1.06
12	电视剧 宝莲灯	2014–07–05	13:32	14:17	0.38	2.88

续表

排名	节目名称	日期	开始时间（时：分）	结束时间（时：分）	收视率 %	市场份额 %
13	电视剧 大宅门	2014–06–12	11:49	12:36	0.35	2.88
14	CCTV 空中剧院	2014–12–24	19:20	21:52	0.34	0.98
15	戏曲影视剧场	2014–03–30	19:20	21:25	0.32	0.87
16	东西南北贺新春	2014–02–10	19:20	22:12	0.31	0.82
17	马到成功 一路欢笑过大年	2014–02–06	13:34	16:11	0.31	1.79
18	电影 杨三姐告状	2014–06–27	20:29	22:14	0.30	0.89
19	特别节目 2014 春节戏曲晚会	2014–02–02	19:20	22:36	0.29	0.92
20	九州大戏台	2014–01–07	19:20	21:34	0.29	0.78

CCTV–12

排名	节目名称	日期	开始时间（时：分）	结束时间（时：分）	收视率 %	市场份额 %
1	普法栏目剧	2014–01–07	18:01	18:51	1.13	4.24
2	法律讲堂生活版	2014–02–28	18:55	19:22	1.02	3.11
3	一线	2014–02–15	19:24	20:04	0.79	2.09
4	天网	2014–01–22	20:07	20:47	0.78	1.96
5	忏悔录	2014–01–19	20:07	20:47	0.65	1.62
6	庭审现场	2014–01–18	20:07	20:47	0.62	1.58
7	道德观察	2014–09–25	21:41	21:59	0.59	2.15
8	夜线	2014–06–10	22:00	22:40	0.42	2.05
9	2013 情感热点秀	2014–02–10	22:00	22:40	0.41	1.64
10	平安 365	2014–07–11	11:39	11:59	0.39	3.04
11	大案终结者	2014–02–14	20:07	20:47	0.38	0.93
12	小区大事	2014–01–18	22:00	22:40	0.37	1.54
13	我建议	2014–03–07	19:24	19:41	0.35	0.98
14	特别节目 CCTV2014 年度法治人物颁奖礼	2014–11–28	20:48	20:49	0.35	0.90
15	心理访谈	2014–12–19	22:00	22:40	0.32	1.37
16	热线 12	2014–10–26	11:59	12:39	0.30	2.43
17	依法治国改革举措百讲	2014–12–09	19:59	20:04	0.29	0.75
18	大侦探密室玄机系列	2014–05–04	18:01	18:51	0.28	1.57
19	禁毒之战 2014	2014–06–26	20:07	21:37	0.26	0.78
20	见证	2014–06–08	22:00	22:40	0.26	1.17

CCTV–13

排名	节目名称	日期	开始时间（时：分）	结束时间（时：分）	收视率 %	市场份额 %
1	新闻联播	2014–11–12	19:00	19:45	1.93	5.42
2	东方时空	2014–03–10	20:00	20:55	1.77	4.58
3	国际时讯	2014–03–24	21:57	22:26	1.50	7.08
4	新闻直播间	2014–03–15	21:30	22:55	1.48	5.79
5	共同关注	2014–03–20	18:00	18:55	1.38	7.02
6	环球视线	2014–03–24	22:26	22:57	1.38	9.45
7	焦点访谈	2014–03–16	19:40	19:55	1.26	3.59
8	聚焦 APEC	2014–11–10	19:46	22:03	1.25	3.53

续表

排名	节目名称	日期	开始时间（时：分）	结束时间（时：分）	收视率 %	市场份额 %
9	面对面	2014–03–16	21:30	22:14	1.24	4.46
10	2014 第二届夏季青奥会开幕式	2014–08–16	19:52	22:10	1.23	3.63
11	特别节目 2014 一年又一年	2014–01–30	19:47	20:57	1.16	2.54
12	世界周刊	2014–03–16	22:15	22:59	1.14	6.84
13	李克强总理会见中外记者并回答提问	2014–03–13	19:40	20:30	1.11	2.92
14	新闻 30 分	2014–03–16	12:00	12:30	1.07	8.24
15	特别节目 从雁栖湖到太平洋——习近平主席大洋洲之行综述	2014–12–15	19:40	20:25	1.03	2.68
16	一场别开生面的座谈会——习近平总书记主持召开文艺工作座谈会侧记	2014–10–16	19:40	19:58	0.98	2.68
17	特别节目“一带一路”千年的时空穿越	2014–09–30	20:02	20:44	0.91	2.43
18	特别关注	2014–03–07	18:00	18:55	0.88	3.82
19	新闻周刊	2014–03–08	22:15	23:00	0.85	4.23
20	马航客机失联特别报道	2014–03–20	12:30	13:56	0.84	7.56

CCTV–14

排名	节目名称	日期	开始时间（时：分）	结束时间（时：分）	收视率 %	市场份额 %
1	熊出没之环球大冒险	2014–01–16	19:24	19:34	3.50	9.65
2	熊出没年货	2014–01–30	19:03	19:58	3.47	9.18
3	特别节目 2014 春节联欢晚会	2014–01–30	20:00	0:26	3.40	7.81
4	新大头儿子和小头爸爸	2014–02–07	19:19	19:28	3.17	8.70
5	葫芦小金刚	2014–02–12	19:18	19:37	2.77	7.40
6	猪猪侠变身小英雄	2014–11–09	19:17	19:30	2.49	6.84
7	光明的救赎	2014–10–26	18:42	18:53	2.47	8.83
8	黑猫警长	2014–02–09	19:19	19:33	2.44	6.44
9	神兵小将	2014–12–21	19:24	19:45	2.41	6.46
10	奇思妙想喜羊羊	2014–01–18	18:40	18:52	2.38	8.55
11	神奇阿呦	2014–02–17	19:14	19:25	2.28	6.23
12	过年啦	2014–02–06	20:00	20:02	2.25	5.69
13	洛克王国大冒险	2014–11–29	19:24	19:34	2.25	6.05
14	赛尔号之圣者逆袭	2014–10–12	18:42	18:53	2.16	7.86
15	阿 U	2014–08–25	21:04	21:09	2.02	5.55
16	快乐新一年	2014–02–04	19:00	19:58	1.74	5.15
17	飞越五千年	2014–10–15	19:15	19:25	1.66	5.15
18	奇妙小镇	2014–11–07	19:43	19:55	1.64	4.14
19	疯狂小糖	2014–04–25	20:09	20:19	1.62	4.33
20	笑林功夫	2014–11–14	20:09	20:19	1.60	4.08

CCTV–15

排名	节目名称	日期	开始时间（时：分）	结束时间（时：分）	收视率 %	市场份额 %
1	追梦巨星耀北京——邓丽君 60 周年纪念演唱会	2014–12–18	19:30	21:08	0.57	1.50

续表

排名	节目名称	日期	开始时间（时：分）	结束时间（时：分）	收视率%	市场份额%
2	中国音乐电视	2014–01–05	20:42	22:08	0.49	1.53
3	中国好歌曲	2014–11–09	18:20	18:49	0.37	1.31
4	影视留声机	2014–1–17	20:42	23:22	0.37	1.37
5	音乐盛典	2014–11–18	18:55	19:24	0.36	1.08
6	舞出我人生	2014–11–09	18:55	19:24	0.34	1.00
7	全球中文音乐榜上榜	2014–11–30	18:20	18:49	0.34	1.14
8	民歌中国	2014–01–30	16:22	17:55	0.34	1.92
9	梦想星搭档	2014–01–31	8:10	11:44	0.31	1.56
10	为爱而歌为公益而唱	2014–12–31	18:11	19:54	0.31	0.95
11	刘三姐	2014–01–29	20:42	22:06	0.28	0.73
12	乐进新年30小时跨年联播	2014–12–09	21:15	22:53	0.27	1.21
13	精彩音乐汇	2014–07–09	21:15	22:51	0.26	0.95
14	今乐坛	2014–10–08	21:15	22:54	0.25	1.10
15	韩国歌谣大战	2014–12–15	21:15	22:53	0.24	1.05
16	十大作曲家声乐作品音乐会	2014–01–27	20:42	22:21	0.22	0.64
17	光荣绽放2014唱会	2014–11–03	18:00	18:14	0.21	1.09
18	凤凰浴火我是传奇	2014–06–25	21:15	22:50	0.20	0.77
19	CCTV音乐厅	2014–12–31	18:00	18:09	0.20	0.97
20	中韩歌会	2014–06–05	21:47	22:08	0.19	0.74

（总编室市场评估部供稿）

2014年中央电视台新媒体发展年报

一、CNTV 桌面PC端发展概况

1.2014年CNTV PC端总体访问量同比提升12%

2014年CNTV PC端平均月度独立用户数为5.06亿人，比2013年增长12.44%，总量继续保持增长，但增长速度有所放缓（见图1）。

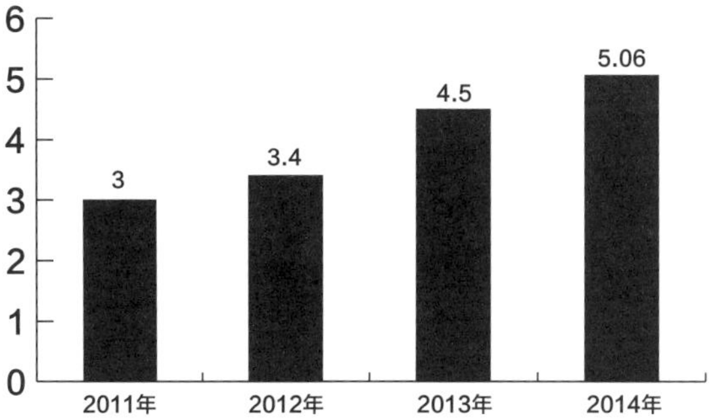

图1 CNTV PC端年度总体访问量变化

2. 中央电视台开路频道在CNTV PC端直播收视全年整体好于2013年，体育赛事对网络直播收视的提升作用显著

中央电视台开路频道在CNTV PC端的平均直播访问量约为2013年的2.3倍，5月份因欧冠比赛及NBA赛事，6月份因“世界杯”赛事独播，CNTV的网络直播收视出现大幅提升，6月份直播访问量甚至达到4.4亿次，成为全年峰值，为全年平均水平的两倍以上，为2013年峰值的4倍（见图2）。

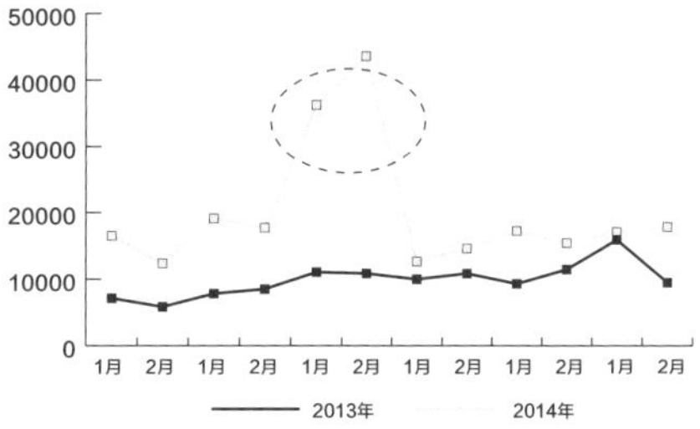

图2 开路频道在CNTV平台直播访问量月度走势（万次）

3. 中央电视台所有开路频道在 CNTV PC 端直播收视都比 2013 年有不同程度提升

体育、新闻、综合频道的直播收视情况位居前三甲，月均直播点击次数分别达到 7417 万次、3007 万次和 2610 万次，3 个频道的增长都超出了 1000 万次以上。除上述 3 个频道外，还有 CCTV–3、4 两个频道的月均直播点击次数在 2014 年首次突破千万量级大关，CCTV–9、CCTV–10、CCTV–11、CCTV–12、CCTV– 少儿、CCTV– 音乐等 6 个频道的月均直播点击次数也首次突破了百万次。其中，音乐频道、外语频道、CCTV–4（欧美）3 个频道的年度增长幅度超过 85%（见表 1）。

表1 开路频道直播流在CNTV平台的月均点击次数（万次）

频道	2014年	2014年	变化幅度(%)
CCTV–1 综合频道	2610	1276	51.11
CCTV–2 财经频道	585	359	38.63
CCTV–3 综艺频道	1026	683	33.44
CCTV–4 中文国际频道	1042	650	37.62
CCTV–5 体育频道	7417	3959	46.62
CCTV–6 电影频道	810	439	45.80
CCTV–7 军事农业频道	302	238	21.11
CCTV–8 电视剧频道	322	116	63.98
CCTV–9 纪录频道	267	88	67.09
CCTV–10 科教频道	341	147	56.93
CCTV–11 戏曲频道	138	30	78.25
CCTV–12 社会与法频道	299	88	70.58
CCTV–13 新闻频道	3007	1978	34.21
CCTV–14 少儿频道	126	67	46.67
CCTV–15 音乐频道	254	37	85.43
CCTV–NEWS	52	26	50.18
CCTV– 外语（西法阿俄）	58	5	91.39
CCTV–4（欧美）	247	24	90.29
CCTV 体育赛事	1078	210	30.43

4.《中国好歌曲》等四档节目月均点播收视时间突破百万小时量级，热门季播节目在网络端的点播收视较为突出

从中央电视台节目在 CNTV PC 端的点播收视来看，月均点播收视时间突破百万小时的有《中国好歌曲》《星光大道》《今日说法》《小小智慧树》四档，具体数值依次为 185 万、144 万、135 万、101 万小时。其中《中国好歌曲》以较为显著的优势位居榜首。从上述几档节目的点播收视月度走势可以看出，与《星光大道》等常态栏目不同，《中国好歌曲》在播出期间，其网络收视呈现爆炸性增长，远超出常态栏目的平均水平（见图 3）。

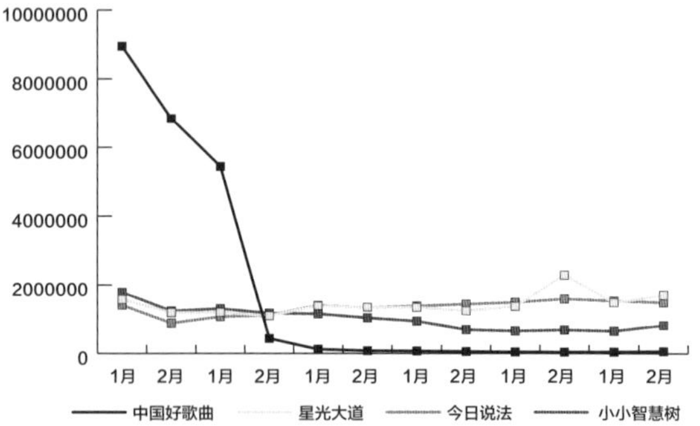

图3 几档重点节目的网络点播收视月均走势（万小时）

在点播时间收视前 20 名的榜单中，《舌尖上的中国 2》成为另外一档新入榜节目，排名第 16（见表 2）。

表2 CNTV平台月均点播收视前20名（万小时）

排名	名称	2014 年	2013 年	变化幅度
1	中国好歌曲	185.0	未播出	–
2	星光大道	144.1	133.2	8.2
3	今日说法	135.1	93.2	44.9
4	小小智慧树	101.1	117.7	–14.1
5	百家讲坛	89.9	77.4	16.2
6	普法栏目剧	77.2	71.6	7.8
7	健康之路	44.9	40.2	11.6
8	致富经	36.0	38.5	–6.6
9	一线	33.2	20.8	59.2
10	天网	32.7	11.7	179.9
11	寻宝	28.7	29.6	–3.1
12	天下足球	25.1	25.5	–1.8
13	我爱发明	25.0	16.4	52.4
14	智慧树	23.1	31.3	–26.0
15	今日关注	21.0	12.7	65.0
16	舌尖上的中国 2	18.0	未播出	–
17	乡土	16.5	21.9	–24.8
18	远方的家	15.3	22.6	–32.3
19	谢天谢地你来啦	14.8	25.4	–41.5
20	自然传奇	13.5	9.4	44.6

二、APP类型更趋多样化，独家重大资源是带动播出类APP迅猛发展的重要因素

1. 中央电视台 APP 总量达 37 个，CNTV 是开发运营的主体力量，频道自主性力量初现

2014 年，中央电视台 APP 产品规模上保持了较快的发展态势，至年底已经有 37 个 APP 产品，其中服务台级层面的有 3 个、频道（中心）级的有 10 个，栏目级的有 16 个，CNTV 自制内容有 7 个、台内技术部门有 1 个。其中，CNTV 开发运营的有 25 个，主打产品有 4 个，分别为央视影音、央视新闻、央视悦动、央视体育；APP 布局有所优化，栏目级 APP 逐渐关停下线、停止更新运营；由各频道自主或外包开发的频道级 APP 逐渐增加，目前已经有 CCTV5、第 5 频道、央视戏曲、唱戏吧、央视音乐、CCTV–NEWS 等 6 个（见表 3）。

表3 中央电视台APP总体布局情况

服务层级	数量	名单
台级	3	央视影音、央视悦动、央视微视
频道(中心)级	10	央视新闻、央视体育、CCTV5、第 5 频道、央视体育 vip、央视戏曲、唱戏吧、CCTV–news、央视音乐、CCTVNEWS
栏目级	16	CNTV 新闻联播、CNTV– 焦点访谈、青歌赛、CNTV– 健康之路、CNTV– 小小智慧树、CNTV– 中华医药、百家讲坛、探索发现、天天饮食、谢天谢地你来啦、星光大道、5 要赢、我爱发明、等着我、乐动指尖 – 青歌赛官方游戏、开门大吉
CNTV 自制内容	7	我爱非洲、iPandaCam、央视网微拍客、央视微博、直播大全、@CHINA、CNTV 拍客
台内技术部门	1	CCTV–reporter
总计	37	

2. 中央电视台 APP 产品累计下载量突破亿次，“央视影音”“央视新闻”表现突出

中央电视台 37 个 APP 产品累计下载量达到 1.33 亿次（除 CNTV 主打客户端外，其他 APP 数据均来自安卓平台 8 大主流应用市场公开数据），相对年中（7 月底）增长了 25%。其中“央视影音”移动客户端累计下载量 8914 万次，是 2013 年年底（4000 万）累计下载量的 2.22 倍，“央视新闻”移动客户端累计下载量 2420 万次，是 2013 年年底（1300 万）累计下载量的 1.86 倍，“央视体育”移动客户端累计下载量 573 万次，是 2013 年年底（200 万）累计下载量的 2.87 倍。

在安卓平台，“央视影音”（安卓平台 3642 万）、“央视新闻”（安卓平台 1948 万）在电视台非游戏类 APP 中位列二、三，排在芒果 TV 之后（安卓平台 4919 万）。“央视新闻”在传统媒体机构运营的新闻类 APP 中位列第一，“人民日报”、“新华社发布”安卓平台累计下载量分别为 1068 万、780 万（见图 4）。

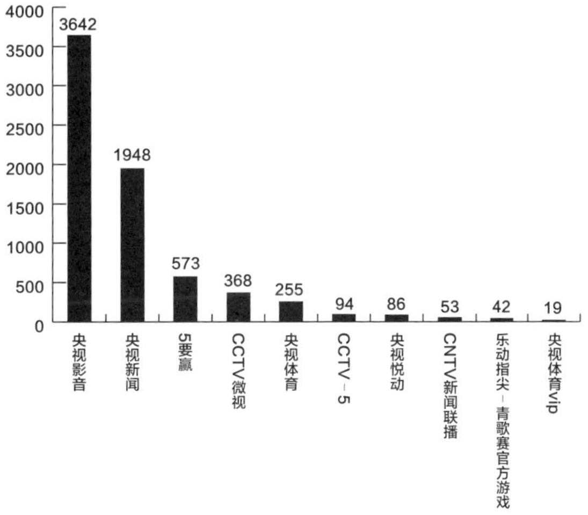

图4 中央电视台APP安卓平台累积下载量前10名（万次）

独家优势资源对“央视影音”的发展起到较为主要的作用。在 2014 年巴西世界杯期间，中央电视台采用了 CNTV 网络独播的策略，“央视影音”的日均活跃用户规模达到 130 万，比开赛前增长 163%，日均启动次数达到 308 万次，比开赛前增长 190%（见图 5）。

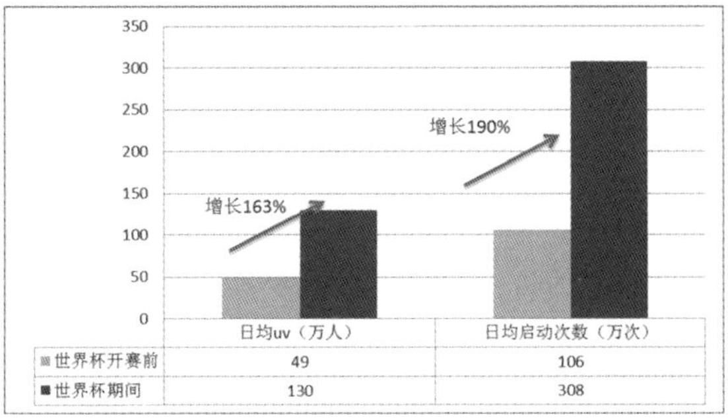

图5 世界杯期间“央视影音”客户端主要运营数据

三、中央电视台官方微博发展概况

1.2014 年，中央电视台在新浪微博中共有 301 个官方微博账号，累计粉丝量超 1 亿

2014 年，中央电视台在新浪微博中共有 301 个官方微博账号，其中，台级 6 个，频道级 15 个，栏目级 278 个（包括常规栏目 202 个，特别节目 76 个），其他 2 个。2014 年末累计粉丝数量达到 1.3 亿，其中“央视新闻”和“CCTV 音乐”两个账号的粉丝数量均突破千万，分别达到 2683 万和 1044 万，是全国电视行业仅有的两个粉丝量超千万的官博账号。另外，CCTV–2 财经的“央视财经”、大型节目中心的“央视文艺”、CCTV–8 电视剧频道的“CCTV 电视剧”、CCTV–5 体育频道的“CCTV5”的粉丝量也都超 500 万（见图 6）。

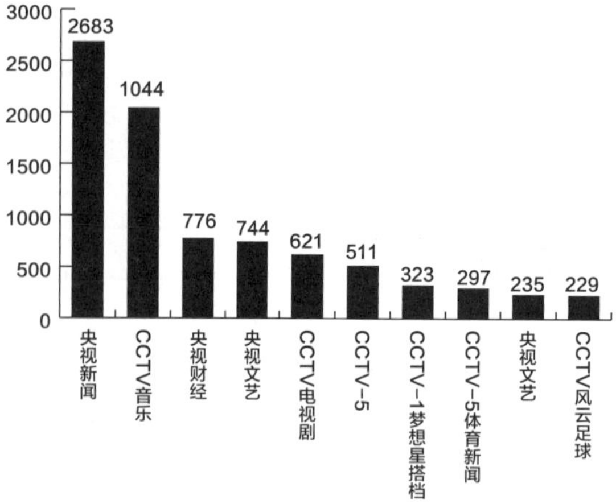

图6 中央电视台新浪微博分量前10名官方帐号（万人）

2. 从全国上星频道官博排名来看，中央电视台新闻、音乐、财经频道包揽前 3 位

2014 年全国上星频道官方微博粉丝量前 10 位排名中，中央电视台占据 5 席，并且首次包揽了前 3 位。“央视新闻”和“CCTV 音乐”以较大优势稳居前 2 位。“央视财经”的粉丝量 776 万，超越山东卫视，越居全国第 3 位。“CCTV 电视剧”的官博粉丝量也达 600 万以上，位居全国第 7 位，中央电视台进入前 20 的官博还有“CCTV5”，粉丝量超过 500 万，位居全国第 9 位。全国排名 11–20 的官博主要被省级上星频道的官博占据，中央电视台“央视综艺”排在第 18 位（见表 4）。

续表

表4 全国上星频道官博粉丝量前20排名

频道	官博粉丝量（万人）	上星频道官博粉丝量排名
CCTV–13 新闻	2682.74	1
CCTV–15 音乐	1043.53	2
CCTV–2 财经	775.62	3
山东卫视	770.1	4
湖南卫视	757.32	5
凤凰卫视	707.39	6
CCTV–8 电视剧	621.20	7
安徽卫视	535.4	8
CCTV–5 体育	510.99	9
浙江卫视	460.84	10
北京卫视	438.85	11
江苏卫视	421.79	12
四川卫视	366.85	13
广东卫视	365.23	14
上海东方卫视	363.94	15
辽宁卫视	290.75	16
深圳卫视	269.29	17
CCTV–3 综艺	234.96	18
山西卫视	212	19
江西卫视	186.13	20

3.2014 年，中央电视台共有 11 个官博粉丝增长量超过百万

2014 年，中央电视台共有 11 个官博粉丝增长量超过百万。“央视新闻”粉丝量较 2013 年同期增长 1510 万，增幅达 128%。“CCTV 音乐”粉丝量较 2013 年同期增长 730 万，增幅达 232%。“CCTV 等着我”、“CCTV–2 超级减肥王”以及“出彩中国人”等近一年内开通的官博，粉丝增长量也均超过 100 万（见图 7）。

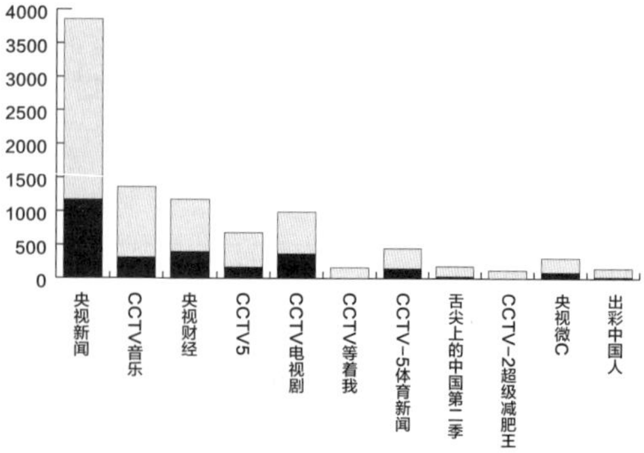

图7 中央电视台粉丝增量过百万官方微博（万人）

4.2014年中央电视台官博日均发博数达586条，发博量前3位的官博日均发博量占全台日均发博量的四分之一

2014年中央电视台官博日均发博量总计为586条，日均发博量超过10条的官博有9个，其中，“央视新闻”日均发博量为61条，单天最高发博107条；“CCTV5”日均发博量为57条；“央视财经”的日均发博量为27条。发博量前3位的官博日均发博量占全台日均发博量的四分之一，而超过三分之一的官博日均发博量不足1条（见图8）。

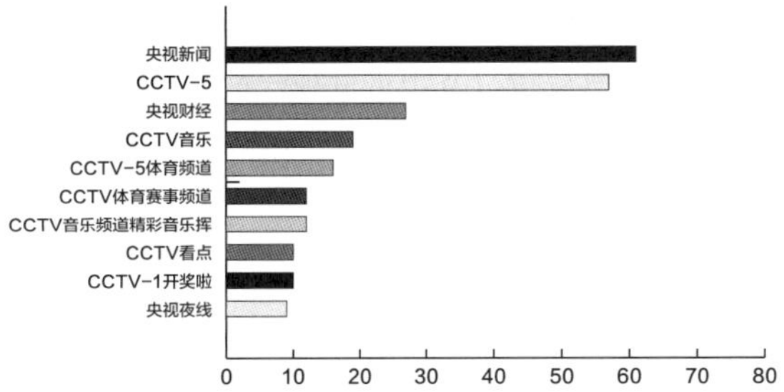

图8 中央电视台日均发微博数量前10位的官方微博

四、中央电视台微信公众账号发展概况

1. 中央电视台共计147个微信公众账号，累计订阅数达972万

截至2014年12月底，中央电视台各中心频道共推出147个微信公众账号，累计订阅数达972万，其中新闻频道所属账号累计订阅数最多，达303万；财经频道及体育频道分别位列二三位，分别在200万、100万以上；音乐频道排名第四位，近80万（见表5）。

表5 各频道（中心）微信公众账号粉丝订阅数排名

排名	频道（中心）	订阅数
1	CCTV-13新闻	3033232
2	CCTV-2财经	2052695
3	CCTV-5体育	1105491
4	CCTV-15音乐	797821
5	CCTV-1综合	588436
6	大型活动中心	530000

续表

排名	频道（中心）	订阅数
7	CCTV-3综艺	357616
8	CCTV-10科教	237262
9	CCTV-4中文国际	230144
10	央视网	218067
11	CCTV-7军事农业	145097
12	总编室	125108
13	CCTV-9纪录	105500
14	CCTV-12社会与法	62461
15	CCTV-8电视剧	49510
16	CCTV-14少儿	45000
17	央视广告经营管理中心	18893
18	外语频道	10359
19	CCTV-6电影	6892
20	CCTV-11戏曲	204
	总计	9719788

2. 从订阅数和阅读量来看，“央视新闻”遥遥领先

从中央电视台微信公众账号订阅数TOP10来看，新闻频道的“央视新闻”订阅数遥遥领先，达245万；财经频道“CCTV3 · 15晚会”排名第2位，订阅数近80万，体育频道“CCTV5”以及音乐频道“CCTV音乐”分列3、4位，订阅数也均在70万以上（见表6）。

表6 中央电视台微信公众账号粉丝订阅数前10位排名

排名	微信账号	订阅数
1	央视新闻	2453000
2	CCTV3 · 15晚会	786654
3	CCTV5	743850
4	CCTV 音乐	714329
5	央视财经	651789
6	央视文艺	530000
7	央视新闻周刊－岩松说	310000
8	央视财经评论	300000
9	CCTV5体育新闻	251127
10	CCTV 焦点访谈	200000

总体来看，中央电视台官方微信公众账号日均阅读量为104万次；其中日均阅读量过10万次的有“央视新闻”和“央视财经”，分别达到80万次和12万次。2014年11月份最新的新媒体排行榜中，中央电视台“央视新闻”以绝对优势位列中国微信500强榜首(见图9)。

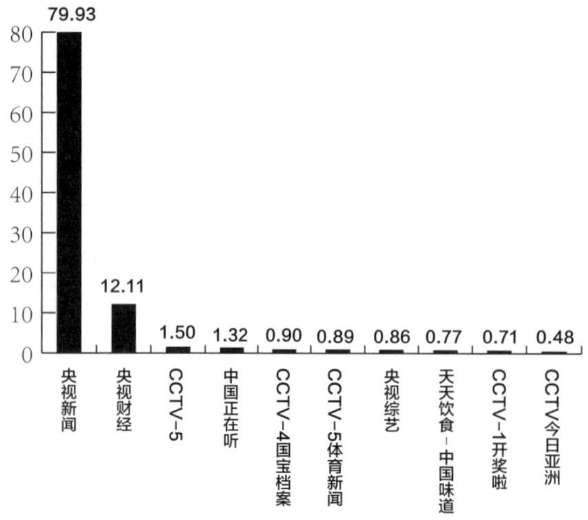

图9 中央电视台微信官方公众号日均阅读总量前10位的账号（万次）

3. 在上星频道所办频道级官方微信账号前 10 名中，中央电视台占据 6 席

从全国上星频道以及中央电视台的频道（中心）级微信公众账号阅读量前 10 名来看，中央电视台占了 6 个，分别是“央视新闻”“央视财经”“CCTV5”“央视综艺”“央视网”以及“央视广告经营中心”。湖南卫视微信公众账号排名第 3 位，日均阅读数较其他省级卫视领先较大（见表 7）。

表7 省级卫视及中央电视台频道级微信公众账号阅读数前10位排名

排名	名称	日均发文数	日均阅读数
1	央视新闻	12.5	799297.6
2	央视财经	6.6	121128.9
3	湖南卫视	3.7	51818.3
4	旅游卫视	4.3	21004.1
5	CCTV5	0.6	14955.5
6	浙江卫视中国蓝	4.6	14105.9
7	央视综艺	1.9	8579.7
8	安徽卫视	3.3	4506.2
9	央视网	2.2	4156.6
10	央视广告经营管理中心	2.9	3887.7

4. 上星频道所办栏目级官方微信账号前 10 名中，中央电视台占据 7 席

全国上星频道以及中央电视台推出的栏目级微信公众账号阅读量前 10 名中，中央电视台占据 7 个，以“CCTV4 国宝档案”、“CCTV5 体育新闻”等专题、体育类节目为主。省级卫视频道的入围账号有 3 个，“中国好声音”、“奔跑吧兄弟”以及“一年级”，均为省级卫视热门综艺季播节目（见表 8）。

表8 省级卫视及中央电视台栏目级微信公众账号阅读数前10位排名

排名	名称	日均发文数	日均阅读数
1	中国好声音	1.6	13444.1
2	CCTV4 国宝档案	3.9	8963.9
3	CCTV5 体育新闻	1.0	8902.9
4	天天饮食－中国味道	3.6	7698.2
5	CCTV1 开讲啦	1.9	7054.3
6	奔跑吧兄弟	1.5	5856.8
7	CCTV 今日亚洲	4.0	4776.5
8	一年级	2.9	4394.8
9	是真的吗	1.0	4128.5
10	CCTV 对话	2.6	3636.7

（总编室市场评估部供稿）

CCTV

Y A N F A

研　发

研发

《关于促进中央电视台电视剧繁荣发展的建议报告》摘要

为明晰振兴中央电视台电视剧工作的实施路径，发展研究中心开展电视剧产购销播一体化管理机制调研，形成促进中央电视台电视剧繁荣发展的建议报告。报告认为，当下加强电视剧工作的主要思路有以下几点：首先，强化竞争优势，确立“资源经营”战略。促进电视剧繁荣发展的目标，是强化中央电视台在电视剧市场的引领地位，要将电视剧上升为全台的竞争资源，进行运营和管理。第二，理顺事业产业关系，布局网络新媒体。中央电视台电视剧工作不仅涉及荧屏播出，同时对传媒产业布局、媒体融合发展都有重要作用和深远意义。第三，规划先行，谋定后动。根据电视剧自身生产和市场的规律，控制前端可以事半功倍，特别是在自制、定制剧和题材规划方面，突出整体规划在电视剧战略布局中的作用。第四，整合资源，完善机制。将中央电视台电视剧产购销播等环节统一纳入管理框架，明确责任主体，力求形成贯通的联动机制，以决策、管理效率赢得效益。

（发展研究中心发展战略研究部供稿）

《节目测试室工作方案》摘要

节目测试在业内并不是新鲜事物，美国好莱坞在1940年就开始影片测试。到今天，测试方法日臻成熟，国内电视界也开始广泛应用。近年来，节目测试系统更成为节目创新中的必备设施。发展研究中心在充分调研国内外电视节目测试应用与实践的基础上，建议设立中央电视台“节目测试室”，以科学数据为基础，调动业内研发力量孵化新节目，使之成为现象级节目、多屏优质节目诞生的助推器。课题组围绕全国新节目市场最新发展动向，首次提出中央电视台应建立自主知识产权节目测试室的建议，完成《关于中央电视台建立节目测试室的建议》《节目测试室建设方案》《节目测试室相关问题论证报告》《节目测试室工作方案》等，顺应了媒体融合的发展趋势，为台分党组决策提供了有价值的建议。

（发展研究中心发展战略研究部供稿）

《国际一流媒体跟踪研究（2014年）》摘要

针对韩国媒体在节目传播方面进行研究，并形成了专项研究报告《韩国关于电视、音乐等文化产业方面的主要发展政策》《韩国媒体介绍》等。开展了印度媒体发展情况的相关研究，完成专项报告《印度新闻影视行业发展情况》。在此基础上，对国际主要国家级电视媒体 BBC、NHK、半岛电视台、今日俄罗斯等的海外节目传播进行系统研究，形成报告《国家级电视媒体如何开展海外节目传播——以 BBC、半岛电视台、今日俄罗斯、NHK 为例》。

（发展研究中心发展战略研究部供稿）

《2014 年度海外舆情监测》摘要

发展研究中心借助环球舆情外媒数据库，连续六年对中央电视台及竞争媒体的境外舆情进行跟踪监测，覆盖全球 100 多个国家或地区主要国际语种的上万个信息源，涵盖了 95% 以上的境外主流媒体（包含港澳台地区）。主要围绕中央电视台的海外舆论影响力进行监测，包括中央电视台及国际竞争媒体的被关注度、被转载量、转载媒体等方面的内容，分析出中央电视台在国际舆论中的引导能力及变化情况，衡量中央电视台在国际舆论市场中的地位和影响能力。2014 年相继完成央视海外舆情年度监测报告、《舌尖上的中国 2》海外舆情监测报告、“3 · 15”晚会海外舆情监测、上半年海外舆情监测报告等。

（发展研究中心发展战略研究部供稿）

《CCTV 节目大数据平台设计方案》摘要

在传统媒体与新兴媒体融合发展的大背景下，全媒体的大数据支持对中央电视台未来融合发展具有重要的战略意义。为此，发展研究中心历时半年多组织台内台外的资源，完成《“CCTV 节目大数据平台”设计方案》，该平台是将电视节目多终端传播和互联网影响即时数据进行整合的应用平台，通过对节目多屏传播产生大量的传播数据和用户行为等互联网影响数据进行采集、挖掘和分析，为节目管理提供更全面和多维度的参考，为节目生产、宣传推介以及广告营销提供即时数据支撑。此平台将促进中央电视台在互联网时代把观众变为用户，提升节目在全媒体时代的竞争力，可作为中央电视台传统媒体和新兴媒体融合转型的应用工具。

（发展研究中心发展战略研究部供稿）

《有品牌才有未来——国际传媒机构打造新媒体品牌趋势对中央电视台的启示》摘要

本文指出，国外 ESPN、HBO、SKY 等国际传媒机构均已开始推广自有新媒体品牌业务，并将越来越多的内容搬到自有品牌的新媒体平台上，或开始考虑将一些内容放在互联网上独播，并且被用户认知。报告建议中央电视台关注这一现象，在新媒体业务上打造自有品牌，使中央电视台的新媒体平台逐渐脱离中央电视台母台“附庸”的品牌形象。

（发展研究中心发展战略研究部供稿）

《对中央电视台制播分开发展的探索和思考》摘要

课题立足于中央电视台实际，对国内外各大媒体的制播分开模式进行了分析和解读，并从中吸纳符合中央电视台发展现状的方式，对中央电视台制播分开的发展提出思考。从中央电视台现有的机制体制来看，与台外节目制作公司合作与自身台属制作公司发展是“制播分开”的两个重要途径。近几年来，与灿星、光线、唯众等民营制作公司的合作效果初显，但问题同样凸显，如自身节目品牌的流失、制作团队人员的培养缺失等，与台外节目制作公司的合作只能算是中央电视台制播分开的权宜之计。同时，中央电视台台属制作公司也开始纷纷建设、跑马圈地。中央电视台属制作公司如央视创造、中视体育、央视动画、央视纪录等在节目制作的各个方面都有布局，但是与灿星、光线等大型民营制作公司的生产规模和品牌影响力还无法相提并论。该课题通过调研、访谈、资料收集等多种方法，在综合众多建议的基础上，最终形成中央电视台制播分开发展的探索和思考研究报告，供台领导决策参考。

（发展研究中心发展战略研究部供稿）

《微电影潮流下电视节目的思考和探索》摘要

该课题通过走访多家国内优秀的微电影制作团队和网站，对我国目前微电影环境及微电影与常规节目的结合进行了深入分析，并对传统电视如何与新媒体结合提出了思考。随着网络视频市场的快速崛起，微电影由于其体量小、传播速度快、门槛低，迅速成为网络传播的主体。2012 年，国家新闻出版广电总局颁布了《加强网络剧、微电影等网络视听节目管理》政策，明确鼓励视频节目服务机构生产、制作、播出优秀网络剧、微电影、专业类视听节目。越来越多的影视专业人员机构参与到微电影、网络剧的创作之中，使得视频质量也越来越高，一些作品已经达到广播级电视节目的制作水准。在市场、政策的双重驱动下，如何应对这一新的挑战，发展研究中心梳理总结了近年来微电影的发展状况，提出对策建议。

（发展研究中心发展战略研究部供稿）

《社交大数据服务电视节目与营销创新的策略建议》摘要

报告重点探讨社交大数据，即在社交网络里产生的各种评论、转发、点赞、点播等行为数据及用户特征数据，从便于获取的社交大数据入手，着重研究社交大数据对于电视节目创新与广告营销的指导作用，提出对中央电视台社交大数据应用的策略建议：(1) 从全台发展战略高度充分重视大数据应用研究，成立大数据应用战略工作小组，统一数据管理和开发；(2) 从重点节目和大型报道、赛事活动开始试点，实施大数据应用分步走策略，逐步建立大数据分析全流程介入机制；(3) 给予团队、经费和技术力量的投入，形成央视独有的大数据品牌产品。

（发展研究中心产业与新媒体研究部供稿）

《保存量、促增量——新媒体环境下中央电视台广告经营策略建议》摘要

如何进一步挖掘中央电视台电视广告资源，确保既有广告收入规模的稳定，进而通过中央电视台内容优势与新媒体资源的结合实现新媒体广告收入的增长，是下一步广告经营的重点和难点。为此，发展研究中心成立专项课题组，在走访了相关地方卫视、网络视频公司、社交媒体以及中央电视台广告代理公司等十余家机构的基础上，完成本篇报告。报告围绕如何实现电视广告存量，促进新媒体广告增量这一目标提出了相关建议，以期为中央电视台的广告经营工作提供决策参考。

（发展研究中心产业与新媒体研究部供稿）

《“CCTV电视节目网络影响力研究”2014年研究综述》摘要

2014年，“CCTV电视节目网络影响力研究”项目在已有近8年历史的基础上，研究体系日趋成熟和完善，不断提高服务频次，推出了周、季度、年度研究报告。相关分析报告在台内发放受到台领导及节目部门关注及好评，在业内也已产生广泛影响。形成主要成果有：《2013年中央电视台电视节目网络影响力年度分析报告》《2014年1季度中央电视台节目网络影响力分析报告》《2014年2季度中央电视台节目网络影响力分析报告》《2014年3季度中央电视台节目网络影响力分析报告》及《台情研究》《调研信息》内刊等6篇相关专题分析报告。正式刊发《CCTV电视节目网络影响力周报》28期。相关报告共获得台领导批示4次。产业与新媒体研究部为深入了解节目部门的意见及建议，2014年对节目部门进行了多次调研及问卷调查，节目部门对《网络影响力周报》一致表示，该报告推行非常必要，对于节目部门及时了解行业竞争态势，了解中央电视台节目的市场竞争力极有意义，同时，也为相关节目了解竞争对手情况及动态提供了参考。《新闻联播》策划负责人表示，报告的相关内容甚至可以探索成为新闻的重要素材。

与此同时，随着电视媒体向全媒体逐步转型，节目内容在其他终端的收视越来越多，现有“收视率”已经无法为电视的全媒体发展提供全面衡量的科学依据。如何适配原有的客观维度，与原有的客观评价体系对接，将电视终端的收视与其他终端收视情况综合统计，整体呈现电视媒体的全媒体传播效果，是产业与新媒体部一直以来思考和探索的方向。为进一步提高项目研究科学性，提升项目品质，同时打造“网络影响力”品牌，产业与新媒体部依托“电视节目网络影响力研究”项目的长期研究积累，以《电视节目全媒体传播效果考评体系研究》为课题申请了国家新闻出版广电总局2014年度“社科基金项目”（GD1314），并获得立项。

（发展研究中心产业与新媒体研究部供稿）

《涿州影视基地调研报告》摘要

遵照台领导“将解决涿州基地经营困境作为一项重要工作，全台抽调人员组成调研组，全面调查论证，找出解决问题的办法”的批示，结合实地调研，产业与新媒体研究部相关人员与财管中心、国际电视总公司等相关部门进行了多次走访、研讨和沟通，在查阅大量资料的基础上，形成《中视剧城公司（涿州影视基地）经营发展调研报告》，进一步梳理了基地存在的问题，并针对中视剧城公司提出的方案进行了可行性分析，提出近期和中长期的分步骤解决思路和建议。

（发展研究中心产业与新媒体研究部供稿）

《中央电视台媒体融合发展实施建议》摘要

2014 年 8 月 18 日，中央全面深化改革领导小组第四次会议审议通过了《关于推动传统媒体和新兴媒体融合发展的指导意见》，习近平总书记强调指出，要着力打造一批新型主流媒体和建成几家新型媒体集团。这对以中央电视台为代表的国家级主流媒体发展提出了殷切期望，也让中央电视台立于历史前进的潮头，必须审时度势，应对挑战，抓住机遇，勇于创新，拿出自身未来发展的目标规划和整体思路，并尽快取得实效。由此，产业与新媒体研究部完成了《中央电视台媒体融合发展实施建议》报告。

（发展研究中心产业与新媒体研究部供稿）

《春晚双屏互动、国际化、年轻化——“春晚”社交网络传播三大特点》摘要

该报告聚焦“春晚”媒介热点、聚焦社交网络年轻群体，运用大数据挖掘技术，持续监测关注“春晚”最为集中的 60 小时社交网络数据，深度分析社交传播效果，为中央电视台未来节目的策划创新、网络推广、建立节目评估和决策依据工作提供参考。结果显示，双屏互动、国际化、年轻化成为马年“春晚”社交网络传播的重要特点。报告还综合相关数据及社交平台网友的意见建议，为中央电视台改进春晚节目提出六点建议：(1) 坚持“开门办春晚”；(2) 保留全球化元素；(3) 注重对语言类节目的打造；(4) 力推“现象级”的经典、精品节目；(5) 加强网络营销，让社交媒体为我所用；(6) 整合资源，优化机制，以“全台办春晚”思路打造“年末综艺季”。

（发展研究中心产业与新媒体研究部供稿）

《海外用户怎样看春晚海外传播大数据分析对中央电视台的启示》摘要

该报告锁定海外社交网络年轻群体，运用大数据挖掘技术，针对CNTV、Twitter、YouTube和新浪微博的海外用户，持续进行了播出前后共60小时的大数据挖掘。研究发现了中央电视台马年“春晚”在海外社交网络上的传播效果及海外用户的喜好：(1) 春晚节目海外热播、热议覆盖区域排名靠前依次为北美、亚洲、欧洲，传统盟友俄罗斯和非洲国家排名靠后；(2) 新浪微博海外用户、YouTube用户与国内用户的节目偏好区别较大，海外用户更关注情感类、民族特色类、文化融合类；(3) 中国影视明星的国际认同感较相声演员、歌星更高，海外用户更关注民族化、国际化话题；(4)《时间去哪了》YouTube最受好评，但热播未进TOP10榜单，凸显用户年龄差异，80后、90后流行热曲期待更多入选。

（发展研究中心产业与新媒体研究部供稿）

《“移动”+“社交”：为短视频业务腾飞插上新翅膀》摘要

报告系统盘点了2013年以来国内外互联网巨头公司在短视频业务领域的布局亮点，并全面分析了短视频业务在未来发展中存在的有利因素：(1) 4G意味着移动互联网时代全面到来，为短视频随时随地传播解决渠道问题；(2) 社交媒体全球流行，让短视频业务进入“发展黄金期”。报告还指出了短视频发展可能遇到的困难：(1) 缺少稳定的优质内容源，用户拍摄短视频的习惯和能力有待培养；(2) 政策监管风险，视频内容比文字内容更难审核。

（发展研究中心产业与新媒体研究部供稿）

《以互联网思维提升中央电视台APP整体竞争力》摘要

报告针对APP建设进行互联网思维的梳理，经过台内外广泛调研，立足客户端市场分析了中央电视台需要什么样的APP，提出了如何做好中央电视台APP的三点策略建议：(1) 建立统一支撑的应用开放平台；(2) 实行多元化管理机制，规范并激活中央电视台的APP；(3) 明确中央电视台发展APP的优势，重点打造几大核心APP产品。

（发展研究中心产业与新媒体研究部供稿）

《2014年视频行业六大发展趋势》摘要

报告对视频网站2014年发展趋势做出预判，得出行业竞争格局将寡头割据、并购继续；行业营收趋势的视频红利或将释放；视频行业内容竞争将是综艺独播、火拼升级；行业自制特征将精品制作越发专业；行业终端比拼将押宝多屏互动体验；行业社交发力，移动视频方兴未艾等趋势预判的结论。

（发展研究中心产业与新媒体研究部供稿）

《社交媒体冲击下的日本大众传媒》摘要

互联网时代，越来越多的日本人特别是年轻人倾向于依靠网络获取信息。自然而然的，Twitter、Facebook这些起源于美国的社交媒体很快就在日本扎根并迅速发展壮大。相比传统的大众传媒，社交媒体具有时效快、能满足用户不同需求等优势。特别是在2011年发生日本大地震后，社交媒体作为一种非主流媒体的作用更加显著。面对社交媒体的挑战，日本大众传媒正在发挥自身优势，反思不足，灵活应用社交媒体，探索一条与社交媒体相互取长补短的合作之路。本文分析了日本大众传媒的衰落、社交媒体的兴盛和两种媒体的互补，并梳理了分解素材、答疑解惑、深入诠释、做好策展权威发布等日本大众传媒的新做法。

（发展研究中心产业与新媒体研究部供稿）

《以BBC、Netflix为鉴，利用新媒体盘活中央电视台内容资源》摘要

报告研究分析了BBC、Netflix在利用已有内容资源经营方面的一些经验和方法。BBC自建渠道促进内容分发，力推新品实现深度互动。Netflix创新内容标记方式，以大数据服务内容生产。此外，本文为中央电视台充分利用新媒体，盘活中央电视台内容资源提出了三点建议：(1) 以用户需求为基础，实现内容资源的再生产与再利用；(2) 遵循互联网的传播特色，创新内容资源的呈现方式；(3) 强化多层次版权开发，实现多元化经营。

（发展研究中心产业与新媒体研究部供稿）

《文化产业新政颁布带来的机遇与挑战》摘要

报告结合中央电视台实际，对新政可能产生的影响进行了研判与分析。总的来说，受益于国家持续加大对文化产业的扶持力度，传媒行业未来仍将处于快速增长的上升通道，中央电视台作为传媒行业龙头具有巨大的发展潜力，但同时也受到了来自国内一线广电集团的挑战，市场竞争将更加激烈。为此，提出三点建议：(1) 强化市场主体地位，打造核心竞争力；(2) 深挖优质节目的经营潜力，形成多元化的盈利模式；(3) 善用文化产业基金，把握跨界并购机遇；(4) 强化股权激励制度，增强企业活力。

（发展研究中心产业与新媒体研究部供稿）

《阿里巴巴入股优酷土豆的战略分析及对中央电视台的启示》摘要

2014年4月28日，阿里巴巴宣布与优酷土豆建立战略投资与合作伙伴关系。二者可谓各取所需，共同打造线上线下、融合互联网文化娱乐的生态系统。文章从布局互联网文化产业抓手、全产业链模式的电商与视频联合模式、电视台如何应对互联网企业进军视频的做法等角度全面分析，对中央电视台视频制作、运营等提出合理化建议。

（发展研究中心产业与新媒体研究部供稿）

《新媒体时代，国外少儿节目的传播策略研究及启示》摘要

少儿节目一直是中央电视台的拳头产品和收视保障，但2014年以来，少儿频道的优势地位遇到挑战。在激烈的市场竞争中如何保持中央电视台少儿频道的强势地位，特别是在新媒体时代，如何根据当代少年儿童的收看习惯，满足他们多样化的需求，是需要考虑的问题。本期报告分析了国外媒体在节目创新、与新媒体联动、应用产品开发等方面的成功经验，以期为提升中央电视台少儿节目的市场影响力提供借鉴。

（发展研究中心产业与新媒体研究部供稿）

《大数据时代，电视广告该怎么办？》摘要

本文对大数据在电视广告产业中可能产生的变革进行前瞻性预测，以期对中央电视台电视广告产业健康发展起到积极促进作用。并为中央电视台广告经营提出三点建议：(1) 盘活中央电视台数据存量资源，提升网络平台广告收益；(2) 以品牌栏目为突破口，运用大数据提升节目广告价值；(3) 利用社交媒体、有线运营商的数据优势，实现精准广告营销。

（发展研究中心产业与新媒体研究部供稿）

《央企新政对中央电视台搭建新型媒体集团的几点建议》摘要

为更好借助国家文化产业政策的利好东风，将中央电视台建设成为新型媒体集团，报告提出四点建议：(1) 深化体制改革，推进机制创新；(2) 拓展产业布局，把握并购机遇；(3) 以资本运作为手段，推动技术创新；(4) 通过并购、新设、合作等方式强化中央电视台国际传播能力，推动文化走出去。

（发展研究中心产业与新媒体研究部供稿）

《关于实施“暑期节目创新宣传季”的建议》摘要

本报告经过深入调研中央电视台频道及各省级卫视发现，暑期档具有鲜明的市场化特点，是经过市场充分竞争而自然形成的独特播出季，在某种程度上甚至改变了电视媒体的竞争格局。近几年，中央电视台各频道在暑期进行了一定程度的特别编排，取得了一定的实效，积累了不少参与暑期竞争的经验。但从全台层面来说，还没有形成全台统一联动的暑期整体规划。因此，有必要将暑期节目播出上升到全台高度，作为一个与“春节”“两会”等重大宣传季并行的宣传时段，使之成为提升2014年整体收视份额的重要发力点，并提前为2015年暑期的节目安排和广告招标做出规划，从而进一步调整中央

电视台的创新力度和投放节奏。本报告了论证暑期编排必要性，提出四项具体建议：(1) 统筹全台优质节目资源投放；(2) 强化各频道编排策略；(3) 争夺“次黄时段”2号收视高地；(4) 优化各频道播出流。并提出要加强中央电视台暑期节目的宣传规划，形成长效机制，使之成为中央电视台全年整体战略规划的一个有机组成部分。

（发展研究中心电视传播研究部供稿）

《中央电视台应如何提高节目创新能力？》摘要

在现有的电视体制下如何改革管理制度、提高节目创新能力，是我国各个电视台的最核心的议题之一。由于原有制度的影响以及竞争市场的变化，这个尝试既无法一蹴而就，也不可能完全照搬。参考省级卫视在这方面的经验，结合中央电视台的具体情况加以利用，将有助于释放节目创新产能、提高节目创新能力。报告在充分调研上海、浙江、江苏、湖南、深圳等多家卫视的基础上，提出了一系列框架性举措，建议把资源赋予频道，以考核收视效果来督促创新；重奖节目创意，为新节目模式开源；支持新节目孵化，形成科学高效的审批流程；赋予节目制作人员充分的自主权，通过考核与竞争确保创新积极性；尝试“独立制片人”制度，赋予更多裁量权；奖励及时，能够激发节目制作人员的工作热情；考核严酷、进出顺畅，督促节目制作人员积极工作。

（发展研究中心电视传播研究部供稿）

《央视应如何与社会公司合作？》摘要

在广电传媒改革的大潮中，制播分离正在将这个行业迅速洗牌，电视台无论是和社会公司合作的节目数量，或是合作的方式方法都经历着裂变式增长。随着外部资本对电视节目市场的重视，时下制播分离的方式也在快速变化，许多传统制播分离的模式被新形式取代，尤其是资本和电视台的合作会变得更加密切。从中央电视台到各省级卫视，对制作公司和社会资本都呈现出前所未有的开放态度。在对台内各频道调研中发现，中央电视台在与社会公司的合作还处在相对粗放的状态，缺乏系统的管理，暴露出不少问题。本报告对江苏、浙江、湖南、深圳、东方卫视等省级卫视以及灿星、唯众等制作公司进行了系统、深入的调研，从他们对外合作的成功案例中寻求改进的办法，从平台准入、奖惩措施、节目总控、团队搭建、广告营销、版权分割等方面提出了具体可操作的数条建议。

（发展研究中心电视传播研究部供稿）

《“一剧两星”政策对中央电视台的积极和消极影响分析》摘要

2014年4月15日，国家新闻出版广电总局发出公告，将于2015年起全面实行“一剧两星”政策，该政策的出台势必对电视剧制片方、播出平台和演员片酬等三方面产生不小的影响，进而影响整个国内电视剧市场。报告对新政可能对中央电视台产生的影响进行了研判与分析，从积极方面来看，卫视4

星联盟被打破后，中央电视台电视剧采购价格将更具优势；但消极方面看，中央电视台并非新政最大受益者，市场竞争或更加激烈。根据调研结果，报告还提出了一系列可操作的建议：电视剧产业应当充分的公司化运作；抓住市场观望期，积极参与定制剧、自制剧；加大非黄金时段首播量，黄金时段与白天时段首重播错位编排；短期内购剧价格不宜压低，利用价格优势拉开与一线省级卫视的距离；与一线视频网站开展共同购剧、播剧合作等。

（发展研究中心电视传播研究部供稿）

《透过省级卫视网络版权频频卖出高价之现象对中央电视台节目网络版权管理的思考》摘要

2014年第一季度的综艺大战一直延续到了互联网版权争夺上，视频网站激烈争夺这些节目的网络独播权，使得省级卫视的版权频频卖出高价：浙江卫视的《中国好声音》独播版权卖出了2.5亿的高价，江苏卫视也将自己的多档节目打包，以两亿的高价卖给了PPTV。为了走差异化竞争路线，各家视频网站都斥巨资参与到综艺节目市场的争夺，使得2012年形成的网站版权价格联盟彻底瓦解。对于各家省级卫视来说，高昂的综艺节目独播版权费成为了在传统广告模式之外一个新的营收增长点。在各家省级卫视节目频频卖出高价的同时，而中央电视台节目的网络版权的管理和开发还存在许多结构性的问题，应当引起重视。此次调研结合综艺节目网络独播版权市场的现状进行分析，为中央电视台未来理清节目网络版权管理机制提供一些参考。报告提出，央视网影响力和流量与主要视频网站还存在一定差距，因此在对版权资源进行开发时还面临着对内做大平台，还是对外分销经营的两个发展方向和两种模式。对内做大平台模式是不分销，尽快做大内部央视网平台。这样保证了独家优势，避免了节目收视和广告收入的分流。对外分销经营模式是进行有限度的分销和广告联营分成，提高价格门槛，并利用分销形成战略联盟，加入到卫视、视频网站等多方博弈的游戏当中。无论是哪种模式，基础都需要立足于中央电视台未来现代版权管理系统和优化管理系统业务的流程之上。

（发展研究中心电视传播研究部供稿）

《中央电视台少儿频道面临的市场竞争突然加剧》摘要

近年来，中央电视台少儿频道收视成绩一直表现出众，为中央电视台力保全国上星频道收视第一作出突出贡献。进入2014年后，少儿频道所面临的市场竞争突然增加。2014年一季度，少儿频道收视份额为4.42%，较2013年同期下降了20%。“五一”期间，少儿频道也比2013年同期下降了16%。与此形成反差的是，湖南金鹰卡通2014年一季度收视份额上升到1.71%，涨幅高达41.3%；“五一”收视份额进一步攀升至2.08%，仅次于湖南卫视、山东卫视和江苏卫视，位列省级卫视第四。原本属于中央电视台一枝独秀的少儿节目领域，迅速成为省级卫视争夺的新目标。报告根据深入调研，指出了当前中央电视台少儿频道面临的困难，分析了成因。受宏观政策影响，省级卫视在2014年开始减少综艺娱乐节目的播出量，以动画片、亲子节目为主的同类节目，越来越多地出现在卫视晚间档，引发少儿节目数量的增加和升级换代。中央电视台少儿频道再夺全国收视第一的任务十分艰巨。报告提出，优秀的少儿节目对拉动收视有很大作用，其背后蕴藏的商业价值也不容忽视。随着省级卫视越来越多的介入到这一领域，完善现有的少儿节目制作和编播方式是应对竞争的佳策。

（发展研究中心电视传播研究部供稿）

《为什么湖南和上海台都在大力推行独立制片人制？》摘要

近两年，为了应对日益激烈的市场竞争，国内一些电视台开始探索节目生产机制方面的变革。例如，湖南卫视从《快乐大本营》就开始探索的“独立制片人制”，在季播节目《我是歌手》热播时，这种机制被业内所熟知，并逐渐成为湖南卫视一种普遍的节目生产模式。而在上海文广集团在启动新一轮改革中，“独立制片人制”同样被放到了改革中的重要位置，东方卫视将常设多个独立制片人制的栏目组，在频道内实现制播分离，希望以此带动节目创新力度和节目制作积极性的提高。湖南和上海电视台不约而同地实行“独立制片人制”，从一个侧面说明这一机制是电视媒体在新竞争环境下对节目生产机制的求新求变。报告深入分析了湖南卫视、东方卫视当前的改革路径，并且为中央电视台的创新规划提出了新的思路。报告提出独立制片人制的推行会成为中央电视台节目创新发展的长效机制，逐渐弥补传统生产模式下栏目创新动力不足、高水平制作团队少的缺陷，让“内部持续造血”成为中央电视台节目创新、扩大传播影响力的不竭动力。

（发展研究中心电视传播研究部供稿）

《〈星光大道〉节目影响力分析报告》摘要

《星光大道》至今已经走过了10年，2013年新年伊始，《星光大道》改版升级，强势登陆中央电视台综合频道周六黄金档。升级后的《星光大道》在舞台效果、选手水准、评委阵容等多方面获得提升、加强，也得到了广大观众的普遍关注与好评，收视率进一步提高。该节目自从首次播出便创下了中央电视台综艺频道收视第一的成绩，10年来，《星光大道》不仅在收视率上一路领先，而且为社会培养输送了一大批优秀的百姓歌手。本报告从电视传播和互联网传播两个层面，对《星光大道》的节目影响力进行了分析。报告提出，目前国内音乐选秀节目竞争十分激烈，《中国好声音》《中国最强音》等同类节目对《星光大道》形成了不小的冲击，在这样的市场环境下更要不断加大节目的创新力度，力求从各个环节和层面有所突破。优秀选手无疑是《星光大道》重要的品牌价值资源之一，应借助其影响力和号召力与互联网互动开发新类型的产品，通过对优秀选手的包装和运作使其价值得到更充分的开发，进一步延伸节目的产业链。

（发展研究中心电视传播研究部供稿）

《〈开学第一课〉传播影响力分析报告》摘要

《开学第一课》这档出生在汶川地震和北京奥运那年的节目已经走过了8个年头。节目播出的平台和时间变了，节目形式也在不断创新，但初衷和品质却一如其出发时的坚定。如今，这档节目已经成为每年开学季送给全国中小学生的一份特殊礼物，也成为一档传播正能量、彰显频道气质的电视品牌。为深入了解《开学第一课》的传播影响力状况，报告从电视传播和互联网传播两个层面，同时段的横向和不同年份的纵向两个角度对节目进行了立体分析。

（发展研究中心电视传播研究部供稿）

《〈中国成语大会〉节目影响力分析》摘要

《中国成语大会》是继《中国汉字听写大会》之后，由科教频道打造的又一档具有重大影响力的大型电视文化节目，2014 年 5 月 11 日开始，在 CCTV-1 综合频道每周日黄金档首播。节目网络关注度高，带动了青年群体对传统文化的兴趣，为深入了解该节目的影响力状况，发展研究中心从电视传播和互联网传播两个层面对《中国成语大会》进行了分析，提出了要不断创造和发掘节目的话题、热点，持续吸引网民关注的改进建议。

（发展研究中心电视传播研究部供稿）

《2014 年科研标准完成情况》简介

2014 年，中央电视台完成了“地面快速移动跟踪轨道摄像机”和“二维有线传输索道摄像机系统”两项重点任务，并完成了竣工验收。“地面快速移动跟踪轨道摄像机”以央视大型体育赛事转播需求为目标，研制出可在露天场地、室内场地快速搭建的可控直线移动的摄像机系统，该系统具有高度稳定性能，机位移动期间拍摄图像稳定流畅，可远程控制机位移动和摄像操作，具有双机位承载能力；“二维有线传输索道摄像机系统”以需要高空索道传输信号的环境为目标，研制出在高空可管可控的具有有线信号传输功能的二维索道摄像机系统。该系统可以有效克服无线传输带来的信号干扰问题，利用有线传输的高稳定性保障信号质量。这两个项目取得了圆满成果，系统将逐渐为转播任务服务。

《“掌上制播通”手机 App 自研开发》《节目相关大数据的收集、存储、分析及应用研究》《立体电视关键技术及质量评价》是 2014 年中央电视台的研发项目。《“掌上制播通”手机 App 自研开发》是将传统媒体与新媒体技术做进一步融合，力图通过新的传播渠道和体验改变观众收看方式和习惯，为中央电视台节目创新提供技术支撑。《节目相关大数据的收集、存储、分析及应用研究》是一项对大数据的研究项目，云计算和大数据是互联网发展的新方向，也在逐渐影响和改变媒体行业，提早布局新科学、新技术的发展路径对中央电视台事业发展与科技创新有至关重要的作用。《立体电视关键技术及质量评价》是国家新闻出版广电总局 3D 电视研究整体计划的一个配套项目，分两部分进行。一是对立体电视发展中遇到的几个关键技术，如 3D 拍摄、全自动支架、字幕机、2D 转 3D 等做深入研究；二是对立体电视观看效果的主观评价提出评判标准。

2014 年由中央电视台牵头的《高标清混合制播图像幅型比变换规范》标准已整体完成，并通过了国家新闻出版广电总局的最终评审。中央电视台牵头《高标清上下变换器的技术要求和测量方法》已完成初稿，进入测试阶段。这两个标准规范已在中央电视台技术系统建设中广泛实施。

（技术管理中心供稿）

《2014 年中央电视台节目创新分析报告》简介

《2014 年中央电视台节目创新分析报告》旨在全面展示中央电视台 2014 年整体创新成果，深度分析中央电视台新节目的创新特点及不足，指导 2015 年的节目创新工作。

第一部分以 2014 年中央电视台 10 个频道播出的 25 档具有固定节目形态的全新节目为对象进行分析：2014 年，中央电视台综合频道与综艺频道节目创新数量居前两位，综艺频道创新节目时长最多；本土原创占主体，海外引进大幅减少；从收视上看，《出彩中国人》等综艺节目表现最优；综艺、文化成为节目创新热点；编排上，黄金档和晚间档仍然是排播重点；从创收上看，新节目广告收入大幅提升；合作制作创新主流，涌现出多档高收视节目。

第二部分针对中央电视台目前面临的问题提出对策建议。一是针对整体创新能力亟待提升问题，在重点时段形成季播节目的全年无缝隙布局；二是针对差异化题材开发不足问题，建议在坚持频道定位和文化引领对观众喜闻乐见的节目题材进行深耕；三是针对制作团队欠缺问题，建议加大奖励力度，利用海外培训培养创新力量；四是针对社会化合作经验亟待总结问题，建议在梳理全台社会化合作项目得失基础上，理顺管理链条，明确权责关系，确保中央电视台相关创新节目在品牌建设、衍生品开发等方面的权益最大化；五是针对台网融合项目各自为战问题，建议加强对各频道台网融合节目的重视，统筹协调，专项支持。

（总编室节目研发部提供）

《2014 年省级上星综合频道创新节目研究报告》简介

2014 年以来，媒体格局继续发生深刻变化，地方电视媒体持续加大创新力度，中央电视台创新节目面临的竞争压力日趋增大。报告旨在总结规律，把握趋势，为中央电视台 2015 年的创新工作提供借鉴。

第一部分分析 2014 年全国电视市场节目创新特点及经验：一是创新节目数量井喷，内容题材更趋多元，户外节目成为主流创新类型，32 家省级上星综合类频道共推出 218 档创新节目，较 2013 年提升 20% 以上，为近年来最多；二是新节目投放集中程度明显，在编排策略上存在明显分化；三是原创节目数量占优但整体表现疲软，海外模式资源需求依然强劲；四是核心节目团队围绕大型项目形成专业化、流程化的节目生产规范；五是节目创新的市场化与社会化程度进一步加深；六是视频网站自制团队崛起开始对传统媒体进行内容反哺；七是媒体融合策略由加强互动应用转向全产业布局试点。

第二部分结合中央电视台创新工作实际提出如下建议：一是建立“创新榜”推动节目更新换代；二是提高节目创新研发的国际化水平，培育中央电视台骨干创新团队；三是开辟重点创新项目“绿色通道”，提高大型节目的形态创新与制作能力；四是夯实社会合作制度基础，积极稳妥地提升节目创新的社会化和市场化程度；五是拓宽台网融合思路，推动实现节目生产的社交化创新与盈利模式创新。

（总编室节目研发部提供）

《中央电视台海外模式创新节目分析报告》简介

基于海外模式的创新节目，是中央电视台新节目研发的一个重要来源。2013 年、2014 年的两年间，中央电视台共推出 12 档此类创新节目。其中，《开门大吉》《黄金 100 秒》作为综艺频道周播节目，成为该频道收视和创收的主力品牌节目。《喜乐街》《幸福账单》《正大综艺宝宝来啦》《社区英雄》等季播节目，作为各频道的创新尝试，也在一定程度上引发了大量的话题效应，丰富了所在频道的节目资源。

《海外模式创新节目分析报告》对中央电视台基于海外节目模式的这 12 档创新节目进行了概况分析，整理了节目总量、模式来源、综合表现、收视表现、广告价值、版权及合作等相关情况，归纳了海外模式本土化改造的 4 大要点，并结合中央电视台海外模式引进中遇到的情况提出了相应的管理建议，同时为更好地服务各频道、栏目，报告将五档节目作为重点案例进行了具体分析。

（总编室节目研发部提供）

《湖南卫视重点创新节目调研报告》简介

报告选取《爸爸去哪儿》《我是歌手》《花儿与少年》《变形计》等四档湖南卫视近年来涌现出的现象级节目，深度调研相关主创团队，旨在从实战角度梳理其创新思路和操作手法供中央电视台节目团队参考。

第一部分重点分析湖南卫视创新节目的精准定位机制。一是节目创意精准定位社会热点，二是目标观众精准定位湖南卫视核心受众群，三是节目形态精准定位国际流行节目趋势。

第二部分介绍了湖南卫视创新节目的本土化改造经验。一是立足本土文化特征重构节目核心理念，摒弃简单的搞笑娱乐，围绕社会主义主流价值进行模式改造升级；二是立足核心受众收视习惯重构节目叙事框架，造就高强度和快节奏的叙事风格；三是立足本土明星现状重构节目赛制、选角标准。

第三部分总结出湖南卫视节目制作的一些技巧。包括精心设计机位，确保前期不间断、无死角的海量拍摄；重视后期专业技术保障，确保海量素材的剪辑可行性；建立主创团队协作机制，确保超大型创新项目的顺利实施；重视节目中每个参与者的角色塑造。

第四部分介绍了湖南卫视节目创新的配套机制。包括搭建扁平化的管理架构；围绕节目制作要素实行人财物集中管理；着力培养台内节目制作力量，通过制片人团队机制，建立多个以明星制片人为核心的主创团队。

（总编室节目研发部提供）

《关于建立央视“电视节目实验室”的可行性分析报告》简介

报告对中央电视台“电视节目实验室”可行性进行了分析论证。

第一部分分析了中央电视台建立“电视节目实验室”的可行性。“电视节目实验室”是国际电视媒体通用的播前测试方式，目前国外主要的方式为开通电视频道测试平台、建立SCR播前观众测试实验室、网络观众评价等几种方式。“电视节目实验室”对节目收视预期和修改提升有指导作用。目前“SCR电视实验室”技术条件成熟，国内已开始引进，中央电视台也有节目测试的需求，并具备了建设“电视节目实验室”的条件。

第二部分论证了中央电视台建立“电视节目实验室”步骤：第一步是建立中央电视台“SCR电视实验室”测试平台；第二步是建立“央视创意”社交媒体互动评价平台；第三步是逐步建立样片播出频道和观众互动评价平台。

第三部分介绍了中央电视台“电视节目实验室”工作流程。一是统一纳入新节目研发流程。在原有新节目研发流程中增加一项“SCR电视实验室”观众测评。样片完成以后，由频道提交样片，节目研发部自动进入“SCR电视实验室”和专家评审流程环节中。二是开展专项中央电视台“SCR电视实验室”评测服务，对于台内没有纳入新节目研发流程的节目，常态节目升级改版，常态节目修改提升，社会公司拟与中央电视台合作的节目等，实验室提供开放测试服务。

（总编室节目研发部提供）

《关于促进全台节目创新工作的指导意见》简介

中央电视台节目创新的内外部环境正在发生深刻变化，电视节目新形态、电视制作新技术、新媒体传播渠道对节目创新提出了更高的要求。激发节目创新活力是当前和今后一个时期中央电视台实现内容创新与品牌培育，打造中央电视台精品节目集群的工作重点。

报告首先分析了中央电视台及全国电视节目创新工作现状。在新节目数量上，2014 年省级卫视共推出约 218 档创新节目，中央电视台新节目突围难度明显加大。在编排上，中央电视台创新节目的播出时段主要集中在开机率较高的黄金时段，卫视新节目大多集中在 22:00 ～ 24:00 时段。从趋势上看，2014 的创新节目类型更加多元，户外真人秀、益智游戏和生活服务类为节目创新的三个主要方向，中央电视台创新节目已不能引导或体现全国电视市场的最新变化与主流趋势。在创收能力上，中央电视台 19 档创新节目总计创收 10.55 亿元，而各省级卫视重磅推出的创新节目，其广告创收能力远远高于中央电视台。在团队建设方面，中央电视台社会化合作趋势加强，而地方卫视越发重视自身团队的培养和建设。

报告同时提出解决上述问题的指导意见。一是针对重点时段加大节目研发力度，二是支持各频道进行重大创新节目研发，三是针对年轻受众有计划推出创新节目，四是及时跟进节目创新趋势，针对户外真人秀等重点类型组织研发新节目，五是鼓励各频道进行台网融合创新，六是加强研发团队建设，七是提升各频道对海外模式的利用效率。

（总编室节目研发部提供）

《中央电视台在海外主流媒体上的二次传播效果》简介

党的十八大以来，中央电视台按照中央领导指示要求和中宣部、国家新闻出版广电总局的统一部署，在财政部等部委的大力支持下，以“借船出海”“借筒传声”等多种方式，着力加强与海外主流媒体的合作传播，在海外电视媒体、平面媒体和新媒体上的二次传播效果显著。

统计显示：(1) 2014 年共有 1656 家海外电视台 / 频道使用中央电视台视频通讯机构——国际视频发稿平台发布的新闻素材，累计下载使用次数达 70.6 万次；(2) 从地区分布来看，2014 年中央电视台视频素材已经覆盖了全球多数国家和地区，其中主要集中在北美洲、亚洲（尤以东亚、西亚为主）、欧洲和大洋洲；从使用次数来看，则是亚洲地区的媒体使用量更大。使用量前十名依次为香港有线新闻、新加坡亚洲新闻台、韩联社新闻台、欧洲新闻台、阿拉伯卫星台、伊朗新闻台、斯洛伐克私人新闻频道、天空新闻台阿语版、巴勒斯坦电视台等；从主流媒体来看，BBC、CNN 等国际一流媒体对中央电视台素材的使用量和使用次数均比往年有所增长。(3) 2014 年共有 76 个国家的 827 家平面 / 文本媒体转载和报道中央电视台（不含港台地区），比 2013 年增加近 200 家；对中央电视台的报道总量达 5618 篇，较 2013 年增长 4.6%，较 2012 年增长 51.3%；从主流媒体来看，法新社和路透社全年关于中央电视台的报道量均超过 200 篇；日本《产经新闻》的报道量在 180 篇左右。美国《纽约时报》、马来西亚《星洲日报》、新加坡《联合早报》等媒体均在 100 篇以上。(4)外媒在转引中央电视台报道时大多如实转述，对中央电视台海外发展多持中立或正面态度，但个别职员被调查导致中央电视台国际形象下挫。(5) 中央电视台在海外新媒体上的传播起步晚、势头快，但与国际一流媒体相比仍有不小差距。

（海外传播中心供稿）

《中央电视台等中央主流媒体在全球16国传播效果调查》简介

为了全面了解中央电视台等中央主流媒体在海外传播效果情况，继2013年底在全球13国进行传播效果调查后，中央电视台海外传播中心再次联合环球舆情调查中心和海外专业公司，于2014年11～12月在全球16国进行传播效果调查，包括美洲的美国，欧洲的英国、法国、德国、西班牙、俄罗斯、乌克兰，亚洲的印度、日本、韩国、巴基斯坦、哈萨克斯坦，非洲的南非、肯尼亚、埃及，大洋洲的澳大利亚。本次调查为针对普通民众的抽样调查，以在线调查和面对面访问相结合的方式，每个国家回收1000份有效问卷，16国共回收16030份有效问卷。调查内容包括中央电视台等中央主流媒体在当地民众中的品牌认知度、媒体接触率、媒体公信力、观众满意度、态度倾向和收视需求，以及与其他国际一流媒体的差距对比等。经研究分析发现，中央电视台等中央主流媒体加强国际传播能力建设成效显著，但与BBC、CNN等国际一流媒体相比仍有差距。

调查数据显示：(1）本国媒体仍然是各国受众获取中国信息的主要渠道，但习惯从中国媒体上了解中国信息的受众提升了2.8%。习惯从国际媒体上了解中国信息的受访者下降了5.3%，表明中国媒体走出去传播中国声音取得实效。(2）BBC、CNN的国际知名度最高，中央电视台与今日俄罗斯、法兰西24排在同一阵营。(3）中国媒体的海外接触率整体上升，中央电视台连续两年位居第一，海外受众收看中央电视台的比率由2013年的3%提升至2014年的5%，增幅明显。但与国际一流媒体仍有差距。(4）受访者对海外媒体的信赖度仍然高于中国媒体，中央电视台逐渐获得多个国家受众的信赖。5.16国受访者对国内外媒体的满意度普遍不高，中央电视台的满意度较2013年提升了11.6%。6.16国受众对中央电视台平均收看频次是每周2.42次，通过央视网等新媒体渠道收看中央电视台的比例大幅增加。(7）英语新闻频道、纪录国际频道、中文国际频道是受访者收看最多的中央电视台频道，品牌栏目建设成效显著。(8）受访者最认同“中央电视台是中国政府的代表”和“是具有国际影响力的媒体”，对中央电视台信任度和客观性的评价均有提升。(9）超四成受访者不看中央电视台的原因是“收不到”，因为“语言或字幕水平问题”不看中央电视台的受访者大幅减少。(10）六成多受访者认可中央电视台的国际传播效果，认为通过收看中央电视台对中国的看法产生了积极变化。

（海外传播中心供稿）

《中央电视台各国际频道在全球接触率、满意度等情况》简介

为了全面了解中央电视台等中央主流媒体在海外传播效果情况，中央电视台海外传播中心于2014年11～12月对中央电视台各国际频道在16国的整体收看情况、栏目收看情况、观众满意度、受众结构等进行了调查研究。

数据显示：(1）英语新闻频道、纪录国际频道和中文国际频道观众收看比例排名前三。(2）观众对俄语国际频道、西语国际频道、纪录国际频道最为满意。(3）在收看率排名前20的栏目中，英语新闻频道占到一半。(4)“国际新闻”“本地新闻”和“电影类”是受访者最期望通过中央电视台收看到的内容。(5）海外观众最希望通过有线电视和卫星电视收看中央电视台。(6）近七成中央电视台受众收看过英语新闻频道，海外有效受众贡献率为53.4%。(7）逾三成中央电视台受众收看过纪录国际频道，海外有效受众贡献率为18.1%。(8）逾两成中央电视台受众收看过中文国际频道，海外有效受众贡献率为11.8%。(9）14.4%中央电视台受众收看过法语频

道，海外有效受众贡献率为5.5%。(10) 逾一成中央电视台受众收看过西语国际频道，其海外有效受众贡献率为6.3%。(11) 近一成中央电视台受众收看过阿语国际频道，海外有效受众贡献率为2.3%。(12) 14.2% 中央电视台受众收看过俄语国际频道，其海外有效受众贡献率为6.3%。(13) 近两成中央电视台受众收看过中央电视台北美分台节目，海外有效受众贡献率为4.3%。(14) 近两成中央电视台受众收看过非洲分台节目，海外有效受众贡献率为4.3%。(15) 两成中央电视台受众通过CNTV收看中央电视台节目，海外有效受众贡献率为7.5%。

(海外传播中心供稿)

《2014年中央电视台法、俄语国际频道海外观众收视调查》简介

为全面了解中央电视台外语国际频道在海外的传播情况和海外观众对频道栏目、节目的意见和建议，海外传播中心于2014年对法语和俄语国际频道进行了第二次海外观众收视调查（2012年首次调查）。调查问卷通过海外落地合作运营商四达时代集团和俄罗斯NTV+卫星电视公司、专业社交网站的法语、俄语国际频道账号发放。共从18个国家和地区收集法语频道有效问卷965份，8个国家和地区收集俄语频道有效问卷660份。

此次调查的法语地区受访观众主要来自法国和非洲，职员、政府公职人员和企业管理者居多，具有年轻化和高学历特点。超八成受访观众表示会在重大事件发生时不同程度地通过法语国际频道获取相关信息，法语国际频道在传播中国正面形象上初步取得成效，对频道越忠实的观众对中国形象的认知越正面。受访观众对频道整体满意度较高，达到73.1分；对频道新闻节目的时效性和专题节目的选题新颖给予较高评分，分别为77.9和76.3分；主持人许莉以36.6%的知晓度和30%的受欢迎程度成为频道排名最高的主持人。《综合新闻》《纪录片》和《直播非洲》是收看观众数量最多的三个栏目，分别占比为83.6%、74.2%和71.5%。法语国际频道面向非洲地区的《直播非洲》和《非洲面孔》栏目均受到非洲观众的好评。法语国际频道开设的新媒体公众账号开始受到观众注意，成为海外观众了解频道内容、获悉频道动态的重要渠道。

此次调查的俄语地区受访观众主要来自俄罗斯和吉尔吉斯，学生、技术人员及专业人士和政府公职人员居多，频道收视群体出现年轻化趋势。受访观众对俄语国际频道整体满意度较高，达到77.6分；对频道时效性评价最高，得分为77.4分；主持人娜咪啦以42.1%的知晓度和33.8%的受欢迎程度成为频道排名最高的主持人。“中国的新闻”“中国的风土人情”“中国的传统文化”是吸引观众收看俄语国际频道的三个最主要原因，其占比分别为51.7%、40.4%、37.3%。《综合新闻》《旅游指南》《中国厨艺》是最受观众喜爱的三个栏目，分别占比为43%、36.7%与29.1%。随着智能移动终端的普及与网络的不断发展，互联网电视平台已成为观众最主要的收视渠道之一，新媒体成为俄语国际频道传播重要渠道。

(海外传播中心供稿)

《中央电视台视听资料TSCU定价体系》简介

视听资料TSCU定价体系，是中央电视台音像资料馆在多年的数据积累、数据分析和数据挖掘的基础上，充分调研了国内外10余家电视媒体和音像资料馆（如荷兰视听研究所、法国国立视听研究、五岸传播等），经过了近4年的社会化服务实践，自主创新研发的定价体系，实现了定价工作的科学化、精细化、标准化，在促进视听资料产业发展中可迅速化为实用价值。

该成果具有极强的创新性，整合了电视业务理论的5W原则和感知定价理论，将理论结合实际，使体系在实践中不断完善。在中央电视台、网络电视台等几十万条使用数据的分析挖掘中，运用最新的统计分析软件工具测算定价体系的各种加权系数，运用高等数学理论把感知定价的各种维度和加权系数固化成数学模型。该体系开发成实用软件后，将具备强大的视听资料定价功能，能够满足多级运算和系统自动运算的要求，可以用于所有视听资料的定价，具有极强的推广价值。可同时满足完整节目和片段资料等多种内容的价值评估和版权交易价格的核算。TSCU定价体系解决了视听资料的定价问题，使视听资料交易有章可循，对于促进文化产业发展、挖掘传统媒体自身潜力，具有重要意义。

（音像资料馆供稿）

《广电大数据应用发展调研报告》简介

中央数字电视传媒有限公司于2014年1月～8月期间，以大数据的应用与发展为调研方向，完成了《广电大数据应用发展调研报告》，以通过对大数据应用与发展调研，实现推动公司的新业务发展。

报告结合中央数字电视传媒有限公司自身业务，对各项业务的创新发展提出设想，旨在充分利用和发挥大数据的作用，推动付费电视业务创新、管理创新和经营模式创新等。

（中央数字电视传媒有限公司供稿）

《未来广告TEV系统研发与运营成果》简介

TEV（Total Enhancement Valuation），即体育营销全媒体综合分析平台，是北京未来广告有限公司历经3年研发、于2014年5月15日正式推出的开放式数据分析平台。作为国内目前唯一一套具备全频道、全天候植入广告自动化监测能力的系统，TEV系统能够侦测CCTV-5所有客户商业元素曝光情况并进行广告传播效果评估，包括：(1) 捕捉CCTV-5节目中所有赛事现场广告和转播植入广告，记录它们的曝光时间、曝光位置、曝光面积，并截取图例和视频；(2) 综合评估CCTV-5植入式广告和常规广告的整体传播效果。除此之外，针对赛事赞助商及非赞助商，TEV还将为品牌提供更精准的体育营销咨询与服务，包括：赛事转播过程中的所有视频化植入广告效果评估、优化品牌体育营销全媒体传播推广方案、帮助品牌找到与其目标消费群实际需求相吻合的代言人以及借助所赞助的赛事，为其提供赛后产品消费趋势预测，抢先布局生产销售环节。

（北京未来广告有限公司供稿）

CCTV
中国中央电视台
CHINA CENTRAL TELEVISION YEARBOOK
年鉴
2014
胡占凡 主编
《中国中央电视台年鉴》编辑部 编

CCTV

GUI ZHANG ZHI DU XUAN ZAI

规章制度选载

规章制度选载

中央电视台技术委员会议事规则

第一章 总则

第一条 为坚持和健全民主集中制，加强集体领导，严格履行职责，提高议事质量和决策民主化、科学化、规范化水平，为台领导重大决策和全台管理工作提供技术依据，发挥参谋作用，特制定技术委员会议事规则。

第二条 会议按照精简高效、严谨细致、充分准备、有序组织、保证质量的原则进行。

第二章 会议组成及议事范围

第三条 技术委员会由主管技术的台领导及技术管理中心、技术制作中心、播出传送中心等单位的负责人和专家组成，由主管技术的台领导召集和主持。根据事项涉及范围，可安排技术系统相关部门的负责人列席。

第四条 会议的主要任务：

(一) 依据台分党组工作部署，讨论审议中央电视台中长期技术发展方向；

(二) 讨论确定中央电视台技术系统年度工作任务；

(三) 讨论决定中央电视台技术系统重点工作、重要文件、重要事项；

(四) 对新技术、新设备的引进做出规划和决策；

(五) 依据台宣传任务的总体要求，讨论审议重大电视技术工程项目；

(六) 审议系统配备计划和关键设备购置计划；

(七) 审核电视技术标准、大型活动技术方案及科研项目立项；

(八) 其他由技术委员会主任确定的议题。

第三章 议题确定及时间安排

第五条 会议议题由技术委员会主任直接提出或技术委员会各成员建议提出，由技术委员会主任确定。

第六条 技术委员会会议根据议题需要不定期召开，由技术委员会秘书及议题相关部门负责组织。

第四章 会议要求

第七条 凡提交会议讨论决定的重大问题，要在充分调研、论证和听取各方面意见的基础上，提出可供选择的方案和建议。

第八条 讨论议题，一般先由提出议题的台领导、中心领导说明或汇报情况，然后展开讨论；与会人员应充分发表意见；对议题涉及事项有异议的，应及时向会议主持人提出；会议由主持人归纳总结，形成决议。

第九条 会议必须有三分之二以上的技委会成员参加方能召开，决定重大问题要进行表决，并以应到会人员过半数同意形成决议。与议题有关的组成人员因故不能出席会议，须向会议主持人请假。涉及会议议题的部门由负责人或指派专人列席。列席会议人员不参加会议讨论和表决。

第十条 会议决议一旦形成，个人必须服从和执行集体的决定，个人有不同意见允许保留。

第十一条 技术委员会讨论的事项和决定，由技术委员会秘书起草完成会议纪要和议定事项通报，报技委会主任签发后，印发技委会成员及有关部门，并协调相关部门反馈会议决议执行情况。

第十二条 严格遵守保密规定，未经会议批准传达、公布会议的内容和过程情况，与会人员不得擅自外传和泄漏。

第十三条 本议事规则自印发之日起施行。

中央电视台

2014年5月8日

（技术管理中心提供）

中央电视台技术项目鉴定工作制度（试　行）

第一章 总则

第一条　为规范中央电视台技术项目鉴定管理工作，科学地评价技术项目的实施效果，扩大我台技术引领和业务示范的作用和影响，推动技术推广和奖项申报，根据《中华人民共和国科学技术进步法》、《国家科技成果鉴定办法》等国家法律、法规、政策，以及国家新闻出版广电总局的有关规定，结合中央电视台技术项目鉴定的具体情况和实际需要，特制定本工作制度。

第二条　技术项目鉴定是指有关科技行政管理机关聘请同行业专家，按照规定的形式和程序，对技术项目进行审查和评价，并作出相应的结论。鉴定是评价科技成果质量和水平的重要方法，是科技成果转化和科技创新推广的必备环节，是项目管理和能力评估的基本手段。

第三条　在立项时被确定为重点项目的开发和集成项目，以及由中央电视台立项或承担的科研项目，需进行项目鉴定。具有推广价值和获奖能力的项目原则上应进行项目鉴定，处于保密期或已申请专利的项目暂不进行项目鉴定。

第四条　各技术项目应科学规范撰写鉴定材料和汇报材料。项目鉴定材料的准备工作应纳入项目管理，并于结项时撰写完成。文档应做到表述清晰准确、内容系统完整、格式规范统一。

第五条　中央电视台的技术项目通过鉴定后，方可参加总局科技创新奖、中国电影电视技术学会科技进步奖、王选新闻科学技术奖等相关奖项的申报。

第二章 鉴定的组织和管理

第六条　中央电视台技术项目鉴定工作由技术管理中心归口管理，由技术业务部负责具体组织、协调和管理。

第七条　技术项目鉴定每年分批集中组织进行，以会议鉴定形式为主，即组织同行业专家采用会议形式，经过讨论答辩，对技术项目作出评价。如有需要，可以进行现场考察和测试。

第八条　技术项目所属部门填报《中央电视台技术项目鉴定申请表》，申请进行项目鉴定。上级领导批复同意后，待鉴定项目应在一个月内，按要求采用规范统一的模板和格式，准备完整的鉴定材料和汇报材料，以书面和电子版形式交至技术业务部。

第九条　在技术项目鉴定会召开前，应在台内范围组织专家小组对项目进行预鉴定，形成修改意见。根据修改意见，项目组须对鉴定材料、汇报材料及时进行补充和完善。材料提请专家小组复审通过后，方可提交鉴定。

第十条　技术项目鉴定会由技术管理中心技术业务部协调组织召开。通常情况下，限每半天鉴定两个项目。由相关行业专家组成鉴定委员会，听取汇报，观看演示，形成鉴定意见。鉴定委员会一般由一名委员会主任和七名或七名以上专家组成。通过鉴定的技术项目颁发《鉴定证书》。

第十一条　通过鉴定后，项目鉴定文件和材料由技术业务部按照相关规定归档。

第三章 鉴定材料编撰要求

第十二条　技术项目鉴定材料的内容和格式，须符合有关规定要求，按相应模板组织撰写。鉴定材料分为如下几类：

（一）工作报告

工作报告是对项目概况、实施过程、取得成果所做的总结报告，包括项目概况、实施情况、项目成果及创新点、成果应用情况、项目交付情况、项目参与人员情况等内容。

（二）技术报告

技术报告是对项目的技术背景、技术实现、技术成果所做的总结报告，包括项目关键技术、技术方案及实现、主要技术成果、技术文档概述、项目技术水平自我评价等内容。

（三）测试报告

测试报告是由第三方对项目的核心技术、软硬件产品、系统性能、系统集成等开展测试而出具的报告，包括测试方案、测试记录、测试结论、测试组专家签字等。若分系统或分部分测试，则要一一对应，全面支撑。

（四）查新报告

查新报告是根据项目的创新点与所查数据库内的文献信息进行比较分析，对创新点作出新颖性判别，以书面形式撰写的客观、公正的技术文件。项目委托查新时，要注意准确提出查新要求和查新范围，以得出符合项目技术水平的查新结论。如在评价中拟使用国际先进或国际领先时，应相应地选择在国际范围进行查新。在汇报时，要注意就每个创新点分别阐述清楚。查新报告的完成周期一般为两周时间。

（五）用户报告

用户报告是由项目运行部门及用户部门代表分别撰写的使用情况报告。项目运行部门是负责系统技术支持及提供业务服务的部门。用户部门是项目所提供服务的最终使用部门。通常情况需运行部门和用户部门代表分别出具用户报告，并加盖部门公章。运行部门与项目设计建设部门一致的，只需由用户部门代表出具用户报告。用户报告应就项目成果应用、系统运行使用、用户体验评价等方面加以介绍。

（六）其他相关材料

其他相关材料是有助于证明项目质量或技术水平的其他辅助材料，例如设计原理文件、工艺实现文件、测试方法文件、项目源代码、专利、著作、论文以及实物图片等。可以视项目情况选择性提交。

第十三条　技术项目按项目属性可分为工程类、开发类、研究类、软科学类、标准类。应根据项目的属性，准备相应的鉴定材料。

（一）工程类项目

以工程建设、系统集成为主要内容的项目为工程类项目。须提供工作报告、技术报告、测试报告、查新报告、用户报告和其他相关材料。

（二）开发类项目

以系统研发、产品开发、软件开发为主要内容的项目为开发类项目。须提供工作报告、技术报告、测试报告、查新报告、用户报告和其他相关材料。

（三）研究类项目

以理论研究、实验测试、方案方法、原理验证为主要内容的项目为研究类项目。须提供工作报告、技术报告、测试报告、查新报告和其他相关材料。

（四）软科学类项目

以技术政策、发展战略、科技信息、技术评估为主要内容的项目为软科学项目。须提供工作报告、技术报告和其他相关材料。

（五）标准类项目

以标准制定、标准规划为主要内容的项目为标准类项目。须提供所颁布标准的书面材料。

第十四条　待鉴定项目应在鉴定材料的基础上准备鉴定会汇报内容，须涵盖项目基本情况、实施情况、取得的主要成果、考核指标及完成情况等内容。其中，应以项目取得的主要成果为重点进行汇报，包括实现的目标、取得的成绩、理论方法的提出或建立、关键技术的突破、达到的水平等，并就项目创新点进行逐条阐述。项目应以幻灯片形式准备鉴定会汇报材料，汇报时间原则上应控制在40分钟以内。

第十五条　项目所属部门负责人或项目负责人作为鉴定会汇报主讲人，应对全部鉴定材料的撰写进行有效监督和严格审核。

第四章　附则

第十六条　本制度自下发之日起施行，由技术管理中心负责解释。

附件：

1.中央电视台技术项目鉴定申请表

2.鉴定材料清单

3.鉴定材料模板

4.汇报材料模板

5.查新机构列表

中央电视台

2014年10月16日

（技术管理中心提供）

中央电视台数字身份证书管理办法

第一章 总则

第一条 为加强和规范中央电视台工作人员使用数字身份证书在中央电视台网络与信息系统上从事相关业务工作的管理，根据《中华人民共和国计算机信息系统安全保护条例》，制定本办法。

第二条 中央电视台数字身份证书（以下简称“证书”）是经中央电视台数字身份认证系统数字签名的、包含持有者信息（姓名、工作证号等）的文件，存储在物理介质中使用、保管。该证书用于在业务系统中证明持有者的身份，其安全性比普通的用户名、口令更高。

第三条 证书的使用者与业务范围包括：播出系统、总控系统、新闻业务管理系统、制播类系统等国家信息系统安全等级保护三级及以上业务系统的用户；通过互联网远程访问我台对外提供服务的业务系统（如综合信息门户系统、新闻业务管理系统、节目生产管理系统、广告管理系统等）的人员；业务系统运行维护人员，以及其他必须使用证书的人员等。

第四条 中央电视台数字身份证书的归口管理部门为中央电视台技术管理中心信息安全部。

第二章 职责

第五条 中央电视台技术管理中心信息安全部负责中央电视台数字身份证书系统的建设与推广应用，负责全台数字身份证书的统一审批、制作、发放、监督与检查等总体管理工作。

信息安全部设立证书受理点，具体负责所有证书的签发与管理。

第六条 证书持有者所在部门负责对证书持有者的证书申请、更新、停用、撤销、补发、回收上缴进行审核，并对日常使用进行管理。证书审核者应为部门处级以上（含）领导，审核者对本人所批准证书的总体安全管理负责。

第七条 证书持有者直接负责证书的安全使用与保管，负责向所在部门和信息安全部报告证书有关情况。证书持有者在业务、岗位发生变化时，应及时交回证书或者申请变更证书的使用权限。

第八条 业务系统主管部门负责对证书持有者在本系统使用权限的审核与批准。

第三章 证书申领与变更

第九条 证书申请与审核。证书申请部门负责审核、确定证书使用范围、证书使用者所能访问的业务系统和相应权限、证书使用期限等信息。

第十条 证书申请者如实填写《中央电视台数字身份证书申请、变更表》，由申请者所在部门审核同意，提交到证书受理点，受理点负责复核申请者填写内容，制作、登记、发放证书。

同一部门中多人同时申请证书时，可由部门指定一人作为证书申请代理人，统一办理。

第十一条 证书领取。证书由证书申请者所在部门代领代发。

第十二条 证书更新。证书持有者的证书有效期、证书权限等信息有变动时，应及时填写《中央电视台数字身份证书申请、变更表》，由所在部门审核，提交到证书受理点办理。

第十三条 证书停用与恢复。半年以上不需要使用证书的证书持有者应及时填写《中央电视台数字身份证书申请、变更表》，由所在部门审批，提交到证书受理点办理；需要重新使用证书时，可再申请恢复。

第十四条 证书撤销与收回。不再具备使用证书资格的证书持有者（如离职人员、退休人员或岗位变动等情况），应及时填写《中央电视台数字身份证书申请、变更表》，由所在部门审核，提交到证书受理点办理，并将证书介质交回信息安全部。

第十五条 证书丢失、损坏及补发申报。证书持有者证书介质丢失后，应立即通知相关业务系统运维部门，暂停相关账号的使用权限，避免被他人冒用。发现证书介质丢失或损坏后，应及时填写《中央电视台数字身份证书申请、变更表》，向证书受理点报告，申请停用、撤销或修复证书。

确实无法找回或修复证书介质的，可申请补发，补发程序按证书申请程序办理。

第四章 证书介质管理

第十六条 证书持有者应为中央电视台台聘或企聘员工。

其他人员确因特殊原因需要持有证书的，应由台内部门提出书面申请，经所在中心（频道、室）审核后，报技术管理中心信息安全部审批办理。

非中央电视台台聘或企聘员工申请持有证书，证书有效期限不得超过一年。

证书有效期满，需要继续使用者，按程序重新申请证书更新。

证书持有者的信息系统使用权限，应向相应业务系统运维主管部门提出申请。

第十七条 证书持有者所在部门应建立证书登记制度，应由指定人员负责，登记证书持有者如下信息：姓名、工作证号、科组/栏目、联系方式、证书领用日期、到期日期、所访问的业务系统及权限等。

第十八条 证书持有者所在部门应定期（至少半年一次）对本部门证书进行信息核对，包括证书持有者岗位变动信息、业务系统访问权限调整、证书是否在有效期内等。证书持有者变更信息，应及时办理证书更新。

第十九条 证书介质按照“专人专用”原则使用，按照“谁持有，谁负责”的原则管理。

第二十条 每个员工最多持有一个证书介质。不得重复申请、批准与发放证书介质。

第二十一条 证书持有者领取证书后应立即更改证书介质保护口令，防止他人冒用。口令长度应不少于8位，由数字、字母、特殊字符组成。证书持有者应定期（不超过三个月）更改证书介质保护口令，若发现口令可能泄露，应立即更改。

第二十二条 证书使用完毕，证书持有者应立即从计算机上取下证书介质并妥善保管，防止他人非法使用。

第五章 罚则

第二十三条 未按规定使用数字身份证书，予以部门内部或者全台通报批评。造成安全事故或其他重大安全隐患的，按照台内相关规定处理。

第六章 附则

第二十四条 本办法由中央电视台技术管理中心信息安全部负责解释。

第二十五条 本办法自发布之日起施行。

中央电视台
2014年6月18日
（技术管理中心提供）

中央电视台动画片采购管理暂行办法实施细则

第一章 总则

第一条 为规范我台动画片管理，加大动画片原创产量，提高动画片采购质量，实现动画片版权价值最大化，维护我台整体利益，根据《中央电视台动画片采购管理暂行办法》（以下简称暂行办法），制定本细则。

第二条 暂行办法及本细则适用于我台以购买、委托制作、联合制作、赠播等形式获取动画片版权的采购管理及动画片播出管理。

第三条 暂行办法及本细则所称动画片是指以一定的美术形式作为内容载体，具有完整主题和故事情节，并报请广播电视主管机构同意发行的国内外动画片和动画电影。不包括特技动画制作、动画形式的广告以及宣传片等。

第四条 在动画片采购、播出管理工作中，我台遵循统一选题规划、统一经费管理、统一审片标准、统一谈判签约、统一调配资源的原则。

第五条 总编室根据工作需要，负责动画片宏观管理的统筹协调工作。少儿频道负责相关工作的组织及实施。

第二章 采购计划申报

第六条 为提高动画片采购工作的计划性，相关频道（部门）须以书面形式向少儿频道提出动画片采购需求。须于每年度9月初向少儿频道提交《中央电视台年度动画片需求申报表》。

第七条 少儿频道负责汇总全台下一年度动画片自制、采购、委托制作及联合制作总体需求信息，其中应包括央视动画公司等台属公司的制作计划，并编制《中央电视台动画片年度生产计划》，于每年度9月底前统一向总编室进行申报。

第八条 每年度10月份，总编室召集相关频道（部门）召开动画片工作会议，根据少儿频道提交的《中央电视台动画片年度生产计划》，研究制定下一年度我台动画片选题规划，并测算全台动画片专项资金的划拨额度，报台领导审核批准。

第九条 相关频道（部门）在本年度中如有临时性采购要求，需填写《中央电视台动画片临时采购申报表》，向少儿频道提出需求。少儿频道针对相关频道（部门）的需求提出意见，报总编室单独审批。

第三章 采购预算管理

第十条 根据暂行办法，我台设置动画片专项资金，购买社会机构及台属制作公司动画片。

第十一条 专项资金总额度依据各频道年度计划、播出总量，以及上一年度购买境内、境外动画片平均基准价核定。

第十二条 专项资金管理原则如下：

1.在同等质量的前提下，优先购买台属公司制作的动画片。

2.经少儿频道及总编室审片部审看通过、品质优异，且我台享有完整版权的原创动画片优先安排，其资金额度参照前三年平均价格标准核定。

3.购买有播出版权期限的其它国产、引进动画片的所需经费，由相关频道按照购买计划在既定年度预算内相应安排，经总编室审核后，由财务管理中心纳入年度购买动画片专项资金。

4.为确保我台掌控优质动画片资源，实现我台利益最大化，如发生因购买非我台自制、且需要享有长期或永久独家播映权的动画片，而导致动画片年度专项资金不足的情况时，由提出购买需求的频道提交追加预算的申请，经总编室审核后，由财务管理中心按照台规定履行追加程序。

第十三条 动画片的购买应按照片名单独申报节目代码和预算。

第十四条 我台鼓励并支持开展大型动画片制作项目。除以上动画片年度专项资金外，我台将根据大型动画片的生产制作周期特点，经报请台编委会审议通过后，按照一事一议原则核定经费并由台相应安排预算。

第十五条 统一购买的动画片经频道播出后，一个频道首播时，由该播出频道承担全部成本；对于多个频道同时播出的节目，由主播频道负担成本；在不能明确主播频道的情况下，由总编室会同相关频道确定成本分摊的比例。节目未播出的，购买动画片所发生的费用计入提出购买需求的频道。重播频道暂不做成本分摊。

第十六条 相关频道提出购买动画片计划中如涉及财政资金的，应在购买计划中明确约定使用财政资金的部分；其计价标准应当符合国家规定的开支范围和开支标准，且与项目申报预算相符，并在购买合同中明确表述有关事项。

第十七条 未在少儿频道、总编室办理相关审核手续，即以购买、委托制作、联合制作、赠播等形式获取动画片版权的，将按实际购买价格扣减该频道（中心）年度预算。上述行为发生累计2次，则暂停该频道（中心）当年所有外购、委托制作等业务。

第十八条 相关频道（中心）如有定向片源信息和购买意向，可直接向少儿频道提出购买要求，并由其代为办理相关采购手续。相关频道（中心）不得自行开展动画片采购工作。

第四章 片源管理与信息发布

第十九条 央视动画等台属公司须于每年度9月底前，将下一年度可供播出的动画片篇目及样片报少儿频道备审。

第二十条 为实现台内动画片采购信息共享，总编室负责建设和运营节目采购信息发布平台。少儿频道需通过设置或委托专门机构等方式，负责将国内外最新动画片信息、少儿频道正在商洽的动画片信息、我台最新购买动画片版权信息、样片信息、审看信息等上载至信息平台，经版权管理部审查后向有关频道（中心）发布。

第二十一条 总编室审片部负责代台组织动画片终审工作。审看剧目包括已通过少儿频道复审的各类社会片源、央视动画等台属公司提供的动画样片以及有购买意向的境外动画片样片。

第五章 审看管理

第二十二条 所有购买、委托制作、联合制作、赠播动画片审看均采取“初审、复审、终审”三级审片制度。

1.频道初审：少儿频道负责动画片剧目的初审，初审审看重点为节目质量、节目导向，以及查验制作、发行许可证、营业执照等各种手续。

2.频道复审：少儿频道负责对通过初审的动画片进行复审，审看重点为节目的品质及节目的可视性、艺术性，并对动画片进行评估，评分等级为B类及以下的剧目由频道退片。

3.审片部终审：审片部组织审看送审片目，旨在挑选思想性、艺术性和观赏性俱佳，有较高艺术水准和制作水准、符合央视播出要求的动画片。审片部须及时将审看意见反馈少儿频道。对于决定购买的片目，频道应根据终审意见联系制片方修改，将修改部分刻录光盘，并同修改方案一起送总编室审片部审定后，方可播出。

第二十三条 通过三级审看且少儿频道决定购买的动画片须由少儿频道报总编室审批。通过审批的动画片将通过总编室动画片采购信息发布平台向全台公布，供相关频道（部门）选择、查询。

第二十四条 总编室审片部及少儿频道负责制定和调整动画片质量认定等级标准。

第二十五条 少儿频道根据总编室终审审批的拟购片目，代台与国内外机构进行动画片采购谈判及签约工作，并负责履行相关合同审批及支付手续。

第六章 采购管理

第二十六条 少儿频道根据我台近年来动画片采购的实际价格，并参考市场环境价格，确定我台动画片采购的基准价格。

第二十七条 少儿频道根据动画片复审确定的质量认定等级，以动画片采购基准价为基础，确定购买价格。

第二十八条 在同等质量的前提下，依照惯例及优惠价格，优先购买央视动画等台属公司生产的动画片。

第二十九条 年度大型动画片制作项目须在申请下一年度重点选题立项时，经少儿频道提出意见后，报总编室、台编委会审批。经台编委会批准后，方可立项执行。

第三十条 相关频道如需以买断播出方式购买动画片，其购买价格应根据实际成本及谈判情况，由少儿频道提出意见后，报总编室、台编委会审批。未经批准，不得签署购买合同。

第三十一条 建立动画片采购版权基准，即我台购买国内动画片原则上应包含综合频道、少儿频道、中文国际频道、军事农业频道和中国网络电视台等播出平台的播出权。

第三十二条 如出现拟购动画片版权达不到版权基准，或非固定播出动画片频道提出动画片补购需求等情况时，由少儿频道汇总相关信息，报总编室进行协调，必要时报台领导进行审批，以确定最终的购片方案。

第三十三条 动画片采购工作结束后，由少儿频道负责办理入库手续，并通过总编室采购信息发布平台向全台公布。

第三十四条 为有效实现我台动画片版权价值最大化，我台实行动画片片库统计工作机制，主要工作内容有：少儿频道负责对我台拥有版权的动画片进行分类、整理；以年度为单位，汇总动画片采购、入库情况；对我台拥有版权动画片的使用情况、库存情况进行汇总。

第三十五条 为增强动画片采购工作的计划性，我台实行动画片选题规划管理工作机制，主要工作内容有：少儿频道对本年度全台动画片专项资金使用情况进行统计分析，如成片购买、委托制作、联合制作的资金使用比例等；对入库动画片的节目类型及收视业绩进行分析研究；对国内外动画片市场进行分析预判，提出全年动画片采购数量及所需题材类型等建议。

第三十六条 总编室在少儿频道提供的以上相关数据的基础上，负责以年度为单位撰写《中央电视台动画片年度版权资产分析报告》。

第三十七条 综合频道、少儿频道、中文国际频道、军事农业频道、中国网络电视台为我台固定播出动画节目频道（平台）。其他频道为非固定播出频道。

第七章 播出管理

第三十八条 综合频道、少儿频道为我台动画节目首播频道。其他频道原则上为动画节目重播频道。

第三十九条 少儿频道负责全台动画片播出的统筹工作，除综合频道和少儿频道外，其他频道如需播出、编排动画片，须向总编室版权管理部核实版权状况，并以书面形式向少儿频道备案。经少儿频道同意后方可办理动画片母带出库手续，并安排播出。

第四十条 在办理备案和出库手续时，播出频道应明确使用动画片的栏目名称及代码、节目名称及代码、首播或重播等相关信息。

第四十一条 在已入库动画片版权情况允许的前提下，综合频道对我台动画片资源具有优先使用权。

第四十二条 相关频道如需安排播出进口动画片，应按照国家主管部门和我台的宣传要求做好相关审核、统计工作，以确保符合国家新闻出版广电总局关于动画片进口、播出时段、播出比例的相关规定。

第八章 附则

第四十三条 本办法自下发之日起执行。

第四十四条 本办法由总编室负责解释。

附件

动画片质量认定等级标准

评审级别	分值	选择	级别解释
A类片	A+		题材内容积极健康，符合主流价值观及少年儿童的审美情趣； 具有一流动画大片的水准，有较强的创新性（国产片要求具有引领性，制作质量达到国内领先水平，长度一般为22分钟×52集）； 故事生动，引人入胜，角色性格鲜明突出； 画面质量精美，具有极强的可视性； 镜头灵动、表达内容丰富； 场景丰富、多层次。
	A		
	A-		
B类片	B+		题材内容积极健康，符合主流价值观及少年儿童的审美情趣； 故事严谨、完整，具有一定的新意； 画面制作精良，色彩鲜明； 镜头表达具有一定的丰富性； 背景层次丰富。
	B		
	B-		
C类片	C+		题材内容积极健康，符合主流价值观及少年儿童的审美情趣； 对故事剧本要求较高，构思巧妙，情节设置灵活，具有较强的可延续性； 根据低成本的概念，强调制作上的巧妙和灵活； 背景色彩明亮，结构清晰。
	C		
	C-		
D类片	D		不适合少儿频道播出

中央电视台
2014年4月8日
（总编室提供）

中央电视台广告管理规定

第一章 总则

第一条 为规范我台广告经营管理活动，实现我台媒体资源价值最大化，特制定本规定。

第二条 凡带有CCTV标志的我台各开路频道（不含电影频道）的电视广告管理活动，均适用本规定。

第二章 管理办法

第三条 资产管理中心是我台各开路频道（不含电影频道）所有形式电视广告及新媒体广告经营管理、确定广告分成及收费方式、收取广告费及与各类广告回报赞助款等事项的唯一部门。各中心、频道及本台所属各单位、机构、公司等未经资产管理中心批准，均不得以任何理由在节目中及与节目相关的新媒体中安排任何形式的广告。

第四条 本规定所涉及的广告包括常规电视广告、特殊电视广告、新媒体广告和公益广告。

常规电视广告指宣传企业形象、产品、服务等内容的广告。

特殊电视广告指常规电视广告之外，任何涉及企业、经营单位的标识或商业元素的内容，包括但不限于以下内容：节目冠名、特约、特别呈现、赞助播映、提示收看等；节目宣传片、片头、片花、标版、角标、字幕、信息条、部分画面、鸣谢字幕等；节目中主持人口播内容、产品或奖品镜头体现、品牌标识镜头体现、企业音乐使用、企业标准色使用、服装服饰表现（包括主持人、嘉宾、观众等）、节目场景布景（包括背景板、主持台、观众席、地标、桌面产品摆放等）、大屏幕的边框或画面中的展现、现场笔记本电脑背贴等；在节目宣传的新闻发布活动中带有商业元素的背景板、新闻稿、海报、手册等。

新媒体广告包括央视网及各频道经我台正式批准、备案建立的网站、微博、微信、APP、二维码等互动传播平台广告资源，以及随着新技术发展不断创新的新媒体广告形式。

公益广告包括我台自制、外单位（部委、社团等）报送、企业在我台投放的各类公益广告。

第五条 资产管理中心应根据《广告法》、国家工商总局及国家新闻出版广电总局有关规定，统一安排我台各频道广告段位、段数、时长等，按照规定时间向各中心、频道提供广告播出安排计划表；各中心、频道应根据自己频道属性、特点积极配合，按照规定时间提供播出计划和节目单，因节目改版、特殊编排、临时节目调整等原因变更或撤减广告播出安排，须按《中央电视台新址宣传业务流程管理办法》报总编室和资产管理中心同意并确认后方可执行，新闻中心须按新址新闻节目制播流程的相关规定执行。

第六条 资产管理中心负责我台各开路频道（不含电影频道）广告素材的审查和播出，并按照新址的广告播出流程送播所有广告素材及广告节目单；各中心、频道及播出部门不得接收其他任何单位或个人提供的广告素材或广告节目单。各中心、频道及播出部门应按照资产管理中心指定的广告交接流程执行，确保广告播出安全。

第七条 各中心、频道应提前安排节目，为资产管理中心的广告营销工作提供必备时间。为保证播出安全，如遇节目改版、特殊编排、临时节目调整等情况，各中心、频道应严格按《中央电视台新址宣传业务流程管理办法》报总编室、资产管理中心同意并确认后方可执行，新闻中心须按新址新闻节目制播流程的相关规定执行。

第八条 各中心、频道在审查节目内容时应严格把关，杜绝播出未经与资产管理中心签约的商业广告。节目制作部门在配合资产管理中心执行特殊电视广告过程中，应严格遵守资产管理中心出具的《特殊电视广告执行单》，不得擅自变更或扩大特殊电视广告的承诺。

第九条 我台在经费使用及创收管理上实行“收支两条线”的原则，节目制作经费的使用须遵循我台有关规定。

第十条 如有违反本规定的行为，造成我台损失的，一经发现，根据我台纪检监察部门相关规定追究责任；造成他人损失或侵权的，由违反本规定的部门和个人承担相应法律责任。

第三章 附则

第十一条 本规定自2014年12月1日起执行。

第十二条 本规定最终解释权归资产管理中心。此前相关规定如与本规定不符，均以本规定为准。

中央电视台

2014年11月25日

（资产管理中心提供）

CCTV

DIAN SHI SHU BAO KAN JI YIN XIANG CHU BAN WU

电视书、报、刊及音像出版物

电视书、报、刊及音像出版物

中央电视台 2014 年编辑出版新书选介

大鲁艺

编著者：中央电视台、陕西广播电视台《大鲁艺》摄制组。主编：闫东。中国民主法制出版社 2014 年 1 月出版。37.3 万字，照片 200 幅。

由中央电视台、陕西省委宣传部、陕西省广播电影电视局、陕西广播电视台联合摄制的五集大型文献纪录片《大鲁艺》，以口述历史的纪录方式，对百位平均年龄 90 岁的老一辈文学艺术家进行抢救式采访拍摄，全面准确地阐释了毛泽东同志《在延安文艺座谈会上的讲话》的历史意义和精神内涵。为了史实准确、内涵厚重、风格创新、价值独特，纪录片采用了口述历史的表达方式，百位平均年龄 90 岁的亲历者在荧屏上深情讲述了 70 年前的那段峥嵘岁月。同名图书则突破了纪录片片长限制，生动地再现了延安鲁艺的成立、发展过程及其在我国文艺发展史上所作出的重要贡献。书中对老人的口述历史部分进行了完整的整理编辑，形成了独特的出版体例。精彩异常的个性故事最终构成了一部鲜活的集体记忆文献。

《科学发展铸辉煌》是这样诞生的

编著者：中央电视台《科学发展铸辉煌》摄制组。中国民主法制出版社 2014 年 2 月出版。28.5 万字，照片 100 幅。

为迎接党的十八大胜利召开，2012 年初，由中共中央宣传部、中央文献研究室、中央党史研究室、国家发改委、国家广电总局、解放军总政治部、中央电视台联合摄制了大型文献纪录片《科学发展铸辉煌》。本书全面呈现了该片的精彩内容，生动再现了创作团队紧张有序的创作过程，是一部值得收藏、值得品读、值得研究的精品力作。

七集大型文献纪录片《科学发展铸辉煌》全面回顾和真实记录了党的十六大到十八大以来，这十年间发生的重要历史事件，披露了许多重大决策的出台过程，并对十年宝贵的历史经验进行了系统总结、思考和提升。《< 科学发展铸辉煌 > 是这样诞生的》站在经典案例分析的角度，从影像表达、影像创作、影像评析等角度对《科学发展铸辉煌》一片从选题立意、团队组建等方面到后期多角度、多视角宣传的各个环节进行了认真清晰的梳理和评析。

《中国谜语大会》谜语精选

编著者：《中国谜语大会》节目组。主编：阚兆江。副主编：刘帆。中国民主法制出版社 2014 年 4 月出版。8.6 万字，照片 7 幅。

2014 年新春伊始，大型直播节目《中国谜语大会》在 CCTV-1 黄金时间连续三天热播，2.8 亿观众争相收看，206 万网友踊跃参与，电视、手机、网络实时互动。这是一次真正意义上的台网融合，是一次全民参与的益智活动。

《中国谜语大会》节目融经典古谜、趣味字谜、时尚热词为一体，内容丰富，脍炙人口。百位明星应邀出题，欢乐喜庆。来自全国“谜语之乡”的 10 个中学生代表队思维敏捷，技巧娴熟。比赛扣人心弦，高潮迭起。专家学者解读精辟，主持人诙谐幽默，妙语连珠。谜语构思充满智慧，实时参与其乐无穷。

《中国谜语大会》赛前历时 40 天，通过央视网向全国谜友征集原创谜语 2 万余条。《< 中国谜语大会 > 谜语精选》从中选出优秀谜语 500 余条，另收录《中国谜语大会》节目赛题 101 条，总计 600 余条。

延安延安

编著者：中央电视台、陕西广播电视台《延安延安》摄制组。主编：闫东。中国民主法制出版社 2014 年 5 月出版。20.6 万字，照片 150 幅。

《延安延安》是央视同名大型历史文献纪录片的图书扩容版。电视片由中共陕西省委、中央电视台、陕西广播电视台联合制作，以口述历史的形式，真实反映了 1935 年至 1948 年，中央红军从进入陕北到中央机关离开延安的 13 年间，中国共产党人与当地群众紧密联系、水乳交融的历史。生动再现了第一代中央领导人在延安时期民主执政的理念和勤政为民的实践，表现了中国共产党始终坚持群众路线，一切为了人民的宗旨信念和政治风范。

作为电视片的延伸和拓展，本书不仅收录并整理了大量由于时间限制而未能收入的最新史料和珍贵内容，而且还通过再创作的角度和方式，描述和分析了为什么在一个“不性感、不繁华，看起来灰头土脸”的西北小城市，人们会那么乐观开朗，精力旺盛！这个特殊的城市到底植入了什么样的“理想社会模式”的基因，使得一位来自国统区的画家把延安称之为天堂？一个政党、一支军队，一群人们，在这片土地上又演绎着怎样温暖而激动人心的故事？从这个意义上来说，本书不仅是原电视片珍贵的文本留存与拓展，更是对为人民服务理念最朴实、最自然，同时也是最生动的解读。

十年——中数传媒、央视风云成立十周年征文集

编著者：刘保平。主编：刘保平。副主编：朱少军、马静、刘桂文、左如旗、赵宁、齐鲲。人民交通出版社 2014 年 5 月出版。18 万字，照片 7 幅。

本书为中央数字电视传媒有限公司、央视风云传播有限公司成立十周年征文集，主要包括 52 篇优秀论文和大事记【中数传媒十年大事记（2003 ~ 2013）、央视风云十年大事记（2004 ~ 2014）】两大部分。书中通过公司员工的十年工作感悟，详细记述了中数传媒和央视风云为数字付费电视行业奋斗的十年风雨历程，以亲身感受讲述中国数字付费电视从无到有的发展步伐，并展望了中国数字付费电视未来的发展方向。

中国市场品牌成长攻略 V

编著者：何海明、佘贤君。主编：何海明。执行主编：佘贤君。机械工业出版社 2014 年 9 月出版。24.8 万字，照片 108 幅。

本书由中央电视台广告中心携九大顶级品牌传播专家、六大知名财经记者联袂打造，介绍了九家知名企业品牌建设的成功案例，用“定位赢家”、“突围之道”、“不破不立”、“智者生存”等四个板块，诠释了中国成功品牌的成长与突破，挖掘出独具特色的中国市场品牌成长攻略，将这些成功企业在庞大而复杂的中国市场中摸索出来的“独门秘笈”与读者共享。

中央电视台 2014 年公开出版发行报刊简介

中国电视报（周报）

1981 年 1 月 1 日创刊，国家新闻出版广电总局主管，中央电视台主办，中国电视报社承办。

法人代表：胡占凡。总编辑：彭健明。社长：郭卫翔。

办刊宗旨：为宣传推广电视节目服务，通过宣传中央电视台节目，整合节目资源，增加自采稿件，提供延伸服务，报道影视动态，达到扩大节目宣传、提高节目收视率、增加央视广告创收、服务广大观众的目的，真正做到“第一时间报道中央电视台热点，为读者提供最需要的电视资讯”。

全国刊号：CN11-0040，邮发代号：1-21；北京刊号：CN11-0238，邮发代号：1-15。

发行数量：50 万份。价格：1 元。地址：北京市复兴路 11 号。电话：010-68500284。电子邮箱：zgdsb@cctv.com。

《中国电视报》自创刊以来，与时俱进，不断改革进取，打造报纸品牌，被中国广播影视报刊协会授予“全国著名品牌和改革创新示范单位”荣誉称号，被国家邮政集团评为“全国邮政发行畅销报刊”。

《中国电视报》靠正确的舆论导向，健康的文化品位，贴近读者、服务读者；以知识性、服务性、趣味性、可读性融为一体的特色，赢得了广大读者的喜爱，发行量成为业内龙头老大。

电视研究（月刊）

1985年3月创刊。国家新闻出版广电总局主管，中央电视台主办，中央电视台发展研究中心、《电视研究》编辑部承办。

主编：罗明。副主编：任学安、张利生、杜宝凤。

办刊宗旨：电视实践的理性思考，突出权威性、指导性、前瞻性、实用性，服务于电视专业工作者、研究人员、大专院校师生及广大电视爱好者。

刊号：ISSN1007-3930（国际标准），CN11-3068/G2（国内统一）。发行数量：6000册。价格：7.50元。地址：北京市复兴路11号。电话：010-68507269/68507288（传真）。电子邮箱：dshyjiu@163.com。

《电视研究》自1997年实施改版、创新以来，致力于实践经验的提升与电视应用理论的研究与传播，先后荣获了中国期刊方阵·双效期刊，第二届、第三届国家期刊奖·百种重点期刊，中文核心期刊，新闻核心期刊，CSSCI来源期刊等政府奖及行业奖项，以其专业品质在电视业界、学界有较高影响力。

现代电视技术（月刊）

1989年3月创办，2001年7月全面改版并更改为现刊名，2002年7月正式公开发行。国家新闻出版广电总局主管，中央电视台主办，技术管理中心技术业务处承办。

主编：何宗就。编辑部主任：韩强。

办刊宗旨：关注电视技术的探索与实践，关注高新理论的形成与发展，为广大读者提供大量实用信息，为技术创新提供重要实践经验。

刊号：ISSN 1671-8658（国际标准），CN11-4864/TN（国内统一）。发行数量：15000册。价格：10元/期，100元/年。地址：北京市复兴路11号。电话：(010)63987586、63985910。网址：WWW.CCTVPRO.COM.CN。电子邮箱：tvtech@cctv.com。

《现代电视技术》围绕重大行业活动和重要报道事件进行选题，关注电视技术最新发展趋势和应用实际，着力报道技术实施情况以及技术成果应用。所刊登的内容主要涉及国内外高新技术与数字化、网络化技术；电视中心系统设计、设备选型与维护；电视节目制作与播出；多媒体技术与计算机网络；新媒体与三网融合；电视发射、接收设备的改造与维护；卫星电视与有线电视；科技管理、市场动态与业内活动报道等。

第五频道（月刊）

《第五频道》自2008年8月创刊，主管单位：国家新闻出版广电总局，主办单位：中视体育娱乐有限公司。

第五频道杂志社有限公司法人代表/总编辑：郑梦晖，社长：中央电视台体育频道总监江和平。

办刊宗旨：以独特的视角再现体育，以时尚的思维传递体育美感，以鲜明的态度彰显体育精神，为中国体育产业的发展和繁荣提供助力。

杂志刊号：国际统一刊号ISSN 1674-3628，国内统一刊号CN11-5711/G8。

《第五频道》杂志发行数量达7000册，单价为10元。地址：朝阳区光华路15号院1号楼15层，联系方式：52813333-6513、邮箱：zhushuang@cctvse.net。

《第五频道》杂志是中央电视台唯一一本面向市场发行的综合类体育杂志，由中视体育娱乐有限公司主办。《第五频道》作为中央电视台跨媒体发展的重要组成部分，立足于CCTV5的优质赛事资源，将电视同步性与现场感延展至荧屏之外，杂志聚焦当红体育明星、捕捉体坛热点事件，专注体育大事件的深度报道、开设贴近大众的热榜、酷玩专栏，解读潮流运动方式，引领健康的体育文化。杂志在与读者分享体育的力量与激情的同时，引领读者领略动感、健康、优质的体育人生，已成为国内有影响力的体育杂志之一。

中央电视台 2014 年出版报刊一览表

类别	名称	主管单位	主办单位	公开 / 内刊
周报	中国电视报	国家新闻出版广电总局	中央电视台	公开
月刊	电视研究	国家新闻出版广电总局	中央电视台	公开
月刊	现代电视技术	国家新闻出版广电总局	中央电视台	公开
月刊	第 5 频道	国家新闻出版广电总局	中视体育娱乐有限公司	公开
简报	中央电视台简报	中央电视台	台办公室	内刊
日刊	工作日报	中央电视台	台办公室	内刊
期刊	电视决策参考	中央电视台	台办公室	内刊
半月刊	电视生活	中央电视台	机关党委	内刊
双月刊	CCTV 党建	中央电视台	机关党委	内刊
日刊	新闻早读	中央电视台	总编室	内刊
日刊	监看日报	中央电视台	总编室	内刊
专刊	舆情专报	中央电视台	总编室	内刊
简报	调研信息	中央电视台	发展研究中心	内刊
月刊	同赢	中央电视台	资产管理中心	内刊
报纸	中央新影集团通讯	中央电视台	中央新闻纪录电影制片厂（集团）	内刊
报纸	中国国际电视总公司月报	中央电视台	中国国际电视总公司	内刊

中央电视台 2014 年音像出版物选介

国宝档案 2013 精选特辑

中央电视台制作，中国国际电视总公司 2014 年 1 月出版。DVD，60 集，5 盘。时长 640 分钟。

《国宝档案》栏目创办于 2004 年 10 月 4 日，是中央电视台第一次以电视栏目的形式，为国宝级文物重器进行揭秘建档，旨在弘扬博大精深的中国传统文化，展现中华五千年悠久历史，增加中华民族自豪感和民族凝聚力。节目形态以主持人演播室实物举证、故事讲述为主，穿插器物展示、情景再现、专家点评，讲述巍巍中华灿烂文明，是中央电视台中文国际频道集权威性、故事性、观赏性为主的特色栏目，让遥不可及的国之瑰宝不再陌生，将悠久灿烂的中华传统文化形象生动地展现给观众。

本片为《国宝档案》2013 年精选特辑，分为四大主题系列，分别是传奇（一至三）、古代养生、瓷器和古代艺术，这些节目，都是 2013 年度《国宝档案》栏目播出的精品节目。

2014春节联欢晚会

中央电视台制作，中国国际电视总公司2014年2月出版。DVD，1集，2盘。时长240分钟。

本片忠实记录中央电视台2014年春节联欢晚会的全貌，为观众欣赏回味精彩演出提供便利。

寻访马克思

中央新闻纪录电影制片厂（集团）制作，新影音像出版社2014年3月出版。DVD，6集，3盘。时长270分钟。

《寻访马克思》是介绍卡尔·马克思生平的传记类纪录片。通过寻访，看到了马克思的出生证、结婚证、移民申请等一百多年前的文献资料；通过寻访，了解了马克思在德国、法国、比利时、英国的故居与现在的主人；通过寻访，感受了马克思在今天的影响。

该片别具一格的寻访线索；雕塑、绘画、演员独白等别出心裁的艺术表现形式；珍贵的第一手文献资料；以及对人物的深入挖掘，使其在喜闻乐见中传达了深刻的思想内涵，开创了伟人传记片的创作新风。

白居易在龙门

中央新闻纪录电影制片厂（集团）制作，新影音像出版社2014年3月出版。DVD +CD，1集，2盘。时长90分钟。

在洛阳城南的龙门香山，有一处名胜与世界文化遗产龙门石窟隔河相望，这就是唐代著名诗人白居易的安葬之地“白园”。弹指一挥间，幽幽千余载，诗人始终留在这里，守护着他所珍爱的这片土地。斯人已逝，其歌长存。白居易留下的三千多首诗作，成为其生命的延续。字里行间，折射出中唐时代盛极而衰的国家命运，也串联起诗人跌宕起伏的人生轨迹。而他与洛阳龙门的故事无疑是其璀璨人生中的华彩篇章。

中国谜语大会

中央电视台制作，中国国际电视总公司2014年4月出版。DVD，3集，3盘。时长285分钟。

智慧比拼，分享文化——2014年新春伊始，大型直播节目《中国谜语大会》在CCTV-1连续三天黄金时段直播，2.8亿观众争相收看，206万网友踊跃参与，电视、手机、网络实时互动。这是一次真正意义上的台网融合，这是一次全民参与的益智活动。本片即为该节目的精彩呈现。

《中国谜语大会》分《历史“谜”局》《咬文嚼字》《今日“谜”宫》三大板块，融经典古谜、趣味字谜、时尚热词为一体，内容丰富，脍炙人口。来自“谜语之乡”的10个中学生代表队思维敏捷，技巧娴熟。比赛扣人心弦，高潮迭起。专家学者解读精辟，选手竞猜妙语连珠。百位明星应邀出题，群星璀璨，亮点纷呈。

发现肯尼亚

中央电视台制作，中国国际电视总公司2014年5月出版。DVD，3集，1盘。时长150分钟。

本片记录中国与肯尼亚的一项联合考古项目。该项目于2010年正式启动，分为陆地和水下两部分，预计三年之内完成。中肯两国专家将在肯尼亚多个地区展开考古调查，对岛内建筑和各类遗址进行考古调查，并在海中可能有沉船的位置进行潜水等作业，以确定沉船的准确位置、船体大小等。目前，经过前几年的大范围考古调查，已确定多处海域确实存在沉船。东非海岸一直以来是海上重要的贸易地，中国的古代商船在几百年前就远渡重洋，将东方的文化带到这里，留下珍贵的历史遗存。此次联合考古正是期待这些实物的证据能丰富人们对于航海史、贸易史以及中非交流史的认识。

大鲁艺

中央电视台、中共陕西省委宣传部、陕西省广播电影电视局、陕西广播电视台制作，中国国际电视总公司2014年8月出版。DVD，5集，5盘。时长250分钟。

为纪念毛泽东同志《在延安文艺座谈会上的讲话》发表70周年，中央电视台、中共陕西省委宣传部、陕西省广播电影电视局 、陕西广播电视台联合摄制了五集大型文献纪录片《大鲁艺》，由《宝塔山下》《延安春晓》《五月盛会》《植根沃土》《风云征程》构成。该片每集50分钟，全片共250分钟，由央视科教频道和陕西广播电视台国际部承制。

为了史实准确、内涵厚重、风格创新、价值独特，《大鲁艺》采用了口述历史的表达方式，一百多位平均年龄90岁的亲历者在荧屏上深情讲述了70年前的那段峥嵘岁月，精彩异常的个体故事最终构成了一部鲜活的集体记忆。作为一次史无前例地极具抢救价值的文化采访，《大鲁艺》摄制组分赴全国各地，拍摄了大量珍贵的影像资料，并着重对革命圣地延安的宝塔山、枣园、杨家岭等标志性地点进行了全新角度的拍摄。为了让内容更加生动、丰富，该片创作并使用了178条动画制作，占全片总时长的五分之一，对老资料进行了有益的补充。为了彰显风格，《大鲁艺》的视觉团队特别设计了长达一分钟的动画片头，以当年鲁艺美术家的木刻作品为主要表现内容，为观众呈现了一幅生动的延安风情画卷。《延安生活》《陕北情》《陕北高原》等长达一个小时的九首原创乐曲和《延安颂》等若干首经典老歌作为背景音乐，渲染了情感，突出了主题。

湄公河大案

中央电视台制作，中国国际电视总公司2014年9月出版。DVD，34集，12盘。时长1530分钟。

该剧以2011年“10•5中国船员金三角遇害事件”为原型改编，表现在国际禁毒的大背景下，以主人公公安部禁毒局局长江海峰为代表的中老缅泰办案人员联合执法，一举破获苏沃特大武装贩毒团伙的曲折故事。

热血砺剑——当代革命军人献身国防、履行使命风采录

解放军电视宣传中心制作，解放军音像出版社2014年9月出版。DVD，12集，2盘。时长180分钟。

本片从全军各条战线上挑选出十二位具有代表性的官兵，以他们工作战斗在练兵场上、边海防执勤线上；活跃在科研前沿、抗险救灾第一线的生动事迹为主线，着力表现他们敢打必胜的战斗精神和攻坚克难的使命担当。全片通过讲述十二个真实朴素的成长故事，映现出当代军人用实际行动践行社会主义核心价值观的精神风貌。全片共十二集：第一集《张景亭：铸剑蓝天》，第二集《于大鹏：与和平同行》，第三集《何祥美：一号狙击手》，第四集《李贤玉：编织“剑网”的女人》，第五集《聂明：海岛上的雪莲花》，第六集《陈德彪：雪域高原“骆驼草”》，第七集《赵德荣：挑战垂直极限》，第八集《王社强：逐梦深蓝》，第九集《赵维军：界江守门人》，第十集《孙政斌：炊事班走出的特战精英》，第十一集《王世周：向我看齐》，第十二集《何发生：身居大山不寂寞》。

新军垦战歌

中央新闻纪录电影制片厂（集团）制作，新影音像出版社2014年9月出版。DVD，6集，2盘。时长240分钟。

迎着共和国新生的旭日，在20世纪50年代第一个春天，一支特殊的部队——新疆生产建设兵团围绕塔克拉玛干、古尔班通古特两大沙漠铸剑为犁；在两千多公里边境线守土护疆；在戈壁荒原建起一座座新城……

进入历史新时期，兵团作为安边固疆的稳定器、凝聚各族群众的大熔炉、先进生产力和先进文化的示范区，在维稳戍边的千秋大业中发挥着不可替代的历史作用。

手艺（上部）

中央电视台制作，中国国际电视总公司2014年10月出版。DVD，50集，10盘。时长2000分钟。

手艺，人类文明的重要载体，先人智慧的生动体现。《探索•发现》栏目历时四年打造的百集文化纪录片《手艺》聚焦中国传统手工艺的制作与传承，从不同的角度展示中国传统手工技艺与手工艺人的现状。本系列片紧扣对“手艺”最正统的认知，即以双手与简单工具配合所产生的手工技艺和艺术，关注那些需经数十年积累后汇于双手，且能代表中国文化精髓的传统手艺，表达手工艺者对于传统的执着与坚守。他们或执着于百年不变的操作工艺，或勇于开拓创新将经典发扬光大。工艺之美与人生经历的交织，古人智慧的奇巧与今人在繁华世界中的不断追寻，成为贯穿本系列片的核心魅力。

国魂

中宣部宣教局、中央电视台制作，中国国际电视总公司2014年10月出版。DVD，3集，2盘。时长105 分钟。

为深入开展社会主义核心价值观宣传教育，由中宣部宣教局会同中央电视台联合摄制的、由中央电视台科教频道承制的三集电视专题片——《国魂》，历时半年，6个摄制组奔赴全国18个省市，呈现了30多个普通人的“闪光故事”。首次采用电视手段，全方位展示培育和践行社会主义核心价值观的重大意义、基本内涵和实践要求。

本片分上、中、下三篇，分别从国家层面、社会

层面和个人层面对社会主义核心价值观进行解读和阐释。每集片头统一采用“电视海采”的方式切入，通过对不同地区、不同领域、不同阶层、不同年龄的各族群众的现场采访，生动、鲜活地表达了人们对于这24个字的理解和期望，体现了社会主义核心价值观是当代中国价值观认同的最大公约数。

互联网时代

中央电视台制作，中国国际电视总公司2014年10月出版。DVD，10集，5盘。时长500分钟。

从农耕时代到工业时代到信息时代，科学技术不断催动人类社会形态的演变。互联网，正在全球范围掀起一场影响人类所有层面的社会变革，人类伫立在一个新时代到来的前沿。本片是中国第一部，也是全球电视机构第一次全面、系统、深入、客观解读互联网的大型电视纪录片。它站在人类社会的高度，以国际化和宏观的视角，描绘和解析一个新的时代，呈现无处不在的互联网正在全球范围掀起的影响经济、文化、社会、政治、人性等各个方面的深刻变革，并以历史情怀、时代意识探寻种种改变背后的本质，思考互联网对人类社会、人类文明的深远影响和未来发展的可能。

牡丹

中央电视台制作，中国国际电视总公司2014年10月出版。DVD，4集，2盘。时长200分钟。

牡丹是中国著名的传统名花，不仅以形色富丽、雍容高贵而自古盛名，更承载着中华民族丰富的传统文化、精神象征和情感寄托。作为饮誉天下的“国花”，牡丹从栽培演化伊始就与中国政治、经济、文化结下了不解之缘，成为不可或缺的精神象征。一部牡丹的种植鉴赏史，几乎也是一部中国历史的演变史，一部中华文化的发展史。牡丹是中国文化的一个标志性符号，现实的牡丹，以及牡丹背后熟悉而又陌生的中华文化，正是本片的着眼点，重点则是由牡丹延伸出的中国人的生活和故事。本片用纪录片的手法，由牡丹和中国文化作为大背景，以细微鲜活的细节和人物故事为表现重点。以小见大，以点带面，把写实的牡丹写意化，把具象的牡丹抽象到生活和人物中去。最终从三个层面探索并表现出牡丹这一中国独有的花卉，以及文化符号的形成和发扬。

书画家侯德昌

中央新闻纪录电影制片厂（集团）制作，新影音像出版社2014年10月出版。DVD，1集，1盘。时长90分钟。

侯德昌，当代书画家，中央文史研究馆馆员。

侯德昌善书亦善画。他的作品融古通今，外师造化，中得心源，并将时代情感与个人体悟融入其中，艺术风格独树一帜。每每令观者在定神静思间，不由地去探寻形象背后的情趣。

侯德昌这样概括自己的治艺主张：“作画不求俏丽，不求宝贵，但求平实无华。作书作画肯下苦工，肯爬坡，不求一日千里。”进入晚年，侯德昌的艺术风格又有了新的突破：气势上演绎出了质朴的自然意趣与超脱的个性主张。厚重的岁月积淀，终成自在自为的诗意表达。

以传统为师，以天地为师，以生活为师。侯德昌在书画领域勤奋耕耘一生，将一切精神给养诉诸扎实的笔墨功力，书写胸中丘壑，描绘时代气象。

黄埔军校

解放军电视宣传中心制作，解放军音像出版社2014年10月出版。DVD，5集，2盘。时长120分钟。

黄埔军校是国共两党第一次合作的产物，它是孙中山在前苏联十月革命的影响下，在中国共产党的积极支持和帮助下，以培养军事与政治人才，组成以黄埔学生为骨干的革命军，实行武装推翻帝国主义和封建军阀在中国的统治，完成国民革命为目的而创办的。这是中国现代历史上第一所培养革命干部的新型军事政治学校，在大陆共办了23期，毕业生23万余人。黄埔师生中名将辈出，战功显赫，扬威中外，影响深远，在反帝反封建、争取国家统一与民族独立的斗争中立下了赫赫战功，为中国革命作出了重大贡献。本片采用全高清制作，分为五集：第一集《到黄埔去》，第二集《东征 东征》，第三集《北伐风云》，第四集《铁血黄埔》，第五集《大决战》。

邓小平百万裁军决策内幕

解放军电视宣传中心制作，解放军音像出版社2014年12月出版。DVD，5集，2盘。时长125分钟。

本片主要反映1984年至1985年，以邓小平同志为核心的党中央、中央军委在决策实施百万大裁军战略，使我军逐渐走上强军之路的幕后故事和发展历程。本片不但充分表现邓小平同志在强军征程上的雄才伟略，同时，也为今天的军队体制编制调整造势、通源、蓄力。本片不仅能够引导和激励广大官兵树立大局观、强军信念，同时也能为全军官兵“牢记强军目标、献身强军实践”打好坚实的思想基础，树立强军兴军的历史担当。本片采用全高清制作，分为五集：第一集《审时度势》，第二集《义无反顾》，第三集《大刀阔斧》，第四集《人生转折》，第五集《强军之路》。

甲午祭

解放军电视宣传中心制作，解放军音像出版社 2014 年 12 月出版。DVD，4 集，2 盘。时长 140 分钟。

2014 年是中日甲午海战 120 周年。本片由国防大学政委刘亚洲上题写片名并担纲主创，从中日双方视角出发，全新审视甲午海战，力图从中日两国，乃至世界政治、经济、军事发展的状况着眼，更客观、理性、深刻地昭示世人：一个国家的繁荣昌盛与强大国防是人民安居乐业的根本保证。在被称为“海洋世纪”的 21 世纪，呼唤人们更多关注中国国防建设，关注中国政府、军队维护国家海洋利益的决心和努力。本片采用全高清制作，分为四集：第一集《战略之误》，第二集《血性之失》，第三集《制度之殇》，第四集《国运之问》。

台儿庄一九三八

解放军电视宣传中心制作，解放军音像出版社 2014 年 12 月出版。DVD，5 集，5 盘。时长 250 分钟。

本片从具体典型战例入手，运用不同于以往同类题材纪录片的制作手法、制作技术和前沿的战史研究理论成果，以中日两国视角，客观审视日军侵华罪行及战争的残酷，颂扬中国军队为正义而战的抗战精神。以“窥一斑而知全豹”“以小见大”的方式，在讲述台儿庄战役细节及战争态势的同时，更多反思侵略战争对人性的摧残以及战争给中日两国人民带来的深重灾难，侧重挖掘战争亲历者的命运轨迹，尤其是大战决策者的人生走向，从人性的角度反思战争罪恶，呼吁中日两国人民珍惜来之不易的和平生活。本片采用全高清制作，分为五集：第一集《大战前夕》，第二集《滕县之战》，第三集《临沂之战》，第四集《生死三日》，第五集《正义千秋》。

腾冲 腾冲

解放军电视宣传中心制作，解放军音像出版社 2014 年 12 月出版。DVD，5 集，3 盘。时长 225 分钟。

作为抗日战争的重要组成部分，中国远征军的滇西反攻作战异常惨烈，其中尤以腾冲围城战最为可歌可泣。本片运用了最前沿的电视纪录片制作手法和技术，通过对亲历者和历史专家的采访，达到感人至深、潸然泪下、催人奋进的效果。通过对中国远征军历史的讲述，旨在让广大人民群众了解这段历史，认清日本军国主义对中国侵略扩张的残暴罪行，同时讴歌广大抗日士们舍生忘死的爱国主义和英雄主义精神，进一步激发全国人民珍爱和平的强烈愿望。本片采用全高清制作，分为五集：第一集《荣辱怒江边》，第二集《俯仰高黎贡》，第三集《生死进军路》，第四集《胜败古城垣》，第五集《爱恨天地间》。

情注濠江——驻军澳门十五年

解放军电视宣传中心制作，解放军音像出版社 2014 年 12 月出版。DVD，5 集，2 盘。时长 125 分钟。

2014 年是澳门回归和驻军澳门十五周年。本片分别从军事一流、纪律严明、爱澳亲民、保障有力和相伴繁荣五个方面，反映驻澳门部队进驻澳门十五年来，为落实“一国两制”，为澳门的发展稳定起到的重要作用。通过这种展现来激励全军官兵：在岗尽职、献身国防。为部队官兵学习贯彻强军目标提供强有力的思想引领和理论支持。本片采用全高清制作，分为五集：第一集《神圣使命》，第二集《磨砺精兵》，第三集《形象风采》，第四集《保障有力》，第五集《血脉相融》。

CCTV
中国中央电视台
CHINA CENTRAL TELEVISION YEARBOOK
年 鉴
2014
胡占凡 主编
《中国中央电视台年鉴》编辑部 编

XIN JI SHU SHE BEI

新技术设备

新技术设备

中央电视台现址圆楼 H 段机房高清网络化改造工程

中央电视台圆楼 H 段机房高清网络化改造 2013 年启动，在圆楼 J 段高清网络化改造基础上，对圆楼 H 段机房进行改造，使改造后的制作系统与 J 段高清网络化制作系统异构耦合、完全兼容、无缝连接。通过改造增加 28 台精编工作站、2 台高端视频合成工作站、2 台传输管理服务器、2 台自动技审服务器、2 台文本工作站、2 间无工作站配音间，存储容量增加 1 倍，圆楼 J 段和 H 段高清网络化系统形成了由 20 台草编工作站、28 台精编工作站、20 台高端编辑工作站、2 台高端视频合成工作站构成的高端制作岛 4。

H 段机房高清系统的网络架构，仍采用以 ISIS 存储交换系统及万兆接入交换机为核心、千兆到桌面的以太网平台，支持带宽与容量线性增加、不停机无缝升级扩容，不会影响对原有系统的使用。桌面站点的增加，只增加核心服务器的授权数量，无需对核心服务器重新安装配置。该网络构架具有先进、开放、可扩展性，网络管理、设备稳定性、互联互通性等，能够全方位保证高清非线性制作网络系统的安全稳定运行。

新增的 2 间无工作站配音间，采用共享精编工作站的方式配音。配音操作，用 2 套 10 选 1 的 KVM 切换器，完成对 20 台精编工作站的切换。配音间与精编工作站距离较远，用信号延长器连接。模数转换及数字音分系统与精编工作站、调音台相连。视频监看信号通过视频切换器，与精编工作站视频监看接口相连，完成视频监看的切换。

圆楼 H 段机房以国产喜马拉雅精编软件为核心，辅以 Interplay 媒体管理系统，全中文显示，实现多线程并行的协同节目生产方式，操作简单，上手容易，满足了高端岛对并行流程、网络化制播全流程的需求。精编工作站支持 CCTV 各系统 Apple、Avid 等多种原码文件格式的导入，无需转码；支持对外媒体交换、节目管理适配器；支持其他系统媒体的导入导出，文件转码合成效率高；具有高性能编解码能力，Intel E5-2650 实时编辑 DNxHD120 素材达 16 层；内嵌经典 A8、全新 A10 图文编辑系统，功能强大，操作简单快捷。

圆楼 H 段机房高清网络化改造，通过优化节目制作流程、文件化送播、节目资源共享，提高节目生产能力和制播效率，降低生产成本，满足了中央电视台现址重点节目、大型节目的制作需要。

（技术制作中心提供）

中央电视台现址方楼六层机房高清网络化改造二期工程

中央电视台现址方楼六层非线性常规制作岛 4 高清网络化改造二期工程，新增 3 台核心服务器、1 台文本工作站、20 台草编工作站、20 台精编工作站、2 个网络配音间，终端数量翻倍，达到 40 台草编、40 台精编规模。在系统硬件层面，新增服务器、存储盘阵、客户端连接光纤交换机、以太交换机，再通过网络连接和配置，与一期系统互联互通。在应用层面，二期系统与一期系统兼容，采用 JDVN 流程管理软件进行用户管理、权限管理、设备管理、空间管理、带宽管理、流程管理、节目管理、内容管理及系统运行监控。

二期系统仍采用以XSAN网络、Promise存储系统为核心，成熟的FC+Ethernet双网构架数据交换方式。新增20台草编工作站适配SONY LongGOP50M、松下AVCIntra100M、DataCam DNxHD120M编码，其中10台草编机升级，加装外置存储盘及FCP7软件，用于前期集中录制的高片比节目制作，提高了草编机利用率。新增20台精编机的处理器由2个2.4GHz四核升级为2个2.4GHz六核。仍以苹果FCP7为编辑单元，精编视频质量达到120Mbps以上高清ProRes422码流。配音用苹果iMAC搭配AJA IOHD视音频接口箱，iMAC配音站逻辑上相当于一台草编机，配音员登录网络账号，用FCP软件完成配音工作，系统简单，运行稳定。配音间支持立体声、5.1环绕声重放，满足了5.1环绕声节目审看需要。二期系统按照一期统一的草编-精编-审片-入库流程，通过工作流引擎服务器、岛间交互服务器与中央电视台新址审片、媒资、播出、演播室网关系统等交互，与制作域内的其他系统协同工作，具有配音、字幕、转码审看、转码播出功能。

中央电视台现址方楼六层机房高清网络化改造二期项目由技术制作中心项目组承建，与系统集成商、信息通讯部门制定详细的实施方案。土建改造2014年7月1日启动，8月15日系统集成商进场布线并安装设备，9月份调试，优化光纤交换机级联方式，解决了网络拥堵问题，测试二期新增设备性能、JDVN对新增设备管理情况、节目流程在新增存储卷上的运行情况。10月，接受节目预约试用，年内完成了《综艺喜乐汇》《粤语剧场》等日常节目的制作及科技频道特别节目《发明梦工厂》第二季、《科技盛典——中央电视台2014年科技创新人物推选活动》等紧急制作任务。经验证，二期新建系统运行稳定，各项功能基本达到设计要求，进一步满足了央视现址重点节目、大型节目的制作需要。

（技术制作中心提供）

中央电视台现址非线性高端制作岛5系统

中央电视台新址系统稳定运行后，技术制作中心吸收新址系统的技术业务规则及实施经验，参照新标准、新技术，将中央电视台现址圆楼三层苹果非线性机房改建为高端制作岛5，使该系统与行业最新技术接轨，成为全流程网络化文件化的高清后期制作系统。

设计高端制作岛5系统，进行了混合平台、去岛化的初步尝试。打破原有岛化概念，将编辑工作站工具化，后台统一建设一套平台，按需接入非编客户端，形成独立工作组。用户在前端完成编辑、调色、渲染后，存储、打包，传输到后台统一处理。采用三种非编混合模式，不同产品在同一网络下运行，按需进行工作组划分。三种非编在ISIS存储，出格式统一为DNxHD格式。非编软件为AvidMediaComposer和AppleFinalcutX。Final Cut Pro更新Mac Pro的架构，使用Mac Pro的两个图形处理器来回放特效，可以完成调色、视频重定、应用复杂滤镜等操作，实时回放；经过专门优化，能使用两个图形处理器完成光流分析等复杂苛刻的任务。ISIS具有稳定的带宽输出能力和良好的扩展能力。单台ISIS 7000/7500存储体，采用16个i4000 Blade，每个i4000 Blade包含2*2TB SATA磁盘，单体存储提供400MB带宽，支持10台双DNxHD 120Mb码流的实时编辑；ISIS存储系统由System Director服务器管理，实现工作区划分和权限分配。

高端制作岛5管理系统采用开放平台设计，集成Avid Interplay工作流引擎软件，通过接口适配器模块，支持主流非编软件的应用。Interplay是Avid的非编软件网络化生产管理软件，提供PAM和MAM版本，实现不同类型媒体内容的管理。Avid提供Interplay Engine WebService接口、AMT接口、TM接口、AVX接口，高端制作岛5管理系统通过接口实现管理功能。Interplay作为Avid制作系统的核心引擎，管理软件通过驱动Interplay引擎实现主体流程的控制，通过Interplay实现上层的Bin/Sequence管理、授权以及生产过程控制。管理系统通过TM接口程序，实现媒体文件导入。Sequence可供非编软件使用，支持B类字幕混叠和转码功能。

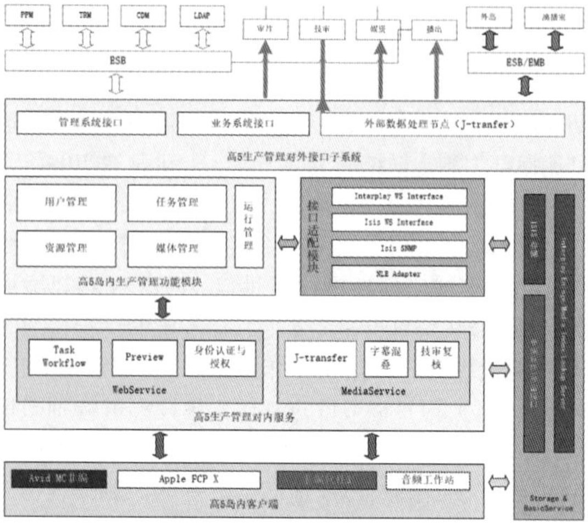

在新工艺探索和流程设计方面，高端制作岛5系统进行视频音频合署制作、内容审片采用流媒体方式、入库送播采用直接落地到公共备播区等尝试。在视音频紧耦合合署制作方面，高端制作岛5系统将存储开放给音频制作，音频制作从存储中导入AAF时间线指针文件，通过AAF链接原始视音频文件，ProTools软件在线工作，将视音频混录的成品节目分轨，技审单返回存储，上线试听、送播。增加接口，完成合署制作发起、协作和交互，提高紧急节目的视音频制作效率。节目内审提交，高端制作岛5系统采用http live streaming方式，实现准实时审片；系统将时间线直接生成http livestreaming index及低码率视频Segment，落地到审片系统的流媒体服务器；当第一个Segment送达后，调用对端服务发布，节目方即可审片，减少了传输、校验等待时间，提高了审片效率。高端制作岛5系统通过公共备播区实现入库媒资成品文件直接落地及MD5校验，媒资系统服务器从公共备播区直接备播或归档，提高入库备播效率。未来扩展到播出系统从公共备播区迁移文件。EMB系统作为公共传输平台，难以与不断增长的节目传输需求相适应，在本系统中仅作为演播室回传、素材入库、媒资下载等时效性较低业务的传输通道。

高端制作岛5系统建设40台精编机，可承担各类型的节目制作，支持行业主流高清格式素材上载导入，具有编辑、配音、字幕、特效、调色合成功能和立体声制作、环绕声监听功能，每天可完成20小时高清成品节目制作。管理系统对外通过ESB，与上层管理系统及相关业务系统对接，对内驱动节目后期制作流程，对任务接收、资源分配、用户管理、成品打包、内审、技审、送播实现业务交互、全流程处理。该项目由技术制作中心项目部承建，2013年底立项，2014年完成了项目方案深化设计和主体设备招标，2015年完成项目建设，探索了新的工艺流程，提高了节目制播能力和效率，满足了中央电视台现址综艺节目、重点大型节目制作的需要。

（技术制作中心提供）

中央电视台现址常规制作岛5系统

中央电视台现址常规制作岛5系统是全高清、全文件化电视节目网络化后期制作系统，配有常规编辑工作站36套、高端合成工作站4套、配音工作站2套、流媒体审片服务器2套、网管工作站2套、文本导入工作站4套、核心存储体1套、传输服务器4套。常规编辑工作站、高端合成工作站采用完全高码率制作模式，支持多种主流的高清压缩编码及无磁带高清ENG设备采用的编码，完全满足日常栏目的制作需求。核心服务器的功能、性能、安全性通过严格测试，满足文件化制作需求，与中央电视台新址节目业务管理系统、播出系统、媒资系统、审片系统、音频系统、包装系统、演播室系统及其他制作系统有效协同。存储阵列满足40台工作站并发带宽需求和节目产出的存储压力。常规制作岛5系统上线后，形成20小时/天的高清成品节目生产能力。

常规制作岛5系统可分为一体化制作管理系统、编辑制作系统、存储子系统，通过与中央电视台新址各系统交互的接口，接收由总部派发的制作任务，并将制作完成的成品节目推送到新址各系统，进行后续业务流程处理。常规制作岛5系统全高清全文件化的流程包括：节目制作任务接收与分配，后期技术资源分配；高清节目制作，特技集群渲染，成品文件闪拼；

配合审片系统，完成技术审查、内容审查；媒资类、直送类、素材类文件向新址相应系统推送。流程如图所示：

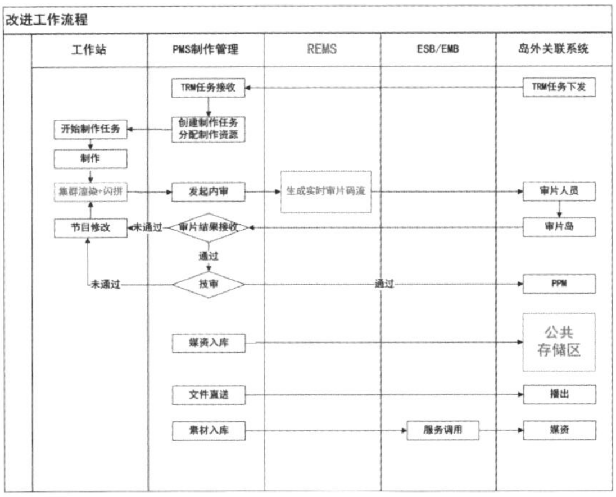

经过分析，制约高清文件制作流程效率的主要因素是转码耗时、内审耗时。常规制作岛5系统在解决效率问题的探索中，形成了以下设计创新点。

(1) 文件闪拼功能。基于文件系统底层的实现，针对相同视频格式的文件，将文件打包时间从依据视频长度耗费响应时间，优化到秒级常数水平。

(2) 空闲设备利用功能。合理分配编辑工作站的空余时间（如无人操作时）。通过算法，将工作站空闲时段提供给渲染工作使用。

(3) 集群渲染调度功能。将渲染任务分片，并对空闲编辑站点进行逻辑调度，利用空闲设备资源，进行集群渲染。针对故障渲染任务，具有重新自动调度功能。

(4) 渲染引擎自启功能。空闲编辑站点在锁屏状态下，可自动启动渲染引擎，并配合闲时算法，主动注册并承担合成渲染任务。

(5) 流媒体审片功能。从高码率视频文件中实时产生流媒体数据，供台领导审片，使领导在审片终端直接对常规岛5系统内服务器实时转码出的视频流进行播放及选时拖动操作，节省和优化存储占用量，简化流程，提高内审效率。

常规制作岛5系统的特点是：

(1) 一体化制作管理系统。具有节目制作管理的功能，可通过项目形式管理日常节目制作，并具有网管功能。

(2) 一体化设备管理系统。具有编辑设备预约、机时控制以及机时资源统计功能。

(3) 制作管理系统控制存储设备。制作管理系统与存储系统的紧密耦合，可动态扩展项目空间，对项目、栏目进行文件层级的配额管理。

(4) 锁屏功能。与一体化制作管理系统连接，可以根据用户预约的机时时间，进行精细化用机管理。

(5) 与新址各系统接口的开发。在满足新址系统设计规划基础上，与ESB/EMB、媒资、CDM、PPM、TRM、播出系统等进行接口开发联调，满足系统与新址交互素材和节目的整体要求，为未来自动技审系统、新数据中心项目预留资源和接口。

中央电视台现址常规制作岛5系统由技术制作中心项目组承建，2014年完成项目策划、审定，招标后进入实施阶段。该系统可完成复杂专题类节目、大型演播室直播类节目的制作，为高清文件化节目制作探索流程优化的方式，提高节目的生产效率。

（技术制作中心提供）

中央电视台现址4K高端制作岛系统-2014扩充项目

中央电视台现址4K高端制作岛系统-2014扩充项目在原有系统基础上，通过引入新摄像机、扩充后期制作设备、支持新的编码格式，提高生产能力，继续进行4K电视技术储备和生产实践，为4K频道的开播积累节目量。

4K制作岛系统扩充项目调研，包括对SonyF55、松下Varicam35、Arri Amira、Red Epic等ENG设备的调研，对Quantel、Avid、Edius、FCPX、Flame等后期制作设备的测试调研。扩充设备，新增10套4K数字摄影机、电影变焦镜头等前期设备，8套常规编辑工作站、2套精编合成工作站等后期设备。4K制作岛系统由无压缩代理编辑模式转变为4K压缩编码实时编辑模式，大幅度提升制作效率，促进精品节目的制作。

4K 高端制作岛系统扩充后，全部工作站以单点模式工作。常规编辑工作站、高端合成工作站均具备 2 轨 4K 50P 素材实时编辑能力。岛内存在工作站点异构及多种 4K 编码，通过软件研发实现各编码的高效处理，各站点之间具备更强的交互能力。同时，扩充 4K 岛内的工作端、服务器监控适配器，以及网络拓扑发现、展现、故障报警、事件处理等管理功能。

（技术制作中心提供）

中央电视台新址非线性高端制作岛 3 系统

中央电视台新址非线性高端制作岛 3 位于主楼 E 区的 5 层东侧，是全高清、全文件化电视节目网络化后期制作系统，设备包括 16 套大洋 D-Cube-Cut 草编、36 套大洋 D-Cube-Edit 精编、4 套大洋合成 Crystal 工作站，4 个配音间，以及中央存储、网络交换、服务器等后台设备。高端制作岛 3 主要制作综艺类和专题类节目、特别节目、来自演播室或 OBVAN 等信源需要多层实时精细编辑的节目，以及较为复杂的特技制作。该系统主要有 4 个特点。

(1) 采用国产核心存储设备。以定制研发的华为 OceanStor 9000 作为在线核心存储系统，具有高容量、高性能、高可靠性，并与岛内核心流程实现了接口级互联互通，确保节目制作流程运行的稳定性和节目数据的安全性。

(2) 非编工作站智能后台渲染。设计精编软件，增加智能后台渲染功能，能够在故事板停止操作时，自动进行后台渲染，节省渲染占用的时间，提高节目制作效率。

(3) 环绕声节目一体化制作。集成环绕声节目的编辑、技审、提交功能，在不出岛情况下完成环绕声节目制作的所有环节，大幅提高了环绕声节目的制作效率。

(4) 采用大屏监控系统。大屏监控系统对岛内全流程制作节点以及设备情况、存储情况进行实时监控和预警，保障整个节目制作流程的安全、高效。

高端制作岛 3 的节目生产流程（如图所示），主要有 10 个环节。

1. 节目任务下发

编导在节目生产管理系统中申报节目，审批通过后，由节目生产管理系统下发节目任务到高端制作岛 3，伴随节目代码、脚本信息和与之适配的资源模板等信息。

2. 节目创建

系统自动接收上游节目生产管理系统下发的任务信息后，将数据信息通过接口记入数据库，登录管控软件可读取数据库的信息，从而看到上游系统下发的任务信息。同时，在华为存储中自动创建以节目代码为名称的项目文件夹及子文件夹。文件夹创建完成后，管控软件显示项目状态变为正常。

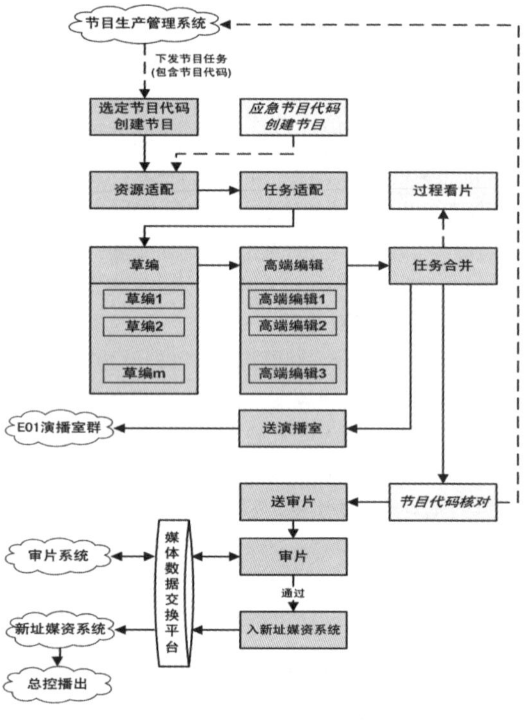

图1 总体业务工作流程设计图

3. 资源适配

在节目创建过程中，系统将从节目生产管理系统中继承资源模板信息，保存到数据库中，并在管控软件中，根据业务配置的模板信息，自动创建栏目的子任务同步信息，便于在不同设备上对同一节目进行协同工作。

4. 任务分配

编导可以对节目配置的不同设备资源指定具体的责任人，便于在协同工作时明确任务和分工。

5. 草编

编导在分配的草编工作站上使用 D-Cube-Cut 软件，完成非线性介质的快速上载和节目的简单编辑。

6. 精编

技术员在分配的精编工作站上登录，在编导草编的基础上，使用 D-Cube-Edit 软件进行节目多层实时编辑和复杂特效制作、网络配音和分离字幕制作。

7. 送内审

编导指导技术员用精编工作站完成成品节目的素材转码和特效渲染后，在大洋管控软件中发起“内审”流程，后台将自动完成成品节目的视音频素材合成、字幕工程文件分离，以及节目元数据生产，并通过通用接口，与全台媒体数据交换平台交互，将成品节目的高清字幕分离版传送到审片系统中。节目领导在审片系统中完成节目内容和质量审查，填写审查意见，将审查结果和审查意见及时反馈到大洋管控系统，等待编导对节目进行下一步操作。若内审不通过，则需要编导修改内容，再次通过大洋管控发起“内审”流程。

8. 技审

节目内审通过后，编导在大洋管控中发起“常态备播节目入媒资”流程，并填写广告点，技审人员对转换完的高码率成片文件进行审核，确保节目质量符合播出安全技术指标。

9. 入新址媒资备播库

技审人员在大洋管控中点击确定技审通过，后台将自动通过对外媒体交换适配器，与媒体数据交换平台交互，将成品节目的高清字幕分离版传送到媒资备播库中。

10. 送演播室、音频岛、包装岛等系统

任务合并完成的节目，编导在大洋管控中发起流程，提交演播室、音频岛、包装岛等，后台自动完成成品节目的视音频素材合成、字幕工程文件分离、节目元数据生产等，直接传输到演播室群、音频岛、包装岛等系统中，进行节目的岛间交互。

2014 年 11 月 3 日高端制作岛 3 上线，完成综艺频道、中文国际频道、科教频道、少儿频道、外语频道等 40 多个栏目后期制作任务，为这些频道从现址向新址搬迁提供了保障。以科教频道播出的《中国谜语大会》为例，该节目是在综合频道黄金时间连续三天直播的特别节目，每期节目时长 90 分钟，当天 20:00 在综合频道直播后，立即进行重播版的后期制作，次日在科教频道重播，制作时间紧、任务重，每天从直播开始到制作完成直送播出、媒资备播，都要持续不间断地工作，以保证播出安全。直播文件分段经演播室传送至高端制作岛 3，连夜制作，在节目制作完成并通过内审、技审后，发起文件直送流程；确定直送播出备播成功后，继续完成节目正常媒资入库流程。经统计，以上每期节目从素材接收、编辑制作、内审、技审至最后成功送播，平均用时 8 小时，过程中未出现任何问题，充分体现了高端制作岛 3 高质量、高效率、高可靠性的特点。

此外，高端制作岛 3 还完成了常规日播、周播节目制作和送审、送播业务，并在 2015 年 1 月至 3 月，与音频岛合作完成环绕声节目《中国好歌曲》第二季，制播了 11 期环绕声节目。经过验证，高端制作岛 3 每周可完成 2500 小时制作任务，每周产出节目约 50 小时，平均每台设备每天产出 12 分钟的播出量。

（技术制作中心提供）

中央电视台新址音频岛系统扩建

一、视音频合署制作系统

2014 年，应对节目后期制作周期紧张、时效性强、直播后快速重播的环绕声制作需求，技术制作中心在中央电视台新址塔壹 7 层的混合制作岛开放区、高端制作岛 1 的壹 07-001 机房，分别部署 1 套音频工作站，接入驻在岛的存储系统，与视频工作站紧密耦合，形成视音频合署制作环境，省去了常规业务流程中的节目文件岛间迁移、转码等环节，大大提高了制作效率。这两套音频系统在技术上与视频制作岛融合，在业务上仍受音频制作岛管控，成为新址综合制作域的一个亮点工程。

混合制作岛和高端岛 1 的存储系统都采用 AVID ISIS 解决方案，构建于 Windows 平台上。选取惠普

Z820 工作站作为硬件载体，并在其中增配 ISIS 存储建议使用的 Intel PT1000 网卡，用于连入驻在岛的存储系统。核心系统选用业界主流的 AVID Pro Tools 音频工作站，与结构紧凑、连接简单的 Avid Artist 一体化控制台相结合，在有限的空间内满足合署制作需求。监听部分，根据两个制作岛的环境进行设计。混合制作岛是开放式工位结构，配备了环绕声耳机监听系统；高端岛 1 有独立机房，采用配有环绕声音箱的监听系统，配置独立的监听控制器，将视音频工作站整合为专业操作台，工作环境美观舒适。

混合制作岛承担体育频道的节目制作和技审，视音频合署制作由 Pro Tools 音频工作站（简称 PT 工作站）与索贝工作站协同，流程是索贝工作站将编辑好的节目视频生成 MOV 文件，PT 工作站导入 MOV 文件，并对声音进行处理和审听。高端岛 1 采用同为 AVID 品牌的 MC 视频工作站，与 PT 工作站进行视音频合署制作，在制作中 PT 可通过 Video Satellite 功能遥控 MC 播放视频，不需要 MC 再生成参考视频文件，只需要提供带编辑点的 AAF 文件即可，因此高端岛不仅省去了岛间迁移环节，连视音频工作站之间的文件转码、导入 / 导出等环节也全部省去了。

2014 年 1 月和 10 月，这两套视音频合署制作系统分别承担索契冬奥会赛事精编 8 期、《中国正在听》第一季 11 期节目的环绕声后期制作与技审。《中国正在听》是准直播节目，坚持无修音，一刀不剪原味重现，编导与视频技术人员利用高端岛 1 视音频合署制作系统，很方便地对节目进行简单编辑和技审，入库备播，确保第二天的重播正确无误。视音频合署制作系统以其便捷共享、高效协同的制作性能，得到节目部门的高度评价，并荣获 2014 年度中央电视台优质工程奖。

二、录音合成机房音频二期项目

录音合成机房音频二期项目位于新址主楼塔壹 6 层 06-340/350 机房内，在一期系统基础上扩建 2 间 80 平方米配音室及环绕声高端制作系统。核心系统，配置 PT 音频工作站、Avid S6 一体化控制台、TC 和 Lexicon 环绕声效果器、PMC 三分频音箱监听系统，在其中一间配音室加配 1 套环绕声审听审看系统，支持对环绕声节目的实时播后监看，也可作为业务培训、技术交流的场所使用。

Avid S6 控制台采用模块化设计，由主控模块、推子模块、旋钮模块、显示模块组成，模块之间用以太网连接，控制台规模可大可小，按需求定制。如果某个部分发生故障，只需简单插拔更换模块，即可解决，其灵活的设计理念降低了录音师的学习成本。控制台可以通过显示模块，将多轨音频文件各个声轨的信息乃至音频波形显现出来，并借助色彩显示，将音频工作站编辑界面直观地展现在控制台面上。录音师在混音工作时，摆脱了以前过于依赖电脑显示屏的状态，更加得心应手。该系统采用 32 推子模块、每条通道 9 个旋钮的配置规模，新技术大量集成应用，对大型综艺、纪录片等高端复杂的环绕声制作形成有力支持，实现了视音频全在线制作模式。

（技术制作中心提供）

中央电视台 2014 年春节联欢晚会舞美设计

2014 年春晚舞美设计核心理念是“中国结”。“中国结”以红色为基调，表达了一种年味，也表达了中国精神。这一创意涵盖了民间百姓过年张挂在门窗、双手捧出的祈福，更借用“红结”的简单线条将舞美设计简洁化，在舞台两侧用线框衍生出红色“相框”设计元素，用“相框”记录美好瞬间，记录红色“中国结”代表的中国梦和中国精神，实现表演艺术与工程技术的完美组合。

马年舞美设计一改往年 T 字形结构，将台口回归到传统的大联欢形式，地面只保留了 108 根可升降的立柱，立柱的前、左、右、顶面都由 P3 LED 显示屏组成。为了使舞台的变化更加多样化，新增 5 块 3.5 米宽、7 米高的运动机械臂，每块机械臂可实现前后平移、上下升降、水平翻转、上下旋转等运动方式，并可组合运动，实现较复杂的机械造型，配合升降立柱屏幕、左右移动屏幕组成一个超大台口的屏幕呈现，使整体舞台显得既节俭又大气。同时，也增加了机械控制、视频控制的难度。

为了解决机械控制、视频控制难题，技术制作中心运用三维仿真系统设计了一套舞美呈现系统，为导演提供创意实施的空间。该系统的功能，包括实时的三维视景，舞台造型呈现与视频机械升降运动的校验，制定播控系统播放视频文件的格式及播放标准，通过舞台仿真系统实现机位的预演，满足导演对舞台了解的需求，计算机模拟拼接视频的物理位置，完美呈现了马年春晚舞台美术的设计理念。

（技术制作中心提供）

中央电视台2014年春节戏曲晚会舞美设计

中央电视台2014年春节戏曲晚会舞美设计的核心理念是：喜庆祥和，简约单纯，明快大方。

一、喜庆祥和

马年春节戏曲晚会采取围拢环绕式“和合”舞台造型，突出团圆、喜庆、祥和的寓意内涵。用冰凌形LED流水灯矩阵排列中国传统的吉祥纹样，形成“祥和”中式传统符号造型。由25张自发光大红灯笼圆桌组成嘉宾区，桌上摆放马年吉祥物和年货，增强喜庆祥和的气氛，可在镜头反打时加强观众与演员的互动，使画面丰富而饱满。普通观众席第一排前方和最后一排后方，各有一排自发光的大红灯笼作为装饰，使前后观众融为一体，交相辉映。

二、简约单纯

简约、单纯是舞美设计的至高境界。简约并不是简单，而是优良品质不断提炼的精华，把物体通俗表象提升为高度浓缩凝练的形式；单纯，是把元素、色彩、形象简化到最低程度，摒弃过分的陈俗浮华，摒弃声光电科技被滥用的绚丽，摒弃视觉污染和光污染，使舞台美术回归“为表演服务”的宗旨。舞台背景高清LED屏弧形排列，仅用于配合节目背景的迁换，是近年春节戏曲晚会使用LED屏最少的一次。舞美设计实际仅用了一种载体，即外形似冰凌的透明灯管，其选用、设计、改装过程费尽了周折和心血。这种灯具发光时可任意变换光效，熄灭时如同冰凌晶莹剔透，组成了巨型水晶灯形状构架。晚会共使用冰凌造型的灯具16组，每组1000个灯体。1万多支灯体，根据剧情，变换或固定色彩、节奏，成为渲染气氛的载体，不仅没有“搅戏”，而且强化了晚会整体造型和氛围，烘托了戏曲表演艺术的高雅。

三、明快大方

明快，本意是明白通畅，不晦涩不呆板。明快是一种享受。纷繁复杂的舞台场景，会使人失去“明快”的享受。大方，作为舞台导演的追求，是指高端、大气、上档次，简称“高、大、上”。舞美设计明快大方，是为戏曲艺术家的表演和电视观众服务的。2000平方米演播室的大气，舞台与观众环绕围合的明快，360°开放式舞台设置，表演区7个部分层层紧扣，疏密有致，最大限度调动舞台空间，加大纵深层次。舞台场景立体感极强，所有立面形象全部垂吊悬挂，没有一个立体景物是落地生根的。顶部吉祥图案的灯箱与悬吊而下的拱形反射图案，虚实相映，组成一个穹顶。这种全新的设计，使观众眼前一亮。摄像机获得全新的视角，每个角度都有可拍摄的美景。喜庆和祥和，通过一个元素符号不断重复，不断延展，把它重复到足够量级，赋予它生命，用到极致，组成了丰富多彩的图案，产生了壮观、震撼的效果和强大的视觉冲击力。

（技术制作中心提供）

CCTV
中国中央电视台
CHINA CENTRAL TELEVISION YEARBOOK
年鉴
2014
胡占凡 主编
《中国中央电视台年鉴》编辑部 编

CHAN YE JING YING

产业经营

产业经营

中央电视台2014年广告经营情况综述

2014年，中国经济增速趋缓，企业缩减广告预算。媒体的格局变化，电视受新媒体冲击，收视整体下行。中央电视台广告经营面对强势卫视和新媒体的竞争压力，创新节目和广告产品，完善广告渠道代理体系及流程型组织，加大推广力度，稳住了广告经营局面。

一、以市场需求为导向推动节目创新

2014年，资产管理中心从客户传播效果最大化出发，推动节目内容和节目编排创新。广告部门积极参与节目策划，与节目部门良性互动，从市场需求的角度建言献策，推动节目研发与市场接轨。创新节目内容，更加符合市场的需求；创新广告形式，与节目无缝融合；推动品牌节目跨频道联动编排，把各专业频道的优质节目安排在定位属性相近的频道重播，扩大优质节目的影响力和播出效果，充分发挥中央电视台大频道群传播优势，增强节目创收能力，促进了节目创新的良性循环。

二、建立中国最大媒体广告产品超市

中央电视台在15个频道插播广告。资产管理中心统一规范15个频道的广告价格体系、经营政策，在国内电视广告领域是前所未有的。每个频道都有专职的品牌管理人员，负责频道广告产品的研发和节目广告经营的统筹管理；从客户需求出发，针对频道的定位、节目类型推出数以百计的广告产品，研发与节目粘合度高的植入式广告，以及传统媒体与新媒体融合的广告；拓宽电视广告传播维度，为客户提供灵活多样的广告投放方案，广告预算量级从几十万元到数亿元的客户都可以在央视找到一站式广告解决方案，形成了中国最大的媒体广告产品超市。

三、完善广告代理渠道体系

央视广告代理除了“招标与零售代理”、“承包代理”传统渠道模式外，2014年创建“区域代理”渠道，CCTV–3/8/9/10/11共5个频道实行区域代理，通过渠道下沉，深挖区域市场，拓展长尾客户。CCTV–5/5+/12/14/15以及CCTV–NEWS等频道，实行整频道广告承包。CCTV–2/4/13等部分频道，实行栏目广告承包。

四、完成广告创收任务，招标预售额高于上年

资产管理中心创新招标大客户长秒广告设计，将招标时段打造成知名品牌广告大片首发平台；利用季播节目、春晚、冬奥会、世界杯、亚运会等大项目，挖掘广告创收增长点；借助央视新闻客户端、天气预报二维码等新媒体，打造广告创收点和公益广告亮点；在严格遵守中央电视台出差费用管理规定的前提下，以大型推广会、小型沟通会、小分队走访、一对一洽谈等形式沟通近1000家企业，夯实客户基础。面对地方卫视和新媒体的冲击，资产管理中心扎实工作，最终完成了全年广告创收任务，确保了2015年招标预售总额高于上年。

五、以搬迁新台址为契机，搭建面向市场的流程型组织

策划实施广告业务系统新现址切换、前后台分离模式转变，资产管理中心与IBM国际咨询团队合作，历时三年，完成业务优化、绩效考核、产品设计等流程改造，实现了节目资源获取、广告产品设计、合同

签订、监播审核、客户关系管理、数据分析业务流程“闭环管理”，在系统中留下操作痕迹，确保有迹可循、有据可查，打造流程驱动型组织。搬迁到新台址后，资产管理中心以银行柜台服务为模板，设立广告销售和服务前台，合同签订、广告审查、接收、付款、渠道日常业务均在前台，将其他业务环节全部放到后台，全面实施前后台分离的运营模式。

六、全面代理央视新媒体业务，新媒体广告营销取得突破

从2014年开始，资产管理中心全面代理中央电视台新媒体广告业务。打造新媒体广告产品体系，第一类是跨屏互动广告，依托优质栏目在线上、线下互动传播，如春晚二维码、世界杯互动合作伙伴；第二类是台网捆绑广告，打通电视、PC、移动客户端，设计与之匹配的跨媒体广告产品，为客户提供整合传播方案；第三类是纯网络广告产品，既围绕央视网优质资源设计有吸引力的广告产品，又根据客户需求设计高契合度的专案广告产品。11月18日现场招标，首次纳入新媒体广告产品，出台春晚互动合作伙伴、央视新闻客户端合作伙伴、天气预报二维码互动合作伙伴方案，销售顺利，成为2015黄金资源广告招标大会新亮点。

七、开展有针对性的新媒体案例研究，提供策略支持

2014年，资产管理中心开展广告策略研究、新媒体新电视项目研究、企业品牌案例研究，出版《中国市场品牌成长攻略》（第五辑），组织150多家广告客户代表参加特劳特定位咨询公司“战略定位高级研修班”，以定位案例强化客户对中央电视台的信心。在招标前推出《媒体经营动态速递》，收集重点竞争对手的经营动态，为招标产品设计、客户开发和谈判提供策略支持。

八、完善广告审查规定，实现广告播出安全零事故

2014年，资产管理中心修订《中央电视台广告审查暂行标准》，简化审查流程，优化信息沟通；创新制定《企业信用信息审查标准》《二维码审查标准》，适应国家管理和信息传播方式的新变化，完善广告二维码链接潜在信息管理；“广告脚本咨询”上线，为客户广告脚本提供前置咨询服务；启动“广告监测增值服务”，变“被动监播”为“主动监播”，全程监测广告播出，充分利用广告资源，有效减少退款现象；合同复核界面在ADM系统上线，开启合同复核工作新模式。执行ADM系统编播流程标准，以流程管控保证安全播出，自2011年6月起连续1200多天实现了广告播出安全零事故。

九、全面梳理制度，促进业务发展

2014年5月，资产管理中心以新址搬迁为契机，组织6个部门成立制度梳理小组，全面梳理广告管理制度，对广告营销、安全播出、流程监管、市场推广、行政办公等工作统一规范，进一步明确责权、量化标准和监督制衡关系，建立可执行、可操作、可监控的管理制度体系。11月形成《中央电视台资产管理中心管理制度(2014年版)》，共有4大部分16章5万余字，配套制定《资产管理中心各部门管理制度》，促进了业务发展。

十、公益广告获得社会好评

2014年，中央电视台播出公益广告208支，总计播出18万余次，播出总时长1500多小时。其中，资产管理中心自制公益广告80支。公益广告资金投入近千万元，播出时段的广告价值近30亿元。春晚公益广告《筷子篇》《中国年让世界相连》《感谢不平凡的自己》等播出3000余次，网络播出量400万次，网友点赞、评论超过15万次，引发观众情感共鸣。中央电视台公益广告得到社会好评，获得国内外公益广告奖45个。举办“中央电视台马年春节广告赏析暨最新节目信息发布会”，协办第27届“中国电视金鹰奖”，与国家新闻出版广电总局联合举办国家级“星光电视公益广告大奖”首发式，“央视公益传播”微信公众号进行融媒体传播，并与百度、中信、韩国放送广告振兴公社等国内外机构开展公益广告交流，扩大中央电视台公益品牌的社会影响力。

（资产管理中心提供）

中央电视台2015年黄金资源广告招标综述

2014年，中央电视台广告经营遇到前所未有的挑战。中国经济继续向改革“深水区”进发，经济发展经历阵痛期，企业的营销策略更加谨慎，广告投放增幅趋缓。新媒体发展迅猛，电视收视整体下行，中央电视台广告经营受到强势卫视和新媒体的双重冲击。在整体经济调整转型、传播渠道多元选择大背景下，资产管理中心顺应市场变化，调整2015年招标预售策略，以签约认购为主、现场竞标为辅，精简现场招标项目，将核心稀缺资源保留在现场竞标；将供求矛盾不突出的传统现场招标广告产品转为签约认购，使签约认购广告产品较往年更丰富，成为促进创收的主力。11月18日，2015年黄金资源广告招标现场竞购大会在京举办，共有近200家企业参与招标预售，招标预售收入比上年有所增长。

一、高品质正能量节目成为市场亮点

中央电视台坚守国家电视台的责任，以高品质、正能量节目赢得口碑、收视和市场。《舌尖上的中国》成就了中国纪录片收视顶峰，2015年将推出第三季。《梦想星搭档》将开播第三季，请更多明星为聋哑儿童展开专项公益行动。“寻找最美乡村教师”、“寻找最美乡村医生”等节目全面升级，在更广泛人群基础上，寻找平凡而闪光的人，传播真情大爱。《挑战不可能》是草根选秀节目，给普通人一个闪光的平台。高品质正能量节目得到客户的认可，成为招标预售的亮点。

以公益广告挖掘出生活的真善美，传递正能量。2014年，中央电视台制作公益广告80支，全年播出公益广告208支，播出总频次18万多次，播出总时长1500多小时，资金投入近千万元，播出时段的广告价值近30亿元。创作播出“讲文明树新风”“民族复兴中国梦”“美丽中国”主题公益广告，推出贴近百姓生活的“多读书、读好书”“中国好司机”系列公益广告，深化企业公益广告合作模式。

二、电视与新媒体创新融合获得市场认可

随着数字技术的发展，媒体形态多样化，企业对新媒体的认识和利用不断加深，在新媒体的广告投入飞速增长，尤其看好台网融合的广告产品。本届招标预售，创新性地推出特色鲜明的融媒体广告产品，首次将其纳入现场招标。

本次进入招标现场的广告产品，均依托中央电视台的强势节目。其中，“央视新闻端合作伙伴”项目依托新闻客户端，以央视新闻的权威性和优质品牌，对接高品质客户；“《天气预报》二维码互动广告合作”通过电视端、移动端广告互动，快速提升品牌知名度和影响力，使品牌产品迅速融入百姓生活。中央电视台融媒体产品一出世就获得较高的认可度，尤其是台网互动项目，背靠国家电视台强大的影响力，通过移动和互动功能，让强势内容向多维渠道延伸，被客户普遍看好。依托优质节目资源，融媒体产品打通电视、PC、移动端，为客户提供整合传播方案，融媒体项目招标额达到2.7亿元，实现了节目影响力与广告效益的双丰收。

三、传统行业面临变局，新兴行业有所增长

随着中国经济结构的调整，广告投放的行业格局也发生了变化。从2015年广告招标预售的行业分布看，耐用品行业家电、汽车广告稳中有升，快消品行业广告被地方台、新媒体强势分流，服务业金融、旅游广告表现平稳，农业、互联网等新兴行业的广告表现抢眼。

1. 家电、汽车等耐用品产业升级，投放基本稳定

经历了2014年的迅猛发展，平稳增长是2015年汽车行业主旋律，广告投放也回归平稳态势。主流乘用车品牌，一汽大众、东风日产、神龙等企业稳中有升；美系车企业全线发力，长安福特、克莱斯勒、上海通用成为亮点；与央视季播栏目或大型活动深度合作，成为汽车客户投放新趋势。其中，长安汽车冠名2014年《出彩中国人》实现口碑、销量双丰收后，持续加大广告投放力度。缺乏大型体育赛事，部分车企2015年广告投放趋于保守。以广丰、广本等日系车为代表，持续观望，投放下滑，成为2015年广告创收的难题。

家电行业历来是中央电视台的广告大户，在本届招标预售中广告投放保持稳定。受家电行业整体转型升级影响，传统家电品牌美的、格力、海尔、海信稳中有升，小家电品牌老板、方太、华帝悉数

亮相，南孚等细分领域的强势企业开始登场。国美、苏宁等传统大型卖场类企业受到电商冲击，广告投放有所下滑。

2. 白酒行业进入调整期，投放减少

白酒行业原为中央电视台广告投放重要行业之一，但因产能过剩和政策影响，该行业已进入调整期，在中央电视台的广告投放减少，投放额整体下滑。

3. 金融、旅游等服务业相对平稳

银行在中央电视台的广告投放基本稳定。五大国有商业银行悉数亮相，股份制银行的投放稳中有升，融业财富、银天下投资等新客户成为金融行业亮点。

旅游行业在经历几年高速增长后回归平稳。福建、贵州、四川等旅游强省持续发力，加强品牌形象宣传；山东、河北、内蒙古等整合地方资源，投放稳中有升；台州、兴城等旅游新秀，全新亮相。

4. 农业、IT 等新兴行业快速增长

农业的品牌意识逐步增强。史丹利、金正大广告投放不断升级，引领农业广告爆发式增长，新客户鲁西化工等强势进入，预示着农业产业化进程加速，传统农业正在向现代农业转型。

互联网、电子商务市场逐渐成熟，进入品牌竞争、巨头竞争时代。赶集网、途牛网等服务类网站闪亮登场，打造品牌，拉动销售，成为行业亮点。腾讯、阿里、京东等巨头纷纷发力，抢占春晚等核心资源。

2015 年，部分行业企业面临调整阵痛，中国经济在下行压力下稳中有进，其冷暖变化在中央电视台广告招标预售中提前得到反映。改革创新向深水区进发，为经济健康发展提供新的动力。中央电视台打造品牌传播“至高平台”，助推企业，把握机遇，实现梦想。

（资产管理中心提供）

中央电视台音像资料馆 2014 年社会化服务情况综述

自 2013 年 11 月 18 日中央电视台印发台发宣字【2013】293 号文件后，音像资料馆启动节目资料社会化有偿服务，2014 年对有偿服务订单核价 116 单，成交 50 单，平均单价为 16765 元 / 分钟，最高单价 92880 元 / 分钟，创收额度比试运行期间增长 554%，社会化有偿服务进入规模化经营阶段。

一、客户需求增加，核价突破百单

2014 年，音像资料馆完成了中组部、中国版权协会、青海广播电视台、安踏（中国）有限公司品牌管理中心、湖北长江华晟影视有限责任公司《东方战场》摄制组、戈拉邦德品牌顾问（北京）有限公司、北京中山公园等企事业单位 116 单 1644 条有偿服务项目的核价、定价和内容审查，拟定《节目资料有偿使用协议》《数字化处理业务协议》54 份，完成交付查验 262 条，发现不宜提供内容 93 条，出具不宜提供清单 21 份。

二、制定配套制度，加强流程建设

贯彻台发宣字【2013】293 号文件精神，音像资料馆探索社会化有偿服务的运作流程，建立由计费管理科、版权确认科、用户服务科、资料编辑开发科、资源研发科构成的社会化有偿服务运行团队，明确内容审查的责任主体、工作职责，使社会化服务有序高效进行，确保节目资料安全开发；制定工作制度，梳理管理节点，完善操作流程，建立《节目资料销售社会化服务环节流程细则》《节目资料产品策划营销流程》、《节目资料社会化服务价格核算业务操作规范》等 15 项工作标准和规范，形成配套的规章制度体系，填补了行业空白；根据版权授权和相关财务管理制度，与中央电视台总编室、财务管理中心等部门联动，形成版权和财务操作规范流程，部门联动为社会化服务规范化、标准化、专业化、规模化运行奠定了基础。

三、保护知识产权，申报国家专利

音像资料馆自主研发的 TSCU 节目资料定价体系，为节目资料的市场化运作建立了科学、系统的定价标准，获得台分党组高度认同。根据台领导指示，为了保护中央电视台具有自主知识产权的这项科研成果，音像资料馆组成技术业务团队，开展 TSCU 定价体系知识产权保护工作。一是与专家沟通，决定将该体系开发成计算机程序软件并申请软件著作权；二是为软件开发申请政府采购专项经费，按照相关规定，促进 TSCU 软件开发项目采用竞争性谈判方式，选择开发公司；三是明确需求，编制《TSCU定价软件开发项目技术需求书》等文书材料；四是确定开发单位，计划2015年6月30日完成软件开发工作。

（音像资料馆提供）

中国国际电视总公司2014年经营情况综述

2014年，中国国际电视总公司围绕建设“央视市场主体”目标，强化顶层设计，加大基础管理和统筹协调力度，加快产业结构调整和整体布局，妥善应对市场环境变化，适时调整经营思路和方略，推动总公司从电视媒体产业集团向多元传媒集团转型。总公司连续第六届获评“全国文化企业30强”，并获首届“首都文化企业30强、30佳”称号。

一、年度经营工作亮点

（一）加强战略规划，打造产业集群

2014年，总公司进一步明确发展战略，打造产业集群取得重大进展。拟定《总公司“十三五”发展规划》，聘请外脑提出新常态下总部管理架构的优化方案，调研《中央电视台改革发展战略规划实施方案产业部分》；中视科华技术集群基本成型，央视创造、央视纪录等内容集群骨干公司组建成立，对旅游实业集群组建方案展开论证；产业投资成效初显，2014年通过中国文化产业投资基金实现净收益5475万元，通过基金管理公司实现净收益705万元，资本运作业务成为总公司新的利润增长点。

（二）突出内容主业，构建核心优势

2014年，总公司部署深耕细作内容产业，相关公司的内容生产成果显著。央视创造制作《正大综艺》《吉尼斯中国之夜》《喜乐街》《谢天谢地你来啦》《挑战不可能》《他们创造奇迹》等精品季播节目，在CCTV–1、CCTV–2等频道播出；组建真人秀、大型游戏竞技、喜剧脱口秀、大电影策划、节目制作、市场运作一线团队。中视传媒制作的电视剧《马向阳下乡记》《绝爱》等社会反响强烈，《赵氏孤儿案》获得第27届“金鹰奖”。中视影视推出《清风行动》《地火》《刀之队》等高品质作品，参与制作的电视剧《打狗棍》获得第27届“金鹰奖”，《野鸭子2》获得陕西省“五个一工程”奖，《捍卫者》获“全国十佳优秀电视剧”称号。央视动画推出中央电视台首部动画电影《新大头儿子和小头爸爸之秘密计划》，票房达4220万元，标志着总公司开始涉足电影业。系列动画片《新大头儿子和小头爸爸2》获得第54届兹林国际青年电影节特别奖、第13届“五个一工程”奖、第27届“金鹰奖”等多项大奖，与“孩之宝”合拍动画电影《哪吒和变形金刚》进入创意、制作阶段。中视体育具有自主版权的赛事栏目《中华龙舟大赛》《谁是球王》《中国越野拉力赛》等，收视率、知名度不断攀升。央视风云的3D节目《乌镇》获得“中国3D影视作品创新推优评委会”一等奖和“第三届中国3D影视作品奖”电视专题类最佳奖；《寻味中国——川菜篇》获得“第三届中国3D影视作品”电视专题类优秀奖。中视广经的《交换空间》《实战商学院》等栏目升级改版，美食季播节目《回家吃饭》在春节期间试播，收视口碑良好，受到广告商热捧，广告招商额过亿。中视购物打造业界首个文化收藏类栏目《珍品堂》，成为业内争相模仿的标杆。

（三）强化商业合作，拓展国际业务

2014年，总公司继续围绕中央电视台国际传播能力建设，发挥企业优势，强化商业合作，取得了显著成绩。

1. 重大项目稳步推进

在习近平主席、捷克总统米洛什·泽曼的见证下，总公司与捷克小鼹鼠公司合作制作的《熊猫和小鼹鼠》项目签约，成为两国跨文化交流、艺术融合创新的标志；在南非总统祖马来华访问期间，总公司与南非独立传媒集团签署合作备忘录，双方将在新闻共享、合作创办新的电视频道、人员交流互访、新媒体业务拓展等方面深化合作。

2. 节目外销成绩突出

在习近平主席访问印度之际，总公司成功推动《舌尖上的中国》《故宫》《超级工程》等优秀纪录片在印度最大的商业电视台Zee TV播出；《史前天坑群》《孔子》《海上丝路》《深潜》等国际合作节目，进入欧美主流市场；以商业模式建成海外本地化的中国节目专属频道Hi–Indo！；打造中国国际影视节目译制交易平台，节目外销从“零星单个节目销售”向“集成节

目播出发行”转变。

3. 国际视频发稿业务快速发展

全年多语种对外发稿4.4万条，通过美联社、路透社渠道，累计被70个国家地区的1656个电视频道采用70.6万次，同比增长14%；网络视频传输专线“非洲视频传输渠道”投入使用；“全球发布系统”全面升级；总公司协助中央电视台在YouTube设立CCTV–NEWS频道，在境内外“苹果”、“安卓”应用商店推出CCTV–NEWS客户端应用。

4. 长城平台业务持续增长

2014年，中国电视长城平台海外付费用户数增加到171945户，较上年增加12665户。

5. 境外卫星频道安全播出

完成境外卫星频道播出监管任务。境外卫星平台35个频道实现“零停播”。

6. 外援工程积极推进

中广总公司凭借“广电援外工程”，推广广电技术的“中国标准”。总公司成功承办了第23届北京国际广播电影电视设备展览会（BIRTV2014）。

（四）转变经营模式，拓展社会市场

总公司所属单位通过业务创新、模式创新，拓展社会市场。未来广告搭建体育营销全媒体平台，创新产品，提升经营业绩。中视体育借助世界杯、亚运会项目，探索“自主节目独立制作、最终收益与台分账”新模式。央视市场研究、央视–索福瑞开展跨屏、跨终端调查，媒体融合研究初见成效。中视购物整合增效，年销售收入11.9亿元，净利润2497万元，扭亏为盈。中视广经投资《十送红军》《生死连》《炮神》等影视剧，提升节目制作能力。中视广信中标北京歌华有线全媒体聚合云服务平台项目，确立“技术+运营”新业务模式。

（五）为中央电视台服务，做好保障工作

中视科华配合国内外记者站，圆满完成春晚、APEC会议、索契冬奥会等技术设备保障工作。中视汇才完成央视企聘员工5700余人的劳动合同续签工作。中视旅游完成总部搬迁的物业、动力、餐饮、运维、安全工作及春晚、“两会”、世界杯等宣传报道的保障工作。

二、年度管理工作亮点

（一）加强政治学习和廉政建设

2014年，总公司组织党员干部认真领会习近平总书记的一系列重要讲话精神，贯彻党的十八大和十八届三中、四中全会精神，深化党的群众路线教育、党性党风党纪教育实践活动，落实“两个责任”，排查薄弱环节和廉政风险点，在改作风、建立长效机制上狠下工夫，推进业务合法合规运营。

（二）规范干部任免审批权限和程序

在中央电视台人力资源管理中心支持下，总公司的干部选拔任用程序得到台分党组批准，改变了干部任用权限不清的状况，规范了从总公司领导到总助、总部职能部门、下属各级公司干部任免的权限和程序。放宽总公司对下属干部的任免权限，规范干部选拔任用程序，对总公司推进战略管控、加强集团化管理、完善治理结构和管理架构、充分调动干部的积极性起了重要作用。

（三）强化治理结构建设，推进股权划转工作

强化治理结构建设，总公司完成董事会、监事会换届工作；研究制定50家下属公司治理结构调整方案；中视传媒等20多家公司进行董事监事变更、章程修订、经营范围调整、“三重一大”制度修订等工作；明确总公司受托管理中视传媒涉及的重大事项范围、决策权限、管理流程；协助中央电视台完成央视网股权划转工作；经过多轮艰苦谈判，与Kantar集团就央视–索福瑞（CSM）股权调整比例达成一致。中央、总局、台领导屡次批示的索福瑞股改任务得以落实。

（四）加强制度建设，推进改制工作

总公司对行政、人事、财务、预算、股权管理、治理结构、法律、审计等72项管理制度进行全面梳理。继续推进关停并转工作，依法依规推动中电高科、深圳中视等公司改制；启动大新恒太、威海充气动画城等公司关闭工作。

（五）加强财务管理，健全预算体系

总公司针对审计发现的漏洞和运行出现的问题，加强财务管理。梳理100多家单位的产权登记证办理情况，明晰产权关系；完善预算管理体系，制定《预算委员会议事规则》等制度，加强与预算单位的协同，编制2014年预算报告和2015年预算指标。严格执行财务制度，确保经营管理合法合规、科学规范。

（六）改进绩效考核，完善激励机制

总公司调整企业分类，在业务指标设定上突出对各类企业的战略要求，发挥绩效考核的导向作用；调整经营难度系数相关因素及权重，引入上缴总公司利润因素，体现企业对总公司的贡献程度，优化激励约束机制，使考核体系公平公正、科学有效地反映所属公司经营情况和绩效。

（七）构建内审体系，加强风险防控

构建中央电视台、总公司双重管理的内部审计管理模式。总公司审计部作为中央电视台审计部门的派驻机构履行审计监督职责，开展经济合同专项审计调查、工程项目审计、离任企业领导人员经济责任审计等工作。

（八）加强企业文化建设，增强凝聚力

开展“讲政治、管队伍、守纪律”学习教育活动，教育员工尤其是领导干部与党中央保持一致，提升政治自觉、思想自觉、行动自觉。倡导团结奋进、追求卓越的企业文化。组织扶贫、捐赠、义务献血等活动。丰富员工文体生活，总公司连获四届中央电视台职工运动会的团体冠军。

（中国国际电视总公司提供）

中央卫星电视传播中心 2014 年经营情况综述

2014 年，中央卫星电视传播中心紧紧围绕中央电视台工作大局，构建市场化运营模式，规范内部管理，完成中央电视台加密频道经营和主频道国内落地覆盖任务，加强信号管理和版权保护，进一步提升运营和服务水平。

一、拓展中央电视台收费节目市场

在全国有线电视发展减速的市场环境下，卫传中心积极应对困难和挑战，拓展 CCTV–3/5/6/8 收费节目市场，确保了市场稳定发展和收入持续增长。领导班子转变经营理念，增强服务意识，认真调研和解决市场发展出现的新情况新问题。公司创新思路，转变模式，加强信号管理，主动沟通客户，在服务质量和签约用户数量上取得新突破。做好省级代理的工作，激励代理单位与卫传中心齐心协力，共克难关。面对广电网络整合，IPTV、OTT TV、直播卫星等新媒体、新渠道逐鹿市场的复杂局面，以变适变，以不变应万变。以服务推动业务发展，密切客户合作关系，提升客服水平。

二、做好主频道国内落地覆盖工作

频道落地覆盖是中央电视台“建设国际一流媒体”提高传播力、影响力的关键环节。在分管台领导带领下，卫传中心工作组利用渠道优势，走访 20 多个省区广电局及网络公司，通过“扫盲点、排顺序”，推动中央电视台主频道落地覆盖工作。31 个省 16 套主频道落地覆盖盲点，由年初的 1063 个减少到 521 个，减少了 542 个；实现全频道全覆盖的省由年初的 16 个增至 27 个，成效显著。卫传中心还与外语频道合作，克服困难，使法语频道在武汉落地，开创了小语种频道在城市有线网基本落地的先例。中法建交 50 周年之际，法语频道落地武汉取得良好的社会效益，也为央视其他小语种频道在国内城市落地积累了经验。

三、强化版权意识，规范版权管理

卫传中心管理 CCTV–3/5/6/8/9 及高清 CCTV–3/5/6/8/5+ 共 10 套加密频道信号传输，把增强版权意识、维护版权资源、规范加密管理、维护版权效益作为重点工作，开展对新媒体盗播、设备转移、超范围传输、户户通设备违规转移等查处维权工作。与上级主管部门和广电系统共同采取措施，制止盗版和网络共享盗播情况的蔓延，维护市场秩序。2014 年世界杯期间，卫传中心在 16 个省区安排专人，24 小时监看 IPTV、OTT 及境外卫星违规传输中央电视台世界杯赛事的情况，每日两次向中央电视台版权处提交侵权调查报告，以行政、技术手段遏制侵权盗播行为，配合中央电视台通过法律程序解决盗版问题。

四、完善规章制度，规范内部管理

1. 加强安全播出管理。强化责任意识，倡导敬业精神，完善规章制度，明确岗位员工的责任，对安全播出预案定期进行检查和演练。在全国“两会”、世界杯、四中全会、APEC 会议等敏感和重要时期，按照总局对安全播出的要求，加强设备巡检、值班和检查工作，强化制度学习，把规程落实到人，确保了安全播出无事故。

2. 加强财务管理和审计工作。规范收支预算和管理，为事业发展提供保障。配合审计署开展审计工作，提供相关材料，抽查会计凭证，解答审计事项，完成审计问题的整改工作。

3. 加强监督检查。落实中央八项规定，建立风险防控机制。加强预算管理，加强经费管理和监督。规范部门和岗位职责，落实责任制。建立健全制度，优化业务流程，明确审批权限和程序，完善绩效考评，从制度化、程序化入手提高管理效率，增收节支取得明显效果。

五、创新党群工作，建设高素质队伍

1. 认真学习贯彻中共十八大及三中、四中全会精神，深入开展党的群众路线教育实践活动。围绕央视频道落地覆盖工作大局和卫传中心发展战略，组织党日团日活动，为职工送温暖，振奋精神，克服困难，基层党建、精神文明建设、产业事业发展取得新成绩。

2．2014 年 8 月举办卫传中心产业经营培训班，研讨产业经营思路和方略，深化对频道落地覆盖、版权管理、产业经营创新的认识，为加强市场开发、完善内部管理打基础。组织用户部市场开发和谈判技巧培训，组织新入职员工培训。按照总局《关于开展机构人员编制核查工作的通知》要求，完成卫传中心编制核查工作。

（中央卫星电视传播中心提供）

中视传媒股份有限公司 2014 年经营情况综述

2014 年，中视传媒股份有限公司贯彻“服务大局，稳中求进”的经营方针，背靠央视，面向市场，紧抓机遇，务实进取，创新经营模式和管理方式，强化制度规范和执行力，实现了年度经营业绩目标，开创了公司发展的新局面。

一、拓展影视业务，实施精品战略

1. 重点影视剧得到好评

2014 年，中视传媒完成《绝爱》《马向阳下乡记》的首播发行。《绝爱》首播当天在全国省级卫视黄金时段排名第四，一周后收视率排名全国第二。《马向阳下乡记》保持全国收视排名第一，最高单集收视率 2.38%，收视份额 6.38%；网络播放位居榜首，最高单日播放 5128 万次，得到广泛好评。

2. 巩固制作包装业务

制作业务，完成 CCTV–1/8 电视剧播出版、纪录片播出版的制作；完成电视剧栏目制作、文字校对、技术审查；配合新闻中心完成全国“两会”直播报道的技术支持；按照文件化播出要求，完成两次蓝光直送测试工作。包装业务，完成 CCTV–1/8 频道日常维护工作；多次配合技术中心完成晚会、栏目、频道包装工作；完成 CCTV–NEWS 改版包装相关工作；配合总编室完成假期宣传片制作任务；完成《园林》等纪录片的特效制作业务。

3. 推进纪录片业务

中视传媒配合纪录频道推进《功夫少林》《自然的力量》《云与梦之间》《五大道》《楚国八百年》《南侨机工》等项目。市场化运作的《仰望太白》《东方帝王谷》项目进展顺利。

4. 开展栏目制作业务

公司配合科教频道开展《走进科学》《健康之路》《探索·发现》《地理中国》《我爱发明》《原来如此》《希望英语风采大赛》等栏目节目制作业务。配合新闻中心完成《生活提示》《真诚沟通》广告及在线包装示意动画节目的委托制作业务。

5. 打造影视精品

2014 年 2 月，公司作品《赵氏孤儿案》在“第二届中国电视剧导演工作委员会年度表彰盛典”上获得 10 项大奖；6 月，该作品获得“第二届亚洲彩虹奖优秀古装剧奖”；10 月，该剧获得第 27 届中国电视金鹰奖优秀奖。10 月，公司作品《渗透》获得第 27 届中国电视金鹰奖电视剧三等奖。

二、广告业务谋发展

2014 年，中央电视台将科教频道广告经营模式改为区域代理制。中视传媒主动应变，帮助科教频道区域代理公司开展销售业务。争取资源，获得 CCTV–9 上海区域代理资源，开发人民日报上海户外媒体广告资源、北京航天有线媒体广告资源等，拓展广告业务。

三、旅游业务稳定发展

2014 年，受经济形势和政策因素影响，无锡影视基地团队游客大幅下降。公司采取稳定团队游客、吸引散客的措施，调整门票价格和旅行社奖励政策，通过网络、微博、微信，加强营销；坚持“文化统领旅游”，丰富文化活动和演出；建设景区，提升品质，拓展影视协拍等经营项目，促进园内创收。散客数量的明显上升，稳定了旅游业务。南海分公司创新宣传推广形式，改造提升景区品质，平稳实施门票调价措施，取得良好的经营业绩。

（中视传媒股份有限公司提供）

中国有线电视网络有限公司 2014 年经营情况综述

2014 年，中国有线电视网络有限公司把巩固党的群众路线教育实践活动成果与促进公司发展相结合，进一步转变作风、加强管理、开拓创新、锐意进取，各项工作取得了好成绩。

一、安全播出工作保持高水平

中国有线把安全播出作为年度工作重中之重，多措并举，进一步巩固安全播出成果，高标准地完成了全国“两会”、党的十八届四中全会、博鳌论坛、春晚、APEC 会议、青奥会等系列播出保障任务，节目源传输可用度指标达到或超过 99.99%，没有发生任何责任事故，保持了安全播出高水平。

二、经营工作逆势而进

2014 年，中国有线业务经营形势严峻：国干网资源匮乏；业务运营资质匮乏；基础电信运营商管控压力加大。公司在不利条件下，不等不靠，想办法，找出路，增加经营收入。年度总收入 8.7 亿元，比上年增长 5.4%，全面完成了中央电视台、公司董事会下达的各项任务指标。

三、重点工程进展顺利

国干网扩容改造项目。完成南京－花桥 410 公里光缆敷设；完成宁夏境内高速公路光缆建设设计评审；国干网数据网络扩容项目即将进行设计会审。该项目进一步夯实了国干网保障基础。

三网融合试点和 NGB 示范工程项目。项目已基本完成，其中海南互动电视系统已完成现场部署，开通了时移、点播、回看等基本业务功能，完成了一期功能初步验收测试；BOSS 系统正式上线，可支持数字电视、互动电视、宽带业务，完成了初步验收测试；双向网改在海口、三亚进行规模部署，覆盖用户 20 万户，开通友好用户千余户；省干 OTN 系统完成设备招标采购、安装工作；数据网设备完成了现场测试；IP–QAM 系统完成了设备安装和初验测试。年底，海南项目的主要技术系统基本完成建设工作，进入运营阶段。

广电视联网项目。完成中央综治办系统 30 个省级节点线路开通及终端安装工作，为多次全国性综治视频会议提供保障。完成翠微、大塔、海南分公司视频会议系统安装；配合公安部，完成中央综治办视联网项目安全保密等级评测，评定为等保三级；推进视联网项目在海南的实施，海南综治办、食药局分别落地开通试点 23 个、25 个。

广电节目高清专用传输交换网项目。项目已建成，为中央电视台高清新闻回传提供服务。

四、提高内部管理水平

整改落实工作。认真贯彻党的群众路线教育实践活动“整改落实、建章立制”要求，将整改落实作为公司重大项目，以“聚焦、务实、有效”为重点，落实“两方案一计划”；针对审计提出的问题，进行彻底整改。

法务工作。加强合同签订、执行等各环节的管理，防范化解企业经营的法律风险，积极应对诉讼案件，维护企业合法权益。

财务工作。统筹安排全年资金计划，保障现金流安全运转；顺利实施“营改增”工作；配合起草国干网整合重组的中国有线方案。

人力资源工作。建立岗位管理体系；落实党的群众路线教育实践活动整改措施，实施薪酬调整；完善干部管理监督；加大力度落实全员目标责任制；加强员工培训。

安全保卫工作。明确安全责任，严格督促落实；加强安全教育和培训，实现常态化；建立长效机制，加强安全制度检查落实，完成 APEC 会议等重大保障工作；“三电”综合治理，进行程序化处理。

行政后勤工作。清理和调整办公用房；为中国广播电视网络有限公司提供保障；圆满完成防汛工程；进一步提高后勤保障能力。

资产管理工作。完善资产管理制度体系；修订采购制度；完成了多个项目的招投标；优化资产资源管理系统。

审计稽核工作。完成了一系列工程项目的单项验收、竣工财务决算和审计工作；修改完成《中国有线内部审计制度》；配合审计署等完成多项审计，并编写落实审计整改意见。

投融资工作。参与国网公司组建及中国有线重组工作；妥善处理到期贷款；加强分公司投融资管理；申请并获得中央文化产业发展专项资金；完成部级社科研究项目。

群团工会工作。加强群团工会组织建设；工会系统贴近职工需求，帮助一线职工解决宿舍紧张、夫妻两地分居等问题；活跃职工文化生活。

业务宣传工作。提高导视频道节目策划制作水平；严格流程管理，确保安全播出；开拓频道经营业务。

廉政建设。强化廉政责任落实与廉政教育监督；落实党风和廉政建设“两个责任”；履行管理控制责任，完善“三重一大”制度体系；履行检查监督责任，认真对待举报信访，加强业务廉政监督。

五、党的群众路线教育实践活动各项任务圆满完成

中国有线党的群众路线教育实践活动严格按照总局、中央电视台活动领导小组的具体要求、方法和步骤，全面部署，深入推进，将教育实践活动与公司中心工作紧密结合，相继完成了“学习教育、听取意见”、“查摆问题、开展批评”和“整改落实、建章立制”三个环节的工作，取得明显成效：党性修养、理论水平进一步提高；制度建设、科学管理水平得到明显提升；宗旨意识、群众观念进一步树立；重点工作扎实推进；整改“真改”，成效初显。教育实践活动的主要特点是：领导重视、率先垂范；规定动作做到位，自选动作有特色；坚持群众路线，紧紧依靠群众；在整改落实的“实”上下工夫。

（中国有线电视网络有限公司提供）

中国广播电视国际经济技术合作总公司 2014年经营情况综述

2014年，中国广播电视国际经济技术合作总公司落实“走出去”发展战略，克服困难，在广播影视国际传播能力建设中打造优质工程、提供优质服务，中央电视台海外落地项目、国家援外项目、国际交流合作项目取得新进展，营业收入达到3.67亿元。

一、继续实施广播影视“走出去”工程

1. 科摩罗采用DTMB中国数字电视国际标准

中广总公司抓住实施中央电视台节目在科摩罗落地项目的契机，经过不懈努力，推广DTMB中国数字电视国际标准取得成功。科政府宣布采用中国DTMB标准，这是中国标准首次在非洲得到一国政府的正式承认和采用。

2. 中央电视台节目在塞舌尔落地

2014年9月1日，塞舌尔国家广播电视公司与中央电视台签约，授权CCTV-News、CCTV-F节目在塞舌尔整频道转播，委托中广总公司负责项目实施。中广总公司精心组织项目建设。2015年2月该项目完工，顺利开播，收视效果良好。

3. 南太平洋地区落地项目巡检维修

中央电视台节目在中非、刚果（布）、老挝、瓦努阿图、萨摩亚、斐济等南太平洋国家落地后，中广总公司对落地项目提供技术支持。公司技术组到达对象国后，拜会中国使馆、经商处及对象国主管官员，到设备现场巡检，了解节目播出情况，维护检修设备，提供技术咨询。其中，中非技术组是中非内乱后率先抵达该国的中国团组，中非项目维修工作得到中国大使馆的高度评价。

4. 苏里南调频广播项目取得阶段性进展

中国调频广播在苏里南落地项目历时4年，2014年苏里南总统终于批准了项目频率。该项目仍存在一些问题，获取频率为项目实施创造了有利条件。

5. 为中国驻外使馆提供技术服务

中广总公司完成多个中国驻外大使馆CCTV-3/5/6/8及新闻频道解码器续约、广电设备销售和技术服务工作，保证了中国电视节目在驻外使馆正常播出。

二、克服困难开展援外项目

中广总公司承担的中国对外援助广电技术项目，全部正常实施。2014年度援外广电项目包括：广播/电视节目在刚果（布）落地项目，科摩罗广播电视中心技术合作项目，赤道几内亚巴塔电台技术合作项目，刚果（布）朱埃电台技术合作项目，几内亚四电台技术合作项目，桑给巴尔广电技术合作项目。其中，几内亚项目是在该国出现埃博拉疫情的困难情况下一直坚守的项目。

三、承办对外广电培训班

受总局和商务部委托，中广总公司2014年承办4个针对发展中国家广播电视官员、技术人员、管理人员的培训班。培训班重视对方需求，立足实际应用，深受学员好评。

四、承办第23届北京国际广播电影电视设备展览会

2014年8月27日，第23届北京国际广播电影电视设备展览会（BIRTV2014）在中国国际展览中心成功举办。展出面积5万平方米，参展厂商519家，其中40%为国际厂商。总局党组成员、中央电视台台长胡占凡莅临展会开幕式。

2014年，商务部对带动效应好、行业影响大、专业特色鲜明的展会给予鼓励和支持。BIRTV2014获得政策支持。中央财政安排专项资金，对中小企业参展BIRTV2014给予展位费补助。中广总公司精心承办展会，把国家政策支持落到实处，转换为中小企业的实际收益和BIRTV平台优势。BIRTV2014还入选“北京市文化创新发展专项资金2014年度扶持项目”，获得北京市文资办的奖励和资助。

五、BIRTV助推中国广电设备技术“走出去”

中广总公司在广电援外工程“走出去”的基础上，以BIRTV展会和“服务走出去”的方式，助推民族品牌技术产品的发展，多次组织BIRTV展团赴境外参展。2014年10月至11月，BIRTV展团分赴澳门、南非，参加第51届亚洲-太平洋广播联盟（亚广联）大会和2014年非洲电视节。BIRTV国际化迈出新步伐，为增强中国广电品牌的国际竞争力和影响力服务，已经成为业界知名的国际品牌。

六、代理进口业务

中广总公司为中央电视台进口设备，为中央人民广播电台、天津广播电视台、黑龙江广播电视网络股份有限公司等单位进口发射机，为总局直播卫星“户户通”工程进口智能卡，稳定了代理进口业务。

七、国内其他业务

年内，人民网演播室及办公区工程、腾讯北京总部媒体区设计、福彩演播室工艺及置景项目完工，中广总公司的广电工艺设计和建筑设计业务树立了新的口碑，发展势头良好。承揽广州国际媒体港二期工艺造价咨询项目，公司的设计业务首次进入广州市广电系统，首次承揽工程造价咨询项目。记录介质销售业务，在录像带销售基础上，向P2卡、硬盘、SD卡等知名品牌的新介质转型。仓储业务，为中央电视台有关部门提供仓储服务。继续开展东郊仓库土地、老库房改造开发的前期工作。

（中国广播电视国际经济技术合作总公司提供）

2014年中央电视台付费电视业务新进展

2014年，中央数字电视传媒有限公司、央视风云传播有限公司落实中国国际电视总公司和中央电视台的部署，以市场开拓为龙头，以强化内部管理为主线，务实创新，打造视频点播、3D和高清技术产品、精品栏目，强化加密传输管理、平台管理，市场开拓和企业管理取得了新进展。

一、视频点播升级

中数传媒、央视风云应对付费电视的激烈竞争，利用数字平台优势，整合中央电视台的优质资源，以内容＋服务＋营销的模式，建设CCTV视频点播专区，初步形成了覆盖全媒体的新型内容供销体系和全新的CCTV视频点播产品线，并与贵州省网合作，筹建了样板专区。该专区以原有的主题包策划为基础，以主题化、差异化为特点，重新构建6+1基本框架，将“环球剧场”“HOT酷韩流”“智慧少年派”等六大主题与一个“特别放送”板块融合，将传统媒体与新兴媒体融合。CCTV视频点播产品升级，与全国15个区域地网签约，形成新的利润增长点。

二、制播3D产品

2014年2月，央视风云制作的《中国古镇》系列3D纪录片首播。该片包括《微山湖上的北方水乡——南阳》、《中国古镇——黄河古镇碛口》、《中国古镇——乌镇》、《中国古镇——京西栈道爨底下村》等，对国内多个文化古镇做了翔实记述。《中国古镇——客家古村落培田》《寻味中国》《稻米的旅行》《电影之城》4部3D纪录片开拍。9月，《寻味中国——川菜篇》1～3集在中国3D电视试验频道首播。

央视风云打造人才队伍，提升了3D节目品质。《中国古镇——乌镇》获“2013年中国3D影视作品创新推优评委会”一等奖，《微山湖上的北方水乡——南阳》获三等奖。《乌镇》《寻味中国——川菜篇》分别获得“第三届中国3D影视作品奖”电视专题类最佳奖、优秀奖。《乌镇》获“国际3D与先进影像协会中国区提名作品奖”，入围第4届“光影纪年——中国纪录片学院奖”。《中国古镇——黄河古镇碛口》入围第20届上海电视节“白玉兰奖”，在东方卫视展播；入围第三届嘉峪关国际短片电影展，在甘肃电视台展播；应邀在香港卫视播出。

三、制播高清节目

在中央电视台“高进标退”计划指导下，中数传媒、央视风云技术先行，加快“标清转高清”步伐。放开央视风云9个频道对中央电视台高清文件节目的调播，正式运营“高清付费节目制作岛”系统。中央电视台加快高清播出、压缩系统建设，技术能力满足了央视风云节目数字高清化制播的要求。中数传媒经过大量市场调研，制定中央电视台13套数字付费电视频道“标清转高清”方案，为实现高清化制作播出做好了准备。

四、打造精品栏目

央视风云加强2D、3D节目制作，多个自制节目、栏目全新上线。采购海外优秀高清影视剧、纪录片等，丰富节目存量。调整节目编排，突出内容特色，实施节假日的特殊编排，以节目差异化满足不同受众的收视需求。大幅提升付费频道的节目质量，获得观众一致认可。

五、加密传输管理

中数传媒对中央电视台16个公共频道、41个数字付费频道、48个有线网频道、1个3D试验频道共106个频道，规范加密传输管理，在重要保障期严格管控，实现了全年安全播出。央视风云频道群全年安全播出100193小时（其中，3D试验频道安全播出4928小时），累计安全播出989490小时。

中数传媒配合中央电视台启用新址CCTV–1/5+/4亚洲3套高清频道新编码复用系统，11月14日完成CCTV–1/5+高清频道新系统AVS+信号加密传输工作。7月，圆满完成三沙市中央数字电视节目平台付费频道落地工作。

六、节目平台管理

中数传媒加强频道监督管理，深入分析数据，制定频道分账评价体系、分级管理措施，落实精细化、差别化管理办法及评价标准，建立月度综合测评制度。制定实施《中央数字电视节目平台付费电视频道节目监看细则》（试行），细化地方频道节目监看规范，明确节目定位、违规行为量化评判标准，提高节目监看质量。

七、营销推广

年内，中数传媒举办3项大型营销活动、8场地网营销培训会。通过“高清电视节”路演、“首届宁夏广播电视观众节”、“2014央视尊贵之旅”，开展付费频道的营销服务，得到用户的支持和踊跃参与；在吉林等6家地网举办8场付费频道营销推广培训会，得到地网高度评价，扩大了央视付费频道的影响力。中数传媒创办、运营的中国电视网，利用自身优势，与央视风云联合开展了多轮趣味推广活动；联合中国电影资料馆举办“经典重温”系列看片活动，获得良好反响。2014年央视付费电视板块营业收入3.92亿元，取得了新的突破。

八、完善内部管理

中数传媒开发合同管理系统，通过信息化、规范化、动态化管控，将事后处理转变为事先防范，提高了合同管理效率和风险防控能力。实施全面预算管理，规范经费使用，降低营业成本；实施“营改增”税制改革，获得税收优惠和“营改增”专项扶持资金；完善绩效考核办法及量化指标，规范社会保险、公积金管理；通过多种形式、多个层面的培训，加强团队建设，拓展销售渠道，防控经营风险，为经营工作顺利开展保驾护航。

（中央数字电视传媒有限公司提供）

中央电视台高清晰度电视2014年发展情况综述

中数传媒在完成大量市场调研工作基础上，研究付费频道高清化的发展趋势，向中央电视台提出《关于我台付费频道高清发展的建议和请示》，台领导作了批示。紧跟中央电视台逐步实现央视付费频道高清化的部署，中数传媒详细规划中央电视台13套数字付费频道由标清转高清的进程方案，为实现高清化制播做好准备。

在技术方面，央视风云“高清付费节目制作岛”正式投入使用，可满足央视付费电视各频道高标清节目文件化制作的功能需求，并与中央电视台节目生产管理系统相适配，实现央视付费电视频道从标清过渡到全高清、全文件化的制作流程。2014年1月，央视风云完成高清付费节目制作岛操作培训；4月，央视风云高清付费节目制作岛与台本部实现网络连通；5月，实现台FTP账号的分配开通及媒资的互连互通，完成系统标识分配等工作；7月，央视风云完成委托制作（包壳）节目文件化播出的测试工作。央视台球频道的制作工作纳入高清制作岛，进行首批试用。至11月底，“高清付费节目制作岛”管理系统经过多次更新调整，实现应用场景文件化全流程制作，并与中央电视台生产流程对接。年内，“高清付费节目制作岛”安全运营，完成央视风云各频道节目制作机时23080小时。

央视风云付费频道由磁带调播转为高清文件化调播。4月，制定《调播高清文件节目注意事项》，CCTV娱乐、CCTV戏曲频道分别调播两档台内高清文件节目；5月，央视风云的风云音乐、世界地理、电视指南、CCTV娱乐、CCTV戏曲、央视文化精品、女性时尚、央视台球、卫生健康9个付费频道放开对台高清文件节目的调播。每周频道调播节目时长达130小时，顺利实现了付费频道从磁带到高清文件化节目调播的过渡。中数传媒协调台高清播出、压缩系统建设，截止到2014年底，中央电视台播送中心建设的20套高清硬盘播出系统已完成采购。

（中央数字电视传媒有限公司提供）

CCTV

TONG GANG AO TAI JIAO LIU YU HE ZUO

同港、澳、台交流与合作

同港、澳、台交流与合作

2014年中央电视台同港、澳、台交流与合作纪事

1月22日 中央电视台副总编辑程宏会见香港广告业联会会长高丽娟一行，就中央电视台与香港企业界、广告界加强合作进行交流。程宏说，中央电视台亚太中心站设在香港，对香港经济、社会、文化等领域展开持续报道，综合频道、中文国际频道、英语新闻频道通过亚视在香港落地，影响力逐步提升。香港作为国际金融贸易港，拥有大量优质企业资源。中央电视台与香港企业界、广告界继续加强合作，将有效拓展中央电视台在香港以及全球华人圈的影响力，并帮助香港企业在大陆市场发展。

3月7日 中央电视台台长胡占凡会见澳门特别行政区行政长官崔世安一行。胡占凡说，澳门特别行政区将迎来成立15周年纪念日。在宣传报道方面，中央电视台将在新闻、专题、纪录片、直播等方面充分准备，按计划推进。关于庆典晚会，中央电视台将根据统一部署，与澳门有关方面积极协调，尽快形成方案；关于增加中央电视台在澳门落地频道问题，中央电视台将借鉴香港模式，争取早日让澳门同胞看到更多的央视频道。

4月24日 中央电视台台长胡占凡会见香港报业公会会长李祖泽率领，由香港20多家主要媒体负责人组成的香港传媒高层访京团。胡占凡表示，中央电视台与香港媒体关系密切，双方在新闻节目交换、电视剧引进、专题节目制作、频道落地等方面一直保持着良好的合作关系。面对激烈的媒体竞争，中央电视台坚持"内容为王"，致力于在全媒体时代的海量信息传播中保持权威性和公信力，其中"创新"是关键。我们要创新传播方式，以贴近百姓、贴近生活的节目关注普通人的生存状态。中央电视台推出的"最美"系列和"走基层"报道广受赞誉，走的就是"民间路线"。我们还在探索更好传播中华文化的方式，已经举办的《中国汉字听写大会》《中国谜语大会》及正在推出的《中国成语大会》等，就是希望通过人们易于接受的竞赛式、娱乐化节目模式，弘扬传统文化。中央电视台大力加强新媒体建设，强化节目内容的多平台共享和多渠道传播。

5月22日 中央电视台副总编辑彭健明会见台湾旺旺中时媒体集团董事长蔡衍明率领的集团高层参访团。彭健明说，旺旺中时媒体集团对台湾地区舆论发挥重要引导作用，多年来助力报道两岸关系，为增进两岸互信起到了积极作用。旺旺中时与中央电视台合作紧密，在电视剧、新闻等领域交流频繁，还共同创立了品牌活动《海峡两岸知识大赛》。希望今后双方开展更加深层次、富有实效的合作。

7月2日 中央电视台分党组成员、纪检组组长、机关党委书记张海鸽会见由香港杰出青年协会主席罗宝文率领的香港杰出青年访京团。张海鸽介绍了央视总部大楼和中央电视台的基本情况。她说，中央电视台搬入新址后，将实现文件化、网络化和高清化节目制播，加速推进电视与新媒体的融合发展，传播力和影响力将进一步提升。希望香港青年更多地走进央视，更深入地了解央视，通过央视正确地理解中央政府的大政方针，全面了解内地经济、社会发展情况，促进香港与内地在各方面互利合作和共同发展。

7月11日 中央电视台副台长胡恩会见台湾TVBS电视台执行副总经理杨盛昱、TVBS中国大陆事务部总监林大法一行，就音乐频道《全球中文音乐榜上榜》落地台湾事宜交换意见，达成了《全球中文音乐榜上榜》通过台湾TVBS于8月份在台湾播出的意向。胡恩表示，《全球中文音乐榜上榜》为华人流行音乐构建一个互动交流的平台，及时传递了华人中文音乐的新进展。TVBS加盟，能让两岸的新生代互相熟悉，为两岸文化交流搭建同心桥，是一个全新的探索。

8 月 22 日 中央电视台副总编辑朱彤会见来访的澳门广播电视股份有限公司（澳广视）执行委员会主席白文浩一行，并代表胡占凡台长对白文浩来访表示欢迎。他说，中央电视台与澳广视交流广泛，在中央电视台频道落地、大型赛事信号制作、节目合拍等方面建立了良好的合作关系。澳广视还在中央电视台节目葡萄牙语和粤语译制及推广方面做了很多扎实有效的工作，希望今后继续加强各方面合作。今年是澳门回归 15 周年，希望澳广视一如既往地为中央电视台特别报道提供帮助和支持。

10 月 27 日 以“媒体碎片化时代广播电视如何确保未来发展”为主题的第 51 届亚太广播联盟大会在澳门开幕。中央电视台副台长魏地春率团参会，会见大会东道主澳广视执委会主席白文浩。会见中魏地春祝贺澳广视三喜临门——承办此次大会恰逢亚广联成立 50 周年和澳广视开播 30 周年，即将迎来澳门回归祖国 15 周年庆典。他感谢澳广视为中央电视台节目葡语化以及在葡语国家传播所提供的帮助，希望今后双方进一步扩大在这一领域的合作。魏地春说，澳门与大陆是一家，两台可以密切合作，坦诚沟通，央视将尽最大努力为澳广视提供力所能及的支持。央视每年生产大量高质量的专题片、纪录片，如近期播出的《百年潮・中国梦》《互联网时代》《水脉》等都是制作精良的优秀作品，可以由澳广视译制成粤语在澳门播出，让当地观众增加对祖国的了解。在庆祝澳门回归十五周年的相关报道中，央视将与澳广视紧密合作。

（台办公室外事处提供）

2014 年中文国际频道对台宣传工作综述

2014 年，中文国际频道落实中央对台工作精神和部署，利用驻台湾记者及台湾合作媒体报道资源，关注台湾热点新闻和两岸交流，突出及时性、实效性、信息量及多元化视角，进一步加深两岸的相互理解，增进两岸民众的文化认同，为促进两岸关系和平发展做贡献。

一、坚持正确舆论导向，服务两岸关系发展大局

中文国际频道设《海峡两岸》《天涯共此时》栏目及《中国新闻》栏目的“直通台湾”板块。2014 年，中文国际频道准确稳妥地把握涉台报道，坚持正确的舆论导向。

1. 积极报道中央对台大政方针及两岸交流新动态

中央电视台中文国际频道对习近平总书记分别会见国民党荣誉主席连战、台湾统派团体代表、台湾两岸共同市场基金会荣誉董事长萧万长，以及国台办主任张志军与台湾陆委会主委王郁琦互访等重要活动进行重点报道，对两岸事务领导人在南京进行的第二次会晤以及两岸两会领导人第十次会谈等重要新闻事件做直播报道，及时向观众传达中央对台工作精神，营造两岸关系和平发展的舆论氛围。其中，《海峡两岸》栏目制作的《做好投诉协调，大陆依法保障台胞权益》特别节目受到国台办的高度评价，认为节目对大陆如何依法维护台胞权益做了很好的宣介，对促进两岸关系的和平发展起到了积极作用。许多台胞也认为，这期节目起到了答疑解惑的指导作用。

2. 跟踪报道台湾岛内政坛和民生事件

2014 年，中文国际频道对台湾岛内备受关注的事件如复兴航空客机迫降失事、高雄石化气管爆炸、台湾“九合一”选举、“核四”争议、台风麦德姆肆虐等，持续推出动态深度报道。全程报道国台办主任首次访台，精心策划并调度央视驻台湾记者站资源，在多个频道播出高质量连线报道 9 场，记者采制的动态、特写、回访报道 12 条；针对台湾复兴航空一客机迫降失事，编辑整合多方资源，推出配合性报道，调度驻台记者，前后方通力配合，由《中国新闻》《海峡两岸》栏目联动，第一时间发布消息并展开递进式报道。在澎湖事故现场、台北民航局、澎湖医院等地设多个直播点，引入台湾 TVBS 现场画面，直击事故现场，关注伤员的救援安置、事故原因调查等情况；在高雄石化气爆事件发生后，密切关注事故影响、原因调查等动态，对事件展开多角度跟踪报道。驻台记者还深入台湾各地，制作反映台湾民生的节目，含台湾名人故居 7 集、台湾牛肉面 3 集、台南农村见闻 3 集、铁马台湾行 5 集、台湾再生家具回收再利用 3 集、台

北捷运 3 集等。

3. 深度剖析台湾问题在中日关系和中美关系中的地位

《海峡两岸》以中日钓鱼岛争端、美国重返亚太战略为切入点，解读台湾在其中扮演的角色，制作《中美关系的进与退》等系列节目，得到上级领导的肯定。以纪念甲午战争 120 周年为契机，制作《马关条约始末》《甲午之痛》系列节目，回顾台湾被日本割占及台湾民众英勇抗日的历史，增进两岸同胞血浓于水的民族感情。

二、精心打造《台海记忆》节目，以同源文化增进认同

《天涯共此时》栏目展现中华文化在两岸的一脉传承。2014 年，继续播出《台海记忆》系列节目，通过两岸嘉宾讲述台海历史事件，唤起两岸共同的历史记忆。节目在解说风格、音效制作方面精心设计，历史性、权威性、客观性、揭秘性的特点更加突出。12 月 13 日首个南京大屠杀死难者国家公祭日，播出《1937 血色南京》节目，披露了大量珍贵的历史影像资料，引起两岸各界关注。《天涯共此时》栏目与台湾东森电视台联合举办“寻找两岸文化传承人”活动，开展前期策划、实地调研、大陆拍摄等工作；筹拍中央 2015 年对台宣传重点项目——历史纪录片《台湾光复》，完成结构大纲、分集内容策划及学术脚本撰稿工作。

（中文国际频道提供）

DUI WAI JIAO LIU YU HE ZUO

对外交流与合作

对外交流与合作

2014年中央电视台对外交流与合作纪事

1月15日 中央电视台副总编辑朱彤会见英国银色之门媒体公司副主席威廉·阿斯特一行，双方签署《英国SILVERGATE MEDIA两部动画作品登录中央电视台暨开启双方合作备忘录》。朱彤欢迎威廉·阿斯特一行到中央电视台参观访问，并积极评价威廉·阿斯特对促进中英两国少年儿童文化艺术交流做出的贡献。朱彤说，英方制作的《海底探险小纵队》《彼得小兔》两部动画片在欧美主流儿童媒体播出后获得巨大成功。中央电视台少儿频道作为中国最大的儿童节目播出平台，2013年取得全国收视排名第一的佳绩。双方的合作将为加深两国少年儿童的理解与友谊，传播世界精品文化做出新贡献。

1月17日 中央电视台台长胡占凡会见韩国广播通信委员会委员长李敬在率领的韩国广电代表团。胡占凡表示，中央电视台和韩国媒体的合作由来已久，双方已经在纪录片、大型活动和电视剧等领域建立常态化合作机制，有很多成功的合作案例。其中，中央电视台与韩国广播公司合拍《望京》《汉江奇迹》等纪录片，展现两国的发展现状，增进了两国人民的互相了解；中央电视台与韩国广播公司成功举办了15届中韩歌会，受到两国年轻观众的追捧；韩国影星参演的《木府风云》《舞乐传奇》等电视剧在中央电视台播出，取得良好的收视效果。胡占凡表示，中韩两国地缘相近、文化相通。双方在节目版式引进和共同制作方面有很大的合作空间。比如，可以将两国人民在二战期间共同经历的灾难制作成纪录片和电视剧等。近年来，广电技术的发展日新月异。中央电视台开办了中国第一个3D试验频道，央视总部实现了全部频道高清化播出。韩国在高清电视技术研发方面具有先进经验，中央电视台愿在高清技术领域与韩方加强交流、取长补短。

1月22日 中央电视台分党组成员、纪检组组长、机关党委书记张海鸽会见文华东方酒店集团高级副总裁理查德·贝克。双方就电视文化中心酒店的复建进展、开业计划等交换意见。张海鸽说，电视文化中心酒店地处北京核心商圈，酒店复建开业不仅受到中央电视台领导的重视，也成为北京市政府和普通市民的关注点。中央电视台与施工方在保证工程质量的前提下，加快施工进度，力争酒店如期开业。希望文华东方集团提前谋划开业前工作，管理团队尽早到位，与中方对接，充分利用电视文化中心酒店得天独厚的地理和设备资源，实现良好的经济效益和社会效益。

2月11日 中央电视台副台长孙玉胜会见路透社首席执行官安德鲁·拉什巴斯一行。孙玉胜表示，长期以来双方合作顺畅，路透社在新闻素材提供、特约报道员聘用、国际发稿平台传送和财经新闻连线等方面为中央电视台提供了良好服务，希望双方进一步拓宽合作的领域，丰富新闻选题，增加更多定制内容。孙玉胜介绍了中央电视台移动终端、社交媒体用户的发展情况。希望双方进一步研究在新媒体领域合作的可行性，分享应对新媒体挑战的经验。

3月11日 中央电视台副总编辑朱彤应巴基斯坦驻华大使马苏德·哈立德的邀请，参加巴方为中国主要官方媒体举行的工作晚餐，并进行会谈。朱彤感谢哈立德大使为促进中央电视台与巴基斯坦媒体合作关系做出的努力。他表示，中巴两国的友谊基础深厚，加强两国媒体间的交流与合作体现了中巴全天候战略合作伙伴关系新的时代特点。作为中国主流电视媒体，中央电视台希望积极拓展与巴基斯坦电视媒体机构的合作领域，增进两国人民对彼此政治、经济、文化等方面的全方位了解。

3月17日 中央电视台副台长孙玉胜应邀与德国驻华大使柯慕贤在德国驻华大使馆共进工作午餐，就中央电视台涉德报道等进行了深入探讨。孙玉胜表示，长期以来，中德两国在经贸、外交、文化等多个领域保持着友好合作，媒体在其中发挥了举足轻重的桥梁作用。中央电视台与德国主要电视媒体间的合作内容丰富、人员交往密切，希望能够与德国驻华大使馆在新闻报道方面建立长效合作机制，希望德国相关部门为中央电视台在德国设立欧洲大陆应急报道基地提供便利。

3月24日 中央电视台副台长何宗就会见芬兰国家电视台YLE首席执行官亚里·古斯塔夫森和首席运营官雅尼·伊利亚胡，介绍了央视新址工程建设和运营情况。他说，中央电视台作为国家电视台，近年在国际传播、电视技术、新媒体建设等方面取得长足发展，一是开播了6个语种7个国际频道，多路信号覆盖全球多数国家和地区，节目生产能力大大增强；二是整合资源打造“央视网”，初步构建了“一云多屏、全球传播”新型传播体系，通过电脑、移动终端与电视屏幕的互动，吸引更多用户群；三是建立国际视通，直接向境外媒体提供中央电视台的视频新闻素材和直播信号。何宗就表示，芬兰国家电视台可就新闻、专题、纪录片制作等与中央电视台开展合作，欢迎芬兰国家电视台注册成为中央电视台国际视通的用户。双方还就传统媒体与新媒体的融合发展进行了交流。

4月3日 中央电视台副台长袁正明会见来自波黑、斯里兰卡、尼泊尔等10个亚欧国家的广电代表团，就中央电视台国际传播能力建设、新媒体发展等话题进行交流。袁正明对亚欧广电机构代表来访表示欢迎，介绍了中央电视台发展历史、现状和国际一流媒体建设的成就。双方还就中央电视台《中国谜语大会》台网联动的成功模式、境外媒体与国际视通开展新闻合作等进行了沟通。

4月10日 中央电视台台长胡占凡会见英国广播公司BBC总裁托尼·霍尔一行。胡占凡表示，中央电视台与BBC在纪录片、电视和儿童节目等方面都有成功的合作案例。其中，纪录频道与BBC建立了密切的合作关系，引进BBC优秀的纪录片《星球》系列、《生命》等，合作拍摄《美丽中国》《改变地球的一代人》《非洲》等纪录片，通过不同渠道引进优秀的电视剧和动画作品，产生了良好反响。他建议，进一步加强纪录片领域的合作，共同策划制作一些人文、自然题材的系列作品；建立中央电视台电视剧与BBC电视剧的联系和沟通，优化引进渠道；拓展少儿节目的合作范围，在开发人偶剧、动画片、专题节目方面加强合作；进一步探索新闻合作，希望以签订新闻交换协议等方式建立对等的新闻交换关系；发挥各自的专业优势，在财经新闻领域共同打造高端的财经节目。

4月12日 中央电视台副总编辑朱彤会见巴基斯坦国家电视公司PTV总经理穆罕默德·麦里克，双方就中央电视台英语新闻频道和纪录、国际频道在巴基斯坦落地的合作事宜签署了备忘录。朱彤感谢巴基斯坦驻华使馆为推动中央电视台节目在巴落地合作所做的努力。他表示，中巴两国人民有传统友谊，两国电视媒体有密切合作的关系。此次备忘录的签署，将加深两国人民的传统友谊，为两国电视领域的合作打开新局面。

4月18日 中央电视台副总编辑朱彤会见英国保守党副主席莎拉•牛顿率领的英国保守党代表团。朱彤说，中央电视台是中国人民了解世界、世界人民了解中国的重要窗口，高度重视与世界各国媒体包括BBC的交流合作，与英国媒体在人员互访交流和纪录片、电视剧、少儿节目、大型活动、奥运会转播报道等领域开展了大量合作，在此合作过程中增强了两国人民和两国媒体的相互了解。希望双方今后在节目交换、人员交流、技术培训等方面进一步加强合作。

4月19日 应中央电视台邀请，特立尼达和多巴哥共和国驻华大使钱德拉达思·辛格及夫人到中央电视台观看音乐频道《全球中文音乐榜上榜》现场直播。辛格说，特立尼达和多巴哥有独特的民俗和艺术，中央电视台有专业的综艺节目制作经验，两者的结合将使中国观众通过文艺节目更加了解特立尼达和多巴哥，并巩固两国已有的200多年的文化联系。使馆将举办一系列两国建交40周年纪念活动，邀请中央电视台出席活动，讨论合作意向。

4月24日 中央电视台副总编辑朱彤会见英国文化媒体体育部政务次官艾德·韦泽率领的代表团，与随同来访的银色之门媒体公司副主席威廉·阿斯特签署了《海底探险小纵队》《彼得小兔》动画片引进合同。朱彤介绍中央电视台发展概况，回顾中英两国媒体的交往和友谊。他说，中央电视台与英国媒体的交流合作越来越多，增进了两国人民的相互了解。在少儿频道举办的“六一”晚会上，BBC演出团队将登台演出。英国有深厚的文化底蕴和优秀的动画作品，《海底探险小纵队》《彼得小兔》动画片在央视播出，将使中国3亿青少年观众更生动地感受到英国文化。

4月25日 中央电视台副总编辑朱彤会见美国维亚康姆首席运营官戛佐罗一行。朱彤介绍了中央电视台及少儿频道概况尤其是近年的发展成果。他说，中央电视台和少儿频道取得的成绩，与各国媒体交流互鉴密不可分，也与维亚康姆这样的国际伙伴密切合作分不开。希望少儿频道和维亚康姆在大型活动、动画片、儿童剧、贺岁片领域相互学习借鉴，进一步深化合作。少儿频道正在筹划“六一”晚会，这是每年在中国最盛大的儿童嘉年华，诚邀维亚康姆的卡通人偶参加演出。

5月9日 中央电视台副总编辑黄传芳会见印度NewsX电视公司总经理卡提科亚·沙玛一行，就加强新闻合作达成共识。黄传芳表示，中印两国既是近邻，又同为金砖国家，两国媒体有责任加强交流沟通，促进两国人民友好交往，增进友谊。NewsX电视公司虽然成立不久，但是起点高、覆盖广，在印度有庞大的收视群。希望双方以签署新闻合作协议为起点，在新闻交换、节目合拍、台网融合等领域深化合作。

5月10日 中央电视台副总编辑李挺会见土库曼斯坦广电委主席阿尔塔耶夫。李挺祝贺土库曼斯坦成功举办了第54届亚广联体育工作会议。他表示，中央电视台在体育赛事转播方面经验丰富，具有较高的节目制作水平，愿为土库曼斯坦承办2017年亚洲室内运动会提供必要的支持，并为土库曼斯坦电视台国际频道改进中文配音提供帮助。希望与土媒体通过签署协议，建立常态化合作机制，加强双方在新闻素材交换、节目联合制作、中央电视台节目在土落地等方面的合作。

5月20日 中央电视台副台长袁正明会见沙特广电机构主席哈扎阿一行，就双方加强合作达成共识。袁正明介绍中央电视台概况和国际传播能力建设情况。他表示，中央电视台非常重视同阿拉伯国家电视机构的合作，希望中央电视台的阿拉伯语国际频道能够成为加强中阿传统友谊的重要纽带。愿以此次会谈为契机，启动中央电视台与沙特广电媒体的合作。

5月21日 中央电视台副总编辑朱彤接受墨西哥电视11台专访，对墨西哥电视11台新闻部主任加芙列拉·里瓦斯一行到中央电视台访问表示欢迎，向墨西哥电视11台对中国客观真实的宣传报道表示感谢，对墨西哥电视11台坚持公益、坚持文化教育为主的宣传方针表示赞赏。朱彤介绍了中央电视台概况和开拓创新成就，解释了中华民族伟大复兴中国梦的意义，回答了中央电视台主要职责、新闻审查标准、如何坚持媒体责任和使命、如何处理与商业的关系，以及近年在全球产生重要影响力的关键是什么等问题，提出了与墨西哥电视11台加强节目制作合作、央视节目在墨西哥电视11台播出等建议。

5月27日 中央电视台副台长孙玉胜会见朝鲜中央广播委员会副委员长全日光率领的朝鲜新闻代表团，代表胡占凡台长对代表团的来访表示欢迎。孙玉胜介绍了中央电视台频道设置、新址建设情况。他说，中央电视台非常重视与朝鲜中央广播委员会及朝鲜中央电视台的合作，期待与朝鲜中央电视台在新闻合作等方面取得更多的成果。他说，中央电视台驻平壤记者站的报道一直受到中国观众和国际社会的关注，感谢朝方长期以来对中央电视台驻平壤记者站的支持，希望朝鲜中央广播委员会为央视驻平壤记者站的发展建设提供更多帮助。

5月27日 中央电视台总编辑、副台长罗明会见英国广播公司环球公司BBCW首席执行官蒂姆·戴维一行，双方就进一步加强合作、拓展领域达成共识。罗明表示，英国广播公司环球公司在纪录片制作方面实力雄厚，在诸多国际合作伙伴中，中央电视台与BBCW的合作项目和合作成果较为丰硕。在海外营销方面，中央电视台将充分借鉴BBCW的成功经验，并借助BBCW的全球营销网络，在国际市场上推介央视品牌，扩大央视电视节目的价值和国际影响力；在少儿节目合作方面，可以引进BBCW优秀少儿节目，增加少儿频道知识性和趣味性，促进节目的结构优化，双方可以共同策划、投资制作更多的优秀少儿节目，加大衍生产品开发力度。面对新媒体的冲击，央视和BBC具有品牌优势和强大的内容制作能力。相信通过双方真诚合作，可以取得更加丰硕的成果。

6月3日至4日 在捷克访问的中央电视台副台长魏地春与捷克文化部第一副部长卡里斯托娃、捷中友协监事会主席德沃吉克，一同出席了央视动画有限公司与捷克小鼹鼠动画有限责任公司《关于中国熊猫和捷克小鼹鼠动画形象联合开发推广的谅解备忘录》签字仪式，并与捷克电视台台长德沃夏克签署两台合作备忘录。在签字仪式上，魏地春表示，中捷友谊有着深厚的历史基础。近年来，两国在各方面的交流愈加密切。作为国家电视媒体，中央电视台有责任推动两国的文化合作，促进两国人民的传统友谊。两国动画制作公司签署了合作备忘录，这是中捷友谊的象征，是两国文化交流的幸事，表明了双方加强合作的强烈愿望。以此为基础，双方可以推进彼此在信息共享、新闻交换、节目合拍等领域的合作。他建议，在适当时候互办电视周，把各自优秀的比较适合对方观众收视习惯的纪录片、动画片、专题片翻译后在对方电视台播出，并通过签署协议，将中央电视台国际视通的新闻素材提供给捷克电视台使用。

6月10日至11日，正在意大利访问的中央电视台副台长魏地春会见意大利广播电视台台长塔兰托拉女士，与意大利第二大直播卫星平台TivuSat总裁塞吉斯蒙迪共同签署中央电视台英语新闻频道在意大利落地谅解备忘录。与意大利广播电视台高层会谈时魏地春说，中意两国都是有悠久历史的文明古国，对世界文明做出了巨大贡献，双方有许多值得相互学习、相互借鉴的地方。两国电视媒体加强交流与合作有利于增进两国人民的相互了解和友谊，有利于推动两国关系进一步发展。中央电视台愿与意大利广播电视台建立有效合作机制，并按照国际商业模式在节目交流、纪录片和动画片制作、互办电视周等方面开展务实合作。

6月13日　中央电视台副总编辑黄传芳会见由黎巴嫩、喀麦隆、斯里兰卡等12个发展中国家媒体领导人组成的部级代表团。黄传芳介绍中央电视台国际传播能力建设概况并表示，依靠对国内外记者站的全面布局和与多家国际媒体加强合作关系，中央电视台建立国际化报道团队和覆盖全球的新闻采编网络，为提升多语种新闻采集能力、拓展海外业务提供了重要保障。中央电视台已与代表团中的8个国家签订新闻合作协议，为双方在电视领域的合作奠定良好基础。愿双方进一步加强在新闻、纪录片、技术、人员方面的交往合作，增进中国观众与各个国家人民之间的了解和友谊。

6月16日　受胡占凡台长委托，中央电视台分党组成员、纪检组组长、机关党委书记张海鸽欢迎第二届中非媒体合作论坛外方代表到央视总部参观访问。她说，中央电视台非常重视与非洲媒体的合作，与非洲多国媒体在新闻交换、频道节目落地、技术交流、人员培训等领域保持着良好合作关系。在本届论坛上，中央电视台就与非洲媒体的交流合作提出5点倡议，并签署一系列合作协议，必将进一步深化中央电视台与非洲媒体的务实合作。论坛的成功举办，必将巩固发展中非新型战略伙伴关系，为中非人民架起沟通和理解的文化桥梁。

6月18日　在葡萄牙访问的中共中央政治局常委、中央书记处书记刘云山率代表团一行，出席并见证在里斯本举办的中国与葡萄牙文化、广电合作签约暨两部纪录片开机仪式。中央组织部常务副部长陈希、中央对外联络部副部长李进军、中央政策研究室副主任江金权、文化部副部长丁伟，葡萄牙总理助理兼地区发展部部长马杜罗等出席仪式。受胡占凡台长委托，袁正明副台长代表中央电视台，与葡萄牙广播电视公司、卢萨新闻社分别签署《中国中央电视台与葡萄牙广播电视公司合作协议》《中国中央电视台与葡萄牙卢萨新闻社履行合同承诺书》，并与葡萄牙广播电视公司总裁阿尔贝托共同启动了纪录片《魅力葡萄牙》《魅力中国》开机仪式。

6月27日　中央电视台副总编辑黄传芳会见马来西亚多媒体通讯部副部长贾拉尼·乔哈利拿督一行，就加强合作达成共识。黄传芳表示，2014年是中马建交40周年暨中马友好交流年，马来西亚也是海上丝绸之路的重要一站，双方媒体应借此良机深化合作，成为增进两国人民全方位了解的桥梁和纽带。中央电视台作为中国的主流电视媒体，十分重视有关马来西亚的新闻报道，特别希望与马来西亚电视媒体签署相关协议建立常态化合作机制，加强双方在新闻素材交换、直播信号使用、节目联合制作、特约报道员机制等方面的合作，更加全面地反映中马两国的传统友谊和现实合作。

7月23日　中央电视台副总编辑朱彤会见柬埔寨国家电视台台长金坤·那瓦一行。朱彤说，中柬两国有着传统友谊，近年两国关系不断发展巩固，双方媒体交流日趋紧密，两个国家电视台之间的合作也在不断深化。

7月30日　中央电视台副台长孙玉胜会见美联社高级副总裁黛丝·维拉辛汉姆。孙玉胜表示，美联社是中央电视台重要的国际合作伙伴之一，在许多国际报道场合为中央电视台提供了多方面的支持，双方保持着良好合作关系。当前，双方可以通过长线项目和短期项目相结合的方式，进一步扩大合作范围、丰富合作内容。维拉辛汉姆说，中央电视台是全球最有影响力的媒体之一，美联社非常重视与央视的合作。希望双方在现有基础上，推动今后的合作更上一个新台阶。

7月31日　中央电视台副总编辑李挺会见美国职业篮球联赛NBA联盟主席亚当·萧华一行。李挺对亚当·萧华当选NBA联盟主席表示祝贺。他说，萧华先生上任后将央视作为首访对象，充分体现出NBA对央视的重视。近30年来双方精诚合作，建立了建设性的友好合作伙伴关系。希望双方今后加大合作力度，探索新的合作模式，为篮球运动在中国乃至世界范围的推广做出新的努力。

8月5日 中央电视台副台长何宗就会见国际海事卫星组织董事会主席安德鲁·苏卡瓦提一行6人，双方就卫星通讯业务合作、新技术应用等展开讨论。何宗就介绍中央电视台新闻报道技术发展情况，感谢国际海事卫星组织多年来在卫星传送方面对中央电视台的支持。他说，中央电视台国内外记者站基本都配有国际海事卫星设备，这些设备在日常新闻和重大突发事件的报道中发挥了重要作用。希望国际海事卫星组织研发的新技术，能更好地应用于中央电视台节目的播出传送。

8月20日 中央电视台副总编辑李挺会见新西兰文化与遗产部首席执行官路易斯·霍尔登一行，就加强合作等达成共识。李挺代表胡占凡台长对霍尔登来访表示欢迎。他表示，中央电视台具有强大的纪录片制作能力和播出平台。多年来，在新西兰文化与遗产部的大力支持下，中央电视台与新西兰制作机构在纪录片领域加强合作。希望双方进一步挖掘题材，开展更加广泛的合作。

8月22日 中央电视台副总编辑张宁会见新加坡媒体发展管理局助理局长傅彩莉一行。张宁对傅彩莉一行到北京参加第12届中国国际影视节目展并访问中央电视台表示欢迎。他介绍说，中央电视台作为国家电视台，致力于节目内容丰富、覆盖面广，向全国观众提供高质量服务。近年来布局建设国内外记者站，建立国际化报道团队和覆盖全球的新闻采编网络，推动传统媒体与新媒体融合发展。新加坡经济发展起步早、媒体国际化程度高。中央电视台希望在新加坡媒体管理局帮助下，发掘更多的合作伙伴。

8月26日 中央电视台副台长胡恩会见由博茨瓦纳总统新闻与广播事务副常务秘书卡博埃莫迪莫率领的代表团，并代表胡占凡台长欢迎卡博埃莫迪莫一行访问中央电视台。胡恩介绍了中央电视台发展概况及国际合作方式和途径，希望与博茨瓦纳媒体机构在节目交换、技术交流、人员培训领域展开务实有效的合作，加深两国人民和电视工作者的了解和友谊。

8月29日 中央电视台副台长魏地春会见德国之声台长彼得·林伯格。魏地春说，中央电视台重视与国际媒体交流合作，与70多家国际媒体签订协议，在新闻交换、节目合拍、人员互访、技术交流、节目版式引进等方面开展了卓有成效的合作。中德两国从建交以来，双边关系发展迅速，双方媒体的合作没有障碍。德国之声是具有广泛影响力的媒体，在新技术采用、新媒体建设、节目创意和营销等方面有很多成功经验。中央电视台愿意与德国之声开展富有成果的合作。建议双方本着互惠互利的原则，以文化、艺术类节目合作为突破口，逐步扩大合作领域。

9月5日 中央电视台副总编辑黄传芳会见德国电视一台总编辑齐雄伟，代表胡占凡台长欢迎齐雄伟一行来访。他说，中德两国正在建立全方位战略伙伴关系，在此背景下，两国国家电视台联手，计划共同制作时事新闻访谈类节目。这是中央电视台首次与国外的电视台开展此类合作。通过两国专家在理性平等、相互尊重的平台上，交流意见、表达看法，有助于促进两国人民相互了解。他希望双方按计划尽快确定合作细节，完成首期节目录制。

9月16日 中央电视台总编辑、副台长罗明会见亚广联秘书长贾瓦德·默塔基，就双方加强合作交换意见。罗明说，亚广联是连接亚太各国广播机构的平台和纽带，中央电视台重视并积极参与亚广联事务。中央电视台建成国内外新闻采集网，具备强大的新闻采编能力，作为亚广联新闻交换网成员，愿意通过亚广联新闻交换网向国际媒体提供更高质量、更多数量的稿源。对贾瓦德提出在中国建立亚太地区节目交易市场的设想，罗明表示，亚太地区传媒业处于高速发展阶段，打造本地区自有节目交易平台恰逢其时，中央电视台愿与亚广联紧密合作，推动中国成为亚太地区节目交易中心。对亚广联体育报道权的集体谈判倡议，罗明表示，中央电视台愿与亚广联秘书处和各成员国共同努力，通过集体合力和提前行动，逐步降低体育赛事版权的购买成本，使各成员受益。

9月18日 中央电视台副总编辑朱彤会见澳大利亚新西兰高级公务员代表团，代表胡占凡台长对代表团来访表示欢迎。他说，中央电视台与澳大利亚、新西兰媒体的交往紧密、合作广泛，尤其在纪录片、动画片的合作方面成果颇丰。中央电视台与澳大利亚广播公司联合出品的儿童系列剧《奇妙小镇》在两国播出，广受好评，是两国媒体合作互助、文化交融的范例。中央电视台正在向新址搬迁，这是在新时期继往开来、发展壮大的象征。

9月22日 中央电视台副台长魏地春会见日本朝日电视台台长吉田慎一一行。魏地春说，中日友好符合两国人民的长远、根本利益。中国领导人曾经说过，两国“和则两利，斗则俱损”，大量历史经验和教训证明了这一点。中央电视台和朝日电视台应当履行媒体责任，通过公正、客观的报道，为增进两国人民的友谊和维护中日关系发展大局做出贡献。魏地春表示，中国是世界大国，但中国媒体的声音在世界上还比较微弱。作为国家电视台，中央电视台近些年加强了国际传播能力建设，建立了70个覆盖全球主要国家和地区的海外记者站，开通6个语种的7个国际频道，搭建了国际视频发稿平台，其目的是更全面、更客观、更准确地报道中国、亚洲乃至世界。中央电视台与包括朝日电视台在内的日本主要电视媒体保持着长期合作关系。朝日电视台在动画片制作、新媒体应用和电视技术等方面有很多值得我们学习借鉴之处，双方可以在新闻交换、技术交流、人员互访方面开展更多的务实合作。

9月25日　中央电视台副总编辑张宁会见俄罗斯通讯与大众传媒部副部长沃林率领的俄罗斯媒体代表团，代表胡占凡台长欢迎沃林一行来访，介绍了中央电视台发展概况。张宁表示，今年APEC会议在北京举行，明年是世界反法西斯暨中国人民抗日战争胜利70周年，这为中俄电视媒体合作提供了良好契机，双方可加强新闻交换、新闻素材共享。中央电视台愿与俄电视机构以频道合作为开端，扩大交流、深化合作。中国国际电视总公司也可为俄电视节目进入中国市场提供代理服务。

10月15日　中央电视台副总编辑黄传芳会见巴基斯坦三军公共关系局局长阿希姆·萨利姆·巴扎少将一行，代表胡占凡台长对阿希姆少将来访表示欢迎。黄传芳说，长期以来，在人身安全、交通便利和手续审批方面，巴基斯坦政府、军方和社会各界为中央电视台记者提供了至关重要的支持，尤其是在对巴基斯坦反恐行动等突发事件的报道上，巴军方提供的便利，是中央电视台驻巴记者及时发回高质量报道的保障。围绕中巴经济走廊建设，中央电视台将加大对中巴经济合作的报道力度，希望巴方继续给予支持。

10月15日至16日　正在西班牙访问的中央电视台副台长张海鸽与西班牙博赛国际公司总经理阿尔瓦尔举行会谈。张海鸽介绍中央电视台国际传播能力建设情况，签署中央电视台西班牙语国际频道在西班牙和拉美地区落地的代理协议。她说，中央电视台西语频道是中国和西语国家沟通交流的重要桥梁，已在28个西语国家实现了频道落地。中国与绝大多数西语国家关系友好，并且处于相同或相近的发展阶段。希望博赛国际公司充分利用中国与西语国家友好的地缘政治优势和加强合作的历史机遇，进一步推动中央电视台的节目在西语国家落地，探索在全媒体时代电视节目落地的手段和路径。张海鸽还访问西班牙国家广播电视集团，调研了业务管理模式。

10月22日　正在匈牙利访问的中央电视台副台长张海鸽与匈媒体服务支持和资产管理基金会主席拉兹洛·巴洛格会谈，并代表中央电视台，与匈牙利国家电视台台长梅德韦兹克、多瑙电视台台长多波斯签署框架合作协议。张海鸽介绍中央电视台国际传播能力建设情况。她说，在全球化不断发展的今天，中央电视台高度重视与包括匈牙利电视机构在内的国际电视媒体的合作，已与70多家国际媒体签订框架合作协议，与90多家媒体签订新闻合作协议。这次签约，双方将开启新的合作关系，加强新闻交换、节目合拍、技术交流和人员往来。通过双方的共同努力，必将进一步增进两国人民的相互认知和友谊。

10月27日　中央电视台副总编辑张宁会见丹麦文化部部长玛丽安娜·耶尔韦女士率领的丹麦文化部代表团，并代表胡占凡台长欢迎耶尔韦一行来访，介绍了中央电视台国际传播能力建设情况。他表示，中央电视台2012年引进丹麦Banijay公司节目模式，并进行本土化改造，推出《开门大吉》节目，收视效果良好。目前中央电视台正在策划拍摄高清纪录片《魅力丹麦》，全面展示丹麦的自然环境、人文历史和文化传统，希望丹麦方面为摄制组赴丹拍摄提供必要的支持和便利。同时诚邀丹麦国家电视台摄制组来华，拍摄有关中国的纪录片。

10月27日　捷克总统米洛什·泽曼到中央电视台访问，并接受中央电视台专访。与胡占凡台长会谈时，泽曼表示，中央电视台制作能力强、影响力大，捷克国家电视台应与中央电视台寻求更多的合作机会，扩大合作领域。希望捷中合拍动画片《熊猫和小鼹鼠的故事》得到两国人民的喜爱。胡占凡欢迎泽曼总统访问中央电视台。他说，媒体是国家间联系的重要纽带，影视作品是增进人民相互了解的重要载体。捷克电影《好兵帅克》、动画片《鼹鼠的故事》早在中国家喻户晓，是中国人民对捷克最直接、最普遍的认识。熊猫是中国的国宝，是对外交流的使者。小鼹鼠是捷克经典的动画形象，在中国深入人心。中央电视台正在与捷克小鼹鼠公司合作拍摄动画片《熊猫和小鼹鼠的故事》。熊猫与鼹鼠的“结合”，是两国文化合作的一个突破，有助于进一步增进两国人民之间的友好关系。

10月28日　中央电视台副台长魏地春在澳门与亚广联秘书长贾瓦德·默塔基、韩国广播公司KBS社长曹大铉分别举行会谈。魏地春祝贺第51届亚广联大会成功举行。他说，亚广联多年来为维护成员权益、协调成员合作、促进亚太广电事业繁荣发展做出了突出贡献，贾瓦德秘书长功不可没。对贾瓦德提出与中央电视台在体育方面合作的倡议，魏地春表示，体育赛事报道权受多种因素制约，主导权并不掌握在央视手中。在集体购买体育赛事转播权一事上，央视与亚广联立场一致，但这一目标在短期内恐难实现。建议双方着眼长远、设定目标、分步实施，渐进式推进，可以考虑先建立亚广联体育赛事制作传送中心，为会员提供多种大型体育赛事的高质量服务。央视愿为此与亚广联全面合作。魏地春会见曹大铉时说，中国与韩国是关系密切的近邻，韩国广播公司与中央电视台已形成全方位常态化合作机制，第8届节目合作会议将于11月初在北京召开，双方将续签合作协议，标志着合作进一步深化。魏地春祝贺曹大铉当选亚广联新一届主席。曹大铉表示，韩国广播公司与央视都是亚广联的重要成员，希望双方在加强合作的同时，也在亚广联发挥更大作用。

10月29日　中央电视台副台长孙玉胜会见爱尔兰驻华大使康宝乐，代表胡占凡台长对康宝乐大使来访表示欢迎。他说，近年来中爱两国高层访问频繁，双边关系发展迅速。中央电视台中文国际频道拟派出摄制组赴爱尔兰拍摄纪录片，加深中国观众对爱尔兰历史文化的了解，促进两国文化交流与合作。双方就高层访问报道、互派摄制组等达成了初步共识。

10月31日　中央电视台副台长魏地春会见巴勒斯坦广电总局局长里亚德·哈桑一行，对哈桑一行到访表示欢迎，并感谢巴方为中央电视台驻耶路撒冷记者提供帮助。他说，中央电视台作为国家电视台，持续关注并全面客观公正地报道中东地区局势和巴勒斯坦情况，愿意加强与巴勒斯坦电视机构的交流合作，并提供力所能及的支持。建议双方电视机构签署新闻合作协议，实现新闻资源共享；希望巴方注册为中央电视台国际视通用户，并愿提供一定的免费试用期；愿向巴方提供具有自主版权的电视剧和专题节目；希望巴方向中央电视台推荐特约报道员和国际问题专家，以获取第一手新闻信息，准确传递巴方的声音，建立双方人员互访和技术交流机制。

11月4日　中央电视台副总编辑朱彤分别会见爱沙尼亚文化部副部长帕沃·纳盖奈、科摩罗内政新闻部秘书长莫哈莫德。朱彤会见帕沃·纳盖奈时表示，中央电视台纪录国际频道内容丰富、制作精良、影响力大，希望爱方能为频道在当地落地提供必要的支持帮助。此举将有益于两国观众，为促进中爱人文交流做出贡献。会见莫哈莫德时朱彤表示，中央电视台同科摩罗媒体的合作取得良好成绩，央视节目在科摩罗首都试验播出非常顺利，将在此基础上尝试扩大试点内容，增加机顶盒和数字前端投入。根据协议，中央电视台将持续深入地与科方合作，做好数字电视覆盖项目，并对项目前景充满信心。

11月5日　第8届CCTV-KBS节目合作会议在央视召开。魏地春副台长发表《深化合作 务求实效 共谋发展》的主旨发言，并与KBS副社长琴东秀共同签署《中国中央电视台与韩国广播公司合作协议》。魏地春表示，中央电视台与韩国广播公司共同肩负着传播民族文化、增进两国友谊的重任，两台合作无疑是加深两国国民感情、推动双边关系发展的重要力量。自2000年第一届CCTV-KBS节目合作会议以来，双方就频道及节目落地、新闻互惠交换、共同制作纪录片及专题片、合办栏目、技术支持等进行充分沟通，取得丰硕成果。希望本次会议直面新媒体发展带来的机遇和挑战，在节目内容交换、节目模式联合开发、新媒体经验交流、版权合作等方面充分沟通，达成共识。

11月14日　中国国际电视总公司董事长、总经理薛继军会见了南非MIH集团（南非多选集团）全球付费电视首席执行官卫克文一行，双方就加强长城平台和南非"中国年"合作交换了意见。薛继军表示，南非MIH集团是中央电视台在非洲最重要的合作伙伴，双方传统媒体和新媒体的合作已取得良好成绩，总公司正在考虑充分利用央视丰富的节目资源，对长城非洲平台的节目进行优化升级，扩大长城平台的覆盖面和影响力。MIH集团在新媒体传输和运营方面经验丰富，期待能够以此为契机进行更广泛的合作。

11月18日　中央电视台副总编辑朱彤会见委内瑞拉南方电视台台长助理尤阿比斯·古奥梅茨一行，代表胡占凡台长对代表团的来访表示欢迎。他说，朋友越走越亲，中委两国有深厚的友谊基础，媒体也早有往来，2009年时任国家副主席习近平访委期间，中央电视台与南方电视台签署合作备忘录。希望双方在此基础上，尽快正式签署新闻合作协议。欢迎南方电视台成为中央电视台国际视通用户。

11月28日　中央电视台副台长孙玉胜会见阿根廷美洲通讯社社长圣地亚哥·阿尔瓦雷斯和阿根廷驻华大使古斯塔沃·马蒂诺一行。阿尔瓦雷斯向孙玉胜转交了阿根廷总统公共通讯国务秘书致胡占凡台长的信函，双方就继续加强新闻、节目落地等方面的合作进行沟通。孙玉胜表示，对发展中国家客观公正的报道，是中央电视台国际新闻报道的主要特点，目的是改变西方媒体造成的发展中国家只有贫困和灾难的片面认知。近年来，中央电视台对一些发展中国家独特的人文、自然现象进行报道，效果突出，推动了该国旅游业的发展。建议双方在此方面挖掘选题资源、开展联合摄制。孙玉胜还介绍了中国媒体的发展动向。

12月11日 中央电视台副台长魏地春会见新西兰自然历史公司总经理庄福德。魏地春说，中央电视台高度重视《中新电视合拍协议》框架下的5个首批重点合作项目，已将任务分解到5个不同的部门。关于下一步工作，魏地春提出5点意见：第一，中央电视台相关部门将尽快组建制作团队，与新方对接；第二，双方制作团队要密切沟通，尽快确定合作框架和工作计划，并形成合作成果；第三，中央电视台有雄厚的采编力量和庞大的收视市场，新西兰自然历史公司有优秀的创作团队和丰富的营销推广经验，双方可优势互补、合作共赢；第四，本次合作是节目合拍，而非简单的节目购买或模式引进，要充分体现双方文化交流的成果；第五，在合作计划制订过程中，双方应对后续版权分享和国际推广等事项予以充分考虑。

12月18日 中央电视台副总编辑朱彤会见孟加拉国新任驻华大使法兹勒·里姆一行，就配合报道庆祝2015年中孟两国建交40周年活动交换了意见。朱彤代表胡占凡台长向卡里姆大使履新表示祝贺，并表示：中孟两国政府高度重视建交40周年庆祝活动，中央电视台将全力以赴做好相关报道。

（台办公室外事处提供）

2014年中文国际频道对外宣传情况综述

2014年，中文国际频道坚持“新闻+文化”的频道定位，进一步完善结构、优化品牌、改进语态、推进创新，真诚服务海内外观众，较好地完成了外宣任务。

一、频道传播力影响力继续提升，海内外竞争力进一步增强

在长城（美国）平台上，中文国际频道以19.71%的收视份额稳居第一，为五年来最高。截止到2014年底，中文国际频道的海外整频道落地用户达6200万户，分布在118个国家和地区。中文国际频道已成为国家对外宣传最重要的窗口，在塑造国家形象、传递中国声音、传播中华文化等方面发挥了重要作用，获得海内外观众的普遍认可和喜爱。中国驻加拿大大使罗照辉说，中文国际频道讲中国故事，立中国形象，是凝聚侨心的桥梁，是增进友谊的彩虹。

2014年，中文国际频道多次获得中宣部、新闻出版广电总局、国台办等部门及专家学者的好评。《海峡两岸》获得第24届中国新闻奖“新闻名专栏”奖，《国宝档案》获得第23届“星光奖”电视文艺栏目大奖。在网络影响力方面，根据台发展研究中心报告，中文国际频道以权威新闻节目获得较强的网络影响力，新闻栏目视频点击量超过19亿次，居全国上星频道第八位，全台频道第三位。《中国新闻》节目以热点时事报道引导网络舆论，全年网络视频点击量居全台新闻节目之首，高达13亿多次。

二、圆满完成重大宣传报道任务，正确引导海内外舆论

2014年重大事件密集，有中共十八届四中全会、北京APEC会议、亚信峰会、澳门回归15周年等重要政治事件，马航客机失联、非洲埃博拉疫情等重大突发事件。中文国际频道以现场直播和《中国新闻》《今日关注》《今日亚洲》《深度国际》等栏目及时、充分、持续报道，并深入解读，回应观众的关切，对外强化了中方立场和中国视角。

3月8日马航MH370客机失联，中文国际频道立即启动应急机制，第一时间推出“关注马航失联客机”直播特别报道，连续19天打破原有编排，开辟大时段窗口，聚焦事件的最新进展，深入解读，释疑解惑。对该事件的持续报道大幅提升了收视率，3月17日频道国内收视份额达4.36%，创出近四年的新高。

12月，纪念澳门回归15周年，中文国际频道派出70人的团队，展开8天特别报道，播出新闻70条，直播时长超过16小时。首次与澳门莲花卫视合作搭建演播室，胡占凡台长亲临视察，对与当地媒体合作报道的方式给予了充分肯定。澳门中联办相关负责人表示，中文国际频道澳门回归15周年的报道产生广泛影

响，对推介澳门起到了积极作用。

三、推出重点节目和活动，突显频道文化特色

中文国际频道作为对外传播中华文化的重要平台，2014年成功推出多项重点节目、重点活动，彰显特色，扩大了频道影响力。

3月，“全球外国人汉语大会”启动，到9月20日总决赛，历时6个月，吸引了81个国家近万人参与。全国人大常委会原副委员长许嘉璐出席总决赛，并为获奖选手颁奖。新闻出版广电总局专家评价：“全球外国人汉语大会”融可看性、娱乐性、知识性于一身，令人眼前一亮。

6月，由四部委立项的百集纪录片《记住乡愁》开机拍摄。这是一部传播社会主义核心价值观、弘扬中华传统美德的作品。中文国际频道从《走遍中国》《远方的家》《流行无限》栏目抽调40个摄制组，奔赴各地拍摄，同时举办《记住乡愁》主题歌全球征集活动。在开播仪式上，中宣部常务副部长、该片总顾问黄坤明说，创作《记住乡愁》，就是要通过梳理传统村落文明的优秀基因，唤起海内外华人记忆中的乡愁，弘扬中华优秀传统文化。胡占凡台长说，《记住乡愁》以传统文化村落为载体，通过展示家规传承、乡规民约，从强大的中华文化传统基因中找到当今中国人应当沿袭下来的核心价值。魏地春副台长对节目总体规划、创作思路、表现手法、播出安排等提出指导意见。2015年元旦，《记住乡愁》第一季正式播出。

9月8日，《“苏州月·中华情”2014中央电视台中秋晚会》在综合频道、中文国际频道向全球同步直播。这台晚会融入中国传统文化元素，通过《问明月》《望故乡》《中国梦》三个篇章，对亲情、乡情、中华情层层递进地展示，唤起全球华人的情怀。多家主流媒体、业内专家称赞：这是一台“以情动人”的晚会，具有欢乐亲民的视角和较高的艺术水准。

12月19日，第三届《中华之光——传播中华文化年度人物》颁奖典礼隆重举行。全国人大常委会原副委员长许嘉璐，文化部部长蔡武，国务院侨办主任裘援平，人民日报副总编辑陈俊宏，新华社副社长慎海雄，中央电视台副台长魏地春、副总编辑李挺等出席颁奖。获奖者有国学大师饶宗颐，享誉世界的华人音乐家谭盾等。专家评价“中华之光”是当下中国高规格的文化盛事，是汇集了全球华人文化精英的一次盛典。海外观众称赞“中华之光”是弘扬正能量、传播中华文化的典范。

年内，中文国际频道还推出了大型系列直播节目《传奇中国节》、系列特别节目《中国年俗》和《体验真功夫》《中国古树（第二季）》《寻找最美花园》等，紧紧围绕中华文化，提升节目的文化品质品位品格，搭建中外交流沟通的平台，拓展了频道的海内外影响力。

四、与时俱进改版创新，栏目品牌化见成效

中文国际频道对一批老栏目进行改版，节目内容和形态均有较大改变，更加适应观众的需求。其中，《走遍中国》由单纯的人文地理专题片转变为聚焦当代中国新变化、新现象、新事物、新观念的深度报道类节目。《中华医药》改版加入了演播室访谈，融入了现场互动、外景病例等元素，提升节目的服务性、实用性、知识性。《华人世界》由20分钟扩版到30分钟，增加全球华人资讯板块，时效性和信息量明显增强。《快乐汉语》从旅游专题改版为互动益智类的大型演播室节目，强化教学成分和观众互动，融知识性和趣味性于一体。《中国新闻》推出一周新闻盛宴《周日一小时》，信息量大，报道更有深度。栏目优化提升。《远方的家》继“百山百川行”之后推出280集系列节目“江河万里行”。《国宝档案》策划推出“御膳房”“胶东烽火”“海丝传奇”系列节目。《中国文艺》推出“最美”系列、“十月放歌”“向经典致敬”系列。《中华情》录制“粉墨春秋”“桃花盛开30年”特别节目。《体育在线》原创制作了“光影中的中国功夫”系列节目。《流行无限》配合节假日特别编排，制作“中国功夫高手”系列节目。《文明之旅》与大型文化论坛合作，推出文化系列主题节目。《城市1对1》为城市交流牵线搭桥，促成了浙江仙居与波兰扎科帕内结为友好城市。荷兰鹿特丹市政府亚洲事务部写感谢信，称赞栏目展现了央视作为国际重要媒体的风范。《外国人在中国》拓展选题，推出了前泰国副总理、霍尼韦尔公司总裁等高端人物访谈。

五、“走出去”“请进来”，畅通海外联络交流

中文国际频道向国内外专家、观众征询意见，建立专家库和观众数据库。专家库有30多位国内专家、

130多位外交官。观众数据库收录1万多条观众来信、意见建议。建立海外观众微信群，成为海外观众向频道反馈意见的便捷渠道。

中文国际频道2013年在澳大利亚、印尼组建首批4个海外观众俱乐部，2014年8月派出5人小组赴西班牙马德里、葡萄牙里斯本，新建2个海外观众俱乐部，在当地举行观众见面会，走访华人社区、中文学校、海外观众家庭。9月，中文国际频道海外观众座谈会在京召开，来自15个国家地区的观众代表畅所欲言，分享他们与CCTV-4的故事，提出意见建议，加深了海外观众对频道的了解，密切了频道与海外观众的联系。

4月和9月，《中华情》栏目制作团队先后赴缅甸和巴黎，举办“感知中国·缅甸行”“欢聚法兰西”大型文艺晚会，展现东方文化的艺术魅力。国务院新闻办副主任崔玉英说，“在这么短的时间内成功举办这么精彩的晚会，是《感知中国》活动十几年来最出彩的一次。”加强与海外华语电视媒体的协作。《远方的家——百山百川行》《外国人在中国》被协作媒体译成德语，在德国主流媒体播出，使当地的主流社会更多地了解了中国，感受了中华文化。

（中文国际频道提供）

2014年外语频道对外宣传情况综述

2014年，是中央电视台壮大国际传播能力和影响力的丰收之年，是外语频道巩固成果、寻求突破的发展之年。外语频道坚持正确舆论导向，完成重大报道任务，引导国际舆论，推进新址搬迁工作，加强全球化报道网络和制播体系建设，国际传播取得历史性突破。

一、展现负责任大国形象，放大中国声音

2014年，中国成功举办APCE峰会、亚信峰会、博鳌论坛，参与达沃斯夏季论坛、中国-亚欧博览会等国际会议，习近平等党和国家领导人通过多种形式、多层面外交活动，向世界阐述中国对国际事务的看法，介绍中国的发展变化。外语频道充分发挥外宣优势，全方位展现中国负责任大国的形象，放大中国声音，回应国际舆论的关切。北京APEC峰会期间，外语频道围绕“共建面向未来的亚太伙伴关系”主题，突出热点问题的全球关切与共鸣，展现中国促进亚太地区发展繁荣做出的贡献，表达中国与APEC各经济体紧密合作、共谋发展的愿景。第四次亚信峰会的报道，全面反映峰会务实合作的会风，深入解读习主席提出的亚洲新安全观，展现亚洲安全合作新局面。

外语频道全面报道中国领导人的出访活动，包括习近平主席出访欧洲出席核安全峰会、访问韩国、出访拉美参加金砖国家领导人峰会、出访蒙古国等亚洲国家出席上合组织峰会、出访澳大利亚等国出席G20峰会，李克强总理访问非洲、两次访问欧洲并出席亚欧首脑峰会、访问东南亚并出席东盟峰会。播发习近平主席、李克强总理多次重要演讲，解读署名文章和中国外交理念，塑造负责任大国的形象，展现中国领导人从容自信、亲和睿智的领袖风采。

对重大事件和活动进行直播报道，5个外语国际频道年直播报道上百场。其中，英语新闻频道直播北京APEC峰会9场20小时，播出相关报道2168分钟。利用语言优势，制作访谈节目，专访外国政要，包括印度尼西亚总统佐科·维多多、阿富汗总统卡尔扎伊、美国国家安全事务助理苏珊·赖斯、美国前国务卿亨利·基辛格等数十位嘉宾。

二、围绕中心，服务大局，对外阐释中国特色

外语频道在2014年全国“两会”、党的十八届四中全会等重大政治事件的报道中，把握舆论导向，增强新闻时效，注重解读评论，让世界进一步了解中国，了解中国共产党的执政状况和中国特色社会主义道路。按照外宣部门和外交部要求，对国际社会关注的钓鱼岛、南海等问题，作了有理、有利、有节的针对性报道。

1.介绍中国国情，增强解析能力

围绕习近平主席“在全面对外开放的条件下做宣传思想工作”的要求，外语频道引导国际舆论全面客观地认识当代中国，宣传和阐释中国特色。在“两会”报道中，突出宣传中国的发展成就，介绍中国的国情，以贴近实际、贴近海外受众收视习惯的报道，提高国际传播实效。在十八届四中全会报道中，全面解读全会的重大意义和取得的重大突破。针对海外观众特点，讲清楚中国独特的文化传统，独特的国情，

注定中国要走适合自己特点的法制发展道路。在重大报道中，注重创新。英语新闻频道“两会”特别节目《草根一席谈》紧扣中国经济社会发展的热点和难点，结合海外关切的重点和焦点，介绍会内会外的声音。访谈栏目《今日话题》围绕“依法治国”“中国特色的社会主义法律体系”“制度反腐”等主题，展开四中全会精神对外的宣介和解析。

2.坚持舆论斗争，营造有利的国际舆论

在甲午海战120周年、一战爆发100周年、“九·一八”事变83周年、卢沟桥事变77周年、二战爆发75周年、中国抗日战争胜利69周年纪念日、南京大屠杀死难者国家公祭日，外语频道组织“铭记历史、警示未来”专题报道，直播党和国家领导人出席纪念仪式及重要讲话，展示中国人民不忘国耻、振兴中华的决心，向世界传递中国反对战争、珍爱和平的信念。针对日本内阁成员参拜靖国神社、解禁集体自卫权以及对钓鱼岛问题的错误言论，开展舆论斗争，播发中国官方表态和民众的声音。深度报道吉林档案馆、中国档案馆公布的日军侵华罪证，制作《打开关东宪兵档案的秘密》专题片，督促日本反省侵略历史，揭露日本领导人所谓“积极和平主义”的虚伪性。英语新闻频道专访《钓鱼岛真相》纪录片导演里斯蒂·里比，以采访和纪录片相结合的方式，向海外观众介绍钓鱼岛问题的真相，阐释中国拥有钓鱼岛主权的历史和法理依据，争取国际社会的理解。在三沙建市两周年之际，英语新闻频道播出系列报道《望南海》，以国际化的视角、讲故事的方式，展现南海风土人情、岛屿保护性开发、渔业生产情况，鲜活地阐释了中国对南海拥有无可争议的主权。

3.以“中国梦”为引领，展示中国发展成就

外语频道把“中国梦”主题渗透到节目的创意之中，围绕“国家富强、民族振兴、人民幸福”内涵，采制新闻、访谈节目并开设专栏，解读中国道路、中国精神、中国力量的含义，阐释“中国梦”对世界的意义。围绕“中国梦世界分享”的理念，英语新闻频道推出《中国因素》特别报道，介绍中国与世界在经济、文化、人文等领域的交汇融合。《封面中国》特别节目介绍《人民画报》封面65年间的变化，梳理新中国前进的脚步，展示全面实现小康、政治社会改革等方面的重要成就。16集系列报道《追梦中国》讲述各领域典型人物的故事，描绘复兴之路与中国人的精神。西班牙语频道《大使谈中国梦》系列报道，介绍秘鲁、智利、阿根廷、哥斯达黎加、乌拉圭、西班牙驻华大使对中国梦的解读。推出新栏目《外国人在中国》，展示外国人在中国追寻梦想的经历。

4.稳妥报道突发敏感事件，抢占国际舆论制高点

外语频道在国内重大突发敏感事件的报道中及时发声，充分传播中国观点，赢得话语主动权。及时稳妥地报道“3·01”昆明火车站暴力恐怖事件、“4·30”乌鲁木齐火车南站暴力恐怖事件、“5·22”乌鲁木齐市暴力恐怖事件，回应国际社会的关切。6月24日，国家互联网信息办公室召开新闻发布会，发布由英语新闻频道制作的电视专题片《恐怖主义的网上推手——“东伊运”恐怖音视频》。该片证据确凿、逻辑清晰，层层递进地挖掘“东伊运”恐怖音视频通过互联网在中国境内传播渗透的情况，揭露恐怖组织宣扬恐怖主义思想、传授恐怖袭击方法的事实。该片译制成多种外语片，被众多境外媒体转载，在国内外引起强烈反响。公安部将该片作为重要的证据材料，多次在国际场合播出使用。

三、加快全球报道体系建设，增强国际新闻话语权

英语新闻频道对重大国际突发事件反应迅速，现场报道能力不断增强。其他语种国际频道发挥自身优势，提高报道针对性，国际新闻话语权显著增强。

1.完善全球化报道网络，建立专家评论员队伍

截止到2014年11月，英语新闻频道完成重点报道和项目40个，重大新闻事件直播80余场，时长约130小时，凸显了国际新闻频道的特点。报道能力的提升，得益于遍布全球的英语报道网络。在海外，英语新闻频道除非洲、北美两个区域制作中心外，在全球48个国家地区雇佣73名海外特约报道员，设置香港、欧洲两个远程制播小组。3月8日，发生震惊世界的马航MH370失联事件。英语新闻频道调动5组海外报道员跟踪报道，主持人James Chau两次独家专访马国防部长兼代理交通部长希沙姆丁，获得大量一手信息，成为央视报道的亮点。央视相关报道被路透、CNN、FOX、NBC、ABC等多家国际媒体采用。海外报道员每日向外语频道提供新闻成片或连线，占北京总部国际新闻播出量的30%，占两个分台播出量的45%。在近几年对重大国际事件的报道中，海外报道员到达率为100%，意味着外语频道在国际新闻报道领域基本改变了依赖西方媒体的局面，可以用更客观、公正、全面的国际新闻报道打破西方的垄断。

英语新闻频道注重观点表达，逐步建立国内外

专家、评论员队伍，提升对国际舆论的引导力。截止到2014年11月，外语频道北京总部建立了约2500人的嘉宾评论员队伍（其中，国内嘉宾1400人，国际嘉宾1100人），北美、非洲区制中心分别有嘉宾约1000人、500人。按日均约请10人次嘉宾点评计算，频道年嘉宾点评超过3000人次。

2.升级全球新闻指挥系统，构建国际化生产模式

英语新闻频道迁入中央电视台新址后，适应节目制播的新模式和向全媒体转型的需要，对原有全球新闻指挥系统再次进行优化升级，重点加强了对国内新闻选题的策划、记者调配和频道资源共享。组建国际化团队，外语频道北京总部的外籍员工增至62人，与中籍员工的比例为1：5，外籍员工岗位从改稿、播音拓展至频道顾问、国内国际新闻策划、新媒体制作、助理制片人、播出管理等，系统地释放外籍雇员技能和潜力。强化外籍专家管理，启动外籍人事经理制度，提高外籍专家的管理水平和效率，为构建国际化运行模式创造条件，使外语频道成为真正意义上的国际频道。

四、深入实施本土战略，海外节目扩版升级

2014年7月1日，英语新闻频道非洲、北美区域制作中心完成英语节目扩版，两个区域制播中心的最大日播节目量达到7.5小时，制播节目时长约占英语新闻频道的1/3，提升了节目的国际化程度，全球化制播水平迈上了新台阶。

1.非洲区制中心扩大本土影响力，得到李克强总理肯定

非洲分台英语节目区域制作中心在《非洲直播室》《对话非洲》《非洲人物》基础上，创办日播栏目《全球财经非洲版》、周播栏目《非洲体育》，最大日播节目量从1.5小时增至2.5小时，成为全球唯一自制非洲财经日播栏目、自制非洲体育栏目的国际频道。该中心平均每天有8名记者在现场做视频连线或出镜报道，而BBC非洲新闻每期至多只有3名记者在现场报道。从这一指标上说，CCTV在非洲本土的报道能力已超过CNN和BBC。

2014年5月李克强总理访非期间，非洲区制中心与埃塞俄比亚国家电视台ETV、尼日利亚国家电视台NTA、肯尼亚国家电视台KBC进行联合报道，非洲区制中心还专访了肯尼亚副总统鲁托、尼日利亚总统古德勒克・乔纳森、埃塞俄比亚总统穆拉图・特肖梅以及联合国非洲经济委员会主席卡洛斯。李克强总理访问非洲四国后，专程视察非洲分台，慰问中外员工并接受专访，对央视非洲分台“以非洲人的角度报道非洲”“客观公正地报道非洲”给予高度评价和充分肯定。

非洲区制中心本土化节目赢得了非洲观众的信任和认可，央视在非洲的影响力日益增强，频道节目在非洲植入式落地播出取得进展。《非洲直播室》栏目已在肯尼亚、坦桑尼亚、埃塞俄比亚、津巴布韦、尼日利亚的国家电视频道植入播出。在肯尼亚，CCTV落地频道节目从14万户有线付费电视用户扩大到全国4100万免费电视观众。非洲区制中心采制的《托马喀上学》荣获肯尼亚电影节最佳纪录片奖。

2.北美区制中心释放节目产能，全面提升国际化水平

2014年7月1日，北美区制中心节目首播量由2小时扩版达到最大日播量5小时。当地时间每天15点至22点，北美区制中心播出《综合新闻》《热点》《财经亚洲（美洲版）》《新闻一小时》8档新闻节目，周末播出反映拉美社会和文化的杂志节目《美洲观察》、名人访谈节目《全景》。

北美区制中心的品牌栏目《亚洲财经（美洲版）》形态日益成熟，影响力不断增强。该栏目每月推出特别策划，其中，《全球经济观察——达沃斯论坛特别节目》《新能源瞭望》《美国制造业复苏系列报道》《毕业季》《财富世界杯》《阿里巴巴上市路》《煤炭与减排》等成为点睛之笔。《全景》则以名人嘉宾、国际话题、精良制作著称，轻松活泼地讨论世界性问题，开播3个月后进入美国当地著名的公共电视平台KCET/Link TV定期播出，首期合同为36期节目。该节目从播出第三周起，收视大幅提升，同比提升3倍以上，大洛杉矶地区的收视群体大大超过了半岛电视台等竞争对手。多家美国公共电视台和商业电视台观看样片后，提出转播或合作意愿。

节目质量不断提高，生产流程不断优化，对重大事件的报道更加规范成熟，为CCTV北美区制中心稳步发展奠定了基础。在2014年度纽约国际电影电视节上，北美区制中心摄制的作品《融化的格陵兰》《临界点》《战后摄影师》分获最佳环境问题纪录片银奖（金奖空缺）、最佳社会问题纪录片铜奖、人物类报道入围奖。

五、四个语种频道迁址改版，影响力稳步提升

西班牙语、法语、阿拉伯语、俄语频道整体迁入中央电视台新址并安全顺利播出。各频道采用全新的包装和节目表，整体面貌向国际一流媒体看齐。推出

新节目。西班牙语频道品牌栏目《学做中国菜》《学汉语》《神州行》结合对象国受众需求和建议，进行改进和创新。法语频道打造《直播非洲》栏目，并根据非洲观众的需求新增《非洲面孔》《时尚生活》《生活在中国》《动画片》等栏目。阿拉伯语频道增加新闻播出时长，开播在开罗制作的访谈栏目《尼罗河边的对话》，推出《生活在中国》《中华清真美食》栏目。俄语频道强化"植入式"传播，推出《欧亚新闻联播》，平均每周向俄远东、西伯利亚地区及中亚国家的十余家电视台提供30多条新闻成片，采用率超过50%。

各频道围绕重大事件和活动推出特别节目。纪念中国与巴西建交40周年，西班牙语频道受国务院新闻办委托制作大型专题片《万里共婵娟》。习近平主席访问巴西期间，该片葡语版在当地电视台播出，获得良好反响。纪念中法建交50周年，法语频道制作播出特别节目《50年50人》，法国五台TV5MONDE播出了该系列电视片。成功举办首届"CCTV阿拉伯语大赛"和"CCTV俄语大赛"。大赛秉承权威性、公正性和媒体透明度、公信力，引起中外观众的共同关注。

各频道以迁址为契机，扩大国际合作，创新外宣方式。俄语频道承办了亚欧新闻媒体论坛广电分论坛；围绕世界反法西斯暨中国人民抗日战争胜利70周年，与俄罗斯国家电视台历史频道合拍《俄罗斯与中国⊠欧亚之心》纪录片，将于2015年习主席访俄期间在中俄国家电视台同步播出。西班牙语频道与海外传播中心配合，《学做中国菜》《这就是中国》《神州行》节目在哥斯达黎加国家电视13台落地播出。9月，阿拉伯语频道制作的10集专题纪录片《车行新疆》在黎巴嫩国家电视台播出。

六、强化互联网思维，新媒体国际传播取得实效

外语频道强化互联网思维，以先进技术为支撑、内容建设为根本，探索传统电视传播与新媒体在内容、渠道、平台、经营、管理等方面的深度融合。5个语种频道以CCTV品牌形成海外社交媒体账号集群，通过电视屏幕、社交媒体、客户端平台联动，提升了国际传播影响力。

2013年7月，英语新闻频道建立多媒体全球工作室，形成链接北京总部及北美、非洲区域制作中心的生产体系，推出主营移动新闻的CCTV-NEWS APP短视频客户端，通过海外社交平台和APP产品进行全球化运营。CCTV-NEWS APP短视频客户端上线10天，海外下载量突破6万。2014年，非洲区制中心针对南非5000多万人口潜在观众，与南非品牌视频发布平台Cinemo签约合作，成为唯一进入该平台的电视报道提供者；与肯尼亚Buni TV网站签约合作，向其网站提供CCTV-NEWS节目视频。2014年4月www.cctv-america.com网站上线，满足美洲用户阅读需求，平均周流量10万次，日最高流量3.5万次，累计用户近40万户。年内，英语新闻频道在全球三地运营6个社交平台、17个账号，主账号CCTV-NEWS日发稿量大约70条，全球视频点击量4500万，相当于电视收视率3.49%；全球粉丝达到236万人。

新媒体传播取得突破。截止到2014年10月29日，在YouTube视频平台上，运营一年多的CCTV-NEWS账号总点击量1393万，首次超过运营九年的CNN国际频道账号。在Facebook平台上，CCTV-NEWS粉丝遍布45个国家，首次覆盖人群超过1亿人，粉丝增长率超过RT、半岛、BBC、CNN等国际频道。在Twitter平台上，CCTV-NEWS吸引了众多精英粉丝和意见领袖，有BBC、半岛、美联社、路透社、法新社、纽约时报、华尔街日报、哥伦比亚广播公司等媒体的记者，利兹大学、诺丁汉大学、约翰内斯堡大学、阿尔伯塔大学、经济学者协会的专家学者，纽约国际集团、摩根斯坦利、纽约梅隆银行牛顿投资管理公司CEO等商界精英。CCTV-NEWS成为海外主流媒体关注中国新闻的窗口。CCTV-NEWS发布的中国突发新闻被NBC等国际主流媒体抓取，多平台推送。

各频道通过内容营销，与海外用户互动，扩大国际影响力。推出"中国两会，提问高官"的Ask China主题，是中国政府官员与海外网友的首次互动，发布图文贴159条，海外浏览量490万，社交媒体平台全球粉丝增长超过8万，增长率150%。以多媒体方式制作国庆特别报道《中国面孔》，拍摄普通人的故事，展示新中国65年的发展进步，主账号观看量133万，Facebook平台观看量300多万，得到4.3万海外网友点赞。举办APEC全球共此时——四大洲互动采访活动，随机采访国内外普通民众，通过相同的认知、不同的视角、轻松幽默的拍摄剪辑风格，拉近各国民众与北京APEC的距离。APEC会议期间发稿398篇，全球送达量超过4300万人次。法语频道纪念中法建交50周年的《中法说说看》互动节目，取得良好的传播效果。

（外语频道提供）

2014年中央电视台新增整频道和部分节目海外落地情况

2014年，海外传播中心贯彻“导向明确，目标清晰；全面覆盖，突出重点；真实客观，专业科学”的要求，扎实工作，以整频道落地、植入式落地、酒店落地等方式，超额完成中央电视台下达海外整频道用户增长2500万户、植入式落地项目新增8项、海外酒店落地新增800家的年度指标。年内，中央电视台国际频道整频道用户实际增加3753万户，植入式落地项目实际增加11项880万户，海外落地酒店实际增加1052家85958间客房，年度三项考核指标的完成率分别为150%、138%、131%，涉及的项目分别是：

一月

CCTV-4在丹麦Yousee有线电视系统播出，用户数49户。

CCTV-9、CCTV-F、CCTV-NEWS在法国直播卫星平台TNT SAT播出，用户数330万户。

CCTV-E在哥伦比亚全球电视电讯的有线电视平台播出，用户数16.31万户。

CCTV-E在哥伦比亚东北部电视协会有线电视平台播出，用户数38.67万户。

CCTV-NEWS、CCTV-4、CCTV-9、CCTV-F在毛里求斯媒体有限公司(Parabole DTH)直播卫星平台播出，用户数1.7万户。

CCTV-NEWS在美国旧金山的Comcast有线电视网播出，用户数120万户。

CCTV-NEWS、CCTV-9在美国芝加哥的地面电视系统播出，用户数261.69万户。

CCTV-NEWS、CCTV-9在南非旭新国际&欧恩数字（ODM DTH）直播卫星平台播出，用户数50万户。

CCTV-4、CCTV-NEWS在葡萄牙电信（MEO）IPTV平台播出，用户数120万户。

CCTV-9在香港电台地面电视系统播出，用户数178万户。

二月

CCTV-E在哥斯达黎加Telecable有线网播出，用户数2.5万户。

CCTV-NEWS、CCTV-4在韩国现代HCN（KBS代理）有线电视系统播出，用户数61.19万户。

CCTV-4在刚果（金）四达时代公司地面电视系统播出，用户数8.41万户。

CCTV-9在洪都拉斯Cablesat有线电视播出，用户数0.42万户。

三月

CCTV-NEWS在罗马尼亚电信的Romtelecom有线电视、IPTV平台播出，用户数5万户。

CCTV-E部分节目在多米尼加超级电视集团有线电视、地面频道播出，用户数100万户。

CCTV-R部分节目在俄罗斯伊尔库茨克新选择电视制作公司AIST地面电视频道播出，用户数16.67万户。

CCTV-9每天4.5小时节目在新西兰面孔电视台（FACE TV）直播卫星频道播出，用户数85万户。

CCTV-E《学汉语》《学做中国菜》《这里是中国》《综合新闻》在墨西哥MITV(Yucatan TV)有线电视频道播出，用户数3万户。

四月

CCTV-9在法国SFR的IPTV平台播出，用户数350万户。

CCTV-4、CCTV-9在泰国IPM电视有限公司的直播卫星平台播出，用户数400万户。

CCTV-4在意大利TIVUSAT直播卫星平台播出，用户数210万户。

五月

CCTV-4、CCTV-R在浙江金华邮电工程公司驻吉尔吉斯斯坦德隆有线（DOLON TV）平台播出，用户数13万户。

CCTV-R部分节目在俄罗斯阿里泰斯有线电视公司第六频道播出。

六月

CCTV-E《这就是中国》《学汉语》《学做中国菜》在哥斯达黎加国家广播电视台13台播出，用户数40万户。

CCTV-NEWS部分节目在南非索维托电视台（SOWETO TV）的地面电视频道播出，用户数72万户。

七月

CCTV-R综合新闻节目在吉尔吉斯斯坦巴沙特广播电视公司地面电视频道播出，用户数150万户。

CCTV-4、CCTV-9、CCTV-A、CCTV-R、CCTV-E、CCTV-NEWS、CCTV-F在柬埔寨通信传媒集团有限公司有线电视、地面电视、OTT平台播出。

八月

CCTV-NEWS在波兰Telekomunikacja Podlasie Sp.zo.o.有线电视平台播出。

CCTV-4在波兰Centrum Telewizji Kablowej JIM-SAT Sp.zo.o.有线电视平台播出。

CCTV-9在波兰Tel-Kab Digital (Pruszków)有线电视平台播出。

CCTV-9在波兰TVK Telkab (Tczew) 有线电视平台播出。

九月

CCTV-A、CCTV-R、CCTV-F、CCTV-E、CCTV-NEWS在斯洛伐克Antik Telecom公司OTT平台播出。

十月

CCTV-NEWS在塞拉利昂国家广播公司地面电视系统播出。

十一月

CCTV-NEWS、CCTV-F在塞舌尔广播公司地面电视系统播出，用户数2万户。

CCTV-F、CCTV-A各3档节目在突尼斯马格里布24电视公司的IPTV及卫星频道播出，用户数300万户。

十二月

CCTV-4、CCTV-E在哥斯达黎加科博威讯（cablevsion有线网）有线电视系统播出，用户数2万户。

CCTV-NEWS《中国24小时》《临界点》《亚马逊》《全景》节目在美国灵克传媒股份有限公司直播卫星频道播出，用户数560万户。

（海外传播中心提供）

2014年中央电视台接待来访的境外主要摄制组一览表

序号	时间	摄制组名称	拍摄内容	拍摄地点
1	7月1日-13日	俄罗斯新艺术工作室	《难以割舍的俄罗斯情节》	北京、辽宁、黑龙江
2	10月14日-23日	葡萄牙广播电视公司	纪录片《我们眼中的中国》	北京、上海、浙江
3	11月22日-12月14日	全俄国家广播电视公司	纪录片《欧亚之心》	北京、上海、辽宁、陕西、山东
4	12月2日-13日	吉尔吉斯斯坦巴沙特电视台	介绍中国的纪录片	北京、辽宁、天津

（台办公室外事处提供）

2014年中国国际电视总公司接待来访的境外主要摄制组一览表

序号	时间	摄制组名称	拍摄内容	拍摄地点
1	1月3日-8日	比利时Sputnik Media制片公司	纪录片《啤酒人生》	江苏
2	3月10日-22日	法国MAM制片公司	纪录片《海上贸易》	北京、上海
3	6月2日-6日	日本NHK国际放送局	《J-MELO》日本音乐电视节目	北京
4	7月1日-6日	美国M3 Creative制片公司	纪录片《姓名互换》	上海
5	7月31日-8月11日	英国Burning Bright制片公司	纪录片《乔安娜的列车之旅》	北京、山西、内蒙古、广东
6	8月1日-9月13日	英国Burning Bright制片公司	纪录片《乔安娜的列车之旅》	北京、山西、内蒙古、广东
7	8月14日-20日	日本NHK教育台	《亚洲电视围棋快棋赛》	北京
8	8月15日-22日	美国Committee Films制片公司	纪录片《发掘美国》	北京、江苏
9	9月14日-30日	英国Lion制片公司	纪录片《孔子》	北京、山东
10	10月24日-11月2日	德国2KTV制片公司	纪录片《海上丝绸之路》	北京、江苏
11	11月30日-12月15日	意大利Clipper Media制片公司	纪录片《佛在中国》	北京、山西、河南

（中视国际传媒有限公司提供）

2014年中央电视台与国外电视机构签署的合作协议

1.《中国中央电视台与韩国教育电视台广播领域合作备忘录》，2014.1.17

2.《英国SILVERGATE MEDIA两部动画作品登陆中央电视台暨开启双方合作备忘书》，2014.1.20

3.《中国中央电视台与英国电影和电视制作公司联盟合作备忘录》，2014.4.23

4.《中国中央电视台与捷克电视台合作备忘录》，2014.6.4

5.《波兰电视股份公司与中国中央电视台合作声明》，2014.6.5

6.《中国中央电视台与葡萄牙广播电视公司合作协议》，2014.6.18

7.《CCTV与LUSA履行合同承诺书》，2014.6.18

8.《中央电视台与匈牙利媒体服务支持和资产管理基金会及匈牙利电视非营利性私营股份有限公司及多瑙电视非营利性私营股份有限公司合作协议》，2014.10

9.《中央电视台与韩国广播公司合作协议》，2014.11.7

10.《中国中央电视台与法国国际电视五台合作协议》，2014.12.24

（台办公室外事处提供）

CCTV
中国中央电视台
CHINA CENTRAL TELEVISION YEARBOOK
年 鉴
2014
胡占凡 主编
《中国中央电视台年鉴》编辑部 编

R E N W U

人 物

人物

2014年中央电视台新聘任的县处级以上干部名录

姓　名	职　　务	职务级别	任职时间
任学安	发展研究中心主任	副司局级	2014年4月
麻　宁	中央卫星电视传播中心副主任	副司局级	2014年4月
滕云平	中国电视剧制作中心有限责任公司副总裁	副司局级	2014年10月
高进印	办公室副主任兼保卫处处长	县处级	2014年1月
关海鹰	新闻中心副主任兼时政新闻部主任	县处级	2014年1月
李纯博	戏曲和音乐频道节目部主任	县处级	2014年2月
蔡　贺	技术制作中心录制二部主任	县处级	2014年2月
宋　蔚	播出传送中心播出二部主任	县处级	2014年2月
薛小妹	播出传送中心新闻制播二部主任	县处级	2014年2月
陈礼东	海外传播中心统筹规划部主任	县处级	2014年3月
赵贵华	技术制作中心录制一部主任	县处级	2014年4月
涂昌波	财务管理中心党总支专职副书记	县处级	2014年5月
郑　漠	团委书记	县处级	2014年5月
谷云龙	财经频道副总监	县处级	2014年8月
刘　聪	英语频道总监	县处级	2014年9月
关朝洋	技术制作中心音频部主任	县处级	2014年9月
陈江疆	播出传送中心新闻制播三部主任	县处级	2014年10月
理效峰	离退休人员党总支专职副书记	县处级	2014年11月
兰　芳	少儿频道综合部主任	县处级	2014年12月
许文广	综合频道副总监兼节目部主任	县处级	2014年12月
张国飞	综合频道副总监兼节目统筹部主任	县处级	2014年12月
刘　斌	机关党委办公室主任	县处级	2014年12月

（人力资源管理中心提供）

2014年中央电视台聘任正高级专业技术职务人员名录

高级编辑（24人）
彭健明　张　巍　孙宝印　徐文华　罗宏涛
周晓丽　李仲扬　曹　日　刘自力　张　勤
哈　文　梁　红　王晓斌　陈荣勇　吴克宇
董红言　李守进　赵先权　门继光　李卓玉
钱金洋　张冬华　李　洁　包军昊

高级记者（4人）
邢　栋　孙和平　刘保平　田　喆

教授级高级工程师（7人）
许钢鸣　陈克新　陈　光　杨　健　栗小斌
陈　宇　丁亚建

播音指导（2人）
董　浩　陈家传

一级录音师(1人)
庞燕华

一级美术师（3人）
张冬彧　叶　红　柯春海

一级导演（3人）
薛继军　蔡志军　何　昊

资深翻译（1人）
汪飞舟

（人力资源管理中心提供）

2014年中央电视台聘任副高级专业技术职务人员名录

主任编辑（49人）
王伟维　宋　丹　席　楠　白　英　格根图雅
宋　红　孙　莉　高先民　王东民　冷　冬
张　弘　吴胜钟　王　昔　王　兰　吴　毅
贾　健　闫天颖　李　骏　谢子猛　马　星
李　珂　于海燕　许文广　苏福河　贾　丁
同关村　李光宗　刘　楠　余静英　喻晓轩
齐文星　董　鑫　刘　娟　康　克　慈勤萍
王　宁　侯　洁　赵京津　常　红　石冬梅
袁晓刚　刘　鑫　赵露茜　唐　陟　彭　娜
龚雪辉　吴　鸿　樊华伟　李　晔

主任记者（5人）
柳　刚　肖　璞　王小飞　任　涛　孙金岭

高级工程师（17人）
朱朝云　姜　明　张　毅　郑智勇　许春蕾
苗　欣　刘　新　蔡　贺　范小杏　廖成玉
周卫红　赵　震　王雪京　关　佐　石秀莲
郭小强　刘晶晶

主任播音员（4人）
纳森乌日塔　朱　迅　孙　燕　李文静

二级录音师（1人）
杜宝明

二级文学编辑（3人）
李欣雁　南　敏　滕云平

二级摄影师（1人）
崔晓茜

高级经济师（1人）
赵宇卓

二级美术师（1人）
庞宇萍

二级导演（1人）
张慧玲

主任技师（1人）
徐　波

（人力资源管理中心提供）

2014 年中央电视台所属单位聘任正高级专业技术职务人员名录

中国广播电视国际经济技术合作总公司（1人）
教授级高级工程师：高会宗

中国电视剧制作中心有限责任公司（1人）
一级导演：薛继军

（台所属单位提供）

2014 年中央电视台所属单位聘任副高级专业技术职务人员名录

中视传媒股份有限公司（1人）
高级经济师：徐一鸣
中国国际电视总公司（1人）
二级导演：李云镜
中国广播电视国际经济技术合作总公司（34人）
高级政工师：李金荣　李　发
高级工程师：王景福　孙柯林　韩　峰　杨　萍
熊　艺　郭海涛　代　毅　韩树和
张天伟　郑蜀光　臧雅娟　方晓光
李　新　金　英　王宇明　李　然
张长江　朱　兢　张红惠　何东波
高级经济师：游　涛　冯高如　闫丹闪　瞿莉娜
邓海燕　刘艳丽　俞　兢
副译审：刘冬生　杨　乐　苗　圃
高级会计师：董泽红　杨晓苑

（台所属单位提供）

2014 中央电视台入选全国杰出专业技术人才及享受政府特殊津贴人员名录

入选全国杰出专业技术人才人员（1人）
宋宜纯

享受政府特殊津贴人员（1人）
陈　岩

（人力资源管理中心提供）

2014 年中央电视台竞聘上岗栏目制片人名录

中心、频道	栏目名称	姓　名	职　务	聘任时间
科教频道	地理中国	陈　力	副制片人	2014年6月
科教频道	自然传奇	王　蓉	副制片人	2014年6月
戏曲和音乐频道	CCTV音乐厅	张　妍	副制片人	2014年6月
戏曲和音乐频道	百年歌声	苑晓梅	副制片人	2014年6月
新闻中心	晚间新闻	张　怡	副制片人	2014年9月

（人力资源管理中心提供）

T O N G J I

统计

统计

2014年中央电视台队伍构成概况

2014年中央电视台各系统在职人员人数统计

	名称	人数
台聘人员	行政系统	294
	节目系统	1156
	技术系统	523
	合　计	1973
企聘人员	行政系统	314
	节目系统	5388
	技术系统	1475
	合　计	7177
总　计		9150

（人力资源管理中心提供）

2014年中央电视台在职各类专业技术职务人员统计

级别	专业技术职务	人数
正高级	高级编辑	197
	高级记者	21
	播音指导	18
	教授级高级工程师	40
	资深翻译	6
	一级导演	1
	一级录音师	4
	一级文学编辑	1
	一级美术师	4
	主任医师	1
	合　计	293
副高级	主任编辑	306
	主任记者	30
	主任播音员	24

续表

级别	专业技术职务	人数
副高级	高级工程师	207
	高级会计师	14
	高级经济师	10
	高级统计师	1
	一级翻译	10
	副研究馆员	10
	二级导演	6
	二级录音师	11
	二级美术师	6
	主任技师（艺术专业技术人员系列）	9
	合　计	644
中　级	编　辑	372
	记　者	57

续表

级别	专业技术职务	人数
中级	一级播音员	46
	工程师	205
	会计师	11
	经济师	13
	审计师	1
	翻　译	15
	馆　员	7
	三级导演	3
	三级灯光师	3
	三级录音师	17
	三级美术师	22
	三级摄影师	5
	三级摄像师	1
	技师（艺术专业技术人员系列）	19

续表

级别	专业技术职务	人数
中　级	主治医师	2
	合　计	799
初级	助理编辑	34
	二级播音员	4
	助理工程师	18
	助理会计师	10
	助理经济师	11
	助理馆员	2
	美术员（助理）	2
	技术员（助理）	1
	合　计	82
员　级	工程技术员	2
	合　计	2
总　计		1820

（人力资源管理中心提供）

2014年中国电视剧制作中心有限责任公司在职各类专业技术职务人员统计

级别	专业技术职务	人数
正高级	一级文学编辑	6
	一级编剧	1
	一级导演	3
	一级演员	2
	一级录音师	1
	一级美术设计师	1
	合　计	14
副高级	二级文学编辑	2
	二级导演	6
	二级剪辑师	1
	二级摄影师	2
	二级美术设计师	1
	二级录音师	1
	高级政工师	3
	高级工程师	5
副高级	高级会计师	1
	主任化妆技师	1

续表

级别	专业技术职务	人数
副高级	主任播音员	1
	合　计	24
中级	三级文学编辑	12
	三级导演	7
	三级剪辑师	1
	三级摄影师	2
	三级美术设计师	4
	三级录音师	4
	灯光技师	1
	化妆技师	1
	经济师	5
	工程师	11
	会计师	6
	合　计	54
初　级	各类初级专业技术职务	20
总　计		112

（中国电视剧制作中心有限责任公司提供）

2014年中央新闻纪录电影制片厂（集团）在职各类专业技术职务人员统计

中央新闻纪录电影制片厂

续表

级别	专业技术职务	人数
正高级	高级记者	9
	一级导演	5
	一级摄影师	2
	一级剪辑师	1
	一级录音师	2
	一级美术设计师	2
	合　计	21
副高级	主任编辑	4
	主任记者	29
	二级导演	11
	高级工程师	5
	高级会计师	2
	高级政工师	12
	副研究馆员	1
	主任播音员	2
	二级剪辑师	1
	二级录音师	5
	二级摄影师	2
	二级音乐编辑	1
	其　他	1

级别	专业技术职务	人数
副高级	合　计	75
中级	编　辑	14
	记　者	83
	一级播音员	2
	三级导演	27
	三级美术师	4
	三级摄影师	13
	三级剪辑师	2
	三级录音师	5
	工程师	16
	馆　员	10
	会计师	4
	经济师	3
	政工师	13
	技师（艺术专业技术人员系列）	3
	合　计	199
初　级	各类初级专业技术职务	96
总　计		391

北京科学教育电影制片厂

续表

级别	专业技术职务	人数
正高级	一级导演	5
	一级美术师	1
	一级录音师	1
	合　计	7
副高级	二级导演	26
	二级摄影师	9
	二级美术师	5
	二级录音师	3
	高级政工师	2
	高级会计师	1

级别	专业技术职务	人数
副高级	主任技师	1
	副编审	1
	合　计	48
中级	三级导演	87
	三级摄影师	28
	三级美术师	25
	三级录音师	2
	三级编辑	2
	三级剪辑师	2
	记　者	1

续表

级别	专业技术职务	人数
中级	编　辑	4
	工程师	4
	经济师	1
	会计师	5
	政工师	2
	技师（艺术专业人员系列）	3

续表

级别	专业技术职务	人数
中级	馆　员	1
	三级解说	1
	合　计	168
初　级	各类初级专业技术职务	49
总　计		272

（中央新闻纪录电影制片厂（集团）提供）

2014年中国国际电视总公司在职各类专业技术职务人员统计

级别	专业技术职务	人数
正高级	高级编辑	13
	高级记者	2
	一级编剧	1
	一级导演	2
	一级演员	1
	教授级高级工程师	3
	合　计	22
副高级	主任编辑	14
	主任记者	4
	二级编剧	1
	二级导演	8
	二级美术师	5
	二级文学编辑	2
	副编审	1
副高级	副教授	2
	副译审	3
	高级工程师	35
	高级会计师	12
	高级经济师	11
	高级审计师	2
	高级政工师	10
	其　他	11
	合　计	121
中　级	编　辑	217

续表

级别	专业技术职务	人数
中级	记　者	7
	一级播音员	2
	三级编剧	1
	三级导演	16
	三级美术师	50
	三级摄影师	18
	三级演员	1
	三级文学编辑	9
	三级录音师	8
	翻　译	8
	工程师	144
	馆　员	2
	会计师	101
	经济师	46
	审计师	1
	统计师	5
	政工师	5
	技　师（艺术专业人员系列）	60
	其　他	13
	合　计	714
初　级	各类初级专业技术职务	1878
总　计		2735

（中国国际电视总公司提供）

2014 年中央卫星电视传播中心在职各类专业技术职务人员统计

续表

级别	专业技术职务	人数
副高级	高级工程师	4
	高级会计师	2
	高级经济师	4
	主任编辑	4
	合　计	14
中　级	工程师	11
中级	会计师	2
	经济师	4
	助理研究员	1
	合　计	18
初　级	各类初级专业技术职务	7
总　计		39

（中央卫星电视传播中心提供）

2014 年中国广播电视国际经济技术合作总公司在职各类专业技术职务人员统计

续表

级别	专业技术职务	人数
正高级	教授级高级工程师	1
	合　计	1
副高级	高级工程师	20
	副译审	3
	高级经济师	7
副高级	高级会计师	2
	高级政工师	2
	合　计	34
中级	工程师	15
中级	经济师	5
	政工师	5
	会计师	9
	商务师	1
	编　辑	2
	合　计	37
初　级	各类初级专业技术职务	16
总　计		88

（中国广播电视国际经济技术合作总公司提供）

2014 年中视传媒股份有限公司在职各类专业技术职务人员统计

续表

级别	专业技术职务	人数
正高级	高级编辑	2
	合　计	2
副高级	二级导演	1
	高级工程师	3
	高级会计师	3
	高级经济师	1
	其　他	1
	合　计	9
中级	编　辑	9
	记　者	2
中级	工程师	9
	馆　员	1
	会计师	20
	经济师	13
	政工师	1
	其　他	3
	合　计	58
初　级	各类初级专业技术职务	84
总　计		153

（中视传媒股份有限责任公司提供）

2014 年中国有线电视网络有限公司在职各类专业技术职务人员统计

续表

级别	专业技术职务	人数
正高级	教授级高级工程师	9
	高级记者	1
	编　审	1
	合　计	11
副高级	高级工程师	16
	高级会计师	1
	主任编辑（新闻编辑）	1
	高级政工师	3
	合　计	21
中级	工程师	39
	会计师	8
	经济师	9
	审计师	1
	三级文学编辑	3
	编　辑	2
	政工师	5
	讲　师	1
	三级导演	1
	合　计	69
初　级	各类初级专业技术职务	67
总　计		168

（中国有线电视网络有限公司提供）

2014年中央电视台事业发展概况

2014 年中央电视台各类节目播出量及比例

分类名称	首播（小时：分：秒）	首播占频道 %	首播占台 %	重播（小时：分：秒）	重播占频道 %	重播占台 %	总播出量（小时：分：秒）	占全台 %
新闻资讯类	51,379:09:15	52.12	15.20	47,197:36:52	47.88	13.96	98,576:46:07	29.16
专题服务类	20,615:44:45	18.93	6.10	88,308:42:39	81.07	26.12	108,924:27:24	32.22
综艺益智类	9,044:24:11	17.77	2.68	41,840:31:08	82.23	12.37	50,884:55:19	15.05
影视剧类	10,926:15:03	15.55	3.23	59,324:13:25	84.45	17.55	70,250:28:28	20.78
广告类	3,971:38:34	100.00	1.17	00:00:00	0.00	0.00	3,971:38:34	1.17
导视类	4,708:47:36	99.84	1.39	07:30:49	0.16	0.00	4,716:18:25	1.39
其他类	00:00:00	0.00	0.00	765:26:12	100.00	0.23	765:26:12	0.23
总体结果	100,645:59:24	29.77	29.77	237,444:01:05	70.23	70.23	338,090:00:29	100.00

（总编室提供）

2014年中央电视台常规频道各类节目播出量及比例

分类名称	首播（小时：分：秒）	首播占频道%	首播占台%	重播（小时：分：秒）	重播占频道%	重播占台%	总播出量（小时：分：秒）	占全台%
新闻资讯类	42,709:10:06	77.37	21.20	12,490:40:24	22.63	6.20	55,199:50:30	27.40
专题服务类	19,186:11:32	27.23	9.52	51,260:59:37	72.77	25.44	70,447:11:09	34.96
综艺益智类	8,560:12:47	30.95	4.25	19,096:45:56	69.05	9.48	27,656:58:43	13.73
影视剧类	8,325:09:50	20.87	4.13	31,563:22:33	79.13	15.67	39,888:32:23	19.80
广告类	3,971:38:34	100.00	1.97	00:00:00	0.00	0.00	3,971:38:34	1.97
导视类	4,323:29:46	99.96	2.14	01:54:49	0.04	0.00	4,325:24:35	2.14
总体结果	87,075:52:35	43.22	43.21	114,413:43:19	56.78	56.79	201,489:35:54	100.00

（总编室提供）

2014年中央电视台各频道节目播出量统计

频道名称	首播（小时：分：秒）	首播占频道%	首播占台%	重播（小时：分：秒）	重播占频道%	重播占台%	播出总量（小时：分：秒）	占全台%
CCTV－1	4,924:58:09	56.23	1.46	3,834:17:51	43.77	1.13	8,759:16:00	2.59
CCTV－2	4,102:05:37	46.83	1.21	4,658:09:23	53.17	1.38	8,760:15:00	2.59
CCTV－3	2,233:03:00	25.49	0.66	6,526:57:00	74.51	1.93	8,760:00:00	2.59
CCTV－4(亚洲)	4,430:28:49	50.58	1.31	4,329:31:11	49.42	1.28	8,760:00:00	2.59
CCTV－4(欧洲)	2,809:17:04	32.07	0.83	5,950:42:56	67.93	1.76	8,760:00:00	2.59
CCTV－4(美洲)	3,093:35:07	35.31	0.92	5,666:24:53	64.69	1.68	8,760:00:00	2.59
CCTV－5	7,349:43:30	83.90	2.17	1,410:16:30	16.10	0.42	8,760:00:00	2.59
CCTV－7	2,909:51:27	42.07	0.86	4,007:22:00	57.93	1.19	6,917:13:27	2.05
CCTV－8	2,892:52:10	33.02	0.86	5,867:22:33	66.98	1.74	8,760:14:43	2.59
CCTV－9	2,696:51:00	30.79	0.80	6,063:09:00	69.21	1.79	8,760:00:00	2.59
CCTV－9 Documentary	2,068:20:00	23.61	0.61	6,691:40:00	76.39	1.98	8,760:00:00	2.59
CCTV－10	2,887:50:04	38.81	0.85	4,553:40:45	61.19	1.35	7,441:30:49	2.20
CCTV－11	2,244:25:12	31.24	0.66	4,939:30:40	68.76	1.46	7,183:55:52	2.12
CCTV－12	2,354:04:00	31.67	0.70	5,079:50:00	68.33	1.50	7,433:54:00	2.20
CCTV－13	7,260:48:20	82.89	2.15	1,498:41:40	17.11	0.44	8,759:30:00	2.59

续表

频道名称	首播（小时:分:秒）	首播占频道 %	首播占台 %	重播（小时:分:秒）	重播占频道 %	重播占台 %	播出总量（小时:分:秒）	占全台 %
CCTV － 14	5,728:56:12	75.76	1.69	1,832:45:56	24.24	0.54	7,561:42:08	2.24
CCTV － 15	4,015:43:44	55.22	1.19	3,256:35:11	44.78	0.96	7,272:18:55	2.15
CCTV － NEWS	6,197:25:00	70.75	1.83	2,562:35:00	29.25	0.76	8,760:00:00	2.59
CCTV － Français	2,314:10:00	26.42	0.68	6,445:50:00	73.58	1.91	8,760:00:00	2.59
CCTV － Español	2,374:45:00	27.11	0.70	6,385:15:00	72.89	1.89	8,760:00:00	2.59
CCTV － العربية	1,518:30:00	17.33	0.45	7,241:30:00	82.67	2.14	8,760:00:00	2.59
CCTV － Русский	1,678:50:00	19.16	0.50	7,081:10:00	80.84	2.09	8,760:00:00	2.59
CCTV － 1(香港)	3,985:16:17	45.50	1.18	4,774:28:43	54.50	1.41	8,759:45:00	2.59
中国 3D 电视试验频道	857:02:10	17.39	0.25	4,070:27:50	82.61	1.20	4,927:30:00	1.46
CCTV － 5+ 体育赛事	5,004:02:53	57.12	1.48	3,755:57:07	42.88	1.11	8,760:00:00	2.59
高尔夫・网球	933:09:34	10.65	0.28	7,826:50:26	89.35	2.32	8,760:00:00	2.59
风云足球	815:32:47	9.31	0.24	7,944:12:13	90.69	2.35	8,759:45:00	2.59
风云音乐	390:49:43	5.89	0.12	6,240:32:56	94.11	1.85	6,631:22:39	1.96
第一剧场	2,685:48:21	36.39	0.79	4,694:10:50	63.61	1.39	7,379:59:11	2.18
风云剧场	445:12:15	7.00	0.13	5,912:40:00	93.00	1.75	6,357:52:15	1.88
世界地理	779:29:43	11.58	0.23	5,951:28:17	88.42	1.76	6,730:58:00	1.99
电视指南	757:56:22	8.65	0.22	8,002:03:38	91.35	2.37	8,760:00:00	2.59
CCTV －娱乐	624:29:40	7.13	0.18	8,135:30:20	92.87	2.41	8,760:00:00	2.59
CCTV －戏曲	540:35:41	6.17	0.16	8,219:24:19	93.83	2.43	8,760:00:00	2.59
央视文化精品	538:21:34	8.25	0.16	5,988:04:39	91.75	1.77	6,526:26:13	1.93
CCTV －电影	674:15:09	7.70	0.20	8,085:44:51	92.30	2.39	8,760:00:00	2.59
怀旧剧场	451:40:32	6.93	0.13	6,070:11:59	93.07	1.80	6,521:52:31	1.93
国防军事	764:00:00	11.63	0.23	5,806:00:00	88.37	1.72	6,570:00:00	1.94
女性时尚	503:59:00	8.24	0.15	5,610:39:46	91.76	1.66	6,114:38:46	1.81
CCTV 中视购物	1,072:47:00	12.25	0.32	7,687:13:00	87.75	2.27	8,760:00:00	2.59
央视台球	317:17:00	3.62	0.09	8,442:43:00	96.38	2.50	8,760:00:00	2.59
卫生健康	417:40:18	4.77	0.12	8,342:19:42	95.23	2.47	8,760:00:00	2.59
合 计	100,645:59:24	29.77	29.77	237,444:01:05	70.23	70.23	338,090:00:29	100.00

（总编室提供）

2014年中央电视台付费频道各套节目播出量统计

（单位：小时）

频道名称	第一季度	第二季度	第三季度	第四季度	全年	平均每天
央视台球	2160.00	2184.00	2208.00	2208.00	8760.00	24.00
高尔夫·网球	2160.00	2184.00	2208.00	2208.00	8760.00	24.00
风云足球	2160.00	2184.00	2208.00	2208.00	8760.00	24.00
风云音乐	1634.42	1657.70	1666.83	1672.42	6631.37	18.17
卫生健康	2160.00	2184.00	2208.00	2208.00	8760.00	24.00
第一剧场	1829.47	1834.83	1858.58	1857.07	7379.95	20.22
风云剧场	1573.07	1589.92	1598.02	1596.87	6357.87	17.42
世界地理	1656.53	1667.33	1690.97	1716.17	6731.00	18.44
电视指南	2160.00	2184.00	2208.00	2208.00	8760.00	24.00
央视精品	1610.32	1626.58	1645.40	1643.80	6526.10	17.88
怀旧经典	1607.70	1626.95	1642.83	1644.38	6521.87	17.87
国防军事	1620.00	1638.00	1656.00	1656.00	6570.00	18.00
女性时尚	1510.57	1542.20	1525.12	1536.77	6114.65	16.75
中视购物	2160.00	2184.00	2208.00	2208.00	8760.00	24.00
合　计	26002.08	26287.51	26531.75	26571.48	105392.81	288.75

（播出传送中心提供）

2013～2014年中央电视台技术制作中心节目录制情况对照表

（单位：小时）

类别 / 年份	2013年	2014年
直　播	56273.5	26166
录　像	29042	20580
排　练	5749.5	9399.5
搭景布光	11989	6636
ENG采录	744713	485441
非线性编辑	966805	1439838.5
草　编	371646.5	214595
音频制作	108586	50321
收录服务器	19114.5	50889.5
新闻共享	1263196	325794

续表

文件推送量	61210.1	43806.6
节目包装（秒）	18997.7	18767
合 计	3638330.4	

注：1）工作量含新现址。

2）工作量不含演播室灯光、音响。

（技术制作中心提供）

中央电视台 2005 ~ 2014 年常规频道电视节目播出时间比较

电视节目播出总时长 （单位：小时）

年份	播出时长	平均每天播出时长
2005	152642	418
2006	155235	425
2007	175347	480
2008	189684	518
2009	200713	550
2010	218411	598
2011	243260	666
2012	244793	671
2013	230188	674
2014	227770	624

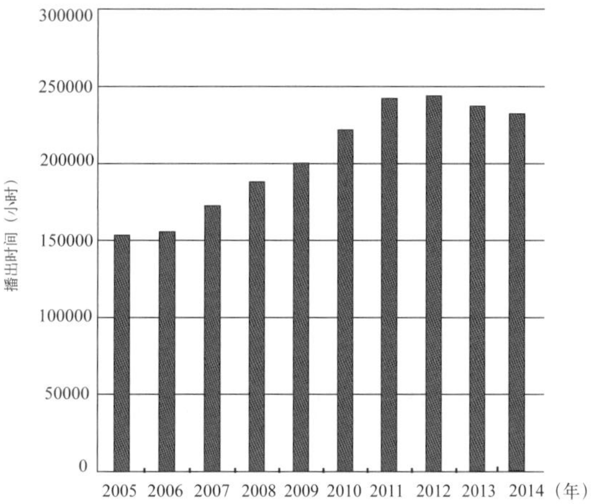

（播出传送中心提供）

中央电视台 2009 ~ 2014 年付费频道电视节目播出时间比较

电视节目播出总时长 （单位：小时）

年份	播出时长	平均每天播出时长
2009	83059	228
2010	91430	250
2011	96597	265
2012	97139	265
2013	96637	265
2014	105392	288

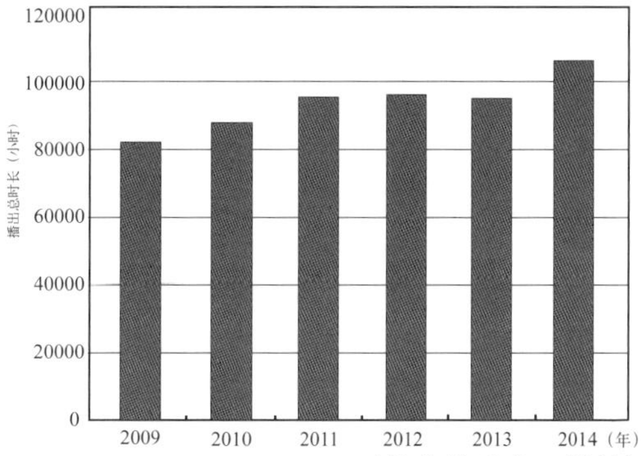

（播出传送中心提供）

中央电视台2005～2014年常规频道播出事故率比较

（单位：秒/百小时）

年份	2005	2006	2007	2008	2009	2010	2011	2012	2013	2014
总事故率	1.49	1.91	0.99	1.16	0.34	0.56	0.66	0.26	0.092	0.142

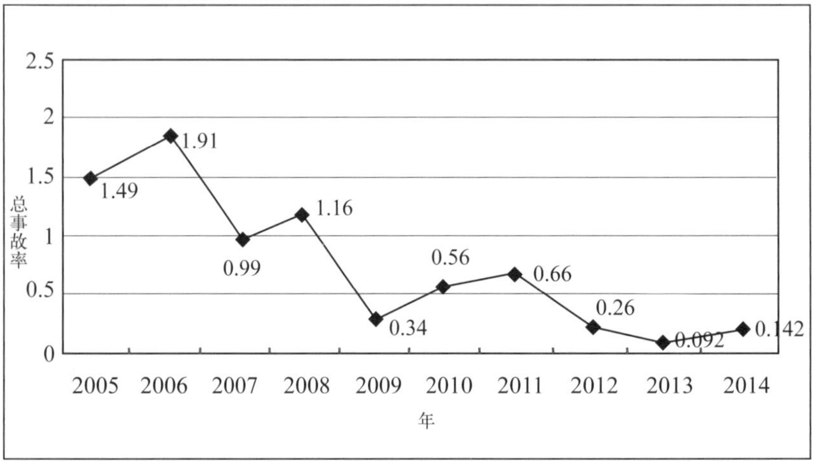

2014年总事故率：

0.142秒/百小时

安全播出率：

>99.9999%

注： 安全播出率换算：

99%=1小时/百小时

99.9%=6分钟/百小时

99.99%=36秒/百小时

99.999%=3.6秒/百小时

99.9999%=0.36秒/百小时

（播出传送中心提供）

中央电视台2009～2014年付费频道播出事故率比较

（单位：秒/百小时）

年份	2009	2010	2011	2012	2013	2014
总事故率	0.34	0.25	0.42	0.1	0.012	0.13

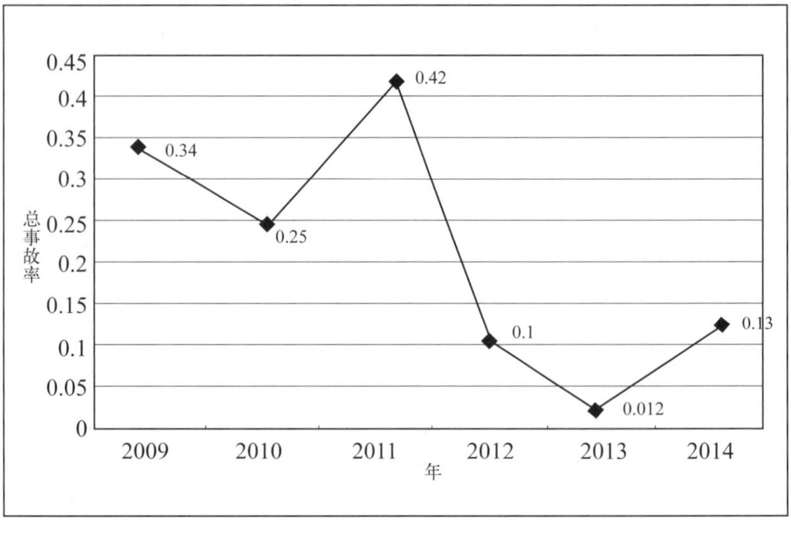

2014年总事故率：

0.13秒/百小时

安全播出率：

>99.9999%

注：安全播出率换算：

99%=1小时/百小时

99.9%=6分钟/百小时

99.99%=36秒/百小时

99.999%=3.6秒/百小时

（播出传送中心提供）

2014年中央电视台“心连心”艺术团慰问演出活动一览表

节目名称	录制时间	播出时间	演出地点	导演	时长（分钟）	播出方式	播出频道
中国梦·劳动美——“心连心”艺术团赴北京铁路局慰问演出	2014－04－26	2014－05－01	北京铁路局动车段动车检修库	杨东升	90	录播	CCTV－1 CCTV－3
好山好水好四川——“心连心”艺术团赴四川广安慰问演出	2014－08－03~2014－08－07	2014－08－21	四川广安	王炳森	90	录播	CCTV－3
庆祝新疆生产建设兵团成立60周年中央电视台“心连心”艺术团慰问演出	2014－08－17	2014－10－07	新疆北屯、五家渠	柳　刚	90	录播	CCTV－3
好人好梦——“心连心”艺术团赴河北沧州慰问演出	2014－09－15~2014－09－17	2014－10－23	河北沧州	张巧英	90	录播	CCTV－3
筑梦山水间——“心连心”艺术团赴湖北十堰慰问演出	2014－10－15~2014－10－17	2014－11－06	湖北十堰	钱向东	90	录播	CCTV－3
追梦黔东南——“心连心”艺术团赴贵州黔东南州黎平县慰问演出	2014－11－10~2014－11－11	2014－12－18	贵州黎平	屠　茵	90	录播	CCTV－3

全年6场

（综艺频道、大型节目活动中心提供）

2014年戏曲和音乐频道大型文艺晚会播出（直播、录播）一览表

播出日期	晚会名称	录制地点	撰稿人	策划人	导演	主持人
2014—01—01	直通维也纳——2014年维也纳新年音乐会（直播）	华彬歌剧院	邵思音	郎　昆	刘　军	任鲁豫 张　宇
2014—01—30	2014年春节戏曲晚会——龙马盛世贺新春	中央电视台总部E01演播室	何颖哲	郎　昆 曹　毅	陈　洵 吴月佳	张　喆 任鲁豫 董　艺 傅玉龙
2014—02—14	2014中国情歌大汇	星光2200平方米演播室	田　浩	郎　昆	刘　军	任鲁豫 张　宇 蔡国庆 汪　聪

续表

播出日期	晚会名称	录制地点	撰稿人	策划人	导演	主持人
2014—02—14	2014年元宵戏曲晚会——龙腾马跃闹元宵	中央电视台总部E01演播室	何颖哲等	郎 昆 曹 毅	陈 洵 吴月佳	张 喆 任鲁豫 董 艺 傅玉龙
2014—02—23	光荣绽放——新十大女高音歌唱家演唱会	保利大厦	师玉妥 褚佳颖	郎 昆 葛小红 郑滨生	苑晓梅	任鲁豫 张 宇
2014—03—08	光荣绽放——十大中国优秀交响乐作品音乐会	中央电视台一号演播厅	冯飞等	郎 昆 葛小红 郑滨生	葛小红	任鲁豫 张 宇
2014—03—22	全球中文音乐榜上榜（直播）	中央电视台一号演播厅	顾蕾等	郎 昆	顾 蕾	任鲁豫
2014—03—23	光荣绽放——新十大二胡演奏家音乐会	新清华学堂	夏 雨	郎 昆 葛小红 郑滨生	夏 雨	任鲁豫 张 宇
2014—03—30	光荣绽放——新十大古筝演奏家音乐会	新清华学堂	夏 雨	郎 昆 葛小红	郑滨生 夏 雨	任鲁豫 张 宇
2014—04—04	乐动青山——2014清明民族音乐会（直播）	中央电视台一号演播厅	冯 飞 程雪菲	齐宪役	葛小红 刘 磊	任鲁豫
2014—04—05	2014年戏曲演唱会——清明节专场（直播）	长安大戏院	何颖哲等	郎 昆 曹 毅	陈 洵 吴月佳	张 喆
2014—05—01	2014年戏曲演唱会——五一戏曲曲艺晚会（直播）	长安大戏院	何颖哲等	郎 昆 曹 毅	陈 洵 吴月佳	张 喆 任鲁豫
2014—05—01	星光璀璨——2014年新民歌演唱会（第一季）（直播）	中央电视台总部E01演播室	田 浩	郎 昆	刘 军	任鲁豫 张 宇
2014—06—01	2014美泉宫夏季音乐会	奥地利维也纳	葛小红	郎 昆	葛小红	郎 朗
2014—06—02	2014年戏曲演唱会——端午节戏曲曲艺晚会（直播）	长安大戏院	何颖哲等	郎 昆 曹 毅	陈 洵 吴月佳	张 喆 任鲁豫
2014—06—30	星光璀璨——2014年新民歌演唱会（第二季）（直播）	中央电视台总部E01演播室	田 浩	郎 昆 刘 军	邵思音 林 缨	任鲁豫 张 宇
2014—07—01	2014年戏曲演唱会——七一戏曲晚会（直播）	长安大戏院	何颖哲等	郎 昆 曹 毅	陈 洵 吴月佳	张 喆 任鲁豫
2014—08—02	音乐频道七夕特别节目：爱在天地间（直播）	中央电视台总部E09演播室	田 浩	郎 昆 刘 军	林 缨 徐谛思	任鲁豫 杨 柳 张 宇 梁 璐 董 艺 张 喆 汪 聪 赵保乐

续表

播出日期	晚会名称	录制地点	撰稿人	策划人	导演	主持人
2014—08—02	星光璀璨——2014 中国情歌大汇（七夕）	中央电视台总部 E01 演播室	全　权	郎　昆 刘　军	邵思音 林　缨	任鲁豫 张宇等
2014—08—11 ～ 2014—08—15	第二届全国戏曲院校京剧学生电视大赛（学京赛）（决赛第一轮）	中央电视台现址 800 平方米演播室	李　晶	郎　昆 曹　毅	钱　皓 国　浩	董　艺 赵保乐
2014—08—15 ～ 2014—09—29	争奇斗艳——少数民族冠军歌手争霸赛第二季（共 15 场）	星光 1200 平方米演播室	陆海宁	郎　昆 齐宪役	陆海宁	任鲁豫 张　宇
2014—08—19 ～ 2014—08—23	第二届全国戏曲院校京剧学生电视大赛（学京赛）（决赛第二轮）	中央电视台现址 800 平方米演播室	李　晶	郎　昆 曹　毅	钱　皓 国　浩	董　艺 赵保乐
2014—09—01 ～ 2014—09—26	2014CCTV 钢琴小提琴大赛（复赛）（直播）	中央电视台现址 800 平方米演播室	冯　飞 程雪菲	郎　昆 葛小红	葛小红	任鲁豫 张　宇
2014—09—08	花好月圆——2014 中秋戏曲晚会	中央电视台总部 E01 演播室	何颖哲等	郎　昆 曹　毅	陈　洵 吴月佳	张　喆 任鲁豫 何赛飞 杨立新
2014—10—01	国庆戏曲曲艺晚会（直播）	长安大戏院	何颖哲等	郎　昆 曹　毅	陈　洵 吴月佳	张　喆 任鲁豫
2014—10—03	光荣绽放——十大竖琴演奏家音乐会	北展剧场	冯　飞	郎　昆 葛小红	郑滨生 葛小红	任鲁豫 张　宇
2014—10—03	光荣绽放——十大中国歌剧经典唱段音乐会	中央电视台一号演播厅	师玉妥	郎　昆 葛小红	郑滨生 王冼平	任鲁豫 张　宇
2014—10—05	光荣绽放——十大小号演奏家音乐会	北展剧场	冯　飞	郎　昆 葛小红	郑滨生 葛小红	任鲁豫 张　宇
2014—10—06 ～ 2014—10—31	2014CCTV 钢琴小提琴大赛（决赛）（直播）	中央电视台现址 800 平方米演播室	冯　飞 程雪菲	郎　昆 葛小红	葛小红	任鲁豫 张　宇
2014—10—12	光荣绽放——十大外国歌剧经典唱段音乐会	中央电视台一号演播厅	褚佳颖	郎　昆 葛小红	郑滨生 王冼平	任鲁豫 张　宇
2014—12—05 ～ 2014—12—20	《寻找刘三姐》（第二季）（晋级赛）	中央电视台总部 E01 演播室	全　权	郎　昆 刘　军	邵思音	任鲁豫 张　宇
2014—12—28	《寻找刘三姐》（第二季）（冠军之夜）	中央电视台总部 E01 演播室	全　权	郎　昆 刘　军	邵思音	任鲁豫 张　宇
2014—12—30	2015 丝绸之路新年音乐会（直播）	国家会议中心	冯　飞	郎　昆 李　南	葛小红 刘　磊	任鲁豫 张　宇
2014—12—31	光荣绽放——十大新锐歌手演唱会	中央电视台总部 E01 演播室	林　虹	郎　昆 葛小红	郑滨生 陈　月	任鲁豫 张　宇

（戏曲和音乐频道提供）

2014 年综艺频道文艺晚会、特别节目（直播、录播）一览表

节目名称	日期	播出时间	收视率（%）	收视份额（%）	导演	地点	播出方式	时长（分钟）
温暖 2013	2014 – 01 – 01	21:30	0.75	3.66	李　谦	中央电视台新址	首播	90
向幸福出发——身边好人、温暖中国	2014 – 01 – 02	19:30	1.24	3.39	张　钊	星光影视园	首播	103
收获 2013	2014 – 01 – 02	21:30	0.32	1.47	刘　欣	中央电视台	首播	83
中国好歌曲（2014 – 1）	2014 – 01 – 03	19:30	1.91	4.91	–	–	首播	77
我们的中国梦——2014 年中央电视台“心连心”艺术团东西南北贺新春	2014 – 01 – 29	19:30	2.13	5.54	张　骥	全国多地	首播	135
喜到、福到、好运到——2014 年春晚倒计时	2014 – 01 – 30	12:00	1.30	6.60	邹　为	中央电视台	直播	470
2014 年中央电视台春节联欢晚会	2014 – 01 – 30	20:00	6.36	14.59	哈　文	中央电视台	直播	267
2014 网络春晚	2014 – 01 – 31	13:18	0.78	4.53	–	–	首播	90
2014 年中央军委慰问驻京部队老干部迎新春文艺演出	2014 – 01 – 31	16:38	0.56	3.09	柳　刚	北京	首播	75
2014 过年七天乐（1）	2014 – 01 – 31	18:00	2.16	7.78	程　禹	中央电视台	首播	77
春晚又一年——2014 年春晚专题片（1）	2014 – 02 – 02	22:00	0.58	2.49	王　浩	中央电视台	首播	45
中央电视台 2014 甲午年元宵晚会	2014 – 02 – 14	20:00	3.14	7.78	哈　文	中央电视台	首播	115
2014 年五一七天乐（1）	2014 – 04 – 28	19:00	0.98	3.41	程　禹	中央电视台	首播	77
“中国梦・劳动美——2014 年庆祝“五一”国际劳动节特别节目”	2014 – 05 – 02	20:30	0.71	2.05	杨东升	中央电视台	首播	86
我们的中国梦：五月的鲜花——2014 年全国大学生主题文艺活动专题节目	2014 – 05 – 05	21:00	0.32	1.21	邹　为	中央电视台	首播	100
亚洲相互协作与信任措施会议第四次峰会文艺晚会	2014 – 05 – 20	19:50	0.78	2.38	杨东升	上海	直播	76
我们的中国梦：讲述中国故事	2014 – 05 – 31	19:30	0.37	1.17	吕　媛	中央电视台新址	首播	100

续表

节目名称	日期	播出时间	收视率（%）	收视份额（%）	导演	地点	播出方式	时长（分钟）
2014年暑假七天乐（1）	2014－07－24	19:30	0.96	3.27	程　禹	中央电视台	首播	77
大魔术师（2014－1）	2014－07－26	19:30	0.91	3.15	赵大治	星光影视园	首播	80
完美星开幕（2014－1）	2014－07－26	21:00	0.53	1.82	－	－	首播	60
天下有情人 让爱闪闪亮	2014－08－02	12:00	0.45	2.54	杨巧玲	中央电视台	直播	605
幸福账单暑假特辑（1）	2014－08－09	21:00	0.84	2.53	黎　红	中央电视台	首播	50
好山好水好四川——中央电视台“心连心”艺术团赴四川广安慰问演出	2014－08－21	19:30	0.88	2.65	王炳森	四川广安	首播	90
“万家邀明月 一起过中秋——综艺频道十小时大型电视直播活动”	2014－09－08	12:00	0.79	4.01	郭　艳	中央电视台	直播	609
为梦想放歌——第十三届精神文明建设“五个一工程”获奖作品专题节目	2014－09－17	19:30	0.36	0.92	邹　为	中央电视台	首播	117
我和我的祖国——国庆电视台直播活动	2014－10－01	12:00	0.35	2.20	肖　芳	中央电视台	直播	500
“美丽中国 光荣梦想——庆祝中华人民共和国成立65周年国庆音乐会”	2014－10－01	20:05	0.50	1.50	杨东升	中央电视台	首播	90
九九艳阳天——重阳节大型直播活动	2014－10－02	12:00	0.69	3.72	刘　林	中央电视台	直播	607
“庆祝新疆生产建设兵团成立60周年“心连心”艺术团慰问演出”	2014－10－07	19:11	1.00	2.82	柳　刚	新疆生产建设兵团	首播	104
今晚我们说相声——第七届全国相声大赛专题片	2014－10－07	22:51	0.22	2.29	吕　媛	中央电视台	首播	49
第七届全国电视相声大赛（1）	2014－10－08	19:30	0.79	2.47	秦新民	中央电视台	首播	162
好人好梦——中央电视台“心连心”艺术团赴河北沧州慰问演出	2014－10－23	19:30	1.17	3.23	张巧英	河北沧州	首播	82
中国正在听（2014－1）	2014－10－31	19:30	0.88	2.27	－	星光影视园	首播	92
筑梦山水间——中央电视台“心连心”艺术团赴湖北十堰慰问演出	2014－11－06	19:30	0.81	2.11	钱向东	湖北十堰	首播	94

续表

节目名称	日期	播出时间	收视率(%)	收视份额(%)	导演	地点	播出方式	时长(分钟)
追梦黔东南——中央电视台“心连心”艺术团赴贵州黔东南慰问演出	2014－12－18	19:30	0.82	2.14	屠　茵	贵州黔东南	首播	80
我们的中国梦：文化进万家启动仪式	2014－12－28	22:30	0.29	2.31	邹　为	山东	首播	60
收获2014	2014－12－30	21:40	0.23	1.21	刘　欣	中央电视台	首播	90
中国好歌曲（第二季）中国好歌曲校园推介会总决赛	2014－12－31	14:00	0.15	1.82	－	－	首播	79
启航2015——新年特别节目	2014－12－31	19:30	1.42	4.93	吕　媛	中央电视台	直播	278

（综艺频道提供）

2014年中国电视剧制作中心有限责任公司剧目中央电视台黄金时段首播统计表

电视剧目	播出日期	每集长度(分钟)	导演	制片人	播出频道	时段	收视率（%）			份额（%）		
							最高	最低	平均	最高	最低	平均
毛泽东	2013年12月25日～2014年1月27日	45	高希希	张华立 周亚平 罗　浩	CCTV－1	20:00	2.76	1.24	1.97	7.57	3.80	5.36
大河儿女	4月2日～5月6日	45	安　建	石小兵 周亚平	CCTV－1	20:00	1.80	1.10	1.30	4.83	3.17	3.72
湄公河大案	7月15日～8月7日	45	安战军	秦振贵 王　浩	CCTV－1	20:00	3.38	1.28	2.16	9.89	4.01	6.54
历史转折中的邓小平	8月8日～9月16日	45	吴子牛	张小红 秦振贵	CCTV－1	20:00	2.33	1.51	2.00	6.70	4.48	5.70
战将	9月30日～10月7日	45	宁海强	秦振贵 潘小扬 颜　品 王　雁	CCTV－8	20:00	1.67	0.57	1.09	5.23	1.96	3.51

注：共计5部204集（其中综合频道黄金时间播出4部174集，八套黄金时间播出1部30集）

（中国电视剧制作中心有限责任公司提供）

DA SHI JI

大事记

大事记

2014年中央电视台大事记

一月

1月1日　《新闻联播》改变传统新闻预告模式，突出节日喜庆气氛，设计开放式结尾，赢得广泛赞誉。在交响乐《我爱你中国》的伴奏下，画面呈现出元旦清晨各地迎接第一缕阳光的景观镜头，主播串词是："人们说2013就是爱你一生，2014是爱你一世，《新闻联播》和你一起，传承一生一世的爱和正能量"。

1月1日　中文国际频道《今日关注》推出中英双语字幕，这是中央电视台首个推出中英双语字幕的直播类新闻节目。

1月2日　综艺频道播出《身边好人·温暖中国》颁奖典礼，评选出11组均为普通百姓的"2013温暖中国年度人物"。此次颁奖减少文艺节目，加入由获奖者及山区孩子们表演的诗朗诵、童声小合唱等，展现质朴自然之风。

1月6日　《焦点访谈》播出《孩子，你在哪里》，揭露内蒙古自治区赤峰生殖健康专科医院医护人员私自抱走刚出生婴儿，有关部门互相推卸责任、不作为的问题。节目引起强烈反响，问题得以迅速解决。

1月6日至10日　财经频道《央视财经评论》《中国财经报道》《经济半小时》栏目围绕中国城镇化建设，联合制作播出五期特别评论报道《新城记》。在专业化财经评论的基础上，融入调查类节目的生动表达，根据浙江、湖北等地城镇化进程的实际情况进行深入分析和讨论。

1月7日　香港电视广播有限公司（TVB）荣誉主席邵逸夫在港离世。新闻中心及时播发消息，展开内容丰富、信息量大的报道。

1月11日　"2013CCTV体坛风云人物"年度评选颁奖盛典在北京举行。此次体坛风云人物评选、投票和颁奖典礼安排在同一天举行，显示了评选的公开和公正。

1月11日，"CCTV2—人大上市公司社会责任研究基地"在中国人民大学正式揭牌。研究基地由财经频道和人民大学金融与证券研究所共同创建，研究的重点领域为中国上市公司的社会责任建设。

1月11日　以色列前总理阿里埃勒·沙龙病逝，新闻中心第一时间在《东方时空》播发消息，基本与其他国际主流媒体同步。

1月13日　纪录国际频道在香港顺利开播。香港观众可通过香港电台运营的高清数字地面电视平台第33频道收看。

1月13日　泰国反政府群体"封锁曼谷"行动开始实施，曼谷市7个主要交通道口被示威者封堵。中央电视台各新闻节目进行及时、平衡、多元的报道。

1月13日至26日　体育频道顺利转播报道2014年澳大利亚网球公开赛。

1月18日至19日　国际视通对外发布中央电视台独家新闻"对话普京"素材2条。截至1月22日上午11点，相关素材共被美国UNI电视网、NHK、澳广24新闻频道、亚洲新闻频道等201个电视频道采用1496次。其中，记者水均益的独家采访"普京表示俄罗斯将尽全力确保索契冬奥会参赛者及游客安全"被外媒使用1396次，体现独家素材的新闻价值。

1月21日　优酷网播出以春晚揭秘为主题的视频节目，侵权使用中央电视台春晚联排数分钟视频片段，提前曝光部分春晚节目画面，中央电视台立即启动维权应急预案，经多方协调和努力，优酷网当天删除相关视频。

1月22日　CCTV移动传媒在中国"丝绸之路"列车组车厢内电视终端测试播出。这是继国航、澳航等之后，CCTV移动传媒在长途交通运输领域的一次新拓展。此次试播以“丝绸之路”中心点西安为始发站，在西安至北京、厦门、上海等每天24个车次的列车车厢内播出，覆盖北京、陕西、山西等10多个省市，年运输旅客近1620万人次。

1月24日　央视财经研究院上海研究中心挂牌仪式在上海举行，央视财经数据上海办公室、央视财经国证指数发展研究中心同时挂牌。上海研究中心立足上海，打造财经频道在长三角地区的窗口。

1月27日　中法建交50周年纪念日，法语国际频道积极关注中法两国举办的相关纪念活动，并推出特别报道。

1月27日　新闻频道多角度报道列宁格勒保卫战解除封锁纪念日、国际大屠杀纪念日。引入俄罗斯电视台纪念列宁格勒保卫战完全解除封锁70周年阅兵式直播信号，连线前方记者，介绍阅兵式流程、武器装备特点等。

1月28日　中央电视台召开党的群众路线教育实践活动总结大会。台分党组书记、台长、台教育实践活动领导小组组长胡占凡，国家新闻出版广电总局教育实践活动中央电视台督导组组长杨波出席会议并讲话。

1月29日　乐视网首页出现春晚揭秘主题板块，侵权使用1月28日春晚彩排多段偷拍视频片段，曝光了部分语言类、歌舞类节目及引导片片段。中央电视台立即启动维权应急预案，经多方协调努力，乐视网于29日中午前删除了相关视频。

1月30日　农历除夕，2014年中央电视台春节联欢晚会播出。综合频道、综艺频道、中文国际频道、军事·农业频道、少儿频道，以及中国网络电视台全球同步直播。包括中央电视台在内的全国207家电视频道对春晚进行同步播出，全国并机总收视份额达70.99%，电视观众规模达7.04亿人。中国网络电视台与新浪等7家网站组建传播联盟进行同步网络直播，网络视频直播累计观看人数达1.1亿人。共有112个国家和地区的132家电视机构转播或部分使用了中文国际频道的节目信号，其中129家全部转播，3家部分转播。本届春晚以“欢乐祥和迎新春，同心共圆中国梦”为主题，分为“欢乐祥和迎新春”“美丽中国我的家”“同心共圆中国梦”“万象更新喜纳福”四个篇章，突出“真诚、温暖、振奋、欢乐”的基调。

1月30日　中国网络电视台（CNTV）携手百家网站同步播出2014年CCTV网络春晚，综合频道、财经频道、综艺频道、中文国际频道也于1月31日至2月10日播出网络春晚。

1月　中共中央总书记、国家主席、中央军委主席习近平赴内蒙古进行慰问和调研考察，这是新年伊始习近平首次基层调研，中央电视台圆满完成新闻报道任务。

1月　新闻中心历时近四个月，经过潜心调查、扎实采访，推出“过度医疗”系列报道，深刻揭露广泛存在的过度医疗现象和内幕，引发广泛社会反响。

1月　戏曲频道推出《中国京剧像音像》节目，这是继《中国京剧音配像》之后的又一重要项目。该项目旨在记录当代中青年京剧名家最佳表演的情况，完整保存当代京剧艺术的最高水准，总共录制100台全国各优秀院团演出的剧目。

1月　新闻中心组织多路记者历时4个月，制作播出“MBA考场外的神秘电波”系列调查报道，独家揭露MBA考试大规模作弊内幕。

1月　中央电视台多个频道新闻节目持续精心编排“2014春运”报道，不断增强服务性。

1月　春节期间，中央电视台调动31个国内记者站、13家海外记者站以及台本部记者，组成95路采访小组，深入全国各地和十多个国家与地区的海外华人社区，围绕“家风是什么”的主题进行街头随机采访，在《新闻联播》《朝闻天下》《共同关注》等重点新闻栏目推出《新春走基层·家风是什么》系列特别节目，并在“央视新闻”微博、微信、客户端上及时与网友展开互动，引发海内外观众对传统家教和“家国情怀”的强烈关注与共鸣。

1月　围绕日本首相安倍晋三及日本政坛右倾动向，中央电视台各频道从历史事实和国际舆论层面对日本的极端做法进行有力驳斥。

1月　“央视悦动”客户端正式上线。该客户端是央视网基于移动互联网打造的新型电视互动社交产品，以“服务+产品”为基本理念，主打中央电视台节目推介与电视互动等特色实用功能。首期1.0版本推出听音识台、推荐、互动、频道、栏目、主持人六大主题功能。

1月　中央电视台选送的12件作品获2011-2012年度中国广播影视大奖广播电视节目奖。

1月　在由国际3D与高级影像协会主办的第五届年度艺术创新奖颁奖晚会上，科教频道等联合摄制的3D纪录片《国脉》获得国际3D电视纪录片类杰出成就奖——国际卢米埃奖。

二月

2月1日至2日　2014年春节戏曲晚会分别在综合频道、戏曲频道播出。

2月4日至6日　正月初五至初七，《新闻联播》打破常规，加大节目形态创新，连续三天以开放式温馨报尾方式助推节庆氛围，分别被誉为“最萌”“最温馨”“最暖心”结尾，引发观众强烈共鸣。

2月6日　综合频道推出的《数据说春运》《数据说春节》特别板块收官。节目首次利用百度提供的数据解读春运和春节，融实用性、预测性、故事性于一体，从数据中发现新闻、用数据来解读新闻，开创“数据新闻”新形态。在《晚间新闻》播出12期，在《新闻联播》播出2期。

2月7日至23日　第22届冬奥会在俄罗斯索契举行。中央电视台投入综合、体育、体育赛事等3个频道，成功报道国家主席习近平出席冬奥会开幕式、冬奥会精彩历程和中国队的良好表现，转播报道总时长536.5小时，超过上届温哥华冬奥会，实现多媒体、差异化、深度互补传播。

2月9日　《焦点访谈》等多档栏目播出调查报道“屡扫不绝的东莞黄流”，记录广东东莞13家高档宾馆、歌厅、沐足屋等娱乐场所色情服务泛滥、当地警方对色情业“不查处、不作为”以及国企工作人员在娱乐场所私用公车等乱象。节目引起重大反响，广东省展开专项行动，严厉打击涉黄犯罪。

2月9日　由综合频道和灿星制作联合打造的11期大型励志公益节目《出彩中国人》在综合频道晚黄金时段播出。

2月9日　发展研究中心完成“马年春晚”60小时社交网络传播效果分析报告。该报告首次运用“大数据”挖掘技术，深度分析“春晚”在社交网络平台的传播效果和传播特点。

2月10日至11日　《感动中国2013年度人物颁奖典礼》相继在综合频道、新闻频道播出，黄旭华、刘盛兰等当选“感动中国十大年度人物”，中国航天人被授予“年度致敬群体”。节目在全社会产生强烈反响。

2月11日至13日　大型文化益智节目《中国谜语大会》在综合频道黄金时段连续三场直播。围绕元宵节猜灯谜的中华传统习俗，利用新媒体手段，和观众一起体验快乐、分享知识，在社会上掀起“猜谜”热潮。

2月11日至14日　台湾方面大陆委员会负责人王郁琦率团访问南京、上海，并与国务院台湾事务办公室主任张志军举行会晤。综合频道、新闻频道、中文国际频道、英语新闻频道全程跟踪报道。

2月14日　围绕美国国务卿克里访华，《新闻联播》等新闻节目展开及时深入报道。其中，《新闻联播》及时播发习近平主席、李克强总理分别会见克里的重要新闻，充分反映双方加强沟通与合作的良好意愿。

2月14日　音乐频道直播《星光璀璨——2014中国情歌大汇》，时长共200分钟，是频道直播时间最长的原创节目。当日正逢元宵节，晚会特意呈现“闹元宵”的喜庆气氛。

2月18日至21日　巴基斯坦总统侯赛因对中国进行国事访问。英语新闻频道以中巴深化经济合作为主题展开深入报道。

2月19日　中央电视台自主研发的轨道电控直线运动摄像系统进行首次测试，并达到预期效果。

2月20日　央视网制作的中央政治局常委“文明人物特稿”英文版正式上线，并在新华网、人民网等主流英语网站及海外社交平台持续推广。专题内容以《文明》杂志人物特刊为基础，集中展现七位常委的从政生涯、个人风格、家庭细节，全面展示领导人亲民、开明、开放、平等的形象，并刊登大量未公开出版的珍贵照片。

2月21日至22日　以“问计新型城镇化”为主题，财经频道主办的第四届中国县域经济发展高层论坛顺利举行。

2月25日　中央电视台2014年海外记者任前培训正式启动，全台52名新任海外记者参加。

2月25日至26日　中共中央总书记、国家主席、中央军委主席习近平在北京就全面深化改革、推动首都更好发展特别是破解特大城市发展难题进行考察调研。《新闻联播》等重点新闻栏目及时播发新闻，运用纪实手法，有效捕捉细节，展现国家领导人与民众之间的深厚情感。

2月26日至27日　大陆海协会与台湾海基会第十次领导人会谈在台北举行。海协会会长陈德铭和台湾海基会董事长林中森在台北举行正式会谈，并签署有关协议。中文国际频道立足两岸关系发展对会谈展开重点报道。

2月27日　中央电视台与北京市第二中级人民法院廉政教育基地合作协议签字仪式举行。

2月27日　中国纪录片年会（2013年度）期间，由中央电视台、中国电视艺术家协会等部门联合主办，纪录频道、中国视协电视纪录片学术委员会、广西电视台共同承办的中国纪录片发展论坛暨第十九届中国电视纪录片颁奖仪式在广西南宁举行。其中纪录频道获“最具国际影响力频道”大奖，《魅力纪录》栏目获“最佳传播栏目”大奖，频道原创纪录片《超级工程》《丹顶鹤》《china·瓷》《京剧》获“十佳系列片奖”“十佳长片奖”“十优系列片奖”“最佳编导奖”“最佳音效奖”“最佳摄像奖”“最佳剪辑奖”“最佳创意奖”等多项大奖。论坛还发布《2014中国纪录片发展研究报告》。

2月 中国国民党荣誉主席、两岸和平发展基金会董事长连战率台湾各界人士访问团到大陆参访交流，综合频道、新闻频道和中文国际频道多档新闻栏目展开及时报道。

2月 为确保中央电视台驻乌克兰记者的人身安全以及有序展开新闻报道，新闻中心紧急协调国际安保公司，调派多名安保人员赴乌克兰首都基辅，协助海外记者在多个骚乱现场开展新闻报道工作，这是中央电视台首次在独联体国家地区使用安保服务。同时，还协调俄罗斯中心记者站，为在乌克兰报道的记者提供防弹衣和头盔，并为五名海外记者申请为期一个月的短期战乱险，消除记者的后顾之忧。

2月 央视网诉土豆网盗播《舌尖上的中国》及“2012年伦敦奥运会”开幕式两案，在上海市第一中级人民法院二审定案，法院维持原判，判决央视网胜诉。此次终审胜诉是央视网通过民事维权、行政维权和技术措施等手段，对中央电视台新媒体版权资源进行保护取得的成果。

2月 由中央电视台和澳大利亚广播公司联合出品，中国电视剧制作中心有限责任公司和澳大利亚比扬制作公司联合摄制的52集儿童剧《奇妙小镇》在澳大利亚国家电视台ABC2频道播出。

三月

3月1日 云南昆明火车站发生暴力恐怖事件。中央电视台新闻节目第一时间展开准确权威报道，有力引导社会舆论。

3月3日 全国政协十二届二次会议开幕。综合频道、新闻频道、中文国际频道，以及各外语频道、中国网络电视台进行现场直播，央视网在境外互动平台Facebook 进行同步英语直播。截至当日16:30，共有164个国家和地区的401家电视机构转播或部分使用中央电视台节目信号，海外电视机构比上年增加23家。3月12日上午，全国政协第十二届二次会议闭幕。中央电视台综合频道、新闻频道、中文国际频道、各外语频道，以及中国网络电视台（CNTV）、“央视新闻”客户端等对全国政协主席俞正声的讲话作现场直播。截至12日10:00，总计有163个国家和地区的396家电视机构转播或部分使用中央电视台节目信号，其中357家全部转播，39家部分转播。

3月5日 第十二届全国人大二次会议开幕，综合频道、新闻频道、中文国际频道、各外语频道现场直播，央视网在境外互动平台Facebook进行同步英语直播。全球163个国家和地区的399家电视机构转播或部分使用中央电视台台国际频道信号，较上年增加15家。3月13日上午，十二届全国人大二次会议圆满闭幕。中央电视台综合频道、新闻频道、中文国际频道、各外语频道，以及中国网络电视台、“央视新闻”客户端等对张德江委员长在人大闭幕会上讲话和李克强总理会见中外记者会进行现场直播。全球共有163个国家和地区的403家电视机构转播或部分使用中央电视台国际频道直播节目信号，其中360家全部转播，43家部分转播。此次“两会”，中央电视台评论员首次进入记者会现场听会，并在结束的第一时间进行现场直播评论，实现新闻节目评论模式的创新。“央视新闻”微博、微信、客户端等新媒体平台第一次全面参与报道。

3月8日 马来西亚航空公司一架由吉隆坡飞往北京的客机MH370与地面失去联系。新闻中心及中文国际频道、外语频道等迅速启动应急报道机制，及时、准确跟进报道。3月24日，马来西亚政府召开紧急新闻发布会，宣称MH370航班坠毁南印度洋，各新闻节目及时跟进事件动态，以权威、全面的报道强化舆论引导。

3月9日至10日 《新闻联播》持续聚焦习近平总书记谈“三严三实”作风建设。

3月15日 综合频道现场直播2014年“3·15”晚会，中国网络电视台（CNTV）同步进行视频、图文直播。晚会围绕“让消费更有尊严”主题，分为“信”“法”“义”三个篇章，播出紧跟消费热点的6个调查节目，曝光“手机植入恶意软件”“尼康D600相机质量缺陷”等坑害消费者权益的行为。2014年“3·15”晚会由最高人民法院、最高人民检察院、全国人大常委会法制工作委员会、工业和信息化部、公安部、司法部、农业部、商务部、国家卫生和计划生育委员会、国家工商行政管理总局、国家质量监督检验检疫总局、国家食品药品监督管理总局、国家知识产权局、国务院法制办公室、中国消费者协会和中央电视台共同主办。晚会播出后，国家相关部委和各地监管部门迅速行动，深入查处晚会揭露的违规违法行为，涉案企业也纷纷向消费者致歉，并提出整改措施。

3月16日 乌克兰克里米亚地区决定自身地位的全民公决投票举行，新闻中心、中文国际频道精心安排版面，对克里米亚公投进行全面、迅速、深入报道。

3月17日至18日 中共中央总书记、国家主席、中央军委主席习近平赴河南兰考县调研指导党的群众路线教育实践活动。《新闻联播》充分准确报道习近平总书记在本次调研中提出大力学习弘扬焦裕禄精神，以及就第二批教育实践活动的实践载体、重点对象、组织原则等提出的总体要求。

3月18日 台湾突发“反服贸”抗议事件，《中国新闻》栏目实时跟进，及时播发事件最新动态，对该事件进行全面分析。

3月19日 科教频道在第五届亚洲阳光纪录片大会上举办主题为“共同记录、共赢之路”的推介活动，大会主席伊夫及众多国际纪录片制作机构和播出平台负责人参加。

3月22日至4月1日 国家主席习近平出席在荷兰海牙举行的第三届核安全峰会，并对荷兰、法国、德国、比利时进行国事访问，同时访问联合国教科文组织总部、欧盟总部。中央电视台综合频道、新闻频道、中文国际频道、财经频道，以及各外语频道进行全程报道，同时发挥新媒体传播平台作用，及时充分开展报道。4月21日，综合频道和新闻频道并机播出40分钟特别节目《一桥飞架中欧》，引起广泛关注和强烈反响。

3月22日 由综艺频道与灿星制作团队联合推出的原创音乐真人秀节目《中国好歌曲》第一季结束，赢得社会各界的高度评价。

3月22日 音乐频道直播《全球中文音乐榜上榜》开播盛典，中国网络电视台、音乐频道官方微博及新浪、腾讯等新媒体同步直播。该节目是音乐频道2014年联手光线传媒及泛亚地区九家媒体共同打造的，首次引入国际“直播打榜”机制。

3月26日 由中央文明办、教育部、共青团中央等单位联合主办，中国网络电视台（CNTV）承办的“我的中国梦”主题教育实践活动——“清明祭英烈”网上签名寄语活动正式启动。

3月27日 作为落实中央电视台党的群众路线教育实践活动整改方案的重要措施，中央电视台开展首个“台长接待日”活动。台分党组书记、台长、台教育实践活动领导小组组长胡占凡，与总会计师董为民以及台办公室、总编室、人力资源管理中心、机关党委、纪检组监察室负责人，接访4名职工代表。

3月31日 围绕朝韩在半岛西部海域相互炮击，中文国际频道《中国新闻》《今日亚洲》等新闻节目密切关注、深度解读。

3月 中央电视台制播的《回家》系列公益广告获第17届“亚太广告节”影视类公共服务类银奖，由于金奖空缺，这也是本届广告节上唯一荣获最高奖项的影视类公益广告。

3月 在2014年中国广告与品牌大会上，中央电视台获“2013创新突出贡献媒体全场大奖”。

3月 中央电视塔景区被北京市妇女联合会、市总工会、市人力资源和社会保障局授予北京市“三八”红旗集体称号，景区员工胥丽艳被授予北京市“三八”红旗奖章称号。

3月 2013年度中国播音主持“金话筒奖”评选揭晓。中央电视台新闻中心劳春燕、综艺频道毕福剑获最佳电视播音员主持人奖，新闻中心张泉灵的《进驻天宫特别直播节目》，体育频道张斌、沙桐合作的《2012伦敦奥运会开幕式直播节目》获最佳电视主持作品奖。“金话筒奖”由中国广播电视协会主办、中国广播电视协会播音主持委员会承办，是中国播音主持界的最高荣誉。

3月 在全国首届索尼“4K”杯评奖中，由大型节目中心和技术制作中心制作的《我们的中国梦》获微电影音乐电视类一等奖。

四月

4月1日 日本政府正式通过“防卫装备转移三原则”，这一举措使日本战后基于宪法推行的和平发展道路发生根本转变。针对日本政府此次举动，中文国际频道持续关注并及时跟进动态报道。

4月2日 智利北部沿海发生8.3级地震。新闻中心、中文国际频道等迅速启动应急报道机制，展开充分报道。

4月5日 综合频道推出大型原创公益寻人节目《等着我》，旨在汇集各方爱心和力量，帮助普通大众实现“团圆梦”。节目联合全国传统媒体与新媒体平台形成全媒体联盟，携手公益组织及上万名志愿者，共同发起主旨为“爱心接力，助力团圆梦，让心不再等待”的公益寻人行动。节目在清明节当天首播后，于每周二在综合频道22:30播出。

4月5日 阿富汗举行总统大选，这是阿富汗自2001年重建以来首次实施民主权力移交，新闻中心展开深入报道。

4月5日至10日 中央电视台参加第51届法国春季戛纳电视节及戛纳纪录片大会。纪录频道连续第三年和戛纳节组委会联合主办开幕当天的纪录片节官方午宴，350名全球传媒机构代表、内容提供商、采购商和发行商参加活动。4月8日，纪录频道在主会场戛纳电影宫举办纪录频道主题推介会，近百位国际电视机构、纪录片制作及发行机构代表参加。本次推介会共推出7部纪录频道重点原创新片。中国国际电视总公司达成签约金额179.8万美元。英国国际传媒集团订购了由综艺频道与灿星制作共同打造的大型原创音乐评论类节目《中国好歌曲》的国际发行权和英国播出权。

4月5日 科教频道在国家设立“南京大屠杀死难者国家公祭日”后首个清明节，推出大型直播《2014清明中国》，陕西卫视、东南卫视等同步直播，

4月5日至7日 围绕清明传统节日，新闻中心、中文国际频道相继推出一系列特别节目和新闻报道，央视网发挥新媒体互动功能，做好清明节宣传报道工作。中央电视台推出各种形态的节目，祭奠祖先，祭奠故人，祭奠英烈，弘扬传统文化，展示家国情怀。

4月7日 “谁是球王”中国羽毛球民间争霸赛北京总决赛在综合频道和体育频道并机直播。这是中央电视台继上年“谁是球王·中国乒乓球民间争霸赛”总决赛之后，再次在综合频道黄金时段转播群众体育活动，也是新址E01演播室首次尝试分双区制作。活动自2013年10月17日启动，吸引超过百万名来自各行各业的羽毛球爱好者参加。

4月8日 北美分台英语区域制作中心顺利完成第二次扩版，英语节目首播量由2小时增加至3小时20分钟。

4月8日至11日 博鳌亚洲论坛2014年年会在海南举行，综合频道、新闻频道、中文国际频道、各外语频道及新媒体平台等以直播、访谈、新闻等多种形态展开充分报道。新闻中心首次在国际大型会议报道中使用4G技术。

4月9日 中共中央总书记、国家主席、中央军委主席习近平视察武装警察部队特种警察学院并为“猎鹰突击队”授旗。《新闻联播》等重点新闻栏目进行及时、准确、充分地报道。

4月10日 台长胡占凡会见英国广播公司（BBC）总裁托尼·霍尔一行。

4月10日 中央电视台播出《遭污水围困的村庄》系列调查节目，记者历时三个月，调查贯穿河北新乐、藁城、无极、深泽和安国五县的磁河水被沿岸皮革厂、化工厂污染，排污企业将污水通过河流和渗坑排到地下，导致附近村庄陷入饮水危机，并运用特征污染物溯源技术、卫星遥感、无人机拍摄取证等手段确认污染企业。有关部门立即对报道反映的有关问题进行核查整改。

4月11日 上午8点和9点，西班牙语国际频道和法语国际频道的第一档《综合新闻》相继在央视新址全新改版播出。

4月15日 纪录片《舌尖上的中国》（第二季）首映式在北京举行。4月18日起综合频道每周五晚21点、纪录频道每周五晚22点播出该片，财经频道、军事·农业频道、少儿频道等多个频道重播。

4月16日 经过改装的国航宽带互联网航班首次进行载客测试飞行，新闻中心组织空中和地面两路记者，以互动方式进行现场体验式直播报道，并第一时间回传飞机现场画面在《新闻直播间》播出，首次实现真正意义上的高空直播。

4月16日 韩国一艘载有459名乘客的“岁月”号客轮在朝鲜半岛南部海域发生进水沉没事故，新闻中心、中文国际频道快速反应，及时展开充分报道。

4月18日 上午9点和11点，阿拉伯语国际频道、俄语国际频道《综合新闻》相继在新址C14和C15演播室改版播出。西班牙语国际频道、法语国际频道、阿拉伯语国际频道、俄语国际频道在新址相继全新改版播出，进一步强化定位，以更国际化的面孔面向全球观众。

4月18日 由中央电视台和国家语委合作的文化原创节目《中国成语大会》在科教频道播出。作为《中国汉字听写大会》的姊妹篇，《中国成语大会》在内容、节目形态与赛事规则上创新升级。5月11日起，栏目于每周日晚黄金时间在综合频道首播。

4月27日和29日 中共中央总书记、国家主席、中央军委主席习近平看望慰问驻新疆部队并就扎实做好反恐维稳工作、保护各族人民生命财产安全进行专题调研。新闻中心军事新闻部精心组织报道。

4月28日 英语新闻频道《文化报道》《体育报道》栏目在新址顺利播出，标志着英语频道新址搬迁工作正式启动。

4月29日 少儿频道顺利完成全频道向央视总部

搬迁工作。

4月30日 新疆乌鲁木齐火车南站站外发生严重暴力恐怖袭击案件，中央电视台各新闻节目、“央视新闻”新媒体及时展开报道，反应迅速、把握稳妥。

4月 2013年“寻找最美乡村医生”颁奖典礼在综合频道和科教频道播出，库尔曼别克·苏来曼等10位医生获得活动组委会授予的“最美乡村医生”称号，香九妹等10名医生被推选为活动“特别关注乡村医生”。

4月 乌克兰东部部分地区爆发抗议集会和占领政府机构大楼的行为。新闻频道、英语新闻频道予以重点关注，并展开递进式报道。

4月 2014年度纽约国际电影电视节在拉斯维加斯揭晓。中央电视台北美分台选送的纪录片《Melting Point》（融化的格陵兰）、《Tipping Point》（临界点）、《After War Photographer》（战后摄影师）三部作品分获最佳环境问题纪录片银奖（金奖空缺）、最佳社会问题纪录片铜奖、人物类报道入围奖。纽约国际电影电视节创立于1957年，是全球重要的电影电视节之一。

4月 在国家新闻出版广电总局召开的纪念“五一”国际劳动节暨表彰大会上，新闻中心康辉获“全国五一劳动奖章”称号，综合频道梦想系列节目组、综艺频道《星光大道》栏目组获“总局五一劳动奖状”称号，新闻中心海外记者部记者王薇薇、财经频道《中国财经报道》栏目组李洋获“总局五一劳动奖章”称号。

4月 在由国家新闻出版广电总局和浙江省政府主办第十届中国国际动漫节上，原创动画系列片《新大头儿子小头爸爸》获得唯一的动画系列片金奖“金猴奖”。

五月

5月1日 由中华全国总工会和中央电视台联合主办的“中国梦·劳动美”——“心连心”艺术团慰问演出在综合频道播出，集中展现当代工人风采，歌颂“劳动光荣、创造伟大”的时代精神。

5月1日到10月31日 全国广播、电视、网络等媒体集中传播、传唱中国梦主题新创作歌曲，综艺频道5月1日起循环展播第一批20首中国梦主题新创作歌曲。

5月4日 “我们的中国梦·五月的鲜花——2014全国大学生主题文艺活动专题节目”在综合频道播出。

5月7日 中共中央总书记习近平在北京会见台湾亲民党主席宋楚瑜一行。中央电视台各新闻节目及时报道。

5月9日 俄罗斯纪念卫国战争胜利69周年阅兵仪式在红场举行。中央电视台各新闻节目及时报道。

5月9日至10日 中共中央总书记、国家主席、中央军委主席习近平赴河南兰考县，指导兰考县委常委班子党的群众路线教育实践活动专题民主生活会，并对开封、郑州等地考察调研。新闻中心及时完成报道工作，确保采编播各技术环节安全稳妥。

5月11日 国务院总理李克强在肯尼亚首都内罗毕看望慰问中央电视台非洲分台员工。

5月11日 乌克兰东部顿涅茨克州和卢甘斯克州举行独立公投。新闻频道、中文国际频道、英语新闻频道及时关注相关动态，以客观、平衡的视角展开深入报道。

5月15日 2014年首届中央电视台阿拉伯语大赛官方网站正式上线，标志着大赛正式启动，官方微博也同步开通。大赛是继2013年首届西班牙语、法语大赛之后，中央电视台举办的首届全国性阿拉伯语主题大赛，为会说阿拉伯语的中国人提供展示阿拉伯语水平及才艺的舞台。

5月18日至25日 体育频道全程转播报道在印度新德里举行的2014年汤尤杯羽毛球赛，总计播出近44小时。

5月20日至21日 亚洲相互协作与信任措施会议第四次峰会在上海举行，中央电视台圆满完成40余场次的重要时政新闻报道及直播，在综合频道、新闻频道、中文国际频道及各外语频道播出，内容包括国家主席习近平出席双边外事活动及在上海大剧院举行的亚信第四次峰会文艺晚会等各项活动。

5月20日至26日 中文国际频道《中国新闻》《今日亚洲》《今日关注》等栏目以记者连线、新闻观察、媒体焦点、专家点评等方式，对中俄两国海军舰艇编队在中国东海海空域举行的“中俄联合——2014”军事演习展开持续报道。

5月23日 中央电视台2014“寻找最美孝心少年”大型公益活动启动仪式举行。

5月23日至24日 中共中央总书记、国家主席、中央军委主席习近平在上海考察工作，并召开外国专家座谈会。《新闻联播》等重点新闻栏目于23日、24日分别在头条位置播发时政新闻。

5月26日 五集大型电视政论片《百年潮·中国梦》在综合频道黄金时间播出。该片由中宣部组织，中央电视台和学习出版社联合摄制，是第一部全面阐释中国梦的影视作品，共分为《百年追梦》《中国道路》《中国精神》《中国力量》和《筑梦天下》五集，每集40分钟。

5月28日 山东招远一在麦当劳就餐女子无端被六人殴打致死。《新闻联播》等重点新闻栏目第一时间权威播发山东招远"5·28"故意杀人案告破、犯罪嫌疑人系邪教组织成员等重要消息，并独家披露麦当劳餐厅内的监控视频画面，完整还原案发经过，澄清事实真相，揭露邪教罪恶。

5月30日 综合频道"六一"特排节目上午9:00档以及少儿频道"六一"特排节目18:30时段开始播出《新大头儿子和小头爸爸》第二季，共100集。少儿频道每晚黄金时间《动画梦工场》栏目中继续播出。

5月 新闻中心员工王薇薇、台团委员工王强强分获中央直属机关优秀共青团员、优秀共青团干部荣誉称号。

5月 根据国家新闻出版广电总局党组研究决定，聘任王晓真同志为中央电视台总编室主任，范昀同志为中央电视台人力资源管理中心主任，麻宁同志为中央卫星电视传播中心副主任。

六月

6月1日 综合频道黄金时间播出2014"六一"晚会《在五彩缤纷的节日里》，6月6日晚少儿频道重播。

6月1日 戏曲频道《空中剧院》栏目直播与北京京剧院合作举办的"六一"儿童节京剧演唱会，频道官方微博同时直播。该晚会由各地小有名气的京剧小童星，以及在CCTV少儿京剧大赛和全国各种少儿京剧比赛中获得嘉奖的优胜者出演。

6月2日 端午节当天，中文国际频道推出3小时《传奇中国节•端午节》大型直播特别节目，体育频道联合技术部门高质量完成中华龙舟大赛浙江温州站转播及公用信号制作任务。其中，综合频道直播2小时，体育频道录播2小时。

6月5日 中国－阿拉伯国家合作论坛第六届部长级会议在北京开幕，国家主席习近平出席开幕式并发表主旨讲话。综合频道、新闻频道、中文国际频道、英语新闻频道、法语国际频道、阿拉伯语国际频道进行现场直播。

6月10日 由中央电视台和光明日报社共同主办的2014"寻找最美乡村教师"大型公益活动正式启动。

6月11日 综合频道每周日22:30推出全媒体幽默视频互动节目《博乐先生微逗秀》。

6月13日至7月14日 第20届足球世界杯在巴西举行。中央电视台综合频道、体育频道、体育赛事频道、风云足球频道等，以直播、录像、新闻、大型互动节目、新媒体类节目等多种形式，连续33天全程转播报道，直播赛事总量超过250小时。全国超过6.67亿观众通过中央电视台收看世界杯赛和相关节目。央视网通过PC端、移动客户端、手机电视、IP电视、互联网电视等多终端，对世界杯全部64场赛事进行新媒体直播。中国网络电视台互联网电视平台严格遵守版权规定，对全部赛事进行30分钟延时点播。

6月14日 中国文化遗产日，科教频道推出两小时大型直播《2014·中国记忆》特别节目，以"我记忆中家乡的文化和自然遗产"为主题。

6月17日 中央电视台播出"高考'枪手'"调查报道，曝光高考替考利益链条，引发社会广泛关注。新闻中心组织记者在武汉、河南杞县两地，经过长时间暗访拍摄，深入揭露枪手公司、考生家庭和监考老师之间隐秘的地下利益链条。节目播出后，教育部派出工作组赶赴河南省、湖北省指导督办调查，有关地方公安机关立案侦查。

6月19日 《中央电视台海外记者站管理暂行办法》正式印发实施。明确界定了海外记者站的功能定位、机构设置，以及人员、新闻报道、技术、财务、纪律监督等方面的基本原则。

6月21日 首届中央电视台俄语大赛启动，俄语国际频道派出海选团队分赴全国多所高校组织选手初赛。

6月25日至28日 国务院台湾事务办公室主任张志军应邀访台，并与台湾大陆事务负责人王郁琦举行会面。中央电视台综合频道、新闻频道、中文国际频道、英语新闻频道进行重点关注。

6月28日 和平共处五项原则发表60周年纪念大会在北京举行。国家主席习近平出席大会并发表主旨演讲。中央电视台综合频道、新闻频道、中文国际频道及各外语频道现场直播。

6月28日 中央电视台各新闻节目推出走基层"七一"特别节目《我们的传家宝》，共讲述十个故事，紧扣"勤俭""群众路线""重视调查研究"等党的优良传统，从家庭层面寻访传承故事，为建党93周年营造良好氛围。

6月30日 韩国总统朴槿惠在首尔青瓦台接受中央

电视台记者水均益专访，深入回答中国国家主席习近平访问韩国、中韩关系、亚洲地区合作等问题。

6月 新闻节目深入聚焦越南非法干扰中国"981"钻井平台，内容全面、立场鲜明。

6月 "伊拉克和黎凡特伊斯兰国"（ISIS）极端武装组织叛乱威胁到伊拉克现政府存亡及整个中东地区稳定，引起国际社会广泛关注。英语新闻频道重点部署海外报道力量，开展跟进式报道。

6月 实力传播集团(ZenithOptimedia)公布"世界最大传媒公司前三十强"榜单。其中，中央电视台列第23位，成为首次入选榜单的两家中国机构之一。

6月 由少儿频道和央视动画有限公司共同选送的原创动画片《新大头儿子和小头爸爸》获第54届兹林国际电影节特别奖。

6月 "央视新闻"移动客户端在2014年第三届全球移动互联网拳头奖评选活动中获"最佳新闻客户端"奖。该奖项由艾媒咨询集团主办，是全球唯一由最具专业性和影响力的第三方数据研究机构评选的奖项。

6月 2012-2013年度广播影视大奖电视节目"星光奖"公布评选结果，中央电视台各部门选送的40个节目获得相关奖项。

6月 在第十届俄罗斯"人与海"国际电视与纪录片节上，俄语国际频道专题纪录片《大界河》获评委会"亚太协作"特别奖。《大界河》是俄语频道联合俄罗斯五家电视台，跨越俄罗斯远东四个地区及黑龙江流域摄制的中俄旅游年特别节目，并在俄语频道和俄罗斯五家电视台同步播出。

七月

7月1日 日本内阁会议正式通过决定，修改宪法解释以解禁集体自卫权。新闻中心、中文国际频道、英语新闻频道及时关注，多角度解读。

7月1日 英语新闻频道非洲、北美区域制作中心顺利完成英语节目扩版，最大日播节目量达到7.5小时，制播节目时长约占英语新闻频道的三分之一，频道节目的国际化程度全面提升。

7月3日至4日 国家主席习近平抵达首尔对韩国进行国事访问，中央电视台综合频道、新闻频道、中文国际频道、英语新闻频道等及时展开深入报道。

7月4日 台长胡占凡出席总公司主要领导同志职务任命会。总编辑、副台长罗明主持会议，宣布国家新闻出版广电总局关于聘任薛继军同志为中国国际电视总公司董事长、总经理、党委书记的决定。

7月6日 由科教频道和国家语委联合主办的《中国成语大会》总决赛在综合频道晚间黄金时段播出，标志这档历时三个多月的国家级大型文化赛事圆满收官。

7月6日 中央电视台北美分台策划制作的生活类周访谈节目《全景》（Full Frame）在美国独立公共电视台KCET定期播出，首期共36集，赢得各界积极评价。

7月6日至8日 德国总理默克尔对中国进行正式访问。中央电视台各档新闻节目进行跟进报道。

7月7日 纪念全民族抗战爆发77周年仪式在中国人民抗日战争纪念馆举行，中共中央总书记、国家主席、中央军委主席习近平出席纪念仪式并发表重要讲话。中央电视台综合频道、新闻频道、中文国际频道及各外语频道进行现场直播，并推出系列特别节目全面深入报道全民族抗战爆发77周年。

7月10日至9月25日 科教频道每周四播出暑期季播节目《2014我的一本课外书》，是国内首档原创电视阅读真人秀节目，共12期。

7月13日 第二届《中国汉字听写大会》每周日20点在综合频道播出，并从7月18日起每周五20点在科教频道播出。

7月15日 香港特区行政长官梁振英向全国人大常委会提交《关于香港特别行政区2017年行政长官及2016年立法会产生办法是否需要修改的报告》，标志着香港政制发展"五部曲"迈出第一步。新闻节目及时展开报道，准确解读其重要意义。

7月15日至23日 中国国家主席习近平出席在巴西举行的金砖国家领导人第六次会晤，并对巴西、阿根廷、委内瑞拉、古巴等拉美四国进行国事访问。中央电视台综合频道、新闻频道、中文国际频道、财经频道以及英语新闻频道、西班牙语国际频道、法语国际频道、阿拉伯语国际频道、俄语国际频道等5个外语频道展开多层次、立体化、持续性报道。8月12日，综合频道、新闻频道并机推出《新的"中拉时间"开始了》专题节目。

7月23日 中央电视台召开磁带清理回收工作总结表彰大会，台长胡占凡出席并讲话。此次磁带清理回收，是各部门搬入新址前，为摸清台内节目家底，避免宝贵资料流失而开展的一项全台性工作。是全台历史上规模最大、收获最多的一次。

7月24日 财经频道召开干部会议，宣读国家新闻出版广电总局关于财经频道总监的任免决定，聘任齐竹泉同志为中央电视台财经频道总监。

7月25日 "社会主义核心价值观"多个主题公益广告在中央电视台新闻频道、综艺频道、少儿频道等播出，包括"勤俭节约""中国梦""文明出行""美丽中国"等多个主题。

7月 马来西亚航空MH17客机、台湾复兴航空GE－222客机、阿尔及利亚航空AH5017客机相继出现空难事故。综合频道、新闻频道、中文国际频道、英语新闻频道、俄语国际频道，以及"央视新闻"新媒体等展开及时充分报道，有力引导社会舆论。

7月 中央电视台全面调动国内记者站力量，以"动态消息+直播连线+新闻特写"方式，并通过航拍、双视窗、逐格拍摄等手法，聚焦台风"威马逊"造成的危害与救援进展。

7月 新闻播音员郎永淳获"2012—2013绿色中国年度人物"，是中国首个由政府颁发的环保人物大奖，评选活动已举办六届。

7月 在国家新闻出版广电总局宣传司、中国动画学会、深圳广播电影电视集团共同主办的第四届中国十大卡通形象评选活动中，中央电视台《新大头儿子和小头爸爸》动画片中的"大头儿子和小头爸爸"居第四届"中国十大卡通形象"榜首。

7月 在美国纽约举行的2014全球国际电视宣传与营销联合会与电视设计者联合会（Promax & BDA）上，科教频道包装在"整体包装和艺术设计类"评选中获得银奖。

八月

8月2日 七夕节12点至22点，综艺频道推出"天下有情人让爱闪闪亮"10小时大型直播特别节目。

8月3日 云南省昭通市鲁甸县发生6.5级地震，造成重大人员伤亡。新闻中心、中文国际频道、英语新闻频道、军事节目中心等展开多角度报道。

8月3日 财经频道《对话》栏目播出"中国制造业的服务升级"，充分展示中国制造业企业在向制造服务业延伸方面的探索，引起社会积极反响。

8月6日 中央电视台购置的Flying－Cam近距离航拍系统交接仪式在央视总部举行，中央电视台胡占凡、何宗就、孙玉胜、张海鸽、丁文华、张宁，以及比利时FC公司总裁埃曼纽•博瑞纳出席交接仪式并观看飞行演示。该系统由比利时FC公司研制，由两个飞行器、陀螺仪、地面控制基站、传输系统组成。

8月8日 由中宣部宣教局与中央电视台联合拍摄的三集电视专题片《国魂》在综合频道、财经频道首播，并相继在中文国际频道、纪录频道、科教频道重点时段重播。

8月8日 在中央电视台综合频道黄金时间首播电视剧《历史转折中的邓小平》，纪念邓小平同志110周年诞辰。

8月8日 以"全民健身促健康，同心共筑中国梦"为主题的2014年全国"全民健身日"主题活动暨"谁是球王"中国足球民间争霸赛启动仪式在北京举行。中央电视台各新闻节目充分报道。

8月16日 青藏铁路的首条延伸线拉日铁路（拉萨—日喀则）正式通车运营，新闻中心、中文国际频道进行多角度、全方位报道。

8月16日至28日 第二届夏季青年奥林匹克运动会在南京开幕，中央电视台通过综合频道、体育频道、新闻频道、体育赛事频道等多个电视频道以及央视网、手机电视、IPTV、体育频道官方微博微信，形成全媒体、立体化转播报道格局，以奥运会标准成功展现青奥会开、闭幕式宏伟气势以及各项精彩赛事。

8月21日至22日 国家主席习近平对蒙古国进行正式访问，综合频道、新闻频道、中文国际频道及各外语频道，准确生动地报道习近平各项出访活动，

8月21日至22日 受全国人大办公厅委托，中文国际频道积极报道在深圳举行的"香港特别行政区政制发展座谈会"。共采访10余位香港各界人士，并独家专访国务院港澳办主任王光亚。

8月23日 中央电视台第二届全国戏曲院校京剧学生电视大赛落下帷幕。大赛历时四个多月，共吸引全国20所戏曲专业院校的200多名戏曲专业学生参加，经过初选、复赛和决赛，决出中专组和大学组金、银、铜奖。

8月25日至9月3日 10集大型纪录片《互联网时代》在财经频道21:10首播，这是中国第一部、也是全球电视机构第一次全面、系统、深入、客观解读互联网的大型电视纪录片。

8月29日 在新疆生产建设兵团成立60周年之际，中央电视台兵团记者站在新疆举行成立仪式。作为中央电视台第32个国内记者站，兵团记者站与新疆记者站合署办公，是中央电视台国内记者站里唯一按照"一套人马、两块牌子"模式运行的记者站。

8月29日 "和平使命-2014"上海合作组织成员国武装力量联合反恐军事演习落下帷幕。中央电视台首

次全程直播联合反恐演习各阶段和节点。

8月31日 全国人大常委会审议通过关于香港特别行政区行政长官普选问题和2016年立法会产生办法的决定。中央电视台综合频道、新闻频道、中文国际频道、英语新闻频道等第一时间进行权威解读，回应各界关切。

8月 2014CCTV钢琴、小提琴大赛开赛，44场比赛在音乐频道现场直播。大赛首次增设业余组，首次征集以中国梦为主题的钢琴、小提琴原创作品。该赛事从2008年起创办，每三年举办一次。

九月

9月1日 由教育部和中央电视台联合举办、面向全国中小学生的大型电视活动《开学第一课——父母教会我》在综合频道播出。节目探讨"家风"主题，讲述"父母教会我"的"孝心、礼仪、仁爱、自强"等中华传统美德和美好品格，得到社会各界广泛关注。自2008年起，《开学第一课》已举办六届。

9月3日 中国人民抗日战争胜利纪念日，党和国家领导人前往中国人民抗日战争纪念馆，与首都各界代表一起，向抗战烈士敬献花篮，纪念中国人民抗日战争暨世界反法西斯战争胜利69周年。中央电视台综合频道、新闻频道、中文国际频道及英语新闻频道、西班牙语国际频道、法语国际频道、阿拉伯语国际频道、俄语国际频道等进行现场直播，中国网络电视台同步网络直播。

9月4日 中央电视台新闻节目独家深入报道哈尔滨延寿县在押人员越狱案，重点解读三名在押人员如何从看守所逃脱，关注百姓如何帮助警方展开抓捕行动。

9月8日 "苏州月·中华情"2014年中央电视台中秋晚会在江苏苏州举行，综合频道、中文国际频道及央视网进行同步直播。包括开篇《问明月》、中篇《望故乡》、下篇《致梦想》和尾声《海上明月》。

9月10日 综合频道、科教频道及央视网全程直播由中央电视台与光明日报社联合主办的2014"寻找最美乡村教师"大型公益活动颁奖典礼。

9月10日至12日 世界经济论坛第八届新领军者年会（2014年夏季达沃斯论坛）在天津召开。新闻频道、财经频道、中文国际频道以及各外语频道积极展开全方位报道。

9月11日至19日 国家主席习近平出席在塔吉克斯坦首都杜尚别举行的上海合作组织成员国元首理事会第十四次会议，并对塔吉克斯坦、马尔代夫、斯里兰卡、印度进行国事访问。综合频道、新闻频道、财经频道、中文国际频道、英语新闻频道以及央视网及时跟进，展开全方位、多角度的报道。

9月19日 中国互联网企业阿里巴巴正式在美国纽约证券交易所上市，创下美股IPO新纪录。新闻中心、财经频道、中文国际频道、英语新闻频道等精心策划，全方位报道这一重大财经事件。

9月19日至10月4日 中央电视台通过多个电视频道及央视网多终端（PC端、移动客户端、手机电视、IPTV）、体育频道官方微博微信和客户端，对在韩国仁川举行的2014年第17届亚运会进行全面报道。全国超过6.5亿观众通过中央电视台收看亚运会赛事转播。央视网新媒体总体用户规模达1.5亿人，总观看频次超过1.7亿次，总收视时长近7800万小时。

9月20日 由中央电视台与国家汉办联合主办的2014"汉语桥"全球外国人汉语大会总决赛暨颁奖晚会在中文国际频道播出。来自俄罗斯、哈萨克斯坦、美国的选手分获金、银、铜奖。本届大会以"学好汉语，读懂中国"主题，吸引了来自全球81个国家的近万名外国人参与。

9月24日至26日 新闻频道以2014中国互联网安全大会为背景，连续三天重点推出"关注互联网安全"特别报道。

9月26日 中央电视台首部原创动画电影《新大头儿子和小头爸爸之秘密计划》登陆全国40条院线。

9月28日 孔子诞辰2565年公祭大典暨大型历史人文纪录片《孔子》开机仪式在山东曲阜举行。中央电视台科教频道、中文国际频道与山东卫视并机直播，央视网、齐鲁网、人民网等网络媒体同步直播并开通互动平台。

9月29日 中央电视台召开全台干部大会。总局党组成员、台分党组书记、台长胡占凡主持会议，并代表总局党组宣布了中宣部、总局党组决定：免去何宗就、梁晓涛同志的中央电视台分党组成员职务；免去何宗就同志中央电视台副台长职务，同时退休；同意张海鸽同志任中央电视台副台长；任命邹伟同志为中央电视台分党组成员、纪检组组长，免去张海鸽同志的中央电视台纪检组组长职务。

9月29日 由中央电视台音乐频道主办的《争奇斗艳——少数民族冠军歌手争霸赛》（第二季）颁奖联欢盛典举行。经过近一个月14场比赛，决出土家族、苗族、傣族、瑶族、侗族、达斡尔族和哈萨克族七个少数民族的“冠军歌手”。大赛由中央电视台音乐频道联合湖北、湖南、云南、广西、贵州、内蒙古和新疆七省区宣传部、电视台及各地民委举办，面向七个少数民族寻找优秀歌手，全国共1637人报名，最终选出70名选手（每个民族10名选手）分别代表自己的民族参加争霸赛。

9月30日　习近平等党和国家领导人来到北京天安门广场，与首都各界代表一起，出席向人民英雄敬献花篮仪式。综合频道、新闻频道、中文国际频道及各外语频道进行现场直播。

9月　1994年来台工作的外语频道专家郝明凯(MICHAEL HARROLD)获2014年度中国政府友谊奖，这是中国政府授予外国专家的最高奖项。

9月至11月　香港一些人发起“占领中环”行动，非法占领中环、金钟、铜锣湾、旺角等多个重要街区，不仅严重影响香港居民正常生活，还严重影响香港经济社会发展，新闻中心、中文国际频道、英语新闻频道等持续关注并进行重点报道。

十月

10月1日　由大型节目中心承担录制的庆祝中华人民共和国成立65周年音乐会“美丽中国 光荣梦想”在综合频道和综艺频道播出。本场国庆音乐会紧扣中国梦主题，有机结合交响乐、合唱、诗歌朗诵等多种艺术形式，形成雄阔壮美的交响音画。

10月1日至7日　综艺频道播出《星光大道》10周年盛典系列节目。节目围绕“老爸老妈上星光”“歌唱祖国”“盛典”等主题展开，邀请10年来的优秀选手参加。

10月7日　云南省普洱市景谷县发生6.6级地震。新闻频道、中文国际频道等第一时间启动应急响应机制，及时展开全面报道。

10月9日　中央电视台26集动画片《猫眼小子包达达》在柬埔寨国家电视台开播，每周播出两集。

10月10日　2014“众里寻你——寻找最美孝心少年”颁奖典礼在综合频道、少儿频道同时播出，央视网同步进行网络、手机直播，共有10名年度“最美孝心少年”和23名年度“特别关注孝心少年”。活动于5月中旬启动，全国超过1.2亿观众收看颁奖典礼。

10月13日　第七届全国电视相声大赛圆满播出。从参加6场决赛的24部作品和24组选手中，评出“作品奖”金、银、铜奖，“演员奖”五佳演员以及“组织奖”。

10月17日　大型少儿励志节目《少年中国强》年度盛典在综合频道黄金时间播出，标志着节目第一季圆满落幕。

10月19日　体育频道完成2014年北京国际马拉松赛转播报道，直播时长2小时45分钟。

10月20日至23日　中国共产党第十八届中央委员会第四次全体会议在北京举行。中央电视台统一调动全台报道资源，投入新闻中心、财经频道、中文国际频道、外语频道以及央视网等展开全面深入报道，全面解读会议精神，形成内外宣结合、台网联动的立体报道态势。

10月26日　由科教频道和中华国际科学交流基金会联合主办的《2014“杰出工程师奖”颁奖典礼》在科教频道首播。颁奖典礼由颁奖仪式、短片和访谈三部分构成。按土木、机械、材料、能源等工程科技领域分类，30名获奖者分8组领奖。

10月28日　《中共中央关于全面推进依法治国若干重大问题的决定》、习近平所作的《关于〈中共中央关于全面推进依法治国若干重大问题的决定〉的说明》正式发布，新闻中心、中文国际频道、英语新闻频道及央视网及时播发和深入解读《决定》内容。

10月30日　中央电视台举行首届职工劳动技能练兵竞赛编辑记者、播音主持大赛。

10月31日　中共中央总书记、国家主席、中央军委主席习近平出席在福建省上杭县古田镇召开的全军政治工作会议，并发表重要讲话。中央电视台各新闻节目及时全面深入报道。

10月　中央电视台10件作品获得第24届中国新闻奖的相关奖项。

10月　新闻中心梁建增获第13届长江韬奋奖。

10月　第27届金鹰奖评选揭晓，中央电视台共有17件作品及3人获奖。

10月　副总工程师宋宜纯获由中组部、中宣部、人力资源和社会保障部、科技部联合开展的第五届“全国杰出专业技术人才”荣誉称号。

10月　第24届(2014年度)中国人大新闻奖评选结果揭晓，中央电视台报送的11件作品获奖。

十一月

11月1日　嫦娥工程三期再入返回飞行试验返回器在内蒙古预定区域着陆，中国探月工程三期再入返回飞行试验获得圆满成功。中央电视台新闻中心、中文国际频道展开及时全面报道。

11月5日至11日 2014年亚太经合组织（APEC）领导人会议周在北京举行。中央电视台围绕“共建面向未来的亚太伙伴关系”的会议主题和重要会议议题，以确保重要场次直播、时政报道、主题报道和公共信号制作传输为核心，投入综合频道、新闻频道、财经频道、中文国际频道，以及英语新闻频道、西班牙语国际频道、法语国际频道、阿拉伯语国际频道、俄语国际频道等9个频道和央视网、多媒体客户端，及时、准确、全面、充分地报道习近平主席重要讲话和重要时政活动，报道规模创历史之最。会议期间，中央电视台累计播发新闻3200余条，总报道时长约9700分钟。11月9日至11日期间，全国超过6.5亿观众通过中央电视台收看APEC特别报道及相关节目。国际视通总计发布“聚焦APEC”系列素材151条，被BBC、ABC、CNBC、半岛电视台等364家境外电视频道采用4034次。

11月6日至8日 由中国电视协会、中央新影集团和亚洲微电影艺术节组委会等单位联合举办的第二届亚洲微电影艺术节在云南省临沧市举行。

11月8日 综合频道黄金时间播出由中宣部、国家网信办、国家新闻出版广电总局、中国记协主办，中央电视台协办的《好记者讲好故事——2014年记者节特别节目》。

11月11日至14日 科教频道参加2014中国（广州）国际纪录片节，获得多个奖项。

11月11日至16日 第10届中国国际航空航天博览会在广东珠海举行。新闻中心、中文国际频道提前策划，多角度展现中国航空航天领域发展成就。

11月14日 在国家新闻出版广电总局发展研究中心主办的“2014中国视听传媒发展论坛”上，中国网络电视台（CNTV）获“2014广电媒体融合发展创新榜”四个奖项。

11月14日至23日 国家主席习近平应邀出席二十国集团（G20）领导人第九次峰会，对澳大利亚、新西兰、斐济进行国事访问，并同太平洋建交岛国领导人举行集体会晤。中央电视台新闻中心、财经频道、中文国际频道、英语新闻频道展开全面报道。

11月15日 由外语频道主办、阿拉伯语国际频道承办的2014首届CCTV阿拉伯语大赛决赛在央视总部圆满落幕。活动自5月底启动。

11月17日 上海和香港证券交易所同时举行沪港通开通仪式，标志着两地证券市场成功实现互联互通。财经频道和中文国际频道多角度关注，并做深入解读。

11月18日 中央电视台在京举办2015年黄金资源广告招标现场竞购大会，近200家国内外知名企业参与竞争，招标预售总额高于上年。

11月18日 香港警方对非法“占中”正式展开“局部清场”行动。中文国际频道密切关注香港“清障”行动进展，采用动态播报、记者连线、媒体焦点等多种形式跟进报道。

11月18日 “年度中国十大最美乡村”在军事·农业频道揭晓并集中播出，从不同角度展现了勃勃生机、美不胜收的村风村貌。

11月19日至21日 首届世界互联网大会在浙江乌镇举行，这是中国举办的规模最大、层次最高的互联网大会，全球近100个国家和地区的1000余位代表与会。新闻中心、财经频道、中文国际频道、央视网及时充分报道大会盛况。

11月22日 四川省甘孜藏族自治州康定县发生6.3级地震。中央电视台第一时间启动应急响应机制，新闻中心、中文国际频道、外语频道等反应迅速、跟进及时，展开多角度报道。

11月29日 台湾地区地方公职人员“九合一”选举结束，国民党遭遇惨败仅获6席。中文国际频道密切关注台湾选举进展情况，及时准确报道相关信息。

11月 针对美国密苏里州弗格森镇白人警察枪杀黑人青年案，以及埃博拉疫情持续肆虐，新闻中心组织记者展开跟进报道，密切关注事态发展。

11月 中央电视台新址播出系统“高可靠网络化大规模电视台播出系统与应用”项目获2014年亚广联绿色广播电视工程奖（ABU Green Broadcast Engineering Award 2014）。

11月 2014“金熊猫”国际纪录片评选揭晓，中央电视台选送的30件作品获“金熊猫”奖。

十二月

12月4日 综合频道、社会与法频道播出由司法部、全国普法办与中央电视台共同主办的“12·4”国家宪法日特别节目《宪法的精神 法治的力量——CCTV2014年度法治人物颁奖礼》。新闻中心、综合频道、中文国际频道、英语新闻频道等纷纷推出特别节目对中国首个宪法日展开重点解读。

12月8日至10日 综合频道与新闻频道《朝闻天下》连续播出系列报道《月坛南街38号的变化》，将国家发改委按照国务院关于简政放权的统一部署，实行所有行政许可事项一次性全部纳入政务大厅进行办理展开深入报道，获得强烈反响。

12月12日 全长1432公里、历时11年建设的南水北调中线工程正式通水。中央电视台各新闻节目全程关注。

12月12日 为纪念中法建交50周年，中央电视台法语国际频道制作的特别系列节目《50年50人》在法国国际电视五台(TV5MONDE)9个频道播出。

12月13日 中国首个南京大屠杀死难者国家公祭日，综合频道、新闻频道、中文国际频道、外语频道及央视网全程报道国家公祭活动。

12月15日 综合频道、社会与法频道播出“CCTV慈善之夜”收官晚会。晚会现场揭晓了许荣茂、曹国伟、李亚鹏、王奕鸥等10位“CCTV年度慈善人物”。

12月15日 综艺频道开展为期半年的中国梦主题第二批新创作30首歌曲的宣传推广工作。

12月20日 国家主席习近平等党和国家领导人出席庆祝澳门回归祖国十五周年文艺晚会、庆祝澳门回归祖国十五周年大会暨澳门特别行政区第四届政府就职典礼等重要活动。中央电视台投入由宣传、文艺、技术三大团队组成的近400人的前方报道团队，圆满完成报道任务。

12月22日 英语新闻频道启动全频道搬迁新址工作。当日19时起，日播栏目《晚间新闻》《今日话题》《今日亚洲》及周播栏目《世界观察》正式在新址制作播出。

12月22日 中国网络电视台（CNTV）联合成都大熊猫繁育研究基地和日本本土专业制作团队共同主办的“直播中国·全球大熊猫家园——明星熊猫世界巡游会”在日本东京举行首次海外推广活动。

12月23日 在国家新闻出版广电总局召开的2014年广播电视公益广告工作暨首届“星光公益广告大奖”总结表彰会上，中央电视台被评为“广播电视公益广告优秀传播机构”，9支广告作品、9支创意脚本入选国家新闻出版广电总局公益广告专项资金扶持项目。

12月24日 中央电视台与中国移动通信集团公司正式签署战略合作框架协议，共同建设4G视频传播中心，全面开展4G业务合作。

12月26日 跨越黔、桂、粤三省区的贵广高铁正式开通运营，这是中国西南地区第一条高铁大通道。新闻中心依托“央视新闻”新媒体平台，实现首次以新媒体为主战场，联动新闻频道全程直播国家重大工程，是在媒体融合发展方面的成功尝试。

12月26日 发展研究中心召开“传播论坛：CCTV电视节目网络影响力研究报告发布暨研讨会”，首次发布中央电视台电视节目网络影响力月度分析报告。

12月29日 综合频道、中文国际频道先后播出由中央电视台和文化部、国新办、国侨办、中国对外友协、国家汉办等单位主办，中文国际频道承办的第三届《中华之光——传播中华文化年度人物》颁奖典礼。

12月30日 中国网络电视台上线少数民族语新媒体传播平台，正式推出蒙古语、维吾尔语、哈萨克语手机客户端和维吾尔语、哈萨克语、藏语视频网。

12月30日 音乐频道顺利直播“2015丝绸之路新年音乐会”，这是音乐频道连续14年携手中国爱乐乐团联合举办新年音乐会。

12月30日 科教频道播出《科技盛典——中央电视台2014年度科技创新人物颁奖典礼》，发布2014年度中国最具影响力的科技创新人物和团队。

12月31日 音乐频道推出长达30小时的跨年特别编排，包括《2014新民歌演唱会第四季跨年联欢》、《维也纳新年音乐会》等多场直播，至2015年1月1日24:00结束。

12月 2014年度电视节目技术质量奖“金帆奖”评选中，中央电视台选送的31个节目参加16个奖项评选并全部获奖。

12月 元旦来临之际，新闻频道、财经频道、中文国际频道、英语新闻频道等结合频道定位，纷纷推出跨年迎新特别节目，盘点2014年，展望2015年。

CCTV
中国中央电视台
CHINA CENTRAL TELEVISION YEARBOOK
年鉴
2014
胡占凡 主编
《中国中央电视台年鉴》编辑部 编

FU LU

附　录

附录

2014年中央电视台广告价目表

CCTV－1 综合频道广告价目

时段广告价格　　（单位：人民币元／次）

时段名称	播出时间	5秒	10秒	15秒	20秒	25秒	30秒
上午精品节目前	约 08:30	20,300	30,400	38,000	51,700	60,800	68,400
第一精选剧场第一集贴片	约 09:23	24,000	36,000	45,000	61,200	72,000	81,000
第一精选剧场第二集贴片	约 10:12	29,300	44,000	55,000	74,800	88,000	99,000
第一精选剧场第三集贴片	约 11:03	33,100	49,600	62,000	84,300	99,200	111,600
上午精品节目后	约 11:54	46,900	70,400	88,000	119,700	140,800	158,400
新闻 30 分前	约 11:57	46,900	70,400	88,000	119,700	140,800	158,400
今日说法前	约 12:32	48,000	72,000	90,000	122,400	144,000	162,000
今日说法后	周一至周五、周日 13:06 周六约 13:28	42,700	64,000	80,000	108,800	128,000	144,000
下午精品节目前	周一至周五、周日 13:10 周六约 13:32	40,500	60,800	76,000	103,400	121,600	136,800
第一情感剧场第一集贴片	周一至周五 14:00 周六、周日约 14:22	33,100	49,600	62,000	84,300	99,200	111,600
第一情感剧场第二集贴片	周一至周五 14:50 周六、周日约 15:13	31,700	47,600	59,500	80,900	95,200	107,100
第一情感剧场第三集贴片	周一至周五约 15:40 周六约 16:05 周日约 15:06	30,400	45,600	57,000	77,500	91,200	102,600
下午精品节目一	周一至周六约 16:33 周日约 15:57	27,200	40,800	51,000	69,400	81,600	91,800
下午精品节目二	周一至周五 16:35 ～ 17:45 周六、周日 16:00 ～ 17:45	27,200	40,800	51,000	69,400	81,600	91,800
下午精品节目三	周一至周五 16:35 ～ 17:45 周六、周日 16:00 ～ 17:45	27,200	40,800	51,000	69,400	81,600	91,800
下午精品节目四	周一至周五 16:35 ～ 17:45 周六、周日 16:00 ～ 17:45	27,200	40,800	51,000	69,400	81,600	91,800

续表

时段名称	播出时间	5 秒	10 秒	15 秒	20 秒	25 秒	30 秒
下午精品节目五	约 17:48	27,200	40,800	51,000	69,400	81,600	91,800
18 点精品节目前	约 17:58	34,755	52,080	65,100	88,515	104,160	117,180
黄金档剧场第一集贴片	约 20:01	93,900	140,800	176,000	239,400	281,600	316,800
黄金档剧场第一集下集预告前	约 20:51	87,500	131,200	164,000	223,000	262,400	295,200
黄金档剧场集间	约 20:54	84,800	127,200	159,000	216,200	254,400	286,200
黄金档剧场第二集贴片	约 20:58	86,400	129,600	162,000	220,300	259,200	291,600
黄金档剧场第二集下集预告前	约 21:48	77,900	116,800	146,000	198,600	233,600	262,800
黄金档剧场后	约 21:50	73,600	110,400	138,000	187,700	220,800	248,400
名牌时间	约 21:55	71,500	107,200	134,000	182,200	214,400	241,200
晚间新闻前	约 21:58	71,500	107,200	134,000	182,200	214,400	241,200
晚间新闻后	周一至周五、周日约 22:30 周六 22:20	64,000	96,000	120,000	163,200	192,000	216,000
22:30 精品节目前	周一至周五、周日约 22:35 周六 22:25	58,700	88,000	110,000	149,600	176,000	198,000
23:30 精品节目前	周一至周六约 23:33 周日约 23:11	41,600	62,400	78,000	106,100	124,800	140,400
夜间精品节目一	周一至周六约 24:28 周日约 24:10	27,300	41,000	51,200	69,600	81,900	92,200
夜间精品节目二	周一至周六约 25:19 周日约 25:01	24,500	36,800	46,000	62,600	73,600	82,800
夜间精品节目三	周一至周日约 25:50	16,000	24,000	30,000	40,800	48,000	54,000

栏目广告价格 （单位：人民币元／次）

栏目名称	播出时间	5 秒	10 秒	15 秒	20 秒	25 秒	30 秒
生活早参考广告 1	周一至周五 08:30 ～ 09:20	20,800	31,200	39,000	53,000	62,400	70,200
生活早参考广告 2	周一至周五 08:30 ～ 09:20	20,800	31,200	39,000	53,000	62,400	70,200
今日说法中插 1	周一至周日 12:35 ～ 13:05 广告时间约 12:37	52,300	78,400	98,000	133,300	156,800	176,400

续表

栏目名称	播出时间	5秒	10秒	15秒	20秒	25秒	30秒
今日说法中插2	周一至周日 12:35 ~ 13:05 广告时间约 13:03	52,300	78,400	98,000	133,300	156,800	176,400
22:30 精品节目中插1	周日至周四 22:40 ~ 23:30 周五至周六 22:30 ~ 23:40	61,300	92,000	115,000	156,400	184,000	207,000
22:30 精品节目中插2	周日至周四 22:40 ~ 23:30 周五至周六 22:30 ~ 23:40	61,300	92,000	115,000	156,400	184,000	207,000
23:30 精品节目中插1	周一至周日 23:38 ~ 24:30	41,600	62,400	78,000	106,100	124,800	140,400
23:30 精品节目中插2	周一至周日 23:38 ~ 24:30	41,600	62,400	78,000	106,100	124,800	140,400

（资产管理中心提供）

CCTV－2 财经频道广告价目

时段广告价格 （单位：人民币元／次）

时段名称	播出时间	5秒	10秒	15秒	20秒	25秒	30秒
晚间 A1（财经频道时段 11）	周一至周五约 17:58	22,000	33,000	41,200	56,000	65,900	74,200
晚间 A（财经频道时段 12）	周一至周五约 19:50	42,100	63,200	79,000	107,400	126,400	142,200
晚间 B（财经频道时段 2）	周一至周五约 22:25 周六至周日约 22:55	45,800	68,600	85,800	116,700	137,300	154,400
晚间 C（财经频道时段 3）	周一至周五约 23:20 周六至周日约 23:35	30,600	45,800	57,300	77,900	91,700	103,100
晚间 D（财经频道时段 4）	周一至周五约 00:27 周六至周日约 00:47	17,100	25,600	32,000	43,500	51,200	57,600

栏目广告价格 （单位：人民币元／次）

栏目名称	播出时间	5秒	10秒	15秒	20秒	25秒	30秒
对话	周日 21:55 ~ 22:53	59,900	89,800	112,300	152,700	179,700	202,100

（资产管理中心提供）

CCTV－3 综艺频道广告价目

时段广告价格　　（单位：人民币元／次）

时段名称	播出时间	5 秒	10 秒	15 秒	20 秒	25 秒	30 秒
07:30 档栏目中插	约 07:30 ～ 08:55	15,250	22,880	28,600	38,896	45,760	51,480
09:00 档时段	约 08:56	15,250	22,880	28,600	38,896	45,760	51,480
09:00 档栏目中插	约 09:00 ～ 10:25	15,730	23,600	29,500	40,120	47,200	53,100
10:30 档时段	约 10:26	17,070	25,600	32,000	43,520	51,200	57,600
10:30 档栏目中插	约 10:30 ～ 11:55	19,730	29,600	37,000	50,320	59,200	66,600
12:30 档时段	约 12:26	19,840	29,760	37,200	50,592	59,520	66,960
12:30 档栏目中插	约 12:30 ～ 13:55	21,070	31,600	39,500	53,720	63,200	71,100
14:00 档时段	约 13:56	19,840	29,760	37,200	50,592	59,520	66,960
14:00 档栏目中插	约 14:00 ～ 15:25	19,200	28,800	36,000	48,960	57,600	64,800
15:30 档时段	约 15:26	18,130	27,200	34,000	46,240	54,400	61,200
15:30 档栏目中插	约 15:30 ～ 16:25	18,930	28,400	35,500	48,280	56,800	63,900
16:30 档时段	约 16:26	18,130	27,200	34,000	46,240	54,400	61,200
16:30 档栏目中插	约 16:30 ～ 17:25	18,930	28,400	35,500	48,280	56,800	63,900
17:30 档时段	约 17:26	18,130	27,200	34,000	46,240	54,400	61,200
17:30 档栏目中插	约 17:30 ～ 17:55	18,930	28,400	35,500	48,280	56,800	63,900
18:00 档时段	约 17:56	30,450	45,680	57,100	77,656	91,360	102,780
18:30 档栏目中插	约 18:00 ～ 19:00	39,890	59,840	74,800	101,728	119,680	134,640
19:10 档栏目中插（周一至周四）	约 19:00 ～ 19:25	39,890	59,840	74,800	101,728	119,680	134,640
19:10 档栏目中插（周五至周日）	约 19:00 ～ 19:25	51,860	77,792	97,240	132,246	155,584	175,032
19:30 档时段（周一至周四）	约 19:25	49,170	73,760	92,200	125,392	147,520	165,960
19:30 档时段（周五至周日）	约 19:25	63,930	95,888	119,860	163,010	191,776	215,748
19:30 档栏目中插（周一至周四）	约 19:30 ～ 20:55	56,000	84,000	105,000	142,800	168,000	189,000
19:30 档栏目中插（周五至周日）	约 19:30 ～ 20:55	72,800	109,200	136,500	185,640	218,400	245,700
21:00 档时段（周一至周四）	约 20:56	49,170	73,760	92,200	125,392	147,520	165,960
21:00 档时段（周五至周日）	约 20:56	63,930	95,888	119,860	163,010	191,776	215,748

续表

时段名称	播出时间	5 秒	10 秒	15 秒	20 秒	25 秒	30 秒
21:00 档栏目中插（周一至周四）	约 21:00 ～ 22:25	49,600	74,400	930，00	126,480	148,800	167,400
21:00 档栏目中插（周五至周日）	约 21:00 ～ 22:25	64,480	96,720	120,900	164,424	193,440	217,620
22:30 档时段（周一至周四）	约 22:26	40,530	60,800	76,000	103,360	121,600	136,800
22:30 档时段（周五至周日）	约 22:26	52,690	79,040	98,800	134,368	158,080	177,840
22:30 档栏目中插（周一至周四）	约 22:30 ～ 23:55	35,730	53,600	67,000	91,120	107,200	120,600
22:30 档栏目中插（周五至周日）	约 22:30 ～ 23:55	46,450	69,680	87,100	118,456	139,360	156,780
24:00 档栏目中插	约 24:00 ～ 25:25	24,320	36,480	45,600	62,016	72,960	82,080

栏目广告价格　　（单位：人民币元／期）

栏目名称	播出时间	5 秒	10 秒	15 秒	20 秒	25 秒	30 秒
开门大吉	首播：周一 19:30 ～ 21:00	83,520	125,280	156,600	212,980	250,560	281,880
向幸福出发	首播：周二 19:30 ～ 21:00	66,240	99,360	124,200	168,910	198,720	223,560
综艺盛典	首播：周三 19:30 ～ 21:00	67,970	101,950	127,440	173,320	203,900	229,390
星光大道	首播：周四 19:30 ～ 21:30	79,730	119,600	149,500	203,320	239,200	269,100
非常 6+1	首播：周五 19:30 ～ 21:00	77,280	115,920	144,900	197,060	231,840	260,820
回声嘹亮	首播：周六 19:30 ～ 21:00	77,280	115,920	144,900	197,060	231,840	260,820
我要上春晚	首播：周日 19:30 ～ 21:00	90,650	135,980	169,970	231,160	271,950	305,950
艺览天下	首播：周一 21:00 ～ 22:00	53,650	80,480	100,600	136,820	160,960	181,080
舞蹈世界	首播：周二 21:00 ～ 22:00	54,080	81,120	101,400	137,900	162,240	182,520
快乐老家	首播：周三 21:00 ～ 22:00	54,080	81,120	101,400	137,900	162,240	182,520
艺术人生	首播：周四 21:30 ～ 22:30	54,080	81,120	101,400	137,900	162,240	182,520
幸福账单	首播：周五 21:00 ～ 22:30	66,820	100,220	125,280	170,380	200,450	225,500
越战越勇	首播：周六 21:00 ～ 22:31	64,960	97,440	121,800	165,650	194,880	219,240
黄金 100 秒	首播：周日 21:00 ～ 22:30	75,070	112,610	140,760	191,430	225,220	253,370

（资产管理中心提供）

CCTV－4 中文国际频道（亚洲版）广告价目

时段广告价格 （单位：人民币元／次）

时段名称	播出时间	5秒	10秒	15秒	20秒	25秒	30秒
7点直播新闻前	周一至周日约06:57	10,700	16,100	20,100	27,300	32,200	36,200
上午电视剧场贴片	周一至周日约10:10	13,500	20,200	25,300	34,400	40,500	45,500
午间精品节目前	周一至周日约11:27	13,800	20,700	25,900	35,200	41,400	46,600
下午电视剧场贴片	周一至周六约14:17 周日约22:55	13,500	20,200	25,300	34,400	40,500	45,500
16点直播新闻前	周一至周日约15:57	13,500	20,200	25,300	34,400	40,500	45,500
18点直播新闻后	周一至周日约18:15	20,200	30,300	37,900	51,500	60,600	68,200
晚间电视剧场贴片	周一至周日约19:12	28,100	42,200	52,700	71,700	84,300	94,900
今日亚洲后	周一至周日约23:25	16,800	25,200	31,500	42,800	50,400	56,700
全天时段套	7点直播新闻前、午间精品节目前、下午电视剧场贴片、16点直播新闻前、晚间电视剧场贴片、今日亚洲后	15,300	22,900	28,600	38,900	45,800	51,500

栏目广告价格 （单位：人民币元／次）

栏目名称	播出时间	5秒	10秒	15秒	20秒	25秒	30秒
流行无限	首播：周日22:00～22:55	20,000	30,000	37,500	51,000	60,000	67,500
城市1对1	首播：周日17:15～18:00	10,600	15,800	19,800	26,900	31,700	35,600
中华情	首播：周六22:00～23:00	32,400	48,600	60,700	82,600	97,100	109,300
远方的家	首播：周一至周五 17:15～18:00	8,200	12,300	15,400	20,900	24,600	27,800
中国文艺	首播：周一至周六 18:15～18:45	7,600	11,400	14,200	19,300	22,700	25,500
国宝档案	首播：周一至周六 18:45～19:00	11,100	16,600	20,800	28,300	33,300	37,500
走遍中国	首播：周一至周日 20:00～20:30	16,300	24,500	30,600	41,600	49,000	55,100
海峡两岸	首播：周一至周日 20:30～21:00	20,700	31,100	38,900	52,900	62,200	70,000

续表

栏目名称	播出时间	5 秒	10 秒	15 秒	20 秒	25 秒	30 秒
华人世界	首播：周一至周五 13:00 ～ 13:20	7,100	10,700	13,400	18,200	21,400	24,200
快乐汉语	首播：周一至周五 22:45 ～ 23:00	9,100	13,600	17,000	23,100	27,200	30,600
中国新闻套	中国新闻：周一至周日 08:00、12:00、21:00、04:00（含今日关注：周一至周日 21:30）	36,300	54,400	68,000	92,500	108,800	122,400
整点新闻套	周一至周日 06:00、10:00、11:00、14:00、17:00、18:00、19:00、01:00 周一至周五 :16:00、03:00	38,000	57,000	71,300	97,000	114,100	128,300
国际精品栏目套	《文明之旅》《天涯共此时》《中华医药》《深度国际》《体育在线》《今日亚洲》、7 点档直播新闻栏目内播出	19,000	28,500	35,600	48,400	57,000	64,100

（资产管理中心提供）

CCTV－5 体育频道广告价目

栏目广告价格　　（单位：人民币元／次）

栏目名称	播出时间	5 秒	15 秒	30 秒
体育新闻	周一至周日约 18:00 ～ 18:30	53,000	100,000	180,000
体育世界	周一至周五约 21:30 ～ 22:15	53,000	100,000	180,000
体坛快讯	周一至周日约 12:00 ～ 12:25	27,000	50,000	90,000
体育晨报	周一至周日约 06:30 ～ 08:30	16,000	30,000	54,000
体育报道	周一至周五约 00:00 ～ 00:25	18,000	33,000	59,000
黄金赛场——天下足球	周一约 19:30 ～ 21:25	53,000	100,000	180,000
黄金赛场	周二至周日 19:30 ～ 21:25	53,000	100,000	180,000
体育人间	周一约 18:35 ～ 19:25	43,000	80,000	144,000
武林大会	周二约 18:35 ～ 19:25	43,000	80,000	144,000
赛车时代	周三约 18:35 ～ 19:25	43,000	80,000	144,000
足球之夜	周四约 18:35 ～ 19:25	43,000	80,000	144,000

续表

栏目名称	播出时间	5 秒	15 秒	30 秒
篮球公园	周五约 18:35 ～ 19:25	43,000	80,000	144,000
顶级赛事	周一至周五约 00:30 ～ 03:30	16,000	30,000	54,000
极限时刻	周二约 08:05 ～ 08:30	21,000	40,000	72,000
体育星探	周六约 12:30 ～ 13:20	43,000	80,000	144,000
健身舞起来	周一至周日约 06:00 ～ 06:25	16,000	30,000	54,000
冠军欧洲	比赛日周三、周四 22:30 ～ 23:55	32,000	60,000	108,000
2013 ～ 2014 赛季 NBA 联赛常规赛周一至周五（春节期间及全明星赛除外）	约 2013 年 11 月～ 2014 年 4 月	50,000	100,000	180,000
2013 ～ 2014 赛季 NBA 联赛常规赛周六、周日（春节期间及全明星赛除外）	约 2013 年 11 月～ 2014 年 4 月	60,000	120,000	220,000
2013 ～ 2014 赛季 CBA 联赛常规赛	约 2013 年 11 月～ 2014 年 2 月	64,000	120,000	216,000
欧洲足球冠军联赛	约 2013 年 8 月～ 2014 年 5 月	32,000	60,000	108,000
亚洲足球冠军联赛	约 2014 年 3 月～ 11 月	64,000	120,000	216,000
世界拳王争霸赛	周日约 10:00 ～ 13:00	43,000	80,000	144,000
意甲联赛	（赛季时）周六、周日	32,000	60,000	108,000
德甲联赛	（赛季时）周六、周日	32,000	60,000	108,000
西甲联赛	（赛季时）周六、周日	21,000	40,000	72,000
中国足球超级联赛	约 2014 年 3 月～ 11 月	53,000	100,000	180,000
中国足球协会杯赛	约 2014 年 5 月～ 11 月	53,000	100,000	180,000
中国之队参加的足球赛事	约 2014 年 1 月～ 12 月	53,000	100,000	180,000
中国乒乓球超级联赛	约 2013 年 10 月～ 2014 年 1 月	37,000	70,000	126,000
国际乒联职业巡回赛	约 2014 年 1 月～ 12 月	37,000	70,000	126,000
全国（男、女）排球联赛	约 2013 年 12 月～ 2014 年 4 月	32,000	60,000	108,000

（资产管理中心提供）

CCTV－6 电影频道广告价目

时段广告价格　　　　（单位：人民币元／次）

时段	播出时间	5 秒	10 秒	15 秒	20 秒	25 秒	30 秒	45 秒	60 秒
A1	约 18:20（栏目后）	15,900	25,800	31,800	42,900	52,500	58,200	89,000	114,500
A2	约 18:50（故事片前）	17,000	27,500	33,900	45,800	56,000	62,000	95,000	122,000
A3	约 19:45（故事片间）	27,700	44,900	55,400	74,800	91,400	101,400	155,100	199,400
A4	约 20:40(故事片前)	33,000	53,400	65,900	89,000	108,700	120,600	184,500	237,200
B1	约 21:30(故事片间)	36,100	58,400	72,100	97,300	119,000	132,000	201,900	259,600
B2	约 22:25(故事片后)	28,900	46,800	57,800	78,000	95,400	105,800	161,800	208,100
B3	约 22:30(故事片前)	28,900	46,800	57,800	78,000	95,400	105,800	161,800	208,100
B4	约 23:10(故事片间)	20,100	32,600	40,200	54,300	66,300	73,600	112,600	144,700
C1	约 00:30(故事片后)	9,600	15,600	19,200	25,900	31,700	35,100	53,800	69,100
C2	约 01:20(故事片间)	7,400	11,900	14,700	19,800	24,300	26,900	41,200	52,900
C3	约 02:30(故事片后)	4,900	7,900	9,800	13,200	16,200	17,900	27,400	35,300
C4	约 03:20(故事片间)	2,800	4,500	5,600	7,600	9,200	10,200	15,700	20,200
	约 05:50(故事片前)	2,900	4,600	5,700	7,700	9,400	10,400	16,000	20,500
	白天 06:00-07:00	2,900	4,600	5,700	7,700	9,400	10,400	16,000	20,500
	白天 07:00-08:00	5,600	9,100	11,200	15,100	18,500	20,500	31,400	40,300
	08:20-17:00(故事片或短片前后)	7,500	12,100	14,900	20,100	24,600	27,300	41,700	53,600
	08:20-17:00(故事片间)	10,800	17,500	21,600	29,200	35,600	39,500	60,500	77,800
	17:00-18:00(故事片或栏目前后)	13,500	21,900	27,000	36,500	44,600	49,400	75,600	97,200
	白天套播（每日 12 次）	31,800	51,500	63,600	85,900	105,000	116,400	178,100	229,000
	晚间套播（每日 10 次）	84,800	137,400	169,600	229,000	279,800	310,400	474,900	610,600
	黄金套播（每日 10 次）	68,800	111,500	137,600	185,800	227,000	251,800	385,300	495,400
	新导视套播（每日 6 次）	27,300	44,200	54,600	73,700	90,100	99,900	152,900	196,600

（电影频道提供）

CCTV－7 军事·农业频道广告价目

时段广告价格　　（单位：人民币元／次）

时段名称	播出时间	5 秒	10 秒	15 秒	20 秒	25 秒	30 秒
时段 1	周一至周日约 07:00 ～ 07:03	2,400	3,600	4,490	6,100	7,200	8,100
时段 2	周一至周日约 09:07 ～ 09:10	3,500	5,200	6,520	8,900	10,400	11,700
时段 3	周一至周日约 10:10 ～ 10:14	3,500	5,200	6,520	8,900	10,400	11,700
时段 4	周一至周日约 12:21 ～ 12:25	3,700	5,500	6,860	9,300	11,000	12,300
时段 5	周一至周日约 14:12 ～ 14:13	3,700	5,500	6,860	9,300	11,000	12,300
时段 6	周一至周日约 15:18 ～ 15:21	3,700	5,500	6,860	9,300	11,000	12,300
时段 7	周一至周日约 17:27 ～ 17:30	3,700	5,500	6,860	9,300	11,000	12,300
时段 8	周一至周日约 18:00 ～ 18:05	3,480	5,220	6,920	9,400	10,440	12,500
时段 9	周一至周日约 20:30 ～ 20:33	8,000	12,000	14,970	20,400	24,000	26,900
时段 10	周一至周日约 21:05 ～ 21:08	7,700	11,600	14,520	19,700	23,200	26,100
时段 11	周一至周日约 21:10 ～ 21:12	7,700	11,600	14,520	19,700	23,200	26,100
时段 12	周一至周日约 22:32 ～ 22:38	7,700	11,600	14,520	19,700	23,200	26,100
时段 13	周一至周日约 23:10 ～ 23:13	3,700	5,500	6,860	9,300	11,000	12,300
时段 14	周一至周日约 00:42 ～ 00:44	2,400	3,600	4,490	6,100	7,200	8,100
时段 15	周一至周日约 00:48 ～ 00:52	2,400	3,600	4,490	6,100	7,200	8,100

（资产管理中心提供）

CCTV－8 电视剧频道广告价目

时段广告价格　　（单位：人民币元／次）

时段名称	播出时间	5 秒	10 秒	15 秒	20 秒	25 秒	30 秒
光明剧场第三集贴片	周一至周日约 07:23	9,300	13,900	17,500	23,800	28,000	31,500
魅力剧场第一集贴片	周一至周日约 08:16	9,300	13,900	17,500	23,800	28,000	31,500
魅力剧场一二集间	周一至周日约 09:06	9,300	13,900	17,500	23,800	28,000	31,500
魅力剧场第二集贴片	周一至周日约 09:09	9,300	13,900	17,500	23,800	28,000	31,500
魅力剧场二三集间	周一至周日约 09:57	9,300	13,900	17,500	23,800	28,000	31,500
魅力剧场第三集贴片	周一至周日约 10:01	9,300	13,900	17,500	23,800	28,000	31,500

续表

时段名称	播出时间	5 秒	10 秒	15 秒	20 秒	25 秒	30 秒
魅力剧场三四集间	周一至周日约 10:49	9,300	13,900	17,500	23,800	28,000	31,500
魅力剧场第四集贴片	周一至周日约 10:53	9,300	13,900	17,500	23,800	28,000	31,500
雨洁剧场前	周一至周日约 11:46	14,700	22,000	27,600	37,600	44,100	49,600
雨洁剧场第一集贴片	周一至周日约 11:52	14,700	22,000	27,600	37,600	44,100	49,600
雨洁剧场集间	周一至周日约 12:42	14,700	22,000	27,600	37,600	44,100	49,600
雨洁剧场第二集贴片	周一至周日约 12:47	14,700	22,000	27,600	37,600	44,100	49,600
佳人剧场前	周一至周日约 13:41	14,700	22,000	27,600	37,600	44,100	49,600
佳人剧场第一集贴片	周一至周日约 13:46	14,700	22,000	27,600	37,600	44,100	49,600
佳人剧场一二集间	周一至周日约 14:35	12,000	18,100	22,600	30,700	36,100	40,700
佳人剧场第二集贴片	周一至周日约 14:39	12,000	18,100	22,600	30,700	36,100	40,700
佳人剧场二三集间	周一至周日约 15:29	12,000	18,100	22,600	30,700	36,100	40,700
佳人剧场第三集贴片	周一至周日约 15:34	12,000	18,100	22,600	30,700	36,100	40,700
影视同期声前	周一至周日约 16:29	12,000	18,100	22,600	30,700	36,100	40,700
快乐剧场前	周一至周日约 16:51	12,000	18,100	22,600	30,700	36,100	40,700
快乐剧场第一集贴片	周一至周日约 16:55	12,000	18,100	22,600	30,700	36,100	40,700
快乐剧场集间	周一至周日约 17:45	30,900	46,200	57,800	78,500	92,400	104,000
快乐剧场第二集贴片	周一至周日约 17:50	30,900	46,200	57,800	78,500	92,400	104,000
微剧场贴片	周一至周日约 18:40	53,800	80,900	101,100	137,500	161,800	182,000
微剧场中插	周一至周日约 18:57	53,800	80,900	101,100	137,500	161,800	182,000
黄金强档前	周一至周日约 19:10	69,300	104,000	130,000	176,700	208,000	234,000
黄金强档第一集贴片	周一至周日约 19:19	69,300	104,000	130,000	176,700	208,000	234,000
黄金强档第一集本集提要后	周一至周日约 19:24	76,200	114,400	143,000	194,500	228,700	257,400
黄金强档第一集下集预告前	周一至周日约 20:10	91,000	136,600	170,700	232,200	273,100	307,300
黄金强档一二集间	周一至周日约 20:12	77,500	115,600	144,400	196,400	231,100	260,000
黄金强档第二集贴片	周一至周日约 20:17	77,500	115,600	144,400	196,400	231,100	260,000
黄金强档第二集本集提要后	周一至周日约 20:20	84,700	127,100	158,900	216,100	254,200	286,000

续表

时段名称	播出时间	5 秒	10 秒	15 秒	20 秒	25 秒	30 秒
黄金强档第二集下集预告前	周一至周日约 21:06	91,000	136,600	170,700	232,200	273,100	307,300
黄金强档二三集间	周一至周日约 21:08	77,500	115,600	144,400	196,400	231,100	260,000
黄金强档第三集贴片	周一至周日约 21:13	77,500	115,600	144,400	196,400	231,100	260,000
黄金强档第三集本集提要后	周一到周五约 21:17	84,700	127,100	158,900	216,100	254,200	286,000
黄金强档第三集下集预告前	周一到周五约 22:03	84,700	127,100	158,900	216,100	254,200	286,000
海外剧场第一集贴片	周一至周日约 22:09	69,300	104,000	130,000	176,700	208,000	234,000
海外剧场集间	周一至周日约 22:59	64,300	96,600	120,800	164,300	193,300	217,500
海外剧场第二集贴片	周一至周日约 23:04	64,300	96,600	120,800	164,300	193,300	217,500
原声影视前	周一至周日约 23:55	44,800	67,200	84,000	114,200	134,500	151,300
原声影视贴片	周一至周日约 00:00	44,800	67,200	84,000	114,200	134,500	151,300
原声影视后	周一至周日约 00:54	33,600	50,400	63,000	85,700	100,800	113,500

（资产管理中心提供）

CCTV－9 纪录频道广告价目

时段广告价格

（单位：人民币元／次）

时段名称	播出时间	代理费	5 秒	10 秒	15 秒	20 秒	25 秒	30 秒
发现早间档中插	约 04:15	15%	2,200	3,400	4,200	5,700	6,700	7,600
时段 1	约 04:28	15%	2,000	3,000	3,800	5,200	6,100	6,800
人文地理早间档中插	约 04:45	15%	2,200	3,400	4,200	5,700	6,700	7,600
时段 2	约 04:58	15%	2,000	3,000	3,800	5,200	6,100	6,800
特别呈现早间档中插一／二	约 05:15/05:35	15%	2,200	3,400	4,200	5,700	6,700	7,600
时段 3	约 05:58	15%	2,000	3,000	3,800	5,200	6,100	6,800
时代早间档中插	约 06:15	15%	2,200	3,400	4,200	5,700	6,700	7,600
时段 4	约 06:28	15%	2,000	3,000	3,800	5,200	6,100	6,800

续表

时段名称	播出时间	代理费	5 秒	10 秒	15 秒	20 秒	25 秒	30 秒
真相早间档中插	约 06:45	15%	2,900	4,400	5,500	7,500	8,800	9,900
时段 5	约 06:58	15%	2,700	4,000	5,000	6,800	8,000	9,000
发现上午档中插	约 07:15	15%	2,900	4,400	5,500	7,500	8,800	9,900
时段 6	约 07:28	15%	2,700	4,000	5,000	6,800	8,000	9,000
人文地理上午档中插	约 07:45	15%	3,400	5,000	6,300	8,600	10,100	11,300
时段 7	约 07:58	15%	3,100	4,600	5,800	7,900	9,300	10,400
自然上午档中插一 / 二	约 08:15/08:35	15%	3,500	5,300	6,600	9,000	10,600	11,900
时段 8	约 08:58	15%	3,200	4,800	6,000	8,200	9,600	10,800
万象上午档中插一 / 二	周一至周六 09:15/09:35	15%	3,500	5,300	6,600	9,000	10,600	11,900
时段 9	周一至周六约 09:58 周日 09:28	15%	3,200	4,800	6,000	8,200	9,600	10,800
特别呈现上午档中插一 / 二	周一至周五 10:20/10:35	15%	3,500	5,300	6,600	9,000	10,600	11,900
纪录电影周六档中插一 / 二 / 三	周六 10:20/10:40/11:10	15%	3,500	5,200	6,500	8,800	10,400	11,700
时段 10	周一至周五约 10:58 周日 10:28	15%	3,500	5,300	6,600	9,000	10,600	11,900
寰宇视野上午档中插一 / 二	周一至周五 11:20/11:35	15%	4,800	7,200	9,000	12,200	14,400	16,200
时段 11	周一至周五约 11:58 周六、周日 11:28	15%	3,500	5,200	6,500	8,800	10,400	11,700
自然下午档中插一 / 二	周一至周五约 12:15/12:35	15%	4,100	6,200	7,700	10,500	12,300	13,900
时段 12	周一至周五约 12:58 周六、周日 12:28	15%	3,700	5,600	7,000	9,500	11,200	12,600
万象下午档中插一 / 二	周一至周五 13:15/13:35	15%	4,100	6,200	7,700	10,500	12,300	13,900
时段 13	周一至周五约 13:58 周六、周日 13:28	15%	3,700	5,600	7,000	9,500	11,200	12,600
时代下午档中插	周一至周五约 14:15	15%	4,100	6,200	7,700	10,500	12,300	13,900
时段 14	周一至周五约 14:28	15%	3,700	5,600	7,000	9,500	11,200	12,600
真相下午档中插	周一至周五约 14:45	15%	3,800	5,800	7,200	9,800	11,500	13,000
时段 15	周一至周五约 14:58 周六、周日 14:28	15%	3,500	5,200	6,500	8,800	10,400	11,700
寰宇视野下午档中插一 / 二	周一至周五约 15:15/15:35	15%	3,800	5,800	7,200	9,800	11,500	13,000

续表

时段名称	播出时间	代理费	5 秒	10 秒	15 秒	20 秒	25 秒	30 秒
时段 16	周一至周五约 15:58 周六、周日 15:28	15%	3,500	5,200	6,500	8,800	10,400	11,700
特别呈现下午档中插一 / 二	周二至周五 16:15/16:35	15%	3,800	5,800	7,200	9,800	11,500	13,000
时段 17	周二至周五约 16:58	15%	3,500	5,200	6,500	8,800	10,400	11,700
发现下午档中插	周二至周五约 17:15	15%	3,800	5,800	7,200	9,800	11,500	13,000
纪录电影周一档中插一 / 二 / 三	周一约 16:20/16:40/17:10	15%	4,200	6,200	7,800	10,600	12,500	14,000
时段 18	约 17:28	15%	4,300	6,400	8,000	10,900	12,800	14,400
人文地理中插	约 17:45	15%	6,100	9,200	11,500	15,600	18,400	20,700
时段 19	约 17:58	15%	5,600	8,400	10,500	14,300	16,800	18,900
自然中插一 / 二	约 18:15/18:35	15%	9,000	13,400	16,800	22,800	26,900	30,200
时段 20	约 18:58	15%	8,600	13,000	16,200	22,000	25,900	29,200
万象黄金档中插一 / 二	约 19:15/19:35	15%	10,000	15,000	18,800	25,600	30,100	33,800
时段 21	约 19:58	15%	9,600	14,400	18,000	24,500	28,800	32,400
特别呈现黄金档中插一 / 二	约 20:15/20:35	15%	10,700	16,000	20,000	27,200	32,000	36,000
时段 22	约 20:58	15%	9,600	14,400	18,000	24,500	28,800	32,400
寰宇视野黄金档中插一 / 二	约 21:15/21:35	15%	10,700	16,000	20,000	27,200	32,000	36,000
时段 23	约 21:58	15%	9,600	14,400	18,000	24,500	28,800	32,400
时代黄金档中插	周一至周六约 22:15	15%	10,600	15,800	19,800	26,900	31,700	35,600
时段 24	周一至周六约 22:28	15%	9,600	14,400	18,000	24,500	28,800	32,400
真相黄金档中插	周一至周六约 22:45	15%	10,600	15,800	19,800	26,900	31,700	35,600
纪录电影黄金档中插一 / 二 / 三	周日 22:20/22:40/23:10	15%	10,000	15,000	18,800	25,600	30,100	33,800
时段 25	周一至周六约 22:58	15%	7,900	11,800	14,800	20,100	23,700	26,600
发现中插	周一至周六约 23:15	15%	6,300	9,400	11,800	16,000	18,900	21,200
时段 26	约 23:28	15%	5,800	8,600	10,800	14,700	17,300	19,400
人文地理夜间档中插	约 23:45	15%	5,100	7,700	9,600	13,100	15,400	17,300
时段 27	约 23:58	15%	4,700	7,000	8,800	12,000	14,100	15,800

续表

时段名称	播出时间	代理费	5 秒	10 秒	15 秒	20 秒	25 秒	30 秒
寰宇视野夜间档中插一 / 二	约 00:15/00:35	15%	3,800	5,800	7,200	9,800	11,500	13,000
时段 28	约 00:58	15%	3,500	5,200	6,500	8,800	10,400	11,700
自然夜间档中插一 / 二	约 01:15/01:35	15%	2,200	3,400	4,200	5,700	6,700	7,600
时段 29	约 01:58	15%	2,000	3,000	3,800	5,200	6,100	6,800
万象夜间档中插一 / 二	约 02:15/02:35	15%	2,200	3,400	4,200	5,700	6,700	7,600
时段 30	约 02:58	15%	2,000	3,000	3,800	5,200	6,100	6,800
时代夜间档中插	约 03:15	15%	2,200	3,400	4,200	5,700	6,700	7,600
时段 31	约 03:28	15%	2,000	3,000	3,800	5,200	6,100	6,800
真相夜间档中插	约 03:45	15%	2,200	3,400	4,200	5,700	6,700	7,600
时段 32	约 03:58	15%	2,000	3,000	3,800	5,200	6,100	6,800
周末大片中插 1	周日约 09:40	15%	3,800	5,800	7,200	9,800	11,500	13,000
周末大片中插 2	周日约 10:10	15%	3,800	5,800	7,200	9,800	11,500	13,000
周末大片中插 3	周日约 10:40	15%	3,800	5,800	7,200	9,800	11,500	13,000
周末大片中插 4	周日约 11:10	15%	4,800	7,200	9,000	12,200	14,400	16,200
周末大片中插 5	周六日约 11:40	15%	4,800	7,200	9,000	12,200	14,400	16,200
周末大片中插 6	周六日约 12:10	15%	4,800	7,200	9,000	12,200	14,400	16,200
周末大片中插 7	周六日约 12:40	15%	4,800	7,200	9,000	12,200	14,400	16,200
周末大片中插 8	周六日约 13:10	15%	4,800	7,200	9,000	12,200	14,400	16,200
周末大片中插 9	周六日约 13:40	15%	4,800	7,200	9,000	12,200	14,400	16,200
周末大片中插 10	周六日约 14:10	15%	4,200	6,200	7,800	10,600	12,500	14,000
周末大片中插 11	周六日约 14:40	15%	4,200	6,200	7,800	10,600	12,500	14,000
周末大片中插 12	周六日约 15:10	15%	4,200	6,200	7,800	10,600	12,500	14,000
周末大片中插 13	周六日约 15:40	15%	4,200	6,200	7,800	10,600	12,500	14,000
周末大片中插 14	周六日约 16:10	15%	4,200	6,200	7,800	10,600	12,500	14,000
周末大片中插 15	周六日约 16:40	15%	4,200	6,200	7,800	10,600	12,500	14,000
周末大片中插 16	周六日约 17:10	15%	4,700	7,000	8,800	12,000	14,100	15,800

栏目广告价格　　（单位：人民币元／次）

栏目名称	播出时间	代理费	5 秒	10 秒	15 秒	20 秒	25 秒	30 秒
人文地理	首播：周一至周日 17:30 ～ 17:56 重播：周一至周日 23:30 ～ 23:56 04:30 ～ 04:56 07:30 ～ 07:56	15%	15,500	23,200	29,000	39,400	46,400	52,200
自然	首播：周一至周日 18:00 ～ 18:56 重播：周一至周日 01:00 ～ 01:56 08:00 ～ 08:56 周一至周五 12:00 ～ 12:56	15%	18,700	28,000	35,000	47,600	56,000	63,000
万象	首播：周一至周日 19:00 ～ 19:56 重播：周一至周日 02:00 ～ 02:56 周一至周六 09:00 ～ 09:56 周一至周五 13:00 ～ 13:56	15%	19,200	28,800	36,000	49,000	57,600	64,800
特别呈现	首播：周一至周日 20:00 ～ 20:56 重播：周一至周日 05:00 ～ 05:56 周一至周五 10:00 ～ 10:56 周二至周五 16:00 ～ 16:56	15%	20,300	30,400	38,000	51,700	60,800	68,400
寰宇视野	首播：周一至周日 21:00 ～ 21:56 重播：周一至周日 00:00 ～ 00:56 周一至周五 11:00 ～ 11:56 15:00 ～ 15:56	15%	20,300	30,400	38,000	51,700	60,800	68,400
时代	首播：周一至周六 22:00 ～ 22:26 重播：周一至周日 03:00 ～ 03:26 06:00 ～ 06:26 周一至周五 14:00 ～ 14:26	15%	19,700	29,600	37,000	50,300	59,200	66,600
真相	首播：周一至周六 22:30 ～ 22:56 重播：周一至周日 03:30 ～ 03:56 06:30 ～ 06:56 周一至周五 14:30 ～ 14:56	15%	19,700	29,600	37,000	50,300	59,200	66,600
纪录电影	首播：周日 22:00 ～ 23:26 重播：周一 16:00 ～ 17:26 周六 10:00 ～ 11:26	15%	19,200	28,800	36,000	49,000	57,600	64,800
发现	首播：周一至周六 23:00 ～ 23:26 重播：周一至周日 04:00 ～ 04:26 周一至周日 07:00 ～ 07:26 周二至周五 17:00 ～ 17:26 周日 09:00 ～ 09:26	15%	16,000	24,000	30,000	40,800	48,000	54,000

（资产管理中心提供）

CCTV－10 科教频道广告价目

时段广告价格　　　　　　　　　　　　　　　　　　　　　（单位：人民币元／次）

时段名称	播出时间	代理费	5 秒	10 秒	15 秒	20 秒	25 秒	30 秒
06:00 档栏目中插	06:00 ~ 06:27	15%	2,900	4,400	5,500	7,500	8,800	9,900
06:30 档栏目前	约 06:27	15%	2,700	4,000	5,000	6,800	8,000	9,000
06:30 档栏目中插	06:30 ~ 06:57	15%	2,900	4,400	5,500	7,500	8,800	9,900
07:00 档栏目前	约 06:57	15%	2,700	4,000	5,000	6,800	8,000	9,000
07:00 档栏目中插	07:00 ~ 07:27	15%	2,900	4,400	5,500	7,500	8,800	9,900
07:30 档栏目前	约 07:27	15%	4,000	6,000	7,500	10,200	12,000	13,500
07:30 档栏目中插	07:30 ~ 08:25	15%	4,300	6,400	8,000	10,900	12,800	14,400
08:30 档栏目前	约 08:25	15%	4,000	6,000	7,500	10,200	12,000	13,500
08:30 档栏目中插	08:30 ~ 09:12	15%	4,300	6,400	8,000	10,900	12,800	14,400
09:15 档栏目前	约 09:12	15%	4,000	6,000	7,500	10,200	12,000	13,500
09:15 档栏目中插	09:15 ~ 09:42	15%	4,300	6,400	8,000	10,900	12,800	14,400
09:45 档栏目前	约 09:42	15%	5,100	7,600	9,500	12,900	15,200	17,100
09:45 档栏目中插	09:45 ~ 10:27	15%	5,300	8,000	10,000	13,600	16,000	18,000
10:30 档栏目前	约 10:27	15%	5,100	7,600	9,500	12,900	15,200	17,100
10:30 档栏目中插	10:30 ~ 10:57	15%	5,300	8,000	10,000	13,600	16,000	18,000
11:00 档栏目前	约 10:57	15%	6,400	9,600	12,000	16,300	19,200	21,600
11:00 档栏目中插	11:00 ~ 11:42	15%	8,000	12,000	15,000	20,400	24,000	27,000
11:45 档栏目前	约 11:42	15%	9,600	14,400	18,000	24,500	28,800	32,400
11:45 档栏目中插	11:45 ~ 12:40	15%	10,700	16,000	20,000	27,200	32,000	36,000
12:45 档栏目中插	12:45 ~ 13:27	15%	13,300	20,000	25,000	34,000	40,000	45,000
13:30 档栏目前	约 13:27	15%	12,000	18,000	22,500	30,600	36,000	40,500
13:30 档栏目中插	13:30 ~ 13:57	15%	10,700	16,000	20,000	27,200	32,000	36,000
14:00 档栏目前	约 13:57	15%	9,600	14,400	18,000	24,500	28,800	32,400
14:00 档栏目中插	14:00 ~ 14:27	15%	8,000	12,000	15,000	20,400	24,000	27,000
14:30 档栏目前	约 14:27	15%	6,400	9,600	12,000	16,300	19,200	21,600
14:30 档栏目中插	14:30 ~ 15:12	15%	5,300	8,000	10,000	13,600	16,000	18,000
15:15 档栏目前	约 15:12	15%	5,100	7,600	9,500	12,900	15,200	17,100

续表

时段名称	播出时间	代理费	5 秒	10 秒	15 秒	20 秒	25 秒	30 秒
15:15 档栏目中插	15:15 ~ 15:42	15%	5,300	8,000	10,000	13,600	16,000	18,000
15:45 档栏目前	约 15:42	15%	5,100	7,600	9,500	12,900	15,200	17,100
15:45 档栏目中插	15:45 ~ 16:12	15%	5,300	8,000	10,000	13,600	16,000	18,000
16:15 档栏目前	约 16:12	15%	6,400	9,600	12,000	16,300	19,200	21,600
16:15 档栏目中插	16:15 ~ 16:42	15%	8,000	12,000	15,000	20,400	24,000	27,000
16:45 档栏目前	约 16:42	15%	9,600	14,400	18,000	24,500	28,800	32,400
16:45 档栏目中插	16:45 ~ 17:27	15%	10,700	16,000	20,000	27,200	32,000	36,000
17:30 档栏目前	约 17:27	15%	12,000	18,000	22,500	30,600	36,000	40,500
17:30 档栏目中插	17:30 ~ 17:57	15%	13,300	20,000	25,000	34,000	40,000	45,000
18:00 档栏目前	约 17:57	15%	15,800	23,800	29,700	40,400	47,500	53,500
18:00 档栏目中插	18:00 ~ 18:42	15%	17,600	26,400	33,000	44,900	52,800	59,400
18:45 档栏目前	约 18:42	15%	21,500	32,300	40,400	54,900	64,600	72,700
18:45 档栏目中插	18:45 ~ 19:40	15%	23,900	35,900	44,900	61,100	71,800	80,800
19:45 档栏目前	约 19:40	15%	25,100	37,700	47,100	64,100	75,400	84,800
19:45 档栏目中插	19:45 ~ 20:27	15%	27,700	41,600	52,000	70,700	83,200	93,600
20:30 档栏目前	约 20:27	15%	25,100	37,700	47,100	64,100	75,400	84,800
20:30 档栏目中插	20:30 ~ 20:57	15%	23,900	35,900	44,900	61,100	71,800	80,800
21:00 档栏目前	约 20:57	15%	21,500	32,300	40,400	54,900	64,600	72,700
21:00 档栏目中插	21:00 ~ 21:27	15%	19,200	28,800	36,000	49,000	57,600	64,800
21:30 档栏目前	约 21:27	15%	17,600	26,400	33,000	44,900	52,800	59,400
21:30 档栏目中插	21:30 ~ 21:57	15%	19,200	28,800	36,000	49,000	57,600	64,800
22:00 档栏目前	约 21:57	15%	18,700	28,000	35,000	47,600	56,000	63,000
22:00 档栏目中插	22:00 ~ 22:42	15%	22,400	33,600	42,000	57,100	67,200	75,600
22:45 档栏目前	约 22:42	15%	18,700	28,000	35,000	47,600	56,000	63,000
22:45 档栏目中插	22:45 ~ 23:40	15%	14,900	22,400	28,000	38,100	44,800	50,400
23:45 档栏目前	约 23:40	15%	9,600	14,400	18,000	24,500	28,800	32,400
23:45 档栏目中插	23:45 ~ 24:27	15%	6,400	9,600	12,000	16,300	19,200	21,600

续表

时段名称	播出时间	代理费	5 秒	10 秒	15 秒	20 秒	25 秒	30 秒
24:30 档栏目前	约 24:27	15%	5,300	8,000	10,000	13,600	16,000	18,000
24:30 档栏目中插	24:30 ～ 24:57	15%	4,300	6,400	8,000	10,900	12,800	14,400
25:00 档栏目前	约 24:57	15%	3,500	5,200	6,500	8,800	10,400	11,700
25:00 档栏目中插	25:00 ～ 25:42	15%	2,900	4,400	5,500	7,500	8,800	9,900

栏目广告价格　　（单位：人民币元／次）

栏目名称	播出时间	代理费	5 秒	10 秒	15 秒	20 秒	25 秒	30 秒
百家讲坛	周一至周日 12:45 ～ 13:27	15%	28,800	43,200	54,000	73,400	86,400	97,200
科技之光	周一至周五 13:30 ～ 13:57	15%	22,400	33,600	42,000	57,100	67,200	75,600
第十放映室	周六 13:30 ～ 14:25	15%	22,400	33,600	42,000	57,100	67,200	75,600
读书	周日 13:30 ～ 14:25	15%	22,400	33,600	42,000	57,100	67,200	75,600
地理 · 中国	周一至周日 17:30 ～ 17:57	15%	25,600	38,400	48,000	65,300	76,800	86,400
健康之路	周一至周日 18:00 ～ 18:42	15%	28,800	43,200	54,000	73,400	86,400	97,200
文明密码	周一 18:45 ～ 19:40	15%	36,300	54,400	68,000	92,500	108,800	122,400
我爱发明	周二至周六 18:45 ～ 19:40	15%	36,300	54,400	68,000	92,500	108,800	122,400
原来如此	周日 18:45 ～ 19:40	15%	36,300	54,400	68,000	92,500	108,800	122,400
自然传奇	周一至周日 19:45 ～ 20:27	15%	46,900	70,400	88,000	119,700	140,800	158,400
走近科学	周一至周日 20:30 ～ 20:57	15%	40,500	60,800	76,000	103,400	121,600	136,800
讲述	周一至周五 21:00 ～ 21:27	15%	33,600	50,400	63,000	85,700	100,800	113,400
人物 / 大家	周一至周五 21:30 ～ 21:57	15%	33,600	50,400	63,000	85,700	100,800	113,400
大“真”探	周六至周日 21:00 ～ 21:55	15%	33,600	50,400	63,000	85,700	100,800	113,400
探索 · 发现	周一至周日 22:00 ～ 22:42	15%	40,500	60,800	76,000	103,400	121,600	136,800

（资产管理中心提供）

CCTV－11 戏曲频道广告价目

时段广告价格　　　　（单位：人民币元／次）

时段名称	播出时间	5 秒	10 秒	15 秒	20 秒	25 秒	30 秒
上午精品节目一前	周一至周日约 06:37	1,870	2,800	3,500	4,760	5,600	6,300
上午精品节目二前	周一至周日约 07:47	2,240	3,360	4,200	5,710	6,720	7,560
上午精品节目三前	周一至周日约 08:22	3,360	5,040	6,300	8,570	10,080	11,340
上午精品节目四前	周一至周日约 09:29	4,530	6,800	8,500	11,560	13,600	15,300
上午精品节目五前	周一至周日约 10:01	4,910	7,360	9,200	12,510	14,720	16,560
白天电视剧第一集前	周一至周日约 11:13	5,440	8,160	10,200	13,870	16,320	18,360
白天电视剧第二集前	周一至周日约 12:03	5,650	8,480	10,600	14,420	16,960	19,080
白天电视剧第三集前	周一至周日约 12:54	6,290	9,440	11,800	16,050	18,880	21,240
午间大戏前	周一至周日约 13:51	5,970	8,960	11,200	15,230	17,920	20,160
下午精品节目一前	周一至周日约 16:34	5,600	8,400	10,500	14,280	16,800	18,900
下午精品节目二前	周一至周日约 17:40	6,130	9,200	11,500	15,640	18,400	20,700
一路欢笑前	周一至周日约 18:04	6,670	10,000	12,500	17,000	20,000	22,500
19:20 档栏目前	周一至周日约 19:16	7,250	10,880	13,600	18,500	21,760	24,480
晚间精品节目一前	周四约 21:20	7,470	11,200	14,000	19,040	22,400	25,200
晚间电视剧第一集前	周一至周日约 22:26	7,040	10,560	13,200	17,950	21,120	23,760
晚间电视剧第二集前	周一至周日约 23:18	6,670	10,000	12,500	17,000	20,000	22,500
晚间电视剧第三集前	周一至周日约 00:09	4,270	6,400	8,000	10,880	12,800	14,400
星夜精品节目一前	周一至周日约 01:00	2,770	4,160	5,200	7,070	8,320	9,360

栏目广告价格　　　　（单位：人民币元／期）

栏目名称	播出时间	5 秒	10 秒	15 秒	20 秒	25 秒	30 秒
一鸣惊人	首播：周五 19:20 ～ 20:23 重播：周四、周日 16:37～17:40 周六 08:23 ～ 09:26	10,080	15,120	18,900	25,700	30,240	34,020
过把瘾	首播：周五 20:29 ～ 21:32 重播：周二 16:37 ～ 17:40 周四 21:30 ～ 22:30	9,170	13,760	17,200	23,390	27,520	30,960

续表

栏目名称	播出时间	5 秒	10 秒	15 秒	20 秒	25 秒	30 秒
梨园闯关	首播：周五 21:36 ～ 22:39 重播：周一、周三 16:37 ～ 17:40	8,430	12,640	15,800	21,490	25,280	28,440
一路欢笑	首播：周一至周 18:07 ～ 19:10 重播：周一至周 10:04 ～ 11:07 01:01-02:04	7,250	10,880	13,600	18,500	21,760	24,480
CCTV 空中剧院（晚间版）	周三、周六 19:20 ～ 22:22	10,670	16,000	20,000	27,200	32,000	36,000
CCTV 空中剧院（午间版）	周一、周二、周四、周五 13:54 ～ 16:36	6,670	10,000	12,500	17,000	20,000	22,500
京剧音配像（晚间版）	周一、周四 19:20 ～ 21:52	10,670	16,000	20,000	27,200	32,000	36,000
京剧音配像（午间版）	周三、周六 13:54 ～ 16:36	6,670	10,000	12,500	17,000	20,000	22,500
九州大戏台（晚间版）	周二 19:20 ～ 21:52	10,670	16,000	20,000	27,200	32,000	36,000
九州大戏台（早间版）	周一至周五 08:23 ～ 09:25	4,590	6,880	8,600	11,700	13,760	15,480
青春戏苑	首播：周日 19:20 ～ 20:23； 重播：周五 16:37 ～ 17:40	10,670	16,000	20,000	27,200	32,000	36,000
锦绣梨园	周一至周日 06:38 ～ 07:41	2,640	3,960	4,950	6,730	7,920	8,910
快乐戏园	周一至周日 06:06 ～ 06:37	2,240	3,360	4,200	5,710	6,720	7,560
快乐戏园（演唱会）	首播：周六 16:37 ～ 17:40； 重播：周日 08:23 ～ 09:24	6,670	10,000	12,500	17,000	20,000	22,500
跟我学	周一至周日 09:30 ～ 10:01	4,850	7,280	9,100	12,380	14,560	16,380
名段欣赏	周一至周日 07:48 ～ 08:19	3,470	5,200	6,500	8,840	10,400	11,700

（资产管理中心提供）

CCTV－12 社会与法频道广告价目

时段广告价格　　（单位：人民币元／周）

时段名称	播出时间	5 秒	10 秒	15 秒	30 秒
导视	约 07:53	12,700	23,400	28,900	51,200
导视	约 09:15	39,100	72,000	88,900	157,300
导视	约 10:06	83,000	153,000	189,000	335,000

续表

时段名称	播出时间	5 秒	10 秒	15 秒	30 秒
导视	约 12:39	83,000	153,000	189,000	335,000
导视	约 13:32	83,000	153,000	189,000	335,000
导视	约 14:45	83,000	153,000	189,000	335,000
导视	约 17:18	83,000	153,000	189,000	335,000
导视	约 18:51	127,000	234,000	289,000	512,000
导视	约 19:22	127,000	234,000	289,000	512,000
导视	约 20:04	127,000	234,000	289,000	512,000
导视	约 20:47	127,000	234,000	289,000	512,000
导视	约 21:59	70,000	129,000	159,000	282,000
导视	约 23:10	70,000	129,000	159,000	282,000
导视	约 00:34	39,100	72,000	88,900	157,300
导视	约 00:58	12,700	23,400	28,900	51,200
导视	约 01:32	12,700	23,400	28,900	51,200

栏目广告价格 （单位：人民币元／周）

栏目名称	播出时间	5 秒	10 秒	15 秒	30 秒
普法栏目剧	首播：周一至周日约 20:49 重播：周一至周日约 09:16、12:41、18:01	445,000	804,000	998,000	1,766,000
一线	首播：周一至周日约 19:23 重播：周一至周日约 23:13、07:55、14:47	343,000	618,000	768,000	1,359,000
法律讲堂（文史版）	首播：周一至周日约 22:40 重播：周一至周日约 01:01、07:22、16:08	120,000	216,000	268,000	474,000
法律讲堂（生活版）	首播：周一至周日约 18:52 重播：周一至周日约 10:08、14:15	271,000	490,000	608,000	1,076,000
道德观察	首播：周一至周日约 21:39 重播：周一至周日约 11;19、15:28	258,000	465,000	578,000	1,023,000
热线 12	首播：周一至周日约 11:59 重播：周一至周日约 06:41、16:38	164,000	296,000	368,000	651,000
平安 365	首播：周一至周日约 11:39 重播：周一至周日约 00:37、08:55	142,000	256,000	318,000	563,000

续表

夕阳红	首播：周一至周日约 08:35 重播：周一至周日约 15:48	88,000	159,000	198,000	350,000
天网	首播：周一至周五约 20:06 重播：周一至周五约 23:54、10:38、13:34、17:20	351,000	635,000	788,000	1,393,000
夜线	首播：周一至周四约 22:00 重播：周一至周四约 01:34 周二至周五约 06:00	57,000	103,000	128,000	226,000
见证	首播：周日约 22:00 重播：周日约 01:34、周一约 06:00、13:34	30,000	55,000	68,000	120,000
心理访谈	首播：周五约 22:00 重播：周五约 01:34、周六约 06:00、13:34	30,000	55,000	68,000	120,000
小区大事	首播：周六约 22:00 重播：周六约 01:34、周日约 06:00、13:34	30,000	55,000	68,000	120,000
庭审现场	首播：周六约 20:06 重播：周六约 23:54、周日约 10:38、17:20	56,000	104,000	128,000	226,000
忏悔录	首播：周日约 20:06 重播：周日约 23:54、周一约 10:38、17:20	56,000	104,000	128,000	226,000

（资产管理中心提供）

CCTV－13 新闻频道广告价目

时段广告价格　　（单位：人民币元／次）

时段名称	播出时间	5 秒	10 秒	15 秒	20 秒	25 秒	30 秒
上午直播时段	周一至周日 09:00-11:55	19,300	28,900	36,100	49,100	57,800	65,000
新闻 30 分前	周一至周日约 11:55	22,300	33,500	41,900	57,000	67,000	75,400
新闻 30 分后	周一至周日约 12:30	22,300	33,500	41,900	57,000	67,000	75,400
下午直播时段	周一至周日 13:00-17:55	19,300	28,900	36,100	49,100	57,800	65,000
共同关注前	周一至周日约 17:55	23,600	35,400	44,300	60,200	70,900	79,700
共同关注后	周一至周日约 18:55	33,400	50,200	62,700	85,300	100,300	112,900
东方时空前	周一至周日约 19:55	40,100	60,200	75,200	102,300	120,300	135,400
东方时空后	周一至周日约 20:58	37,200	55,800	69,700	94,800	111,500	125,500
午夜新闻前	周一至周日约 23:55	23,500	35,200	44,000	59,800	70,400	79,200

续表

时段名称	播出时间	5 秒	10 秒	15 秒	20 秒	25 秒	30 秒
午夜新闻后	周一至周日约 00:35	14,600	21,900	27,400	37,300	43,800	49,300
环球记者连线	周二至周六约 00:58	14,600	21,900	27,400	37,300	43,800	49,300
午夜贴片二	周一至周日约 01:00	14,600	21,900	27,400	37,300	43,800	49,300
午夜贴片三	周一至周日约 02:00	14,600	21,900	27,400	37,300	43,800	49,300
午夜贴片四	周一至周日约 03:00	14,600	21,900	27,400	37,300	43,800	49,300

栏目广告价格　　　　（单位：人民币元／次）

项目名称	播出时间	代理费	5 秒	10 秒	15 秒	20 秒	25 秒	30 秒
朝闻天下 A 套装	06:55、07:55	15%	50,600	75,800	94,800	128,900	151,700	170,600
朝闻天下 B 套装	06:10、08:10	15%	44,700	67,000	83,800	114,000	134,100	150,800
朝闻天下 C 套装	06:20、07:15	15%	50,600	75,800	94,800	128,900	151,700	170,600
朝闻天下 D 套装	06:35、07:30	15%	50,600	75,800	94,800	128,900	151,700	170,600
朝闻天下 E 套装	06:45、07:45	15%	50,600	75,800	94,800	128,900	151,700	170,600
朝闻天下 F 套装	08:25	15%	28,700	43,000	53,800	73,200	86,100	96,900

（资产管理中心提供）

CCTV－14 少儿频道广告价目

时段广告价格　　　　（单位：人民币元/期）

时段名称	播出时间	15 秒	30 秒
时段 1	06:00 ～ 08:00	28,500	57,000
时段 2	08:00 ～ 10:00	44,600	89,200
时段 3	10:00 ～ 12:00	50,000	100,000
时段 4	12:0 ～ 13:00	75,500	151,000
时段 5	13:00 ～ 16:00	41,600	83,200

续表

时段 6	16:00 ～ 17:00	47,000	94,000
时段 7	17:00 ～ 18:00	60,300	120,600
时段 8	18:00 ～ 19:00	89,000	178,000
时段 9	19:00 ～ 20:00	87,000	174,000
时段 10	20:00 ～ 21:00	70,500	141,000
时段 11	21:00 ～ 22:00	62,000	124,000
时段 12	22:00 ～ 25:30	44,500	89,000

栏目广告价格　（单位：人民币元／期）

栏目名称	播出时间	15 秒	30 秒
上午栏目	周一至周五 06:00 ～ 08:00	31,200	62,400
	周一至周五 08:00 ～ 10:00	49,500	99,000
	周一至周五 10:00 ～ 12:00	55,500	111,000
动漫世界	周一至周五 12:00 ～ 13:00	83,800	167,600
下午栏目	周一至周五 13:00 ～ 16:00	46,200	92,400
动画剧场	周一至周五 16:00 ～ 17:00	52,200	104,400
下午栏目	周一至周五 17:00 ～ 18:00	67,000	134,000
动画乐翻天	周一至周五 18:00 ～ 18:30	91,200	182,400
智慧树	周一至周五 18:30 ～ 19:00	107,400	214,800
动画梦工场	周一至周五 19:00 ～ 19:30	111,500	223,000
大风车	周一至周五 19:30 ～ 20:00	88,500	177,000
银河剧场	周一至周五 20:00 ～ 21:00	78,200	156,400
晚间栏目	周一至周五 21:00 ～ 22:00	68,800	137,600
晚间栏目	周一至周五 22:00 ～ 23:00	49,500	99,000
晚间栏目	周一至周五 23:00 ～ 25:30	31,200	62,400
周末上午栏目	周六至周日 06:00 ～ 08:00	36,800	73,600
	周六至周日 08:00 ～ 11:00	67,500	135,000
动画大放映（周末）	周六至周日 11:00 ～ 13:00	96,500	193,000

续表

栏目名称	播出时间	15 秒	30 秒
周末下午栏目	周六至周日 13:00 ~ 15:30	57,900	115,800
动画大放映（周末）	周六至周日 15:30 ~ 17:00	62,400	124,800
动画大放映（周末）	周六至周日 17:00 ~ 19:30	128,400	256,800
动画大放映（周末）	周六至周日 21:00 ~ 22:30	82,800	165,600
周末晚间栏目	周六至周日 22:30 ~ 25:30	56,700	113,400

说明：

1、新增栏目的中插刊例价格，若与本刊例不同，以栏目最终定价为准。

2、若节目播出时间调整，优先保留对刊例价格进行调整的权利。

3、本刊例价格仅为首播价格，栏目重播不计价，不计入广告总频次。

4、本刊例所列广告项目最小签约单位为一个自然周。

5、指定位置的客户，按比例加收。其中《智慧树》，《动画梦工场》栏目中插或时段加收比例为正倒一20%，正倒二15%，正倒三10%。其他栏目中插或时段加收比例为正倒一15%，正倒二10%，正倒三5%。

6、所有指定位序是指硬广告顺序，不包括频道宣传片、冠名、赞助标版以及贴片广告。

7、2014年1.1—2.28和7.1—8.31的中插广告刊例，执行2014年周六至周日中插广告刊例价格，时段广告刊例价格上浮20%。

（资产管理中心提供）

CCTV－15 音乐频道广告价目

时段广告价格　　（单位：人民币元/期）

时段名称	播出时间	5 秒	10 秒	15 秒	20 秒	30 秒
今乐坛前	约 08:00	4,620	6,820	8,580	11,330	15,400
民歌·中国前	约 08:30	4,620	6,820	8,580	11,330	15,400
中国音乐电视前	约 09:00	4,620	6,820	8,580	11,330	15,400
音乐传奇前	约 09:35	4,620	6,820	8,580	11,330	15,400
精编栏目前	约 10:13	4,620	6,820	8,580	11,330	15,400
精彩音乐汇后	约 13:00	5,830	8,800	11,000	14,960	19,800
民歌·中国前	约 13:40	5,830	8,800	11,000	14,960	19,800
CCTV 音乐厅前	约 14:15	5,830	8,800	11,000	14,960	19,800
经典前	约 15:05	5,830	8,800	11,000	14,960	19,800
精编栏目前	约 15:57	5,830	8,800	11,000	14,960	19,800

续表

时段名称	播出时间	5 秒	10 秒	15 秒	20 秒	30 秒
影视留声机前	约 17:30	6,400	9,600	12,000	16,320	21,600
今乐坛前	约 17:55	6,400	9,600	12,000	16,320	21,600
民歌 · 中国前	约 18:15	8,000	12,000	15,000	20,400	27,000
中国音乐电视前	约 18:50	8,870	13,306	16,632	22,619	29,938
精彩音乐汇前	约 19:25	11,615	17,365	21,735	29,555	39,100
星光璀璨前	约 20:30	23,345	34,960	43,700	59,455	78,660
音乐传奇前	约 22:12	17,135	25,760	32,200	43,815	57,960
CCTV 音乐厅前	约 22:55	17,135	25,760	32,200	43,815	57,960
音乐传奇后	约 23:45	10,450	15,620	19,580	26,620	35,200

栏目广告价格　　（单位：人民币元/期）

栏目名称	播出时间	5 秒	10 秒	15 秒	20 秒	30 秒
今乐坛	周一至周日约 18:00 ~ 18:15	18,437	27,707	34,608	47,071	62,315
民歌 · 中国	周一至周五约 18:20 ~ 18:50	24,300	36,500	45,600	62,000	82,100
中国音乐电视	周一至周日约 18:55 ~ 19:25	18,437	27,707	34,608	47,071	62,315
精彩音乐汇	周一至周五 / 周日约 19:30 ~ 20:30	25,029	37,595	46,968	63,860	84,563
全球中文音乐榜上榜	周六约 19:30 ~ 20:30	25,029	37,595	46,968	63,860	84,563
星光璀璨	周一至周四 / 周日约 20:42 ~ 22:12	24,300	36,500	45,600	62,000	82,100
歌霸天下	周五约 20:42 ~ 22:12	24,300	36,500	45,600	62,000	82,100
乐上巅峰	周六约 20:42 ~ 22:12	24,300	36,500	45,600	62,000	82,100
音乐传奇	周一至周五 / 周日约 22:25 ~ 22:55	24,300	36,500	45,600	62,000	82,100
一起音乐吧	周六约 21:40 ~ 22:40	24,300	36,500	45,600	62,000	82,100
光荣绽放	周日约 22:25 ~ 23:55	24,300	36,500	45,600	62,000	82,100

备注：

1. 本价格有效期为2014年4月1日至2014年12月31日。

2. 以上广告位置保证首播频次，重播不计费，如遇重播漏播，不予补播。

3. 播出时间以中央电视台实际播出为准。
4. 广告项目中包含指定播出位置或在广告项目基础上要求指定播出位置的，均按以下比例加收：正一、倒一加收20%；正二、倒二加收16%，正三、倒三加收12%正四、倒四加收8%；正五、倒五加收5%。
5. 有关广告投放的其它规定，均参照中央电视台广告部有关标准执行。

（资产管理中心提供）

CCTV－NEWS 英语新闻频道广告价目

栏目广告价格　　（单位：人民币元/天）

栏目名称	播出时间	5 秒	10 秒	15 秒	30 秒
财经高峰会	周六 10:30 ～ 11:00、21:30 ～ 22:00	7,000	10,600	13,200	23,700
财经亚洲	周一至周五 16:00 ～ 16:30、21:00 ～ 21:40	17,000	26,000	32,500	58,500
今日话题	周一至周日 19:30 ～ 20:00、06:30 ～ 07:00、13:00 ～ 13:30、03:30-04:00	12,000	17,300	22,000	39,100
今日亚洲	周一至周六 22:00 ～ 22:30	5,900	8,800	11,000	19,900
世界观察	周日 22:00 ～ 23:00、周一 04:00 ～ 05:00、15:00 ～ 16:00	5,400	8,100	10,100	18,100
体育报道	周一至周日 20:40 ～ 21:00、周二至周日 15:30 ～ 16:00	8,700	13,000	16,300	29,400
文化报道	周一至周五 10:30 ～ 11:00、周一至周六 22:30 ～ 23:00、周一至周日 18:30 ～ 19:00	12,000	17,300	21,700	39,100
新财富	周日 10:30 ～ 11:00、21:30 ～ 22:00	7,000	10,600	13,200	23,700
新闻一小时	周一至周日 12:00 ～ 13:00	8,700	13,000	16,300	29,400
中国 24 小时	周一至周日 20:00 ～ 20:40、02:20 ～ 03:00、07:20 ～ 08:00	7,300	10,900	13,700	24,600
综合新闻（20 分）	周一至周日 07:00 ～ 07:20、02:00 ～ 02:20、周一至周五 21:40 ～ 22:00	12,000	17,300	21,600	38,900
综合新闻（30 分）	周一至周日 05:00 ～ 05:30、06:00 ～ 06:30、10:00 ～ 10:30、11:00 ～ 11:30、14:00 ～ 14:30、17:00 ～ 17:30、19:00 ～ 19:30、23:00 ～ 23:30、00:00 ～ 00:30、03:00 ～ 03:30 周二至周日 04:00 ～ 04:30、15:00 ～ 15:30 周六、周日 16:00 ～ 16:30、21:00 ～ 21:30	32,600	49,000	61,200	110,000
东方	周一至周日 13:30 ～ 14:00 周二至周日 04:30 ～ 05:00	5,900	8,800	11,000	19,900
发现	周二至周六 14:30 ～ 15:00	8,700	13,000	16,300	29,400

续表

栏目名称	播出时间	5 秒	10 秒	15 秒	30 秒
海客谈	周二至周六 23:30 ~ 24:00	5,900	8,800	11,000	19,900
看中国	周四至周六 00:30 ~ 01:00、05:30 ~ 06:00、11:30 ~ 12:00、17:30 ~ 18:00	7,000	10,600	13,200	23,700
旅游指南	周一至周三 00:30 ~ 01:00、05:30 ~ 06:00、11:30 ~ 12:00、17:30 ~ 18:00	7,000	10,600	13,200	23,700
中心舞台	周日 05:30 ~ 06:00、11:30 ~ 12:00、17:30 ~ 18:00、00:30 ~ 01:00	8,700	13,000	16,300	29,400
自然	周二至周六 16:30 ~ 17:00	5,900	8,800	11,000	19,900

（资产管理中心提供）

2014年中央电视台栏目播出时间表

CCTV—1 综合频道栏目播出时间表

星期 时间	星期一	星期二	星期三	星期四	星期五	星期六	星期日
04:09:55	今日说法（重播）	04:31:55今日说法（重播）					今日说法（重播）
04:59:55	新闻联播（重播）						
05:29:55	人与自然（首播）						
05:56:55	台标+国歌+一套导视（1）						
06:00	朝闻天下						
08:30	广告						
08:33	生活早参考（首播）					08:33 第一精选剧场 09:19 广告6′+一套导视（2） 09:27 第一精选剧场 10:13 广告 10:17 第一精选剧场 11:03 广告	
09:03	一套导视（2）+广告4′						
09:09	天天饮食（首播）						
09:24	一套导视（7）+广告2′						
09:27	第一精选剧场						
10:13	广告						
10:16	第一精选剧场						
11:02	广告						
11:07	第一精选剧场						
11:53	广告5′+一套导视（8）						
12:00	新闻30分（直播）						
12:30	一套导视（9）+广告3′						
12:35	今日说法（首播）+中插广告1′30″x2段					12:35 今日说法+中插广告3′	
13:06	广告6′+一套导视（10）					13:28 空	

续表

<table>
<tr><th>时间＼星期</th><th>星期一</th><th>星期二</th><th>星期三</th><th>星期四</th><th>星期五</th><th>星期六</th><th>星期日</th></tr>
<tr><td>13:13</td><td colspan="5">第一情感剧场</td><td rowspan="10">13:35 电视剧
14:21 一套导视（12）＋广告5′
14:27 电视剧
15:13 广告
15:18 电视剧
16:04 一套导视（12）+广告4′
16:10 生活提示
16:14 广告
16:17 第一动画乐园（首播）+广告7′</td><td rowspan="10">13:35 季播节目（重播）
14:26 广告
14:30 电视剧
15:16 广告
15:19 电视剧
16:05 广告
16:08 生活提示
16:12 一套导视（14）+广告3′
16:17 第一动画乐园（首播）+广告9′</td></tr>
<tr><td>13:59</td><td colspan="5">一套导视（11）＋广告3′</td></tr>
<tr><td>14:03</td><td colspan="5">第一情感剧场</td></tr>
<tr><td>14:49</td><td colspan="5">一套导视（12）＋广告3′</td></tr>
<tr><td>14:53</td><td colspan="5">第一情感剧场</td></tr>
<tr><td>15:39</td><td colspan="5">广告4′＋一套导视（13）</td></tr>
<tr><td>15:45</td><td colspan="5">第一情感剧场</td></tr>
<tr><td>16:31</td><td colspan="5">一套导视（14）+广告4′</td></tr>
<tr><td>16:37</td><td colspan="5">生活提示</td></tr>
<tr><td>16:41</td><td colspan="5">第一动画乐园（首播）+中插广告2段共3′+广告4′</td></tr>
<tr><td>17:56</td><td colspan="7">一套导视（16）+广告4′</td></tr>
<tr><td>18:02</td><td colspan="5">第一动画乐园（首播）+中插广告3段共3′</td><td>寻宝（首播）+中插广告3段共3′</td><td>正大综艺（首播）＋中插广告3段共3′</td></tr>
<tr><td>18:55</td><td colspan="7">一套导视A+广告3′20″</td></tr>
<tr><td>19:00</td><td colspan="7">新闻联播（直播）（含广告、天气预报）</td></tr>
<tr><td>19:40</td><td colspan="7">焦点访谈（直播）（含广告）</td></tr>
<tr><td>约19:59</td><td colspan="5">一套导视（17）</td><td colspan="2" rowspan="2">一套导视（17）
20:00 广告+精彩一刻30″</td></tr>
<tr><td>20:01</td><td colspan="5">广告4′30″+电视剧前情提要30″</td></tr>
<tr><td>20:06</td><td colspan="5">特约剧场（46′x2集）+每集下集预告前中插广告2′x2段+集间一套导视（18） 1′+集间广告7′30″+电视剧前情提要30″</td><td>20:06 星光大道+中插广告4段共7′</td><td>季播活动（出彩中国人等）</td></tr>
<tr><td>21:51</td><td colspan="7">广告8′＋一套导视（19）</td></tr>
<tr><td>22:00</td><td colspan="7">晚间新闻（直播）</td></tr>
<tr><td>22:30</td><td colspan="7">广告6′+一套导视（20）</td></tr>
<tr><td>22:38</td><td>季播节目（首播）+中插广告3段4′</td><td>等着我（首播）+中插广告3段4′</td><td>寻宝（首播）+中插广告3段4′</td><td>撒贝宁时间（首播）+中插广告3段4′</td><td>季播节目（首播）+中插3段4′</td><td>开讲啦（首播）+中插广告3段4′</td><td>季播节目（首播）+中插3段4′</td></tr>
<tr><td>23:32</td><td colspan="7">一套导视（21）+广告5′</td></tr>
<tr><td>23:38</td><td colspan="7">重播节目</td></tr>
<tr><td>24:30</td><td>中华民族（首播）+人口（首播）</td><td colspan="6">动物世界</td></tr>
</table>

CCTV－2 财经频道栏目播出时间表

<table>
<tr><th>时间＼星期</th><th>星期一</th><th>星期二</th><th>星期三</th><th>星期四</th><th>星期五</th><th>星期六</th><th>星期日</th></tr>
<tr><td>07:00</td><td colspan="7">第一时间</td></tr>
<tr><td>09:00</td><td colspan="5">交易时间（上午版）</td><td colspan="2" rowspan="2">重播节目（或精编节目）</td></tr>
<tr><td>10:05</td><td colspan="5">消费主张（重播）＋生财有道（重播）＋精编节目＋导视、广告</td></tr>
<tr><td>11:50</td><td colspan="7">环球财经连线（午间版）（首播）</td></tr>
<tr><td>12:30</td><td colspan="7">一套联合播出节目＋导视</td></tr>
<tr><td>13:21</td><td colspan="5">交易时间（下午版）</td><td rowspan="2">一槌定音（重播）</td><td rowspan="2">交换空间（重播）</td></tr>
<tr><td>14:30</td><td>中国财经报道（重播）＋导视</td><td>对话（重播）+导视</td><td>交换空间（重播）+导视</td><td>购时尚（重播）＋导视</td><td>是真的吗（重播）+导视</td></tr>
<tr><td>15:30</td><td colspan="5">经济半小时（重播）＋导视＋公宣</td><td colspan="2" rowspan="3">14:20 精编节目（或重播节目）</td></tr>
<tr><td>16:05</td><td colspan="5">重播节目＋导视＋广告＋公宣</td></tr>
<tr><td>18:20</td><td colspan="2">重播节目＋导视</td><td>创新节目（首播）+导视</td><td>重播节目＋导视</td><td>购时尚（首播）</td></tr>
<tr><td>19:21</td><td colspan="5">生财有道（首播）</td><td>18:30 交换空间（首播）＋导视</td><td>18:30 一槌定音（首播）</td></tr>
<tr><td>19:51</td><td colspan="5">广告 2′＋导视</td><td rowspan="2">19:30 是真的吗（首播）</td><td rowspan="2">联合播出节目</td></tr>
<tr><td>19:54</td><td colspan="5">消费主张　（首播）　＋导视</td></tr>
<tr><td>20:30</td><td colspan="7">经济信息联播（首播）</td></tr>
<tr><td>21:20</td><td colspan="7">经济半小时（首播）＋导视　＋广告</td></tr>
<tr><td>21:56</td><td colspan="5">央视财经评论（首播）＋导视＋广告＋导视</td><td rowspan="2">21:55 中国财经报道（首播）＋广告 3′＋导视</td><td rowspan="2">21:55 对话（首播）＋广告 3′＋导视</td></tr>
<tr><td>22:30</td><td colspan="4">环球财经连线（晚间版）　＋广告 2′</td><td>22:27 环球财经连线（晚间版）</td></tr>
<tr><td>23:12</td><td colspan="4">经济信息联播（重播）＋广告 1′</td><td>经济信息联播（重播）＋广告 2′</td><td>环球财经连线（晚间版）＋导视＋公宣</td><td>22:57 经济信息联播（重播）</td></tr>
<tr><td>24:03</td><td colspan="5">经济半小时（重播）＋导视</td><td>23:30 经济信息联播（重播）</td><td>23:49 导视</td></tr>
<tr><td>24:37</td><td colspan="5">央视财经评论（重播）＋导视</td><td>24:20 经济半小时（重播）＋导视</td><td>23:51 经济半小时（重播）</td></tr>
<tr><td>25:07</td><td colspan="5">重播或精编节目</td><td>24:55 重播或精编节目</td><td>24:25 重播或精编节目</td></tr>
</table>

续表

时间＼星期	星期一	星期二	星期三	星期四	星期五	星期六	星期日
30:10	导视A + 公宣 + 导视 + 广告						
30:18	重播或精编节目						

CCTV—3 综艺频道栏目播出时间表

时间＼星期	星期一	星期二	星期三	星期四	星期五	星期六	星期日
04:00	综艺喜乐汇（语言类节目）						
05:21	综艺喜乐汇	天天把歌唱					综艺喜乐汇
06:12	综艺喜乐汇（歌曲类节目）						
07:30	回声嘹亮	我要上春晚	开门大吉	向幸福出发	非常6+1	黄金100秒	中国好歌曲
09:00	黄金100秒	中国好歌曲	综艺盛典	我爱满堂彩	我要上春晚	幸福账单	越战越勇
10:30	向幸福出发	非常6+1	越战越勇	中国好歌曲	回声嘹亮	我要上春晚	开门大吉
12:00	文化正午+广告6′						
12:30	我要上春晚	开门大吉	向幸福出发	非常6+1	幸福账单	中国好歌曲	回声嘹亮
14:00	综艺喜乐汇					综艺盛典	我爱满堂彩
15:25	综艺喜乐汇	快乐老家	舞蹈世界	艺览天下	文化视点	艺术人生	综艺喜乐汇
16:25	天天把歌唱+广告5′					开门大吉	
17:20	文化大百科+广告1′						17:30 星光大道
17:30	动物传奇+广告6′						
18:00	综艺喜乐汇						
19:30	开门大吉+广告13′（一首播五重播）	向幸福出发+广告13′（一首播四重播）	非常6+1 +广告13′（一首播四重播）	星光大道+广告17′	幸福账单+广告13′（一首播三重播）	回声嘹亮+广告13′（一首播四重播）	我要上春晚+广告13′（一首播五重播）

续表

时间＼星期	星期一	星期二	星期三	星期四	星期五	星期六	星期日
21:00	越战越勇+广告13′（一首播三重播）	综艺盛典+广告13′（一首播两重播）	我爱满堂彩+广告13′（一首播两重播）	21:25 艺术人生+广告10′	空		黄金100秒+广告13′（一首播三重播）
22:30	综艺喜乐汇	舞蹈世界+广告10′	艺览天下+广告10′	22:25 文化视点+广告5′	综艺喜乐汇		
24:00	回声嘹亮	23:30 综艺喜乐汇			中国好歌曲	回声嘹亮	我要上春晚
25:25	开门大吉	向幸福出发	非常6+1	综艺盛典	幸福账单	越战越勇	黄金100秒
26:43	综艺喜乐汇						

CCTV－4 中文国际频道·亚洲版栏目播出时间表

时间＼星期	星期一	星期二	星期三	星期四	星期五	星期六	星期日
04:00	中国新闻						
05:00	走遍中国						
05:30	华人世界					体育在线（周末版）	外国人在中国
06:00	中国新闻						
06:10	导视（1）						
06:13	远方的家					天涯共此时	中国文艺（周末版）
06:58	广告（1）						
07:00	中国新闻						
07:25	导视（2）						
07:28	海峡两岸						
07:58	导视（3）						
08:00	中国新闻						

续表

<table>
<tr><th>星期
时间</th><th>星期一</th><th>星期二</th><th>星期三</th><th>星期四</th><th>星期五</th><th>星期六</th><th>星期日</th></tr>
<tr><td>09:00</td><td>流行无限</td><td>文明之旅</td><td>天涯共此时</td><td>中华医药</td><td>体育在线</td><td rowspan="11">周末上午编排+导视广告5′</td><td rowspan="11">09:45 周末上午编排+导视、广告5′</td></tr>
<tr><td rowspan="2">09:55</td><td rowspan="2">导视</td><td colspan="4">09:45 导视</td></tr>
<tr><td colspan="4">09:50 天天饮食</td></tr>
<tr><td>10:00</td><td colspan="5">中国新闻</td></tr>
<tr><td>10:10</td><td colspan="5">导视 (4)</td></tr>
<tr><td>10:11</td><td colspan="5">广告 (2)</td></tr>
<tr><td>10:12</td><td colspan="5">双语剧场重播</td></tr>
<tr><td>10:57</td><td colspan="5">导视 (5)</td></tr>
<tr><td>11:00</td><td colspan="5">中国新闻</td></tr>
<tr><td>11:10</td><td colspan="5">国宝档案</td></tr>
<tr><td>11:25</td><td colspan="7">导视 (6)</td></tr>
<tr><td>11:27</td><td colspan="7">广告 (3)</td></tr>
<tr><td>11:30</td><td colspan="7">海峡两岸</td></tr>
<tr><td>12:00</td><td colspan="7">中国新闻</td></tr>
<tr><td>13:00</td><td colspan="5">华人世界</td><td>外国人在中国</td><td>体育在线（周末版）</td></tr>
<tr><td>13:30</td><td colspan="5">走遍中国</td><td rowspan="9">周末下午编排+导视、广告10′</td><td rowspan="12">周末下午编排+导视、广告5′</td></tr>
<tr><td>14:00</td><td colspan="5">中国新闻</td></tr>
<tr><td>14:10</td><td colspan="5">导视 (7)</td></tr>
<tr><td>14:13</td><td colspan="5">广告 (4)</td></tr>
<tr><td>14:15</td><td colspan="5">电视剧场二</td></tr>
<tr><td>15:00</td><td colspan="5">电视剧场二</td></tr>
<tr><td>15:45</td><td colspan="5">快乐驿站</td></tr>
<tr><td>15:55</td><td colspan="5">导视 (8)</td></tr>
<tr><td>15:57</td><td colspan="5">广告 (5)</td></tr>
<tr><td>16:00</td><td colspan="6">中国新闻</td></tr>
<tr><td>16:10</td><td colspan="5">百家讲坛</td><td>导视</td></tr>
<tr><td>16:50</td><td colspan="5">天天饮食</td><td>16:15 深度国际</td></tr>
</table>

续表

星期 时间	星期一	星期二	星期三	星期四	星期五	星期六	星期日
17:00	中国新闻						
17:10	导视（9）						
17:15	远方的家					新快乐汉语	城市1对1
18:00	中国新闻						
18:15	中国文艺						中国文艺（周末版）
18:45	国宝档案						
19:00	中国新闻						中国新闻·周日1小时
19:15	双语剧场						
20:00	走遍中国						
20:30	海峡两岸						
21:00	中国新闻						
21:30	今日关注						
22:00	文明之旅	天涯共此时	中华医药	体育在线	深度国际	中华情	流行无限
22:45	全球华人资讯						22:55 导视
23:00	今日亚洲						
23:30	远方的家					城市1对1	中国文艺（周末版）
24:15	中国文艺						文明之旅
24:45	国宝档案						
25:00	中国新闻						
25:10	导视（11）						
25:15	百家讲坛					天涯共此时	体育在线
25:55	导视（12）						
26:00	新闻联播						
26:30	华人世界					外国人在中国	导视 26:35 精彩一刻 26:50 天天饮食
26:50	快乐驿站						

续表

时间＼星期	星期一	星期二	星期三	星期四	星期五	星期六	星期日
27:00	中国新闻					中华情	流行无限
27:10	导视 (13)						
27:15	文明之旅	天涯共此时	中华医药	体育在线	深度国际		27:55 导视

CCTV－4 中文国际频道·欧洲版栏目播出时间表

北京时间	格林尼治时间	星期一	星期二	星期三	星期四	星期五	星期六	星期日
04:00	20:00	中国新闻						
05:00	21:00	流行无限	文明之旅	天涯共此时	中华医药	体育在线	深度国际	中国文艺（周末版）
05:55	21:55	导视	05:45 全球华人资讯					精彩一刻
06:00	22:00	中国新闻						
06:10	22:10	导视(1)						
06:12	22:12	电视剧场一						
06:58	22:58	请您欣赏						
06:59	22:59	导视(2)						
07:00	23:00	中国新闻						
07:25	23:25	导视(3)						
07:27	23:27	广告 (1)						
07:28	23:28	海峡两岸						
07:58	23:58	导视2						
08:00	00:00	中国新闻						

续表

北京时间	格林尼治时间	星期一	星期二	星期三	星期四	星期五	星期六	星期日
09:00	01:00	寻宝	华人世界					外国人在中国
09:47	01:47	导视	09:30 中国文艺					
09:50	01:50	天天饮食						
10:00	02:00	流行无限	中国新闻 10:10 导视(5)					中华情
10:55	02:55	导视	10:15 文明之旅	天涯共此时	中华医药	体育在线	深度国际	
11:00	03:00	中国新闻						
11:10	03:10	百家讲坛						
11:50	03:50	快乐驿站						
12:00	04:00	中国新闻						
13:00	05:00	城市1对1	远方的家					天涯共此时
13:45	05:45	精彩一刻	导视 (6) 13:50 天天饮食					精彩一刻
14:00	06:00	中国新闻						
14:10	06:10	天天饮食	国宝档案 14:25 导视 (6)					
14:30	06:30	走遍中国						
15:00	07:00	海峡两岸						
15:30	07:30	华人世界					体育在线（周末版）	外国人在中国
16:00	08:00	中国新闻						
16:10	08:10	导视 (7)						
16:12	08:12	城市1对1	远方的家					中国文艺（周末版）
16:57	08:57	导视 (8)						
17:00	09:00	中国新闻						
17:10	09:10	电视剧场二					中华医药	体育在线
17:56	09:56	请您欣赏					17:55 导视	
17:57	09:57	导视 (9)					17:59 广告	

续表

北京时间	格林尼治时间	星期一	星期二	星期三	星期四	星期五	星期六	星期日
18:00	10:00	中国新闻						
18:15	10:15	电视剧场二					文明之旅	天涯共此时
19:00	11:00	中国新闻						中国新闻 · 周日1小时
19:15	11:15	导视 (10)					新快乐汉语	
19:17	11:17	百家讲坛						
19:57	11:57	导视 (11)						
20:00	12:00	流行无限	探索 · 发现 20:40 导视 (12) 20:42 全球华人资讯					中华情
20:55	12:55	导视	20:57 导视 (13)				20:57 导视	
20:59	12:59	广告 (2)						
21:00	13:00	中国新闻						
21:30	13:30	今日关注						
22:00	14:00	国宝档案						天天饮食 22:10 新快乐汉语
22:15	14:15	动画城						
23:00	15:00	今日亚洲						
23:30	15:30	电视剧场三					远方的家	
24:15	16:15	电视剧场三					远方的家	
25:00	17:00	中国新闻					走遍中国	
25:10	17:10	走遍中国						
25:40	17:40	华人世界					外国人在中国 (首播)	深度国际
26:10	18:10	导视 (15)					中华情	城市1对1
26:15	18:15	远方的家						
27:00	19:00	新闻联播						
27:30	19:30	中国文艺						体育在线 (周末版)

CCTV－4 中文国际频道·美洲版栏目播出时间表

<table>
<tr><th>北京时间</th><th>美国东部时间</th><th>周一</th><th>周二</th><th>周三</th><th>周四</th><th>周五</th><th>周六</th><th>周日</th></tr>
<tr><td>04:00</td><td>15:00</td><td colspan="7">中国新闻</td></tr>
<tr><td>05:00</td><td>16:00</td><td>外国人在中国</td><td colspan="6">中国文艺</td></tr>
<tr><td>05:30</td><td>16:30</td><td colspan="7">新闻联播</td></tr>
<tr><td>06:00</td><td>17:00</td><td>精彩一刻</td><td colspan="5">全球华人资讯</td><td>精彩一刻</td></tr>
<tr><td>06:15</td><td>17:15</td><td>城市1对1</td><td colspan="5">远方的家</td><td>中国文艺（周末版）</td></tr>
<tr><td>07:00</td><td>18:00</td><td colspan="7">中国新闻</td></tr>
<tr><td>07:25</td><td>18:25</td><td colspan="7">导视（1）</td></tr>
<tr><td>07:29</td><td>18:29</td><td colspan="7">广告（1）</td></tr>
<tr><td>07:30</td><td>18:30</td><td colspan="7">走遍中国</td></tr>
<tr><td>08:00</td><td>19:00</td><td colspan="7">中国新闻</td></tr>
<tr><td>09:00</td><td>20:00</td><td>精彩一刻</td><td colspan="6">国宝档案</td></tr>
<tr><td>09:15</td><td>20:15</td><td colspan="7">电视剧场一</td></tr>
<tr><td>10:00</td><td>21:00</td><td colspan="7">中国新闻</td></tr>
<tr><td>10:10</td><td>21:10</td><td colspan="7">电视剧场一</td></tr>
<tr><td>10:57</td><td>21:57</td><td colspan="7">导视（2）</td></tr>
<tr><td rowspan="2">11:00</td><td rowspan="2">22:00</td><td rowspan="2">流行无限</td><td colspan="5">中国新闻</td><td rowspan="3">中华情</td></tr>
<tr><td>11:10文明之旅</td><td>天涯共此时</td><td>中华医药</td><td>体育在线</td><td>深度国际</td></tr>
<tr><td>11:55</td><td>22:55</td><td colspan="6">导视（3）</td></tr>
<tr><td>12:00</td><td>23:00</td><td colspan="7">中国新闻</td></tr>
<tr><td>13:00</td><td>00:00</td><td colspan="7">走遍中国</td></tr>
<tr><td>13:30</td><td>00:30</td><td colspan="7">海峡两岸</td></tr>
<tr><td>14:00</td><td>01:00</td><td colspan="7">中国新闻</td></tr>
<tr><td>14:10</td><td>01:10</td><td colspan="7">导视（4）</td></tr>
<tr><td>14:12</td><td>01:12</td><td>天涯共此时</td><td colspan="5">电视剧场二</td><td>体育在线</td></tr>
<tr><td>14:57</td><td>01:57</td><td colspan="7">导视（5）</td></tr>
</table>

续表

<table>
<tr><th>北京时间</th><th>美国东部时间</th><th>周一</th><th>周二</th><th>周三</th><th>周四</th><th>周五</th><th>周六</th><th>周日</th></tr>
<tr><td>14:58</td><td>01:58</td><td>体育在线周末版</td><td colspan="5">电视剧场二</td><td>寻宝</td></tr>
<tr><td rowspan="2">15:30</td><td rowspan="2">02:30</td><td rowspan="2">外国人在中国</td><td colspan="5">15:48 精彩一刻</td><td>天天饮食</td></tr>
<tr><td colspan="6">15:58 导视（6）</td></tr>
<tr><td>16:00</td><td>03:00</td><td colspan="7">中国新闻</td></tr>
<tr><td>16:10</td><td>03:10</td><td colspan="7">导视（7）</td></tr>
<tr><td rowspan="2">16:13</td><td rowspan="2">03:13</td><td rowspan="2">中国文艺（周末版）</td><td colspan="6">中国文艺</td></tr>
<tr><td colspan="6">16:43 国宝档案</td></tr>
<tr><td>16:58</td><td>03:58</td><td colspan="7">导视（8）</td></tr>
<tr><td>17:00</td><td>04:00</td><td colspan="7">中国新闻</td></tr>
<tr><td>17:10</td><td>04:10</td><td colspan="5">天天饮食</td><td colspan="2">导视（9）</td></tr>
<tr><td rowspan="2">17:20</td><td rowspan="2">04:20</td><td colspan="5" rowspan="2">快乐驿站</td><td colspan="2">17:12 精彩一刻</td></tr>
<tr><td colspan="2">17:27 导视（10）</td></tr>
<tr><td>17:30</td><td>04:30</td><td colspan="7">走遍中国</td></tr>
<tr><td>18:00</td><td>05:00</td><td colspan="7">中国新闻</td></tr>
<tr><td>18:15</td><td>05:15</td><td colspan="7">导视（11）</td></tr>
<tr><td>18:18</td><td>05:18</td><td colspan="7">百家讲坛</td></tr>
<tr><td>18:58</td><td>05:58</td><td colspan="7">导视（12）</td></tr>
<tr><td>19:00</td><td>06:00</td><td colspan="6">中国新闻</td><td rowspan="2">中国新闻·周日1小时</td></tr>
<tr><td>19:15</td><td>06:15</td><td colspan="5">华人世界</td><td>外国人在中国</td></tr>
<tr><td>19:45</td><td>06:45</td><td colspan="5">远方的家</td><td>中国文艺（周末版）</td><td>20:00 体育在线（周末版）</td></tr>
<tr><td>20:30</td><td>07:30</td><td colspan="7">海峡两岸</td></tr>
<tr><td>21:00</td><td>08:00</td><td colspan="7">中国新闻</td></tr>
<tr><td>21:30</td><td>08:30</td><td colspan="7">今日关注</td></tr>
<tr><td>22:00</td><td>09:00</td><td>文明之旅</td><td>天涯共此时</td><td>中华医药</td><td>体育在线</td><td>深度国际</td><td rowspan="3">中华情</td><td rowspan="2">流行无限</td></tr>
<tr><td>22:45</td><td>09:45</td><td colspan="5">天天饮食</td></tr>
<tr><td>22:55</td><td>09:55</td><td colspan="5">导视</td><td>22:55 导视</td></tr>
</table>

续表

北京时间	美国东部时间	周一	周二	周三	周四	周五	周六	周日
23:00	10:00	今日亚洲						
23:30	10:25	电视剧场三					远方的家	快乐汉语
24:15	10:10	电视剧场三					远方的家	
25:00	12:00	中国新闻						城市1对1
25:10	12:10	华人世界					精彩一刻 25:25 导视	
25:40	12:30	探索·发现					25:30 文明之旅	25:45 中华医药
26:20	13:20	百家讲坛					26:15快乐汉语	26:30 百家讲坛
27:00	14:00	中国新闻						
27:10	14:10	导视（14）					导视4′ +广告1′	
27:15	14:15	动画城						

CCTV—5 体育频道栏目播出时间表

时间＼星期	星期一	星期二	星期三	星期四	星期五	星期六	星期日
04:00	空						
04:25	空						
05:55	国歌+预告						
06:00	健身动起来						
06:25	广告+包装						
06:30	体育晨报						
08:30	广告+包装						

续表

<table>
<tr><th>星期
时间</th><th>星期一</th><th>星期二</th><th>星期三</th><th>星期四</th><th>星期五</th><th>星期六</th><th>星期日</th></tr>
<tr><td>08:35</td><td colspan="7">空</td></tr>
<tr><td>09:30</td><td colspan="6">空</td><td rowspan="6">10:00 拳击（插播体坛快讯）</td></tr>
<tr><td rowspan="2">10:25</td><td colspan="4" rowspan="2">空+插播5′</td><td>10:55 广告+包装</td><td rowspan="2">10:25 空+插播5′</td></tr>
<tr><td>11:00 武林大会</td></tr>
<tr><td>11:55</td><td colspan="6">广告+包装</td></tr>
<tr><td>12:00</td><td colspan="6">体坛快讯</td></tr>
<tr><td>12:25</td><td colspan="6">广告+包装</td></tr>
<tr><td>12:30</td><td colspan="5">重点赛事+插播5′</td><td>12:30 空</td></tr>
<tr><td>14:00</td><td colspan="5">广告+包装</td><td rowspan="3">13:20 空+插播5′</td><td>13:30 广告+包装</td></tr>
<tr><td>14:05</td><td colspan="5">赛事精选</td><td>13:35 空</td></tr>
<tr><td>14:30</td><td colspan="5">空+插播5′</td><td>15:05 广告+包装</td></tr>
<tr><td>16:00</td><td colspan="5">广告+包装</td><td rowspan="3">15:30 空+插播5′</td><td rowspan="2">15:10 空</td></tr>
<tr><td>16:02</td><td colspan="5">空+插播2′</td></tr>
<tr><td>16:57</td><td colspan="5">广告+包装</td><td>16:40 广告+包装</td></tr>
<tr><td>17:00</td><td colspan="5">空+插播2′</td><td colspan="2">16:45 空</td></tr>
<tr><td>17:55</td><td colspan="7">广告+包装</td></tr>
<tr><td>18:00</td><td colspan="7">体育新闻</td></tr>
<tr><td>18:30</td><td colspan="7">广告+包装</td></tr>
<tr><td>18:35</td><td>体育人间</td><td>武林大会</td><td>赛车时代</td><td>运动大不同</td><td>篮球公园</td><td>足球之夜</td><td>18:55 空</td></tr>
<tr><td>19:25</td><td colspan="5">广告+包装</td><td>19:25 广告+包装</td><td>19:20 广告+包装5′</td></tr>
<tr><td>19:30</td><td>黄金赛场—天下足球</td><td colspan="4">黄金赛场—赛事</td><td>19:30 赛事</td><td>19:25 赛事</td></tr>
<tr><td>21:25</td><td colspan="7">广告+包装</td></tr>
</table>

续表

时间＼星期	星期一	星期二	星期三	星期四	星期五	星期六	星期日
21:30	体育世界					欧洲联赛 28:00 结束	
22:00	第二黄金赛场—重点赛事						
23:55	广告+包装						
24:00	体育报道（直播）						
24:25	广告+包装						
24:30	顶级赛事—高尔夫	顶级赛事	实况录像		顶级赛事		
27:30	广告+包装						
27:35	空						
28:00	结束						

CCTV－6 电影频道栏目播出时间表

时间＼星期	星期一	星期二	星期三	星期四	星期五	星期六	星期日
05:45	国歌+频道片头						
05:47	白天广告 (1)						
05:50	国产片						
07:30	光影 (1) +白天广告 (3)						
07:40	国产片					少儿影院	
09:20	白天广告 (5) +光影 (2) +白天 (6)						
09:35	国产片					少儿影院	
11:15	白天广告 (8) +光影 (3)						

续表

<table>
<tr><th>星期
时间</th><th>星期一</th><th>星期二</th><th>星期三</th><th>星期四</th><th>星期五</th><th>星期六</th><th>星期日</th></tr>
<tr><td>11:28</td><td colspan="7">电影报道（重播）</td></tr>
<tr><td>11:48</td><td colspan="7">白天广告（9）+音乐</td></tr>
<tr><td>11:55</td><td colspan="7">国产片</td></tr>
<tr><td>13:35</td><td colspan="7">光影（4）+白天广告（11）</td></tr>
<tr><td>13:48</td><td colspan="5">引进片</td><td>影人1+1（国产引进片轮播）</td><td>引进片+佳片有约19′</td></tr>
<tr><td>15:28</td><td colspan="7">光影（5）+白天（13）</td></tr>
<tr><td rowspan="3">15:35</td><td rowspan="3">国产片</td><td colspan="2" rowspan="2">国产片</td><td rowspan="3">国产片</td><td>国产片</td><td>影人1+1（国产引进片轮播）</td><td>国产片</td></tr>
<tr><td colspan="3">17:06 白天广告（15）+光影（6）</td></tr>
<tr><td colspan="2">17:20 白天广告（15）+光影（6）</td><td rowspan="2">17:20爱上电影网+广告7′</td><td rowspan="2">世界电影之旅+广告2′</td><td rowspan="2">世界电影之旅+广告7′</td></tr>
<tr><td>17:28</td><td>白天广告（15）+光影（6）</td><td colspan="2">电影频道梦工场+广告4′</td><td>白天广告（15）+光影（6）</td></tr>
<tr><td>17:42</td><td colspan="7">资讯快车+广告1′</td></tr>
<tr><td>17:50</td><td colspan="7">广告（1）</td></tr>
<tr><td>17:55</td><td colspan="7">电影报道</td></tr>
<tr><td>18:15</td><td colspan="7">光影（7）+广告（2）</td></tr>
<tr><td>18:22</td><td>黄金段国产片（流金岁月）</td><td colspan="3">黄金段国产片</td><td>动作90分（国产片）</td><td>周末影院（国产片）</td><td>周日点播（国产片）</td></tr>
<tr><td>20:05</td><td colspan="7">光影（8）+广告（4）</td></tr>
<tr><td>20:15</td><td colspan="6">黄金段国产片</td><td>周日点播国产片</td></tr>
<tr><td>22:05</td><td colspan="7">广告（6）+光影+广告（7）</td></tr>
<tr><td>22:18</td><td>艺术影院引进片（原声）</td><td colspan="3">引进片</td><td>黄金院线（引进片）</td><td>佳片有约+ 引进片</td><td>周日点播（引进片）</td></tr>
<tr><td>23:53</td><td colspan="7">广告（9）+音乐+光影（10）</td></tr>
<tr><td>24:08</td><td colspan="6">国产片</td><td>探索影厅（国产片）</td></tr>
<tr><td>25:43</td><td colspan="7">广告（11）</td></tr>
<tr><td>25:45</td><td colspan="7">国产片</td></tr>
<tr><td>27:25</td><td>国产片</td><td>引进片</td><td>国产片</td><td>引进片</td><td>国产片</td><td>引进片</td><td>国产片</td></tr>
</table>

CCTV—7 军事·农业频道栏目播出时间表

时间＼星期	星期一	星期二	星期三	星期四	星期五	星期六	星期日
05:56:55	台标+国歌+导视						
06:00	农业气象						
06:05	农广天地（重播）						
06:35	聚焦三农（重播）						
07:00	广告+导视2′						
07:05	综艺类节目						
08:05	导视						
08:07	专题片						
09:07	广告+导视1′						
09:10	防务新观察（重播）	军旅人生（重播）					防务新观察（重播）
09:40	军事纪实（重播）					中国武警（首播）	军事科技（重播）
10:10	广告4′+导视2′+欣赏						
10:18	百战经典（重播）	讲武堂（重播）	军营大舞台（重播）	谁是终极英雄（重播）	军旅文化大视野（重播）	讲武堂（首播）	军旅文化大视野（首播）
11:18	导视2′+欣赏						
11:21	专题片						
12:21	广告4′+导视						
12:27	乡土（首播）					专题片	
12:57	聚焦三农（重播）						
13:22	每日农经（重播）					法制编辑部（重播）	乡约（重播）
13:42	致富经（重播）						
14:12	广告						
14:13	科技苑（重播）						农广天地（重播）
14:43	气象节目						
14:48	农广天地（首播）					健康之路、天天饮食等	

续表

<table>
<tr><th>时间＼星期</th><th>星期一</th><th>星期二</th><th>星期三</th><th>星期四</th><th>星期五</th><th>星期六</th><th>星期日</th></tr>
<tr><td>15:18</td><td colspan="7">导视</td></tr>
<tr><td>15:20</td><td>防务新观察（重播）</td><td colspan="5">健康之路、天天饮食</td><td>防务新观察（重播）</td></tr>
<tr><td>15:50</td><td colspan="7">导视2′+欣赏2′+广告</td></tr>
<tr><td>15:57</td><td colspan="5">军事纪实（重播）</td><td>百战经典（首播）</td><td>谁是终极英雄（首播）</td></tr>
<tr><td>16:27</td><td>百战经典（重播）</td><td>讲武堂（重播）</td><td>军营大舞台（重播）</td><td>谁是终极英雄（重播）</td><td>军旅文化大视野（重播）</td><td colspan="2">16:57 广告</td></tr>
<tr><td>17:27</td><td colspan="5">广告</td><td rowspan="2">17:00军营大舞台（首播）</td><td>17:00中国武警（重播）</td></tr>
<tr><td>17:30</td><td colspan="5">和平年代（重播）</td><td>17:30军事科技（重播）</td></tr>
<tr><td>18:00</td><td colspan="7">广告</td></tr>
<tr><td>18:05</td><td colspan="5">生活567（首播）</td><td rowspan="3">乡村大世界（首播）</td><td rowspan="2">阳光大道（首播）</td></tr>
<tr><td>18:30</td><td colspan="5">科技苑（首播）</td></tr>
<tr><td>19:00</td><td colspan="5">农广天地（首播）</td><td>农广天地（首播）</td></tr>
<tr><td>19:30</td><td colspan="7">广告</td></tr>
<tr><td>19:31</td><td colspan="7">军事报道（首播）（直播）</td></tr>
<tr><td>19:56</td><td colspan="7">广告</td></tr>
<tr><td>20:00</td><td colspan="5">军事纪实（首播）</td><td colspan="2">防务新观察（首播）</td></tr>
<tr><td>20:30</td><td colspan="7">广告3′+导视</td></tr>
<tr><td>20:35</td><td colspan="7">专题片</td></tr>
<tr><td>21:05</td><td colspan="7">广告5′+导视</td></tr>
<tr><td>21:12</td><td colspan="7">气象节目（首播）</td></tr>
<tr><td>21:17</td><td colspan="5">致富经（首播）</td><td rowspan="2">乡约（首播）</td><td rowspan="2">法制编辑部（首播）</td></tr>
<tr><td>21:47</td><td colspan="5">每日农经（首播）</td></tr>
<tr><td>22:07</td><td colspan="7">聚焦三农（首播）</td></tr>
<tr><td>22:32</td><td colspan="7">广告6′+欣赏</td></tr>
<tr><td>23:17</td><td colspan="5">生活567（重播）</td><td rowspan="2">阳光大道（重播）</td><td rowspan="3">乡村大世界（重播）</td></tr>
<tr><td>23:42</td><td colspan="5">乡土（重播）</td></tr>
<tr><td>24:12</td><td colspan="6">农广天地（重播）</td></tr>
</table>

续表

星期 时间	星期一	星期二	星期三	星期四	星期五	星期六	星期日
24:42	广告2′ +导视2+广告4′						
24:50	结束曲						

注：军事节目首播量：930分钟；重播量：1440分钟；播出总量：2370分钟。农业节目首播量：1455分钟；重播量：1785分钟；播出总量：3240分钟。

CCTV－8 电视剧频道栏目播出时间表

星期 时间	星期一	星期二	星期三	星期四	星期五	星期六	星期日
05:49:00	台标+国歌+包装 (1)						
05:51:00	早间剧场第一集						
06:37:00	早间剧场第二集						
07:23:00	早间剧场第三集贴片						
07:25:00	早间剧场第三集						
08:11:00	星推荐+片头后广告20″						
08:16:00	魅力剧场第一集贴片广告						
08:20:00	魅力剧场第一集						
09:06:00	魅力剧场一二集间广告						
09:08:00	总编室包装 (1)						
09:09:00	魅力剧场第二集贴片广告						
09:11:00	魅力剧场第二集						
09:57:00	魅力剧场二三集间广告						
09:59:00	包装 (2)						

续表

星期 时间	星期一	星期二	星期三	星期四	星期五	星期六	星期日
10:01:00	魅力剧场第三集贴片广告						
10:03:00	魅力剧场第三集						
10:49:00	魅力剧场三四集间广告						
10:51:00	包装 (3)						
10:53:00	魅力剧场第四集贴片广告						
10:55:00	魅力剧场第四集						
11:41:00	星推荐						
11:46:00	拉芳剧场前广告						
11:50:00	包装 (4)						
11:52:00	拉芳剧场第一集贴片广告						
11:56:00	拉芳剧场第一集						
12:42:00	拉芳剧场集间广告						
12:45:00	包装 (5)						
12:47:00	拉芳剧场第二集贴片广告						
12:50:00	拉芳剧场第二集						
13:36:00	星推荐+片头后广告20″						
13:41:00	佳人剧场前广告						
13:44:00	包装 (6)						
13:46:00	佳人剧场第一集贴片广告						
13:49:00	佳人剧场第一集						
14:35:00	佳人剧场一二集间广告						
14:38:00	总编室包装 (2)						
14:39:00	佳人剧场第二集贴片广告						
14:43:00	佳人剧场第二集						

续表

时间 \ 星期	星期一	星期二	星期三	星期四	星期五	星期六	星期日
15:29:00	佳人剧场二三集间广告						
15:32:00	包装（7）						
15:34:00	佳人剧场第三集贴片广告						
15:38:00	佳人剧场第三集						
16:24:00	星推荐+片头后广告20″						
16:29:00	影视同期声前广告						
16:31:00	影视同期声						
16:51:00	明一剧场前广告						
16:54:00	总编室包装（3）						
16:55:00	明一剧场第一集贴片广告						
16:59:00	明一剧场第一集						
17:45:00	明一剧场集间广告						
17:48:00	包装（8）						
17:50:00	明一剧场第二集贴片广告						
17:53:00	明一剧场第二集						
18:39:00	微剧场贴片广告						
18:42:00	微剧场+中插广告2′						
18:45:00	黄金强档前广告						
18:48:00	星推荐+片头后广告20″						
18:53:00	黄金强档第一集贴片广告						
18:57:00	黄金强档第一集本集提要						
18:57:30	黄金强档第一集本集提要后广告						
19:00:00	黄金强档第一集						
19:40:00	黄金强档第一集下集预告前广告						
19:41:00	黄金强档第一集下集预告						

续表

时间＼星期	星期一	星期二	星期三	星期四	星期五	星期六	星期日
19:41:30	黄金强档一二集间广告						
19:44:30	总编室包装 (4)						
19:45:30	黄金强档第二集贴片广告						
19:48:30	黄金强档第二集本集提要						
19:49:00	黄金强档第二集本集提要后广告						
19:49:55	黄金强档第二集						
20:29:55	黄金强档第二集下集预告前广告						
20:30:55	黄金强档第二集下集预告						
20:31:25	黄金强档二三集间广告						
20:34:25	包装 (9)						
20:36:25	黄金强档第三集贴片广告						
20:39:25	黄金强档第三集本集提要						
20:39:55	黄金强档第三集本集提要后广告						
20:41:00	黄金强档第三集						
21:21:00	黄金强档第三集下集预告前广告						
21:22:00	黄金强档第三集下集预告						
21:43:00	黄金强档第四集						
21:22:30	星推荐+片头后广告20″						
21:27:30	海外剧场第一集本集提要						
21:28:30	海外剧场第一集贴片广告						
21:32:30	海外剧场第一集						
22:18:30	包装 (10)						
22:20:30	海外剧场集间广告						
22:23:30	海外剧场第二集本集提要						

续表

星期 时间	星期一	星期二	星期三	星期四	星期五	星期六	星期日
22:24:30	海外剧场第二集贴片广告						
22:28:30	海外剧场第二集						
23:14:30	原声影视前广告						
23:17:30	包装（11）						
23:19:30	原声影视贴片广告						
23:22:30	原声影视						
24:22:30	原声影视后广告						
24:25:30	都市剧场第一集						
25:11:30	都市剧场第二集						
25:57:30	都市剧场第三集						
26:43:30	都市剧场第四集						
27:29:30	都市剧场第五集						
28:15:30	都市剧场第六集						

CCTV—9 纪录频道栏目播出时间表

星期 时间	星期一	星期二	星期三	星期四	星期五	星期六	星期日
04:00	发现						
04:26	频道导视（1）						
04:30	人文地理						
04:56	频道导视（2）						

续表

时间 \ 星期	星期一	星期二	星期三	星期四	星期五	星期六	星期日
05:00	特别呈现						
05:54	频道导视 (3)						
06:00	时代						
06:26	频道导视 (4)						
06:30	真相						
06:56	频道导视 (5)						
07:00	发现						
07:26	频道导视 (6)						
07:30	人文地理						
07:56	频道导视 (7)						
08:00	自然						
08:54	频道导视 (8)						
09:00	万象						发现
09:54	频道导视 (9)						09:26 频道导视 (9)
10:00	特别呈现				10:00 纪录电影		09:30 寰宇视野\自然\万象
10:54	频道导视 (10)						10:24 频道导视 (10)
11:00	寰宇视野						10:30 寰宇视野\自然\万象
11:54	频道导视 (11)				11:24 频道导视 (11) 11:30 寰宇视野\自然\万象 12:24 频道导视 (12) 12:30 寰宇视野\自然\万象 13:24 频道导视13 13:30寰宇视野\自然\万象 14:24 频道导视 (15)		
12:00	自然						
12:54	频道导视 (12)						
13:00	万象						
13:54	频道导视 (13)						
14:00	时代						
14:26	频道导视 (14)						
14:30	真相						

续表

<table>
<tr><th>星期
时间</th><th>星期一</th><th>星期二</th><th>星期三</th><th>星期四</th><th>星期五</th><th>星期六</th><th>星期日</th></tr>
<tr><td>14:56</td><td colspan="4">频道导视 (15)</td><td colspan="3" rowspan="6">14:30 寰宇视野\自然\万象
15:24 频道导视 (16)
15:30 寰宇视野\自然\万象
16:24 频道导视 (17)
16:30 寰宇视野\自然\万象
17:24 频道导视 (18)</td></tr>
<tr><td>15:00</td><td colspan="4">寰宇视野</td></tr>
<tr><td>15:54</td><td colspan="4">频道导视 (16)</td></tr>
<tr><td>16:00</td><td rowspan="3">纪录电影</td><td colspan="3">特别呈现</td></tr>
<tr><td>16:54</td><td colspan="3">频道导视 (17)</td></tr>
<tr><td>17:00</td><td colspan="3">发现</td></tr>
<tr><td>17:26</td><td colspan="7">频道导视 (18)</td></tr>
<tr><td>17:30</td><td colspan="7">人文地理 (0)</td></tr>
<tr><td>17:56</td><td colspan="7">频道导视 (19)</td></tr>
<tr><td>18:00</td><td colspan="7">自然</td></tr>
<tr><td>18:54</td><td colspan="7">频道导视 (20)</td></tr>
<tr><td>19:00</td><td colspan="7">万象</td></tr>
<tr><td>19:54</td><td colspan="7">频道导视 (21)</td></tr>
<tr><td>20:00</td><td colspan="7">特别呈现</td></tr>
<tr><td>20:54</td><td colspan="7">频道导视 (22)</td></tr>
<tr><td>21:00</td><td colspan="7">寰宇视野</td></tr>
<tr><td>21:54</td><td colspan="7">频道导视 (23)</td></tr>
<tr><td>22:00</td><td colspan="6">时代</td><td rowspan="5">22:00 纪录电影</td></tr>
<tr><td>22:26</td><td colspan="6">频道导视 (24)</td></tr>
<tr><td>22:30</td><td colspan="6">真相</td></tr>
<tr><td>22:56</td><td colspan="6">频道导视 (25)</td></tr>
<tr><td>23:00</td><td colspan="6">发现</td></tr>
<tr><td>23:26</td><td colspan="7">频道导视 (26)</td></tr>
<tr><td>23:30</td><td colspan="7">人文地理</td></tr>
<tr><td>23:56</td><td colspan="7">频道导视 (27)</td></tr>
<tr><td>24:00</td><td colspan="7">寰宇视野</td></tr>
</table>

续表

星期/时间	星期一	星期二	星期三	星期四	星期五	星期六	星期日
24:54	频道导视 (28)						
25:00	自然						
25:54	频道导视 (29)						
26:00	万象						
26:54	频道导视 (30)						
27:00	时代						
27:26	频道导视 (31)						
27:30	真相						
27:56	频道导视 (32)						

CCTV–9 Documentary 栏目播出时间表

北京时间	星期一	星期二	星期三	星期四	星期五	星期六	星期日	美国东部时间	格林尼治时间
04:00	人文地理							16:00	21:00
04:27	频道导视							16:27	21:27
04:30	时代写真							16:30	21:30
04:57	频道导视							16:57	21:57
05:00	特别呈现							17:00	22:00
05:56	频道导视							17:56	22:56
06:00	发现之路							18:00	23:00
06:27	频道导视							18:27	23:27
06:30	历史传奇							18:30	23:30
06:57	频道导视							18:57	23:57

续表

北京时间	星期一	星期二	星期三	星期四	星期五	星期六	星期日	美国东部时间	格林尼治时间
07:00	人文地理							19:00	00:00
07:27	频道导视							19:27	00:27
07:30	时代写真							19:30	00:30
07:57	频道导视							19:57	00:57
08:00	特别呈现							20:00	01:00
08:56	频道导视							20:56	01:56
09:00	精彩放送							21:00	02:00
09:56	频道导视							21:56	02:56
10:00	发现之路							22:00	03:00
10:27	频道导视							22:27	03:27
10:30	历史传奇							22:30	03:30
10:57	频道导视							22:57	03:57
11:00	精彩放送							23:00	04:00
11:56	频道导视							23:57	04:57
12:00	人文地理							00:00	05:00
12:27	频道导视							00:27	05:27
12:30	时代写真							00:30	05:30
12:57	频道导视							00:57	05:57
13:00	特别呈现							01:00	06:00
13:56	频道导视							01:56	06:56
14:00	发现之路							02:00	07:00
14:27	频道导视							02:27	07:27
14:30	历史传奇							02:30	07:30
14:57	频道导视							02:57	07:57
15:00	精彩放送							03:00	08:00
15:56	频道导视							03:56	08:56
16:00	人文地理							04:00	09:00

续表

北京时间	星期一	星期二	星期三	星期四	星期五	星期六	星期日	美国东部时间	格林尼治时间
16:27	频道导视							04:27	09:27
16:30	时代写真							04:30	09:30
16:57	频道导视							04:57	09:57
17:00	特别呈现							05:00	10:00
17:56	频道导视							05:56	10:56
18:00	发现之路							06:00	11:00
18:27	频道导视							06:27	11:27
18:30	历史传奇							06:30	11:30
18:57	频道导视							06:57	11:57
19:00	精彩放送							07:00	12:00
19:56	频道导视							07:56	12:56
20:00	人文地理							08:00	13:00
20:27	频道导视							08:27	13:27
20:30	时代写真							08:30	13:30
20:57	频道导视							08:57	13:57
21:00	特别呈现							09:00	14:00
21:56	频道导视							09:56	14:56
22:00	发现之路							10:00	15:00
22:27	频道导视							10:27	15:27
22:30	历史传奇							10:30	15:30
22:57	频道导视							10:57	15:57
23:00	精彩放送							11:00	16:00
23:56	频道导视							11:56	16:56
24:00	人文地理							12:00	17:00
24:27	频道导视							12:27	17:27
24:30	时代写真							12:30	17:30

续表

北京时间	星期一	星期二	星期三	星期四	星期五	星期六	星期日	美国东部时间	格林尼治时间
24:57	频道导视							12:57	17:57
25:00	特别呈现							13:00	18:00
25:56	频道导视							13:56	18:56
26:00	发现之路							14:00	19:00
26:27	频道导视							14:27	19:27
26:30	历史传奇							14:30	19:30
26:57	频道导视							14:57	19:57
27:00	精彩放送							15:00	20:00
27:56	频道导视							15:56	20:56

CCTV—10 科教频道栏目播出时间表

时间 \ 星期	星期一	星期二	星期三	星期四	星期五	星期六	星期日
06:00:00	自然传奇+导视10″				自然传奇特别节目		
06:41:10	走近科学（含中插广告2′ 50″）+欣赏1′ +导视110″						
07:10:00	大“真”探（含中插广告3′）		特别节目（含中插广告3′）				
08:08:00	文明密码	我爱发明					原来如此（含中插广告2′ 30″）+导视10″ +广告2′ 20″
09:05:30	健康之路（含中插广告3′）+导视10″ +广告2′ 50″						
09:49:30	精编节目（含中插广告4′ 30″）+欣赏1′ +导视110″ +广告1′ 40″						
10:49:00	特别节目（含中插广告3′ 30″）+导视10″ +广告3′ 20″				大“真”探（含中插广告3′ 30″）+导视10″ +广告3′ 20″		

续表

时间 \ 星期	星期一	星期二	星期三	星期四	星期五	星期六	星期日
11:47:30	百家讲坛（首播）（含中插广告1′30″）+导视10″+广告1′20″						
12:30:00	文明密码	我爱发明					原来如此（含中插广告1′30″）+导视10″+广告1′20″
13:26:30	科技之光（首播）（含中插广告1′30″）+导视10″+广告1′20″	精编节目（首播）（含中插广告1′30″）+导视10″+广告1′20″					
14:23:00	探索·发现（含中插广告1′30″）+导视10″+广告1′20″						
15:05:30	地理·中国（含中插广告1′30″）+导视10″+广告1′20″						
15:33:00	自然传奇特别节目（重播）（含中插广告4′）+导视110″+广告2′10″				自然传奇特别节目（含中插广告4′）+导视110″+广告2′10″		
16:47:00	特别节目（含中插广告2′）+导视10″+广告1′50″				大“真”探（含中插广告2′）+导视10″+广告1′50″		
17:44:00	地理·中国（首播）（含中插广告1′30″）+导视10″+广告1′20″						
18:11:30	健康之路（首播）（含中插广告1′30″）+导视10″+广告1′20″						
18:54:00	文明密码（首播）	我爱发明（首播）					原来如此（首播）（含中插广告2′30″）+导视10″+广告2′20″
19:51:30	自然传奇（首播）（含中插广告90″）				发明梦工场（首播）（含中插广告2′）+导视10″+广告1′50″	自然传奇特别节目（首播）（含中插广告2′）+导视10″+广告1′50″	
20:34:00	走近科学（首播）（含中插广告3′30″）+导视110″+广告1′40″						
21:03:30	特别节目（首播）（含中插广告1′30″）+导视10″+广告1′20″				21:10大“真”探（首播）（含中插广告1′30″）+导视10″+广告1′20″	大“真”探（55+1′30″）10″+1′20″	
22:00:00	探索·发现（首播）（含中插广告1′30″）+导视 10″+广告1′20″				22:06:30探索·发现（首播）（含中插广告1′30″）	探索·发现（首播）（含中插广告1′30″）+导视10″+广告1′20″	
22:42:30	读书（首播）（含中插广告3′30″）+欣赏1′+导视10″+广告2′20″	第10放映室（首播）（含中插广告3′30″）+欣赏1′+导视10″+广告2′20	大家（首播）（含中插广告3′30″）+欣赏1′+导视10″+广告2′20″	人物（首播）（含中插广告3′30″）+欣赏1′+导视10″+广告2′20″	22:49:00人物（含中插广告3′30″）+欣赏1′+导视10″+广告2′20″	讲述（首播）（含中插广告3′30″） +欣赏1′+导视10″+广告2′20″	

续表

时间＼星期	星期一	星期二	星期三	星期四	星期五	星期六	星期日
23:27:00	百家讲坛				22:33:30 百家讲坛 24:14:30 我爱发明 25:09:30 人物 25:50:30 精编节目 26:45:30 结束	发明梦工场 24:42 百家讲坛 25:23 我爱发明 26:18 人物 26:59 结束	百家讲坛
24:08:00	文明密码	我爱发明					原来如此（周日）
25:03:00	讲述	读书	第10放映室	大家			讲述
25:44:00	科技之光	精编节目					精编节目
26:39:00	结束						结束

CCTV—11 戏曲频道栏目播出时间表

时间＼星期	星期一	星期二	星期三	星期四	星期五	星期六	星期日
06:00	台标+国歌+主持人伴视（1）						
06:06	快乐戏园						
06:37	广告（1）						
06:38	锦绣梨园+中插广告3′						
07:41	主持人伴视（2）						
07:47	广告（2）						
07:48	名段欣赏+广告1′						
08:16	主持人伴视（3）						
08:22	广告（3）						
08:23	九州大戏台+中插广告2′					一鸣惊人+中插广告3′	过把瘾+中插广告3′
09:25	主持人伴视（4）						
09:31	广告（4）						

续表

时间＼星期	星期一	星期二	星期三	星期四	星期五	星期六	星期日
09:32	跟我学+广告1′						
10:03	广告（5）						
10:06	一路欢笑+中插广告3′						
11:09	主持人伴视（5）						
11:15	广告（6）						
11:18	影视剧场						
12:05	广告（7）						
12:08	影视剧场						
12:55	广告（8）						
12:58	影视剧场						
13:45	主持人伴视（6）						
13:51	广告（9）						
13:54	CCTV空中剧院+中插广告2′		京剧音配像（午间版）+中插广告2′	CCTV空中剧院（精编版）+中插广告2′	九州大戏台（精编版）+中插广告2′	京剧音配像（午间版）+中插广告2′	影视剧场（经典戏曲电影）
16:33	广告（10）						
16:36	一路欢笑+中插广告3′						快乐戏园（周末版）+中插广告3′
17:39	广告（11）						
17:42	主持人伴视（7）						
17:48	戏曲采风						
18:03	广告（12）3’						
18:06	一路欢笑+中插广告4′						
19:10	主持人伴视（8）						
19:16	广告（13）						

续表

星期 / 时间	星期一	星期二	星期三	星期四	星期五	星期六	星期日
19:20	京剧音配像（晚间首播版）+中插广告2′+广告10′	九州大戏台（晚间首播版）+中插广告2′+广告10′	CCTV空中剧院（晚间首播版）+中插广告2′	京剧音配像（晚间首播版）+中插广告2′+广告10′	一鸣惊人+中插广告3′ 20:23 主持人伴视(9) 20:29 影视剧场（经典戏曲电影）+中插广告3′	CCTV空中剧院（晚间首播版）+中插广告2′	过把瘾+中插广告3′ 20:23 广告（14） 20:27 影视剧场（经典戏曲电影）+中插广告3′
22:20	主持人伴视（10）						
22:26	广告（15）						
22:30	影视剧场						
23:18	广告（16）						
23:21	影视剧场						
24:09	广告（17）						
24:12	影视剧场						
25:00	广告（18）						
25:01	一路欢笑+中插广告3′						
26:04	主持人伴视（11）						
26:10	结束						

CCTV−12 社会与法频道栏目播出时间表

星期 / 时间	星期一	星期二	星期三	星期四	星期五	星期六	星期日
05:55:00	晨曲+导视						
06:00:00	见证	夜线				心理访谈	小区大事
06:40:00	导视（2）						

续表

时间＼星期	星期一	星期二	星期三	星期四	星期五	星期六	星期日
06:41:00	热线12						
07:21:00	导视 (3)						
07:22:00	法律讲堂（文史版）						
07:52:00	广告 (1)						
07:54:00	导视 (4)						
07:55:00	一线						
08:35:00	夕阳红						
08:55:00	平安365						
09:15:00	广告 (2)						
09:15:30	导视 (5)						
09:16:00	普法栏目剧						
10:06:00	广告 (3)						
10:07:00	导视 (6)						
10:08:00	法律讲堂						
10:38:00	忏悔录	天网					庭审现场
11:18:00	导视 (7)						
11:19:00	道德观察						
11:39:00	平安365（首播）+广告2′						
11:59:00	热线12（首播）（直播）						
12:39:00	广告 (4)						
12:41:00	导视 (8)						
12:42:00	普法栏目剧						
13:32:00	广告 (5)						
13:34:00	导视 (9)						
13:35:00	见证	天网				心理访谈	小区大事
14:15:00	法律讲堂						
14:45:00	广告 (6)						

续表

时间＼星期	星期一	星期二	星期三	星期四	星期五	星期六	星期日
14:47:00	导视（10）						
14:48:00	一线						
15:28:00	道德观察						
15:48:00	夕阳红（首播）+广告2′						
16:08:00	法律讲堂（文史版）						
16:38:00	热线12						
17:18:00	广告（7）						
17:20:00	导视（11）						
17:21:00	忏悔录	天网					庭审现场
18:01:00	普法栏目剧						
18:51:00	广告（8）						
18:52:00	法律讲堂（首播）+广告3′						
19:22:00	广告（9）						
19:23:00	导视（12）						
19:24:00	一线（首播）+广告4′						
20:04:00	广告（10）						
20:06:00	导视（13）						
20:07:00	天网（首播）+广告4′					庭审现场（首播）+广告4′	忏悔录（首播）+广告4′
20:47:00	广告（11）						
20:48:00	导视（14）						
20:49:00	普法栏目剧（首播）+广告5′						
21:39:00	道德观察（首播）+广告2′						
21:59:00	广告（12）						
21:59:30	导视（15）						
22:00:00	夜线（首播）（直播）				心理访谈（首播）+广告4′	小区大事（首播）+广告4′	见证（首播）+广告4′

续表

时间＼星期	星期一	星期二	星期三	星期四	星期五	星期六	星期日
22:40:00	法律讲堂（文史版）（首播）+广告3′						
23:10:00	广告（13）						
23:13:00	导视（16）						
23:14:00	一线						
23:54:00	天网					庭审现场	忏悔录
24:34:00	广告（14）						
24:37:00	导视（17）						
24:38:00	平安365						
24:58:00	广告（15）						
25:01:00	导视（18）						
25:02:00	法律讲堂（文史版）						
25:32:00	广告（16）						
25:34:00	导视（19）						
25:35:00	夜线				心理访谈	小区大事	见证
26:15:00	结束						

CCTV—13 新闻频道栏目播出时间表

时间＼星期	星期一	星期二	星期三	星期四	星期五	星期六	星期日
06:00:00	朝闻天下（06:00—08:30一套并机）						
09:00:00	上午直播间						

续表

<table>
<tr><th>时间 \ 星期</th><th>星期一</th><th>星期二</th><th>星期三</th><th>星期四</th><th>星期五</th><th>星期六</th><th>星期日</th></tr>
<tr><td>12:00:00</td><td colspan="7">新闻30分（一套并机）</td></tr>
<tr><td>12:30:00</td><td colspan="6">法治在线（直播）</td><td>12:35每周质量报告</td></tr>
<tr><td>13:00:00</td><td colspan="7">下午直播间</td></tr>
<tr><td>18:00:00</td><td colspan="7">共同关注</td></tr>
<tr><td>18:59:55</td><td colspan="7">新闻联播+焦点访谈（一套并机）</td></tr>
<tr><td>20:00:00</td><td colspan="7">东方时空（直播）</td></tr>
<tr><td>21:00:00</td><td colspan="7">新闻联播（重播）</td></tr>
<tr><td>21:30:00</td><td colspan="5">新闻1+1（直播）</td><td rowspan="3">21:30 新闻调查（首播）
22:15 新闻周刊（首播）</td><td rowspan="3">21:30面对面（首播）
22:15 世界周刊（首播）</td></tr>
<tr><td>22:00:00</td><td colspan="5">国际时讯（直播）</td></tr>
<tr><td>22:30:00</td><td colspan="5">环球视线（直播）</td></tr>
<tr><td>23:00:00</td><td colspan="7">24小时（直播）</td></tr>
<tr><td rowspan="2">24:00:00</td><td colspan="5" rowspan="2">午夜新闻</td><td colspan="2">午夜新闻</td></tr>
<tr><td>24:15 新闻调查（重播）</td><td>24:15面对面（重播）</td></tr>
<tr><td>25:00:00</td><td colspan="5">新闻直播间（直播）</td><td colspan="2">25:00 新闻直播间（直播）</td></tr>
<tr><td>25:20:00</td><td colspan="5">法治在线（重播）</td><td rowspan="2">25:15 新闻周刊（重播）</td><td rowspan="2">25:15 世界周刊（重播）</td></tr>
<tr><td>25:44:00</td><td colspan="5">焦点访谈（重播）</td></tr>
<tr><td>26:00:00</td><td colspan="5">新闻直播间（直播）</td><td colspan="2">26:00 新闻直播间（直播）</td></tr>
<tr><td>26:33:00</td><td colspan="5">新闻1+1（重播）</td><td>26:15 新闻调查（重播）</td><td>26:15面对面（重播）</td></tr>
<tr><td>27:00:00</td><td colspan="5">新闻直播间（直播）</td><td>27:00 新闻直播间（直播）</td><td>新闻直播间（直播）</td></tr>
<tr><td>27:20:00</td><td colspan="6">焦点访谈（重播）</td><td>27:24 每周质量报告（重播）</td></tr>
<tr><td>27:36:00</td><td colspan="6">法治在线（重播）</td><td>27:44 焦点访谈（重播）</td></tr>
<tr><td>28:00:00</td><td colspan="5">新闻直播间（直播）</td><td colspan="2">新闻直播间（直播）</td></tr>
<tr><td>28:33:00</td><td colspan="5">新闻1+1（重播）</td><td>28:15 新闻周刊（重播）</td><td>28:15面对面（重播）</td></tr>
</table>

续表

时间＼星期	星期一	星期二	星期三	星期四	星期五	星期六	星期日
29:00:00	新闻直播间（直播）					新闻直播间（直播）	
29:30:00	环球视线（重播）					29:15 新闻调查（重播）	29:15 世界周刊（重播）
29:57:00	国旗+国歌						

CCTV−14 少儿频道栏目播出时间表

时间＼星期	星期一	星期二	星期三	星期四	星期五	星期六	星期日
05:55	台标+频道呼号+晨曲及频道宣传片						
06:00	动画乐翻天					原创栏目	英雄出少年（首播）
06:30	动画梦工场						
07:00	芝麻开门（首播）	动画剧场				金龟子城堡（首播） 07:30 大手牵小手（首播）	大仓库（首播）
08:00	银河剧场					动画大放映（学龄版）	
08:55	节目预告						
09:00	早间开心果（首播）						
10:00	小小智慧树（首播）					动画大放映（引进版）	
10:30	动画大放映——动画连连看（首播）						
12:00	动漫世界（首播）						
12:55	节目预告						

续表

时间＼星期	星期一	星期二	星期三	星期四	星期五	星期六	星期日
13:00	儿童剧（首播）					13:00 儿童剧	
16:00	动画剧场（首播）						
17:00	新闻袋袋裤（首播）					16:20 动画大放映——国产强档动画片	
17:15	芝麻开门（首播）	七巧板（首播）	绿野寻踪（首播）	快乐体验（首播）	看我72变（首播）		
18:00	动画乐翻天（首播）						
18:30	智慧树（首播）						
19:00	动画梦工场（首播）					19:00 动画大放映——国产动画新片	
19:30	大风车（首播）						
20:00	银河剧场（首播）						
20:55	节目预告						
21:00	异想天开（首播）	智力快车（首播）	音乐快递（首播）	动感特区（首播）	快乐大巴（首播）		
22:00	优秀国产电视剧（晚间版）					22:00 电影 23:30 左右 电视剧	
28:00以前	结束						

CCTV–15 音乐频道栏目播出时间表

时间＼星期	星期一	星期二	星期三	星期四	星期五	星期六	星期日
06:00	一路欢歌——历届春晚歌曲集锦						
07:00	精彩音乐汇						
08:30	音乐人生	民歌·中国					
09:05	风华国乐						
09:35	中国音乐电视						

续表

时间 \ 星期	星期一	星期二	星期三	星期四	星期五	星期六	星期日
10:00	全球中文音乐榜上榜候选歌曲展播						
10:30	凤凰传奇交响乐版音乐会	影视留声机－琼瑶系列	即刻出发	QQ音乐盛典	CCTV音乐厅纵情歌唱系列演唱会	中国好歌曲（一）	中国好歌曲（六）
12:05	精彩音乐汇						
13:35	全球中文音乐榜上榜候选歌曲展播					13:25 中国好歌曲（二）	13:35中国好歌曲（七）+广告3′
14:00	星光璀璨——2014中国巨星演唱会	歌声与微笑——合唱先锋（一~四）	那些年我们一起唱过的网络神曲 15:00 那些年我们一听就跳舞的歌 16:00 那些年我们唱过的校园歌曲	音乐风云榜+广告5′ 15:35 2013中韩歌会+广告10′	CCTV音乐厅纵情歌唱系列演唱会	14:55 中国好歌曲（三）+广告3′ 16:28 中国好歌曲（四）+广告2′	15:03中国好歌曲（八）+广告4′ 16:27中国好歌曲（九）+广告18′
17:15	音乐·传奇携梦同行——玖月奇迹（上、下）	音乐·传奇携梦同行——羽泉（上、下）	音乐·传奇一路星光——孟庭苇（上、下）	音乐·传奇携梦同行——纵贯线（上、下）	今乐坛	18:00精彩音乐汇+广告10′	今乐坛
18:20	民歌·中国						民歌·中国
18:55	中国音乐电视						中国音乐电视
19:30	精彩音乐汇					19:30全球中文音乐榜上榜（直播）	精彩音乐汇
21:15	舞出我人生+广告20′				星光璀璨－2014情歌大汇（七夕）+广告20′		21:15 全球中文音乐榜上榜（重播）+广告10′
23:05	精彩音乐汇		23:00 凤凰传奇交响乐版音乐会+广告10′	精彩音乐汇		20:40 中国好歌曲（五）+广告10′	22:25 凤凰传奇交响乐版音乐会
			24:20 精彩音乐汇			22:25 2014MTV录影带大奖	23:35 精彩音乐汇
24;35	中国音乐电视		25:50 中国音乐电视	中国音乐电视		23:15 精彩音乐汇	25:05 中国音乐电视

CCTV—NEWS 英语新闻频道栏目播出时间表

北京时间＼节目名称＼星期	星期一	星期二	星期三	星期四	星期五	星期六	星期日	美国东部时间	美国西部时间	欧洲西部时间	非洲时间
01:00	非洲直播室（首播）（非洲制作）	非洲直播室（首播）（非洲制作）					非洲直播室（首播）（非洲制作）	12:00	09:00	17:00	20:00
01:30	非洲人物（重播）						对话非洲（首播）（非洲制作）	12:30	09:30	17:30	20:30
02:00	我的中国故事（重播）30分钟	全球财经（首播）（非洲制作）					非洲体育（首播）（非洲制作）	13:00	10:00	18:00	21:00
02:30	今日话题（重播）							13:30	10:30	18:30	21:30
03:00	整点新闻（首播）（北美制作）							14:00	14:00	19:00	22:00
03:15	中国24小时（重播）							14:15	14:15	19:15	22:15
04:00	整点新闻（首播）（北美制作）	整点新闻（首播）（北美制作）						15:00	12:00	20:00	23:00
04:30	光影亚洲（重播）	04:15 世界观察（重播）					海客谈（重播）	15:30	12:30	20:30	23:30
05:00	整点新闻（首播）（北美制作）							16:00	13:00	21:00	00:00
05:30	今日话题（重播）							16:30	13:30	21:30	00:30
06:00	整点新闻（首播）（北美制作）							17:00	14:00	22:00	01:00
06:15	中国24小时（重播）							17:15	14:15	22:15	01:15
07:00	美洲观察（首播）（北美制作）	热点（首播）（北美制作） 07:30 整点新闻（首播）（北美制作）					全景（首播）（北美制作）	18:00	15:00	23:00	02:00
08:00	整点新闻（首播）（北美制作）	全球财经（首播）（北美制作）					整点新闻（首播）（北美制作）	19:00	16:00	00:00	03:00
08:30	看中国（重播）						中国好生意（重播）	19:30	16:30	00:30	03:30
09:00	整点新闻（首播）（北京制作）	整点新闻（首播）（北美制作）					整点新闻（首播）（北京制作）	20:00	17:00	01:00	04:00
09:30	亚洲观察（重播）						走近中国（首播）	20:30	17:30	01:30	04:30

续表

<table>
<tr><th>星期
节目名称
北京时间</th><th>星期一</th><th>星期二</th><th>星期三</th><th>星期四</th><th>星期五</th><th>星期六</th><th>星期日</th><th>美国东部时间</th><th>美国西部时间</th><th>欧洲西部时间</th><th>非洲时间</th></tr>
<tr><td rowspan="3">10:00</td><td colspan="5" rowspan="3">整点新闻（首播）（滚动+财经+体育+文化）</td><td colspan="2">整点新闻（首播）</td><td rowspan="3">21:00</td><td rowspan="3">18:00</td><td rowspan="3">02:00</td><td rowspan="3">05:00</td></tr>
<tr><td>10:30 旅游指南（首播）</td><td>我的中国故事（首播）</td></tr>
<tr><td colspan="2">11:00 整点新闻（首播）</td></tr>
<tr><td>11:30</td><td colspan="7">今日话题（重播）</td><td>22:30</td><td>19:30</td><td>03:30</td><td>06:30</td></tr>
<tr><td>12:00</td><td colspan="7">新闻一小时（首播）</td><td>23:00</td><td>20:00</td><td>04:00</td><td>07:00</td></tr>
<tr><td>13:00</td><td>美洲观察（重播）</td><td colspan="5">全球财经（美洲版）（重播）</td><td>全景（重播）</td><td>00:00</td><td>21:00</td><td>05:00</td><td>08:00</td></tr>
<tr><td rowspan="3">14:00</td><td colspan="5" rowspan="3">整点新闻（首播）滚动+财经+文化</td><td colspan="2">整点新闻</td><td rowspan="3">01:00</td><td rowspan="3">22:00</td><td rowspan="3">06:00</td><td rowspan="3">09:00</td></tr>
<tr><td>14:30 看中国（首播）</td><td>对话非洲（重播）</td></tr>
<tr><td colspan="2">15:00 整点新闻（首播）</td></tr>
<tr><td>15:30</td><td colspan="7">体育报道（首播）</td><td>02:30</td><td>23:30</td><td>07:30</td><td>10:30</td></tr>
<tr><td rowspan="2">16:00</td><td colspan="5" rowspan="2">全球财经（亚洲版）（首播）</td><td colspan="2">整点新闻（首播）</td><td rowspan="2">03:00</td><td rowspan="2">24:00</td><td rowspan="2">08:00</td><td rowspan="2">11:00</td></tr>
<tr><td>16:30 中国好生意（首播）</td><td>旅游指南</td></tr>
<tr><td>17:00</td><td colspan="7">整点新闻（首播）</td><td>04:00</td><td>01:00</td><td>09:00</td><td>12:00</td></tr>
<tr><td>17:30</td><td colspan="5">文化报道（首播）</td><td>名人坊（首播）</td><td>非洲人物（首播）（非洲制作）</td><td>04:30</td><td>01:30</td><td>09:30</td><td>12:30</td></tr>
<tr><td>18:00</td><td colspan="7">非洲直播（首播）（非洲制作）</td><td>05:00</td><td>02:00</td><td>10:00</td><td>13:00</td></tr>
<tr><td>19:00</td><td colspan="7">整点新闻（首播）</td><td>06:00</td><td>03:00</td><td>11:00</td><td>14:00</td></tr>
<tr><td>19:30</td><td colspan="7">今日话题（首播）</td><td>06:30</td><td>03:30</td><td>11:30</td><td>14:30</td></tr>
<tr><td>20:00</td><td colspan="7">整点新闻（首播）</td><td>07:00</td><td>04:00</td><td>12:00</td><td>15:00</td></tr>
<tr><td>20:15</td><td colspan="7">中国24小时（首播）</td><td>07:15</td><td>04:15</td><td>12:15</td><td>15:15</td></tr>
<tr><td>21:00</td><td colspan="5">整点新闻（首播）</td><td colspan="2">整点新闻（首播）</td><td>08:00</td><td>05:00</td><td>13:00</td><td>16:00</td></tr>
</table>

续表

北京时间 \ 节目名称 \ 星期	星期一	星期二	星期三	星期四	星期五	星期六	星期日	美国东部时间	美国西部时间	欧洲西部时间	非洲时间
21:15	全球财经（亚洲版）（首播）					21:30 亚洲观察（首播）	走近中国（重播）	08:15	05:15	13:15	16:30
22:00	整点新闻（首播）					整点新闻（首播）	整点新闻（首播）	09:00	06:00	14:00	17:00
22:15	世界观察（首播）					海客谈（首播）		09:15	06:15	14:15	17:15
							22:30 旅游指南（重播）				
23:00	亚洲直播室（首播）							10:00	07:00	15:00	18:00
23:30	文化报道（重播）					名人坊（重播）	光影亚洲（首播）	10:30	07:30	15:30	18:30
24:00	整点新闻（首播）							11:00	08:00	16:00	19:00
24:30	光影亚洲（重播）	热点（重播）					中国好生意（重播）	11:30	08:30	16:30	19:30

CCTV－Français 法语国际频道栏目播出时间表

北京时间 \ 节目名称 \ 星期	星期一	星期二	星期三	星期四	星期五	星期六	星期日	东部非洲时间	巴黎时间	格林尼治时间
04:00	生财有道	体育在线	生活在中国	旅游指南	非洲面孔	味道	时尚生活	22:00	21:00	20:00
04:30	动画城							22:30	21:30	20:30
04:45	学功夫							22:45	21:45	20:45
05:00	对话					周末会客厅	快乐嘉年华	23:00	22:00	21:00
05:30	电视剧（第一部第1集）							23:30	22:30	21:30
06:15	电视剧（第一部第2集）							00:15	23:15	22:15
07:00	学汉语							01:00	00:00	23:00

续表

星期 节目名称 北京时间	星期一	星期二	星期三	星期四	星期五	星期六	星期日	东部非洲时间	巴黎时间	格林尼治时间
07:15	学功夫							01:15	00:15	23:15
07:30	纪录片							01:30	00:30	23:30
08:00	华夏行							02:00	01:00	00:00
08:45	学汉语							02:45	01:45	00:45
09:00	综合新闻（直播）							03:00	02:00	01:00
09:30	对话					周末会客厅	快乐嘉年华	03:30	02:30	01:30
10:00	生财有道	体育在线	生活在中国	旅游指南	非洲面孔	味道	时尚生活	04:00	03:00	02:00
10:30	动画城							04:30	03:30	02:30
10:45	学功夫							04:45	03:45	02:45
11:00	综合新闻（直播）							05:00	04:00	03:00
11:30	电视剧（第二部第1集）							05:30	04:30	03:30
12:15	电视剧（第二部第2集）							06:15	05:15	04:15
13:00	直播非洲（直播）							07:00	06:00	05:00
13:30	纪录片							07:30	06:30	05:30
14:00	学汉语							08:00	07:00	06:00
14:15	华夏行							08:15	07:15	06:15
15:00	综合新闻（直播）							09:00	08:00	07:00
15:30	对话					周末会客厅	快乐嘉年华	09:30	08:30	07:30
16:00	生财有道	体育在线	生活在中国	旅游指南	非洲面孔	味道	时尚生活	10:00	09:00	08:00
16:30	动画城							10:30	09:30	08:30
16:45	学功夫							10:45	09:45	08:45
17:00	综合新闻（直播）							11:00	10:00	09:00
17:30	纪录片							11:30	10:30	09:30
18:00	学汉语							12:00	11:00	10:00
18:15	华夏行							12:15	11:15	10:15
19:00	综合新闻（直播）							13:00	12:00	11:00

续表

节目名称 星期 / 北京时间	星期一	星期二	星期三	星期四	星期五	星期六	星期日	东部非洲时间	巴黎时间	格林尼治时间
19:30	纪录片							13:30	12:30	11:30
20:00	对话					味道	时尚生活	14:00	13:00	12:00
20:30	动画城							14:30	13:30	12:30
20:45	学功夫							14:45	13:45	12:45
21:00	综合新闻							15:00	14:00	13:00
21:30	电视剧（第一部第1集）							15:30	14:30	13:30
22:15	电视剧（第一部第2集）							16:15	15:15	14:15
23:00	直播非洲（直播）							17:00	16:00	15:00
23:30	生财有道	体育在线	生活在中国	旅游指南	非洲面孔	周末会客厅	快乐嘉年华	17:30	16:30	15:30
24:00	学汉语							18:00	17:00	16:00
24:15	华夏行							18:15	17:15	16:15
25:00	纪录片							19:00	18:00	17:00
25:30	学功夫							19:30	18:30	17:30
25:45	电视剧（第二部第1集）							19:45	18:45	17:45
26:30	电视剧（第二部第2集）							20:30	19:30	18:30
27:15	学汉语							21:15	20:15	19:15
27:30	对话					周末会客厅	快乐嘉年华	21:30	20:30	19:30

CCTV－Español 西班牙语国际频道栏目播出时间表

节目名称 星期 / 北京时间	星期一	星期二	星期三	星期四	星期五	星期六	星期日	西班牙时间	巴西、阿根廷时间	美国东部、委内瑞拉、智利时间
04:00	纪录片B（重播）							21:00	17:00	15:00

续表

北京时间＼节目名称＼星期	星期一	星期二	星期三	星期四	星期五	星期六	星期日	西班牙时间	巴西、阿根廷时间	美国东部、委内瑞拉、智利时间
04:30	这就是中国（重播）							21:30	17:30	15:30
05:00	拉美视点（录播）	财经新闻（录播）						22:00	18:00	16:00
	拉美视点（录播）	05:15 学汉语（重播）						22:00	18:00	16:00
05:30	百科天地（重播）							22:30	18:30	16:30
06:00	中华艺苑（首播）							23:00	19:00	17:00
06:20	影视看台A1（首播）							23:20	19:20	17:20
07:10	影视看台A2（首播）							00:10	20:10	18:10
08:00	综合新闻（直播）							01:00	21:00	19:00
08:15	学做中国菜（首播）							01:15	21:15	19:15
08:30	神州行（首播）		对话（首播）	神州行（首播）		对话（首播）	神州行（首播）	01:30	21:30	19:30
09:00	综合新闻（直播）							02:00	22:00	20:00
09:28	荧屏导视（直播）							02:28	22:28	20:28
09:30	纪录片A（首播）							02:30	22:30	20:30
10:00	纪录片B（首播）							03:00	23:00	21:00
10:30	这就是中国（首播）							03:30	23:30	21:30
11:00	综合新闻（直播）						拉美视点（直播）	04:00	00:00	22:00
11:28	荧屏导视（直播）						拉美视点（直播）	04:28	00:28	22:28
11:30	百科天地（首播）							04:30	00:30	22:30
12:00	财经新闻（直播）						综合新闻（直播）	05:00	01:00	23:00
12:20	影视看台B1（首播）							05:20	01:20	23:20
13:10	影视看台B2（首播）							06:10	02:10	00:10
14:00	综合新闻（直播）							07:00	03:00	01:00
14:15	学做中国菜（重播）							07:15	03:15	01:15
14:30	神州行（重播）		对话（重播）	神州行（重播）		对话（重播）	神州行（重播）	07:30	03:30	01:30
15:00	综合新闻（直播）							08:00	04:00	02:00
15:28	荧屏导视（直播）							08:28	04:28	02:28

续表

节目名称／星期／北京时间	星期一	星期二	星期三	星期四	星期五	星期六	星期日	西班牙时间	巴西、阿根廷时间	美国东部、委内瑞拉、智利时间
15:30	纪录片A（重播）							08:30	04:30	02:30
16:00	纪录片B（重播）							09:00	05:00	03:00
16:30	这就是中国（重播）							09:30	05:30	03:30
17:00	财经新闻（直播）						拉美视点（录播）	10:00	06:00	04:00
17:15	学汉语（首播）							10:15	06:15	04:15
17:30	百科天地（重播）							10:30	06:30	04:30
18:00	中华艺苑（重播）							11:00	07:00	05:00
18:20	影视看台A1（重播）							11:20	07:20	05:20
19:10	影视看台A2（重播）							12:10	08:10	06:10
20:00	综合新闻（直播）							13:00	09:00	07:00
20:15	学做中国菜（重播）							13:15	09:15	07:15
20:30	神州行（重播）		对话（重播）	神州行（重播）		对话（重播）	神州行（重播）	13:30	09:30	07:30
21:00	综合新闻（直播）							14:00	10:00	08:00
21:28	荧屏导视（直播）							14:28	10:28	08:28
21:30	纪录片A（重播）							14:30	10:30	08:30
22:00	纪录片B（重播）							15:00	11:00	09:00
22:30	这就是中国（重播）							15:30	11:30	09:30
23:00	财经新闻（直播）						拉美视点（录播）	16:00	12:00	10:00
23:15	学汉语（重播）							16:15	12:15	10:15
23:30	百科天地（重播）							16:30	12:30	10:30
24:00	中华艺苑（重播）							17:00	13:00	11:00
24:20	影视看台B1（重播）							17:20	13:20	11:20
25:10	影视看台B2（重播）							18:10	14:10	12:10
26:00	综合新闻（录播）							19:00	15:00	13:00
26:15	学做中国菜（（重播）							19:15	15:15	13:15
26:30	神州行（重播）		对话（重播）	神州行（重播）		对话（重播）	神州行（重播）	19:30	15:30	13:30

续表

北京时间 \ 节目名称 \ 星期	星期一	星期二	星期三	星期四	星期五	星期六	星期日	西班牙时间	巴西、阿根廷时间	美国东部、委内瑞拉、智利时间
27:00	综合新闻（录播）							20:00	16:00	14:00
27:30	纪录片A（重播）							20:30	16:30	14:30

CCTV– العربية 阿拉伯语国际频道栏目播出时间表

北京时间 \ 节目名称 \ 星期	星期一	星期二	星期三	星期四	星期五	星期六	星期日	阿拉伯地区（麦加）时间	格林尼治时间
04:00	综合新闻（首播）（直送）					每周财经（重播）	综合新闻（首播）（直送）	23:00	20:00
04:30	电视剧B（两集）（重播）							23:30	20:30
06:00	纪录片A（重播）							01:00	22:00
06:45	跟我学（重播）							01:45	22:45
07:00	中国文艺（重播）							02:00	23:00
07:30	话说中国（重播）							02:30	23:30
08:00	综合新闻					每周财经（重播）	综合新闻	03:00	00:00
08:30	纪录片B（重播）							03:30	00:30
09:00	对话						中国·中东（重播）	04;00	01:00
09:30	中国之旅（重播）							04:30	01:30
10:00	综合新闻（直播）							05:00	02:00
10:15	纪录片A（首播）							05:15	02:15
11:00	中国文艺（首播）							06:00	03:00

续表

节目名称 星期 / 北京时间	星期一	星期二	星期三	星期四	星期五	星期六	星期日	阿拉伯地区（麦加）时间	格林尼治时间
11:30	话说中国（首播）							06:30	03:30
12:00	综合新闻（直播）							07:00	04:00
12:30	电视剧A（两集）（首播）							07:30	04:30
14:00	综合新闻（直播）							09:00	06:00
14:15	跟我学（首播）							09:15	06:15
14:30	纪录片B（首播）							09:30	06:30
15:00	对话（首播）					中国·中东（首播）	对话（首播）	10:00	07:00
15:30	中国之旅（首播）							10:30	07:30
16:00	综合新闻（直播）							11:00	08:00
16:30	话说中国（重播）							11:30	08:30
17:00	中国文艺（重播）							12:00	09:00
17:30	纪录片B（重播）							12:30	09:30
18:00	综合新闻（直播）							13:00	10:00
18:15	纪录片A（重播）							13:15	10:15
19:00	对话（重播）					中国·中东（重播）	对话（重播）	14:00	11:00
19:30	中国之旅（重播）							14:30	11:30
20:00	综合新闻（直播）				每周财经（直播）	综合新闻（直播）		15:00	12:00
20:30	电视剧B（两集）（首播）							15:30	12:30
22:00	综合新闻（直播）							17:00	14:00
22:15	跟我学（重播）							17:15	14:15
22:30	中国文艺（重播）							17:30	14:30
23:00	纪录片B（重播）				每周财经（首播）（直送）	纪录片B（重播）		18:00	15:00
23:30	中国之旅（重播）							18:30	15:30
24:00	综合新闻（直播）							19:00	16:00
24:30	电视剧A（两集）（重播）							19:30	16:30

续表

北京时间 \ 节目名称 \ 星期	星期一	星期二	星期三	星期四	星期五	星期六	星期日	阿拉伯地区（麦加）时间	格林尼治时间
26:00	综合新闻（首播）（直送）							21:00	17:00
26:15	纪录片A（重播）							21:15	17:15
27:00	对话（重播）					中国·中东（重播）	对话（重播）	22:00	18:00
27:30	话说中国（重播）							22:30	19:30

CCTV–Русский 俄语国际频道栏目播出时间表

北京时间 \ 节目名称 \ 星期	星期一	星期二	星期三	星期四	星期五	星期六	星期日	莫斯科时间
09:00	生活在中国	生活百科	问与答（2段）	旅游指南	综艺大观	旅游指南（首播）		04:00
09:30	放映厅A（首播）					生活百科（首播） 10:00 纪录片A（首播）		04:30
10:15	放映厅A（首播）					10:30 纪录片A（首播）		05:15
11:00	综合新闻（俄）（直播）							06:00
11:15	纪录片A（首播）					问与答（首播） 11:30 生活在中国（首播）		06:15
11:45	纪录片A（首播）					12:00 综艺大观（首播）		06:45
12:15	跟我学（首播）							07:15
12:30	生活在中国	生活百科	问与答（2段）	旅游指南	综艺大观	旅游指南		07:30
13:00	综合新闻（直播）					综合新闻（直播） 13:15 放映厅A（首播）		08:00
13:30	放映厅B（首播）					14:00 问与答		08:30
14:15	放映厅B（首播）					放映厅A（首播）		09:15
15:00	综合新闻（直播）							10:00

北京时间 \ 节目名称 \ 星期	星期一	星期二	星期三	星期四	星期五	星期六	星期日	莫斯科时间
15:15	中国厨艺（首播）					对话（首播）		10:15
15:30	生活在中国	生活百科	问与答（2段）	旅游指南	综艺大观	生活百科		10:30
16:00	综合新闻（直播）					纪录片A		11:00
16:30	综艺大观	旅游指南	生活百科	问与答（2段）	生活在中国	纪录片A		11:30
17:00	综合新闻（直播）							12:00
17:15	放映厅A（重播）					对话		12:15
18:00	放映厅A（重播）					17:30 放映厅B（首播）		13:00
18:45	跟我学（重播）					18:15 放映厅B（首播）		13:45
19:00	财经新闻（直播）					综合新闻（直播）		14:00
19:15	放映厅B（重播）					19:30 生活在中国		14:15
20:00	放映厅B（重播）					综艺大观		15:00
20:45	中国厨艺（重播）					20:30 旅游指南		15:45
21:00	欧亚新闻联播（直播）					综合新闻（直播） 21:15 对话		16:00
21:30	生活在中国	生活百科	问与答（2段）	旅游指南	综艺大观	问与答 21:45 生活百科 22:15 纪录片A 22:45 纪录片A		16:30
22:00	综合新闻（直播）							17:00
22:30	综艺大观	旅游指南	生活百科	问与答（2段）	生活在中国			17:30
23:00	综合新闻（直播）							18:00
23:15	跟我学（重播）					生活在中国 23:45 综艺大观 24:15 旅游指南 24:45 问与答 25:00 对话 25:15 放映厅A 26:00 放映厅A		18:15
23:30	放映厅A（重播）							18:30
24:15	放映厅A（重播）							19:15
25:00	综艺大观	旅游指南	生活百科	问与答（2段）	生活在中国			20:00
25:30	中国厨艺（俄）（重播）							20:30
25:45	纪录片B（首播）							20:45
26:15	纪录片B（首播）							21:15
26:45	生活在中国	生活百科	问与答（2段）	旅游指南	综艺大观	生活百科		21:45

续表

<table>
<tr><th>节目名称 星期
北京时间</th><th>星期一</th><th>星期二</th><th>星期三</th><th>星期四</th><th>星期五</th><th>星期六</th><th>星期日</th><th>莫斯科时间</th></tr>
<tr><td rowspan="2">27:15</td><td colspan="5" rowspan="2">放映厅（俄）B（重播）</td><td colspan="2">生活在中国</td><td rowspan="2">22:15</td></tr>
<tr><td colspan="2">27:45 问与答</td></tr>
<tr><td>28:00</td><td colspan="7">放映厅B（重播）</td><td>23:00</td></tr>
<tr><td>28:45</td><td colspan="5">跟我学（重播）</td><td colspan="2">放映厅B</td><td>23:45</td></tr>
<tr><td>29:00</td><td colspan="5">放映厅（重播）</td><td colspan="2" rowspan="6">29:30 放映厅A
30:15 放映厅A
31:00 放映厅B
31:45 放映厅B</td><td>00:00</td></tr>
<tr><td>29:45</td><td colspan="5">放映厅（重播）</td><td>00:45</td></tr>
<tr><td>30:30</td><td>综艺大观</td><td>旅游指南</td><td>生活百科</td><td>问与答（2段）</td><td>生活在中国</td><td>01:30</td></tr>
<tr><td>31:00</td><td colspan="5">纪录片A（重播）</td><td>02:00</td></tr>
<tr><td>31:30</td><td colspan="5">纪录片A（重播）</td><td>02:30</td></tr>
<tr><td>32:00</td><td colspan="5">纪录片B（重播）</td><td>03:00</td></tr>
<tr><td>32:30</td><td colspan="5">纪录片B（重播）</td><td colspan="2">综艺大观</td><td>03:30</td></tr>
</table>

《中国中央电视台年鉴(2014)》特约编辑名单

台办公室	张 勇
总编室	梁宇峰
新闻中心	王 潇
综合频道	张清春
财经频道	李晓瑜
综艺频道	魏 征
中文国际频道	昝瑞春
体育频道	王伟东
电视剧频道	刘秀杰
科教频道	赵津菁
社会与法频道	张 羽
戏曲和音乐频道	李守进
少儿频道	兰 芳
外语频道	朱 易
纪录频道	朱翌冉
大型节目中心	伟欣欣
军事节目中心（解放军电视宣传中心）	马 杰
海外传播中心	邓 颖
人力资源管理中心	曲 洋
财务管理中心	赵 彤
技术管理中心	韩 强
技术制作中心	栗小斌
播出传送中心	王 丹
资产管理中心	何兴煌
发展研究中心	闵 瑞
机关党委	刘 斌
新台址建设工程办公室	于建国
总部接收管理办公室	张 羽
监察室	曾进清
审计处	许 萌
音像资料馆	吕村景
中国电视报社	郭卫翔
中国国际电视总公司	李春秀
中国电视剧制作中心有限责任公司	周 磊
中央新闻纪录电影制片厂（集团）	伍 伟
央视国际网络有限公司	陈 珊
中央卫星电视传播中心	李 琼
中国有线电视网络有限公司	吴玉龙
中国广播电视国际经济技术合作总公司	何东波
中视传媒股份有限公司	徐沙英

《中国中央电视台年鉴(2014)》资料员名单

台办公室

秘书处	盛 潇
综合处	王 烨
机要档案处	吴军红
保卫处	李环英
外事处	李亚楠
法规处	达 红
行政处	申 丽
房管处（物业管理处）	杜劲军

总编室

规划部	吴 迪
节目播出部	王 钰
节目研发部	舒 彤
版权管理部	路 芃
市场评估部	武 强
受众服务部	郑 楠
节目推介部	刘 璐
综合部	王玉奇
审片部	官都督

新闻中心

策划部	顾玉婷
时政新闻部	黄美玉

经济新闻部	刘　芳
社会新闻部	周军英
地方记者部	贾　佳
海外记者部	黄　成
国际新闻部	徐　广
军事节目部	马彦平
新闻评论部	李　严
新闻频道编辑部	王　琳
综合频道新闻编辑部	杨金月
新闻播音部	郭生彦
新闻视觉艺术编辑部	褚明哲
综合频道	
综合部	朱筱瑜
节目部	秦　华
节目统筹部	王红玉
财经频道	
节目部	段凤臻
综艺频道	
综合部	张春堂
节目部	刘　勇
中文国际频道	
综合部	田　原
节目部	张华杰
新闻部	端木礼昕
体育频道	
综合部	张晨曦
节目部	张慧荣
竞赛部	王　鹏
新闻部	杨青青
赛事频道编辑部	李　铭
电视剧频道	
综合部	刘　明
节目部	曹　倩
项目部	孙志东
科教频道	
综合部	方　晶
节目部	裴　宁
社会与法频道	
综合部	张素英
节目部	翟　颖
戏曲和音乐频道	
综合部	王　兰
节目部	周闫忱忱
少儿频道	
综合部	陈　狄
	张凯夫
外语频道	
节目部	成　蜜
英语新闻频道	唐　静
西班牙语频道	贾　佳
法语频道	李玲玲
阿拉伯语频道	孙子谋
俄语频道	吴佳佳
大型节目中心	
综合部	田姗姗
海外传播中心	
统筹规划部	霍　捷
项目部	曾　晋
联络部	张　媛
人力资源管理中心	
干部管理处	许新颖
劳动工资处	王　歆
培训职称处	谷小洁
人才交流处	韩　巍
劳动关系管理处	戴　静
离退休人员管理处	李晓津
播音员主持人业务指导委员会	陈　曦
财务管理中心	
综合业务处	高　凯
计划统计处	李云洁
财务管理处	夏　佳
会计核算处	韩　璐
财产物资处	何　昕
产业管理处	李莹莹
技术管理中心	唐伟莉
技术业务部	郭　凌
质量管理部	张建华
工程管理部	崔　雪
基础资源部	范　禹
制播应用部	李文翠

业务应用部	莫海珍
信息安全部	胡　南
动力管理部	李芮玄
技术制作中心	闫　芬
综合部	张瑞虹
录制一部	段芙蓉
录制二部	潘　汀
录制三部	陈　彤
录制四部	谭　欣
制作部	刘　军
音频部	冀　虹
播出传送中心	
综合部	程　昕
播出一部	袁　梅
播出二部	季奕军
转播部	秦　萌
总控部	郭晓洁
新闻制播一部	陈　虹
新闻制播二部	鲁建军
新闻制播三部	宋智军
资产管理中心	
综合部	王晓雪
市场部	谢　俊
客户部	张　婕
监审部	刘茹娜
公益广告部	马天然
频道经营部	周　冉
发展研究中心	
发展战略研究部	钱　笑
电视传播研究部	刘支梅
产业与新媒体研究部	马战英
机关党委	**罗令辉**
党委办公室	邵　宁
团委	郑　漠
工会	吕思远
精神文明协调处	白　净
归国华侨联合会	李　雁
监察室	李湘如
审计处	段　炼
中国电视报社	汪慧君
中国电视剧制作中心有限责任公司	林　晓
中央新闻纪录电影制片厂（集团）	蒋国耀
	孟兰云
	李　军
央视国际网络有限公司	李　博
中央卫星电视传播中心	李　乔
中国有线电视网络有限公司	田　甜
中国广播电视国际经济技术合作总公司	周　煜
中视传媒股份有限公司	周菁蓉

CCTV
中国中央电视台
CHINA CENTRAL TELEVISION YEARBOOK
年鉴
2014
胡占凡 主编
《中国中央电视台年鉴》编辑部 编

S U O Y I N

索　引

索引

汉语拼音索引

D

E

F

M

N

O

P

Q

R

S

T

W

X

数字索引

英文字母索引